ヨーロッパ人権裁判所の判例Ⅰ

ヨーロッパ人権裁判所の判例 I

〈編　集〉

戸波江二・北村泰三・建石真公子・小畑郁・江島晶子

信山社

本書は、2008 年に『ヨーロッパ人権裁判の判例』として刊行されたものであり、第 2 刷（2019 年 3 月）に際して、表題のみ『ヨーロッパ人権裁判の判例Ⅰ』と改めた。

写真提供（表紙および本文）：小畑郁・西片聡哉
All rights reserved.Ⓒ OBATA Kaoru, NISHIKATA Toshiya & SHINZANSHA

執筆者紹介 ©2008

[*印は編者、数字は執筆項目番号]

氏名	ローマ字 所属	項目
愛知正博	(AICHI Masahiro 中京大学)	39
阿部浩己	(ABE Koki 神奈川大学)	20, 35
荒牧重人	(ARAMAKI Shigeto 山梨学院大学)	76
伊藤洋一	(ITO Yoichi 東京大学)	43
井上典之	(INOUE Noriyuki 神戸大学)	58
今井 直	(IMAI Tadashi 宇都宮大学)	29
今井雅子	(IMAI Masako 東洋大学)	13
今関源成	(IMASEKI Motonari 早稲田大学)	68
上村 都	(UEMURA Miyako 岩手大学)	64
*江島晶子	(EJIMA Akiko 明治大学) 概説III, IV, V(1), 18, 62
大藤紀子	(OFUJI Noriko 獨協大学)	42, 67
岡田 泉	(OKADA Izumi 南山大学)	38
岡田俊幸	(OKADA Toshiyuki 日本大学)	69
奥山亜喜子	(OKUYAMA Akiko 女子美術大学)	55
奥脇直也	(OKUWAKI Naoya 東京大学)	6
*小畑 郁	(OBATA Kaoru 名古屋大学) 概説I, II, 4, 10
甲斐克則	(KAI Katsunori 早稲田大学)	28
河野真理子	(KAWANO Mariko 早稲田大学)	72
*北村泰三	(KITAMURA Yasuzo 中央大学)	31, 33, 41
桐山孝信	(KIRIYAMA Takanobu 大阪市立大学)	77
金原恭子	(KINPARA Kyoko 千葉大学)	66
倉持孝司	(KURAMOCHI Takashi 甲南大学)	54
小泉洋一	(KOIZUMI Yoichi 甲南大学)	60
小山 剛	(KOYAMA Go 慶應義塾大学)	65
近藤 敦	(KONDO Atsushi 名城大学)	80
齊藤正彰	(SAITO Masaaki 北星学園大学)	27, 61
榊原秀訓	(SAKAKIBARA Hidenori 南山大学)	49
坂元茂樹	(SAKAMOTO Shigeki 神戸大学)	17
佐藤文夫	(SATO Fumio 成城大学)	26
庄司克宏	(SHOJI Katsuhiro 慶應義塾大学)	3
申 惠丰	(SHIN Hae Bong 青山学院大学)	11, 19
須網隆夫	(SUAMI Takao 早稲田大学)	2
鈴木秀美	(SUZUKI Hidemi 大阪大学)	51, 63
髙井裕之	(TAKAI Hiroyuki 大阪大学)	48
*建石真公子	(TATEISHI Hiroko 法政大学) 概説V(2), 1, 47
立松美也子	(TATEMATSU Miyako 共立女子大学)	52
田中康代	(TANAKA Yasuyo 高知短期大学)	36
寺谷広司	(TERAYA Koji 東京大学)	21
德川信治	(TOKUGAWA Shinji 立命館大学)	78
戸田五郎	(TODA Goro 京都産業大学)	22, 40
戸塚悦朗	(TOTSUKA Etsuro 龍谷大学)	32
*戸波江二	(TONAMI Koji 早稲田大学)	30
内藤光博	(NAITO Mitsuhiro 専修大学)	44
中井伊都子	(NAKAI Itsuko 甲南大学)	12, 46
中島 徹	(NAKAJIMA Toru 早稲田大学)	73
中西優美子	(NAKANISHI Yumiko 専修大学)	45
中村民雄	(NAKAMURA Tamio 東京大学)	53
西海真樹	(NISHIUMI Maki 中央大学)	5
西片聡哉	(NISHIKATA Toshiya 京都学園大学)	71
西原博史	(NISHIHARA Hiroshi 早稲田大学)	75
馬場里美	(BABA Satomi 立正大学)	56, 79
古谷修一	(FURUYA Shuichi 早稲田大学)	14
前田直子	(MAEDA Naoko 神戸大学)	9
三木妙子	(MIKI Taeko 早稲田大学名誉教授)	59
水島朋則	(MIZUSHIMA Tomonori 名古屋大学)	25
水谷規男	(MIZUTANI Norio 大阪大学)	37
棟居快行	(MUNESUE Toshiyuki 大阪大学)	50
村上正直	(MURAKAMI Masanao 大阪大学)	15
門田 孝	(MONDEN Takashi 広島大学) 概説V(3), 16, 74
薬師寺公夫	(YAKUSHIJI Kimio 立命館アジア太平洋大学)	7, 24
山口直也	(YAMAGUCHI Naoya 神戸学院大学)	34
山口亮子	(YAMAGUCHI Ryoko 京都産業大学)	57
山崎公士	(YAMAZAKI Koshi 新潟大学)	8
山元 一	(YAMAMOTO Hajime 慶應義塾大学)	70
尹 仁河	(YOON Inha 慶應義塾大学)	23

(五十音順)

Essential Cases of the European Court of Human Rights
(Editors) TONAMI Koji, KITAMURA Yasuzo, TATEISHI Hiroko, OBATA Kaoru, EJIMA Akiko
SHINZANSHA : Tokyo, JAPAN. ©2008
ISBN : 978-4-7972-5568-3 C3332
NDC : 329.501.a001
Print : Matsuzawa Printing Co. Ltd
Printed in Japan

はしがき

　本書は、ヨーロッパ人権裁判所の重要判例について、概要の紹介と解説を行った判例研究書である。

　ヨーロッパ人権裁判所は、1959年の創設以来、ヨーロッパ人権条約による人権の地域的保障において大きな成果をあげてきている。とりわけ、裁判所の裁判による人権保障という方式は、国境を超えた人権の実効的な保障にきわめて有効に働いている。裁判の過程で、人権条約の解釈における判例法理の発展、各国の国内的事情の相違の下での判例の統一性の確保、条約違反の審理・判断における各国の自主性の尊重、条約違反の判決の国内実施など、さまざまな法的および実際上の問題が生起してきているが、人権裁判所はこれらの課題に対して真剣に取り組み、理論的・実務的な克服に努めている。また、最近では、日本の裁判においてヨーロッパ人権裁判所の判例が援用されるなど、日本でも国際人権法の重要性が広く認識されてきており、ヨーロッパ人権裁判所の判例への関心は高まってきている。

　以上のように、ヨーロッパ人権裁判所の活動がヨーロッパにおける人権保障の強化に大きく寄与していることとともに、日本の国際人権法学の展開および裁判実務にも大きな影響を与えていることにも注目し、本書の刊行が企画された。

　本書の編集委員会は、ヨーロッパ人権裁判所に関心をもつ憲法・国際法・国際人権法の研究者によって組織された「ヨーロッパ人権裁判所研究会」(2002年度～2005年度の科学研究費補助金による研究会、研究者18名)のなかで、とくに判例集の編集の任務を引き受けた5名の委員からなっている。このヨーロッパ人権裁判所研究会の共同研究では、人権裁判所の活動が人権保障の国際的保障の発展において高く評価されるべきであること、また、人権の国際的保障の実践において多くの困難な課題があり、しかも新しい課題が次々と生起していることを、理論研究、判例研究、実態調査によって学んだ。

　なかでも、2002年から数度にわたるヨーロッパ人権裁判所への訪問調査において、Wildhaber所長(当時)、Costa次長(現所長)、Ress裁判官(現ブレーメン大学教授)、Rozakis裁判官、Bratza裁判官、Zupančič裁判官、Garlicki裁判官、Fura-Sandström裁判官からヨーロッパ人権裁判所の最近の動向についてご教示を受け、また、貴重な意見交換を行うことができた。また、訪問調査にあたって、ストラスブール総領事館山口英一総領事(当時)、庄司隆一総領事(当時)、同総領事館へ裁判所から出向中であった大西直樹領事(当時)、岩井直幸領事(当時)、福家康史領事(当時)には、ヨーロッパ人権裁判所およびヨーロッパ評議会の最近の活動についてご教示を受けたほか、訪問先との連絡と設定について大変お世話になった。そして、この共同研究を通じて、ヨーロッパ人権裁判所の判例集の刊行が重要な意義をもつと確信するに至った。

　編集にあたって、まず、本書に取り上げるべきヨーロッパ人権裁判所の判例を選定した。その際に、ヨーロッパ人権裁判所の先例となっている判例、ヨーロッパ人権条約の各条文に関して代表的な判例、比較的新しい注目を集めた判例という基準によって、ヨーロッパ人権裁判所に関する文献調査、ヨーロッパ人権裁判所の訪問調査に基づいて選定した。選定にあたって、当時ヨーロッパ人権裁判所の部書記(準裁判官兼調査官に相当)であったBerger氏には、貴重なご意見とご指示をいただいた。また、編集作業の進むなかで新たに下された重要判例を取り入れるべく、当初の判例リストの追加、差替えも行った。

　判例選定ののち、各判例について適任の研究者の方々に執筆をお願いした(上記の「ヨーロッパ人権裁

判所研究会」会員には原則として2件の判例解説を依頼した）。国際人権法、とくにヨーロッパ人権裁判所について専門に研究されている研究者が少ないという状況の下で、執筆依頼の多くは、当該判例のテーマに関する専門研究者の方々にお願いした。ご多用のなか、原稿をお寄せいただいた執筆者の方々には、心よりお礼申し上げる。

寄せられた判例解説原稿については、すべて編集委員会において査読を行った。査読には、上記のヨーロッパ人権裁判所研究会会員にも分担していただいた。

編集作業は、原稿の遅延と編集委員会の作業の遅れのためになかなか進まず、原稿執筆を最初に依頼した2005年2月から刊行まで、3年半の歳月を要した。このように刊行が遅れたことは、偏に編集委員会の責任であり、執筆者の方々、および読者の方々にお詫び申し上げる。とりわけ原稿を早々に提出していただいた執筆者の方々には、刊行の遅延につき心よりお詫び申し上げる。

本書では、各重要判例の解説のほかに、巻頭に、Costaヨーロッパ人権裁判所所長、Wildhaber前所長、庄司隆一ストラスブール前総領事から特別寄稿をいただいた。厚くお礼申し上げる。また、読者の理解の一助とするために、ヨーロッパ人権裁判所の組織・権限・活動、判例の傾向と特質、ヨーロッパ人権条約に対する各国の対応などについて概説を付した。

巻末には、参考資料として、条文集、締約国一覧、裁判官一覧、裁判所各部の構成などを掲げた。これらの資料の作成には、西片聡哉（京都学園大学）、馬場里美（立正大学）の両氏の献身的なご協力をいただいた。両氏には、巻末資料作成のほか、編集委員会での査読の補助、原稿整理の補助など、編集委員会の任務の全般にわたって編集協力者として編集に携わっていただいた。また、判例索引の作成において前田直子氏（神戸大学）の助力を得た。ここに、記して謝意を表したい。

本書は、2002年度～2003年度科学研究費基盤研究(B)（一般）「ヨーロッパ人権裁判所の総合的研究：国際人権の保障モデルとして」および2004年度～2005年度科学研究費基盤研究(B)（一般）「国際人権の地域的保障の総合的研究：ヨーロッパ人権条約と人権裁判所を中心に」による成果である。

本書は、国際人権法の分野での出版活動に尽力されている信山社から出版される。昨今の厳しい出版事情のなかで、本書の出版をお引き受けいただいた袖山貴社長にお礼を申し上げたい。また、本書の編集にあたって、執筆者への連絡・資料送付、原稿の督促、査読原稿の送付と回付、編集委員会の設定と問題提示など、本書の編集作業の全般にわたって、今井守氏のご尽力を賜った。今井氏の熱心なご支援と、遅れがちな編集委員会の編集作業への力強い後押しがなければ、本書の刊行はさらに遅れることになった。今井氏のご尽力に心からお礼申し上げる。

本書が国際人権法に関する有為の書と評価されるかどうかは、読者の判断を待たなければならない。しかし、編集委員会としては、本書が日本の国際人権法研究および裁判実務に大きく寄与する水準の高い研究書であり、これまで類書のみられない有意義な国際人権の判例研究であると自負している。国際人権法、憲法、国際法、人権裁判実務に関心をもつすべての研究者・実務家の方々が座右に備えられ、しばしば参照していただければ、編集者として望外の幸せである。

2008年7月10日

『ヨーロッパ人権裁判所の判例』編集委員会

戸 波 江 二
北 村 泰 三
建 石 真 公 子
小 畑 　 郁
江 島 晶 子

目　次

執筆者紹介

はしがき

刊行に寄せて ……………………………………………〔ジャン・ポール・コスタ〕… *(xxi)*

特別寄稿Ⅰ　ヨーロッパ人権裁判所と人権保障 …………〔ルツィウス・ヴィルトハーバー〕… *(xxiii)*

特別寄稿Ⅱ　在ストラスブール日本国総領事館と欧州評議会 ……………〔庄司隆一〕… *(xxxii)*

凡例・略語 *(xxxv)*

―― 概　説 ――

概　説Ⅰ　ヨーロッパ人権条約実施システムの歩みと展望 ………………〔小畑　郁〕… *(2)*

概　説Ⅱ　ヨーロッパ人権裁判所の組織と手続 ……………………………〔小畑　郁〕… *(10)*

概　説Ⅲ　ヨーロッパ人権条約が保障する権利 ……………………………〔江島晶子〕… *(18)*

概　説Ⅳ　ヨーロッパ人権裁判所の解釈の特徴 ……………………………〔江島晶子〕… *(28)*

概　説Ⅴ(1)　ヨーロッパ人権条約とイギリス ……………………………〔江島晶子〕… *(33)*

概　説Ⅴ(2)　ヨーロッパ人権条約とフランス ……………………………〔建石真公子〕… *(38)*

概　説Ⅴ(3)　ヨーロッパ人権条約とドイツ ………………………………〔門田　孝〕… *(47)*

―― Ⅰ　ヨーロッパ人権条約の基本問題 ――

〈A　ヨーロッパ人権条約とヨーロッパ人権裁判所の位置づけと性格〉

1　国内憲法・憲法裁判所との関係

　　憲法上の「胎児の生命に対する権利」保護を理由とする表現差止命令

　　　――オープン・ドア判決――

　　　(Open Door and Dublin Well Woman v. Ireland)〔1992、大法廷〕…………〔建石真公子〕… *(54)*

2　EC法・EC司法裁判所との関係 (1)

　　旧ユーゴ連邦に対する制裁決議を実施するEC規則に基づくユーゴ航空所有機の没収

　　　――ボスポラス判決――

　　　(Bosphorus Hava Yolları Turizm ve Ticaret Anonim Şirketi v. Ireland)〔2005、大法廷〕

　　　………………………………………………………………………………〔須網隆夫〕… *(59)*

目次

3 EC法・EC司法裁判所との関係 (2)
ヨーロッパ議会選挙権とヨーロッパ人権条約
―― マシューズ判決 ――
(Matthews v. the United Kingdom)〔1999、大法廷〕 ……………………〔庄司克宏〕… *(66)*

4 国家間紛争と人権裁判所
軍事介入とそれにより生じた国の分断状況の人権問題としての取扱い
―― キプロス対トルコ判決 ――
(Cyprus v. Turkey)〔2001、大法廷〕 ……………………………………〔小畑 郁〕… *(73)*

5 非国際的武力紛争と人権裁判所
ロシア空軍による文民の空爆と生命に対する権利
―― チェチェン文民攻撃事件判決 ――
(Isayeva, Yusupova and Bazayeva v. Russia)〔2005〕………………〔西海真樹〕… *(79)*

6 管轄の属地性と地域性
NATOのコソボ空爆によるヨーロッパ人権条約上の権利侵害に関する訴訟の受理可能性
―― バンコヴィッチ事件決定 ――
(Banković and others v. Belgium and 16 other NATO Countries)〔2001、大法廷〕
……………………………………………………………………………〔奥脇直也〕… *(84)*

7 国家免除との関係
国際法上の外国国家の民事裁判権免除と裁判を受ける権利の関係
―― アルアドサニ判決 ――
(Al-Adsani v. the United Kingdom)〔2001、大法廷〕 ………………〔薬師寺公夫〕… *(90)*

8 留 保
留保に関する条約実施機関の判断権
―― ブリオ判決 ――
(Belilos v. Switzerland)〔1988、全員法廷〕 ……………………………〔山崎公士〕… *(96)*

9 実施機関の権限の制限
管轄権受諾宣言に付された制限の有効性に関する解釈
―― ロイズィドゥ判決（先決的抗弁）――
(Loizidou v. Turkey〔preliminary objections〕)〔1995、大法廷〕 ……〔前田直子〕… *(101)*

10 パイロット判決
多数の同種事案から選び出された一事件についての先行的判決における構造的違反是正措置の指示
―― ブロニオヴスキ判決 ――
(Broniowski v. Poland)〔2004、大法廷〕 ………………………………〔小畑 郁〕… *(106)*

〈B　国家の条約実施義務〉

11　国家の義務の性格
結社の自由を侵害する労働組合加入強制を国内法で規制する国家の義務
　　　——クローズド・ショップ判決——
　　　(Young, James and Webster v. the United Kingdom) [1981、全員法廷] ……〔申　惠丰〕… *(110)*

12　私人の行為と国家の義務 (1)
国家の積極的義務の性質と範囲
　　　——オスマン判決——
　　　(Osman v. the United Kingdom) [1998、大法廷]……………………〔中井伊都子〕… *(115)*

13　私人の行為と国家の義務 (2)
虐待からの児童の保護
　　　——Z対イギリス判決——
　　　(Z and others v. the United Kingdom) [2001、大法廷]……………〔今井雅子〕… *(119)*

14　ノン・ルフールマン原則と犯罪人引渡
人権侵害が予見される国家への引渡により生じる人権条約違反
　　　——ゼーリング判決——
　　　(Soering v. the United Kingdom) [1989、全員法廷]………………〔古谷修一〕… *(124)*

15　ノン・ルフールマン原則と退去強制
他国による人権侵害の危険性を理由とする追放の可否および追放手続中の長期拘禁の恣意性と合法性審査
　　　——チャハル判決——
　　　(Chahal v. the United Kingdom) [1996、大法廷]………………〔村上正直〕… *(129)*

〈C　条約の解釈〉

16　発展的解釈
刑罰としての樺棒による殴打は、条約3条に違反する
　　　——タイラー判決——
　　　(Tyrer v. the United Kingdom) [1978]……………………………〔門田　孝〕… *(134)*

17　自律的解釈
軍人に対する「懲罰」と条約上の概念としての「刑事上の罪」
　　　——エンゲル判決——
　　　(Engel and others v. the Netherlands) [1976、全員法廷]……〔坂元茂樹〕… *(139)*

18　評価の余地
表現の自由と道徳の保護（わいせつ物出版法による刑事訴追・押収）
　　　——ハンディサイド判決——
　　　(Handyside v. the United Kingdom) [1976、全員法廷]……………〔江島晶子〕… *(144)*

〈D　権利の拡張〉

19　実効的救済手段を得る権利
合理的な期間内に裁判を受ける権利の侵害に対する実効的救済の保障
　　　──クドワ判決──
　　　（Kudła v. Poland）[2000、大法廷] ……………………〔申　惠丰〕… *(150)*

20　個人の人権裁判所への申立権と暫定措置
トルコが暫定措置の指示を無視して申立人を引渡したことは申立権の実効的行使を保障した34条に違反する
　　　──ママトクロフ判決──
　　　（Mamatkulov and Askarov v. Turkey）[2005、大法廷] ……〔阿部浩己〕… *(156)*

〈E　一般的権利制限〉

21　デロゲーション
緊急事態におけるテロ容疑者の拘禁延長に対する司法統制の要否
　　　──ブラニガン判決──
　　　（Brannigan and McBride v. the United Kingdom）[1993、全員法廷]
　　　　　　　　　　　　　　　　　　　　　　　　　……………〔寺谷広司〕… *(161)*

22　権利の濫用の禁止
条約17条と人身の自由・裁判を受ける権利
　　　──ローレス判決──
　　　（Lawless v. Ireland〔merits〕）[1961] …………………〔戸田五郎〕… *(167)*

〈F　条約実施手続〉

23　国家間申立
国家間申立により具体的権利侵害がなくとも人権条約違反を問うことができる
　　　──アイルランド対イギリス判決──
　　　（Ireland v. the United Kingdom）[1978、全員法廷] ………〔尹　仁河〕… *(172)*

24　国内的救済原則 (1)
国内的救済手段完了の原則とその例外
　　　──アクディヴァール判決──
　　　（Akdivar and others v. Turkey）[1996、大法廷] ………〔薬師寺公夫〕… *(177)*

25　国内的救済原則 (2)
国内救済手続で行うべき請求の内容と大法廷による受理可能性の再審査
　　　──アズィナス判決──
　　　（Azinas v. Cyprus）[2004、大法廷] ………………………〔水島朋則〕… *(183)*

26 訴訟目的の消滅

　　被告からの一方的宣言に基づく個人申立の総件名簿からの削除要請の却下

　　　　──タフシン・アジャール判決（先決問題）──

　　　　（Tahsin Acar v. Turkey〔preliminary issue〕）[2003、大法廷] ……………〔佐藤文夫〕…*(187)*

Ⅱ　ヨーロッパ人権条約が保障する権利

〈A　生命に対する権利〔2条〕〉────────────────────

27 恣意的殺害

　　特殊部隊によるテロ容疑者の射殺

　　　　──マッカン判決──

　　　　（McCann and others v. the United Kingdom）[1995、大法廷] ……………〔齊藤正彰〕…*(194)*

28 自殺幇助と患者の「死ぬ権利」

　　難病患者の「死ぬ権利」を否定した事例

　　　　──プリティ判決──

　　　　（Pretty v. the United Kingdom）[2002] ………………………………〔甲斐克則〕…*(199)*

〈B　人身の自由・被拘禁者の権利〉────────────────────

29 拷問の概念と調査義務

　　人権裁判所がはじめて「拷問」を認定した事件

　　　　──アクソイ判決──

　　　　（Aksoy v. Turkey）[1996] ……………………………………………〔今井　直〕…*(204)*

30 被拘禁者の処遇

　　劣悪な拘禁状況と非人道的または品位を傷つける取扱い

　　　　──カラシニコフ判決──

　　　　（Kalashnikov v. Russia）[2002] ………………………………………〔戸波江二〕…*(209)*

31 受刑者の信書の自由

　　受刑者の信書の発受の制限が通信の尊重の権利を侵害するとされた事例

　　　　──シルヴァー判決──

　　　　（Silver and others v. the United Kingdom）[1983] ………………………〔北村泰三〕…*(219)*

32 精神病患者の人身の自由

　　被拘禁精神病者の裁判所により解放決定を受ける権利および公正な裁判を受ける
　　権利

　　　　──ウィンターウェルプ判決──

　　　　（Winterwerp v. the Netherlands）[1979] ………………………………〔戸塚悦朗〕…*(227)*

〈C 刑事司法の原則〔5条・6条〕〉

33 弁護人依頼権
弁護人依頼権と起訴前の接見制限
―― ジョン・マーレィ判決 ――
(John Murray v. the United Kingdom) [1996、大法廷] ……………〔北村泰三〕… *(232)*

34 無料で弁護人の援助を受ける権利
刑事上訴審において無料で弁護人の援助を受ける権利
―― パケリ判決 ――
(Pakelli v. Germany) [1983] ………………………………………〔山口直也〕… *(239)*

35 無料で通訳の援助を受ける権利
有罪判決の後に通訳費用を請求することは、無料で通訳の援助を受ける権利について保障した6条3項(e)に違反する
―― リューディック判決 ――
(Luedicke, Belkacem and Koç v. Germany) [1978] ………………〔阿部浩己〕… *(245)*

36 証人審問権
匿名証人に対する反対尋問
―― コストフスキ判決 ――
(Kostovski v. the Netherlands) [1989、全員法廷] ………………〔田中康代〕… *(249)*

37 無罪の推定
犯人視報道と警察当局の責任
―― アルネ・ド・リブモン判決 ――
(Allenet de Ribemont v. France) [1995] …………………………〔水谷規男〕… *(254)*

38 罪刑法定主義と遡及処罰の禁止
東ドイツ時代の「壁の殺人」を統一後に処罰することと遡及処罰禁止原則
―― 旧東ドイツ国境警備隊事件判決 ――
(Streletz, Kessler and Krenz v. Germany) [2001、大法廷] ……〔岡田　泉〕… *(260)*

39 一事不再理
酒に酔った状態での過失致死罪による裁判後の道路交通法上の酒酔い運転罪による裁判
―― グラディンガー判決 ――
(Gradinger v. Austria) [1995] ………………………………………〔愛知正博〕… *(265)*

〈D 裁判を受ける権利〔6条〕〉

40 裁判を受ける権利の保障範囲
　　裁判を受ける権利の保障の及ばない「公務員」の範囲
　　　　――ペルグラン判決――
　　　　(Pellegrin v. France) [1999、大法廷] ……………………〔戸田五郎〕…(270)

41 裁判所に対するアクセスの権利
　　受刑者と弁護士との間の訴訟相談のための接見拒否が、公正な裁判を受ける権利を
　　侵害するとした事例
　　　　――ゴルダー判決――
　　　　(Golder v. the United Kingdom) [1975、全員法廷] ………………〔北村泰三〕…(275)

42 公正な裁判の保障と武器平等・対審原則
　　コンセイユ・デタ（フランス行政裁判所）における政府委員の役割と外観理論
　　　　――クレス判決――
　　　　(Kress v. France) [2001、大法廷] ……………………………〔大藤紀子〕…(281)

43 議会の介入
　　立法による裁判介入と公平な裁判を受ける権利
　　　　――ジリンスキー対フランス判決――
　　　　(Zielinski and Pradal and Gonzalez and others v. France) [1999、大法廷]
　　　　………………………………………………………………〔伊藤洋一〕…(286)

44 迅速な裁判
　　条約6条1項の「合理的期間」を超えた裁判に対する違法判決
　　　　――ボタッツィ判決――
　　　　(Bottazzi v. Italy) [1999、大法廷] ……………………………〔内藤光博〕…(292)

45 判決の執行
　　「裁判への権利」と国内裁判所判決の執行を求める権利
　　　　――ホーンズビィ判決――
　　　　(Hornsby v. Greece) [1997] ………………………………………〔中西優美子〕…(298)

〈E　人格権・プライバシーの権利〔8条〕〉────────────────

46 氏　名
　　婚姻後の姓の選択における男女平等
　　　　――ブルクハルツ判決――
　　　　(Burghartz v. Switzerland) [1994] ………………………………〔中井伊都子〕…(302)

47 性転換
　　性転換後の戸籍の性別記載変更と婚姻
　　　　――クリスティーヌ・グッドウィン判決――
　　　　(Christine Goodwin v. the United Kingdom) [2002、大法廷] …………〔建石真公子〕…(305)

48 同 性 愛

　同性愛行為に刑罰を科する国内法と私生活の保護
　　　──ダジョン判決──
　　　（Dudgeon v. the United Kingdom）［1981、大法廷］……………………〔髙井裕之〕…*(313)*

49 自己情報

　私生活の尊重と自己情報開示請求権
　　　──ガスキン判決──
　　　（Gaskin v. the United Kingdom）［1989、全員法廷］………………………〔榊原秀訓〕…*(318)*

50 性暴力からの保護

　未成年の精神障害者に加えられる性的不法行為に際しての刑法上の保護請求
　　　──XおよびY対オランダ判決──
　　　（X and Y v. the Netherlands）［1985］………………………………………〔棟居快行〕…*(323)*

51 有名人のプライバシー

　有名人のプライバシーと写真報道の自由
　　　──モナコ王女事件判決──
　　　（Von Hannover v. Germany）［2004］…………………………………………〔鈴木秀美〕…*(328)*

52 公　害

　民間廃棄物処理施設からの汚染と私生活・家族生活を保護する国の積極的義務
　　　──ロペス・オストラ判決──
　　　（López Ostra v. Spain）［1994］…………………………………………〔立松美也子〕…*(333)*

53 騒　音

　公共空港の夜間早朝騒音と私生活の保護
　　　──ヒースロー空港騒音訴訟判決──
　　　（Hatton and others v. the United Kingdom）［2003、大法廷］………………〔中村民雄〕…*(337)*

54 通信の秘密

　警察による電話盗聴および「メータリング」
　　　──マローン判決──
　　　（Malone v. the United Kingdom）［1984、全員法廷］…………………………〔倉持孝司〕…*(342)*

55 住居の尊重

　弁護士事務所の捜索と「住居」の尊重
　　　──ニイミィエッツ判決──
　　　（Niemietz v. Germany）［1992］………………………………………………〔奥山亜喜子〕…*(347)*

〈F　家族生活の尊重・婚姻の権利〔8条・12条〕〉

56　外国人の在留と私生活・家族生活の尊重
　　　犯罪を犯した外国人の追放と家族生活・私生活の尊重
　　　　　──ブルティフ判決──
　　　　（Boultif v. Switzerland）[2001]………………………〔馬場里美〕… *(352)*

57　公的ケア下にいる子どもと交流する親の権利
　　　家族の再統合という最終目的に反する子どもの公的ケアの実施方法は、条約8条に違反する
　　　　　──オルソン（第1）判決──
　　　　（Olsson v. Sweden〔no. 1〕）[1988、全員法廷]………〔山口亮子〕… *(357)*

58　非嫡出子
　　　非嫡出子に対する不利益取扱いと家族生活の尊重
　　　　　──マルクス判決──
　　　　（Marckx v. Belgium）[1979、全員法廷]………………〔井上典之〕… *(362)*

59　婚姻の権利
　　　一定期間の再婚制限規定は婚姻する権利を侵害する
　　　　　──F対スイス判決──
　　　　（F. v. Switzerland）[1987、全員法廷]………………〔三木妙子〕… *(369)*

〈G　信教の自由〔9条〕〉

60　国家の宗教的中立性
　　　諸教派に対する国家の中立義務
　　　　　──ベッサラビア府主教正教会判決──
　　　　（Metropolitan Church of Bessarabia and others v. Moldova）[2001]
　　　　　　………………………………………………………〔小泉洋一〕… *(375)*

61　信教の自由
　　　改宗勧誘の禁止と宗教を表明する自由
　　　　　──コキナキス判決──
　　　　（Kokkinakis v. Greece）[1993]………………………〔齊藤正彰〕… *(379)*

〈H　表現の自由〔10条〕〉

62　表現の自由と民主的社会
　　　裁判所侮辱法に基づく新聞記事差止命令
　　　　　──サンデー・タイムズ判決──
　　　　（The Sunday Times v. the United Kingdom）[1979、全員法廷]………〔江島晶子〕… *(384)*

63 放送の自由
国外からのラジオ放送のケーブル網による再送信禁止
——グロペラ・ラジオ社判決——
(Groppera Radio AG and others v. Switzerland) [1990] ……〔鈴木秀美〕… *(390)*

64 政治的表現
価値判断に基づく名誉毀損と真実性の証明
——リンゲンス判決——
(Lingens v. Austria) [1986、全員法廷] ……………………〔上村　都〕… *(395)*

65 商業的影響のある表現
経済的損失をもたらす研究発表に対する不正競争防止法による規制
——ヘルテル判決——
(Hertel v. Switzerland) [1998] ……………………………〔小山　剛〕… *(400)*

66 瀆神的表現
キリスト教の神を冒瀆するビデオ作品への販売等規制措置
——ウィングローヴ判決——
(Wingrove v. the United Kingdom) [1996] ………………〔金原恭子〕… *(405)*

67 人種差別的表現
番組内の人種差別的発言に対する編集者の刑事責任
——イェルシルド判決——
(Jersild v. Denmark) [1994、大法廷] ……………………〔大藤紀子〕… *(411)*

68 違法政権の擁護表現
戦時対独協力政府の首班を擁護する意見広告の処罰の違法性
——ペタン擁護意見広告事件判決——
(Lehideux and Isorni v. France) [1998] …………………〔今関源成〕… *(416)*

69 政治活動の自由
憲法敵対的政党のための政治活動を理由とする公務員の懲戒免職処分と表現の自由
——フォークト判決——
(Vogt v. Germany) [1995、大法廷] ………………………〔岡田俊幸〕… *(424)*

〈I　集会・結社の自由〔11条〕〉

70 集会の自由
激越な言辞を伴ったデモ行進に参加した弁護士に対する懲戒処分と集会の自由
——エズラン判決——
(Ezelin v. France) [1991] …………………………………〔山元　一〕… *(430)*

71 消極的結社の自由
　　発展的解釈による消極的結社の自由の保障
　　　　――フラミ自動車協会強制加入事件判決――
　　　　(Sigurður A.Sigurjónsson v. Iceland) [1993] ……………〔西片聡哉〕… *(434)*

〈J　財　産　権〔第1議定書1条〕〉

72 社会改革と財産権
　　社会制度の改革によって収用された王族の財産についての補償義務
　　　　――元ギリシア国王財産収用事件判決――
　　　　(The Former King of Greece and others v. Greece) [2000、大法廷]
　　　　　　　　　　　　　　　　　　　　　　　……………〔河野真理子〕… *(439)*

73 未執行の土地収用と財産権
　　収用許可によって生じた土地利用と取引の制限は財産権の侵害となりうる
　　　　――スポロング判決――
　　　　(Sporrong and Lönnroth v. Sweden) [1982、全員法廷] ………〔中島　徹〕… *(444)*

74 財産利用の規制
　　家屋賃貸借料の法律による減額が、財産権を侵害しないとされた例
　　　　――メラヒャー判決――
　　　　(Mellacher and others v. Austria) [1989、全員法廷] …………〔門田　孝〕… *(451)*

〈K　教育権〔第1議定書2条〕〉

75 性教育
　　学校における性教育と親の教育権
　　　　――キェルドセン判決――
　　　　(Kjeldsen, Busk Madsen and Pedersen v. Denmark) [1976] ………〔西原博史〕… *(456)*

76 体　罰
　　学校における体罰と親の教育権
　　　　――キャンベルおよびコーザンズ判決――
　　　　(Campbell and Cosans v. the United Kingdom) [1982] ……………〔荒牧重人〕… *(461)*

〈L　自由選挙の保障〔第1議定書3条〕〉

77 選挙権
　　地域議会代表の選出方法と個人の権利としての選挙権
　　　　――マチュー・モアン判決――
　　　　(Mathieu-Mohin and Clerfayt v. Belgium) [1987、全員法廷] ………〔桐山孝信〕… *(468)*

〈M 平等・少数者〉

78 差別の禁止
教育における言語差別と差別禁止規定の自律的性格
——ベルギー言語事件判決(本案)——
(Belgian Linguistic Case [merits]) [1968、全員法廷] ……………〔德川信治〕… (473)

79 社会保障における国籍差別
社会保障における国籍要件と差別禁止
——ギャグスツ判決——
(Gaygusuz v. Austria) [1996] ……………………………〔馬場里美〕… (478)

80 被選挙資格としての言語要件
恣意的な試験により国家語能力が不十分であるとして国会選挙の候補者名簿から削除することは、被選挙権を侵害する
——パッドコールジナ判決——
(Podkolzina v. Latvia) [2002] …………………………〔近藤 敦〕… (483)

資料編

- 資料Ⅰ 人権および基本的自由の保護のための条約(ヨーロッパ人権条約) ……… (490)
- 資料Ⅱ ヨーロッパ人権条約締約国一覧 ……………………………………………… (512)
- 資料Ⅲ ヨーロッパ人権裁判所裁判官一覧 …………………………………………… (513)
- 資料Ⅳ ヨーロッパ人権裁判所各部の構成 …………………………………………… (517)
- 資料Ⅴ 人権に関わるヨーロッパ評議会の機構(概略) …………………………… (518)
- 資料Ⅵ 個人申立の審査手続の流れ …………………………………………………… (519)
- 資料Ⅶ 事件処理状況 …………………………………………………………………… (520)
  - (1) 申立および判決数 (520)
  - (2) 主な国家間事件 (521)
  - (3) 事件の係属状況 (522)
  - (4) 被申立国別登録申立件数・被告国別判決数 (523)
- 資料Ⅷ 欧文基本参考図書 ……………………………………………………………… (524)
- 資料Ⅸ 検索ツールによる判例・文献の調べ方 ……………………………………… (527)

事項索引 (531)
欧文判例索引 (539)
和文判例索引 (555)

刊行に寄せて

ジャン・ポール・コスタ　Jean-Paul Costa
（ヨーロッパ人権裁判所所長　President of the European Court of Human Rights）

　1950年11月3日にローマで署名されたヨーロッパ人権条約は、近々60周年を迎えます。この条約は、市民的・政治的権利を保護する国際条約が、締約国による主権の部分的譲渡という犠牲のもと、締約国において非常に多様な領域での法制度の修正をもたらし市民の生活を変えることが可能であるという証明となっています。同条約の有しているこのような力は、確実に、超国家的な裁判制度、すなわち人権に関するものとしては歴史上はじめてストラスブールに創設された、ヨーロッパ人権裁判所の存在に負っています。私は、光栄にも、2007年1月19日からこの裁判所の所長を務めています。

　現在のところ、真のヨーロッパ憲法は存在していません。しかしながら、ヨーロッパ人権裁判所は、しばしばヨーロッパ憲法裁判所とみなされます。確かに、これはイメージですが、しかし、ヨーロッパ人権裁判所をうまくとらえているのではないでしょうか。

　2009年に、私たちはヨーロッパ人権裁判所50周年を晴れやかに祝うことになるでしょう。裁判所の影響力には目覚しいものがあります。ヨーロッパでは、何よりも、8億5千万人の人が当裁判所に訴えることができます。さらに、他にも国際的な人権文書が存在し、ヨーロッパ人権条約は第一義的には地域的な裁判所という使命を負っているにもかかわらず、当裁判所の判例がヨーロッパ大陸を超えて関心をひいているという事実は否定しがたいものです。私はそのことを、とりわけ、世界各地、カナダ、アメリカ、アフリカ、ラテンアメリカ、アジアなどに招待され訪問した折に示された賛辞から感じております。世界各地から当裁判所を訪れる多くの代表団、例えば最高裁判所判事、大学の研究者なども、同じくこうした影響力の証であるといえます。

　こうした中で、日本の法律家（司法界であれ大学の研究者であれ）のヨーロッパ人権条約や当裁判所の活動に対する関心に、私は何度も接する機会がありました。また最近、日本の最高裁判所の判事が当裁判所を訪問されましたが、当裁判所の判例に対する大きな関心や判例の役割についての高い理解を示されていました。

　当裁判所の判例から導き出されるようなヨーロッパ・モデルは、必ずしも完全なものではなく、未だ議論の余地があります。しかしながら、ヨーロッパ・モデルは、それが存在すること、およびヨーロッパのすべての国に共通する価値を確立するという意義を有しています。また、ヨーロッパ・モデルは、いずれにせよ、人権保障に関するヨーロッパ的概念というものを示しています。ヨーロッパ人権裁判所所長として、自信過剰という意味ではありませんが、このような達成に対して確かな誇りを持っております。我々の価値が、世界に、特に地理的にも文化的にも、言語的にも大変に遠い日本においても認められ、また同時に議論の機会を与えていただいていることを喜ばしく思っております。

　こうした日本における影響力について、どのように説明することできるでしょうか。おそらく、それは、互いの違いにもかかわらず、日本もヨーロッパも、真の民主主義という大変に緊密なクラブにとも

に属していることを示しているのではないでしょうか。

　このことは、同様に、文化や法システムの違いを超えて、法律家の間の対話は常に可能であること、およびそのような違いは相互を豊かにする源となるということを示しています。また、日本に関しては、こうした学問的な意味での満足は、より私的な感情によって倍加しています。というのは、大変身近な家族的な絆が私と日本をつないでおり、日本を好きにさせているからです。すでに日本を何度も訪れていますが、それは私にとって心からの喜びであり、また、もしいつか機会があるならば、仕事を目的とした訪問をも実現してみたいとも思っています。

　以上のような理由で、私は、ヨーロッパ人権条約判例集が日本で出版されることを大変にうれしく思い、この序文をお引き受けいたしました。この判例集が、貴国において、当裁判所の判例を紹介することに寄与しますように。また、当裁判所を日本の方々が訪問されるような関心を喚起しますように。

　当裁判所は、ヨーロッパに位置するヨーロッパの人々に対する裁判所ですが、世界に開かれています。また、ストラスブールでは日本の総領事館が大変に積極的であること、日本はヨーロッパ評議会（この評議会によってヨーロッパ人権条約が起草されました）の恒久的なオブザーバーという特別な地位を有していることからも、そのような日本と当裁判所の交流は難しいことではないと思います。

2008年2月1日

Jean-Paul Costa

［建石真公子 訳］

人権裁判所

特別寄稿 I

ヨーロッパ人権裁判所と人権保障

ルツィウス・ヴィルトハーバー　Luzius Wildhaber
(前ヨーロッパ人権裁判所所長　Former President of the European Court of Human Rights)

　日本を訪問することは私にとって大きな喜びであり名誉です。そして皆さんに講演をするために私を招聘してくださった、この講演会の主催者に感謝申し上げます。フランスのストラスブールにあるヨーロッパ人権裁判所では、世界中の多種多様な国の裁判所および大学と緊密な関係を持っています。ヨーロッパ人権裁判所はヨーロッパの準・憲法裁判所と呼ばれてきました。実際にそうかどうかは別として、明確なのは我々が憲法裁判所と同一の任務の多くを果たし、憲法裁判所と同一の責任の多くを担ってきたということです。ヨーロッパ人権条約はヨーロッパ人権裁判所を設立し、ヨーロッパ人権裁判所は条約締約国がヨーロッパ人権条約上の義務に従って行動するように同条約の条項を解釈・適用しています。このヨーロッパ人権裁判所、そしてヨーロッパ人権条約が生じた直接の発生源は1948年の世界人権宣言です。この普遍性こそが、我々がストラスブールにおいて世界中の憲法裁判所と共有している共通言語なのです。

　ヨーロッパ人権裁判所という名称自体は少々説明を必要とします。第一に、裁判所は最広義の意味における「ヨーロッパ（の）」です。裁判所の管轄は44カ国［2007年4月20日現在46カ国］に及び、実際に中欧および東欧の全ての国家を含みます。中・東欧の中で条約を最近批准した国家にはボスニア・ヘルツェゴビナ、アルメニア、アゼルバイジャンがあります。その少し前には、ロシア、ウクライナ、グルジアが条約のコミュニティに参加するのが目撃されました。［条約が］及ぶ領域は今や約8億人の人口を擁します。第二に、裁判所はまさに「裁判所」、だということです。すなわち完全に独立した中立な司法機関で、政治的考慮ではなく、法的考慮を基礎として事件を決定します。それは裁判所に提起された事件がたとえ極めて政治的な、または地政的重要性がある場合でもそうです。最後に、裁判所は「人権」に関する裁判所だということです。これらの人権は、世界人権宣言に規定された伝統的市民的および政治的権利です。しかし、それ以上にこれらは実効的民主制にとって不可欠な権利および自由だということです。民主制と法の支配とは、ヨーロッパ人権条約が基礎とする二つの支柱です。条約の創案者の一人であるピエール＝アンリ・ティトジャンは、条約のことを、民主的な生活方法に不可欠な七つ、八つまたは十ほどの基本的自由を規定していると説明しました。同時に、法の支配なしには真の民主制は存在しないし、他方、民主制の欠けた法の支配は空の貝であり、そういわれてきたことを条約は認めています。

　第二次世界大戦前および大戦中に行われた暴虐を背景として、同時に国際的安定に対する全体主義政府からの脅威を看取しつつ、条約の創案者の心中では、民主制の防御が条約文書の根本的目的であり、この目的を実現する主要な方法が国際的集団保障システムを通じた法の支配の促進でした。条約は、ヨーロッパにおける民主的安定のための一種の保険証券のようにみなされました。すなわち、国家が民主制から全体主義にいつのまにか後戻りしないことを保障するための集団的行動の協定であり、漸進的

な後退のプロセスを認定し、そうすることによってそのようなプロセスに対抗することを可能とする、個人申立によって作動する早期警戒システムなのです。

この新しい文書は三つの点において伝統的国際法からのまさに革命的離脱でした。初めて国家は、ある国家の自国民に対する当該国家の取扱いに関して、国際機関に当該国家に対する争訟を開始することができました。初めて個人は、国際法上の主体としての地位を獲得し、保障されている権利および自由の侵害を主張する申立を、締約国のいずれに対しても、たとえ自国に対してであろうとも、当該違反が締約国の管轄内において生じた場合には、提起することができました。初めて拘束力ある司法判決に到達しうる国際的監視機構が確立されました。

このヨーロッパの人権保障システムの最も重要な特徴の一つは、その補完的性格です。すなわち、ヨーロッパ人権裁判所が繰り返し判示してきたように、条約に規定された権利および自由を保障することは、まずは国家当局にまかされています。これには二つの側面があります。第一に、国家当局は救済を提供する責任を負っており、このことは補完的システムが機能する上で確かに重要です。とはいえ、第二に、救済が現に提供されるならば、ヨーロッパ人権裁判所は一定程度の司法的自制を行使し、国家当局に裁量の領域を認めます。

救済を提供する義務は条約13条に由来します。これに従って締約国は、侵害された条約上の権利および自由に関して実効的救済を提供しなければなりません。この条項の目的は、起草過程[1]に表れているところによると、裁判所［以下、断書きのないかぎり、ヨーロッパ人権裁判所のことを意味します］で申立をするという国際的装置を始動させる前に、個人が自分の条約上の権利侵害について国内レベルで救済を得ることができる手段を提供することです[2]。この目的は、ストラスブールの裁判所に来る前に国内的救済手段を尽くすことを申立人に要請している条約35条の規範にも反映されています。

これゆえ、条約は、我々がいうところの強い手続的傾向を持っているわけです。このことは、デュー・プロセスを扱う条項に関しては少しも驚くことではありません。それらは拘禁および司法手続の運営に関して手続的保障を確保することを本質的に目的としているからです。裁判所のところに来る事件の大部分は、こうした保障に基づき生じてきました。司法手続の公正に関する問題は、裁判所の判例法によれば公正さの外観にまで及ぶものですが、［国内］裁判所の独立および公平、公開審理に対する権利、本人が法廷に出席する権利を含みます。しかしながら、裁判所に対する申立がもっとも頻繁に取り扱ってこなければならなかったのは、司法手続の過度の長期化で、残念ながら一定の締約国に特有の問題のようです。司法手続の運営に加えて、ヨーロッパ人権条約が同様の文脈で保障しているのは、申立人が国内法に基づく請求を主張しうる［国内］裁判所に対してアクセスする権利、そして最終的司法判決が履行される権利です。もっとも最後の二つの権利は条約に明示的に規定されてはいませんが、公正な審理に対する権利はこの二つなしには無意味でしょう。他方、条約が規定していないことは、国内裁判所による事実または／および法律認定に対する上訴です。ヨーロッパ人権裁判所は上訴裁判所ではありません。すなわち「第四審」裁判所ではないということです。

救済に対する権利と一般に言われているものは、条約上の他の実体的条項全てに当てはまるものです。ですから、条約の実体的侵害の訴えを審査する際に、適切な手続的保障がどの程度与えられていたかを裁判所が審査することはよくあるでしょう。条約2条によって保障されている生命に対する権利の違反の主張を含む一定の事件[3]で、実体の侵害に関して立証が要求される水準にいたらなかったものについて、主張の根源にある真実を確立することが可能な国内レベルでの実効的調査または実効的司法手続が不存在であることについて「手続的」違反を裁判所は認定しました。同時に裁判所は以下のように判示して

います⁽⁴⁾。条約3条（拷問および非人道的または品位を傷つける取扱いを禁止する）を侵害する取扱いを警察または国家の他の類似の公吏の手によって受けたという信頼しうる主張を個人が行った場合には、管轄内にある全ての者に対し保障される権利および自由を確保するという条約1条に基づく国家の一般的義務と合わせて解釈し、当該条項（3条）はそこに内包される意味として、実効的公的調査が存在すべきであることを要求していると。

私生活および家族生活の尊重を受ける権利を保障する条約8条の文脈では、裁判所は、条約8条の利益を保障するために適切な手続的保障が備わっているかどうかを考慮するでしょう⁽⁵⁾。出生直後の乳児の保護措置に関して、保護措置手続においても、その後の養子縁組開始決定手続においても、両親が法的に代表されていなかった最近の事件において、裁判所は条約8条に内包されている手続的義務の重要性を強調しました⁽⁶⁾。こうした困難かつ繊細な注意を要する問題においては、たとえば当該保護決定は正当化されるかどうかといった、国内裁判所における実体的問題について裁判所が評価を下すことはほとんど不可能です。しかしながら、両親が決定形成過程において適切に関与し、それが条約8条の下での彼らの利益の必要な保護を彼らに十分提供していると言えるほどであったかどうかは裁判所が検討できます。繰り返しますが、このアプローチは、裁判所は「第四審」とみなされてはならないという、裁判所の長年の判例法理に完全に合致するものです。

したがって、あらゆる条約上の保障は、実際上は、少なくとも、国内レベルにおいて当該権利を主張することを可能にする実効的手続を設立し、提供する黙示の積極的義務を内包しています。

コインのもう一つの側面が、裁判所が締約国に残している、評価の余地として知られるようになった裁量の領域です。問題の権利を保護する手続的保障が存在しないまたは不十分であるという場合には、条約13条の実体的および手続的側面において権利違反となるでしょう。他方、こうした保障が存在するならば、締約国の義務の相当部分が果たされてきたことになります。だからといって、監督的審査を行う裁判所が違反を認定することから排除されてしまうわけではありません。なぜならば、明らかに実体的問題も生じるでしょうし、裁判所は当該審査を適切な距離、適切な視点から行われるようにするからです。加えて、もしも国内機関が、裁判所の前に当該問題に対して裁判所判例法を適用する立場にあるならば、ストラスブールの裁判所［ヨーロッパ人権裁判所のこと］の仕事は全てではないとしてもその多くは完了します。これこそ、究極的にはシステムの根底にある目的です。すなわち、ヨーロッパ人権条約コミュニティ中の個々の市民が自分自身の国内法システムにおいて条約上の権利を完全に主張できるよう確保するということです。

したがって、手続的義務の充足は評価の余地を行使する余地を残すといえます。この裁量の領域は、法の支配を尊重する民主的国家に対して国際的裁判権を適用する際、その本質に内在する必然的要素です。それは、一方で、国家当局と事件との近接性という実際上の問題を、そして国際裁判所はその管轄がすでにお話ししたように約8億人の住民を擁する44ヵ国に及ぶゆえに、事実審として機能することがまさに物理的に不可能であるということを反映しています。

しかし、この評価の余地は、国内機関によって下された決定に対する謙譲、すなわち条約システム内部において占める民主制の根本的地位に由来する謙譲という要素も含んでいます。したがって民主的立法府を後から批判することは制度的にも裁判所の役割ではありません。裁判所がすべきことは、具体的事件において国際的監視を行い、見出された解決策が、社会の一部分または個人に対して過度のまたは受容できない負担を課すものではないことを確保することです。民主的に選挙された立法府は、個人的利益の一定のカテゴリーに介入する場合であろうとも、一般的利益のために自由に措置を講じえなければなりません。このような競合する利益間の比較衡

量の行使をもっとも適切に行いうるのは国家当局です。しかし、比較衡量は存在していなければならず、すでに見てきたように、それが内包しているのは比較衡量の行使を可能にする手続です。

均衡の追求は条約および裁判所判例法全体に流れています。20世紀の歴史が確証したパラドックスは、絶対的自由と絶対的平等は自由な社会においては存在しえないということです。最広義のそして最も実効的意味における自由は、制約を課すことによってしか実現しえないということがわかっています。実質的平等は、必要な場合には人々を異なる取扱いをすることによってしか実現しえないことがわかっています。換言すれば、絶対的自由は自由が一切存在しなくなり、絶対的平等は差別的になりえます。人権法の役割は、とくに、人間社会における一般的な共生と適合しうる最大の自由と取扱いの平等を確保するようなやり方で、これらの二つの概念を調整することです。よって、人権法の目的は、一般的利益の追求が個人に対して過度のまたは比例しない負担を課さないように、そして個人的利益の追求が過度に一般的利益を害しないようにすることです。権利および自由は空白のところに存在するのではなく、相互に比較検討されるべき、頻繁に競合する諸利益の複雑な、くもの巣状のようなものの一部です。ゆえに、ある裁判官の古い話を引用できます。ある被告人が自分の好む方向にどこにでも自分の拳を動かす市民としての自由があると主張したのに対して、この裁判官は、「あなたの拳の自由は、あなたの隣人の鼻の位置によって制約されている」と述べました。

この考えをヨーロッパ人権条約に移しなおすとすれば、条約に規定されている権利の大半は、それらがコミュニティのより広範な利益によって制約されうるが、ただしそれは厳密な意味において必要なものでかつ個人または住民の一部に過度の比例しない負担を課さない限りであるという点で絶対的なものではないことがわかります。したがって、人権法の根本目的は、個人的利益とコミュニティの利益との間の当然の緊張状態を比較衡量を通じて調整することだといえます。裁判所が首尾一貫して述べてきたように、「条約全体に内在するのは、一般的利益の要求と個人の基本的権利の保護の要請との公正な均衡を追求すること」[7]です。

こうした均衡の追求を行ってきた機構は補完的なものであることもすでに見てきました。条約の主要な目的は国内レベルにおける人権保障を強化することです。問題になっている諸利益の相対的重要度を比較検討することにもっとも適切な地位にある機関は、国家当局です。同時に、条約体系における民主制の卓越は、国際裁判官に対して、民主的制度によってとられた手段に対して謙譲を示すように要請しています。ヨーロッパ連合とは異なり、ヨーロッパ人権条約は画一性を求めようとはせず、民主的社会の中核にある共通の最低基準を保障しながら、民主的社会が採用しうる解決策には一定の幅があることを認めています。

競合する利益間の均衡の追求は、デュー・プロセスの保障にさえ関係しています。したがって、たとえば拘禁に関して、個人の手続的保障を受ける権利および究極的には彼または彼女の自由と、コミュニティ一般を保護する必要性との間で衝突が存在しえます。裁判所は、条約5条1項に基づく精神障害者の合法的拘禁に関連して、「公衆の保護という利益」は「通常の保障の不在の下での緊急の監禁を正当化する限りにおいて、個人の自由に対する権利よりも優位する」[8]と判示しています。さらに、裁判所は、恣意的拘禁を禁止することを目的とする条約5条の文脈において、テロリスト容疑者の逮捕を基礎づける容疑の合理性を、それを証明する情報の秘密の情報源、またはこうした情報源やその身元を示すかもしれない事実を開示することによって確立することは締約国には要請されえないことを認めました[9]。自由は最狭義の意味においてさえ、社会に暮らし、社会を保護するという制約に服するのです。

表現や結社のような自由は、制約が民主的社会において必要であるかぎり明示的制約に服します。条

約11条に基づく結社の自由に関連して、Refah党対トルコ事件[10]では、イスラム主義政党がトルコ憲法裁判所によって解散させられたことについて、条約11条、そして9条（信教の自由）および10条（表現の自由）によって保障される自由は、国家において結社がその活動を通じて国家機関を危険にさらすような場合、当局から当該機関を保護する権利を奪うことはできないと、裁判所は判示しました。それ以前に裁判所は、民主的社会を擁護する要請と個人的利益との間に一定の妥協が条約システムの中に内在していると判示しています。

　政党が法律または国家の法的および憲法的構造の変革を求める運動を行えるのは次の二つの条件においてです。第一に、当該目的のために使用される手段はいかなる点においても合法的で民主的でなければなりません。第二に、提案されている改革はそれ自体が基本的民主原理に合致していなければなりません。必然的な帰結として、政党の主導者が暴力を煽動したり民主制ルールの一つまたはそれ以上を尊重しなかったり、民主制の破壊や民主制において承認されている権利や自由の無視を目指したりする政策綱領を掲げるようであれば、これらを理由として課された制裁に対して、政党は条約上の保護を主張できないでしょう。

　人権法の主要な役割の一つが、民主的社会において均衡を維持することだとすれば、それは、一方の真の脅威から民主的社会を保護する適切な措置と、他方の比例しない抑圧との間で適切な均衡をとることを明らかに含んでいます。テロリズムに関する最近の論争の焦点はこの問題にあります。テロリズムは、一般的には、まさに暴力として、人権法が取り組むべき二つの根本的問題を提起します。第一に、テロリズムは民主制および法の支配を直接攻撃します。したがって、法の支配によって統治されている民主的国家ならば、テロリズムに対して実効的に自己を守ることが可能でなければなりません。人権法はこの必要性に対応しえなければなりません。国家が民主制と法の支配を擁護するために合理的で比例した行動を取ることを阻止するような方法で、ヨーロッパ人権条約が適用されてはなりません。さらに、裁判所が判示したように、条約締約国は、条約2条に基づき、その管轄内に存在する者の生命を保障するために適切な手段をとる義務を負っています[11]。そこで、裁判所がこれまで認めてきたように、民主的社会を擁護する必要性と個人的権利との間で一定の妥協が必要になるかもしれません[12]。国家当局がコミュニティ全体としての安全という利益においてこうした脅威に釣り合いの取れた対応を取ることを阻害することは、条約の基本的趣旨および目的に反することになるでしょう。

　しかし、テロリズムと暴力が民主制と人権法に挑戦する第二の方法は、国家に抑圧的手段をとるように仕向け、それによって民主的社会の基盤を知らぬまに害することによってです。したがって、テロリズムに対する我々の反応は、防御的措置を取る必要性とそれなしには民主制が存在しえない権利と自由を維持する必要性との均衡をはかるものでなければなりません。同時に、より広い視点から見るならば、人間の尊厳に対する尊重や実効的人権保護が欠落する状況こそが、テロリズムを生み出すのです。したがって、国際的テロリズムの蔓延を阻止する努力は、国際人権法の目的を擁していなければなりません。さらに、制約というものは、当該権利の真髄を損なうほど広すぎては決してなりません。ストラスブール〔ヨーロッパ人権裁判所〕の言葉でいえば、制約は、同時に正当な目的を追求し、用いられる手段と実現を追求する目的との間に比例性の合理的関係を呈していなければならないのです。

　この文脈において均衡の問題を考えるならば、正当な安全配慮を可能にし、個人には手続的正義の実質的手段の付与を行いうる技術があるのかを問う必要があります[13]。いかなる場合でも、ただ単に国家の安全やテロリズムに関することだからと主張するだけで、国家当局が、国内裁判所の実効的規制から、さもなければ究極的には国際裁判の実効的規制から逃れることは不可能です。あるブルガリアの事

件において裁判所は最近こう確認しました。「国家の安全が危うい場合でさえも、民主的社会における合法性の観念および法の支配の要請によって、基本的権利に影響する手段は、当該決定の理由および関連証拠を審査することができる独立した機関の前で、何らかの形式の対審的審理に服さなければならない」(14)。個人は、国家の安全が危ういという執行府の主張に異議を唱えることができなければなりません(15)。他方、締約国の警察当局が組織的テロリズムに対抗すべく実効的措置を取る際に、当局に不釣合いな困難性を課すことになるような方法で条約が適用されてはなりません(16)。

ストラスブール判例法のよく知られた原理の一つに、ヨーロッパ人権条約は「生きている文書」であるというのがあります。すなわち、条約は今日の条件に照らして解釈されなければならないということであり、条約は裁判所の解釈を通じて、社会的・道徳的考えおよび技術的発展における変革を考慮に入れて進化するということです。条約の文言は、最も明確に与えられたことになる1950年の時点の意味で凍結されたままではありません。もしもそうだとしたら、条約はその妥当性の一部を失ってしまったでしょう。この動的解釈の原理が最初に明確に述べられたのは、刑事手続に続く体罰［鞭打ち刑］(17)に関してだとしても、もっとも頻繁に登場してきたのは8条に関連してということになります。このことは、8条がカバーする諸利益、すなわち私生活および家族生活、通信そして住居という具合に広範であるということだけでなく、こうした諸利益はまさに社会における変化によってもっとも影響されやすいということを理由とすることは明らかです。動的文書の中で、8条はもっとも弾力的な条項となりました。よって、たとえば、子供を保護すること、廃棄物処理施設によって生じた公害、計画問題、航空機騒音、性転換者の権利、学校における体罰、データ保護、公的機関の保護における申立人の過去に関する秘密文書へのアクセス、子供の名前［姓名のうちの名の方］の選択、移民規則の適用、医療記録の開示というように幾らでも挙げることができます。リストは実に長いのです。

8条によって保護される諸利益の潜在的範囲の広さは、この領域において現代社会に遅れをとらないように裁判所判例法の発展を可能にする上で利点であり続けてきました。しかしながら、政府が条約に基づき彼らに何が期待されているのかを正確に確立しようとすると、かなりの欠点です。これがよりいっそう欠点となるのは、8条に関する初期の判決の一つ(18)において、保護されている諸利益に対する恣意的介入を避ける義務に加えて、国家当局は当該諸利益に対する実効的「尊重」を確保する積極的義務も負うことを、裁判所が明らかにしたからです。当該事件は婚外子の地位に関するものだったので、当該事件の文脈において、家族生活に対する尊重とは、とくに、「出生の瞬間から彼（または彼女の）家族に子供が統合されることを可能にする法的保護に関する国内法の存在」を意味することを裁判所は認めました。さらに、こうした積極的義務は、個人同士の関係の領域においてさえ、私生活の尊重の確保を意図した手段の採用を含んでいるかもしれません(19)。

発展的解釈の例は、昨年決定されたイギリスの事件(20)に見出せます。そこでは、裁判所は遡るところ1986年以来の一連の事件を経て、公正な均衡は性転換者の法的承認の方に傾いているとの結論についに到達しました。裁判所が喚起したのは、被告国および締約国内における変化している状況を考慮に入れ、達成されるべき基準に関する発展中のいかなる収束にも裁判所は反応しなければならないということです。裁判所が動的・発展的解釈を維持し損なうことは、裁判所を改革または改善にとっての障害としてしまう危険があります。今回の事件において、裁判所は、性転換によって提起された法的および実際的問題の解決に対して共通するヨーロッパのアプローチが存するという証拠の欠落をさほど重要とは考えませんでしたが、これは初期の事件では理由付けの中に登場していたものです。むしろ、裁判所は、

増加する性転換者の社会的受容のみならず、手術後の性転換者の新しい性別の法的承認も支持する国際的傾向の継続性についての明確かつ争いようのない証拠の方をより重要と考えたのです。公的利益に対する具体的または実質的な窮乏または損害が、性転換者の地位の変革から生じようもないことが示されました。個人が多大な損失のもとに自分で選択した性別に従って尊厳と価値をもって生きることを可能にするために、社会が一定の不都合を甘受することを合理的に期待しうるでしょう。

　裁判所は、積極的義務に関する判例法を拡張することに慎重なのは理解しうることです。道徳の明確な発展が存在するというだけでなく、適当な場合にはそれに伴う科学的知識の発展によって実証されて、この発展が大多数の締約国の法および慣行の中に反映されていることを、まず裁判所は確信しなければなりません。つぎに裁判所は条約の文言を当該発展の観点から解釈します。社会における変化を考案したり、道徳的選択を押し付けたりすることは裁判所の役割ではないと、私ならいうでしょう。

　裁判所判例法において繰り返されているテーマは人間の尊厳という、条約の保障の多くの中核にある概念です。たとえば、裁判所は、昨年、ロシアの事件において、人間の尊厳に対する尊重に合致する条件の刑務所に拘禁されることを国家は確保しなければならないと判示しました。手段の方法と実施は、拘禁に内在する不可避のレベルの苦痛を越える、強烈な苦しみと困苦に人を服させてはなりません。さらに、拘禁者に屈辱を与え品位を落とす積極的意図が一切ないということが、考慮要因の一つになるとしても、条約3条によって禁止されている非人道的で品位を傷つける取扱いの認定を除外できるわけではありません[21]。

　昨年初め、裁判所の小法廷は、人間の尊厳が問題となる、とりわけ痛ましい事件[22]について決定しなければなりませんでした。申立人のプリティさんは、脊髄運動神経衰弱病の末期段階にあるイギリス国民です。彼女の夫が彼女の自殺を補助しても起訴されないという約束を公訴局長から得ることに失敗していました。申立人は、当該拒否は、とりわけ条約2条に基づく生命に対する権利、3条に基づく非人道的または品位を傷つける取扱いの禁止、そして8条に基づく私生活の尊重を受ける権利を侵害していると主張しました。

　2条に保障されている「生命に対する権利」は消極的側面を含むとして解釈されることに裁判所は納得しませんでした。2条は、生活の質に関わる問題とも、人が自己の生命について何を選択するかとも無関係であると判示しました。2条は、文言の歪曲なしには、正反対の権利、すなわち死ぬ権利を付与するものとは解釈しえないでしょう。また、生よりも死を選択する権利を個人に付与するという意味での自己決定権を同条は創出しえないでしょう。

　したがって、死ぬ権利は、第三者の手によってであろうとも公的機関の補助とともにであろうとも、条約2条からは派生しえないと裁判所は認定しました。換言すれば、幇助された自殺を刑事犯罪として扱うことは、条約違反ではないということです。この認定は、あるコメンテーターが主張したように、幇助された自殺を刑事犯罪とみなさなかった国家は条約に違反しているということを意味するものではもちろんありません。裁判所は、同時に3条（品位を傷つける取扱い）および8条（私生活に対する尊重を受ける権利）に基づく申立人の訴えを検討しましたが、ここでも違反を認定しませんでした。しかしながら、8条に基づく訴えを検討する中で裁判所が認めたことは、条約の真髄は人間の尊厳と自由に対する尊重だということです。医学的進歩が進むとともに平均寿命が延びていく時代においては、年老いて、または肉体的または精神的衰えが進んだ状態は、強力に支持されている自我と人格的アイデンティティの考えとは衝突するものであり、そんな状態においても生き続けることを強制されるべきではないと多くの人が考えました。裁判所は、当該事件の状況が私生活に対する尊重を受ける権利に対する介入を生じさせるということを排除するつもりではありませ

ん。

したがって、裁判所は当該介入の必要性の有無を決定しなければなりませんでした。国家は他の個人の生命や安全に有害な行動を一般刑事法を通じて規制する資格があることを裁判所は認めました。問題となる法律は、弱者や攻撃されやすい者、そして、なかでも、生命を終結するまたは生命の終結を幇助することを意図する行為について十分に情報提供された上で判断できる状況にない者を保護することによって、生命を保護するように作られています。もしも幇助された自殺の一般的禁止を緩和するならば、または例外を設けるとするならば、危険および予想される濫用の発生率を評価するのは第一に国家です。争われた手段は「民主的社会において必要である」と正当化しうるでしょう。

この注意を要する困難な事件は、まだまだ激しい法的、道徳的および科学的論争の問題になっている領域における、生きている文書原理に対する裁判所の慎重なアプローチを示すもう一つの例です。それが我々に思い起こさせてくれることは、一定の評価を行う上でもっともふさわしい現地の当局として、かつ民主的社会の原理に従うという点でも、一定の裁量を保持すべき行動領域が国家にあるということです。

これで、裁判所がどのように機能しているか、そして裁判所の活動を導いている諸原理について皆さんに示すことができたと思います。結論に入るまえに、裁判所と条約システムが直面している、おそらくは最大の挑戦について少し話しておかなければなりません。この10年の間に締約国数が倍になったことおよび衝撃とともに多くの新規締約国が迎えている状況です。膨大な数の申立がシステムを圧倒せんとしています。

裁判所は、現在、裁判所の様々な決定機関において、約30,000件の未決の申立を抱えています。1998年11月に現在の裁判所が稼動して以来、申立は130％増となり、1988年以来では1,400％増となります。増加の可能性は、締約国増加の帰結として無限です。そのうえ、取扱件数の発展は単に量的なものではありません。裁判所のところにくる事件の性質が反映せざるをえない事実は、現在、相当数の締約国は、多くの点で、なかでもその司法システムに関して、移行期にあるということです。もっともそれらの国の幾つかにおいてはかなりの発展が実現してはいます。こうした［移行期にある］締約国では、一晩では解決しえない構造的問題が存在することがよくあります。

思うに、将来に向けての道は、裁判所が「原理」についての決定、すなわち判例法を作り出すような決定にその労力を集中できるようにすることです。これは、ヨーロッパにおける共通の最低基準の維持を確保する最良の手段でもあるでしょう。しかし、これは、個人の申立権に対する一定の制約を意味し、どの事件を審査し、どの事件を略さずに裁判を行うかに関するより広い裁量を裁判所に与えることを少なくとも意味するでしょう。

毎年提起されている何千件という申立のために、実際には、個人申立の権利は、合理的時間内に申立を処理することの実際上の不可能性に深刻に包囲されています。たとえば年に30,000件の事件を抱えて、完全な実効的アクセスが保障されうると本当に主張できるでしょうか？　私ならば問題に対するより現実的なアプローチの方を支持します。そして、システムの根本的目的とは適合しつつも、個人申立自体が目的というよりは目的のための手段としてとらえ、個人申立を国内法制度における欠陥を明らかにする拡大鏡として、個人申立を国家の民主的温度を測る温度計としてみなすことによって、システムの真髄は維持したいと思います。

このように言って締め括らさせてください。現在は、国際法にとって大変な時代です。国際法学者として、自分の成人としての全人生を通じて、国際法の価値、そして国際法の必要性さえも、深く確信し続けてきました。国際司法の信頼できる実効的システムを確立するための道程は、決してまっすぐでも、容易でもないでしょう。しかし、この50年を通じ

て成し遂げられた途方もない進歩のことを考えれば、この進歩は今年初めの国際刑事裁判所の発足に至るプロセスに結実しており、楽観主義の余地がまだ存在すると思います。私は、国際司法の放射物として最も成功している裁判所の所長をつとめる名誉にあずかっています。裁判所が、人権保護の真に実効的国際システムのモデルとしてあり続けることは、国際コミュニティ全体にとって重要です。そして、だからこそ、関わっている全ての者が、この若いそして不確実な世紀の新たな挑戦に裁判所が立ち向かえるよう取り組んでいかなければなりません。

(1) See *the Collected Edition of the "Travaux Préparatoires" of the European Convention on Human Rights*, vol. II, pp. 485 and 490, and vol. III, p. 651.

(2) Kudła v. Poland, 26 October 2000, Reports 2000-XI, §152.［本書 *19*］

(3) Kaya v. Turkey, 19 February 1998, Reports 1998-I, p. 329, §105; Tanrıkulu v. Turkey, 8 July 2000, §101.

(4) See for example, Assenov v. Bulgaria, 28 October 1998, Reports 1998-VIII, p. 3290, §102; Labita v. Italy, 6 April 2000, §131; Veznedaroğlu v. Turkey, 11 April 2000, §32.

(5) Chapman v. the United Kingdom, 18 January 2001,〔GC〕Reports 2001-I, §114.

(6) P., C. and S. v. the United Kingdom, 16 July 2002.

(7) Soering v. the United Kingdom, 7 July 1989, Series A no. 161, §89.［本書 *14*］

(8) X v. the United Kingdom, 5 November 1980, Series A no. 46, §45.

(9) Fox, Campbell and Hartley v. the United Kingdom, 30 August 1990, Series A no. 182, §§32 and 34.

(10) Refah Partisi and others v. Turkey, 31 July 2001.

(11) See most recently, Pretty v. the United Kingdom, 29 April 2002, Reports-2002-III, §38.［本書 *28*］

(12) Klass and others v. Germany, 6 September 1978〔PC〕Series A no. 28, §59.

(13) See for example, Chahal v. the United Kingdom, 15 November 1996, Reports 1996-V, §131.［本書 *15*］

(14) Al-Nashif v. Bulgaria, 20 June 2002, §123.

(15) *Ibid.*, §124.

(16) Fox, Campbell and Hartley v. the United Kingdom, *supra* note 9, §34.

(17) Tyrer v. the United Kingdom, 25 April 1978, Series A no. 26, §31［本書 *16*］

(18) Marckx v. Belgium, 13 June 1979, Series A no. 31, §31.［本書 *58*］

(19) X and Y v. the Netherlands, 26 March 1985, Series A no. 91, §23.［本書 *50*］

(20) Christine Goodwin v. the United Kingdom, 11 July 2002.［本書 *47*］

(21) Kalashnikov v. Russia, 15 July 2002.［本書 *30*］

(22) Pretty v. the United Kingdom, 29 April 2002, *supra* note 11, §38.

[参考文献]

[1] Luzius Wildhaber, *The European Court of Human Rights 1998-2006 History, Achievements, Reform*, Engel, 2006

[注記]

・本稿は、2003年4月17日早稲田大学国際会議場において開催されたLuzius Wildhaberヨーロッパ人権裁判所所長（当時）講演会の原稿を翻訳したものである。
・本稿の表題は、編集委員会で付した。
・［ ］内の記述は訳者が付した。
・異なる指定のない限り、訳文中の「条約」とはヨーロッパ人権条約を指す。

［江島晶子 訳］

特別寄稿 II

在ストラスブール日本国総領事館と欧州評議会

庄司 隆一
（前在ストラスブール日本国総領事）

欧州の十字路を日欧交流の十字路に

ストラスブールはその歴史・地理的背景、そして欧州評議会や、欧州議会といった諸機関の所在から「欧州の十字路」と呼ばれ、欧州各国からの関係者の往来によりにぎわっています。今や27カ国を代表する欧州議会議員 (785名)、46カ国の欧州評議会議員会議議員 (630名)、メンバー国の大使、欧州人権裁判所裁判官などが常連です。最近のこのにぎわいの背景にはベルリンの壁崩壊以来欧州評議会のメンバーとして中・東欧、バルカン諸国、旧ソ連邦構成国が加わり欧州評議会が「民主主義の学校」としての重要な役割を果たすこととなったという事情もあります。我が国がオブザーバー資格を得たのもこの評議会の役割の変遷する時期と一致（1996年）していますが、とりもなおさず我が国の冷戦後の基本的外交目標の1つもこれら新しい国に民主主義、法の支配、人権、さらに市場経済といった基本的価値を普及させ平和と安定を確固たるものとすることにあった訳ですから、日本と欧州評議会の間には、同じ志を有する者同志の連帯ができたといえると思います。

そのような地に開館した（1992年）当総領事館のこれら国際機関との関係での役目は、一言で言えば、この「欧州の十字路」を「日欧の交流と対話の十字路」とすることであり、特に欧州評議会との関係においてオブザーバー国たる日本を代表し、同評議会との協力・協働を推進することであると思っています。欧州すべての国といってよい46カ国が集うこの地の価値をできるだけ多くの関係者の方に知っていただき有益な交流を進めることにより、この地で日本の情報を「大」欧州全体に向けて発信する、また反対に、この地での議論を日本に紹介し、そこから我が国として欧州の動きを理解する情報を得ることでもあります。

日欧の対話と交流を深化、拡大する

交流の広がりという意味では、既に、日本の最高裁判事と欧州人権裁判所裁判官との交流も1997年以来、ほぼ毎年実現されており、ヴィルトハーバー前長官は、欧州の法律体系とは異なった面を有する国と意見交換できることは大いに意義のあることと述べられて歓迎の意向を示しました。2006年には欧州評議会の地方自治体の集まりへの我が方全国知事会からの代表（知事）の出席も実現し、積極的かつ持続的な交流の素地ができました。特に、議員交流においては、約30年来、毎年欧州評議会の議員会議の場を借りて行われるOECD討議参加を通じて交流があります。評議会の議員は、各国の国会議員から選ばれて参加しているので、各々の国政とのつながりも密で、ハロネン・フィンランド大統領、アリエフ・アゼルバイジャン大統領、サーカシビリ・グルジア大統領、スヘッフェルNATO事務総長等々各国の現または元大統領、首相といった政治家等も欧州評議会議員会議出身です。このことも日・「大欧州」議員対話の場として有効な場であることを示していると思います。既に、我が国の議員団訪問の機会を経済（OECD関係）のみに限らずより広い対話の機会とすることには双方間で基本的な同意

がありますので、総領事館としてもこのような対話の進化に役立ちたいと考えています。

日欧交流の相乗効果を追求する

ストラスブールは大欧州の共同の作業場でもあり、特に欧州の価値、共通意識の深化、普及に大きな役割を果たしています。その1つは条約作成等を通じた規範作りにあります。欧州評議会は例えば、サイバー犯罪やテロと人権の問題、家庭内暴力の問題、人身取引の問題といった新たな行動が必要とされる分野に関する条約等を作成し、その実施の監視を行っており、条約の一部は域外国にも開放されています。このような欧州での規範作りが世界的な広がりを持つ場合があります。サイバー犯罪条約は良い例であるといえます。同条約交渉には、日、米といった非加盟国が起草の段階から参加し、署名をしていますが、これにより、サイバー犯罪条約が世界的な適用を持った国際条約となることに寄与しています。これは、評議会側の利益でもありますし、また、非加盟国の日・米にとっては、欧州以外の国の関心をも反映した条約の作成、そして適用が可能となったわけです。そして、我が国は、このような規範を特に周辺アジア諸国にも、その技術協力も含めて、伝播していく立場と役割を担うことになると考えます。

異文化間対話の推進は多民族、多宗教からなる欧州にとって大事な課題です。この分野は日本・欧州評議会の協力重点分野でもあります。総領事館が日本のオブザーバー資格取得10周年記念行事として、欧州評議会の中で展示会を開催したのも異文化間対話をテーマとしたもので、日本がユネスコ内に設置した基金を通じ世界文化遺産の修復、保存に貢献していること、これらの文化遺産保存事業を通じて、異文化への理解促進に貢献していることを示すパネル展示を実現しました。観ていただいた方に対して大いに日本の政策の広報に役立ったようです。国際交流基金も評議会のプロジェクトにここ数年資金協力をし、また、セミナー等に専門家を派遣するなど、日欧の専門家間の交流が図られています。

麻生大臣が2006年11月に行った「自由と繁栄の弧」という演説を皆様はお読みいただいたでしょうか。民主主義、人権、法の支配、市場経済といった普遍的価値を日本外交は世界に伝えることを外交の柱の1つにすることを公に宣言した画期的な演説です。欧州地域での日本の貢献についても明記されています。私はこの演説はまさに、日本と欧州評議会の協力の基本に触れたもので、本分野で明確に力強く日本外交の基本姿勢が宣言されたことを大変うれしく思いました。演説では、アジアにおける法制度構築への日本人専門家による貢献などの日本の実践に触れられています。同様に、評議会も民主主義移行国に対して、司法制度、選挙制度、地方自治制度、市民社会等の確立のために具体的プロジェクトを通して実践と経験を積み上げてきました。このような実践を日本が一緒に行うことにより、ノウハウを日本は得ることもできますし、プロジェクトに日本が加わることにより、付加価値が加わることにもなります。

欧州のコミュニティ・ビルディングから学ぶ

欧州評議会は、欧州の統一運動を母体として活動している機関ですが、我がアジア地域にも最近とみに、アジア共同体を形成しようとする動きが広がっています。他方、欧州とアジアのアプローチを比べ、かなり異なっているのは、共同体形成作業の中における価値の問題の位置付けで、とりもなおさず欧州評議会はこの分野を扱っているわけです。アジアにおいても「共同体」形成を目指す以上、この価値の問題は長い間放っておけるものでもないでしょう。我々の地域として評議会の作業から何を学ぶのかという視点にも留意してフォローしています。

評議会は、特色のあるアプローチをとっています。その第1がモニタリングというシステムです。現在、20カ国弱が、閣僚委員会ないし議員会議のモニタリングの対象国となっており、定期的に当該国の民主化、人権、法の支配分野における進展を、事務局

又は議員会議委員会作成のレポートを基に審査をし、必要があれば注文を付けるシステムが動いています。ここでは、内政干渉などという反論はありません。さらに、条約の遵守状況のモニタリングや人権コミッショナーによるものがあります。

2005年の議員会議の機会でしたが、珍しく、アジアからのお客さんが訪れました。AAPP（アジア国会平和連合）の代表団で、パキスタン下院議長が団長、加えて、インド、フィリピン、カンボジア、中国の代表が参加していました。要は、AAPPにおいて5年以内に、評議会の議員会議にならったアジア議員の組織を結成することを決めたことから、欧州評議会を訪れたものです。なかなか難しい作業とは思いますが、日本はこのような動きにいかに関わっていくべきなのでしょうか。

唯一のとげ

日本と欧州評議会の中の唯一のとげは、死刑問題です。欧州評議会は、死刑を人権への挑戦として、これを退けるアプローチをとってきました。今やロシアがモラトリアムを実施し、他の加盟国はすべて平和時の死刑を廃す条約に加盟しています。日本及び米国にもオブザーバー国として評議会に参加している以上、評議会の規範を守るべしとの圧力になるわけです。これは是非対話を重ねる中で、両者の理解を深め、溝を縮めることが大事だと思います。議員会議では、いらだちから日米のオブザーバー資格を本問題とリンクするとの意見も勧告されました（2006年）が、このような高飛車なアプローチは不適切かつ非生産的です。日本と欧州評議会が共通の基本的価値の確立と伝搬のために共に努力している極めて重要なパートナーであるという視点を決して忘れてもらってはならないと考えます。

最後に

ストラスブールは美しい町です。また、アルザス地方も日本との文化・学術交流に大いに積極的です。私たちはこの地が欧州機関を通じての日欧交流の十字路であり、同時に日仏、さらには日欧の文化・学術交流の拠点として益々発展していくことを願っています。日本からの訪問者により頻繁にこの十字路を訪れていただきたいものです。

＊ここでの「欧州評議会」・「欧州人権裁判所」という表記は、本稿の性格に鑑み、原文のままとした（編者注）。

ストラスブール市（大聖堂プラットフォームよりヨーロッパ評議会方面をのぞむ）。左上の現代建築がヨーロッパ議会

〔凡例・略語〕

I　凡　例

1. 判例解説の配列は、最初に「I ヨーロッパ人権条約の基本問題」としてヨーロッパ人権条約（以下、「人権条約」という）全体に関わる問題群についての判例を取り上げ、次に「II ヨーロッパ人権条約が保障する権利」として、人権条約が保障する権利にかかわる判例を原則として条文の順序に沿って並べた。
2. 判例解説の見出しには、① 通し番号、② 事件のテーマにかかわる「項目」名、③ 事件の主たる争点ないし判決内容を示した「事件表題」、④ 判決の通称ないし呼称、⑤ 執筆者、⑥ 判決の英文タイトル・判決年月日・判例集番号、⑦ 必要に応じて、大法廷（GC, Grand Chamber）、全員法廷（PC, Plenary Court）、先決的抗弁（preliminary objections）、先決問題（preliminary issue）、を記した。このうち、②の項目は編集委員会が付したが、③については執筆者の意見を参考にした。
3. 項目の記述に際して振る小分け番号・記号は、(1)→(a)→(i)→(ア)の順に振った。この番号・記号は、ヨーロッパ人権裁判所判例集の採用しているものとは異なっている。
4. ［注］は、通し番号を付して、各判例解説の後にまとめ、末尾に［参考文献］を掲げた。
5. ヨーロッパ人権条約の条文については、編集委員会において本書巻末の資料 I 掲載の訳文への統一を図った。ただし、各執筆者の訳を尊重した箇所もある。
6. 頻繁に登場する訳語については、編集委員会において統一を図った。主要なものとして、以下のものがある。
   (1) 機関　ヨーロッパ人権裁判所（European Court of Human Rights, Cour européenne des droits de l'homme）、ヨーロッパ評議会（Council of Europe, Conseil de l'Europe）、自由権規約委員会（Human Rights Committee, Comité des droits de l'homme）、EC 司法裁判所（Court of Justice of the European Communities, Cour de justice des Communautés européennes）
   (2) 専門用語　申立（application, requête）、受理可能性（admissibility, recevabilité）、介入（interference, ingérence）、比例性（proportionality, proportionnalité）、評価の余地（margin of appreciation, marge d'appréciation）

II　文献・判例の引用

1. 文献引用
   (1) 邦語文献の表記は、原則として、下記のものとした。
      ⅰ）論　文　　著者「論文名」雑誌名　巻　号（発行年）頁
      　　　　　　　著者「論文名」『出典書名』（出版社、発行年）頁
      ⅱ）単行本　　著者『書名』（出版社、発行年）頁
      ⅲ）前掲引用　著者・前掲注（　）頁
      　　　　　　　著者・前掲注（　）頁
   (2) 外国文献の引用方法については、編集上の不都合がない限り各執筆者に委ねた。

2. 判例引用
　(1)　ヨーロッパ人権裁判所判決・決定
　　　ⅰ）本書に掲載されている判例については、第1申立人の姓（または通用している略称）および本書の通し番号で引用した。
　　　　　（例）　Handyside 判決（本書 *18*）／ハンディサイド判決（本書 *18*）
　　　ⅱ）ⅰ）以外の事件名は原則として正式のタイトルおよび言渡し日で引用した。パラグラフを指示する場合は、判例集を引用した。ただし、1990年頃までの判例は原則として申立人名だけが正式タイトルになっているが、その場合も、申立人名 v. 被告国家名で統一した。なお、事件表記をフランス方式にしたものもある。
　　　　　（例）　Klass and others v. Germany, 6 September 1978
　　　　　（例）　Inze v. Austria, 28 October 1987, Series A no. 126, § 1
　　　ⅲ）注の表記では、大法廷 Grand Chamber の事件には［GC］と、全員法廷 Plenary Court の事件には［PC］と付記した。
　　　　　（例）　Osman v. the United Kingdom.［GC］, 28 October 1998
　　　　　（例）　Brannigan and McBride v. the United Kingdom.［PC］, 26 May 1993
　　　ⅳ）決定は、Decision と付記した。
　　　　　（例）　Čonka v. Belgium, Decision, 13 March 2001
　　　ⅴ）必要に応じて、(Article 50), (just satisfaction) 等を事件名のあとに付記した。
　　　　　（例）　Loizidou v. Turkey (Ariticle 50), 28 July 1998
　　　ⅵ）正式タイトルが非常に長い場合、通用している略称を用いた場合もある。
　　　　　（例）　Belgian Linguistic Case
　(2)　ヨーロッパ人権委員会決定または報告書
　　　事件名については、(1)にならった。Application No. は原則として省略した。
　　　(1)と区別するため Decision（または Report）of the Commission と明記した。
　　　決定または報告書の採択日を付記した。
　　　　　（例）　Austria v. Italy, Decision of the Commission, 11 January 1961
　　　　　（例）　Silver and others v. U.K., Report of the Commission, 11 October 1980
　(3)　ヨーロッパ評議会閣僚委員会決議
　　　事件名については、(1)にならった。Application No. は原則として省略した。
　　　執行監視（旧54条・46条2項）決議と実体判断（旧32条）決議の区別はとくに明示しなかった。
　　　　　（例）　East African Asians v. U.K., Resolution DH (77) 2, 21 October 1977
　(4)　日本の国内判例
　　　　　（例）　最大決 1995(H7)年7月5日民集49巻7号1789頁
　　　　　（例）　最判 2003(H15)年3月28日判時1820号62頁
　(5)　外国国内判例
　　　各国の標準的な引用方法によった。
3. 欧文固有名詞の表記
　(1)　各国の固有の機関名については、必要な範囲で、各国語の表記を併記した。

(例)　破毀院（Cour de cassation）
(2)　国名についてアルファベット表記する場合、英語で統一した。
(例)　X and Y v. the Netherlands
(3)　地名については、有名地はカタカナで表記し、一般にはアルファベットで表記した。

III　略　語　(本書掲載のものに限る)

1.〈判例集〉

欧文略語	正式名称
A.C.	Law Reports, Appeal Cases
Bull. civ.	Bulletin des arrêts des chambres civiles de la Cour de cassation
Bull. crim.	Bulletin des arrêts de la chambre criminelle de la Cour de cassation
CMLK	Common Market Law Reports
DR	Decisions and Reports of the European Commission of Human Rights
ECR	European Court Reports
EHRR	European Human Rights Reports
FLR	Family Law Reports
ICJ Reports	International Court of Justice, Reports of Judgments, Advisory Opinions and Orders
ILR	International Law Reports
Reports	Reports of Judgments and Decisions of the European Court of Human Rights
Series A	Publications of the European Court of Human Rights, Series A: Judgments and Decisions
Series B	Publications of the European Court of Human Rights, Series B: Pleadings, Oral Arguments and Documents
Yearbook	Yearbook of the European Convention on Human Rights
WLR	Weekly Law Reports

2.〈雑誌・資料集〉

欧文略語	正式名称
AFDI	Annuaire français de droit international
AJDA	Actualité juridique de droit administratif
AJIL	American Journal of International Law
BGBl	Bundesgesetzblatt
BYIL	British Year Book of International Law
CDE	Cahiers de droit européen
CML Rev.	Common Market Law Review
Duke J. Comp. & Int'l L.	Duke Journal of Comparative & International Law
EHRLR	European Human Rights Law Review
EJIL	European Journal of International Law
EL Rev	European Law Review
EuGRZ	Europäische Grundrechte Zeitschrift
EuR	Europarecht
Florida State Univ. J. Trans'l Law & Policy	Florida State University Journal of Transnational Law & Policy
Gaz. Pal.	Gazette du Palais

German Y.B. Int'l Law	German Yearbook of International Law
HRLJ	Human Rights Law Journal
ICLQ	International and Comparative Law Quarterly
Italian YB Int'l L..	Italian Yearbook of International Law
ILM	International Legal Materials
JCP	Jurisclasseur périodique（Semaine juridique), édition générale
JDI	Journal du droit international
JO	Journal officiel de la République française
LPA	Les Petites Affiches
LQR	Law Quarterly Review
NJ	Neue Justiz
NJW	Neue Juristische Wochenschrift
NLJ	New Law Journal
OJ	Official Journal of the European Union/Communities
PL	Public Law
RCADI	Recueil des Cours de l'Academie de droit international de la Haye
RCDIP	Revue critique de droit international privé
RDH	Revue des droits de l'homme
RDIDC	Revue de droit international et de droit comparé
RDP	Revue de droit public et de la science politique en France et à l'étranger
RFDA	Revue française de droit administratif
RFDC	Revue française de droit constitutionnel
RGDIP	Revue générale de droit international public
RHDI	Revue hélénique du droit international
RIDC	Revue internationale de droit comparé
RTDE	Revue trimestrielle de droit européen
RTDH	Revue trimestrielle des droits de l'homme
RUDH	Revue universelle des droits de l'homme
UN Doc.	United Nations Documents
ZBR	Zeitschrift für Beamtenrecht
ZUM	Zeitschrift für Urheber- und Medienrecht

3. 〈機　関〉

欧文略語	正式名称	日本語
BGH	Bundesgerichtshof	連邦通常裁判所
BVerfG	Bundesverfassungsgericht	連邦憲法裁判所
CA	Cour d'appel	控訴裁判所
CC	Conseil constitutionnel	憲法院
CDDH	Steering Committee for Human Rights/Comité directeur pour les Droits de l'Homme	人権運営委員会
CDH	Comité des droits de l'homme	自由権規約委員会
CIADH	Cour interaméricaine des droits de l'homme	米州人権裁判所
CIJ	Cour internationale de justice	国際刑事裁判所
CJCE	Cour de justice des Communautés européennes	EC司法裁判所
CSCE	Conférence sur la sécurité et la coopération en Europe	ヨーロッパ安全保障協力会議

〔凡例・略語〕 xxxix

EC	European Community	ヨーロッパ共同体
EC	European Communities	ヨーロッパ諸共同体
ECJ	European Court of Justice	EC司法裁判所
EEC	European Economic Community	ヨーロッパ経済共同体
EGMR	Europäischer Gerichtshof für Menschenrechte	ヨーロッパ人権裁判所
EU	European Union	ヨーロッパ連合
EuGH	Gerichtshof der Europäischen Gemeinschaft	EC司法裁判所
EWCA	Court of Appeal of England and Wales	控訴院
EWHC	High Court of England and Wales	高等法院
GC	Grand Chamber	大法廷
HL	House of Lords	貴族院
HRC	Human Rights Committee	自由権規約委員会
IACHR	Inter-American Court on Human Rights	米州人権裁判所
ICC	International Criminal Court	国際刑事裁判所
ICJ	International Court of Justice	国際司法裁判所
ILC	International Law Commission	国際法委員会
ILO	International Labour Organization	国際労働機関
NATO	North Atlantic Treaty Organization	北大西洋条約機構
OECD	Organisation for Economic Co-operation and Development	経済協力開発機構
PC	Plenary Court	全員法廷
QB	Queen's Bench	女王座部（高等法院）
UN	United Nations	国連

4.〈条約など〉

欧文略語	正式名称	日本語
CCPR	International Covenant on Civil and Political Rights	市民的及び政治的権利に関する国際規約（自由権規約）
CDFUE	Charte des droits fondamentaux de l'Union européenne	ヨーロッパ連合基本権憲章
CEDH	Convention européenne des droits de l'homme	ヨーロッパ人権条約
CESCR	International Covenant on Economic, Social and Cultural Rights	経済的、社会的及び文化的権利に関する国際規約（社会権規約）
ECHR	European Convention on Human Rights	ヨーロッパ人権条約
EMRK	Europäische Menschenrechtskonvention	ヨーロッパ人権条約
PIDCP	Pacte international relatif aux droits civils et politiques	市民的及び政治的権利に関する国際規約（自由権規約）
PIDESC	Pacte international relatif aux droits économiques, sociaux et culturels	経済的、社会的及び文化的権利に関する国際規約（社会権規約）
ZPMRK	Zusatzprotokoll zur Menschenrechtskonvention	ヨーロッパ人権条約議定書

〔凡例・略語〕

5. 〈その他〉

欧文略語	正式名称	日本語
Aufl.	Auflage	版
a.a.O.	am angegebenen〈angeführten〉Ort	前掲の
app.	appendix	付録
Bd./Bde.	Band/Bände	巻、冊
e.g.	exempli gratia	例えば
et al.	et alii	その他
et seq.	et sequens	以下
f./ff.	und die folgende/und folgenden	(〜頁) 以下
fn	footnote	脚注
Hrsg.	Herausgeber	編集者
ibid.	ibidem	同じところに、同書に
id.	idem	同一著者（において）／同書
op.cit.	opere citato	前掲書中
Ord.	Ordenance	オルドナンス
par.(§)/pars.	paragraph/paragraphs	節/段落
para	paragraph	段落
Rn/Rdnr	Randnummer(n)	欄外番号
rep.	report	報告／報告書
ResDH	ResolutionDH	ヨーロッパ人権条約関係閣僚委員会決議
S.	Seite	頁
vgl.	vergleiche	参照

人権裁判所のオフィス
（2つに分かれているのは、人権委員会と人権裁判所（旧）がそれぞれ独立して機能しつづけることを予定していたことの反映である）

● 概　説 ●

概説 I

ヨーロッパ人権条約実施システムの歩みと展望

小畑　郁

はじめに

2006年の1年間でヨーロッパ人権裁判所（以下、人権裁判所という）は、1,560件の判決を下した[1]。これに対して2005年における日本の最高裁判所の行政事件上告新受数は359件[2]、2006年にドイツ憲法裁判所が憲法異議に対して実質審理を行い最終判決を下したのは139件[3]、アメリカ合衆国連邦最高裁判所の2005年度の署名付き理由のある判決数は69件である[4]。要するに、基本権に関して司法判断を下す機能において、人権裁判所は、世界に類例のない裁判所ということができる。このような膨大な活動は、この裁判所が、ヨーロッパのほぼ全域（トルコ、ロシアを含む）、人口にして計約8億人の国々（本書資料Ⅱ参照）からの人権侵害の訴えについて、管轄を有するからにほかならない。

しかし、法的な観点からすれば、人権裁判所の最も重要な特徴は、このように管轄の範囲が広くそれに応じて活動量が膨大な基本権を扱う裁判所、という点にあるわけではない。その本質であり、最もユニークな点は、基本権に関する司法裁判所でありながら、ヨーロッパ人権条約（以下、紛れるおそれのないかぎり、条約という）[5]という国際法に基礎をおくということにある。

第2次世界大戦後の国際法は、人権問題にも関心を寄せるようになったが、今日においても人権侵害の訴えを裁判所において審理し、法的拘束力のある判決を下すことのできる手続は、世界的な規模では存在せず、ヨーロッパ、米州、アフリカの地域人権条約によってのみ設けられている[6]。このうち、米州およびアフリカの人権裁判所は、個人の訴えを受け付けていない[7]。つまり、個人が自ら提起した訴えを審理する裁判所により人権を実施しているというのが、ヨーロッパの人々が、条約を「人権の国際的保障の最も完成されたモデル」[8]と自負する点なのである。しかし、客観的な立場から、付け加えて言わなければならないのは、このようなヨーロッパ・モデルの特徴は、1950年に署名された条約に当初から備わっていたわけではないことである。個人が訴える人権侵害の苦情を、裁判所で審理し法的拘束力ある判決を下すという手続で条約を実施するようになったのは、後述するように、1998年の第11議定書の発効による改正以降のことである。このように条約実施システムにおける人権裁判所の位置づけは、歴史的に変化してきた。さらに、今日でも、締約国による判決執行とヨーロッパ評議会閣僚委員会による判決執行の監視といった、国際法に基礎をおく国際裁判所であることに由来する、憲法裁判の一般的な概念からは理解しがたい手続もある。

このようにしてみると、人権裁判所をより深く理解しようとすれば、ヨーロッパ人権条約その他の同裁判所の国際法的な基盤がどのようなものであり、それが歴史的にどう発展してきたか、今日におけるそのさらなる発展への障害はどこにあるか、といった観点からの分析が不可欠であることがわかる。ここでは、このような観点から、人権裁判所を概観してみたい。もっとも、その前に、条約そのものについて、検討しておく必要がある。

〔小畑　郁〕

1　ヨーロッパ人権条約の作成とその原初的特徴

　ヨーロッパ人権条約は、1949年西欧および北欧の10カ国により設立された国際機構であるヨーロッパ評議会（Council of Europe）[9]の枠組みにおいて作成されたものである。ヨーロッパ人権条約は、この機構の加盟国のみが締約国となることのできる条約であり（59条）、それは、同条約が、ヨーロッパ評議会加盟国集団に固有の人権シンボルと考えられていることを意味している。

　ヨーロッパ評議会は、「加盟国の共同の世襲財産たる理想および主義を保護実現し、ならびに加盟国の経済的・社会的進歩を促進するために、加盟国間に一層緊密な統一を達成すること」（ヨーロッパ評議会規程1条(a)）を目的とするが、その設立の背景には、ヨーロッパ統合運動と、急速に形成されつつあった東欧圏への対抗があり[10]、さらにその根底には、ヨーロッパ文明の内部からのナチズムの出現を阻止できなかったという危機意識があったことを指摘しておかなければならない。この機構が発足後直ちに作成しはじめたヨーロッパ人権条約も、このような背景に照らして理解できるものである[11]。

　まず、実体規定においては、条約は、1948年に国連総会で採択された世界人権宣言を受けて作られていることを自ら確認しているが（前文）、権利のカタログにおいて、同宣言で認められた社会的権利は全く含まず、生命権、人身の自由、裁判を受ける権利、私生活の尊重および精神的自由のみを挙げている[12]。結局、条約は、自由権を保障するものということができるが、精神的自由を中心におくのではなく、人身の自由中心の構成をとっていることに注意が必要である。このような構成は、一方では国際法的保障の対象となってきた外国人法の伝統に沿うものであるが、他方で、身体に対する暴力を抑止することの方が、民主主義的空間を確保することよりも喫緊の課題であると考えられたことの反映でもあろう[13]。

　手続規定においては、個人の申立を条約機関が受け付ける権限および人権裁判所の管轄権については、いずれも締約国にとって選択的に認めればよいものとされている（いわゆる「選択条項」：旧25条および46条）。締約国が自動的に認めなければならないのは、他の締約国による自国の義務不履行についての申立が独立の個人専門家で構成されるヨーロッパ人権委員会（以下、人権委員会という）によって審理され（旧24条）、ここでの調停不調の場合にヨーロッパ評議会加盟国政府代表によって構成される閣僚委員会による決定の拘束をうける（旧32条）、ということだけである。つまり、ヨーロッパ・モデルなどと後になって言われる特徴は実はきわめて弱く、むしろ（諸）政府の政治的イニシアチヴおよび集団的決定による実施システムこそが、ヨーロッパ人権条約の原初の姿なのである。このことと、締約国の現行の法律に合致する限度での留保が認められていること（旧64条、現57条と同文）とを突き合わせてみれば、自由権、とりわけ人身の自由について、後退的立法を行うような政権が出現したときに、他の国家が合理的に介入する制度こそが、条約が設定しようとしたものだったことがわかるのである。

　このような制度のなかで、人権裁判所が果たすべき役割、とりわけ個人の不服に対して果たすべき役割は、微温的なものであった。1998年の第11議定書発効以前の旧制度の下では、現実には、旧25条・旧46条の両選択条項を受諾している締約国に対する個人の申立について、人権委員会が条約違反を認定（ないし僅差で違反なしと認定）したのち、人権委員会によって、人権裁判所に付託されるという道筋しかなかったのである。人権裁判所への付託権は、1994年に第9議定書が発効するまで、締約国または人権委員会に限定されていた（旧44条）からである。

　準備作業では、人権裁判所の設立そのものに対する反対も強く、8カ国が旧46条に基づく管轄権受諾宣言をした後に、第1回選挙を行い、それまではいかなる事件も人権裁判所に付託できないと規定し

て（旧56条）、ようやく設立が合意されたのであった。この条件が満たされて人権裁判所が発足したのは、1959年4月20日であり、条約はすでに1953年9月3日に発効していた。

2　実施システムの展開

それでは、このような原初的な制度から、今日見るような個人の救済・司法的解決志向の制度への変化は、どのように生じたのであろうか。

(1) 人権抑圧政権・政策への政治的介入機能の凋落——1960年代〜1970年代前半

実際には、ヨーロッパ内部に生じた人権抑圧政権への合理的政治介入という機能は、1967年に提起されたギリシャ事件（デンマーク、ノルウェー、スウェーデンおよびオランダ対ギリシャ）においてのみ果たす機会があった。ここでは、人権委員会は、クーデターで成立したギリシャ軍事政権による多くの条約違反を認定した報告書を採択し、閣僚委員会も1970年これを追認し、この報告書を公表する決議を採択した(The Greek Case, 14 April 1970, Res DH (70) 1)。しかし、閣僚委員会は、ギリシャが先に条約の廃棄を通告したことを理由として、これ以上の具体的な措置を決定せず、西欧・北欧諸国は、軍事政権への対応において分裂したため、ギリシャの民主化に向けたヨーロッパ評議会としての働きかけはほとんどみられなかった。

他方、初期に、条約制度内唯一の大国であったイギリスを悩ませたのは、植民地における人権問題であった。イギリス支配の下にあったキプロスにおける人権侵害について、ギリシャが1956年とその翌年にイギリスを相手取って人権委員会に申し立てたこと（第1・第2キプロス事件）は、違反認定には至らなかったものの、イギリスにむしろ国家間申立への警戒感をよびおこした。イギリスが1966年に個人の申立権および人権裁判所の管轄権を受諾することに踏み切ったのは、この流れの中で理解できる。領域的変更を迫る政治的圧力と一体化しやすい国家間申立から閣僚委員会への手続よりも、個人申立により持ち込まれる個別的事件の裁判所による処理を選好したのである[14]。

こうして、1960年代末には、国家間申立や閣僚委員会での実質審理という手続は、一方で人権抑圧政権・政策への合理的政治介入という機能を実際にはほとんど果たさないこと[15]、他方でこれらの手続は、個人申立や人権裁判所での審理といった手続との比較において、大国の望まない利用の仕方に道を開くものであることが明らかになっていた。しかし、後者の手続が順調に展開したわけではない。1969年末の時点では、ヨーロッパ評議会加盟国は、条約およびその手続との関係で、3つの立場に分裂している状況であった。すなわち、①条約の締約国となり個人の申立権も人権裁判所の管轄権も受諾している国(11ヵ国)、②条約の締約国となっているが、個人の申立権および人権裁判所の管轄権を受諾していない国（5ヵ国）および③条約の非締約国（フランスとスイスの2ヵ国）である[16]。

1970年代前半においても、①の国が安定的に受諾を継続する見通しはなかった。1967年のベルギー言語事件（本案）判決に不満を持つベルギーは、同年以降、それまで5年としていた人権裁判所の管轄権受諾宣言の有効期間を2年に短縮した[17]。1972年には、ゴルダー判決（本書41）、東部アフリカのアジア系住民事件(East African Asians v. UK, Report of the Commission, 15 December 1973)、アイルランド対イギリス事件（本書23）といった難事件を抱えていたイギリスが、それまでの3年間の期間を2年に短縮した。

このような状況の下で、人権裁判所は自己の権限を抑制的に行使していたようにみえる。1974年までの本案判決の対象となった実質10件中、違反を認定したのは5件にとどまった。解釈方法においても、たとえばベルギー言語事件（本案）（本書78）では、準備作業にかなりの程度依拠していた。

(2) 「中核」諸国における個人の不服の司法的解決機能の強調——1970年代後半〜1980年代前半

転機は明らかに、1970年代の後半期にある。イギリスは、ゴルダー判決において、人権委員会の条約解釈方法を争うことを目的に自ら人権裁判所に出訴したが、1975年の判決で見事に敗訴した。1974年から1980年まで裁判官を務めたフィッツモーリス（イギリス出身）は、判決に関与した12件中8件で個別意見を書き、この時期に人権裁判所がとった条約規定の拡張的解釈に反対したが（ゴルダー判決〔本書41〕、National Union of Belgian Police v. Belgium, 27 October 1975、アイルランド対イギリス事件〔本書23〕、タイラー判決〔本書16〕、サンデー・タイムズ判決〔本書62〕、マルクス判決〔本書58〕、Guzzardi v. Italy, 6 November 1980, the Sunday Times v. UK(Article 50), 6 November 1980）、このこと自体、彼のような立場が人権裁判所内で少数派になったことを示している。実際、この時期に、ヨーロッパ人権条約についての解釈原理として著名な、「自律的解釈」（エンゲル判決1976年〔本書17〕）や「発展的解釈」（タイラー判決1978年〔本書16〕）が人権裁判所の判決において確立されている。

このような人権裁判所の態度の基礎には、締約国による管轄権受諾宣言が更新されないといった事態が生じそうにない、という情勢認識がある。イギリスはGolder事件での敗訴にもかかわらず1976年に、ベルギーは1978年に、受諾宣言の有効期間を5年とした。また、この時期に、個人の申立権および人権裁判所の管轄権についての選択条項を受諾する国の環は、大きく広がった。アルジェリア解放戦争をかいくぐったフランスも、1974年に条約を批准し、直ちに人権裁判所の管轄権を受諾し、1981年には個人の申立権も認めた。スイスも1974年に批准、直ちに両選択条項を受諾している。条約には参加しながら選択条項を受諾していなかったイタリアも、1973年に両選択条項を受諾した。ヨーロッパ評議会の外にあったポルトガル・スペインも権威主義体制を脱して評議会に加盟し、それぞれ1978年・1979年に条約を批准し、ほぼ同時に両選択条項を受諾した。

このような1970年代後半の進展は、さらにその背景を探れば、国際人権規約の効力発生およびそれともかかわる東欧圏の動向と関連している。1966年に採択された国際人権規約（社会権規約および自由権規約[18]）は、所定の35カ国の批准・加入を得て、1976年にそれぞれ効力を生じた。このうち自由権規約は、政府報告書審査制度（同規約40条）とともに、選択的ながら国家通報制度（同41条）および個人通報制度（同規約選択議定書）を有していた。西欧圏諸国としては、これらの手続が保障しない、個人の申立を淵源とする訴えが裁判所によって審理されるということを、条約の独自性として主張することによってのみ、人権の先駆的擁護者としての自らのイデオロギー的優位性を示し得たのである。この事情は、当時ヘルシンキ・プロセスによって人権問題を含む対話の対象となっていた東欧圏諸国が、自由権規約にむしろ積極的に参加していたことによっても[19]、強化されていた。

人権委員会は、1977年、タイラー判決（本書16）において、事件が生じたマン島についての人権裁判所管轄権受諾宣言が更新されなかったにもかかわらず、この事件が個人により人権委員会に申し立てられた時点で有効であった管轄権受諾宣言を援用して、事件を人権裁判所に付託した。このような態度の基礎には、個人のイニシアチヴで提起された申立の実質が最終的には裁判にかかるというのが、条約実施システムの中核である、という観念がある。そして、この問題について形式論からすれば管轄権を否認する十分な根拠を有していたイギリスも、このような立場を争わなかったのである[20]。

もっともこの時期には、このような立場は、決して一般化できるものではなかった。1980年前半期には、キプロス、ギリシャ、トルコ、マルタといった条約締約国のうちでも「周辺」諸国は、選択条項を受諾していなかったからである。これら諸国は、

個人の申立や人権裁判所の判断が、地域や国の統治に対する耐え難い攻撃となりうることを怖れる状況にあったといえるであろう。

(3) 個人申立・司法的解決制度の「周辺」諸国への波及——1980年代後半

「周辺」国のこの状況を変化させたのは、「中核」諸国の側の事情であった。トルコの1980年の軍によるクーデターおよびこれにより成立した1982年憲法に基づく体制は、多くの人権問題を発生させたが、諸国家の動きは鈍かった。議員総会決議765 (1982)もあって重い腰を上げた諸締約国政府により、1982年7月1日に提起された申立は、1985年に、トルコにとっては極めて穏便な条件で友好的解決に至ったことが確認された (France, Norway, Denmark, Sweden & the Netherlands v. Turkey, Report of the Commission, 7 December 1985)。この解決合意に基づいて一定の監視任務を果たしていた人権委員会が、1987年、その任務の終了について報告書を公表した前日、トルコは、旧25条に基づく個人の申立についての選択条項受諾宣言を行った[21]。これが人権委員会の任務終了のための取引条件であったことは、明白であろう。このように、人権委員会が個人の申立を認めるよう強く促したとすれば、その背景には、西側「中核」諸国が、国家間申立を適時に行い、人権侵害の責任を明らかにするまで申立を追行するかどうかについての、むしろ不信があったといってもよいであろう。要するに、締約国たるトルコの人権侵害は等閑視はできないが、他方でそれに対処できるはずの既存の国家間申立手続には期待できない、という事情が、トルコへの個人申立手続の適用を促したのである。

このようなトルコをめぐる動きは、この地域の他の国に対して影響を及ぼさずにはおかなかったように思われる。実際、マルタ、ギリシャ、キプロスがこの時期に、両選択条項の受諾を終えた。こうして、1990年1月22日にトルコが人権裁判所の管轄権受諾宣言を寄託した時点で、すべての条約締約国が、個人の申立権と人権裁判所の管轄権を受諾するという事態がはじめて出現したのである[22]。

(4) 中東欧諸国へのヨーロッパ人権条約拡大と第11議定書による改革

しかし、この等式が永続的に成り立つ保証はすでになかった。1990年11月のハンガリーを皮切りに、冷戦構造の崩壊によりヨーロッパ社会への復帰を目指す旧東欧圏（中東欧）諸国が、ぞくぞくとヨーロッパ評議会に加盟してきたのである。これら諸国の加盟に際しては、ヨーロッパ人権条約への国内法適合性が審査されたうえ、加盟後早期の両選択条項の受諾を伴う同条約の批准を誓約するという、それまでになかった加盟条件が付された[23]。このような条件は、個人の不服の実質が裁判所により審査されるという歴史的な到達点が、部分的な後戻りさえ許さないほどにヨーロッパ評議会が体現する西ヨーロッパ・コミュニティのシンボルとして確立していたことを意味する。

しかし、他方において、このような条件のもとでの中・東欧諸国の取り込みは、すでに感じられていた個人申立の殺到による実施システムの機能不全の危険性を飛躍的に高めてしまう。実際、個人申立権と人権裁判所の管轄権の受諾が一般的になった段階で、人権委員会と人権裁判所の機能は重複しているといういう見方が生ずるのはむしろ必然であった。このような見方と、個人申立の増加(本書資料Ⅶ(1)参照)に伴う事件処理の遅延に対する懸念が結びついて、両機関の機能をフルタイムの人権裁判所に統合するという、後に第11議定書で実現する構想が、1980年代半ばには盛んに議論されていた。もっとも、作業はたひたび中断し、専門家で構成される委員会では、1992年10月に至っても合意ができないままであった。この段階でもし政治的決断が介在しなければ、個人申立に限り人権委員会の報告書を法的拘束力あるものとし、人権裁判所は自ら上訴許可を与えた事件のみ審理するという、いわゆる二審制案程度の改革に止まった可能性が大きい[24]。

実際に介在した政治的決断は、ロシアまでもヨーロッパ評議会に加盟させることが既定路線となって

いく最中に下された(25)。1993年10月にウィーンで開催されたヨーロッパ評議会首脳会議に集まった加盟国首脳は、この機構を「共産主義の抑圧から逃れたヨーロッパの民主主義国を、平等の基礎の上にかつ恒久的な構造のなかで、歓迎することのできる卓越したヨーロッパの政治組織」(ウィーン宣言5項)と位置づけたのである。それは、せいぜいローマ法の影響が及んだ地域あるいはオーストリア帝国の版図までといった、中・東欧諸国の限定的な統合にとどめようという路線の敗北を意味していた。このなかで、1994年5月11日、第11議定書が署名に開放された。

個人の訴えを受け付ける人権裁判所への機能統合と政治的不安定要因を抱える中・東欧諸国全域への拡大路線というのは、一見矛盾するようにもみえる。しかし、もし旧システムが維持されたり、いわゆる二審制案が採用されたとすれば、個人申立の増大とともに、おおむね加盟国の2倍の条約機関構成員(人権委員会委員と裁判官)がズルズルとフルタイム化することも予想された。個人の不服の実質が裁判所によって審理されるというのが、他の地域にみられないヨーロッパの先駆性のシンボルである以上、これをわかりやすく表示するとともに、ほぼ加盟国と同数の条約機関構成員(裁判官)で効率よく稼働させるというのが、第11議定書による改革の狙いであるということができる。その意味では、改革の背景と内容は整合的に理解できる。冷ややかにいえば、少なくとも政府レヴェルでは、ヨーロッパ全体での人権の実現について政治的責任を引き受けようという意思はほとんどみられず、シンボリックな意味での人権だけが問題だったのである(26)。

3 第14議定書と人権裁判所の当面する問題

閣僚委員会の事件の実質的審理権限を廃止し、個人の申立権と人権裁判所の管轄権を選択条項によって受諾する方式から自動的に受諾する方式に改め、人権委員会と人権裁判所の機能をフルタイムの新人権裁判所(新)に統合する改正を盛り込んだ第11議定書は、1998年11月1日に発効した。しかし、個人申立件数は、等比級数的に増大し、はやくも2000年に開かれた人権閣僚会議では、中期的には実施システムの更なる改革が必要だという認識で一致した(27)。閣僚委員会を中心にさまざまなフォーラムで検討された改革案のうち、合意が成立したものが、2004年5月13日に署名に開放された第14議定書に結実した(28)。

同議定書は、単独裁判官という裁判体を創設し、一定の場合そこで不受理決定を行うことができるようにし、従来不受理決定にのみ関わってきた3人構成の委員会(committees / comités)に、判例法の単純な適用で処理できる事件について本案判決を下す権限を与えた。これで個人申立の処理能率を人権裁判所の全体構成を変えることなく限界まで引き揚げようとしているのであるが、注目されるのは、「相当な不利益をこうむっていない」という新たな不受理事由の導入である。すなわち、ヨーロッパ人権条約違反があったとしても、その結果としてこうむる不利益が軽微であるとされる個人の申立は、却下されることになる。これは、個人の条約違反の訴えが裁判所により審理されるということをヨーロッパ・モデルの核心と考えてきた観念からすれば、ささやかであれ原理的な修正を内包している。つまり、人権裁判所は、個人の不服をすべて扱うのではなく、重要なものに集中し、そうでないものは、締約国の国内制度に委ねるという考え方である。人権裁判所所長を長くつとめたヴィルトハーバーは、このような「補完性原理」を強調してきた(本書・特別寄稿 I 参照)。人権裁判所(大法廷)は、締約国が条約上の権利を保障すると約束している第1条に「補完性原理」は内在しているという(クドワ判決〔本書19〕)。ボスポラス航空会社事件で採用された「同等の保護」理論は、EC制度に委ねるという趣旨であるが(ボスポラス判決〔本書2〕)、国内裁判所について同様の理論を採用しない合理的理由は見あたらない。パイロット判決方式(ブロニオヴスキ判決〔本書10〕)は、同種の事件のうち1件についての判決で構造的問題

を指摘し、他の事件については手続を停止するというものである。このような傾向は、国家（政府）と個人の間の紛争を処理する機能を少々犠牲にしても、いわばヨーロッパ人権公序を確保する機能を重視していこうという志向を表している。

このような志向は、ヨーロッパ・モデル観念の基礎である個人主義と抵触する。のみならず、補完性原理は、適用の仕方次第では信頼できない国内制度しか有しない国を個別的検討抜きに特定するということになり、国家間平等を持ち出すまでもなく恣意性が問題となりうる。これをいかに統御するかが、今後の人権裁判所の課題となるであろう。

第11議定書採択過程でもみられた諸政府のヨーロッパ全体での人権擁護への関心の稀薄性は、依然として閣僚委員会に委ねられた人権裁判所の判決執行監視手続の円滑な進行を妨げている。この手続では、とりわけ国内制度の構造的問題を背景とした個人申立事件（イタリアにおける訴訟遅延問題）、内戦状況の中での人権侵害（トルコの一部、チェチェン文民攻撃事件判決〔本書 5 〕）や国家間紛争を背景とする事件（キプロス対トルコ判決〔本書 4 〕）において、困難な問題を抱えている[29]。このような問題については、性質上裁判所がなしうることは限られていると思われるが、条約の枠組みでは、すべて人権裁判所の判決の執行という形をとるのである。それがしばしば深刻な抗争を背景とする構造的問題の解決に資するかどうかは、せいぜい状況によるとしかいいようがないであろう。ここには、司法的処理そのものの限界が横たわっているというべきであるが、第14議定書は、判決執行義務（46条1項）の不履行を人権裁判所において確認するという不履行確認訴訟 infringement proceedings という制度を導入した。閣僚委員会での判決執行監視手続の進行にはずみをつけるためと説明されているが、深刻なのはもはや法的問題でなくなっているからであり、そこで人権裁判所にふたたび頼ろうというのは、法規範の列への「無限の後退」（ケルゼン）というほかない[30]。

このようにみると第14議定書による改正は、実務的には限定的であり、理論的には困難な問題を一層先鋭化させるものともいえるが、遅くとも2006年秋の効力発生が目指されていた同議定書ですら、ロシアによる批准の遅延により発効の見通しが立っていない。一説には、チェチェン問題が影を落としているといわれている。

たしかに、ヨーロッパ人権裁判所は、古典的なものから優れて現代的なものまで、広範な人権問題について、相当に高い水準の法的思惟をめぐらして多くの判断を下してきた。私たち日本の法律家が参考にすべきは、第一義的には、かかる判例法（jurisprudence）なのかもしれない。しかし、ヨーロッパ人権条約の経験から、私たちが学ぶべきことは、その困難のなかにもあるといわなければならない。

(1) European Court of Human Rights, *Survey of Activities 2006*, p. 3.

(2) 『司法統計年報1民事・行政編』2005年版、第1－2表：事件の種類と新受事件数の推移――最高、全高等・地方・簡易裁判所、5頁。

(3) Bundesverfassungsgericht, Aufgaben, Verfahren und Organisation - Jahresstatistik 2005 - Erledigungen, available at: http://www.bundesverfassungsgericht.de/organisation/gb2006/ A-III-2.html (last visited on 30 April 2007).

(4) *2006 Year End Report on the Federal Judiciary*, p. 9.

(5) 正式には、「人権および基本的自由に関する条約」というが、この名で通用している。

(6) さしあたり、松井芳郎ほか『国際法〔第5版〕』（有斐閣、2007年）62-63頁〔小畑郁執筆〕参照。

(7) 正確には、アフリカ人権裁判所（正式には、人および人民の権利に関するアフリカ裁判所）は、特別にその旨宣言した締約国に対する個人の訴えを受け付ける（アフリカ人権裁判所設立議定書5条3項、34条6項）。しかし、2006年7月の時点で、実際にこのような宣言をした締約国は、ブルキナファソ1カ国のみである。参照：Information Note on the First Meeting of African Court on Human and Peoples' Rights, available at: http://www.africa-union.org/root/AU/Conferences/Past/2006/July/summit/doc/CADHP/BACKGROUND_ DOCUMENT_ON_THE_ AFRICAN_COURT.doc (last visited on 30 April 2007).

(8) Frédéric SUDRE, *La Convention européene des droits de l'homme* (6ᵉ éd. PUF, 2004), p. 3 (第3版の日

本語訳：建石真公子訳『ヨーロッパ人権条約』〔有信堂、1997年〕1頁）．

⑼　日本では、Europe を「欧州」と訳すヴァリエーションに加えて、Council は「会議」、「理事会」、「審議会」、「評議会」とさまざまに訳されてきた。2003年に、この機構が作成した条約である受刑者移送条約（刑を言い渡された者の移送に関する条約）に日本が加入し、その公定訳では、「欧州評議会」とされたため、「欧州評議会」との訳がそれ以降定着しつつある。本書では「ヨーロッパ評議会」という訳語を採用している。

⑽　参照：家正治ほか編『国際機構〔第3版〕』（世界思想社、1999年）200頁〔川岸繁雄執筆〕。

⑾　このような背景も含めた条約起草過程については、参照：薬師寺公夫「ヨーロッパ人権条約準備作業の検討（上）（中）（下）」神戸商船大学紀要・第1類文科論集32-34号（1983-85年）。

⑿　なお、条約本体の採択後、追加議定書によって、いくつかの権利を同条約の保障の下におくこととされている。しかし、社会的権利については、議論はあったものの現在に至るまで追加されず、ヨーロッパ社会憲章という別の条約制度の下での保障が与えられている。ここでは、個人の申立や裁判所による保障は認められていない。

⒀　なお、現在に至るまで、人権裁判所が扱う事件の大多数は、5条（人身の自由）および6条（裁判を受ける権利および刑事裁判の諸原則）関係のものである。

⒁　参照：A. W. Brian SIMPSON, *Human Rights and the End of Empire; Britain and the Genesis of the European Convention* (Oxford UP, 2001), p. 988ff.

⒂　もちろん、これは閣僚委員会の自己抑制によるところが大きい。1969年の〔旧〕32条の適用に関する規則の採択に至る経緯で、同委員会の紛争解決機能・条約違反決定機能の両面にわたる自己抑制がすでに明確になっていた。参照：小畑郁「ヨーロッパ人権条約実施手続の司法的純化についての一考察」国際法外交雑誌98巻1＝2号（1999年）135-144頁。

⒃　さしあたり参照：小畑郁「欧州審議会の人権保障活動と中・東欧」外国学研究（神戸市外国語大学）32号（1995年）122頁。

⒄　参照：小畑郁「ヨーロッパ人権条約体制の確立——人権裁判所の管轄権受諾宣言の取り扱いを中心に——」田畑茂二郎編『21世紀世界の人権』（明石書店、1997年）71頁。

⒅　正式には、経済的、社会的及び文化的権利に関する国際規約、および、市民的及び政治的権利に関する国際規約という。

⒆　1980年1月1日の時点で、自由権規約の締約国（計61カ国）となっていた東欧圏諸国は10カ国を数え、11カ国の西欧圏諸国と拮抗する影響力を有していた。

⒇　以上については、参照：小畑・前出注⒄、とりわけ、73-74、76頁。

㉑　以上については、参照：戸田五郎「ヨーロッパ人権条約とトルコの地位」国際法外交雑誌91巻5号（1992年）、とりわけ、37-38、46-49頁。

㉒　参照：小畑・前出注⒃、116頁。フィンランドは、1990年5月10日ヨーロッパ人権条約の締約国となり、同時に両選択条項を受諾した。

㉓　参照：同上116-118頁。

㉔　フルタイム人権裁判所への機能統合改革を行なうという合意が達成されたプロセスについては、参照：Andrew DRZEMCZEWSKI, Major Overhaul of the European Human Rights Convention Control Mechanism: Protocol No. 11, in: *Collected Courses of the Academy of European Law*, Vol. VI, Book 2 (1997), esp. pp. 141-153.

㉕　1996年に実現するロシアの加盟は、国内法のヨーロッパ人権条約適合性については目をつぶる形ですすめられた。これについては、参照：庄司克宏「欧州審議会の拡大とその意義——ロシア加盟を中心に」国際法外交雑誌95巻4号（1996年）。ヴィルトハーバー人権裁判所前所長は、人権条約適合性審査が不十分なままにヨーロッパ評議会加盟・条約批准を認めたことを「歴史的過ち」と表現している。Luzius WILDHABER, Consequenses of the European Court of Human Rights of Protocol No.14 and the Resolution on Judgments Revealing an Underlying Systemic Problem - Practical Steps of Implementation and Challenges, in: *Applying and Supervising the ECHR: Reform of the European Human Rights System* (Proceedings of the High-Level Seminer, Oslo, 18 October 2004, Council of Europe, 2004), p. 27.

㉖　以上については、参照：小畑・前出注⒂、とりわけ153-154頁。

㉗　Summary Report of the Secretary General, CM (2000) 172, Part II, para. 21.

㉘　以下、第14議定書の内容については、参照：小畑郁（訳）「〔資料〕第14議定書によるヨーロッパ人権条約実施規定等の改正」法政論集（名古屋大学）205号（2004年）。

㉙　さしあたり参照：Ed. BATES, Supervising the Execution of Judgments Delivered by the European Court of Human Rights: The Challenges Facing the Committee of Ministers, in: Theodora CHRISTOU & Juan Pablo RAYMOND(eds.), *European Court of Human Rights: Remedies and Execution of Judgments* (British Institute of International and Comparartive Law, 2005), pp. 81-97.

㉚　この点については、さしあたり参照：小畑郁「国際責任論における規範主義と国家間処理モデル」国際法外交雑誌101巻1号（2002年）18頁注⑺。

概　説 II

ヨーロッパ人権裁判所の組織と手続

小畑　郁

はじめに

　さきにみたように、ヨーロッパ人権裁判所（以下、人権裁判所という）が発足したのは、1959年9月18日であり、同裁判所は半世紀近い歴史をもっていることになる。しかし、この表現は、厳密に言えば正確ではない。なぜなら、1998年10月31日まで存在した「人権裁判所」と翌日に正式発足した「人権裁判所」とは、組織としては別のものであるからである。この切り換えは、このときに効力を生じた第11議定書によるヨーロッパ人権条約（以下、紛れるおそれのない場合には、条約という。条約の条文の引用は、とくにその旨の断りなしに、「旧○条」・「○条」などと示す）の大幅改正に伴うものである。実質的にも、人権裁判所（新）の発足時の裁判官39名中、人権裁判所（旧）の裁判官であった者は10名にとどまり、大幅な入れ替わりがあった。他方で、新しい裁判所が旧組織と同一名称を与えられ、両組織の断絶がほとんど意識にものぼらないのは、前者が後者の判例法を引き継ぐものとされたからである。実際、判例法の継承は第11議定書作成過程でも繰り返し強調され、新しい裁判所も旧組織のものも含め「当裁判所の判例法」として頻繁に参照し、依拠してきた[1]。

　このように、判例法という裁判所としての活動の核心部分において継承関係はあるものの、第11議定書による改正が人権裁判所の組織と手続にもたらした変更は、決して小さなものとはいえない。また、この改正により人権裁判所のヨーロッパ人権条約実施システムにおける位置づけも変わった。そこで、ここでは、まず旧制度における条約実施システムを概観し、つづいて、現行制度を分析したい。なお、旧制度・現行制度を通じて、ヨーロッパ人権条約の実施システム（締約国の義務履行を促す制度と手続）には、実施状況の締約国による説明をヨーロッパ評議会事務総長が求めるという政府報告書審査の系統に属する制度（現57条）[2]があるが、システムの中心は、締約国が他の締約国による条約違反を主張する国家間申立 (inter-state applications) と個人が申し立てる個人申立 (individual applications) の処理手続であるので、以下では、これに限定して考察をすすめたい。

1　旧制度における申立処理手続

(1)　概観と各機関の組織

　現行制度において申立処理の実質的部分にかかわるのは、人権裁判所という一つの機関だけであるが、旧制度においては、人権裁判所のほかに、ヨーロッパ人権委員会（以下、人権委員会という）およびヨーロッパ評議会閣僚委員会 (Committee of Ministers) という三つの機関が実施の実質に関与していた。人権委員会は、申立をふるい落とし、受理したものについて、事実の審査と調停を行う機関であり、ここで調停に失敗したものだけが、条約違反の有無についての決定のために、人権裁判所あるいは閣僚委員会に付託される（調停前置主義）。

　人権委員会は締約国と同数の委員で、人権裁判所はヨーロッパ評議会加盟国と同数の裁判官で構成される。委員のなかに、また裁判官のなかに、同一国籍を有する者が2名以上いることはない。このように人権委員会と人権裁判所とは似通った構成をもつが、候補者の指名は、前者については議員会議

(Parliamentary Assembly)⁽³⁾の役員会(Bureau)が、後者については加盟国政府が行うことになっており、このように指名された候補者からの選挙は、逆に、前者については閣僚委員会が、後者については議員会議が行うことになっている。委員・裁判官ともに、個人の資格で行動し、法律家であることは当然である。

これに対して、閣僚委員会は、ヨーロッパ評議会規程によって設置された、この国際機構を代表して活動する機関であり、加盟国（準加盟国を除く）の政府代表各1名で構成される（同規程5条(b)、13条、14条）。このように、実質的決定権限を、人権裁判所という司法機関と、閣僚委員会という政治機関とが分かち合っていることが、旧制度の特徴であった。

(2) 人権委員会における手続

申立は、まず人権委員会に提出される。このうち個人の申立（英文テキストでは、請願petitionsという文言が用いられていたが、人権委員会の実行上「申立applications」と一貫してよばれている）については、その受理権限を認める旨の宣言を行っている締約国を相手取る申立のみが、受理される（旧25条）。申立は、まず受理可能性（admissibility / recevabilité）を審査される。ここでいう受理可能性には、理論的にはむしろ管轄権の問題も含まれている。すなわち、人的（個人申立については、申立の相手方たる締約国について）、時間的および事項的に、人権委員会の権限に属しているかが審査される。また、申立は、すべての国内的救済手段が尽くされた後に（国内的救済原則）、かつ国内最終決定から6カ月の間に（6カ月ルール）⁽⁴⁾、提出されなければならない（旧26条）。個人申立の場合には、さらに、申立人が被害者であること（被害者要件、旧25条）、匿名でないこと、ヨーロッパ人権条約の手続を含む国際的調査または解決手続に付託された事案と実質的に同一でないこと⁽⁵⁾、および、明白に根拠不十分なものでないことなどが求められる（旧27条1・2項）⁽⁶⁾。

このような受理可能性審査の結果、受理された申立については、対審審理および必要であれば調査が行われ、同時に友好的解決を達成するために調停の努力が払われる（旧28条1項）。条約に規定された「人権の尊重を基礎とする」友好的解決が達成された場合、事実・解決についての簡潔な報告書が人権委員会により作成され、この報告書は公表される（旧28条2項）。友好的解決が達成されなかった場合にのみ、報告書において条約違反の有無についての人権委員会の意見が述べられる（31条報告書、旧31条1項）。実は、人権委員会の実行では、友好的解決の不達成を確認する前に、暫定採択された意見案が当事者に示されていた⁽⁷⁾。結局、ヨーロッパ人権条約に違反したという、いかなる公式の評価も、友好的解決を受け入れるならば免れることができたのである。なお、以上の手続は、すべて非公開である。

(3) 人権裁判所（旧）における手続

31条報告書が閣僚委員会に送付されてから3カ月の間に、関係する一定範囲の締約国または人権委員会は、事件を人権裁判所に付託することができる（旧44条、旧47条）。この付託には、関係締約国の同意、とりわけ旧46条に規定する人権裁判所管轄権受諾宣言による同意が必要である（旧48条）。

人権裁判所は、小法廷（Chambers / Chambres）で審理することを原則とする。小法廷は、当初7名の裁判官で構成するものとされていたが、1990年1月1日に効力を生じた第8議定書により、9名で構成するよう改正された。小法廷の構成のため、裁判所長（または裁判所次長）および国籍裁判官（関係締約国の国民たる裁判官または関係締約国が選定する裁判官）⁽⁸⁾以外の裁判官は、くじで選定される（旧43条および1994年規則A⁽⁹⁾21条）。事件が条約解釈に影響を及ぼす重大問題を提起する場合には、小法廷は全員法廷に事件を回付すること（relinquishement of jurisdiction in favour of the plenary Court）ができる。1994年の規則改正により、小法廷と全員法廷の中間に19名の裁判官で構成される大法廷（Grand Chamber / Grande Chambre）が設けられ、従来全員法廷に回付されていたような事件は、大法廷に回付されることとなった。この場合、大法廷は、「特別に重大な問題を提起する」か「現在の判例法の相当な変更と伴う」場合には、事件をさらに全員法廷に回付することができる（1994年規則A 51条）。

個人申立人は、人権裁判所への提訴権を有さず、当初は、提訴後も人権裁判所における手続の当事者とは考えられていなかった。このことは、人権裁判

所における手続が対審的性格を有しないことを意味した。人権委員会は、個人申立人の主張に同意しているとは限らず、また、人権裁判所手続へのその参加は、当事者としてではなく同裁判所を援助するためのものとされていたからである[10]。このような問題を軽減するために、申立人(の代理人)を人権裁判所における人権委員会の代表のなかに加えるという便法も用いられていたが、人権裁判所は、1983年の規則改正で、申立人を「当事者」とし、人権委員会とは別の参加資格を与えた。これにより、書面提出や口頭弁論を行うことができるようになった(1994年規則A1条(h))。さらに、1994年発効の第9議定書は、個人申立人に人権裁判所への提訴権を与えた。もっとも、もっぱら個人申立人によって人権裁判所に付託された場合には、人権裁判所の3名の裁判官で構成される審査部会により、同裁判所の審理をしない決定がなされうる(第9議定書により改正された旧48条2項)[11]。第9議定書を批准した締約国は、24カ国であった。

(4) 閣僚委員会における手続

人権委員会で友好的解決が達成されなかったにもかかわらず、人権裁判所に付託されなかった申立(人権裁判所の審査部会で却下されたものを含む)は、閣僚委員会に係属する。閣僚委員会は、構成員の3分の2の多数で、条約違反の有無および違反に伴う措置を決定するという、規定上非常に広範な権限を有する(旧32条)。しかし、実際には、人権委員会が条約違反なしの意見であった場合には、それに常に同調した。違反ありとの意見の場合には、その旨の決定とともに被告国のとった措置を是認する決議を採択するのが一般的であったが、違反の有無についていかなる決定も行わない「決定拒否 non-decision」に至る場合もあった[12]。

2 現行制度における唯一の実質的申立処理機関としての人権裁判所[13]

(1) 人権裁判所(新)の機能と構成

現行制度において、人権裁判所は、旧制度における人権委員会と人権裁判所の機能を引き継ぐものである。他方、閣僚委員会の事件の実質的処理機能は廃止されたので、事件の処理の実質は、人権裁判所が一手に担うことになる。

人権裁判所の裁判官は、締約国と同数であり、各締約国が指名する3名の候補者のなかからそれぞれについて1名、議員会議により選挙で選ばれる(22条)。議員会議の委員会では候補者は聴聞に応じるよう求められている。合衆国連邦最高裁判所裁判官の任命についての上院の関与に類似しているが、締約国の裁判官への影響力はむしろ強化された面がある。すなわち、裁判官の任期が旧制度における9年から6年に短縮された。人権裁判所の裁判官が常勤職となったこともあり、この短縮が裁判官の独立性に実際に影響していると指摘されている[14]。

人権裁判所は、5つ(2006年3月末までは4つ)の部(Sections)に分かれており、各裁判官はいずれかの部に属している。裁判官は2008年4月現在47名であるから、各部9〜10名の裁判官ということになる(本書資料Ⅳ参照)[15]。裁判体として最も重要な役割を果たす7名構成の小法廷は、各部において、部長および訴訟当事国について選挙された裁判官に加え、輪番制で事件毎に指名される。指名されなかった当該部の裁判官も、当該事件において補充裁判官として臨席する(以上につき、裁判所規則[16]26条)。このように、小法廷などの裁判体の構成員の固定度は、原則くじ引きで決定していた旧制度と比較すると飛躍的に高められているが、これは、中東欧諸国が参加してきて間もない、第11議定書が採択された1994年の時点での、判例法の継承についての危機意識を反映するものであろう。部の当初の構成が、10名中各部とも中東欧出身の裁判官を4名にするものであったことはこの関連で示唆的である。なお、各部には、もっぱら個人申立を却下する決定を行う3名の裁判官で構成される委員会(committees / comités)が、複数設けられており、この構成員も固定制とされている(27条1項)。

小法廷から回付または上訴される事件を扱う大法廷は、17名の裁判官で構成されるが、裁判所長、2名の裁判所次長および各部長(部長を兼ねる裁判所次長を除くと現在3名)を当然に含むものとされている(27条3項)(以下、彼(女)らを便宜上「幹部裁判官」とよぶ)。訴訟当事国について選挙された裁判官も職務上当然の構成員である。このような職務上当然

の構成員を除く大法廷の構成員について、当初は、固定度を高める仕組みがとられていた。すなわち、幹部裁判官を除くすべての裁判官を二つのグループ（それぞれ幹部裁判官を含め「第1大法廷」「第2大法廷」とよばれた）に分け、6カ月毎の当番制とし、裁判体としての大法廷は、事件毎に当番グループから構成員を輪番制で満たしていたのである。しかし、2001年11月からは、大法廷の構成員は事件毎にくじ引きで満たすこととされた。ただし、回付事件においては原小法廷の構成員を当然に含み、上訴事件においては原小法廷の構成員（小法廷の裁判長および関係締約国について選挙された裁判官を除く）は除外される（規則24条2項）。なお、全員法廷は裁判体としての機能を失った。

5名の裁判官で構成され、上訴受理要請を審理する大法廷の審査部会（panel / collège）は、当初は、幹部裁判官（原小法廷を構成した部の長を除く）プラス1名の裁判官で構成されることになっていた。しかし、現行規則では、①裁判所長、②輪番制で部長2名、③部において6カ月の任期で審査部会要員として選ばれた裁判官（②により長を出している部の裁判官を除く）のうちから輪番制で2名、で構成されることになっている。ただし、当該事件の審理に参加したことのある裁判官および訴訟当事国について選挙された裁判官は除かれる（規則26条5項）。このように現在では、幹部裁判官以外の裁判官の、審査部会での経験を増やす仕組みがとられている。

(2) 人権裁判所（新）における手続（巻末資料VI参照）

(a) 新手続の規定上の保守的性格

人権裁判所（新）は、先に述べたように、人権委員会と人権裁判所（旧）の機能を引き継ぐものである。第11議定書により改正された条約でも、原則として本案審理の前に受理可能性審査を行い、受理されたものについても、友好的解決が試みられるものとされている。さらに、旧制度に存在せず手続にかかる時間を短縮するという改革目的に反する上訴（referal to the Grand Chamber / renvoi devant la Grande Chambre）手続が設けられた。これらの点においては、できる限り実質審理を避け、2度の勝訴のチャンスを確保したいという、国家の既得権侵害に対する抵抗が直接的に反映している。

なお、旧制度に存在した国籍裁判官制度は、裁判官候補者の指名時の国籍要件が撤廃されたことにより、訴訟当事国について選挙された裁判官が常に裁判するという形に変わったが、実質的に維持されている。個人申立人との関係では、武器平等とはいえない。

(b) 受理されるまでの手続[17]

受理可能性の基準は、旧制度からの変更がない（35条参照）[18]。提起された申立は、部の一つに割り当てられ、部長により報告裁判官が指名される（規則48条・49条）。個人申立の場合には、報告裁判官は、委員会に申立を付託することができる。委員会は、全員一致の決定で申立を却下することができ（28条）、実際にはそこで約9割が却下されている[19]。ここで却下されず、あるいは報告裁判官により直接小法廷にかけるよう求められた申立については、小法廷が構成され、ここでは却下または受理することができる。関係締約国に通知され、対審手続がはじまるのは、小法廷が構成されたのちのことである。実際には、小法廷でも約半数が却下されている[20]。結局提出された申立のうち、受理されるのは3～4％程度ということになる[21]。

条約上の明文の根拠はないが、人権裁判所は、当事者に暫定措置（interim measures）を指示することができる（規則39条）。追放の事案などで頻繁に用いられている。暫定措置の法的拘束力については、人権裁判所は、自らそれを否定してきたが、国際司法裁判所の判例変更をうけて、肯定する立場に立つようになった（ママトクロフ判決〔本書 20〕）。

条約のテキストでは、受理可能性についての決定は、原則として別になすものとされ（29条3項）、人権裁判所（新）の当初の規則では、受理可能性と本案との併合審理を予定した規定はなかった。しかし、2002年の規則改正によって、かかる規定が導入され（規則54条A）、現在では受理決定の約8割は、受理可能性と本案の併合審理の結果として下された判決中でなされている[22]。この実行を受けて、発効が待たれている第14議定書による改正では、個人

申立については原則と例外が逆転し、原則として併合審理することとされた（改正後29条1項）。

国家間申立については、ただちに被告締約国に通知され、一つの部に割り当てられ、そこで上記と同様に小法廷が構成される（規則51条）。この場合には、受理可能性に関するいかなる決定も、小法廷において対審的手続ののちなされる。国家間申立については、第14議定書による改正によっても、受理可能性決定は原則として本案手続とは別になされる（改正後29条2項）。

(c) 友好的解決手続

個人申立について、受理決定が別になされないという実行の発展は、友好的解決手続が旧制度におけるものとは異なるものになってきていることとパラレルのものである。報告裁判官はもはやこのために当事者と接触することはなく、暫定意見の当事者への提示も、裁判手続の本質と矛盾するとして実行上なされていない[23]。このような調停前置主義の放棄は、第14議定書による改正により、人権裁判所が友好的解決のために自らを当事者の利用に委ねるかどうかは、任意的なものされ、条約のテキストの上でも明文化されることになる（改正後39条1項）。

もっとも、友好的解決は新しい手続においても統計上は頻繁になされていた。たとえば、2000年の1年間の695件の判決中230件が友好的解決を確認するものであった[24]。ところが、2006年の同じデータは、1,560件中28件にすぎない[25]。このことは、人権裁判所において友好的解決手続の重みが決定的に失われていることを示す。かつては、友好的解決の促進は、国家に人権侵害の認定を下すことを可能な限り避けるという実質的必要性に基づくものであったが、現在では、それは、膨大な申立件数の圧力のもとで、事件処理の効率化をはかる目的でのみ行われているのである。締約国が名目的な解決を与え、条約違反の判決を避けようとすることがむしろ警戒されているのである（タフシン・アジャール判決〔本書 *26*〕）。この場合、解決が条約上の「人権の尊重を基礎とする」ものかどうか（38条1項(b)、37条1項ただし書きも参照）、が基準であるが、その中身はなお不透明といわざるをえない。

(d) 調査および審理手続

受理されると、当事者とともに対審審理が行われ、必要に応じて調査が行われる（38条1項(a)）。かつて人権委員会によって担われていた後者の機能とりわけ現地調査機能については、人権裁判所への機能統合とともに発揮されなくなるのではないかとの懸念があったが、実際には、新人権裁判所も現地調査を行っている[26]。膨大な係属事件数の重みに耐えながら、他方で国内抗争等が絡んでそもそも国内的救済手段が機能していない状況下では不可欠ともいえる調査機能を、人権裁判所はどれだけ発揮しつづけることができるだろうか。このような状況下での事件には、人権裁判所がしばしば直面しているのである。

個人の申立については、直ちに却下されず、かつ上述した併合審理がなされない限り、受理可能性と本案についてそれぞれ書面による審理が行われ、また後者について口頭弁論が開かれるのが原則である（規則54条3項・59条）。口頭弁論のための法廷では、実際に弁論がなされるが、1件について2時間1回のみが通例であり、やはり書面審理が圧倒的比重を占めるのが実態である。国家間申立については、受理可能性について対審的な書面審理および口頭弁論がなされ、本案についても両者がなされるのが原則である（規則51条・58条）。

(e) 大法廷への回付と上訴

小法廷は、条約解釈に関する重大な問題が提起されるとき、または、判例変更の可能性がある場合、旧制度と同様に大法廷に事件を回付することができる。ただし、上訴を加えて2度のチャンスを確保するということから、回付は、いずれかの当事者の異議により阻止される（30条）。

小法廷の判決後3カ月の期間内に、当事者は、上訴受理を要請することができる。この要請は、大法廷の審査部会により審査され、条約の解釈・適用に関する重大な問題または一般的重要性を有する重大な争点を提起するときには、審査部会は受理を決定する（43条）。上訴審において扱われるのは、原小法

廷で受理された範囲での事件であり、上訴審としての大法廷は、小法廷での部分的な不受理決定を覆すことはできない(27)。逆に、小法廷での受理決定は上訴審で覆すことができ、実際にその例がある（アズィナス判決〔本書 25〕）。

(f) 判決と公正な満足を与える決定

判決文は、判決に至る手続、事実、理由および主文で構成される。主文は、問題となった条約規定について、おのおのの違反の有無を認定する形式をとり、各項目について票決結果が示される。いずれの裁判官も意見を付すことができる。

いずれかの規定について違反が認定され、かつ関係締約国の国内法が部分的な救済しか与えない場合、人権裁判所は、公正な満足 (just satisfaction / satisfaction équitable) を与える決定をする (41条)(28)。満足とは、一般国際法の用語では、通常、精神的損害に対して陳謝など外形的な行為により責任を解除する方式を指すが、ここでの意味はそれとはかなり異なる。つまり、精神的損害のみならず物質的損害および条約機関での手続の費用について、金銭補償を与えるよう命じるのである。この公正な満足を与える決定は、違反を認定する判決それ自体でなされる場合もあるが、そこでは留保され、後の別の判決で与えられることもある。この判決は、本案判決と区別され、41条判決（旧制度では50条判決）などとよばれる。

3　判決の効力と確定判決の閣僚委員会による執行監視

現行制度のもとでは、小法廷の判決は、当事者が上訴受理要請をしない旨表明したとき、上訴期限が徒過したとき、または大法廷の審査部会が上訴受理要請を却下したとき、確定(29)する (44条)。大法廷の判決はつねに確定判決である。自己が当事者である事件についての確定判決には、締約国は従わなければならない (46条1項)。これはしかし、国際的な平面での法的拘束力であり、ヨーロッパ人権条約が国内的効力を有している国でも、判決が国内的効力やましてや執行力を有するとは限らない。「公正な満足」付与の制度自体が、このような可能性を前提としている。

確定判決の執行は、関係締約国自らが行うものと考えられている。他方、この執行については、閣僚委員会が監視を行うものとされ (46条2項)、その手続も整備されている。このように、いわば申立の形式的処理の局面では、政治的機関である閣僚委員会の役割が残されている。

「46条2項適用のための規則」(2001年採択)(30)によれば、閣僚委員会に違反認定を含む確定判決が送付されると、事件は遅滞なく閣僚委員会の議題とされ、関係締約国は、当該判決を執行するためにとった措置を通報するよう求められる（同規則2条、3条(a)）。閣僚委員会は、この通報を受けて、関係締約国が「公正な満足」を支払い、かつ、違反を終了させできる限り被害者に原状を回復する「個別的措置」と、同様の違反を防止しあるいは継続的違反を終わらせるための「一般的措置」をとったかどうかを審査する（同3条(a)）。各事件は、「公正な満足」の支払いおよび個別的措置がとられるまで、年6回開催される閣僚委員会の人権特別会合の議題に繰り返し挙げられる（同4条(a)）。他方、関係締約国が一般的措置を知らせる段階にないと通報した場合、6カ月を超えない時期に開催される閣僚委員会の会合の議題とされ、この繰り延べは繰り返しなされうる（同4条(b)）。閣僚委員会が、関係締約国が求められるすべての措置を執ったことを確認すれば、「46条2項に基づく自らの職務が遂行された」旨の決議を行う（最終決議。同8条）。この間、閣僚委員会は、執行状況の情報提供、執行に関する懸念の表明や勧告 (suggestions) などのために中間決議を採択することがある（同7条）(31)。

このように、執行についてのイニシアチヴをあくまで関係締約国に留保しながら、最終的には、確定判決によって求められるすべての措置が執られたと、閣僚委員会という政治的機関がいわば「お墨付き」を与えるのである。この閣僚委員会の活動は、量的にも膨大で、2006年の1年間で80件の最終決議が採択されている。もっとも実際の執行監視状況には、

概説Ⅰで述べたように、多くの懸念が表明されている。

　以上のような閣僚委員会の機能は、いくつかの理論的問題を提起する。

　第1に、同様の違反を防止する一般的措置がとられたかどうかについても閣僚委員会が審査するのであるが、この権限の根拠は十分に説明されていない。判決の個別的効力という一般原則からすれば、将来の違反を防止するための一般的措置を執る義務が被告国にあるとはいいがたい。今日ではむしろ、人権裁判所に係属する事件のなかに同種反復的事件（repetitive cases）がかなりあり（一説には受理された申立の圧倒的多数を占めるという）、これがただでさえ膨大な係属件数を増やしているという実際上の理由から、閣僚委員会のこの機能が重要視されている。

　第2に、執行がなされたことを確認する閣僚委員会の権限と人権裁判所の権限とがどういう関係にたつかという問題がある。これまで、両者の間にはとりたてて優先関係はつけられていない。もっとも人権裁判所は、具体的な執行措置を指示することを控え、また判決執行義務を規定する46条1項(旧53条)の違反認定を避けてきた(32)。これに関連して第14議定書は、閣僚委員会にいったん係属したのち人権裁判所においてこの規定の違反を確認するという不履行確認訴訟（infringement proceedings）という制度を導入した。また、第14議定書が採択されたのち、人権裁判所が導入したパイロット判決という実行では、執られるべき一般的措置をある範囲で特定することも行われている（ブロニオヴスキ判決〔本書 *10*〕）。

　このようにみてくると、閣僚委員会の側にすら、自らの権限を活用しようというよりは、人権裁判所に頼ろうとする傾向があることが分かる。では、人権裁判所としては、どのような力に依拠することができるのであろうか。この問いこそが、人権裁判所のこれからの半世紀を規定するといわなければならない。

　(1)　もっとも、実質的に判例法が継承されているかどうか、問題が指摘されるケースもある。たとえば、ユーゴスラビアに対するNATOの空爆が問題になった2001年のバンコヴィッチ事件判決（本書 *6*）の不受理決定を、Loizidou v. Turkey (merits), 18 December 1996 などの旧人権裁判所の判例と比べてみると、少なくとも大幅なトーンの変化が見いだされる。

　(2)　この制度の運用状況については、さしあたり参照：Clare OVERY & Robin C. A. WHITE, *Jacobs & White, The European Convention on Human Rights* (4th ed. Oxford UP, 2006), p. 14f.

　(3)　議員会議は、ヨーロッパ評議会の審議機関であり、閣僚委員会に勧告を行うことを主な任務とする（ヨーロッパ評議会規程22条）。各加盟国議会のなかから選ばれた代表（2～18人）で構成される（同25、26条）。議員会議の規程上の名称は、諮問会議（Consultative Assembly）であるが、1974年以来「議員会議」と自称しており、この名で通用するようになった。

　(4)　このルールによって、条約が効力を生ずる前に国内裁判所で結論が出されている事件のほとんどが、（発効後に継続的侵害があったとしても）申立処理手続にかけられないことになる。自由権規約選択議定書による個人通報手続との違いの一つである。

　(5)　この要件によって、他の国際的調査または解決手続、たとえば自由権規約委員会における個人通報手続、の審査にひとたび付された事案は、ヨーロッパ人権条約の申立処理手続にかけられないことになる。しかし、自由権規約選択議定書の方は、他の手続が終了したのちに自由権規約委員会が取り扱うことを許している。したがって、条約による処理を試みたのちに、自由権規約選択議定書の利用を行うことができることになるが、多くのヨーロッパ諸国は、このような事態が生ずることを嫌って、条約の手続にひとたび係属したものを受理することを認めない旨の留保を自由権規約選択議定書に付している。この点およびかかる留保の取扱いについては、参照：薬師寺公夫「自由権規約選択議定書5条2項(a)に対する留保」研究紀要（世界人権問題研究センター）8号（2003年）169頁以下。

　(6)　受理要件については、さしあたり参照：Frédéric SUDRE, *La Convention européenne des droits de l'homme* (6e éd. PUF 2004), pp. 54-63（第3版の日本語訳：建石真公子訳『ヨーロッパ人権条約』〔有信堂、1997年〕63-76頁）。

　(7)　さしあたり参照：大塚泰寿「ヨーロッパ人権条約における友好的解決に関する考察」六甲台論集（国際協力研究篇）2号（2001年）108頁。

　(8)　このように、被告または原告締約国の国籍をもつ裁判官が、必ず裁判体に加わるという「国籍裁判官制度」は、仲裁裁判に起源をもつ国際裁判の伝統を継承するものである。

　(9)　テキストは、さしあたり、*European Convention on Human Rights - Collected Texts* (Council of Europe,

⑽　この点についての古典的指摘として、参照：芹田健太郎「ヨーロッパ人権委員会の活動とその性格(下)」法学論叢79巻2号（1966年）71頁。

⑾　第9議定書については、参照：薬師寺公夫「［資料］人権裁判所に対する個人の訴権（ヨーロッパ人権条約第9議定書）」立命館法学217号（1991年）114頁以下。

⑿　参照：小畑郁「ヨーロッパ人権条約実施手続の司法的純化に関する一考察」国際法外交雑誌98巻1＝2号（1999年）144-152頁。

⒀　以下、全般的に参照：小畑郁「ヨーロッパ新人権裁判所」国際人権12号（2001年）。

⒁　このようなこともあり、2004年に採択された第14議定書による改正（未発効）では、裁判官の任期が9年に延長されている（改正後23条1項）。

⒂　第11議定書により改正されたテキストでは、部という用語が用いられていない。ここでは、一方では、小法廷が一定期間固定構成員で構成されるとし（26条(b)）、他方で、7名構成の小法廷で裁判することとしている（27条1項）。両者の要請を同時に満たすことは不可能であったので、裁判所規則等の人権裁判所の実行では、前者にいう「小法廷」を「部」ということにして、裁判体としての「小法廷」は、事件毎に構成することとしたのである。

⒃　人権裁判所（新）の発足当時の規則の日本語訳として、参照：小畑郁（訳）「（資料）ヨーロッパ新人権裁判所の規則」法政論集（名古屋大学）177号（1999年）。この規則は、その後かなり多くの改正がなされているが、大枠においては維持されている。

⒄　2002年の規則改正までは、提出された個人の申立は、まず「暫定ファイル」に綴られ、人権裁判所書記局（旧制度の下では人権委員会事務局）によって追完が促されるとともに見込みのない申立については取り下げるよう説得するという非公式の過程が存在した。必要な追完がなされ、取下げに応じなかった場合にのみ、申立は「登録」され、固有番号が与えられて正式の手続の対象となっていた。このような制度は、書記局に事務作業の負担をかけ未処理の申立を増やす結果になっているとして廃止された。現在では、提出されると直ちに固有番号が与えられる。書記局は、交渉することなく、必要な情報が提供されなければ人権裁判所の審理がなされないことがある旨の規則47条だけを申立人に示して、追完がなければ書記局限りの（裁判官が関与しない）「行政的な処理」を行いファイルを廃棄する。他方、受理要件を明白に満たさない申立について追完がなされた場合には、直ちに正式の手続において却下するという手続が取られている。

⒅　なお、第14議定書による改正では、個人の申立について「申立人が相当な不利益を被っていない」という新たな不受理事由を設け（改正後35条3項(b)）、受理可能性のハードルを高くするという、これまで禁じ手と考えられていた修正に手をつけた。

⒆　2006年に下された受理・不受理・総件名簿からの削除にかかる決定・判決29,689件（決定単位の数字と申立単位の数字が混在しており、正確な数ではない）のうち、委員会による却下決定（不受理および総件名簿からの削除）が26,510件で、単純計算すれば89.3％を占めている。European Court of Human Rights, *Survey of Activities 2006*, p. 37f.

⒇　2006年に小法廷でなされた受理・不受理・総件名簿からの削除にかかる決定・判決3,179件のうち、受理決定を含むものは、1,634件である。*Ibid.*

(21)　2006年に受理された申立は、3,210件で、提出された申立は、約50,500件であるが、受理決定は、この数字より少なかった過年度分の申立に対するものが多く含まれているので、本文のように推計した。裁判体に割り当てられた申立（2006年で39,350件）のうちということでいえば、8～9％程度ということになろう。参照：*ibid.*, p. 38.

(22)　2006年に受理された申立のうち、判決において受理を宣言されたものは、1,368件で、別の決定でなされたものは、266件である。*Ibid.*

(23)　参照：小畑・前出注⒀14-15頁。

(24)　European Court of Human Rights, *Survey of Activities 2000*, p. 69.

(25)　*Survey of Activities 2006, supra* note 18, p. 36.

(26)　さしあたり参照：Philip LEACH, *Taking a Case to the European Court of Human Rights* (2nd ed., Oxford UP, 2005), pp. 66-69.

(27)　参照：小畑・前出注⒀17頁注(25)。

(28)　この問題については、参照：佐藤文夫「ヨーロッパ人権条約と個人──『公正な満足』付与の問題を中心に──」成城法学7号（1980年）107頁以下。

(29)　日本の国際法学では、国際司法裁判所規程の公定訳の影響でfinal / définitiveを「終結」と訳すのが一般的であるが、これは「確定」にほかならないので、ここでは確定の語を用いる。

(30)　テキストは、たとえばAppendix I to: Elisabeth LAMBERT-ABDELGAWAD, *The Execution of Judgments of the European Court of Human Rights* (Council of Europe, 2002), p. 50ff.

(31)　なお、閣僚委員会のヨーロッパ人権条約の実施にかかわる決議は、ResDHという記号で示される。

(32)　以上について、参照：S. K. MARTENS, Individual Complaint under Article 53 of the European Convention on Human Rights, in: *The Dynamics of the Protection of Human Rights in Europe; Essays in Honour of Henry G. Schermers*, Vol. III (Martinus Nijhof, 1994), esp., p. 255; p. 269.

1994), p. 215ff. なお、規則Aとは、第9議定書非締約国に関する訴訟に適用される規則であり、同締約国に関する訴訟については、規則Bがあった。

概説 III

ヨーロッパ人権条約が保障する権利

江島晶子

はじめに

ヨーロッパ人権条約(1950年署名、1953年発効。以下、「人権条約」という)が保障する権利は、その前文にも規定されているように世界人権宣言(1949年)に基礎を置くものであるが、人権の内容は全くその通りというわけではない。人権条約が保障する権利の実効的保障（法的実施）を企図していたがゆえに、どのような人権をどのように規定するかについては、起草当初、①一般的な性格の簡潔な条項とするか（列挙主義）、それとも各権利の範囲、内容および制限を最大限精確に定義した条項とすべきか（定義主義）という点から、そして、②政治的民主主義を機能させるために絶対的に必要な最小限度の権利に限定するのか、それだけではなく人間が人間として当然に享有すべき権利を含むより広範なものを考えるべきかという点からの議論があった(1)。その背景には、条約作成の直接的動機であるファシズムに対する反省と全体主義に対する抵抗という点では一致していても、他方で戦後の西側ヨーロッパ諸国においては社会的法治国家の理念によって伝統的自由主義国家理念が見直される状況にあったこと（社会権・社会国家理念に基づく計画の推進と財産権の制約、教育の自由か教育の権利か等の問題がある）、そして、そもそも権利やその保障形式について国によって考え方の違いがあったこと（とりわけ大陸諸国とイギリスの対立）を念頭に置かなければならない。妥協を経て、結果的にはイギリスの定義主義案が採用されることとなったが、それでは、国家が負う義務の内容を予め可能な限り厳密に定義しておくというイギリスの当初の意図が達成されたかといえば、必ずしもそうとは言えない(2)。なぜならば、後述するように、ヨーロッパ人権裁判所（以下、「人権裁判所」という）による人権条約の解釈において、人権裁判所は慎重に人権裁判所と締約国との役割分担を画する一方で、人権条約は「生きている文書」であるとして発展的解釈、自律的解釈等（本書概説IV参照）を行っているからである。

起草時の議論ならびに妥協を経て採用されたのは、自由権を中心とする権利カタログで、議論が白熱した財産権、教育に対する権利および自由選挙については人権条約の内容から外し、独立した議定書(1952年署名、1954年発効。以下、「第1議定書」という)として規定した。その後も、議定書の追加によって権利を増やしてきている。他方、同じく議論となった社会権については、ヨーロッパ社会憲章という別の条約（裁判所という形式によらない実施システムであることに留意）に託すこととなった。人権条約の権利カタログの特徴を理解する際には、こうした経緯を念頭に置く必要がある。

1 権利の内容

(1) 生命に対する権利（2条）

生命に対する権利（2条）は、「最も基本的な条項の一つ」(McCann and others v. the United Kingdom〔本書 27〕)で、デロゲーションが認められない（15条2項）。2条違反として、トルコ軍のキプロスにおける軍事介入の際に生じたギリシャ系キプロス人の

行方不明に関して、トルコ政府が調査手続等を行わなかったという手続的観点から、国家による生命の剥奪が認められた例がある（Cyprus v. Turkey〔本書 *4*〕；参照、Isayeva, Yusupova and Bazayeva v. Russia〔本書 *5*〕）。2条1項は死刑制度を認めているが、第6議定書（戦時以外の死刑廃止）および第13議定書（あらゆる状況の下での死刑廃止）が別に存在する。2条2項は「不法な暴力から人を守るため」、「合法的な逮捕を行いまたは合法的に拘禁した者の逃亡を防ぐため」に「絶対に必要な、力の行使であるとき」は、「生命の剥奪」を認めている（「絶対に必要」の基準については、McCann and others v. the United Kingdom〔本書 *27*〕参照）。

生命に対する権利の射程範囲については議論があるが、胎児の生命に対する権利（妊娠中絶：Open Door and Dublin Well Women v. Ireland〔本書 *1*〕およびVo v. France 事件（8 July 2004））や死ぬ権利（安楽死、Pretty v. the United Kingdom〔本書 *28*〕）が問題になった事件において人権裁判所は2条違反を認めなかった。

(2) 拷問または非人道的なもしくは品位を傷つける取扱い・刑罰の禁止（3条）

拷問または非人道的なもしくは品位を傷つける取扱い・刑罰の禁止（3条）は、2条と並んで、最も基本的な権利の一つとして位置付けられ、同じくデロゲーションが認められない（15条2項）。人権裁判所は、Ireland v. the United Kingdom〔本書 *23*〕において、以下のように分類している。①拷問とは、非常に重大かつ残酷な苦痛を生じる意図的な非人道的取扱いである（拷問が認定された例として、Aksoy v. Turkey〔本書 *29*〕）。②非人道的な取扱いとは、強烈な肉体的精神的苦痛を生じさせる取扱いである。③品位を傷つける取扱とは、犠牲者に対して、恐怖、苦悩および劣等の感情を生じさせ、被害者に屈辱を与え、品位をおとしめ、当人の肉体的精神的抵抗を打ち破ってしまう取扱いである（品位を傷つける取扱いの例として、Tyrer v. the United Kingdom〔本書 *16*〕；Kalashinikov v. Russia〔本書 *30*〕; Cyprus v. Turkey〔本書 *4*〕; Z and others v. the United Kingdom〔本書 *13*〕）。②と③は両方認められる場合がある（例として、Ireland v. the United Kingdom〔本書 *23*〕）。

(3) 奴隷の状態および強制労働の禁止（4条）

奴隷の状態または隷属状態に置かれないこと（4条1項）および強制労働の禁止（同条2項および3項）について規定する。4条1項についてはデロゲーションが認められない（15条2項）。

(4) 自由および安全に対する権利（5条）

自由および安全に対する権利（5条）は、人身の自由が恣意的に奪われないことを保障し、それを手続的に保障する観点から刑事司法の諸原則を規定する。まず、5条1項は身体の自由および安全に対する権利の剥奪が認められる例外について、具体的かつ詳細な規定を有する。これらの例外は狭く解釈されなければならないと解されている（Winterwerp v. the Netherlands〔本書 *32*〕）。手続的保障の観点からは、逮捕の理由および被疑事実を告げられること（5条2項）、犯罪（嫌疑・予防・逃亡予防）のために逮捕・監禁された場合、ただちに裁判官等の面前に速やかに連れて行かれるものとし（Brogan v. the United Kingdom, 29 November 1988）〔起訴なしで4日以上拘禁した例〕、なお、参照 Brannigan and McBride v. the United Kingdom〔本書 *21*〕；Aksoy v. Turkey〔本書 *29*〕〔警察に14日間拘禁した例〕）、合理的な期間内に裁判を受ける権利または司法手続の間釈放される権利を有すること（同条3項）、拘禁の合法性を争う手続をとる権利（同条4項）、賠償を受ける権利（同条5項）が規定されている。

合理的な期間内（同条3項）であるかどうかは、①当局が主張する、拘禁を継続する理由が関連性を有し十分なものであるかどうか、②回避できる遅延によって手続が不当に延長されていないかによって判断される（Kudła v. Poland〔本書 *19*〕〔2年4カ月3日の未決拘禁〕）。

保釈については、保釈を認めることが原則で、認めない場合にはそれを正当化できる、関連性ある十分な理由が必要である。すなわち、①被告人が裁判

に出頭しない危険があること（Stögmüller v. Austria, 10 November 1969）、②被告人が司法の運営を侵害する危険があること（Wemhoff v. Germany 27 June 1968）、③さらに犯罪が行われる危険があること（Toth v. Austria, 12 December 1991）、④公共の秩序の維持のためであること（Letellier v. France, 26 June 1991）等である。

拘禁の合法性の吟味は、裁判所によって迅速に行われることを必要とする。裁判所は純然たる意味における司法裁判所であることは必要としないが、独立性を有し、必要な裁判手続と保護手段を備え、拘禁の合法性を決定し、もしもそれが不法だと判断した場合には釈放を命じることができるものでなければならない（Benjamin and Wilson v. the United Kingdom, 26 September 2002）。拘禁の合法性の審査は、状況の変化を考慮に入れて、定期的に行われる必要がある（様々な例について、以下を参照。Winterwerp v. the Netherlands〔本書32〕; Stafford v. the United Kingdom, 28 May 2002; Weeks v. the United Kingdom, 2 March 1987; Thynne v. the United Kingdom, 25 October 1990; V. v. the United Kingdom, 16 December 1999）。

(5) 公正な裁判を受ける権利（6条）

公正な裁判を受ける権利（6条）は、民事上の権利義務の決定または刑事上の罪の決定のため、法律で設置された、独立かつ公平な裁判所において、合理的な期間内の公正な公開審理を受けることの保障（同条1項）を中核とする。よって、まず、何が民事上の権利義務か（Pellegrin v. France〔本書40〕参照）、何が刑事上の罪か（Engel v. the Netherlands〔本書17〕参照）が問題となる。裁判所へのアクセス権は絶対的なものではなく、制約が存在する。制約に関し締約国は評価の余地を有するが、人権裁判所は、アクセスの本質が失われることのないよう、制約が正当な目的を有するか、制約手段が制約目的と合理的な均衡を有しているか審査する（Al-Adsani v. the United Kingdom〔本書7〕）。

公正な審理と言い得るためには、訴訟当事者が、①裁判所に実際に実効的にアクセスできること（Golder v. the United Kingdom〔本書41〕; Airey v. Ireland, 9 October 1979; Gradinger v. Austria〔本書39〕; Osman v. the United Kingdom〔本書12〕）、②裁判手続の時間と場所について通知されること、③証拠も含め自己の主張を提示する合理的な機会を有すること（Dombo Beheer BV v. the Netherlands, 27 October 1993）、④理由が付された決定が与えられることなどが必要である。公開審理であることも要請されるが、同時に、民主的社会における道徳、公の秩序もしくは国の安全のため、また、少年の利益もしくは当事者の私生活の保護のために必要な場合においては、裁判を非公開とすることを認めている（6条1項）。

審理は合理的期間内になされることが要請されている（Bottazi v. Italy〔本書44〕; Kudła v. Poland〔本書19〕）。現在、裁判の長期化が司法制度の構造的問題となっている幾つかの締約国から、6条違反を主張する同種の申立（repetitive cases）が大量に人権裁判所に提起されており、人権裁判所における事件処理の遅延の要因の一つとなっている[3]。

そして、6条1項は、法律によって規定された、独立かつ公平な裁判所であることを要請する（Zielinski v. France〔本書43〕）。人権裁判所は、国内裁判所に提出された証拠自体の評価を行うのは国内裁判所の任務であるとし、人権裁判所の任務は手続全体が、証拠採用の方法も含めて、公正であったかを確認することだという立場に立つ（Kostovski v. the Netherlands〔本書36〕）。

裁判を受ける権利には、判決の執行が確保されることも含まれる（ギリシャの行政機関が最高行政裁判所の判決を履行しないことが問題になった例として、Hornsby v. Greece〔本書45〕）。

さらに、公正な裁判を受ける権利の具体化として、刑事上の罪に問われている者に対して以下の保障が規定されている。①無罪推定原則（6条2項）（Allenet de Ribemont v. France〔本書37〕参照）、②速やかにその理解する言語でかつ詳細に罪の性質および理由

を告げられること（6条3項(a)）、③防御の準備のために十分な時間および便益を与えられること（6条3項(b)）、④弁護人依頼権（6条3項(c)）（John Murray v. the United Kingdom〔本書 33〕）、⑤無料の弁護を受ける権利（6条3項(c)）（Pakelli v. Germany〔本書 34〕）、⑥武器平等・対審原則（6条3項(d)、Kress v. France〔本書 42〕）、無料の通訳補助（6条3項(e)、Luedicke, Belkacem and Koç v. Germany〔本書 35〕）等が規定されている。

(6) 遡及処罰の禁止（7条）

遡及処罰の禁止（7条）は、法のみが犯罪を定義しかつ刑罰を定めうるという原則（nullum crimen, nulla poena sine lege）に基づくもので、デロゲーションが認められない（Welch v. the United Kingdom, 9 February 1995; Streletz, Kessler and Krenz v. Germany〔本書 38〕）。

(7) 私生活および家族生活の尊重を受ける権利（8条）

私生活および家族生活の尊重についての権利（8条）は、個人の私生活、家族生活、住居および通信の尊重に対する権利を保障する。同条の射程範囲は広く、狭義のプライバシー権の範疇に属する私生活の秘密保護、たとえば、警察による電話盗聴（Malone v. the United Kingdom〔本書 54〕）、有名人のプライバシー（Von Hanover v. Germany〔本書 51〕）、住居の尊重（Niemietz v. Germany〔本書 55〕）だけでなく、「私生活」や「家族生活」の尊重という観点から、受刑者の信書の自由（Silver and others v. the United Kingdom〔本書 31〕、氏名（Burghatz v. Switzerland〔本書 46〕）、性同一性障害者の出生証明書上の性別記載変更（Christine Goodwin v. the United Kingdom〔本書 47〕）、同性愛者の権利（Dudgeon v. the United Kingdom〔本書 48〕）、自己情報開示請求権（Gaskin v. the United Kingdom〔本書 49〕）、性暴力からの保護（X and Y v. the Netherlands〔本書 50〕）、環境問題（López Ostra v. Spain〔本書 52〕; Hatton and others v. the United Kingdom〔本書 53〕）、外国人の国外追放

子どもと面会交流する親の権利（Olsson v. Sweden (No.1)〔本書 57〕）、非嫡出子（Marckx v. Belgium〔本書 58〕）等、多様な問題が同条の下で扱われてきた。よって、8条は、社会の変化を受けてクローズ・アップされる新しい問題の多くをカバーしており、実際上の射程範囲としては、新しい人権の根拠規定として依拠される日本国憲法13条の射程範囲と相当重なっているといえよう。

(8) 思想、良心および宗教の自由（9条）

人権条約は、精神的自由として、思想、良心および宗教の自由（9条）、表現の自由（10条）および集会・結社の自由（11条）を規定する。人権裁判所は、これらの権利および自由は民主的社会の基礎であるという立場に立つ。

人権裁判所は、広く思想、良心および宗教の自由を認めているが、他方で民主的社会において不可欠とされる多元主義という観点から、異なる集団の諸利益の共存と尊重を重視している（Kokkinakis v. Greece〔本書 61〕。よって、「自己の宗教または信念を表現する自由」に対する制約が9条2項で規定されている。実際に、9条2項該当性（当該介入が民主的社会において必要かどうか）の判断において、締約国の「評価の余地」（締約国の判断における裁量の幅のこと。詳細は概説IV参照）が問題となる場合、一般的には広く認められる傾向がある（イスラム教徒の教員が金曜日午後のモスク礼拝出席のために公休要請をしたところ、学校側がこれを拒否したことについて条約違反を認めなかった例として、X v. the United Kingdom, Decision of the Commission, 12 March 1981；イスラム教徒の女性教員が公立学校内でスカーフを着用することを学校側が拒否したことについて条約違反を認めなかった例として、Dahlab v. Switzerland, 15 February 2001；大学内でのイスラム教徒学生（女性）のスカーフ着用禁止について条約違反を認めなかった例として、Leyla Şahin v. Turkey, 29 June 2004；エホバの証人の改宗勧誘行為に対して刑事処罰を行ったことについて条約違反を認めた例として、Kokkinakis v. Greece〔本書 61〕）。

人権条約は、政教分離については明示規定を有し

ない。人権裁判所は、締約国の政教関係が、厳格な政教分離をとる国から、公認宗教制度や国教制度をとる国まで、多様であることを考慮に入れて、政教関係の設定を締約国の「評価の余地」に入れて、その判断を尊重してきた（本書60【解説】参照）。しかしながら、他方で、前述した観点からの信教の自由の保障の要請に基づき、宗教的多元主義の維持や国の宗教的中立義務を一定程度要請している（Metropolitan Church of Bessarabia and others v. Moldova〔本書60〕）。

(9) 表現の自由（10条）

表現の自由には、「意見をもつ自由ならびに情報および考えを受取りおよび伝える自由」が含まれる。表現には、言葉、絵、映像、考えを表現したり情報を提示しようとする行動等、あらゆる形態の表現が含まれる。「表現の自由は、10条2項を条件として、好意的に受け止められたり、あるいは害をもたらさないまたはどうでもよいこととみなされる『情報』や『思想』だけでなく、国家や一部の人々を傷つけたり、驚かせたり、または混乱させるようなものにもあてはまる」（Handyside v. the United Kingdom〔本書18〕）。また、伝統的なプレスの自由のみならず、放送の自由も含まれる（Groppera Radio AG and others v. Switzerland〔本書63〕）。10条は3項において、いわゆる放送条項を定めている（詳細は、本書63【解説】参照）。

人権裁判所は、表現の自由を「民主的社会の本質的基礎であり、社会の発展および人間の発達のための基本的条件」であると位置付けてきた（Handyside v. the United Kingdom〔本書18〕）。なかでも、民主主義と関わりの深い、知る権利や政治的表現の自由が関連する場合には、締約国の評価の余地を狭く解し、表現の自由を優先させる傾向がある（プレスの自由と差止 The Sunday Times v. the United Kingdom〔本書62〕；取材源秘匿の自由 Goodwin v. the United Kingdom, 27 March 1996；政治家に対する名誉毀損的表現 Lingens v. Austria〔本書64〕；ジャーナリストが人種差別的表現を含む素材を取上げる自由 Jerslid v. Denmark〔本書67〕；公務員の政治活動 Vogt v. Germany〔本書69〕）。他方、わいせつ表現・瀆神的表現や営利的表現に対する規制については、締約国の「評価の余地」を広く認める傾向がある（芸術的表現と瀆神罪：Wingrove v. the United Kingdom〔本書66〕；出版の自由とわいせつ表現規制 Handyside v. the United Kingdom〔本書18〕；営利広告の自由 Markt InternVerlag v. Germany, 20 November 1989；Barthold v. Gernamy, 25 March 1985）。もっとも人権裁判所は、たとえば目的が「道徳の保護」であればただちに広い裁量を認めるという機械的手法を取っているのではなく、あくまでも具体的事案との関係で判断されることに注意が必要である（道徳の保護について、評価の余地を狭く解し、条約10条違反を認めた例として、Open Door and Dublin Well Woman v. Ireland〔本書1〕）。また、営利的表現についても、純粋に個人の商業的発言ではなく、国民の健康のような一般的利益に関わる議論となる場合には評価の余地を狭く解している（商業的影響のある研究発表 Hertel v. Switzerland〔本書65〕）。ヨーロッパには、ホロコーストを否定する表現や人種差別的表現を法律によって禁止する締約国が存在するため、そうした規制の10条違反も問題となっている（Jerslid v. Denmark〔本書67〕；ペタン政権擁護の意見広告 Lehideux and Isorni v. France〔本書68〕）。

(10) 集会および結社の自由（11条）

集会および結社の自由（11条）は、平和的な集会の自由および結社の自由についての権利を保障すると同時に（平和的な集会に関連して、Ezlin v. France〔本書70〕参照）、労働組合を結成し、これに加入する権利を含む（Wilson, National Union of Journalists and others v. the United Kingdom, 2 July 2002; Young, James and Webster v. the United Kingdom〔本書11〕）。また、政党に対しても11条の保障が及ぶ（United Communist Party of Turkey and others v. Turkey, 30 January 1998）。同条は、結社に加入する自由だけでなく、加入しない消極的自由をも保障する（Young, James and Webster v. the United Kingdom〔本書11〕；Sigurður A. Sigurjónsson v. Iceland〔本書71〕）。

(11) 婚姻についての権利（12条）

婚姻の権利（12条）は、婚姻をし、かつ家族を形成する権利を保障する（F. v. Switzerland〔本書 *59*〕）。従来、人権裁判所は、婚姻は異性間の婚姻を意味するととらえてきたが、性同一性障害者の問題において科学の進歩や社会の変化を考慮に入れ、射程範囲を拡大している（Christine Goodwin v. the United Kingdom〔本書 *47*〕）。

(12) 実効的救済についての権利（13条）

実効的救済についての権利（13条）は、人権条約に規定された権利が侵害されたとき、それに対する実効的救済を国内機関（とくに裁判所）より受けられることを保障するものである。よって、人権侵害の申立を取り扱い、人権侵害が認定されたならば適切な救済を付与することができる手続が国内において存在することが重要である(Klass v. Germany, 6 September 1978)。どのような手続が要請されるかは、事件および侵害されている権利の性質によって多様である。たとえば、人権条約2条の侵害が問題となる場合は、補償の支払だけでなく、生命を剥奪した者を特定し、処罰するために必要な実効的調査（およびそうした調査手続に申立人が実効的にアクセスできること）も要請されている（Edwards v. the United Kindgom, 14 March 2002; Aksoy v. Turkey〔本書 *29*〕）。

元来、13条違反が認められる例はあまり多くなかったが、最近では手続的保障の観点から13条違反が認定されることが多くなっている。たとえば、人権裁判所は、従来、6条1項は13条と重複しており、かつ13条よりも強い保障を与えているので、6条1項違反を認定した場合は13条違反の検討は不要としてきた(Airey v. Ireland, 9 October 1979)。しかし、Kudła v. Poland〔本書 *19*〕において、6条1項により合理的な期間内に裁判を受ける権利の違反の主張がある場合には、13条は、国内機関においてそれに対する実効的な救済措置を保障する規定であるという新しい解釈を示した（詳細は、本書 *19*【解説】参照）。

さらに、13条は他の実体的権利侵害と合わせて主張されることも多い。たとえば、刑務所当局による手紙の開封が8条違反であることを申し立てたSliver and others v. the United Kingdom〔本書 *31*〕では、同時に、prison board of visitors、議会コミッショナー、内務大臣、内務大臣の決定に対する司法審査のいずれも13条が要請する実効的救済としては十分ではないという主張が認められた。Chahal v. the United Kingdom〔本書 *15*〕では、3条違反と結合して13条違反を認定している。ロンドン・ヒースロー空港に関わる騒音が問題となったHatton and others v. the United Kingdom〔本書 *53*〕では、大法廷は、空港騒音が8条違反であるという主張は認めなかったが、申立人が実効的救済を得られたかという点では、イギリスの司法審査の範囲は狭すぎるとして13条違反を認めている。人権裁判所は手続的保障という観点に重点を置くという特徴が表れている点でもある（ヴィルトハーバー特別寄稿Ⅰ xxiv頁参照）。

(13) 差別の禁止（14条）**および第12議定書**

差別の禁止（14条）は、人権条約の定める権利および自由の享有において差別されないことを保障するので、人権条約上の他の権利の存在を前提とする。たとえば、Belgian Linguistic〔本書 *78*〕では、国家が、ある形態の学校を設立しなかったこと自体は14条違反ではないが、そのような学校を設立した国家が差別的な入学条件を課すことは14条違反であると判示する（その他の例として、社会保障給付における国籍に基づく差別Gaygusuz v. Austria〔本書 *79*〕；婚外子の相続権差別Mazurek v. France, 1 February 2000; Inze v. Austria: 28 October 1987; Abdulaziz, Cabales and Balkandali v. the United Kingdom, 28 May 1985; National Union of Belgium Police v. Belgium, 27 October 1975）。

人権裁判所は、多くの事件において、実体的権利において条約違反を認定した場合には、14条違反の有無を検討する必要がないとしてきた（例として、Dudgeon v. the United Kingdom〔本書 *48*〕; Podkolzina v. Latvia〔本書 *80*〕）。しかし、ヨーロッパ評議会は、

新たに第12議定書を制定し（2005年4月1日発効）、条約上の権利および自由の存在を前提としない差別の禁止が新たに加わった。これによって、今後、どのような新たな展開が生じるかが見守られるところである(4)。

(14) 財産の保護（第1議定書1条）

財産権の保障については、人権条約の起草過程において議論があったことから、人権条約とは独立の議定書中に規定されただけでなく、規定の仕方も「所有する権利 right to possess」ではなく、「財産を平和的に享有する権利を有する is entitled to peaceful enjoyment of possessions」（第1議定書1条1項1文）となっている。また、人権裁判所は、一般的に広い「評価の余地」を認める傾向がある。

何が財産 possession に該当するかについては、人権裁判所は広く認める傾向がある（例として、法律による賃貸借料規制 Mellacher and others v. Austria〔本書74〕；社会保障給付 Gaygusuz v. Austria〔本書79〕；補償を受ける権利 Broniwoski v. Poland〔本書10〕）。

第1議定書1条違反を初めて認めた Sporrong and Lönnroth v. Sweden（本書73）では、同条の内容として、以下の三つの準則を挙げる。①財産の平和的な享有が国家によって奪われる場合、②国家による財産の剥奪とその条件（剥奪が法律によって規定され公益のためになされる場合）および③国家による財産利用規制とその条件（規制が一般的利益に基づいてなされる場合、または税その他の拠出もしくは罰金の支払を確保する場合）。同判決は、本件を①の場合とした上で、財産権と社会の一般的利益の間の「利益の公正な均衡」を要求し、均衡が存在しないとして条約違反を認めた。他方、③の場合は従来は同じ基準が要請されず、より広い評価の余地が認められてきたことから条約違反が認められにくかった。しかし、最近では、①〜③のいずれに対しても、目的の正当性および手段と目的の間に釣り合いが取れていること（比例性、proportionality）を要求するようになっており、比例制の検討の中で個人の利益と一般社会の利益の公正な均衡が検討される例が見られる（Chassagnou v. France, 29 April 1999; The Former King of Greece and others v. Greece〔本書72〕; Bosphorus Hava Yolları Turizm ve Ticaret Şirketi v. Ireland〔本書2〕）。

(15) 教育に対する権利（第1議定書2条）

教育に対する権利（第1議定書2条）は、射程範囲が問題になる権利で、国家に対して負担となる積極的義務を課すものとなることが起草過程において懸念された。そのため、「教育に対する権利を有する」ではなく、「何人も、教育に対する権利を否定されない」（第1議定書2条1文）という規定の仕方となっている。よって、同条は締約国に対して、一定の教育制度の創設を義務付けるものではない。なぜならば、締約国は、条約起草当時、すでに何らかの公教育制度を有していたからである（換言すれば、そうした公教育制度の存在を前提として、そこでの教育を奪われないこと、教育の機会が平等に与えられること（人権条約14条と合わせて）が保障の主眼となる）。

人権裁判所は、Belgian Linguistic〔本書78〕において、教育を受ける権利の内容として、単に、既存の教育機関にアクセスする権利だけでなく、それが実効的なものとなるために学業修了の公的承認を得る権利も挙げている。

2条2文は、親の宗教的および哲学的信念に適合する教育を子どもに対して確保する親の権利を尊重することを国家に義務付けている。これは、国家が教育制度を通じて子どもを教化することを防止する趣旨である。Campbell and Cosans v. the United Kingdom〔本書76〕では、学校における体罰が自己の哲学的信念に反するとして同文違反を訴えた親の主張を人権裁判所は認めている。他方、公立学校における性教育の必修化に対して、同文違反を訴えた親の主張に対しては、親の宗教的および哲学的信念を侵害するものではないとして違反を認めなかった（Kjeldsen, Busk Madsen and Pedersen v. Denmark〔本書75〕; Valsamis v. Greece, 18 December 1996）。

(16) 自由選挙についての権利（第1議定書3条）

自由選挙についての権利（第1議定書3条）は、国家

に対して自由選挙を行うことを義務づける規定である。前述の財産の保護および教育に対する権利と同様、論争的問題（人権なのか制度なのか、締約国における選挙制度の多様性等）を多く含んでいるがゆえに、人権条約とは別に、議定書において扱われることとなった。しかし、人権裁判所は、同条が制度なのか権利なのかという問題に対して、選挙において投票し、立候補する主観的権利も同条の下で認められることを明らかにしている（Mathieu-Mohin and Clerfayt v. Belgium〔本書 *77*〕）。しかし、これらの権利は絶対的なものではなく、正当な目的に基づき、制約手段がこれに釣り合っており、かつ立法府の選択における人々の自由な意見表明を妨げない限り、制約することが認められる。人権裁判所は、制約および選挙制度の選択において、一般的には国家に対して広い「評価の余地」を認めている（Podkolzina v. Latvia〔本書 *80*〕）。他方、選挙権自体を否定する場合は権利の本質を侵害するものとして条約違反を認めている（Matthews v. the United Kingdom〔本書 *3*〕）。

(17) その他の権利

人権条約は、前述した第1議定書および第12議定書以外に、以下の議定書によって人権条約に権利を追加している。

①第4議定書：債務による拘禁の禁止（1条）。移動の自由（2条）。国民の追放の禁止（3条）。外国人の集団的追放の禁止（4条）。

②第6議定書：死刑の廃止（1条）。ただし戦時または急迫した戦争の脅威があるときになされる行為については死刑を設けることができる（2条）。第6議定書のデロゲーションおよび留保は認められない（3条および4条）。

③第7議定書：外国人の追放について手続的保障（1条）。刑事事件における上訴の権利（2条）。誤審による有罪判決に対する補償（3条）。一事不再理（4条、Gradinger v. Austria〔本書 *39*〕）。配偶者の平等（5条）。

④第13議定書：あらゆる状況における死刑の廃止（1条）。第13議定書のデロゲーションおよび留保は認められない（2条および3条）。

2 権利に対する制約

(1) 権利に対する制約による分類

権利の制約の可否および制約の規定の仕方、さらにはデロゲーション（権利の効力停止）が認められるかどうかに着目すると、以下のような条文の類型化（緩やかな意味の）が可能である。まず、デロゲートできない権利群である2条（合法的な戦闘行為から生ずる死亡の場合を除く）、3条、4条1項、7条、第6議定書および第13議定書はデロゲーションが認められない（15条2項）。たとえば、3条（拷問禁止）は絶対的なものと解されており、公益との比較考量はありえないと解されている（例として、Chahal v. the United Kingdom〔本書 *15*〕）。

上記以外の権利は、制約の規定の仕方に着目すると、二つに分けられる。第一に、権利の内容および権利に対する制約が、条文上、比較的明確かつ具体的に規定されている場合である。たとえば、条約5条（自由と安全に対する権利）は、権利の内容が比較的具体的に規定されていると同時に、制約される範囲についても具体的に明示されている（制約されている権利（limited rights）と呼ばれることがある）。よって、当該制約に該当しなければ、制約が認められず、自由ということになる。同種の制約方式に服するものとして、他に4条2項および3項、12条、第1議定書2条がある。明示されている制約は、一般的には、厳密に解されることを前提とする。

第二に、条約8条から11条に規定される権利は、それぞれ第2項において、権利に対する制約が認められる一般的条件（「国の安全、領土保全もしくは公共の安全のため、健康若しくは道徳の保護のため……」）が明記されている（条件つきの権利（qualified rights）と呼ばれることがある）。

(2) 権利に対する制約が認められる条件

権利に対する制約が認められる条件として、以下のものを充足することが一般的に要請される。

① 制約が法律によって定められていること
② 制約が正当な目的の実現を意図するものであること
③ 制約が民主的社会において必要であること（すなわち制約目的と釣り合っていること）

この枠組は、条約8条から11条に規定されている権利が問題となる場合に観察される。最近の判例では第1議定書1条（財産権）においても、類似の枠組が観察できる。これに対して、5条に代表されるような場合には、それに対する制約が条文上明確かつ限定的に規定されているので、それに該当するかどうかを検討した上で、比例性の有無を検討するのが通例である。

(3) 「法律によって定められていること」

第一に、法律によって定められていること（prescribed by law）が必要であるが、「法律」は制定法に限定されず、判例法（The Sunday Times v. the United Kingdom〔本書 *62*〕）、国内法において適用されうるEC規則（Bosphorus Hava Yalları Turizm ve Ticaret Şirketi v. Ireland〔本書 *2*〕）、専門職能団体内部規則（Barthold v. Germany, 25 March 1985）なども含まれる。

第二に、当該法律は、アクセス可能性（accessibility）が要請される。すなわち、当該法律の影響を受ける可能性がある者がそれを知ることができるような形で公表されていなければならない（The Sunday Times v. the United Kingdom〔本書 *62*〕）。よって政府の内部文書にとどまる限りは、アクセスできるとはいえない。

第三に、当該法律は明確であること（certainty）が要請される。すなわち、当該法律の影響を受ける可能性がある者は、いかなる場合に制約が課されるのか、そして自己の行為によってどのような結果をこうむる可能性があるのかを合理的な正確さを持って予想できなければならない。

たとえば、Malone v. the United Kingdom〔本書 *54*〕では、Maloneの電話に対する傍受の法的根拠が国会制定法としては存在せず、行政上の慣行として存在する令状制度に基づいて行われたことについて、法律によって規定されていたとはいえないと人権裁判所は判示した。どの程度明確であることが要請されるかについては、人権裁判所は、社会の変化に柔軟に対応する必要性を考慮に入れて、比較的柔軟な態度をとっている（参照、Kokkinakis v. Greece〔本書 *61*〕; Wingrove v. the United Kingdom〔本書 *66*〕）。

(4) 正当な目的

人権条約8条から11条においては、制約を正当化する目的が、それぞれの第2項において明記されている。たとえば、10条は、表現の自由に対する制約を認める正当な目的として、国の安全、領土保全、公共の安全、無秩序または犯罪の防止、健康もしくは道徳の保護、他の者の信用もしくは権利の保護、秘密に受けた情報の暴露の防止、司法機関の権威および公平さの維持を列挙している。他の条文も大方、これに準じた目的を掲げている。よって、人権条約は、正当な目的としてかなり広い範囲で抽象的な制約目的を列挙しているので、締約国が制約を正当化する目的を条文上、見つけることにはさほど苦労しない。

(5) 民主的社会において必要か／比例性

社会の一般的利益の要請と個人の人権の保護という要求との間に公正な均衡をはかることが、人権条約の根本にある（Soering v. the United Kingdom〔本書 *14*〕）。それは以下のように定式化できる（Handyside v. the United Kingdom〔本書 *18*〕; The Sunday Times v. the United Kingdom〔本書 *62*〕; Silver and others v. the United Kingdom〔本書 *31*〕）。

① 当該介入は、「急迫する社会的必要性」に合致していたか。
② 当該介入は、「遂行される正当な目的と釣り合って」いたか。
③ 国内当局が介入を正当化するために主張する理由は「関連性があり十分であるか」。

「急迫する社会的必要性」は厳格な基準である。国家が主張する目的がどんなに正当であっても、その目的を実現する手段として必要最小限度でなければ

ならない。判断においては、以下のような要素が考慮の対象となっている。

① 介入の対象が、当該権利の本質を害するかどうか。本質的部分に対する介入の場合には、国家は介入を必要とする重大な理由を立証する必要がある(たとえば私生活の中でも非常に親密な局面について、参照、Dudgeon v. the United Kingdom〔本書48〕; Christine Goodwin v. the United Kingdom〔本書47〕)。

② 他により制約的でない手段がないかどうか(Campbell v. the United Kingdom, 25 March 1992)では、在監者が弁護士に宛てた手紙を刑務所が開封した事件において、全ての手紙を開封する必要はなく、禁制品が入っていると合理的に推測しうる手紙だけ開封すれば同じ目的が達成できたと判示した)。

③ 介入手段について、実効的な予防手段や法的規制が存在するかどうか(補償制度や法的救済の適切さも含む)。

④ 手続的公正さが図られているか。たとえば、当該介入の影響を受ける人が事前に説明を受けていたかどうか、聴聞に出席する権利が与えられているかどうかという要素である。

(6) その他の制約

締約国は人権条約57条に基づき、条約の規定に対して留保を付することができる (Belilos v. Switzerland〔本書8〕)。また、前述したように、締約国は、戦争その他の国民の生存を脅かす公の緊急事態の場合には、いずれの締約国も、事態緊急性が真に必要とする限度において、条約に基づく義務からデロゲートする措置をとることができる(15条1項、参照、Brannigan and McBride v. the United Kingdom〔本書21〕; Lawless v. Ireland〔本書22〕)。

(1) 起草過程における議論の詳細については、薬師寺公夫「ヨーロッパ人権条準備作業の検討(上)(中)(下)」神戸商船大学紀要第1類分科論集32号35頁(1983年) 33号(1984年) 15頁、34号(1985年) 1頁参照。

(2) 薬師寺・前掲注(1)、33号29頁。

(3) 本書概説Ⅰ参照。

(4) 詳細については、德川信治「欧州人権条約第12議定書の成立」立命館法学271・272号(上巻)(2001年) 1209頁参照。

人権裁判所書記局および裁判官オフィス

概説 IV

ヨーロッパ人権裁判所の解釈の特徴

江島晶子

はじめに――補完性と実効性――

ヨーロッパ人権条約(以下、「人権条約」という)の特徴的なところは、ヨーロッパ人権裁判所(以下、「人権裁判所」という)は国内裁判所の上級審ではない(ヨーロッパ人権条約・ヨーロッパ人権裁判所は補完的存在である)という位置付けを維持しつつ、「人権及び基本的自由の保護と促進」(条約前文)という目的を実効的に保障しようとする点にある。そのため、人権裁判所は、目的論的解釈を基調として、実効的解釈、発展的解釈、自律的解釈等の独自の解釈手法によって人権の実現という目的を実効的に遂行する一方で、締約国の間に共通基準が存在するかどうかを配慮に入れながら、締約国に一定の裁量を認める「評価の余地」理論を構築してきた。以下では、同裁判所の判例法を理解する一助として、こうした人権裁判所の解釈の特徴を概観する[1]。

1 目的論的解釈

人権条約も、国際条約の一つとして、条約の解釈に関する国際法の諸原則、中でもウィーン条約法条約に従って解釈される。人権裁判所は、ウィーン条約法条約が発効する以前から、同条約が一般に受容された国際法の諸原則を列挙しているので、人権条約の解釈に際して同条約を考慮すべきだと明言している(Golder v. the United Kingdom〔本書*41*〕)。ウィーン条約法条約31条1項は、「条約は、文脈によりかつその趣旨および目的に照らして与えられる用語の通常の意味に従い、誠実に解釈するものとする」と規定する。実際、人権裁判所は、条約の「趣旨および目的」の実現を重視するという観点から目的論的解釈 (purposive interpretation) を基調としてきた(その典型例として Golder 判決〔本書*41*〕参照)。すなわち、人権裁判所は、人権条約の「趣旨および目的」とは、「個人の人権を保護すること[2]」であり、「民主的社会の理想と価値を維持・促進すること[3]」だと捉えてきた。また、後者に関連して、民主主義は「多元主義、寛容および偏見のないこと[4]」を前提としていると解している。こうした目的論的解釈に対しては、当初、締約国政府が予想してもいない義務を負わせるものであるとして反対の声もあったが(典型例として、イギリス出身 Fitzmaurice 人権裁判所裁判官[5])、人権条約の立法条約的性格および時とともに発展する人権章典としての役割を強調するアプローチが受容されている[6]。

2 実効的解釈

人権条約は、理論上または架空の (theoretical or illusory) 権利ではなく、実際上の実効的な (practical and effective) 権利を保障することを意図している[7]という考え方が人権裁判所の判決の中に存在することが観察できる。こうした考え方に立つと、権利の実効的保障を実現するという観点から条約上の権利の範囲および内容について解釈が行われることになる(実効的解釈〔effective interpretation〕)。たとえば、Airey v. Ireland 判決[8]では、申立人 Airey が法的扶助なしには弁護士を依頼できないので、裁判所にアクセスする実効的な権利が侵害された(人権条約6条

違反)と主張した。これに対して、アイルランド政府は、申立人は弁護士なしでも裁判所に訴えることができるのだから6条違反ではないと反論した。だが、人権裁判所は、申立人のような個人が弁護士の支援なしに申立人が直面しているような複雑な訴訟を実効的に遂行できると考えるのは非現実的だとして政府の反論を退け、条約違反を認めるに至った。よって、6条自体は、文言上、法的扶助を受ける権利を規定してはいないことは明白であるが、当該事件における特別な状況の下では、申立人に法的扶助を受ける権利が与えられていないことについて6条違反を認める結論を引き出しているのである。すなわち、人権裁判所は、実際に申立人が置かれている現実を重視しており、抽象的な文理解釈だけで結論を出しているのではない。

こうした姿勢は、締約国の積極的義務 (positive obligation) を認める方向とも関連している。たとえば、Marckx v. Belgium 判決 (本書 58) では、家族生活に対する実効的尊重に国家の積極的義務が内在するとした上で、子どもが出生した瞬間から家族に統合されるような国内法制度にしておかなかった点について条約8条違反を認めている。さらに、X and Y v. the Netherlands 判決 (本書 50) (オランダ刑法上の不備により、精神障害者に対する性的暴行を刑事訴追できないことが問題となった事件) では、私人による私人に対する権利侵害から国家が保護する積極的義務を認める結論を引き出している(9)。また、実効性という考慮は、人権条約の保障メカニズムの実効性にも関わる(10)。

3 発展的解釈

発展的解釈 (evolutive interpretation)(11)とは、人権条約が「生きている文書 (living instrument)」であることから、今日の条件に照らして解釈されるべきだとするものである。すなわち、条約採択時の解釈に拘束されるのではなく、社会の変化・発展を踏まえた現時点での適切な解釈を模索することになる。これに対しては、締約国にとっては批准時に想定していなかった義務を課されることになるという批判も当然考え得る。しかし、人権の保護という条約の趣旨・目的の観点からすると、条約の保護が過去の脅威に限定されるとすればその実効性が失われるゆえ、将来起こりうる脅威についてまで予定していると考えられている(12)。すなわち、発展的解釈は、前述の目的論的解釈から派生するものである。

こうした解釈が最初に表明されたのは Tyrer v. the United Kingdom 判決 (本書 16) である。人権裁判所は、何が人権条約3条にいう品位を傷つける刑罰であるかについて、条約採択時の解釈ではなく、「ヨーロッパ評議会加盟国における、刑事政策の分野における発展およびそこで広く受け入れられている基準」に影響されると判示した。この解釈手法は、締約国の国内法・国内慣行に基づくヨーロッパ社会の共通基準(換言すれば、ヨーロッパ社会のコンセンサス)の有無に影響される。よって、現代社会において考え方に変化が見られる問題 (例として婚外子、同性愛者、性同一性障害者等に関する問題) においては、ヨーロッパ社会の共通基準の有無 (ならびに基準形成の動向) を梃子に発展的解釈を行っている (具体例として、Tyrer v. the United States 判決〔本書 16、刑罰としての体罰〕; Christine Goodwin v. the United Kingdom〔本書 47、性同一性障害者〕; Dudgeon v. the United Kingdom 判決〔本書 48、同性愛者〕; Marckx v. Belgium 判決〔本書 58、婚外子〕)。例えば、性同一性障害者の問題について、人権裁判所は 1986 年の Rees v. the United Kingdom 判決(13)の時点では認めなかった条約違反を、時代の経過によって生じた社会における変化を受けて、2002 年の Christine Goodwin v. the United Kingdom 判決 (本書 47 およびヴィルトハーバー特別寄稿 I xxviii 頁参照) では条約違反を認めるに至っている。すなわち、人権裁判所は、Christine Goodwin v. the United Kingdom 判決の時点では、ヨーロッパにおいて、性同一性障害者の法的承認を認める方向に向かっていることを、条約違反の有無を判断する際に重視していることになる。逆に、ヨーロッパの共通基準が存在しない場合

には、発展的解釈を行う基礎が存在せず、締約国の裁量はより広く認められる（参照、後掲5「評価の余地」理論）。人権の保護という目的からどこまで発展的解釈が認められるのか、言い換えれば、発展的「解釈」と条約の司法的「修正」（立法）の境界はどこにあるのかという問題は、人権裁判所のあり方を問う興味深い問題である[14]。

4 自律的解釈

自律的解釈（autonomous interpretation）とは、ヨーロッパ人権条約の文言は、国内法上与えられている意味とは独立の自律的意味を有するという前提で解釈を行うものである。人権条約は、他の国際条約と同様に、条約法条約31条が規定する用語の「通常の意味」に従った解釈を行うことが人権裁判所の前提である[15]。その際には、言葉の通常の意味を確定するために一般的辞書を参照している[16]。しかし、当該解釈が国内法上の意味と異なる場合もある。それが問題となった典型例がEngel v. the Netherlands判決（本書 17）である。本件では、問題となった軍律違反が、オランダ法上、「刑事上の罪」ではなく「懲戒」に分類されていたことから、そもそも人権条約6条にいう「刑事上の罪」に該当するかが問題となった。人権裁判所は、「刑事上の罪」という概念の解釈において、締約国の国内法上の概念によるのではなく、自律的な解釈を行うとし、本件における犯罪の性質、処罰の厳しさを考慮に入れて「刑事上の罪」に該当すると判示した。その理由として、締約国の裁量によって、ある犯罪を刑事上ではなく懲戒と分類し訴追できるならば、6条の運用が締約国の主観的意思に従属することになり（締約国がある犯罪を「刑事上の罪」ではなく「懲戒」と分類することによって「刑事上の罪」について公正な裁判を行う義務が回避できることになる）、条約の目的である個人の人権の実効的な保護が及ばなくなるということにある。その他の例として、Öztürk v Germany判決（21 February 1984）; König v. Germany判決（28 June 1978）; Zander v. Sweden判決（25 November 1993）等が挙げられる。

5 「評価の余地」理論

「評価の余地」理論（the doctrine of the margin of appreciation）とは、国家が人権条約上の権利を制約する際に、いかなる制約を行うかについて国家に一定の裁量（評価 appreciation）を認める理論である。すなわち、国家のとった措置が人権に対する介入となっていても、国家に認められる裁量の範囲内であれば、条約違反とは認定されない。同理論の根底には、人権条約による人権保障システムは「補完的」存在であり、制約の必要性の判断において人権裁判所裁判官よりも国内当局の方がより適切な判断を行いうるはずであるという前提が存する。たとえば緊急事態においてそうしたことがとりわけあてはまると考えられてきた（Brannigan and McBride v. the United Kingdom判決〔本書 21〕; Lawless v. Ireland判決〔本書 22〕参照）。

だが、国内当局に無限定の裁量を認めているわけではない[17]。人権裁判所が条約違反の有無に関する最終判断権を有することから、国内当局の裁量行使を認めつつも、それに対して人権裁判所が審査を行うことによって、人権条約としての人権の保護が行われる。すなわち、締約国は条約上の義務（人権の実現）を実施し、それを人権裁判所が監視するという関係である（実際、締約国全体で8億人の人口を擁することを考慮に入れれば、人権裁判所は締約国が負う人権保障の役割を到底代替できないことは明らかである）。

こうした考え方が明確に示されているといえるのが、Handyside v. the United Kingdom判決（本書 18）である。同判決では、わいせつ物出版法による刑事訴追・押収が人権条約10条（表現の自由）違反ではないかが争われたが、人権裁判所は子どもおよび青少年の「道徳の保護」をどのように行うかについて締約国の広い裁量を認め、条約違反を否定した。これに対して、The Sunday Times v. the United Kingdom判決（本書 62）では、Handyside v. the United

Kingdom 判決の枠組に準拠しつつ、「司法機関の権威の維持」に関して締約国の裁量はより狭いとして、新聞記事に対する差止について10条違反を認めている。

現在、人権裁判所は、具体的事件に即して、権利の性質や当該事件の特性に応じて国家の裁量を限定づける理論として「評価の余地」理論を発展させてきている。その際、裁量の広狭を判断する要素として、まず、ヨーロッパの共通基準の存在が挙げられる。共通基準の存在するところでは、国家の裁量を狭く解するのに対して、締約国によって国内法や国内慣行が大いに異なっていて共通基準が存在しない場合には国家の裁量は広くなる。さらに、問題となっている権利の種類にも注目できる。たとえば、人権裁判所は表現の自由、とりわけ政治的表現の自由に対しては評価の余地を狭く解する傾向にある[18]。また、人権条約が予め規定している制約目的も考慮要素となる。これは、とりわけ、条約8条から11条の権利について該当する。というのは、8条から11条までの権利は、それぞれの第2項において制約目的を一般的に列挙しているからである。たとえば、前述したように、Handyside v. the United Kingdom 判決(本書 *18*)で問題となった制約目的「道徳の保護」については国家に広い裁量が認められるのに対して、The Sunday Times v. the United Kingdom 判決(*62* 事件)で問題となった制約目的「司法機関の権威の維持」はより客観的内容を有することから国家の裁量は狭くなると解された。これに対して、条約5条や6条のように、制約が具体的に列挙されている場合には「評価の余地」の機能する余地がそもそも限定されているし、条約2条および3条のように条文が極めて厳格に解されることが想定されているものはそもそも「評価の余地」が働く余地がないという区別も可能である[19]。実際に、評価の余地の中にあるかどうかの判断において重要な役割を果すのは、比例性原理である(後掲6「比例性原理」参照)。

これまでのところ、「評価の余地」理論は、締約国に一定の裁量を認めることによって、一定の場合には人権裁判所は判断を差し控え、他方、一定の事件については人権裁判所が積極的な監督を行うことを可能にしてきた。人権の保障において締約国の役割と人権裁判所の役割との分担を柔軟に図ることによって、条約の実際上の実効性を担保する役割を果してきたという評価も可能であろう(換言すれば、締約国を人権条約の外に押し出してしまうのではなく、中にとどめることができたということである)。しかしながら、「評価の余地」理論の役割と範囲については、不明確・曖昧である、理論として首尾一貫性にかける、同理論は不要であるという批判も存在する[20]。新しい観点から、「評価の余地」理論を再構築しようとする試みも積極的になされているところである[21]。しかも、「評価の余地」理論は、人権裁判所による司法審査のあり方、人権条約機構の監視のあり方という根本的問題とも深い関連性を有している。よって、締約国の拡大という状況および申立件数の急増という状況を踏まえて、「評価の余地」理論がどのように発展していくか(より精緻化されていくのかどうか)を注意深く見守っていく必要がある。

6 比例性原理

人権裁判所は、権利と権利を制約する必要性との間に一定の適切な均衡が図られることを要求している。比例性原理の具体的内容については、権利によって様々である[22]。もっとも重要かつ明確な領域は、人権条約8条から11条に規定されている権利群である。8条から11条の各第2項に規定されている、権利の制約が「民主的社会において必要 necessary in a democratic society」かどうかの判断において、当該制約が、「遂行される正当な目的と釣り合っているかどうか」(Handyside v. the United Kingdom 判決〔本書 *18*〕, §49)、当該制約の「理由が関連性があり、十分なものかどうか」(同 §50) を問うことが比例性原理として定式化されている[23]。もっともこの定式は、他の権利にも統一的に用いられているわけではなく、権利や事件の性質によって、様々なバリエーションがある。たとえば、より緩やかな定式として、「用いられる手段と遂行される目

的との間の比例性に合理的な関係があること」、「問題となっている一般的利益と個別的利益との間に公正な均衡があること」などがある[24]。

おわりに

「人権および基本的自由の保護と促進」を実質的に保障するという観点からは、人権を侵害された個人に、現実に個人申立権を認めることは非常に重要であり、それを実現するものとして人権裁判所はこれまで機能してきたといえる。しかし、物理的に処理不能といいうる状況においては、これまでのあり方で対応していけるのか疑問が提起されている。他方、補完的存在というスタンスを維持してきたからこそ、締約国の理解・協力を得て一定の実績を築くことができたわけだが、いまやヨーロッパの人権裁判所としての地位を確立してみると、さらに、準・憲法裁判所的な存在としてこれを位置付けていくことも主張されるようになっている（ヴィルトハーバー特別寄稿Ⅰ xxx頁参照）。現在も進行中の人権裁判所の制度改革（概説ⅠおよびⅡ参照）には、急増・堆積する事件への対応という実際的な側面と、ヨーロッパにおける人権保障に人権裁判所がどのような存在として関わるべきかという原理的な側面とが観察できる。こうしたダイナミックスの中で、人権裁判所は個々の事件に対して判決を出しているのであり、上述したような解釈に関する一連の特徴も固定的なものというよりは、動態的なものとしてとらえるべきである。

(1) ヨーロッパ人権裁判所の解釈について、門田孝「欧州人権条約の積極主義的解釈」石川明（編）『ゲオルク・レス教授65歳記念論文集　EU法の現状と発展』（信山社、2001年）、坂元茂樹『条約法の理論と実際』（東信堂、2004年）179-185頁参照。
(2) Soering v. the United Kingdom 判決（本書 *14*）参照。
(3) Kjeldsen, Busk Madsen and Pedersen v. Denmark 判決（本書 *75*）参照。
(4) Handyside v. the United Kingdom 判決（本書 *18*）参照。
(5) 本書概説Ⅰ参照。
(6) Harris et al, *Law of the European Convention on Human Rights*（Butterworth, 1995）p. 7.
(7) Artico v. Italy, 13 May 1980.
(8) Airey v. Ireland, 9 October 1979.
(9) その他の例として、Plattform 'Ärzte für das Leben' v. Austria, 21 June 1988; McCann and others v. the United Kingdom 判決（本書 *27*）.
(10) 例として、Klass and others v. Germany, 6 September 1978; Soering v. the United Kingdom（本書 *14*）; Cruz Varas and Others v. Sweden, 20 March 1991.
(11) 詳細は、本書 *16*【解説】参照。
(12) Jacob and White, *The European Convention on Human Rights*（Oxford, 1996）, 32.
(13) Rees v. the United Kingdom, 17 October 1986.
(14) 本書 *16*【解説】参照。
(15) Luedicke, Belkacem and Koç v. Germany（本書 *35*）参照。
(16) Jonston v. Ireland, 18 December 1986; Golder v. the United Kingdom（本書 *41*）.
(17) 当初は同理論は、緊急事態において、国家の裁量を広く認め、国家の主張をほぼそのまま受け入れる理論として用いられた。詳細について、本書 *18* 参照。
(18) Barthold v. Germany, 25 March 1985; Lingens v. Austria（本書 *64*）参照。
(19) Jacob and White, *supra* note 12, p. 86. なお、条文ごとに評価の余地理論について検討するものとして、"The Doctrine of the Margin of Appreciation under the European Convention on Human Rights: Its Legitimacy in Theory and Application in Practice", 19 *HRLJ* 1（1998）.
(20) 「評価の余地」理論の網羅的な検討としては、Yourow, H., *The Margin of Appreciation*（Nijhoff, 1996）およびArai-Takahashi, Y., *The Margin of Appreciation Doctrine and the Principle of Proportionality in the Jurisprudence of the European Convention on Human Rights*（Intersentia, 2002）.「評価の余地」理論に対する評価については、本書 *18* 参照。
(21) 例として、Letsas, G., 'Two Concepts of the Margin of Appreciation', 26 *Oxford Journal of Legal Studies* 705（2006）; Cavanaugh, K., 'Policing the Margins: Rights Protection and the European Convention on Human Rights' [2006] *EHRLR* 422.
(22) 本書概説Ⅲ参照。
(23) その他の例として、15条について、Ireland v. the United Kingdom（本書 *23*）、5条について、Winterwerp v. the Netherlands（本書 *32*）、6条についてAshingdane v. the United Kingdom, 28 May 1985.
(24) これらは、第1議定書1条（財産権）、14条（差別禁止原則）、国家の積極的義務の有無の判断の際に観察される。参照、Sporrong and Lönnroth v. Sweden（本書 *73*）; James and others, 21 February 1986）; Inze v. Austria, 28 October 1987.

概説 V(1)
ヨーロッパ人権条約とイギリス

江島晶子

はじめに──特徴──

　変型体制の国であるイギリスでは、議会が条約を国内法に「変型」しないかぎり、国内的効力を有しない。そのため、1951年にヨーロッパ人権条約（以下、「人権条約」と記す）を批准しながら、1998年人権法 Human Rights Act 1998（以下、「人権法」と記す）が2000年10月2日に発効(1)するまで、人権条約には国内法的効力がない状態が継続していた。人権法発効前および発効後の人権条約のイギリス国内における影響力の分析は、人権条約という地域的人権条約の可能性を浮き彫りにするものであり、他国にとっても興味深いモデルである。

　イギリスの特徴として注目すべき点は以下である。第一に、人権法発効以前における人権条約の役割である。国内裁判所は、人権条約の解釈適用義務を法的に有しないのみならず、人権条約の解釈適用が議会主権に反する結果となる可能性がある場合にはそれを敬遠するという禁欲的な態度で臨んできた。第二に、こうした法的限界にもかかわらず、ヨーロッパ人権裁判所におけるイギリス政府敗訴判決の続出が、一部の国内の裁判官をして人権条約を参照する方向へと向かわせたことである（人権条約を国内裁判所において辛抱強く援用し続けてきた弁護士の力も見逃せない）。第三に、イギリスは成文憲法典や人権を一般的に規定する法律を有しないユニークな国である。そのため、人権条約の国内法化は、現代的な「権利章典」を制定する手段として、新・権利章典制定運動の中で支持されてきた。だが、その実現には約半世紀の年月を要することとなった。第四に、現在、人権法によって新たな権限と義務を付与された国内裁判所が、人権条約の解釈適用について試行錯誤を重ねている現状である。しかも、「9・11」以後、イギリス国内で精力的に制定されているテロ対策法（人権制約的内容を含む）との関係でも興味深い判決が登場している。そして、第五に、人権法、そして人権条約が、イギリス憲法構造（とくに議会と裁判所の関係）に及ぼしつつある影響である。以下、具体的に説明しながら、イギリスと人権条約の関係について紹介する。

1　イギリスにおけるヨーロッパ人権条約
──1998年人権法発効以前

　イギリスが人権条約の起草に積極的に貢献したのは、第二次世界大戦後のヨーロッパにおいて、イギリスがすでに享受している人権水準を、他国にも享受させるという観点からであった(2)。よって、条約批准のために、イギリス自身が立法措置等を必要とするとは考えなかった。ところが、イギリスが1966年にヨーロッパ人権委員会に対する個人申立権およびヨーロッパ人権裁判所の義務的管轄を承認するや、イギリスに対する個人申立が増加し続け、一時期（1990年代前半まで）、個人申立件数・提訴件数のいずれも第1位という不名誉な地位を占めるに至った。また、北アイルランド紛争問題の関係で、警察・軍隊による人権条約違反が争われ（参照、Brannigan and McBride v. UK 判決〔本書 *21*〕、Ireland v. UK 判決〔本書 *23*〕、McCann and others v. UK 判決〔本

書 *27*〕)、人権条約の一部に留保も付している。

　国際的実施という点では、イギリス政府は、人権裁判所の人権条約違反判決に対して、国内法改正や行政慣行の改善などを行っており比較的誠実な態度を示してきた。たとえば、Golder v. UK 判決（本書 *41*）と刑務所規則の改正、The Sunday Times v. UK 判決（本書 *62*）と 1981 年裁判所侮辱法の制定、Malone v. UK 判決（本書 *54*）と 1985 年通信傍受法の制定、Christine Goodwin v. UK 判決（本書 *47*）と 2004 年ジェンダー認定法の制定、といった具体例が挙げられる。

　しかしながら、国内的実施という点では積極的であったとはいえない。既に説明したような理由から、人権条約違反判決に対する対応を除き、人権条約の国内的実施として具体的立法が行われたこともないし、国内裁判所は、人権条約に対して、「不知・無関心・無視」の態度をとってきた。ある調査によれば、1975 年 7 月から 1996 年 7 月の約 20 年の間に 316 件の裁判において人権条約が引用されたが、制定法解釈に影響を与えたのが 11 件、コモン・ローの発展に用いられたのが 59 件で、その内人権条約が実質的に影響を与えた（もしも人権条約を援用しなければ結論が異なっていた）といえるのは 16 件に過ぎないという[3]。

　また、人権条約の影響は時期によって異なる。1970 年代から 1980 年代初頭までは、人権条約は重要な影響を及ぼす存在ではなかった。その際、念頭に置くべき点は、ヨーロッパ人権裁判所が最初の判決を下したのは 1960 年であり、以降、年平均数件程度しか判決が出されない状況が相当期間継続したことである。イギリス政府がヨーロッパ人権裁判所において初めて訴訟当事者となったのは 1975 年の Golder v. UK 判決（本書 *41*）である。つまり、1970 年代は、弁護士にとっても裁判官にとっても、人権条約という抽象的一般的人権規定に初めて遭遇し、それが国内裁判にどのような関連性があるのかを模索するところから始まる。よって、ごく少数の先駆的弁護士がコンスタントに人権条約を援用する一方、少数派ではあるが若干の裁判官（代表的例が Scarman や Denning）が人権条約を援用するという状況が続く。しかも、援用自体も人権条約の趣旨を反映した説得的なものから、援用に何の意味があるのか不明なものまで玉石混淆である。

　しかしながら、イギリスがヨーロッパ人権裁判所で敗訴すればするほど、またヨーロッパ人権裁判所判例が時をおって質・量ともに豊富になればなるほど、国内裁判所は関心を向けざるを得なくなる。弁護士が国内裁判所において当該事件に関連性の高い人権条約判例を引用すれば、その弁論は説得性を増し、当該判決文の中に反映される可能性も高くなる。他方、ヨーロッパ人権裁判所におけるイギリス敗訴判決が国内で報道されるたびに人権条約の知名度も高くなる。その先駆的典型例が、1979 年の The Sunday Times v. UK 判決（本書 *62*）である。違反判決を受けてコモン・ロー上しか存在しなかった裁判所侮辱罪を制定法化したことに、この判決のインパクトの大きさが表れている。そして、1980 年代後半以降になると、国内裁判所は人権条約の参照をより頻繁に行うようになる。また、元来、抽象的人権規定に消極的・懐疑的であった国内の裁判官が、人権条約の国内法化支持を表明していく。当時のイギリスの裁判官が置かれていたジレンマは、たとえば、R. v. Ministry of Defence, ex p. Smith（同性愛行為ではなく、同性愛的傾向を唯一の理由とする国防省による同性愛者の解雇に対して、人権条約違反を根拠として司法審査を申立てた）の Brown 裁判官の言葉に表れている。彼は、ヨーロッパ人権裁判所で反対の結論が出ることを予測しながら、「ためらいと後悔」を伴いつつ司法審査を拒否する結論に到達した、と判決文の中で述べている[4]（後に、Smith はヨーロッパ人権委員会に申立て、ヨーロッパ人権裁判所はイギリス政府による人権条約 8 条違反を認めた[5]）。

2　1998 年人権法の制定——ヨーロッパ人権条約の「編入」

　1998 年人権法は、1997 年に政権復帰した労働党

(1979年以来)が初年度に憲法改革(Constitutional Reform)として掲げた政策の一つである[6]。労働党は総選挙のマニフェストに人権条約の国内法化を掲げていたからである。もっとも、これが選挙戦においてどれほどの役割を果たしたかは不明である。選挙戦では、長期政権となった保守党の政治スキャンダルが労働党政権復帰の主たる牽引役であったといえよう。しかし、元来、抽象的権利章典に懐疑的であった労働党が人権条約の国内法化を政策として採用したこと、裁判官の一部も人権条約の国内法化支持を表明したことは重要な点である。そして、理論的障害であった議会主権との抵触問題については、巧みなメカニズムを考案することによって切り抜けた。これによって、1980年代末にはありえないと考えられていた人権条約の「編入」[7]が思いもかけず迅速に実現した。

その巧みさの鍵は、人権法が裁判所に与えたのは議会制定法が人権条約に適合的ではないと宣言する「不適合宣言」であって、議会制定法を無効にする権限ではないという点である(議会主権を維持)。人権法は、人権条約上の実体的権利(具体的には人権条約2条から12条および14条、人権条約同第1議定書1~3条、第6議定書1条および2条)が国内法の解釈において意味をもつようにする。よって、正確には人権条約がイギリス国内法になるのではない。そのメカニズムを簡単に説明すると[8]、議会以外の公的機関は人権条約適合的に行動しなければならないという前提で、裁判所は議会制定法をできるだけ人権条約適合的に解釈するが、そのような解釈が不可能な時は、議会制定法が人権条約に適合的ではないことを宣言する(議会制定法は無効にならない)。その後の対応は政治部門側に任される。換言すれば、当該制定法を改正するのか、放置するのかは政府次第であるから、人権条約適合性を制度的に100％担保するものではない。だが、実際の運用において一定の効果をあげている(後述3参照)。

人権法の実施準備過程において、もう一つ注目される点がある。すなわち、un-Britishな抽象的権利規定である人権条約の導入に当たって、2年かけて慎重かつ入念な実施準備を行政・司法において行ったことである[9]。その際には、もともと人権条約国内法化運動を担ってきた人権NGOが教育訓練啓発活動の一端を担い、後述する国内裁判所における人権条約の頻繁な援用と合わせて、人権のメインストリーム化ともいえる状況が生じた。その結果、人権条約の専門書が稀少であった状況が一変して、人権条約に関する入門書・解説書・教科書・判例集であふれるのみならず、憲法学・公法学の教科書の中に人権条約およびヨーロッパ人権裁判所判例法が「編入」される状況が出現している。

3 国内裁判所におけるヨーロッパ人権条約
── 1998年人権法発効後

1998年人権法発効前直前に特に憂慮されたのは、裁判所における混乱、司法府の政治化、そして「法の支配」ならぬ「法律家の支配」の出現であった[10]。では、実際にはどうであったか。統計上は、人権法発効後18カ月間で、上級裁判所において人権条約が引用された全431件中で318件において、人権法が結果、理由付け、手続に影響を及ぼしたとされる[11]。そのうち94件においては、人権法3条、4条または6条のいずれかに依拠する議論が成功をおさめている。また、同じ期間において不適合宣言は8件出された。この結果は実施準備の采配をになった内務省の予測の範囲内ではある(その後、人権問題の主管は、内務省から大法官府に移された)。他方、イギリスの裁判官は不適合宣言のような権限を付与しても行使しないだろうとする予測も覆された。裁判の件数全体は微増にとどまっておりそれが人権法の影響といえる明白な根拠はない[12]。2年間の実施準備が効を奏し、さしたる混乱もなくソフトランディングに成功したといえよう。

司法府の政治化や「法律家の支配」については、長期的観測が必要であり、現時点で結論を出すのは時期尚早である。ただ、これに関連して注目すべきは、人権法によって裁判所に与えられた新たな権限であ

る。すなわち、人権条約適合的解釈義務（3条）と人権条約不適合宣言（4条）の運用において、裁判所と議会との間に新たな関係が構築されつつある[13]。

人権法3条は「法律は可能なかぎり人権条約上の権利と適合的に解釈されなければならない」と規定するが、人権条約上の権利自体が一般的抽象的であることから、実は、解釈には相当の幅がありえる。換言すれば、本来ならば不適合と判断すべき法律に対して、人権法3条によって解釈の名のもとに新たな立法とも評価しうる新しい意味を付与することも可能である[14]。現時点では、イギリスの裁判所は、3条の射程範囲を制限的に解し、同時に4条の発動には躊躇しないという立場に落ち着こうとしているかのようにも見える。だが、まだ模索中というべき側面もあり今後の動向が注目される。学者の間では、この間の動向をどのように評価するかについて活発な議論が行われているところである[15]。

他方、不適合宣言には議会法を無効にする効果はないが、政府が不適合状態をそのまま放置する状況も現実には考えにくい[16]。最近、不適合宣言として注目を集めたのは、2001年反テロリズム・犯罪・安全法（Anti-terrorism Crime and Security Act 2001）第4部に基づきテロリストの疑いある外国人を起訴せずに無期限拘束したことに対して、貴族院が不適合宣言（人権条約5条および14条）を下したことである[17]。これに対応して、イギリス政府は、2005年テロ防止法（Prevention of Terrorism Act 2005）を直ちに制定した[18]。ともすれば「国の安全」という正当化事由によって人権制約について国家の広い裁量が認められやすい領域（換言すれば裁判所が判断を回避することも考えられる性質の問題）だが、裁判所が判断を下したこと、それに対して政府が対応したことを、人権法および人権条約の影響として評価できよう[19]。

4　イギリス憲法構造に対するヨーロッパ人権条約の影響

前節で紹介したように、ヨーロッパ人権条約を介して、裁判所と議会との関係に新たな変化が生じており、それに関する議論が活発に行われているところである。たとえば裁判所の議会に対する謙譲（deference）であるとか、適合的解釈を通じた司法による立法に対する批判などは、違憲審査制とは無縁であったイギリスにおいて、違憲審査制に関わる問題点が議論される土壌が形成されていることを示すものである。

興味深いことに、裁判所が強力なポテンシャルを有する新たな権限を得たことによって、その司法部自身の正統性が問われるようになっている。当初の憲法改革プランにはなかった司法制度改革が急浮上した。その過程の中で、大法官府に代わる憲法問題府（Department for Constitutional Affairs）創設、大法官職の変更（それまで大法官が有する三権にまたがる諸権限のうち、貴族院議長および司法府の長としての職は大法官から離れ、別に選ばれることとなり、権力分立の徹底がはかられた）、司法任命委員会の創設（裁判官の任命過程の透明化）、そして裁判所としての貴族院に代わる最高裁判所創設（2005年憲法改革法［Constitutional Reform Act 2005］）と、目まぐるしく変革が進行中である。2007年5月9日には司法省（Ministry of Justice）が新設され、前述の憲法問題府にとって代わったところである。また、国内人権機関という観点からは、議会内に設けられた合同人権委員会、そして2006年平等法（Equality Act 2006）によってようやく実現された平等人権委員会も興味深い存在である。

よって、全体として概観すると、人権条約の影響は、憲法構造の様々なレベルにおいて、多様な方式をとりながら実質的に浸透し始めており、変革がさらなる変革を生み出していると評価できよう。いまや人権条約は実質的に国内法であり、成文憲法典のないイギリスにおいてはそれに代わり得る存在でもある。そこでは、人権条約とイギリス憲法とはどちらが上位かという議論が問題になるのではなく、人権保障の実効性促進という実践的観点から、両者の密接な関係性を具体的な事件ベースで築きつつある

ことに注目できる。人権法のメカニズムだけを取り出して抽象的に評価すると、消極的かつ複雑な制度と評されそうだが、イギリスの憲法構造を前提として実際の運用の中で眺めると実効的な人権条約実現メカニズムとして機能しているといえよう。

(1) 一部は2000年10月2日以前に発効している。

(2) Martson, "The United Kingdom's Part in the Preparation of the European Convention on Human Rights", 42 *ICLQ* 796 (1993).

(3) Klug and O'Brien, "The First Two Years of the Human Rights Act" [2002] *PL* 649, 649-650.

(4) R v. Ministry of Defence, ex p. Smith [1996] QB 517, 541F.

(5) Smith and Grady v. UK, Judgment of 27 September 1999.

(6) 江島晶子「イギリス『憲法改革』における1998年人権法」松井幸夫編著『変化するイギリス憲法』（敬文堂、2005年）163頁参照。

(7) 人権法によって、人権条約がイギリス法そのものになった（国内法化した）わけではない。岩切大地「イギリスの1998年人権法と制定法解釈」法学政治学論究61号（2004年）393頁参照。

(8) 詳細は、江島・前掲注(6)、166-169頁参照。

(9) 詳細は、江島晶子「1998年イギリス人権法の実施過程に関する検討」法学新報108巻3号（2001年）551頁参照。

(10) Lord Irvine of Lairg QC, "The Impact of the Human Rights Act; Parliament, the Courts and the Executive" [2003] *PL* 308, 311-313.

(11) Klug and O'Brien, *supra* note(3), 649-650.

(12) Department for Constitutional Affairs, Statistics ⟨URL:http.dca.gov.uk/hract/statistics.htm⟩(visited 1 Dec. 2005).

(13) 人権法3条および4条に関する判決の分析については、江島晶子「ヨーロッパ人権条約とイギリス1998年人権法」芹田健太郎他編『講座国際人権法1　国際人権法と憲法』（信山社、2006年）215頁以下。

(14) R. v. A (No. 2) [2002] 1 AC 45やGhaidan v. Goldin-Mendoza [2004] UKHL 30は、解釈ではなく立法ではないかという批判が生じた例である。

(15) 詳細は、Nicol, "Law and Politics after the Human Rights Act" [2006] *PL* 722および江島・前掲注(13)の注(2)に掲げた文献参照。

(16) 不適合宣言の例として、R. v. Mental Health Review Tribunal (North & East London) [2002] QB 1 (1983年精神健康法72・73条が不適合となり、Mental Health Act (Remedial) Orderによって対応) ; International Transport Roth GmbH v. Secretary of State for the Home Department [2002] 3 WLR 344 (1999年移民難民法第二部が不適合となり、Nationality, Immigration and Asylum Act 2002によって改正) ; Bellinger v. Bellinger [2003] UKHL 21 (1973年婚姻事由法第11条(c)が不適合となり、Gender Recognition Act 2004によって対応) がある。

(17) A. and others v. Secretary of State for the Home Department [2004] UKHL 56.

(18) 2005年法が規定するコントロール・オーダーも市民的自由や人権条約の観点から問題になる制度で、人権条約違反の訴えが提起され、その一部について、控訴院が人権条約5条違反を認めたところである。Secretary of State for the Home Department v. JJ et al [2006] EWHC 1623 (Admin) ; Secretary of State for the Home Department v. JJ et al. [2006] EWCA Civ 1141. 江島晶子「国際人権条約を介した議会と裁判所の新たな関係」法律論叢79巻4・5号（2007年）69頁参照。

(19) 一連のテロ対策立法には人権の観点から多くの問題がある。詳細は、江島晶子「9・11以降のテロリズムに対するイギリスの対応」比較法研究68号（2007年）35頁。

[参考文献]
[1] 江島晶子『人権保障の新局面　ヨーロッパ人権条約とイギリス憲法の共生』（日本評論社、2002年）
[2] Feldman, *Civil Liberties and Human Rights in England and Wales* (2nd ed., Oxford, 2002)
[3] Gearty, *Principles of Human Rights Adjudication* (Oxford, 2004)
[4] Hunt, *Using Human Rights Law in English Courts* (Hart, 1997)
[5] Zander, *A New Bill of Rights?* (4th ed., Sweet & Maxwell, 1997)

概　説 Ⅴ(2)

ヨーロッパ人権条約とフランス

建石真公子

はじめに

　フランスは、ヨーロッパ人権条約の起草に深く関わり、また1950年に最初の署名国の一つとして署名を行うなど、初期にはヨーロッパ人権条約の制定に関して積極的だったといえる[1]。しかし実際の批准は24年後の1974年5月、個人申立制度及び人権裁判所の管轄権の受諾は1981年と、起草主要国の中では大変に遅れた。

　こうした遅延は、第4共和制（1946年）から第5共和制（1958年）へという、民主国では珍しい短いサイクルの政体の変革すなわち新憲法の制定を経験したこと、また第4共和制憲法と第5共和制憲法の性格の違いとも関連している[2]。

　戦後のフランスは、まず国際協調主義を採用した第4共和制憲法のもとでは、政策的にはヨーロッパ人権条約の批准に積極的だったが、議会の混乱および1954年から1964年まで続いたアルジェリア戦争の影響で人権条約の遵守が困難と判断され、同条約の批准は挫折した。第5共和制憲法が制定され、アルジェリア戦争が終了した後にもド・ゴール、ポンピドゥーと国家主権尊重論者として知られる人物が大統領の座を占めたため、1974年のジスカール・デスタン大統領の就任までヨーロッパ人権条約の批准が具体化することはなかった。この結果、フランスに対する最初のヨーロッパ人権裁判所判決は1986年であり[3]、同裁判所の最初の判決が1960年[4]であることから鑑みると同条約のフランスへの影響は比較的遅くスタートしたといえる。

　このような、フランスにおけるヨーロッパ人権条約に対する否定的な歴史は、同条約がフランスの国内法として実効性を持つようになってもなお、「国の主権」を根拠としてヨーロッパ人権裁判所の判決に対する抵抗として影響を与えてきている[5]。

　しかし、他方、この間にフランスがヨーロッパ人権条約からうけた影響は、ヨーロッパ人権裁判所の判例による具体的な権利保障の拡大にとどまらず、人権理論の構造や裁判所制度の変革をも伴うほど大きいという面も指摘しうる。また、第5共和制憲法自体も、ヨーロッパ統合の進展とヨーロッパ人権条約によって、国際的な法規範を憲法規定として取り入れる方向に変容してきており、特にヨーロッパ人権条約は、憲法院における憲法と国際法の峻別を前提としつつも、フランス国内裁判所での人権保障の実効性を高めてきており、国民主権に基礎を置く伝統的なフランスの憲法理論に対する影響は大きいといえる[6]。

1　国内法とヨーロッパ人権条約

(1) 憲法と条約

　フランスは、条約の国内法化について一般的受容方式を採用しているため、条約は批准によって国内法としての効力を持つ。条約の国内適用可能性については条約によって異なるが、ヨーロッパ人権条約に関しては司法・行政裁判所ともに認めている。また国内法体系における条約の地位は、法律との関係では法律に優位するとされる（憲法55条）。憲法との関係は、一定の条約について（同53条）憲法院の違

憲審査が行われ、違憲と判断された場合には憲法が改正されない限り批准ができない（同54条）ことから、憲法優位と解釈されている。反面、大統領、首相のイニシアチヴで、条約の批准に関する「レフェレンダム」も認められている（同11条）。レフェレンダムに関しては、国民主権の観点から違憲審査が認められないという憲法院の判断がある[7]。

(2)　「法律に対する条約優位原則」に基づく法律の条約適合性審査とヨーロッパ人権条約

フランス第5共和制憲法55条は、「適法に批准され公刊された条約は、法律に優位する権威を有する」とし、53条の規定とともに、一定の条約に関して国会の批准を必要とし、批准された条約は国内法規範階層の中で法律に優位すると規定している。法律に対する条約優位原則は、1946年の第4共和制憲法において初めて採用されたが、これは同憲法の国際協調主義という傾向を反映したものであり、第5共和制憲法はそれを引き継いだ。

しかし、憲法院は、1975年1月15日の判決で、憲法判断の規範として憲法と条約とを峻別したうえで条約を適用しないことを明言したため、55条の定める法律に対する条約優位を保障するのは司法・行政裁判所の役割となった[8]。これ以降、人権規範は、法律に関する違憲審査の規範となる「憲法ブロック」と、憲法55条に基づいて法律以下の法規範および行政行為の条約適合性審査の規範となる「条約ブロック」に二分され、条約ブロックの中心となるのがヨーロッパ人権条約となっている。

他方、司法・行政裁判所においては、伝統的に、議会優位の考え方に基づいた、違憲の場合でも「法律を不適用にすることは禁止される」というLoi-écran理論によって、条約と法律が抵触した場合は、「後法優位」の原則に従ってより新しく制定された法規範を適用すべきと解釈されてきた。この理論が、上述の憲法院の1975年判決の結果、「法律に対する条約優位」原則の適用が司法・行政裁判所に委ねられたことを契機として放棄されたのは、破毀院では1975年、コンセイユ・デタ（国務院）では1989年のことである。すなわち、フランスの裁判所においては1989年になって初めて、条約と法律が抵触した場合に、条約を法律に優位して適用することが原則であり義務となったのである[9]。

この1989年のコンセイユ・デタの判例変更により、フランスでは、行政行為に対しても、私人間においても、ヨーロッパ人権条約の適用が可能となった。このことは、憲法院での違憲審査が事前の限定された申立人による抽象審査であるのに比べ、司法・行政裁判所における条約適合性審査が、事後の個人からの直接の提訴という意味で、より実効性のある人権保障が可能となったことを意味している。

2　人権理論における「基本権」概念の登場へのヨーロッパ人権条約の寄与

フランスにおいては、革命期以来、公権力に対して保護される人権はLibertés publiques「公の自由」と呼ばれたが、議会制定法優位の憲法伝統の下、第3共和制期までは法律に対しても保障されるものではなかった。第4共和制憲法は、初めて憲法上の規定として「公の自由」を法律事項であると定めたが、法律の違憲審査が存在しないため、「公の自由」は法律に対してではなく、「行政権に対して」「法律によって」保護されるものとして行政裁判所が保障するにとどまった。

現行の1958年憲法は、人権章典を備えておらず、前文で、1946年憲法前文及び1789年人権宣言に定める人権への愛着を定める方式を採用している。前文で言及されている1946年憲法前文は、「共和国の諸法律によって承認された基本的諸原理」および「現代に特に必要なもの」としての政治的、経済的、社会的諸権利に関して11項目の保障を定めると共に、侵略戦争の放棄と平和のための組織と擁護のための主権の制限を定めている。他方、1958年憲法本文では、法の下の平等と信仰の自由（第1条）、普通選挙制度と選挙権、および選出による議席と公職への両性の平等なアクセス（3条）、政党（4条）、恣意的拘禁禁止及び個人的自由（66条）について規定し、

さらに2005年3月の憲法改正で、2004年に制定された環境憲章（第1条「……健康を尊重し、均衡の取れた環境の中で生存する権利を有する」）が前文に挿入され、環境権が憲法上の人権規範として加わった。

　これらの規定、特に前文に言及されている権利は、憲法制定当初は実定法としての効力は明らかではなかったが、1970年代以降の憲法院の違憲審査の判例を通じて、法律の違憲審査の基準となる「憲法規範（憲法ブロック）」であるという解釈が形成されてきた。さらに、司法・行政裁判所が、条約と法律の適合性の審査を行うようになった結果、1990年代に入り、法律に優位する人権規範として、憲法ブロックおよび人権条約（条約ブロック）を「基本権 (droits fondamentaux)」とする理解が定着しつつある[10]。これは、法律に対しても裁判によって権利を保障することの可能な人権規範の登場を意味し、フランスの伝統的な人権理論の枠組みを大きく変更するものと考えられる。

　この変化は、1970年代からの憲法院による違憲審査革命に負うところが大きいが、同時に、法律の違憲審査が事前審査であるのに比べ、ヨーロッパ人権条約が事後的な人権規範として司法・行政裁判所で適用されるようになったことも大きく影響している。また、憲法とヨーロッパ人権条約には共通する権利が多いため、ヨーロッパ人権裁判所の判決の条約解釈と憲法院を含む国内裁判所との権利解釈が相互に影響しあう状況も見られ、今後も憲法と人権条約を一体とする「基本権」として発展していくと思われる[11]。

3　ヨーロッパ人権裁判所判決の影響

　一般的には、ヨーロッパ人権裁判所の影響は、フランスがヨーロッパ人権条約違反判決を下された結果として生じる。すなわち、同条約46条は自国が当事者である事件についてのみ裁判所の確定判決に従うことを定めていることから、他国に対する判決と同様の法状況がフランスにある場合でも、直接にフランスは法改正や行政実務の改正の義務はない[12]。しかし、条約違反判決のもたらす事実上の影響により、近年ではフランスも、自国に対する条約違反判決に対してのみならず、他国に対する条約違反判決に基づいて自国の法制度の修正や判例を変更する動きも見られるようになっており[13]、その点でもヨーロッパ人権裁判所判決がフランスの人権概念に与える影響は多様化しているといえる。

(1)　手続的権利

　手続的権利は、従来、英米法的権利としてフランスの裁判実務において軽視される傾向にあったことから、ヨーロッパ人権裁判所の判決が非常に大きく影響した分野である。まず、裁判の概念について、条約6条1項は、公正な裁判を「民事上の権利義務および刑事事件」について規定しているが、ヨーロッパ人権裁判所は判例の中で、弁護士会や医師会規則、行政裁判（公権力による条約違反）、公法分野にまでその範囲を拡大してきている[14]。これに従い、フランスの司法・行政裁判所も条約6条1項の適用範囲を徐々に拡大してきている[15]。防御権に関しても、人権裁判所のフランスに対する条約違反判決である Delta 判決[16]（1990年12月19日）および Saïdi 判決[17]（1993年9月20日）以降、破毀院は、第1審裁判所に対して、防御権に関してヨーロッパ人権条約6条3項[18]違反の判決を下している[19]。すなわち、被告人が、検察側の証人に対して反論する可能性を確保すること、また証人自身に対して質問する可能性を確保することが保障されていない点を、条約6条3項の原則を侵害するものであるとし、1994年の刑事訴訟法改正以前から、被告人に対する「武器の平等」を保護しようとした。さらに被疑者の権利について、ヨーロッパ人権裁判所は、控訴院訴追部が恣意的に被疑者の勾留期間を延長している点について、条約5条3項[20]違反とする判決を数件下している[21]。こうしたヨーロッパ人権裁判所の判決は、被拘禁者である申立人の救済のみならず、破毀院に影響を与えることで[22]、従来予審判事の判断のみに任されていた被疑者拘禁について、拘禁期間の合理性という基準を設けることが可能と

なった。同じく刑事事件における被告人の拘置に関しては、人権裁判所の判決[23]の後、フランスは、2000年に、刑事事件の被告人について被告が破毀院への上告の条件として拘置を認めるという義務について廃止する法改正を行った[24]。

他方、条約の解釈と裁判所の独立も、ヨーロッパ人権裁判所の管轄権を受諾して以来、問題となっていた事項である。条約を国内裁判所で適用する場合の「解釈」は、従来から、コンセイユ・デタでは、当該条約の解釈は事前に外務省に移送され、外務省の解釈を裁判所において適用してきた。これに対してヨーロッパ人権裁判所は、Beaumartin判決[25]において、そのような条約解釈に関する移送制度は、行政権に対する裁判所の独立という面において、条約6条の意味における完全に独立した裁判所とは言えないと判断した。この判決の後、コンセイユ・デタは、これまでの慣行を改め、条約解釈に関する外務省への移送を取りやめた[26]。

公正な裁判に関する近年の重要な争点として、行政訴訟における「立法による議会の介入（Validation législative）」があげられる。立法による議会の介入とは、違法な行政行為が行政訴訟で取り消し判決を受けた後、当該違法行為の効力を遡及的に維持する立法を制定することである。こうした事例は、フランスの行政訴訟のあり方に原因を有するが、1980年代から憲法院は主として権力分立原理との関係で審査してきた。しかし、事例によっては一般的利益を理由として立法による当該立法を合憲としている。これに対して、ヨーロッパ人権裁判所のZielinski判決（本書43）[27]は、立法による議会の介入に関する憲法院の合憲判決[28]に対してその判断を覆したものであり、またその後の憲法院判決や司法裁判所の判決に重大な影響をもたらした[29]。ヨーロッパ人権裁判所は、訴訟に影響を与えるような立法介入について人権条約6条の「公平な裁判」、特に「武器の平等」との適合性を審査し、従来の憲法院の「権力分立」という観点からの審査とは異なり、より厳格な審査を行っている。つまり、議会の介入が正当化されるためには「一般的利益」ではなく、「やむを得ない」理由がなければならない。本件では、判例の統一、社会保障機関の財政への影響という介入の目的の公益性については十分ではなく、公平な裁判を受ける権利の保障を重視した。また、議会の介入の予測可能性についても本件では十分ではないとされた。本判決後も、憲法院は同種の事件に関して従来どおりの審査方法で判断しているが、しかし実際は、ヨーロッパ人権裁判所の判決の傾向を採用しより厳格な審査を開始している[30]。また、司法・行政裁判所も、近年、「やむを得ない理由」を必要とする基準を採用する傾向がある[31]。さらに、国内法制度への影響としては、2004年に破毀院、コンセイユ・デタ共に判決効制限を認めた。この判例により、議会の介入を必要とする事例は減少することが予想される。このように、ヨーロッパ人権裁判所判決によって、訴訟当事者から長い間問題とされてきた立法による議会の介入の状況は改善されつつあるといえる。

行政訴訟における公正な裁判の問題として、コンセイユ・デタにおける「政府委員」制度と「武器の平等」の問題も、近年、争点のひとつとなっている。ヨーロッパ人権条約6条1項の定める「公正な裁判」は、訴訟手続きにおける被告人の権利として武器の平等を保障する。この権利が、1799年に設立されたコンセイユ・デタにおける長い伝統を有する「政府委員（Commissaire du gouvernement）」制度によって侵害されるとして、条約違反と判断されたのがKress判決（本書42）[32]である。コンセイユ・デタでは、通常、対審の公判には報告裁判官、当事者の弁護士、および政府委員が在籍し、政府委員は自らの意見を述べることができ、その後の裁判官の合議にも参加する。これに対して、原告は、行政裁判において政府委員の意見が公判前に原告に伝達されないこと、公判後の裁判官の合議に参加するのは訴訟当事者の武器の平等を定めたヨーロッパ人権条約6条1項に反すると主張した。ヨーロッパ人権裁判所は、同種の過去の判例を踏襲し[33]、政府委員が裁

判官の合議に参加することは、原告が、自らに敵対する政府委員が裁判官と合議することに対して不平等な気持を抱くことを理由として、外観理論により条約6条1項違反とした。このKress判決は、フランスの行政裁判所の最終審であるコンセイユ・デタにおいて長い伝統を有する政府委員制度の変更を求めるものであり、各国における法文化や伝統の違いと、ヨーロッパ人権条約における共通の権利の保護との対立が非常に明確になった事件で、コンセイユ・デタ側の衝撃は大きかった。英米法的な手続き的保障とローマ法に端緒をもつフランスの裁判制度の違いとして、コンセイユ・デタは、Kress判決後も、政府委員の合議への参加を継続させている。これに対してヨーロッパ人権裁判所は、その後の判決でも政府委員の合議への参加は条約違反である旨の判決を繰り返し下している[34]。

(2) 実体的権利

実体的権利に対する人権裁判所判決の影響は多岐に渡る。まず、ヨーロッパ人権裁判所判決によって破毀院が判例変更した例として、性別再指定後の戸籍上の性別記載の変更があげられる。性別再指定は、ヨーロッパでは1960年代から性同一性障害者の治療として行われてきている。性別再指定後の戸籍の性別や名前の変更については、例えばスウェーデンでは1972年に性同一性障害者法を制定し認めてきている[35]。しかし、フランスでは、戸籍上の性別は生物学的な性別に限定するという解釈に基づいて、破毀院は認めてこなかった。これに対して、ヨーロッパ人権裁判所は、1992年のB. c. France判決[36]で、性別再指定者に対して戸籍の性別および名前の記載変更を認めないことは、条約8条の私生活の尊重に反するという判決を下した。破毀院は、先例である1990年の判決で、「性別再指定者の戸籍上の性別記載を変更することを拒否しても、ヨーロッパ人権条約第8条の私生活の尊重を侵害しない」と解釈していた[37]。

しかしヨーロッパ人権裁判所のB判決から数ヶ月後、破毀院は、1992年12月11日の判決で、従来の判例を変更し、性別再指定後の戸籍の性別および名前の記載変更を認めた[38]。すなわち、「治療目的の外科学的な施術を経た後には、性同一性障害の当該個人は、以前の性別の外観をもはや有しておらず、外見、振る舞いなどに合致した他方の性別の特徴を有しているため、私生活の尊重原則を根拠として、現在の外観の性別に戸籍記載を変更することは認められる」という理由である。この判旨は、ヨーロッパ人権裁判所のB判決内容と酷似している。

破毀院の判例変更とともに法律の制定にいたった例として、電話盗聴に関する私生活の保護があげられる。ヨーロッパ人権裁判所は、Kruslin et Huvig判決(1990年4月24日)[39]で司法警察による電話盗聴に関する私生活の保護においてフランス法は不備である旨を指摘しフランスを条約違反とした。ヨーロッパ人権裁判所は、「破毀院の判決は、フランス法においては適法といえるが、それらの法律は、増加しつつある盗聴という捜査方法に対して、市民が、不可欠な法的な安全性を予見するために十分なほどに、詳細で、明白であるとは言えない」というものである。このKruslin事件については、既に1985年7月23日に破毀院が、刑事訴訟法はヨーロッパ人権条約8条に違反していないと判示しており[40]、また、1980年10月9日のTournet判決でも、破毀院は、盗聴の合法性を認めてきた[41]。しかし、ヨーロッパ人権裁判所のKruslin et Huvig判決以降約1年間に、破毀院は、盗聴に関する事件のうち13件の判決において従来の判例を変更し、ヨーロッパ人権裁判所の判決内容に適合するように独自にフランス法を発展させ、盗聴を実施するための手続きを補完する判決を繰り返した。結果として、議会は破毀院の判例と類似の内容の「盗聴法」[42]を制定した。

同じくヨーロッパ人権裁判所判決の後に法律の制定が行われた画期的な例として、婚外子の権利があげられる。民法上、婚外子の相続の権利を認めない、あるいは婚外子を婚内子の相続分よりも少なく定める、いわゆる婚外子相続分差別は、かつては法律婚

の尊重を理由として多くの国で見られた。しかし近年、ヨーロッパ評議会加盟国においては、このような差別的な法制度は次第に姿を消してきており、ヨーロッパ人権裁判所の条約違反判決を受けた結果、差別的な法制度を改正した例もある。フランスは、姦生子[43]にのみ相続差別を残す民法規定(760条)を有する、ヨーロッパでも特殊な国であったが、ヨーロッパ人権裁判所の2000年2月1日Mazurek判決[44]は、フランスに対して、姦生子の相続分を2分の1と定める民法760条が、ヨーロッパ人権条約第1議定書1条「財産権の尊重」および条約14条「差別禁止」に違反するとの判決を下した。本判決後、フランスでは「生存配偶者及び姦生子の権利ならびに相続法の諸規定の現代化に関する2001年12月3日法律（1135号）[45]」を制定し、民法上、婚外子と婚内子の区別を廃止し姦生子について婚内子と平等の権利が保障された。これにより、ナポレオン民法典以来の「姦生子」という概念が廃止された。

このように、人権裁判所の判決は、フランスの国内法で長い間保護されてこなかった権利の保障という意味では実効性が高いと評価できるが、反面、Kress判決のように未だに人権裁判所の判決を踏襲することを避けている事例もあり[46]、国際的な人権裁判所判決に対する国民主権を根拠とする抵抗はいまだ争点として残されている[47]。

4 ヨーロッパ人権条約と憲法構造

(1) 憲法院とヨーロッパ人権裁判所

前述のように、憲法と条約の峻別論に基づいて、法律以下の法規範に対する裁判的保障としては、憲法院の違憲審査の規範である憲法ブロックと、司法・行政裁判所が憲法55条に基づいて行う条約適合性審査の規範である人権条約ブロックに区別されている。この二つの規範ブロックは、内容的には類似しているが、理論的には階層化されており、国内法においては憲法は条約に優位するとされる[48]。

しかし、法律に優位する人権規範として条約と憲法とが存在し、違憲審査を憲法院、条約適合性審査を司法・行政裁判所が、それぞれが異なる内容の規範ブロックに基づいて独立して法律の審査を行う結果、司法・行政裁判所の行なう法律に関する条約適合性判断と、憲法院における合憲性判断とが異なった場合、合憲と判断された法律が、条約違反と判断される可能性も制度上はありうる状況となった[49]。

この問題に関して、2000年に制定された狩猟法(Loi sur la chasse)は、制定の背景および違憲審査の内容ともに条約の影響が色濃く見られる例である。フランス法では、狩猟の権利は革命期から所有権の一種とみなされてきたが、1970年代からの絶滅鳥類保護の観点から、ヨーロッパ共同体法において制限され始めた。フランスに対するEC司法裁判所のEC指令違反の判決[50]を経て、コンセイユ・デタでは、狩猟の権利を定める狩猟法を指令違反として不適用とした[51]。さらに、ヨーロッパ人権裁判所が、Chassagnou判決[52](1999年4月29日)で、財産権としての狩猟の権利を認めるフランスのVerdeille法を、条約違反とする判決を下したことも重なり、EU法およびヨーロッパ人権条約に適合させるために、狩猟の権利を制約する内容の新しい狩猟法が制定されることになった。すなわち新しい狩猟法は、その内容としてEU法およびヨーロッパ人権条約の規定を含んでおり、違憲審査は、暗黙的にそれらの条約の憲法適合性の審査という性格も併せ持つことになった。結果として、憲法院は、申立理由のうち、財産権（とみなされている狩猟の権利の行使）の制約について、制約事由である一般的利益の無いことを理由にいくつかの規定を違憲とし、他方、ヨーロッパ人権裁判所において強調された、土地所有者の主張するような狩猟に反対する（精神的）権利については広く認めた。結果として古典的な財産権の強調となったが、この判決は、EU指令に違反せず、またヨーロッパ人権裁判所の判決にも明白には抵触しない判断を採用したといえる。このように、憲法院が伝統的な財産権に関して判断した背景には、同法律の合憲性を判断する基準となる憲法ブロックには、狩猟に反対する権利を根拠づける規定が欠けている

状況で、法律に優位する EU 指令を適用しなければならないという事情がある。すなわち、合憲性審査ではあるが、実質は EU 指令にもとづく法律の条約適合性審査とも言えるのである。

(2) 人権に関する国際法の憲法化？――憲法ブロックへの条約ブロックの統合

こうした問題の解決のために、二つの規範ブロックの統合、つまり人権条約を「憲法ブロック」に組み入れるという説が主張されている[53]。憲法ブロックと条約ブロックとの区別は、前述の 1975 年の憲法院判決に端を発しており、同判決で憲法院は、条約の国内法上の地位は、憲法 55 条の「相互適用」という留保事項によって変化するために、条約は「相対的で偶然的」であり、憲法規範と条約は峻別されると判断した。この点については、しかし、1999 年 1 月 22 日の国際刑事裁判所規程に関する憲法院の違憲審査で、人道的性格の条約については「憲法 55 条の定める相互適用の留保は適用されない」とあり、人道的性格の条約については「相互適用」の留保が適用されないという憲法院の判断は、この憲法と条約の峻別を、人道的性格の条約に限って相対化すると理解することもできる。これが、1975 年の判決の変更と解釈しうる[54]のであれば、両ブロックの区別も相対化される可能性がある。

人権に関する「憲法上」の概念として、「憲法」を実定法に限定して理解する場合、前述した憲法規定および憲法院が憲法規範と認定した規定のみが「憲法上の人権」と理解されることになる。これに対して、人権に関する法律の審査において、「法律に優位する規範」と理解することにより、人権条約も「憲法ブロック」に含まれるという説がある。この説は、「憲法ブロック」自身、憲法院が判例の中で確定していった経緯があり、さらに、憲法ブロックである 1946 年憲法前文に国際公法の尊重が定められていることからも、人権条約の遵守のためには憲法ブロックに組み入れることは可能であるというものである[55]。ヨーロッパ人権条約を憲法ブロックへ統合しようという主張は、ヨーロッパ人権条約に関してかなり以前から主張されており、また、人権条約の特殊性という観点から、憲法と条約の峻別を明確にした 1975 年 1 月 15 日判決に対する疑義も示されている[56]。

以上のように、フランスにおいては、憲法上も政治上も、そもそも人権条約の適用に関しては国の主権や独立を理由とした抵抗が存在したが、その後の EC や EU の権限拡大およびヨーロッパ人権裁判所判例を通じて次第に憲法自体が条約によって大きな変容をとげてきている。また、将来 EU の基本権憲章が法的効力を有するようになる現実には、両ブロックの境界はしだいに狭まっていくことが予想される。司法・行政裁判所では、法律の審査において、日常的に、多岐にわたる EU 指令やヨーロッパ人権条約を適用し、ヨーロッパ人権裁判所の判決が積み重なる状況の中で、憲法院もヨーロッパ人権裁判所の判例を参照していくことによって、逆説的に、国内法における憲法の優位が維持できる結果となるであろう[57]。

(1) J.-P.Costa, La Convention européenne des droits de l'homme et la Constitution de la France, Le Nouveau constitutionnalisme Mélanges en l'honneur de Gérard Conac, 2001, p. 242.

(2) 拙稿「フランスにおけるヨーロッパ人権条約の批准の遅延の理由と国民主権㈠」法政論集 161 号（1995 年）181 頁以下。

(3) Bozano v. France, Series A no.111.（1986 年 12 月 18 日判決）

(4) Lawless v. Ireland（1960 年 11 月 14 日）

(5) 例えばヨーロッパ人権裁判所判決を受け入れない傾向が時折見られる。後述、3(1)コンセイユ・デタの政府委員制度、立法による裁判介入など。

(6) Paul Tavernier, Le Conseil constitutionnel français peut-il échapper au contrôle de la Cour européenne des droits de l'homme?, Le nouveauu constitutionnalisme, 2001, p. 273.

(7) 大統領選挙方法の改正に関するレフェレンダムに関する憲法院判決。CC 62-20 DC du 6 novembre 1962.

(8) 憲法院は、55 条の尊重を行うのは（憲法院以外の）ほかの裁判機関であることを判決の中で繰り返し述べている。86-216 DC du 3 septembre 1986, Entrée et séjours des étrangers.

⑼　拙稿「『法律に対する条約優位原則』の裁判的保障㈠──フランス1958年憲法第55条の提起する問題」名古屋大学法政論集151号（1993年）240頁。

⑽　E.Picard, L'émergence des droits fondamentaux en France, AJDA, no. spécial, 1998, p. 7

⑾　Thierry Renoux, Théorie des droits fondamentaux, hiérarchie des normes et séparation des pouvoirs, sous la direction de Thierry-S. Renoux, Protection des libertés et droits fondamentaux, 2007, p. 31.

⑿　司法警察の盗聴に関するイギリスの条約違反判決 Malone v. United Kingdam（本書 *54*）（1984年4月24日）の後、フランスは盗聴に関する法制度を改めることはなかった。盗聴に対してフランスが条約違反と判決を下されたのは、Huvig et Kruslin v. France（1990年10月26日）である。その結果、1991年に条約に適合する内容の法律改正を行った。

⒀　条約13条の実効的救済権に関する Kudła v. Poland（2000年10月26日判決）（本書 *19*）後、フランスは、訴訟遅延に関する不服申し立て手続きを判例において確立した。

⒁　Le Compte, Van Leuvant et De Meyere c/ Belgique, 23 juin 1981, Série A no. 43.

⒂　Pellegrin c/ France, 8 décembre 1999（GC）, Rec., 1999-III（本書 *40*）.

⒃　Delta c/ France, 19 décembre 1990, Séries A no. 191.

⒄　Saïdi. c/ France, 20 septembre 1993.

⒅　ヨーロッパ人権条約6条3項は、被告人の権利として防禦権を定めている。

⒆　Cass. crim., mars 1991, Dobbertin, bull. crim., no. 115.

⒇　ヨーロッパ人権条約5条3項は、被疑者の権利として、速やかに司法的保護を受けられることを保障している。

㉑　Letellier c/ France, 26 juin 1991, Kemmache c/ France, 27 novembre 1991, Tomasi c/ France, 27 août 1992.

㉒　CA Paris, 29 septembre 1988, CA Versailles, 13 juillet 1989, CA Colmar, 27 juin 1991, CA Monrpellier, 22 octobre 1996.

㉓　特に、Omar v. France, Guerin v. France, 1998-VI（1998年7月29日判決）.

㉔　La loi du 15 juin 2000.(23)Gisti, 29 juin 1990, Leb., p. 171.

㉕　Beaumartin v. France, Series A no. 296（1994年11月24日判決）.

㉖　Gisti, 29 juin 1990, Leb., p. 171.

㉗　Zielinski et Pradel et Gonzalez et autres c/ France, 28 octobre 1999.（GC）（本書 *43*）.

㉘　CC 93-332 DC du 1994.

㉙　Bertrand Mathieu, Les validations législatives devant le juge de Strasbourg, RFDA., 2000, p. 289.

㉚　CC 99-422 DC et 99-425 DC.

㉛　Cass.Ass.plen., 23 janvier 2004, Soc. Le Bas Noyer/Soc. Castorama.

㉜　Kress c/ France, 7 juin 2001（GC）（本書 *42*）.

㉝　Borgers c/ Belge, 30 octobre 1991, Séries A no. 214-B, p. 31.

㉞　APBP c/ France, 21 mars 2002, Marie-Louise Loyen et autres c/ France, 5 juillet 2005.

㉟　「性の転換に関する法律」は、戸籍上の性別変更を認め、変更申請の要件として、⑴申請者が18歳に達していること、⑵不妊手術またはその他の理由により生殖能力を有しないこと、⑶未婚であることの3点をあげている。

㊱　Arrêt B c/France du 25 mars 1992.

㊲　Cass. 1er civ., 21 mai 1990, Nadaud c/Procureur République de Bordeau, bull. civ. I, no.17.

㊳　Ass.plen., 11 décembre 1992, X c /Procureur d'Aix-en-Provence, bull. civ. ass. plen., no.13.

㊴　Arrêt Kruslin et Huvig,24 avril 1990.

㊵　刑事訴訟法81条と151条による電話の盗聴は、次の条件下によって予審判事によって命じられる。①予審を開始した一定の犯罪が推定される場合、②不確定なやり方で、盗聴があらゆるカテゴリーの犯罪を目的としないこと、③策略も姦計も用いられていないこと、④盗聴の結果が防御権の行使の条件を危険にしないこと。

㊶　Cas. crim., 9 octobre 1980,Tounet, bull. 255.

㊷　Loi du 8 10 juillet 1991 relative au secret des correspondances émises par la voie des télécommunications, articles 100 a 100-7 du code de procédure pénale.

㊸　姦生子とは、「婚外子のうち、父親あるいは母親が、受胎の時点で、他の人との婚姻関係にある子供」（フランス民法）をさす。姦生子も広い意味では婚外子のなかに含まれ、他のヨーロッパ諸国では婚外子と姦生子とを区別しない国が大半である。フランスでは、1972年の民法改正の時点で、婚姻をしないカップルが増加しつつあり、婚外子に対する差別は廃止されたが、姦生子は重婚関係を意味することから、社会的な反対及び法律婚の保護という理由により婚内子との平等は見送られた。

㊹　Arrêt Mazurek c/ France du 1 février 2000. 拙稿「婚外子相続分差別に関するヨーロッパ人権裁判所判決 Mazurek 対フランス」国際人権14号（2003年）191-197頁。

㊺　2001年12月3日法律の翻訳は、大村敦志解説、秦野弘樹訳「フランス相続法改正翻訳──生存配偶者及び姦生子の権利ならびに相続法の諸規定の現代化に関する2001年12月3日第1135法律」法律時報75巻8号（2003年）72頁。

㊻　拙稿「フランス国内裁判所における人権条約の適用と解釈」国際人権11号（2000年）21頁。

㊼　拙稿「国際人権保障と主権国家」公法研究64号

(2002年) 155頁。

㊽ CC 2004-505 DC du 19 novembre 2004, Traité établissant une Constitution pour l'Europe. CE Ass., 30 octobre 1998.

㊾ Arrêt Sarran, Levacher et autres, CE Ass, 30 octobre 1998, D. Alland, "Consécration d'un paradoxe : primauté du droit interne sur le droit international," RFDA. 1998, p. 1094. 参照。

㊿ CJCE, 19 janvier 1994, Association pour la protection des animaux sauvages c/ Préfet du Maine-et Loire, Rec., p. I-67.

(51) Association ornithorigique et mammalogique de Saôn-et-Loire et Rassemblement des oppasants à la chasse, 3 décembre 1999.

(52) CEDH, 29 avril 1999, Chassagnou c/ France.

(53) D.Rousseau, Ver l'intégration de la Convention européenne des droits de l'homme au bloc de constitutionnalité ?, Conseil constitutionnel et Convention européenne des droits de l'homme, 1990, p.117., E.Picard, Vers l'extention du bloc de constitutionnalité au droit européen, RFDA, 1993, p. 47., J-C.Colliard, Intervention, Droit international et droit interne dans la jurisprudence comparée du Conseil constitutionnel et du Conseil d'Etat, 2001, p. 75.

(54) S.Sciortino-Bayart, Jurisprudence du Conseil constitutionnel, RFDC, no. 38, 9 p. 317.

(55) Ghisleine Alberton, De l'indispensable intégration du bloc de conventionnalité au bloc de constitutionnalité?, RFDA, 2005, p. 254.

(56) Guy Carcassonne, Faut-il maintenir la jurisprudence issue de la décision n° 74-54 DC du 15 janvier 1975?, Cahier du Conseil constitutionnel, n°. 7.

(57) 憲法院の判決に対するヨーロッパ人権裁判所の影響については、J.-P.Costa, *op. cit*, p. 245 以下参照。

[参考文献]

[１] F. Sudre (dir), Le droit français et la CEDH, *1974-1992*, 1994.

[２] A. Devet, L'influence de la Convention européenne des droits de l'homme sur le droit civil, 2002.

[３] F. Sudre (dir), L'interprétation de la CEDH, 1998.

[４] J. Andriantsimbazovina, L'enrichissement mutuel de la protection des droits fondamentaux au niveau européen et au niveau national, Vers un contrôle de «fondamentalité» ?, *RFDA,* 2002, p. 124.

[５] 建石真公子「フランスの人権保障における人権条約の影響」芹田健太郎・棟居快行・薬師寺公夫・坂元茂樹編『講座国際人権法１　国際人権法と憲法』(信山社、2006年) 183頁以下。

オランジェリー公園

概 説 V(3)
ヨーロッパ人権条約とドイツ

門田 孝

1 はじめに

ドイツ連邦共和国（以下単に「ドイツ」ともいう）は、1950年11月11日にヨーロッパ人権条約（以下「人権条約」あるいは単に「条約」ともいう）に署名し、1952年12月5日に批准した。1955年7月5日には、条約旧25条における個人申立受理の宣言、および旧46条におけるヨーロッパ人権裁判所（以下単に「人権裁判所」ともいう）の管轄に関する宣言を行ない、その後も更新しており、第11議定書には1995年10月2日に批准した。このように、ドイツは、人権条約上の義務をほぼ一貫して履行しようとしてきたといえる（なお、1990年の東西再統一にあたっては、ドイツ連邦共和国は、それ以降、旧ドイツ民主共和国（旧東ドイツ）領にも人権条約上の義務が適用される旨の通知を、ヨーロッパ評議会に対して行った）。今日、人権条約は、他の締約国と同じく、ドイツ国内の法実務においても大きな影響力を有している。以下では、ドイツにおいてよく問題にされる、人権条約の国内法における地位、およびヨーロッパ人権裁判所判決の国内法的効力をめぐる議論を ── これらは密接に関連しているがとりあえず区別して ── 概観した後、ドイツに関連した人権裁判所判決のいくつかに言及することとしたい。

2 ヨーロッパ人権条約の国内法における地位

人権条約の国内法上の地位という点では、ドイツは、同条約に通常の法律と同等の地位しか認めない国のひとつに分類される。ドイツ連邦共和国基本法（以下「基本法」という）59条2項第1文は、「連邦の政治的関係を規律し、または、連邦の立法の対象にかかわる条約は、それぞれ連邦の立法について権限を有する機関の、連邦法律の形式での同意または協力を必要とする」と定めており、これにしたがって、ドイツでは、1952年8月7日の法律により、ヨーロッパ人権条約は連邦法律の形式で国内法化された[1]。これにより、条約は連邦法と同等の地位を占めることとなるというのが、通説の立場である。この理解によれば、人権条約は、ドイツ国内法においては、„einfaches Gesetz"（単なる法律）の地位を占めるにすぎず、「後法は前法を破る」の規則により、後に制定された連邦法律によって、改廃され得ることになる。

しかしながら、人権条約が通常の連邦法律と同等の地位に立つということは、単に理論上そうであるというにすぎないのであって、実際上は、人権条約には単なる法律にとどまらぬ配慮が払われている。この点に関してまず注目されるのは、連邦憲法裁判所1987年3月26日の決定である[2]。刑事裁判手続における「無罪の推定」(Unschuldsvermutung) 原則違反が争われたこの決定において、連邦憲法裁判所は、基本法の解釈にあたって人権条約の規範が考慮されるべき旨を明示的に述べている。

「基本法を解釈するに際しては、ヨーロッパ人権条約の内容および発展状況も、それが基本法による基本権保障を制限したり削減したりすることにならない限り……、考慮されねばならない。したがって、その限りでは、ヨーロッパ人権裁判所

の判例もまた、基本法の保障する基本権および法の支配の内容と範囲を画するうえでの、解釈の助けとなる。法律——ここでは刑事訴訟法——もまた、たとえそれが時間的には現行の国際条約より後に発布されたものであっても、ドイツ連邦共和国が国際法上負った義務に合致するよう解釈され適用されるべきである。特に明示しない限り、立法者が、ドイツ連邦共和国の国際法上の義務から逸脱し、あるいはそうした義務違反を許すとは解されないからである。」[3]

そして、連邦憲法裁判所は、問題となった「無罪の推定」原則を根拠づけるにあたり、基本法の法治国家原則の他に、同原則が、「ヨーロッパ人権条約6条2項より、連邦法律と同等の、ドイツ連邦共和国の実定法の構成要素である」と指摘したのであった。

学説においては、人権条約に単なる法律以上の地位を認めようとする試みも散見され、例えば、人権裁判所を、基本法24条によりドイツの高権を委譲され得る国際機関ととらえた上で、そうした機関の解釈に係る人権条約の諸権利が法律に優位するとする説や[4]、人権条約を「基本権憲法」（Grundrechtsverfassung）として、基本法1条2項および同法の国際法親和性より、憲法と同地位におこうとする説などが唱えられてきたが[5]、通説の賛同を得るには至っていないとされる。しかしながら、人権条約全てとはいかないまでも、同条約の保障する人権内容自体は、国際慣習法に属するものとして基本法25条により法律に優位すると解する見解などは[6]、近時有力に主張されている[7]。こうした点からしても、「人権条約は、単なる法律と同等の地位を占める」という命題を、全く額面どおりに受け取ることはできないと言うべきであろう。

3 ヨーロッパ人権裁判所判決の国内法的効力

人権条約の規範は、条約機関とりわけ人権裁判所の解釈を通じて具体化される。こうした人権裁判所の判断が、ドイツ国内法において何らかの効力を有するのかをめぐっては、早くから議論の対象とされてきた[8]。条約46条1項（旧53条）によれば、締約国は、自国が当事者であるいかなる事件についても、人権裁判所の終局判決に従うものとされており、実際、国際法の次元で締約国がかかる義務を負うことについては異論はない。これに対し、人権裁判所判決が何らかの国内法上の効力をもつのかについては、そうした判決が、基本的には確認的性格を有すると解されるだけに、それにより何らかの法的拘束力が生じるのか、具体的には明らかではない。

ドイツでしばしば問題にされてきたのは、国内裁判の手続等が、人権裁判所により条約違反と判断された場合に、国内の裁判手続を再び行うべきか、といった点であった。この点、刑事裁判については、1998年に刑事訴訟法が改正され、人権裁判所が人権条約およびその追加議定書違反を認定し、ある刑事判決がこうした違反に基づいている場合には、当該判決に対する特別再審が認められることとなった[9]。しかしながら、同じく条約違反が認定された場合であっても、刑事裁判以外の裁判手続については——2000年の閣僚委員会勧告および議員会議報告による、国内法レベルでの再審制度導入の要請にもかかわらず——法的安定性を主たる理由に、再審は認められるに至っていないのが現状である。

人権裁判所判決の国内法的効力の問題について、連邦憲法裁判所は、2004年10月14日のGörgülü決定において包括的かつ詳細に論じる機会を得た[10]。これは、養子に出された子に関して、実父に養育権および交流権を認めないことが、家族生活の尊重を定めた人権条約8条に違反するとの人権裁判所判決が下されたにもかかわらず[11]、その後のラント高等裁判所決定によってなおこれらの権利を認められなかった実父が、同決定の基本法違反を主張した事案に関するものである。連邦憲法裁判所は、高裁決定が基本法に違反すると認定したが、その根拠となったのは、高裁がその決定にあたって人権裁判所判決への配慮を欠いたと考えられる点であった。連邦憲法裁判所は、人権条約の国内法上の地位や、人権裁判所判決の効力について一般的に論じた後、そ

うした判決とドイツ国内機関との関係については、国内法化された人権条約の規定および法治国家の要請（基本法20条3項、19条4項と結びついた59条2項）により、ドイツ国内の公的機関は、原則として人権裁判所判決に拘束されるとしたうえで⁽¹²⁾、次のように述べた。

「ヨーロッパ人権裁判所判決の拘束力は、個々の国家機関および関連する法の担当領域によって異なる。行政官庁および裁判所は、ヨーロッパ人権裁判所判決を援用することなくして、法治国家的権限秩序、および法律および法への拘束（基本法20条3項）から、解放されはしない。ここに法律および法への拘束のうちには、方法論的に妥当と認められる法律解釈の枠内で、ヨーロッパ人権条約およびヨーロッパ人権裁判所判決を遵守するよう配慮することも含まれる。それゆえ、ある人権裁判所判決の十分な検討（Auseinandersetzung）を欠くことも、また優先的法に反して、型どおり（schematisch）に判決を『執行』することも、法治国家原則と結びついた基本権に抵触し得る。」⁽¹³⁾

連邦憲法裁判所によれば、本件の場合、国内裁判所は人権裁判所判決に配慮するよう義務づけられているにもかかわらず、問題の事案における高裁決定は、人権裁判所判決への配慮を欠いており、したがって、法治国家原則と結びついた基本法6条（婚姻、家族、母および子どもの保護）に違反するというのである。

この連邦憲法裁判所の決定は、「人権裁判所判決を考慮するに際して……、国家機関は、それを適用することによる国内法秩序への影響も考えに入れる必要があ［り、］このことは、特に、問題となった国内法において、様々な基本権上の地位に相互に均衡をもたらそうとする、国内法の均衡的なサブシステム（Teilsystem）が問題となる場合に、あてはまる」⁽¹⁴⁾と述べている点など人権裁判所判決の国内法的効力を相当限定的にとらえているとみることも可能であり、決定の直後には、人権条約の履行システムを弱体化させることへの懸念が表明され、学説に

おいても、そうした懸念の一因ともなった本決定の曖昧さが批判されている⁽¹⁵⁾。人権裁判所判決の国内法的効力の問題は、なお検討される必要があろうが、本決定は、連邦憲法裁判所が、憲法解釈を通じて、人権条約さらには人権裁判所判決の意義を明らかにしようとした試みとして、なお注目に値するものといえるであろう⁽¹⁶⁾。

4 ヨーロッパ人権条約および人権裁判所判決のドイツ法への影響

ドイツが人権条約を批准して以来、半世紀以上を経る中で、ドイツを相手にした個人申立（ドイツはこれまでのところ国家間申立の当事国になったことはない）およびそれに対する条約機関の判断もかなりの数にのぼっている。こうした人権条約の規範、あるいは条約機関とりわけ人権裁判所の判決は、ドイツに対してどのような影響を及ぼしてきたのであろうか。

この問題を考える上では、ドイツ国内における基本権保障との関係も視野に入れる必要がある。周知のように、ドイツの憲法にあたるドイツ連邦共和国基本法は、人間の尊厳（1条）から始まって、人格の自由および生命・身体の権利（2条）、法律の前の平等（3条）、信仰・良心の自由（4条）、意見表明の自由等（5条）、婚姻・家族等の保護（6条）、集会の自由（8条）、結社の自由（9条）、通信等の秘密（10条）、移転の自由（11条）、職業の自由および強制労働の禁止（12条）、住居の不可侵（13条）、所有権等の保障（14条）、国籍剥奪・外国引渡の禁止（16条）、庇護権（16a条）および陳情権（17条）など、豊富な基本権保障規定を有しており、こうした基本権を保障していくうえで大きな役割を果たす国内機関として、ドイツ連邦憲法裁判所がある。市民は公権力により基本権を侵害されたことを主張して、憲法裁判所に憲法異議（Verfassungsbeschwerde）を提起することができる⁽¹⁷⁾。そして、人権条約があくまで国内法を補完するものだとする「補完性の原則」からすれば、基本法および連邦憲法裁判所によりカバーされにくい

領域においてこそ、人権条約が大きな役割を発揮することが期待されるであろう。また、基本権の「保護領域」が、人権条約が保障する権利・自由のそれと重なる部分も多々あることにより、ある事案について人権裁判所と連邦憲法裁判所とで判断を異にする場合も――すでに述べたように基本法の解釈にあたり人権条約が参考にされるべきだとされているとはいえ――あり得るところで、その場合に両者の判断についていかに理解していくべきか、問題が生じる場合もある。

　まず、人権条約および人権裁判所判決がドイツ法に大きな影響を与えてきた問題領域のひとつとして、とりわけ、手続的権利の保障に関する分野を挙げることができるであろう[18]。人権条約と比較した場合、ドイツ法では、少なくとも基本法レベルにおいては、裁判手続等における詳細な権利保障規定を有しているとは言い難い。したがって、既にみた条約6条2項における「無罪の推定」のように、この分野で国内裁判所が人権条約による保障規定を考慮することが多くなるであろう他、連邦憲法裁判所では取上げられにくい、これらの領域に含まれる具体的問題が、人権裁判所によってカバーされることも大いにあり得るところである。実際、ドイツに関係した、重要な人権裁判所判決には、手続的権利の保障に関連するものが少なくない。まず、条約6条1項の「合理的な期間内」に審理を受ける権利との関係で、この問題に関するリーディングケースと目されるKönig事件[19]をはじめ、長期に渡る裁判手続が条約違反と認定された事例がいくつかみられる[20]。また、刑事上の罪に問われた者の権利に関する6条3項との関連で、無料で弁護人が付されなかったことにつき6条3項(c)違反が認定されたPakelli事件（本書34）、および刑事裁判手続に要した通訳料の支払いを命じる裁判所の決定が、6条3項eに違反すると判断されたLuedicke他事件（本書35）などがある[21]。さらに、民事および刑事手続上の保障との関連では、なお、逮捕後12時間を越えて勾留したことが5条1項（自由・安全に対する権利）違反とされたK.F.事件[22]、再拘禁中の被拘禁者に自らの刑事事件記録を閲覧させなかったことが、5条4項（被逮捕・拘禁者の訴訟申立権）違反とされた事件[23]などの他、条約違反は認定されなかったが、6条1項の裁判所へのアクセス権に関するWaite and Kennedy事件[24]、およびドイツ統一とも関連して、遡及処罰を禁止した7条1項違反が争われたStreletz事件（本書38）なども注目される。

　もっとも、ドイツが当事国となった人権裁判所の判決は、以上の問題領域にとどまるものではもちろんない。いくつか拾ってみれば、例えば、逮捕の際に打撲傷を負ったことなどによる条約違反の申立に対し、警察の行為が、条約3条にいう非人道的若しくは品位を傷つける取扱いに当たらないとされたKlaas事件[25]、州法で、消防奉仕活動に従事しない者に課される消防活動負担金を、男性のみに義務づけることが、14条（差別の禁止）との関係で4条（奴隷・強制労働の禁止）に違反するとされたKarlheinz Schmidt事件[26]などがある。また、条約8条（私生活・家族生活を尊重される権利）との関連で、一定条件の下に当局による電話傍受を認め、かかる傍受を裁判的救済の対象外とした国内法が、8条に違反しないとされたKlass事件や[27]、侮辱を理由とした刑事裁判を開始するにあたり、被疑者を特定するためになされた弁護士事務所等の捜索令状の発布および捜索が、8条に違反するとされたNiemietz事件（本書55）などが、条約10条（表現の自由）との関連では、緊急獣医サービスに関する記事の日刊紙等への掲載を、不正競争に当たるとして裁判所が禁止することが、10条に違反するとされたBarthold事件[28]、および、ドイツ共産党に所属し、同党のために政治活動等を行ったことが公務員の義務に違反するとしてなされた、公立学校教員の職からの解雇が、同条に違反すると判断されたVogt判決（本書69）などがある。

5 ヨーロッパ人権裁判所とドイツ連邦憲法裁判所――その協力に向けて

以上のように、ドイツを相手とした個人申立が、ヨーロッパ人権裁判所によって審査され、条約違反が認定された事例も少なからずみられる。すでに述べたように、人権条約違反の有無に関する、こうした人権裁判所の判決は、国内法による基本権保障を補完するものと解される。しかしながら、しばしば、人権裁判所と連邦憲法裁判所との対立ないし緊張関係が語られることもある。ここでは、比較的最近の事例から2つほど挙げておこう。

ひとつは、旧東ドイツの土地の分配に関する事件である。ドイツ領のうち旧ソビエト占領地において、100ヘクタール以上の土地所有者から収用され、農民らに再分配された土地（それは土地改革令により、分割・処分等が――1990年の新たな法律により再び可能になるまで――禁じられ、またその一部は、食料生産に充てなければならないこととされていた）の相続人らは、ドイツ再統一後、農業等に従事していないことを理由に、土地改革を清算するための法律により、補償なしに土地を州に移転するよう求められた。相続人らの財産権侵害の主張に対し、連邦憲法裁判所は憲法異議を退けたが[29]、人権裁判所は、補償がなされない点で権利と公益との間の正当な均衡を欠くとして、財産権を保障した第1議定書1条違反を認定し[30]、両裁判所で相対立する見解が示された。もっとも、後に人権裁判所大法廷により、条約違反はないと判断され[31]、本件はひとまず決着をみた。

もうひとつは、有名人のプライバシーと報道の自由に関するVon Hannover事件（本書51）である。これは、モナコのカロリーヌ王女が、私生活を撮影した写真を大衆誌に掲載されたことに対し、写真の公表差止を求めてドイツの国内裁判所に提訴した事件に端を発している。連邦憲法裁判所が、原審および上訴審と同様に、写真の一部については公表を甘受すべきだと――その範囲については裁判所間で判断を異にしつつも――判断したのに対し[32]、人権裁判所は、ドイツの裁判所の判断が、私生活を尊重される権利を保障した条約8条に違反すると結論づけたのであった。しかしながら、表現の自由にも関わるものであるだけに、本件においては、ドイツの「評価の余地」が尊重されるべきではなかったかといった批判がなされている[33]。

これらの事件、とりわけ後者は、人権裁判所と連邦憲法裁判所との関係について、困難な問題を孕むものであり、3で述べたGörgülü決定を生み出す背景にもなった。この点に関しては、様々な議論が展開されているが、ヨーロッパ人権裁判所とドイツ連邦憲法裁判所とは、個々の事案では対立する場面もあるとはいえ、基本的には、協力関係に立つものとの理解が一般的であるといってよい[34]。今後は、こうした協力関係をどのようなかたちで推進していくべきかが、個別の事例に照らしつつ、より具体的に検討される必要があるであろう。

(1) BGBl 1952 II 685. なお、基本法の邦訳については、原則として、高田敏＝初宿正典編訳『ドイツ憲法集〔第3版〕』（信山社、2001年）209頁以下（初宿訳）に拠った。
(2) BVerfGE 74, 358, Beschluss vom 26. März 1987.
(3) Id., 370.
(4) Ress, „Verfassungsrechtliche Auswirkung der Fortwicklung völkerrechtlicher Verträgejss" FS Zeidler II, (1987) S. 1775.
(5) Hoffmeister, „Völkerrechtlicher Vertrag oder europäische Grundrechtsverfassung" Der Staat 2001, 349.
(6) Vgl. C. Grabenwarter, Europäische Menschenrechts-Konvention, 2. Aufl. (2005), S. 19
(7) 学説の詳細に関してなお参照、齊藤正彰『国法体系における憲法と条約』（信山社、2002年）293頁以下。
(8) さしあたり参照、門田孝「欧州人権裁判所判決の国内法的効力」樋口陽一他編代『日独憲法学の創造力 下巻』（信山社、2003年）385頁。
(9) StPO（刑事訴訟法）§359 Nr. 6.
(10) BVerfGE 111, 307, Beschluss vom 14 Oktober 2004
(11) Görgülü v. Germany, Judgment of 26 February 2004, EuGRZ 2004, 700.
(12) BVerfGE 111, 322-323
(13) Id., 323-324.
(14) Id., 327.
(15) 例えば参照、Meyer-Ladewig/Petzold, Die Bindung

deutscher Gerichte an Urteil des EGMR, NJW, 2005, 15; Klein, Zur Bindung staatlicher Organe an Entscheidung des Europäischen Gerichtshofs für Menschenrechte: Anmerkung, JZ, 2004, 1176; Cremer, Zur Bindungswirkung von EGMR-Urteilen, EuGRZ, 2004, 683; Frowein, Die traurigen Missverständnisse: Bundesverfassungsgericht und Europäischer Gerichtshof für Menschenrechte, in Weltinnenrecht: Liber amicorum Jost Delbrück (2005) 279.

⑯ Vgl. Klein, a.a.o (Anm. 15), 1176.

⑰ GG（基本法）93条2項4 (a)参照。憲法異議は、基本法第1節で保障された基本権侵害の他、20条4項（抵抗権）、33条（公民としての権利等）、38条（選挙権・被選挙権）、101条（裁判を受ける権利）、103条（法的審問請求権、遡及的処罰・二重処罰の禁止）および104条（自由剥奪時の権利保障）違反を主張することによっても提起することができる。

⑱ Vgl. Grabenwarter, *supra note*(6), S. 18.

⑲ König v. Germany, 28 June 1978, Series A no. 27 （医師資格剥奪をめぐる行政裁判手続が10年以上を経過したことが、条約6条1項違反とされた例）

⑳ 参照、Eckle v. Germany, 15 July 1982, Series A no. 51（17年に及ぶ刑事手続について）、Deumeland v. Germany, 29 May 1986, Series A no. 100（10年以上経過した社会保障上の受益的処分に関する手続について）、Bock v. Germany, 29 March 1989, Series A no. 150（9年以上を要した離婚手続について）。もっとも、これはドイツのみに限ったことではなく、人権裁判所に提起される個人申立の大半が、「合理的な期間内」の審理に関係しており、特にイタリアに関するものが1987年以降増大して1万件を越え、裁判所の負担過重の一因となっていることが知られている。例えば参照、A.Peters, Einführung in die Europäische Menschenrechtskonvention (2003) S. 123.

㉑ その後、人権裁判所は、ドイツ国内法では刑事事件に分類されていない事件についても、6条3項cの適用を認めた。参照、Öztürk v. Germany, 21 February 1984, Series A no. 73

㉒ K.-F. v. Germany, 27 November 1997, Reports 1997-VII

㉓ 参照、Lietzow v. Germany, 13 February 2001、Reports 2001-I. ドイツを相手とした同様の判決が、同日他に2件下されている。

㉔ 参照、Waite and Kennedy v. Germany [GC], 18 February 1999, Reports 1999-I; Beer and Regan v. Germany [GC], 18 February 1999.

㉕ Klaas v. Germany, 22 September 1993, Series A no. 269. 本判決は、車で信号停止しなかったことがきっかけで、息のサンプルを求められ、抵抗したため逮捕されるに至った申立人が、逮捕の際のもみ合いで打撲傷を負ったことなどにつき、条約3条違反を申し立てた事件に関するものである。

㉖ Karlheinz Schmidt v. Germany, 18 July 1994, Series A no. 291-B. 問題の州法は、後にドイツの連邦憲法裁判所によっても違憲とされた。参照、BVerfGE 92, 91. なお参照、前田徹生「男性のみに消防奉仕活動・消防活動負担金を義務づける州法の合憲性」ドイツ憲法判例研究会編『ドイツの最新憲法判例』（信山社、1999年）92頁。

㉗ Klass and others v. Germany, 6 September 1978, Series A no. 28.

㉘ Barthold v. Germany, 25 March 1985, Series A no. 90. ただし、問題となった表現行為が、営利的表現と認められ、制限が容認された事例として、参照、Markt intern Verlag GmbH and Klaus Beermann v. Germany, 20 November 1989, Series A no. 165

㉙ Nichtannahmebeschluss vom 17. Juni 1996, *NJ* (1996), 525; Nichtannahmebeschluss vom 15. Juli 1999 ; Nichtannahmebeschluss vom 6. Oktober 2000, NJW, 2001, 670.

㉚ Jahn and others v. Germany, 22 January 2004.

㉛ Jahn and others v. Germany [GC], 30 June 2005.

㉜ BVerfGE 101, 361, Urteil vom 15. Dezember 1999.

㉝ *51* 事件の解説の他、参照、鈴木秀美「有名人のプライバシーと写真報道の自由・再考」法研78巻5号（2005年）243頁。

㉞ 実際には、ヨーロッパ人権裁判所とドイツ連邦憲法裁判所に、EC司法裁判所も加えて、三者の関係が論じられることが多い。例えば参照、Ekardt/Lessmann, „EuGH, EGMR und BVerfG" KJ, 2006, 381; Bergmann, „Diener dreier Herren? — Der Instanzrichter zwischen BVerfG, „EuGH und EGMR" EuR, 2006, 101; Jaeger, „Menschenrechtsschutz im Herzen Europas" EuGRZ 2005, 193; Mückl, „Kooperation oder Konfrontation? — Das Verhältnis zwischen Bundesverfassungsgericht und Europäischem Gerichtshof für Menschenrechte" Der Staat 2005, 403; Bergmann, „Das Bundesverfassungsgericht in Europa" EuGRZ, 2004, 620.

[参考文献]

[1] J. Polakiewicz, Die Verpflichtungen der Staaten aus den Urteilen des Europäischen Gerichtshofs für Menschenrechte（1993）.

[2] R. Blackburn & J.Polakiewicz (eds), Fundamental Rights in Europa: The ECHR and its Member States, 1950-2000 (2001), Ch.14 (by A. Zimmermann)

[3] C. Grabenwarter, Europäische Menschenrechtskonvention, 2. Aufl. (2005).

I ヨーロッパ人権条約の基本問題

1 国内憲法・憲法裁判所との関係
憲法上の「胎児の生命に対する権利」保護を理由とする表現差止命令
—— オープン・ドア判決 ——

建石真公子

Open Door and Dublin Well Woman v. Ireland
29 October 1992, Series A no. 246-A（大法廷）

【事　実】

アイルランド憲法40条3項3号は、「国家は、出生前の胎児に生命に対する権利を認め、生命に対する母親の同等の権利に考慮を払いつつ、この権利を、法律において可能な限り尊重し擁護する」と定め、また刑法は、母体に生命に危険がある場合を除き中絶を禁止している。さらに出版物に関する検閲法は、中絶や流産を奨励するような出版を禁止している。

申立人は、ダブリンで女性の健康や生殖にかかわる相談事業を行っている法人（Open Door Counselling Ltd 等）およびこの法人に参加している個人（カウンセラーおよび出産適齢期の女性）であり、この法人は相談事業のなかで中絶を実施できるイギリスの医療施設のリストを紹介していた。

1986年12月19日、高等法院（High Court）は、申立人に対して、イギリスの中絶施設を紹介することは憲法40条に照らし不法であるとしてその紹介を禁止する差止命令を出した。最高裁判所も、1988年3月16日、申立人の活動は中絶可能な医療施設を知らせることによって中絶支援を行っていること、紹介行為を処罰する法律は存在しないが、憲法上保障されている権利を保護することは裁判所の使命であること、また憲法上の権利である表現の自由も、憲法40条の保障している「胎児の生命に対する権利」を侵害することまでも認められるわけではないという理由から、当該法人に対して差止命令を発した。

これに対して申立人は、1988年8月、この差止命令がヨーロッパ人権条約10条「表現の自由」、8条「私生活の尊重」および8・10条に結びついた14条「差別禁止」に反するとしてヨーロッパ人権委員会（以下、人権委員会）に申し立てた。人権委員会は、10条違反の認定をし、申立人のうち出産適齢期の女性に対する8条違反の主張については審査の必要を認めないこと、Open door については8条および14条違反はないことを内容とする報告書を採択し、事件をヨーロッパ人権裁判所（以下、人権裁判所）に付託した。アイルランド政府も、事件を人権裁判所に付託した。

【判　旨】

申立人のうちの「個人」の被害者性については、出産適齢期の女性は差止命令によって権利が侵害される「被害者」であり、また国内救済原則等に関する先決的抗弁は認められない。

(1) 10条違反について

最高裁判所の差止命令は「条約10条1項が保障している、情報を受領し伝達する権利の侵害に当た」り（§55）、その侵害が10条2項の定める表現の自由の制約事由に該当する場合には「正当化」される（§55）。

(a) 制約は「法律」によるもの

刑法上、外国で中絶を行うことや助言活動は禁止されていず、また憲法40条3項3号は、国に対して「胎児の生命に対する権利」を保護することを命じているが（§59）、アイルランドでは、判例法上私人による憲法違反は訴訟対象とされていること、憲法上の義務である「法律」による保護には、裁判官によって発展されてきた法も含まれることを考慮す

ると、申立人に対する本件制約は予見可能であった（§60）ことから、規制は「法律」に基づくものである。

　(b)　規制は10条2項が正当とする目的に該当するか

　規制は、外国での中絶が刑法で禁止されていない以上、政府の主張のように「犯罪の予防」であるとはみなされないが、アイルランド法によって保護されている「胎児の生命に対する権利」は「生命の質に関わる道徳的価値」（§63）に根ざしているところから「道徳の保護という正当なもの」（§63）である。したがって、「条約が、中絶の権利を保護しているか、あるいは、2条の『生命に対する権利』が胎児にも認められるかを決定することについては検討する必要はない」（§66）。

　(c)　「民主的社会」における規制の「必要性」

　「評価の余地」の主張について、当裁判所は、国家に対して、「人間の生命の質に関わる信仰の問題について、広範な評価の余地を行使することを認めており、また各締約国の法的、社会的秩序において、道徳に関して同一のヨーロッパ的観念を探しても無駄であること、この問題に関して発言するのは国際裁判官よりも国家がより有利な立場にあることは明らかである」（§68）が、しかし「国家は道徳の保護の分野において条約機関の審査を退けるような絶対的な裁量の余地権限を有しているわけではなく」（§68）、「原則として、国家は、法の優位の尊重および憲法に実効性を与えるために必要と思われる政策を選ぶ権限を有している。しかし、その権限は条約から派生する義務と適合する方法によって行使されなければならず、また条約機関のコントロールに服するという留保のもとにある権限である」（§69）。

　表現の自由は、国家や人々の大半にショックを与え懸念されるような「情報」や「考え」についても保障されるものであり、民主的社会に不可欠な要素である多元主義、寛容、開かれた精神は表現の自由を要請し、またアイルランド刑法は、妊娠した女性が外国で中絶を行うことを処罰していない（§70）。

　他方、差止命令は、妊娠した女性に対して外国での中絶の可能性について情報を伝達することを絶対的に禁止しているが、その後の判決（Attorny General v. X and others）および当裁判所における公開審査での政府抗弁においては、このような過激な禁止は緩和されており、現在では、一定の要件のもとにアイルランドの女性は国内および外国において中絶を行うことができる（§71）ことから、禁止は、表現の自由に対する介入として広範に過ぎ、比例性を満たしていない。また、申立人法人が、情報を相談女性にのみ伝達していること、情報の伝達と生命の破壊との間の関係は明らかでないこと、他の媒体から得られる情報は女性にとって健康的でない方法であることを考慮するなら、差止命令は、女性の「健康」に対して危険を与える結果となる（§§76-77）。

　(d)　結　　論

　17条および60条を援用するアイルランド政府の主張は認められない。申立人に対する差止命令は、その目的に照らして比例性を欠き、10条に違反である（15対8）。

(2)　8条および14条違反の主張について

　10条違反の認定に照らし、審査する必要はない（全員一致）。

(3)　公正な満足（50条）

　訴訟費用の支払い（全員一致）に加え、非営利法人であってもカウンセリング活動の停止は減収をもたらすとして、損害賠償を命じる（17対6）。

　判決には、反対意見および部分的反対意見5（裁判官8名）、判決の一部反対意見1、個別意見1が付されている。

【解　説】

(1)　判決の意義・特徴

　本判決は、憲法規範とヨーロッパ人権条約規範との間の間接的な対立の可能性を示し、先駆的に各国の最高（憲法）裁判所とヨーロッパ人権裁判所の関係という問題を提起したものである。判決は、憲法上の「胎児の生命に対する権利」保護を目的としてア

イルランド最高裁判所が民間の法人に対して発した差止命令を、「表現の自由」規制を定めた条約10条2項に照らし条約違反と判断した。裁判所は、当該規制の目的について、アイルランドの主張する「他者（＝胎児）の権利」保護目的という主張を採用せず、「道徳の保護」目的によるものとし、さらにそれまで「道徳の保護」に対して認められていた国家の評価の余地を狭め、目的と規制の比例性審査を行い、10条違反と判断した。その結果、アイルランド最高裁判所が保護しようとした「胎児の生命に対する権利」という憲法上の権利は、人権裁判所の条約適合性審査においては、それとして保護の対象とはされなかった。このことは、憲法判断を条約適合性審査の枠で審査することの困難性を示すものである。

また、判決は中絶の条約上の是非を判断することを避けたが、憲法規定に基づく中絶機関の紹介禁止を条約違反と判断したため、判決の履行はアイルランド憲法に違反することとなった。この判決の影響として、アイルランドでは外国における中絶機関を紹介することを認める憲法改正が行われた。

表現の自由に関しては、それまで国家に広範に認められていた「道徳の保護」目的の規制について「評価の余地」を認容しなかった初めての判決となった。

さらに、旧条約25条の定める「被害者」として、法人とともに二人の女性を「妊娠可能年齢にある女性」という資格で認めた点は、民衆訴訟の是非をめぐり議論を提起した(1)。

(2) ヨーロッパ人権条約と中絶

ヨーロッパ人権条約機関においては、中絶に関して現在までに条約2条「生命に対する権利」と同8条「私生活の尊重」に関する人権委員会の決定および報告書がある。まず、2条に関しては、イギリスにおいて治療目的で妊娠10週に行われた中絶は「生命に対する権利」を侵害しないという人権委員会決定(2)がある。この決定は、2条の保護している権利は「性質上、すでに出生している人に関するもので、胎児には適用されない」と述べ、この事件は妊娠10週という早い時期に治療のために行われた中絶であるから条約違反ではなく、中絶は「女性の生命や健康を保護するために、この時期においては、『胎児』の『生命に対する権利』を暗黙的に制約する」ことができると述べた。またドイツの中絶法に関して条約8条「私生活の尊重」が問われた事件(3)では、人権委員会は、中絶法が「治療」以外に「困窮」を理由とする中絶を認めていることから8条違反ではないと判断している。

これらの先例は、中絶が一定の要件のもとでは条約に反しないことを認めたものだが、条約2条が「胎児の生命に対する権利」を保護するか否かについては明確な判断は示されていない。本件も「他者の権利」の抗弁を退けたのは胎児と2条の関係についての判断を避けるためと考えられ、中絶施設情報の禁止を「道徳の保護」と位置づけ、中絶実施の可能性を確保した点で同様の認識に立つものである。なお、ヨーロッパ評議会加盟国における中絶法制は1970年代から中絶合法化の傾向がみられるが、アイルランドは最も厳格な国に位置付けられる(4)。

(3) 条約10条「表現の自由」と中絶禁止を目的とする規制

本判決は、10条1項に保障されている「情報を受け伝達する自由」に対して、2項に列挙する「道徳の保護」目的になされた規制が、「民主主義社会の必要性」を満たしているかを判断したものである。

人権裁判所は、条約10条の保護する「表現の自由」は、民主主義社会の本質的な基礎であり、その発展と各人の開花にとって最も重要な要件であると位置づける一方、プレスの自由以外で、特に「道徳の保護」目的の規制の民主的社会における必要性については、国家に広範な評価の余地を認めてきた(5)。しかし、その評価の余地も、ヨーロッパ人権条約機関の審査を不可能とするほどの絶対的なものではではないとし、本判決は、初めて、「道徳の保護」目的の規制についての国家の評価の余地を否定した。そして、目的と規制方法（差止命令）の比例性について審査を行い、差止命令による禁止は「絶対的」なも

のであり広範に過ぎ、女性の健康にとって危険をもたらすことから比例性を欠き、10条違反と判断した。

(4) 最高裁判所（憲法裁判所）とヨーロッパ人権裁判所の関係

すべての国内法規範に対するヨーロッパ人権条約の優位は、ヨーロッパ人権条約の採択当初から指摘されており[6]、人権保障を目的とした人権裁判所の設立に関して「国家の主権が、権利の主権に反対するということは驚くべきことである[7]」と主張されていた。また人権裁判所の判決においても「すべての」国内規範には「憲法」も含まれると述べられている[8]。近年でも、憲法裁判所判決に対する条約適合性審査として、2000年のリヒテンシュタインに対する事件[9]において、人権裁判所は、憲法裁判所の判決の本案審査を行った上で不受理とし、人権裁判所が憲法裁判所判決について条約適合性審査を行えることを明確にした。また、1999年のフランスに対する判決[10]において人権裁判所は、すでに憲法院によって合憲と判断された公衆衛生及び社会保障法について、条約6条1項の公正な裁判を受ける権利に反するとして条約違反判決を下した。さらにこの判決は、必要であれば、憲法院の違憲審査で合憲と判断された法律についても、国内裁判所は条約適合性審査を行えることを明言し、国内法上、憲法と条約の関係について判断する権限を有しない司法裁判所及び行政裁判所において、憲法院の憲法解釈を条約違反とする可能性を提示した点で憲法上の議論を引き起こした。

こうした傾向は、憲法理論上、憲法規範の正当性を国民主権に置く考え方との整合性を問いかけ、本判決については、そもそも当該憲法規定がレファレンダムによって定められたために、「人民投票によって採択された憲法規定に基いた憲法裁判所判決を裁可することのできるヨーロッパ裁判官の正統性はどこにあるのか[11]」と疑問が提起されており、判決に付された反対意見でも同様の非難がなされている（Petiti, Russo, Lepes, Pigiの各裁判官）。さらに争点となったのが中絶であることから、「社会の選択は、国民によって制定され、国民代表によって選出された……という意味で民主的正当性を有する裁判官によって解釈されるところの、憲法の枠内で、各国において行われるべきである[12]」と憲法と憲法裁判官の民主的正統性に立脚した批判も表明されている。

これに対して、確かに、人権裁判所判決には、条約改正による判決の可逆性がなく、また議定書方式の条約改正による判決の転換は現実的ではない点が憲法と大きく違っているが、国内最高（憲法）裁判所判決を再度審査することに積極的な意義を見出す国際法学者のFlaussは、「継続する民主主義（démocratie continue）[13]」という考え方に立って、個人から直接に申立を受けるという意味で、憲法裁判所が行った憲法の解釈に対して条約適合性審査を行うことは民主的正当性をまったく欠いているわけではなく、さらに、条約締結過程における民主的正当性という観点からも、「条約の批准は、締約国による、すなわち憲法制定権力ないしはそれが定めた手続きによる、憲法的な主権という抗弁を放棄したに等しいとみなすことができる[14]」と主張する。

こうした人権裁判所と最高（憲法）裁判所の関係の提起する問題は、今後、人権分野におけるEU基本権憲章とヨーロッパ人権条約との協調関係（Christine Goodwin判決〔本書47〕は、EU基本権憲章9条を参照している）が進展するなら、憲法理論上、ますます問われるようになるだろう[15]。

(5) アイルランド国内法制に対する判決の影響——人民投票と憲法改正

条約上、判決は一般的効力を有せず、国内法の改正を強制するものではない。しかし、実際には、個人申立制度によって再び同様の事件で条約違反判決が下されることを避けるために、各国は条約違反と判断された法律や判決の変更を行っている。

アイルランド最高裁判所も、事件が人権裁判所に係属している間に、1992年3月5日、他の中絶に関する事件（Attorney General v. X and others）において、国内であれ国外であれ一定の要件のもとでの

中絶を容認した。さらにアイルランドは、人権裁判所判決の約1カ月後の1992年11月25日、「外国において合法的に中絶を行うことができる施設の情報を伝達することを認める」内容の憲法改正に関する人民投票を行った。その結果、投票の過半数が改正を支持したため、憲法40条3項3号は上記内容を付加する形式で改正された。また、国会は、1995年、中絶を行うための外国施設の情報伝達に関する法律を採択し、同年、高等法院は今回の事件の発端となった1986年のDublin Well Womenに対する判決を無効とした。

(1) このような被害者は、未だ権利侵害という被害を被っていないため「潜在的被害者」と分類される。SUDRE, Frédéric et autres, Les grandes arrêts de la Cour européene des droits de l'homme, 2003, p.541.

(2) X v. U.K. (No.8416/79) Decision of the Commission, 13 May 1980.

(3) Brüggemann and Scheuten v. F.R.G., Report of the Commission, 12 July 1977.

(4) 建石真公子「ヨーロッパ審議会と女性の権利」女性空間20号（2003年）107頁以下。

(5) Handyside v. the United Kingdom, 12 December 1976（本書 *18*）。

(6) 建石真公子「フランスにおけるヨーロッパ人権条約の批准の遅延の理由と国民主権 (一)——第四・第五共和制憲法と『超国家的』性格の人権条約」名古屋大学法政論集161号（1995年）198頁。

(7) VELU, Jacques, Le bilan politique de la Convention européenne des droits de l'homme, Cahier de droit européen, 1965, no. 2, p. 102.

(8) Johnston and Others v. Ireland [PC], 18 December 1986, Series A no. 112.

(9) Walden v. Liechtenstein, Decision, 16 March 2000, Reports 2000-I.

(10) Zielinski and Pradel and Gonzalez and others v. France, 28 October 1999（本書 *43*）。

(11) SUDRE, Frédéric, L'interdiction de l'avortement : Le conflit entre le juge constitutionnel irlandais et la Cour européenne des droits de l'homme, *RFDC*, no. 13, 1993, p. 222.

(12) FAVOREU, Louis, Débat Rapport Flauss, Vers un droit constitutionnel européen Quel droit constitutionnel européen?, *RUDH*, vol. 7, no.11-12, 1995, p. 383.

(13) ROUSSEAU, Dominique, De la démocratie continue, *La démocratie continue*, 1995, p. 5.

(14) FLAUSS, Jean-François, La Cour européenne des droits de l'homme est-elle une Cour constitutionnele? *RFDC*, no 36, 1998, p. 726.

(15) DORD, Olivier, Les Cours européennes Luxembourg et Strasbourg, *Pouvoirs*, no. 96, 2001.

[参考文献]
[1] COUSSIRAT-COUSTERE, Vincent, La jurisprudence de la Cour européenne des droits de l'homme en 1992, *AFDI*, XXXVIII, p. 654-655.
[2] WALSH, Brian, The Constitution of Ireland and the European Convention of human rights ; comparisons and contrasts, *Liber Amicorum Marc-André Eissen*, 1995, p. 453.

ストラスブールのトラムと大聖堂

2 EC法・EC司法裁判所との関係（1）
旧ユーゴ連邦に対する制裁決議を実施するEC規則に基づくユーゴ航空所有機の没収
―― ボスポラス判決 ――

須網　隆夫

Bosphorus Hava Yolları Turizm ve Ticaret Anonim Şirketi v. Ireland
30 June 2005, Reports 2005-VI（大法廷）

【事　実】

国連は、1991年以降、旧ユーゴ連邦共和国（セルビア・モンテネグロ）で生じた武力衝突と人権侵害を理由に、旧ユーゴに対する一連の制裁措置を決定し、ヨーロッパ共同体（EC）は理事会規則を採択して、それらを実施していた。本件に関連するのは、安全保障理事会が、1993年4月17日、国連憲章第7章に基づいて採択した安保理決議820号であり、同決議は、各加盟国に、旧ユーゴの事業者が支配する航空機を没収することを義務付けていた。そしてECは、同決議をEC規則990/93号（本件EC規則）により実施し（1993年4月28日発効）（OJ 1993, L 102/14）、同規則は、EU構成国に旧ユーゴ航空機の没収を義務付けていた（8条）。EC規則は、EC域内において直接適用可能な立法形態である（EC条約249条）。

本件の申立人は、チャーター航空便の運行を業とするトルコの会社である。申立人は、1992年4月、旧ユーゴの国営航空会社であったユーゴスラビア航空（以下、ユーゴ航空）とリース契約を締結して、同航空所有のジェット旅客機2機を48カ月間リースし、その運用を開始した。リース契約の対象は航空機のみであり、申立人は、乗員・客室乗務員を供給するとともに、同機の運行を完全に支配していた。本契約には、制裁措置回避の意図はなく、また、この2機が、当時申立人が運用する全航空機であった。

その後申立人は、アイルランド国営航空の子会社であるTEAMエア・リンガス社（以下、TEAM社）と、リースした航空機の整備契約を締結し、1993年5月17日、申立人の航空機1機は整備のためダブリンに飛来した。同月28日、申立人は、同機の整備完了の連絡をTEAM社より受け、整備代金を支払った。その後同機は離陸許可を申請したが、アイルランド政府は、安保理決議に違反することを懸念して、空港管制官に離陸を許可しないよう指示した。そしてアイルランド政府は、制裁委員会の見解に従い、6月8日に同機を正式に没収した。制裁委員会は、決議820号により、本件航空機は没収されるべきであると判断したのである。

申立人は、同機の没収に異議を申し立てたが、アイルランド政府は没収を解除しなかった。そのため申立人は、1993年11月、アイルランド高等法院（High Court）に、運輸相の没収決定を争う訴訟を提起した。これに対して同裁判所は、1994年6月21日、運輸相が、本件EC規則8条によって本件航空機の没収を義務付けられていたか否かを争点に判断し、当該航空機が旧ユーゴの支配下にないことを理由に、没収決定の権限踰越を認定した（第一判決）。しかしアイルランド政府は、同年8月8日、最高裁に上訴するとともに、別の違反行為に対する調査のために、本件EC規則9条を根拠に同航空機の留置をさらに継続した。そのため申立人は、1995年3月、再度訴訟を提起し、高等法院は1996年1月22日、合理的期間内に調査が終了しなかったことを理由に、今回も運輸相の再留置決定を無効と判断した（第二判決）。この判決に対してもアイルランド政府は、同年2月最高裁判所に上訴した。

この間、第一判決に対する上訴を受理した最高裁は、1995年2月12日、EC条約234条の先決裁定手

続により、本件 EC 規則 8 条は、旧ユーゴ国営会社の所有でリースされた航空機にも適用されるかという質問を、EC 司法裁判所に付託していた。そして同裁判所は、1996 年 7 月 30 日、同規則の適用は基本権を侵害するという申立人の主張を採用せず、同規則 8 条が本件のようなリースされた航空機にも適用されることを認めた[1]。EC 司法裁判所の裁定を得た最高裁は、1996 年 11 月 29 日に判決を下して、アイルランド政府の上訴を認容し、同様に、1998 年 5 月に第二判決に対する上訴をも認容した。

そこで申立人は、1997 年 3 月 25 日、本件航空機の没収は、ヨーロッパ人権条約第 1 議定書 1 条違反であると主張して、ヨーロッパ人権委員会に申立を行った。同申立は、第 11 議定書の発効に伴い、1998 年 11 月、ヨーロッパ人権裁判所に引き継がれ、2001 年 9 月、申立は正式に受理された。その後本件は、小法廷から大法廷に回付されている。

なお同航空機は、ユーゴスラビア航空と運輸相との合意により、リース期間終了後の 1997 年 7 月にユーゴ航空に返還されている。また安保理決議 820 号は、新しい安保理決議により、1994 年 9 月 23 日以降、その時点で没収されていない旧ユーゴ航空機に関して停止され、新決議を実施する EC 規則も、本件 EC 規則に基づいて没収された全資産の解放を規定していた。

【判　旨】

(1)　人権条約 1 条について

「（ヨーロッパ人権条約）第 1 条本文は、加盟国 (Member States) に、自己の『管轄 (jurisdiction)』下にある個人に生じた、同条約が保護する権利・自由の侵害に対応するよう求めている。『管轄』概念は、国際公法における同じ用語の意味を反映しているため、加盟国の管轄権限は、主として領域的なものとみなされ、管轄は、当該加盟国の全領域で行使されると推定される（§136）。」

本件において、申立人が訴えた行為（申立人がリースした航空機の一定期間の留置）が、アイルランド運輸相の没収決定に従って、被告加盟国の領域内で、被告当局によって実施されたことに争いはない。「そのような状況において、争われた行為の名宛人である申立人会社は、アイルランド国家の管轄に属し、その結果、申立人の申立は、地理的・人的・事項的の各側面において人権条約規定に合致している（§137）。」

(2)　第 1 議定書 1 条について

本件没収の適法性については、第一に、航空機の留置 (detention) は、第 1 議定書 1 条に言う、申立人の所有に対する「介入 (interference)」であり（§140）、その干渉が、「財産の剥奪」であるのか、「使用の制限」であるのかが争われているが（§141）、旧ユーゴに対する制裁措置は、旧ユーゴに有益な財産の「使用の制限」に相当し、争点である航空機の留置は、制裁措置の執行であるので、1 条 2 段の適用が肯定される（§142）。

そして第二に、没収が、本件 EC 規則による法的義務に基づく行為であるか否かについては、EC 法の解釈・適用は、主として EC 司法機関が行うべき行為であり、「裁判所の役割は、EC 司法機関による判断の効果が、本条約と適合するか否かに限定される（§143）。」そして、EC 規則は一旦採択されれば直接適用可能であり、EC 構成国を法的に拘束するものである以上、アイルランド当局が、本件 EC 規則 8 条が適用されると判断する、あらゆる航空機の没収を義務付けられていると考えたことは正当であり（§145）、結論として、当該没収は、アイルランドによる裁量行使の結果ではなく、アイルランドが、本件 EC 規則 8 条による法的義務を遵守した結果である（§148）。

(3)　アイルランドによる介入の正当化

(a)　正当化のための判断枠組み

（第 1 議定書 1 条）2 段は、1 条冒頭の文章が表明する一般原則に照らして解釈されるべきであり、正当化のためには、使用される手段と達成されるべき目的の間に、合理的な比例関係が存在しなければならない。「当裁判所は、この点に関する一般利益

(general interest) からの要求と当該個別会社の利益の間に、公正な均衡が維持されているかを決定しなければならない。決定に際して当該国は、使用されるべく選択される手段と、追求される目的達成のために、結果が一般利益によって正当化されるかという問いの双方に関し、広い裁量権 (a wide margin of appreciation) を有する (§149)。」

(b) 適法な一般利益の存在

まず本件の「一般利益」につき、争われた行為が追及する一般利益は、アイルランドが EC 構成国であることから生じる法的義務に適合し、相当程度の重要性を備えた適法な利益であるので (§150)、アイルランドの EC 法遵守は、第1議定書1条に言う適法な一般利益目的(a legitimate general interest objective) を構成する (§150)。

(c) 一般利益による正当化
　　――人権条約と EC との関係

一般利益の存在が認められると次には、EC 法上の義務遵守という一般利益が、当該国による申立人財産権への介入を正当化できるか否かが問題となる (§151)。

「一方で人権条約は、同条約の当事国 (Contracting Parties) が、特定領域における協力を追求するために、主権的権限を、超国家組織を含む国際組織に移転することを禁止してはいない (§152)。」「他方、当事国は、問題となる作為・不作為が、国内法の結果か、国際法上の義務に従った結果かにかかわりなく、自らの機関のあらゆる作為・不作為に、人権条約1条の責任を負う (§153)。」

「この両者を調和させ、それにより主権を部分的に移転した国際組織の一員であることから生じる義務の遵守によって、国家による行為が正当化される範囲を確立するに際して、当裁判所は、そのような移転の対象領域につき、締約国 (Contracting States) を人権条約上の責任から完全に免除することは、人権条約の趣旨・目的と矛盾すると認識している。免除により、人権条約の保障が恣意的に制限ないし除外され、それにより人権条約の絶対的性格が奪われ、人権条約による保護の実際的かつ実効的性質が損なわれるからである。締約国は、人権条約発効後の他の条約による約束に関しても、人権条約上の責任を維持すると考えられる (§154)。」

(d) 「同等の保護」理論

それでは、人権条約上の義務を免除されない EC 構成国の行為は、どのように評価されるのであろうか。

「当裁判所の見解では、そのような法的義務に従って取られた国家の行為は、当該国際組織が、提供する実体的保障とその遵守を規律するメカニズムの双方に関して、人権条約が提供するものと少なくとも同等 (equivalent) とみなされうる方法で、基本権を保護すると考えられる限りにおいて正当化される (§155)。」「同等」とは、「類似 (comparable)」の趣旨であり、国際組織による保護が「同一 (identical)」でなければならないという要件を課すことは、追求される国際協力の利益に反する。ただし、同等性の認定は最終的なものではあり得ず、基本権保護に関連する変化に照らして審査を受ける (§155)。

「このような同等の保護が、当該組織によって提供されると考えられるならば、当該国は、同組織の一員であることから生じる法的義務を実施するときには、人権条約上の要件から逸脱していないと推定される。ただし、個々の事案の状況において、人権条約上の権利保護が、明白に欠如する (manifestly deficient) とみなされる場合には、その推定は覆される。そのような場合には、国際協力の利益は、人権分野における『ヨーロッパ公序の憲法的手段』としての人権条約の役割によって優先されるのである (§156)。」

なお、国際法上の義務の範囲外の行為について、当該国が、人権条約による完全な責任を負うことには変化はない (§157)。

(4) 本件没収について

アイルランドが行った EC 法上の義務の履行について、人権条約の要件に適合しているという推定が生じるのか、そして推定は覆されるのかを各検討す

る。

(a) EC法における基本権保護

まず、EC条約に基本権保護の明文規定が含まれていなかったにもかかわらず、EC司法裁判所が、EC法の一般原則を媒介にして、基本権保護を判例法として発展させ、その過程において人権条約と人権裁判所の判例法を重視し、さらに基本権保護を強化する方向での基本条約改正がなされた (§159)。そして、EC司法裁判所と国内裁判所の双方が構成するEC司法制度は、基本権を担保する制度として良く整備されている (§§160-164)。

したがって、EC法による基本権保護は、現在または関連する時点において、人権条約の制度による保護と「同等」であるとみなすことができる。その結果、アイルランドは、ECの一員であることから生じる法的義務を履行した時には、人権条約の要件を逸脱しなかったという推定が生じる (§165)。

(b) 推定への反駁

さらに、人権条約による権利の遵守を統制するメカニズムに機能不全が存在しないことは明確であり、申立人の人権条約上の権利保護が明白に欠如したと言うことはできず、被告加盟国が条約を遵守していたという推定は反駁されていない (§166)。

(5) 結　論

以上より、本件航空機の没収は、第1議定書1条違反を生じない (§167)。

【解　説】

(1) 本判決の意義・問題状況

ヨーロッパは、多くの地域的国際組織が重層的に存在する領域である。そして、基本的人権の保護についても、ヨーロッパ人権条約とヨーロッパ連合 (EU) 法、特にヨーロッパ共同体 (EC) 法が重なり合う部分がある。本件では、同一事案に関して、国内裁判所・EC司法裁判所・ヨーロッパ人権裁判所がそれぞれ判断を下しており、そのような重層性を象徴する事案である。重層性のゆえに、ヨーロッパ人権条約とEC法の関係は、これまで多くの事件で争点となってきた。最も問題となるのは、EC法が、ヨーロッパ人権条約が保障する権利を侵害する場合の両者の関係であるが、本判決は、この論点に関する指導的判例と評価されている。

現在27カ国であるEU構成国は、すべてヨーロッパ人権条約の締約国である。しかしEU自身は、同条約の当事者ではない。加えて、ECの基本条約中に、人権の包括的カタログは存在していない。しかし、EC/EUは基本的人権の保護に無関心であったわけではない。ヨーロッパ人権条約が保障する基本権は、1993年に発効したマーストリヒト条約により、EUの基本的価値の一つに位置付けられたが (EU条約6条2項)、EC司法裁判所は、既に1969年のStauder事件先決裁定 (Case 29/69 Stauder v. City of Ulm, [1969]ECR 419) において、基本的人権の保護が、EC法の法源の一つである「法の一般原則」に含まれることを認め、基本的人権に関する規定の欠如を補うために、ヨーロッパ人権条約およびヨーロッパ人権裁判所の判例を利用し、実際上それらを尊重してきた。そしてEC司法裁判所は、本判決も言及するように、EC法の範囲内で、特に構成国国内法による基本権侵害の有無を判断するために必要な解釈基準を積極的に供給してきた。

しかしその結果、両裁判所間において、人権条約の規定に対して異なる解釈が下される可能性が生じることになる。具体的には、ある争点につき、ヨーロッパ人権裁判所の判例がすでに存在する場合には、EC司法裁判所は、通常その解釈に従うので両者が矛盾する可能性は低い。しかし、ヨーロッパ人権裁判所が判断を下していない場合には、EC司法裁判所は独自の解釈を下さざるをえず、その解釈が、後の人権裁判所の見解と常に一致するとは限らない。さらに、EC法の人権条約適合性がヨーロッパ人権裁判所によって審査される事態が生じることは、ECの存立基盤を脅かしかねない。そのような審査は、EC司法裁判所がEC法の最終解釈権を有することを前提とする、ECの構造と矛盾しかねないだけではなく、具体的にEC法に従った構成国の行為が

人権裁判所によって違法とされることは、域内におけるEC法の統一的適用とも両立しないからである。このような解決困難な課題につき、一定の整理を行ったところに本判決の主要な意義がある。

(2) これまでの判例と本判決の位置

前述のようにECは、人権条約に加入していない。ECが人権条約に加入していない以上、EC機関の行為（EC法）それ自体を、ヨーロッパ人権条約に照らして直接審査することはできない（Matthews v. UK [GC]〔本書3〕, Reports 1999-I, §32）。しかし、EC構成国がEC法を国内において実施するための措置を取る場合は、構成国の行為に対する審査を通じて、間接的にEC法が審査される可能性が生じる(2)。

ところで、EC法の国内実施については、構成国に裁量の余地が残る場合とそうでない場合を区別する必要がある(3)。

前者についてヨーロッパ人権裁判所は、1996年のCantoni v. France事件判決において、構成国に裁量の余地があるEC指令を国内法化した構成国の行為に対して、人権条約に照らした審査が可能であることを認めた（Cantoni v. France[GC], 15 November 1996, Reports 1996-V）。同事件は、医薬品の定義を規定する指令65/65号に基づいて制定されたフランス国内法（公衆衛生法）が争われた事案であるが、人権裁判所は大法廷により、国内法が、ほとんど逐語的に指令に基づいているという事実は、人権条約による審査対象から当該国内法を除外しないと判示し（§30）、国内法を実質的に審査して、人権条約7条違反は存在しないという結論を下した。

これに対して、本件は、後者の構成国に裁量の余地がない場合に属する。規則は、指令と異なり、EC構成国による国内実施を必要としない二次立法の形態であるからである。もっとも、構成国に裁量の余地がない場合は、EC規則に基づく構成国の行為には限定されず、構成国が国際法上の義務を履行する場合もある。後者の例が、1999年のマシューズ判決である（Matthews v. UK, op. cit.〔本書3〕）。同判決は、ヨーロッパ議会議員選挙に関する事案であ

るが、そこでは、ECの枠組みの中で採択されたとは言え（Id, §26）、イギリスが他のEC構成国と締結した条約に由来する国際法上の義務履行が争点となっていた（Id., §§30-34）。しかるに本判決は、EC条約を根拠とする二次立法に基づく構成国の行為に関する事案である。同じ法的義務の履行に分類できるとしても、国際条約とは異なり（本書3参照）、二次立法、特に規則は、構成国内において直接適用されるために、構成国の裁量は理論的に排除されているのである。

(3) 本判決の論理の検討

本判決の論理を検討すると、第一に、本判決は、その冒頭においてEC法に対する人権裁判所の管轄権を一般的に確立している。この部分の記述は簡潔であり、言わば三段論法的にアイルランドの行為に対する人権条約による審査を肯定している。このことは、EC司法裁判所が人権条約と人権裁判所の判例法を実質的に受容している現状においても、人権裁判所の全面的な管轄権を確認することを通じて、同裁判所が人権についての最終審であることを表明する趣旨であると思われる。

第二に、本判決は、本件行為がアイルランド政府の裁量の結果ではなく、EC規則による法的義務の履行であることを明示して（§148）、前述の場合分けを承認している。その意味で、本判決の射程は、EC法・通常の国際法を問わず、裁量の結果である人権条約加盟国の行為には及ばない（Joint Concurring Opinion, §3）。

第三に、本判決は、EC規則による義務の履行に対して、「同等の保護」理論の適用を明示している。「同等の保護」理論は、1990年のヨーロッパ人権委員会によるM. & Co. v. Germany事件決定により既に採用されていた（9 Feburary 1990）(4)。しかし前述のMatthews v. UK事件判決は、EC法秩序の憲法的規範である基本条約を構成する当該条約に対するEC司法裁判所による司法審査が不可能である以上、人権裁判所が、イギリスの行為を人権条約に照らして審査する権限を有することを判示した（Id., §§30-

34)。同判決は、人権の実効的救済の確保に対する人権裁判所の責任について、同理論とほぼ同趣旨の考え方を示してはいたが、EC 司法裁判所による保護の余地が存在せず、その程度を検討することもできないためか、「同等の保護」という概念を明示的に使用してはいなかった。本判決は、そのような Matthews v. UK 事件判決が前提としていた論理を、「同等の保護」の理論として明確化するとともに、EC 二次立法に基づく EC 構成国の行為に、それが適用されることを明らかにしたものである。

第四に、本判決は、「同等の保護」が認められ、人権条約適合性が推定される加盟国の行為が、人権条約上の権利保護の「明白な欠如」を基準にして、なお人権裁判所の審査に服することを明らかにした。EC が、全体として基本権保護を実現していると評価できても、少数意見も指摘するように、個々の場合にすべて同等性が担保されるとは考えられないからである（Joint Concurring Opinion, §3）。その意味で、例外的な審査の可能性は最後の安全弁として機能するものである。ただし、「明白な欠如」という要件に対する批判にも留意する必要がある。すなわち批判は、第一に、そもそも概念の不明確性に加えて、「明白な欠如」という反証の要件が低く設定されており、人権侵害を見逃す危険があること（Id., §4; Concurring Opinion of Judge Ress, §3）、第二に、第一の批判と関連するが、通常の審査基準と異なる基準が導入されることになり、二重の基準が成立する危険があること（Concurring Opinion of Judge Ress, §2）を指摘している。本件判決の結果、EC 法に対する審査が実質的に行われなくなるのか否かについては、今後の人権裁判所の対応を注視しなければならない。

(4) 残された課題

ヨーロッパ人権条約が保障する基本的人権の保護の観点から見ると、本判決には、説得性を欠く部分がある。例えば、EC が「同等の保護」を実現しているという本判決の認定についても、本判決の理由付けは、EC における基本権保障の現状とそのために機能する EC 司法制度の構造に一般的に言及するに止まり（§§159-165）、個々の状況において同様の保護が実現しているかという具体的検討はなされていない。また、EC 機関の行為に対する無効訴訟（EC 条約230条）において個人の原告適格が狭く限定されている等の現行制度に内在する欠陥も重視されていない。その意味では、裁判官内部から、EC による基本権保護が人権裁判所による審査を代替することはできないという少数意見が出てくるのも当然である（Joint Concurring Opinion, §3）。「同等の保護」を認める結果、結局は、EC への不干渉を肯定しただけではないかと評価される可能性もあるからである。

しかし、それでは人権裁判所は、より積極的に EC 法の内容を審査すべきなのであろうか。本件において、EC 委員会・EC 構成国が主張したように（§§124 and 129）、積極的審査は、欧州統合の中核である EC の基礎を損なう危険性がある。とくに本件のように、EC 司法裁判所が、EC 法に基づく国内措置は基本権を侵害しないと判断している場合には然りである。EC 司法裁判所の判断が下されている以上、それに従うことしかできないというアイルランド政府の主張は（§110）、EC 法が、通常の国際法とは質的に異なるほど構成国の行動を厳格に規律する効果を有することを考慮すると、説得力がある。

ここには、基本権保護の役割を担う EC 構成国の国内裁判所が、EC 法の優位に対して感じたのと類似したジレンマがある。このジレンマを、構成国の国内裁判所は、構成国憲法の基本権規定に基づく EC 法に対する審査の理論的可能性を肯定しながらも、実際には、EC 内部における基本権保護の強化に期待して、EC 法の優位を尊重することで解決してきた（Solange II, [1987] 3 CMLR 225）。その意味では、人権裁判所の管轄権を肯定しながらも、全面的な審査は自制するという本判決は、それらの国内裁判所と同様の解決策を選択したと評価することができる。そして、その背景には、EC 司法裁判所が、最近より頻繁に人権裁判所の判例を援用するようになっている事実があろう[5]。

(5) EC の人権条約加入

このような問題は、ECのヨーロッパ人権条約加入によって基本的に解消する[6]。加入が実現すれば、ECは人権裁判所における訴訟当事者となり、ECの行為は直接に審査の対象となる。しかしEC司法裁判所は、1996年に、現在の基本条約を前提とする限り、ECは、ヨーロッパ人権条約に加入できないとの判断を示した（Opinion 2/94 Accession by the Communities to the Convention for the Protection of Human Rights and Fundamental Freedoms, [1996] ECR I-1759, §§34-35）。このため、EC法とヨーロッパ人権条約との関係は、現在も論点であり続けている。もっとも、2004年に調印された憲法条約は、EUの人権条約加入を義務付けており（I-9条2項）、憲法条約が発効すれば、EUと人権条約との関係は新たな段階に入る。ただし、2005年にフランス・オランダで行なわれた国民投票が憲法条約の批准を拒否したため、現時点では、同条約発効の目処は立っていない。

EC司法裁判所は、EC構成国が負う、人権条約に由来する基本権尊重義務が尊重されることを認めている（Case C-235/99 Kondova, [2001] ECR I-6427, para.90）。しかしECが人権条約に未加入である以上、前述のように人権裁判所が正面からEC法を審査することはできず、ヨーロッパにおいて、人権に関する最終的判断者は誰かという問題は決着しない。もっとも、ECの人権条約加入により、人権裁判所を頂点とする階層構造が完成することを絶対視する必要はないかもしれない。人権条約とEC両システムは、公式には連携していないとは言え、これまでのEC司法裁判所の判例、また本判決が示すように、相互に他方の判例に配慮しながら、事実上の相互の尊重により緊密な協力関係を機能させてきた。このような協力関係は、ECにおける国内裁判所とEC司法裁判所との関係にも類似した部分のある複雑な関係であるが、両者が他方による介入を懸念するために、結果的に、人権保護の程度を向上させている可能性もないわけではない。

最後に、本件は安保理決議のECレベルでの実施に関する事案であった。本判決は、決議自体の当否は検討しなかったが、国連決議が基本権保護を明確に欠く場合の対応については、なお議論の余地があると思われる[7]。

(1) Case C-84/95 Bosphorus Hava Yollari Turizm Ve Ticaret AS v. Minister for Transport, Energy nad Communications and Others, [1996] ECR I-3953.
(2) Koen Lenaerts and Piet Van Nuffel, Constitutional Law of the European Union, 726-727 (Robert Bray, 2nd ed., 2005).
(3) Sionaidh Douglas-Scott, Annotation of Bosphorus Hava Yolları Turizm ve Ticaret Anonim Şirketi v. Ireland, 43 CMLRev. 243, 249 (2006).
(4) D. J. Harris, M. O'Boyle and C. Warbrick, Law of the European Convention on Human Rights 27-28 (1995).
(5) Sionaidh Douglas-Scott, A Tale of Two Courts: Luxembourg, Strasbourg and The Growing European Human Rights Acquis, 43 CMLRev. 629, 644-652 (2006).
(6) Lammy Betten and Nicholas Grief, EU Law and Human Rights 118-120 (1998).
(7) Douglas-Scott, *supra* note 3, pp. 252-253.

[参考文献]
[1] Sionaidh Douglas-Scott, A Tale of Two Courts: Luxembourg, Strasbourg and The Growing European Human Rights Acquis, 43 CMLRev. 629-665 (2006)
[2] Alicia Hinarejos Parga, Bosphorus v. Ireland and the Protection of Fundamental Rights in Europe, 31 E. L. Rev. 251-259 (2006)
[3] 庄司克宏「欧州人権裁判所の『同等の保護』理論とEU法──Bosphorus v. Ireland事件判決の意義」慶應法学6号（2006年）285-302頁

3　EC法・EC司法裁判所との関係（2）
ヨーロッパ議会選挙権とヨーロッパ人権条約
―― マシューズ判決 ――

庄司　克宏

Matthews v. the United Kingdom
18 February 1999, Reports 1999-I（大法廷）

【事　実】

　ヨーロッパ人権条約は、イギリス政府の宣言により、ジブラルタルに適用されているが、同地はイギリスの属領であり、本国には属さない。選挙による現地議会は、一定の対内的事項（対外関係、防衛および治安を除く）につき、立法を行う権利を有する。
　ヨーロッパ共同体（EC）条約(1)は、227〔現299〕条4項によりジブラルタルに適用されるが、イギリスの加盟条約によりEC条約の一定部分（物の自由移動、共通通商政策、共通農業政策、付加価値税等）から適用が除外されている。他方、とくに、人、サービスおよび資本の自由移動、環境および消費者保護などの事項に関するEC立法は、ジブラルタルにおいて適用される。関連EC立法は、ヨーロッパ連合（EU）内の他の地域と同様にして、ジブラルタル現地法の一部となる。また、EC条約で使用されている「国民」（nationals）およびその派生語は、ジブラルタルとの結びつきにより市民権を取得するイギリス自治領市民を含むものとされている。
　1994年4月12日、ジブラルタル在住のイギリス市民である原告Matthews（マシューズ、女性）は、ジブラルタル選挙管理官に対し、ヨーロッパ議会選挙の選挙人として登録するよう申請した。同選挙管理官は、同年同月25日、以下のように回答した。「1976年EC直接選挙議定書第2附属書の規定は、ヨーロッパ議会選挙の選挙権をイギリス〔本国〕に限定している。同議定書は全加盟国により合意されたものであり、条約としての地位を有している。以上の点から、ジブラルタルは、ヨーロッパ議会選挙の選挙権から除外されることになる。」その結果、原告はヨーロッパ議会選挙権を認められなかった。
　マシューズは、1994年4月18日、ヨーロッパ人権委員会に申立を行い、ヨーロッパ人権条約第1議定書3条の違反を主張した。ヨーロッパ人権委員会は、96年4月16日、同申立を受理可能と宣言した。ただし、同委員会は97年10月29日付報告書において、人権条約第1議定書3条の違反はなかったとの意見（11対6）を表明している。98年1月26日、同委員会は、事件をヨーロッパ人権裁判所に付託した。

【判　旨】

(1)　第1議定書3条違反の認定について
　本件において、第1議定書3条との関連で問題となった争点は、3点存在する。第1は、「イギリスは、ジブラルタルにおけるヨーロッパ議会選挙を実施しなかったことに対して、ヨーロッパ人権条約上の責任を負うとみなされうるか」という点である。第2は、「第1議定書3条は、ヨーロッパ議会のような機関に適用可能か否か」という点である。第3は、「ヨーロッパ議会は、当該時点において、ジブラルタルの『立法府』の特徴を備えていたか否か」という点である。

(a)　イギリスの責任
　ヨーロッパ人権裁判所は、まず、ヨーロッパ人権条約1条が締約国に対して「自国管轄内にあるすべての者に対し、本条約に定める権利及び自由を確保」するよう要求している点について、関係する規則または措置の種類に区別を設けておらず、また、締約国の「管轄」のどの部分も人権条約に基づく審

査から排除していない (§29)。

「ECそれ自体の行為については、ECが締約当事者ではないため、当裁判所において異議申立することはできない。〔ヨーロッパ人権〕条約上の権利が引き続き『保障』されているならば、〔同〕条約は、国際機構への権限の委譲を排除していない。それゆえ、加盟国の責任は、そのような委譲の後においても存続する。」(§32)

「実際、1976年議定書は、〔EC〕の『通常』の行為ではなく、〔EC〕法秩序内における条約であるため、〔EC司法〕裁判所において異議申立の対象たり得ない。マーストリヒト条約もまた、〔EC〕の行為ではなく、EEC条約に改正をもたらした条約である。イギリスは、マーストリヒト条約の他のすべての締約国とともに、同条約の諸結果に対して、〔ヨーロッパ人権〕条約1条およびとくに第1議定書3条に基づき、『内容に関する理由で』(ratione materiae) 責任を有する。」(§33)

ECの立法過程から派生する立法 (第二次法、派生法) は、現地議会による立法と同様に、ジブラルタル住民に影響を及ぼすため、「この限りにおいて、〔EC〕立法と〔現地〕立法の間に相違はない」。現地立法に関して「確保する」するよう求められている権利と同様に、EC立法に関しても第1議定書3条における権利が「確保」されなければならない。したがって、イギリスは、選挙が現地かEU規模かにかかわらず、ジブラルタルにおいて第1議定書3条により保障される権利を確保することに対し、ヨーロッパ人権条約1条に基づき責任を有する (§§34-35)。

(b) 「立法府」の範囲と超国家的代表機関

「締約国が国際条約により共通の憲法的または議会的構造を組織する限りにおいて、当裁判所は、〔ヨーロッパ人権〕条約および議定書を解釈する際、これらの相互に合意された構造上の変化を斟酌しなければならない」(§39)。

第1議定書3条の「立法府」という文言は必ずしも国内 (中央) 議会を意味するわけではない (§40)。EC法は国内法と並んで、また、それに優越して存在することに鑑み、ヨーロッパ議会の活動範囲が第1議定書3条の範囲外にあるとするならば、「実効的な民主主義政治」が維持されうる基本的手段のひとつが損なわれるおそれがある (§42)。したがって、ヨーロッパ議会が純粋に国内代表機関ではなく超国家的代表機関であることを理由に、同議会を第1議定書3条にいう選挙の範囲から除外することを正当化する根拠は何ら認められない (§44)。

(c) ヨーロッパ議会の権限の程度

ECにおける立法過程がヨーロッパ議会、理事会およびEC委員会 (European Commission) の参加を含んでおり、厳密な権力分立制に従っていないという特殊な性格を念頭に置かざるを得ない一方、ヨーロッパ人権条約が適用される領域において「実効的な民主主義政治」が適切に実現されるよう確保しなければならない。また、厳密に立法的な権限だけでなく、立法過程全体における当該機関の役割にも顧慮しなければならない (§§48-49)。

「マーストリヒト条約以来、ヨーロッパ議会の権限はもはや『諮問的および監督的』であるとは表現されていない。これらの文言の除去は、ヨーロッパ議会が純粋に諮問的な機関から、〔EC〕の立法過程において決定的な役割を有する機関へと移行したことの徴候であると理解されなければならない。……〔EC〕の立法過程全体におけるヨーロッパ議会の実際の権限を検討してはじめて、当裁判所は、ヨーロッパ議会がジブラルタルにおいて『立法府』またはその一部として行動しているか否かを決定することができる。」(§50)

ヨーロッパ議会の権限をEC条約に照らして実際に検討するならば、次のとおりである。

「議会が機能する脈絡に関して、当裁判所は、議会が〔EC〕システムにおいて民主的、政治的説明責任の主要な形態を意味している、という見解をとる。当裁判所は、議会の制約がどのようなものであれ、議会が直接普通選挙により民主的正当化を得ており、〔EC〕の構造において、『実効的な民主主義政治』に

対する関心を最も良く反映している部分であるとみなされなければならない、と考える。

ジブラルタルが一定の〔EC〕活動領域から除外されているとしても、〔EC〕の活動がジブラルタルにおいて直接影響を有する顕著な分野が残されている。EC条約189B〔現251〕条〔共同決定手続〕に基づいて採択される措置であってジブラルタルに影響を及ぼすものとして、道路安全、不公正契約条件、車両排気ガスによる大気汚染および域内市場完成に関するすべての措置がある。

当裁判所はそれゆえ、ヨーロッパ議会がEC条約189B〔現251〕条〔共同決定手続〕および189C〔現252〕条〔協力手続〕に基づく立法採択にいたる特定の立法過程に十分関与しており、また、〔EC〕の活動の一般的な民主的監督に十分関与している結果、第1議定書3条の目的のためにジブラルタルの『立法府』の一部を構成している旨認定する。」(§§52-54)

(d) 結　論

第1議定書3条に保障される原告の権利のまさに本質が否定されたため、同条に違反する（15対2）。

(2) 14条違反の主張について

第1議定書3条違反の認定に照らし、審査する必要はない（全員一致）。

(3) 公正な満足（41条）

訴訟費用の支払いを命じる（全員一致）。

なお、判決には、裁判官2名による共同の反対意見が付されている。

【解　説】

(1) 「同等の保護」理論

(a) 推定と「明白な瑕疵」

ヨーロッパ人権条約は締約国が国際機構（超国家的機構を含む）へ主権の一部を委譲して協力活動を行うことを許容している[2]。すなわち、「国際機構への権限委譲は、当該機構内において基本権が同等の保護を受ける限り、〔ヨーロッパ人権条約〕に反することはない」[3]。他方、ヨーロッパ人権条約1条に基づく締約国の責任は国際的義務（法的義務）に従う必要から生じた作為・不作為にも及ぶ[4]。この両者の立場を調整するものとして、「同等の保護」理論が適用される[5]。「同等」(equivalent)とは「同一」(identical)ではなく、「類似」(comparable)を意味する[6]。

国際的協力に関する法的義務に従ってなされる国家の行為が正当化されるのは、当該機構が実体的権利の保障およびその遵守を監督するメカニズムの両面において、ヨーロッパ人権条約が提供するものと少なくとも同等とみなすことができる仕方で基本権を保護しているとみなされるという要件を充足する限りにおいてである[7]。ただし、ヨーロッパ人権裁判所は実体的権利の保障の実効性は監督メカニズムに依存するとの見解をとっている[8]。

「同等の保護」が国際機構から付与されているとみなされる場合、国家は当該機構への加盟から生じる法的義務を履行しているにすぎないときにはヨーロッパ人権条約から逸脱していないという推定が存在する[9]。そのような推定が覆されるのは、特定の事件の状況によりヨーロッパ人権条約上の権利の保護に「明白な瑕疵」(manifestly deficient)が存在したとみなされる場合である[10]。

(b) 「同等の保護」理論とEC法

(i) EC法におけるヨーロッパ人権条約の位置付け

EC法は一定の要件を充足すれば直接効果を有し[11]、憲法を含む国内法に優越する[12]。しかし、EC条約には基本権（人権）目録が欠如している。EC司法裁判所（以下、ECJ）は、この点を司法的に克服するため、基本権がECにおける「法の一般原則」に含まれ[13]、「加盟国に共通の憲法的伝統」により具体化されるとともに[14]、ヨーロッパ人権条約をはじめとする国際人権条約が「ガイドライン」を提供する[15]旨の判例法を確立してきた[16]。この結果、ECJの判決において、とくにヨーロッパ人権条約ならびにヨーロッパ人権裁判所および同人権委員会の判例法は、EC法解釈の指針として参照されている[17]。また、この方式は、EUの基本原則および

ECJ の管轄権として、EU 条約 6 条 2 項および 46 条 (d) に反映されている。このように、人権尊重は「〔EC〕の行為の合法性の条件」とされている[18]。

とはいえ、以上は、ヨーロッパ人権条約がそれ自体として EU または EC を拘束することを意味するものではない。また、2000 年 12 月 7 日に政治的宣言として採択された EU 基本権憲章[19]も、それ自体として法的拘束力を有するものではない。一方、2004 年 10 月 29 日に署名されたヨーロッパ憲法条約[20]（未発効）は EU 基本権憲章を憲法条約本文に挿入して法的拘束力を付与している。

(ii) EC 法がヨーロッパ人権条約違反とされる場合の責任の所在

EC はヨーロッパ人権条約の締約当事者ではないため、EC を相手方とする申立は受理不能である[21]。それゆえ、EC 自体が人権条約に加入しない限り、EC の行為が同人権条約上の責任を直接問われて、ヨーロッパ人権裁判所の審査を受けることはない。しかし、「同等の保護」理論によれば、人権条約締約国による EC への権限の委譲後も、EC 加盟国の人権条約上の責任は存続する。

「同等の保護」理論が適用されるのは、第 1 に EC 法上の措置または EC 諸機関の行為が問題となる場合、および、第 2 に国内機関による EC 法上の措置の実施が問題となる場合であって、国内機関が裁量権を有しないとき、である[22]。国内機関が裁量権を有するときは、直接加盟国の責任が問われることとなる。

(iii) 「同等の保護」理論と EC「規則」

EC 法上の「規則」(regulation) は、「一般的適用性を有する」とともに、「そのすべての要素について義務的であり、かつ、すべての加盟国において直接適用可能である」(EC 条約 249 条 2 段)。「直接適用可能」(directly applicable; directement applicable) であるとは、それを国内法に編入または置換するための国内立法を必要としないことを意味する。「規則」は、それ以上の履行を必要とせずに、加盟国の国内法の一部となる[23]。

加盟国が「規則」を個人に適用した結果としてヨーロッパ人権条約違反が争われる場合、ヨーロッパ人権裁判所は当該事件をどのように扱うのであろうか。当該「規則」の国内実施に国内機関の裁量権の余地がなかったとされるならば[24]、下記のように扱われる。

第 1 に、EC 法上「同等の保護」が存在するかどうかが確認される。人権裁判所は、EC が基本権の実体的および手続的保障の両面から同等性を判断する。実体面については、上述のとおり、ECJ の判例法を中心とする保障がなされている[25]。しかし、重視されるのは手続面の方である。それについては、ECJ における訴訟制度・手続[26]は「同等の保護」を充足するとみなされている。その結果、加盟国の義務として「規則」を適用する場合、ヨーロッパ人権条約に違反していないという推定が働く。

第 2 に、EC 法上「同等の保護」が制度的に存在し、前掲推定が一般的に存在するとしても、個々の事件においてヨーロッパ人権条約上の権利の保護に「明白な瑕疵」が存在したかどうかが審査される。「明白な瑕疵」が認定される場合、「同等の保護」の推定は破られる。例えば、ECJ に管轄権がない場合[27]、ECJ が取消訴訟における私人の原告適格についてあまりに制限的な解釈を行う場合、ECJ がヨーロッパ人権裁判所の確立された判例法から逸脱した解釈や適用を行う場合などがそれにあたると考えられる[28]。

なお、加盟国が EC「指令」を国内法化する場合のヨーロッパ人権条約との関係については、「指令」を実施する国内法がほとんど一字一句同じである場合にも加盟国の責任として扱われる (Cantoni v. France, 15 November 1996)。

(iv) 「同等の保護」理論と本件判決

本件判決は、ヨーロッパ人権裁判所が EC 法をヨーロッパ人権条約締約国たる EU 加盟国の責任として人権条約違反であるとした初めての事案である。ただし、本件における審理の対象となった EC 法すなわち 1976 年議定書および第 2 附属書は、理事会

決定第76/787号によりEC加盟国に対して自国憲法上の要件に従って採択する旨勧告されたものであり、加盟国により「自由に締結された国際文書」である（§33）。その点で、加盟国に自動的に適用する義務が生じる「規則」の場合とは異なる。また、1976年議定書および第2附属書はEC条約に準ずる第一次法であるため、ECJはその効力を判断することができない（EC条約234条1段(a)）。そのため、人権裁判所は「同等の保護」の制度的存在および「明白な瑕疵」の検討を行うことなく、直接加盟国の責任として審査を行っている。

EUにおける共通外交・安全保障政策（Common Foreign and Security Policy〔CFSP〕）および警察・刑事司法協力（Police and Judicial Cooperation in Criminal Matters〔PJCC〕）における措置についても、直接適用されず、政府間協力に基づいて全会一致により採択されるものであるため、ヨーロッパ人権条約違反があった場合は本件判決のように加盟国の責任として同様に扱われることとなる[29]。

以上のように、本件判決のような場合は、「規則」が問題となる場合であって国内機関の実施に裁量の余地がないときとは区別されなければならない[30]。

(c) 「同等の保護」理論に対する批判

「同等の保護」理論におけるヨーロッパ人権条約との適合性についての推定の概念には、強い批判がある。すなわち、そのような推定は締約国が国際機構へ主権の一部を委譲する際の人権保護の将来にとって不必要であり、危険でさえあるとの主張がなされる[31]。「明白な瑕疵」では人権条約より低い基準がEC法上容認される可能性があるため、ヨーロッパ人権裁判所とECJの間に「二重の基準」が発生するおそれがある[32]。そのため、推定の概念は人権条約違反が実際にあったかどうかについて人権裁判所がケース・バイ・ケースの審査を行うことを排除するものと解釈されるべきではないとされる[33]。

また、同等性の判断についても批判が加えられている。ヨーロッパ人権裁判所はECが基本権の実体的および手続的保障の両面から同等性を判断するとしつつも、手続面の方を重視し、ECJにおける訴訟制度・手続が「同等の保護」を充足するとしている。しかし、ECJへのアクセスに制限があること、とくに取消訴訟における私人の原告適格の制限について、人権裁判所はヨーロッパ人権条約6条1項（公正な裁判を受ける権利）に実際に適合しているかどうかに関して検討を行っていないため[34]、手続面の形式的な分析にとどまっており、また、実体面におけるECJの判例理論の検討がなされていないとの批判がある[35]。今後の課題として、人権条約適合の推定には、人権条約により保障される個々の基本権の水準と強度（intensity）の検討を伴うことが望ましいとされる[36]。

(2) 「立法府」としてのヨーロッパ議会

ヨーロッパ議会がECの立法過程において拘束力を有しない意見を表明する権限にとどまっていた時点でヨーロッパ議会が第1議定書3条にいう「立法府」か否かについて、当時は諮問機関にすぎないとして否定されたが、ECの構造の発展により国内議会の権限および機能を一部引き受ける新たな代表機関が生じる場合、EC加盟国たる締約国が第1議定書3条に基づき保護される権利を認める要求される可能性を排除するものではないとされた[37]。

その後、単一ヨーロッパ議定書（1986年2月17・18日署名、87年7月1日効力発生）によりEC立法過程に「協力手続」[38]が導入されたが、ヨーロッパ議会の役割は増大しているけれども、同議会が「用語の通常の意味における立法機関を構成しているとはまだいえない」とされた[39]。

次いで、マーストリヒト条約（1992年2月7日署名、93年11月1日効力発生）によりEC立法過程に「共同決定手続」[40]が導入され、ヨーロッパ議会は一定分野で法案に対する拒否権と修正提案権を獲得した。それをうけて、本件判決は、ヨーロッパ人権条約第1議定書3条の「立法府」の意味について、国内議会だけでなく、超国家的な代表機関も含まれうるとする一方、ECの立法過程におけるヨーロッパ

議会の役割に関し、マーストリヒト条約で導入された「共同決定手続」および前掲「協力手続」を考慮に入れ、また、予算権限およびコミッション（EC委員会）に対する監督権限にも着目して、ヨーロッパ議会が「立法府」に含まれるとした[41]。

これは、ヨーロッパ人権条約締約国たるEU加盟国においては、立法事項に応じて、国内議会や州議会だけでなく、ヨーロッパ議会も「立法府」とみなされるということである。なお、アムステルダム条約[42]（1997年10月3日署名、99年5月1日効力発生）およびニース条約[43]（2001年2月26日署名、03年2月1日効力発生）によりヨーロッパ議会の権限は一層増大しており、「立法府」としての地位はさらに向上している。

(3) 判決の結果

ヨーロッパ評議会閣僚委員会は2001年6月26日付暫定決議において、イギリスに対し、本判決の適正な執行のために必要な措置をとるよう促したが、2004年6月のヨーロッパ議会選挙においてジブラルタルは南西選挙区に組み入れられた結果、ジブラルタル住民のヨーロッパ議会選挙権が実現された。それは、イギリス国内法の改正によるものであり、1976年EC直接選挙議定書第2附属書の修正を通じたものではなかった。

(1) ヨーロッパ共同体（EC）はヨーロッパ連合（EU）の三本柱構造の1つであり、超国家的な法秩序を形成している。以下ではECおよびEC法という語を使用するが、組織全体を総称する場合はEUを使用することとする。また、もっぱらEC条約に焦点を当てるが、必要に応じてEU条約に言及する。

(2) *Waite and Kennedy v. Germany* [GC], 18 February 1999, Reports 1999-I, §63; *M. & Co. v. Germany*, Decision of 9 February 1990, Decisions and Reports (DR) 64, p. 138, 144, 145; *Matthews v. the United Kingdom*[GC], 18 February 1999, Reports 1999-I, §32（本書 *3* 参照）.

(3) M. & Co. v. Germany, *op. cit.*, p. 144, 145. この点については、庄司克宏「EC裁判所における基本権（人権）保護の展開」国際法外交雑誌92巻3号（1993年）56, 57頁参照。

(4) *Bosphorus v. Ireland* [GC], Judgment of 30 June 2005, §153. 本件は、アイルランドが旧ユーゴに対する経済制裁に関する国連安全保障理事会決議を履行するために採択されたEC「規則」に基づき、トルコの航空機チャーター会社が旧ユーゴ国営航空会社からリースした航空機を押収したことが、ヨーロッパ人権条約第1議定書1条に基づく財産権の保護に反するかどうかが争われた事件である。ボスポラス判決（本書 *2*）参照。

(5) *Ibid.*, para. 154.
(6) *Ibid.*, para. 155.
(7) *Ibid.*
(8) *Ibid.*, para. 160.
(9) *Ibid.*, para. 156.
(10) *Ibid.*
(11) Case 26/62 *NV Algemene Transport- en Expeditie Onderneming van Gend & Loos v. Netherlands Inland Revenue Administration* [1963] ECR 1. これについては、庄司克宏「欧州司法裁判所とEC法の直接効果」法律時報74巻4号（2002年）14-20頁参照。
(12) Case 6/64 *Flaminio Costa v. E.N.E.L.* [1964] ECR 585.
(13) Case 29/69 *Erich Stauder v. City of Ulm - Sozialamt* [1969] ECR 419.
(14) Case 11/70 *Internationale Handelsgesellschaft mbH v. Einfuhr- und Vorratsstelle für Getreide und Futtermittel* [1970] ECR 1125.
(15) Case 4/73 *J. Nold, Kohlen- und Baustoffgroßhandlung v. Commission* [1974] ECR 491.
(16) 庄司克宏「欧州人権条約をめぐるEC裁判所の『ガイドライン』方式」日本EC学会年報5号（1985年）1-22頁。
(17) Cases 46/87 and 227/88 *Hoechst AG v. Commission* [1989] ECR 2859.
(18) Opinion 2/94 *Accession by the Community to the European Convention for the Protection of Human Rights and Fundamental Freedoms* [1996] ECR I-1759. 本件については、庄司克宏「EU政府間会議と欧州人権条約加入問題」外交時報1333号（1996年）80-92頁参照。
(19) Charter of Fundamental Rights of the European Union [2000] *Official Journal* C 364/1. これについては、庄司克宏「EU基本権憲章（草案）に関する序論的考察」横浜国際経済法学9巻2号（2000年）1-23頁参照。
(20) Treaty establishing a Constitution for Europe [2004] *Official Journal* C 310/1. これについては、庄司克宏「2004年欧州憲法条約の概要と評価」慶應法学（慶應義塾大学法科大学院）1号（2004年）1-61頁、庄司克宏「欧州憲法条約とEU――『多様性の中の結合』の展望と課題」世界736号（2005年）131-140頁、庄司克宏「EUにおける立憲主義と欧州憲法条約の課題」国際政治（日本国際政治学会）142号（2005年）18-32頁参照。
(21) *CFDT v. the European Communities and their*

⑴ *Member States*, Decision of 10 July 1978, Decision and Reports, Vol. 13, p. 231. 本件については、薬師寺公夫「ヨーロッパ人権委員会への申立第8030・77号（フランス民主労働総連合対ヨーロッパ共同体又はその加盟国の集合及び個々の加盟国）——人権委員会の人的管轄権に関連して」院生論集8号（1981年）参照。
⑵ Cathryn Costtello, "*The Bosphorus* Ruling of the European Court of Human Rights: Fundamental Rights and Blurred Boundaries in Europe", *Human Rights Law Review* 6:1 (2006), pp. 87-130 at 107, 108.
⑶ 庄司克宏『EU法 基礎篇』（岩波書店、2003年）111、131、132頁。
⑷ 「規則」が国内適用される場合であっても、常に国内機関に裁量の余地がないというわけではない。この点については、Cathryn Costtello, *op. cit.*, pp. 108-111 参照。
⑸ *Bosphorus v. Ireland*, *op. cit.*, §159.
⑹ その詳細については、庄司・前掲注⑶、69-98、109-172頁参照。
⑺ EU条約46条によれば、「EC条約及びEU条約に基づき管轄権を有する範囲内で」ECJは諸機関の行為につき基本権尊重に関する審査権を有する。それ以外の場合（例えば、EC条約68条2項、EU条約35条）に「同等の保護」がないため、ヨーロッパ人権裁判所が加盟国の責任として審査権を行使しうることになる。
⑻ Concurring Opinion of Judge Ress in Bosphorus v. Ireland, *op. cit.*, para. 3.
⑼ この点に関して、*Segi and others v. 15 States of the European Union*, Decisions of 23 May 2002 and 16 May 2002, Reports 2002-V 参照。
⑽ *Bosphorus v. Ireland*, *op. cit.*, §157.
⑾ Concurring Opinion of Judge Ress, *op. cit.*, §1.
⑿ Joint Concurring Opinion of Judes Rozalis, Tulkens, Traja, Botoucharova, Zagrebelsky and Garlicki, *op. cit.*, §§3, 4.
⒀ Concurring Opinion of Judge Ress, *op. cit.*, §2.
⒁ 先決裁定手続において国内裁判所はECJへの付託について裁量権を有すること、および、取消訴訟における私人の原告適格に制限があることに基づいて、「同等の保護」を疑問視する立場もある(Joint Concurring Opinion of Judes Rozalis, Tulkens, Traja, Botoucharova, Zagrebelsky and Garlicki, *op. cit.*, §§3, 4)。この点の検討については、庄司克宏「ECにおける基本権保護と欧州人権条約機構」法学研究（慶應義塾大学）60巻6号（1987年）42-70頁参照。
⒂ Concurring Opinion of Judge Ress, *op. cit.*, para. 2.
⒃ *Ibid.*
⒄ *Lindsay and others v. the United Kingdom*, Decision of 8 March 1979, Decision and Reports, Vol. 15, p. 247, 251, 252.
⒅ 庄司・前掲注⑶ 58頁。
⒆ *Tête v. France*, Decision of 9 December 1987, Decision and Reports, Vol. 54, December 1987, p. 52, 68, 69.
⒇ 庄司・前掲注⑶ 55-58頁。
(21) 本判決における反対意見は、ヨーロッパ人権条約第1議定書3条にいう「立法府」とは、国内議会または地方議会に限定され、超国家的代表機関は排除されること、また、ヨーロッパ議会は発議権を欠いており、「立法府」とみなしてよい段階には依然として達していないこと、さらに、ヨーロッパ議会が重要な役割を果たすEC権限領域であってジブラルタルに適用される分野は限定的であることを指摘している (Joint Dissenting Opinion of Judges Sir John Freeland and Jungwiert in Matthews v. the United Kingdom, *op. cit.*, §§3-8)。
(22) 庄司克宏「アムステルダム条約の概要と評価」日本EU学会年報18号（1998年）1-23頁参照。
(23) 庄司克宏「ニース条約（EU）の概要と評価」横浜国際経済法学10巻1号（2001年）35-91頁参照。

［参考文献］
［1］田村悦一『EC行政法の展開』（有斐閣、1987年）97-148頁
［2］庄司克宏「ECにおける人権保護政策の展開」国際政治（日本国際政治学会）94号（1990年）66-80頁
［3］庄司克宏「欧州共同体における基本権の保護——『人権共同宣言』の採択」、石川明編『EC統合の法的側面』（成文堂、1993年）201-229頁
［4］庄司克宏「国連人権システムの現状と役割に関する一考察——欧州人権条約およびECとの関係」国際政治（日本国際政治学会）103号（1993年）129-140頁
［5］ゲオルク・レス（入稲福智訳）「EUにおける基本権保護——今日の問題」、石川明・櫻井雅夫編『EUの法的課題』（慶應義塾大学出版会、1999年）79-103頁
［6］申惠丰「欧州統合と人権——域内における人権保護」、村田良平編『EU——21世紀の政治課題』（勁草書房、1999年）109-145頁
［7］鈴木秀美「EU法と欧州人権条約」比較憲法学研究11号（1999年）15-35頁
［8］庄司克宏「欧州人権裁判所とEU法⑴、⑵」横浜国際経済法学8巻3号（2000年）99-114頁、9巻1号（2000年）49-65頁
［9］伊藤洋一「EU基本権憲章の背景と意義」法律時報74巻4号（2002年）21-28頁
［10］庄司克宏「欧州人権裁判所の『同等の保護』理論とEU法——Bosphorus v. Ireland事件判決の意義」慶應法学（慶應義塾大学法科大学院）6号（2006年）285-302頁

4 国家間紛争と人権裁判所
軍事介入とそれにより生じた国の分断状況の人権問題としての取扱い
──キプロス対トルコ判決──

小畑　郁

Cyprus v. Turkey（Application No. 25781/94），
10 May 2001, Reports 2001-IV（大法廷）

【事　実】

1960年に独立したキプロスでは、多数派ギリシャ系住民と少数派トルコ系住民との間の対立が続き、1974年、ギリシャへの併合を目指す軍隊内グループがクーデターを起こしたのに乗じて出兵したトルコが、首都ニコシア以北を占領し、この結果、南北分断状況が生じた。トルコ系住民は、トルコ軍を後ろ盾に北部をトルコ系住民地域とする分断の固定化と強化をすすめ、1983年には、「北キプロス・トルコ共和国」として独立を宣言した。これに対して、国連安全保障理事会は、決議541（1983）を採択して、この独立宣言の無効を確認し、諸国にその不承認を求めた。

トルコは、この「共和国」は、トルコを含む他のいかなる国家からも独立したものであり、トルコ系住民が自決権を行使して設立したものであると主張しているが、ギリシャ系住民によって担われているキプロス共和国政府のみが、国際的に承認を受けている。

分断線に沿った緩衝地帯には、国連キプロス平和維持軍（United Nations Force in Cyprus, UNFICYP）が駐留し、国連においては、とりわけ、キプロス問題解決を目指して、事務総長が両系住民共同体間対話を後援している。トルコ系住民は、この対話を、一つの連邦憲法の下での二地域主義・両系住民による二共同体主義に基づき進めているが、二地域主義・二共同体主義という基礎は、1992年の国連事務総長の包括枠組協定提案等においても認められている。

キプロスは、1974年のトルコによる軍事介入およびその後の分断から生じたさまざまな人権侵害について、トルコに責任があるとして、これまでも国家間申立を行ってきたが、トルコがヨーロッパ人権裁判所(以下、人権裁判所という)の管轄権を受け入れていなかったため、ヨーロッパ評議会閣僚委員会に付託され、拘束力ある違反認定は避けられていた。本件は、これらの申立と同種のものであるが、トルコの管轄権受諾に伴い、はじめて人権裁判所に係属したものであり、1994年11月22日、キプロスがヨーロッパ人権委員会に対して行った申立に端を発する。人権委員会は、1999年6月4日、多くの違反を認定する報告書を採択した。これを受けて、キプロスが1999年8月30日、人権委員会が9月11日、事件を人権裁判所に付託した。トルコは、人権裁判所におけるいかなる手続にも参加しなかった。

【判　旨】

(1) 先決的問題

(a) キプロスの原告適格および訴えの利益

キプロス政府は、原告適格を有する。原告政府は、本申立では以前の申立で取り扱われていない継続的侵害を主張しており、本申立を提起する訴えの利益が認められる。以前の申立についての閣僚委員会決議は、ヨーロッパ人権条約（以下、条約という）旧32条1項にいう決定ではない。

(b) トルコの責任

トルコは、「北キプロスに対して実効的な全般的支配（overall control）を及ぼしており、その責任は、北キプロスにおけるその兵士または公務員の行為に

限定されるのではなく、トルコの軍事的その他の援助により生き延びている地域的行政機関の行為によっても負わなければならない。」(§77)「この関連で、当裁判所は、個人の保護のためのヨーロッパ公序の文書としての条約の特別の性格、および、……『締約国が引き受けた約束の遵守を確保する』という自らの使命を考慮しなければならない……。原告政府が北キプロスでの条約上の義務を履行することが継続的に不可能であることを考慮すれば、上と異なるいかなる判断も、条約の基本的保障の便益と自らの諸権利の違反について締約国の責任を当裁判所における手続において問う権利を当該地域住民から奪い去ることによって、当該地域における人権保護制度に遺憾な空白を生じさせることになる。」(§78)

(c) 国内的救済原則

原告政府は、「北キプロス・トルコ共和国」の法的・憲法的機構は、トルコによる侵略により生じたもので、完全に不法であると主張している。しかし、政府の不法性によって、その行為のすべてが無効となるわけではない。「当裁判所は、本件の関連諸関係が関わる限りにおいて、『北キプロス・トルコ共和国』によって設けられた司法機関を単に無視することはできない」(§98)したがって、国内的救済原則の適用可能性は一般的には否定されない。しかし、「当裁判所は、行政的慣行がある場合、すなわち、条約と両立しない行為が繰り返されそれが国家当局により公的に宥恕されているような事態が存在すると示され、それが諸手続を無駄かあるいは非実効的なものとするような性質のものである場合には、国内的救済原則は適用されないことを想起しておく。」(§99)

(2) ギリシャ系キプロス人行方不明者とその親族の権利の侵害の主張

(a) 行方不明者

1974年のトルコ軍の軍事活動中に北キプロスで行方不明になったギリシャ系住民が、被告国家が直接責任を負うような状況で殺されたかどうかは確定できないので、条約2条の実体的違反があるとの主張は受け入れられない。他方、行方不明者の多くがトルコ軍あるいはトルコ系住民軍により拘禁されていたという証拠があり、その拘禁は、大規模な逮捕と殺害をともなう軍事作戦行動中に起こっている。被告国家当局は、行方不明者についての調査を行っていない。国連行方不明者委員会の調査活動への寄与によって手続的義務が履行されたとは認められない。同委員会の調査の範囲は限定されており、条約2条により求められる基準を満たさない。よって、以上のような生命に対する危機的状況の下で行方不明になった者についての実効的調査を行うという同条の手続的義務の継続的違反がある。

条約5条についても、2条と同様の調査義務の違反があるが、他方、審理対象期間中にいずれかの行方不明者が拘禁されているということは証明されなかった。

(b) 行方不明者の親族

「当裁判所の判断するところでは、行方不明者の親族の切迫した懸念に対して、被告国家当局が沈黙していることは、3条の意味における非人道的待遇に当てはまる水準の厳しさに達している。」(§157)よって、条約3条の継続的違反がある。

(3) 避難民の住居の尊重の権利および財産権の違反の主張

キプロス問題に対する全般的政治的解決合意があるまで、ギリシャ系避難民が北部の自らの住居に戻ることができないというのは、被告政府が主張するところである。かかる状況において、被害者が救済手段を利用するよう期待できるかどうかという問題は生じない。「第1に、避難民の自らの住居に対する尊重を受ける権利が完全に否定されているのに対して、条約8条2項の意味における法律上の根拠はない。第2に、両系住民共同体間対話は、条約違反を正当化するために援用することはできない。第3に、当該違反は、1974年以来政策の問題として持続しており、継続しているものと考えられなければならない。」(§174)よって、条約8条の継続的違反があると結論する。

彼らの「遺棄財産」に対する所有権の否認は「北キプロス・トルコ共和国」憲法にも規定されている。よって、条約8条と同様に、第1議定書1条の継続的違反がある。

被告政府は、全般的政治的解決策が作成されるまでは、避難民の住居への帰還や財産権は問題外であると主張した。よって、条約8条・第1議定書1条に基づく権利の侵害を争う救済手段を提供していないことによる条約13条の違反がある。

(4) 北キプロスのギリシャ系キプロス人の生活条件から生ずる違反の主張

(a) 個別的違反の主張

「締約国当局がその住民一般に利用可能なものとすることを引き受けた医療を否定することにより個人の生命を危険にさらすことが示されれば、条約2条の問題が生じうる」(§219)。しかし、いずれかの患者の生命が危険にさらされたとは証明されなかった。よって条約2条の違反があったとは認められない。

教会・宗教儀式へのアクセスや司祭の任命の制限については、実効的救済手段は存在しない。当裁判所は、よって条約9条違反があると結論する。

ギリシャ系住民用の教科書は検閲され配付を拒否され、これに対する実効的救済手段はない。よって、この点について、条約10条違反があったと認定する。

北キプロスのギリシャ系住民についても、南部への移住や死亡によって財産は「遺棄された」ものとみなされ、彼らの財産権は確保されていない。これらの点について第1議定書1条の違反がある。他方、彼らの財産に対する犯罪行為についての保護が与えられていないとの主張は十分ではなく、「北キプロス・トルコ共和国」の裁判所はときおりギリシャ系住民の権利を擁護している。この点については、同条の違反は認められない。

ギリシャ語による中等教育施設が廃止されて以来、ギリシャ系住民の子どもは、トルコ語または英語学校に行くほかないが、これは、彼らがギリシャ語での初等教育を受けているがゆえに非現実的であり、教育を受ける権利の実質は否定されているといえる。したがって、この点で第1議定書2条の違反がある。

(b) 全般的状況

北キプロスのギリシャ系住民が、南の親族による訪問を制限され、正常な家庭生活を否定されていることが認められる。「これらの制限についていかなる法律上の基礎もないので、当裁判所は、当該介入が条約8条2項の規定により正当化されるかどうかを検討する必要がない。」(§293) 同じ理由で、国内的救済原則も適用がない。また、彼らは、人との接触および移動について実際上監視されている。これについては法律上の基礎もいかなる正当な理由もない。よってこれらについて、条約8条の違反がある。

上記のような条約上の諸権利の侵害は、ギリシャ系であるというまさにその理由でなされている。「これらの住民がその中で生きるように強いられている状況は、彼らの人間の尊厳という観念そのものを貶め侵害するものである。」(§309)「この取扱い上の差別は、品位を傷つける取扱いの水準に達している。」(§310) よって条約3条の違反がある。

ギリシャ系住民に対する犯罪行為を宥恕する行政慣行があったとは示されず、私人による介入に関して条約13条違反があったとは認められない。他方、3条、8条、9条および10条の当局の行為による違反については、行政慣行から生じており、実効的救済手段はなく、13条違反があったと認定する。

(5) トルコ系住民の権利の侵害の主張

「北キプロス・トルコ共和国」の「憲法」規定および「法律」は、独立性・公平性についての欠陥を有する軍事法廷で文民を裁判することを認めている。かかる「立法上の実行」により条約6条の違反があると認定する。

【解 説】

(1) キプロス紛争とヨーロッパ人権条約

キプロス政府は1974年のトルコによる軍事介入以降、これによって作り出された状況に対して働き

かける手段として、条約を用いてきた。もっとも、トルコが個人申立の受理権・人権裁判所の管轄権を受諾したのはそれぞれ 1987 年・1990 年であったので、それまでは、国家間申立により人権委員会から閣僚委員会への手続を利用するほかはなかった。

1974 年と翌年の申立（2 つの申立が併合された）および 1977 年の申立は、実際にこのコースを辿り、人権委員会は多くの違反を認定したが[1]、閣僚委員会は、旧 32 条 1 項の規定にもかかわらず、違反の有無について触れることはなかった[2]。他方、前者の申立についての 1979 年の閣僚委員会決議では、「閣僚委員会は、……キプロスにおける人権の持続的な保護は、両系住民共同体間の平和と信頼の再確立を通じてのみもたらされ、両系住民共同体間対話がこの紛争の解決を達成する適切な枠組みであることを確信〔する〕」[3]と述べられている[4]。

本件は、これらの申立と実質上同内容のものが人権裁判所にはじめて係属したものであるが、以上の閣僚委員会決議が示す問題を一層先鋭に提示したものといえよう。すなわち、政治的紛争がありそれに対応する解決枠組みが一応用意されているときに、当該紛争にかかわる人権問題について（拘束力ある）法的判断を示すことの意義と限界はいかなるものか、ということである。

もっとも、キプロス紛争の場合には、トルコの軍事介入それ自体が武力行使禁止規範に抵触する違法なものであったことには、留意すべきであろう。安全保障理事会も、介入当時は、名指しこそ避けたが一方的軍事行動を非難し、トルコ軍の撤退を求めた（とりわけ決議 360 (1974)）。しかし、その後はトーンを弱め、1990 年代に入ると、両系住民による二共同体主義・二地域主義に基づく解決が求められるようになった（決議 774 (1992) など）。ギリシャ系住民は、必ずしもこれ自体に反対しているわけではないが、トルコの行為と「北キプロス・トルコ共和国」の違法性があいまいにされつつある状況に対して、条約上の申立を提起して、「人権」を武器に闘おうとしたということができる[5]。キプロスの司法次官であり、ヨーロッパ人権委員会の委員でもあった Loucaides は、1988 年にはじめて発表した論文で、人権の保護は、それが関連する政治的紛争を解決を指導する原理となりつつあると強調している[6]。

(2) 人権裁判所の取扱い

このような観点からみるとき、本判決は、キプロス政府の期待にこたえた面がある[7]。すなわち、避難民等に対する措置が条約 8 条・第 1 議定書 1 条に違反するとの判断の前提として、両系住民共同体間対話は正当化する事由として援用できないとした。また、行方不明者の調査義務については、国連行方不明者委員会に協力するのでは不十分とした。このように、キプロスの事態を取り扱う国際的枠組みにおける作業状況とはかかわりなく、条約上の義務が履行されなければならないことが確認されている。

他方、「北キプロス・トルコ共和国」における救済手続は無効なものとはいえず、よって国内的救済原則の適用可能性は一般的に否定することはできないとした判断は、議論をよび、7 人の裁判官がこれに反対した。法廷意見は、国際司法裁判所のナミビア事件についての勧告的意見の一節[8]を援用したが、この箇所を国内裁判所手続一般の法的効力を認める趣旨に読むのは、たしかに難しい。人権裁判所は、結局ほとんど実益がなかったにもかかわらず無理な議論をしたと考えざるをえない。実際、この判断は、「北キプロス・トルコ共和国」の裁判所制度が政治的解決合意のあかつきにトルコ系支邦の組織に継承されても、条約上の制度問題はないことを意味している。

このように、人権裁判所も、政治的解決合意の趨勢をやはり意識しているといえよう。多くの違反認定が、法律に基づくものでない、という形式的理由付けによって根拠付けられており、実質的に正当化事由がありうるかどうか、という判断がなされていない。避難民の旧住居へのアクセスが無制限に認められるということは将来においてありそうにないことが意識されているとも考えられる。もっとも、北部に取り残されたギリシャ系住民に対する措置が差

別を内容とする条約3条違反だとされたのは、政治的解決においても、それぞれの地域内での両系住民間の差別は許されないということを示したものと解される。関連して北部でのギリシャ語中等教育の保障を求めていることも注目される。

こうして、本件では、人権条約に基づく法的判断の自律性が確認される一方で、政治的解決合意を阻害しないような配慮も施されているように思われる。国家間の政治的紛争の解決に対して、人権裁判所が主導的な役割を果たそうとしているとはみることができない。

なお、2条（生命権）にかかわる調査義務においてこれほど状況が不明の場合にもその違反を認めたのは新たな先例であり[9]、北キプロスにおけるトルコの責任についても、「全般的支配」という観念に基づき、本判決でより一般的に認める方向に踏み切っている[10]。

(3) 判決執行をめぐる問題

本件では、拘束力ある判決が下されたので、閣僚委員会が改めて実質的判断を下す権限を有するわけではない。しかし、判決執行監視という形式で、閣僚委員会に困難な任務が課されている（46条2項）。閣僚委員会は、2005年、中間決議を採択し、行方不明者については、国連行方不明者委員会の権限の範囲内でもたらされた具体的な結果もまた本件判決の執行にとって積極的進展となりうることを認め、それが不十分な場合トルコが他の措置を、さらにいずれにせよ実効的調査のための措置をとること、を求めている[11]。トルコがこの委員会の手続を援用したこと[12]に配慮した内容といえよう。同中間決議は、教育、信教の自由、軍事法廷の問題も取り扱ったが、この段階では、キプロス問題解決にとって肝要な避難民の住居および財産の問題は取り扱わないこととされた[13]。もっともこの点については、キプロス側の要請もあり[14]、2006年10月から検討を開始することとされた[15]。

このようにみてくると、判決執行の監視という形式の下でも、政治的解決枠組みにおける状況が影響を及ぼさないわけではないことが分かるであろう。

(1) Cyprus v. Turkey (Applications Nos. 6780/74, 6950/75), Report of the Commission, 10 July 1976; Cyprus v. Turkey (Application No. 8007/77), Report of the Commission, 4 October 1983.

(2) Cyprus v. Turkey (Applications Nos. 6780/74, 6950/75), Resolution DH(79)1, 20 January 1979; Cyprus v. Turkey (Application No. 8007/77), Resolution DH(92) 2 April 1992.

(3) Resolution DH(79)1, *op. cit.* もっとも、1992年の決議では、そのような言及はない。

(4) 以上のような閣僚委員会の実質的事件処理権限の下での実行の一般的分析として、参照：小畑郁「ヨーロッパ人権条約実施手続の司法的純化についての一考察」国際法外交雑誌98巻1＝2号（1999年）124頁以下。

(5) Coufoudakisは、キプロスによる1974年と翌年の申立は、合衆国のトルコ政策に影響を及ぼそうとする外交努力の一環であったと主張している。COUFOUDAKIS, Van, Cyprus and the European Convention on Human Rights, *Human Rights Quarterly*, Vol. 4, No. 5, (1982), p. 460ff. at p. 453f.

(6) LOUCAIDES, Loukis G., The Protection of Human Rights Pending the Settlement of Related Political Issues, in: LOUCAIDES, *Essays on the Developing Law of Human Rights* (Martinus Nijhof, 1995), p. 219ff, at p. 23f.

(7) キプロスのメディアは、本判決は交渉での強力な武器であるとの大統領発言を報じている。European Court verdict a 'powerful weapon' in future talks, *Cyprus Mail*, 12 May 2001, at ⟨http:www.cuprus-mail.com/news/main_old.php?id.=3400&archive=1⟩ (last visited on 6 August 2006). 反対にトルコは、本判決がキプロス問題解決に悪影響を及ぼすとの「北キプロス・トルコ共和国」大統領の書簡を国連事務総長に送付した。Letter dated 6 June 2001 from the Permanent Representative of Turkey to the United Nations addressed to the Secretary-General, UN Doc. A/55/986-S/2001/575.

(8) Legal Consequences for States of the Continued Presense of South Africa in Namibia (South West Africa) notwithstanding Security Council Resolution 276 (1970), Advisory Opinion of 21 June 1971, ICJ Reports 1971, §125 at p. 56.

(9) さしあたり参照： HOFFMEISTER, Frank, Cyprus v. Turkey, *American Journal of International Law*, Vol. 96, No. 2 (2002), p. 445ff. at p. 449.

(10) Cf., Loizidou v. Turkey (merits), 18 December 1996, Reports 1996-VI, §§52-57.

(11) Cyprus v. Turkey, Interim Resolution DH (2005)44,

7 June 2005.

(12) 参照：Appendix to: *ibid.*

(13) Interim Resolution DH (2005) 44, *op. cit.*

(14) 参照：Cases pending for supervision of execution as appearing in the Annotated Agendas of the Committee of Ministers' Human Rights meetings and decisions taken (sections 2, 3, 4 and 5), at 〈http://www.coe.int/t/e/human_rights/execution/02_documents/PPcasesExecution_April%202006.pdf〉(last visited on 11 August 2006), p. 175.

(15) 参照：CM/Del/Dec (2006) 966 FINAL.

[参考文献]

注に掲げたもののほか、

［１］ 下羽友衛「キプロス紛争とその背景」国際商科大学論叢23号（1981年）17頁以下

［２］ TAVERNIER, Paul, En marge de l'Arrêt *Chypre contre Turquie*, Revue trimestrielle des droits de l'homme, no. 52 (2002), p. 808ff.

［３］ LOUCAIDES, Loukis G., The Judgment of the European Court of Human Rights in the *Case of Cyprus v. Turkey*, Leiden Journal of International Law, Vol.15 (2002), p. 225ff.

［４］ CHRYSOSTOMIDES, Kypros, *The Republic of Cyprus; A Study in International Law*（Martinus Nijhof, 2000）

［５］ NECATEGIL, Zaim M., *The Cyprus Question and Turkish Position in International Law*, 2nd ed.（Oxford UP, 1993）

ストラスブールの大聖堂

5　非国際的武力紛争と人権裁判所
ロシア空軍による文民の空爆と生命に対する権利
──チェチェン文民攻撃事件判決──

西海　真樹

Isayeva, Yusupova and Bazayeva v. Russia
24 February 2005

【事　実】

　Isayeva（イサイェーヴァ）、Yusupova（ユスポーヴァ）、Bazayeva（バザイェーヴァ）は、ロシア連邦チェチェン共和国グロズヌイ市とその周辺の住民だった。1999年秋ロシア連邦軍とチェチェン武装勢力との間に戦闘が勃発、グロズヌイ地域は、広範囲にわたり連邦軍による攻撃の標的になった。

　1999年10月25日、グロズヌイ地域の住民は、ラジオやテレビの放送を通じて、グロズヌイ地域の戦闘から住民を避難させるための「人道回廊」が10月29日に設置されるという情報を得た。そこでこれら3名は、それぞれの家族とともに10月29日の早朝、グロズヌイ市とその周辺の村を出発し、隣のイングーシ共和国ナズラン市に向かった。

　一行が国境にある軍事バリケード「カフカース-1」に到着すると、上級将校が現れ、避難民に対して「人道回廊」は今日は閉鎖され今後いつ開放されるかわからないと述べ、軍事バリケードの前を空けてグロズヌイに帰るよう命じた。仕方なく避難民はグロズヌイに帰還し始めたが、その列は12キロメートルにも達し、歩みはきわめて緩慢だった。

　そこにロシア空軍機2機が現れ、避難民の列に向かってミサイルを発射した。その結果Isayevaと Yusupovaが負傷、Isayevaの2人の子と義理の娘が死亡、Bazayevaの家族の持ち物を積んだ車が破壊された。他にも多くの死傷者が出た。

　Isayevaの請求に対して、1999年12月20日、イングーシ共和国ナズラン地方裁判所は、Isayevaの2人の子がロシア空軍の爆撃により死亡したことを認めた。しかし、2000年11月17日、イソグーシ共和国最高裁判所は、上記の認定を破棄し、本件をナズラン地方裁判所に差し戻した。2002年3月18日、ナズラン地方裁判所は、Isayevaが召喚に応じなかったことを理由に本件の審理を打ち切った。

　他方、2000年3月3日、在チェチェン・ロシア連邦軍司令部内の北カフカース軍事検察官は、この爆撃に関する刑事調査を開始した。尋問の中で2人の操縦士は、標的は先に攻撃を仕掛けてきた武装勢力の乗った2台のトラックだったと述べた。2001年9月7日、刑事調査は2人の操縦士の行為に犯罪事実がなかったことを理由に終了した。この決定に対し、空襲の他の被害者がバタイスク軍事裁判所に異議を申立てた。同裁判所は2003年3月14日にこの決定を取消し、北カフカース軍事検察官に対して再調査を命じた。2004年5月5日、北カフカース軍事検察官は「2人の操縦士の行動は、彼らが地上からの攻撃に晒されていた状況下では、正当かつ均衡のとれたものだった」と結論づけ、第1回調査と同様、2人の操縦士の行為に犯罪事実がなかったことを理由に、再調査を終了した。

　以上のロシア国内での動きとは別に、これら3名は2000年4月25、26、27日、条約34条に基づきヨーロッパ人権裁判所（以下、人権裁判所）に申立を行った。その中で各申立人は、この空襲は無差別攻撃でありこれにより自らと家族の「生命に対する権利」および「非人道的なもしくは品位を傷つける取扱いから保護される権利」が侵害された、その後の刑事調査において何ら聴取を受けることなく刑事訴訟法上の犯罪犠牲者の地位が認められたとの正式な

通知もなかった、当局は効果的で有意義な調査のために必要かつ適当な措置をとらなかった、と主張し、条約2条、3条、13条、第1議定書1条違反を理由に、ロシア政府に対して責任者の確認・処罰と損害賠償を求めた。人権裁判所小法廷はこれら3件の申立の審理を併合することを決定し、2002年12月19日、これらの申立のいずれも受理した。

【判　旨】

(1)　ロシア政府の先決的抗弁について

ロシア政府は、申立人は利用可能な国内救済を尽くしていないから申立てを受理不能と宣言するよう裁判所に求めている。35条1項の国内救済原則を適用する際には、事件を取り巻く状況に目を向けなければならない。国内法上の形式的救済措置だけでなく、それが作動する一般的脈絡や申立人の置かれた個人的状況も考慮しなければならない(§§144-145)。

刑事調査の結果がなくても重大な犯罪行為に関する民事救済請求の本案審理を国内裁判所が行えるとするいかなる決定も、当裁判所は下してこなかった。民事訴訟において致死的攻撃の実行者を特定しその責任を追及することは、刑事調査の結果なしには不可能である。チェチェンには国内救済を尽くすことに影響を及ぼす特別の状況が存在した。このことを踏まえるならば、国内救済を尽くすため民事救済を追求することは申立人に義務づけられていなかった。したがってこの点に関する先決的抗弁には根拠がない(§§147-151)。

刑事調査の効果性の問題は、条約2、3、13条の下で申立人が申立てている問題と密接に関連しているので、当裁判所は、これらの実質規定の下でこの問題を審理する(§153)。

(2)　2条違反について

(a)　生命保護の失敗

ロシア政府は自らの行為が2条2(a)により正当化されるという(§174)。しかし同政府はその主張を支える証拠を提示することができなった。武装集団の乗ったトラックから攻撃を受けたという2人の操縦士および航空管制官の供述は、事件から1年経って初めて集められたものである。それらはほとんど同じ言葉で作成され、きわめて短くかつ不完全な事実説明にとどまっている。当裁判所はこれらの供述の信憑性に疑問を抱く(§179)。

それでも力の行使が2条2項(a)の目的達成のためになされたと仮定しよう。その場合の力の行使は、目的達成のために絶対に必要な程度を超えてはならない。それゆえ当裁判所は、この作戦の策定・実行が2条と両立し得るものだったか否かを検討する(§182)。

「カフカース-1」で「人道回廊」が閉鎖され避難民にグロズヌイへの帰還が命じられたこと、帰還民が長蛇の列をなし動きも緩慢だったことを、当日の軍事作戦を策定した当局は当然知っているべきだった。そして航空管制官および操縦士に対して、致死的力の行使の際には最大限の注意を払うよう警告すべきだった。しかし彼らに情報は伝えられず、申立人を含む路上の帰還民は攻撃の標的になるという極度の危険に晒された(§§185-189)。

ロシア政府は、ミサイルが発射されトラックに命中するまでのわずかな時間に帰還民の列が現れ、ミサイルの射程内に入ったために損害が発生したと言う。しかしこの論拠は、多数の帰還民が突然路上に出現したことを全く説明できず、当裁判所に提出された他の多くの証拠とも矛盾しているので、当裁判所はこれを受け入れることができない(§§191-192)。

2機の軍用機が発射したミサイルはきわめて強力なものであり、爆発後数千の破片を生じ、それは半径300メートル以上の範囲に飛散した。そのようなミサイルが路上の大勢の人々の列に向かって6発発射された。路上の誰もが死の危険に晒されていた(§195)。

以上より、この作戦が文民住民の生命保護に必要不可欠な配慮を伴って策定・実行されたとは認められない(§199)。したがって被告国の行為は2条に違反した(§200)。

(b) 不十分な調査

2条のもとでの義務には生命が剥奪された場合に効果的な正規の調査を行う義務が含まれる (§208)。調査は、力の行使が正当化し得るものだったか否かを決定し、責任者を確定・処罰することができるという意味で、効果的なものでなければならない。それは結果の義務ではなく手段の義務である。当局は目撃者証言、裁判証拠、検死、死因を含む臨床所見などの証拠を確保するため合理的な手段をとらなければならない。死因や責任者が立証・確定されていない調査は、この効果性の基準を満たさないおそれがある (§211)。当局が調査を迅速に行うことは、法の支配への信頼を維持するために重要である (§212)。

実際の調査は著しく遅延し、事件前後の作戦記録や任務報告も検討されなかった。「カフカース-1」で避難民にグロズヌイ帰還を命じ帰途の安全を保障した上級将校は確定されず、人道回廊の宣言に関する情報収集も行われなかった。2003年3月まで各申立人への聴取は一切なされず、国内法に従った犠牲者の地位も付与されなかった (§§218-224)。

以上より、当局の行った調査は効果的なものとはいえず、それは民事救済への道を閉ざした。ロシア政府の先決的抗弁は却下する。被告国の行為は2条に違反した (§225)。

(3) 3条違反について

原告たちが負傷し肉親を含む人々の死を目撃したことは、2条違反の致死的力の行使の結果であり、3条のもとでの別個の問題が生じているとはいえない (§§226-229)。

(4) 第1議定書1条違反について

ロシア空軍の攻撃は上記2条違反にとどまらず、第3申立人の財産の平和的享有に対する重大かつ正当化し得ない侵害を構成し、それは第1議定書1条に違反する (§§233-234)。

(5) 13条違反について

2条、第1議定書1条に関連する裁判所の認定に照らせば、各申立人は13条の下でロシア国内での救済を受けてしかるべきだった。しかし刑事調査が効果的なものではなかったため、民事救済をはじめとする他の救済の効果も損なわれた。被告国は、13条の下で負っている義務を怠った。したがって、そこには13条違反が存在した (§§238-240)。

(6) 結 論 (全員一致)

ロシア政府の先決的抗弁を却下し、申立人の生命に対する権利を保護する義務に関して2条違反があったと判断し、当局が適切で効果的な調査を行わなかった点で2条違反があったと判断し、3条に関して別個の問題は生じていないと判断し、Bazayevaに関して第1議定書1条違反があったと判断し、13条違反があったと判断し、金銭的・非金銭的損害賠償金および訴訟費用として当裁判所が裁定した額を各申立人に支払うよう、被告国に命じる。

【解 説】

(1) 判決の意義・特徴

本判決は、政府軍の攻撃の下での文民の生命に対する権利を扱ったものである。類似の事例としてMcCann事件[1](英国軍がアイルランド共和国軍〔IRA〕メンバーを殺害した行為を条約2条2項違反と判断)(本書27)、Ergi事件[2](トルコ軍とクルド労働者党〔PKK〕との間の武力紛争においてトルコ軍のとった措置を2条2項違反と判断)、Isayeva事件[3](チェチェン武装勢力に対してロシア軍のとった措置を2条2項違反と判断)がある。本判決に見られる2条2項の解釈・適用のしかたは、基本的にこれらの事例と同一である。

(2) 国内救済原則の解釈・適用

人権裁判所は、国内救済原則を規定する35条1項は絶対的要件でも自動的要件でもなく、同原則は柔軟にかつ過度の形式主義に陥らないように適用すべきだと述べ、与えられた状況下で合理的に期待し得る国内救済が尽くされたか否かを検討し、ロシア政府の先決的抗弁を却下した。ロシア政府が先例を引いて[4]、国内的民事救済の可能性がなお残されていたと主張したのに対して、人権裁判所は責任者を特定し得た刑事調査結果なしに民事訴訟は不可能との立場を堅持し、さらに、損害賠償を裁定しただけ

の国内判決であってもそれが下されれば締約国は条約2、13条の下で負っている義務を果たしたことになるとしたら、締約国がここで負っている致死的力を行使した責任者の確定・処罰義務は架空のものになってしまうと言う。被害者の人権保護を優先し、国内救済原則を相対化するこのような解釈は以前の判例にも見られ[5]、人権保障を制度目的とする裁判所の解釈として妥当である。

(3) 条約2条2項の解釈・適用

(a) 力の行使と目的達成との均衡性　生命に対する権利は、民主主義社会の基本的価値を実現するものであるから、生命を剥奪する力の行使が正当化されるか否かは厳密に解釈されなければならない。裁判所はまず条約2条2項冒頭文から、①力の行使が2条2項(a)〜(c)の諸目的のいずれかを達成するためになされたものかどうか、②力の行使が①の要件を満たしたとしてもそれが当該目的達成のために絶対に必要なものであったかどうか、という2つの基準を確認する。その上で人権裁判所は、その力の行使が絶対に必要なものであったかどうかを判断する基準として、③作戦が致死的力の行使に訴えることを最小化するように策定・実行されたかどうか、④取り得る行動の選択に当局が注意を払っていたかどうか、という2つの基準を掲げる[6]。これら4つの判断基準に従って、人権裁判所は、この爆撃がたとえ「不法な暴力から人を守るため」(2条2項(a))になされたものであったとしても、それは当該目的を達成するために絶対に必要な力の行使の程度を超えていたと判断した。

(b) 刑事調査の効果性の判断基準　生命に対する権利を保護する締約国の義務は、これを条約1条の一般的義務と合わせて読むことにより、力の行使の結果個人が殺害された場合に効果的な正規の刑事調査が行われなければならない、と言う意味を含み持つ。刑事調査の基本目的は、生命に対する権利を保護する国内法を効果的に実施すること、国家機関が関与する場合にそれらの機関が説明責任を果たすこと、の2つを確保することにある。調査が効果的であるためには、判旨で紹介した実質的要件の他にも、職権による自発的な調査開始、独立した調査主体、迅速な調査、調査への被害者の関与などが求められる。本判決のこのような刑事調査の位置づけは、これまでの判例を踏襲・発展させたものである[7]。

(4) 国際人権法と国際人道法

ロシア連邦軍とチェチェン武装勢力の抗争は、その規模や武装勢力の組織化の程度からみて非国際的武力紛争と言うことができる。従来、武力紛争には特別法としての国際人道法が国際人権法に代わって適用されると考えられてきた。しかし、人権裁判所はこの特別法アプローチをとらず、条約2条2項に依拠して、国による致死的力の行使を規律する独自のルールを形成・適用してきた。このルールは紛争強度により左右されず、力の行使の目的を考慮に入れ、戦闘員と文民の区分を設けない点で人道法ルールとは異なっている。非国際的武力紛争を規律する国際人道法（ジュネーブ諸条約共通3条および第2追加議定書）上の文民保護規定は十分なものとは言えず、そもそも自国に生じている事態を非国際的武力紛争と認める国はほとんどないという現状に照らせば、人権裁判所が作り出したこの判例法は、非国際的武力紛争の犠牲者の保護に資するアプローチとして注目に値する。

(5) ロシア政府による判決の履行状況

2006年春、ロシア政府は、本判決を含むチェチェン関連判決を履行するための行動計画を提示した。そのなかでロシア政府は、これらの判決のロシア語訳を公表すると約束し、兵士教育に国際人権法・国際人道法を導入すると宣言した。ただし、2006年末の時点で前者の約束はまだ果たされていない。さらに刑事調査については、ロシア政府は刑事調査が再開されたと述べるにとどまり、調査結果についてはまだ明らかにしていない。

(1) McCann and others v. the United Kingdom（本書 *27*）.
(2) Ergi v. Turkey, 28 July 1998.

(3) Isayeva v. Russia, 24 February. 2005.

(4) 本判決§131, 148; Khachiev and Akaïeva v. Russia, 24 February. 2005.

(5) 本判決§149 ; Aksoy v. Turkey（本書 *29*), Reports 1996-VI ; Akdivar and others v. Turkey（本書 *24*), Reports 1996-IV, §§65-69; Yaşa v. Turkey, 2 September 1998, Reports 1998-VI, §74.

(6) 本判決§§169-171。この基準設定は、McCann判決以降の類似事例において常に維持されている。McCann, Series A no. 324 §§149-150; Ergi, Reports 1998-IV, §79; Isayeva, §173.

(7) 本判決§§208-213; McCann, Series A no. 324 §161; Ergi, Reports 1998-IV §§83-84; Yaşa Reports 1998-VI §§102-104, etc.

[参考文献]

［1］ Philippe Weckel, «Chronique de jurisprudence internationale», *Revue générale de droit international public*, tome 109/2005/2, 2005, pp. 473-480.

［2］ William Abresch, «A Human Rights Law of Internal Armed Conflict : The European Court of Human Rights in Chechnya», *European Journal of International Law*, vol. 16, no. 4, 2005, pp. 741-767.

［3］ Kirill Koroteev, "La Russie et la Convention européenne des droits de l'homme. bilan jurisprudentiel et institutionnel", *Droits fondamentaux*, n° 5, janvier-décembre 2005（www.droits-fondamentaux.org）.

［4］ Amna Guellali, «Lex specialis, droit international humanitaire et droits de l'homme : leur interaction dans les nouveaux conflits armés», *Revue générale de droit international public*, tom 111/2007/3, 2007.

ストラスブールのトラムの駅
(Homme de fer)

> ## 6 管轄の属地性と地域性
> NATOのコソボ空爆によるヨーロッパ人権条約上の権利侵害に関する訴訟の受理可能性
> ── バンコヴィッチ事件決定 ──
>
> 奥脇　直也
>
> Banković and others v. Belgium and 16 other NATO Countries, Decision 12 December 2001, Reports 2001-XII（大法廷）

【事　実】

　コソボにおけるセルビア人とアルバニア系住民の紛争は25万人に及ぶ国外避難民を発生させ、またセルビア人による民族浄化（ethnic cleansing）運動により数百人の婦女子を含むコソボ住民が虐殺された。国連を含む外交努力による紛争解決が失敗したのを受けて、北大西洋条約機構（NATO）軍は旧ユーゴスラビア連邦（Former Republic of Yugoslavia, FRY）領域内のコソボを空爆した。NATO新戦略の下で、域外における武力行使の最初の事例であり、また人道的干渉として国際法上の合法性が争われた事例である。この空爆は1999年1月30日のNATO理事会による決定に基づき、同3月23日の事前の警告を経て、1999年3月24日から開始され、同年6月10日まで行われた（Operation Allied Force）。なおこの作戦期間中、NATOは地上軍を派遣することはなかった。FRYは1999年4月26日に国際司法裁判所（ICJ）の選択条項を受諾する宣言を行い、同4月29日にベルギーなどNATO諸国を相手取って、空爆の違法性の判断を求める訴訟をICJに付託し、同時に、空爆停止の暫定措置を求めた。しかし、ICJは暫定措置を指示する請求を却下した。旧ユーゴ国際刑事法廷（International Criminal Tribunal for the Former Yugoslavia, ICTY）もこの空爆が戦争犯罪にあたるかどうかについて調査しないことを決定し、2000年6月2日に安保理にこれを通知した。

　作戦期間中の1999年4月23日、ミサイルによる空爆によってベオグラードの放送局（Radio Televizije Srbije, RTS）が破壊され、一般市民を含む32人の死傷者が出た。本件は、この空爆で負傷したBankovićらおよび空爆により死亡した者の親族が、空爆によりヨーロッパ人権条約上の生命に対する権利（ヨーロッパ人権条約2条）、情報の自由（10条）および効果的な救済を受ける権利（13条）が侵害されたとして、ベルギーをはじめとするヨーロッパ人権条約の16の締約国を訴えたが、被告国が訴訟の受理可能性を争ったので、裁判所が受理可能性についてのみ決定した事例である。申立人らは、ヨーロッパ人権条約1条は、「締約国は、その管轄内にある（within its jurisdiction）すべての者に対して、この条約の第1節に規定する権利および自由を保障する」と規定していることを根拠に、空爆当時、現実のものであったか意図されたものであったかを問わず、爆撃という行為によって被告国はコソボ住民に対して法的権限を行使する立場にあり、またこれを被告国の支配（control）の下に置いていたのであり、したがってヨーロッパ人権条約1条にいう「管轄内」の要件を満たすから、同条約の締約国は同条約に定める権利および自由の侵害からコソボ住民を保護する義務があったと主張した。またNATO諸国はいずれも域外における軍事力行使についての免脱の通告（15条）をヨーロッパ評議会事務総長に対して行っていないと主張した。なおFRYはヨーロッパ人権条約の当事国ではなかった。

【判　旨】

(1) ヨーロッパ人権条約1条の「管轄内」の通常の意味

「ヨーロッパ人権条約はウィーン条約法条約（1969

年）に規定された規則に照らして解釈されなければならない（§55）。……条約１条の関連する用語の「通常の意味」については、当裁判所は、国際公法の観点から、国家の管轄権限は主として領域的なものであると考える。国際法は国家が域外で管轄権を行使することを排除はしていないが、国籍、旗、外交領事関係、効果主義、保護主義、消極的属人主義、普遍主義などを含め、そうした管轄権の基礎になると主張されるものは、一般には、関係する他の国家の主権的・領域的な権利によって規制され制限される」（§59）。「それゆえ、たとえば国家が外国にいる自国民に対して管轄権を行使する権限は、当該外国または他の外国の領域的権限に従属する」。「これに加えて、国家は他国による同意、要請、黙認なしにはその国の領域内で管轄権を行使することはできず、ただ他国を占領している国家の場合にその占領地において少なくとも一定の事項について管轄権を行使できるにすぎない」（§60）。「それゆえ当裁判所は、条約１条は管轄権の通常かつ本質的な領域的な観念を反映したものであり、他の管轄権の基礎は例外的でありかつ各場合の特定的な状況の中で特別の正当化（special justification）を必要とするものと考えなければならないという見解に達する」（§61）。当裁判所は、申立人らが示唆するように、15条が、締約国の領域の内で行われるか外で行われるかと関わりなく、すべての「戦争」や「緊急事態」一般について規定するものであるとは思わない。」「15条自体が、条約１条に規定される「管轄」による制限に服しているものとして読むべきである」（§62）。「裁判所のこの理解が正しいことは同条約の起草の経緯を見ても明らかである。『その領域内に居住するすべての人（all persons residing within their territories）』の語が『その管轄内』（within their jurisdiction）にある人に代えられたのは、条約の適用対象を、法的な意味では居住しているとはいえないが、現に締約国領域内にある人に拡大するためである」（§63）。

  (2) 管轄内と認められる域外行為の例外

「管轄権の観念が本質的に領域的であるという立場を維持しつつも、当裁判所は例外的場合として、締約国が領域外で行った行為もしくは領域外で効果を発生する行為が、条約１条の意味において当該国による管轄の行使にあたると認めてきた」（§67）。「しかし当裁判所は、これらの先例で被告国の行為により責任が惹起されるとしたのは、国家の行為が明らかに申立人が管轄内である領域にいる間になされたか、もしくは外国における国家の現実の管轄の行使を含む場合であったことに留意する」（§68）。「[Loizidou事件では] 裁判所は、条約の趣旨および目的を考慮して、締約国の責任が追及されうるとしたが、それは軍事的行動（それが合法か違法かは別として）の結果、当該国の領土外の区域において、地方的な行政府の樹立を通じて、軍事占拠していた締約国の実効的な支配（effective control）が及ぼされていたことによる。そうした区域において条約上の権利および義務を確保する義務は、それが被告国の軍隊により直接になされるか、またはその指令に服する地方的政府によって間接になされるかを問わず、支配を及ぼしているという事実から生じる」（§70）。「要するに、裁判所の判例法は、裁判所が締約国の域外管轄権の行使と認めるのは例外的な場合であることを示している。それは被告国が……関係領域またはその外国住民に対し実効的な支配を通じて、通常であればその国の政府が行使する公的な権力の一部を行使している場合だけである」（§71）。

  (3) 本件への適用

「申立人の主張は、締約国に帰属する行為によっておよそ不利益を被った者は、世界のどこで当該行為が行われようが、またその結果が世界のどこで発生しようが、条約１条の適用上、当該国の管轄内にあるとするのと同じである。……それは条約１条の「管轄内」の語を無意味で目的を欠くものとする。……申立人の主張はまた、ある個人が締約国の管轄内にあるかの決定と、その人が条約で保障された権利の侵害の犠牲者であるかの問題を同視している。これらは、個人が締約国に対して条約規定を援用するのに先立ち、上記の順序に従って別々に判断され

るべき受理可能性の問題である」(§75)。[申立人は本件を管轄内として扱わないのでは、公序擁護の使命 (ordre public mission) は果たされず、人権保護の条約体制に不幸な真空を残すことになると主張するが]「裁判所の義務は、個々の人間を保護するヨーロッパ公序の基本的な文書であるというこの条約の特別の性格を尊重することである。……この条約は、同条約56条に従って、本質的に地域的な文脈の中で、またとくに締約国の法的空間 (espace juridique) の中で機能する多数国間の条約である。FRYは明らかにこの条約の法的空間の中にはない」(§§79-80)。

(4) 決　定

「それゆえ当裁判所は、請求に係る行為の犠牲者である人と、被告国との間に何らの管轄権の繋がりも見いださない。したがって申立人およびその親族らが、問題となる域外行為を理由に、被告国の管轄内に入ったということはできない」(§82)。

【解　説】

(1) 判例の意義・特徴

本判決は、それまでヨーロッパ人権条約の人権保護義務の適用範囲を徐々に拡大し、条約体制の普遍化ないし客観化を図ってきたヨーロッパ人権裁判所が、こうした判例法の動向に一つの重大な限界を画した決定である。そこには、決定直前の時期に発生した9・11同時多発テロを受けて、「テロとの戦い」(war against terrorism) に乗り出そうとするNATO諸国の軍事展開の必要性が、人権規範の尊重の要請によって制約を受けることを回避しようとする政治的配慮が色濃く反映されている。

本件における申立人の主張は、ヨーロッパ人権条約が定める人権保護義務は、締約国の管轄が及んでいる限りヨーロッパの締約国の領域を越えて拡張され、従ってNATO軍が締約国領域外の放送局を空爆したことによって、生命に対する権利、情報に対する権利が侵害された以上、ヨーロッパ人権条約の締約国であるNATO諸国は爆撃によって生じた被害を効果的に補償するための民事的救済を図る義務

があるということにある。それはNATO軍の空爆が、国際法上、合法であったかどうかとは直接には関係しない。生命に対する権利は条約2条が認める例外を除いて絶対的に保障され、また情報の自由も条約10条が定める法律による例外を除いて保障されるところ、FRYにある放送局の爆撃はこれら例外にあたらず、したがって締約国はこれによって生じた損害を救済する義務 (13条) を負うとするものである。

そこで、NATO領域内で命令された一連の空爆という国家の行為を通じて、被告国と被害者たる住民との間に限定的ではあっても一定の法的権力関係が生じ、それゆえ申立人たる被害者が、条約1条が定める人権保護義務の対象である「その管轄内にあるすべての者」にあたるといえるかどうかが問題となる。裁判所はこの点に関して、ヨーロッパ人権条約における締約国の人権保護義務は原則的にその領域内にとどまり、1条の「その管轄内にある」という文言の意義も、締約国の義務が領域的な性格のものであると解するのがその通常の意味に合致し、また一般国際法の関連規則にも従った解釈であるとする。また1条は、戦争あるいは緊急事態における義務からの免脱の規定 (15条) にも適用されるから、免脱の通告がなされていなくても、域外の軍事活動に人権保護義務が及ぶわけではない。ただし例外的な場合には、条約の趣旨目的を実現するために、領域外であっても「管轄内」とみなされて締約国の人権保護義務が発生する場合はあるが、それは占領統治によりあるいは正統政府の招請、同意あるいは黙認に基づいて締約国が領域外で公権力を実効的に行使する場合に限られる。条約の本来的な領域性を越えてその適用を拡張するためには、特別の正当化を必要とするとしたのである。

(2) 主要論点の解説

(a) 人権条約の場所的適用範囲に関する発展的・動態的解釈

この裁判所の判決理由は、条約の文言解釈を強調するその形式性において、それまでの裁判所の判例法を大きく変更したものである。というのは、裁判

所の判例法に通貫する従来の考え方は、およそ人権条約上の人権保護義務は一般の条約上の義務と異なって客観性をもち、人権侵害の結果がどこで発生するかにかかわらず、ヨーロッパ人権条約の締約国はその国家の行為によって人権侵害が発生することを防止する義務があり、またそれら行為によって結果として人権侵害が生じた場合にはこれに民事的救済を与える義務があるとしてきたからである。たとえば1989年のSoering判決（本書 *14*）では、長期にわたる死刑順番待ち監房での拘禁が、人権条約3条が禁止する人の品位を傷つけあるいは拷問にすらあたる現実の危険があるような国に、死刑判決に相当する犯罪の容疑者を引き渡すことは、締約国の人権条約違反となるとした。その際、裁判所は、人権条約の目的的解釈を通じて、人権の保護が実際的かつ実効的 (practical and effective) となるように1条の「管轄内」を解釈し、人権侵害の発生が直接には条約の非締約国の行為によりかつその領域内で行われるとしても、締約国が引き渡しによって間接的にこれに加担すること自体が人権保護義務違反となるとした。これは、非締約国の領域内における人権保護の状況を確認することを締約国に義務づけ、これをヨーロッパ人権裁判所が監視することをも意味するため、国際法の国内管轄原則との抵触をもたらす懸念もある。人権条約のこの目的的解釈は、Drozd事件やLoizidou事件でも、それぞれ事情は異なるものの、一貫して維持されていた。すなわち、国家の人権侵害行為は、それが領域内で行われるか否かを問わず、「その結果が領域外で生じる場合には、それが国家機関の行為であることを理由にその国家の責任の問題を生じさせ」[1]、その意味での1条の域外適用は例外ではなく通例であるとしていた。またLoizidou事件[2]では、まず国家の行為の結果としてその国の領域外で人権侵害が発生した場合は、1条の範囲に含まれるという原則を述べた後で、軍事的行動により結果発生地に実効的な支配が及ぶといえる場合には国家の責任の問題を生じさせるとしている。要するに人権条約は締約国に人権保護義務を普遍的に要求しており、行為がどこで行われ、また結果がどこで生じるかは問題ではない。実効的な支配が及んでいるか否かは、国家が人権保護義務を実際に果たすことが可能である程度に領域外の一定地域を実効的に支配しているということではなく、人権侵害を結果として引き起こした行為を国家がその責任において行いかつその結果をコントロールできる立場にあるという意味であることになる。ヨーロッパ人権裁判所の判例法は、このように条約1条を動態的に解釈してきたのであり、そうであるとすれば、FRYへの爆撃行為がNATO諸国の指令の下で行われ、それによってその地域の住民にたとえ一時的かつ極めて限定的にであれ公権力を及ぼしている以上、締約国の責任が生じることになるはずである。ヨーロッパ人権裁判所は本件の後の事件においても、締約国の国家機関が領域国の同意なしに私人を拉致して締約国に連れ帰った事件で、この域外での逮捕行為は人権条約に違反するとしている[3]。空軍機の爆撃で殺傷すれば人権条約の適用がなく、域外逮捕であれば適用があるという結果は不合理でもある。

(b) 他の条約との比較

このようなヨーロッパ人権裁判所の判例法の普遍主義的な考え方は、他の人権条約についても一般的傾向といえる。国際人権規約の自由権規約2条1項は、「その領域内にあり、かつ、その管轄の下にある」すべての個人 (all individuals within its territory and subject to its jurisdiction) に人権を確保することを義務づけているが、自由権規約委員会 (HRC) はこの条約の場所的適用範囲について、「条約2条1項は……他国の領域において、その領域国の政府の黙認により、あるいは反対にもかかわらず、締約国の機関が義務に違反して人権条約上の権利を侵害する場合に、当該締約国に責任があるとすることができないという意味を含むものではない。規約第2条の下での責任を、締約国が自身の領域内では許されない侵害であっても、他国領域で規約に違反して行うことは許されるというように解釈することは調和的でない」[4]としている。米州人権委員会もまた、米

州人権条約には場所的適用範囲の制限規定がないにもかかわらず、当該条約は一般には締約国の管轄下にある場所で行われた行為にのみ関連するが、ある国家の領域内にいる人が他の国の機関の支配を受けている場合には、それら域外で行われた機関の域外行為についても適用されるとし (Coard *et al.* v. U.S.A., 10.952, Report No. 109/99, 29 Sept. 1999, para. 37)、さらに私有の軽飛行機がキューバ戦闘機により公海上空で撃墜された事件でも、キューバは撃墜行為によって民間パイロットをその支配下に置いたとしている[5]。さらにアフガニスタン戦争で捕らえられグアンタナモに収容された囚人に関してもそうした解釈を維持している[6]。

本件において裁判所が、人権諸条約との比較において言及する人道法に関するジュネーブ4条約(1949年)の共通1条は、「締約国は、すべての場合において、この条約を尊重し、かつ、この条約の尊重を確保することを約束する」と規定して、締約国の義務に何らの地理的適用範囲の制限を設けていない。人道法のなかで軍と外国住民との関係を規定するのは占領の場合に限られる（文民保護条約および第一追加議定書第4部）が、占領法規が適用される占領地は実効支配が確立されていることが厳格な要件とされる(ハーグ陸戦法規42条)ため、地上軍の派遣に先立って空爆が行われる近時の軍事作戦における住民保護には適用できない。人権諸条約の適用に関する判例動向における実効支配は人道法のそれよりも拡張された概念であるから、人権諸条約の締約国は占領地においても人権条約上の人権保護義務を負うことになるが、人道法上の住民保護が軍事的必要をすでに織り込んだものであるのに対して、人権諸条約上の人権保護義務は軍事的必要性や軍事目的と人権侵害との比例性によって制限を受け、域内で保護される人権基準が当然に適用されるわけでもない。共通1条の義務の性質、とりわけ「条約の尊重を確保する」義務については議論があるが、すべての締約国は人道法への違反が誰により何時、何処で行われようが、その是正に協力する義務があるとする解釈もある。

人道規範の普遍性の主張である。本件申立人らの主張もまた人権法の普遍性という考え方を強調している。

(c) 人権法と一般国際法

本件における裁判所の判断は、その結論においては妥当であるともいえる。本件では、NATOの空爆が戦争法上違法であったかどうかが争われているわけではなく、また空爆が事前に警告され、また放送局もその民族浄化を煽動する放送内容などから当然には非軍事目標とはいえず、さらに軍事目的と被害との均衡性も判断が分かれている。またもしそれが重大な戦争法違反あるいは人道法違反を構成するのであれば、本来それは、戦争法上の補償あるいは国際刑事裁判所の被害者賠償として争われうるものであり、したがって人権条約上の人権保護義務違反として民事的救済を求めるのにはそぐわない面があった。むしろ本件判決への批判の多くは、人権条約1条の解釈にあたって一般国際法の関連規則として管轄権の属地性を大前提として採用し、その例外についての実質判断をしないままに、結果として判例法の発展的解釈を大きく逆転したことに向けられる。本件の直前のAl-Adsani判決(本書7)では、クウェイトの国家機関により同国内で過酷な拷問を受けたイギリス人パイロットがイギリスを相手に行った賠償請求に関して、ヨーロッパ人権裁判所は締約国領域外での拷問にはヨーロッパ人権条約3条は適用されず、また外国は民事裁判手続から免除されるから、英国裁判所が賠償請求を否定したとしても同条約第6条に違反しないという形式的理由で請求を否認した。その解釈の前提とした国際法の関連規則も主権免除であるが、一般国際法上の免除が拷問禁止規範についても妥当するかはその国際法上の強行法規性との関係で議論もあり、また拷問禁止は普遍的な国家の義務とされているところ、同判決により国内の民事的救済手続を利用する可能性がその分だけ閉ざされることとなる（なおベルギーが発出した国際逮捕状の効力を免除の法理により否定したICJのYerodia事件判決[7]参照）。重大な国際法違法行為があった場合

に、その刑事的責任の追及と並んで付帯的に民事的救済を図る必要は大きいが(例えばICC規程75条、拷問禁止条約14条など参照)、これら判決の理由づけはその可能性を形式的に制限する結果をもたらしている。

(1) Drozd & Janousek v. France & Spain, 26 June 1992 [PC], Series A no. 240, §91.
(2) Merits, 28 July 1998, 15318/89 [1998], Reports 1996-VI.
(3) Öcalan v. Turkey, 12 May 2005 [GC], 46221/99 [2005], Reports 2005-IV, §85.
(4) Lopez Burgos v. Urguay, Comm. no. 52/1979, 36 UN GAOR Supp. no.40, at 182, para.12, UN Doc. A/36/40 (1981)。
(5) Armado Alejandre Jr. et al. v. Republic of Cuba, Case 11.589, Report no. 86/99, OEA/Ser.L/II. 106 Doc. 3 rev. at 586 (1999)。
(6) Precautionary Measures in Guantanamo Bay, Cuba, IACHR, 13.3.2002, (2002) 23HRLJ 15, fn. 7.
(7) ICJ Rep. 2002, Judgment, 14 Feb. 2002.

[参考文献]
[1] 水島朋則「不法行為訴訟における国際法上の外国国家免除(一)(二)」法学論叢151巻6号、152巻3号
[2] 同「外国国家免除と国際法上の『裁判を受ける権利』との関係(一)(二)」法学論叢153巻6号-154巻2号。
[3] 広部和也「最近における主権免除原則の状況」国際法外交雑誌104巻1号。
[4] T. Abdel-Monem, How Far Do the Lawless Areas of Europe Extend? Extraterritorial Application of the European Convention on Human Rights, 14 Florida State Univ. J. Trans'l Law & Plicy (Spring, 2005), 159
[5] K. Altiparmak, Banković: An Obstacle to the Application of the European Convention on Human Rights in Iraq? J. Conflict and Security Law, 2004. 9, 213
[6] Eric A. Engle, Alien Torts in Europe? Human Rights and Tort in European Law, ZERP-Diskussionspapier, 1/2005 (http:www.zerp.uni.bremen.de/english/pdf/dp1_2005. pdf)
[7] Marti Koskeniemi, International Law and Hegemony: A Reconfiguration, 17 Cambridge Review of International Affairs, No.2 (2004), 197
[8] Rick Lawson, Life After Banković: On the Extraterritorial Application of the European Convention on Human Rights, in F. Coomans & M. Kamminga (eds.), Extraterritorial Application of Human Rights Treaties (2004)
[9] Michael O'Boyle, The European Convention on Human Rights Extraterritorial Jurisdiction: A Comment on "Life After Banković", in id.
[10] Alexander Orakhelashvili, Restrictive Interpretation of Human Rights Treaties in the Recent Jurisprudence of the European Court of Human Rights, 14 EJIL, No.3 (2003), 529
[11] Georg Ress, Problems of Extraterritorial Human Rights Violations: The Banković Case, 12 Italian YB Int'l L. (2002), 51
[12] A. Ruth and M. Trilsch, International Decision: Banković (Admissibility), 97 AJIL No.1(2003), 168
[13] Dinah Shelton, The Boundaries of Human Rights Jurisdiction in Europe, 13 Duke J. Comp. & Int'l L.(Winter, 2003), 95
[14] Kenneth Warkin, Controlling the Use of Force: A Role of Human Rights Norms in Contemporary Armed Conflict, 98 AJIL (Jan. 2004), 1
[15] Siobhan Wills, Military Interventions on Behalf of Vulnerable Populations: A Legal Responsibilities of States and International Organizations, J. Coflict and Security Law, Dec. 2004. 9, 387.

7 国家免除との関係
国際法上の外国国家の民事裁判権免除と裁判を受ける権利の関係
—— アルアドサニ判決 ——

薬師寺公夫

Al-Adsani v. the United Kingdom
21 November 2001, Reports 2001-XI（大法廷）

【事　実】

　イギリスの1978年国家免除法1条は、外国国家は同法に定める例外の場合を除き民事裁判権からの免除を享有すると定め、同5条は、イギリスにおける作為または不作為から生じた死亡または身体の傷害に係る訴訟を免除の例外とする。また最高裁判所規則1条f項11は、不法行為に係る請求で損害がイギリスの管轄内で生じている場合は外国への令状の送達を認める。

　クウェートとイギリスの二重国籍を有する申立人アル・アドサニは、湾岸戦争中クウェート軍に所属し対イラク抵抗運動に加わったが、この期間にクウェート王族の一人で政治的影響力をもつ首長のセックス・ビデオテープを入手し、それが何らかの方法により一般に流出した。1991年5月2日頃、彼は自宅に侵入した首長ほか2名により政府のジープで保安留置場に連行され数日間拘束の上治安部隊員により繰り返し暴行され、5月5日、虚偽の自白書に署名させられた。さらに5月7日頃首長により政府の車で王族の宮殿に連行され何度もプールに頭を潰けられた後、小部屋に連行され石油の染みこんだマットレスに火を付けられ、体表の25％に火傷を負った。当初クウェートの病院で治療を受けたが、5月17日にイギリスに帰還し6週間入院した。彼は身体への傷害のほかイギリスにおいても訴訟を提起したり事柄を公にしないようにという脅迫を受け強度の精神的傷害を受けた。

　申立人は、クウェートでの拷問とイギリスでの脅迫による身体的・精神的損害につき首長ら加害者とクウェート国に対し賠償を求める訴訟をイギリスで起こした。高等法院は加害者個人に対する令状送達のみを認めたが、控訴裁判所は、クウェート国の責任を問いうる事件であり同国に免除を与えない一応の根拠があり、心的外傷後ストレスというイギリスで生じた損害も認められるので上記最高裁規則に基づきクウェート国に対する令状送達を認めた。これに対し、クウェート国は当該訴訟を総件名簿から削除するよう求めた。高等法院も控訴裁判所も、クウェートでの拷問行為については、国家免除法5条がイギリスの管轄外で為された外国の行為につき免除例外としておらず、しかも同法が免除例外を明示列挙していることから拷問行為を黙示の免除例外とする余地はなく、または、拷問行為禁止規範が強行規範であることを理由に裁判権免除を否定する主張はそれを裏付ける根拠が提示されていないという理由で、またイギリスでの脅迫についてはクウェート国が関与した蓋然性が高いとはいえないという理由で管轄権を否定し申立人の訴えをしりぞけた。貴族院も上訴を却下したので、申立人は、1997年ヨーロッパ人権条約旧25条に基づきヨーロッパ人権委員会に苦情を提起し、1998年第11議定書発効後申立は人権裁判所に移送された。申立人は、イギリス裁判所によるクウェート国への免除付与が条約3条、6条1項等の違反であると主張した。

【判　旨】

(1)　3条違反の主張について

　申立人は、クウェートに免除を与えたことによりイギリスは自国民が拷問に対して実効的救済を得る

ことを保障できなかったから条約1条、13条とあわせ読んだ3条の違反があると主張する（§35）。しかし、1条の約束は、「管轄」内にある者に対して条約に掲げる権利および自由を「保障する」ことに限られる。1条と3条は、あわせて、締約国に拷問その他の虐待を防止しおよび救済を与える積極的義務を課すが、国の義務は、その管轄内で行われた虐待についてのみ適用される（§§37-38）。Soering判決（本書14）判決で当裁判所は、個人を出国強制する締約国の決定が受入国で当該個人を拷問等の現実の危険に直面させるような実質的理由のあるときには国に責任を生じさせるという限度で、3条に限られた領域外適用を認めた。この場合国は、直接の効果として個人を虐待に曝すような行為を自ら行ったことに責任を負う（§39）。本件で申立人は、拷問がイギリスの管轄内で生じたとも、イギリス当局が拷問の発生に何らかの因果関係を有していたとも主張していない。この事情の下では、イギリスがクウェート当局の行った拷問について申立人に民事救済を与える義務を負っていたとはいえない。したがって条約3条の違反はない（§40）（全員一致）。

(2) 6条1項違反の主張について

申立人は、クウェート国に対する請求に関して裁判所へのアクセスを否定されたから6条1項違反があると主張した。他方政府は、6条1項は本件に適用されず仮に適用されても裁判所へのアクセス権に対する本件の制限は、6条1項と両立すると主張した（§§44-45）。

(a) 6条1項の適用可能性

6条1項は、それ自体として、締約諸国の実体法における何らか特定の内容の民事上の権利・義務を保障するものではなく、国内法上根拠をもって認められているといえる民事上の権利・義務に関する「紛争」についてのみ適用される（§46）。個人に国内法上訴訟可能な請求権があるか否かは、国内法が定める民事上の権利の実体的内容だけでなく、その請求を裁判所に提訴する可能性を制約する手続的障害にも依存する。条約実施機関は、関係国において法的基礎がない民事上の実体的権利を6条1項の解釈によって創出することはできない。しかし、国が無制約にまたは条約実施機関の規制を受けることなくすべての民事請求を国内裁判所の管轄権から排除または民事責任からの免除を誰にでも与えることができるということになれば、それは民主的社会における法の支配および民事上の請求は裁判されるという6条1項の基本原則と両立しない（§47）。申立人が追求しようとした手続は、人身損害に対する賠償であり、イギリス法上周知の訴因である。存在しえた実体的権利は国家免除理論の適用により消滅したから、申立人の請求は国内法上法的根拠を失ったという政府の主張は、認めることができない。被告国が免除を放棄すれば訴訟は進行するから、免除の付与は実体的権利を制約するものではなく、権利につき決定する国内裁判所の権限を制限する手続的障害に過ぎない。したがって、民事上の権利に関する重大で真正な紛争が存在し、6条1項は、本件手続に適用可能である（§§48-49）。

(b) 6条1項との適合性

6条1項は、民事上の権利・義務に関するいかなる請求も裁判所に提訴する権利をすべての人に保障するが、裁判所へのアクセス権は絶対的なものではなく制限に従う。制限に関し締約国は評価の余地を有するが、条約要件の遵守に関する最終的決定権は裁判所にある。適用された制限が個人のアクセスを当該権利の本質を損なうような方法または程度まで制約してしまわないように監視しなければならない。また、制限が正当な目的によるものでないとき、および、使用される手段が達成すべき目的との関係で合理的な均衡を有していないときは、制限は6条1項と両立しない（§§52-53）。

裁判所は制限が正当な目的によるものかをまず確認しなければならないが、主権免除は国際法の概念であり、民事訴訟手続で国に主権免除を与えることは、外国の主権の尊重を通じて国家間の礼譲と良好な関係を促進するため国際法に従うという正当な目的を追求するものである（§54）。次に制限が上記目

的と比例しているかを評価しなければならないが、ヨーロッパ人権条約は、人権条約としての特徴を考慮するとともに条約法条約31条3項(c)が定めるように主権免除規則を含む他の国際法規則と調和するように解釈すべきである。国家免除に関する一般に認められた国際法の規則に基づく締約国の措置を、6条1項に定める裁判所へのアクセス権に対する比例しない制限とみなすことは原則としてできない(§§55-56)。1978年イギリス国家免除法は、伝統的な国家免除の範囲に多く制限を課したが、人身損害に対する賠償のための民事訴訟については、法廷地国の領域内で侵害が生じたものを除き免除を残した。これはヨーロッパ国家免除条約および一般国際法に合致する。しかし申立人は、請求が拷問に関係しており、拷問禁止は国際法の強行規範だから、他の国際法規則に優先すると主張する。本判決上、裁判所は申立人の主張した虐待が条約3条にいう拷問に該当すると認める。国際法の諸領域で拷問禁止の最重要性に関する認識が広がり、拷問禁止は強行規範になったとする多数の裁判例もある。これらの権威に基づき当裁判所は、拷問禁止が国際法上の強行規範としての地位を獲得したと認めるが、本件は、Pinochet(ピノチェト)事件等と異なり拷問行為による個人の刑事責任が問われた事件ではなく、外国で行われた拷問行為の損害賠償を求める民事訴訟での当該外国の免除に関係する事件である。国際法における拷問禁止の特別の性質にもかかわらず、当裁判所は、拷問行為に対する民事賠償訴訟において国家は国際法上もはや免除を享受しないと結論できるような強固な基礎を国際文書、司法的権威その他の資料の中に見出すことができない。国連国際法委員会主権免除作業部会報告書は、強行規範の性質をもつ人権規範の違反には免除を認めないとする主張が強くなっていることに注目したが、同作業部会も、国内裁判所の人権侵害事案の殆どにおいて主権免除が認められてきていることには同意する。作業部会はアメリカ主権免除法の改正とPinochet事件判決を援用するが、これらの発展も、国の人的免除は拷問行為に対する民事責任に関する限りもはや適用できないと結論する強固な基礎を提供するものではない。当裁判所は、拷問禁止の最重要性に関する認識の増大は認めるが、国は法廷地国の外で行われた拷問の損害賠償に関する民事請求においては免除を享受できないという原則が国際法上受け入れられたという証明はないと認定する(§§57-66)。以上の事情下では、イギリス裁判所によるクウェート国の免除を支持するための1978年法の適用は、申立人の裁判所へのアクセスに対する不当な制限にはあたらず、6条1項の違反はない(§67)(9対8)。

なお、判決には個別意見2（裁判官3）、共同反対意見1（裁判官6）、個別反対意見2がある。

【解　説】

(1) 当該判例の意義・特徴

本大法廷判決は、ヨーロッパ人権条約の領域外適用[1]、および、6条1項の裁判を受ける権利の意義とそれが適用されるための要件[2]についても重要な判断を示した。しかし本件最大の論点は、同条約6条1項に定める裁判を受ける権利と一般国際法上の外国国家の主権免除とが抵触するときにいずれを優先させるのかにあった。僅差とはいえ主権免除原則優先の判断を下したことにより、同日付けのFogarty事件判決およびMcElhinney事件判決[3]とともに、上記論点に関する判例法を形成した点に本判決の意義がある。

外国（非当事国）国家機関の領域外での拷問行為につき、被害者が直接当該外国（本件ではクウェート国）をヨーロッパ人権裁判所に訴えても裁判所は人的管轄権を欠くし、被害者の国籍国（本件ではイギリス）が当該拷問に対する賠償を確保する積極的義務を負うわけでもない。しかし条約締約国は、管轄下の個人に「民事上の権利」の決定のために裁判を受ける（裁判所にアクセスする）権利を保障することを条約6条1項により義務づけられている。6条1項は国内法上存在しない訴権を創設するものではなく、同条項が適用される前提条件として、個人は国内法

に基づいて「民事上の権利」すなわち主張できる訴因（arguable cause）を有していなければならない[4]。他方、国内法上主張しうる訴因があれば、訴訟に対する手続上の制限は、裁判を受ける権利の制限として条約6条1項が許す範囲内でのみ認められる。本件人権裁判所判決もこの考え方に立って、人身損害の賠償はイギリス法上周知の訴因であると述べて6条1項が適用されることを確認し、他方主権免除は民事裁判を受ける権利に対する手続的障害とみなして6条1項が許容する制限に服せしめた。しかし、国家無答責のような実体法的要素をもつ責任の免除と主権免除のような手続上の障害とを6条1項の適用上常に明確に区別できるかは、疑問である。さらに、手続上の免除を問題にする以前に裁判管轄権の有無自体が問題となる場合がある。例えばイギリス裁判所は、クウェートを不法行為地とする本件につき損害（精神的苦痛）がイギリス領内で発生したことを理由に一応の訴因と事項管轄権を肯定した[5]。仮に事項管轄権がイギリス裁判所にあることが6条1項の裁判を受ける権利の前提条件だとすれば人的管轄権についても同じことがいえるはずである[6]。それにもかかわらず、主権免除による人的管轄権の否定を、もっぱら裁判を受ける権利の手続的障害とみなして、人権裁判所の規制の下に置いたことに本判決の今ひとつの意義がある。

（2）主要論点の解説
　(a)　主権免除原則による裁判所へのアクセス権の制限

6条1項の裁判を受ける権利も一定の制限に服し、締約国は制限措置につき裁量の余地を認められる。しかし権利制限は裁判を受ける権利の本質を損なうものであってはならず、制限が許容されるためには、それが正当な目的を追求するもので、かつ、手段が目的に照らして比例したものでなければならない[7]。主権免除原則の適用による裁判を受ける権利の制限について、本判決は、一般論として、外国の主権の尊重を通じて国家間の礼譲と良好な関係を促進するため国際法に従うことは正当な目的の追求にあたる

とし、また人権条約はその特殊な性格を考慮するとともに主権免除に関する国際法規則と調和するように解釈しなければならないから、国内裁判所の判断が国家免除に関する一般に認められた国際法規則に従っている限り原則として裁判を受ける権利の比例しない制限とみなすことはできないという判断基準を提示した。そうすると主権免除の付与が6条1項違反に当たるか否かの判断は、当該免除の付与が主権免除に関する一般国際法に従っているか否かの判断に基本的には依存することになる。前述のFogarty事件（16対1）およびMcElhinney事件（12対5）の各多数意見が、多くの国での制限免除主義採用の傾向にもかかわらず外交使節団事務職員の解雇および外国駐留軍兵士の公務中の不法行為をめぐる紛争について、なお免除否認の義務は成立しておらず免除を認めたとしても一般国際法規則に違反しないと解釈するのに対し、少数意見は、既に免除を認める国際義務がなくなったにもかかわらず免除を認めるのは裁判を受ける権利の否定にあたると解釈する[8]。多数意見によれば、一定の類型の外国国家の行為には免除を認めてはならないという意味での制限免除主義の規則または他の国際法規則による免除の禁止が一般国際法上成立しない限り、免除を認めても裁判を受ける権利の侵害とはならない。

　(b)　強行規範としての拷問禁止規則と主権免除規則

本判決は9対8と裁判官の意見が割れた。主権免除の不法行為例外が、ヨーロッパ国家免除条約および一般国際法上も、またこれに従ったイギリス国家免除法上も、法廷地国内で発生した不法行為のみに限られ、領域外での外国国家の不法行為については引き続き免除が認められるとする点では、裁判官の間に異論はなかった。意見が分かれたのは拷問禁止規則と主権免除規則との関係をめぐってである。拷問禁止規則を国際法上の強行規範とみなす点では裁判官の意見は一致したが、拷問禁止が強行規範である以上民事訴訟か刑事訴訟かに関係なく拷問行為の責任を回避するために主権免除を援用することはで

きないとみなす少数意見に対して、多数意見は、Pinochet事件等の刑事訴訟と異なり、外国で行われた拷問行為の損害賠償を求める民事訴訟において国家はもはや主権免除を享受しないと結論できる国家実行および国際文書は存在しないと判断した[9]。多数意見は国家実行の推移いかんでは変更される可能性をもつ。

(3) 判決の国内法への影響

本判決は、被告イギリスの主張を認めたので、特にイギリスで本判決以降国家免除法の解釈または一般国際法上の主権免除の認定に関する国内判例に何らかの変更が生じたということはない。これはアイルランドについても同じである。主権免除を理由とする裁判を受ける権利の制限が6条1項の要件を満たすか否かは、基本的には、一般国際法上どのような種類の訴訟にどの程度主権免除を認めなければならないかの判断に依存するから、今後むしろヨーロッパ人権条約締約国の主権免除に関する国内判例を通じて6条1項の適用要件の解釈に変化が生じることがありうる。他方主権免除を認める義務がない場合に外国国家に主権免除を認めてもそれが直ちに裁判を受ける権利の否定にはならないことを判決が認めたため、免除の範囲をなお広く認める傾向が続く可能性がある。

(4) 自由権規約14条および憲法32条と主権免除

日本では、松山事件大審院決定以来、日本国に対する明示の免除放棄または不動産に直接係る訴訟を除き民事訴訟において外国国家はわが国の裁判権に服しないという絶対免除主義を採用してきたが2006（平成18）年の貸金請求事件最高裁判決で判例変更が行われ、外国国家の私法的行為については民事裁判権から免除されず、性質上私人でも行うことが可能な商業取引行為は私法的行為に当たるとされた[10]。しかし、横田基地夜間飛行差止等請求事件最高裁判決は、主権的行為については民事裁判権が免除される国際慣習法の存在を引き続き肯認した[11]。この事件の上告理由では憲法32条違反の主張がなされていたが判決では特に取り上げられることはなかった。自由権規約14条1項も「民事上の権利（rights in a suit at law）」の「争いについての決定」につき裁判を受ける権利を保障しており[12]、本件と同様の問題が生じうる。

(1) 条約1条にいう「管轄内」とは第1次的には領域をさすが、条約は当事国により領域外で遂行された行為または領域外で効果の生じる行為にも適用されることがある。例えば領域外での軍隊や外交・領事機関の行為は、関係地域と住民に対する実効的支配を通じて公権力の一部を行使するような場合には領域外の条約違反行為が、また、犯罪人引渡しまたは追放後引渡し先または送還先で拷問等の条約違反行為が行われる差し迫った危険がある場合には、領域内での引渡しまたは追放自体が「管轄内」の条約違反行為とみなされてきた。代表的例として Ilaşcu & others v. Moldova and Russia, Cyprus v. Turkey (no. 25781/94)（本書 *4*）, Loizidou v. Turkey, Preliminary objections（本書 *9*）, *Ibid*., Merits, Judgment of 18.December.1996, Reports 1996-VI, Banković v. Belgium & others（本書 *6*）, Soering v. the United Kingdom（本書 *14*）. *See*, Phillip Leach, Taking a Case to the European Court of Human Rights(2nd ed. 2005), pp. 179-183, Jacobs & White, The European Convention on Human Rights (4th ed. 2006), pp. 24-29.

(2) 公正な裁判は民事問題についてはまず裁判手続を開始することから始まるから、裁判所へのアクセス権は条約6条1項から直接導かれる権利である。Golder v. the United Kingdom（本書 *41*）. しかし、6条1項の適用があるためには、国内法上の権利しかも民事上の権利が実質上存在していること（たとえば公務員の職務行為について過失責任を問うための不法行為法など国内法上の一応の法的根拠があること）が前提である。権利が民事上のものか否かの性質決定は国内法上の性格づけいかんにかかわらず条約が自律的に決定する。これまでにヨーロッパ人権裁判所等が何につき民事上の権利と認めまたは否定してきたかについては、Jacobs & White, *supra* note(1), pp. 161-170, P. Leach, *supra* note(1), pp. 244-246 参照。

(3) Fogarty v. United Kingdom, Judgment of 21.November.2001, Reports 2001-XI, McElhinney v. Ireland (No. 31253/96), Judgment of 21.November.2001, Reports 2001-XI.

(4) See, P. Leach, *supra* note(1), pp. 248-249, Jacobs & White, *supra* note(1), pp. 171-172.

(5) Al-Adsani v. Kuwait and others, England, Court of Appeal (21 Jan. 1994), 100 ILR 465, at 469, High Court (15 Mar. 1995), 103 ILR 420, at 425-427.

(6) 領域内にある国際機関の雇用問題に関する紛争につき国際機関に免除を認めたオランダの裁判所の決定が条約

6条1項違反に当たるか否か問われた事件で、ヨーロッパ人権委員会は当該国際機関の行為はオランダの管轄内の行為ではないとして免除を付与しても条約上の問題は生じさせないとした例がある。また Holland（ホランド）事件のイギリス貴族院判決（ミレト判事）は、国際法上の主権免除によりイギリス裁判所は外部から裁判管轄権を制限されるからそもそも管轄権を欠くと判示した例がある。水島朋則「外国国家免除と国際法上の『裁判を受ける権利』との関係（一）」法学論叢 153 巻 6 号（2003 年）91 - 94 頁。

(7) P. Leach, *supra* note(1), p. 249, Jacobs & White, *supra* note 1, p. 170.

(8) Forgaty, *supra* note(3), §§37-38, dissenting opinion of J. Loucaides, McElhinney, *supra* note(3), §38, dissenting opinion of J. Caflisch, Cabral Barreto & Vajić. なお McElhinney 判決では、比例性の評価に際し、北アイルランドでの訴訟可能性が考慮に入れられた。

(9) Al-Adsani v. the United Kingdom, Reports 2001-XI, §§58-67, Joint dissenting opinion of J. Rozakis & Caflisch joined by J.Wirdhaber, Costa, Cabral Barreto & Vajić. なお多数意見の2人の判事は、強制執行の困難性を免除付与の理由にあげた。Concurring opinion of J. Pellonpää joined by J. Bratza.

(10) 大判 1928（S 3）年 12 月 28 日大審院民集 7 巻 12 号 245 頁、最判 2006（H18）年 7 月 21 日民集 60 巻 6 号 2542 頁。

(11) 最判 2002（H14）年 4 月 12 日民集 56 巻 4 号 731 - 732 頁。

(12) See, S. Joseph, J. Schultz & M. Castan, The International Covenant on Civil and Political Rights: Cases, Materials and Commentary（2nd ed., 2004）, pp. 396-404.

[参考文献]

注に掲げたものを参照

人権裁判所

8 留保
留保に関する条約実施機関の判断権
── ブリオ判決 ──

山崎 公士

Belilos v. Switzerland
29 April 1988, Series A no. 132（全員法廷）

【事　実】

　スイスのローザンヌ在住のスイス国民である申立人は、1981年4月に若者自治センターの設置を市当局に求める事前許可を得ていないデモに参加し、ローザンヌ一般警察規則違反に問われた。市警察評議会 (municipal Police Board) は、本人欠席のまま200スイスフラン（約18,000円）の罰金を科した。

　申立人はこの決定の取り消しを求めたため、警察評議会は警察の報告書を検討し、また警察官と申立人から聴聞し、さらに申立人の前夫から証言を得た。前夫はデモ当時に申立人とローザンヌのカフェにいたと証言した。申立人は罰金を科した警察評議会決定の正当性を争い、またデモへの参加を否定した。

　警察評議会は警察官の証言を採用し、申立人はたしかにデモに参加したと認定した。しかし、デモで中心的役割は演じていないとして罰金を120スイスフランに減額し、訴訟費用として22スイスフランの支払いを命じた。

　申立人は警察評議会決定の無効を求めてヴォー・カントン裁判所刑事破棄部に提訴した。主張の趣旨は、①警察評議会の決定は、刑事上の罪の決定のため法律で設置された独立で公平な裁判所による審理を受ける権利を定めるヨーロッパ人権条約（以下、「条約」）6条1項と両立せず、②条約への加入時にスイスが行った「条約6条1項における公正な裁判の保障は、刑事上の罪の決定に関する公の当局の行為または決定に対する司法機関による最終的統制の確保を意図しているにすぎない」という「解釈宣言」によって、行政当局に刑事罰を決定する権限が認められるものではない、というものだった。これに対し同裁判所は、①条約6条1項は司法機関による最終的統制の確保を意図しているにすぎず、公正な裁判に関する司法的要素はスイス法上十分に確保されており、②上訴手続は書面によってなされ、口頭弁論や証人尋問を行わないとしても、条約6条1項違反とはならず、③同裁判所は条約が求める司法機関による最終的統制を実施していると判示し、1980年6月にこの申立を棄却した。

　申立人はこの判決を不服として連邦裁判所に上告した。上告の趣旨は、①スイスの解釈宣言によって、警察評議会のような行政当局は刑事事件に関する本案を決定する権限を付与されたとはいえず、②司法審査が最終的に利用できる場合にのみ同評議会の管轄権が認められる。しかし、③ヴォー・カントン裁判所刑事破棄部および連邦裁判所には証人尋問のような事実問題の審査権限は通常認められておらず、限定的な権限しか有していないので、本件では②の場合にあたらない。さらに④警察評議会は自らの事件につき裁判官として行為している、というものだった。しかし、連邦裁判所は1982年11月、上告を棄却した。

　申立人は1983年3月に、条約6条1項の意味における独立で公平な裁判所による裁判を受けていないとして、ヨーロッパ人権委員会（以下、「委員会」）に申し立てた。委員会は1985年7月にこの申立を受理可能と宣言し、1986年5月の報告書において条約6条1項違反があったと全員一致で表明した。

　1987年5月に、申立人はヨーロッパ人権裁判所（以下、「裁判所」）に以下の判決を求めた。すなわち、

①申立人の紛争は司法的に決定されていないので、申立人は条約6条1項違反の被害者であることを公式に宣言すること、②スイスは申立人に科した罰金を取り消すため必要なあらゆる措置をとること、③スイスは、罰金を科す手続において警察評議会が最終的事実認定を行う権限を持つことのないよう確保し、1969年ヴォー自治体決定法を改正するため必要なあらゆる措置をとること、④スイスは申立人に3,250スイスフランの国内における訴訟費用および3万スイスフランのヨーロッパ人権条約にもとづく手続のための費用の支払いを求めた。

これに対し、スイスは、この申立はスイスが認めていない権利に関するものであり、裁判所はこの申立について管轄権を行使すべきでないとの先決的抗弁を行った。

【判　旨】

(1)　宣言の性質

スイスの先決的抗弁に関しては、まずスイスによる解釈宣言（以下、「宣言」）の性質と条約64条（留保；現57条）に照らしたときの有効性が問題とされるが、スイスの宣言は、文言は明確ではないが、留保にあたると解し得る（§44）。しかし、①宣言の文言は重要ではなく、他の締約国や寄託先（ヨーロッパ評議会事務総長）からの異議はなく、宣言は黙認されている、②留保と解釈宣言を行う手続は同じであり両者の法的効果は同一である、とのスイスの主張は認められない（§§45・47）。

当裁判所は委員会同様、宣言起草者の当初の意図を明らかにすることが重要と考える。このため、スイスが提出した準備作業（traveaux préparatoires）を検討し、スイスは当初は正式の留保を行うことを意図していたが、その後「解釈宣言」という表現を選択したと判断する。いずれにせよ、スイスは「カントンの行政および司法制度に関し、裁判所を利用する権利が生じるのを避けるよう絶えず配慮」しており、このため条約批准時（1974年）にこの宣言が付された（§48）。

「解釈」宣言を「留保」と見なすべきかは困難な問題である。なぜなら、スイスは批准時に「留保」と「解釈宣言」を行っているからである。条約では留保のみが言及されているが、数カ国は解釈宣言を行っている。こうした宣言の法的性質の実質的内容を決定しなければならない。本件では、条約6条1項の範囲から一定の手続を除外することを意図していたと思われる。当裁判所は当該解釈宣言の有効性を、留保の場合と同様に、64条の文脈において検討する（§49）。

(2)　宣言の有効性

条約64条にもとづき条約への留保、または適切な場合には解釈宣言の効力を決定する当裁判所の権限は本件では争われていない。当裁判所が管轄権を持つことは、条約19条、45条および49条（現32条）ならびに裁判所の判例法から、明らかである（§50）。したがって、裁判所は、スイスによるこの宣言が64条の要件を満たしているかを確認しなければならない（§51）。

条約64条1項で禁止される「一般的性格の留保」とは、特に、あまりにもあいまいであるか広い文言のため、その正確な意味または範囲が決定できないような留保を意味する（§55）。スイスは、①この宣言は判例法に照らしてあいまいなものではなく、②この宣言は実体に関するものではなく、公正な裁判を受ける権利の一側面に関するものにすぎないので、条約の趣旨および目的と両立する等と主張する（§53）。しかし、当裁判所はこれらの主張を採用しない。準備作業およびスイス政府の説明は同国の関心事を明確に示しているとはいえ、それらは宣言の実際の用語の目的を覆い隠すことはできない。「刑事上の罪の決定に関する公の当局の行為または決定に対する司法機関による最終的統制」という宣言の用語から、スイスによる約束の範囲、特にどのような紛争がこれに含まれるのか、「司法機関による最終的統制」が本件で実際になされたか、を正確に解明することはできない。したがって、宣言の用語は、留保は一般的性格のものであってはならないという

規則に反する（§55）。

「留保は、関係する法律の簡潔な記述を含むものとする」と定める条約64条2項の目的は、とくに他の締約国および条約実施機関にとって、関係国が明示的に排除した規定の範囲を超えて留保が適用されることがないよう、保障することである。これは単なる形式的要件ではなく、実質的な要件である。本件ではこの要件は満たされていない（§59）。

要約すれば、スイスによる宣言は、64条1項および2項の要件をいずれも満たしておらず、無効と判断される。同時に、宣言の効力如何にかかわらず、スイスは条約に拘束されていることは疑いない。さらにスイス政府は宣言の有効性を決定する当裁判所の権限を認めていた。したがって、同政府の先決的抗弁は却下されなければならない（§60）。

(3) 条約6条1項違反の有無

申立人は条約6条1項違反の被害者であると主張する。申立人によれば、ローザンヌ警察評議会は「独立の公平な裁判所」ではない。さらに、ヴォー・カントン裁判所刑事破棄部も連邦裁判所も、警察評議会という純然たる行政機関による事実認定を再審査することができないので、十分に広範な「司法機関による最終的統制」を提供しなかった（§61）。

ヨーロッパ人権裁判所の判例法によれば、「裁判所」はその司法的機能によって実質的意味で性格付けられる。また「裁判所」は、特に行政機関からの独立性、公平性、裁判官の任期、手続上の保障のような一連の要件も満たさなければならない（§64）。ローザンヌでは、警察評議会の構成員は上級公務員で、他の職務に戻る法的義務がある者であった。普通の市民はこうした者を上司の部下で同僚に忠実な警察の一員とみなしがちである。こうした状況は、民主主義社会における裁判所が持つべき信用を損ないかねない。要約すれば、申立人が警察評議会の独立性と組織的公平性に疑いを抱くのは正当といえる。したがって、同評議会は条約6条1項の要件を満たしていなかった（§67）。

ヴォー・カントン裁判所刑事破棄部の管轄権も本件においては条約6条1項の目的に照らして十分ではなかった。また連邦裁判所の権限はカントン裁判所の決定に恣意性がなかったことを確保することに限られている（§70）ので、連邦裁判所は事実認定や法の適用問題を再審査しなかったという申立人の主張は認められる（§72）。

(4) 結　論

以上の理由から、当裁判所は全員一致で以下の結論に達した（§82）。

1. スイス政府の先決的抗弁を却下する。
2. 条約6条1項違反を認定する。
3. スイス政府は申立人に訴訟費用として総額11,750スイスフランを支払え。

【解　説】

本判決は、多数国間条約に付された留保について、国際裁判所が無効と判断した初めての事例である。

(1) スイスによる留保と解釈宣言

スイスがヨーロッパ人権条約の批准のさいに行った留保や解釈宣言をめぐって、委員会と裁判所でこれまで4件の事案が扱われている[(1)]。スイスは条約批准時に留保[(2)]と解釈宣言を2種ずつ行ったが、解釈宣言の内容は次の通りであった。

1974年11月28日に寄託された批准書における解釈宣言

1. スイス連邦参事会（Federal Council）[(3)]は、条約6条1項における公平な裁判の保障は、当該個人の民事上の権利及び義務の決定または刑事上の罪の決定において、その権利及び義務またはその刑事上の罪の決定に関する公の当局の行為または決定に対する司法機関による最終的統制を確保することを意図しているにすぎないと考える。

2. スイス連邦参事会は、条約6条3項(c)および(e)の法的援助および無料の通訳援助に関する保障は、要した費用の支払いを受益者から常に免除するものではないと解釈する。

ヨーロッパ人権委員会は1982年のTemeltasch事件で、スイスの上記解釈宣言2を検討した。この事

件は、トルコ出身のオランダ国籍者がスイスの裁判所で通訳料金の一部を負担させられたことは、条約6条3項(e)が規定する無料で通訳の援助をうける権利の侵害であると申立てた事案で、スイスは同条にもとづく義務を免れるため、解釈宣言2を援用できるかが争われた。委員会は、本件申立を受理し、同解釈宣言は有効になされたもので法的効果があり、したがって、条約6条3項(e)違反は存在しないと判断した。

(2) 留保と解釈宣言の相違

条約法条約2条(d)によれば、「『留保』(reservation)とは、国が、条約の特定の規定の自国への適用上その法的効果を排除し又は変更することを意図して条約への署名、条約の批准、受諾若しくは承認又は条約への加入の際に単独に行う声明(用いられる文言及び名称のいかんを問わない。)をいう。」留保は多数国間条約の締約国が負う条約上の義務内容を変更する。これに対し、「解釈宣言」(interpretative declaration)は多数国間条約の締約国が条約またはその一部を特定の方法で解釈しようとし、条約上の義務に関する自国の理解を示す宣言である。しかし、「了解」(Understandings)や「宣言」(Declarations)といったタイトルで条約の効力を実質的に制限する場合もあり、これらは留保にあたるとみなされる[4]。

裁判所は本件判決において、スイスの解釈宣言1が留保にあたるかという問題に直面した。裁判所は締約国によって付された「解釈宣言」という名称の背後にある実質的内容を確定するため、準備作業を素材としてこの宣言の元来の意図を確認するという手法を採った。裁判所によれば、スイスは当初、正式な留保を行おうとしたが、その後「宣言」という用語を選んだ。準備書面からその理由は窺えないが、「連邦参事会はカントンの行政および司法制度に関し、裁判所を利用する権利が生じるのを避けるよう絶えず配慮」し、条約批准時に宣言を付したことが明らかである。裁判所はこのように判断し、本宣言は一般的性格の留保を禁じ、また関係する法律の簡潔な記述を含むことを求める条約64条と相容れない留保であり、無効であると判示した。

(3) 留保の効力を決定するヨーロッパ人権委員会とヨーロッパ人権裁判所の権限

現行条約は留保に関し、「一般的性格の留保」は許されないことと、留保には「関係する法律の簡潔な記述」を含むものとすること(条約57条〔旧64条〕)を規定するが、留保の効力を決定する権限については何も規定していない。しかし、条約は実施機関として、現在はヨーロッパ人権裁判所を備えている。この体制は1998年11月以降であり、本件当時はヨーロッパ人権委員会とヨーロッパ人権裁判所が併存していた。そこで、委員会や裁判所という条約実施機関が留保の効力を判断する権限を持つかが問題となる。

1970年代までは、ヨーロッパ人権条約の実施機関がこのような判断権限を持つかをめぐって論争があり、ブリオ判決当時裁判所の裁判官であったEvans卿は、条約実施機関にこの権限を付与すべきでないとの見解を表明していた[5]。

しかし、委員会は1983年のTemeltasch事件決定において、旧64条にもとづき留保は有効と判断した。この判断は、国家のみが留保の効力を判断できるという従来の一般規則とは異なり、条約実施機関が留保の効力を判断した最初の決定であり、条約実施機関が留保の有効性を決定する途を開いた。裁判所のBelilos事件判決はTemeltasch事件委員会決定の延長線上に位置づけられる。

旧19条によれば、委員会および裁判所は「締約国が行った約束の遵守を確保する」ことを使命としている。これらの使命は、条約実施機関が締約国の義務内容と締約国による留保の効力および範囲を最終的に決定できる権限を持ってはじめて達成される。裁判所はBelilos判決で、留保が無効と判断される場合には、当該締約国は条約全体に拘束されないものと考えられるかを検討した。裁判所によれば、Belilos判決では、スイスは条約に拘束されるとの意図を持っているので、留保が無効とされても、依然として条約に拘束されると判断した。

(4) 法改正および留保の撤回

スイス政府は1988年に、本判決を踏まえ条約6条1項の趣旨を尊重するようカントンに通知した。その結果、ヴォー・カントンは1989年にヴォー自治体決定法を改正し、事実と法につき事案を審理する権限をヴォー・カントン裁判所長に付与した。また、スイスは2000年8月24日付けの書簡で、6条1項に関する1974年11月28日に行った留保および解釈宣言を撤回した。

(1) Temeltasch v. Switzerland (Report of the Commission, 5 May 1982)、Belilos Case、Weber v. Switzerland 22 May 1990 および Burghartz v. Switzerland（本書 *46*）。

(2) 留保の内容は、1. 子どもおよび被保護者の施設への収容を合法化するカントンの法律との関連での5条に対する留保、および2. カントンの法律にもとづき行政機関において聴聞がなされた民事上の権利・義務または刑事上の罪の決定に関する手続には、6条1項が規定する「公開の審理」の保障は及ばないとの留保であった。しかし、前者は1982年1月26日（同年1月1日から効力を生じた）に、後者は2000年8月24日に撤回された。

(3) 内閣に相当する。

(4) たとえば、アメリカによる自由権規約への広範な了解や宣言がこの例である（Declarations and Reservations to the International Covenant on Civil and Political Rights, available at <http://www.ohchr.org/english/countries/ratification/4_1.htm>(last visited Dec. 15, 2005)）。大沼保昭『国際法――はじめて学ぶ人のための』（東信堂、2005年）80頁参照。

(5) Irene Maier, ed., Protection of Human Rights in Europe: Limits and Effects (1982), at 182.

[参考文献]
[1] 薬師寺公夫「人権条約に付された解釈宣言の無効――ヨーロッパ人権裁判所判例の検討②（ブリロ事件）」『立命館法学』219号（1990年）
[2] 坂元茂樹「ベリロス事件」田畑茂二郎他編『判例国際法』（東信堂、2000年）
[3] 阿部浩己「人権条約に付された留保の無効ブリロ（ベリロス）事件」山本草二・古川照美・松井芳郎編『国際法判例百選』（有斐閣、2001年）
[4] Iain Cameron & Frank Horn, Reservations to the European Convention on Human Rights: The Belilos Case, 33 German Y.B. Int'l L. 69 (1990).
[5] Ryan Goodman, Human Rights Treaties, Invalid Reservations, and State Consent, 96 A.J.I.L. 531 (2000).

ヨーロッパ議会
(Parlement européen)

9　実施機関の権限の制限
管轄権受諾宣言に付された制限の有効性に関する解釈
―― ロイズィドゥ判決（先決的抗弁）――

前田　直子

Loizidou v. Turkey（preliminary objections）
23 March 1995, Series A no. 310（大法廷）

【事　実】

　キプロスにおいては、1960年に独立した後も多数派であるギリシャ系住民と少数派であるトルコ系住民による対立が続き、1974年7月にギリシャへの併合を目指す軍隊内のグループがクーデターを起こした際、トルコは出兵してキプロスの首都ニコシアより北部の地域を占領した。ギリシャ系およびトルコ系の住民は、それぞれの国の支配地域への移住を強いられ、1975年2月には、トルコにより、キプロス・トルコ系連邦国（the Turkish Federated State of Cyprus）の設立が宣言された。その後1983年には、北キプロス・トルコ共和国（the Turkish Republic of Northern Cyprus：TRNC）として独立が宣言されたが、国連安全保障理事会は、決議541（1983）を採択し、右独立宣言を法的に無効であるとして非難し、加盟国に対し、右共和国を承認しないよう要請した（トルコのみがTRNCを承認した）。トルコの占領地域内には、3万人以上のトルコ軍がキレニアを拠点として駐留し、主要交通路を巡回し検問所を設けていた。

　本件事件の申立人であるLoizidou（ロイズィドゥ）夫人は、キレニア出身でそこにいくつかの土地財産を所有していた。彼女は1972年の結婚以来ニコシアに住んでいたが、トルコ軍のキレニア占領（1974年）直前に、自己所有地のひとつに、家族用住居の建築準備を進めていたところ、占領後はそれらの土地に近づくことがまったくできなくなってしまった。彼女は、1989年3月にトルコ占領地近くのリンビアで行われた、ギリシャ系キプロス難民の帰還する権利を訴えるためのデモ行進に自らも参加したところ、占領地域内に入ったところでトルコ軍に前進を阻止され、一時拘束された後にニコシアまで送り返された。彼女は、1989年7月、トルコ政府を被告政府として、自らの所有財産である土地へのアクセスが継続的に不能である点については第1議定書1条「財産権」および条約8条「プライバシー、住居及び通信」違反、また、デモ参加の際の拘束については条約3条「拷問又は非人道的な取扱い若しくは刑罰の禁止」、5条1項「身体の自由」および8条違反を訴え、ヨーロッパ人権委員会に申立を行った。

　トルコは1954年に条約の締約国となったが、委員会の個人申立受理権限（旧25条）に対する受諾宣言（以下、25条宣言）を1987年1月28日に行い、その後、1990年1月および1993年1月の2度にわたりそれぞれ3年間の宣言期間の延長を行っている。この25条宣言には、委員会が受理できる事件について、①「トルコ共和国憲法が適用される領域内における行為」に関するもの（領域的制限）、②条約の一定条項についてはトルコ憲法に適合した解釈を求めること（事項的・実体的条件）、および、③宣言寄託日より後に生じた事実に関するもの（時間的制限）、という制限・条件が付されていた。

　またヨーロッパ人権裁判所の管轄（旧46条）に関する受諾宣言（以下、46条宣言）については、1990年1月22日に寄託し、こちらも1993年1月に3年間の宣言期間延長を行っている。こちらの宣言については、裁判所が管轄権を認められるものとして、④25条宣言に対する③と同様の時間的制限、⑤「トルコ共和国の国境内で行われた（トルコ政府の）管轄権

の行使」に関するもの、そして、⑥委員会がその権限をトルコが与えたとおりに行使して審査を行った事例であること、という限定・条件が付されていた。

委員会は、受理可能性審査（1991年3月4日）の決定において、トルコの25条に対する宣言に付された制限・条件のうち、事項的条件および領域的制限を無効とする一方で、右宣言自体は有効であるとして、申立を受理した（財産権の侵害については、トルコが25条宣言を行った翌日の1987年1月29日以降に関してのみ受理可能と判断）。しかし1993年7月8日の報告書採択の際に、委員会はいずれの規定についてもトルコの条約違反を認定せず、裁判所への付託も行わなかった。これを受けてキプロス政府は、同年11月9日に本件を裁判所に付託し、裁判所は大法廷にて審理を行った。

【判　旨】

(1) 当事者適格および手続の濫用

トルコ政府は一貫してキプロス政府の原告適格に対して疑義を申し立てているが、「キプロス共和国は国際社会により承認された政府であり、原告適格があることは疑いない」(§§39-40)[(1)]。「被告政府による原告政府の承認は、旧24条「締約国の申立権」および旧48条「裁判所の当事者」に基づく手続の行使の前提条件ではない」(§41)。またトルコは、キプロスによる本件申立はTRNCの地位を議論するための政治的プロパガンダであるとして「キプロスによる手続の濫用を主張するが、委員会の受理可能性審査の段階ではそうした主張はしていないので、禁反言原則により認められない」(§44)。トルコは、事件はTRCNの行為に関するものであるので、トルコは被告政府ではないと主張しているが、裁判所はトルコが被告であると判断する (§§47-52)。

(2) 場所的先決的抗弁

トルコは、場所的管轄について主として二つの抗弁（以下(a)、(b)）を提起した (§55)。

(a) 管轄（条約1条）の範囲

トルコは、本件事件の事実は条約1条に規定されているようなトルコの「管轄内」で生じたとは言えないと主張しているが、問題は「管轄内」が「領域内」であることに限定されるか否かであり、国家領域外であってもトルコ軍部の行為の結果としてトルコが実効的支配を行っている領域であれば、トルコの責任が生じうる (§§61-62)。

(b) 領域的制限の有効性

トルコが、自らが付託した25条宣言および46条宣言を理由として、トルコ本国領域内での事実に関する事件にのみ実施機関が審査権限を有するので本件には審査権限はないと主張している点については、まず、委員会が受理可能性審査の段階でこれら二つの宣言を無効と判断していること、25条および46条という条約システムの実効性にかかわる条文の解釈には人権の集団的保障という特別の性格が考慮されなければならない (§§69-70)。

被告政府は条約起草者の意図を根拠として25条および46条に対する制限を正当としているが、「本条約は今日的状況に照らして解釈されるべきであり、このことは実体規定だけでなく25条および46条といった手続規定にも適用される」(§71)。

「25条および46条の両2項は、それぞれの条文に対し期間を付した宣言を行うことを認めているが、これらの規定は、実施機関の審査権限の遡及適用を制限することを締約国に認めるものと解釈されている」(§74)。25条はそれ以外の制限は認めておらず、46条は相互条件のみを認めている。「実体的あるいは領域的制限がこれらの規定により（無制限に）認められているとすれば、締約国は、自らが受け入れることができる範囲内で条約上の義務を負うという別の制度に自由に服することとなり、締約国が選択条項への同意に制約を加えられるということは委員会・当裁判所の権限を脆弱化させるだけでなく、ヨーロッパ公序の憲法的文書である本条約の実効性を弱めることとなる」(§75)。

25条および46条に対する宣言に実体的あるいは領域的制限を付すことを認めないのは、締約国の実行においても概ね一貫している (§80)。そうした国

家実行は、宣言に実体的・領域的制限を付すことは国際司法裁判所（以下、ICJ）規程の実行に照らして条約起草者により想定されていたという、トルコ側の主張に対する反論ともなる（§83）。「ICJ規程は世界中のいかなる場所での法的紛争にも対応し、扱う主題も国際法のあらゆる分野に関係しているので、その機能は、本条約実施機関と異なり、立法条約の直接的監視機能だけに限定されない。そのような差異は、ICJと本条約下での実行が異なるということの説得材料となる。」（§§84-85）。

本条約63条4項は、国際関係に責任を有する領域について条約を適用する宣言に関し、そうした領域について実施機関の個人申立受理権限を認めるかどうかを別途宣言する規定であるが、「この規定は25条とは趣旨および目的が異なるので、25条等について領域的制限を付すことが可能であるとする理屈をここから導くことはできない」（§§87-88）。

「条約の性格、文脈・趣旨・目的から解釈する25・46条の通常の意味、そして国家実行を考慮し、トルコの25条宣言および46条宣言に付された領域的制限は無効である」（§89）。

(c) 受諾宣言の有効性

25条宣言および46条宣言の領域的制限が無効である場合、宣言自体も無効となるのかという問題については、たとえ制限部分が無効であったとしても、被告政府が、委員会および当裁判所の審査権限を受け入れるという意図で宣言を付したと考えられる。トルコ政府も制限が無効となっても宣言自体は有効であると判断されることは覚悟していたはずであり、条約制度の特質から、「制限の有効性と宣言自体の有効性は分離可能」であり、当該受諾宣言自体は有効である（§§97-98）。

(3) 時間的先決的抗弁

25条宣言および46条宣言において、トルコは条約実施機関が扱うことができるのは宣言付託日以降に生じた事実に限るとの時間的制限を設けているが、「この制限の解釈・適用および継続的侵害概念は、法的・事実的に複雑な問題を生じさせており、本案に密接にかかわる事項であるので、時間的抗弁については本案審査に併合する」（§§103-105）。

(4) 結　論

(a) キプロス政府による手続の濫用ではない（全員一致）。(b) 本件事実は、条約1条で定めるところの、トルコ政府の「管轄内」で生じたものと言える可能性がある（16対2）。(c) 25条宣言および46条宣言に付された領域的制限は無効であるが、委員会および当裁判所の権限を受諾する趣旨であるそれらの宣言自体は有効である（16対2）。(d) 時間的抗弁は本案に併合する（全員一致）。

なお(b)および(c)の決定に対しては、二人の裁判官により反対意見が付されている。

【解　説】

(1) 決定の意義・特徴

本件先決的抗弁に関する決定の意義・特徴として、主として次の二点があげられるであろう。第一に、分離可能性（severability）という文言を用い、選択条項による実施機関の審査権限受諾宣言に付した領域的・実体的制限（前記【事実】②）の有効性は、受諾宣言自体の有効性を左右するものではないと判断した点である（下記(2)）。つまり、受諾宣言に付した制限が正当性を欠くものであっても、宣言を付託したということは、実施機関の審査権限を受け入れる意思があったということであり、ヨーロッパ人権条約システムの趣旨・目的に鑑みて受諾宣言自体は有効と解すべきとの判断を示したということである。

第二に、受諾宣言に対する制限内容を、条約システムの趣旨に照らして有効・無効を判断できるのは、受諾宣言に対する制限・条件を自由に認めるICJ規程をめぐる実行とは異なるが、それは本条約とICJとの目的・性質の違いであると述べている点である（下記(3)）。

(2) 受諾宣言に対する制限の有効性と受諾宣言自体の有効性

(a) 受諾宣言に対する制限の有効性

受諾宣言に対し、旧25条および46条によって明

示されていない条件を付すことが可能かどうかについては議論が分かれるところであるが、条約締約国間の実行、また、両条項が選択条項となっている点から、締約国は委員会・裁判所の管轄権に対して、事項的、人的および時間的範囲の限定を付することは許容されるであろう。ただし、裁判所が本件決定で述べたように、条約の「ヨーロッパ公序の憲法的文書」という性格に鑑みると、実施機関には条約の自立的解釈権が与えられており、トルコが付した「一定事項についてはトルコ憲法に沿って条約を解釈すること」という事項的・実体的制限（前記【事実】①）は、実施機関の審査権能を侵害する恐れがあるといえるであろう。

しかしながら、「トルコの領域内での事実に限る」という領域的制限の場合、実施機関はその制限に該当する事例を管轄外であるとして不受理としなければならないだけであり、必ずしも実施機関に与えられた解釈権自体が侵害されているという訳ではない[2]。したがって、裁判所が領域的制限を認めないとした理由付けは根拠に乏しいと言わざるを得ない。

また条約は、旧63条4項（現56条4項）において国際関係に責任を有する領域に関する個人からの申立の受理については別の宣言を求めているが、植民地への管轄不適用は認められても、本件のようなトルコの北キプロス支配が非公式なものであり、国連安保理で非難されたように国際社会から承認されたものではない場合、そのことが受諾宣言の制限が認められない理由の一端であったとも解することができる（この点ペティッチィ裁判官が個別的反対意見で疑問を呈している）。

(b) (a)との関連における受諾宣言自体の有効性

宣言に付された条件すべてあるいはその一部が無効であると判断された場合、宣言自体の有効性をどう捉えるかという点については、条件付加が受諾の前提として認められるか否かをめぐり、裁判所とトルコ政府の間で見解が真っ向から対立した。トルコは、条件付加が受諾宣言付託の本質であるとするのに対し、裁判所は、受諾宣言の本質は条件に拘らず実施機関の管轄権受け入れであるとしている。

裁判所は決定に際し、スイスの解釈宣言を違法な留保としたうえで条約批准自体は有効であると判断したブリオ（Belilos）（本書 8）事件判決に言及しつつ、トルコは、不適切であるとの疑いのある条件を付した宣言を行ったということは、当該条件が無効とされた場合にも受諾自体は有効とされるリスクをあえて冒したのだと述べているが、この説明は説得的ではなく、条件付加を認めたうえでの選択条項方式が置かれたことにそぐわないものである。

(c) 実施機関による制限の有効性に関する解釈

締約国が条約批准時に付した留保・解釈宣言の有効性については、実施機関が条約の趣旨・目的に照らして判断しうること、また、たとえばある留保が許されないと判断されても留保は規約から分離されて無効となるが、留保国は規約そのものには拘束されるということは、自由権規約委員会（Human Rights Committee）の実行においても示されている[3]。

しかしヨーロッパ人権裁判所の場合、従来提起されていた受諾宣言の実体的ないし領域的制限の問題を回避してきたのであり、本件では、1994年の第11議定書（選択条項を廃止し、裁判所の個人申立審査への義務的管轄権を設定する条約改正）採択を機に、締約国による受諾宣言の更新拒否の恐れが事実上なくなったという状況下で踏み込んだ判断を示したものと考えられる[4]。

(3) 国際法の多様性——国際司法機関の並存の問題

本件事例では、たとえばヨーロッパ人権裁判所とICJといったような異なるシステムの国際司法機関において実質的に同一の事実が実際に審理され、それぞれに異なった条約解釈や判断が示されたという意味での「国際法の多様性（fragmentation）」の問題が惹起されている訳ではない。

ただし、ヨーロッパ人権裁判所が示したような、締約国が受諾宣言に付した制限の有効性の判断権は実施機関にあり、制限の有効性と宣言自体の有効性は分離して考えられるとする見解は、同じく人権の

集団的保障を目的・任務とする自由権規約委員会にも共有されており、それらの実行は、ICJのもとでの実行とは大きく相違するものである[5]。

しかしながらヨーロッパ人権裁判所は本件決定の中で、ICJ規程はヨーロッパ人権条約とは異なる文脈・状況の中で援用されているものであり、制限の有効性に対する解釈は右条約にのみ適用するものと理解している点明言しており、このことはICJに係る判例等を否定するものではなく、本件事例に限って言えば、両者の法解釈の抵触については問題とはならないであろう。

(4) 本案判決、公正な満足判決およびトルコ政府の対応

本案判決[6]で裁判所は、トルコ政府が提起した時間的抗弁を退けた。また、トルコ軍隊は北キプロス・トルコ共和国区域において実効的支配[7]を及ぼしていることから、被害者（およびその財産）はトルコの「管轄内」に置かれていると認めて審査を行い、被害者は財産へのアクセスを継続的に侵害されているとして、第1議定書1条違反を認定した。さらに公正な満足判決において裁判所は、トルコ政府に対して被害者への補償金の支払いを命じ[8]、トルコは2003年12月2日に支払いを行った[9]。

(1) ここでは、次のものの参照が示されている。Cyprus v. Turkey（Application Nos. 6780/74, 6950/75）, Decision of the Commission, 26 May 1975; Cyprus v. Turkey（Application No. 8007/77）, Decision of the Commission, 10 July 1978.

(2) 戸田五郎「ヨーロッパ人権条約とトルコの地位」国際法外交雑誌91巻5号（1992年）65-66頁。

(3) Human Rights Committee, General Comment No.24:Issues relating to reservations made upon ratification or accession to the Covenant or the Optional Protocols thereto, or in relation to declarations under article 41 of the Covenant（CCPR/C/21/Rev.1/Add.6）

本問題を扱う論稿として、安藤仁介「人権諸条約に対する留保の一考察」法学論叢140巻1-2号（1996年）。

(4) 小畑郁「ロイツィドウ事件」『判例国際法（第2版）』（東信堂、2006年）

(5) 吉原司「国際紛争処理機関の並存に関する一考察——ラグラン事件を素材として」関西大学法学論集53巻2号（2003年）

(6) Loizidou v. Turkey（merits）, 18 December 1996.

(7) 北キプロス・トルコ共和国におけるトルコの責任について、本件判決では、トルコ軍の右共和国内でのパトロール等実質的なコントロールをもって実効的支配があると判断されたのに対し、Cyprus v. Turkey（本書4）では、『全般的支配』という観念に基づき、より一般的に認めている。

(8) Loizidou v. Turkey（Article 50）, 28 July 1998.

(9) Loizidou v. Turkey, Resolution DH（2003）190, 2 December 2003. ロイズィドゥ夫人はトルコ政府から補償金を受け取った最初の個人となった。

[参考文献]

[1] 小畑郁「ヨーロッパ人権条約体制の確立」田畑茂二郎編『21世紀世界の人権』（明石書店、1997年）

・本案審査で検討された時間的管轄権の問題に関するものとして、以下のものがある。

[2] 徳川信治「国際人権規約実施過程にみる時間的管轄」国際法外交雑誌103巻1号（2004年）

[3] 前田直子「時間的管轄における『継続的侵害』概念」社会システム研究6号（2003年）

10 パイロット判決
多数の同種事案から選び出された一事件についての先行的判決における構造的違反是正措置の指示
—— ブロニオヴスキ判決 ——

小畑 郁

Broniowski v. Poland
22 June 2004, Reports 2004-V（大法廷）

【事　実】

　第2次世界大戦の結果、ポーランドの東側国境線は、ブーグ川（the Bug）に一部沿うように西に移動して引き直され、国境地帯は新たにウクライナ、白ロシア、リトアニアに属することになった。この地帯に住んでいた約124万人のポーランド人は、西に移動することになり、その結果多くの財産を失った。この移動について規律したポーランド民族解放委員会と上記3ソビエト連邦構成共和国との1944年9月の諸協定には、これらの人々に補償するポーランドの義務が規定されていた。ポーランド法は、1946年以来、国庫に属する土地の取得または恒久使用という形でこれらの遺棄財産の価値を得る権利を確認してきた。この権利は、ポーランドについてヨーロッパ人権条約（以下、条約）議定書（以下第1議定書）が効力を生じた1994年10月10日時点では、1985年の土地管理開発法に書き込まれていた。この権利に基づいて、完全な補償を得た者もいるが、約8万人の請求がまだ満たされておらず、その額は約135億ポーランド・ズロティ（約34億ユーロ）にも上るとされている。この問題は、一般に「ブーグ川請求」といわれている。

　申立人の祖母は、第2次大戦後リヴォフ（現ウクライナ）から移住しクラクフに住んだ。彼女は、約400平米の土地と260平米の家屋をリヴォフに残してきた。彼女の娘で唯一の相続人である申立人の母は、1981年、補償権を利用して467平米の土地の恒久使用権を得たが、これは遺棄財産の価値の2％にすぎないものである。

　この間、1990年になされた地方分権改革は、ブーグ川請求の解決に大きな制約を課した。すなわち、これにより、国庫に属する土地の大部分の所有権が再建された自治体である市町村に移されたが、ブーグ川請求が国有財産によってのみ精算される仕組みは維持されたため、請求に対応する土地の不足が生じたのである。さらに1993年の国有農業財産管理法の改正により、翌年より国有農業財産をこの請求に充てることが停止され、この措置は1998年土地管理開発法により恒久化された。ポーランドについて第1議定書が効力を生じた1994年の時点では、旧ロシア軍財産と軍事財産局が管理する財産が利用可能であったが、これらは実際にはごくわずかの競売の機会に処分されるだけであった。前者はヨーロッパ人権裁判所（以下、人権裁判所）での口頭弁論当時すでに処分され尽くしており、後者についても、ブーグ川請求者の競売への参加は実際上妨害され、さらに2002年施行の法改正により利用できないこととされた。2003年に制定されたブーグ川請求を扱う立法（以下、2003年法という）は、これまで一部でも補償を受けた者の補償請求権を否定した。

　1989年、母の死去によりその財産すべてを相続した申立人は、1992年クラクフ地方局に残りの遺棄財産の補償を求めたが、1994年同局は補償のための国庫に帰属する土地はないと通報した。申立人は、最高行政裁判所に訴えを提起したが、同裁判所は、同年申立人の訴えを斥けた。そこで、1996年3月12日、ヨーロッパ人権委員会に申立を提起した。1998年11月1日、第11議定書の発効に伴い、この申立は人権裁判所に移送され、第4部に割り当てられたが、同部小法廷は、2002年3月26日、事件を大法廷に回付した（条約30条）。この回付にはい

ずれの当事者も異議を唱えなかった。同日、同小法廷は、人権裁判所に係属しているすべての同様の申立が第4部に割り当てられること、および、その審理は、本件について大法廷が判決を下すまで延期することを決定した。本件について構成された大法廷は、時間的管轄等に関するポーランドの主張を斥け、事件を受理する決定をしていた（Broniowski v. Poland, Decision [GC], 19 December 2002)。

【判　旨】

(1) 第1議定書1条(財産権)違反の主張について
(a) 審査の範囲および第1議定書1条の適用可能性

当裁判所は、東側国境地帯から移住せざるを得なかった人々の遺棄財産を補償する義務をポーランドが負うかどうか、という問題を扱わない。当裁判所が扱うのは、第1議定書の発効時点で確定的な（vested）ものとなっていた申立人の補償を受ける権利について、その実施に関わるポーランドの行為が第1議定書1条に違反するかどうかということだけである。

ポーランド政府は、申立人の権利は第1議定書1条の保障の範囲外であると主張するが、申立人の権利は、ポーランド最高裁判所によっても「国庫に対する債権」であり金銭的性格を有するとされており、それが「財産」を構成するということには疑いがない。

(b) 審査基準およびその適用

本件で問題となるのは、作為と不作為が緊密に結びついた一連の政府の行為であり、これを積極的義務や消極的義務との関係で特定のカテゴリーに分類するのは困難であり不必要である。いずれにしても、第1議定書1条から導かれる次のような3つの原則で政府の行為が正当化されるかどうかが判断される。

① 合法性の原則　　当裁判所は、政府の行為が「法律によって規定され」ていると想定して先に進むことにする。

② 公益追求のための正当目的の原則　　政府が追求しようとした目的は、地方自治の再確立、農業の再編、軍事施設の近代化のための財源確保であり、これは、移行期であったことを考慮すれば、社会の一般利益を追求するための正当なものと認められる。

③ 公正な均衡性 (fair balance) の原則　　「〔ポーランド〕当局は、申立人の権利を国内法秩序から徐々にほとんどぬぐい去ってしまっ」た（§172)。「財産を、その価値に合理的に関連する価額の支払いなしに奪うことは、通常、不均衡な介入であ」る（§176)。ポーランドは、申立人らの権利の実施を長年にわたり怠ったことについての相当な理由を提出することができなかった。「よって、申立人の事件について、議定書1条の違反がある。」（§187)

(2) 条約46条 (判決執行義務) に基づきとられるべき措置

申立人の権利の侵害が、構造的問題に発していることは明らかである。ヨーロッパ評議会閣僚委員会の2004年5月12日の決議（ResDH (2004) 3) は、当裁判所に「とりわけ多くの申立を惹起しそうな場合、条約違反を認定する判決において基礎となっている制度的問題およびその問題の淵源であると考えるものを特定し、それによって国家が適切な解決を見いだすことおよび閣僚委員会が判決の執行を監督することを援助する」よう招請した。この決議は、同一の構造的問題から生ずる反復される事件の結果として、当裁判所の係属件数の負担が増えているという文脈でなされたものである。

46条によって、「違反を認定した判決により、被告国家は、単に41条に基づいて公正な満足により付与された金額を関係者に支払うのみならず、閣僚委員会による監督に服しつつ、当裁判所により認定された違反を終わらせ、その効果を可能な限り取り除くため国内法秩序において採るべき、一般的、および／または、必要な場合には、個別的措置を選択する義務をも課されるのである。」（§192)

「結局、とられるべき措置は、同一の理由による多くの申立によって条約システムに過度の負担をかけないよう、当裁判所による違反認定の基礎となっている制度的欠陥を矯正するものでなければならない。〔中略〕ひとたびかかる欠陥が特定されたのち

は、閣僚委員会による監視の下で、条約の補完的性格に従って必要な矯正的措置を……とることは、国家当局がなすべきことであり、それによって、当裁判所としては、比較可能な多くの一連の事件にその認定を繰り返す必要がなくなる。」(§193)

「被告国家が自らの46条に基づく義務を履行することを援助するために、当裁判所は、本件で特定された構造的状況を終わらせるために、ポーランド国家によってとられてよい種類の措置を指示したい。〔中略〕〔2003年〕法は、〔申立人のような部分的補償を受けた〕ブーグ川請求者のグループにとっては、本判決で彼らに悪影響を与えたと特定された制度的事態を終わらせうる措置とみなすことはできないことは明らかである。」(§194)

「とられるべき一般的措置については、当裁判所は次のように考える。被告国家は、まず第一に、申立人について条約に違反していると認定された事態により影響を受けている多くの人々の権利の実施を妨げているいかなるものも除去するか、または、同等の代替的救済を与えるべきである。」(§194)

(3) 条約41条（公正な満足）

この事件の状況に鑑み損害の補償の問題はまだ決定する段階にない。訴訟費用を申立人に与える。

【解　説】

(1) パイロット判決方式のモデル・ケース

本件の最大の意義は、人権裁判所が、同種の多くの事件のうちから一つを選び、違反認定の基礎となっている制度的問題を指摘し、それを解消する方法を示唆したことである。

すなわち、人権裁判所は、違反を終わらせるために申立人個人に対する補償のみならず、一般的措置が本件判決の結果求められるとし、2003年法による救済の不十分性を前提に、とられるべき具体的な措置について言及した。もっとも、この具体的措置の特定には、被告国家への「援助」という位置付けが与えられており、どのような措置をとるか決定するのは最終的には締約国であるという立場が維持されている。しかし、この「勧告」が従われるであろうことが期待され、2004年7月6日、同種のすべての申立がすべて第4部に移送されるとともに審査が延期されている(1)。なお、ポーランドでは、2004年、憲法裁判所において2003年法が一部違憲とされ(2)、この判決に基づいて立法制定が準備されているとのことであり、この過程を促進するようにとのヨーロッパ評議会閣僚委員会の中間決議が採択されている（Broniowski v. Poland, Interim Resolution ResDH（2005）58, 5 July 2004）。

ここでは、このようなパイロット判決方式に伴う問題点のみにしぼって解説する。

(2) 人権裁判所の救済措置特定権限

違反が認定された場合、救済については、人権裁判所自身には、被告締約国の法制上違反を完全に解消できない場合に金銭賠償を与える権限（41条）のみがあり、違反認定判決の執行監視は、閣僚委員会の任務となっている（46条2項）。この条約の仕組みは、判決の執行のためにどのような措置をとるかを判断するのは、被告締約国自身であることを前提とするものと解されてきた。判例でも、46条1項の「義務を履行する手段に関する国家の選択の自由」（Vermeire v. Belgium (Article 50), 4 October 1993）が認められている。本判決もその解釈を正面から否定するものではないが、これまで避けてきた判決執行措置の具体的特定に踏み込んだのは新機軸ということができよう。Zupancic裁判官の同意意見は、このようなことが人権裁判所の固有の権限に属すると主張するものである。これに対して、法廷意見の根拠は、閣僚委員会決議による要請をうけて事件処理の能率をはかるということにある。

(3) 判決執行のための一般的措置

本判決では、判決を執行するために一般的措置が必要とされているが、それは自明とはいえない。本件で認定された違反は申立人個人の金銭的利益の侵害にとどまるとも解しうるのであり、その場合には、その違反は、申立人への金銭賠償の付与によって解消することができる。閣僚委員会による判決執行監視（条約46条2項）の文脈では、本件のような状況でも一般的措置がとられたことをもってその任務終了

を確認する実行が積み重なっており、2001年に採択された条約46条2項の適用に関する規則(3)でも、「必要な場合」との限定付きではあるが、「将来の同種の違反を防止する……一般的措置がとられたかどうか」を検討するとされている（3条(b)）。しかし、判決が当該事件・当該当事者限りの拘束力しかもたないという前提に立つと、判決の効果として、将来の違反を防止する措置をとらなければならない義務まで生ずると解するのは困難であろう。本判決では、申立人個人の権利が侵害されることになった事実的・法的状態そのものを条約違反と構成しており、そのためにその状態を解消する一般的措置が必要との判断になっているのである。すなわち、違反が構造的状態そのものを指している場合、締約国はそれを解消する義務を条約上当然に負うのであり、判決がそれを確認したものとすれば一般的措置の特定は人権裁判所の権限を超えるものではないことになろう。

(4) 人権裁判所の憲法裁判所的機能とその限界

以上と関連して、人権裁判所の機能を、個人と国家の間の紛争解決と客観的秩序維持のいずれにあると（あるいはいずれに重点があると）捉えるかという問題がある。少なくとも現時点では、前者の機能の枠内で考えるのが共通理解であり、第14議定書でも、反復される事件もそれだけでは却下されることはないものとされている(4)。個人の人権侵害の訴えを当然に取り扱う裁判所というシンボルこそが、ヨーロッパの人々が人権の国際的保障の理想型と自負するモデルである。本件における一般的措置の特定、他の類似の事件の審理停止という措置は、実際上、後者の機能を確保して、前者を後回しにしたものであり、手続の基本的性格にかかわる問題を提起するものである。本件においては、ポーランド憲法裁判所の判決もあり、一般的措置が比較的スムーズにとられるという展望もあるが、そのような見通しのない場合には、構造的問題について一度判決を下した後は、同種の違反については救済を与えないまま裁判を進行させないという結果になり、このような緊張に果たして人権裁判所が耐えられるか疑問である。

第14議定書が発効すれば、パイロット判決の対象以外の事件は、すべて「反復される事件」として3名構成の委員会による簡易判決手続により処理されるということになる（新28条1項(b)）。したがって、本件の手法は、第14議定書が発効するまでの間、しかも被告による早期の一般的是正措置が期待できる場合にのみ用いられるということが、さしあたり予想できよう。

(1) 参照：'Bug River' cases adjourned, Press release issued by the Registrar, 31 August 2004, http://www.echr.coe.int/Eng/Press/PressReleasesCMS.htm.

(2) *Right to Offset the Value of Property left in the Former Eastern Territories of Poland* (II), Judgment of 15 December 2004, K 2/04, English summary, http://www.trybunal.gov.pl/eng/ summaries/wstep_gb.htm.

(3) Rules adopted by the Committee of Ministers for the application of Article 46, paragraph 2, of the European Convention on Human Rights, Appendix I to: LAMBERT-ABDELGAWAD *infra*(2).

(4) この点についての人権裁判所の提案は受け入れられなかった。参照：CDDH (2003) 026 Addendum I Final, para.20, http://www.coe.int/T/E/Human_rights/ECHRReform.asp. もっとも、申立人が相当な不利益（significant disadvantage）を被っていないという第14議定書による改正で導入される不受理事由（新35条3項(b)）は、客観的秩序維持機能に一歩踏み出したものとも解される。

[参考文献]

[1] BARTSCH, Hans-Jürgen, The Supervisory Function of the Committee of Ministers under Article 54, *Protecting Human Rights: European Dimension: Studies in Honour of G. J. Wiarda* (Heymann, 1989), p. 47ff.

[2] LAMBERT-ABDELGAWAD, Elisabeth, *The Execution of Judgment of the European Court of Human Rights* (Council of Europe, Human Rights files, No.19, 2002)

[3] WILDHABER, Luzius, Consequences for the European Court of Human Rights of Protocol No.14 and the Resolution on judgments revealing an underlying systemic problem, *Reform of the European Human Rights System; Proceedings of the High-Level Seminor, Oslo, 18 October 2004* (Council of Europe, 2004), p. 23ff.

[4] 小畑郁（訳）「第14議定書によるヨーロッパ人権条約実施規定等の改正」名古屋大学法政論集205号（2004年）249頁以下

11 国家の義務の性格
結社の自由を侵害する労働組合加入強制を国内法で規制する国家の義務
——クローズド・ショップ判決——

申　惠丰

Young, James and Webster v. the United Kingdom
13 August 1981, Series A no. 44（全員法廷）

【事　実】

　イギリスでは1971年まで、雇用契約に関する権利義務は主にコモンローによって規律され、相当な通知があれば解雇は一般に合法とされていた。
　1971年の労使関係法は、理由のない解雇を違法とし、不当解雇に対しては労働審判所への救済申立ができることとしたほか、一定の例外を除いてすべての労働者に労働組合に加入しない権利を与え、クローズド・ショップ制（雇用者側と一定の労働組合との協定により、その特定の組合への加入を労働者の雇用条件とするもの）の大半を違法とする規定をおいた。ところが、この1971年法は1974年の労働組合・労働関係法により廃止された。1974年法は、不当解雇に対する保護を維持しつつも、クローズド・ショップ制を理由とする解雇が正当とみなされる場合の条件を規定し、例外として、被用者が宗教的信念その他の合理的な理由で組合加入を真摯に拒否する場合には、クローズド・ショップ制による解雇は不当とみなされると規定した。
　1975年7月、イギリス国有鉄道（British Railway Board; "British Rails"）は3つの労働組合すなわち、全国鉄道労働組合（National Union of Railwaymen; NUR）、運輸職員組合（Transport Salaried Staffs' Association; TSSA）、および機関士・火夫組合（Associated Society of Locomotive Engineers and Firemen; ASLEF）との間にクローズド・ショップ協定を締結し、これにより同年8月より、すでに雇用されている被用者が宗教的信念その他の合理的な理由で真摯に加入を拒否する場合を除き、これら3組合のいずれかに加入することが職員の雇用条件とされることになった。
　申立人3名はいずれも、1975年の協定締結以前にイギリス国有鉄道に雇用されていたが、同協定により、同年9月から10月にかけて、職種上加入資格のあるNURまたはTSSAに加入するよう求められた。これに対し申立人は、宗教的信念によってではなく、組合の政治的立場に反対であること、スト参加を強制されること、組合加入は個人的選択の問題であること等を理由に加入を拒否し、その結果、協定に定められた手続を経て、1976年4月から8月までの間に雇用契約が終了して解雇された。これにつき申立人は、同年、この解雇が条約9条（思想・良心・宗教の自由）、10条（表現の自由）、11条（結社の自由）に反するとし、また利用可能な救済がなかった点で13条（実効的救済）に反するとしてヨーロッパ人権委員会に申し立てた。人権委員会は3人の申立を受理し、併合して検討した結果、1979年、11条違反を認定する報告書を採択し、事件をヨーロッパ人権裁判所に付託した。

【判　旨】

(1) 前提的問題——本件における当事国の責任について

　条約1条により、締約国は、「その管轄内にあるすべての者に対し (to everyone within [its] jurisdiction)、この条約の第1節に定義する権利および自由を保障する (secure)」義務を負っている。従って、もし条約上の権利および自由の侵害が、国内立法の制定における上記の義務の不履行の結果なのであれ

ば、当該侵害についての当事国の責任が生ずる。本件での出来事の直近の原因は、イギリス国有鉄道と労働組合との間の1975年協定であったが、申立人が不当と訴えている取扱いをその当時合法としていたのは、イギリスの国内法であった。その結果としての条約違反についての当事国の責任は、このことを根拠に生じる。よって、イギリスが雇用者とみなされるか、または、イギリス国有鉄道がイギリスの支配下にあったという理由でも責任を負うかという問題については、検討する必要はない（§49）。

(2) 11条違反の認定について

(a) 11条の権利に対する介入の存在

本件では、11条が、労働組合の結成および労働組合への加入を含む積極的な意味での結社の自由のみならず、結社または組合に加入することを強制されないという消極的な権利をも保障したものかどうかが論点となっている（§51）。裁判所は、労働組合を結成しおよび労働組合に加入する権利は、結社の自由の一つの特別な側面であること（National Union of Belgian Police 判決）、また、「自由」の概念は、その行使に関して何らかの選択の自由を含意することを想起する。条約の起草過程からしても、消極的な権利それ自体が条約で掲げられているとは言えないにしても、「11条を、労働組合への加入の分野においていかなる種類の強制をも許容するものと解することは、本条が保障を目的としている自由の実質それ自体に抵触することとなる」（§52）。

本件で申立人は、1975年協定の結果、彼らにとってその政策や活動、政治的立場等に異議のある特定の組合に加入するか、または職を失うかというジレンマに直面し、組合加入を拒否した結果解雇されたが、当時のイギリス法ではこの解雇は合法なものとされた（§54）。条約11条は消極的な意味での結社の自由を積極的な意味でのそれと同等に保障しているわけではなく、特定の労働組合への加入を強制することが常に条約違反になるとはいえないが、「生計の手段を失うことにかかわる解雇の脅威は非常に重大な強制の一形態であり」、「そのような形で

の強制は、本件の状況においては、11条の保障する自由の実質それ自体に抵触する」（§55）。この理由のみによって、申立人各人について、結社の自由への干渉があった（ibid.）。

また、本件では、11条は9条および10条にも照らして検討される必要があるが、9条および10条によって保護されている個人的意見の保護は、11条の保障する結社の自由の目的の一つでもある。従って、人の信念に反する組合への加入を強制するために、本件で申立人に加えられたような圧力をかけることは、11条の実質それ自体に抵触する（§57）。

(b) 権利への介入が11条2項による正当化されるか――「民主的社会」における介入の「必要性」

11条の権利の行使への介入が正当とされるためには、同条2項に従い、それが「法律で定められ」、同項の下での正当な目的を有し、かつ、その目的達成のために「民主的社会において必要な」ものでなければならない（§59）。本件では、介入が法律で定められたものであったこと、および、「他の者の権利及び自由」を保護するという目的があったことという、3つの条件のうち2つの条件が満たされていたことは認められる（§60）。

ある措置の「必要性（necessity）」の評価については、判例（Handyside 判決〔本書 *18*〕）で示された諸原則がある。それは第一に、「必要な」とは「有用な」又は「望ましい」というほど柔軟性をもった語ではないこと、第二に、多様性、寛容さおよび心の広さは「民主的社会」の核心であって、少数者の公平かつ適切な取扱いを確保し多数者の専横を避けるようなバランスが求められること、第三に、権利の制限は正当な目的に比例したものでなければならないことである（§63）。

イギリスでは、労働組合に関する王立委員会の多数が1968年の報告書で、新たに導入されるクローズド・ショップ制において、すでに雇用されている被用者を保護する特別の措置が望ましいとしていた。また、申立人が提出し当事国も争わなかった統計によれば、労働組合構成員の大多数も、強い理由が

あって組合加入を拒否する者を解雇することに反対していた。さらに、1975年の時点で、イギリス国有鉄道の被用者の95パーセントがすでに、NUR、TSSA、ASLEFいずれかの組合員であった。これらの事柄からして、上記の組合は、申立人のような被用者に組合加入を強制しなくとも、組合員の利益保護の活動を何ら妨げられなかったと考えられる（§64）。このような状況に鑑みれば、本件で申立人が受けた不利益は目的の達成に比例したものとはいえず、国家に与えられた「裁量の範囲」をもってしても、11条2項に従って「民主的社会において必要な」ものではなく、よって11条の違反があった（18対3）。

(3) 9条および10条違反の主張について

11条違反の認定に照らし、審査する必要はない（全員一致）。

(4) 13条違反の主張について

11条違反の認定に照らし、追加的に13条の違反もあったか否かについて審査する必要はない（全員一致）。

(5) 公正な満足（50条）

公正な満足の内容について十分に請求を準備していないため後日に検討を延期することを示唆した申立人側代理人の提言、および現段階でこの問題は関連しないとした当事者政府の見解を受けて、公正な満足の問題については決定を保留し、裁判所規則50条4項に従って再び小法廷に付託されるべきものとする。

なお判決には、反対意見1（裁判官3名）、個別意見2（裁判官8名）が付されている。

また、公正な満足についてはその後1982年10月28日に、全員一致で、当事国に対し、訴訟費用のほか、損害賠償を申立人3人に支払うよう命ずる判決が下された。

【解 説】

(1) 判決の意義・特徴

条約は1条で「締約国は、その管轄内にあるすべての者に対し、この条約……に定義する権利および自由を保障する」と規定し、条約上、人権保障義務の名宛人は締約国たる国家である。本判決は、条約上の権利および自由の侵害が、国内法において権利を「保障」すべき国家の義務の不履行の結果生じている場合には、当該侵害について当事国の条約上の責任が問われるとした上で、結社の自由の侵害となる組合加入強制と解雇がイギリスの国内法で合法とされていたことを根拠に、イギリスの条約（11条）違反を認定した。本件では、組合加入強制と解雇を行ったのはイギリス国有鉄道であったが、裁判所は、当事国自らが雇用者とみなされるかという点には立ち入ることなく、専ら、管轄下の個人に条約上の権利および自由を「保障する」という条約1条の基本的な義務に基づいて、当事国の条約違反を導いた。本判決は、私人や企業などの第三者による権利侵害に対しても国内法によって個人に実効的な権利保護を行うべき国家の義務を、権利「保障」の義務から導き、それを怠ることによって国家の条約上の責任が生じることを明らかにしたリーディングケースである。

本件で問題となった11条（労働組合結成・加入の権利を含む集会・結社の自由）は本来、諸権利・自由の中でも、労使関係を始め私人間における実効的な権利保護が要請される権利である。ヨーロッパ人権委員会はすでに1970年代、Golder事件における委員会報告で述べた条約解釈原則すなわち、人権保護という条約目的に実効性を与える必要性をふまえた上で、相次いで、労働組合の目的が達成されるためには、雇用者による干渉に対して国の立法による保護が確保されなければならないという見解を示していた。委員会によれば、本条約は国家のみならず私人および私的団体からも権利が保障されることを要請しており、そして、そのことは市民的自由と経済的権利の性格を併せ持った11条にはとくに妥当する[1]。人権裁判所も1975年のNational Union of Belgian Police事件判決で、条約は、労働組合が、国内法の下で、11条に反しない条件で構成員の利

益保護のために尽力することが可能でなければならない、と判示し⁽²⁾、本条の権利の行使を可能にするため国内法を整備する締約国の義務に言及していた。本判決で裁判所は、そのように国内法制によって条約上の権利の実効的な保護を図る締約国の義務から、当事国の条約違反を認定するに至ったが、本件では、その義務は条約1条のみから導かれ、委員会のように、とくに労使関係の特殊性を考慮して引き出された結果とはなっていない⁽³⁾。その意味で、本判決の論理は、11条のみならず他の実体規定にも一般的に適用しうるものであり、条約上の権利の侵害となる第三者の行為を国内法によって実効的に規制すべき国の責任が、本判決によって明確に認められたということができる⁽⁴⁾。ただ実際には、11条が、労使関係を措いても私人間の人権侵害に関して援用されることの多い規定であることは確かであり、たとえば人権裁判所は、Plattform "Artze für das Leben" 事件判決で、デモ参加者を妨害から守るべき国の責任について、「[国家が単に介入しないという] 純粋に消極的な観念は、11条の趣旨および目的に合致しないであろう。8条と同じく、11条は時として、必要であれば個人間の関係の領域においても積極的な措置が取られることを要求する」と述べている⁽⁵⁾。

(2) 条約11条「結社の自由」とクローズド・ショップ制

11条に関して、本件で主な論点となったのは、本条が、労働組合の結成および労働組合への加入を含む積極的な意味での結社の自由のみならず、結社または組合に加入することを強制されないという消極的な権利をも保障したものといえるか、という点であった。集会および結社の自由を規定した世界人権宣言20条は、2項で「何人も、結社に属することを強制されない」と明記しているが、ヨーロッパ人権条約の起草時には、いくつかの国がクローズド・ショップ制を取っていることとの関連で、そのような消極的な意味での結社の自由については明文規定をおかないこととされた経緯がある⁽⁶⁾。本件で当事国イギリスはそうした起草過程を援用して主張

を行ったが、判決の多数意見は、起草過程からしても消極的な意味での結社の自由が積極的な意味でのそれと同等に保障されているわけではないとしつつも、本件では、解雇の脅威をもってする組合への加入強制を認めることは結社の「自由」の実質そのものを侵すことになるとして、結社の自由への干渉があったとみなした。しかしこれに対して、Sorensen、Thor Vilhjalmsson、Lagergrenの3人の判事は共同反対意見で、条約の起草時にはクローズド・ショップ制について各国は合意に達しなかったのであり、この問題は各締約国の国内法制に委ねられるべきであるとの見解をとっている。

本件判決を受けて、当事国イギリスは法改正を行い、1982年の雇用法では、本件申立人のような状況における被用者の解雇は不当な解雇とみなされ、解雇を受けた被用者はイギリス法の下で救済を受けうることになった（1982年12月1日施行）⁽⁷⁾。

なお、近年の国際人権文書および、本判決を受けた関連条約機関の実行では、結社の自由については消極的な意味での自由を含めてこれを保障するのが潮流であり（経済的、社会的及び文化的権利の分野における米州人権条約追加議定書［サンサルバドル議定書］8条、労働者の基本的社会権に関するECの共同体憲章11条2項、ヨーロッパ社会憲章5条の解釈に関するヨーロッパ社会権委員会の見解⁽⁸⁾など）、ヨーロッパ人権裁判所も1993年のSigurður A. Sigurjónsson判決（本書71）では、条約11条は消極的な結社の自由を包含したものとみなければならない、との立場を明確にするに至っている。

(3) 権利への介入の正当性審査──民主的社会における「必要性」

条約の8条から11条までは、1項で各権利、2項で権利制限事由を規定する形を取っているが、これらの権利制限事由はいずれも、①法律で定められ、②「公共の安全」等の一定の目的のために、かつ③民主的社会において必要な制限のみを課しうるとしている点で共通している。権利への介入があると認められる場合、裁判所は各事案において、この3要

件が充足されているかの検討を行うが、多くの場合①と②の要件は充たされていることから、裁判所による実質的な検討は③に集中することとなる。この③のうち、「民主的社会において」の部分はとりわけ、ヨーロッパ人権条約の下で、締約国間の一定の共通基盤の存在を前提に解釈が発展させられてきている概念であるが、「必要な」という必要性の基準は自由権規約の表現の自由等の権利制限事由と共通であることに留意すべきである。日本の判例では、表現の自由等をめぐって自由権規約に基づく主張がなされても、規約の保障は憲法のそれと同一であるとして規約の検討を行わないものが少なくないが、規約上の権利制限事由にいう一定の目的があるとしても権利制限の「必要性」は別途に検討されなければならず、その側面において、権利制限の目的と取られる手段との比例性を含め「必要性」を厳しく審査するヨーロッパ人権裁判所の判例法は重要な参照点となるといえよう。

(1) National Union of Belgian Police Case (No.4464/70), Series.B no. 17, pp. 47-48; Swedish Engine Driver's Union Case (No.5614/72), Series B no. 18, p. 41.
(2) National Union of Belgian Police Case, 27 October 1975, Series A no. 19, para. 39.
(3) 小畑郁「ヨーロッパ人権条約における国家の義務の性質変化──『積極的義務』をめぐる人権裁判所判決を中心に（2・完）」法学論叢 121 巻 3 号、88 頁。
(4) これは、条約上の個人の権利が第三者との関係でも保障されなければならないことを示したものであり、人権の第三者効力の側面を提起する。本判決によって、11 条が国内において第三者に対して直接援用できるものとされたという意味では、直接的な第三者効力が認められたということもできる（CLAPHAM, Andrew, "The 'Drittwirkung' of the Convention", MACDONALD, R. St. J., MATSCHER, Franz, and PETZOLD, Hans eds., *The European System for the Protection of Human Rights*, 1993, p. 195）。ただ条約上は、その効果はあくまで締約国たる国家の義務を経由して生ずる点で、いわば間接的な第三者効力である（VAN DIJK, Peter and VAN HOOF, G. J. H., *Theory and Practice of the European Convention on Human Rights*, 2ed (1990), p. 20）。
(5) Plattform "Artze für das Leben", 21 June 1988, Series A no. 139, para. 32.
本判決で裁判所が述べているように、8 条（私生活および家族生活の尊重を受ける権利）については、権利の実効的な尊重を確保するための国の積極的義務を認定した多くの判例がある。8 条の下で国家の積極的義務を認めた判例には、権利を実効的に確保する国内法規定の欠缺を問題としたもののほか、権利行使の事実上の障害を指摘したものも存在する。これらについて詳しくは、申『人権条約上の国家の義務』（日本評論社、1999 年）86-98 頁を参照。
(6) Council of Europe, *Collected Edition of the Travaux Préparatoires*, vol. IV, p. 262.
(7) The Committee of Ministers, Appendix to Resolution DH (83) 3, 23 March 1983.
(8) ヨーロッパ社会権委員会は、ヨーロッパ人権裁判所の本判決後、ヨーロッパ社会憲章 5 条の下ではクローズド・ショップ制は認められないという見解をとるに至った（GOMIEN, Donna, HARRIS, David and ZWAAK, Leo, *Law and Practice of the European Convention on Human Rights and the European Social Charter*, 1996, p. 391）。

[参考文献]
[1] DRZEMCZEWSKI, Andrew, and WOOLDRIDGE, Frank, "The Closed Shop Case in Strasbourg", *International and Comparative Law Quarterly*, vol. 31, 1982, pp. 396-402.
[2] VALTICOS, Nicolas, von POTOBSKY, Gerald W., *International Labour Law*, 2nd revised ed., 1995.

12 私人の行為と国家の義務 (1)
国家の積極的義務の性質と範囲
——オスマン判決——

中井伊都子

Osman v. the United Kingdom
28 October 1998, Reports 1998-VIII(大法廷)

【事　実】

　申立人は事件当時公立学校に通っていた14歳の生徒とその母親であり、本件はこの生徒に強い執着を示した教師によって引き起こされた殺人および傷害事件に基づいている。

　当該公立学校の校長から、ある教師のこの生徒への執着ぶりや周囲へのいやがらせについて再三相談を受けた警察は、その行為に性的な要素が含まれているわけではないので学校側で片付けるように述べて調書を作成するには至らなかった。

　その後申立人である生徒の名前になぞらえて改名した教師は、精神科医の勧告に従って病気休暇で学校を離れたが、申立人の家や所有物への損壊行為は続き、ついに1988年3月7日に、申立人の家で生徒の父親を射殺し、生徒にも重傷を負わせた。さらにこの学校の教頭を撃ってその息子を射殺した。

　教師は逮捕され、精神病院への無期限の収監が言い渡された。申立人は、教師が殺人を起こすことを防止しなかったとして警察を訴えたが、控訴院(Court of Appeal)は、公序(public policy)によって警察は不作為に関する訴訟から免除されるとしてこれを退けた。

　これに対して申立人は、1993年11月、警察の不作為がヨーロッパ人権条約(以下、条約という)2条「生命についての権利」および条約8条「私生活の尊重」に反し、さらにこれらの警察の不作為に関して裁判を受けられなかったことが条約6条「公正な裁判を受ける権利」および十分な救済が得られなかったことが条約13条「実効的救済についての権利」に反するとしてヨーロッパ人権委員会(以下、人権委員会という)に申し立てた。人権委員会は、6条1項の違反を認定し、2条と8条の違反は存在せず、13条については審査の必要がないことを内容とする報告書を採択し、事件をヨーロッパ人権裁判所(以下、人権裁判所という)に付託した。イギリス政府も事件を人権裁判所に付託した。

【判　旨】

(1)　2条違反の主張について
(a)　2条1項に基づく国家の義務

　2条1項は、国家が故意かつ違法に生命を奪うことを禁止するだけではなく、その管轄内にあるすべての者の生命を保護するために適切な措置をとることを国家に求めている。「この点で国家は、犯罪を防止する実効的な刑法を制定し、その違反を防止しかつ処罰する法執行機関を設置して生命を保護するという第一義的な義務だけではなく、一定の状況においては他者の犯罪行為によってその生命が危険にさらされている個人を保護するための防止措置をとる積極的義務をも負っている(§115)」のである。

(b)　積極的義務の性質と範囲

　現代社会の治安維持、人間の行動の予測不可能性そして優先順位や手段に左右される作戦行動が抱える困難を考慮すれば、そのような義務を、国家に不可能で不均衡な負担を負わせるような方法で解釈してはならない。

　さらに、警察が犯罪を取り締まりあるいは防止する権限を行使するに当たっては、条約5条や8条に含まれる保障のように、犯罪を捜査し犯罪者を裁判

にかける警察の行動に正当な制限を課す「適正な手続」などの保障が完全に確保されていることが必要である。

積極的義務の違反があったというためには、警察は、第三者の犯罪行為によって特定の個人の生命が現実かつ急迫に危険にさらされていることを知っていたもしくは知っているべきであって、合理的に判断してその危険を回避できたであろう措置をとらなかったことが立証されなければならない（§116）。

　(c)　本件への当てはめ

当初、教師の執着が申立人の生命を危険にさらしているという兆候はなく（§117）、精神科医の所見は専門的見地に基づくものであり（§118）、申立人の家屋の損壊は生命の危険を示唆するものではなく、また当該教師の関与を示す証拠はない（§119）。

申立人は、当該教師によって申立人の家族の生命が現実かつ急迫に危険にさらされていることを警察が知っていたもしくは知っているべきであったと言い得る決定的な時点を明らかにしていない。また家宅捜索など危険を回避する機会は幾度もあったと主張しているが、警察は個人の権利および自由と両立する方法でその任務を果たさなければならない（§121）。

　(d)　結　論

本件において、2条違反は存在しない（17対3）。

(2)　8条違反の主張について

2条違反が存在しないとの結論は、8条が含む積極的義務の違反もなかったことを示している（17対3）。

(3)　6条1項違反の認定について

　(a)　6条1項の適用可能性

イギリス政府は、「公序理論」に基づいて控訴院が警察に注意義務を課すことが公平、公正かつ合理的ではないと判断したのであるから、申立人は国内法上のいかなる実体的権利も持たないとして6条1項の適用可能性を否定した（§133）。しかしこの理論は初めからそのような民事訴訟に敗れることを自動的に決定するものではなく、「原則として国内裁判所に、訴えに基づいてこの原則を適用するのが適切か否かを決定させるものである（§138）」ので、申立人は過失という不法行為に関する法から生じる権利を持つと考えられ、6条1項は適用可能である（§139）。

　(b)　6条1項との両立性

「裁判所に訴える権利は絶対的なものではなく、その性質上国家による規制に服するが、その制限はこの権利の本質を損なうような方法で、あるいはそのような程度まで個人の権利を制約するものであってはならない（§147）」。社会全体に奉仕する警察が、個別の作戦の不法行為責任から免除されるという理論の目的は条約に照らして正当であるが、比例性の観点からは、捜査や犯罪防止における警察の行動すべてを裁判から免除することは、申立人の権利に正当化し得ない制限を加えることになる（§§149-151）。

　(c)　結　論

本件に警察の裁判からの免除原則を適用することは、申立人の裁判を受ける権利を不均衡に制限するものであるので、6条1項に違反する（全員一致）。

(4)　13条違反の主張について

6条1項の認定に照らし、審査する必要はない（19対1）。

(5)　公正な満足

訴訟費用の支払いに加え、警察に対する賠償請求の判決が得られなかったことに関して、損害賠償を命じる（全員一致）。

判決には補足意見3、一部反対一部補足意見1（裁判官3名）が付されている。

【解　説】

(1)　判決の意義・特徴

本判決は、条約第2条1項が保障する生命についての権利が私人によって侵害されたことを契機として、警察が十分な防止措置をとらなかったことおよび警察の不作為を民事裁判から免除する判例法が条約と両立するか否かが争われた事例である。判決は、2条1項の第一文は国家の消極的義務だけではなく、一定の状況においては他者の犯罪行為からも個人を

保護する積極的義務を含んでいると解釈した上で、申立人の主張からは警察が申立人の家族の生命が危険にさらされていることを認識していたとはいえないとして2条1項違反はなかったと判断した。法律や制度の整備を超えた国家の積極義務があることは認めながらも、実際にその違反を認定することの難しさを示すものとなった。

一方判決は、警察を民事裁判から免除する判例法によって、申立人の訴えが門前払いされたことに関しては6条1項の違反を認定した。裁判所は、社会全体の利益のために行動することが期待されている警察が、個別の捜査や取締りの注意義務違反を問われることは萎縮効果を生むとのイギリス政府の主張を退け、公共の利益を理由とする自動的な免責は、裁判を受ける権利の侵害に当たると判断した。これによってイギリス国内では公的機関の注意義務違反を争う訴訟が激増することも予想され、判例法の変更を懸念する議論を提起している[1]。

(2) ヨーロッパ人権条約における国家の積極的義務

起草過程においては、条約の締約国が負うべき義務に、積極的な要素が含まれるとは考えられていなかったが、その実施過程において人権裁判所が国家の積極的義務について初めて言及したのは、1979年のMarckx事件（本書58）における条約8条の解釈においてであった。第一義的な消極的義務に加えて、私的な家族生活の実効的保護に固有の積極的義務が存在すると解釈して、家族を保護する法の不存在を条約違反と認定したのである。その後8条との関連では、強制送還[2]、性転換（Goodwin〔本書47〕）、公害や騒音（Lopez Ostra〔本書52〕、Hatton〔本書53〕）をめぐる申立において、国家の積極的義務の存在が認定されてきている。

さらに裁判所は、条約1条の解釈を根拠に、国家は人権が確保されている状況を作り出す積極的義務があることを、3条[3]と11条[4]に関して条文の個別的解釈とは独立に認めた。その後3条に関しては、その権利の重要性から13条との関連で実効的捜査の義務を導いた事例（Aksoy〔本書29〕）があり、11条についてはその保障の重要性の中に国家の積極的義務を読み込んだ事例[5]もある。

(3) 2条1項における国家の積極的義務

本判決は、同年に人権裁判所が初めて認めた2条1項に対応する国家の積極的義務[6]の性質と範囲をより明確にしたものである。国家は2条1項によって求められる個人の生命を保護するために、①実効的な刑法を制定し、②その刑法を執行するための警察機構を整備し、③他者の犯罪行為によって特定の個人の生命に「現実のかつ差し迫った」危険がある場合には合理的な作戦を講じなければならない。①と②は、他の権利についてもこれまで積極的義務との関連で議論されてきた内容であるが、③は私人による犯罪行為からの保護という本件特有の事情を背景として加えられたものである。しかし、現代社会における治安維持の難しさ、人間の行動の予測不可能性および5条や8条などの条約規定に従って行動しなければならないという制約から、人権裁判所はこの義務の側面を非常に狭く限定して、国家に過重な負担を強いることを避けたと考えられる。

実際、この後の判決で生命への危険から個人を保護する予防措置を講じなかったとして2条1項の積極的義務違反が認定されたのは、事実上法の支配が機能していない地域での極端な2条違反の事例[7]や、刑務所内での精神障害者による殺人の事例[8]などに限定されている。

(4) 私人の行為と国家の積極的義務の態様

本判決のような行政による過失のほかに、私人の行為を契機として国家の積極的義務違反が問題となった事例としては、法律の不存在[9]、法律の欠陥[10]、手続の不備による裁判の遅滞[11]などが挙げられる。

法律の不存在や欠陥および裁判手続の不備が認められる場合には、その事実を以って国家の積極的義務違反が認定されるのに対し、警察などの行政による注意義務違反や不作為を積極的義務違反として構成するためには、個人と社会全体の競合する利益の

公平なバランスを考慮しなければならない(12)。そして個人の権利を保障するという積極的側面から考えるにしても、社会全体の利益を損なわないという消極的側面から考えるにしても、国家には一定の評価の余地が残されているのである（López Ostra〔本書 52〕）。

(5) 警察の不法行為に関する裁判免除の理解とその後のイギリスの対応

本判決では、注意義務違反の訴えを受けて、被告が原告に対して注意義務を負っているかどうか、すなわち発生した損害が予見可能で、両者が近い関係にありかつその状況で注意義務を課すことが公平、公正かつ合理的であるかどうかを決定するは国内裁判所であり、警察の裁判免除原則の適用を決定するのも国内裁判所であるとして、申立人にはイギリス法上警察に対して訴えを起こす権利があるとした。その一方で、「公の秩序のための警察の裁判免除原則」は競合する公共の利益の存在を考慮することなく警察に完全な免除を与えている点で均衡性を欠くと判断して、6条1項違反を認定した。

その後の事例(13)において人権裁判所は、「Osman事件の論理は、その後に国内裁判所とくに貴族院によって行われる説明に照らして再考されなければならないという不法行為法の理解に基づいている」と述べて、この矛盾(14)を事実上訂正している。

本判決後イギリス政府は、すべての警察官に対して、免除を主張するためには当該事件に関する事実の完全な審査が必要とされるので、免除のための審理は実質上本案に関する審理と変わらないことを周知させたとしている(15)。

(1) Lord Hoffman, Human Rights and the House of Lords, 62 *Modern Law Review*, 1999, p. 159.

(2) Abdulaziz, Cabales and Balkandali v. U.K., 28 May 1985, Series A no. 94.

(3) Young, James and Webster v. U.K., 13 August 1981, Series A no. 44.（本書 *11*）

(4) Costello-Roberts v. U.K., 25 March 1993, Series A no. 47-C.

(5) Plattform Ärzte für das Leben v. Austria, 21 June 1988, Series A no. 139.

(6) L. C. B v. U.K., 9 June 1998, Reports 1998-III.

(7) Mahmut Kaya v. Turkey, 28 March 2000, Reports 2000-III.

(8) Paul and Andrew Edwards v. U.K., 14 March 2002, Reports 2002-III.

(9) たとえば、X and Y v. the Netherlands, 26 March 1985, Series A no. 91（本書 *50*）, Stubbings and others v. U.K., 22 October 1996, Reports 1996-IV.

(10) たとえば、A. v. U.K., 23 September 1998, Reports 1998-VI.

(11) たとえば、Mikulić v. Croatia, 7 February 2002, Reports 2002-I.

(12) 本判決で言うならば、2条の権利の保障と、警察行動における適正な手続および条約第5条や8条の保障。

(13) Z and others v. U.K., 10 May 2001, Reports 2001-V.（本書 *13*）

(14) Jacobs & White, *European Convention on Human Rights*（3rd ed.,）, 2002, p. 154.

(15) Osman v. U.K., Resolution DH(99)720, 3 December 1999.

［参考文献］

[1] Andrew Clapham, *Human Rights in the Private Sphere*, 1992.

[2] Stefan Trechsel, Spotlights on Article 2 ECHR, *Development and Developing International and European Law*, 1999, pp. 671-686.

13　私人の行為と国家の義務 (2)
虐待からの児童の保護
――Ｚ対イギリス判決――

今井　雅子

Z and others v. the United Kingdom
10 May 2001, Reports 2001-V.（大法廷）

【事　実】

申立人は、両親から虐待を受けていた４人の兄弟姉妹（Ｚ女82年出生、Ａ男84年出生、Ｂ男86年出生、Ｃ女88年出生）である。1987年にヘルス・ビジターからのソーシャル・サービス提供の要請を受けて専門家会合が開催されたが、具体的な対応は講じられなかった。以後４年半にわたり、兄弟は不潔な状態に置かれ、ひもじさから食べ物を盗んだり、顔に傷跡がみられたりした。隣人、警察、医師、校長、NSPCC（全国児童虐待防止協会）および祖母から情報の提供が続いたにもかかわらず、専門家会合では身体的虐待の危険よりも親のネグレクトが問題視され、親への支援が必要だとして、ソーシャル・ワーカーは派遣されなかった。1992年６月になって、４月に離婚した母親からケア手続の要請がなされ、翌1993年４月にケア命令が下されて子らは地方当局のケアのもとにおかれた。ケア手続では、年長の３人の心理的障害など愛情と身体的ケアの欠如が認定され、子らの体験は心理的虐待とネグレクトの最悪の事例とされた。

1993年６月、オフィシャル・ソリシタ（子らの近友として）は地方当局に対し、①制定法上の義務違反、および②ネグリジェンス（negligence：過失不法行為）を理由として訴訟を提起した。ソーシャル・サービス局は児童保護登録[(1)]に子らが記載されるのを避けようとして対応が遅れ、その過失のために少なくとも３人の子への重大な心理的障害を招く結果に至ったと主張された。11月に訴訟原因なしと訴えを却下する判決が下され、子らの上訴に対し1994年２月28日に控訴院は原判決を認容した。さらに貴族院も1995年６月29日に子らによる上訴を認めないと判示した。児童ケアに関する諸法のもとで地方当局が子の福祉に関する義務を履行する際の過失を理由とする不法行為訴権を認めることは、子の保護のために多くの関係機関が協力するシステム、子の保護と同時に家族への影響も考慮するデリケートな決定、および賠償責任を課すことによる当局の慎重すぎるもしくは保身的な対応への危惧などのパブリック・ポリシーに関する考慮事由から、「公正、正当かつ合理的」でないと判示された（Ｘ事件貴族院判決）[(2)]。

そこで、同年10月、ヨーロッパ人権委員会(以下、人権委員会という）に対して、地方当局が両親による虐待を知りつつ、重大なネグレクト・虐待について十分な保護措置を講じなかったこと、および裁判を受ける権利もしくは効果的な救済がないことは、ヨーロッパ人権条約３条・６条・８条・13条の違反があると申し立てられた。

1998年５月26日、人権委員会は申立を受理した。翌1999年９月10日採択の報告書において、人権委員会は３条・６条違反を認め、また８条・13条のもとで争点なしとした。３条違反の主張に対して、国連子どもの権利条約19条（虐待からの保護）にも言及しつつ、「年齢および脆弱性により自身で守ることのできない子の保護は、刑法に３条の扱いを禁じる保護を定めることを求めるだけではなく、さらに適切な状況では、この規定は、他の個人からの危険にさらされる子を保護する防止措置を関係当局がとる積極的義務を含む」(§93)として、家族に介入する

決定や虐待の発見の困難さを認識しつつも、本件では、利用可能な手段があるにもかかわらず、効果的な措置を講じることができなかったと認定した。

本件は、1999年10月25日、人権委員会により、ヨーロッパ人権裁判所(以下、人権裁判所という)に付託された。人権裁判所大法廷審査部会は、大法廷で審理することを決定し、2001年5月10日に大法廷判決が下された。

なお、X事件貴族院判決は、5件の地方当局への訴え(児童ケア2件と教育3件)を併合審理しているが、もう一つの児童ケアの事例は、性的虐待者の誤認により約1年間強制的に引き離された子と母親が提訴したものであり、人権裁判所に8条、6条および13条の違反を訴えて、本判決と同日に判決が下されている(TP and KM v. UK事件、以下TP判決という)。

【判　旨】

3条の違反を認定する(全員一致)。8条については個別の争点はない(全員一致)。また6条については違反はない(12対5)。さらに13条の違反を認定し(15対2)、金銭的損害(将来の収入の喪失・将来の医療費)として、Zに8千ポンド、Aに10万ポンド、Bに8万ポンド、Cに4千ポンド、非金銭的損害(身体的・精神的損害)として、各3万2千ポンドの支払いを命ずる。

(1)　3条(拷問または非人道的なもしくは品位を傷つける取扱いの禁止)違反について

人権委員会による、非人道的なもしくは品位を傷つける取扱いから保護する積極的な義務に違反するという認定に対し、イギリス政府は争っていない。

1条および3条により、「締約国には、管轄内にあるすべての者に、私人により加えられる虐待(ill-treatment)を含む拷問、非人道的なもしくは品位を傷つける取扱いを受けないよう確保することを目的とする措置を講ずることが求められる。この措置は、特に子どもその他の脆弱な者に対する実効的な保護を提供し、当局が現に知りもしくは知り得べきであった虐待を防止する合理的な手段を含まなければならない。」(§73)

「本件において、申立人の4人の子が受けていたネグレクトおよび虐待が非人道的もしくは品位を傷つける取扱いの最低基準に達していたことに争いはない。……当裁判所は、ソーシャル・サービスが直面する困難かつセンシティブな決定、および家族生活を尊重し保持する重要な対抗する原理を認識している。しかし、本件では、申立人を重大で長期にわたるネグレクトと虐待から保護するシステムの欠陥があったことに疑いはない。」(§74)

(2)　8条(私生活の尊重)の違反について

3条違反の認定により、私生活の尊重の原理のもとで、身体的・道徳的高潔性を保護する8条の違反があったかについては考慮しない。

(3)　6条(公正な審理を受ける権利)の違反について

6条の適用可能性について、地方当局に対し児童保護義務の履行における過失への賠償責任を認める判決は存在しなかった(§88)が、貴族院判決により注意義務なしと判示されるまでは、申立人にはイギリス法のもとで訴訟を基礎づける請求権があった(§89)。

6条の違反について、申立人は実際には国内裁判所に訴えを提起する権利を奪われていない。リーガル・エイドを得て貴族院まで争ったし(§95)、貴族院は、競合するパブリック・ポリシーの考慮事由を比較衡量したうえで、新しい領域にネグリジェンス責任を拡大することはしないと判断した(§96)。訴訟原因の存在について決定する却下手続が、それ自体裁判を受ける権利を侵害するとみなされる理由はない(§97)。

申立人および人権委員会は、ネグリジェンス責任の排除は裁判を受ける権利の制限となるとしたOsman判決(本書12)に依拠しているが、「同判決を基礎づけたネグリジェンス法の理解は、その後の国内裁判所、特に貴族院により明確にされたところに照らして再検討されなければなら」ず、そのネグリジェンス法には、「注意義務の本質的要素として

の公正、正当かつ合理性の基準が含まれ、本件におけるかかる要素に関する判断は免責として作用していない」(§100)。申立人の訴えは、ネグリジェンスという不法行為に関する適用可能な国内の法原理に照らして、適切かつ公正に検討された。却下手続の結果がこうあるべきであったと判示するのは当裁判所ではない。それは、国内法の適切な解釈および内容について、結果的に自身の見解に置き換えることを伴うからである (§101)。

(4) 13条（実効的な救済を受ける権利）の違反について

イギリス政府も認めているように、申立人が利用可能な救済方法として、犯罪被害補償機構があるが、これは犯罪行為に限定され、少額に留まり（1997年にZに千ポンド、AとBに3千ポンド、Cに2千ポンドを付与）、オンブズマンへの申立も、その勧告には法的強制力がない。1989年児童法に基づく訴えも含め救済の範囲は不十分であるが、将来は1998年人権法のもとで、被害者は賠償付与の権限をもつ裁判所で訴えることが可能になるであろう。

本件において、申立人は、地方当局が非人道的なもしくは品位を傷つける取扱いから保護できなかったという主張について判断する適切な手段、および被った損害の強行可能な賠償付与の可能性を利用できなかった (§111)。

【解　説】

(1) 判決の意義

本判決は、親による子への虐待やネグレクトについて、3条が禁止する「非人道的もしくは品位を傷つける取扱い」に該当すると判断し、地方当局が虐待を「現に知りもしくは知り得べきであった」にもかかわらず、適切な保護措置を講じなかった場合には3条の違反があると判断した。人権裁判所は、1998年の継父による体罰の事例であるA v. UK事件において、1条および3条のもとで、国家は、管轄内にある者が、それが私人によるものであっても、3条により禁止される扱いを受けないよう確保する責務を負うこと、および子どもその他の脆弱な者に関しては、国家のかかる責務は、身体の高潔性への重大な侵害を効果的に抑止する形態をとらなければならないと判示した[3]。子どもとその他脆弱な者（拘禁下にある者など）という特別なカテゴリーについて、国家は私人による権利侵害からのより実効的な保護を求められ、また保護措置の適切さの判断において、国家に認められる評価の余地はより狭いものとなる[4]。本判決は、この原則を再確認すると同時に、かかる国家の積極的義務は、A. v. UK事件で問題となったような虐待者への刑事処分などへの適切な対応にとどまらず、虐待の危険を現に知りもしくは知り得べきであった場合には、虐待を防止し子どもを保護するために必要とされる合理的な措置を講じなければならないとした点が重要である。この部分は、本判決でA. v. UK判決とともに引用された2条（生命に対する権利）に関するOsman判決（本書12）と連係するものと位置づけられる。

公当局の制定法上の権限行使におけるネグリジェンス責任に制限的な判例法の流れのなかで、X事件貴族院判決は、虐待からの適切な保護ができなかった地方当局の不作為について注意義務なしと判示し、虐待を受けた子の損害賠償請求を認めなかった。しかし、本判決により児童ケアにおける過失が3条の違反となる可能性が示されたことは、救済手段の選択肢を広げただけではなく、1998年人権法が不法行為法に今後どのような影響をもたらしてゆくのかを考えるうえでも示唆に富む。

(2) 3条と国（地方当局）による児童虐待からの保護

本判決において、人権裁判所は、子らが受けていたネグレクトおよび虐待が非人道的もしくは品位を傷つける取扱いの最低基準に達していたことに争いはないとした。3条が適用される虐待の具体的な基準について言及されていないが、人権委員会報告書の意見によれば、苦痛の評価は相対的であり、取扱いの性質や文脈、期間、身体的・精神的影響、さらに場合によっては被害者の性、年齢および健康状態

など、事件のすべての状況により判断される(§ 90)。本件の子は、児童精神医学のコンサルタント医が「身の毛もよだつ」経験と述べた環境に置かれ、長年にわたる栄養不足、不潔な生活環境および身体的虐待により行動障害や発達遅滞が生じることとなったが、虐待防止のシステムは適切な保護を与えることができなかった。これに対して、人権裁判所は、当局が「虐待を現に知りもしくは知り得べきであった」場合には、より早い段階で子を家庭から離すなどの物理的介入により、虐待から保護する「合理的な手段」を講じる必要があったと判示した。

本件では、3条違反の認定について政府は争わなかったが、本判決後、継父による身体的・性的虐待が申し立てられた2002年のE v. UK事件では、政府は、関係当局が緊密に連携して家族を監督していれば虐待の防止が可能であったかが立証されていないと主張した。人権裁判所は、3条のもとでのテストは、公当局の過失もしくは不作為がなかったならば虐待は起こらなかったことの立証が求められているのではなく、合理的に採り得る措置で、それにより結果を変えもしくは損害を最小限にする現実の見込みがあった措置が講じられなかったのであれば、国に責任を負わせるのに十分であるとした[5]。すなわち、3条の下で、関係当局には、適切かつ効果的な責任の履行により、虐待の危険や害を回避しもしくは少なくとも最小限にすることが求められる。

なお、本件の虐待のように3条違反が申し立てられている行為が私人による場合は、3条が扱う拷問の事例とは異なり、虐待者である親や他の家族構成員の人権や競合する利益も考慮する必要が生じる。児童ケア当局は、強制的介入のネグリジェンス責任が問われる可能性もあり、実際に、同じX事件貴族院判決から人権裁判所へ提訴されたTP判決では、地方当局の誤った虐待判断による母子の分離が争われ、8条(家族生活の尊重)違反が認定されている。

(3) 国(地方当局)に対する不法行為訴訟

Osman判決では、ネグリジェンスの訴えを却下する控訴院判決は警察に対する包括的免責を与えるものであり、犯罪の捜査と防止におけるネグリジェンスの責任を認めないのは裁判を受ける権利への比例性を欠く制限であるとして、6条の違反が認定された。

しかし、本判決において、人権裁判所は、地方当局が申立人に対する注意義務を負っていないとする貴族院判決により、地方当局に免責が与えられたことにはならないとして、6条に違反しないと異なる判断を下した(TP判決も同様に6条違反を認めていない)。貴族院は、児童ケアにおける地方当局の不法行為責任に関して、注意義務存否に関するCaparo判決[6]の3段階のテストのもとで、①損害の予見可能性および②当事者の近接性に加えて、③注意義務を課すことが「公正、正当かつ合理的」であるかの判断に際し、ポリシーに関する考慮事由(警察、教育、医療など多くの組織が協力するシステム、子の保護と同時に家庭環境への影響をも考慮するデリケートな決定、賠償責任を課すことによる当局の慎重すぎたり保身的な対応への危惧、およびソーシャル・ワーカーと親との対立関係)を検討した。人権裁判所は、これらの考慮事由をネグリジェンスという不法行為が成立するためにみたされるべき注意義務の本質的な要素であると認め、その後児童ケアに関して不法行為責任を認めた事例もあることからも、この基準が免責事由として適用されたとはいえないと判示した。さらに、事実審理に先だつ却下手続についても、申立人に対し裁判所でその法的主張を提出することを認めるものであるから、裁判を受ける権利を否定するものではなく、申立人が法的な請求権をもたないとされる場合には、事実審理が有益とはいえないと指摘している。

(4) 判決の国内法への影響

本判決は、6条違反に関して明示にオスマン判決を覆してはいないものの、その後の判例法に照らし再検討されるべきであるとした。オスマン判決後、イギリスの裁判所には、公当局に対するネグリジェンス訴訟について、却下することを躊躇する傾向がみられる。児童ケアに関してみると、本判決で引用

されたBarrett事件⁽⁷⁾では、10カ月から17歳まで里親や施設を転々とし、母親との関係回復が不首尾に終わった原告が、地方当局による適切なモニター・監督の欠如により精神医学的問題が生じたと訴えたが、貴族院は、地方当局のケア下にある子として本件との区別を行い、訴えの却下を認めなかった。また里親家庭に託置された15歳の少年が、里親の子に対し性的虐待を行った事例でも、性的虐待の経歴があることを知っていた地方当局に対する里親と子の訴えは却下されなかった⁽⁸⁾。オスマン判決を修正する本判決が下された後も、この傾向は続いており、児童ケアの専門家による誤った虐待の判断により親子が分離され精神医学上の症状が生じたと争ったD事件の貴族院判決⁽⁹⁾からみると、子への虐待が疑われる場合に、調査をする当局が親に対する注意義務を負うとするのはパブリック・ポリシーに反するとしても、少なくとも子については、注意義務なしと訴えが却下されることはなくなった。

この背景には、いうまでもなく1998年人権法が2000年から施行されたことがある。現在は、本件のように虐待を見過ごしてケアに付さない場合には3条違反として、またTP事件のように虐待の誤認により親子を分離する場合には8条違反として、直接人権法により当局の過失を争うことが可能となった。同時に公当局に対するネグリジェンス訴訟におけるOsman判決や本判決の影響にみられるように、人権裁判所の判例法によりもたらされる間接的な効果が今後どのように展開してゆくのか注目される。

(1) NSPCCによれば、2006年にはイングランドで26,400人が児童保護登録に記載され、うち11,800人がネグレクト、3,600人が身体的虐待、2,300人が性的虐待、6,000人が心理的虐待となっている（NSPCC, Summary of Child Protection Register Statistics〔2006〕）。
(2) X (Miners) v. Bedfordshire County Council [1995] 2 A. C. 633. X事件貴族院判決を簡単に紹介するものとして、今井雅子「児童ケアに関する地方当局の不法行為責任」比較法研究57号（1995年）74-78頁参照。
(3) A. v. the United Kingdom, 23 September 1998, Reports 1998-VI, §22.
(4) A. Clapham, Human Rights Obligations of Non-State Actors（Oxford University Press, 2006), at 357.
(5) E and others v. the United Kingdom, 26 November 2002, §22.
(6) Caparo Industries plc v. Dickman [1990] 2 A.C.605.
(7) Barrett v. Enfield London Borough Council [2001] 2 A.C.550.
(8) W v. Essex County Council [2001] 2 A.C.592.
(9) D v. East Berkshire Community Health NHS Trust [2005] 2 A.C.373.

[参考文献]
[1] J. Wright, Tort Law and Human Rights（Hart Publishing, 2001）
[2] A. Mowbray, The Development of Positive Obligations under the European Convention on Human Rights by the European Court of Human Rights(Hart Publishing, 2004)
[3] C. Booth Q.C. and D. Squires, The Negligence Liability of Public Authorities (Oxford University Press, 2006)

14 ノン・ルフールマン原則と犯罪人引渡
人権侵害が予見される国家への引渡により生じる人権条約違反
——ゼーリング判決——

古谷　修一

Soering v. the United Kingdom
7 July 1989, Series A no. 161（全員法廷）

【事　実】

　申立人であるSoeringは、ドイツ連邦共和国（以下、西ドイツ）の国民であるが、アメリカ合衆国（以下、合衆国）バージニア州で殺人を犯し、イギリス逃亡中に逮捕された。このため、合衆国政府は、イギリスとの間の犯罪人引渡条約に基づき、彼の引渡を請求した。その後、彼の本国である西ドイツもイギリスとの間の犯罪人引渡条約に従って、引渡を請求するにいたった。これに対して、イギリス政府は、合衆国が先に要請を行い、しかも彼が犯罪を行ったことの一応の証拠を提示していることを理由に、合衆国への引渡手続を進めることを西ドイツに通報した。

　この通報に先立って、ワシントンのイギリス大使館は、合衆国当局に対し、イギリスにおいては死刑が廃止されていることを理由として、Soeringが引き渡され有罪となった場合、たとえ死刑が宣告されたとしても、それが執行されない保証（assurance）を求めた。引渡条約4条によれば、引渡の対象となる犯罪について、請求国の法においては死刑を科すことができるが、被請求国の法では死刑を科すことができない場合には、死刑を執行しないという保証を請求国が与えない限り、被請求国は引渡を拒絶することができると定められていたからである。これに対し、訴訟を担当するバージニア州の郡検事は、死刑に値する罪で有罪が宣告された場合には、死刑が科されまたは執行されるべきでないとするイギリス側の希望を、裁判官に対し表明することを約束した。しかし、同検事はそれ以上の保証を行わず、Soeringに対して死刑を求刑する意図であることがイギリス政府に通知された。

　引渡の当否を判断するイギリスの治安判事裁判所は、犯行当時にSoeringが心身耗弱状態にあり、責任能力が欠如していたとの抗弁を退け、引渡を容認する判断を下した。これに対抗して、彼は人身保護令状と司法審査申立許可の請求を行った。しかし、これを審議した高等法院は、バージニア州郡検事の保証が、引渡条約が求めている政府の行政当局による保証とは異なることを認めながらも、合衆国の連邦制を考慮すればこうした保証を得ることは困難であると判断し、請求を退けた。Soeringはこの決定を不服として、貴族院に上訴許可の申請を行ったが、これも退けられた。この結果、内務大臣はSoeringの合衆国への移送を命じる令状に署名した。しかし実際には、ヨーロッパ人権委員会（以下、人権委員会）とヨーロッパ人権裁判所（以下、人権裁判所）による仮保全措置の指示により、同令状の執行は停止された。

　こうした国内手続の終了を受けて、Soeringは、合衆国によるイギリスに対する保証は十分ではなく、バージニア州当局に彼が引き渡された場合、死刑を宣告される可能性がきわめて高く、そうなれば「死刑の順番待ち現象」（death row phenomenon）と呼ばれる長期にわたる拘禁に服することになり、これは拷問または非人道的なもしくは品位を傷つける取扱いもしくは刑罰を禁止したヨーロッパ人権条約（以下、人権条約）3条に違反すると、人権委員会に申立を行った。あわせて、バージニア州では上訴を行うに際して弁護人等の援助を十分に受けられないこと

により、同条約6条3項(c)に違反すること、さらに3条に関する申立についてイギリス国内で効果的な救済を受けられなかったことにより、13条に違反することが主張された。人権委員会は、イギリス国内における手続が実効的救済を与えるものでなく、13条に違反するとしたが、3条と6条3項については違反を認めなかった。その後、人権委員会は事件を人権裁判所に付託し、続いてイギリスと西ドイツも同様の付託を行った。

【判　旨】

(1) 3条違反の認定について

(a) 請求国による措置に関する被請求国の責任

人権条約1条は、締約国に「その管轄内にあるすべての者」に対して、条約上の権利と自由を保障することを求めている。さらに、当該条約は非締約国の行為を規律しないし、締約国に対して他国に条約上の基準を課すことを要求する手段となることも目的としていない。第1条は、請求国において待ち受けている状況が条約上の保障に完全に一致することを充足しない限り、締約国は個人を引き渡すことはできないといった一般原則を正当化すると解釈することはできない (§86)。しかし、個人を保護する文書としての条約の趣旨および目的から、その条項は保障が実際的かつ実効的となるように解釈・適用されなければならない (§87)。もし拷問を受ける危険があると信じる実質的な根拠があるような他国に対して、締約国がこれを承知の上で容疑者を引き渡すのであれば、それは条約の前文が述べる「政治的伝統、理念、自由、法の支配の共通の遺産」といった条約の基礎的価値と両立しないであろう。こうした状況での引渡は、3条の簡潔で一般的な文言には言及されていないとしても、同条の精神と意図に明らかに反する (§88)。「したがって、個人がもし引き渡されたならば、請求国内において拷問又は非人道的な若しくは品位を傷つける取扱い若しくは刑罰を受ける現実の危険に直面すると信じられる実質的な根拠がある場合には、逃亡犯罪人を引き渡すという締約国の決定は3条の問題を惹起させ、当該締約国の条約上の責任を生み出す」(§91)。

(b) 申立人の引渡に対する3条の適用可能性

(i) 死刑の可能性と3条　バージニア州郡検察官が死刑を求刑することを決めた以上、Soeringが「死刑の順番待ち」にさらされる蓋然性は高く、したがって3条が問題となる状況であると結論できる (§§98-99)。不当な取扱いが3条の範囲内に入るためには、それが最低限のレベルの深刻さに達していなければならないが、この評価は相対的なものであって、取扱いや刑罰の性格や状況、執行の方法、期間、精神的な効果、被害者の性別・年齢・健康状態などのすべての事情に左右される (§100)。3条は死刑を一般的に禁止していると解釈することはできないが (§103)、これは死刑の宣告に付随する状況が3条の問題を惹起させないという意味ではない。死刑の執行方法、有罪となった者の個人的状況、犯罪の重大性との不均衡、執行を待つまでの拘留の状況などは、3条において禁止された取扱いや刑罰となるかを判断する要素である (§104)。

(ii) 本件における個別の事情　①バージニア州において受刑者が死刑執行まで費やす期間は平均で6～8年であるが、この期間の大部分は、バージニア州法により認められた上訴の道をすべて利用しようとする受刑者自身の行為に起因する。しかし、こうした手続がいかに善意に基づき、受刑者の利益となるものであるとしても、結果として受刑者が長期にわたって死刑の順番待ちの状態に置かれ、常に死の影と共に生きる苦悩と緊張に耐えなければならないことは間違いない (§106)。②申立人が死刑宣告後に収監される施設においては、他の受刑者による同性愛的行為の対象となり、または暴力をうける危険が存在する (§107)。③申立人の犯行時の年齢は18歳であった。人権条約2条は死刑に関する年齢制限を規定していないが、自由権規約6条や米州人権条約4条は犯行時に18歳未満の者に死刑を科すことを禁止している。したがって、申立人の若さは、少なくとも死刑に付随する措置が3条と抵触しないか

を判断する一つの事情である。また、申立人の精神状態も同様の意義を持つ（§§108-109）。④死刑が廃止されている西ドイツに申立人を引き渡し、そこで裁判が行われるのであれば、死刑の順番待ちの危険を除去できると同時に、犯人が処罰を免れるという危険も回避できるであろう。したがって、ドイツへの引渡可能性の存在は、諸利益の公正なバランスの追求と当該事件における引渡決定の均衡性という観点から、3条に関する全般的な評価のための一つの事情である（§110）。

したがって、死刑執行を待つ苦悩とともに長期の時間が費やされる点、また犯行時の年齢と精神状態という個人的事情を考慮するならば、申立人の合衆国への引渡は、3条により定められた限界を超えた取扱いの危険に彼をさらすことになるであろう。よって、申立人を合衆国に引き渡すという内務大臣の決定は、もし実施されるならば、3条の違反を惹起させる（§111）。

(2) 6条3項(c)および13条違反の認定について

裁判所は、逃亡犯罪人が請求国内で公正な裁判を著しく否定され、または否定される危険がある状況においては、引渡の決定によって、6条上の問題が例外的に発生するかもしれないことを排除しない。しかし、本件の事実はそうした危険を示してはおらず、6条3項(c)の問題は発生しない（§113）。申立人がイギリスにおいて、適切な時点で司法審査の申立を行うことを阻害するようなものは何も存在せず（§122）、したがって13条上の実効的救済をイギリス法のもとで利用可能であったと結論する（§124）。よって、13条の違反は存在しない（以上、すべての結論について全員一致）。

【解　説】

(1) 本判決の意義・特徴

本判決は、死刑制度を存続させる国への引渡が、「非人道的なもしくは品位を傷つける取扱い」を禁止する人権条約に違反することを、人権裁判所が初めて認めた点で画期的な意義を持つ。1984年の「拷問及び他の残虐な、非人道的な又は品位を傷つける取扱い又は刑罰に関する条約」3条は、締約国に対し、拷問が行われるおそれのある国への引渡を禁止している。また、1957年の犯罪人引渡に関するヨーロッパ条約3条も、人種、宗教、国籍、政治的意見などを理由とする訴追・処罰が目的である引渡要請に応じてはならないと規定し、こうしたいわゆる「人権条項」はその後多くの引渡条約やテロ関係の条約に挿入されている[1]。その意味では、引渡先の国の人権状況が引渡可能性を判断する要素となることは、個々の条約の制度上なかったわけではない。しかし、一般的な人権条約が、引渡先の国家における人権状況を理由として、引渡を実施する国の責任を問題としたのは本判決が最初である。

本判決では、締約国が人権条約によって負うべき責任の範囲が重要な論点となっている。人権条約1条は、締約国に対し「その管轄内にあるすべての者」に、条約が規定する権利および自由を保障することを義務づける。しかし、本件で問題となっているのは、締約国でない合衆国における人権侵害の可能性であり、厳密な文言解釈からすれば、当該人権侵害についてイギリスに責任が及ぶと考えることは困難である。しかし、裁判所は人権条約の趣旨・目的、その基礎的価値に言及しながら目的論的解釈を展開し、イギリスの管轄権が直接に及ばない合衆国での措置に対し（侵害行為の間接性）、しかも現実の事態ではなく将来発生することが予見される行為に関し（侵害行為の潜在性）、「現実の危険に直面すると信ずべき十分な理由が示された場合」（§91）には、締約国の条約上の責任が生じるとの見解を示した[2]。裁判所の考え方によれば、権利の侵害が実際に発生するのが非締約国の管轄下であるとしても、当該国に引き渡すことによって、個人がそうした危険にさらされるのであれば、引渡を行う国家は侵害の「引き金」をひくことになる。よって、現に当該個人が「その管轄内にある」締約国は、これを回避する責任を有するのである。したがって、これは非締約国の侵害行為を条約に照らして裁判するものではなく、また

引渡を実施する国がこうした侵害行為に加担しているとして「間接責任」を問うものでもない。ここで裁判所が論じているのは、請求国内におけるそうした行為の「現実の危険」とこれに対する「予見可能性」を前提とした、引渡行為そのものに内在する直接責任である。

(2) 問題となる人権の範囲

引渡を実施する国のこうした責任は、必ずしも非人道的なもしくは品位を傷つける取扱いに限定されるものではなく、論理的には他の権利についても敷衍することは可能である。実際、本判決で人権裁判所は6条3項について、この可能性を示唆している。しかし、引渡先の国のあらゆる人権侵害が、その内容や程度にかかわらず、引渡を停止する効果を持つとまでは言えず、一般的な意味で人権条約の保障するすべての人権が満たされない限り、締約国は引渡を行ってはならないという責任を負うと結論することは難しい[3]。事実、本判決でも、裁判所は「死刑の順番待ち現象」の存在が客観的に3条に違反すると判断しているわけではなく、むしろ本件の個別の事情（とりわけ、Soeringの犯行時の年齢と西ドイツへの引渡可能性の存在）を総合的に勘案した結果として、こうした結論を導き出していると考えられる。こうしたアプローチは、犯罪者を処罰するという社会の一般的利益と、個人の人権を保護するという要請との間の公正なバランスを探求するという観点から導き出されているものと考えられる。

拷問や差別禁止に関する場合については、引渡に関する責任は比較的に容易に認められる。これは、すでに述べたように、個別の人権条約や引渡条約で規定されていることからも理解できる。しかし、たとえば公正な裁判などについては、各国の裁判形態に相違があることに鑑みると、引渡先の国において予想される裁判のあり方を理由に、単純に引渡を拒絶することはできない。人権裁判所は、Drozd and Janousek 判決において、「有罪が著しい裁判の拒否により発生したのであれば、締約国は協力を拒否する義務を負う」[4]と指摘し、公正さを欠いた裁判により有罪となった者が外国に逃亡した場合に引渡を行うことができないとしたが、純粋に将来の引渡先での裁判のあり方を問題としたことはない。したがって、引渡可能性の判断に主観的な要素を持ち込んでいるという批判はあるものの、本判決が採用した個別事情を勘案するアプローチは、上記のバランスを保つという点では有用なものと評価できる。

(3) 本判決の影響とその後の展開

本判決が示した責任の論理は、必ずしも人権条約にだけ当てはまるものではなく、国際慣習法や憲法その他の国内法上の人権保障条項についても同様に問題となる。事実、本判決の考え方は、その後に発生した同種の事件に関連して、自由権規約委員会の見解[5]や各国裁判所の判例の動向[6]に大きな影響を与えている。

とりわけ、大きな影響を与えていると考えられるのは、引渡と死刑執行に関連する問題である。ヨーロッパ人権条約をはじめ、自由権規約や米州人権条約などの条約は、死刑制度を一般的に禁止しているわけではない。死刑の禁止は、ヨーロッパ人権条約第6議定書、自由権規約第2選択議定書、米州死刑廃止議定書などの追加的条約に加入することにより義務づけられるにすぎない。ヨーロッパ諸国を中心に、死刑を法上または事実上廃止した国は相当数に及んでいるが、死刑制度そのものが、特定の条約を離れて、国際法違反であると考えることはできない。こうした事情から、本件では、バージニア州における死刑制度そのものではなく、これに付随して発生する「死刑の順番待ち現象」が人権条約の違反を構成するか否かが争われたのである。

だが、この判決以降の世界の流れは、引渡の当否をより直接的に死刑問題と結びつける傾向を示してきている。たとえば、自由権規約委員会は、Ng v. Canada において、カリフォルニア州におけるガスによる死刑執行を理由として、カナダによる引渡が自由権規約7条に違反するとし[7]、さらに Roger Judge v. Canada に至って、死刑を廃止しているカナダが、死刑執行が行われない確証を得ることなく

合衆国に向けて退去強制を行った場合には、生命に対する権利を保障した自由権規約6条に違反すると判断している⁽⁸⁾。ヨーロッパでは、テロ規制に関連する引渡について、2002年ヨーロッパ評議会総会が、本件に直接言及しながら、死刑を存続させる国へのテロ容疑者の引渡を拒否することを加盟国に求める決議を採択しており⁽⁹⁾、また2005年の「人権とテロに対する闘争」と題されたガイドラインも、死刑が執行される危険のある国への容疑者の引渡を禁止している⁽¹⁰⁾。同様な趣旨は、2003年に採択された「テロの処罰に関するヨーロッパ条約を改正する議定書」4条、2005年の「テロの防止に関するヨーロッパ評議会条約」21条にも見られる。

本判決の後、Soering は、死刑を執行しないというより確かな保証をアメリカ大使から得ることによって、合衆国に引き渡された。しかし、こうした引渡先の国からの保証が、人権侵害の可能性を完全に排除できなければ、仮に保証があったとしても、引渡を行うことが人権条約違反を惹起する可能性はある。事実、人権裁判所は Chahal 判決（本書 *15* 参照）において、インドからの保証が存在したにもかかわらず、イギリスによる同国への容疑者の移送は条約3条に違反すると認定している⁽¹¹⁾。同様に、保証の内実やその検証手段の実効性を問題するアプローチは、近年の自由権規約委員会の実行に顕著に見られ⁽¹²⁾、これもまた本判決から派生した展開と考えられるだろう。

　(1) たとえば、「人質をとる行為に関する国際条約」9条1項(a)、「テロリストによる爆弾使用の防止に関する国際条約」12条。
　(2) 古谷修一「犯罪人引渡しと死刑の存在」別冊ジュリスト156号（2001年4月）105頁。
　(3) J. Dugard and C. van den Wyngaert, Reconciling Extradition with Human Rights, *American Journal of International Law,* vol. 92 (1998), p. 205.
　(4) Drozd and Janousek v. France and Spain, 26 June 1992, Series A no. 240, §110.
　(5) Joseph Kindler v. Canada, Communication No. 470/1991, UN Doc. CCPR/C/48/D/470/1991 (18 November 1993), paras. 13.1-13.2; General Comment No. 31 [80] Nature of the General Legal Obligation Imposed on States Parties to the Covenant, UN Doc. CCPR/C/21/Rev.1/Add.13 (26 May 2004), para. 12.
　(6) たとえば、フランス、Arrêt de Aylor, La Semaine Juridique, 1994 II, No. 22257, p. 190; オランダ、Short v. Kingdom of Netherlands, International Legal Materials vol. 29(1991), p. 1375; アイルランド、Finucane v. McMahon, [1990] Irish Report, p. 202.
　(7) Charles Chitat Ng v. Canada, Communication No 469/1991, UN Doc. CCPR/C/49/D/469/1991 (7 January 1994), paras. 16.4.
　(8) Roger Judge v. Canada, Communication No 829/1998, UN Doc. CCPR/C/78/D/829/1998(20 October 2003), paras. 10.6.
　(9) Parliamentary Assembly Resolution 1271 (2002), Combating terrorism and respect for human rights (24 January 2002), para. 12 iv.
　(10) Guidelines of the Committee of Ministers of the Council of Europe on human rights and the fight against terrorism (11 July 2002), Article XIII(2), *available at* <http://book.coe.int/sysmodules/RBS_fichier/admin/download.php?fileid=1417>.
　(11) Chahal v. the United Kingdom, 15 November 1996, Reports 1996-V, §§ 105-107.（本書 *15*）
　(12) たとえば、Ahmed Hussein Mustafa Kamil Agiza v. Sweden, Communication No. 233/2003, UN Doc. CAT/C/34/D/233/2003 (24 May 2005), para. 13.4.

［参考文献］
［1］北村泰三『国際人権と刑事拘禁』（日本評論社、1996年）305-330頁。
［2］北村泰三「犯罪人引渡しと人権基準の要請──人権規範の優位性論に関する序論的考察」国際法外交雑誌98巻1・2合併号（1999年）156-193頁。
［3］小畑郁「不引渡事由としての死刑」『判例国際法（第2版）』（東信堂、2006年）248-252頁。
［4］古谷修一「犯罪人引渡と請求国の人権保障状況に対する評価(一)、(二・完)」香川法学15巻4号（1996年）33-80頁、16巻3・4号（1997年）49-109頁。

15 ノン・ルフールマン原則と退去強制
他国による人権侵害の危険性を理由とする追放の可否および追放手続中の長期拘禁の恣意性と合法性審査
—— チャハル判決 ——

村上 正直

Chahal v. the United Kingdom
15 November 1996, Reports 1996-V（大法廷）

【事　実】

(1) 申立人は Chahal（チャハル）一家4名である。X_1（夫、1948年生、インド国籍）は1971年にイギリスに不法入国し、1974年に不定期滞在許可が認められた。X_2（妻、1956年生、インド国籍）は、1975年にインドでX_1と婚姻後、イギリスに入国した。X_3とX_4は夫妻の子どもである（1977年と78年にイギリスで出生、イギリス国籍）。

(2) X_1は、1984年1月に妻子を連れてインドのパンジャブに旅行したが、同地で正統シーク主義に共鳴し、パンジャブの自治を支持する抵抗運動の組織化にも関与した。同年3月、X_1はパンジャブ警察により逮捕され、21日間の拘禁後、釈放された。1984年5月、Xらはイギリスに帰国した。

(3) イギリス帰国後、X_1はイギリスのシーク社会の指導的人物となり、反インド活動を展開し、インドが過激派とみなす団体のイギリス支部の設立にも関与した。

(4) 1985年、X_1は、イギリス公式訪問中のインド首相の暗殺謀議への関与の容疑で拘禁された（証拠不十分で釈放）。1986年には、イギリスにおける穏健派シーク教徒の殺害の謀議への関与の疑いで2回にわたり逮捕された（起訴されることなく釈放）。1986年3月、X_1は騒乱事件に関し傷害と乱闘罪の罪で起訴され、1987年5月の騒乱事件でも起訴された。X_1は前者の騒乱に関して有罪判決を受けたが、後者の騒乱との関係では釈放された。その後、1992年、控訴院はX_1の有罪判決を破棄した。

(5) 内務大臣は、1990年8月、国の安全およびテロとの戦いを理由にX_1の追放を決定し、X_1を拘禁した（拘禁は本件審査時に至る）。

(6) X_1は、1990年9月、インド送還後に迫害を受けるおそれがあるとして政治的庇護を申請したが、1991年3月、内務大臣は庇護の付与を拒否した。事案が国の安全にかかわるために、追放命令には不服審査申立が認められなかったが、1991年6月に、「諮問パネル」が設置され、追放命令を検討することとなった。

(7) X_1は、1991年8月、庇護付与拒否決定および追放命令発布について司法審査を申請し、高等法院（High Court）は、同年12月に庇護付与拒否決定を取り消し、内務大臣に差し戻した（追放命令については判断なし）。これを受けて、内務大臣は庇護申請を再度検討したが、1992年6月に再び庇護付与拒否を決定した。X_1は同決定の司法審査を請求したが、その後、X_1の申請により審査は延期された。内務大臣は、1992年7月に追放手続進行の撤回を拒否した。同年7月、高等法院は、1992年6月決定（2度目の庇護付与拒否決定）および1992年7月決定（追放手続進行決定）の司法審査を許可したが、釈放申請は棄却した。内務大臣は、控訴院による前記有罪判決破棄を受けて、本件を再審査したが、改めて追放手続の進行の結論を下した。1993年2月、高等法院はX_1の請求を棄却し、第2回目の釈放請求も棄却した。X_1は控訴したが、同年10月、控訴院は控訴を棄却し、1994年3月には貴族院も上告許可を拒否した。X_1は、下記のヨーロッパ人権委員会（以下、人権委員会）の報告書を受けて人身保護令状に基づく仮釈放を要請したが、1995年11月、

(8)　人権委員会は、1995年6月27日付報告書において、以下のように決定した。①追放命令の執行は3条および8条違反する（全員一致）、②長期間の拘禁は5条1項に違反する（全員一致）、③13条違反がある（全員一致）、④5条4項につき審査の必要はない（16対1）。

【判　旨】

(1)　3条違反の有無
　(a)　締約国は、本条約を含む条約上の義務に服することを条件に、確立した国際法として外国人の入国・在留・追放の管理権をもつ。また、政治的庇護を受ける権利は、本条約およびその議定書には含まれていない。しかし、個人が、追放先で3条に反する取扱いを受ける真の危険に直面するおそれがあると信ずる実質的な理由がある場合には、当該追放が3条違反となりうる。これは、当裁判所の確立した判例法である。かかる状況下では、3条は当該者を当該国に追放しない義務が含意される（§§73-74）。
　(b)　3条は、民主的社会における最も基本的な価値の1つを規定する。条約は、被害者の行動とは無関係に、絶対的な文言で拷問等を禁止しており、15条による効力停止も認めない。3条は追放事案においても絶対的であり、したがって、3条の保護の範囲は、難民条約32条および33条の保護の範囲よりも広い（§§79-81）。
　(c)　X₁はいまだ追放されてないから、判断の基準時は当裁判所の審査時である。各種の証拠から、インドでは現在でもX₁が3条に反する取扱いを受ける真の危険があるから、追放命令の執行は3条違反となる（§§37, 86, 92 & 100-107）。

(2)　5条1項違反の有無
　(a)　5条1項(f)に基づく拘禁の場合は、拘禁の合理的な必要性（たとえば逃亡防止）は要しない。しかし、拘禁は追放手続が進行中である限りで正当化され、当該手続は相当の注意をもってすすめられなければならない。それ故、追放手続の期間が過度に長期であるか否かの検討が必要である（§§112-113）。
　(b)　本件で問題となる拘禁期間は、追放のための拘禁開始時から国内手続終了時まで（1990年8月16日～94年3月3日）である。それ以降の拘禁は、人権委員会の要請による追放回避の期間であるから裁判所の検討対象とはならない。そこで、各種決定毎に検討するに、まず、難民認定申請の審査期間（1990年8月16日～91年3月27日と91年12月2日～92年6月1日）は、当該申請の慎重な審査と手続的保障の必要性を考慮すれば、過度に長期とはいえない。また、国内裁判所の審査期間（第1回提訴・1991年8月9日～91年12月2日、第2回提訴・92年7月16日～94年3月3日）については、本件の重大性の故に、すべての争点や証拠に相当の考慮を払うことなく拙速に決定を行うことは、関係個人の利益にも、裁判における一般的公益にも資するものではない。したがって、国内裁判所の審査期間は、個別的にも、全体としてみても、5条1項(f)に違反しない（§§114-117）。
　(c)　次に、本件拘禁が5条1項(f)にいう「合法的」か否かを検討する。(f)にいう「合法性」は、基本的には国内法の実体的・手続的規則との一致をいうが、条約は、また、拘禁が5条の目的（恣意性からの個人の保護）との一致をも求める。X₁の拘禁は国内法に基づくものであるが、本件拘禁期間の長期性の故に、恣意性からの保護の有無の検討が必要である。本件拘禁は国の安全を理由とし、それ故、国内裁判所は、決定の基礎となるすべての関連情報を利用できなかったから、拘禁の継続を効果的に統制しえなかった。しかし、パネルの手続は恣意性からの重要な保障となり、本件拘禁決定に関して行政府が恣意的に行動しなかったことの十分な保障を提供した。したがって、X₁の拘禁は1項(f)に違反しない（§§118-123）。

(3)　5条4項違反の有無
　(a)　5条4項は、13条との関係において特別法規定となるから、まず、4項違反の有無を検討する。5条4項にいう「合法性」の概念は5条1項と同じ

意味をもつが、4項上の義務の範囲は拘禁の種類に応じて異なり、特に司法審査の範囲についてはそうである。しかし、1項(f)の「合法性」の概念は5条の目的との一致をも求めるから、X_1が利用しうる手続が国内裁判所による十分な統制となったか否かが問題となる（§§126-129）。

(b) 本件では、国内裁判所は、国の安全が関係するために、X_1の拘禁の正当性の有無を審査できなかった。また、パネルの手続は一定程度の統制となったものの、次の点からみて、パネルは4項にいう「裁判所」とみなしえない。すなわち、①パネルではX_1が法的代理権がないこと、②X_1に追放理由の概要のみが示されていたこと、③パネルに決定権限がないこと、④パネルの助言が内務大臣を拘束せず、かつ、非公開であること、である。したがって、本件において、人身保護手続、本件拘禁の司法審査手続、およびパネルの手続には5条4項違反があった（§§130-133）。

(4) 8条違反の有無

X_1のインドへの追放が3条違反となり、かつ、イギリスが本判決に従うことを疑う理由はないから、8条に基づく申立人4名の権利侵害の有無を決定する必要はない（§139）。

(5) 3条とあわせ読んだ13条違反の有無

(a) 13条は、権限ある国内当局が、条約に関する苦情の実質を処理し、適切な救済を与えることを認める国内救済規定を要求する。締約国には、この義務の履行方法に関して若干の裁量があり、また、国内法上の救済の総体により同条の義務を満たすこともありうる（§§145-147）。

(b) 当裁判所は、Klass判決で、国の安全が問題となる事案では13条は「できる限り実効的な」救済のみが求められると判示した。しかし、同事件は8条および10条に関する事案である。3条に関する事案では、損害の回復不可能性および3条の重要性に鑑み、13条にいう実効的救済の概念は3条違反の主張の精査を求め、かつ、その精査の際には国の安全への脅威を考慮してはならない。精査機関が司法当局以外の機関の場合には、当該精査機関の権限および保障が、救済の実効性の有無を決定する関連要素となる（§§149-152）。

(c) 本件では、国内裁判所もパネルも、虐待の危険性と国の安全とを比較衡量させている。それ故、3条に関する事例では、これらの手続は13条の趣旨からみて実効的な救済手段とはいえない。また、パネルの手続は、前記のような、代理権の欠如、追放理由の概要のみの開示、パネルの助言の非拘束性と非開示性からみて、13条が求める十分な手続的保障を与えるものとはみなしえない。したがって、3条との関連で13条違反があった（§§153-155）。

(6) 結 論

1. インドを送還先とするX_1の追放決定の執行は3条違反となる（12対7）。
2. 5条1項はない（13対6）。
3. 5条4項違反がある（全員一致）。
4. 3条に関する結論に鑑み、8条に関する申立人の主張を審議する必要はない（17対2）
5. 3条との関連で13条違反がある（全員一致）。
6. 上記の各違反認定は、非金銭的損害に対する公正な満足となる（全員一致）（以下略）。

【解 説】

(1) 出入国管理行政と判決

一般国際法上、国家には外国人の出入国に関し広範な裁量が認められてきたが、近時、人権条約が出入国管理分野に規制を及ぼしつつある。ヨーロッパ人権裁判所（以下、人権裁判所）では、主に3条や8条違反を理由として、入国拒否や追放、犯罪人引渡しが条約違反と認定されてきた。本判決は、このうち、①追放により、②送還先の国家機関が、③本人に生じさせるおそれのある、④著しい身体的・精神的苦痛を理由として、⑤追放命令の執行が3条に違反するとした事例である。

(2) 3条の絶対的性格

3条の禁止が、いかなる場合や理由においても制約を受けない絶対的禁止を意味することは、すでに、

Ireland 判決 (本書 23) において認められていた。このことが強制的出国の場合にもいえることを認めたのは、犯罪人引渡しに関しては Soering 判決 (本書 14) であり、追放に関して明確には Vilvarajah and others v. UK 判決[1]である。本判決はこれを踏襲するが、次の3点が注目される。第1に、国の安全が問題となる場合にも3条の絶対性を認めたこと、第2に、Soering 判決のやや曖昧な判旨に関し、禁止の絶対性を明確にしたこと、第3に、3条の保護の範囲が難民条約33条よりも広いことを明示に認めたことである。拷問等の禁止の絶対性は、拷問等禁止条約3条に関する拷問禁止委員会の判断、および、自由権規約7条に関する自由権規約委員会の判断に引き継がれているといえ[2]、人権条約の履行監視機関の確立した先例とみなしうる。

(3) 追放措置の条約適合性判断基準時

追放措置の条約適合性判断の基準時については、8条事例を含めて判例全体としてみた場合、必ずしも明確かつ一貫しているとはいえない。しかし、本判決は、少なくとも3条が問題となる場合であって、追放命令が未執行の場合には、人権裁判所の審査時であることを明確にした。自由権規約委員会は、拷問等の危険 (7条) 事例では同委員会の審査時[3]、家族の保護 (17条・23条・24条) 事例では、少なくとも追放が差し迫っている事案では、同委員会の審査時[4]としている。

(4) 5条1項の意義

(a) 5条1項の解釈

本判決において、裁判所は、「法律で定める手続」という文言から、国内法の実体的・手続的規則との一致のみならず、第5条の目的に鑑み、恣意性からの保護の有無も問題となるとする解釈を導き出した。この判断はその後も踏襲されている。条約には、「恣意的な」という明文規定はないが、5条1項が恣意的逮捕・抑留を明示に禁止する自由権規約9条1項と同様の意味をもつことを示した。

なお、本判決の判示事項ではないが、人権裁判所は、拘禁の合法性に関し、国内法令の質も問題になるという。すなわち、法令と、条約に内在する概念である法の支配との一致が求められ、この意味での質とは、拘禁を認める国内法令が容易に参照可能で正確なものをいうとする[5]。

(b) 5条1項(f)の解釈

条約5条1項(f)解釈で問題となるのは、犯罪人引渡手続および追放手続における収容の合法性要件である。人権裁判所は、相当の注意をもった追放手続の進行が求められるが、犯罪や逃亡の防止といった収容の必要性の審査はしていない。これに対して、自由権規約委員会は、自由権規約9条1項解釈において、拘禁の必要性や、目的と手段の比例性などを拘禁要件とする[6]。このような解釈にもかかわらず、人権裁判所は、現在も本判決の解釈を維持している[7]。解釈論レヴェルでは、ヨーロッパ人権条約よりも、自由権規約の方が保護の範囲が広いということになる。

(c) 5条4項の解釈

5条4項に関する人権裁判所解釈は次のように整理しうる。①5条4項は、第13条の特別法にあたる、②5条4項にいう合法性と、5条1項のそれとは同義であり、そのため、被拘禁者は、国内法のみならず、条約、条約に内在する一般原則、および5条1項が認める制約目的に照らして、その拘禁の合法性審査を求める権利を有する、③行政庁による拘禁がなされた場合には、被拘禁者は、5条4項にいう裁判所による合法性審査を受ける権利を有する、④4項にいう「裁判所」は、行政庁および当事者から独立したものであることが必要であり、問題となる拘禁に適した手続的保障が与えられなければならない、⑤裁判所は、諮問的権限のみならず、拘禁の合法性を「決定」し、拘禁が合法的ではない場合には個人の釈放を命ずる権限をもたなければならない。本判決は、①〜④の判断を踏襲するものである。

(5) 13条の解釈

13条に関し、人権裁判所は、締約国の関連機関が条約の実体規定の違反の有無を審査しなければならないとする解釈を踏襲している。しかし、3条事

例では、国の安全が問題となる場合でも、「できる限り効果的な」救済ではなく、「効果的な救済」が求められることを明らかにした。3条のもつ重大性と絶対性から導き出された解釈と考えることもできる。

文脈は異なるが、外国人の追放に関する手続的保障を定めた自由権規約13条に関し、自由権規約委員会は、7条事例では、国の安全を理由とする場合でも、同条所定の手続的保障の厳格な遵守を求めているとする[8]。本判決と同様の発想によるものと思われる。

(6) 本判決の影響と日本法との関係

裁判所によれば、本判決およびTinnelly v. UK判決（1998年7月10日）後、イギリスは、国の安全を含む一定の事例において、個人の利益を代表する「特別代理人（special counsel）」の任命制度を新設する立法を制定した[9]。

日本法の関係では次の2点が問題となる。第1に、「出入国管理及び難民認定法」（以下「入管法」という）53条3項は、難民であっても「法務大臣が日本国の利益又は公安を著しく害すると認める場合」には迫害を受けるおそれのある国に退去強制が可能である。これをそのまま適用・執行することは、拷問等の禁止の絶対性に反する場合がありうる。第2に、入管法上の全件収容主義は、ヨーロッパ人権条約5条1項の人権裁判所解釈からは認められる余地があるが、自由権規約9条1項の規約解釈からは、その一律的適用は規約違反とされる可能性がある。

(1) *Vilvarajah and others v. UK*, 30 October 1991, Series A no. 215, §107. なお、人権裁判所は、*Cruz Varas and others v. Sweden*（20 March 1991), においてもこれを認めているとするが、確認できない。

(2) 村上正直「犯罪人引渡」国際法学会編『日本と国際法の100年 第5巻 個人と家族』（三省堂、2001年）を参照。

(3) 例えば、*Judge v. Canada, Communication No. 829/1998*（5 August 2002) §10.7.

(4) 例えば、*Madafferi v. Australia, Communication No. 1011/2001*（26 July 2004) §9.8.

(5) 例えば、Amuur v. France, Reports 1996-III, §50.

(6) 村上正直「難民認定申請者の収容」浅田正彦編『二一世紀国際法の課題』安藤仁介先生古稀記念（有信堂、2006年）を参照。

(7) 例えば、*Saadi v. UK*（11 July 2006) §§31-47を参照。

(8) *Ahami v. Canada, Communication No. 1051/2002*（29 March 2004). この事件については、藤本晃嗣「判例紹介 Ahani v. Canada」国際人権17号（2006年）を参照。

(9) AL-Nashif v. Bulgaria（20 June 2002) §92.

[参考文献]

[1] 小畑郁「ヨーロッパ人権条約における『実効的な国内救済手段を得る権利』と条約上の権利の国内手続における援用可能性——条約13条をめぐる人権裁判所判例の展開」世界人権問題研究センター『研究紀要』3号（1998年）

[2] 小畑郁「入国管理措置に対する不服審査制度と権利侵害に対する実効的救済手段を得る権利——ヨーロッパ人権条約13条に関する判例の展開の一側面」（世界人権問題研究センター）研究紀要11号（2006年）

[3] 村上正直「犯罪人引渡」国際法学会編『日本と国際法の100年 第5巻 個人と家族』（三省堂、2001年）

[4] 村上正直「難民認定申請者の収容」浅田正彦編『21世紀国際法の課題』安藤仁介先生古稀記念（有信堂、2006年）

[5] 藤本晃嗣「判例紹介 Ahani v. Canada」国際人権17号（2006年）

16 発展的解釈
刑罰としての樺棒による殴打は、条約3条に違反する
──タイラー判決──

門田 孝

Tyrer v. the United Kingdom
25 April 1978, Series A no. 26

【事　実】

　本件は、刑罰として行なわれた樺棒による殴打が、ヨーロッパ人権条約（以下単に「条約」ともいう）に違反するとして争われた事例である。

　事件の舞台となったマン島は、イギリスの属領（dependency）である（イギリス政府は、条約旧63条〔現56条〕に基き、ヨーロッパ評議会事務総局長に宛てた1953年10月23日付の書簡で、こうした属領にもヨーロッパ人権条約が適用される旨を宣言していた）。マン島に適用される法律を制定する権限は、正式にはイギリス議会が有しているが、憲法慣習により、刑事政策など同島内部の問題に関する立法については、同島の同意を得ることとされてきた。本件で問題となった体罰は、イギリス本国では1968年までに廃止されたが、マン島では、1963年および65年にこの問題を検討した際に、それを存続させることが決定され、1977年5月には、21歳未満の男子による暴力的犯罪に対する刑罰として体罰を維持する旨の決議が、同島議会により行われた。

　1972年3月7日、当時15歳であった本件の申立人は、他の少年3人と共に、同じ学校の上級生に暴行を加えて傷害を生ぜしめたことを認め、地方裁判所により、樺棒による殴打3回の刑を宣告された。申立人は、マン島高等法院に上訴したが、同年4月28日に上訴は退けられ、同日夕刻に警察署で刑が執行された。執行に際しては、医師と申立人の父親の立会いのもと、申立人は、ズボンと下着を下ろしてテーブル越しに前かがみにさせられた状態で、2人の警察官に抱えられ、3人目の警察官により樺棒で臀部を殴打された。

　1972年9月21日、申立人は、ヨーロッパ人権委員会に対して申立を行い、彼に対する刑罰が、条約3条、8条、13条、14条および1条に違反すると主張した。委員会は、1974年7月19日、条約3条につき（同条単独で、または14条と関連して）、申立を受理し（その後、申立人は申立を取り下げようとしたが、同事件が条約の遵守に関する一般的性格の問題を提起するものであることを理由に、委員会は審理を続行した）、1976年12月14日の報告書で、申立人に加えられた体罰が条約3条に違反するとの判断を示した（14対1。なお、14条については判断せず）。1977年3月11日、委員会は、事案を人権裁判所に付託した。

【判　旨】

(1) 予備的問題

　ヨーロッパ人権裁判所の管轄権がマン島にも及ぶ旨のイギリス政府の宣言は、その後も更新されており、イギリス政府自身も、本件における人権裁判所の管轄権を認めているので、当裁判所は管轄権を有する（§23）。また、申立人が申立を取下げたいとの意向を示したことは、裁判所規則47条（旧規定）にいう、手続の停止が認められる場合に該当せず（§25）、同じく、暴力による傷害罪に対する体罰を廃止する旨を、マン島議会が決議したという事実をもってしても、廃止立法がなされることが不確実であることに加え、何よりも、こうした立法は、申立人に加えられたような体罰の条約適合性という問題の本質に関わるものではない（§26）。したがって、当裁判所は、本件を審査の対象から除外しない

(§27)（全員一致）。

(2) 3条違反の主張について

申立人の受けた刑罰は、人権条約3条にいう「拷問」あるいは「非人道的扱い」というために必要な程度には達しておらず、したがってこれらには該当しない。本件で問題になるのは、申立人が3条に違反して「品位を傷つける刑罰」を受けたか否かである（§29）。

「条約3条による禁止は絶対的なものであ」り、例外は認められない。こうした観点からすると、刑罰一般を、それが屈辱的要素をもつからといって3条違反と判断するのは、誤りである。「ある刑罰が『品位を傷つけ』、3条違反とされるためには、問題となった辱め (humiliation) または品位の低下 (debasement) が、特定の程度にまで達していなければならない。」そして、「その評価は、……相対的なものであり、事案に関する全ての状況、特に、刑罰そのものの性質および事実関係ならびにその執行の方法および態様如何にかかっているのである。」（§30）

「マン島司法長官は、本件で問題となっている刑罰としての体罰が、同島の世論に反するものではないので、人権条約に違反しないと主張する。しかしながら、3条にいう『品位を傷つける刑罰』の概念を解釈するうえで、仮に地方の世論が何がしかの意味をもつとしても、そのことをもって、刑罰としての体罰が、その維持に賛成するマン島住民により、品位を傷つけるものだとみなされてはいないということが明らかにされたとは、当裁判所は考えない。」「さらにまた、人権条約は、委員会が正しくも強調したように、現在の状況に照らして解釈されるべき生きた文書 (a living instrument) であることを、当裁判所は想起しなければならない。現在提示されている事案にあって、当裁判所は、ヨーロッパ評議会構成国での、刑事政策の分野における発展、およびそこで広く受け入れられた基準により、影響を受けないわけにはいかない。」（§31）

「刑罰としての体罰の本質的な性格 (the very nature) は、それが、ある人が他の人に与える身体的暴力を含む点にある。さらにそれは、制度化された暴力であり、本件の場合法律で認められ、国の司法当局により命令され、国の警察当局により執行される暴力である……。……申立人に対する刑罰――それにより彼は、当局の権力行使の対象物として扱われた――は、まさに3条が保護すべき主たる目的の一つ、つまり個人の尊厳と身体の不可侵性 (person's dignity and physical integrity) への攻撃をなすものである。また、そうした刑罰が心理面に悪影響を与えた可能性も排除できない。」制度化された暴力としての性格は、さらに、公的手続のもつ雰囲気や、執行者が受刑者にとってはまったくの他人であることによって助長され、また執行を待つ間に申立人が心理的苦痛を覚えたことも認められる（§33）。本件において、問題の刑罰が罪にふさわしいものであったかとか、他の刑罰よりはましなものであったかとかは、問題にならない（§34）。

以上から、「当裁判所は、申立人が、……『品位を傷つける刑罰』という概念に内在する程度に達するほどの、屈辱的要素をもつ刑罰を科されたと認定する。」（§35）（6対1）。

(3) 63条3項（現56条3項）について

マン島司法長官は、人権条約の適用に際し、「地域の必要」に正当な配慮を払うべき旨定める条約63条3項（現56条3項）により、刑罰として行なわれる一定の体罰は条約違反に当たらないと主張するが、同条項にいう「必要」というためには、島民の信条・意見以上に積極的・決定的な証明が必要であり、さらに体罰によらなければ島の法と秩序が維持できないことも必要であるが、そのための証拠も提示されていない。「この関連で特筆すべきことに、ヨーロッパ評議会構成国の大多数において、刑罰としての体罰はみたところ用いられておらず、実際いくつかの国では、現在存在していない。」そして仮に、体罰によらなければ島の法と秩序が保てないとしても、このことゆえに、こうした刑罰を用いても3条違反ではないということにはならない（§38）。したがって、3条をマン島に適用するうえで問題となる

ような「地域の必要」は存在しない（§39）（全員一致）。したがって問題の体罰は条約3条に違反する（§39）（6対1）。

(4) 14条違反の主張について

条約3条との関連における14条（差別の禁止）違反の有無については、当裁判所が職権で判断する必要はない（§43）（全員一致）。

(5) 50条（現41条）について

条約50条（現41条。公正な満足）に関する問題は、途中で申立人不在となった本件においては生じない（§45）（全員一致）。

【解 説】

(1) 本判決の意義

「人権条約は、現在の状況に照らして解釈されるべき生きた文書である」。この、後に「発展的解釈」（evolutive interpretation）またはダイナミックな解釈として知られるようになる解釈手法の定式を、ヨーロッパ人権裁判所が最初に述べた事例として、本判決はよく知られている。ここに「発展的解釈」とは、「ヨーロッパ人権条約で用いられた概念が、条約起草時……ではなく、今日の民主的なヨーロッパ社会という文脈の中で理解されるべきことを意味する」[1]ものとして説明される。ここに示された定式は、その後多くの判決で再三言及されるところとなった。発展的解釈という手法は、今日では、「人権裁判所の判例法に確固として根づいている」[2]とされている。

本判決は、判決当時のヨーロッパの基準に照らした場合、体罰としての樺棒による殴打が、品位を傷つける刑罰に該当する旨を示唆している。もっとも、そこでは「ヨーロッパ評議会構成国での、刑事政策の分野における発展、およびそこで広く受け入れられた基準」が語られるにとどまり、それ以上に立ち入った言及はみられず、したがって発展的解釈の手法と意義を、本判決の時点で、裁判所が十分自覚していたかについては、疑問が残る。この点は、例えば、後述のGolder〔本書41〕判決[3]で法廷意見に反対し、「細心でかつ保守的な解釈」の必要性を説いたFitzmaurice裁判官が、本件の反対意見においては、解釈手法自体の当否については何ら言及していない点からも伺える（本判決でFitzmauriceは、未成年への体罰そのものが、その状況如何を問わず品位を傷つけるものだとする点に賛同できないとして、法廷意見に反対したのであった）。

なお、本判決は、人権裁判所の権限および役割を考えるうえでも興味深い論点を提起するものである。本件においては、イギリスが行なっていた非本土領域（マン島を含む）に対する人権裁判所の管轄権受諾宣言（旧46条）が、1976年1月に期限切れとなった後、マン島については更新されなかったという事情が存しており、このような状況にあって、本件に人権裁判所の管轄権が及ぶのかが問題になり得る。また、申立人による申立の取下げにもかかわらず、委員会および裁判所が、問題となった刑罰の条約適合性判断に踏み切ったことをどうみるかも、議論のあるところである。もっとも、こうした点については問題の指摘にとどめ[4]、以下では「発展的解釈」に関する問題のみを扱うこととしたい。

(2) 発展的解釈の展開

本判決で定式化された発展的解釈の手法は、その後の一連の判決においていっそう詳しく述べられるところとなった。この点、本件と同じく条約3条違反が主として争われたSelmouni事件において、発展的解釈の果たす役割が、如実に示されている。そこでは、警察に拘束され、身体的および精神的暴力を受けたとする申立人の、3条違反の主張に対して、裁判所は、人権条約が「生きた文書」であることに鑑み、人権保障の領域でますます高い水準が求められ、そして民主社会における基本価値の侵害を評価するあたり断固たる姿勢が求められることからすると、過去に拷問とは別の「非人道的および品位を傷つける扱い」とされた行為であっても、将来これと異なる分類をされることも妨げないと述べ、問題となった行為が、条約3条の目的からすれば、「拷問」と解されるべきであると結論づけたのであった[5]。

この解釈手法は、その性格上、社会の「発展」が認められる領域において用いられやすいが、その典型例を、私生活および家族生活の尊重の権利を保障した条約8条の解釈にみることができる。そこでは、「家族」や「性」というものに対する社会の意識の変化を背景に、発展的解釈は重要な役割を演じることとなった。例えば、非嫡出子とその母を不利に扱う民法の一連の規定が問題となった、1979年のMarckx判決（本書58）において、裁判所は、非嫡出子について母子関係が生じる要件として認知を義務づけた法律の規定が、条約8条との関係で14条に違反すると判断するに際し、発展的解釈の手法を用い、条約が起草された1950年当時と異なり、現在においては、母子関係の発生に関し嫡出子と非嫡出子を平等に扱うことについて社会における共通の基盤（common ground）がある旨を指摘した[6]。また、一定のホモ・セクシュアル行為に対して刑罰を科す法律の条約適合性が争われた1981年のDudgeon判決（本書48）でも、裁判所は、こうした行為に対して、現在では理解と寛容が見られることを指摘しつつ、この点で構成国の国内法において生じた著しい変化を見過ごすわけにはいかないと述べている[7]。さらに、この分野における発展的解釈の例をいっそう明確に示すものとして、性転換手術を受けた者に対して、その事実を出生記録に記載することを認めないイギリス法の条約適合性が争われた事例の展開を挙げることができる。裁判所は、当初、性転換手術後の処遇につき共通したヨーロッパのアプローチがみられないとして[8]、私生活の尊重を保障した条約8条違反は認められないとしていたが、2002年のChristine Goodwin判決（本書47）で見解を改め、問題の法律が8条違反であると判断した。裁判所は、正当な理由なく先例を変更すべきではないとしながらも、「人権条約は第一に、そして何よりも、人権を保護するためのシステムであるから、当裁判所は、申立相手国および構成国一般において変化する状況を考慮し、そして、例えば、達成されるべき基準に関して発展しつつある収束（convergence）に対応しなければならない」[9]と述べ、こうした視点から他の構成国における「発展」も考慮しながら、問題の法律を審査して条約違反の結論に至ったのであった。

(3) 発展的解釈の性格

一般に、ヨーロッパ人権条約の解釈方法については、1975年に下されたGolder判決（本書41）[10]において詳しく述べられており、そこでは、人権条約の解釈も国際法の一般的な規則によるとして、当時未発効であったウィーン条約法条約31条以下を援用しつつも、実際には、条約の「趣旨及び目的」を重視した、目的論的な性格の色濃い解釈が展開されていた。こうした「目的」を重視した解釈それ自体は、典型的な立法条約であるヨーロッパ人権条約の解釈手法としてはごく自然のものということができるが[11]、発展的解釈も、目的論的解釈と密接な関係に立つものである。

この点を考えるうえでは、なお1995年のLoizidou判決（本書9）が示唆的である。同事件で、北キプロス住人による条約違反の申立の相手国となったトルコが、かねてより行っていた条約旧25条および旧46条に基づく宣言を根拠に、同申立に対する委員会および裁判所の管轄が及ばぬ旨主張したのに対し、裁判所は、人権条約が「現在の状況に照らして解釈されるべき生きた文書」であり、条約採択時の締約国の意図が決定的なものではないとしたうえで、立法条約としてのヨーロッパ人権条約の性格、旧25条および旧46条の目的、および条約締約国の慣行などを援用して、トルコの予備的反論を退けたのである[12]。同判決からしても、条約解釈一般における発展的解釈の正確な位置づけは明らかではないが、かかる解釈が、その定義からしても目的論的解釈になじみやすいこと、また、同判決も言及する、「条約の適用につき後に生じた慣行」（ウィーン条約法条約31条3項(b)）への考慮とも重なり合うものであることは、肯定できるように思われる（なお、同判決は、発展的解釈が実体的権利条項のみならず、条約実施システムを規定した条項の解釈にも妥当し得ることを認

めた点でも、興味深い)。

　発展的解釈は、総じてヨーロッパ人権条約における人権保障を実あるものにしていくために必要なものであるということができるが、当然のことながら、その役割にも限界がある。第一に、この解釈は、現在のニーズに対応するためとはいえ、裁判所による法創造までも認めるものとは考えられていない。発展的解釈に際して、裁判所は、規範の意味内容を変えるのではなく、社会における規範の変化が生じた場合に、それを考慮するのだとされ、したがってこの解釈には細心の注意が必要だといわれるゆえんである(13)。第二に、これまでみた事例にも示されるように、この解釈の拠り所として、ヨーロッパ社会における「共通基盤」あるいはコンセンサスといったものが援用されるが、逆に言えば、ヨーロッパの共通基盤がいまだ見出せない問題領域にあっては、締約国の裁量が広く認められる傾向にあり、発展的解釈が用いられる場面はごく限られてくる（そうした意味で、発展的解釈という手法は、いわゆる「評価の余地」論〔本書 *18* 参照〕とも密接に関わっている)。ただ、この点に関しては、東欧諸国のヨーロッパ評議会への大量加入を経て、人権条約の構成国も50カ国近くを数えるようになった現在、「ヨーロッパの共通基盤」に依拠するアプローチが妥当なのか、そもそもそうした共通基盤をいかにして見出すのか、問い直される必要があるであろう。

　　(1) F. Matscher, 後掲文献〔1〕p. 68.
　　(2) Loizidou 判決、後掲、注(12) §70。
　　(3) Golder 判決、後掲注(10)。
　　(4) この点に関して、参照、薬師寺公夫「訴訟目的『消滅』と人権裁判所の司法的機能」神戸商船大学紀要文科論集35号（1986）21頁、小畑郁「ヨーロッパ人権条約体制の確立」田畑茂二郎編『21世紀世界の人権』(明石書店、1997年) 59頁以下。
　　(5) Selmouni v. France, 28 July 1999, Reports 1999-V, §§101-105.
　　(6) Marckx v. Belgium, 13 June 1979, Series A no. 31, §41.（本書 *58* 参照）なお、非嫡出子の相続権について、参照、*id.*, §58.
　　(7) Dudgen v. UK, 22 October 1981, Series A no. 45, §60.（本書 *48* 参照）
　　(8) Sheffield & Horsham v. UK, 30 July 1998, Reports 1998-V, §57.
　　(9) Christine Goodwin v. UK, 11 July 2002, Reports 2002-VI, §74.（本書 *47* 参照）なお参照、I. v. United Kingdom, 11 July 2002.
　　(10) Golder v. UK, 21 February 1975, Series A no. 18.（本書 *41* 参照）
　　(11) いわゆる立法条約が、契約条約と比べて目的論的解釈になじみやすいことは、つとに指摘されている。例えば参照、杉原高嶺他『現代国際法講義（第2版）』(1995) 314頁［加藤信行］。なお参照、Wemhoff v. Germany, 27 June 1968, Series A no.18, §8.
　　(12) Loizidou v. Turkey (preliminary objections), 3 March 1995, Series A no. 310, §§70-89.（本書 *9* 参照）
　　(13) F. Matscher, 後掲文献〔1〕pp. 69-71(citing Sereni, Dritto Internationale I (1956), p. 182).

[参考文献]
〔1〕F. Matscher, "Methods of Interpretation of the Convention", R. St. J. MacDonald *et al.*(eds.), The European System for the Protection of Human Rights (1993) p. 63.
〔2〕S. C. Prebensen, "Evolutive Interpretation of the European Convention on Human Rights" P. Mahoney *et al.*(eds.), Protecton des droit de l'homme: La perspective européenne, mélanges à la mémoire de Rolv Ryssdal (2000) p. 1139.
〔3〕門田孝「欧州人権条約の積極主義的解釈」石川明他編『EU法の現状と発展』(信山社、2001年) 247頁。

17 自律的解釈
軍人に対する「懲罰」と条約上の概念としての「刑事上の罪」
―― エンゲル判決 ――

坂元　茂樹

Engel and others v. the Netherlands
8 June 1976, Series A no. 22（全員法廷）

【事　実】

本事件は、1971年にCornelis J. M. Engel、Peter van der Wiel、Gerrit Jan de Wit、Johannes C. DonaおよびWillem A. C. Schulの5人のオランダ国民によってヨーロッパ人権委員会（以下、委員会）に申し立てられた。申立人は1970年および1971年にオランダ軍によって徴兵され、下士官として兵役についた。彼らは数回にわたって、それぞれの上官から、軍律違反を理由にさまざまな懲罰を科せられた。たとえば、EngelとVan der Wielの場合は無許可離隊、De Witについては乱暴な運転と命令不服従が理由とされた。徴兵兵士協会（Conscript Servicemen's Association）が発行する雑誌の編集員であったDonaとSchulは、その雑誌に軍律を冒瀆するような記事を掲載したことにより懲罰を受けた。なお、本件に適用されたオランダ陸軍の懲戒法は、1903年の軍事懲戒法、1922年の軍事懲戒規則、1903年の軍刑法典などに定められていた。懲戒法と並んで、オランダには軍刑法が存在した。その手続は第一審が軍事法廷であり、上訴審として最高軍事裁判所があった。軍事懲戒に対する罪は、1903年法2条に定義されていた。その罪に科せられる懲罰は、同法3条から5条に規定されていた。

当初、Dewit、DonaおよびSchulに対する懲罰は、矯正部隊への編入であった。EngelとVan der Wielは、数日間にわたり、「軽度の」、「中程度の」または「重度の」身体拘束を受けた。最初の懲罰を無視したため、Engelは、一時的ではあるが重度の身体拘束を受けた。

申立人は、苦情窓口となる担当士官に訴え、さらにその後、最高軍事裁判所にも訴えたものの、最高軍事裁判所は、彼らが不服とする決定を容認した。ただし、同裁判所は、Dewitについては3カ月間の矯正部隊への編入は厳しすぎるとして、身体拘束期間12日間に、そしてSchulの矯正部隊への編入については期間を4カ月から3カ月に短縮した。DonaとSchulについては、その訴えに対する正式な決定が下されるまでの期間、1カ月にわたって「中程度の」身体拘束という状態に置かれ、最高軍事裁判所の判決が下された直後に懲罰が実施された。

軽度の身体拘束の状態にある通常の兵士または下士官は、一般に営倉に監禁されるが、勤務時間外には営倉内の自由な移動が認められる。中程度の身体拘束の場合には、勤務時間以外に限り、鍵はかけられないものの、特別に指定された部屋で監禁状態に置かれることになる。これに対し、重度の身体拘束の場合、勤務時間も勤務時間外でも、独房に監禁される。矯正部隊への編入は、兵士にのみ適用されるものであって、3カ月から6カ月の間、こうした特別編成部隊に送り込むことによって、違反者を通常よりもより厳格な軍律に服させるものである。なお、中程度の身体拘束と重度の身体拘束は、1974年に廃止された。

申立人は、1971年のそれぞれ別々の日に、委員会に申立てを行った。彼らに共通しているのは、彼らが、自分たちに科せられた懲罰がヨーロッパ人権条約（以下、条約）5条に違反する自由の剥奪であること、軍および最高軍事裁判所での手続が条約6条の要件を満たしていないこと、そして彼らの待遇が条約14条に違反しているという主張である。Engelは一時的な身体拘束について、そしてDonaと

Schul は、暫定的な抑留について、個別に5条違反を訴えた。さらにこれら3人は、約10条、11条、14条、17条および18条違反を申し立てた。

委員会はその報告書で、軽度の身体拘束の場合を除き、申立人に共通する申立については5条1項および4項違反が認められること、Engel に対する一時的な身体拘束は5条1項違反となることを認めたものの、そのほかの申立については条約違反とはならないとした。

本件は、委員会によって1974年10月8日にヨーロッパ人権裁判所に付託され、その後、1974年12月17日にオランダ政府によって付託された。

【判　旨】

(1) 条約と兵役について

条約は、原則として文民だけでなく、軍隊の構成員にも適用される。条約1条および14条は、当事国の「その管轄内にあるすべての者」が「いかなる差別もなしに」第1節に規定されている権利と自由を享受することを規定している。軍人を強制労働から除外する条約4条3項(b)も、条約の保障が原則として軍人にも及ぶことを確認している。集会、結社の自由に関する条約11条2項についても同様である。それにもかかわらず、本件において条約規則を解釈し適用するにあたっては、当裁判所としては、軍隊生活の持つ特殊な性質とそれが軍隊の構成員の状況にもつ効果に留意する必要がある（§§54-55）。

(2) 自由の剥奪（5条）について

軍律の制度は、その性質上、文民に課すことができない制限を軍隊構成員の権利と自由に課す場合がある。にもかかわらず、軍律は5条1項の範囲外ではない。また、兵役それ自体は、4条3項(b)に明示に認められているように、自由の剥奪を構成しない。文民に適用されたならば、明らかに自由の剥奪と見なされるような懲罰または措置が軍人に科せられたとしても、自由の剥奪としての性格を有しないであろう。しかしながら、かかる懲罰または措置が、当事国の軍隊における通常の生活状況から明らかに逸脱したものである場合には、当該懲罰または措置は5条の適用対象となる（§§57-59）。

この基準に照らして、重度の身体拘束と矯正部隊への編入が、自由の剥奪に該当すると主張された。したがって当裁判所は、Engel に対する一時的な（重度の）身体拘束と Dona と Schul に対する矯正部隊への編入については、5条に関するさらなる検討が必要だとの結論に達した。他方、自由の剥奪という表題のもとで検討を要しないのは、Engel および Van der Wiel の単なる拘束、Dewit に対する中程度の身体拘束、および Dona と Schul に対する（中程度の身体拘束における）暫定的な抑留である（§§66-67）。

つぎに、このように立証された自由の剥奪の例が、5条1項に挙げられたいずれかの例外によって、事実に基づき正当化されるかどうかを確認しなければならない。Dona と Schul に対する矯正部隊への編入については、「権限ある裁判所による有罪判決の後の人の合法的な拘禁」という1項(a)に該当すると思われる。しかし、Engel の一時的な身体拘束は、5条1項の範囲に該当しないと判断する（§§68-69）。

(3) 公正な裁判を受ける権利（6条）について

本件における6条の適用可能性を検討するにあたって、当裁判所はまず、争点となっている懲戒手続が6条の意味における「刑事上の罪の決定」に関する手続であるかどうかを調査しなければならない（§79）。

当裁判所は、兵役という分野に限定し、「刑事上の罪」と純粋な「懲罰」を区別するという困難な問題について詳細に分析した。国家は、ある犯罪を懲罰対象として分類しただけで、「刑事上の罪」について公正な裁判を行うという基本的な義務を遂行したことにはならない。よって当裁判所は、当事国によって課せられた「懲罰」が、6条にいう「刑事上の罪」としてみなされるかどうかをいかに決定するかを明確に述べなければならない。重要な要素は、「犯罪の性質」である。したがって、軍人が、軍事行動を規律する法規則に違反するとされる作為または不作為によって訴追された場合、当事国は原則として、当該人物に対して刑事法ではなく懲罰法を適用することができる。ただし、処罰の厳しさを考慮する必要がある。「刑事上の」分野に属するのは、しばしば処罰として科せられる自由の剥奪であって、そ

の性質、行使の期間または方法の点で、明らかに有害でないものは除かれる（§§81-82）。

矯正部隊への編入について、Dewit、Dona および Schul は、適切な裁判所、すなわち最高軍事裁判所で、長期間におよぶ身体拘束を含む厳しい処罰を受けた。したがって、Engel および Van der Wiel に対する処罰とは異なり、彼らに対する懲罰は「刑事上の」性質を有している。条約では、軍事法廷でのこれら「刑事上の罪」の適用を必要条件としていないが、当該条約に基づけば、6条の保障が実際の法的手続の形式に適用されるべきであった（§85）。

問題となっている法的手続を検討した結果、1つの例外を除き、申立を行った3人は6条の各項に明記された保障をすべて共有していたと判断される。その例外とは、最高軍事裁判所での聴聞が公開されず、非公開（*in camera*）で行われたというという事実である。ゆえに、この点は6条1項に違反している（§89）。

(4) 表現の自由および集会・結社の自由（10条および11条）について

争われている懲罰は、明らかに10条1項で保障されている、Dona と Schul の表現の自由の行使への「介入」を構成する。したがって、2項に基づく検討が要請される。懲罰は疑いもなく、「法律によって定められた」ものである。問題の介入が10条2項の要件に合致することを証明するために、オランダ政府は、本件でとられた措置は、「無秩序の防止のため」「民主的社会において必要なもの」であったと主張する（§§95-97）。

もちろん、10条で保障された表現の自由は、締約国の管轄の範囲内で、軍人にも、他の人同様に保障される。ただし、軍人が、軍律に違反することのないように法規則が制定されなければ――たとえば成文によって――、軍隊が適切に運営されることは不可能だろう。こうした規則に基づいて懲罰を受けた結果、Dona と Schul は表現の自由を奪われたのではなく、その自由の濫用に対する制裁を受けたのである（§§100-101）。

Dona と Schul は、自らの表現の自由の行使が「定められた以上の制限」に服したと主張したが、制限が10条2項で正当化されているので、条約17条および18条に関連して10条に違反する行為もなかったものと当裁判所は判断する（§104）。

当裁判所は、Dona と Schul は徴兵兵士協会のメンバーであったこと又はその活動に参加したことを理由に懲罰が加えられたのではないと認定するので、11条1項に保障された Dona と Schul の集会および結社の自由に対する侵害はなかったと結論する。つまりこのことは、両者について、14条、17条および18条に関する検討を行う必要がないことを意味する（§§107-108）。

(5) 公正な満足（50条）について

最後に、すでに認定された条約違反について、4人の関連する申立人に条約50条に基づく公正な満足を与えるという問題を留保する（§111(a)）[(1)]。

【解　説】

(1) 本判決の意義・特徴

本事件で、ヨーロッパ人権裁判所は、軍隊生活の持つ特殊な性質を考慮する必要があるという条件を付しながら、ヨーロッパ人権条約が原則として文民だけでなく、軍隊の構成員にも適用されることを認めた。その上で、同裁判所は、条約6条1項の「刑事上の罪」という文言は、被申立国の国内法上与えられている意味とは独立の自律的意味を有するとして、軍隊における懲戒手続への同条の適用を承認したのである。その際、裁判所は、「締約国の裁量により、ある犯罪を刑事上ではなく懲戒と分類し訴追することが可能ならば、6条および7条の基本条項の運用は締約国の主観的意思に従属することになろう」として、「刑事上の罪」という用語には自律的解釈（autonomous interpretation）が与えられなければならないとした。すなわち、国家は、ある犯罪を懲罰対象と分類しただけで、「刑事上の罪」について公正な裁判を行うという基本的な義務を回避することはできず、「刑事上の罪」という概念は、特定の法制度の分類から独立した自律的な概念であると認定されたのである[(2)]。こうした自律的解釈の要請は、その後のヨーロッパ人権裁判所の判決においても繰り返された。たとえば、1994年の Stran Greek Refineries and Straits Andreadis 事件で、同裁判所は、6条1項の「『民事上の権利義務』という概念は、被告国の国内法によってのみ解釈されるものではない」ことを改めて強調した。

救済の観点からは、次の点が注目される。本件で、裁判所は、最高軍事裁判所での聴聞が非公開 (in camera) で行われたとして6条1項違反を認定したものの、それ以上の救済は命じてはいない。また、ヨーロッパ人権裁判所は、通常、名目的または象徴的金銭賠償の要求には応じていないが、本件では Engel について、「公正な満足」として 100 オランダギルダー（約50米ドル）の金銭賠償を命じている点が注目される(3)。

(2) ヨーロッパ人権条約の解釈をめぐる2つの問題

ヨーロッパ人権条約の解釈をめぐっては、主として2つの問題が存在する。第1に、当事国の裁判所との関係においては、ヨーロッパ人権裁判所の条約解釈が解釈拘束力 (l'autorité de la chose interprètée) を持つかどうかという問題である。換言すれば、当事国の裁判所に対して、ヨーロッパ人権裁判所の解釈が義務的な性格をもつといえるかどうかという問題である。第2は、ヨーロッパ人権裁判所の解釈手法である。後者の点について、ヨーロッパ人権裁判所は、当初から条約法に関するウィーン条約（以下、条約法条約）の条約解釈規則 31 条（解釈の一般規則）、32 条（解釈の補足的手段）および 33 条（複数の言語によって確定された条約の解釈）を積極的に援用してきた。同裁判所は、1975 年の Golder 判決（本書 *41*）で、「当裁判所は、条約法条約 31 条から 33 条を参照すべきであると考える。この条約は未だ発効していないが (1980 年 1 月 27 日に発効)、その条文は、当裁判所が折りに触れ言及してきた一般に受容された国際法の諸原則を列挙している。ヨーロッパ人権条約の解釈に際して、当該条文を考慮すべきである」と判示した。実際、本件の後も、条約6条3項(c)の「無料で通訳の援助を受ける権利」の「無料」(gratuitement/free) が争点になった Luedicke 他判決（本書 *35*）で、同裁判所は、条約法条約 31 条が規定する用語の「通常の意味」に従った解釈を採用し、「無料」とは、「条件付き免除でも支払猶予でもなく、完全な免除」であると結論した。ドイツは 1980 年にこの判決に合致するよう国内法を改正した。

(3) ヨーロッパ人権裁判所の条約解釈の「解釈拘束力」

ヨーロッパ人権条約は、ヨーロッパ共同体設立条約 234 条のような先行判決制度によって条約の解釈を統一するという制度を設けてはいない。つまり、当事国の国内裁判所が、事前にヨーロッパ人権条約の解釈についてヨーロッパ人権裁判所に諮問する制度は存在しない。他方で、ヨーロッパ人権条約は条約 32 条で条約およびその議定書の解釈を裁判所の管轄としている。実際、国内裁判所の判決の後に、事件がヨーロッパ人権裁判所に持ち込まれ、当事国の法律や行政行為がヨーロッパ人権条約および議定書に適合しているかどうかが争われ、同裁判所によるヨーロッパ人権条約や議定書の解釈が最終的に事件を終了させるという意味では、同裁判所による条約解釈の優位性は否定できない。条約 46 条では当事国に対する判決の拘束力が明記されているが、実際上、当事国の国内裁判所はヨーロッパ人権裁判所の判決に示された条約解釈についても、これを踏襲する傾向がある。たしかに、司法権の独立という意味では、各当事国の国内裁判所は、独立してヨーロッパ人権条約を解釈するものの、人権条約の実施機関としての条約解釈の重みもあり、ヨーロッパ人権裁判所の条約解釈が、事実上の「解釈拘束力」をもっているといえよう(4)。

(4) ヨーロッパ人権裁判所の解釈手法──発展的解釈

ヨーロッパ人権裁判所におけるもっとも特徴的な条約解釈の手法は、いわゆる「発展的解釈」である。拷問の禁止を定めた条約3条の解釈が争われた 1978 年の Tyrer 判決（本書 *16*）において、ヨーロッパ人権裁判所は、ヨーロッパ人権条約を「生きている文書 (living instrument)」であると性格づけ、1950 年に条約が採択された時に当事国が抱いていたであろう「何が品位を傷つける刑罰か」ではなく、条約を解釈する時点でのそれを考慮せざるを得ないとした。人権条約は、社会的な変化など今日的条件に照らして解釈されねばならないというのである。同様の姿勢は、嫡出子と非嫡出子の区別を設けていたベ

ルギーの立法が問題になった1979年のMarckx判決（本書58）でも採用された。

さらに、ヨーロッパ人権裁判所は、1995年のLoizidou事件（本書9）において、裁判所は、条約が締結された40年以上前の起草者の意思に従ったのみでは解釈はできないとまで言い切った。また、性転換を法的に承認されなかったことでさまざまな不利益が生じたとして、条約8条（私生活の尊重）と12条（婚姻の権利）の違反を訴え、その違反が認定された2002年のChristine Goodwin判決（本書47）では、裁判所は、「現時点で、ヨーロッパ人権条約の何が適切な解釈・適用であるかを『今日的条件に照らして』（Tyrer事件〔本書16〕等）評価するために、当事国の内外の状況を考察する」ことを提案した。いわゆる「発展的解釈」の表明である。こうした発展的解釈は、ヨーロッパ人権裁判所の判例の最も独創的な特徴である。

(5) 人権の実施機関による解釈の特徴

ヨーロッパ人権裁判所は、ヨーロッパ人権条約の趣旨および目的は個人の権利を保護することにあり、自律的解釈や発展的解釈により、その趣旨および目的に従い条文に対して実効的な解釈を与える姿勢を堅持している。実際、1989年のSoering判決（本書14）で、裁判所は、「個人の人権の保護のための文書としての条約の趣旨および目的は、その規定が保障を実効的にするように解釈適用されることを要請する」と述べるにとどまらず、さらに、「保障されている権利や自由の解釈は、民主的社会の理想と価値を維持し促進することを意図した文書であるところの、ヨーロッパ人権条約の一般的精神に一致しなければならない」と述べている。このように、ヨーロッパ人権裁判所というヨーロッパ人権条約の実施機関の解釈にみられる法的思考は、みずからがその実施の監視を担っている人権はヨーロッパ社会の利益であり、その人権という共通の価値を促進するための解釈上の選択を行うことがみずからの任務であるとみなし、実施機関はその選択の指導原理たる「人権の発展」に従うことが本来要請されているとの立場に立つのである。

なお、自由権規約の実施機関である自由権規約委員会は、同規約の解釈にあたって、当初は、ヨーロッパ人権裁判所のような発展的解釈の手法をとらなかったが、2003年のジャッジ対カナダ事件（通報番号829/1998）において、「規約は生きている文書（living instrument）として解釈されるべきであり、そこで保障されている権利は、今日的状況の文脈で、かつ今日的状況に照らして適用されるべきであると考える」と述べて、自由権規約委員会としては初めて、ヨーロッパ人権裁判所と同様の発展的解釈を採用した。地域的人権機関の実行が普遍的な人権機関にも影響を与えていることがわかる法事象である。

(1) 判決の主文は22項にのぼる。11項については全員一致で採択され、残りの11項については9対4、12対1の多数決で採択された。なお、ヨーロッパ人権裁判所は、公正な満足（50条）に関して、ヨーロッパ人権条約5条1項に違反する状況で自由を剥奪されたEngelに対し、補償として100オランダギルダーを命じた。他方、DonaとSchulが、6条1項に違反して、オランダ最高軍事裁判所にて非公開で聴聞を受けたとされる事件については、両氏に金銭的補償を行うべきとする要求を却下した。Engel and others v. Netherlands (Article 50), 23 November 1976 (PC).

(2) 戸田五郎「欧州人権裁判所による欧州人権条約の解釈——欧州共通標準の模索」国際人権11号（2000年）17頁。

(3) Dinah Shelton, *Remedies in International Human Rights Law*, 2nd ed., Oxford University Press, 2005, pp. 263-254 and 294-295.

(4) この点については、建石真公子「ヨーロッパ人権条約の解釈の発展と国内裁判所——フランス行政裁判所における外国人の追放とヨーロッパ人権条約3条・8条」『愛知学泉大学コミュニティ政策学部紀要』1号（1999年）138-140頁参照。

[参考文献]

[1] 建石真公子「ヨーロッパ人権条約の解釈の発展と国内裁判所——フランス行政裁判所における外国人の追放とヨーロッパ人権条約3条・8条」愛知学泉大学コミュニティ政策学部紀要1号（1999年）。

[2] 戸田五郎「欧州人権裁判所による欧州人権条約の解釈—欧州共通標準の模索—」国際人権11号（2000年）。

[3] 坂元茂樹「条約解釈の神話と現実—解釈学説対立の終焉が意味するもの」世界法年報22号（2003年）。

[4] 同「人権条約の解釈の発展とその陥穽」芹田健太郎ほか編『講座国際人権法1　国際人権法と憲法』（信山社、2006年）。

18 評価の余地
表現の自由と道徳の保護
(わいせつ物出版法による刑事訴追・押収)
―― ハンディサイド判決 ――

江島　晶子

Handyside v. the United Kingdom
7 December 1976, Series A no. 24（全員法廷）

【事　実】

　申立人（Handyside、出版社 Stage 1 の所有者）は、1969 年にデンマークで刊行された『The Little Red Schoolbook』（以下、スクールブックと記す）のイギリスでの翻訳権を 1970 年 9 月に購入し、同書を翻訳しイギリスでの発売を 1971 年 4 月 1 日に予定していた。同書は、子どもや青少年にとっての参考書（reference book）になるよう、教育や性的事項についてリベラルな立場から著述されたもので、事件当時、ベルギー、フィンランド、フランス、西ドイツ（当時）、ギリシャ、アイスランド、イタリア、オランダ、ノルウェー、スウェーデン、スイスおよび幾つかの非ヨーロッパ諸国で翻訳・翻案され出版されていた。

　申立人は、印刷完了後、見本を新聞社や教育・医学出版関係に発送し、複数の新聞社が紙上で同書の内容を紹介した。同書への反応は賛否両論で、公訴局長官（Director of Public Prosecutions〔法務総裁の監督の下、重要事件の刑事訴追を行う〕）に苦情も寄せられた。1971 年 3 月 31 日、わいせつ物出版法（Obscene Publications Act 1959 and Obscene Publications Act 1964、以下、1959/1964 年法と記す）に基づく令状によって 1,069 冊が、4 月 1 日付けの令状によって 139 冊が申立人の事務所から押収された。ただし印刷された 2 万冊のうち 18,800 冊は事務所では発見されず、同書を注文した学校に販売されてしまったものもある。4 月 8 日、申立人に対して、1959/1964 年法に基づき、営利目的出版のためにスクールブックというわいせつな（Obscene）本を所持していたことを理由として召喚状が発給された。1971 年 7 月 1 日、申立人は、Lambeth 治安判事裁判所において有罪判決を受け、25 ポンドの罰金と 110 ポンドの訴訟費用負担を命じられ、押収物の没収が決定された。申立人は控訴したが、ロンドン四季裁判所（The Inner London Quarter Session）は、1971 年 10 月 29 日判決（以下、1971 年判決と記す）で、第 1 審判決を支持し、845 ポンドの訴訟費用を申立人に科し、押収物は廃棄された。同裁判所は、1959/1964 年法にいう「わいせつ」該当性に関して、多くの子どもを腐敗堕落（deprave and corrupt）させる傾向があるとして肯定する一方、同法 4 条に基づく正当化の抗弁の存在を否定した。

　これに対して、申立人は、1972 年 4 月 13 日、ヨーロッパ人権条約（以下、条約と記す）1、7、9、10、13、14 条および第 1 議定書 1 条に違反するとして、ヨーロッパ人権委員会（以下、委員会と記す）に申し立てた（申立人は、1971 年判決はイギリス法を適正に適用するものだと考えたので控訴院への控訴は行わなかった。委員会は国内的救済原則が尽くされたと認定した）。委員会は、1974 年 4 月 4 日、10 条および第 1 議定書 1 条に基づく申立のみ受理し、1975 年 9 月 30 日、条約違反はないとする報告書を採択し、1976 年 1 月 12 日、ヨーロッパ人権裁判所（以下、裁判所と記す）に事件を付託した。同年 4 月 29 日、同裁判所小法廷（chamber）条約の解釈に関する重要問題が提起されているとして裁判所規則 48 条に基づき全員法廷に事件を回付することを決定した。

【判　旨】

(1)　10条違反の主張について

申立人に対する有罪判決、そして印刷鋳型および数百部のスクールブックの押収・没収・廃棄は、条約10条によって保障される申立人の表現の自由に対する公の機関による介入であり、同条2項に規定される例外に該当しない限り、10条違反となる（§43）。

(a)　介入は「法律によって定められていたか」

当該介入が10条を侵害しないためには、「同条2項によれば、まずは『法律によって定められて』」いなければならず、本件では1959/1964年法がこれに該当する（§44）。

(b)　介入は10条2項が正当とする目的を有するか

1959/1964年法は、「10条2項に基づき正当である目的、すなわち民主的社会における道徳の保護」を有する（§46）。

(c)　介入が民主的社会において必要かどうかをどのように決定するか──補完性／評価の余地

「申立人によって申し立てられている実際の『制約』および『刑罰』が『民主的社会において必要かどうか』をどのように決定するか」については、……「イギリスの裁判所が合理的に、誠実かつ10条2項によって締約国に委ねられた評価の余地 (margin of appreciation) の範囲内で行動したことを確認しさえすればよい」（§47）。

「条約によって確立された保障の仕組みは、人権を保障する国内システムに対して補完的 (subsidiary) なものであることを当裁判所は指摘する。条約は各締約国に対して、まずは条約が規定する権利および自由を確保する任務を課している。……上記の見解はとりわけ10条2項について該当する。とくに、様々な締約国の国内法において道徳に関する統一的なヨーロッパの概念を見出すことは不可能である。……国内当局は、国の重要な諸勢力と直接かつ継続的に接しているゆえに、道徳の要請の正確な内容はもとより、それを実現しようとする『制約』または『刑罰』の必要性に関して意見を出す点において、原則として、国際裁判官よりもよりふさわしい地位にある」（§48）。

(d)　「必要な (necessary)」とは何か

「10条2項の意味における『必要な (necessary)』とは、『不可欠な (indispensable)』と同義ではなく（条約2条2項の『絶対に必要な (absolutely necessary)』、6条1項の『真に必要な (strictly necessary)』および15条1項の『事態の緊急性が真に必要とする限度 (to the extent strictly required by the exigencies of the situation)』というフレーズを参照のこと）、『認められる (admissible)』、『通常の (ordinary)』（4条3項参照）、『有用な (useful)』（議定書1条の第1パラグラフのフランス語条文参照）、『合理的な (reasonable)』（5条3項および6条1項参照）、または『望ましい (desirable)』といった表現のような柔軟性を有してはいない。しかしながら、『必要性』の概念の意味する急迫する社会的必要性の現実度を最初に評価するのは国内当局である。したがって、10条2項は締約国に評価の余地を残している」（§48）。

(e)　評価の余地の限界──民主的社会と表現の自由

「しかしながら、10条2項は締約国に無限定の評価権限を付与しているわけではない。当裁判所には、委員会とともに国家の約束の遵守を確保する責任があり（19条）、『制約』または『刑罰』が10条によって保護されている表現の自由と調和しうるかどうかについて最終決定を行う権限がある。よって国内の評価の余地はヨーロッパの監督 (a European supervision) と密接な関係にある。このような監督は、訴えられている手段の目的とその『必要性』の両方に関わる。……当裁判所の監督的機能は、『民主的社会』を特徴づける諸原理に最大の注意を払うことを当裁判所に義務づけている。表現の自由は民主的社会の本質的基礎であり、社会の発展および全ての人間の発達のための基本的条件である。表現の自由は、

好意的に受け止められたり、あるいは害をもたらさないまたはどうでもよいこととみなされる『情報』や『思想』だけではなく、国家や一部の人々を傷つけたり、驚かせたり、または混乱させたりするようなものにも、10条2項を条件として、あてはまる。こうしたことは、『民主的社会』を存在させるのに不可欠な多元主義、寛容および寛大さからの要請である。……この分野において課される『手続』、『条件』、『制約』または『刑罰』は、遂行される正当な目的と釣り合っていなければならない」(§49)。

「したがって、当裁判所の任務は、権限ある国内裁判所にとって代わることでは全くなく、国内裁判所が評価権限の行使として行った決定を10条に基づき審査することである」(§50)。しかし決定だけを審査するのではなく、「問題になっている出版物、申立人が国内法制度において、そして国際的レベルにおいて提出した主張と証拠を含めて、事件全体としての観点から、当該決定を当裁判所は審査しなければならない。当裁判所は、利用できる様々なデータを基礎として、国内当局がとった実際上の『介入』手段を正当化するために提供した理由が、10条2項に基づき、関連性があり十分なものかを決定しなければならない」(§50)。

(f) 制約が民主的社会において必要か

権限あるイギリスの裁判官は、その裁量行使として、スクールブックを読む子どもおよび青少年のうちの相当数の道徳に対して有害な影響を与えると当時考える権限を有する(§52)。スクールブックが北アイルランドおよびマン島では問題にならず、スコットランドでは有罪とならず、しかも実際には数千部のコピーがイングランドおよびウェールズにおいてさえ出回っていても、国内当局の評価の余地を考慮に入れると、1971年判決が真の必要性に対する対応ではないということにはならない(§54)。知的・芸術的価値のない多数のハードコア・ポルノグラフィー等は野放しであると申立人は主張するが、原則として、裁判所の役割は、類似の状況における国内の検察当局および裁判所による異なる決定を比較することではないし、本件は類似の状況とはいえない(§56)。多くの国が同書の頒布を許可していても、ロンドン四季裁判所の決定が条約10条違反であることにはならない(§57)。

(g) 結論

本件の状況では条約10条違反は認定されないと結論する(13対1)(§59)。

(2) 第1議定書1条、14条および18条違反の主張について

第1議定書1条、14条および18条違反は存在しない(全員一致)(§§60-66)。

(3) 50条の適用について

条約違反は認定されなかったので、本件では、条約50条の適用の問題は生じない(§67)。

【解説】

(1) 判決の意義・特徴

本判決は、初期の判決として、裁判所の審査のあり方、補完性原理、条約違反の判断手法、条約における表現の自由の位置付け、10条2項の「道徳の保護」に関する評価の余地の程度等、重要かつ基本的問題について判断を示しており、後の判決でも頻繁に引用されていることから、先例の一つとして判例法の中で重要な意義を有する。

(2) 裁判所の審査のあり方——補完性原理

国家による制約が、「民主的社会において必要」(10条2項)といえるかを、裁判所がどのように判断するかについては幾つかのアプローチが考えられる。まず、当該制約を規定する国内法自体が条約に合致するかどうかを、当該事件における適用には触れずに判断する方法がある。だが、裁判所および委員会は立法の抽象的審査には消極的である(Klass v. Germany事件(6 September 1978))。実際、法律自体は条約と合致するようにも違反するようにも適用できるとすれば、具体的適用に及ばなければ裁判所の審査は無意味とする見解もある[1]。

次に、具体的事件においてどのような審査を行うべきかという点でも見解は分かれる。国内当局が合

理的かつ誠実に行動したかどうかだけを審査するアプローチ(本事件の委員会多数意見)がある一方、国内当局の決定とは独立して、裁判所が条約に照らして事件の事実を新たに評価するアプローチ(本事件の委員会少数意見)も存在する。裁判所は両者の中間的立場に立つ。すなわち、裁判所は条約による人権保障システムを、国内システムにとって補完的(subsidiary)なものととらえ(§48)[2]、裁判所の任務は権限ある国内裁判所にとってかわることではなく、国内裁判所が評価権限の行使として行った決定を条約10条に基づき審査することだとした上で、国内当局の決定自体だけでなく、問題の出版物、申立人・被告国が国内裁判所および委員会に提出した主張・証拠を合わせ、事件全体を条約の観点から審査するとする(§50)。

(3)「評価の余地」理論の起源および発展

「評価の余地」理論とは、国家がヨーロッパ人権条約上の権利を制約する際に、いかなる制約を行うかについて国家に一定の裁量を認める理論である(評価〔appreciation〕を裁量ととらえるとわかりやすい)。すなわち、国家のとった措置が人権に対する介入となっていても、国家の有する裁量の範囲内であれば、条約違反とは認定されない。よって、国家の裁量がどのような場合にどの程度認められるのかが重要な問題となる。同時に、この問題は、人権保障におけるヨーロッパ人権裁判所と締約国内の国内機関との役割分担の問題であり、ひいては、ヨーロッパ人権裁判所による審査のあり方、人権条約機構の監視のあり方という根本的問題とも深い関連性を有する。

このような「評価の余地」理論は、委員会の意見および裁判所の判例上発展してきたもので、明文の根拠規定も、条約起草過程における明示的言及も存在しない[3]。当初、非常事態における効力停止(derogation)条項(15条)に関する事件(Greece v. the United Kingdom 事件〔26 September 1958〕, Lawless v. Ireland 判決〔本書22〕等)をめぐって形成され、緊急事態において国家の裁量を広く認め、国家の主張をほぼそのまま受け入れるために用いられてきた。その背景には、二つの理由が考えられる。第一は、緊急事態に直面し詳細な情報をもつ当事国の方が、当事国の協力によって情報収集を行うしかない条約機構よりも適切に状況判断が行えるので、当事国の判断を承認せざるをえないという技術的理由である。第二は、国家は「国の生存」に対して重大な責任を負うが、条約機構は負わない以上、緊急事態における効力停止という「国の生存」にとって極めて重大な問題については、国家の判断を否認し15条違反を認定することは当該国家からの激しい反発が予測できるので極力差し控えるという政治的理由である。

その後、「評価の余地」理論は、15条以外の場合(代表的な分野が8条から11条の規定する制約正当化事由および14条)にも採用され、現在では、条約および議定書中の相当数の権利において黙示的・明示的に使われている。当初の起源からすると、同理論は、締約国に広い裁量を認め、条約による人権保障を有名無実化する口実ともなりかねない。実際、初期の判決には、評価の余地への言及によって国家の広い裁量を認めてきた例もある(De Wilde, Ooms and Versyp v. Belgium 事件〔18 June 1971〕, Klass v. Germany 事件〔6 September 1978〕等)。だが、裁判所および委員会は、「評価の余地」理論を、権利の性質や事件の特性に応じて国家の裁量を限定づけることができる理論に発展させてきた。

Handyside 判決は、こうした展開の中で、国家の裁量を広く認める枠組みとしてではなく、国家の裁量を限定しうる枠組として、国家の「評価の余地」を提示した点で重要である[4]。すなわち、まず、裁判所の補完的性質を前提として、国家に裁量の余地を認める。だが、その国家の裁量は無限定ではなく、本件で問題となっている表現の自由(10条)の民主的社会における重要性(後述(4)参照)から、当該制約が遂行され正当な目的と釣り合っていなければならない(比例性原理)という枠組を提示した(§49)。本件で問題となった道徳に関してはヨーロッパにおいて統一的な概念は存在しないので、どのような制約

または刑罰が必要かについては、国内当局の方が国内の事情に通じているがゆえにより適切な判断ができる（§48）という立場から、国内裁判所の判断が評価の余地の中にあると判断した。しかしながら、その後、The Sunday Times 判決（本書 62）では、裁判所は同じ枠組を使い、Handyside 判決での判断と対比させつつ、「司法機関の権威」という目的については国家の評価の余地は狭くなるとして条約違反を認定している。

現在、同理論については、豊富な判例法の蓄積を前提として国内機関の判断権と国際機関の審査権との適切な権限分配を行うものであり、同理論には正当性がありかつその法的根拠は条約自体に由来するという評価がある[5]。他方、同理論の柔軟性や適用基準の曖昧さゆえに、結局のところ条約違反の有無についてどちらの結論にも到達しうるという批判があり[6]、裁判所の責務の放棄となり裁判所に対する不信にもつながりかねない危険性を有する。よって、同理論のメリットである具体的事件において妥当な結論を引き出す柔軟性を維持しつつも恣意性（そこから生じる不信）を排除するという厄介な要請に直面しており、これに対応するには同理論のさらなる精緻化と首尾一貫した適用が求められる。実際、国家の安全や道徳の保護に関しては広い裁量が認められるのに対して、民主的社会の根幹、とくに政治的表現が関わる場合には狭い裁量が、また一定の事項については裁量をほとんどあるいはまったく認めないという、各権利・自由ごとにまたは制約目的に関連して一定の類型化を見出すことが可能である。他方、類型化が可能であるとすれば、それを「評価の余地」という表現で呼ぶ必要もないのではないかという主張もある[7]。

(4) ヨーロッパ人権条約における表現の自由
——表現の自由と道徳の保護

本判決は、表現の自由を民主的社会の本質的基礎であり、社会の発展および人間の発達のための基本的条件と位置付けた上で、その保障は心地よい表現だけでなく、不快な表現にも及ぶ（§49）と述べ、ヨーロッパ人権条約における表現の自由の意義を明示した点でも重要である。他方、本判決は、道徳の保護という制約目的については評価の余地が広くなるという先例を確立させ、以後、道徳の保護という制約目的が問題となっている事例では条約違反が認められにくくなっている[8]（例外として、Open Door 判決〔本書 1〕参照）。

(5) 国内法における「評価の余地」理論

国内裁判所が条約の解釈においてヨーロッパ人権裁判所判例を参照する場合が増えれば、国内裁判所が「評価の余地」理論をどのようにとらえるべきかが問題となる[9]。1998 年人権法によって国内法の条約適合的解釈が法的義務となったイギリスの裁判所が現にこの問題に直面している[10]。また、日本の司法審査においても立法裁量や行政裁量の問題、そして司法府の審査能力の限界や自己抑制の問題について一定の示唆を提供する。だが、注意すべきは、国際機関と国内機関とでは裁量が認められる根拠、裁量の広狭が異なることである。ヨーロッパ人権裁判所が国内機関に対して広い裁量を認めているというただそれだけで、国内裁判所が国内の立法府や行政府に対して広い裁量を認めることができるわけではない。

(1) R. A. Lawson & H. G. Schermers (eds.), *Leading Cases of the European Court of Human Rights* (2nd ed, Ars Aequi Libri, 1999), p. 38.

(2) M. de Salvia, Analysis of the Court's Case-Law in 2001, 23 *HRLJ* 130, p. 130-131 (2002).

(3) 北村泰三「ヨーロッパ人権条約と国家の裁量——評価の余地に関する人権裁判所判例を契機として」法学新報 88 巻 7・8 号（1981 年）37 頁。関連して、西片聡哉「欧州人権条約 derogation 条項と『評価の余地』」神戸法学雑誌 50 巻 2 号 149 頁（2000 年）参照。

(4) D. J. Harris *et al*, *Law of the European Convention on Human Rights* (Butterworth, 1995), p. 12.

(5) P. Mahoney, "Marvellous Richness of Diversity or Invidious Cultural Relativism", 19 *HRLJ* 1, at p. 6(1998).

(6) 批判的意見の代表例として、Lord Lester, "The European Convention on Human Rights in the New Architecture of Europe: General Report", *Proceedings of the 8th Colloquy on the European Convention on Human*

Rights（Council of Europe, 1995), p. 227 at pp. 236-7.

(7) J. Schokkenbroek, The Basis, Nature and Application of the Margin-of-Appreciation Doctrine in the Case-Law of the European Court of Human Rights, 19 *HRLJ* 30（1998), at p. 36. その他、Yourow（[参考文献] 参照）および門田孝「欧州人権条約と「評価の余地」の理論」石川明先生古希記念論文集『EU法・ヨーロッパ法の諸問題』（信山社、2002年）251頁参照。

(8) S. C. Prebensen, "The Margin of Appreciation and Articles 9, 10 and 11 of the Convention" 19 *HRLJ* 13, at p. 15（1998）.

(9)「評価の余地」理論を、国際法・国内法の文脈での有用性を示唆する論稿として、M. Delmas-Marty, *Towards a Truly Common Law*（CUP, 2002), esp., p. 71-74.

(10) 詳細は、江島晶子『人権保障の新局面』（日本評論社2002年）264頁参照。

[参考文献]

[1] The Doctrine of the Margin of Appreciation under the European Convention on Human Rights: Its Legitimacy in Theory and Application in Practice, 19 *HRLJ* 1 (1998).

[2] H.C. Yourow, *The Margin of Appreciation Doctrine in the Dynamics of European Human Rights Jurisprudence*（Nijhoff, 1996).

[3] Y. Arai-Takahashi, *The Margin of Appreciation doctrine and the principles of proportionality in the jurisprudence of the ECHR*（Intersentia, 2002).

[4] 江島晶子「ヨーロッパ人権裁判所における『評価の余地』理論の新たな発展」明治大学大学院紀要29集（1992年）55頁

[5] 野村敬造「欧州人権裁判所の判例」金沢法学25巻2号（1983年）45頁

人権裁判所
（エントランスと2つの法廷）

19 実効的救済手段を得る権利
合理的な期間内に裁判を受ける権利の侵害に対する実効的救済の保障
―― クドワ判決 ――

申　惠丰

Kudła v. Poland
26 October 2000, Reports 2000-XI（大法廷）

【事　実】

申立人は1991年8月、詐欺と文書偽造の疑いでクラカウ地方検察官のもとに送検され勾留された。申立人は、様々な疾病、特に鬱病を患っていることを訴えたため、当局は診察を行ったが、その結果勾留可能な状態であるとされ、拘置所に勾留された。申立人は勾留命令に異議を申し立てたが、クラカウ地方裁判所（以下、地方裁判所）は理由なしとしてこれを却下した。同年10月から11月にかけて、申立人は自殺未遂やハンガー・ストライキを行い、法精神医学の専門家による診療を受けた後、一時病院で治療を受けた。翌年4月、申立人と他9人の被告人に対する公訴が提起されたが、同年6月、地方裁判所の要請で精神科医が提出した報告書で、申立人は鬱症状で自殺願望があるため精神科治療を受ける必要があるとしたため、地方裁判所は翌月、勾留命令を取り消した。

1993年2月、申立人が裁判の召喚状送付先の住所を地方裁判所に通知していなかったため、同裁判所は彼に対し再勾留の命令を出し、申立人は同年10月4日、交通法規違反で逮捕された際に勾留された。同月から翌年11月にかけて、申立人の代理人は、申立人は1992年7月27日の釈放以来継続して鬱病の治療を受けていたとして、繰り返し釈放を請求した。

1994年11月、申立人は、勾留期間がすでに合計で2年を超えているとして地方裁判所長に申立を行い、翌月にも健康状態を理由に釈放を請求したが、同裁判所はこれを却下した。翌年1月、クラカウ控訴裁判所（以下、控訴裁判所）はこの決定を維持し、勾留の継続を命令した。同月、申立人の代理人は、申立人が再度自殺を図ったことを述べて勾留命令取消しを請求したが、地方裁判所はこれを却下した。代理人は異議を申し立てたが、同年3月、控訴裁判所はこれを却下した。1995年6月1日、地方裁判所は申立人を詐欺と文書偽造の罪で有罪とし、懲役6年の刑を宣告した。同年8月、申立人は、長期の勾留が健康状態を悪化させているとして釈放を請求したが、地方裁判所はこれを却下し、控訴裁判所もこの決定を維持した。

1996年2月22日、控訴裁判所は、一審の裁判には様々な手続上の違反があるとして有罪判決を破棄し、再審理を命じた。同年5月、地方裁判所は、保釈金を条件として勾留命令を取り消すと決定した。申立人はその金額に異議を申し立てたが、同裁判所はこれを却下し、同年10月29日、申立人の家族が保釈金を支払った後に勾留命令を取り消した。1998年12月、地方裁判所は懲役6年の有罪判決を下し、翌年10月、控訴裁判所は懲役5年とする判決を下した。申立人は上訴し、本件提訴時、最高裁判所に事案が係属中である。

申立人はこの一連の手続の間、1993年10月4日から1996年10月29日まで、1994年3月9日から同年5月26日まで病院に移送されていた間の中断を除いてずっと拘置所に勾留されていた。申立人は、勾留中に十分な精神科治療を受けなかったこと、勾留が長期間にわたり、合理的な期間内に裁判を受ける権利を侵害されたこと、また、刑事手続が不当に長いことについて申立を行う実効的な国内救済手段

がなかったことを主張して、人権委員会に申立を行った。人権委員会は1999年の報告書で、条約3条（14対13）、5条3項（全員一致）及び6条1項（全員一致）の違反があったとし、13条違反については検討する必要はないとした(18対9)。本件は同年、ヨーロッパ人権裁判所大法廷への付託が決定された。

【判　旨】

(1)　3条違反の主張について

3条は、いかなる場合においても、拷問又は非人道的なもしくは品位を傷つける取扱いもしくは刑罰を絶対的に禁じている（§90）。しかし、3条の範囲内に入るためには、不当な取扱いが深刻さにおいて最低限度のレベルに達することが必要である（§91）。当裁判所は、申立人はその精神的状態ゆえに、平均的な被拘禁者よりも脆弱な状況であったこと、勾留により不安や恐れの感情が悪化した可能性はあることを認め、また、1996年6月から10月にかけて、自殺の恐れがあるにもかかわらず勾留を継続されたことを注記する。しかしながら、関連事実全体に照らして、本件では、申立人が3条の範囲内に入るほど深刻なレベルの不当な取扱いを受けたとはいえず、3条違反は存在しない（§§99-100）（全員一致）。

(2)　5条3項違反の認定について──「合理的な期間内」の抑留

有罪判決を受けた者には5条1項(a)が適用されるから、本件では、1995年6月1日から翌年2月22日までの勾留は、5条3項の検討上考慮に入れない。従って、ここで考慮される期間は、第一に、1993年10月4日から1995年6月1日まで、第二に、1996年2月22日から10月29日までであり、合計で2年4カ月と3日である（§§104-105）。

未決拘禁の継続は、無罪推定の原則にもかかわらず、当該事案において、個人の自由の尊重を凌駕するような公の利益の真の要請を具体的に示すものがある場合にのみ正当化されうる（Labita v. Italy (GC), 6 April 2000）（§110）。人が犯罪を犯したという合理的な疑いは、勾留の継続の不可欠の要件であるが、一定の期間の経過後は、司法当局が援用する他の理由が自由の剥奪を正当化するものか否かを認定しなければならない（Muller v. France, 17 March 1997）（§111）。本件では、申立人は1993年10月4日に再勾留される前にもすでに1年近く勾留されていたことからしても、5条3項の下で2年4カ月もの勾留を正当化する理由は見出せない（§114-115）。従って、5条3項の違反があった（§117）（全員一致）。

(3)　6条1項違反の認定について──「合理的な期間内」に裁判を受ける権利

裁判手続の長さの合理性は、当該事案の状況に照らし、当裁判所の判例法で示された基準、とくに事案の複雑さならびに申立人と当局の行動を考慮して評価される（§124）。本件では、最初の有罪判決が1996年2月22日に破棄された後、再審理が始まるまでに1年以上経過し、それがさらに1997年10月まで延期された。この1年8カ月に及ぶ裁判手続の遅延は、十分な正当化事由のないものであり、6条1項の下で当局に必要とされる注意と合致しない（§130）。よって、6条1項の違反があった（§131）（全員一致）。

(4)　13条違反の認定について

(a)　13条に基づく検討の必要性

従来、6条1項の違反を認定した事例では、13条違反の主張は検討の必要がないとされてきた。すなわち、申立人が主張する条約上の権利が、国内法で認められた「民事上の権利」（例えば、財産権）である場合には、6条1項が適用され、司法手続上の保護を規定した6条1項は、13条との関係では特別法として、13条の内容を吸収するとみなされてきた（§146）。しかし、本件のように、個人が国内機関に申し立てようとしている条約違反の主張が、裁判を受ける権利の侵害である場合には、上記のような重複、従って吸収関係はない。申立人が合理的な期間内に裁判を受けることができたか否かの問題は、その問題に関して申立を行える実効的な救済手段があったか否かとは別個の法的問題である（§147）。裁判所は、6条1項に反して合理的な期間内の裁判が

確保されなかったことを専ら主張する申立が継続して蓄積していることに鑑み、判例法を再検討する時がきたと考える。当裁判所は、6条1項違反の増加から、司法の運営に過度の遅延がありそれに対する国内的救済手段がない場合には、国内法制における法の支配にとって大きな危険が存在するということに留意する（イタリアを当事国とする多数の判決）(§148)。

　　(b) 合理的な期間内に裁判を受ける権利の侵害の主張に対して13条が適用されるか

　条約1条により、人権を保障する主要な責任は国家当局に課されており、ヨーロッパ人権裁判所への申立制度は国内法制に対する補完的なものである。この補完性は、13条および、国内救済完了原則を規定した35条1項に表されている。13条の目的は、個人が、条約上の権利の侵害に対して、国内的平面で救済を得る手段を与えることである。このようにみるならば、13条の要求は、6条1項の一般的な義務に吸収されるというよりは、後者の要求を強化するものとみるべきである (§152)。もし13条が6条1項の権利に適用されないとすれば、個人は、国内法制でまず解決されるべき申立を常にヨーロッパ人権裁判所に付託せざるを得なくなる(§155)。以上に鑑みて、13条は、6条1項により合理的な期間内に裁判を受ける権利の違反の主張について、国内機関において実効的な救済を保障する規定だとするのが、正しい解釈である (§156)。

　　(c) 13条の要求との合致

　13条は、条約に基づき「主張しうる申立 (arguable complaint)」の実質を審理し、適切な救済を与える国内的救済手段を提供することを要求している(Kaya v. Turkey, 19 February 1998)。そのような救済手段は、法律上も事実上も「実効的」でなければならない (§157)。本件で当事国は、いくつかの救済手段の存在を主張したが、申立人がそれらによって救済を得ることができるのか、またどのように得ることができるのかについて何ら示さず、当該手段を用いて救済を得ている実行例も示さなかった (§159)。

よって、申立人が6条1項により保障された権利を実現できる国内の救済手段はなく、13条の違反があった (§160)（16対1）。

(5) 公正な満足 (41条)

　申立人が長期の勾留と裁判の結果精神的損害を被ったと認め、損害賠償を命じるほか、訴訟費用の支払いを命じる（全員一致）。

　なお判決には、一人の裁判官の一部反対意見が付されている。

【解　説】

(1) 判決の意義・特徴

　条約6条1項は「民事上の権利および義務の決定または刑事上の罪の決定のため、法律で設置された、独立の、かつ、公平な裁判所による合理的な期間内の公正な公開審理を受ける権利」を規定し、13条は、条約上の権利侵害に対しては「国の機関の前において実効的な救済手段」を得ることを定めている。13条にいう実効的な救済手段とは、必ずしも司法的機関による救済を意味するものではないのに対し、6条1項は「民事上の権利……の決定」がかかわる場合の裁判所へのアクセスの権利を認めたものであること(Golder判決〔本書*41*〕)から、人権裁判所は従来、6条1項は13条と重複する、かつ13条よりも強い保障であって、6条1項との関係では13条の保障は前者に吸収され、6条1項の違反を認定した場合には13条違反を検討することは不要という立場をとってきた[1]。しかし、人権裁判所は本件で、6条1項により合理的な期間内に裁判を受ける権利の違反の主張がある場合には、13条は、国内機関においてそれに対する実効的な救済手段を保障する規定であるという新しい解釈を示した。従って、個人の民事上の権利（たとえば、財産権）および義務又は刑事上の罪の決定については6条1項による司法手続上の保護が適用され、その限りでは13条の内容は6条1項に吸収されるものの、6条1項により保障された合理的な期間内に裁判を受ける権利自体の侵害については、13条が適用され、それに対する実

効的な救済手段が存在しなければ、当事国は、6条1項の違反に加えて（あるいは、6条1項の違反が結果的に認定されなかった場合でも）13条の違反を別個に認定されうることとなる。

人権裁判所が本判決で、13条についてこのような判例法の見直しに踏み切った背景には、判決でもふれられているように、裁判手続の遅延に関する申立が非常に多く人権裁判所に寄せられ、その大多数で6条1項違反が認定されていることが挙げられる。そしてこの懸念は、ポーランド、ロシア、ウクライナといった新規加入国に関する類似の申立の増加によって、一層深刻になってきていた[2]。本判決の時期に近い2001年の記録をみると、同年中に下された888の判決のうち実に半分以上にあたる480件が、裁判手続の遅延を唯一の、または主な内容とする申立となっている[3]。このうち、従来とりわけ多数を占めてきたのがイタリアを当事国とする事例であって、イタリアは「ヨーロッパ人権条約と合致しない慣行」と指摘される裁判手続の遅延により344件の違反認定を受けている[4]。

本判決で、13条が裁判手続の遅延についても実効的な救済を受ける権利を保障した規定であるという解釈を示したことに伴い、イタリアが後述の法律を制定したほか、例えばフランスでは、裁判手続の遅延に関する法的救済を容易にする判例変更が行われた[5]。本判決以降、人権裁判所は実際にいくつかの事例で、そうした国内的救済の実効性についての検討を行っている[6]。

(2) 条約13条「実効的救済手段を得る権利」の位置づけ——実体規定との関係

13条は「この条約に定める権利及び自由」の侵害の場合にかかわる規定であって、実体的権利規定と関係なく本条のみを援用することはできない。しかし他方で、「侵害された」場合といっても、権利侵害の有無は実際に救済措置が適用されるまでは判定できないのであって、本条は、最終的な結果にかかわらず違反の主張について審理させ救済を求めることを可能にするという意味では、実体規定と併せてのみ援用されうるものであるにしても、それとして自律的な権利 (autonomous right; droit autonome) である[7]。13条の意義についてのこうした解釈は、1978年のKlass判決 (Klass and others v. Federal Republic of Germany, 6 September 1978) によってすでに確立している。換言すれば、13条は、個人が条約上の権利侵害を受けたという、「主張しうる申立 (arguable claim)」がある場合には、その申立について審理し、適切な救済を得ることを国内機関に求めることのできる権利を保障したものである（前掲Klass判決、Silver and Others v. UK, 25 March 1983)。本判決で、6条1項の違反の主張についても13条が適用されるという解釈が示された結果、合理的な期間内に裁判を受ける権利という実体規定としての6条1項、その侵害に対して実効的救済を求める権利の根拠規定としての13条、という位置づけが6条1項との関係でも明確になった。

13条の下で国が実効的救済措置を提供する義務は、最近の判例では、拷問や強制的失踪という重大な人権侵害が問題となった事案を通して、実効的な調査の義務を含むものとされるに至っている。人権裁判所は、クルド人少数民族の人々に対する虐待を条約3条に違反する拷問と認定したAksoy判決（本書29) において、国家機関による拷問が行われたという「主張しうる申立」を個人が行っている場合には、13条にいう実効的救済の概念は、申立人の捜査過程への実効的アクセスを含み、かつ責任者の特定と処罰につながるような徹底した実効的調査を伴うものであると判示し[8]、これを嚆矢に、条約2条（生命権）および3条という最も基本的な権利の侵害がかかわる事案においては、13条に基づく実効的救済の一環として国は実効的な調査を行う義務があることを強調している[9]。

なお、判例では、実体規定上の権利の侵害が、権利を確保する国内法が存在しないことをもって認定される場合には、別途に13条の違反の問題は生じないとされている。人権裁判所は、精神障害をもつ未成年女子が強かん被害について自ら告訴すること

を認める規定がなかったオランダ刑法の欠缺を条約8条（私生活の尊重を受ける権利）違反とした判例 X and Y v. the Netherlands 判決（本書50）において、この権利の侵害が、権利の実効的尊重を確保する法がないことをもって認定されるため、13条の違反は検討の必要がないとした(10)。

  (3) 国内救済完了の原則（35条1項）との関係

本判決で確立された判例法理に従えば、締約国は裁判手続の遅延に関する6条1項違反の申立について13条の下で実効的救済手段を与える必要があるが、他方で個人の側は、13条に沿った適切な救済手段が国内に存在する場合には、6条1項の違反の主張についてはまずその国内的救済手段を尽くすことが求められ、6条1項違反の主張を直ちに人権裁判所に持ち込めば国内救済未完了として不受理とされることとなる。このことは、本判決で人権裁判所も言及しているように、本来国内法制でまず解決されるべき申立が直ちに人権裁判所に付託されることを防ぎ、人権裁判所の過重負担を避けるという、ヨーロッパ人権条約システムの円滑な稼動にとっても重要な実際的意味をもっている。

6条1項違反となる長期の裁判について、最も問題となっていたのはイタリアであるが、イタリアでは、6条1条に反する裁判手続の遅延による損害に対して公正な満足を与えることを目的とした法律が2001年に採択されるに至った(11)。この法律によれば、同国の裁判所は、6条1項違反があったと認めた場合、合理的な期間を超える裁判期間について損害賠償の支払いを決定することとされる。これに伴い同年に人権裁判所は、この法律による救済を国内救済手段と認め、国内救済未完了を理由としてすでに6条1項違反の申立を不受理としている(12)。しかし、そのようにしてイタリアにおける裁判手続の遅延をめぐる申立が減少する一方、新たな問題として、同国の裁判所、すなわち最終的には破毀院で認められる損害賠償の額が、人権裁判所の手続の場合に通常認められる額と比較して低額過ぎるという事態が明らかになった。このため人権裁判所は、

2003年の Scordino 事件（Scordino v. Italy, 27 March 2003, Report 2003-IV）では、賠償額の認定に関するイタリア破毀院の判決の検討を基に、6条1項違反に関する申立人の主張がもっぱら損害賠償額の低さのみにかかわる場合には、同国における国内救済手段として、破毀院に上訴することは必要とされない、という判断を示した。従って、イタリアについて言えば、2001年法による救済手段の存在にもかかわらず、6条1項違反がある場合に国内裁判所が認定する損害賠償額が人権裁判所の認定する額と乖離している限り、それに対する人権裁判所への申立は受理されうることになる。しかし言うまでもなく、6条1項違反をめぐる類似の申立の洪水が続くことは人権裁判所にとって深刻な事態であり、裁判所は、締約国における実効的な国内救済手段の存在によって条約違反が防止されることこそが最善の道であると強調している(13)。

  (1) Airey v. Ireland, 9 October 1979, Series A no. 32, para. 35.
  (2) FLAUSS, Jean-François, "Observations: Le droit à un recours effectif au secours de la règle du délai raisonnable: un revirement de jurisprudence historique", *Revue trimestriel des droits de l'homme*, vol. 55, 2002, p. 179.
  (3) "Short Survey of Cases Examined by the Court in 2001", http://www.echr.coe.int/NR/rdonlyres/E63F7010-C3EA-4269-8CD1-882D08D59147/0/2001analysisofcase-law.pdf（visited 29 October 2005）.
  (4) *Ibid*.
  (5) 破毀院は2001年、そのような司法運営上の国の責任に関して、司法組織法上の「重過失」の定義を簡略化し緩和する決定を行い（Assemblée plénière, 23 février 2001（Bull. n°5), http://www.courdecassation.fr/_arrets/arrets. htm（visited 30 october 2005）、またコンセイユ・デタは2002年、行政裁判所における裁判手続の遅延について、単純な過失であっても損害賠償を認める判断を下した（L'affaire *Magiera*, 28 juillet 2002, *RFDA*, 2002, p. 756）。
  (6) 例えば、オーストリアについて、Holzinger v. Austria (no. 2), 30 January 2001; クロアチアについて、Rajak v. Croatia, 28 June 2001; フランスについて、Giummara v. France, 12 June 2001.
  (7) PETTITI, L-E., DECAUX, E., et IMBERT, P-H.(dir.),

La Convention européenne des droits de l'homme, Commentaire article par article, 1995, p. 458.

(8) Aksoy v. Turkey, 18 December 1996, Reports 1996-VI, §98.

(9) Avşar v. Turkey, 10 July 2001, Reports 2001, §429; Khachiev and Akaïeva v. Russia, 24 February 2005, §183. なお人権裁判所は、条約2条（生命権）はそれ自体、権利を確保するという条約1条の義務に照らせば、個人が国の実力行使の結果死亡した場合には何らかの実効的な公的調査を要求すると解しているが(Kaya v. Turkey, 19 February 1998, Reports 1998-I, §105)、13条に基づく実効的救済の要請は、2条により実効的調査を行う義務よりも幅広いものとしている（Orhan v. Turkey, 18 June 2002, Reports 2002, §384; Khachiev and Akaïeva v. Russia, *op. cit.*, §183)。

(10) X and Y v. the Netherlands, 26 March 1985, Series A no. 91, §36.

(11) 2001年3月24日法第89号（The Pinto Act「ピント法」）。

(12) Brusco v. Italy, 6 September 2001, Report 2001-IX.

(13) Giuseppe Mostacciuolo v. Italy, 29 March 2006, §73.

[参考文献]

［1］ DE SALVIA, Michele, *Compendium de la CEDH: les principles directeurs de la jurisprudence relative à la Convention européenne des droits de l'homme, Vol. 1, Jurisprudence 1960 à 2002*, 2003, pp. 549-571.

［2］ COHEN-JONATHAN, Gérard, "Garantir l'efficacité à long terme de la Cour européenne des droits de l'homme: quelques observations à partir des derniers travaux du comité directeur pour les droits de l'homme", *Revue trimestriel des droits de l'homme*, vol. 56, 2003, pp. 1125-1156.

［3］ 佐藤文夫「ヨーロッパ人権条約における効果的な救済措置を受ける権利に関する若干の考察(1)～(2)」成城法学56号（1998年）1頁以下、66号（2001年）81頁以下。

［4］ 小畑郁「ヨーロッパ人権条約における『実効的な国内救済手段を得る権利』と条約上の権利の国内手続における援用可能性」世界人権問題研究センター研究紀要3号（1998年）65頁以下。

人権裁判所

20 個人の人権裁判所への申立権と暫定措置
トルコが暫定措置の指示を無視して申立人を引渡したことは申立権の実効的行使を保障した34条に違反する
── ママトクロフ判決 ──

阿部　浩己

Mamatkulov and Askarov v. Turkey
4 February 2005, Reports 2005-I（大法廷）

【事　実】

申立人はともに、本国において政治活動に従事していたウズベキスタン人である。両申立人は、爆発物を用いた殺傷行為や大統領へのテロ行為（未遂）の容疑により、トルコ入国後、両国間で締結されていた2国間協定に基づき、本国ウズベキスタンから引渡しを求められた。トルコ刑法9条は対象犯罪が政治的・軍事的性質を有する場合には引渡しを禁じているところ、事案を審理したトルコの刑事裁判所は引渡請求の対象となった犯罪を「普通犯罪」と認定し、この判断に対する不服申立もそれぞれ1999年3月19日と3月26日に退けられた。

両申立人はこの間、それぞれ3月11日と22日に、ウズベキスタンへの引渡しがヨーロッパ人権条約（以下、条約）2条、3条および6条等の違反にあたると主張し、ヨーロッパ人権裁判所（以下、裁判所）への申立を行っていた。この申立を付託された小法廷の裁判長は3月19日、裁判所規則39条により、当事者の利益と裁判所手続の円滑な進行のため、3月23日の小法廷会合に先立って両申立人の引渡しを行わないようトルコ政府に指示した（暫定措置の指示）。さらに3月23日に小法廷は、別途通知をするまでこの指示を延長することを決定した。しかしトルコ政府は、3月19日に両申立人の引渡しを命ずる布告を発し、同月27日には暫定措置の指示に違背して両人をウズベキスタンに引き渡した。

その後トルコ政府は、ウズベキスタン当局からの書簡や外交上の覚書等を数次にわたり裁判所に提出し、拷問や死刑を受けないという保証を得ていたことや、両申立人がウズベキスタンで受けた裁判の結果、さらに、収監先の刑務所内における両人の取り扱いや健康には問題がないことについての情報を提供した。これに対して両申立人の代理人は、ウズベキスタンでは公正な裁判が確保されなかったこと、刑務所の状態が劣悪なこと、拷問が行われたこと、申立人との連絡がとれないこと等を裁判所に訴えた。

2003年2月6日、小法廷は全員一致で、本件では3条違反が認められないこと、犯罪人引渡手続には6条の適用がないこと、さらに6条にかかわるその他の問題も生じないことを判示した。その一方で小法廷は、暫定措置の指示が遵守されなかったことにつき34条違反を認定し、次のように述べた。「回復不能な損害を避けるため暫定措置を指示されたいずれの条約締約国も、当該措置を遵守し、終結判決の権威と実効性を損なういかなる作為または不作為も慎まなければならない。したがってトルコは、裁判所規則39条に基づき裁判所が指示した暫定措置の遵守を怠ったことにより、条約34条に基づく義務に違反している」（§§110・111）。34条違反については、6対1での判断であった。

2003年4月28日、トルコ政府は条約43条により本件を大法廷に付託するよう請求した。5月21日、大法廷の審査部会は当該請求を受理し、こうして本件は大法廷の審理に付されることになった。

【判　旨】

(1) 2条・3条違反の主張について

本件においては申立人がすでに引渡されてしまっているので、3条の下での問題を提起するには、引

渡しの時点において同条の定める取り扱いを受ける現実の危険があったことを立証しなくてはならない。したがってトルコの責任は、1999年3月27日に生じていた状況に照らして判断されることになるが、当裁判所に提出された資料に照らすと、当該時点において申立人が3条に定められた取り扱いを受ける現実の危険に直面していたと信ずる実質的な理由があったとは結論づけられない。このため、3条違反を認めることはできない（14対3）。2条に基づく主張については別個に検討する必要を見出せない。（全員一致）（§§66-78）

(2) 6条1項違反の主張について

外国人の入国、在留、追放に関する決定は6条1項のいう「民事上の権利および義務の決定または刑事上の罪の決定」にはかかわらず、したがってトルコにおける引渡し手続きについても同条項の適用はない。（全員一致）（§§81-82）

引渡された先で「甚だしい裁判拒否」を受ける危険がある場合には、引渡しの決定が6条1項の下での問題を生じさせる可能性は排除されない。そうした危険の有無は、引渡しの時点において締約国が知っていたかまたは知っているべきであった事実に照らして評価される。本件では、ウズベキスタンの裁判過程で起きうる不正行為が「甚だしい裁判拒否」に該当するほどのものであったことを証明するに足りる証拠は存しない。したがって6条1項違反は認められない。（13対4）（§§84-91）

(3) 34条違反の主張について

「暫定措置を申立人が求め、当裁判所が認めるのは、申立の目的物を保全するという意味で条約34条に基づく個人申立権の『実効的な行使』を促すためである。……申立権の実効的な行使という概念には、ストラスブールに事案が係属している間、当裁判所が通常の手続の下で申立を審理し続けることができる、ということが内在していると当裁判所は考える。」（§108）

当裁判所は、条約に明文の規定がないにもかかわらず、拘束力ある暫定措置の命令権限を条約34（旧25）条から引き出すことができるかを従前に検討したことがある。その際に当裁判所は、「そのような権限は条約34条からも他の淵源からも導き出すことはできないと結論づけた。」（§109）

しかし「最近の多くの決定および命令において国際裁判所および国際機関は、暫定措置の重要性と目的を重視し、暫定措置を遵守することが本案における決定の実効性を確保するのに必要であると指摘している。」（§110）自由権規約委員会は暫定措置の不遵守が第一選択議定書の義務に違背すると判断するようになっており、また拷問禁止委員会も暫定措置の不遵守が委員会での手続を無意味なものにしうると言明している。米州人権裁判所も原状回復を妨げる行動を締約国が控えなければならないと説き、さらに2001年6月27日のラグラン事件判決において国際司法裁判所も仮保全措置に法的拘束力が認められると明言するに至っている。（§§114-117）

「当裁判所は公式には先行する判決に従うことを義務づけられていないが、法的確実性と予見可能性のために、相当の理由なく先例から逸脱すべきではない。しかし決定的に重要なことは、権利が机上の空疎なものではなく現実的で実効的なものになるように条約を解釈・適用することである。条約は生ける文書であり、今日の条件に照らして解釈されなくてはならない。」（§121）また現在では、個人申立権が第11議定書により締約国の受諾宣言を不要としていることも強調されなくてはならない。「個人はいまや、条約により直接に認められた権利と自由を主張する真の訴権を国際的次元で享有している。」（§122）

国際司法裁判所および上記人権諸条約機関は、「回復不能な損害の危険に直面している当事者が主張する権利の保全が国際法における暫定措置の本質的目的である」ことを最近の決定の理由のなかで確認している。実際のところ「どの法制度の下であろうと、司法の適正な運営のためには事案が係属している間は回復不能な行動がとられてはならない、ということができる。」（§124）

条約13条の実効的な救済の概念は、取り返しのつかない結果をもたらしかねぬ措置の執行を停止しうる救済手段を要求する。そうした措置が、条約適合性を国内機関によって審査される前に執行されてしまうことは条約13条に抵触する。「個人の人権保護に向けられたこの実効的救済の原則が、国内法制度における手続には適用される一方で、ヨーロッパ人権裁判所での国際的手続においては条約に固有の要請ではないとみることは困難である。」(§124)

権利の保全を本質的目的とする暫定措置の不遵守は、条約34条のみならず、1条の定める締約国の約束をも損なうものである。また、暫定措置が遵守されることで閣僚委員会による終結判決の執行監督も可能になるのだから、暫定措置の効果は46条の課す義務に照らしても検討されなくてならない。(§§125-126)

本件では、申立人がウズベキスタンに引渡されたことにより、申立の適正な審理があきらかに損なわれた。条約34条は、個人申立権の実効的な行使を妨げてはならないことを締約国に求めている。「締約国による暫定措置の不遵守は、申立人の救済申立を当裁判所が効果的に検討することを妨げ、また、申立人の権利の実効的な行使を妨害するものであり、したがって条約34条の違反とみなされることになる。」当裁判所は、裁判所規則39条に基づいて指示された暫定措置の遵守を怠ったことにより、トルコが34条に違反していると結論する。(14対3)(§§128-129)

(4) 公正な満足

非金銭的損害への賠償と訴訟費用の支払いを命じる。(14対3)

本判決には、個別意見1、部分的反対意見1および共同部分的反対意見2（それぞれ裁判官3名）が付されている。

【解　説】

(1) 本判決の意義

ヨーロッパ人権条約は停止的効果について定める規定をもたず、また、仮の権利保護措置についての明文規定もない。しかし、ヨーロッパ人権委員会（以下、委員会）は早くから非公式に暫定措置を指示する実務慣行を積み重ねていた。2条・3条の違反が問われる事案において犯罪人引渡しや退去強制の執行停止が指示されていた[1]のだが、締約国は概ねこの指示を誠実に遵守していた。こうした実績のうえに1974年に委員会手続規則36条が、さらに1983年には裁判所手続規則36(現39[2])条が制定され、こうして暫定措置の法的根拠が両機関において明文で定められることになった。

本判決の最大の意義は、暫定措置の不遵守が、個人申立権の実効的な行使について規定する条約34条に違反すると判示した点にある(§128)。表現において小法廷ほどの明快さこそなかったとはいえ、この判断は、暫定措置の法的位置づけに関する裁判所の判例の変更を刻印するものにほかならない。

(2) 判例変更の意味するもの

本判決§109が言及するように、裁判所の従前の認識は、暫定措置の法的拘束力を否定するものであった。1991年3月20日のCruz Varas and others v. Sweden判決において裁判所は、国際司法裁判所規程や米州人権条約とは異なり、暫定措置（仮保全措置）に関する明文の規定がないヨーロッパ人権条約から当該措置の遵守義務を導出することは条約の「曲解」にあたると述べ、さらに、規則36条も手続規則にすぎず、「事後の慣行」にしても新たな権利義務までを創設できるものではなく、なにより、暫定措置が遵守されているといってもそれは義務意識からではなく締約国が委員会に誠実に協力しているからにすぎない、と判示していた。また暫定措置の拘束性を認める国際法の一般原則も存しないと指摘されていた。

もっとも、この判断は10対9という拮抗した結果でもたらされたものであり、個人申立権の受諾が義務的になっている今日の状況を踏まえ、権利の実効的保障を確保するため暫定措置に法的拘束力を認めることは条約に内在する要請にほかならないとし

た反対意見との差は紙一重であった。2001年3月13日にČonka v. Belgiumの受理可能性決定にあたり裁判所はCruz Varas判決で示した認識を再述したが、ヨーロッパ公序の深化や裁判所の権限の拡充、さらに国際的平面における個人の地位の高まりなどから、こうした裁判所の認識には強い批判が寄せられていた[3]。

すでに小法廷の段階で示されていたとはいえ、本判決は、Cruz Varas判決時の多数／少数の構図が後者に有利に転換されたことを物語る。§121と122に明瞭に記されているように、判例の変更は、条約の目的を今日の社会状況に即して具現化する「発展的解釈」の手法により促されている。この点で裁判所は、他の国際機関が暫定措置の意義を終結判決の実効性を担保するためのものと認めるに至っていることと、ヨーロッパにおける個人の地位の高まりを特に重視している。さらに裁判所は、周到に、13条の定める実効的救済を受ける権利と1条の定める締約国の人権尊重義務にも言及する。

(3) 反対意見の批判的視座

暫定措置の不遵守を申立人の権利の実効的な行使を妨げるものと一般的に定式化した多数意見に対して、その判断は個々の事案ごとにすべきとの異論が個別意見と共同部分的反対意見において示された[4]。また、本件では国際司法裁判所ラグラン事件判決[5]が多数意見の論理を支える事例として援用されているが、共同部分的反対意見は、同裁判所規程には明文で仮保全措置の指示についての規定があるのに対し、ヨーロッパ人権条約にはそうした規定がないことを強調する。関連して、裁判所の指示する暫定措置に法的拘束力がないことを確認した前記Čonka決定はラグラン事件判決のわずか3カ月前に出されていたことにも注意が喚起されている。自由権規約委員会にしても拷問禁止委員会にしても、本判決が引用する暫定措置についての主先例はČonka決定の前に公にされていた[6]。となれば、Čonka決定の時点でなぜ暫定措置の拘束力が認められなかったのかについて疑問が生じてもおかしくない。現にČonka決定の時点と本判決の時点とで、暫定措置の性格をめぐり有意な認識の変化があったわけではないと反対意見はいう。そのとおりかもしれないが、多数意見にとってみれば、死刑という人権事案を扱ったラグラン事件とその後の国際司法裁判所の判断[7]の重みはやはり看過しえなかったということなのだろう。

反対意見は、拘束力ある国際裁判手続の受諾は国家の判断に委ねられており、この点で、義務的管轄権が原則になっている国内裁判手続と同列に暫定措置の位置づけを語ることはできないという。そして条約法に関するウィーン条約31条および32条の定める解釈規則を動員しながら多数意見をさらに批判していくのだが、結局のところ反対意見が最も懸念するのは、条文が沈黙し、事後の慣行からも準備作業からも、さらに一般国際法からも裏づけられない暫定措置の拘束力を認めることは立法行為にほかならず、司法の権限を踰越することになってしまう、ということに集約される。

これに対する多数意見の反論は、申立権の実効的な行使という概念にはそもそも権利利益の暫定的な保全が内在していたのであり、生ける文書たる条約を今日の条件に照らして解釈すれば暫定措置の拘束的性格は認められてしかるべきだ、ということになろう。反対意見の論理にも相応の説得力があるとは思うが、人権保障にとって先進的な、つまりは価値志向的な判断を積み重ねてきているヨーロッパ人権条約の発展の軌跡に即していえば、本判決は導かれて当然の判断であったともいえる。なにより、人権保障に関して、ヨーロッパ人権裁判所が他の国際機関から「遅れ」をとるわけにはいかないだろう。

もっとも、暫定措置は被告政府に対して指示されるのが通例とはいえ、申立人にのみ指示されることもある[8]。その場合の暫定措置の法的性格はどうなるのか。あるいは、国家間通報に際して指示される暫定措置にも拘束性は認められるのか。認められるとして、その条約上の根拠は33条に見出されることになるのか。本判決は、そうした新たな論点を提起するものでもあった。

なお裁判所は本判決の後、別の事案において、暫定措置の指示が遵守されなくとも個人申立権の実効的な行使が損なわれない特別の事情がある場合には34条違反は生じないという判断を示した[9]。これは、個別意見と共同部分的反対意見が示唆していた事態であり、暫定措置不遵守と条約34条違反の関係性については、実務上、事案ごとの個別判断が求められていくことを予示しているように思われる。

(4) 3条・6条にかかわる判断について

本判決では、暫定措置を指示するほどの差し迫った危険が認められながら、意外なほどあっさりと3条・6条違反の主張が退けられている。被告政府の提出した情報に過度なまでの信頼がおかれたきらいがあり、この点を強く批判する共同部分的反対意見[10]は説得的である。

(1) 暫定措置は差し迫った危険がある場合に指示されるものであり、犯罪人引渡し・退去強制の文脈において要請されるのが通例だが、委員会の先例をみると、刑事拘禁施設における証拠保全と、被収監者の健康悪化阻止のために締約国に対して暫定措置が指示されたこともある (Ensslin, Baader and Raspe v. Germany, Decision of the Commission, 8 July 1978; Patane v. Italy, Decision of the Commission, 3 December 1988)。

(2) 規則39条は次のように定める。「1 裁判部または適当な場合にはその裁判長は、一方の当事者もしくは他のいずれかの関係者の要請によりまたは自らの発議により、当事者または裁判部の手続の適正な運営のためにとるべきと判断する暫定措置を当事者に指示することができる。」

(3) KRÜGER, Hans Christian and NØRGAARD, Carl Aage, "The Right of Application", in *The European System for the Protection of Human Rights* (MACDONALD, R. St. J, MATSCHER, Franz and PETZOLD, Herbert eds., 1993), p. 669; COHEN-JONATHAN, Gérard, "De l'effect juridique des measures provisoires dans certains circonstances et de l'efficacité du droit de recours individual: à propos de l'arrêt Cruz Varas de la Cour EDH", *RUDH*, vol.3, 1991, p. 205.

(4) Concurring Opinion of Judge Cabral Barreto; Joint Partly Dissenting Opinion of Judges Caflisch, Turmen and Kovler.

(5) LaGrand(Germany v. the United States), Judgment of 27 June 2001.

(6) Dante Piandiong, Jesus Morallos and Archie Bulan v. The Phillipines, UN Doc. CCPR/C/70/D/869/1999, 19 October 2000; Cecilia Rosana Núñez Chipana v. Venezuela, UN Doc. CAT/C/21/D/110/1998, 10 November 1998; P.S. v. Canada, UN Doc. CAT/C/23/D/86/1997, 18 November 1999.

(7) Avena and other Mexican Nationals (Mexico v. United States of America), Judgment of 31 March 2004.

(8) たとえば、Ilaşcu and others v. Moldova and Russia [GC], 8 July 2004 では、申立人にハンガーストライキの中止が要請されている (Reports 2004-VII §11)。

(9) Öcalan v. Turkey [GC], 12 May 2005, §§201, 202.

(10) Joint Partly Dissenting Opinion of Judges Bratza, Bonello and Hedigan.

［参考文献］

［1］ GOMIEN, Donna, HARRIS, David and ZWAAK, Leo, *Law and Practice of the European Convention on Human Rights and the European Social Charter,* 1996, pp. 49-51.

［2］ 坂元茂樹「判例研究・国際司法裁判所 ラグラン事件――仮保全措置の申請」国際法外交雑誌101巻1号（2002年）101-117頁。

［3］ 同「個人通報制度における仮保全措置――自由権規約委員会の実行をめぐって」神戸法学雑誌53巻4号（2004年）1-42頁。

［4］ 大塚泰寿「ママクロフ及びアブドラスロヴィッチ対トルコ事件（ヨーロッパ人権裁判所小法廷第一部判決：2003年2月6日）」国際人権15号（2004年）106-108頁。

21 デロゲーション
緊急事態におけるテロ容疑者の拘禁延長に対する司法統制の要否
──ブラニガン判決──

寺谷　広司

Brannigan and McBride v. the United Kingdom
26 May 1993, Series A no. 258-B（全員法廷）

【事　実】

(1) 事　件

Brannigan は 1989 年 1 月 9 日に 1984 年テロ防止法（以下、1984 年法と呼ぶ）§12 条(1)(b)に従って、逮捕された。取調センターに移され、2 度の延長更新の結果、合計で 6 日間 14 時間 30 分もの間、拘禁された。この間、43 回の尋問が行われ、本や新聞、ラジオなどの利用、他の拘禁者との交流も禁止された。弁護士との最初の接見は 48 時間遅延されたが、これは接見が取調の妨害になると警察が考えたためだった。また、この間に医療関係者から 17 回診察を受けている。McBride も同様で、同年 1 月 5 日に拘禁され、その期間は 4 日間と 6 時間 25 分に及んだ。

(2) 関連法規

本件で適用された 1984 年法 12 条(1)(b)によれば、逮捕には合理的疑いが必要であり、令状なしの逮捕には逮捕の理由を通告するなどのコモン・ローの規則が適用される。通常の法の下では審問のためだけに逮捕・拘留はできず、合理的な疑いが必要だが、1984 年法では特定犯罪への疑いは必要ではない（12 条(1)(b)）。ただし、1984 年法では、最初の拘禁期間延長について明文の基準はなく、慣行の中で厳格な基準が形成されてきた。また、12 条（現 1989 年法 14 条）によれば、拘禁期間中の被拘禁者には、友人や親戚に拘禁の事実と場所を知らせる権利、弁護士との協議権があり、このことは出来るだけ早く知らされなくてはならない。しかし、これは特定の状況下では 48 時間まで遅延することができる（北アイルランド（非常事態規定）1991 年法 44 条、45 条、旧 1987 年法 14 条、15 条）。ただし、この遅延決定は司法審査に服するのであり、また、45 条(8)に定める特定の結果が起こりうると信ずべき合理的理由がある時に限定され、更に官憲が証明責任を負う。この他、1984 年法では被疑者に人身保護手続が保障され、最初の逮捕が違法ならそれに基づく拘禁も違法性を承継する。また、損害賠償（damage）を訴えることもできる。

(3) イギリスのデロゲーション

本件に先立って、ヨーロッパ人権裁判所は類似の事件（Brogan and others v. UK, 29 November 1988）で 1984 年法 12 条の下で拘禁された全員について 5 条 3 項と 5 条 5 項の違反を認めており、本件よりも拘禁期間の短い 4 日間と 6 時間でもそうだった。1988 年 12 月 22 日、イギリス内相は下院での陳述において、テロ容疑者の逮捕・拘禁決定に司法審査を及ぼす困難に触れた上で、ヨーロッパ人権条約 15 条、自由権規約第 4 条の措置を政府が執りつつあり、緊急事態が存在するとした。翌 23 日、イギリスはヨーロッパ評議会事務総長にこれを通告していた。本件申立人の拘禁はこの後のことである。

(4) 委員会決定

申立人は、89 年 1 月 19 日に、「速やか(promptly)」に裁判官に引致されず、5 条 3 項違反であること、実行可能な保障の権利をもてず、5 条 5 項違反であること、実効的な救済を得られず 13 条違反になると訴えた。しかし、委員会は、91 年 12 月 3 日に、5 条 3 項・5 項の違反がなく（8 対 5）、それゆえ、独立して 13 条の論点は生じない（全員一致）との見

解を示した。他方、イギリスは裁判所に15条下の88年12月23日のデロゲーションの観点から5条3項・5項の違反がないこと等を判断するよう求めた。

【判　旨】

(1) デロゲーションを伴う措置に関する政府の「評価の余地」

本件では、5条3項違反を認定したBrogan事件よりも長く拘禁し、イギリス政府自身も迅速性の要件を充たしていないことを認め、Brogan判決直後のデロゲーションによって正当化されると主張している。そこで、15条の下での当該措置の妥当性を検討する必要がある。

まず、締約国がその国の存亡に責任をもち、国内当局が緊急事態と必要なデロゲーションについて国際裁判官よりも適切な地位にいることを認め、国内当局に「広範な評価の余地」(a wide margin of appreciation) が残されていることを確認できる (Ireland v. the United Kingdom, Judgment of 18 January 1978, Series A no. 25〔本書23〕)。「しかし、締約国は無制限に評価の権限を有するわけではない。なかんずく国家が危機の『緊急性が真に必要とする限度』を越えていたかを判断するのは裁判所である。したがって、国内の評価の余地はヨーロッパの監督を伴う。また、監督する際に、裁判所はデロゲーションによって影響を受ける権利の性質、緊急事態をもたらした事情と期間などの関連諸要素に適切な配慮を払わなければならない。」(§43、傍点部分は原文イタリック、注は割愛)

(2) デロゲーションのための要件

まず、「国民の生存を脅かす公の緊急事態(a public emergency threatening the life of the nation)」の存在を認定し、次に執られた措置が「事態の緊急性が真に必要とする限度において (to the extent strictly required by the exigencies of the situation)」だったかを吟味する。これについて、1974年以来のテロの脅威に対するために逮捕・拘禁期間の延長の権限は必要であり、「5条3項と両立する司法統制を伴わずに拘禁を延長する権限と1988年12月23日のデロゲーションは、緊急事態の存在と明白に関連しており、当該デロゲーションが真性の応対以外のものだったとする証拠はない。」(§51)。また、デロゲーションは尚早でもなかった。

更に、「本件における中心的争点は、テロ容疑者を7日にわたって拘禁する権限が存在するかではなく……むしろ司法介入 (judicial intervention) なしにこの権限が存在するか」である (§48)。この点、申立人は、裁判官他によって司法権力を行使した拘禁延期が不可能であり7日間の延長が必要だったとする政府の主張には理由がないとしていた。他方、被告政府は、情報開示が微妙な問題を含み調査に予断を与えるときは、情報公開命令を発する権限は大臣にあり裁判所にあるわけではないことを指摘した (第7付則8項)。更に、コモン・ローの法体系の下では、5条3項と両立可能だがテロの脅威への措置の効果を弱めない制度の導入は実行可能ではなく、司法府を巻き込むことがその独立性を掘り崩す危険を生むことなどに触れた。特に、黙秘し続ける容疑者への辛抱強い仕事の必要に触れつつ、テロとの闘いで逮捕と拘留延長は不可欠だとする報告書を取り上げた。当裁判所は、これら政府の主張をほぼ認める。「『法によって司法権力を行使する裁判官やその他の官憲』を拘禁期間の延長過程に導入することは、それ自体としては、5条3項を遵守する事態をもたらすものでは必ずしもないだろう。この規定が要請していると理解されるべきは、5条4項と同様、司法的性格をもつ制度が後に続くことの必要性であり、これは裁判官の介入が要請されている個々の場合で必ずしも同一のそれである必要はない」(§58)「問題となっているときに、緊急事態に対処するために何が最も適切あるいは必要な措置なのかは、政府の見解によるのであり、裁判所の見解に取って代えることは裁判所の役割ではない。政府は、テロリズムと闘う効果的な措置を執ることと個人の権利を尊重することの間に均衡を打ち立てる直接の責任を負う。」(§59) のであり、政府の措置は評価の余地の範囲内

である。

濫用に対する保障措置（safeguards）について、申立人やアムネスティ他は、被拘禁者が外の世界と隔絶させられていたことを指摘し、5条4項（裁判所の決定の遅延及び拘禁が非合法の場合の釈放のための手続的権利）はデロゲートできないと考えられるべきであり、また、拘禁延長決定は、人身保護令状や司法審査によって異議を申し立てられてはならないと主張した。しかし、人身保護令状の救済は当初の逮捕拘禁の合法性を判断するために有用であるが、これは申立人にも開かれており、申立人は5条4項の訴えを取り下げた。更に、逮捕から48時間後は弁護士と接見する絶対的で法的に強制可能な権利をもっていたのであり、「当該期間内、合理的な理由の存在する場合には、この権利の行使が遅らせられただけ」（§64）である。この事件では司法審査は迅速で効果的だった。

(3) 国際法の他の義務との両立性に関して

申立人は、デロゲーションには自由権規約4条が規定する「公式に宣言されている（officially proclaimed）」ことを要し、イギリス政府の下院での単なる陳述だけでは充たされないと述べている。被告イギリス政府は、自由権規約4条の目的のために「公の宣言」が必要かについては確定的ではなく、いずれにしても88年12月22日の下院における内務大臣によって公式にかつ形式を備えて宣言されたと判断した。また、自由権規約委員会から要件を充たさなかったという指摘もないとした。この点、自由権規約4条の「公式に宣言され」の意味の確定は当裁判所の権限ではないが、当該12月22日の陳述を吟味するなら、その観念に十分に沿っている（§72）。

(4) 判　　決

以上から、イギリスは15条のデロゲーションの要件を充たし、5条3項違反はなく、それ故、同5項違反もない（22対4）。また、5条より要件の緩やかな13条の違反もない（22対4）。

【解　　説】

(1) 判決の特徴・意義

本件は、ヨーロッパ人権裁判所がまさに最初に取り扱ったLawless判決（本書22）以来続くデロゲーション（15条）に関する判例である。また、同様の事件を扱った直近の前記Brogan事件との比較が重要である。イギリスはBrogan事件で5条3項及び5項の違反を認定されたため、政策上は拘禁延長に司法府の判断を介在させるか緊急事態を宣言してデロゲーション条項を援用するか2つの道があり得たが、後者を選んだ。本判決は、デロゲーションに伴う「評価の余地」の幅を、特に司法審査との関係で一定程度明らかにする点で重要な先例となっているが、他方、従来から指摘されているように、秩序と個人の諸権利のバランスを採ることの難しさも示している。

(2) 「評価の余地」の幅

緊急事態の解釈権については、Lawless判決をめぐって「評価の余地」論が示されて以来その内容を明確にする努力が続けられ、本件でも基本的には政府の権限内にあることを認めつつも、それが無制限ではなく、裁判所が判断できることとそのための諸要素を示している（§49）。他方、88年11月29日のBrogan判決を受けて1カ月も経ないうちに、イギリスが宣言した緊急事態とそれに依拠したデロゲーションを肯定している。この短期間で北アイルランドでの状況が一層深刻になったとは考えられないこと[1]、更に、デロゲーションはイギリス全体に及ぶとしても「緊急事態」との関連性が乏しいこと[2]などが指摘される。緊急事態と当該措置との関係や緊急事態の存在自体への疑いを考慮するなら、むしろ緊急事態を形式的にでも宣言していれば、政府は条約違反を問われないということになりかねない。Brogan判決でも、事件以前に緊急事態を宣言していれば政府は条約違反を問われなかったことになる可能性が高くなる。政府からすれば、できるだけ非常事態を宣言しておいた方が有利だということにな

りかねず、人権保障にとって重大な問題を孕んでいる。

裁判所によれば、政府の措置の合法性を種々の要素から考慮していくにしても、他方、何が最適だったかの判断まではしないのであり（§59）、これが「評価の余地」の幅だとは言える。ただし、これが無制約の権限を是認することに流れやすい(3)ことは否めない。

この点、他の8-11条（私生活・家族生活を尊重される権利、思想、良心信教の自由、表現の自由）の文言と対比しつつ、ここでは「事態の緊急性が真に必要とする（strictly required）限度」となっていることを強調して、政府に「広範な（wide）」評価の余地を認めるものではないとする議論(4)には説得力があり、「評価の余地」の類型論へと繋がる考慮すべき見解である。

(3) 司法統制の意義

この事件のポイントの一つはデロゲーションにおいて司法統制をどれだけ関与させるかであり、それは当該措置が「事態の緊急性が真に必要とする限度において」だったのかの判断で重要な関心となった。これは、突き詰めると、権力分立を緊急事態において試すものと言える。この点、裁判所は「法の支配」（§48）を民主社会の基本原則として一般的には強調するものの、実際どの程度に貫こうとしているのかは疑問に思われる。というのは、ヨーロッパ人権裁判所も認めた司法府の関与がその独立を脅かすという政府の主張（§56）は奇妙と言うほかなく、この論理を推し進めるなら、司法府が独立を保つには仕事をしないのが良いかのようである(5)。

司法的関与の重要性を強調していくなら、手続的諸権利を緊急時においても逸脱し得ないと位置づけることになろう。判決文では殆ど触れられていない2項のデロゲートできない権利に関わる。判決文中、申立人側のアムネスティ・インターナショナルの主張として5条4項がデロゲートできないと述べられたことが着目されるが（§61）、取り下げられたこともあり、比較的軽視されたように思われる。この点、

同種のデロゲーション条項をもつ米州人権条約が着目に値し、27条2項後段でデロゲートできない権利の「保護に不可欠な司法上の保障(the judicial guarantees essential for the protection)」を明文で規定している。また、米州人権裁判所は「緊急事態における人身保護」勧告的意見において、7条6項（被拘禁者の司法への権利）と25条1項（司法的保護への権利一般）が27条2項にいう「司法上の保障」にあたるかどうかを判断する際に、デロゲートできない権利として明定されていないこれらの権利に関しても他の原則に従うとして、比例性要件等に触れつつ、「たとえば、とられる措置が緊急事態の法体制を侵害するとき、それらが特定期間に限定された期間以上に存続する場合、それらが明白に不合理、不必要若しくは比例しないとき、またはそれらを採用するときに権力の誤用若しくは濫用があったとき」(6)比例性要件を初めとする遵守すべき諸原則が破られるとする。つまり、デロゲートできない権利の保護に不可欠な司法的保障として緊急事態でも停止できず、同年の「緊急事態における司法的保障」勧告的意見もこれを確認している(7)。条約の文言上の差異があるにしても、この米州人権条約での解釈と同じ論理がヨーロッパでも適用できると考えるのが自然だろう。権利自体を否定したのではなく、その行使を遅らせただけだとする裁判所のレトリックは（§64）、その期間につきやはり否定しているのだし、また、どの程度までなら良いかが別途問題となる。

以上の議論は、政府の特定の措置を手続的諸権利の侵害と見なした上で、その手続的諸権利を解釈上デロゲートできない権利だとする論理だが、それとは別に、同じ特定の措置を明文上のデロゲートできない権利の違反だとする論理もありうる。何日にも亘る延長された取調を司法関与なしに行うことは、形式的には5条3項が問題になっていたとしても、実質的にはデロゲートできない3条（拷問の禁止）違反に該当する場合がありうる(8)。本件がそれに該当するかどうかは、その仕方で争われていないので明確ではないし、また、一般的な形で手続的諸権利の

全てをデロゲートできない権利だと見なすことはできないだろうが、2項を介して、同様の帰結を導くべき事態が存しうることは否定できない[9]。

(4) 「当該締約国が国際法に基づき負う他の義務」との整合性

比較的付随的だろうが、15条3項への言及も着目される。裁判所は、自身に他の条約である自由権規約の文言を確定する（define authoritatively）権限をもたないとしているが（§72）、しかし、結果的には88年12月22日の宣言が十分に当該観念にそったもの（... was well in keeping with the notion ...）と述べている。表現は慎重だが、結果的に判断していることに変わりない。判断する権限がないと述べつつ判断を下しているのはどのような論理によってだろうか。問題となった「公式に宣言されている」という文言の意味が、米州人権条約とヨーロッパ人権条約で同様だと考えられるので結論自体は共有できようが、しかし、他の文言、特にデロゲーション条項以外の文言を問題にし、更に解釈に争いが出てくる場合に、どのように処理するかは明確ではない。人権条約間で言及し合うことが増えている近時の状況で、ある条約規定を別の条約機関がどのように解釈しても構わないかは今後も課題となるだろう。

(5) その後の展開

判決後もヨーロッパ人権裁判所では15条が援用され、特にトルコのデロゲーションが問題になっているが、ここでも比例性要件における保障措置の重要性が指摘されている[10]。Aksoy判決（本書29）では、拘束期間（司法介入なく14日間）がBrogan事件よりも例外的に長いことが指摘されると共に、Brannigan判決では「北アイルランドでは保障措置が発効しており、重要な保護措置が提供していた」ところ、この事件ではトルコでの保障措置が不十分だったと述べられ、Demirほか事件判決でも同様だった[11]。違反が認定されたこれらの事件との違いから、認定の基準が単なる拘束期間の長さではなく、その期間の司法介入を初めとする諸要素で決定されるとした本件の意義が確認される。総合的判断は曖昧になりやすいが、先例の積み重ねで明らかになっていくだろう。

本件被告国であるイギリスにおけるテロ法規制の展開は[12]、その後も本件で適用されたテロ行為防止法（1984年改正）の改訂（1989年）や、テロリズム法（2000年）がある。後者は国際テロリズムに対応するものであると同時に、北アイルランドを主として念頭におく反テロの時限立法に代わるものだった。また、2001年の9・11同時多発テロ後に、警察権限の強化を目指した2001年反テロ・犯罪および安全法が制定され、またその一部に代わる形で2005年テロ行為防止法ができ、更に新たな立法も検討されている。

(6) 日本法への示唆

この判決が与える日本法への示唆の一つは、代用監獄制度に対してだろう。問題となったヨーロッパ人権条約5条3項は、自由権規約9条3項と対応し、同じく「速やかに（promptly）」の文言が用いられて、本件の論理はそのまま自由権規約に当てはめうる。ところが、日本の制度を前提すれば容疑者は、最長23日間を警察の拘禁下におくことになり、「速やかに」とは言い難い。まして、この代用監獄は緊急事態ではなく通常時の制度である。イギリス政府の措置を合法としたこの事件の立場からしても、日本の代用監獄制度は国際法違反となる可能性が高いが[13]、2005年・2006年の監獄法全面改定（「刑事収容施設及び被収容者等の処遇に関する法律」の成立）は、未決拘禁者の権利保障を整備しつつもむしろ代用監獄を制度として維持・強化する方向にある[14]。

もう一つの示唆は近時整備された有事法体制との関係だろう。1999年周辺事態法の「周辺事態」、2003年武力攻撃事態法の「武力攻撃事態」（同法2条2項）、自衛隊法の「事態が緊迫し……予測される場合」（2001年改正、79条の2）、などが問題となる[15]。これらは、本件でも問題になった緊急事態（日本が締約国の自由権規約では4条の「国民の生存を脅かす公の緊急事態(public emergency which threatens the life of the nation and the existence)」）に含まれるか少な

くともその関連を考えるべきものである。また、2004年国民保護法5条は1項で「国民の保護のための措置を実施するに当たっては、日本国憲法の保障する国民の自由と権利が尊重されなければならない。」とし、2項で権利の制限について、「その制限は当該国民の保護のための措置を実施するため必要最小限のものに限られ、かつ、公正かつ適正な手続の下に行われるものとし、いやしくも国民を差別的に取り扱い、並びに思想及び良心の自由並びに表現の自由を侵すものであってはならない」と規定する。上記に検討した比例性要件と同様であり、求められている「公正かつ適正な手続」は米州人権条約27条2項後段の「司法上の保障」と相通じるように思われる。また、デロゲートできない権利を区別して規定していないものの、思想・良心の自由への言及が特徴的である。続く6条で、国民の権利利益の迅速な救済を規定していることも着目に値する。もっとも立派な規定とは裏腹に、上記のように平時ですら長期の拘留を許すのだから、有事の際にはこれ以上の人権制限を許容しかねないし、その範囲も明らかではない。幸い先例がないものの、ぼんやりとしか見えない緊急時の人権保障も、まずは日々の人権保障の中にあると言うべきだろう。

⑴　Pettiti 反対意見、p. 61.
⑵　Walsh 反対意見、§2.
⑶　Makarczyk 反対意見、§2 ; S. Marks, "Civil Liberties at the Margin: the UK Derogation and the European Court of Human Rights", *Oxford Journal of Legal Studies*, Vol. 15, November. 1, 1995, pp. 87-88.
⑷　Martens 同意見、para. 4
⑸　同旨、Pettiti 反対意見 p. 63、Walsh 反対意見 para. 10。
⑹　Inter-American Court of Human Rights, Advisory Opinion of January 30, 1987, Habeas Corpus in Emergency Situations, §39.
⑺　Inter-American Court of Human Rights, Advisory Opinion of October 6, 1987, Judicial Guarantee in States of Emergency. これに続く米州人権裁判所判決として Neira Alegria *et al.*, Case, Judgment of January 19, 1995, §82-84 等。
⑻　Walsh 反対意見 §9.
⑼　寺谷広司『国際人権の逸脱不可能性──緊急事態が照らす法・国家・個人』(有斐閣、2003年) 124-131頁、参照。
⑽　Aksoy 判決(本書**29**、5条3項違反)、Sakık and others 事件判決(1997年、5条3、4、5項違反)、Demir and others 事件判決(1998年、5条3項違反)、Nuray Sen 事件判決(2003年、5条3項違反)、Elci and others 事件判決(2003年、5条1項違反)がある。
⑾　それぞれ、*supra* note 11., para. 82, 83; paras. 54-56.
⑿　http://www.homeoffice.gov.uk/security/terrorism-and-the-law/ より。
⒀　Brogan 判決の評価を含めた、代用監獄制度への批判的評価として、北村泰三『国際人権と刑事拘禁』(日本評論社、1996年) 第4章、参照。
⒁　制度の概要につき、ジュリスト No.1319 (2006年) の特集諸論文参照。
⒂　浦田一郎「武力攻撃事態──有事法制批判の仕方と非核武装平和主義」『憲法と有事法制』(日本評論社、2002年) 等参照。

[参考文献]
上記、文献のほか、
[1] Oraá, J., *Human Rights in States of Emergency in International Law*, 1992
[2] Prémont, D. (rédacteur général), *Droit intangibles et états d'exception (Non-Derogable Rights and States of Emergency)*, 1996
[3] Svensson-McCarty, A., *The International Law of Human Rights and States of Exception: With Special Reference to the* Travaux Préparatoires *and Case-Law of International Monitoring Organs*, 1998
[4] 西片聡哉「欧州人権条約 derogation 条項と『評価の余地』──人権裁判所の統制を中心に」神戸法学雑誌50巻2号 (2000年)

22 権利の濫用の禁止
条約17条と人身の自由・裁判を受ける権利
—— ローレス判決（本案）——

戸田　五郎

Lawless v. Ireland（no.3）
1 July 1961, Series A no.3

【事　実】

申立人ローレス（G.R. Lawless）はダブリン在住の建設労働者であり、1956年1月にアイルランド共和軍（Irish Republican Army, IRA）構成員となった。IRAは1956年末から翌年にかけて英領北アイルランドでの破壊活動を活発化させたため、アイルランド政府は1957年7月12日、1940年反国家犯罪（改正）法に基づき国務大臣に特別逮捕権を付与する（予防拘禁を認める）宣言を行い、併せて同法8条に基づき拘禁委員会（同法に基づく逮捕・拘禁の合法性審査機関）を設置した。これを受けて外務大臣はヨーロッパ評議会事務総長に一連の措置を通告する書簡を送った。申立人は1957年7月11日、IRA所属の疑いで逮捕され、13日、上記1940年法の下で司法大臣が発した命令により身柄を軍施設に移された上、同年12月11日まで裁判を受けることなく拘禁された。その間申立人は釈放の条件として反国家犯罪法上の違法団体の構成員とならず支持もしない旨書面で誓約することを求められたが拒否した。申立人は自らの拘禁の継続につき拘禁委員会の審査を求める一方、裁判所に人身保護請求を行い、更に1940年法の違憲性と同法のヨーロッパ人権条約（以下、条約という）違反を主張して最高裁判所に上告したが、法案段階で最高裁が合憲と認めた法律は違憲審査の対象とできないこと、アイルランドにおいてヨーロッパ人権条約は国内法上の効力を有していないこと等を理由に棄却された。

申立人はヨーロッパ人権委員会（以下、人権委員会という）に申立を行い、即時釈放と刑事補償の支払い等を求めた。その後申立人は拘禁委員会の場で反国家犯罪法の下で違法な活動に従事しない旨誓約したため釈放されたが、申立は取り下げず、なお刑事補償等を求めた。

人権委員会は1960年4月13日にヨーロッパ人権裁判所（以下、人権裁判所という）に本件を付託し、①1940年反国家犯罪法4条に基づく申立人の1957年7月13日から12月11日にわたる裁判なしの拘禁の条約違反の有無、②拘禁が条約に違反する場合、条約15条に基づく緊急事態に対応する措置としての正当化の可否、③上記にかかわらず、申立人に対する条約上の諸権利の保障は条約17条の適用により否定されるのか否か、の判断を求めた。

本件は人権裁判所が設置後最初に取り扱った事件である。本案判決に先立って1960年11月14日と1961年4月7日に先決的抗弁および手続問題に関する判決が下され、友好的解決不調の場合に人権委員会が作成する報告書を、事件の人権裁判所への付託後に申立人に開示することが条約に違反しないこと、報告書に対する申立人の意見はそれ自体人権裁判所の手続では採用されないが、人権委員会はそれを考慮に入れることができること等が確認された。申立人が裁判の当事者となり得なかった旧制度の下での判断である。

【判　旨】

(1) 17条違反の有無

アイルランド政府は、申立人が逮捕時に条約上の権利と自由を破壊する団体と認められるIRAの活動に関与していたことは明白であり、申立人は条約の

保護を受ける権利はないと主張している。それに対し人権委員会は、本件に17条を適用すべきではないと主張している。すなわち、17条の一般的目的は全体主義的集団が条約上の権利・自由を利用するのを防止することにあるが、その達成のためにこれら権利・自由の破壊を目的とする活動に従事していると認められる者から条約の保護を完全に奪うことは必要ではない。17条はかような活動に従事する者がその権利を引き出し得るような諸権利、すなわち9条、10条および11条（思想・良心・宗教の自由、表現の自由、集会・結社の自由）をカバーしていると解釈すべきである。従って申立人が逮捕時にIRAの活動に自ら従事していたとしても、5条および6条の下で、恣意的な逮捕と裁判なき拘禁からの保護を否定すべきではない。

　当裁判所の意見では、17条は5条および6条の保障する個人の基本権を奪うものとは解釈され得ない。本件において申立人は条約で保障される権利および自由に反する行動を正当化するために条約に依拠しているのではなく、5条および6条が付与する保障を奪われたと主張している。よって、当裁判所は政府の主張を受諾できない（§5-7）。

　(2)　5条および6条違反の有無

　5条に関し、アイルランド政府は1項(b)および(c)を援用して拘禁を正当化しているが、人権委員会は、(b)については、本件のような公序または国の安全に対する犯罪の予防のための拘禁を想定していないとし、(c)については、フランス語正文（s'il a été arrêté et détenu en vue d'être conduit devant l'autorité judiciaire compétente, lorsqu'il y a des raisons plausibles de soupçonner qu'il a commis une infraction ou qu'il y a des motifs raisonnables de croire à la nécessité de l'empêcher de commettre une infraction ou de s'enfuir après l'accomplissement de celle-ci ;）に依拠して「権限のある法的機関に連れて行くために」という文言は「犯罪を行ったとする合理的な疑い」により逮捕拘禁された者だけでなく「犯罪の実行若しくは犯罪実行後の逃亡を防ぐために必要だと合理的に考えられる場合」に逮捕拘禁された者にも適用される、として、本件が両条項によって正当化されないと主張している。それに対し政府は、条約起草過程を参照して5条1項(c)および3項は「犯罪を行ったとする合理的な疑い」により逮捕拘禁された者を司法当局に出頭させることのみを要求しており、予防的に逮捕拘禁された者を司法当局に出頭させることを要求しておらず、従って申立人の拘禁は条約に違反しないと主張している（§8-10）。

　当裁判所としてはまず5条1項(b)と6条は本件に関連がないということを指摘しなければならない。申立人は法律等の不遵守により拘禁されたわけではなく、また申立人に対し刑事手続は提起されていないからである。問題は5条1項(c)および3項が、犯罪を行った疑いのある者だけでなく、犯罪を防止するために必要と認められて逮捕拘禁された者をも裁判官の前に連行することを要求しているのかどうかということである。この点5条1項(c)の文言は十分に明確であり、「権限のある法的機関に連れて行くために」は言及されている逮捕拘禁のあらゆる場合に掛かっているのであって、更に5条3項では5条1項(c)に基づき逮捕拘禁されたすべての者が速やかに裁判官の前に連れて行かれるべき旨規定している。またこのようにして得られた解釈は条約の目的と完全に調和する。もしこの解釈が誤りであるとすれば、犯罪を行う意図を有するという嫌疑をかけられた者は行政府の決定のみによって無制限の期間拘禁されうることになるのであって、恣意的な権力を認め、条約の基本原則を損なう結果となろう。このように関連規定の文言は十分に明確であるので、起草過程の参照の必要は認められない（§11-15）。

　(3)　15条に基づく免脱（derogation）の正当性

　(a)　国の生存を脅かす公の緊急事態の存在

　アイルランド政府は1957年7月5日付宣言（8日付官報で公布）により1940年反国家犯罪（改正）法に基づく「公の安寧と秩序の維持を確保するための」非常時権力を発動した。更に同月20日付ヨーロッパ評議会事務総長宛の書簡によって「当該法の

下での拘禁は公の安寧と秩序に反する犯罪と憲法が認める以外の軍事力の保持を防止するために必要なものとみなす」と声明した。人権委員会が条約28条に基づいて行った調査の結果、委員の多数は1957年7月の時点で15条の意味における緊急事態が存在していたという意見であった。「国の生存を脅かす公の緊急事態」の文言は明確であり、「例外的な危機または緊急の事態で住民全体に影響を及ぼし、当該国家を構成している社会の組織的生存に対する脅威となるもの」を意味する。関連の時点におけるその存在は、政府の主張するように、アイルランド領域内に暴力を用いた違憲の活動を行う秘密軍が存在し、当該秘密軍は領域外においても活動しており、1956年秋から1957年前半にかけてテロ活動が確実に増加していたという事実から合理的に肯定される（§§23-30）。

(b) 緊急措置は事態の緊急性が真に必要とする限度内においてとられたのか否か

人権委員会の多数意見はそれを肯定している。特別裁判所または軍事裁判所を利用することも考えられるが、1957年の時点で通常の法律の適用ではアイルランドを脅かしている危険に対処することは不可能となっており、また通常の刑事裁判所だけでなく特別刑事裁判所または軍事裁判所でさえも安寧と秩序を回復するのに十分ではなかったと判断する。とりわけ、IRA構成員の起訴にあたり、当該団体の秘密組織としての性格と、住民の間に生じているIRAに対する怖れから、またIRAが主として北アイルランドで活動していることから、証拠の収集が困難となっている。IRAの越境活動を阻止するために国境閉鎖措置をとるとすれば住民全体に影響が及び、事態の緊急性が真に必要とする限度を超えることになるだろう。よって、行政拘禁の導入は、それ自体厳しい措置ではあるが、状況が要請する措置であったと認められる。更に、1940年法には行政拘禁制度の濫用を防止するための保障措置が伴っている。その適用は議会の継続的監督に服し、議会は同法を用いる政府の決定をいつでも無効とする権限を有し

ている。また同法により設置された拘禁委員会の被拘禁者を釈放すべしという判断は、政府を拘束する。また、今回の同法適用開始にあたり政府は憲法と法律を遵守し違法な活動に従事しない旨の（後にはより緩やかに、法を遵守し1940年法に反する活動に従事しない旨の）誓約を行った者は釈放すると宣言しており、逮捕された者は直ちにそのことを告げられている。申立人もそれを告げられ、1957年12月になって誓約を行い、直ちに釈放された（§31-38）。

(c) アイルランド政府のヨーロッパ評議会事務総長宛書簡は15条3項の下で十分な通告にあたるか

申立人は、まず当該書簡の正式の通告としての性格を否定し、次に、もし通告として認められるとしても、国の生存を脅かす公の緊急事態の存在及び政府がとった措置の性質について述べていないので15条3項の要件を満たしていない、また当該書簡は1957年10月23日になって公表されているのでそれ以前においてはアイルランドの管轄下にある者に対し効力を有しないと主張している。当裁判所としては、事務総長が「とられた措置とその理由を十分に知らされ」ているかどうかを検討しなければならない。アイルランド政府の書簡には1940年法と1957年7月5日の宣言の写しが添付されていた。また書簡では「公の安寧と秩序を維持し、憲法上認められている以外の軍事力の保持を防止するため」に措置をとった旨が述べられている。これによりアイルランド政府はとった措置とその理由について十分な情報を事務総長に与えていると認められる。またこれらの情報は緊急措置措置がとられて12日後に事務総長宛伝えられており、通告は遅滞なくなされたといえる。更に、申立人が主張するような通告の自国領域内での公布を義務づける規定は条約にはない（§39-47）。

【解説】

(1) 条約17条の位置づけ

ヨーロッパ人権条約17条は「全体主義的集団が条約に列挙される諸原則を自らの利益のために利用す

るのを防止する」ことを目的とする規定と位置づけられている(1)。17条違反は申立人、被申立国のいずれからも主張される可能性があるが、人権裁判所における17条違反主張の取り扱い方は、それを当事者のいずれが行うかによって異なっている。申立人の表現の自由に対する制限措置が被申立国による条約上の権利および自由を破壊する行為にあたり、17条違反を構成すると申立人が主張したEngel and others判決（本書 17）では、裁判所は条約10条2項の違反がないことをまず認定した上で、17条の検討は不要であると判示した。この場合、17条違反は14条と同じく、他の実体的権利に関する条項と組み合わせるかたちでのみ主張できると裁判所は捉えている。それに対し申立人が条約上の権利および自由を破壊する活動に携わっていると被申立国が主張した本件では、裁判所は17条に基づくアイルランド政府の主張を妨訴抗弁として位置づけ、本案の最初に検討を行っている。

人権委員会は、本件より以前に、旧西ドイツ連邦憲法裁判所によるドイツ共産党 (Kommunistische Partei Deutschland) の解散命令を取り扱った際、同党がプロレタリア独裁を通じた社会主義・共産主義体制の樹立を目的としていると認定し、同党が合法的な政権獲得を目指しているとしてもその目的を放棄しない限り17条の適用対象となると判断して、申立を不受理としていた(2)。委員会はオランダの人種主義的団体に対する17条の適用が問題となった事件(3)でも、この場合は当該団体に対し10条（表現の自由）に反する措置がとられていることなどを認めながらも17条に基づき不受理の決定を行っている。後述のように17条が条約のあらゆる保障を否定する効果を有するものではないこと、人権裁判所がくり返し強調しているように、思想・良心の自由、表現の自由が民主社会の不可欠の基礎と位置づけられるべきであること等考慮すれば、本案で取り扱うことが妥当であると思われる。

本件で人権裁判所は、17条により国家があらゆる人権保障義務を免れるわけではなく、その適用対象となる団体や個人がその目的のために利用しうる権利（9条〔思想・良心・宗教の自由〕、10条〔表現の自由〕、11条〔集会・結社の自由〕）についてのみ17条の適用は問題となると判断し、人身の自由、公正な裁判を受ける権利への適用を否定した。また17条は申立人の過去の活動を理由として当然には適用されないとも解釈されている。第二次大戦中の対ナチス協力者に対する表現の自由の制限が問題となったDe Becker事件で人権委員会は、17条は申立人の現在の活動に関してのみ適用可能なのであって、過去に全体主義的見解により表現活動を制限された申立人に対する制限の継続のためには、申立人がなおもかような活動を行うことが立証されない限り適用されないとした(4)。

(2) 条約5条と予防拘禁

条約5条1項(c)は、犯罪を行った合理的疑いに基づく逮捕拘留のほか、犯罪の実行または実行後の逃亡防止のためのそれも認めており、同条3項は1項(c)に基づき逮捕拘禁された者が裁判官の面前に速やかに連れて行かれ、かつ妥当な期間内に裁判を受ける権利等を有すると規定している。本件で人権裁判所はアイルランド政府の主張を退け、3項所定の諸権利は、犯罪を行った疑いのある者だけでなく犯罪の実行防止、逃亡防止のために逮捕拘禁された者もこれを享有すると判示した。裁判なしの予防的・行政的拘禁を条約は認めないという趣旨であり、予防拘禁を実質的にほぼ否定したとも受け取ることができる。マフィア構成員に対する刑事罰としての移動の自由制限が問題となったGuzzardi事件で人権裁判所は、5条1項(c)の犯罪の実行防止のための逮捕拘禁は具体的かつ特定の犯罪の防止のためにのみ行うことができるとし(5)、更に最近では、リトアニアにおける予防拘禁に関する事件で、5条1項(c)に基づく拘禁は刑事裁判手続に関連してのみ認められると判示している(6)。

(3) 緊急事態

人権裁判所は、条約5条1項(c)に反する状況が存在することを認めつつ、結論としては15条に基づ

く正当な措置として、条約違反の認定を行わなかった。

　申立の時点において国の生存を脅かす公の緊急事態が存在していたか否かに関し人権裁判所は、判旨に示すように免脱が許容される公の緊急事態を定義した上で、緊急事態の存否および緊急措置の必要性の判断にあたって政府側に認められる広い評価の余地を前提として、暴力を用いる違憲の集団のテロ活動の活発化という状況が存在しており、それが緊急事態の存在を肯定するに十分であるとした。人権裁判所の定義中、緊急事態が「住民全体」に影響を及ぼすものでなければならないという点に関しては、必ずしも地域的に当該国家全体が影響を受けている必要はないとされてきている。これまでイギリスが北アイルランドについて、トルコが南東部地域について15条に基づく通告を行っているが、それ自体の正当性は否定されていない。むしろその正当性を前提として、それ以外の地域での15条に基づく政府側の主張が退けられている[7]。緊急措置が事態の緊急性が真に必要とする範囲内のものであったのか否かに関しては、裁判所は緊急措置が事態の緊急性に対応したものであるか否かということとともに、措置の濫用に対する保障措置（セーフガード）が準備されているか否かを検討した。本件では、緊急措置の継続が議会のコントロールに服していること、独立の拘禁委員会による審査制度が存在していること、釈放の条件が逮捕時に被逮捕拘禁者に告げられかつその通りに実行されていることが評価された。保障措置を要求するアプローチは後の判決にも受け継がれている[8]。事務総長に対する通告は適正になされたのか否かに関し申立人は、通告が免脱の通告であると明示されておらず緊急事態の存在への言及がないこと、措置の性質への言及がないこと、および、アイルランド国内で通告が直ちに公布されていないことを挙げて違反を主張したが、裁判所は前二者については添付文書を含む通告中に実質的に示されていればよいとし、公布に関しては条約上要件となっ

ていないとして、更に通告（緊急措置の導入の12日後に行われた）は遅滞なく行われていると認定した。15条3項には通告の時期に関する定めはないが、15条に対応する条項である自由権規約4条の3項では、通告は「直ちに」行うことが求められている。人権委員会はギリシァ事件において、通告が遅延する場合、通告以前の措置について15条を援用できないという解釈を示唆している[9]。通告の国内での公布義務は自由権規約4条3項でも規定されていないが、同条1項では緊急事態の存在に関してそれが公に宣言されていることが要件とされている。条約15条1項にはその規定はないが、公の宣言を伴わない緊急措置は事態の緊急性に対応したものであるか否かという点で疑問を呈される可能性が高いといえよう。

　(1) Glimmerveen and Hagenbeek v. Netherlands, Decision of the Commission, 11 October 1979.
　(2) Parti Communiste c. République fédérale d'Allemagne, Décision de la Commission, 20 Juillet 1957.
　(3) Glimmerveen and Hagenbeek. （前掲）
　(4) De Becker v. Belgium, Report of the Commission, 8 January 1960.
　(5) Guzzardi v. Italy, 6 November 1980, Series A no. 39.
　(6) Jecius v. Lithuania, 31 July 2000, Reports 2000-IX.
　(7) Aksoy 判決（本書 **29**）
　(8) Brannigan 判決（本書 **21**），Aksoy 判決（本書 **29**）
　(9) Denmark, Norway, Sweden and the Netherlands v. Greece, Report of the Commission, 5 November 1969.

[参考文献]
[1] CONNELLY, A., Ireland and the European Convention, in DICKINSON, B. (ed.), *Human Rights and the European Convention*, Sweet and Maxwell, 1997, pp. 185-209.
[2] 野村敬三『基本的人権の地域的集団的保障』（有信堂、1975年）499-519頁。
[3] 北村泰三「ローレス事件」宮崎繁樹編『基本判例双書国際法』（同文舘、1981年）122-123頁。
[4] 芹田健太郎「ローレス事件」田畑茂二郎編『ケースブック国際法（新版）』（有信堂、1987年）273-277頁。

23 国家間申立
国家間申立により具体的権利侵害がなくとも人権条約違反を問うことができる
——アイルランド対イギリス判決——

尹　仁河

Ireland v. the United Kingdom
18 January 1978, Series A no.25（全員法廷）

【事　実】

　北アイルランド自治政府およびイギリス政府は、アイルランド島における史上最も長期的かつ暴力的なテロ活動に対処するため、1971年8月から1975年12月の間、逮捕・拘禁・予防拘禁（internment：裁判なしの拘禁）といった一連の超法規的措置をとった。イギリスが提出した資料によれば、1975年3月に至るまで1,100人以上が死亡、11,500人以上が負傷し、1億4千万ポンド以上の財産が破壊されたという。

　アイルランド島は1922年、北部の6郡が自治政府を有する英領北アイルランドとして、他の26郡がアイルランド共和国として分離した。北アイルランドではプロテスタント系とカトリック系が宗教的・社会的・経済的・政治的要因によって対立を深め、さらにIRA（Irish Republican Army）によるテロがアイルランド島全域で繰り返されていた。1971年8月9日、北アイルランド自治政府は「特別権限法（Special Powers Act）」に基づいて超法規的措置を開始した。同法およびその規則によって令状なしの逮捕および拘禁が行われ、1972年3月までの間2,937人が逮捕され、1,711人が48時間以内に釈放、1,226人は拘禁が延長された。特に問題となる5つの尋問手段が、1971年8月および10月に逮捕された計14人に対して行われた。それらは、(a) 圧力のかかる姿勢で長時間壁に立たせること（手指は頭上高く、足は大の字にして壁に縛り付けられ、つま先立ちで体重が指にかかる姿勢）、(b) 被拘禁者の頭を黒い袋で覆うこと、(c) 継続的に騒音にさらすこと、(d) 睡眠をとらせないこと、(e) 少ない栄養しか摂取させないことである。

　情勢悪化に伴い、1972年3月イギリス議会は「暫定措置法（Temporary Provisions Act）」を制定し、北アイルランドの立法・行政権限をイギリスが行使するようにした。同年11月には「テロリスト拘禁令（Terrorist Order）」、1973年8月には「緊急措置法（Emergency Provisions Act）」を制定し、これらに基づいて超法規的措置による自由の剥奪（尋問目的の逮捕、拘禁、予防拘禁）を行った。イギリスはヨーロッパ人権条約15条3項にしたがい、本件との関連では1971年8月、1973年1月、1973年8月、1975年9月に免脱を通知している。

　1971年12月、アイルランドはヨーロッパ人権委員会に対し、条約旧24条（国家間申立）（現33条）に基づいて、イギリスによる条約違反を申立てた。1972年にヨーロッパ人権委員会は1条［人権を尊重する義務］、3条［拷問の禁止］、5条［身体の自由および安全についての権利］、6条［公正な裁判を受ける権利］、14条［差別の禁止］について申立を受理し、1976年に以下のような判断を示した。(1)当該期間内にとられた拘禁および予防拘禁の措置は、5条1項ないし4項に違反する。しかし、免脱を認める15条1項の意味における「事態の緊急性が真に必要とする」ものであった（全員一致）。(2)6条は本件の権限には適用されない（全員一致）。(3)当該期間に関連して判明した事実からは、本件の権限の行使において14条に違反するようないかなる差別も認定されない（全員一致）。(4)5つの尋問手段の併用は、3条の違反となる非人道的取扱いならびに拷問を構

成する（全員一致）。(5) 3条の違反となる非人道的および品位を傷つける取扱いが行われた（全員一致）。これを受けて、アイルランドはヨーロッパ人権裁判所の判断を求めた。

【判　旨】

(1) 3条について

(a) 先決的問題

当事者間で争いがない3条違反について、イギリスは当裁判所が判断する必要はないと主張した（§152）。しかし、当裁判所の判決は、付託された事件を解決するのみならず、より一般的に、条約の規範を明確化し、保護し、発展させ、それによって締約国が受け入れた義務の遵守に貢献するものであるため、判断を行う（§154）。

争いがある3条違反について、違反の立証は「合理的な疑いを容れない程度（beyond reasonable doubt）」を要する（§161）。条約に反する慣行は、十分に多くかつ相互に連関する制度の、同一または類似の違反の集積によってなる。国の上部当局がかかる慣行を了知しないはずはなく、条約上、下部機関の行為にも厳格に責任を負っている。慣行の概念は、国内救済完了原則（旧26条）の運用にあたり特に重要である。国が個人の人権侵害をとりあげて違反を申立てる場合には、国家間申立においても個人申立と同様に本規則が適用される。他方、本規則は原則として、国が慣行の継続や再発を防止する目的で慣行それ自体を申立てる場合には適用されない（§159）。

(b) 「拷問」と「非人道的または品位を傷つける取扱い」との区別

虐待（ill-treatment）が3条の範囲に入るためには一定程度の苛烈さを要し、すべての事情——期間、身体的および精神的影響、性別、年齢、被害者の健康状態等——を考慮して判断される（§162）。3条は拷問、非人道的または品位を傷つける取扱いを絶対的に禁止しており、15条2項によって免脱も認められない（§163）。

5つの尋問手段は、併用されて故意にかつ長時間用いられた。それらは実際に身体を損傷するものではないとしても、少なくとも身体的・精神的に強度の苦痛を与え、尋問中激しい精神錯乱を引き起こした。したがって、それらは3条の意味における非人道的取扱いに該当する。また、被害者に屈辱的かつ品位を傷つけるほどの恐怖、劣等感を引き起こし、身体的・精神的抵抗を奪うため、品位を傷つける取扱いにも該当する。この2点について当裁判所はヨーロッパ人権委員会と同見解である。次に、拷問に該当するかを決定するため、3条に規定された両概念の区別を検討する。条約は、主に苦痛の苛烈さによって、「拷問」と「非人道的または品位を傷つける取扱い」とを区別し、「拷問」には非常に激しく残酷な苦痛を与える故意の非人道的取扱いについて特に汚名を付す意図があるものと考える。5つの尋問手段は、かかる「拷問」という用語に含まれる特に激しく残酷な苦痛を引き起こすものではなかった（§167）。

(2) 5条について

5条1項(c)によれば、予防拘禁は被拘禁者を権限ある当局に引渡すためになされた場合に限り許容されるが、この条件はみたされていない（§196）。しかし、5条は15条1項および3項に基づいて免脱されうる（§204）ため、あわせて検討する。

(a) 「国民の生存を脅かす公の緊急事態」か

当時の危機がこれに該当することは事実から明白であり、15条の範疇に入る（§205）。

(b) 「事態の緊急性が真に必要とする限度」を超えたか

国家機関はその時の緊急の要求に直接かつ継続的に接するため、原則として国際裁判所よりも緊急事態の存在、免脱の性質および範囲について決定するのにより適切な立場にある。この点、15条1項は国家機関に広範な「評価の余地」を認めている。しかし、国は無制約であるわけではなく、当裁判所が国が「事態の緊急性が真に必要とする限度」を超えたか判断できる（§207）。イギリスはこれを超えていない（§220）。

(3) 1条について

アイルランドは1条に基づいて国内法の規定自体を争った。つまり、当時の国内法が条約3条、5条、6条、14条で保障される権利および自由の侵害を禁止しておらず、むしろかかる違反を是認していたとして、イギリスが各条の違反に関し個人に対して負う義務とは別個に、国家間の義務である1条にも違反するとの主張である（§236）。伝統的種類の国際条約とは異なり、ヨーロッパ人権条約は相互的・双務的約束の網を超えて、「集団的な実施」（前文）の利益を確保する客観的義務を創設する。条約は旧24条によって、自国民が被害を受けたという事実によらずとも、締約国にその義務の遵守を要求することを認めている。1条の「保障する」とは、権利および自由がその管轄内にあるすべての者に直接に保障されることを条約の起草者が意図したものである。この意図は、条約が国内法として具体化される際にとりわけ誠実に反映される。条約は、14条や1条が示すように締約国の上部当局に権利および自由の尊重を義務付けるのみではない。締約国の上部当局は、権利および自由の享受を保障するためにあらゆる下部機関の違反についても防止・救済しなければならない（§239）。

問題は本質的に、締約国が国内法を抽象的に申立てうるかである。この答えは1条よりも24条に見出される。旧25条により個人申立を行うためには、権利が侵害された被害者であることを要する。これに対して旧24条は、いずれの締約国も他の締約国による条約のいかなる違反についても付託することを認めている。違反は、保障された権利と相容れない措置を認める法の存在のみで生じる。このことは条約の準備作業で明白に確認される。ヨーロッパ人権条約機関は、旧24条に基づいて申立てられた国内法が文言上直接に明白な違反であることが十分かつ正確に示された場合に限って、この種の違反を認定できる。そうでない場合は、争われている文言について被告国が具体的に解釈・適用する方法を参照して認定しなければならない。違反を明文で禁じる法の欠如は、かかる禁止が権利保障の唯一の手段ではないことから、違反を立証するのに十分ではない（§240）。本件における3条違反の慣行は自動的に1条にも違反するが、これは3条違反の認定に何も付加するものではない（§241）。

(4) 結　論

(a) 3条について

①当事者間で争いがない3条違反についても、当裁判所は判断すべきである（全員一致）。②3条違反について、アイルランドが慣行の存在を立証した範囲で、当裁判所は当該事例を確認する管轄権を有する（全員一致）。③1971年8月および10月に行われた5つの尋問手段は、3条違反となる非人道的および品位を傷つける取扱いに該当する（16対1）。④5つの尋問手段は、3条の意味における拷問に該当しない（13対4）。⑤不特定の尋問施設における他の虐待の慣行は立証されていない（16対1）。⑥1971年秋に一施設において3条違反となる非人道的取扱いの慣行があった（全員一致）。⑦同慣行は、3条の意味における拷問に該当しない（14対3）。⑧同慣行が1971年秋以降も継続したかは立証されていない（全員一致）。⑨他の施設における3条違反となる慣行は立証されていない（15対2）。⑩当裁判所は、3条違反を犯した者に対する刑事／懲戒手続の開始をイギリスに命じることはできない（全員一致）。

(b) 5条について

⑪当該期間は、15条1項の意味における国民の生存を脅かす公の緊急事態であった（全員一致）。⑫イギリスによる免脱の通知は、15条3項の要件をみたすものであった（全員一致）。⑬当該期間の超法規的な自由剥奪を規定する立法の適用による慣行は、5条1項ないし4項の免脱を必然的に伴うが、当該免脱が15条1項の意味における事態の緊急性が真に必要とする限度を超えたかは立証されていない（16対1）。⑭イギリスは15条1項の意味における国際法に基づき負う他の義務を無視していない（全員一致）。⑮14条と5条をあわせて、それらに違反する差別は立証されていない（15対2）。

(c) 6条について

⑯本件に6条が適用されるとして、6条からの免脱は15条に合致する。(全員一致)。⑰14条と6条をあわせて、それらに違反する差別は立証されていない(15対2)。

(d) 旧50条(現41条)について

⑱本件に旧50条を適用する必要はない(全員一致)。

なお、判決には5つの個別意見が付されている。

【解 説】

(1) 判決の意義・特徴

本判決は、条約旧24条に基づく国家間申立に関するヨーロッパ人権裁判所の初めての判断である。それまでの国家間申立においてヨーロッパ人権委員会が示してきた、条約の「集団的な実施」を再確認し、国家間申立の規定の意義を詳細に明らかにしている。

本判決は他にも多岐にわたる論点について判示し、後の事例に重要な指針を与えた。

(2) 3条の意味——拷問、非人道的または品位を傷つける取扱い

本判決は両者を苦痛の苛烈さによって区別し、非常に激しく残酷な苦痛をもたらすもののみが拷問にあたるとする基準を示した。こうして、問題となった5つの尋問手段が拷問にあたるとしたヨーロッパ人権委員会の判断は覆された。本判決の「拷問」の解釈は狭きに失し、精神的苦痛を捉えきれないとする批判は強い[1]。

本判決の基準は以降関連事例で多く引用され、1996年の Aksoy 判決(本書29)は本判決の影響を受けながらも「拷問」を認定した。また、ヨーロッパ人権条約非締約国の国内裁判所でも引用された[2]。

(3) 国家間申立

ヨーロッパ人権条約旧24条は、いずれの締約国も、他の締約国による条約違反の申立を、委員会(裁判所)に付託できると規定する。これは、自国民の権利や自国の利益の侵害がなくとも締約国が申立を行うことを認めるもので、自国民の権利侵害をとりあげて国籍の連関を要件として行われる外交的保護とは本質的に異なる[3]。本判決が示した通り、国家間申立は、ヨーロッパ人権条約が相互性・双務性を超えて創設した「集団的な実施」の客観的義務に由来し、「集団的な実施」を確保する第一次的制度として、条約制定時に考案された。この点、現在に至るまで申立件数では個人申立が圧倒的多数を占めるが、国家間申立の制度が存在すること自体に意義がある。

国家間申立の事例は、ヨーロッパ人権委員会が初めて受理した Greece v. UK (1958) を筆頭に Austria v. Italy (1961), Denmark, Norway, Sweden and the Netherlands v. Greece (1968, 1969), Cyprus v. Turkey (1975, 1976), France, Norway, Denmark, Sweden and the Netherlands v. Turkey (1983, 1985) 等、申立件数では十数件あり、実際には本判決も含めて政治的対立を内包していると指摘される[4]。近年では2001年 Cyprus v. Turkey 判決(本書4)が注目される。

国家間申立の要件は、国内救済が完了し、かつ最終的決定の日から6カ月以内という35条1項の規定するもののみである[5]。本判決は、国が慣行そのものを申立てる場合には国内救済完了の要件[6]さえ不要であると判示した。

他の地域的人権条約と比較すると、人および人民の権利に関するアフリカ憲章では、49条で締約国が他の締約国による違反を委員会に付託することを認め、同50条で要件を国内救済完了のみとしている。米州人権条約では、45条で締約国が他の締約国による違反を委員会に通報することを認めるが、それはかかる委員会の権限を受諾した国の間でのみ可能である。また同46条・47条によって個人申立と同様の厳格な要件(国内救済完了、6カ月以内、通報の主題が他の国際的手続に係属中でないこと、明白に根拠を欠きもしくは明確に不正規でないこと)が課されている。

(4) イギリス国内法制に対する判決の影響

本判決が下される以前に、イギリスによる条約違反は終了し、権利侵害に対する救済も一定程度実現していた。そのため、本判決は宣言的であると評される[7]。イギリスは1971年11月から委員会を設置して調査を行い[8]、被害者に対する賠償も行った。ヨーロッパ評議会閣僚委員会決議[9]は、イギリスが5つの尋問手段を1972年に廃止し、かつ再発防止を約束したこと、被害者14人に対して1万から2万5千ポンドの民事賠償を支払ったことを付記し、イギリスの行動は裁判所の判決に適合していると判断した。

(1) 北村泰三「アイルランド対イギリス事件」宮崎繁樹編『基本判例双書 国際法』(同文舘、1981年) 135頁、David Bonner, *Ireland v. United Kingdom*, 27 ICLQ 897, 900-901 (1978).

(2) イスラエル治安総局による尋問手段 (特に圧力のかかる姿勢の強制、頭を覆うこと、騒音にさらすこと等) について、1999年イスラエル最高裁判所は「類似の事例において、拷問には該当しないが、非人道的および品位を傷つける取扱いとして禁止されるとした」と本判決を引用し、治安総局がかかる手段をとる権限を否定した。Supreme Court of Israel: Judgment Concerning the Legality of the General Security Service's Interrogation Methods [September 6, 1999], para.30, 38 *ILM* 1471, 1484 (1999).

(3) もっとも、外交的保護の性質を有する国家間申立もある。自国民の権利侵害をとりあげた Denmark v. Turkey, Judgment (Friendly Settlement) (5 April 2000) は、条約違反および再発防止について両国が合意し、恩恵による (*ex gratia*) 賠償が支払われて友好的に解決した。

(4) Robert Blackburn & Jörg Polakiewicz ed., *Fundamental Rights in Europe: The European Convention on Human Rights and its Member States 1950-2000*, 11, (2001).

(5) 個人申立には35条1項に加えて2項および3項の規定する要件がある。

(6) 詳細は、Akdivar判決 (本書 *24*) 参照。

(7) Mireille Delmas-Marty ed., *The European Convention for the Protection of Human Rights: International Protection versus National Restrictions,* 261 (1991).

(8) 詳細は、R. R. Churchill & J. R. Young, Compliance with Judgments of the European Court of Human Rights and Decisions of the Committee of Ministers: The Experience of the United Kingdom, 1975-1987, 62 *BYIL* 283, 292-293 (1992).

(9) Ireland v. United Kingdom, Resolution DH 78(35) (27 June 1978).

[参考文献]

[1] D. J. Harris, *Decisions on the European Convention on Human Rights during 1978*, 49 BYIL 301 (1979).

[2] 薬師寺公夫「ヨーロッパ人権条約に於ける国家の申立権と国内的救済原則の適用可能性」『神戸商船大学紀要第一類文科論集』30号29頁 (1981年)

[3] D. J. Harris, M.O'Boyle & C.Warbrick, *Law of the European Convention on Human Rights* (1995) pp. 585-587, pp. 604-608.

[4] Soren C. Prebensen, *Inter-State Complaints under Treaty Provisions — The Experience under the European Convention on Human Rights*, 20 HRLJ 446 (1999).

24 国内的救済原則（1）
国内的救済手段完了の原則とその例外
――アクディヴァール判決――

薬師寺公夫

Akdivar and others v. Turkey
16 September 1996, Reports 1996-IV（大法廷）

【事　実】

本件申立人は、トルコ南東部のディヤルバキル県ケレクシ（Kelekçi）村のトルコ人住民である。申立によれば、トルコ政府の軍治安部隊が、1992年11月10日、ケレクシ村を襲撃し、申立人の家を含む9軒の住居に放火し、村民に即刻村を立ち退くよう強制した（以下92年事件という）が、これは、ヨーロッパ人権条約8条、第1議定書1条等の違反に当たる。1985年頃からトルコ南東部では、軍治安部隊とクルド人労働者党（PKK）党員との間に8千人を超える死者のでる武力衝突が発生し、11県中10県で緊急事態が発動される状況が生じており、事件前の92年7月と11月にも、PKKによるケレクシ村と隣村の襲撃があり、政府は治安部隊による大規模なテロリスト捜索活動を実施していた。他方、トルコ政府は、92年事件はPKKの仕業で、治安部隊は関与していないと主張した。93年5月ケレクシ村は再び襲われほぼ全戸が放火されたが、実行者は不明のままである。結論的にいえば、ヨーロッパ人権委員会（以下委員会という）は、95年10月26日の報告で、トルコ政府が92年事件の適正な事実調査も、被害者に対する一切の援助・助言も行っておらず、事件当時治安部隊がケレクシ村にいた証拠はあるが他に不審な人物がいたという証言はないことなどから、92年事件の責任は軍治安部隊にあるという事実認定を行い、後述のように人権裁判所（以下裁判所という）もこの事実を確認した。

本件の争点となったのは、申立人がトルコの裁判所等に一切訴えることなく、1993年5月3日にいきなり委員会に申立を行ったことである。トルコ政府は、国内的救済手段を尽くしていないと主張したが、委員会は、本件苦情を効果的に処理する十分な救済手段はなかったとして申立を受理し、前記報告で、トルコ政府の条約8条と第1議定書1条、条約3条、条約6条1項および13条の違反等を認定した。これに対しトルコ政府と人権委員会の双方が裁判所に提訴したのが本件訴訟である。トルコ政府は、国内的救済原則に関する先決的抗弁を提起し、トルコ憲法125条が緊急事態時下でも行政当局の行為に起因する損害の賠償を行政裁判所に訴える無制限の権利を認め、判例上PKKの行為に起因する損害についても社会的リスク論に基づく補償責任を認める可能性があったにもかかわらず同手続を利用せず、民事上の賠償請求もしていないから、国内的救済を尽くしていないと主張した。これに対し、申立人は、92年事件がPKKに避難の場を与える村を焼き払い無人化する政府の政策の一部である以上国内的救済手段の利用を無意味にする行政慣行（administrative practice）にあたる上、行政裁判所には軍治安部隊による放火事案を処理した先例はなく、民事上の救済手段も実際には利用できないと反論した。裁判所小法廷は、事件を大法廷に回付し、大法廷は1996年9月16日に以下の判決を行った。

【判　旨】

(1) 先決的抗弁
(a) 請願権の濫用という主張について
申立人の国内的救済手段の不利用は、トルコの司法制度を中傷する政治目的によるから請願権の濫用

にあたると政府は主張するが、委員会が「事実認定で財産の破壊に関する申立人の主張を実質的に認定した」ことを想起して、この主張をしりぞける。(§54)(20対1)。

(b) 国内的救済手段を尽くしていないという主張について

(i) 国内的救済に関する一般原則

「条約が創設した保護制度は、人権を擁護する国内制度を補完するものだということは、国内的救済原則の重要な側面である」(§65)。「26条に基づき申立人は、主張される違反につき利用できかつ十分な救済を与える救済手段に通常訴えるべきである。この種の救済手段の存在は、理論上だけでなく実際上も十分確実なものでなければなら(ない)」(§66)。「26条は、後にストラスブールで提起しようとする苦情を少なくとも実質的にかつ国内法が定める形式的要件と期限に従って適切な国内機関の前に提起しておくべきこと、さらに、条約違反を防止する可能性のあるあらゆる手続的手段も利用しておくべきことを要求する」(§66)。しかし「不十分または効果的でない救済手段に訴える義務はなく」、加えて「『一般的に認められた国際法の原則』に従えば、利用できる国内的救済手段を尽くす義務から申立人を免除する特別の事情が存在することがある」(§67)。また「条約と両立しない行為の繰り返しと国家当局による公式の宥恕から構成される行政慣行(administrative practice)の存在が示され、かつ、それが手続を無意味または効果のないものにする性質のものである場合にも、この原則は適用がない」(§67)。

国内的救済手段完了については「挙証責任の分担」があり、まず「救済手段が関係時点で理論上も実際上も」「アクセス可能で申立人の苦情に救済を与えることができ成功の合理的見通しを提供するものであることを」証明するのは、「不完了を主張する政府の責任」である。しかし、この挙証責任を果たせば、「政府が提示した救済手段を実際に尽くしたことまたはその手段が事件の特別の事情の下で何らかの理由により不十分および効果がないこと」、あるいは、「申立人を免除する特別事情が存在したこと」を証明するのは「申立人の責任である」(§68)。例えば「国家機関の地位にある者による違法行為または加害行為があったという重大な主張に直面して」「国家機関が調査の実施または援助の提供を怠った場合」には「挙証責任は再度転換し、苦情が提起されている問題の規模および重大性に応えて政府が何をしたかを示すのは政府の責任である」(§68)。

「国内的救済原則の適用は、人権の保護のための制度という文脈で適用されているという事実を適正に考慮しなければならず」、したがって「26条はある程度柔軟にかつ過度の形式主義に陥ることなく適用されなければならず」、さらに「関係締約国の法体系における公式の救済手段の存在だけでなく、申立人の個人的事情ならびに公式の救済手段が機能する一般的な法的および政治的文脈についても現実的考慮を払わなければならない」(§69)。

(ii) 26条の本件事実への適用

申立人の苦情時トルコに存在した「重大な内乱というべき状態」の下では「司法行政制度の適正な運用に障害が生ずることを認めなければなら(ず)」(§70)、特に「有力な証拠を得ることの困難が、司法的救済手段の利用を無意味化し、およびこれらの救済手段を左右する行政調査の実施さえ妨げてしまうことがある」(§70)。

①行政裁判所の前の救済　政府が提出した数多くの国内裁判所判決は、「過失の証明を必要としない画期的救済手段の存在を示し」、騒乱またはテロ行為から生じた財産損害に関して「行政裁判所の前で補償を得る真正な可能性を示す」(§71)。申立人はこの救済手段が軍治安部隊員の犯罪行為に利用できないと主張するが、「成功の可能性について単に疑いがあるからといって、それが国内的救済手段を尽くさないことの有効な理由とはならない」(§71)。しかし当裁判所は、千以上の村が破壊されているという問題の規模にもかかわらず「財産が治安部隊員により故意に破壊されたという主張について補償が言い渡された例」または「治安部隊員を起訴した例」

を「政府が指摘できなかったことは重大と考える」(§71)。また「公平な調査、証拠収集のために当局から協力の提案または恩恵による支払いがなかったことに留意する」(§72)。さらに、「行政裁判所の前の救済が、憲兵隊員が財産を破壊したという請求についても決定できることが証明されていない」ので、申立人の苦情について「十分なもの」とはいえない (§72)。

②民事裁判所の前の救済　「申立人の主張に対して当局の意味のある調査もなく、複数の国家公務員に対して申立人が陳述した事実にもかかわらず関心または援助の公式の表明もなかったことを重視する」(申立人に陳述を求めたのは事件後2年も経てからだった)(§73)。さらに「事件が緊急事態法下のトルコの地域で生じたこと」、「住居の破壊後の申立人の不安定で脆弱な地位」および「基本的ニーズにつき当局に依存しなければならない事実」といった背景に照らせば、「治安部隊を被告とする主張に基づく民事手続が成功する可能性は」、「公式の調査がない状況下では殆どないとみなさなければならない」(§73)。「この点で、1993年4月6日の事件後の村民の陳述は憲兵によって準備されたものだという印象を受けるという委員会の所見は際だっている」(§73)。「治安部隊は村の掃討という意識的国家政策の一部としての住居の放火に責任があると主張して訴訟手続に訴えようとすれば申立人または弁護士に対する報復の危険があるという考慮を排除できない」(§74)。したがって政府の説得力ある反駁がない以上「この救済手段を尽くす義務を免除するような特別の事情があった」ことを申立人は証明した (§75)。

③結論　「以上から、当裁判所は、国内的救済手段を尽くさなかったことを理由に申立を却下することはできないと結論する」(§76) (19対2)。

(2) 本　案

(a) 事実認定

条約の下では事実の確定は委員会の所管事項であるという判例法を想起するが、裁判所は提出されたすべての証拠に照らし自らの評価をなす自由を有する。本件では、委員会の事実認定が対審可能な条件下での3回にわたる証人尋問の結果であることに鑑み、92年事件の責任はトルコ軍治安部隊にあり、申立人は家屋の喪失により村の放棄を余儀なくされたという委員会の事実認定を受け容れる (§§78-81)。

(b) 条約8条および第1議定書1条違反について

申立人の住居と家財への故意の放火は、同時に家族生活および住居を尊重される権利および財産を平和的に享有する権利への重大な介入を構成する。被告政府は治安部隊の関与を否定するだけでこの介入を正当化する事由を提示しなかったから、条約8条および第1議定書1条違反があったと結論しなければならない (§85) (19対2)。

(c) 条約25条1項違反について

25条1項第3文の義務は、条約1節および第1議定書に定める実体的権利とは区別される手続的性質の権利を申立人に付与する (§103)。申立人が当局から苦情の撤回または変更の圧力を受けることなく自由に通報できることは個人の請願制度の実効的運用にとって最も重要なものであり、本件申立人の弱い立場に鑑みれば、主張された事項は申立の撤回を求める不法で受け容れがたい圧力に当たるものであり、25条1項違反があった (§§105-106) (17対4)。

(d) その他

条約の3条違反(§85、19対1)、5条違反(§92、全員一致)、6条1項および13条違反 (§97、全員一致)の主張については検討または決定の必要がない。条約14条および18条違反の主張については違反は証明されなかった (§99、全員一致)。

(3) 50条の適用 (省略)

【解　説】

(1) 当該判例の意義・特徴

本件は第11議定書による改正以前のヨーロッパ人権条約に関する事件であり、人権委員会と人権裁判所の2段階の手続によっている (判決が引用した条文も第11議定書改正以前のもの)。本件は92年事件に

つきトルコ政府のヨーロッパ人権条約および第1議定書違反の有無を問うことが主題であったが、申立人がトルコの国内的救済手段を一切利用することなく直接人権委員会に申立を提起したために、条約26条に定める国内的救済完了の要件を充たしたか否かが最大の争点となった。本判決は、国内的救済原則に関するこれまでの人権裁判所判例から同原則に関する一般的原則を整理するとともに、本件固有の事情に照らして同原則を柔軟に適用した事例として先例的価値がある。以下でも国内的救済原則に焦点をあてるが、その前に次の点に簡単にふれておく。

本判決は、92年事件の事実の詳細を確認することはできなかったが、提出された証拠および委員会の前での証言などから放火の責任がトルコの軍治安部隊にあるという事実認定を行った。この認定がなされれば、トルコの条約8条および第1議定書1条の違反は容易に導きうる。また本判決は、条約25条1項3文（現34条）が条約1節に定める実体的権利とは別個の手続的権利を個人に付与するものであり、申立の撤回や変更を求めて申立人に圧力をかけることが自由な請願権に対する妨害となり同条項の違反を構成することを明らかにした。その際、何が不当な圧力となるかを判断する上で、国の行った行為の内容とともに申立人の脆弱な立場に考慮を払っている。

(2) 主要論点の解説
(a) 人権条約と国内的救済原則

条約26条（現35条1項）は、委員会（現裁判所）は「一般的に認められた国際法の原則に従ってすべての国内的な救済手段が尽くされた後で、かつ、最終的な決定がなされた日から6カ月の期限内にのみ、事案を取り扱うことができる」と定める。国内的救済原則は、もともと外交的保護または国家責任に関する国際法の領域で発達した原則であり、外国人の身体・財産に侵害を与えた加害国にまず自らの国内的手段で不法を矯正する機会を与え、被害者が加害国の国内的救済手段を尽くすまでは被害者本国の外交的保護権の行使または国際請求の提起を抑制させる原則である[1]。この原則をヨーロッパ人権条約に導入したのは、人権保護は元来国内管轄事項であり条約実施機関による保障が例外的・補完的なものであることから締約国国内機関がまず条約違反を防止・救済する機会をもつべきであるという考えと、個人による申立権の濫用を防ぐ必要があるという実際的考慮による[2]。「国際法の原則に従って」という規定は、国内的救済手段が尽くされたか否かを判断する上で外交的保護に関する判例理論に依拠するために入れられた[3]。条約実施の当初は、人権委員会における国内的救済原則の適用は、極めて厳格であったことが指摘されており[4]、人権委員会自体、国内的救済原則の基礎にある原理は、外国人だけでなく自国民まで対象とした国際保障制度では益々強く妥当すると指摘していた[5]。しかし、本判決は、人権保護制度という文脈で国内的救済原則を適用する場合には、むしろ機械的適用よりも個人の事情等をも考慮した柔軟な適用を強調していることが注目される。

(b) 国内的救済手段完了の原則とその例外
(一般原則)

国内的救済原則は、本判決も指摘するように2つのことを要求する。第1に、条約実施機関に提起される苦情内容はすべて実質的に国内法の定めに従って国内機関に予め提起されていなければならない。条約の条文または権利を特定する必要まではないが、実質的にすべての問題を提起する必要があり提起しなかった問題部分は受理されない。第2に、条約違反を防止または救済する可能性のある国内的救済手段はすべて尽くさなければならない。申立人の不注意で期限や手続に違背した場合には必要な救済手段を尽くさなかったとみなされる。ただし、再審請求、恩赦や恩恵による支払いなどの恩恵の措置、拘束力ある決定をなしえない議会オンブズマンなどまでは尽くす必要がないとされる。

しかし国内的救済原則にも例外がある。例えば国連国際法委員会の外交的保護条文草案15条でも、効果的救済を提供する合理的に利用可能な救済手段

がない場合、救済の過程で不当な遅延がある場合、被害者と加害国の間に自発的または領域等の実質的関連がない場合、被害者が国内的救済手段から明白に排除される場合、国がこの原則の適用を放棄する場合を例外にあげる[6]。ヨーロッパ人権条約についても過去の判例から、救済手段は、利用可能なものであり（available, accessible）かつ効果的で十分な（effective and sufficient）ものでなければならないとされる。したがって、例えば、救済手段は申立人が直接利用できるもの（申立人の財政状況によっては司法的扶助、弁護士による代理要件の有無などによっても影響される）でなければならないほか、実際に利用可能なものでなければならないから、問題の救済手段が苦情と同様の事案に利用され成功した先例の提示を求められることがある。先例がないとき、または、救済手段の実効性に疑いがある場合にも、なお一般には当該救済手段さらには上訴手段がある場合にはそれを尽くす必要があるが、確定した判例等によって成功の見通しがないことが明らかな場合には、当該手段を尽くす必要はない。国内手続が不当に遅延する場合も当該手段は効果的でないとみなされる[7]。

本判決は、先例に照らし、さらにもう2つの例外を定式化した。第1は、国内的救済手段を尽くす義務を免除するような特別の事情が生じる場合、第2は、人権委員会の初期から特に国家申立につき認められてきた行政慣行（administrative practice）の例外で[8]、本判決は「条約と両立しない行為の繰り返しと国家当局による公式の宥恕から構成される行政慣行の存在が示され、かつ、それが手続を無意味または効果のないものにする性質のものである場合」には尽くす必要がないと定式化した。なおこの定式は、個人申立に関連して一般原則を述べたものであるが、国家が特定個人の人権侵害をとりあげて申立を行う場合にも妥当する。しかし、国家申立が、他締約国の立法措置または行政慣行それ自体を問題にする場合には、行政慣行の存在を立証する限り、国内的救済原則自体が適用されない[9]。

(c) 国内的救済原則と挙証責任

実際の申立ではまず申立人に国内的救済手段を尽くすためにどのような手順を踏んだかを記すよう求められる[10]。申立人と被告国政府とで、尽くすべき国内的救済手段の利用可能性、実効性および十分性ならびに救済手段が尽くされたか否かにつき意見の相違がある場合に、本判決は挙証責任の分担についても基準を提示している。

(d) 国内的救済原則に関する一般基準の本件への適用

本件の特色は、申立人がトルコの国内的救済手段を一切試すこともなく直接人権委員会に申立を提出したにもかかわらず、裁判所が尽くすべき国内的救済手段は存在しなかったまたはこの国内的救済完了を免除する特別の事情が存在したという結論を下したことにある。検討の対象となった救済手段は行政裁判所および民事裁判所での賠償請求であるが、前者については、裁判所は同手続が騒乱またはテロ活動から生じた損害に対して無過失賠償の真正な可能性があることを認めつつも（2裁判官の反対意見は、それ故にこの手続を尽くすべきだったとする[11]）、①千以上の村の破壊にもかかわらず、軍治安部隊による破壊につき賠償が言い渡された例または治安部隊員を起訴した国内判例を政府は提示できなかった、②本件の公平な調査、証拠収集のための当局の協力または恩恵による補償さえされていない、③治安部隊による財産破壊という請求に対する行政裁判の決定権限が立証されていないことを主要な根拠に効果的で十分な救済手段とはみなさなかった。後者については、当局の適正な調査および援助の欠如、緊急事態下の地域での事件、住居破壊後の申立人の脆弱な地位と基本的必需品の政府への依存、公式の調査がなされない下での治安部隊を相手とする民事手続の成功の可能性のなさ、訴訟を理由とする申立人および弁護士に対する報復の危険をあげて、この手段を尽くす義務を免除する特別の事情があったと認定した。

(e) トルコの新法制定と Aydin İçyer 事件における決定

本件後の 2004 年 7 月、トルコは法律 5233 号を制定・施行し、テロリズムまたはそれと闘うために当局がとった措置により損害を受けた者はその法律に基づき補償委員会に補償を請求することができるようになった。この新設の救済手段の実効性が問題となった Aydin İçyer 事件(12)で、人権裁判所は、次のような理由で同法に定める救済手段を実効性の基準を満たすと判断した。すなわち、同法に基づく補償委員会は申立人の元居住区について機能しており、全国で 17 万人が同委員会に補償請求し、補償が適当と認めた決定も相当数ある。知事の選んだ公務員が委員となっているとしても委員会の独立性や手続の公平性を疑う根拠はない。委員会の任務は当局の損害決定を補助し現物または金銭による友好的解決案を提示することにあるし、補償は財産だけでなく経済活動の損失も対象としており、また非金銭的損害についても補償の可能性がある。ところで、この救済手段は申立提出後に設けられたものである。国内的救済原則を満たしているか否かは原則として申立提出時を基準に判断するが、法律 5233 号がヨーロッパ人権裁判所の判決を考慮して制定され、申立人が被った損害にも適用されることになっていることに鑑みれば、例外を認めるべきである。したがって、申立人は補償請求を補償委員会に提起すべきであり、これを免除する事情はない。以上から裁判所は、国内的救済手段を尽くしていないとして申立を受理不可能とした。

(3) ヨーロッパ人権条約現 35 条と自由権規約第 1 選択議定書 5 条 2 項(b)

両者は条文の規定の仕方が若干異なるが、国内的救済原則に関するヨーロッパ人権裁判所判例は自由権規約委員会にとっても十分参考になる。ただし、前者の行政慣行理論を自由権規約委員会は採用していないなど、両者の異同については判例・事例の詳細な比較検討が必要であろう。両者の決定的な差違の 1 つとして、ヨーロッパ人権条約では最終的な決定がなされてから 6 カ月の期間内にのみ事案を取り扱うことができるという 6 カ月ルールが採用されているのに対して、自由権規約の場合には尽くすべき国内的救済手段の最後の決定があった後、事案を取り扱うことのできる期限が定められていない点があげられる。したがって、後者の場合、国内裁判所の最終決定がなされた後相当長い期間を経た通報がなされる可能性がある。

(1) 外交的保護および国家責任の文脈での国内的救済原則については、太寿堂鼎「国内的救済原則の適用の限界」法学論叢 76 巻 1・2 号 (1964 年) 参照。See also, Cançado Trindade, The Application of the Rule of Local Remedies in international law (1983), Cf., Amerasinghe, *Local Remedies in Interantional Law* (1990). なお、国連国際法委員会の国家責任条文 44 条(b)、外交的保護条文案 14 条および 15 条も参照。See also UN Doc. A/56/10(2001), pp. 305-307 & A/61/10 (2006), pp. 70-86.

(2) 導入の経緯については、さしあたり、薬師寺公夫「ヨーロッパ人権条約に於ける国家の申立権と国内的救済原則の適用可能性」神戸商船大学紀要文科論集 30 号 (1981 年) 32-39 頁参照。

(3) 同前・37 頁。

(4) 芹田健太郎「ヨーロッパ人権条約と国内救済原則——ヨーロッパ人権委員会決定の分析」神戸商船大学紀要文科論集 15 号 (1967 年) 参照。

(5) Austria v. Italy, Decision of the Commisson, 11 January 1961.

(6) A/61/10 (2006), pp.76-77.

(7) Phillip Leach, Taking a Case to the European Court of Human Rights (2nd ed. 2005), pp.136-152, Jacobs & White, The European Convention on Human Rights (4th ed. 2006), pp. 486-487.

(8) 薬師寺・前掲注(2)参照。

(9) 同前。Jacobs & White, *supra* note(7), pp. 486-487.

(10) 小畑郁「ヨーロッパ新人権裁判所の規則」名古屋大学法政論集 177 号 (1999 年) 495 頁、47 条参照。

(11) Judge Gotchev, Reports 1996-IV, pp. 1224-1225, Judge Gölcüklü, *ibid*., p. 1231 *et seq*.

(12) Aydin İçyer v. Turkey, 12 January 2006, §209 *et seq*.

[参考文献]

注に掲げたものを参照

25　国内的救済原則（2）
国内救済手続で行うべき請求の内容と大法廷による受理可能性の再審査
―― アズィナス判決 ――

水島　朋則

Azinas v. Cyprus
28 April 2004, Reports 2004-III（大法廷）

【事　実】

申立人は、1960年のキプロスの独立以来、20年以上にわたってキプロスの公務に就いていたが、横領・背任・職権濫用の罪で1981年4月9日にニコシア地方裁判所から有罪判決（18ヵ月の拘禁刑）を受けたことを理由として、1982年7月28日にキプロスの公務委員会は申立人を懲戒免職とすることを決定した。キプロス法が定める10種類の懲戒処分の内、免職は最も重いものであり、この結果、申立人は退職年金受給権等を喪失することとなった。

1982年10月8日に申立人は、罪の重さと比べて懲戒免職処分は均衡を失しており、また、刑事罰を科した上に退職年金受給権を剥奪することが、一事不再理を保障するキプロス憲法の規定に違反すると主張して、免職決定取消訴訟をキプロスの最高裁判所に提起した。最高裁判所（第一審）が1991年6月12日の判決で申立人の請求を斥けたため、申立人は5つの上訴理由を挙げて最高裁判所（上訴審）に上訴した。上訴理由第3と第4は罪と処分との均衡性に関わるものであり、第5は、退職年金受給権の剥奪がキプロス憲法23条（財産の保護）に違反しないという第一審の認定に対するものであった。1998年に行われた口頭弁論で、申立人の弁護士が上訴理由第3と第4のみを扱うと述べたのに対し、裁判官がその他は取り下げるのかと尋ね、弁護士は「その通りです。」と答えている。裁判官の変更のため再度開かれた1999年の口頭弁論でも、弁護士は上訴理由第5の取下げを確認している。1999年7月20日の判決で最高裁判所（上訴審）は上訴を棄却した。

2000年1月18日に申立人は、キプロスでの手続の長さと二重の制裁について条約6条1項「公正な裁判を受ける権利」の違反、退職年金受給権の剥奪について議定書1条「財産の保護」の違反、政治的意見を理由とする差別について条約14条「差別の禁止」の違反を主張してヨーロッパ人権裁判所に申立を行った。人権裁判所の小法廷は、2000年6月15日および2001年6月19日の決定で、条約6条1項および14条に関する申立については不受理とした。他方で小法廷は、後者の決定において、議定書1条に関する申立については、申立人が上訴理由第5を取り下げたためキプロスの裁判所は財産権侵害の争点を扱う機会を奪われたとしてキプロス政府が提起していた国内救済原則の抗弁を斥け、受理した。小法廷は、キプロス法上、懲戒免職の場合には退職に伴うすべての便益を喪失することになっていることから、免職決定の合法性を争うことによって申立人は退職年金の剥奪についても（黙示的にではあるが）争っていたのであるとし、また、申立人の弁護士が上訴理由第3と第4は第5もカバーすると主張していたことを指摘している。2002年6月20日の本案判決で議定書1条の違反が認定された後、キプロス政府は大法廷へ上訴し、上訴理由の一つとして再び国内救済原則の抗弁を提起した。

【判　旨】

(1) 大法廷の管轄の範囲

申立人は、条約43条に従って大法廷に事件を上訴する権能は限られているとし、本事件において国内救済原則の問題は同条2項の条件を満たしていな

いと主張する (§31)。確立した判例法によれば、大法廷に上訴される「事件」は小法廷の判決で検討された申立のすべての側面を含み、大法廷の管轄の範囲は受理可能性についての小法廷の決定によってのみ制限される。しかしながら、このことは、大法廷が受理可能性に関する問題を検討することができないということを意味するものではない。たとえば、条約35条4項2文は、「裁判所は、手続のいずれの段階でも［不受理により却下する］ことができる。」と定めているし、受理可能性の問題が本案に併合される場合もある。したがって、当裁判所は、申立を受理するとの決定を、本案の段階でも再審査することができる (§32)。大法廷における事件の範囲は、申立人が主張するような形では制限されない (§33)。

(2) 先決的抗弁

(a) 国内救済手段が尽くされたか

申立人は、国内救済原則の問題は受理可能性に関する2001年6月19日の小法廷決定によってすでに解決済みであり、小法廷の本案段階でキプロス政府が提起しなかったこの抗弁を大法廷において提起することはできないと主張する (§35)。しかし、キプロス政府が国内救済原則の抗弁を小法廷の受理可能性の段階で適切な形で提起しているので、大法廷はこの抗弁について検討することができる (§37)。

キプロス政府は、申立人が国内手続において財産権侵害の訴えを明確に取り下げており、最高裁判所が財産権侵害について実質的に扱っていないと主張する (§34)。

「人権保護の機構の枠組において国内救済原則は、ある程度の柔軟性をもって、過度の形式主義に陥らないように適用されなければならない。」しかし、この原則は、国内裁判所に訴えるということだけを求めているのではない。「原則として、後に国際レベルで行おうとする訴えを少なくとも実質的に」国内裁判所で行うことをも求めている。「国内救済原則の目的は、国の当局（特に司法当局）が、条約上の権利の違反に関する訴えを検討し、適当な場合には、ヨーロッパ人権裁判所に申立がなされる前に救済を与えることを可能にすることにある。条約上の権利の違反に関する議論を国内裁判所が少なくとも実質的に検討することを可能にする救済手続が国内レベルで存在する限りにおいて、利用されるべきなのはその手続である。」ヨーロッパ人権裁判所での訴えが国内裁判所で明示的にも実質的にも提起されていない場合には、「国内救済原則が国内法秩序に与えようとしている、ヨーロッパ人権条約の問題を検討する機会が奪われることになる。」申立人が、条約上の権利の違反に関する訴えとは異なる理由で当該措置を取消にする他の救済手段を利用できたというのでは十分ではない。「『実効的な救済手段』が尽くされたと言うために国内レベルで提起されていなければならないのは、人権条約から引き出される訴えである。申立人が、人権条約に関する議論をすることができるのにそれをしないで、当該措置を争うために国内当局の前では別の理由を援用しておきながら、その後、人権裁判所において人権条約の議論に基づく申立を行うことができるというのは、人権条約の機構の補完的な性格に反するであろう」(§38)。

キプロスにおいてヨーロッパ人権条約は国内法秩序の一部をなしており、国内法規定に優位する。また、キプロスの法システムにおいて議定書1条は直接適用可能である。したがって、申立人は最高裁判所においてこの規定あるいは同様に財産権を保障するキプロス憲法23条に依拠することができた (§39)。

しかしながら、申立人は最高裁判所（上訴審）で議定書1条を援用しなかった。上訴理由第5でキプロス憲法23条の違反が主張されていたとしても、申立人の弁護士は口頭弁論で明確にそれを取り下げている。退職年金受給権等の剥奪に申立人の弁護士が言及したのは、免職があまりに厳しい処分であり、より軽い処分が科されるべきであったということを示すためであった。そのため最高裁判所は、申立人の免職処分が財産権を侵害するかどうかについては判断しなかったのである (§40)。

申立人は、人権条約違反を検討し、防止し、正す機会をキプロスの裁判所に与えなかった。したがって、関連する「実効的な」国内救済手段が申立人によって利用されなかったという抗弁には根拠がある

(§41)。

条約35条1項・4項2文に従って、申立を不受理として却下する（§42）。

(b) その他

キプロス政府のその他の抗弁に関しては検討する必要がない（§43）。

(c) 結論

申立を不受理とする（12対5）。

なお判決には、同意意見2（裁判官4名）と反対意見2（裁判官3名）が付されている。

【解説】

(1) 本判決の意義・特徴

2004年5月13日に、ヨーロッパ人権条約の監督機構を改正する第14議定書が採択された（未発効）[1]。そこでは、増え続ける個人の申立に対処することを一つの目的として新しい受理可能性基準が付け加えられており、「申立人が相当な不利益を被っていない場合」には申立は原則として不受理となる（新条約35条3項(b)）。このような新しい基準が導入される背景として、「数十年にわたり発展してきた判例法において〔現存の受理可能性の基準〕の解釈が確立しており、したがってそれを変更することが困難である[2]」という事情が指摘されている。

本判決で問題となった国内救済原則も、申立の受理可能性に関わるものである（条約35条1項）。本判決において大法廷は、小法廷が受理すると決定して本案判決まで下した事件について、小法廷の受理可能性決定を覆し、国内救済手段が尽くされていないため不受理と判断した。本判決は、国内救済原則の解釈それ自体を変更したものと言えるかどうかはさておき、申立が受理されるために申立人が国内救済手続で行うべき請求の内容について、少なくとも小法廷よりも厳格な立場を大法廷がとったものと理解することができよう。これは、申立の増加という背景と無関係ではないように思われ、今後の受理可能性決定にも影響してくると考えられる。

(2) 申立の受理可能性についての大法廷による再審査

個人の申立の受理可能性については、予め委員会（committees）が不受理を宣言する場合（条約28条）あるいは小法廷が大法廷に回付する場合（30条）を別として、小法廷が決定すると規定されている（29条）。他方で、小法廷が受理すると決定して本案判決を下した後にその事件が大法廷に上訴された場合に（43条）、本案ではなく受理可能性について大法廷が判断できるのかどうかは、条約の文言上は必ずしも明らかではない。本判決において大法廷は、その管轄の範囲は受理可能性についての小法廷の決定によって制限されるとしつつも、「裁判所は、手続のいずれの段階でも〔不受理により却下する〕ことができる。」（強調は筆者）と定める条約35条4項2文を主な根拠として、受理可能性について大法廷が再審査できるとした。この点は先例[3]を確認したものであり、また、やや状況は異なるものの、第11議定書による条約実施機構の再編成前においても、人権委員会が受理した申立について、国内救済手段が尽くされたかどうかを人権裁判所が後に再審査できるとした事例[4]もあった。

しかしながら、これに対しては、被申立国は人権裁判所に事件を付託して人権委員会の受理可能性決定を争うことができるのに対し、申立人にはそれが認められていないことから、不平等であるとの批判がなされていた[5]。現在の実施機構においても、条約43条1項で、「事件のいずれの当事者も、……小法廷の判決の日から3カ月の期間内に当該事件が大法廷に上訴の受理を要請することができる。」（強調は筆者）と規定されていることから、同様の問題が生ずることになる。すなわち、本事件のように小法廷が受理するという決定の後に本案判決を下した場合には、被申立国が大法廷への上訴を求め、大法廷が受理可能性について再審査する（場合によっては小法廷の決定を覆し不受理とする）ことが認められるのに対し、小法廷が「決定」において不受理とした場合には、「判決」に至る前に申立が却下されるため、申立人は大法廷への上訴を求めることができないのである。本判決において大法廷が、実際に小法廷の決定を覆して申立を不受理と判断したことによって、

申立人と被申立国との間の不平等という問題点が改めて浮き彫りになったと言えよう。

(3) 国内的救済手続において申立人が行うべき請求の内容

国内救済手段を尽くしたと認められるために私人が国内手続でどのような請求を行っていなければならないかは、国内的救済原則の伝統的な適用場面である外交的保護の脈絡においても議論されてきた問題である(6)。この点について、「一般に認められた国際法規則に従ってすべての国内救済手段が尽くされた」ことを求める人権条約（現35条1項）の枠組においては、国内救済手続において人権条約や議定書の関連規定を援用していなくても、ヨーロッパ人権裁判所への申立と「実質的に」同じ請求を行っていれば足りるとされてきた(7)。

本事件において小法廷と大法廷の判断が分かれたのは、人権裁判所で議定書1条の違反を主張している申立人が、キプロスの国内手続において、同様に財産権の保障を定めるキプロス憲法23条の違反に関わる上訴理由第5を取り下げたことの評価を異にしたためである。大法廷はこの取下げのために国内救済手段が尽くされていないと判断したが、申立人の弁護士は、小法廷も指摘するように、上訴理由第5を取り下げつつも、上訴理由第3と第4から第5が導き出されると述べており、また、1998年の口頭弁論では「財産権」の侵害にも言及している。これらの点を考慮すると、Costa, Garlicki 裁判官の共同反対意見も指摘するように、大法廷の判断は過度の形式主義であるとの印象を免れない。たとえば、本事件と同様に申立人の弁護士の対応に関わるものとして、国内手続で上訴をしても勝訴の見込みがないと申立人が弁護士から助言されていたことを理由に、上訴することが実効的な救済手段とはならないとした人権委員会の先例(8)があるが、それと比較しても均衡を失しているように思われる。

もっとも、人権条約の枠組において申立人に有利になるように国内救済原則を適用すること(9)には、少なくとも国内救済手続における請求の内容という点では、疑問がある。外交的保護の脈絡において、国際手続における請求の基本的な部分が国内手続で提起されていれば足りるとされるのは、適用される法や当事者が両手続において異なるためである(10)。また、外交的保護の行使は国家の裁量に委ねられることから、それを予想して私人が国内手続を進めるべきかどうかについても疑問が提起されてきた(11)。しかしながら、人権裁判所への個人の申立の脈絡では、これらの考慮は基本的には当てはまらない。そのような観点からは、申立人が国内救済手続で行うべき請求の内容に関する大法廷の厳格な立場は必ずしも不当とは評価されないことになろう。

(1) 第14議定書については、小畑郁訳「第一四議定書によるヨーロッパ人権条約実施規定等の改正」法政論集（名古屋大学）205号 (2004年) 249頁参照。

(2) Explanatory Report to Protocol No. 14, para. 78.

(3) たとえば、同様に国内救済原則に関する Odièvre v. France [GC], 13 February 2003 参照。

(4) De Wilde, Ooms and Versyp ("Vagrancy") v. Belgium (Merits) [PC], 18 June 1971. 実際に人権委員会の決定を覆して、国内救済手段が尽くされていないために申立を不受理とした人権裁判所の判決として、たとえば、Van Oosterwijck v. Belgium [PC], 6 November 1980; Cardot v. France, 19 March 1991 がある。

(5) たとえば、P. van Dijk and G. J. H. van Hoof, *Theory and Practice of the European Convention on Human Rights*, 3rd ed. (1998), pp. 147-148, p. 209 参照。

(6) たとえば、国連国際法委員会の外交的保護に関する条文草案14条のコメンタリ(6),(7)参照。Report of the International Law Commission, 2006 ⟨http://untreaty.un.org/ilc/reports/2006/2006report.htm⟩。

(7) たとえば、Fressoz and Roire v. France [GC], 19 March 1999 参照。

(8) H. v. U.K., Decision of the Commission, 4 July 1983. もっとも、弁護士の助言と救済手段の非実効性が結びつく論理は不明であり、いずれにせよ人権委員会は旧条約26条（現35条1項）の6カ月ルールにより不受理としているので、この部分は傍論である。

(9) Frédéric Sudre, *Droit européen et international des droits de l'homme*, 6e éd., 2003, pp. 538-539 も参照。

(10) たとえば、Elettronica Sicula S.p.A. (ELSI), ICJ Reports, 1989, p. 46 (para. 59) 参照。

(11) たとえば、太寿堂鼎「国内的救済原則の適用の限界」法学論叢76巻1・2号 (1964年) 67頁、94頁参照。

26 訴訟目的の消滅
被告からの一方的宣言に基づく個人申立の総件名簿からの削除要請の却下
——タフシン・アジャール判決——

佐藤 文夫

Tahsin Acar v. Turkey（preliminary issue）
6 May 2003, Reports 2003-VI（大法廷）

【事　実】

　1994年8月20日トルコ国民の申立人Tahsin Acarの兄Mehmet Salim Acarが農作業中私服警察官と主張される2人の男により車で拉致された。申立人は、その兄の拘禁の違法性と過度の長期性、拘禁中の虐待と拷問行為、および拘禁中に必要な治療を受けなかったこと、さらに弁護人の役務と家族との接触を剥奪されたことを主張し、条約2条、3条、5条、6条、8条、13条、14条、18条、34条および38条の違反を申し立てた。申立人は小法廷でT.A.と称し、その後氏名開示に同意した。

　本申立は、1994年10月29日にヨーロッパ人権委員会に提起され、1997年6月30日に受理された。1999年11月1日ヨーロッパ人権条約第11議定書に従いヨーロッパ人権裁判所（以下、「裁判所」）に移送され、第一部に割り当てられた。友好的解決が試みられたが、不首尾であった。部の一般的再編成に従い、二小部に割り当てられた。

　2001年8月27日の書簡で被告政府は一方的宣言により本件の総件名簿からの削除を要請した。

　「私は、トルコ政府が申立人Tahsin Acar氏に対し……7万ポンドを恩恵として支払うことを申し出ることを宣言する。

　この金額は、金銭的・非金銭的損害と費用をカバー〔する〕……。この支払いは、本件の最終解決を構成する。

　政府は、本申立の提起を導いた行動の発生、とくに申立人の兄Mehmet Salim Acar氏の失踪、およびその家族に生じた苦痛に遺憾の意を表明する。

記録を欠く自由剥奪および失踪申立に対する不十分な捜査は条約2条、5条および13条の侵害を構成することが受諾される。政府は、あらゆる自由剥奪が十分かつ正確に当局により記録されること、そして申し立てられる失踪に対する効果的な捜査が条約義務に従い実施されることを確保するために適切な指示を行い、かつ、あらゆる必要な措置をとることを約束する。

　政府は、本件および類似事件におけるトルコに関する裁判所判決の執行に対する閣僚委員会の監視がこの文脈で改善を行うことを確保するための適当なメカニズムである、と考える。この目的のため、この過程での必要な協力が継続的にとられるであろう。……」

　申立人は抗弁書で、宣言が条約違反、政府機関による拉致等を承認せず、本件捜査を約束をしていないこと等から、政府の働きかけを却下するよう要請した[1]。［第二部］小法廷は、6対1で政府の一方的宣言に基づき本申立を総件名簿から削除することを決定した。申立人は条約43条に基づき本件を大法廷に付託するよう要請し、「人権尊重」から本案審査の継続を要求する十分な理由があると主張した。同年9月4日大法廷審査部会はこの要請を受理した。総件名簿からの削除に限定された、両当事者の申述書の提出、口頭弁論を経て、本判決が言い渡された。

【判　旨】

(1) 総件名簿からの削除問題への限定

　当裁判所は、委員会の受理可能性決定で限界づけられた範囲で手続中に生起するあらゆる事実および

法律問題を審査する権限を有する (§63) が、本件手続の現段階では、審査の範囲は、「政府の提出した一方的宣言は条約37条1項(c)の意味で、引き続き申立の審査を行うことがもはや正当化されないと言い渡すのに十分な基礎を提供しているかどうかの問題」に限定される (§64)。

(2) 友好的解決手続における陳述について

総件名簿からの削除問題の審査では、条約38条2項および規則62条2項に従い、非公開の友好的解決手続でなされた両当事者の陳述は考慮に入れない (§74)。

(3) 被告政府の一方的宣言と条約37条1項(c)および1項但書の関係

一定の状況で、申立人の意に反しても一方的宣言に基づく37条1項(c)による総件名簿からの削除はありうる。しかし条約で定められた人権の尊重から引き続き審査を必要としない (同項但書) と認定するのに十分な基礎を提供しているかどうかは事件の特定状況に依存する (§75)。その際考慮される関連要素には、苦情の性格、従前事件の決定済み類似争点であるかどうか、従前類似事件で判決執行の文脈で被告政府のとった措置の性格と範囲、およびこれらの措置の当該事件への影響、が含まれる。また事実に争いがあるかどうか、争いがある場合その範囲、事実主張の一応の証明力の程度も重要でありうる。この関連で、当裁判所が当該事件の事実確認に必要な事実上の証拠を入手しているかどうかが重要となろう。その他の関連要素として、一方的宣言での条約違反の承認の有無、その承認の範囲および政府の意図する救済の方法が含まれうる。最後の点に関し、違反の効果を除去する可能性があり、かつ、被告政府がそれを行う用意のあることを宣言する場合、意図された救済は総件名簿からの削除の適用上適当とみなされる可能性を一層有する —— もっとも、当裁判所は、常に変わりなく総件名簿への再記載権限を保持する ——（§76)。以上は網羅的なものではない (§77)。

(4) 本件一方的宣言の評価

一方的宣言に基づく本申立の総件名簿からの削除の適切性に関し、以下のことに留意する。まず第一に、事実に関し両当事者間に広範な争いがある (§78)。第2にトルコ政府は、一方的宣言で「本件におけるような」、記録を欠く自由剥奪と失踪申立に対する不十分な捜査が2条、5条および13条違反を構成することを認める一方で、その後一方的宣言が条約違反に対する責任の承認を伴うものと解釈されえないと申し立てた (§79)。第3に、Akman事件および同事件の一方的宣言と本件および本件の一方的宣言は、多くの重要な点で異なる。Akman事件では、正当防衛であったかどうかの対立は別にすると、トルコ治安軍による殺害自体に争いはなかったこと、「申立人の息子が過剰な武力行使の結果死亡したことを認めることで2条違反を承認した」こと、生命権が将来尊重されることを確保するため適切な指示を発出しかつあらゆる必要な措置をとることを約束し、閣僚委員会による同事件および類似事件判決執行の監視に協力を約したこと、治安軍による殺害事件に関わる既存判例との類似性のゆえ、人権尊重による審査継続を正当化しなかったこと、があった (§§80-81)。

さらにAkman事件と異なり、拉致・失踪が政府機関またはその黙認によるかどうかの争いが存在する。同事件ではトルコが責任を認めたため事実調査の必要性が本件に比べ少なかった。いくつかの類似殺害事件判決の執行に関連し、トルコが具体的な防止措置をすでにとり、あるいはとることを約束していたことと異なり、本件では、「政府の行った一方的宣言は、申立人の条約上の苦情に十分には向けられていない。本件においてどのような適切かつ実際的な措置を必要とするのかを顧慮せず、単に将来の失踪を防止する努力を継続するという一般的義務が約束されたにとどまり、申立人の具体的な苦情に対処する措置への言及はない」(§§82-83)。

総件名簿からの削除のためには、「責任の完全な承認が宣言に基づく総件名簿からの削除の不可欠の

条件とみなされえない」が、未確認実行者による拉致または殺害事件であって、「事件ファイル中に国内捜査が条約の要求する程度に達していないという主張を支持する一応の証拠が存在する場合は、一方的宣言は少なくともその旨の承認を含むべきである」し、従前の類似事件で裁判所が示したような条約の要求と完全に一致する捜査を閣僚委員会の監視の下で行うという約束を伴うべきである（§84）。

(5) 結　論

「本件……一方的宣言はそのような承認もそのような約束もいずれも含んでいないので、人権尊重の要請から、条約37条1項但書に従い引き続き事件審査を行う必要がある。従って、申立は、宣言がその審査を継続することをもはや正当化しないと認定するのに十分な基礎を与えないゆえ、条約37条1項(c)に基づき削除されえない」（§85）。「裁判所は、16対1で申立を削除するよう求める政府の要請を却下する」（主文1項）。

【解　説】

(1) 判決の意義・特徴

本判決は、友好的解決の失敗後被告政府が公開手続で、申立人の異議にもかかわらず、友好的解決あるいはその後の和解等の過程で提示されるべき実質的内容を有する一方的宣言を行うことにより個人申立を総件名簿から削除するよう要請することに対して、厳格な対応をした。本判決は、従来のややあいまいで、緩やかな削除決定による申立人の裁判手続からの排斥に対し一定の歯止めをかけ、友好的解決手続を含む個人申立制度の基盤を崩しかねないことに対する歯止めとなった。本件は、トルコ治安軍や警察による対クルドテロリスト活動により生じたと主張される多数の殺害または拉致事件の1つであり、重大人権侵害に対するヨーロッパ人権司法制度の信頼性に直結した点でも重要であった。

(2) 本判決の事項範囲

本判決は被告の一方的宣言に基づく総件名簿からの削除問題に限定され（判旨(1)）、その際友好的解決手続における宣言は考慮されない（判旨(2)）。後者は、一貫しており（裁判所規則62条2項参照）、非公開の友好的解決作業の実効性に不可欠である。友好的解決手続過程での宣言を根拠にした削除要請は却下されることになる[2]。

(3) 条約37条（申立の削除）の基本的枠組み

条約37条1項本文は、(a)申立人が自己の申立の継続を望んでいない場合、(b)事案解決の場合、または、(c)(a)、(b)以外の理由で、引き続き申立の審査を行うことがもはや正当化されない場合（以下、各々「a号」、「b号」、「c号」）申立を総件名簿から削除することができる旨を定める。同条1項但書（以下、「1項但書」）は、条約・議定書権利の尊重上必要な場合の1項本文の適用除外を定め、同条2項は、正当な事情の場合の総件名簿への再記載を定める。本判決は主に、一般的規定たるc号および1項但書に関わる。起草者はc号に関し、a号、b号に準じた事情を想定し[3]、実際にも、裁判所は、申立人の死亡と相続人による手続不承継、手続の承継法人が正当な利益を有していない場合等通常狭く解していた[4]が、後述諸判例で一方的宣言による場合も含みうるように拡張された。また原則的にa号からc号は私的利益、1項但書は一般利益に関わるものと考えられる[5]。

37条は、委員会実行をふまえて、1990年発効の第8議定書により挿入された委員会の総件名簿からの削除権限に関わる旧30条1項および3項[6]に、1998年発効の第11議定書が新裁判所の導入上の必要な修正を加えたものである。起草者はいずれの裁判所も有する「固有の権限」ととらえる[7]が、国際司法裁判所においても訴えの取下げを裁判所規則88条と89条で定め、被告の一方的宣言に基づく紛争の消滅による原告の請求目的の消滅を核実験事件で認めた[8]。Merillsによれば、旧裁判所において、条約・裁判所規則上訴訟目的の消滅の明示規定を欠くものの、被告が条約違反がありえたかもしれない状況で争点問題に向けた措置をとったこと、あるいはとることを約束したことによりそれを主張した多

数の事案があった（私的利益または一般利益を満たさないとしてほぼ一貫して否定されたとされる）[9]。本裁判所に関しては、一方的宣言による削除問題がc号事案とされた（判旨(5)）ことに鑑みると、かかる事案はほぼ同号事案としてカバーされるように思われる。

(4) 2001年6月26日のAkman v. Turkey[10]とその影響

本判決は、治安軍による殺害事案たるAkman判決との差異を強調し、削除要請を却下する点に大きな特徴がある（判旨(4)）が、2002年4月9日のT.A. v. TurkeyおよびToğcu v. TurkeyのLoucaides裁判官反対意見によれば、Akman判決は一方的宣言に基づく削除肯定の初例とされる。同判決は一方的宣言による削除問題を明確にc号事案としており、同号を拡張的に解釈した点で重要な先例となった。同判決は、「政府宣言に含まれる文言を慎重に審査した」結果、承認の性格、約束の範囲および提案補償額に鑑みc号を満足するとし、トルコによる類似殺害事件に関わる条約2条および13条義務の性格・範囲を示す多数の判決を引用しつつ、1項但書を不適用とした。前者の3要素に関し具体的説明も具体的適用もなく、後者に関し例えば引用判例の認める生命権の効果的な捜査義務の側面の被害者への適用が宣言で欠落しており[11]、理由付けに説得力を欠く。当該宣言事項が本来友好的解決手続で提示されるべきものであり、人権侵害存否を認定してもらう権利は最大限に尊重されるべきであることも加えると、友好的解決手続、個人救済権、一般利益の軽視との批判を免れえない[12]。

Akman判決後のいくつかの同種のトルコ事件で、ほぼ同一文言により、一方的宣言に基づく総件名簿からの削除が認められた（死亡事件に関する2002年3月26日のHaran v. Turkey、失踪事件に関するToğcu v. TurkeyおよびT.A. v. Turkey）。また失踪等に関する2001年7月10日のAydin v. Turkeyの友好的解決判決を同判決と同一視する立場もある（T.A. v. TurkeyおよびToğcu v. TurkeyにおけるLoucaides裁判官反対意見）。これは、形式はともかく実質は一方的宣言に基づく削除ととらえられるということであろう[13]。その他友好的解決判決たる、2001年10月2日のAkbay v. Turkey、同年11月6日のİ.İ., İ.Ş., K.E. and A.Ö. v. Turkeyも同様の事情であった可能性が高い[14]。Akman判決は大きな影響を与えていたのである。

(5) 本判決による一方的宣言の評価の意義

本判決は、一方的宣言がc号でカバーされるとするAkman判決等の小法廷先例を肯定したものといえる。すでに大法廷は条約43条に基づくAkman判決の大法廷への付託請求を却下しており、同判決のアプローチに一般的支持を与えたと解される余地があった[15]が、大法廷としてその点を明確にした点が重要である。本判決は、Akman判決と結論を異にしたが、事情が異なるとされたためである。

本判決は、一方的宣言に基づく総件名簿からの削除問題に関し網羅的でないとしつつも、考慮される多数の関連要素を提示した。大まかに苦情の性格、事実、承認・約束の3類型・9要素（細かく数えて13要素）である（判旨(3)）。Akman判決に比べ、明らかに考慮要素を多様化・豊富化し、同判決との対比も含めつつ、本件で具体的に適用した。皮肉にも本判決はAkman判決との対比の過程で同判決の3要素の評価の一端を示すことになった（判旨(4)）[16]。これは同判決の3要素を否定するものではなく、多様化・豊富化と位置づけうるのである。このことは、爾後の判例でも窺える（(6)参照）。Akman判決等は、c号への一方的宣言の適用を肯定するにあたり、提示した3要素の具体的適用を行わずc号を白紙委任的に理解した印象を与え、実際そのような解釈をとったと批判された[17]。本判決は、多様な関連要素提示とその具体的適用によりc号の白紙委任的解釈を否定し、一定の制約を肯定した。本件小法廷判決（T.A.判決）との差は歴然としており、裁判所は信頼性を保ったといえよう。

本件提示の関連諸要素には私的利益に関わる要素（たとえば、既存措置の当該事件への影響、条約違反の承認、承認の範囲・救済方法）および私的利益を超え

る一般利益に関わる要素（たとえば、従前事件の決定済み類似争点、従前類似事件判決で政府のとった措置の性格・範囲）が含まれている(18)。裁判所は一貫して、個人申立制度を私的利益と一般利益の確保の視点からとらえてきており(19)、一方的宣言の場合とくに重視されることを示したといえよう。ただAkman判決と異なり、関連諸要素とc号または1項但書との対応関係が必ずしも明らかでない（判旨(3)、(4)、(5)）。本件においては両規定が総体としてとらえられたと理解されよう。これはつまるところ本件一方的宣言に盛られるべき内容の多様性に対応するものであろう。

　本判決は、責任の完全な承認が不可欠の条件とみなされえないとする一方、未確認実行者による拉致・殺人に関しては条約に照らし不十分な捜査であることの一応の証拠がある場合、少なくともその旨の承認と閣僚委員会の監視に基づく捜査の約束が必要であるとした（判旨(4)）。これは、基本的に各関連要素を相対的にとらえることに繋がるし、その網羅性の否定とともに、裁判所の事件毎の柔軟な解釈を可能とする。裁判所の裁量を増すものでもあり、判例の積み重ねによるある程度の類型的客観化が望まれる。この点で、承認と約束を必要条件とする一定の状況が示されたことは重要である。

　従って本件でかかる承認と約束の存在は決定的意味をもちうる(20)が、否定された（判旨(5)）。その際、大法廷口頭弁論で宣言4項に挿入された「本件におけるような」を含む文言ではなく、そこでの責任否認の申し立てを重視した（判旨(4)）。Gölcüklü裁判官は反対意見で文言を重視し明確に責任を認めたものと解する。この対立は、一方的宣言の評価に当たり口頭弁論の必要性を示すものと思われる。本件小法廷判決では、・この・挿・入・文・言・を・欠・く宣言文言で、違反承認の存在を肯定したのである(21)。

(6) **本判決のその後の判例に与えた影響**

　本判決前の小法廷判決では形式的・実質的にトルコの一方的宣言に基づく総件名簿からの削除要請がすべて認容されたが、本判決はそれに対する制限効果を生んだ。直接的な影響として、Toğcu事件がある。小法廷の削除認容判決後申立人が総件名簿への再記載または大法廷への付託を要請し、大法廷審査部会が本件大法廷判決を理由に再記載の可否の審査のため第二部へ差し戻しを決定したのである。〔第二部〕小法廷は2005年3月1日に再記載を決定し、同年5月31日に本案判決を言い渡した。

　一方的宣言による削除要請事案では、本判決が先ず引用されることが通例であり、付加的にAkman判決等が引用される。通信の秘密事案のMeriakri v. Moldova（1 March 2005）では「金額」と「先例」の簡単な確認にとどまったが、国内的救済手続の遅延事案のvan Houten v. the Netherlands（29 September 2005）、裁判を受ける権利事案のSwedish Transport Workers Union v. Sweden（18 July 2006）では、「承認」、「金額」、「先例」等に関し濃淡あるものの一応具体的検討がなされた。すべて削除認容事例であることを勘案すると、拉致・殺人のような重大人権事案でないとしても、具体的検討にやや不満が残る。またいずれも口頭弁論は行われていない。本判決法理の積極的活用はなお課題といえよう。

　なお、近時の極めて大量の個人申立への対応がAkman事件での削除決定の隠れた理由であったとの疑念も示されていた(22)。本判決はこの課題に応えるものではない。司法機関としてより重要な、個人申立権が重視されるヨーロッパ人権条約の司法的人権保護制度の信頼性に応えようとしたのである。かかる課題は別次元の問題であり、第14議定書（執筆時未発効）による制度改革等に期待すべきものである。

　なお、本件本案判決（Tahsin Acar v. Turkey〔merits and just satisfaction〕, 8 April 2004, Reports 2004-III〔GC〕）は、捜査の不十分性に関し2条（生命権）の手続的義務の側面の違反および証拠提出要請不遵守に関し38条不遵守を認定し、その余の違反なしとした。そして非財産的損害に1万ユーロ、法的費用に1万ユーロ（法的扶助の2,299.77ユーロを減ずる）の支払いを命じた（全員一致）。本判決で決定的意味

をもった「承認・約束」の存否争点の背景をなす、本案争点たる捜査の2条適合性に違法の判断を下した点で重要である。2条の実体的義務の側面の違反がなかったこともあり、補償額は政府申出の恩恵的補償額より大幅に少ない（なお、注⑿参照）。本判決とともに、この大法廷判決が一方的宣言の利用およびその内容並びに申立人の態度に与える影響が注目される。

(1) T.A. v. Turkey, 9 April 2002, §59.
(2) 近時多数のロシア関係事案で援用され、却下されている。例えば、Androsov v. Russia, 5 Oct. 2005, §§45-46.
(3) Explanatory Report on Protocol No.8…, §35 もっとも、現実的には白紙委任規定であるとの解釈もある。TRECHSEL, Stefan, Article 30, PETTITI, Louis-Edmond et autres., La Convention européenne des droits de l'homme, 2ᵉ éd., 1999, p. 689.
(4) 本件小法廷判決たるT.A. v. TurkeyにおけるCosta裁判官同意意見参照。
(5) 起草者は、1項但書に関連し、「請願審査を継続することの一般利益についての被告国の見解に適切な考慮が払われるべきである」（傍点筆者）とするが、示唆的である。Explanatory Report on Protocol No.8…, §36.
(6) さらに他方、起草者は、裁判所規則中の削除規定に留意しつつ条約上裁判所の決定権限が広く定められているゆえ、条約規定は必要ないとしていた。Ibid., §34.
(7) Explanatory Report on Protocol No.11…, §92.
(8) ICJ Reports, 1974, pp. 253-274；皆川洸「核実験に関する事件」国際法外交雑誌74巻4号（1975年）379-395頁。
(9) MERRILLS, J.G., The development of international law by the European Court of Human Rights, 2ⁿᵈ ed., 1993, pp. 56-59.
⑽ Akman v. Turkey, 26 June 2001, Reports 2001-VI.
⑾ 同旨、HAPPOLD, Matthew, Letting States get away with murder, NLJ, vol. 151, no. 6999 (2001), p. 1323.
⑿ なお、SARDARO, Pietro, Jus non dicere for Allegations of Serious Violations of Human Rights : Questionable Trends in the Recent Case Law of the Strasbourg Court, EHRLR, vol. 6, 2003, pp. 623-624参照。Happoldは、恩恵的補償金による違法な殺人あるいは苦情の買収の容認と酷評する。HAPPOLD, op. cit.
⒀ 友好的解決のためのトルコ宣言がAkman事件類似のものであったことも示唆的である。
⒁ MCBRIDE, Jeremy, Neither friendly nor a settlement, KHRP Newsline, Issue 15/16 (winter 2001), p. 4参照。
⒂ Ibid.
⒃ 例えば、承認に関し、本件宣言のいわば超然・一般的な承認と異なり、「死亡に結果する過度のまたは均衡を逸した武力の行使が条約2条の違反を構成することが承認される」（Akman事件のトルコ宣言2項）が、本判決で当該殺害に2条違反を認めたとされるのである（判旨(4)）。もっとも文言は一般的である。Sardaroは、違法性を承認していないと解する。P. SARDARO, op. cit., p. 623.
⒄ Ibid., p. 624.
⒅ Sardaroは、個人的正義、憲法的正義、訴訟経済・一般的実効性と3分類する。最後者は、「事実」類型の要素に対応する。Ibid., p. 628; note 34.
⒆ 旧裁判所に関し、薬師寺公夫「訴訟目的の「消滅」と人権裁判所の司法的権能——ヨーロッパ人権裁判所判例の検討①」神戸商船大学紀要第一類文科論集35号、21-46頁参照。
⒇ この事由のみで削除要請が却下とされた形となった（判旨(5)）ため、広範な事実上の争いの確認の意義がやや不鮮明となった。
(21) T. A. 判決中のトルコ宣言4項にはこの語句が既に挿入済みであるが、誤植と思われる。また、Akman判決では「Murat Akmanの死亡状況におけるような」は、2条違反の承認（2項）中ではなく、事実発生の遺憾の表明（1項）中にある。むしろ表現上は本件がより直接的な2条違反の承認であったともいえるのである。視点を変えると、違法性の承認においてもAkman判決との違いの強調（判旨(4)）には説得力が欠けることになる。なお、注⒃参照。
(22) M. HAPPOLD, op. cit.

［参考文献］
上記に引用のもの

II ヨーロッパ人権条約が保障する権利

27 恣意的殺害
特殊部隊によるテロ容疑者の射殺
—— マッカン判決 ——

齊藤　正彰

McCann and others v. the United Kingdom
27 September 1995, Series A no. 324（大法廷）

【事　実】

本件は、1988年3月に英領ジブラルタルでイギリスのSAS（陸軍特殊空挺部隊）によって射殺されたIRA（Provisional Irish Republican Army、アイルランド共和国軍暫定派）の工作員の遺族による申立に基づくものである。

イギリス、スペイン、ジブラルタルの治安当局は、IRAがリモコン式の自動車爆弾によるテロを計画していることを察知した。事件当日、IRA工作員であるMcCannらの車を調べたSAS隊員から、爆弾の可能性が報告された。尾行したSAS隊員が静止を命じたとき、彼らの動作がリモコンによって自動車爆弾を操作していると見えたため、SAS隊員は近距離から銃撃して殺害した。しかし、McCannら3人は武器も起爆装置も所持しておらず、自動車にも爆弾は積まれていなかった。

ジブラルタルで検屍官による死因審問が開かれ、検屍陪審は合法的な殺害との評決を下した。申立人は、北アイルランド高等法院において国防省に対する訴訟を提起したが、却下された。申立人は、3人の殺害はヨーロッパ人権条約2条に違反すると主張して、1991年8月14日にヨーロッパ人権委員会（以下、委員会）に申し立てた。申立は、1993年9月3日に受理された。委員会は、1994年3月4日に報告書を作成し、2条違反はなかったという意見（11対6）を表明した。委員会は、1994年5月20日にヨーロッパ人権裁判所（以下、裁判所）に本件を付託した。

【判　旨】

IRA工作員の殺害には2条違反があった（10対9）。50条により、イギリスは、申立人がストラスブールでの手続に要した訴訟費用を支払うものとする（全員一致）。損害賠償請求、国内での訴訟費用の請求、公正な満足についてのその余の主張を退ける（全員一致）。

(1) 2条の解釈

個人の保護のための文書としてのヨーロッパ人権条約の目的から、その条項は個人の保護が実際的かつ実効的になされるように解釈・適用されなければならない（Soering判決〔本書14〕）（§146）。「2条は、ヨーロッパ人権条約における最も基本的な規定の1つ」であり、平時には15条の下でのデロゲーションは許されず、3条とともに、ヨーロッパ評議会を構成する民主的社会の基本的な価値の1つを示すものである（Soering判決〔本書14〕）。「そのようなものとして、2条の規定は厳格に解釈されなければならない」（§147）。2条を全体として読めば、2項は、個人を意図的に殺害することが許される場合を第一に定義しているのではなく、意図せざる結果として生命の喪失が生じるかもしれない「力の行使」が許される状況を規定している。「力の行使は、2条2項(a)、(b)、または(c)において示された目的の1つを達成するために『絶対に必要』なものでなければならない」（§148）。「当裁判所は、生命の剥奪については、とりわけ意図的に致死的な力が使用された場合には、実際に行使した政府要員の行為だけではなく、その計画や統制のような事柄を含むあらゆる周

辺状況をも考慮に入れて、きわめて慎重に審査しなければならない」(§150)。

「政府要員による恣意的殺害の一般的な法的禁止は、当局による致死的な力の行使の合法性を審査するための手続がなんら存在しない場合には、実効的ではない。2条の下での生命権を保護する義務は、1条の『その管轄内にあるすべての者に対し、この条約の第1節に定義する権利および自由を保障する』という締約国の一般的義務との結びつきにおいて、個人が力の行使の結果として、とりわけ政府要員によって、殺害された場合には、何らかの実効的な公的調査があるべきであるということを要求していると解される」(§161)。しかし、本件では、手続について申し立てられた不備は、綿密かつ公平な審理を妨げるものではなかった (§163)。

(2) 2条の適用
(a) 殺害の計画性
殺害が事前に計画されていたという申立人の主張には根拠がない (§184)。

(b) 作戦の指導と計画
裁判所は、力の行使が2条に適合するかを判断するに際して、行使された力が厳格に生命を守る目的に比例していたかだけではなく、対テロ作戦が致死的な力に頼ることを最小化するように計画され統制されていたかをも精査しなければならない (§194)。

(i) SAS隊員の行為
SAS隊員は、爆弾による深刻な生命の喪失を防ぐために、容疑者を撃つことが必要であると真摯に信じたことが認められる。力の行使は、そのような真摯な確信に基づいている場合は、それが後に間違いであったことが明らかになったとしても、2条の下で正当化されうる (§200)。

(ii) 作戦の統制および組織
治安当局には他の可能性について十分な対応の余地がなく、ボタン操作で起爆できるという自動車爆弾についての明確な報告もない状況で、テロ攻撃についての一連の仮説がSAS隊員に確実なものとして伝達され、致死的な力の行使はほとんど不可避なものとなった (§210)。

SAS隊員は、容疑者が死亡するまで射撃を続けるように訓練されていた。このことから、当局は、その火器の使用が自動的に殺害のための射撃を含むSAS隊員に対して情報を伝達する前に、その情報の評価に最大限の注意を払うことで、容疑者の生命権を尊重する義務がある (§211)。反射的な銃撃は、たとえ危険なテロリストを対象として扱う場合であっても、民主的社会において法執行職員に対して期待される、火器の使用における注意の程度を欠いている。そのことは、拘束作戦の統制および組織において適切な注意が欠けていたことを示唆する (§212)。

以上のことから、本件の殺害は、2条2項(a)の意味における不法な暴力から人々を守るために絶対に必要な力の行使にとどまるとは認められない (§213)。

(3) 9裁判官の共同反対意見
拘束作戦の指揮と組織の方法についての、多数意見によってなされた2条違反の評価には同意できない (§6)。治安当局は、当時、不完全な情報に基づいて計画・判断する必要があり、また、ジブラルタルの多くの人々の生命を不法な暴力から保護する義務があった (§§8-9)。拘束作戦の指揮と組織における適切な注意が欠けていた点において当局による何らかの誤りがあったという非難は、正当化されない (§24)。本件における致死的な力の行使は、そのような力に頼ることが遺憾であっても、当時の状況において、目的のために「絶対に必要」なものを越えておらず、2条に違反しない (§25)。

【解 説】

本件は、IRAがテロ活動を展開していた時期の事件である。本判決において、裁判所は、初めて2条について判断し、しかも条約違反の判断を示した。条約違反の判断にはイギリス国内で批判も多かったが、裁判所は、殺害は計画的なものではなく、また、個々のSAS隊員の行為は2条違反を生じないとしており、寛大な判断との評価もあったとされる。裁

判所は、IRA工作員を拘束する作戦における治安当局の指揮および組織の面に着目して、2条の下で許される、不法な暴力から人を守るために絶対に必要な力の行使にとどまるとはいえないとしたのである。

ただし、裁判所は、McCannらが爆弾テロを行う計画であったことに鑑みて、損害賠償は認めなかった。

(1) 「絶対に必要」の基準

2条2項は、「生命の剥奪は、それが次の目的のために絶対に必要な、力の行使の結果であるときは、本条に違反して行われたものとみなされない」と規定し、ここでいう目的として、「(a)不法な暴力から人を守るため」「(b)合法的な逮捕を行いまたは合法的に抑留した者の逃亡を防ぐため」「(c)暴動または反乱を鎮圧するために合法的にとった行為のため」の3つを掲げている。生命の剥奪が許される例外的場合を規定するのは、他の国際人権条約には見られない、ヨーロッパ人権条約の特色であり、委員会はこの規定を制限的に解釈してきた。

本判決も、Stewart v. U. K.事件における委員会の意見 (Stewart v. the United Kingdom, 10 July 1984, Decisions and Reports 39)を引用しながら、生命の剥奪という結果に到る「力の行使」は、2条2項で定められた3つの目的のうちの1つの達成のために「絶対に必要」な範囲内に限られることを確認する。そして、2条2項にいう「絶対に必要」という文言は、条約8条から11条2項にいう「民主的社会において必要」とは異なり、より厳格な基準で審査されなければならないことを求めているとする。2条は意図的な殺害と意図的でない死亡の双方を対象とするが、前者の場合には、政府要員の行為だけでなく、問題とされた行為の計画と指揮のような問題を含むすべての周辺の状況も考慮して、慎重に審査しなければならないのである。

申立人は、関連する国内法は「絶対に必要」という2条の基準を満たしておらず、条約に違反すると主張した。裁判所は、条約が締約国に対して国内法の中にその条項を組み入れることを要求しておらず、また、国内法律または憲法の規定と条約の要求との適合性を抽象的に審査することはヨーロッパ人権条約機関の役割ではないとする従来の判例を引用しながら、ジブラルタル憲法2条は、生命の剥奪をもたらす力の行使の正当化基準が「合理的に正当化しうる」という文言であることを除いては、条約2条と類似しており、国内基準が国内裁判所によって解釈・適用されている方法を考慮すれば、2つの概念の間に本質的に重要な相違が存在しないとした。

(2) 手続的要請としての調査義務

申立人は、死因審問手続が、殺害をめぐる事実についての独立で実効的な手続とはいえないと主張した。死因審問は、イギリス本国と同様にジブラルタルでも、不審死についての調査として行われる。死因審問は、「検屍官が、7人以上11人以下の検屍陪審の面前で、変死者の死因を審問する」(田中英夫編集代表『英米法辞典』)ものとされる。

ヨーロッパ人権条約1条は、しばしば、実体的権利の射程を伸張するために援用される[1]。本判決でも、裁判所は、1条の下での国家の一般的義務との結びつきにおいて、2条が一定の手続的な要求をも含んでいるとする。とりわけ政府要員による殺害事件や致死事件において、実効的な公的調査の手続を欠き、まったく調査がなされないか、不十分な調査しかなされない場合は、2条違反になるとされ、2条の手続的要請としての調査義務は、その射程を拡大しながら[2]、裁判所にとっての有力な武器[3]となっている。たとえば、Kaya v. Turkey[4], Ergi v. Turkey[5], Yaşa v. Turkey[6]においては、裁判所は、被害者が政府要員によって殺害されたことは確認できないとしたが、調査義務の点で2条違反を認定している。こうした調査義務を課す目的について、裁判所は、生命権を保護する国内法の実効的実施を確保すること、政府要員の関与した死亡についての説明責任が果たされるようにすることなどを挙げている[7]。

本件の死因審問手続は、そうした手続的要請を満たすものであるとされた。遺族(申立人)は、証人に対する尋問が可能であったし、法律家による援助を

受けることもできたので、慎重な調査の実行が実質的に妨げられたとはいえないとされたのである。ただし、北アイルランドにおいてIRA関係者に対して行われた死因審問では、尋問の範囲が制限されたり、殺害に関与したとされる者が出席しないなど、裁判所によって2条の要求を満たさないと判断された例[8]もある。

(3) 致死的な力の行使の統制

条約違反についての裁判所の判断は、10対9と大きく分かれた。ただし、本件が計画的な殺害ではなかったこと、射殺したSAS隊員の行為は2条に違反しないことについては、意見は一致している。

多数意見は、3人のIRA工作員のジブラルタルへの入国を阻止しないという判断がなされたことを重視する。そして、第一に、治安当局が当初の情報評価と異なる状況に対処する柔軟性を欠いており、専門的知識のない隊員による「爆弾の可能性が排除できない」という報告が、「爆弾があった」という確認として伝わり、致死的な力の行使が不可避になったとする。第二に、いったん発砲したら相手が死亡するまで銃撃を続けるという訓練を受けているSAS隊員に伝達する前に、当局は、可能な限り情報を評価するよう求められているとする。これらのことから、多数意見は、拘束作戦の統制および組織に適切な注意が欠けており、「絶対に必要」な力の行使とはいえないとする。

これに対して、反対意見は、証拠・証人から離れている裁判所は、国内裁判所および委員会による事実認定を尊重すべきであり、さらに、裁判所が事後的に事実を評価する際に、当事者が知らなかった事情を後知恵的に考慮に入れることがないようにしなければならないとする。当時、IRA工作員をジブラルタル国境で逮捕するには十分な根拠がなく、国境で引き返させれば練り直されたテロ攻撃のリスクを負うことになる。そして、当時の状況では、多数意見が想定する「当初の情報評価と異なる状況」は考えにくく、「爆弾の可能性がある」という報告でも「爆弾があった」という報告でも、多くの人々の生命の危険を考えれば、期待される行動に変わりはなかった。また、火器使用に関するSAS隊員への指示や教育に不備はなく、本件でも容疑者の偶然的な挙動がなければ銃撃せずに逮捕できた可能性があった。したがって、拘束作戦の統制と組織において当局の適切な注意が不足していたという多数意見による非難は当たらないとする。

警察や治安部隊による致死的な力の行使が2条に違反するか否かの評価においては、その行為だけではなく、その計画や指揮のような事柄も考慮しなければならない、という判断は、後の事例でも示されている。Andronicou and Constantinou v. Cyprus[9]においては、裁判所は、立てこもり事件に際しての人質救出作戦における射撃による容疑者と人質の死亡について、突入前に数時間にわたる交渉が試みられていたという経緯をも考慮し、致死的な力の行使は「絶対に必要」な限度を超えておらず、救出作戦は十分に計画され組織されていたとして、2条に違反しないと判断した(ただし判断は5対4に分かれた)。これに対して、Güleç v. Turkey[10]においては、憲兵がデモの群衆に発砲し2人が死亡した事件について、裁判所は全員一致で2条違反を認定した。憲兵隊は、混乱状態が予期できたのに、警棒、盾、放水銃、ゴム弾、催涙ガスなどを用意していなかったために発砲に至ったことが指摘され、秩序維持のための力の行使における生命権への適正な配慮が問われたのである。ただ、90年代後半からのトルコの治安当局に関する事案では、前述の調査義務の点で2条違反が認定されている。

なお、イギリスは判決に従って訴訟費用を支払ったが、近年もロンドンでテロ容疑者に対して頭部を狙うよう訓練された「殺害のための射撃」が問題となった。

---

(1) P. Leach, Taking a case to the European Court of Human Rights, 2nd ed. (Oxford University Press, 2005), p. 182.

(2) A. R. Mowbray, The Development of Positive Obligations under the European Convention on Human

Rights by the European Court of Human Rights (Hart, 2004), p. 27.

(3) C. Ovey & R. White, The European convention on human rights, 3rd ed. (Oxford University Press, 2002), p. 48.

(4) Kaya v. Turkey, 19 February 1998, Reports 1998-I.

(5) Ergi v. Turkey, 28 July 1998, Reports 1998-IV.

(6) Yaşa v. Turkey, 2 September 1998, Reports 1998-VI.

(7) Hugh Jordan v. U. K., 4 May 2001, 24746/94. なお、2条の積極的義務とその限界について、Osman判決（本書12）参照。また、このような調査義務と3条の解釈に関して、Aksoy判決（本書29）参照。

(8) Hugh Jordan v. U. K., *supra* note(7).; McKerr v. U. K., 4 May 2001, Reports of Judgments and Decisions 2001-III; Kelly and others v. U. K., 4 May 2001, 30054/96; Shanaghan v. U. K., 4 May 2001, 37715/97.

(9) Andronicou and Constantinou v. Cyprus, 9 October 1997, Reports 1997-VI.

(10) Güleç v. Turkey, 27 July 1998, Reports 1998-IV.

[参考文献]

[1] C. Ovey & R.White, *The European convention on human rights*, 3rd ed. (Oxford University Press, 2002)

[2] 胡慶山「ヨーロッパ人権条約第2条の生命権について (1) (2) (3・完) ―― その制定の経緯および解釈・適用)」北大法学論集49巻3号（1998年）、4号（1998年）、6号（1999年）。

ヨーロッパ評議会
(Palais de l'Europe)

28 自殺幇助と患者の「死ぬ権利」
難病患者の「死ぬ権利」を否定した事例
―― プリティ判決 ――

甲斐　克則

Pretty v. the United Kingdom
29 April 2002, Reports 2002-III

【事　実】

申立人ダイアン・プリティ（Diane Pretty、43歳の女性）は、中枢神経内の運動神経の進行性の神経退化疾患（progressive neuro-degenerative disease）である運動ニューロン疾患（motor neurone disease = MND）に罹患している。その疾患は、身体の随意筋を冒す進行性の筋肉（特に手足および呼吸をコントロールしている筋肉）の衰弱をもたらし、その結果、死に至る。話したり飲み込んだりすることをコントロールする筋肉も衰弱するため、レスピレーターに接続することもできず、肺炎になったりする。その疾患の進行を防止する治療は何もない。申立人の病状は、1999年11月にMNDと診断されて以来、急速に悪化し、なお進行している。彼女は、首から下が麻痺しており、ほとんどはっきり話すことができず、チューブを通して食事を得ている。彼女の生存の期待はほとんどなく、せいぜい数週間から数ヵ月と予測されている。しかしながら、彼女の知性および意思決定能力は損なわれていない。その疾患の最終段階はきわめて苦しく、かつ尊厳に欠ける。彼女は、もしその疾患がそのコースを辿れば、苦痛および尊厳のない状態に耐えなければならないことに脅えて悩んでいるので、どのようにしていつ死ぬかをコントロールし、かつそれによってその苦痛および尊厳のない状態から免れることができるよう強く望んでいる。

ところが、イギリス法においては、自殺行為は犯罪ではないが、自殺幇助は犯罪である（自殺法（the Suicide Act 1961）2条1項）。そこで、彼女が夫の手を借りて自殺ができるようにするために、申立人の弁護士は、公訴局長官（Director of Public Prosecutions = DPP）に、彼女に代わって書かれた2001年7月27日付の書簡において、申立人の夫が彼女の願望に従って自殺幇助をしても訴追しないよう求めたが、2001年8月8日付の書簡において、公訴局長官は、そのような約束をすることを拒否した。それで、2001年8月20日、申立人は、公訴局長官の決定についての司法審査および次のような救済の申立をした。①2001年8月8日付の公訴局長官の決定を取り消す命令。②その決定が違法であり、かつ公訴局長官が、求められた保障を与えることによって違法に行為することはない、という確認判決。③公訴局長官に、求められた保障を与えることを要求する強制命令。もしくは④1961年の自殺法2条は、ヨーロッパ人権条約（以下、条約と記す）2条、3条、8条、9条および14条と矛盾する、という確認判決。しかし、2001年10月17日、貴族院合議法廷は、申立を却下し、公訴局長官は訴追を行わないという保障を与える権限を有さず、自殺法2条1項は条約と矛盾しない、という判決を下した。

そこで、申立人は、2001年12月24日、イギリスに対する、イギリス自体による人権および基本的自由の保護のために、条約34条に基づいてヨーロッパ人権裁判所（以下、人権裁判所と記す）に申立を行った。すなわち、彼女の夫が彼女の自殺を幇助した場合に公訴局長官が訴追免除を拒否すること、および自殺幇助禁止は、条約2条、3条、8条、9条、および14条に基づく諸権利の侵害である、というのがその主張内容である。しかし、人権裁判所は、以

下の理由から全員一致でこの申立を棄却した。

【判　旨】

(1)　申立の受理可能性について

本申立は非常に重大な問題を提起しており、不受理とする理由は証明されなかったので、本案について判断する（§33）。

(2)　2条違反の認定について

「条約2条は、生活の質（quality of life）を持って生きるという問題、および人が自己の人生の中で何を行うべきかを選択することとは関係がない」（§39）。条約2条は、歪曲して解釈しないかぎり、死ぬ権利を授けるものとして解釈されえないし、個人に対して生きるより死ぬことを選ぶ権利を授けるという意味での自己決定権を創出するものでもない（§39）。かくして、条約2条からはいっさい死ぬ権利を引き出すことはできず、条約2条違反はなかった（§40、§42）。

(3)　3条違反の申立について

条約3条の「処遇」の類型にあたる「虐待」とは、「激しさが最低限度まで達しており、実際の身体的損傷ないし激しい身体的・精神的苦痛を伴うものである」（§52）。処遇が、人としての尊厳に対する尊重の欠如を示すことで、または人としての尊厳を傷つけることで、個人を辱め、あるいは品位を貶めるものである場合、さらには個人のモラルならびに身体的抵抗力を破壊する可能性のある恐怖・怒り・劣等といった感覚を呼び起こすものである場合、このような処遇は、屈辱的なものとみなされ、条約3条の禁止にあてはまる。自然に発生した疾患から生まれる苦痛は、身体的なものであれ精神的なものであれ、こうした苦痛もしくはリスクの存在が、その処遇によって悪化させられる場合には、条約3条によってカバーされるが、本件においては、被告である国家が申立人に何の虐待も加えておらず、また、申立人が国家医療当局から十分な治療と受けていないという不平の訴えも存在しない（§§52-53）。公訴局長官の拒絶的態度ならびに刑法による自殺幇助禁止が非人道的かつ屈辱的な処遇を示すものだという申立人の主張は、処遇概念の拡張である。条約2条は、殺人あるいは人の死をもたらす行為を禁止するものであり、自己の死を許容するか手伝うように国家に要求する権利を個人に与えるものではないし、条約3条の下では何ら国家の積極的義務は生じず、自殺幇助の他の形式のために適法な機会を提供するよう要求する義務も生じない。したがって、条約3条の違反はいっさい存在しなかった（§§54-56）。

(4)　8条違反の申立について

(a)　8条1項について。条約8条は、人格的発展の権利、他の人間ならびに外界との関係を構築・発展する権利をも保護している。個人的自律の概念は、条約8条の保障を解釈するうえでその基礎をなす重要な原理である（§61）。自己自身で選択して人生を送る能力は、身体的・道徳的害悪あるいは当該個人にとって危険な性質を持つものと認識される活動を追求する機会をも内容とする（§62）。医療処置の領域においては、特別な処置への同意を拒絶することは、必然的に致命的な結果をもたらすであろう。延命効果を持つかもしれない治療に同意するのを断ることで、死の選択を行使するよう求める人がいるかもしれない（§63）。本件では、申立人は退行的疾患のひどい作用に悩まされており、このような疾患は、彼女の状態を悪化させる原因となり、肉体的・精神的苦痛を増悪させるであろう。彼女は、夫の手助けによって生命を終結させるという選択をすることで、その苦痛を緩和することを望んでいる。人生の終末期の過ごし方を彼女が選ぶことは、生きる行為であり、彼女は、このことも尊重されねばならないと求める権利を有している（§64）。「まさに条約の本質は、人間の尊厳と人間の自由の尊重である」。条約において保護されている生命の神聖さという原理をいかなる方法でも否定しないように、当裁判所は、生活の質という諸概念が重要性を帯びるということが、条約8条に基づくと考えている。「より長い人生への期待と結びつく、ますます発展する医療の先端領域では、多くの人々にとって、高齢ないし進行し

た肉体的・心理的衰えの状況において生き長らえることを強いられるべきではないということは関心事である。こうした衰えは、強く抱かれた自己ならびに人格の同一性という考えと矛盾する」(§65)。

本件で申立人は、人生の屈辱的で苦痛に満ちた最期を避けるという選択を下すことを法によって妨げられている。このことが、条約8条1項において保障されている私的生活を尊重するという彼女の権利の侵害となるか、そして、この侵害が条約8条2項の要請と一致するか否かを検討する（§67）。

(b) 条約8条2項の遵守。「国家には、一般刑法の実施を通じて、他人の生命・安全に対する有害な活動を規制する資格が与えられている。害悪が深刻であればあるほど、それはますます深く関わってくるということは、公共の福祉・安全への配慮とそれに対抗する個人の自律原理とのバランスという点で重要となるであろう」。「1961年自殺法は、弱者、とりわけ生命を終結させるか、もしくはそれを手助けするように意図された行為に対して、情報に基づいた決定を下す状況にない者たちを保護することによって、生命を守るように作られた」。「国家にとっては、自殺幇助の一般的禁止が緩められる場合または例外が作られる場合に、濫用のリスクならびにそれによって起こりうる影響を評価することが何より重要である。予防の見込みに関する議論と保護手続にもかかわらず、明確なリスクが存在する」(§74)。

「条約34条における裁判所の役割は、抽象的な見解を出すことではなく、個々のケースの具体的事実に条約を適用することである。しかしながら、個々のケースにおいて下された諸々の判断が、程度の大小にもかかわらず、先例法理を打ち立てるし、かつ、本件における決定が、理論的にも実践的にも、後の諸ケースでの適用を妨げるように形作られるかもしれない」(§75)。「それゆえ、当裁判所は、自殺幇助の包括的禁止が比例性を欠いているとは考えていない」(§76)。さらに、申立人の夫に対しての起訴がなされないという事前の約束を公訴局長官が拒絶した点は、独断的あるいは不合理だとはいえない（§77）。

「かくして、本件における介入は、他人の権利を守るために『民主的社会において必要』とみなされるであろうし、それゆえに条約8条違反は存在しない」(§78)。

(5) 9条違反の申立について

申立人の主張が、宗教あるいは信念の表明の形を含むわけではない。申立人の見解が、彼女の人格的自律原理への傾倒を反映するかぎりで、彼女の主張は、条約8条に基づいて生じた訴えの再表明である（§82）。条約9条違反はなかった（§83）。

(6) 14条違反の申立について

自殺する身体能力がある者とない者とを法において区別しないことには、客観的かつ合理的な正当な理由がある。同様に条約14条においても、自力の自殺が可能な者と不可能な者とを区別しようとしないのには、説得的な理由が存在する。自殺が不可能だと判断された者について法に免除を組み入れることは、1961年自殺法が守ろうとした生命保護を深く切り崩すであろうし、濫用のリスクを大いに高めるであろう（§89）。本件においては、条約14条違反はいっさいなかった（§90）。

【解　説】

(1) 近年、安楽死・尊厳死の問題を中心に、終末期医療の限界をめぐる議論が世界各国で沸騰している[1]。本件は、運動ニューロン疾患（MND）に罹患している患者（申立人）が夫の手を借りて自殺ができるようにするために、弁護士を通じて英国公訴局長官に対し、夫が彼女の願望に従って自殺幇助をしても訴追しないよう求めた希有な事件であり、しかもいわば「死ぬ権利」を正面から求めてヨーロッパ人権裁判所で争った注目すべき事件でもある。本判決は、入念な分析を行いつつも、最終的に申立人の主張を退けたが、その法的位置づけを正確にしておく必要がある[2]。

(2) 第1に、条約2条との関係についてである。同条は、「すべての者の生命に対する権利は、法律によって保護される」旨を規定するが、本判決が、

同条が「死ぬ権利」を授けるという意味での自己決定権を創出するものではない、と説いているのは、議論の前提として正当であると思われる。そして、ヨーロッパ人権裁判所がこのことを宣言したことは、ヨーロッパにおける今後の立法論を含む議論にも大きな影響を与えるものと思われる。申立人は、自殺幇助を受けることを認めることは条約2条と矛盾しない、さもなければ、自殺幇助が違法でない国はこの規定に違反していることになってしまう、と主張した。さらに、同条は「生きる権利」だけでなく、「生き続けるか否かを選択する権利」をも保護している、とも主張した。

確かに、自殺法2条1項により自殺関与を処罰する（14年以下の拘禁刑）イギリスと異なり、ドイツやフランスのように自殺関与行為を不可罰にしている国もあるが、しかし、例えば、ドイツにおいても、自殺者を眼前にして放置すれば、場合によっては救助不履行罪(刑法323条(c))が適用されることもあり、その意味では自殺関与行為を完全に適法としているわけではない。そもそも、1人の人間は、個人とはいえ、単に個として孤立的に存在しているわけではなく、同時に社会的存在でもあり、個的存在と社会的存在とは不可分の関係にある。生命は、そのような存在を担う法価値であり、各個人は、その生命という法益の享有者であることから、生命を放棄する権利は認められない(3)。したがって、「死ぬ権利」を一般的に認めることは、生命の不可処分性に抵触するといえよう。問題は、本件のように、不治の難病患者の場合にもそれが妥当するか、である。

(3) そこで、第2に、条約3条との関係についてである。条約3条は、「何人も、拷問又は非人道的な若しくは屈辱的な処遇若しくは刑罰を受けない」、と規定する。申立人は、自己が受けた苦痛は条約3条の屈辱的な取扱いに当たる、と主張した。

確かに、申立人は、呼吸と嚥下を制御していた筋肉が、呼吸器系不全と肺炎を起こすほど弱まっていたのであるが、ヨーロッパ人権裁判所の判例法においては、条約3条に基づいて国家はその市民に対して、そのような治療を加えることを差し控える消極的義務のみならず、こうした処遇から人々を保護する積極的義務を負っている、ということが確立されていた。本件において、このような義務とは、そうでなければ彼女が耐えなければならなかったであろう苦痛から彼女を保護する措置を講ずることであった。申立人は、条約3条において、屈辱的な処遇から保護されるという彼女の権利と競合する共同体の利益とのバランスをとる余地はなかった、と主張した。

しかし、本判決は、国家は拷問または非人道的もしくは屈辱的な処遇または刑罰を科してはならないという消極的義務ならともかく、申立人により主張された積極的義務については否定した。すなわち、ヨーロッパ人権裁判所の判例法によれば、積極的義務が生じるような場合、それらは絶対的なものではなく、むしろ当局に対して不可能あるいは不均衡な負担を課さないような仕方で解釈されるべきである、と。

従来、積極的義務は、以下の3つの状況において発生すると判断されてきた。すなわち、①国家が、自由を奪われた人の健康を保護する義務を負う場合、②国家が、その法域内で自由を奪われた人々が私人の手によって拷問や他の禁じられた処遇にさらされないことを確実にする措置を講ずることが求められる場合、③国家が、個人との関係で、他者の手による彼に対する非人道的もしくは屈辱的な処遇を課すという結果になる措置を講ずることを計画する場合、である。しかし、本判決は、この状況のどれもが申立人のケースとは関連がなかった、と判断した。というのは、彼女は、誰かから虐待されていたわけではなく、治療がなされていないことに不満を述べていたわけではなく、また国家の措置が彼女に対して講じられていたわけでもなかったからである。したがって、「自殺の権利」行使を認めないことが同条にいう「虐待」に当たると判断するのは無理がある以上、これも妥当な判断である。また、たとえ条約3条が関わっていたとしても、それは法的に強制力のある「死ぬ権利」を与えてはいなかったことから、

積極的義務の範囲を判断する際、自殺法2条の維持のために国家に当然に与えられる評価の幅に考慮を払うのは適切であったといえるし、さらに、ヨーロッパ評議会各国の間では、オランダ（その後ベルギー）を除くすべての国で、自殺幇助と同意殺人が違法であるという一般的コンセンサスがあった点も重要である。申立人は、条約に基づく「死ぬ権利」を承認しないことは、自殺幇助を許容する国々を条約違反の立場に置くであろうと主張したが、本判決は、適切にも、本件においてはその審査が管轄外である、と一線を画している。

(4) 第3に、条約8条との関係についてである。同条1項は、「何人も私的生活ならびに家族の生活を尊重する権利を有する」と規定する。申立人は、自己決定権は全体として1本の糸のごとく条約を貫いているが、その権利が最も明白に認められ保障されているのは、条約8条においてであり、公訴局長官の拒絶と国家による自殺幇助の包括的禁止は条約8条に違反する、と主張した。これに対して、政府は、私的生活に関する権利は「死ぬ権利」を伴うものではないので、条約8条における権利は無関係である、と主張した。すなわち、同条は、人生の過ごし方を包含するが、人生からの決別の仕方を包含するわけではない。さもなければ、申し立てられた権利は、その権利の基礎となっているまさにその利益を消滅させることになるであろう、と。ヨーロッパ人権裁判所は、後者の主張を認めが、この論理もまた、妥当なものである。

(5) 第4に、条約9条についてである。条約9条は、思想、良心、宗教の自由を保障する。申立人は、同条を根拠に、自殺するのに夫の手助けを求める際に、彼女の夫を訴追しないと約束するのを拒んだ点で、公訴局長官がこの権利を侵害したし、同様に、英国も申立人の個別事情をまったく考慮しない包括的禁止を課している点でこの権利を侵害した、と主張した。とりわけ、不当な差別がそこに介在することを強調した。しかし、本件で条約9条の思想・良心・宗教の自由を持ち出すのは、場違いと思われる。

また、第14条の差別論についても、本件で持ち出すのは無理がある。申立人は、身体の障害によって「死ぬ権利」の行使を妨げられているがゆえに、実質的に差別的に他者よりも不利に取り扱われていると主張するが、自殺法2条1項は、生存権の保障を定めたものであり、その存在を根拠に差別的なものと解することはできない。

(6) 以上のように、本件は、難病患者が「死ぬ権利」を求めてヨーロッパ人権裁判所まで争った興味深い事件であるが、これに対して同裁判所がその主張を明確に退けた点で、今後のこの種の事案処理および立法論に関してヨーロッパ諸国での影響は大きいものといえる[4]。同時に、この判決を乗り越えるべく、様々な主張が今後も展開されるであろう。

(1) 甲斐克則『安楽死と刑法』（成文堂、2003年）、同『尊厳死と刑法』（成文堂、2004年）、同「終末期医療・尊厳死と医師の刑事責任——川崎協同病院事件第1審判決に寄せて」ジュリスト1293号（2005年）98頁以下、ペーター・タック（甲斐克則訳）「オランダにおける緩和的鎮静と安楽死」ジュリスト1308号（2006年）174頁以下等参照。

(2) 本件および本判決については、倫理学者の児玉聡氏が早くから紹介されている。児玉聡「ダイアン・プリティ裁判：積極的安楽死を求める英国のMND患者」日本生命倫理学会ニューズレター22号（2002年）をはじめ、同氏のホームページ http://plaza.umin.ac.jp/~kodama/bioethics/pretty.html 掲載の諸論稿および同ホームページの関連リンク参照。また、中井亜弓「身体的理由により自殺できない患者に対する積極的臨死介助の許容性について——ドイツにおける議論の検討を中心として」法学政治学論究63号（2004年）63頁以下、特に82-83頁の注(7)も、本判決に言及する。

(3) この点については、甲斐・前掲注(1)『安楽死と刑法』25頁参照。

(4) もちろん、申立人の主張を擁護する声も根強くある。児玉聡「ピーター・シンガー『MrBとダイアン・プリティ：コメント』」、ジョン・キーオン「MrBの事件：自殺のすべり坂か？」http://www.ethics.bun.kyoto-u.ac.jp/~fine/newsletter/n14b2.html 参照。

29 拷問の概念と調査義務
人権裁判所がはじめて「拷問」を認定した事件
――アクソイ判決――

今井 直

Aksoy v. Turkey
18 December 1996, Reports 1996-VI

【事　実】

(1) 事実関係

申立人（1993年5月20日に申立）はトルコ南東部に住む1963年生まれのトルコ国民であるが、1992年11月24日（トルコ政府によれば26日）にテロ活動容疑で逮捕され、12月10日まで裁判官等の前に連れて行かれることもなく身柄を拘束された。トルコ南東部は1985年以来治安部隊と自治を求めるクルド人（特にクルド労働者党）との間の武力衝突が続いており、トルコ政府は、1990年8月にこの地域をヨーロッパ人権条約15条にいう緊急事態下に置くことをヨーロッパ評議会事務総長に通知し、いくつかの条項の効力停止（derogation）を宣言していたが、1992年5月時点でそれは5条のみに限定されていた。

申立人は、拘禁中警察によりpalestinian hanging（裸にされ目隠しされて、両腕を背中の後ろで縛られぶら下げられる）などの虐待を受けたと主張した。申立人は釈放後の12月15日に入院したが、両腕のとう骨の麻痺との診断書（レントゲン）がある。釈放直前に申立人は検察官の取調べを受けたが、その際調書にサインすることを求められても腕を動かすこともできなかったという（人権委員会の聴聞では検察官は申立人を覚えていないと証言）。結局申立人は起訴されなかった。申立人は民事・刑事の訴訟を提起することなく、条約3条（拷問等の禁止）、5条3項（身体の自由・安全）、6条1項（公正な裁判を受ける権利）、13条（実効的救済手段への権利）の違反をヨーロッパ人権委員会に申し立てたが、1994年4月16日申立人は射殺された。申立は彼の父親に引き継がれた。

申立人の殺害は申立を妨害するためだったと主張され、25条（請願権）違反の申立が追加された。

(2) 人権委員会の手続

人権委員会は1994年10月19日に申立を受理し、ついで1995年10月23日の意見で、3条および5条3項の違反を認定した。さらに、6条1項違反も認定したが、13条に関しては別個の争点は生じないとした。また、25条違反については立証できないとした。

3条違反の主張に関して、「逮捕時健康であった者が釈放の際傷害を負っている場合には、傷害の原因に関する説得力ある説明を与えるよう要求されるのは当該政府である」という立場から、申立人を取り調べた警察官と検察官の説得力のない供述とその態度や医療上の証拠などにより、拘禁中に申立人がひどい傷害を受けた理由に関してトルコ政府は説明していないとして虐待の事実を認定し、それは「拷問とみなされるほどの重大な性質をもつものであった」とした。

5条3項違反の主張に関して、裁判官の関与なしの少なくとも14日間の拘禁が5条3項にいう「迅速性」の要件に通常であれば合致しないとしつつも（1988年のBrogan and others判決では4日間以上の拘禁期間が違反とされた）、効力停止の対象となっている規定であることから、北アイルランドでの緊急事態下の7日間に及ぶ拘禁が評価の余地内の措置であるとされた判例（1993年のBrannigan and Mcbride判決〔本書21〕）と比較検討した。しかし、それより拘禁期間が長いこと、北アイルランドに存在したようなセーフガード（迅速な人身保護手続、弁護士・医者・家族・友人にアクセスする権利など）が見られない

こと、といった理由から「事態の緊急性が真に必要とする限度」とはいえないと判断した。

6条1項違反の主張に関して、警察拘禁下での拷問の申立は外部から遮断された状態にあった犠牲者が立証するのは極めて困難であり、しかも検察官が拷問の申立に対して偏狭な態度をとっていることから、賠償を受ける権利の決定のため裁判所に実効的にアクセスすることはできなかったと判断した。

本件は、1995年12月4日トルコ政府により、また同年12月12日人権委員会により、人権裁判所に付託された。

【判　旨】

人権裁判所は、1996年12月18日の判決で、3条、5条3項、13条の違反を認定し、トルコに対して金銭賠償を命じた（8対1）。6条1項の争点に関しては、申立の本質が調査を開始しなかったことに関係するとして13条の下で扱うのが適当と判断し、また25条については違反を立証できないとした。

(1) **先決的抗弁**(国内的救済手段完了要件)について

国内的救済手段完了の要件の適用に当たっては、「当該締約国の法制度上の公式的救済手段の存在だけでなく、それらが機能する法的政治的文脈全般および申立人の個別的事情もまた現実的に考慮しなければならない」(§53)。したがって、申立人の負っている傷害が可視的なものであるにもかかわらず検察官が調査しなかったことは、申立人が法律上および医療上の援助にアクセスできないまま14日間拘禁されていたことを考慮すれば、国内的救済手段完了要件を免除する特別な事情に該当する（§§56-57）。

(2) **3条違反の主張に関して**

人権委員会の事実認定は許容できる。また、立証責任の問題についても「警察拘禁時に健康であった者が釈放の際傷害を負っていると認定される場合には、当該国には傷害の原因に関する説得力ある説明を与える義務があり、そうしなければ3条の下で明白な争点が生じる」(§61)。

また、拷問と他の取扱いとの区別に関して、1978年の Ireland v. U.K.（本書 23）の判旨に照らせば、「拷問という特別の汚名をきわめて重大で残虐な苦痛を引き起こす意図的な非人道的な取扱いに対してのみ付することを認めるため条約で具体化された」(§63)。本件では、申立人が Palestinian hanging という虐待を受けたとする委員会の認定にしたがい、この虐待が申立人から自白や情報を取得する目的をもってなされたこと、虐待時に引き起こされた「激しい苦痛」に加えて、両腕の麻痺がその後も続いていたこと（医療上の証拠がそれを示している）を考慮すれば、かかる取扱いは「拷問と述べられるほどの重大で残虐な性質を有する」(§64)。

(3) **5条3項違反の主張に関して**

基本的に人権委員会と同様の方法で検討し、拘禁期間については、「司法の関与なく14日間容疑者を拘束する必要があると認めることはできない。この期間は例外的に長く、弱い立場にある申立人を身体の自由への権利の恣意的な干渉だけでなく、拷問にさらした」(§78)。また、セーフガードについては、「（Brannigan and McBride v. U.K. と比較し）対照的に、本件では長期間拘禁された申立人に利用可能なセーフガードが十分ではな」く、とくに「弁護士・医者・家族・友人へのアクセスの否定、拘禁の合法性を争うために裁判所の前に連れて行かれる現実的可能性の不存在」が認められる（§83）。以上の理由により、「事態の緊急性は、申立人をテロ犯罪関与の容疑で14日間以上外部との連絡を絶たれた拘禁の下に置くことを必要としたとは説得されない」(§84)。

(4) **13条違反の主張に関して**

「条約3条にもとづく権利保障の性質は13条に対して意味合いをもつ。拷問禁止の基本的重要性ととりわけ拷問被害者の脆弱な立場を考慮すれば、13条は国内制度の下で利用可能な他の救済手段を害することなく、拷問の事件について徹底的かつ実効的な調査を遂行する義務を国家に課している。よって、13条に関して、個人が国家の公務員によって拷問されたという議論可能な主張を有している場合、実効的救済手段の概念は、適当な場合における賠償の支払いに加えて、責任者の確定と処罰をもたらしかつ調査手続に対する申立人の実効的なアクセスを含みうる徹底的かつ実効的な調査を伴う。確かに条約には拷問等禁止条約12条に定めるような明示的な

規定は存在しない。……しかし、裁判所の見解では、こうした要求は 13 条の下での実効的な救済手段の概念に内在している」（§98）。

本件では、目前の可視的な虐待証拠を無視し調査を開始しなかった検察官の態度は、「存在するかもしれない他の何らかの救済手段の実効性を損なうことに等しい」（§99）。「よって、とりわけ調査の欠如にかんがみ、申立人は自らの拷問の申立に関して実効的救済手段を否定されたと判断する」（§100）。

【解　説】

(1) 判決の意義・特徴

本件は、1990 年代テロとの戦いの名目の下でトルコの治安部隊によって行われた一連の人権侵害に関する判決の 1 つである。こうしたトルコ治安部隊による組織的な人権侵害は、強制的失踪、殺人、拷問、財産の破壊など重大な人権侵害を含み、2005 年 6 月 7 日の閣僚委員会暫定決議（ResDH(2005)43）では、人権裁判所により条約違反が認定された 74 件を対象としている。このトルコの問題をめぐっては、個別事例を扱う裁判所が大規模な人権侵害の事態に対してどのような影響力を及ぼしうるかという観点からも注目されよう。

本件は、人権裁判所がはじめて「拷問」を認定したことで注目された事例である（もっとも人権委員会では、The Greek Case、Ireland v. U.K. において拷問の認定に及んでいる）。条約 3 条は、自由権規約 7 条同様、拷問を非人道的取扱いなど他の取扱い・刑罰から法的効果の点では区別していないが、今日拷問は別個に一般国際法上の強行規範として認知されつつある。国連・国際法委員会は、拷問等禁止条約 1 条にいうような「拷問の禁止の強行規範性は国際的および国内的諸機関の決定によって確認されてきた」とする[1]。人権裁判所自身も 2001 年の Al-Adsani 判決（本書 7）においてそれを確認している[2]。したがって、一般国際法上拷問と他の取扱い・刑罰とでは、「特別な汚名」といった道義的意味合いだけでなく、法的性格・効果も異なってくることになる。そうした国際法の動向に、人権裁判所の拷問に関する解釈基準は少なからぬ影響をもつであろう。

また、本件では、条約 13 条にもとづき、拷問等禁止条約と同趣旨の内容を読み込み、調査義務という積極的義務をはじめて認めた点でも注目される。

(2) 拷問の概念

本件の「拷問」認定においては、拷問と他の取扱い・刑罰をどのようなアプローチで区別しているのか必ずしも明確とはいえない。本件にいたるまで 2 つの重要な先例があった。

1 つは、The Greek Case における 1969 年の人権委員会の意見である。ここでは拷問と他の取扱いの区別をはじめて明確にし、拷問の基準として目的要件が強調されていた。委員会によれば、「非人道的取扱いの概念は、少なくとも、特定の状況において正当化できないような、精神的なまたは身体的な激しい苦痛を意図的に引き起こす取扱いをカバーする。拷問という語は、情報もしくは自白を取得しまたは罰を科するといった一定の目的を有する非人道的取扱いをさすために用いられ、それは一般的に非人道的取扱いの加重された形態である」とされる[3]。

次は、Ireland v. U.K. における 1978 年の人権裁判所判決（本書 23）である。北アイルランド当局によって用いられた 5 つのテクニックと呼ばれる取調べ方法（眠らせず、頭に黒い覆いをかぶせ、金属的な雑音を絶え間なく聞かせ、壁に向かって長時間立ち続けにさせ、食糧や水の量を減らすことによって、自白や情報を得る方法）をめぐって、委員会と裁判所の判断は分かれた。委員会が、5 つのテクニックを相互に結合して使用したという系統性に注目して拷問と認定したのに対し、裁判所は、「この区別は主として、加えられた苦痛の強度における差異から生じるものである。……結合して用いられた 5 つのテクニックは、疑いなく非人道的かつ品位を傷つける取扱いに該当するが、拷問という語によって意味される特別の強度と残虐性をもった苦痛を引き起こさなかった」とした[4]。もっぱら苦痛の強度を区別の基準とした判断といえる。3 条違反に必要な苦痛の程度に関しては事件の諸状況に応じて相対的に評価されるとするが[5]、拷問については、極端な苦痛を念頭に置いた一面的な評価に終わったように見える。本件 Aksoy v. Turkey では拷問を認定したとはいえ、虐待の

残虐性を強調している点でこの判決の影響下にあることは否定できない。

Ireland v. U. K. におけるアプローチから明らかな変化を示しているのは、むしろ本件判決ではなく、1999年のSelmouni判決[6]である。この判決では、外国籍男性に対する警察留置場での4日間の取調べにおける殴打（こぶし、警棒、バットが使われた）や性的辱めについて拷問と認定した。人権裁判所は、拷問等禁止条約の1条と16条を引用した後、被害者に対する虐待が自白を引き出す目的のため直接警察官により行われたことを認定し、ついで「加えられた苦痛が、拷問等禁止条約1条の意味するところの『重い（severe）』苦痛とみなされるかどうか」を検討した。この重い苦痛は相対的なものであり、当該行為の期間、身体的精神的効果、時には被害者の性別・年齢・健康状態などの諸要素に依存する[7]。さらに裁判所は、条約が現在の状況にかんがみて解釈すべき「生きている文書」であることに留意し、「過去、拷問ではなく非人道的かつ品位を傷つける取扱いとして分類された一定の行為が将来異なる形で分類されうると考える。人権保障の領域ではますます高度の基準が要求されており、民主主義社会の基本的価値の侵犯を評価する際には、当然かつ不可避なことであるが、いっそう断固たる態度が必要とされる」と述べている[8]。

このように、Ireland v. UKにおける苦痛の強度を過度に強調するアプローチから、3条に関して要求される相対的評価の方法を拷問にも徹底するアプローチに判例は変化してきているように見える。また、拷問等禁止条約の拷問の定義との合致を図ろうとする態度は、結果として目的要件の再確認につながっている。実際、2000年のİlhan判決では、拷問の認定に当って「取扱いの強度に加えて、拷問等禁止条約で承認されている目的要件が存在する」とあえて注意喚起している[9]。

つまり、現在の人権裁判所が拷問を他の取扱い・刑罰と区別する基準は、苦痛の相対的強度と目的要件であり、苦痛の強度に過度に比重を置いているわけではない。苦痛の強度にしても相対的評価の方法がとられ、高度の人権基準に対応しようとしている。

この現在の基準からすれば、Ireland v. U. K. で争点となった5つのテクニックは拷問とみなされる可能性が高いというのはけっして言い過ぎでないであろう[10]。本件はそうした認識にいたる過渡期の判例といえる。

(3) 調査義務

本件では、拷問等禁止条約12条にいうような拷問に関する調査義務がはじめて認められた。これは、同時期恣意的殺害（2条）や強制的失踪（5条）に関して調査義務の存在を裁判所が確認した一連の判決と連動した判決といえる。また、他の国際人権機関の動向とも合致する。米州人権裁判所は、1988年のVelasquez Rodriguez Caseにおいて、米州人権条約4条、5条、7条につき1条1項と関連づけて同様の調査義務の存在を認定する画期的な判決を下している。また、自由権規約委員会も、1992年の自由権規約7条に関する一般的意見20において、2条3項と結びつけて「権限ある機関による迅速かつ公平な調査」の義務に言及しており、この解釈にもとづき「2条3項と関連した7条違反」が認定された個人通報事例もある（1994年のHugo Rodriquez v. Uruguayにおける自由権規約委員会見解など）。

本件は実効的救済手段への権利を定める13条の独立した違反を認定したものであって、3条自体から調査義務が生じるという論法はとらなかった。トルコの法制度では、公務員に対して起訴の際に損害賠償請求できる仕組みになっており、検察官の調査は民事手続に訴えるためにも不可欠である。このように刑事捜査と法制度全般における救済手段が手続的にも実際的にも密接な関係があることから、国内レベルでの救済手段全般の実効性を問題としうる13条の実効的救済手段提供義務に依拠した点は首肯しうる。

しかし、他の国際先例が実体的権利そのものから調査義務を見出していることや2条の下での調査義務に言及した1995年のMcCann and others判決（本書27）からすれば、3条自体の争点とすることもできたはずである（本件では申立人がそうした主張をしていないこともあろうが、1997年のAydın判決では申立人の主張にもかかわらず裁判所は13条の下で扱うの

もっとも、1998年のAssenov and others判決では、警察拘禁中の虐待については立証できなかったにもかかわらず、「徹底的かつ実効的な調査の欠如にかんがみ」3条違反を認定した（同時に13条違反も認定）。この判決は拷問に限定されない3条関連の調査義務を認めた重要なものであるが、「1条の国家の一般的義務と関連づけて読まれる3条は、実効的な公式的調査があるべきことを内在的に要求している。かかる義務は、2条の下での義務と同様、責任者の確定と処罰をもたらすべきである。かかる義務がなければ、拷問等の禁止は……実際上非実効的となり、ある場合には国家の官吏が実質上の免責を得てその統制下にある個人の権利を侵害することを可能にするだろう」と説明されている[11]。

その後、3条関連の調査義務の根拠を3条自体に求めるか13条に求めるか、判例動向は一貫していない。たとえば同じ2000年の判決でも、前記İlhan判決では、虐待に関して3条の実体的義務違反を見出せる場合は調査義務違反は13条で検討するという立場であるのに対し、Satik and others判決では、3条の下で実体的義務違反および調査義務違反双方を認定するという立場であった。確かに、実効的調査の欠如が損害賠償請求など他の国内的救済手段を利用する可能性を損なうものである場合、つまり実効的調査が他の救済手段の重要な基礎である場合、実体条項にもとづく類似の調査義務の適用に加えて、13条の下でも検討することが必要であろう[12]。よって基本的には、個々の事件内容に直接関連した調査の問題は3条の積極的義務の下で扱い、その背景にある制度の問題は13条の下で扱うというのが、より整合的な態度といえよう。

(4) 判決の国内法への影響

本件判決（特に5条3項違反）の直接の影響としては、1997年3月6日に新法が制定され、国家治安裁判所の管轄下にある犯罪の容疑者に対する警察における最長拘禁期間が15日から7日に（緊急事態下では30日から10日に）短縮されたことがあげられる。また同法は、容疑者に対して4日間の拘禁後弁護士と接見する権利を認め、さらに拘禁の合法性を争うため司法手続をとることができると定めた（1999年6月9日の閣僚委員会暫定決議ResDH(99)434参照）。一方でその後も人権裁判所の条約違反判決は相次ぎ、トルコ政府に対する圧力をいっそう強め、幾多の立法・行政措置を実現させた。これらは、治安部隊の活動の法的規制の強化、治安部隊員の人権教育、人権侵害に対する実効的救済手段の導入に大別される。2002年にはトルコ南東部の緊急事態宣言も撤回され、2004年の憲法改正では、国家治安裁判所の廃止とトルコ法におけるヨーロッパ人権条約の直接的効力が規定された（ResDH(2005)43参照）。しかし、2006年のAmnesty Internationalの「世界の人権状況報告書」によれば、確かに政治犯に対する拷問等の虐待の報告は減ったが、普通犯罪の容疑者に対する法執行官による拷問等の虐待はなお報告され続けているという。また、東部・南東部では治安部隊とクルド労働者党との武力衝突が今でも発生している。EU加盟交渉を行っているトルコにとって人権問題は依然として鬼門のままである。

(1) *Yearbook of the International Law Commission*, 2001, vol. II, Part Two, p. 284.

(2) Al-Adsani v. UK, 21 November 2001, Reports 2001-XI, §61.（本書 *7* 参照）

(3) The Greek Case, Report of the Commission, Yearbook, vol. 12, 1972, p. 186.

(4) Ireland v. U.K., 18 January 1978, Series A no. 25, pp. 66-67.（本書 *23* 参照）

(5) *Ibid*., p. 65.

(6) Selmouni v. France, 28 July 1999, Reports 1999-V.

(7) *Ibid*., §§97-100.

(8) *Ibid*., §101.

(9) İlhan v. Turkey, 27 June 2000, Reports 2000-VII, §85.

(10) Nigel Rodley, The Definitions of Torture in International Law, *Current Legal Problem*, 2002, p. 477.

(11) Assenov and others v. Bulgaria, 28 October 1998, 28 E.H.R.R. 652, §102.

(12) A. R. Mowbray, *The Development of Positive Obligations under the European Convention on Human Rights by the European Court of Human Rights*, 2004, pp. 219-220. 13条は「制度に関わる積極的義務」の重要な根拠として位置づけられる。

30 被拘禁者の処遇
劣悪な拘禁状況と非人道的または品位を傷つける取扱い
──カラシニコフ判決──

戸波 江二

Kalashnikov v. Russia
15 July 2002, Reports 2002-VI

【事　実】

　東北コマーシャル銀行頭取であった申立人（1955年生）は、銀行に対する横領の容疑で1995年2月8日から捜査の対象とされ、6月29日に逮捕され、マガダン市の拘置所 IZ-47/1 に留置された。その後1996年11月の公判開始を経て1999年8月3日のマガダン市裁判所の有罪判決、さらにその後の服役から2000年6月26日に恩赦によって出所するまで、1999年10月からの2カ月弱の間を除き、拘置所 IZ-47/1 に拘禁されていた。

(1) 拘禁の状況

　マガダン拘置所の拘禁状況について、拘置室は広さ17㎡（申立人の主張）ないし20.8㎡（ロシア政府主張）の広さで、8脚の2段ベッドが置かれていたが、そこには申立人の収容中18人～24人の被収容者がおり、混雑していた。1つのベッドに3人が割り当てられ、被収容者は8時間交代で順番に寝ていた。

　拘置室内では1日中24時間通しでテレビがつけられ、いつも騒音があり、電気がつけっぱなしであって、十分に眠ることができなかった。部屋には空調設備もなく、夏は暑く冬はとても寒かった。喫煙が許容され受動喫煙を強いられた。部屋での用便時にはプライバシーがなかった。1日1～2時間の戸外運動が認められていたが、それ以外は拘置室にいなければならなかった。拘置室には病害虫がはびこり、感染予防措置はなされなかった。申立人はさまざまな皮膚病と細菌症に感染した。

(2) 刑事手続と公判前拘置に対する異議申立

　1995年6月29日、申立人は捜査を妨げたという理由で逮捕・勾留され、その後期限のない勾留へと拡張された。しかし、事件の捜査は、担当捜査官の休暇やマガダン市裁判所の再捜査決定などによって大幅に遅れた。この間、申立人は拘置所からの釈放を市裁判所にたびたび要求したが、拒否された。

　1996年11月11日、市裁判所は申立人の事件の審理を開始した。申立人は、拘置所の劣悪な状況を指摘して、医療上の理由から拘置所からの釈放を市裁判所に要求したが、市裁判所は犯罪の重大性と釈放中に真実の証明を妨害するおそれを理由にそれを拒否した。釈放の要求は繰り返しなされたが、その都度同じ理由で拒否された。公判は、担当裁判官の転任、申立人の弁護人の欠席、口頭審理の延期などのために大幅に遅延した。

　1999年1月28日、マガダン市裁判所は、再捜査のために事件を検察官に送り返したが、1999年3月15日、地方裁判所は送致決定を取り消し、事件は複雑ではないから長期にわたる遅延は正当化できないと説いて、市裁判所に審理の続行を命じた。1999年4月15日、市裁判所は審理を再開した。

　1999年8月3日、市裁判所は、9つの罪状のうち1つについて申立人を有罪とし、2つについて無罪とした。判決は申立人を懲役5年6カ月とし、刑の開始日を1995年6月29日とした。同時に、市裁判所は、検察官の事前の捜査がずさんであったために裁判が遅延したと説いた。申立人は上訴をあきらめ、判決は確定した。1999年9月29日、残りの訴因について、申立人の行為は犯罪を構成しないという理由で裁判は終結した。検察官は他の訴因に基づいて再度起訴したが、2000年3月31日、裁判所は

訴えを斥けた。2000年6月26日、服役中であった申立人は、恩赦により拘置所から釈放された。

申立人は、拘禁中の1998年12月1日、拘禁の劣悪な状況が条約3条に違反し、公判前拘禁の遅延が条約5条3項に、刑事裁判手続の遅延が条約6条1項に違反するとして、ヨーロッパ人権裁判所に申立を行った。

【判　旨】

(1) 条約3条違反

「条約3条は、民主社会の最も基本的な価値の1つを定めている。それは、拷問または非人道的もしくは品位を傷つける取扱いもしくは刑罰を、環境や被害者の行動の如何を問わず、絶対的に禁止している。」「これまでの判例によれば、虐待は、それが3条の範囲に入るためには、最低限の厳しさ (minimum level of severity) を備えていなければならない。この最低限度がどの程度のものかは相対的である。それは事件のすべての要因に依存する。処遇期間、身体的・心理的効果、そして場合によっては性、年齢、健康状態などである（とくに Ireland v. UK）。」(§95)

「当裁判所は、ある処遇が何時間も絶え間なく行われ、現実に身体的損傷を与え、身体的・心理的苦痛をもたらす場合には『非人道的 (inhuman)』であると判示してきた。ある処遇が犠牲者の感情のなかに、辱め卑しめるような恐怖、苦悩、および屈辱感を呼び起こすものである場合に、『品位を傷つける (degrading)』と考えた（例えば Kudła v. Poland〔本書19 参照〕）。特定の形態の扱いが3条の意味で『品位を傷つける』かどうかを考えるにあたっては、その目的が、関係する人を辱め、卑しめることにあるかどうか、そして、それが結果に関する限り、3条と両立しないかたちで彼または彼女の人格に明らかに影響を及ぼしたかどうかに、当裁判所は関心をもってきた（例えば Raninen v. Finland を見よ）。しかし、人を卑しめるという目的がなくても、3条違反の認定から除外することはできない（例えば Peers v. Greece を見よ）。その苦しみと屈辱は、正当な処遇や刑罰と結びついた苦痛や屈辱といった不可避の要素を、ともかく超えるものでなければならない。

人から自由を奪う措置は、しばしばそのような不可避の要素を含んでいるといえよう。しかし、拘禁それ自体が条約3条違反の問題を惹起するということはできない。また、3条について、健康上の理由で被拘禁者を釈放し、あるいは、特別の治療を受けるために彼を民間病院に収容するという一般的義務を導き出すように解釈することもできない。

それにもかかわらず、3条の下で国家が保障しなければならないことは、人間の尊厳に対する敬意と両立しうる条件の下で拘禁がなされることであり、また、措置の実施の態様と方法によって、拘禁にともなう苦痛の不可避のレベルを上回る強さの苦痛と苦悩がもたらされないことであり、さらには、投獄の実際上の必要性の下で、被拘禁者の健康と福利が適切に確保されることである (Kudła v. Poland〔本書 19 参照〕)。

拘禁の条件を評価する際には、これらの条件の累積効果、および、申立人の申立の特質が顧慮されなければならない。」(§95)

本件では、以下の（前述【事実】掲記の）事実が認められる (§§96-99)。

「本件では、申立人を辱め卑しめる積極的な意図は認められない。しかし、犠牲者を辱め卑しめることが当該取扱いの目的かどうかが考慮されるべき要素であるとしても、そのような目的の欠如は条約3条違反の認定を排除するものではない (Peers v. Greece を見よ)。申立人が4年10カ月耐えなければならなかった拘禁状況は、申立人に精神的な苦痛を与え、人間の尊厳 (human dignity) を侵し、屈辱と卑下の意識をもたらしたことは疑いない」(§101)。

「上記に照らし、当裁判所は、申立人の拘禁状態、とりわけ極度の過剰収容、不衛生な環境、申立人の健康と生活への有害な効果、さらには申立人がそのような状況のなかで拘禁されていた期間の長さが品位を傷つける取扱いに当たると判断する。」(§102)

「したがって、条約3条違反があった。」(§103)

(2) 条約5条3項違反

(a) 考慮されるべき期間

5条3項の「合理的な期間内（within a reasonable time）に裁判を受ける」とは、被訴追者が身柄を拘束された日から、起訴事件に対して（1審であっても）決定がなされた日までである。したがって、本件では、1995年6月29日から、1999年8月3日までである（4年1カ月4日）。1998年5月3日以前はロシアが条約未加入のため裁判権の範囲外なので、期間としては1年2カ月と29日となるが、それ以前に2年10カ月6日間申立人が拘置所に収監されていたことを考慮する（§109）。

(b) 拘禁の期間の合理性

拘禁の期間が妥当かどうかは、事件ごとに個別に判断される。無罪の推定にもかかわらず、条約5条で保障された個人の自由の尊重の原則を上回る公益という必要条件を充たす特別の徴候がある場合にのみ、継続的な拘禁は正当化される（とりわけ Kudła v. Poland 参照）。拘禁が合理的な期間を超えていないかどうかの判断は、第一義的には国内裁判所の任務であり、当裁判所は国内裁判所の判決の基礎となった事実に基づいて5条3項違反があったかどうかを判断する。十分な被疑事実の存在は拘禁の必要条件であるが、一定の期間を超えた拘禁の継続を正当化するには十分ではない。他に「重要」で「十分な」正当化理由がなければならず、また、捜査機関が勤勉であったかどうかも考慮されなければならない（§114）。

本件においては、公判の期間中マガダン市裁判所が釈放を拒否した理由は、嫌疑の重大性と真実証明の妨害のおそれであった。しかし、同様の理由はすでにかなり以前の段階で示されている。1995年6月の逮捕後の勾留の理由は、申立人が証人に圧力をかけて罪証隠滅を図り、捜査を妨害したというものであった。捜査妨害と犯罪の嫌疑は申立人の勾留の正当化理由になるが、それは時間の経過とともに重大性が減少する。申立人を拘禁する理由は乏しくなっていた（§§115-118）。

地方裁判所はすでに、事件は複雑ではなく、検察官の捜査能力が劣っていたことが訴訟遅延に結びついたと判断している。さらに、公判審理にも重大な遅延があった。審理は1996年11月11日に開始されたが、種々の理由から1999年4月15日まで開廷されなかった。申立人の弁護人の欠席や多数の異議申し立てなどの事情もあるが、訴訟遅延の原因は申立人の側にはない（§§119-120）。

申立人の公判前の拘禁は「合理的な期間内」を超えており、条約5条3項に違反する（§121）。

(3) 条約6条1項違反

考慮されるべき期間は、申立人に対する捜査が開始された1995年2月8日から、1審での最終判決が下された2000年3月31日までの5年1月23日である。

刑事手続の長さの合理性は個々の事件毎に判断されるが、とくに事件の複雑さ、申立人の態度、捜査当局の態度が考慮される。本件の裁判過程をみるとき、「合理的な期間内」の要件を満たしておらず、条約6条1項に違反する（§135）。

【解　説】

(1) 判決の特質

本事件は、1998年5月5日にロシアがヨーロッパ人権条約に加入した後初めて条約違反が争われた。事件では、ロシアの拘置所施設が劣悪な水準にあること、裁判が遅延したまま未決拘禁者が長期間拘置所に置かれていることなど、ロシアの刑事実務と人権状況の問題点が明らかとなった。同時に、1990年代の東欧諸国の人権条約加入後の事件増加等のための制度改革論議の最中での判決であったため、注目を浴びた。

本判決は、ロシアの拘禁施設の劣悪な状況の下に申立人を長期間置いてきたことが条約3条の「非人道的または品位を傷つける取扱い」に該当すると判示した。この3条解釈にあたって、判決が「人間の尊厳」との関連を強調していることが注目される。

また、本判決は、長期間の拘禁と裁判の遅延について条約5条3項、6条1項違反と判示したが、この点に関する解説は割愛する（Kudła 判決〔本書 *19*〕

およびその解説参照)。

(2) 条約3条違反

(a)「拷問」、「非人道的取扱い」、「品位を傷つける取扱いまたは刑罰」の区別

条約3条は、「拷問」、「非人道的」取扱い、「品位を傷つける」取扱いまたは刑罰を禁止している。この規定は、世界人権宣言5条に由来し、国際人権自由権規約7条ともほぼ同文である。その保護法益は、身体的・心理的な強制や圧迫から個人を保護することにある。条約3条の適用領域は主として刑事手続での身体的・心理的苦痛をもたらす取調べや苛酷な拘禁、拘禁施設内での処遇であり、3条は人権裁判所への申立の根拠として頻繁に援用され、人権条約のなかでもとりわけ重要な条文の一つとなっている。

3条にいう「拷問」、「非人道的取扱い」「品位を傷つける取扱いまたは刑罰」の意義[1]について、これらはそれぞれ異なった行為であるのではなく、総体としての身体的・心理的な侵害行為のなかで、その強度と苛酷さの程度に応じて段階づけられる[2]。したがって、歴史的に特定の概念が形成されてきている「拷問」は別としても、「非人道的」と「品位を傷つける」取扱いとは厳密に区別されずに、「非人道的または品位を傷つける取扱い」として一体的に理解され、あるいは加害行為が「3条違反」かどうかという観点から審査されることも少なくない。

「拷問」とは、意図的になされる非人道的で侮蔑的な取扱いであって重大かつ苛酷な苦痛をもたらすものをいう[3]。それは、虐待の意図・目的と、苦痛の強度によって決定されるが、判例は、具体的な加害行為の状況と侵害の意図・程度等を総合して判断している。これまでの例では、警察での被疑者尋問の際の吊るし上げや電気ショック(Aksoy判決[本書29])、女性を裸にして強姦する(Aydin v. Turkey [GC], 25 September 1997)などの苛酷な取調べが拷問とされているほか、取調べの際の殴打等の暴行に加えて著しい侮蔑による心理的苦痛を与える場合も拷問と判断されている(Selmouni v. France, 28 July 1999)。また、過去には非人道的または品位を傷つける取扱いとされた行為が将来「拷問」とみなされ

ることがありうる(Selmouni判決)。

「非人道的」とは、意図的に重大な精神的・身体的な苦痛を与える取扱いをいう(Kudła判決[本書19])。どの程度の強度に達すれば「非人道的」取扱いになるかは、個別的状況によって判断される。とりわけ、期間、身体的・精神的な侵害の結果、さらには、性・年齢・健康状況などである。その際に、被害者の人格を卑しめる意図・目的がなくとも、「非人道的取扱い」となりうる(後述のPeers判決および本判決)。

「品位を傷つける取扱いまたは刑罰」とは、3条違反の行為のうちで最も低い段階にあるものをいう。ただし、拷問と非人道的取扱いが概して強度の身体的苦痛をもたらすのに対して、「品位を傷つける取扱い」では身体的苦痛よりも辱めや卑しめといった心理的要素が重要なものとなり、そのため、「人間の尊厳」との関連が意識されることになる。少年に対する樺棒の殴打の刑が3条違反とされたTyrer判決(本書16)のように、国内では許容されていても、人権条約の精神に照らして「品位を傷つける刑罰」にあたるとされうる。

いずれにせよ、3条によって規律される処遇は、一定レベル以上の「厳しさ」をもたなければならない[4]。

(b) 3条の絶対性

条約3条は、他の人権条項とは異なり、2項の正当化に関する規定をもたず、15条の効力停止も認められない。そこで判例は、3条の保障する権利が「絶対的」であり、いかなる正当化理由にも服さず、3条の「拷問」「非人道的」「品位を傷つける取扱い」に該当すれば対立利益との比較衡量をまたずに直ちに条約違反となると解している[5]。しかし、実際には、3条に該当するかどうかの判断にあたって、加害行為と対立利益との衡量を行い、結果として「非人道的または品位を傷つける取扱い」に該当しないとしている例も多い。たとえば、独居房による他者および社会との関係を遮断した処遇であっても、テロリストの社会的接触の危険性と隔離の必要性を考慮して最低限度の「厳しさ」を超えていないとした例がある(Ramirez Sanchez v. France)。

このことは、上記の3条違反の判断基準において、3条違反かどうかは個別的状況を総合して実質的に決定される「相対的」なものとされていることにも示される[6]。また、時間の経過によって3条違反となりうるとし（前述 Aksoy 判決）、さらには、対立利益との衡量のための審査方法である比例原則が用いられていること[7]も、3条が必ずしも絶対的ではないことを示唆している。

　しかし、このような見解に対して、3条違反の行為に当たるかどうかの相対性は、当該行為が3条の適用領域に含まれるかどうか（ドイツ基本権論にいう保護領域論）に関する判断基準であって、当該行為が3条に含まれるのであれば、それは対立利益によって正当化されることなく直ちに3条の権利の侵害となるので、3条の絶対性は維持される、という説明も成り立たないわけではない。しかし、実際には、3条違反の行為の該当性の判断にあたって、正当化理由に関する議論が混入してきていることは否定できない[8]。

(c)　3条の適用領域の拡大と国家の義務の多様化

　3条の主たる保護範囲が刑事手続での取調べや拘禁中の処遇[9]であるとしても、人権裁判所は他の分野の事件でも3条違反を認定してきている。とりわけ国外退去および強制送還は、事件数も多く、重要な判例分野を形成してきている。死刑制度をもつ国への引渡しが「非人道的または品位を傷つける取扱い」に当たるとし（Soering 判決〔本書 14〕およびその解説参照）、追放先国家で迫害のおそれのある追放も3条違反としている（Chahal 判決〔本書 15〕）のが代表的判例である[10]。また、学校内での体罰について、「最低限の厳しさ」を超えず、重大な身体的苦痛を伴わないものは、3条違反にはならないとしている（Campbell 判決〔本書 76〕）。さらに、トルコの軍事活動中の行方不明者に対する親族の懸念に対して、トルコ政府が調査等の対応をしないこと（Cyprus v. Turkey 判決〔本書 4〕）、テロリストによる利用を排除のための家屋の破壊と居住者の放置（Selçuk and Asker v. Turkey, 24 April 1998）、ルーマニア国籍のロマ人に対する差別的虐待（Moldovan and others v. Romania, 12 July 2005）などが3条違反とされている。また、幼児殺害で起訴された少年の裁判が一般の刑事手続で公開審理され、氏名が公表されたことなどを3条違反ではないとした判決（T. v. UK〔GC〕, 16 December 1999）[11]もある。

　また、権利の性質という点では、本来防御権である3条の権利から、国家の積極義務を導出していることが注目される。とくに保護義務ないし積極的保障義務は、2条、8条等でも認められているが、3条では、ある人が拷問や非人道的または品位を傷つける取扱いを被る場合に、それを予防しまたは救済すべき締約国の義務として導出されている。たとえば、児童虐待から児童を保護すべき義務（Z v. UK〔本書 13〕）、私人による3条違反の行為に対して有効な処罰立法によって保護すべき義務（A. v. UK, 23 September 1998）[12]、第三者による拷問から保護・救済すべき義務（Al-Adsani 判決〔本書 7〕）、ただし結論的には積極義務違反はなかったとした）、被拘禁者等に対して健康保持のために医師の治療を受けさせる義務（Pretty 判決〔本書 28〕、ただし重篤な病人の自殺を補助する義務は導き出されないとした）、被拘禁者の健康を維持し適切な治療を施す義務（後述 Keenan 判決）などがある。総じて、児童、高齢者、被拘禁者、罹患者等に対する虐待ないし配慮の欠けた処遇に対して保護義務違反を認定する傾向にある。

　他の積極義務として調査義務がある。拷問等の3条違反の取扱いがなされた徴候がある場合に、それを調査する義務を国家に対して課し、それを尽くしていない点に3条違反を認めるものである[13]。拷問や虐待等の多くは、警察や軍隊、拘禁施設等において行われるので、実際にどのような取扱いがなされたのか不明である。そこで、3条から派生する国の義務として、どのような取扱いがなされたか調査することを要求し、それが不十分である場合に3条違反とするのである。

　この調査義務とほぼ同様の発想によって、証拠上の特別のルールが形成されている。すなわち、たとえば取調べの際の暴行による3違反の申立において、申立人が暴行を受けたという健康診断書を提出する

などの疎明をした場合には、国の側でそれが暴行によるものではなかったことを証明しなければならないというルール[14]である。

(d) 拘置所内での処遇

本事件では、拘禁の劣悪な状態が3条違反と判断された。そこでは、被拘禁者に意図的に苦痛や屈辱感を与えるのではなく、客観的に劣悪な状況に置くことが「非人道的または品位を傷つける取扱い」に該当するかどうかが争われた。この分野では、人権裁判所は近年積極的に取り組んできている。

たとえば、Kudła判決（本書19）では、5年間の未決拘禁中に2度にわたって自殺を試み、鬱病と診断されていた申立人の釈放要求が拒否されたという事案で、拘禁中に申立人が十分な医療措置を受けており、拘置されていても公判審理に耐えられるとする医師の診断書があったとして、3条違反は認められなかった。これに対して、Keenan判決（Keenan v. UK, 3 April 2001）では、精神病患者の受刑者に対して十分な医療的措置をとらず、その自殺を阻止できなかったことが3条違反とされた。

また、Peers判決（Peers v. Greece, 19 April 2001）では、拘置所に2年間未決勾留された麻薬売人が、2カ月間窓のない暑い独房でベッドに括りつけられ、トイレにプライバシーがなかったという事案について、「品位を傷つける取扱い」があったと認定された。

また、Valašinas判決（Valašinas v. Lithuania, 24 July 2001）では、収容施設の状況は3条違反ではないが、裸体の身体検査が「非人道的または品位を傷つける取扱い」に当たるとされた。

本判決では、狭い拘置室に多数の被収容者を押し込め、時間制のベッド利用、騒音・喫煙等の放置、用便時のプライバシーの欠如、感染症の危険などの劣悪な条件を総合して「非人道的」と判断した。その際に、判決は、「拷問または非人道的もしくは品位を傷つける取扱いもしくは刑罰の予防委員会」（CPT）[15]の設定した一人当たり7㎡という基準を参照し、一人当たり1㎡強という本件でのスペースが狭すぎると判断している。また、拘禁状況が劣悪であれば、非人道的な扱いの意図がなくとも、非人道

的な扱いに該当しうることを明言したことも注意される。さらに、「自由刑の執行は被拘禁者の人間の尊厳を侵害することのない条件の下でなされなければならない」とする判決の論理は、拘禁条件について最低限度の基準を維持すべき国家の義務を要求したとみることもできる。

本判決後も、劣悪な拘禁状況を3条違反とする判決は、東欧諸国の申立を中心に続いている。たとえば、Poltoratskiy判決（Poltoratskiy v. Ukraine, 29 April 2003）は、死刑確定者が劣悪な施設・環境（狭い独居房、閉窓、劣悪な設備、常時の監視、戸外運動なし）に30カ月近く収容され、外部との接見の制限、信書の発信禁止等を受けたという事案につき、品位を傷つける意図がなかったとしても、また、人権条約加入後に死刑廃止や処遇の改善がみられたとしても、さらには、財政上の厳しい制約があったとしても、条約3条に（さらに8条、9条にも）違反すると判示している[16][17]。

(3) 「非人道的または品位を傷つける取扱い」の禁止と「人間の尊厳」

(a) 人権条約における「人間の尊厳」

本判決は、収容施設の劣悪な環境を「非人道的」取扱いと認定するにあたって、その基準として「人間の尊厳」を援用した。

人間の尊厳（human dignity, Menschenwürde）は、第二次世界大戦中の非人道的な大量殺戮・迫害・処分・差別という悲惨な体験を経て、戦後の人権保障のなかに登場した。その端緒は1945年の国連憲章にあるが、1948年の世界人権宣言は前文・1条・23条で「人間の尊厳」を謳っている。1966年の国際人権規約もまた前文・社会権規約13条で「人間の尊厳」を宣言するほか、とくに自由権規約10条1項は「自由を奪われたすべての者は、人道的にかつ人間の固有の尊厳を尊重して取り扱われる」と定めている。

ヨーロッパでは、1949年のドイツ基本法が第1条で「人間の尊厳は不可侵である」と定めて基本権の基礎をなす最重要の原理としたが、その後ヨーロッパ諸国でも人間の尊厳の原理的意義が評価され、とくに最近では、生命倫理に関する一連の条約ない

し宣言において確認されている[18]。さらには、EU基本権憲章においても、前文・第1条において「人間の尊厳」がまず掲げられ、最高の価値とされている[19]。

　ヨーロッパ人権条約には「人間の尊厳」の文言はない。しかし、条約上のすべての権利保障の基礎をなすものと解されている[20]。とりわけ2000年以降は、2条[21]（生命の権利）、3条、4条（奴隷的拘束・強制労働の禁止）、8条[22]（私生活の自由）などの個別の権利と人間の尊厳との結びつきを強く認めてきている[23]。本判決は、客観的な刑務所内の処遇を「非人道的」と判断する前提として、3条の基礎にある「人間の尊厳」の原理を援用した。

　(b)　「人間の尊厳」の絶対性と相対性

　「人間の尊厳」について、ドイツの通説・判例は、それが比較衡量を許さない絶対的保障と解し、「人間の尊厳」に反する措置はいかに対立利益が重大であっても違憲となると解している。この解釈は、基本法1条1項がナチス下での人体実験等の非人間的な処遇に対する反省に基づくことを前提に、人間存在をかけがえのないものととらえるものであり、十分に理由がある。結果的に、条約3条の「絶対性」の解釈とも呼応する。しかし、絶対説によれば、ある国家行為が人間の尊厳に反するとされると、当該行為は絶対的に禁止されることになるため、「人間の尊厳」の解釈としては柔軟性に欠ける。近年では「人間の尊厳」についても比較衡量を認める相対説が有力に主張されている[24][25]。

　本判決では、拘置所内の過酷な処遇が「非人道的」とされたが、その際に判決は「最低限度がどの程度のものかは相対的である」と説いた。この説示は、日本国憲法25条の「生存権」の解釈において、朝日訴訟最高裁判決（最大判1967（S 42）年5月24日民集21巻5号1043頁）が、「健康で文化的な最低限度の生活なるものは、抽象的な相対的概念であり、その具体的内容は、文化の発達、国民経済の進展に伴って向上するのはもとより、多数の不確定的要素を綜合考量してはじめて決定できる」と説いたところと相通ずるものがある。このような理解は、前述の3条の絶対性ないし「人間の尊厳」の絶対性との関係では、「相対」説に与するもののようにみえる。他方、本判決が、人権水準が低く、財政力の乏しいロシアに対しても、ヨーロッパ水準での「人道的取扱い」＝「人間の尊厳」の維持を要求したことも看過してはならない[26]。

　(c)　「人間の尊厳」ないし「非人道的または品位を傷つける取扱い」解釈の将来の課題

　本判決は、「被拘禁者が人間の尊厳の尊重に適合した状況にあることを国家が保障しなければならない」とした。このような人間の尊厳と結びついた3条解釈論が、今後どのように展開していくのか、拘置所内の処遇という分野を超えて妥当領域を広げていくのか、その際に「人間の尊厳」の絶対性を維持するのかどうか、注目される。「人間の尊厳」が「人間に値する生存」の確保を要求し、「人間としての最低限度以下の処遇」を禁止するものと解した場合に、ヨーロッパ諸国の間の財政力や行政事務処理能力の相違、ひいては生活水準や文化の違いをどのように克服していくのか、ヨーロッパ水準としての「人間の尊厳」は果たして確定可能なのかが問われよう。また、とくに人クローン技術等の生命倫理に関する規制に関連して、各国の対応の違いを超えた「人間の尊厳」の意義を見いだすことができるかどうか、早晩人権裁判所の判断が求められよう[27]。

　(4)　判決の影響

　(a)　ロシア政府の対応

　拘置所内での被拘禁者の処遇について、ロシア政府は、「拘禁状態はロシアの他の被拘禁者と異ならず、少なくとも悪くはなかった。混雑は、公判前の拘禁施設一般の問題である。当局には、申立人を身体的に苦しめようとする意図はなかった」と主張した。しかし、この主張は裁判所によって斥けられた。

　判決に前後して、ロシア政府は、公判前拘禁の劣悪な状況の是正をめざして2002年7月の刑事訴訟法を改正し、公判前拘禁の権限を裁判所に移して許可基準を厳格に定め、それによって公判前拘禁者の数を大幅に減らした。また、2001年8月から公判前拘禁施設の建設と既設収容施設の修繕が進められ、

2003年1月1日現在拘置室の広さは1人当たり3,46㎡となり、さらに改善の可能性があるとされている。公判前拘禁と刑事手続の遅延に関しては、刑事訴訟法が改正され、遅延の防止と捜査・公判の時間制限が定められた。また、本判決がロシア裁判所において先例の価値をもつものとされ、官報に公示された(28)。

とはいえ、ロシアは、その後、ヨーロッパ基準の遵守にかならずしも積極的ではなく、第14議定書の確定判決の実施に対する監視強化に反対して、第14議定書を批准しないまま現在に至っている。

(b) 機構改革の推進

1990年代の東欧諸国の人権条約への加入、とりわけ1998年のロシアの加入は、ヨーロッパ人権裁判所による人権保障のシステムを揺さぶった。一つは、これらの国々がヨーロッパの人権水準を維持できるか、もう一つは、これらの国々からの訴えが増加するのではないか、という問題である。2000年頃から現実に事件数が飛躍的に増大し、また、本判決はロシアの人権水準の低さを露呈させた。そこで、1990年代後半からの機構改革が推進され、第11議定書による委員会と裁判所の2段階制の廃止と裁判所への事件の集中、第14議定書による3人委員会の権限拡大や執行監視の強化の導入などが図られた(29)。

(5) 日本法への示唆

ロシアの1990年代の拘置所の劣悪な状況はかなり特殊ではあるが、拘禁施設のあり方および条約3条の解釈に関連して、日本でも以下の3点が考慮されるべきである。

第一は、拘置所内での未決拘禁者、受刑者の処遇である。日本でも、2000年前後の刑務所内での過酷な処遇が批判されるなどの結果、2005年に監獄法に代わり「刑事施設及び受刑者の処遇等に関する法律」が制定され、2006年には同法を改正して「刑事収容施設および被収容者等の処遇に関する法律」が制定された。同法では留置所、拘置所を含む刑事収容施設全般において人権尊重が謳われている（1条）。ただし、代用監獄を認めているなどの問題が残っており、総じて、被収容者の処遇が「人間の尊厳」を侵すものではないか、保護義務を十分に果たしているか、なお監視していく必要がある。

第二は、「非人道的ないし品位を傷つける取扱い」および「人間の尊厳」の解釈である。被拘禁者の処遇について、従来人権問題であることは意識されていたものの、具体的にどのような人権の侵害になるかは議論されてこなかった。この点で、日本国憲法の人権解釈でも、条約3条の権利の導出、その侵害の基準について検討する必要がある。また、積極義務導出の論理についても、日本の人権論は議論を深めるべきであろう。拘禁施設のような国の運営する自由制約施設での人権論は、特別権力関係論による人権制約論ではなく、むしろ施設内での国の人権配慮・保護義務論によって再構成すべきではないか。

第三は、「人間の尊厳」の意義および解釈である。日本国憲法13条前段は「すべて国民は個人として尊重される」と定めており、この「個人の尊重」のなかに「人間の尊厳」を読み込む解釈が一般に支持されている。しかし、それでは具体的に「人間の尊厳」がどのような法的意味をもつのか、どのような場合に「人間の尊厳」違反となるのか、さらに、「人間の尊厳」は人権としての要素をももつのかなど、その意味内容についての共通理解はなお成立しているとはいえない(30)。この点で、本判決は「人間の尊厳」の射程を広げる可能性を示唆しており、参照されるべきであろう。

(1) 条約3条の意義について、とくに、Ovey/White, Jacobs & White, *The European Convention on Human Rights*, 4th. ed., Oxford 2006, pp. 74; Vermeulen, Chapter 7, in: van Dijk/van Hoof/van Rijn/Zwaak(ed.), *Theory and Practice of the European Convention on Human Rights*, 4th. ed., Intersentia 2006, pp. 405; Grabenwarter, *Europäische Menschenrechtskonvention*, 3. Aufl., Beck 2008, S. 142ff.; Meyer-Ladewig, Europäische Menschenrechtskonvention, 2. Aufl., Engel 2006, S. 59ff.; Bank, Kapital 11: Das Verbot von Folter, unmenschlicher oder erniedrigender Behandlung oder Strafe, in: Grote/Meljnik/Alleweldt (Hrsg.), EMRK/GG Konkordanzkommentar zum europäischen und deutschen Grun-

(2) たとえば、Ireland v. UK 事件（本書 *23*）では、北アイルランド紛争の際にイギリス警察がテロ容疑者に対する尋問で用いた「5つのテクニック」が、人権委員会は「拷問」に該当すると判断したが、人権裁判所は、苦痛の程度の点で「拷問」には当たらないが「非人道的または品位を傷つける取扱い」に当たると判断した。

(3) 拷問の意義とその判例上の展開については、Aksoy判決（本書 *29*）および解説に詳しい。また、国連拷問等禁止条約1条の拷問の定義が人権裁判所の判例で参照されている。

(4) たとえば、本判決の引用する Raninen 判決（Raninen v. Finland, 16 December 1997）は、兵役義務の拒否による逮捕・勾留中に、抵抗していないにもかかわらず手錠をして護送したことについて、人権委員会の3条違反の決定を覆し、手錠の使用が申立人の心理に屈辱感をもたらさず、「最低限度の厳しさ」を超えていないと判示している。

(5) 3条の保障の絶対性を強調する判決として、とくにChahal 判決（本書 *15*）参照。学説では、Schilling, Internationaler Menschenrechtsschutz, Mohr 2004, S. 61f.

(6) 3条の保障範囲に含まれるかどうかの判断の相対性を指摘する論稿として、とくに、Jacobs & White, *op. cit* (1), p. 77, 82; Vermeulen, Theory and Practice, *op. cit.* (1), p. 412.

(7) 比例原則による衡量がなされていることについて、Bank, in EMRK/GG, *op. cit.* (1), S. 491ff. 拘禁および取調べについては自由剥奪が前提とされており、他方3条違反の認定に「最低限度の厳しさ」を要求している以上、その認定は拘禁・取調べの必要性との比較衡量にならざるを得ないと説く。Vermeulen, *op. cit.* (1), p. 419 もまた、拘禁状況の判断にあたって「利益の衡量（balancing of interests）が必要」と説く。必要性審査を行っている判例は、Keenan 判決（精神病者への必要な配慮の欠如）、Valašinas 判決（不必要な裸体検査）など数多い。

(8) たとえば、被害者救済のための警察の犯人射殺について、2条の生命の権利との関係では、2条2項による「正当化」の当否が議論されるのに対して、3条との関係では、警察による殺人が非人道的取扱いに該当するかどうか、つまり「正当化」理由ではなく、保護領域内かどうかが論じられている。Vgl. Bank in *EMRK/GG, op. cit.* (1), S. 530.

(9) 手錠による取調べ、独居房での外部との遮断、身体検査、強制断髪（Yankov v. Bulgaria, 11 December 2003）、サリドマイド女性に対する拘置所内での無配慮の処遇（Price v. UK, 10 July 2000）など、さまざまな処遇が3条違反とされている。

(10) 他に、エイズ患者を医療設備の調っていないカリブの母国へ送還することを3条違反とした判決（D. v. UK, 2. May 1997, Reports 1997-III）などがある。

(11) この判決は、公開法廷での審査等について、多数意見は12対5で3条違反はないとしたが、有力な少数意見は少年の心理への重大な影響を重視して3条違反と論じている。多数意見は裁判所の処遇が「少年を卑しめる意図がなかった」ことを重視したが、この判示は最近の判例が3条違反の意図の有無を重視していないことと矛盾している。

(12) 継父による鞭打ちを無罪とした陪審の評決に対して、適切な処罰立法による児童の保護を図っていないとして3条違反と判示した。

(13) 調査義務について、Meyer-Ladewig, *op. cit.* (1), S. 62. 判例として、Aksoy 判決、Aydin 判決参照。

(14) Borowsky, *op. cit.* (18), S. 140 は、「証明責任の軽減または転換」と呼ぶ。判例では、Tomasi 判決（Tomasi v. France, 27 August 1992)、Selmouni 判決などで採用された。

(15) CPT の正式名称は、European Committee for the Prevention of Torture and Inhuman or Degrading Treatment or Punishment という。ヨーロッパ拷問禁止条約によって創設された機関で、拷問等の行われるおそれのある組織・機関への強制立入調査権限をもつ。CPT の調査報告書は、人権裁判所の事実認定の証拠としてしばしば採用され、重要な役割を果たしている。

(16) 他に劣悪な収容施設・収容環境を3条違反とした判決として、Iorgov v. Bulgaria, 11 March 2004；Alver v. Estonia, 8 November 2005 などがある。

(17) なお、死刑制度はほとんどの締約国で廃止されているが、死刑存続ないしは廃止以前に死刑判決を受けて執行を待つ死刑囚からの3条違反の申立がなされている。代表的判決である Öcalan 判決（Öcalan v. Turkey, 12 March 2003; 12 May 2005 [GC]）は、トルコ内のクルド人抵抗組織 PKK（クルド労働者党）の指導者に対する死刑判決に関して、不公正な裁判によって死刑判決を受けて死刑執行を待っている死刑囚の精神的苦痛は、条約締約国のほとんどが死刑を廃止し、民主国家では死刑はもはや見られないという現状では、「非人道的取扱い」に当たると判示しており、重要な先例となっている。死刑廃止の一環をなすとともに、テロとの闘いであっても3条違反の措置は許されないとする態度表明でもある。

(18) たとえば、「生命倫理と人権に関する世界宣言」（2005年10月ユネスコ総会採択）は、3条(a)で、「人間の尊厳、人権及び基本的自由は十分に尊重される」と定める。

(19) それは「ヨーロッパ連合の最高の価値」であり、「ヨーロッパ市民社会を特徴づける合意原理」であって、「他のすべての基本権の基礎」と位置づけられている。Bolwsky, Kapitel I Würde des Menschen, in: Meyer(Hrsg.), *Charta der Grundrechte der Europäischen Union*, 2. Aufl., Nomos 2006, S. 73f., S. 89.

(20) 古くは、Tyrer 判決（本書 *16*）が、「3条の主要な目的の一つは人間の尊厳と身体の不可侵の確保にある」と説いている。ヴィルトハーバー前所長は、人間の尊厳が「人

⑳　権条約の核心を形成している」と指摘して、本判決での収容状況の劣悪な収容状況を批判する。Wildhaber, *The European Court of Human Rights 1998-2006 History, Achievements, Reform,* Engel (2007), p. 42.

㉑　末期患者の自殺幇助の可罰性が争われた Pretty 判決（本書 *28*）は、2条（生命の権利）に関連して、「条約の基礎とその脈々たる意図は人間の尊厳と自由の尊重にある」と説く。

㉒　性転換に関する Christine Goodwin 判決（本書 *47*）は、8条（私生活の自由）に関連して、「人権条約のまさに本質をなすのが、人間の尊厳と自由への尊重である」と説く。

㉓　人権裁判所の判例における「人間の尊厳」の展開について、とくに、Meyer-Ladewig, Menschenwürde und Europäische Menschenrechtskonvention, NJW (2004), 981ff.

㉔　ドイツでの人間の尊厳の理解について、とくに、Dreier, Artikel 1, in Dreier(Hrsg.), Grundgesetz Kommentar, Bd. I, 2. Aufl., Mohr 2004, S. 139ff.

㉕　ドイツでは、2002年9月に発生した誘拐事件に関する Daschner 事件が議論を呼んでいる。フランクフルト警察庁副長官 Daschner は、誘拐事件の被害少年の所在を自白させるために誘拐犯に暴力の威嚇による自白の強要を指示し（自白を得たが、被害少年はすでに殺害されていた）、有罪判決を受けたが、被害者の生命の保護のための「拷問」が許されないかどうかが論議された。現在、誘拐犯（終身刑が確定）による3条違反の申立が人権裁判所に係属中である。

㉖　本判決がヨーロッパ水準をロシアに要求したが、ロシアの人権状況がなおヨーロッパ水準に適合せず、人権水準が低位のまま放置されるおそれがあることについて、Pabel, Europäischer Grundrechtsstandard in Russland?, in: Menzel-Pierlings/Hoffmann (Hrsg.), Völkerrechtsprechung 2004, S. 519.

㉗　最近の Vo 判決（Vo v. France〔GC〕, 8 July 2004）では、妊娠中の女性を他の同名の女性と誤認して堕胎した医師を過失致死罪で有罪とした判決を破棄した破棄院判決について条約2条違反が争われたが、人権裁判所は、胎児に2条1項の権利が保障されるかどうかを明言せず、仮に及ぶとしても本事件では条約2条違反はなかったと判示して、申立を斥けた。

㉘　以上のロシアの改革については、Vgl. ResDH (2003) 123.

㉙　人権裁判所の改革と本判決との関連について、Pabel, *op. cit.* (25). S. 520. 1990年代以降の改革一般について、小畑「概説Ⅰヨーロッパ人権条約実施システムの歩みと展望」本書6頁以下参照。パイロット判決方式の導入（本書 *10* 事件参照）も事件数増加に対する対応であった。

㉚　「人間の尊厳」の意義および解釈に関する私見として、戸波「胎児の人権、死者の人権」戸波ほか『生命と法』（成文堂、2005年）1-49頁参照。

［参考文献］
注に掲記したものを参照

ストラスブールにあるライン川航行中央委員会
(Palais du Rhin)

31 受刑者の信書の自由
受刑者の信書の発受の制限が通信の尊重の権利を侵害するとされた事例
—— シルヴァー判決 ——

北村　泰三

Silver and others v. the United Kingdom
25 March 1983, Series A no. 61

【事　実】

　1970年代の前半、イギリス（ここではイングランドとウェールズ）の刑務所に収監されている受刑者から信書の発受信に関する様々な制限がヨーロッパ人権条約違反であると主張する多数の申立がヨーロッパ人権委員会（以下、人権委員会）に寄せられた。それらの中から、人権委員会は、Reuben Silver を始めとする7人の受刑者の訴えを審査に付した。申立人たちは1972年1月から1976年5月までの間に親族、弁護士、国会議員、ジャーナリスト、宗教指導者等に宛てた計62通の信書の発受信の差し止めおよび延引、検閲などの措置がヨーロッパ人権条約（以下、条約）6条1項および8条に違反すると主張していた[1]。

　当時のイギリスの刑務所内では、信書の発信先は親族と友人に制限されており、処遇上の問題に関して法的助言を求めるために弁護士に宛てた信書でも、刑務所内部での苦情申立手続が完了していない場合には、発信が禁止とされていた（「事前苦情表出規則」(prior ventilation rule) という）。こうした受刑者の信書の取扱いは、1952年の監獄法（Prison Act）に基づいて内務大臣が制定する監獄規則に従うものとされていた[2]。本件の事実が起きた時点では、同規則はさらに刑務所長に対して宛てられた通達によって補完されており、それは非公表の「内規」(Standing Orders) と「通達」(Circular Instructions) に含まれていた[3]。その内規および通達に従って、問題の信書は、親族以外の者に宛てたものであること、刑務所内部の苦情申立手続を尽くしていないこと、異常に長文であること、不適切な文言を含むことなど様々な理由によって停止されたり延引されていた。

　人権委員会は、1981年5月に報告書を公表し[4]、発受信の制限や検閲措置が条約8条に違反するとともに、弁護士に対する手紙の発信禁止については6条1項の違反があるとの意見を公表した。イギリス政府は、委員会の意見公表の後に、本件で問題とされた非公表であった内規と通達を公表することとし、また信書の相手先による制限も大幅に緩和し、刑務所内の規律と保安体制の維持、発信者の更正にとって有害であるおそれのある者などとの信書の発受信のみを制限することとした。発信の回数の緩和、信書の内容による規制についても規律と保安を理由とするもの以外はのぞかれた。また、刑務所内の処遇上の苦情に関する事前苦情表出規則も改めて今後は、内部の手続に付託するとともに、外部の弁護士との連絡も可能とした。

　人権委員会は、その後本件をヨーロッパ人権裁判所（以下、人権裁判所）に提訴した。イギリス政府は、人権委員会によって条約違反とされた諸点について、すでに監獄制度の抜本的改革を行った以上は、条約違反の問題は解決済みであると主張したが、人権裁判所はこれを却下して本案判決を下した。

　本件での条約上の争点は、これらの内規および通達という内部的な文書によって受刑者の信書の発受を制限するイギリスの刑務所制度が、8条2項に定められた権利制約事由のうち法律に従ったものと言えるかどうかという点、および信書の発受信の様々な制限が民主的社会において必要とされるかどうかの2点であった。1983年3月25日の人権裁判所の

判決は、これらの申立人らの信書の差し止め等の個々のケースについて具体的に検討した上で、57件の信書については条約8条の違反を認めた。また、内務大臣に対して Silver が宛てた信書の発信拒否については6条1項にも違反すると判示した。

【判　旨】

(1) 判決理由

(a) 私生活への介入が法律に定められているか？

「条約8条1項によって保障される通信の秘密の権利行使に関して『公権力による介入』があったということは明確である。こうした介入が、同条2項に定められた例外の一つに該当しない限り、それらの措置は同条の侵害に当たる。したがって、当裁判所は、本件で問題となった介入が『法律に従っている』かどうか、またそれらの措置が8条2項の下で合法的な目的を有していたかどうかおよびそれらの目的のために『民主的社会において必要』かどうか否かを検討しなければならない（とくに、必要な変更を加えて The Sunday Times 判決1979年4月26日〔本書62〕参照）」(§84)。

「Sunday Times 事件において、当裁判所は、『法律によって定められた』(prescribed by law) という表現の意味について、条約8条、9条、10条および11条ならびに第1議定書1条、第4議定書2条のフランス語正文と英語正文の間に存在するある種の違いに留意しながら検討を加えた。」(§85)

「Sunday Times 事件判決にみられる第1の原則は、問題とされた介入が国内法においても同じ基礎をもたなければならないということである。本件において、介入の基礎は、法律としての効力がない内規と通達にではなく、監獄法および同規則にあるという点で政府、（人権）委員会および申立人は同じ立場であった。訴えられている措置は、イギリス法に従っているという点で争いはない。」(§86)

「第2の原則は、『法律は十分に参照可能 (accessible) でなければならない』ということである。市民に対してある事実について適用される法律の内容が明確にされていなければならない。明らかに、監獄法と規則はこの基準に合致している。しかし、内規と通達は公表されていなかった。」(§87)

「第3の原則は、『市民が自己の行動を規制するためには、規範は十分正確に規定されていなければ、[法律]とみなすことはできない。つまり、ある状況において合理的な程度に行為の結果を予測することができるようでなければならない。』ということである。

裁量権を付与する法律は、裁量の範囲を明示していなければならない。しかし、法律を制定する際に、絶対的な明確さを実現させることは不可能であって、明確さを求めると過度に厳密に過ぎるという弊害が認められる。これらの考慮は、本件の事情、つまり実に年に1千万件もの信書を審査にかけるという、刑務所収容ならではの特殊な事情においては特別の重みがある。あらゆる結末に対して一つの法律を定めることはほとんど不可能である。申立人自ら、何らかの裁量が当局には残されていることを否定しなかった。

これらを考慮して、当裁判所は、『多くの法律は、程度の差こそあれ曖昧な文言により表記されており、また、その解釈と適用は慣行の問題である。』という点をいま一度指摘する。また、本件においては、信書の監視システムの運用は、各個別に異なる慣行の問題だけではなかった。すなわち、内規と通達によって、例外的な場合を除いて、遵守されるべき慣行が確立されていた。（中略）こうした事情においては、当裁判所は、これらの通達はそれ自体としては法律としての効力を有していないけれども、その内容を十分に知っている者に対する限りでは、監獄規則の適用に際して、予見可能性の基準が満たされているか否かを評価する上で考慮されるべきである、と考える。」(§88)

「本条約の基礎となっている原則の一つは、法の支配の原則、すなわち個人の権利に対する当局による介入は実効的な監視に服さなければならないという点にある。本件のように、法律が行政に裁量権を

付与しており、その適用が慣行に委ねられていて、その修正は可能だとしても議会の審査に服さない場合には、特にそれが当てはまる。

しかし、法律に従ってという表現は保護措置が、制限の賦課を認める条文自体に定められていなければならないという意味ではなく、実際には、濫用に対するセーフガードの問題は、実効的救済の問題と密接に関連しており、当裁判所は、13条との関連においてこの問題を取り上げた方がよいと考える。」(§90)

(b) 民主的社会における必要性

イギリス政府は、本件で争われた受刑者の信書の自由に対する介入は、刑務所内の秩序の維持、犯罪防止、道徳の保護およびまたは他の者の権利および自由の保護のためであって正当化されると主張した。(§96) 判決では、こうした信書の自由の制限が人権条約8条2項にいう「民主的社会において必要かどうか」という点を検討する。

「過去幾度にわたって当裁判所は、『民主的社会において必要な』という文言が争点となった際に、その文言が果たすべき役割および性質について理解を述べてきた。それらの原則とは、次の諸点である。

① 『必要な』という形容詞は、『不可欠な』という言葉や、また『許される』、『通常の』、『有益な』、『合理的な』または『望ましい』という言葉と同義ではない。

② 締約国は、制限を課するに当たって、ある程度の評価の余地を享有するが、それは無制約ではない。また、制限が本条約に一致するか否かについて最終的判断を与えるのは当裁判所である。

③ 『民主的社会において必要な』という文言は、介入が条約と両立するには『「差し迫った社会的必要』に応じるものであって、『追求する合法的な目的と均衡する』ものでなければならない。

④ 保障される権利に対する例外を定める条約の規定は、狭義に解釈されなければならない。」(§97)

以上のような理由に基づき、これらの原則を各申立人の個々の手紙の差止め、検査などについて具体的に当てはめた結果、62通の信書のうち57通の手紙の差止めまたは延引措置は、『民主的社会において必要』なものではなく、それぞれについて8条1項に違反すると判断する。また、弁護士宛のシルバーの信書の発信拒否は、条約6条1項に違反する。(全員一致)

【解　説】

(1) 判決の意義・特徴

本件判決は、受刑者の信書の自由および外部交通に関する人権裁判所の先駆的判例としてその後の判例法理論の形成を促した点に大きな意義がある。もとより、外部と遮断された密室的環境にある刑務所内では、外部との連絡手段の確保は、人権侵害を防止するために非常に重要である。刑務所内部での処遇上の問題について法的なアドバイスを受けるためには、弁護士との秘密の連絡が確保されていなければならない。さらには、受刑者の更正、社会復帰を円滑に進めるためにも、受刑者を一般社会から隔絶された状態に置くよりは、親族、友人をはじめとする外部の人々との接点をできる限り保つことが望ましい。そこで、受刑者の処遇においては、刑務所内の規律や秩序の維持という要請を維持しながら、同時に、受刑者の人権の確保と彼らの改善・更正のためにも外部交通を認めていくことが課題となる。国際人権文書においても、例えば、国連被拘禁者処遇基準規則 (37条)[5]、国連被拘禁者保護原則 (原則15、原則19など)[6]では、手紙の発受信の自由および家族の訪問が明記されているところである。本判決は、人権条約8条および6条1項の解釈によって、信書の自由の範囲を国連文書の明文の規定よりも広く解釈している点で注目される[7]。

ヨーロッパ諸国の中でも特にイギリスの刑務所制度に関する受刑者からの申立は、ヨーロッパ人権裁判所の判例形成を促してきた。1970年代前半までは旧来の受刑者処遇法制度の下で、既決である受刑者は未決の場合とは異なり自由刑に服している者であるから、当然に親族以外の外部者との連絡は限ら

れるとし、処遇の実際は、法律の委任の下に通達によって行われてきた。しかし、本件判決は、監獄収容関係においても法の支配の原則が妥当することを前提として、受刑者の場合でも信書の発受信の相手は特別の事情がない限り、幅広く認められるべきであるとした点が重要である。イギリスは、人権委員会の意見が公にされた段階で、通達を改訂して問題とされた箇所に対応したことを受けて、ヨーロッパ評議会閣僚委員会は、本件判決の履行を確認した[8]。

本件は、主として信書の自由の問題として扱われているが、刑務所内の処遇上の問題を相談するための弁護士との手紙の発受信制限は、6条1項に保障される公正な裁判を受ける権利を侵害すると判示したことも重要である。

ヨーロッパ諸国間では、1987年にヨーロッパ監獄規則（European Prison Rules）が採択されたが、その後のヨーロッパ人権裁判所の判例法およびヨーロッパ拷問防止委員会の活動と成果を反映させるために、大幅な見直しが行われ、2006年に改訂ヨーロッパ監獄規則が採択された[9]。外部交通に関して、同規則では、受刑者が外部と十分な連絡を維持するように刑務所当局は支援を与えると定めるなど新規定も盛り込まれている（24条5項）。

(2) 主要論点の解説

(a) 信書の自由の制約理由——法律によって定められていること

判決は、人権条約上の権利制約の正当化理由に照らして、本件で問題となった権利の制約が条約と両立するか否かを論じた。まず、権利の制約は「法律によって定められていること」(prescribed by law) という要件を満たしている必要があるとした。判決は、Sunday Times 判決（本書62）においても確認された原則を踏襲して、「法律によって定められている」とは、法形式の問題というよりはアクセス可能であるかどうかであるとしている[10]。

人権委員会は、信書の発受信制限については、条約8条2項によって許される例外に基づき、この権利への介入が正当化されるか否かを評価するにあたって、拘禁の通常かつ合理的な要請は存在するけれども、「受刑者は、自らの信書の尊重について自由な個人と同様の権利を有する。」という基本的前提に依拠し、受刑者の外部交通権には黙示的な制限が付随しているという「黙示的制限論」を明確に拒否した[11]。そして、8条違反が存在するか否かの判断基準は、刑務所当局による信書の検閲措置が、同条2項に列挙された権利の保障の例外に該当するか否かであるとした。

そこで問題は、権利の制約が「法律に従っている」か否かである[12]。申立人側は、刑務所当局による受刑者の権利に対する恣意的な制限を防止するためには、権利制約が国内法に基づいているだけでは不十分であり、濫用のおそれを免れ得ないと主張する。したがって、8条に基づく権利に対する介入は、「いかなる介入であっても合理的に見て予見可能であるためには、明白な実体法規によってあらかじめ決められていなければならず、公権力による権限の濫用に対する適切な防止措置が講じられていなければならない。」という。人権委員会は、受刑者の信書の検閲について内務大臣と刑務所長に与えられた広範な裁量権は、「権限の限界をはっきりさせ、何らかの介入を予見することが不可能であり、さらには裁量権の濫用に対する防止措置も存在しない」ことを意味していると述べ、申立人の主張をほぼ認容した[13]。人権裁判所は、前記のように人権委員会の解釈に同意したものである。

次に、人権委員会は権利の制約が「法律に従っている」か否かの実質的な判断基準に適合するためには、人権裁判所が Sunday Times 判決[14]で採用した「予見可能性」(foreseeability) と「アクセス可能性」(accessibility) という二つの要件を満たす必要があると指摘する。予見可能性とは、所与の行為の結果を合理的な程度に予見可能でなければならない、ということである。また「アクセス可能性」とは、関係法が一般市民にとって十分に参照できるものでなければならないということである。刑務所規則はこの要請を満たしている。しかし、内規と通達は公表さ

れておらず、受刑者にも知らされていないので、この基準を満たしていないと判断された。また、内務大臣に広範囲の裁量権が認められている結果、その判断を容易には予見することができない点で予見可能性の基準を満足させないと判断された(15)。

本件は条約原加盟国のイギリスに関する事案であるが、冷戦体制の終焉以後に条約に加入した東欧、旧ソ連圏諸国においても、刑務所に収容中の受刑者からの申立が目立って多い。それらの判例の一つとして、Dankevich対ウクライナ事件においては、非公表の通達により信書の発受信が制限されていたことが問題とされ、Silver判決と同様の理由により条約8条違反が認定された(16)。

(b) 制限は、「民主的社会において必要」かどうか

第2の争点は、問題とされた受刑者の信書の自由に対する制限や介入が公の安全または犯罪・無秩序の防止などのために民主的社会において必要か否かである(17)。

申立人側は、真に重大な脅威といえるような状況において、かつ公の秩序の要請に合致している場合にのみ権利の制限が認められると主張した。政府側は、本件で問題とされている信書の検閲は、刑務所内の秩序維持のために必要なものであると主張した。

判決は、「必要な」という形容詞は、「不可欠な」という言葉ほど限定的ではなく、また「許される」、「通常の」、「有益な」、「合理的な」または「望ましい」という言葉ほど柔軟性を伴う意味ではないとした。要するに、「差し迫った社会的必要」に応じるものであって、「追求する合法的な目的と均衡する」ものでなければならないのである（§97参照）。判決は、権利の制約によって確保しようとする目的と取られた手段とが均衡的であることが求められているのである。また、民主主義社会において必要かどうかという文言の解釈・適用において締約国に一定の範囲の「評価の余地」が認められるけれども、最終的な判断権は人権裁判所にあることを終始述べてきた。本件においても、受刑者の権利の制限と拘禁目的とが均衡しているかどうか、法の支配の原則や民主主義社会における自由権の制限が合理的にみてどこまで認められるべきかというような問題について、ヨーロッパ諸国間における刑務所改革の動向にも配慮しつつ、人権裁判所が判断を示したのである。

(3) 判例法の展開

受刑者の信書をめぐって、一連の英国の刑務所制度に関する判例法の展開がみられる。

(a) 信書の発信差し止め

McCallum対イギリス事件では、暴行と窃盗の罪で服役中の受刑者が刑務官に対する暴行により独房に収監され、信書の発信を差し止める措置が下されたことが、条約3条に反する非人道的、品位を傷つける取扱および刑罰に当たるかどうか、また8条に保障される信書の自由を侵害するかどうかが争われ、シルヴァー判決と同様の論旨により、条約8条の違反が認定された(18)。Boyle and Rice対イギリス事件では、受刑者がラジオ番組担当者である友人に宛てた信書の発信を禁止した措置が8条違反に当たるとされた(19)。

(b) 弁護士および人権委員会との間の信書の検閲

判例によるならば、受刑者と弁護士との間の信書、人権委員会宛の信書の検閲も条約8条の違反となる。McComb対イギリス事件(20)では、爆発物取締法違反により有罪判決を受けて服役中の受刑者が弁護士に宛てた手紙の開封が8条違反かどうかが問題となった。人権委員会において本件の審議中に、イギリス政府との間で「友好的解決」が得られた結果、通達が改正され「在監者が、すでに訴訟当事者であるかまたは近く予定されている訴訟の当事者である場合には、受任予定の弁護士との間の信書は、（訴訟と）無関係のものが含まれていると刑務所長が疑う理由がなければ、開封または閲読されることはない」とされた(21)。しかし、受刑者が訴訟を準備しているときであっても、未だ正式に訴訟を提起していない場合には、すべての信書は開封され、閲読されるので、訴訟の準備段階においては、受刑者と弁護士との間の信書の秘密は保護されなかった。この点は、さらにCampbell対イギリス事件において、受

刑者と弁護士との間の訴訟準備のための信書、その他弁護士と受刑者の間の一般の信書の開封、受刑者と人権委員会との間の信書の開封が条約8条に違反するかどうかが争点となった[22]。

人権裁判所は、受刑者と弁護士との間の信書の開封ならびに受刑者と人権委員会との間の信書の開封は、人権条約8条に違反すると判示した。判決では、本件で問題とされた条約8条の保障する信書の自由の制約が同2項で認められる権利の制約理由のうち「民主的社会において必要」なものかどうかを検討しなければならないとした。まず、訴訟準備に関する弁護士との信書の検閲について、「(訴訟相談のための弁護士宛の) 信書が、その内容に直接的な利害を有するかもしれない個人または機関によって規則的な検閲を受けるということは、弁護士とその依頼人との関係に付随する秘密保持の原則および職業的特権に合致しない」とした。その上で、不法な内容物を含んでいると疑うべき十分な理由がある場合には、受刑者に対する弁護士からの手紙を開封することができるが、閲読はすべきではないとする。受刑者の立会の下で開封するなどの代替措置を講ずべきである。弁護士と受刑者との間の信書の閲読は、信書の内容が刑務所の保安上の理由、他者の安全を侵すおそれのあると認められる場合に例外的に許される。何が「合理的な理由」として見なされるべきかは、すべての事情に依拠しているが、客観的観察者をして特権的手段が濫用されたと信ずべき事実または情報が存在していることを前提としている[23]。訴訟の準備には関係しないその他の一般的な内容の手紙の検閲は、「差し迫った社会的必要」がある場合にだけ許されるとした。

1992年10月にイギリス政府は内規を改正し、新たに通達を公布し、原則的に受刑者と弁護士および人権委員会との間の信書は、開封または閲読されることがなくなった。例外的に、通常の検査手段によっては発見できない違法な内容物を含んでいるか、権利の濫用があるという十分な疑いがある場合には、弁護士との信書は、受刑者本人の立会の下で開封することが可能とされるが、この場合でも閲読は許されない[24]。Silver他の事件以後、McComb事件からCampbell事件へと判例法の展開が進むにつれて、受刑者と弁護士との間の信書の接受に関する限りは、信書の自由の原則が確認された[25]。

(d) 信書の一部削除

PfeiferおよびPlankel対オーストリア事件[26]の申立人である受刑者は、受刑者の相互間で発受された信書が刑務官を冒瀆する内容を含んでいたために一部を削除されたことによって、条約8条1項の権利が侵害されたと主張した。人権裁判所は、Silver事件の判例法に依拠して、受刑者の信書に対する何らかのコントロールは条約と両立しない訳ではないが、その措置は法的に必要とされる限度を超えてはならないとして、8条違反を認定した。

(e) 電話の録音

人権裁判所は、条約8条は、他の適切な通信手段が与えられている場合には、受刑者が外部と電話で連絡をする権利を保障している訳ではないとしているが、受刑者に対して電話での連絡が認められている場合には、会話内容の録音が条約8条違反に当たるかどうか問題となる。人権裁判所は、Doerga対オランダ事件において、規定に従って会話内容の録音が直ちに消去されることなく、その後の捜査資料として用いられたことは、法律に従っておらず、条約8条に違反するとした[27]。

(4) 日本法への示唆

日本国憲法ではプライバシーの権利は13条により保障されていると解釈されているが、通信の秘密を定める21条2項との関係において、受刑者等の被拘禁者の場合にはこの保障が制限されるか否か、制限されるとすればいかなる根拠による制限が可能かが問題となる。従来、監獄制度の運用実態をみると、旧監獄法および同施行規則の下において未決、既決を問わず在監者の信書の発受信に関しては様々な制限が課せられてきた[28]。すなわち、親族との信書だけでなく、弁護士宛、裁判所などの公機関や外国人受刑者の場合に認められる母国の大使館(領

事館）との間の信書も、発信受信とも検閲が必要とされていた。内容に関して不適当と求められる場合には、発受が許可されないだけでなく、削除、抹消も可能とされる。

　学説では、受刑者の信書の自由の制限は、刑務所の運営等に障害が生じる具体的な蓋然性がない場合には、受刑者の信書の発受信の制限は違法との批判もあった。判例では、受刑者の信書の発受信の制限が憲法13条および21条等との関連で問題とされてきたが、刑務所側の措置はほぼそのまま合法としてきた[29]。最高裁では、新聞閲読の制約、監獄内の規律維持を目的とする図書閲読の制約[30]、監獄法50条に基づく刑務所長による信書の検閲、監獄内の規律維持を目的とする信書の一部抹消[31]および死刑確定者の心情の安定と監獄内の規律維持を目的とする新聞社宛の信書の発信制限[32]などについては、いずれも適法とされ国の賠償責任が認められたことはなかった。しかし、最近の最高裁の判例において、受刑者による新聞社等への信書の発信を刑務所長が不許可としたことが憲法21条および14条違反であるとの訴えの一部を容認した。

　本件では、刑務所内の処遇の改善を求めるために国会議員に請願書を送付し、さらに刑務所職員らに請願書や告発状を送ったことについて新聞社に取材を求めるための手紙の発信許可を刑務所長に求めたところ所長は、監獄法46条2項に従って、本件信書の発信は権利救済または不服申立等のためのものではなく、その必要性が認められないとして不許可とした。原告は、これらの措置が憲法21条、14条に違反するとして訴えた。1、2審では原告の訴えは斥けられたが、最高裁は、監獄法の規定は憲法21条および14条1項に違反しないとしながらも、本件信書の発信を許すことによって刑務所内の規律及び秩序の維持、受刑者の身柄の確保、受刑者の改善、更生などの点で放置することのできない程度の障害が生じる相当の蓋然性があるかどうか考慮しないで、信書の発信を不許可とした点で、刑務所長が裁量権の範囲を逸脱しまたは裁量権を濫用したとし

て、慰謝料の支払いを命じた[33]。本判決では、改善・更生を含む拘禁目的の達成と取られた権利の制約措置との間の均衡が問題とされている。この点で人権裁判所の判例理論（均衡性の理論）との共通性を指摘できるであろう。

　旧監獄法（1908〔明治41〕年）は、時代遅れの感は否めず、国際的人権基準に即した改正が急がれるべきであったが、平成14年に起きた名古屋刑務所における受刑者に対する暴行事件が契機となって法改正の動きが加速され、「刑事収容施設及び被収容者等の処遇に関する法律」（平成18年5月施行）が制定された。新法では、「適正な外部交通は受刑者の改善更生及び円滑な社会復帰に資する」（110条）との認識が示され、外部交通の範囲を拡大して、犯罪性のある者などへの発信を除き、信書の発受信を原則的に認めることとなり（126条）、電話連絡も可能となった。今後の実際の運用が国際基準に照らしてどのように行われるかが課題である[34]。

　(1) これらの他にも条約5条1項、10条、13条の違反を主張していたが、これらの点については最終的に違反の認定には至らなかった。

　(2) 監獄規則33条（当時）は次の通り。「内務大臣は、規律と秩序を確保するため又は犯罪の防止若しくは他の者の利益を保護するために、受刑者の他の者との間に許される連絡を一般的に又は個別的に制限を課すことができる。

　2　法律またこの規則によって定められた場合を除き、受刑者は、内務大臣の許可がなければ外部者との連絡を認められない。

　3　この規則に定められた場合を除き、受刑者との手紙また通信は、刑務所長または所長の任命した者によって閲読、検査される。また所長は、内容が不適当であるか又は限度を超えた長文であるという理由により手紙又は通信を差し止めることができる。」

　(3) 命令（S.O.17 A）は、Golder 判決（本書 41 参照）の後に改正されたものである。イギリス国内法の詳細は、本件の人権委員会報告書 paras. 42-50 を参照。

　(4) 本件の人権委員会報告書は、Silver and others, Report of the Commission, 11 October 1980, Series B, no. 51, pp. 16-131.

　(5) 1955年8月30日、犯罪防止会議で採択、1957年7月31日、経済社会理事会決議。

　(6) 1988年12月9日、国連総会第43会期決議43／173。

(7) 1955年の国連被拘禁者処遇最低基準規則37条では、被拘禁者は、必要な監督の下に、一定の期間をおいて、事故の家族及び信頼できる友人と通信及び面会により交通することが許されなければならない。」と定めている。また、国連被拘禁者保護原則では、「被抑留者又は被拘禁者が外部と行う通信、及び特にその家族又は代理人との通信は、数日間以上拒否されてはならない。」と定める。

(8) 1985年6月28日、閣僚委員会決議DH(85)15。

(9) European Prison Rules, Recommendation R(2006), adopted on 1 January 2006 by the Committe of Ministers of the Council of Europe. For the text, see, European Prison Rules (2006), Council of Europe Publication, 2006.

(10) van Dijk and van Hoof, et. al, eds, 参考文献[3] p. 336.

(11) 3 E.H.R.R, p. 475, 496.黙示的制約説についてはVan Dijk, et. al., 参考文献［3］p. 343.

(12) Report of the Commission, supra note 4, para. 277.

(13) Ibid., para. 279.

(14) The Sunday Times v. UK, (本書 62 参照)

(15) Report of the Commission, paras. 284-285.

(16) Dankevich v. Ukraine, 29 July, 2003, 38 EHRR 25. 542 (2003).それ以外のケースとしては、Messina v. Italy (No.1), 26 February 1993.

(17) Report of the Commission, paras. 294-426. Jacobs and White, European Convention on Human Rights, 4th Edition, p. 232.

(18) McCallum v. UK, 30 August 1990, Series A no.183. 13 E.H.R.R., 1991, p. 597.

(19) Boyle and Rice v. UK, 10 E.H.R.R., p. 425. Series A no. 131.

(20) John Gabriel McComb v. the UK, Report of the Commission, on 15 May 1986, 50 D&R, 1987, pp. 81-89.

(21) Ibid., p. 84.

(22) Campbell v. UK, 25 March 1992, Series A no. 233-A.

(23) Ibid., §48.

(24) Resolution DH (93) 5, adopted by the Committee of Minister on 26 January 1993, Council of Europe, Information Sheet No.32 (January-June 1993), p. 142-3.

(25) イタリアの刑務所に収容されていた極左テロ組織「赤い旅団」(Red Brigades)のメンバーに対する信書の制限が人権条約8条に違反するとした判決がある。Calogero Dian v. Italy, 15 November 1996, Reports 1996-V.

(26) Pfeifer and Plankl v. Austria, 25 February 1992, §46-47. Cf., van Dijk, eds., p. 731. Jim Murdoch, The treatment of Prisoners; European Standard, Council of Europe, 2006, p. 238.

(27) Doerga v. the Netherlands, 27 April 2004. Murdoch, supra note 26, p. 241.

(28) 旧監獄法46条では、「在監者ニハ信書ヲ発シ又ハ之ヲ受クルコトヲ許ス」としているが、同50条「信書ニ関スル制限ハ命令ヲ以テ之ヲ定ム」とし、実務上は、内容による不許可、一部削除、発信日の指定・字数の制限などの様々な制限が課されていた。詳しくは、菊田幸一『受刑者の人権と法的地位』(日本評論社、1999年) 251頁。

(29) 棟居快行「在監者の信書発受の自由」成城法学63号 (2000年) 5-25頁。

(30) 最判1993 (H 5) 年9月10日民集169号721頁、判タ828号130頁。

(31) 最判1998 (H 10) 年4月14日民集188号141頁。

(32) 最判1999 (H 11) 年2月26日民集191号469頁、判タ1006号125頁。

(33) 最判2006 (H 18) 年3月23日判時1929号37頁、判タ1208号72頁、裁判所時報1408号8頁。新村とわ「受刑者の信書発信の制限」国際人権17号 (2006年) 125-128頁。井上禎男「刑務所からの信書発信制限の違憲・違法」法学セミナー51巻7号 (2006年) 115頁。

(34) 菊田幸一・海渡雄一編『刑務所改革：刑務所システム再構築への指針』(日本評論社、2007年)。

[参考文献]

[1] Merrills, Decisions of the European Convention on Human Rights during 1983, B.Y.I.L, pp. 326-331.

[2] Treverton-Jones, Imprisonment: the legal status and rights of prisoners, Sweet & Maxwell (1989).

[3] Pieter van Dijk, Fried van Hoof, Arjen van Rijn and Leo Zwaak (eds), Therory and Practice of the European Convention on Human Rights, 4th eds, Intersentiia (2006).

[4] Jim Murdoch, The treatment of prisoners; European standards, Council of Europe (2006).

[5] Vincent Berger, Jurisprudence de la Cour Européenne des Droits de l'Homme, 9e edition, Sirey (2004).

[6] 北村泰三『国際人権と刑事拘禁』(日本評論社、1996年) 242頁。

32 精神病患者の人身の自由
被拘禁精神病者の裁判所により解放決定を受ける権利および公正な裁判を受ける権利
——ウィンターウェルプ判決——

戸塚　悦朗

Winterwerp v. the Netherlands
24 October 1979, Series A no. 33

【事　実】

(1) オランダの強制入院制度の概要

本件事実発生当時のオランダ法の下では精神病者の精神病院への収容は、精神病者の国家監督に関する1884年4月27日法（精神病者法）による手続でなされることになっていた。同法は、拘禁手続を次のように定めていた。

(a) 緊急時の拘禁手続（市長による3週間の強制入院）。

(b) 暫定拘禁命令（地方裁判所（kantongerecht）裁判官による暫定拘禁命令。6カ月）。

(c) 拘禁命令（地域裁判所（arrondissements-rechtbank）による強制入院の継続。1年以内）

(d) 拘禁命令の更新（地域裁判所による延長。1年以内）

(e) 拘禁命令の一時停止と終了（精神病院当局は、いつでも退院を許すことが可能）

(f) 拘禁と市民資格（精神病院への被拘禁成人は、自動的に自己の財産管理能力を失う。正式退院時に財産管理権を回復）

(2) 申立人の強制入院経過

申立人 Fritz Winterwerp（フリッツ・ウィンターウェルプ）は、1956年に結婚、オランダに在住し、1967年3月から9月まで、精神病院で任意の治療を受けた。

申立人は、1968年5月17日緊急手続で、市長命令により精神病院に収用され、6週間後、妻の暫定拘禁申請にもとづき、居住地地方裁判所命令で、同じ病院に収容されたが、その際地方裁判所は、医師の診断書に基づいて判断し、申立人を聴聞する権能を行使しなかった。

1968年11月、申立人の妻は、付添医師の毎日および毎週の記録と精神病院での治療必要性についての診断書を添付し、地域裁判所に1年間の拘禁命令を申請し、裁判所は1968年12月に命令を発した。この命令は、妻の申請および後には検察官の請求により、主治医の報告書を基礎にして、地域裁判所により1年ごとに1977年12月の命令まで更新されてきた。申立人は、1969年以降4回病院当局に対して退院を求める請求をしたが、検察官は裁量権を行使し、病院から届けられた請求を1回目を除き裁判所に送付しなかった。この1回目を除き裁判所による聴聞は開かれなかった。少なくとも4回仮退院が認められたが、処方に従わなかったなどの理由でそのつど再入院となった。

申立人は、精神病院に拘禁されたときから自己財産管理能力を自動的に喪失した。

(3) ヨーロッパ人権委員会手続の概要

申立人は、オランダ王国政府（以下「政府」）を相手方として1972年12月13日ヨーロッパ人権委員会（以下「委員会」）へ申立、人身の自由がヨーロッパ人権条約（以下「条約」）5条1項に違反して恣意的に奪われていること、条約5条4項に違反して裁判所による聴聞が認められなかったこと、および数回の拘禁延長決定の通知がなかったことを主張した。申立は受理可能ありとされ、その後の本案手続中に、申立人の弁護士は、彼が自己財産管理能力を自動的に喪失したことは、その「民事上の権利義務の決定」に関連するが、これは司法手続を欠いたところで起

こったものであり、条約6条1項の違反があると新たに主張した。

1977年12月15日委員会は、条約5条4項の違反はあったが、条約5条1項の違反はなかった旨全員一致の意見を表明した。条約6条1項違反の主張については、委員会は意見を述べなかった。

委員会及び政府双方は、ヨーロッパ人権裁判所（以下「裁判所」）に事件を付託した。

【判　旨】

裁判所は、1979年10月24日要旨以下のとおり大略申立人の主張を認容する全員一致の判決を言い渡した。

(1)　条約5条1項違反の主張について

5条1項の侵害はない（§52）。

(2)　条約5条4項違反の主張について

(a)　精神病者の拘禁の合法性審査と司法的手続への権利

精神病者の強制的収容の場合、当初拘束を正当化した原因はなくなることがありうるから、当初の決定が裁判所でなされても、合法性の審査が合理的な間隔でなされることが必要とされる（§55）。

審査機関は、「裁判所」の特性を有しているだけではなく、構造的にみても裁判所でなければならない。すなわち、行政府からも事件の当事者からも独立しており、その手続が問題となっている自由剥奪の種類に適切な司法的性格を有するものでなければならない（§§56-57）。

5条4項で述べられている司法手続には、6条1項の民事・刑事事件で要求されているのと同等の保障が常に与えられている必要はないが、対象者が裁判所へのアクセスを有し、自ら、あるいは必要な場合には何らかの形式による代理人による、聴聞を受けられることは不可欠である（§60）。

精神病によってこのような権利の行使方法が制限されたり、修正されたりすることはありうるが、権利の本質的部分を損なうことは正当化されない。実際、精神病のために自分自身で十分に行動できない者の利益のために、特別の手続的保障が必要とされるかもしれない（§60）。

オランダの法令は、拘禁命令が出される様々な手続において、本人または代理人の聴聞を必要としていない。申立人は、手続もその結果も告知されていず、裁判所での聴聞も受けていないし、自分の主張をなす機会も与えられなかった。

したがって、条約5条4項の要求する保障は法律的にも事実的にも欠落していた（§61）。

(b)　拘禁された精神病者の釈放申請と聴聞への権利

退院申請の間隔についての制限は、場合によっては、精神異常者の裁判所へのアクセスに関する正当な制限となることもある（§63）。

検察官が全く理由がないとして退院申請を地域裁判所に伝えない場合には、検察官は5条4項に示された裁判手続に対する権利を、単に制限しているだけでなく、実質的に拒絶しているのである（§§63-64）。

地域裁判所が検察官の退院申請を受け取った場合に被拘禁者を聴聞することが望ましいかどうかの判定につき完全な自由を有している場合、この権能は自由の剥奪という事項に適用される手続について、基本的保障を確保するものではない（§65）。

申立人が弁護士に手続をとることを依頼しなかったというだけでは、5条4項に定められた手続を行使しなかったということはできない（§66）。

(3)　条約6条1項違反の事後不服申立と管轄権の存否

申立人代理人は、6条1項違反に関して第三の不服申立をしている。これは委員会への申立人本人の申立中には明示されていないが、のちに付された代理人によって委員会の本案段階で提出された。委員会は、この主張について何らかの見解を出すことは求められていないと考えた（§§69-70）。

この不服申立は、当初の不服申立の対象である精神病院への強制入院という事実に自動的に付随する法的効果に関するものであった。これは、委員会に

よって適格性を認められた申立人の最初の不服申立の対象となっていた事項に密接に関係している。

よって、当裁判所は、この主張について決定する権限を有する（§72）。

(4) 条約6条1項違反の主張について

自分の財産を自ら管理する能力は私権の行使を含み、したがって6条1項にいう「民事上の権利義務」に影響を与える。申立人からこのような能力を奪うことは、かかる権利義務の「決定」にあたる（§73）。

申立人の拘禁にかかわる様々な手続は、裁判所の聴聞の機会を認めていないし、すべての手続はその拘禁に向けられていたのであるから、6条1項にいう市民的能力問題に関する公正な聴聞を備えたものであるとはいいがたい（§74）。

如何に精神病者から自ら財産を管理する能力を奪うことを正当化できるとしても、6条1項に定められた保障は、尊重されねばならない。精神病故に「裁判所への権利」の行使に一定の制限を許すことになるとしても、そのことは、権利を完全に失わしめることにはなり得ない（§75）。

したがって、6条1項の違反がある（§76）。

(5) 公正な満足（50条、現41条）について

50条の適用問題は今後の手続に委ねる。

【解　説】

(1) 本件判決の意義

条約5条は、恣意的な拘禁を防止することを目的としており、同条1項に限定列挙された場合でなければ拘禁は許されない。5条1項(e)には、拘禁が許される理由として「精神異常」(unsound mind)が規定されているから、精神病院への非任意（強制）入院が拘禁(detention)を構成し[1]、裁判所に管轄権があることは、条約の文言から明らかであったが、リーディング・ケースである本判決以前には、判例がなかった[2]。

①強制的入院の要件（5条1項(e)）および②退院手続（5条4項）だけでなく③市民的能力喪失（6条1項）まで論点に含む本判決は、精神異常者拘禁に関する条約解釈原則を確立した。先進的国際裁判例にふさわしく、判決は詳細を極め、論理的である。European Law Centreによる判決要旨の紹介[3]も多岐にわたるが、紙幅の都合上判旨は一部に絞った。

(2) 精神異常を理由とする強制入院の条約解釈原則

裁判所は、5条1項(e)に関し、条約違反を認定しなかったから、要旨では結論の記載にとどめた。しかし、解釈原則として重要なので以下に若干の解説を加える。

(a) 「精神異常」の意味と拘禁の要件

裁判所は、「精神異常という言葉」の解釈について時代に応じた発展的解釈をとったが[4]、考慮されたのは、精神医学の進歩、治療における柔軟さの進展、精神病に対する社会の態度の変化、特に精神病患者の諸問題への理解の拡がりによってその概念が絶えず進展していることだった。

裁判所は、民主社会における自由権の重要性[5]および同項が拘禁の理由を限定していることに着目し、5条1項の先例[6]を援用し、その人の見解ないし行動が社会の支配的な規範から逸脱しているというだけの理由で拘禁を許すことはできないと制限的解釈基準をとった。

本件では、オランダ精神病者法に基づく拘禁は、原則として、5条1項(e)の範囲内だとされた。

拘禁の要件として、精神異常の種類または程度が、強制拘禁を正当化するようなものであるだけでなく、そのような障害の持続が必要だとされたことが重要である。裁判所は、障害の持続を拘禁継続の要件として採用し、その論理的帰結として定期的審査への権利を導き出した。

(b) 精神異常者の「適法」な拘禁と恣意的拘禁の禁止

5条1項は、人の自由を恣意的に剥奪することを禁じ、身体の自由の制約が許されるのは「法律の定める手続」によって「適法な」逮捕・拘禁がなされる場合に限った。裁判所は、国内法に関し、適法性は手続法および実体法の双方にかかわり、恣意的拘

禁は、適法とはみなされ得ないとした。また、精神異常者の場合、緊急時を除いて、拘禁の必要性を証明する医師の診断書など客観的な証拠により「精神異常」が確実に示されない限り自由を奪われるべきではないとした。

　　(c) 精神異常者の適法な拘禁に関する国内当局と裁判所の役割

　精神異常者の拘禁には国内法上、国内当局と国内裁判所の役割分担が問題になる。ヨーロッパ人権裁判所（「裁判所」）は、本件拘禁の「適法性」を確かめる権能を持つが、他方「精神異常者」として拘禁されるべきかどうかを決定するにあたって、国内当局が一定の裁量権を有することも認め、裁判所の職務は、当局の決定を条約に基づき審査することにあるとした。

　そのような原則を踏まえた審査の結果、当初の強制入院措置の条約違反は認められなかった。

　　(d) 「法律の規定する手続に従い」の意味と裁判所の役割

　「法律の規定する手続に従い」という要件は、国内法の関連手続を遵守することであるとし、国内法の無視は条約違反を含む。この点について、裁判所は一定の審査権を有し、これを行使しなければならない。しかし、国内当局は、国内法に関係した問題を解決するのに適しているので、国内法の解釈・適用は、第一次的には国内当局、とりわけ国内裁判所にゆだねられる。

　そのうえで、申立人の拘禁は、「法律の規定する手続に従い」なされたものとされた。

　　(e) 精神異常者の拘禁と治療への権利

　裁判所は、「治療への権利」論争を回避して、判断しなかった。

　　(3) 被拘禁精神病者の司法的解放決定手続への権利

　精神病者が強制入院させられた場合、退院は医師の判断にのみ委ねられるのがヨーロッパでも社会通念だったのかもしれない。しかし、条約5条4項は精神病者の拘禁にも司法的解放決定手続への権利が

保障されるし、前記判断のように、精神病観は時代により流動的である。本判決は、その手続的権利を確認し、具体的な条約解釈原則を確立した。詳細は判旨にあげたので、要点のみ解説する。

　　(a) 合理的間隔内の定期的な裁判所審査の必要性

　精神病者の拘束を正当化した原因は、病状次第でなくなることがありうるとの判断が重要である。だからこそ、当初の決定が国内裁判所でなされても、合法性の審査が合理的な間隔でなされることが必要とされるとされたのである。

　　(b) 審査機関

　司法的解放決定のための審査は、国内「裁判所」によってされる必要があるが、(i)国内「裁判所」の要件としては、行政府と事件当事者からの「独立性」が必要であり、(ii)国内「裁判所」手続は、自由剝奪の種類に適切な司法的性格を持たねばならず、(iii)被拘禁者は、国内「裁判所」へのアクセスを有し、かつ自ら、あるいは必要な場合には何らかの形式による代理人による、聴聞を受ける権利がある。

　本件では、国内「裁判所」での聴聞の権利が保障されていなかったところから、人権裁判所は条約5条4項違反があったと判断したのである。

　(4) 被拘禁精神病者の市民的能力喪失と裁判を受ける権利

　精神病者は、精神病院への入院（拘禁）により、自動的に無能力者となるのであろうか。ヨーロッパ人権裁判所は、判旨のとおり、これを否定し、画期的な判断を示した。

　裁判所の判決の要点は、(a)財産管理能力の剝奪は6条1項の「民事上の権利義務」の「決定」であり、(b)精神病者から財産管理能力を剝奪すべき場合も、6条1項の手続的保障は必要である。

　したがって、本件のように、精神病院への拘禁によって自動的に市民権を喪失する場合は、6条1項の違反となる。

　(5) 判決のオランダ国内法への影響

　オランダ議会は、裁判所が本件判決時には、関係法の改正を審議中で、その法案の目的は、精神医療

を受ける患者の地位を改善すること、拘禁に伴う手続上の人権保障を強化すること、病院内で患者をより自由にすることであった。

本件判決の後、友好的解決が成立し[7]、50条の公正な満足が得られたとして、1981年11月27日裁判所判決で本件はリストから削除された。しかし、本判決時にオランダ国会で審議中だった法改正は1992年に実現するまで13年を要した。そのため、オランダは、本判決後も人権裁判所から、Wassink判決（5条1項違反）、Koendjbiharie判決（5条4項違反）、Van der Leer判決（5条2項・4項違反）など条約違反の指摘を受けることになった[8]。

(6) 判決の世界的な影響

(a) イギリス法への影響

イギリスで精神保健運動に取り組んでいたL．ゴスティン弁護士（当時英国精神保健協会・MIND法律部長）は、本判決を援用してイギリスの精神保健法の退院制限命令制度が条約5条4項に違反すると主張してX対イギリス事件を提起し、1981年、裁判所での画期的勝訴判決[9]を勝ち取り、イギリス精神保健法改革に貢献した[10]。

(b) 日本法への影響

筆者は、1980年代日本の精神医療による重大人権侵害問題に取り組んだことがある[11]。「宇都宮病院事件」を野党（社会党）が国会で取り上げ、マスメディア（朝日新聞など）も大きく報道して社会政治問題化し、1984年国連での告発を経て、1987年精神衛生法改正が実現した[12]。その過程で、日本の精神衛生法制が国際人権（自由権）規約9条4項に違反するとの法的主張を主要な論争点とし[13]、規約9条4項がヨーロッパ人権条約5条4項と瓜二つだったことから、ウィンターウェルプ判決と上記X対イギリス事件判決をともに翻訳・出版・援用し、法改正論議の重要な資料として活用した。以後、ヨー

ロッパ人権裁判所判決を自由権規約の解釈根拠とする手法は珍しくなくなった。

(1) 筆者は、「精神病院への入院も拘禁である」と主張したが、「入院は治療であるから拘禁には当たらない」とする見解が人権派の弁護士の間でも有力だったところから、「ウィンターウェルプ事件」判決の研究・翻訳・出版（[参考文献] 参照）が必要となった。

(2) MENTAL ILLNESS, INDEX TO VOLUMES 1 AND 2, Graham Zellick (ed.), European Human Rights Report, Vol. 2. (以下2 E.H.R.R.のように引用する)

(3) 2 E.H.R.R., 387.

(4) Lawson & Schermers, Leading Cases of the European Court of Human Rights, 2nd ed., pp. 105-112.

(5) 欧米諸国では、20世紀前半精神病院への大量拘禁時代があったし、旧ソ連は精神医療の政治的乱用故に批判された。

(6) De Wilde, Ooms and Versyp v. Belgium [VAGRANCY CASES], 28 June 1971, Series A, no.12. など。

(7) Lawson & Schermers, op. cit., p. 110. 1981年10月友好的解決が成立、ウィンターウェルプ氏はホステルに入所し、オランダが同氏の後見人に10,000ギルダーを社会復帰費用として支払った。

(8) Lawson & Schermers, op. cit., p. 110.

(9) X v. the U.K., 5 November 1981, Series A no.46. 前掲『精神医療人権白書』に全訳。

(10) Lawson & Schermers, op. cit., pp. 110-111.

(11) 拙稿「犯罪行為をおかした精神障害者の処遇をめぐる歴史的な側面からの視点」日本社会精神医学会雑誌14巻3号（2006年）272-294頁。

(12) 拙稿「国際社会における人権活動」宮崎繁樹編『現代国際人権の課題』（三省堂、1988年）。1987年の改正によって精神保健法が制定され、1995年には精神保健福祉法へと変更された。

(13) 戸塚悦朗・光石忠敬・喜田村洋一「ヨーロッパ人権裁判所判決と精神障害者の人権——改革を迫られる日本の精神衛生法制」ジュリスト779号（1982年）。

[参考文献]

[1] 喜田村洋一・光石忠敬・戸塚悦朗・竹岡八重子訳「ウィンターウェルプ事件」全訳、第二東京弁護士会人権擁護委員会編『精神医療人権白書』（悠久書房、1987年）第6章。

33 弁護人依頼権
弁護人依頼権と起訴前の接見制限
―― ジョン・マーレィ判決 ――

北村　泰三

John Murray v. the United Kingdom
8 February 1996, Reports 1996-I（大法廷）

【事　実】

　英領北アイルランドでは、カトリック系住民とプロテスタント系住民との間で紛争が続いていた[1]。イギリス政府は、テロに対処するため非常事態特別法を施行して、テロ容疑者の取調べの際の黙秘権行使に対して有罪の推定をきたすこと、逮捕後48時間以内の弁護士との接見を制限する措置などを合法化していた。本件申立人 John Murray（以下、Xという）は、1990年1月7日に警察がベルファースト(Belfast)市内にある反英武装組織・アイルランド共和国軍(Irish Republican Army-IRA)[2]の関係施設を捜索したとき、警察への協力者とされる人物を監禁していた現場に居合わせたところを1989年テロ防止法[3]14節に基づいて現行犯逮捕された。逮捕後の警察による取調べ中にもXは自身の身元を明かさず、現場に居た理由を尋ねられても黙秘を通した。同時にXは、弁護士との接見を求めたが、1987年北アイルランド法（緊急条項）に基づいて、警察は破壊活動等の捜査のために必要な限りで逮捕後48時間以内の接見を不許可とする措置をとった[4]。すなわち、同法第15節(1)は、破壊活動条項に基づき警察勾留下にある者は、原則として弁護人との接見の権利が認められてはいるが、警察官は、被勾留者が弁護士との接見を求めた場合、接見の権利の行使が次の諸理由に該当するときは逮捕後最大限48時間以内の接見を禁止することができるとしていた。すなわち、(i)犯行に関する情報収集のため、テロ行為の準備または教唆への関与が疑われる場合、(ii)テロ行為を防止するため、(iii)テロの実行、準備または教唆に関連して逮捕、訴追または有罪の決定を維持することが困難をきたす場合、(iv)以上に該当すると信ずべき合理的な理由がある場合である。ただし、この禁止措置は、警視以上の地位にある警察官によって承認されなければならず、また被勾留者は禁止理由を告知される。

　Xは、48時間の経過後、弁護人と接見したときには、黙秘を継続するよう助言され、裁判中も黙秘を通した。その結果、黙秘権の行使が有罪の推定を生じさせると定める北アイルランド刑事証拠令(Criminal Evidence Order)に基づき不法監禁幇助および教唆の容疑により8年の拘禁刑を宣告された[5]。

　そこでXは、上記関係法の規定は、黙秘権の行使が自己負罪(self-incrimination)を導く点において無罪の推定を受ける権利（ヨーロッパ人権条約〔以下、条約〕6条1項および2項）に違反するとともに、弁護人との接見の権利を保障している条約6条1項および同3項(c)に違反するなどと主張してヨーロッパ人権委員会（以下、人権委員会）に申し立てた。他にも、イギリスのイングランド、スコットランドおよびウェールズとは異なり北アイルランドでは取調べ時の弁護人の立会いが認められない点で条約14条（法の下の平等）に違反するとも主張した。

　これに対してイギリス政府側は、ア)接見の権利の行使がテロの実行に関する情報収集の障害となること、イ)かかる行為の防止を困難とさせると信ずべき合理的な理由が存在していたこと、およびウ)条約6条に基づき接見の権利の侵害を訴えるためには逮捕後、48時間以内の接見制限によって実際の不利益が生じたことを立証する必要があるが、申立

人はその点を十分に立証していないこと、などの諸点を主張した。

　人権委員会は、申立を受理して、黙秘権の行使が有罪の推定を結果させる点で無罪の推定を受ける権利を侵害するという主張については条約違反としなかったが、弁護人との接見制限については、条約6条3項(c)との関連において同条1項に違反するとの意見を公表した。その後、本件はヨーロッパ人権裁判所（以下、人権裁判所）に付託された[6]。

　本件では、無罪の推定を受ける権利に関する問題と被疑者の弁護人の援助を受ける権利に関する2つの争点があった。人権裁判所は、大法廷において評議し、判決では前者については、状況からみて条約違反を認めなかったが、後者については条約6条3項(c)および同条1項に違反するとした。その際、問題となるのは、この権利が逮捕後のいつの時点から発生するか、特に警察の取調べの段階（被疑者段階）から適用するかどうかである。イギリス政府は、被疑者段階から適用することについては真正面から争わなかったが、48時間の接見の禁止が申立人の防禦権に対して不利に作用したわけではないので条約違反はないと主張した[7]。

【判　旨】

(1)　黙秘権について

　「条約6条に明記されていないけれども、警察による取調べの際に黙秘権が存在し、また自己負罪（を拒否する）権利は、一般に認められた国際法の基準であり、条約6条の下での公正な手続の保障の概念の中心に位置している。これらの権利は、当局による不当な強制から被疑者を保護する手段を与えることによって、誤判を避け、かつ6条の目的を確保するのに貢献している。」(§44)

　「当裁判所の所見では、上述のような申立人に対する証拠の重大性を考慮するならば、同人が逮捕時、警察の取調べ時および裁判を通じて、現場に居合わせたことの説明を拒否している点から（有罪の）推定を下すことは、一般にありうることであり、不公正または不合理であるとは思われない。」(§54)

(2)　弁護人の援助を受ける権利

　当裁判所は、テロリスト容疑者に限って逮捕後48時間にわたって弁護人との接見禁止を認める北アイルランドの緊急特例法が、条約6条3項(c)との関連において同1項に違反すると判断をする。

　「6条（特に3項）は、警察による初期の取調べの段階で、条約の規定に従わなかった場合には公正な裁判が重大な危険に直面するという限りにおいて、起訴前にも関連性を有しうる。」(§62) また、特に「警察による取調べが事後の刑事裁判手続における今後の弁護方針に決定的な影響を与える場合には、国内法が被疑者(accused)[8]の態度に対して（有罪の）推定を認めることがある。そのような場合、6条は、被疑者が既に警察の取調べの初期段階で弁護人の援助を求める機会を与えられるべきことを認めている。ただし、この権利は、条約中に明示的に定められていないので、十分な理由がある場合には制限に服させることができる。個別具体的な状況において、十分な理由があるかどうかを検討しなければならない。問題は、手続全体に照らしてみて、公正な裁判を被疑者から奪ったかどうかである。」(§63)「本件では、逮捕後48時間にわたる警察勾留中に弁護士への接見（アクセス）の権利が北アイルランド法の下では（同法では、弁護士へ接見の権利の行使が、テロ行為の実行に関する情報の獲得に影響を与えるかまたはそのような行為の防止を困難とさせると信ずべき十分な理由がある場合には）制限される。」(§64)

　申立人が接見を制限されたことについて訴訟を提起してまで異議を主張しようとしなかったし、接見制限は法律に従った措置であることを疑うべき理由はない。しかし、「そのことは考慮すべき重要な要素ではあるが、法律に従って行われた制限であっても、ある種の状況では、被疑者から公正な審理の機会を奪うことがある。」(§65)。

　「当裁判所は、当該命令に定められた制度の下では、被疑者が初期の警察による取調べ段階において弁護人に対する接見の権利を有することは、防禦権

にとって最高の重要性を持つものであると考える。このような事情の下では、当該命令の下で被疑者は、自己の弁護に関して深刻な窮地に陥ることになると思われる。もし黙秘を通そうとするならば命令の規定にしたがって不利な推定を招くことになりうる。他方で被疑者は、黙秘を止めても、必ずしも自己にとって不利な推定をきたす可能性を排除することができないので、防禦の機会を損なう危険を冒すことになる。このような条件の下では6条に含まれる公正（fairness）の概念により、被疑者は、警察の取調べの初期段階から弁護人の援助を受ける利益を有することが求められる。したがって、逮捕後48時間以内の警察による取調べの間、弁護人との接見を拒否することは、そのような拒否の正当化理由がいかなるものであれ、条約6条に基づく被疑者の権利と一致しない。」（§66）

結論として、「黙秘権の行使が有罪の推定を結果的に導くという点については6条1項違反は認められない。」（14対5）。しかし、「逮捕後48時間にわたり弁護人との接見を認めなかったという点において、条約6条3項(c)に違反する。条約6条3項(c)との関連において6条1項の違反があった。」（12対7）[9]

【解　説】

(1)　判決の意義・特徴

(a)　弁護人の援助を受ける権利と接見交通権

刑事手続においては、当事者対等の原則に基づき、捜査機関側に対して被疑者・被告人の権利を擁護するとともに、公正な裁判を実質的に保障するためには、弁護人の援助を受ける権利を保障することが不可欠である。ヨーロッパ人権条約6条3項(c)では、弁護人の援助を受ける権利について、「直接にまたは自ら選任する弁護人を通じて防禦すること。弁護人に対する十分な支払手段を有しないときは、司法の利益のために必要な場合には無料で弁護人を付されること」を定めている。そこでは、①自ら弁護を行う権利、②私選弁護人を依頼する権利、③無料の弁護人を依頼する権利の3点が保障されている[10]。

同項には、自由権規約14条3項(b)のように「弁護人と連絡する」権利を明示的に含んでいないが、従来の判例法によって、弁護人との接見交通権が6条3項(c)に含まれることが確認されている[11]。

本件判決は、取調べ時に被疑者に対して黙秘権の制限が認められているような状況において、接見の重要性を強調したものである。すなわち、警察による取調べの段階で得られた供述が、後の公判段階において証拠能力を認められるような法制度をとる場合には、警察による取調べの段階から一連の手続的保障が確保されなければならず、北アイルランド法のように（他のイギリスの地域と違って）取調べ時の弁護人立会い権の保障を欠き、しかも黙秘権の行使が有罪の推定を導くという制度をとるような場合には、公正な裁判を担保するためにも接見の権利が重要だとした。

(b)　被疑者段階における弁護人の援助

犯罪容疑により身柄を拘束された者に対しては、公正な裁判の保障の要請からみて、可及的かつ速やかに弁護人となるべき者へのアクセスが保障される必要がある。換言すれば、逮捕後の被疑者段階から弁護士との接見交通権が確保されることが弁護人依頼権の実現にとって前提となる。本件判決の意義は、起訴前の被疑者段階において弁護人との接見の権利が認められることを確認し、かつ逮捕後、48時間以内に限定した弁護人との接見禁止措置でも条約6条3項(c)に違反すると明言した点にある。Can v. Austria[12]などの従来の判例でも接見の権利が被疑者段階から保障されることを述べた判例は存在していたが、本件では、テロ対策という根拠を示した明白な国内法によって接見の制限を合法化していたにもかかわらず、それが条約違反と判断されたところに意味がある。

イギリス選出のFreeland卿を含む7名の裁判官の反対意見は、警察による初期の取調べの段階から弁護人の法的援助を得る権利が保障されることについて異論を主張したわけではない。その趣旨は、本件において接見禁止措置が申立人にとって実際に不

利益に作用したことが証明されなければならないとし、申立人はその点について十分な主張をしていないという点にあった(13)。多数意見は、接見禁止が実際に不利益に作用したかよりも、公正な裁判の確保にとって接見交通が果たす役割の重要性を考慮したものと思われる。

(2) 主要論点の解説

(a) 接見の制約理由

条約6条3項(c)は、接見の権利を明文上規定していなくても、黙示的に保障していると解釈されているので、この権利は絶対的権利ではなく十分な理由がある場合には制約が可能であるとしている。そこで、十分な理由とは何かが問題となる。北アイルランド法でも原則的には逮捕直後からの弁護人との接見交通が認められているが、テロ容疑者については例外的に48時間以内の接見禁止を可能としていた。政府は、その接見禁止の基準が明確であり、かつ情報収集という合理的理由に基づくものであるから条約に違反しないと主張した。また、同法でも48時間経過後には、原則が優先されることになり、また接見を遅らせる場合にも具体的な手続要件を定めていた。こうした政府側の主張を斥けて、条約違反の認定を導いた背景には、被疑者と弁護人との接見の権利が人権条約の枠組みを超えてより広く妥当する国際人権法の基準であるという認識があると考えられる。

(b) 黙秘権と自己負罪

申立人は、黙秘権の行使が有罪の推定を招くという点で人権条約に含まれる黙秘権を侵害していると主張した。実際上は、自由権規約14条3項(g)が黙秘権について、「自己に不利益な供述又は有罪の自白を強要されない」と定めているのに対して、人権条約には同様の規定を欠いており、また有罪の合理的理由があるので、政府側は黙秘権の侵害はないと主張した。

人権裁判所は、黙秘権それ自体は条約中の明文規定が不在であるにもかかわらず、6条の公正な裁判の要請を担保する仕組みとして、条約上保障される権利に含まれると解釈した。しかしながら、黙秘権の行使が自己負罪を結果させる制度については条約違反とせず、また弁護人の取調べ立会い権の否認が人権条約違反にあたるか否かの点については判断を回避した。多数意見では、黙秘権の存在が認められるにもかかわらず、申立人が現行犯逮捕された状況からみて、有罪の推定に合理的な根拠があることを認めたものである。これに対して、アイルランド選出の裁判官を含む5名の裁判官は、黙秘権の行使によって有罪の推定を招く北アイルランド法が条約6条に違反するとの意見を述べた(14)。

(c) 判決の履行

本件判決を受けて、1998年12月にイギリス政府は、国内の検察、警察当局に対して指針（guidance）を発して、被疑者が警察で取調べを受けるよりも前に弁護士との接見機会を認めるよう指示し、また、接見禁止期間中の取調べにより有罪の推定を導く場合には、接見の機会を認めた後に再度、取調べを行うように指示した。また、弁護人との接見が認められる以前に黙秘権の行使により有罪の推定を導くことのないようにも指示した。ヨーロッパ評議会閣僚委員会は、これらの情報を受けて判決の履行を確認した(15)。

(3) 弁護人依頼権に関する判例法の展開

(a) 実効的権利としての弁護人の援助

弁護権に関する人権裁判所の判例のうち、6条3項(c)の解釈に関する先例としては、Artico v. Italy が挙げられる。本件はイタリアの破毀院における手続において国選弁護人が辞任した後に他の弁護人が選任されなかったことにつき6条3項(c)の違反を申し立てた事案である。人権裁判所は、この権利が「実際的かつ実質的な権利」であることを強調して、6条3項(c)では弁護人の単なる指名だけでは実質的な援助にならないと指摘することによって、本号が締約国に対して弁護人を選任する積極的な義務を課していると判示した。

実効的な弁護の権利は、提供される弁護の質も問題となりうる。この点に関連して Kamasinski v.

Austria では、弁護人の英語能力が不十分であるために十分な弁護を受けることができなかったと主張したが、人権裁判所は、国は弁護人の能力の不足についてまで責任を負う訳ではないとして、条約違反を否定した[16]。

弁護士費用の支払能力のない者に対しても実効的な弁護を受ける権利を保障するためには、無料で弁護人を選任される権利が確保されなければならない。人権裁判所は、Quaranta v. Switzerland[17] において、被疑者・被告人に十分な支払手段がない場合には、司法の利益に鑑みて無料の弁護を受ける権利が保障されるとして、6条3項(c)の違反を認めた。

(b) 接見交通の秘密性

人権条約では、接見交通権の秘密性については直接の規定がないが、公正な裁判の要請および当事者対等の主義の要請により、被疑者・被告人と弁護人との接見交通は秘密性が保たれなくてはならないであろう。この点に問題となったケースとして、S v. Switzerland がある[18]。人権裁判所では、予審段階での被疑者と弁護士との接見の際に警察官の立会いを条件とするスイス法が条約違反であると判示した。

(c) 起訴前段階からの接見の権利

前述のように接見の権利が、人権条約では明示的に含まれていないが、Can v. Austria は[19]、起訴前の秘密交渉権を確認した判例である。Can 氏は放火の容疑で逮捕されたが、罪証隠滅の恐れがある場合には、起訴前の弁護士との接見には裁判所の係官の立会いを条件としていた点を条約違反であると主張して争った。人権委員会は、接見の権利が起訴前の被疑者段階でも保障されるとし、その保障を欠くオーストリア法が条約6条3項(c)に違反すると見解を示した[20]。その後、オーストリアが人権委員会の意見を受け入れて国内法を改正したので、和解が成立した。

人権裁判所は、J. Murray 判決では、逮捕後48時間の接見禁止が条約違反に当たるとしたが、起訴前のいつの時点から接見交通権が保障されるべきかという問題がある。後の判例では24時間以内の接見制限も条約違反とされている。Averill v. United Kingdom[21] で申立人は、1994年4月24日に殺人容疑により逮捕、勾留され、逮捕後24時間を経過するまで弁護士との接見が認められなかった点について条約違反を主張した。人権裁判所は、全員一致により、黙秘権の行使が自己負罪を招くような状況においては、6条3項(c)との関連で6条1項の違反があると判示した[22]。ただし、接見の権利は逮捕直後においては絶対的に保障されている訳ではない。人権裁判所は、Brennan 対イギリス事件において逮捕後24時間が経過するまでの間、接見が禁止されていても、黙秘権を行使することによって自己負罪を招く状況にはなかった場合には、6条3項(c)に違反しないと判示している[23]。

(d) 刑務所の懲戒手続における弁護士の援助

受刑者が、刑務所内での懲戒処分事案が審議される場において弁護士の援助を申請した場合に、刑務所長がこれを認めず、その結果、不利益な処分を受けたことを6条3項(c)違反であると主張した事件において、人権裁判所は、6条3項(c)の違反を認めた（Ezeh and Connors v. the United Kingdom）[24]。本件では、処分が国内法上の懲戒処分であるか否かにかかわらず、条約の自律的な意味において「刑事上の罪を問われた者」であるならば、弁護士の援助を受ける権利の保障が及ぶとされた。

(4) わが国国内法への示唆

(a) 接見指定制度

わが国では、弁護人等が被疑者等との接見交通を求めた場合に、検察官、検察事務官または司法警察職員が「捜査のための必要」があると判断したときは、弁護人等に対して接見できる日時・場所・時間等を指定し、接見交通権を制限することができるという接見指定制度がある。接見指定制度が憲法適合的であるかどうかが争われた事件で、最高裁は憲法と適合すると判示した[25]。今日では、一般指定制度こそ行われなくなったが、罪証隠滅の恐れがある場合や取調べの予定がある場合など状況次第では接見の制約も認められるとの判例がみられる。他方で、

わが国の法制下でも、取調べ時の弁護人立会権が認められておらず、また捜査段階の供述が公判において証拠となる。また取調べ調書の開示請求権も保障されていない。北アイルランド紛争が絶え間ない時代状況においてでさえ接見制限を定める法が人権条約に一致しないと判断されたことを考えるならば、わが国でも弁護人依頼権を定める自由権規約14条3項の規定の趣旨を踏まえて接見制限の理由は厳格に解釈すべきであろう。

判例では、被疑者の逮捕直後に弁護士から初回の接見の申出を受けた警察署側が、弁護士と協議する姿勢を示すことなく一方的に翌日に接見を指定したことについて争った事件において、第1審と控訴審では原告の訴えを認めなかったが、最高裁は、警察のこの措置が国家賠償法1条1項にいう違法な行為に当たると認定した例がある[26]。逮捕直後の初回の接見の重要性を認めた判例として評価できる。ただし、本件でも、接見指定制度が自由権規約14条3項に違反するという主張は斥けられた。

(b) 起訴前段階への公的弁護制度の導入

刑事司法の公正さのためには、逮捕後の被疑者段階から実質的に弁護を受ける権利を保障する必要がある。わが国では従来、被疑者段階では、弁護人選任権は認められるものの国選弁護人は被告人となった後に選任されるので、資力のない者が被疑者の段階から私選弁護人を選任するのは事実上困難であった。そこで1990年代より全国各地の弁護士会において最初の接見のみを弁護士会の負担とする当番弁護士制度が運用されてきたが[27]、裁判員制度の発足を控えて起訴前の被疑者段階における弁護体制の充実は喫緊の課題とされ、2004年に「刑事訴訟法の一部を改正する法律」が成立した。これにより、重要事件については被疑者段階からの公的弁護制度が創設されることになった[28]。被疑者段階の国選弁護制度は、段階的に適用されることになり、第1段階（2006年）では、死刑または無期もしくは短期1年以上の懲役もしくは禁固にあたる事件が対象となった。2009年よりの第2段階においては、窃盗、傷害、業務上過失致死、詐欺、恐喝などにも拡幅して適用される。国際人権法の視点からも一歩前進である。今後は、制度の運用においても公正な裁判の実現のために被疑者・被告人の実効的な弁護権の保障を進めていくことが求められている[29]。

(1) 北アイルランド紛争については、ポール・アーサー、キース・ジェフリー著、門倉俊雄訳『北アイルランド現代史——紛争から和平へ』（彩流社、2004年）参照。

(2) IRAは、イギリスによる北アイルランドの支配に反対し、アイルランド共和国との統合を推進しようとするカトリック教徒派の武装組織である。イギリス、アイルランドにおいても非合法組織とされていた。1998年4月10日の北アイルランド紛争の和解協定（ベルファースト協定）によって和解合意がなされた。David Trimble, Belfast Agreement, The Analysis of the Northern Ireland Peace Agreement, Fordham Int'l L. J, vol. 22 (1998-1999) p. 1145; John Hume, Ireland - The Healing Process Analysis of the Northern Ireland Peace Agreement, Ford ham Intel L. C., vol. 22 (1998-1999) p. 1136.

(3) Prevention of Terrorism Act 1989の条文はOffice of Public Sector Informationの次のウェッブ・サイトを参照。http://www.opsi.gov.uk/ACTS/acts1989/Ukpga_19890004_en_1.htm

(4) 1987年北アイルランド法の概要については、D. J. Jackson, Northern Ireland (Emergency Provision) Act 1987, Northern Ireland Legal Quarterly, vol. 39 (1988), p. 235. 同法に対する批判的検討については、Raymond J. Tony, English Criminal Procedure under Article 6 of the European Convention on Human Rights: Implication for Custodial Interrogation Practices, Houston Journal of International Law, vol. 24 (2000-2001), pp. 411.

(5) Criminal Evidence (Northern Ireland) Order 1988では、被告人が証言を行うために裁判所に召喚された後に、宣誓を拒否しまたは宣誓後に証言を拒否した場合には、裁判所または陪審員は、被疑者が有罪であるか否かを決定する際に、証言拒否が被告人に対して提供された不利な証拠の確証として扱うことができると定めていた。同法の関連条文は、判決の§27に詳しい。

(6) Martin S. Flasherty, Interrogation, Legal Advice, and Human Rights in Northern Ireland, Columbia Human Rights Law Review, vol. 27-1 (1995).

(7) Judgment of the Court, §44.

(8) "accused" の訳語としては、「被疑者」、「被告人」の両方がありうるが、本記事においては、文脈からみて被疑者とした。

(9) なお、Xは警察の取調べの際に弁護人立会権が認め

られていないのも条約違反であると主張していたが、判決では、接見の拒否に問題を絞って検討し、立会いの権利については踏み込んだ判断をさけた。

(10) Pakelli v. Germany, Series A no. 64, 25 April 1983.

(11) 例えば、Imbrioscia v. Switzerland, 24 November 1993, §36, 17 EHRR 441.

(12) Jugdment of 30 September 1985, Series A no. 96, HRLJ., vol. 7 (1986) pp. 111-116.

(13) See, Joint Partly Dissenting Opinion of Judges Ryssdal, Matscher, Palm, Foighel, Sir John Freeland, Widhaber and Jungwirt.

(14) See, Partly Dissenting Opinion of Judge Pettiti, Joined by Judge Valticos. Also see, Partly Dissenting Opinion of Judge Walsh, Joined by Judges Makarczyk and Lohmus.

(15) Committee of Ministers, Interim resolution DH (2000) 26, 14 February 2000.

(16) Stephanos Stavros, The Guarantees for Accused Persons under Article 6 of the European Convention on Human Rights, Nijhoff (1993).

(17) 24 May 1991, Series A no. 205, §§33-34.

(18) Judgment of 28 November 1991, Series A no. 220. EHRR, vol. 14 (1992) p. 670.

(19) *Supra* note, 11, pp. 111-116.

(20) 北村泰三『国際人権と刑事拘禁』(日本評論社、1996年) 131頁。Stephan Trechel, Human Rights in Criminal Proceedings, Oxford (2005) p. 279.

(21) Averill v. the United Kingdom, Judgment of 6 June 2000, EHRR, vol. 31 (2001) p. 839.

(22) Magee v. the United Kingdom (Judgment of 6 June 2000, EHRR, vol. 31, p. 35) において、人権裁判所は、自白の任意性に関する国内裁判所の事実認定を問題とする訳ではないが、同時に、申立人は、48時間以上にわたって弁護士による法的援助を奪われ、勾留後の24時間が経過するまでに得られた陳述が起訴状の中心をなしており、有罪判決の基礎となっている点に留意した。これらの事情により、弁護士との接見の拒否に関して、条約6条3項(c)の弁護人の援助を受ける権利とともに同1項の公正な裁判に対する権利の保障を侵害すると結論した。

(23) Brennan v. UK, Judgment of 16 October 2001, §48.

(24) Ezeh & Conners v. the United Kingdom, Judgment of 9 October 2003, 39 EHRR 1.

(25) 安藤・斉藤事件、最判1998 (H 11) 年3月24日、民集53巻3号514頁。柳沼八郎・若松芳也編著『新接見交通権の現代的課題——最高裁判決を超えて』(日本評論社、2001年)。

(26) 最判2000 (H 12) 年6月13日、民集54巻5号1635頁。判例時報1721号60頁。判例タイムス1040号113頁。後藤昭「逮捕直後の初回の接見申出に対する接見指定」『平成12年度重要判例解説』(ジュリスト臨増1202号) 178-179頁。

(27) 東京弁護士会編『実践刑事弁護(当番弁護士編) 新版』(現代人文社、2006年)。竹之内明「当番弁護士制度の到達点と課題」自由と正義49巻2号 (1998年) 24-39頁。

(28) 岡慎一「被疑者に対する公的弁護制度の対象事件」刑事弁護33巻 (2003) 64-69頁。高田昭正「被疑者国選弁護制度と刑事弁護」法律時報76巻10号 (2004年) 46-51頁。

(29) 被疑者国選弁護の法制化の一方で、代用監獄については、2006 (H 18) 年の刑事施設及び受刑者の処遇等に関する法律の成立以後も維持されることになった。刑事立法研究会編『代用監獄・拘置所改革のゆくえ』(現代人文社、2005年)。

[参考文献]

[1] Ralph Crawshaw and Leif Holmström, Essential Cases on Human Rights for the Police, Martinus Nijhoff (2006).

[2] Brice Dickson, The Right to Silence and Legal Advice under the European Convention, European Law Review, vol. 21 (1996) p. 424.

[3] Roderick Munday, Inferences from Silence and European Human Rights Law, Criminal Law Review, June Issue 1996, p. 370.

[4] Kevin Kerrigan, The Right to Fair Trial, Murray v. United Kingdom, Journal of Criminal Law, vol. 1 (1996) pp. 163-171.

[5] Alastair Mowbary, Cases and Materials on the European Convention on Human Rights, Oxford (2004), pp. 293-302.

34 無料で弁護人の援助を受ける権利
刑事上訴審において無料で弁護人の援助を受ける権利
——パケリ判決——

山口　直也

Pakelli v. Germany
25 April 1983, Series A no. 64

【事　実】

ドイツ在住のトルコからの移民労働者本件申立人Pakelli（以下、Pとする）は、1974年5月7日に薬物取締法違反の容疑で逮捕され、同年9月4日に、弁護人Wが公選弁護人に選任されている。刑事第1審公判が区裁判所で1976年4月7日に開始され、同年4月30日に薬物取締法違反および脱税の罪で2年3ヵ月の実刑判決を言い渡されている。

Wは1976年5月3日に法令違反を理由に上訴を申し立てた。同年8月5日付の上訴理由書によれば、本件は、ドイツ刑事訴訟法146条が規定する「同一弁護人による複数被告人の弁護禁止条項」に触れるというものであった。すなわち、本件で裁判所が認定した事実に基づけば、Pの共犯者とされる人物Xの弁護をW自身がつとめたことがあるというものであった。

1976年10月22日に連邦検察官は、同一弁護人であるWによって申し立てられた上訴は、それ自体が認められないとする意見書を裁判所に提出した。そこで、1976年11月19日には、Wの同僚弁護士Rが、新たに上訴を申し立てている。1977年1月26日のRの申立書では手続的瑕疵のみが主張され、共通の弁護人に頼ることは被告人双方の利益に反するとされている。

連邦検察官の申請に基づいて、連邦裁判所は、1977年11月29日に審理を開くことを決定した。Rおよびトルコに帰国していた依頼人Pは、10月17日にそのことを知らされている。Rは、1977年10月24日に、11月29日に開かれる審理の公設弁護人として選任するように裁判所に申請した。しかし、連邦通常裁判所刑事第1法廷の裁判長は申請を認めなかった。裁判長の見解によれば、被告人Pはすでに自由の身になっているので、法令違反上訴審で公的弁護人の選任ををうける資格がないというものである。当該手続段階では、上訴人自ら出廷して弁護する権利か、あるいは弁護人によって弁護してもらう権利のいずれかしか法的要件にはなっていないのである（刑事訴訟法350条(2)(3)）。

Rは、1977年11月7日付の異議申立書で、連邦憲法裁判所判例を引用しつつ、「重大な事件」の法的問題点を争った上訴審の審判で、上訴者が自ら弁護人を選任する経済的余裕がない場合には法的援助者がつけられなければならないと主張した。そしてPの事件がまさにこの状況にあてはまるので、Pに経済的余裕がないことを実証するために、その資産内容の詳細を提供する準備があると主張した。

1977年11月10日に連邦通常裁判所刑事第1法廷の裁判長は、公的弁護人の選任を認めないことを確認した。そして、1977年11月29日の審判は申立人および弁護人R不在の下で開かれ、裁判所は報告官（裁判官）および連邦検察官の意見を聞いたうえで即日上訴を棄却している。

その後、今度は、Wが、1978年1月に連邦憲法裁判所に基本法1条、2条、3条、6条、20条および103条1項違反を理由に新たに上訴を申し立て、Pの財産目録の詳細を示す準備があるのでPに無料で弁護人を選任すべきことを要求した。連邦憲法裁判所は、1978年5月10日に、3人の合議体による決定において、連邦通常裁判所刑事第1法廷裁判長

の決定は何ら恣意的ではないと認定し、本件が連邦憲法裁判所判例で国選弁護人をつける要件とされた「重大な事件」には該当しないとしたのである。そのうえで、Pはドイツ連邦共和国内に留まり得たこと、連邦通常裁判所の審理に出席できる権利が保障されていたこと、そして、必要な場合には通訳の援助を受けることができたことを確認したのである。

その後、Pは、1978年10月5日にヨーロッパ人権委員会に、ヨーロッパ人権条約（以下、条約とする）6条1項および3項(c)号違反を申し立てた。その主張の骨子は、自ら弁護人を雇う経済的余裕も手段もなかったこと、司法の利益の観点から連邦通常裁判所の公判において無料で弁護人の選任を受ける権利があったことの2点である。委員会は、1980年5月16日に、1979年9月9日付の財産申告書に基づいてPに無料で弁護人を選任する権利を認めている。1981年12月12日の報告において、委員会は全員一致で、申立人は条約6条3項(c)号違反の被害者であると表明し、11対1で条約6条1項の意味での公正な裁判を受ける権利を侵害されているか否かを決定する必要はないとしたのである。

これを不服として、ドイツ政府は、「申立人の事例は条約6条3項(c)号および1項違反ではないと認定すること」を人権裁判所に主張した。1982年5月、ヨーロッパ人権委員会およびドイツ政府は人権裁判所（以下、裁判所とする）に本件を付託した。

【判　旨】

(1) 6条3項(c)号違反について

本裁判所は、条約6条3項(c)号が、刑事的告発を受けた者が、自分自身で防禦する権利、自ら弁護人を選任して弁護してもらう権利、条件を満たす限り、無料で弁護人の援助を受ける権利の3つの権利を保障していることを条約正文（仏語）によって確認する。

そして、当該被告人がもし弁護人を雇う経済的余裕がない場合には、司法の利益が許す限りにおいて、無料で弁護を受けることができるものとする。本件申立人Pについては、ドイツ法がP自身による通常連邦裁判所への出廷を許しているが、それだけではなく、Pは条約6条3項(c)号に規定された条件（(a)経済的余裕の欠如および(b)司法の利益の存在）が満たされる限度において法的援助を求めることができる。

(a) 法的援助者を雇うための経済的余裕が欠如していたか

1977年当時にPが弁護人を雇う経済的余裕がなかったことを現在証明することは事実上不可能である。もっともPが1976年にトルコ本国に帰る前の2年間をドイツ連邦共和国の拘禁施設で過ごしたということに注目しなければならない。さらにPは1979年に委員会に対して、権限あるトルコ当局を通じて財産目録およびその証明書を提供しており、後者の証明書はPが前年に課税申告した際の財産・収入に関する申告に基づいて作成されたものである。これらの文書からPは小規模な商売をしていて質素な暮らしぶりであったことがわかる。さらにこれらの情報はドイツ政府によっても争われておらず、このことが委員会がPに無料で法的援助を認めるべきであるとした結論の根拠である。

これらの詳細によって申立人が裁判当時貧困であったこと証明するのに十分であるとは言えないが、P自らが財産がないことを証明するために連邦通常裁判所に申し出ていること、そしてこれに反対する明確な指摘がなかったことを考え合わせると、それらによって本裁判所は条約6条3項(c)号の最初の条件(a)が満たされると考える。

(b) 司法の利益が存在するか

ドイツ刑事訴訟法146条に規定される「共通弁護人による利益相反弁護の禁止」の法的解釈をめぐる議論において、P自身が法廷に現れることでは、弁護人不在の埋め合わせにならないことは言うまでもない。法律実務家の援助なくしては、Pは問題となっている法的論点についての議論で有益な主張を展開できるはずもないのである。本裁判所はこの点について委員会と同意見である。

最終的に判断すると、本件における上訴手続は、

いずれの段階においても両当事者の参加の下で行われたものではなかった。書面審査の段階においてさえ、検察官のみがP（Rが弁護中）による上訴申立に対応して、意見を述べただけである。連邦検察官については、上訴手続におけるその明確な役割も考慮することなく、ドイツ法は上訴者がその意見に反論することさえ許していない（刑事訴訟法349条3項）。したがって、連邦裁判所が審理を開かない決定をした場合は、連邦検察官が提出した意見書の写しが申立人に送達され、申立人はそれを検討して2週間以内に返答する機会が与えられるだけである。

しかし、検察官の主張に反論する機会は、審理が開かれたうえでPに与えられるべきである。連邦通常裁判所は、Pに弁護人を選任する機会を与えないことによって、口頭弁論手続の中で事件の帰趨に影響を与える主張を行う機会をPから剥奪し、結局、書面審査による手続を受けるに止まらせている。

このような状況の中で、本裁判所は、司法の利益の観点から申立人は連邦通常裁判所の審理において法的援助者の弁護を受けることが要請されると思料する。

結論として、本件においては条約6条3項(c)号の違反がある。

(2) 条約6条1項違反について

6条1項の「公正な審判」は、6条3項(c)号違反の内容に評価され尽くされているので、あらためて検討する必要性はない。

(3) 条約50条の適用について

国側は申立人に対して、訴訟費用および支出総額として668.96ドイツマルクを支払うよう命じる。

【解　説】

(1) 判決の意義・特徴

本件においてドイツ政府は、申立人Pは上訴審において法的援助がいなくても自分自身で防禦できたのだから問題がないと主張している。しかし、人権裁判所は、特に法律問題が議論される上訴審においては、法律実務家である弁護人の法的援助なくしては、条約6条3項が規定する弁護人依頼権[1]を保障したことにはならないことを明確に認めている。そして、本件のように、自らの資力で私選弁護人を雇うことができない申立人に対しては、無料で法的援助が保障されなければならないとしたのである。

本判決では、法令違反等の法解釈問題が論点になる場合が多い上訴審においては、被告人自らが防禦することは現実的ではなく、自らが私選弁護人を選任して効果的弁護を受ける権利の重要性を強調したものである。そして、そのような効果的弁護を受ける権利が、私的財産の有無で制約されることはないはずであるから、国は私選弁護人と同様の効果的弁護を行ってくれる弁護人を無料で被告人に選任する義務があることを明確にしている。その意味で、本件は、無料で弁護を受ける権利のみならず、条約が保障する弁護人依頼権の本質論に言及した画期的判例である。

(2) 弁護人依頼権の保障

判決においても触れられているとおり、6条3項では、刑事告発（criminal charge）[2]を受けた者が、①自分自身で防禦する権利、②自ら弁護人を選任してその援助を通じて弁護してもらう権利、③条件を満たす限り、無料で弁護人の援助を受ける権利の3つが保障されている。この権利を保障する目的は、刑事的告発を受けた者が実際に効果的な弁護を受けることである[3]。この権利は、被告人だけではなく、刑事訴追を受ける前の段階、すなわち未決拘禁段階の被疑者についても手続の公正の観点から保障されるのは言うまでもない[4]。基本的には、①でなければ②が保障され、②ができないのであれば③が保障されるという関係にある。①と②は選択的な権利であり（"or"の関係で結ばれる）、②と③は並列的な権利（"and"の関係で結ばれる）である[5]。もっとも①と②が選択的といっても、刑事訴追を受けた者が全くの自由意思で選択できるわけではない。裁判所が独自に司法の利益の観点から弁護人の援助を必要的と判断する場合もある。

①に関して言えば、裁判所は、上訴審と第1審の

裁判手続を区別して考えている。第1審における被告人の防禦は被告人自身が出廷して行うことが重要であることは言うまでもない。したがって軽微な事件などでは自らの反論によって防禦することも選択できる。しかし、法的問題が議論の対象になる上訴審の場合には、むしろ弁護人の出廷の方が重要であるので、基本的には②の権利を行使することになる(6)。この点は、本件においても同様の考え方に基づいている。

②に関して裁判所は、被疑者・被告人に加えて、受刑者であっても、刑務所における懲罰手続に関する巡視委員会の聴聞で、自らが選任にする弁護人と十分な打ち合わせの時間を保持したうえで(6条3項(b)号)、聴聞に同席して弁護してもらう権利があることを認めている(7)。この点に関して本件は、Pが連邦通常裁判所における手続で弁護人を選任する権利が保障されなかったことは、まさに自らに関する重大事を決定する裁判であるにもかかわらず、弁護人の援助を実質的に受けられなかったので条約違反があるとしたのである。ここでの含意としては同時に6条3号(b)号違反も指摘しているものと思われる。

③に関しては、弁護人依頼権を実質化するために必要不可欠な権利であると理解されている。②との関係で言えば、自分で国選弁護人を選任する権利まで含意していると考えることもできる(8)。そして、この権利は、2つの条件が満たされた場合に行使できるとされている。1つは刑事的告発を受けた者に弁護人を雇う十分な資力がないということ、そしてもう1つは、国が弁護人を選任する「司法の利益の要請」が存在するということである。

前者については、問題の性質上、個別的な判断にならざるを得ない。条約はこれについての客観的基準を設けていないし、判例によっても個人資産の基準の目安が蓄積されているわけでもない(9)。本件において、申立人に資力が欠けることをうかがわせる事情は、申立人本人が自国の関係機関が作成した所得証明書および財産目録を裁判所に提出する用意があったという点である。結局、本件では、当時の申立人の証明書から弁護人を雇う経済的余裕がなかったことがうかがえること、連邦裁判所は、無料の法的援助を提供する際に当事者の経済状況は条件とならないという形式的理由で所得証明書および財産目録を受理せず、経済状況について明確な反論をしなかったことの2点をもって、申立人は「十分な資力がない」という要件を満たすと認定されているのである。

もっとも問題は後者の「司法の利益の要請」の存在が何を意味するかにある。

(3) 「司法の利益が要請する場合」の無料弁護の保障

「司法の利益が要請する場合 (where the interests of justice so require)」の定義は多義的である。国の司法作用の利益に資するという意味ももちろんあるが、一方で、刑事的告発を受けた者、特に被告人の利益に資するという意味を持っていることは言うまでもない。無料で弁護人を選任することが、被告人の防禦の利益を高めると同時、それによって裁判所による公平かつ公正な裁判が担保できるので、国の「司法の利益」が保たれるということである。

本件では、(i)申立人が連邦裁判所の審理で反論する機会が与えられなかったこと（法令違反の申立で審理が開かれることは稀であること）、(ii)法令違反の主張に関する上訴審で法律の解釈論が問題になるのに法律実務家の法的援助が与えられなかったこと、(iii)上訴手続の書面審査の段階においても何ら反論の機会が当てられなかったことを理由に、まさに「司法の利益の要請」によって、申立人に法的援助者による弁護を保障すべきであると結論づけている。(i)については、実際に審理が開かれる数が少ないことはここでは問題にならないことが、(ii)については、たとえ申立人が審理で反論する機会を得たとしても、法解釈問題についての議論では、弁護人の援助がなければ意味がないことが、そして、(iii)については、その含意として、上訴申立の準備から裁判所の最終的判断に至るまで、あらゆる法的問題に反論する機会が保障されなければならないことが、それぞれ指

摘されている (§§36-37)。結局のところ、当事者である申立人が、実質的に効果的な弁護を受けることができたかどうかがここでは問題とされており、そのことが欠如する場合には、「司法の利益の要請」が働くと言っていると解される。

なお、現在、人権裁判所判例は、この「司法の利益」の基準を巡っていくつかの基準を展開してきている[10]。第1に、事実内容が複雑になればなるほど、司法の利益の観点から被告人の法的援助の必要性が高まるという基準である。第2に、被告人自身が当該裁判において自分自身で防禦活動を展開できたかどうかという基準である。そして第3に、争われている事案の犯罪事実の重大性および予測される量刑の重さに関する基準である。また、上訴審における弁護人の選任については、上訴が成功するか否かにかかわらず、上訴する権利を効果的に行使できるように弁護人選任権を保障することが司法の利益に資するということを明確に認めている[11]。これらの基準を形成する基底に本判決があったことを銘記すべきであろう。

(4) 公正な裁判を受ける権利との関係

本判決では、6条1項の「公正な裁判を受ける権利」は、6条3項(c)号違反の検討の中で評価され尽くされているとして、独立して検討されてはいない。しかし、このことは本件が弁護人依頼権のみを侵害し、公正な裁判を受ける権利は侵害していないということを意味するものではない。むしろ、侵害したと評価すべきである。

人権裁判所がしばしば「公正な裁判を受ける権利(1項)」と「弁護人依頼権(3項(c)号)」を合体させて検討することはよく知られている。例えば、選任されている弁護人が不出廷の間に審理が行われた裁判を不服として申し立てられた上訴を国内裁判所が棄却した事例で、人権裁判所は弁護人不出廷によって被告人が弁護人の援助を受ける権利が奪われてはならないとして、条約6条1項および6条3項(c)号違反を認定したものがある[12]。

本件においても、申立人は自らが独立の公平な裁判所の「公正な裁判を受ける権利」があると主張して、自分自身も弁護人も出廷しない裁判は公正な裁判を受ける権利を侵害していると主張している。これについて裁判所は、弁護人依頼権を保障すること自体が、一般原則としての公正な裁判を受ける権利の保障を前提としているのだから、弁護人依頼権が侵害された場合には公正な裁判を受ける権利も侵害されているという論理構成をとっている (§42)。

条約6条自体が「公正な裁判を受ける権利」を保障した条文であり、その淵源が世界人権宣言11条の「自己の弁護に必要なあらゆる権利の保障」にあることを考え合わせると、1項の「公正な裁判を受ける権利」は、まさに刑事手続における適正手続保障の総論的権利と考えてよいであろう[13]。したがって、本判決も言うように、個別具体的な弁護人依頼権の侵害は論理的に公正な裁判を受ける権利の侵害となることは言うまでもない。それゆえに本判決は、弁護人依頼権の侵害に加えて、公正な裁判を受ける権利の侵害如何を具体的には検討しなかったのである。もっとも、判決の含意として、条約に個別に掲記されていない「権利」の侵害が起きた場合には、総論に戻って「公正な裁判を受ける権利」の侵害があったか否かが検討されることになる。

(5) わが国への示唆

最後に、本件からわが国が学ぶべき点について指摘しておきたい。

本件では、刑事上訴審において被告人が有効な無料の弁護を受けることが、人権条約上の権利であることが確認された。わが国においても、もちろん、憲法37条3項およびこれを受けた刑事訴訟法36条乃至38条によって、貧困その他の事由により、被告人には無料で弁護人を選任してもらう権利が保障されている。もっとも、その選任は審級ごとにしなければならないので(刑事訴訟法32条2項)、第1審の国選弁護人は上訴申立の時点までしか弁護できない。上訴申立が受理されて移審の効果が生じても、実際に訴訟記録・証拠物が第1審裁判所から上訴審裁判所に送付されて新たに国選弁護人が選任されるまで

は数日間の弁護人不在の期間が生じる。実際に、この弁護人空白の期間に、第1審死刑判決の上訴が被告人自身によって取り下げられて確定してしまった事例もある[14]。本判決が言うように、「司法の利益」の観点から弁護人を選任する必要があるとするならば、このような事態を防ぐためにも、空白期間を残すべきではない。今後、立法の不備を解消するためにはこの点を含めて検討すべきである。

また、本判決は、無料の弁護も、被告人にとって、効果的な弁護でなければならないとしている。現在、わが国では、審級ごとに弁護人が選任されるので、上訴審の公選弁護人は第1審の弁護人とは基本的に別人である。被告人にとっての、効果的弁護とは、同一弁護人による一貫した弁護という側面も含むはずである。この点についても、本判決が示唆するところは大きいように思われる。

(1) ヨーロッパ人権条約上の弁護人依頼権の保障に関する人権裁判所の判例については、北村泰三『国際人権と刑事拘禁』(日本評論社、1996年) 158頁以下を参照。

(2) 人権裁判所の判例上、本条に規定された「刑事的告発 (criminal charge)」は、基本的な当該国内の法制によってその射程が決められるべきものであると考えられている (e.g., Engel and others v. the Netherlands, Judgement of 8 June 1976, Series A no. 22. 〔本書 17〕)。したがって、刑事的告発を受けた者は単に被疑者・被告人だけを指すのではなく、国家権力によって自由権を制約される対象となりうる者が広く含まれる。本評釈においてもそのような意味で「刑事的告発」という訳をあてている。

(3) See, Goddi v. Italy, 9 April 1984, Series A no. 76.

(4) See, Imbrioscia v. Switzerland, 23 November 1993, Series A no. 275.

(5) 本判決は、条約6条3項(c)号の英語正文が、①と②の間を"OR"で結び、さらに① (OR②) と③の間も"OR"で結んでいることは、条約原文 (仏語) を正確に翻訳していないとしている。すなわち、条約仏語正文では、後者は"et (and)"で結ばれているので、こちらが正しい条文内容であることを指摘している (§31)。

(6) Kremzow v. Austria, 21 September 1993, Series A no. 268-B (1994), §67.

(7) See, Campbell and Fell v. UK, 28 June 1984, Series A no. 80.

(8) この点も含めて詳しくは、岡田悦典「国際人権法における弁護人の援助を受ける権利」北村泰三・山口直也編『弁護のための国際人権法』(現代人文社、2002年) 27頁以下。

(9) D. J. Harris, M. O'Boyle and C. Warbrick, LAW OF THE EUROPEAN CONVENTION ON HUMAN RIGHTS, 1995 at 261.

(10) See, e.g., Granger v. UK, 1990, Series A no. 174; Quaranta v. Switzerland, 24 May 1991, Series A no. 205.

(11) Boner v. UK, 28 October 1994, Series A no. 300-B.

(12) Poitrimol v. France, 23 November 1993 Series A no. 277-A.

(13) See, Robertson Merrills, HUMAN RIGHTS IN EUROPE, 1993, pp. 85-86.

(14) 陶山二郎「弁護の『空白』と国選弁護・必要的弁護」九大法学83号 (2002年) 429頁以下等参照。

人権裁判所エントランス

35　無料で通訳の援助を受ける権利
有罪判決の後に通訳費用を請求することは、無料で通訳の援助を受ける権利について保障した6条3項(e)に違反する
——リューディック判決——

阿部　浩己

Luedicke, Belkacem and Koç v. Germany
28 November 1978, Series A no. 29

【事　実】

　それぞれイギリス、アルジェリア、トルコの市民権を有する3名の申立人ら（Luedicke, Belkacem and Koç〔リューディック、ベルカセム、コッチ〕）は、ドイツ連邦共和国（以下、ドイツ）において実行した犯罪により同国裁判所に起訴され有罪判決を受けた。申立人らはドイツ語に通じていなかったため裁判所組織法185条1項により法廷で通訳の援助を受けたところ、有罪判決が確定したため刑事訴訟法465条1項により通訳料を含む訴訟費用の支払いを命じられた。そこで申立人らは、通訳費用支払い命令がヨーロッパ人権条約（以下、条約）6条3項(e)に違背するとしてヨーロッパ人権委員会（以下、委員会）に申立を行った。同条項の定める「無料で通訳を受ける権利」は無条件の権利なのか、あるいは有罪判決が確定した場合に訴訟費用の一部として被告人に通訳料を請求することを許容するものなのかについて、ドイツ国内裁判所の解釈は統一されていなかった。

　リューディックは申立の時点で通訳料を含む訴訟費用を支払い済みであったが、ベルカセムは委員会の決定まで、その後はヨーロッパ人権裁判所（以下、裁判所）の判決まで支払いを猶予されていた。コッチについては、財政事情を勘案して支払い通知が送達されておらず、当人がトルコに帰国し住所が不明になってしまったことから費用の徴収を放棄する旨も決定されていた。委員会は、1977年5月18日の報告において、いずれの申立事案についても全員一致で6条3項(e)の違反を認定した。

　本件はドイツ政府と委員会によって裁判所に付託された。その際ドイツ政府は、コッチについては既に支払いを求めないことが決定されており、したがって申立の利益が消滅しているのだから審理の対象とすべきでないと主張した。しかし裁判所は、費用の徴収を行わないというドイツ政府の宣言は一方的な行為であって裁判所規則の定める友好的解決等にはあたらず、また、徴収放棄は実際上の困難に基づいているに過ぎず、支払い命令それ自体の条約（6条3項(e)）適合性審査を求めるコッチの法的利益は依然として消滅していない等として、申し立てられた事案すべてを審理の対象にすることを決定した。

【判　旨】

(1) 6条3項(e)違反の主張について

(a) 用語の通常の意味

　「当裁判所は、委員会と同様に、6条3項(e)の『無料』という用語それ自体に明確でかつ確定的な意味が備わっていると判断する」。フランス語においても英語においても、「無料」という用語は、支払わない、費用がかからない、という意味である。「したがって当裁判所は、当裁判所の公用語[フランス語および英語]の双方において『無料』という用語に通常備わっている無条件という意味を当該用語に付与する以外にない。この用語には、条件付きの免除という意味も一時的な免除または猶予という意味もない。終局的な免除ということである。」（§40）

(b) 文脈および趣旨・目的に照らした解釈

　「6条3項は、公正な裁判を確保するために被疑者・被告人（『刑事上の罪に問われている』者）に与える一定の権利……を列挙していることに当裁判所は

留意する。しかし、(e)に関していえば、だからといって、被疑者・被告人に、有罪判決確定後、通訳費用の支払いを求めてもよいということにはならない。国内裁判所は有罪判決を受けた者に通訳費用の支払いを命じることができると6条3項(e)を解釈するのでは、同条項の利益を時間的に制限することになり、また……実際上は最終的に有罪となった者に当該利益を否定することになってしまう。そのように解釈するのでは、6条3項(e)の意義が大幅に損なわれてしまう。法廷で使用される言語に通じている被疑者・被告人に比べ、当該言語を理解または話さない被疑者・被告人の被る不利益がそのまま残されてしまうからである。そうした不利益は、6条3項(e)が特に軽減しようと意図しているものにほかならない。」

ドイツにおいてそうであるように、法廷で使用される言語に通じていない者に通訳をつけることが当然（as a matter of course）であれば確かに重大な不利益は除去されよう。「しかしながら境界線上の事案においては、通訳の任命の有無が被告人の態度にかかり、その態度が最終的な財政負担の虞れによって左右される危険性は残る。」

「こうして、6条3項を一時的な支払い免除権の保証にとどめ、有罪となった者に国内裁判所が通訳費用の負担を命じるのを阻止しないことは、『無料』という用語の通常の意味だけでなく、6条、特に同条3項の趣旨および目的に違背することにもなろう。なぜなら、それでは6条が保障しようとする公正な裁判への権利それ自体に不利な影響が生じてしまうからである。」(§42)

ドイツ政府は「無料で弁護人を付されること」について定める6条3項(c)と同(e)との間では「無料」という用語の解釈に齟齬があってはならないところ、(c)が弁護料の支払いを永久に免除していると解する正当な理由はないのだから、(e)についても同様に解釈されなくてはならないという。また、6条3項(c)(d)(e)は、財政的負担を伴うという意味で同条(a)(b)とは区別されるが、(c)(d)と(e)の間でも財政的負担についていて条約が区別を設けていたと解することはできないともいう。

しかし本件において当裁判所は、6条3項(e)とは異なる事態に関わる(c)(d)についての解釈までを求められているわけではなく、「(c)および(d)の解釈から疑念が生じたとしても、そのような疑念に依拠して(e)の『無料』という形容詞の明確な意味を覆すことはできない。」(§§43-44)

「したがって、6条3項(e)の『無料』という用語の通常の意味は同条項の文脈と矛盾せず、6条の趣旨および目的によって確認されると当裁判所は判断する。6条3項(e)の保護する権利は、法廷において使用される言語を話しまたは理解することができないいずれの者にとっても、生じた費用の支払いを後に請求されることなく、無料で通訳の援助を受ける権利を意味するものと当裁判所は結論する。」(§46)

(c)　「通訳の援助」の範囲

「6条3項(e)は、すべての被告人が口頭の陳述に際して無料で通訳の援助を受ける権利を有すると定めているわけではない。同条項によれば、この権利が被疑者・被告人に付与されるのは『裁判所において使用される言語を理解し又は話すことができない場合』である。……この文言は、無料で通訳の援助を提供する条件を示しているにすぎない。……6条の保障する公正な裁判への権利という文脈で解釈すると、3項(e)の意味しているのは、法廷で用いられる言語を理解しまたは話すことができない被告人は、自己に対して提起された手続において公正な裁判の利益を享受するために理解することが必要なあらゆる文書または陳述の翻訳または通訳のために無料で通訳人の援助を受ける権利を有する、ということである。」(§48)

(d)　結　論

6条3項(e)の違反を認める。(全員一致)

(2)　14条違反の主張について

本件には6条3項(e)のみが関連しており、14条に基づいて事案を検討する必要はない。(全員一致)

(3) 公正な満足（50条）

リューディックは支払い済みの通訳費用および付随的費用の返還を求めたが、ベルカセムは通訳費用を支払っておらず、コッチも特定の賠償請求を行わなかった。ベルカセムとコッチが要求していたのは、本件手続に要した費用の弁済である。他方でドイツ政府は、当裁判所の判決を完全に遵守する意思を表明するとともに、付随的費用の問題について申立人らとの間で公正に解決することを約束した。

以上の事情を踏まえ、当裁判所は、ドイツに対してリューディックが支払いを義務づけられた通訳費用の返還を命じ、申立人らの他の請求については決定を留保する。(全員一致) また、判決送達の後3カ月以内に、ドイツ政府と申立人らとの間でなされた解決策を当裁判所に通知するよう招請する。

判決には、個別意見2が付されている。

【解　説】

(1)　「無料」の意味するもの

条約6条3項は、「刑事上の罪に問われているすべての者は、少なくとも次の権利を有する」として、(e)において「無料で通訳の援助を受けること」に言及している。本件において最大の争点となったのは、「無料」という用語の意味内容である。本件で審理された3つの事案では有罪の確定により事後的に通訳費用の負担が命じられており、その法実務と6条3項(e)との適合性が直接の審査対象となった。

ドイツ政府は、同条項は通訳費用の前払いを免除しているにすぎないので有罪が確定した後に費用負担を求めることまで妨げられるわけではなく、また、同条項の権利を享受できる人的範囲は「刑事上の罪に問われている」者に限られ、したがって刑事手続が拘束力ある判決により終結した場合にはもはや同条項の適用はない、と主張した。

これに対して裁判所は、条約法に関するウィーン条約の定める条約解釈規則に依拠しながら、まず用語の通常の意味に着目し、「無料」とは文字通り無料なのであって、そこにはなんらの付随的条件も含意

されていないという認識を示す。ついで裁判所は、文脈と趣旨・目的との整合性を見定めることにより「無料」が絶対的かつ無条件であるべきことを確認する。その際、裁判所は、法廷で使用される言語に通じない者に無料で通訳を受ける権利を保障するのは公正な裁判を実現するためであり、この権利に条件が付せられるのでは公正な裁判の実現過程に負の影響が生じてしまうと指摘する。

本判決が明らかにしているのは、刑事上の罪に問われている者であって法廷言語に通じていないものは、後に有罪が確定すると否とにかかわらず費用負担なく通訳の援助を受けることができ、しかもそれを権利として保障されるということである。ドイツの実務では通訳の提供が常態であり、そのため言葉のハンディキャップは実質的に除去されていたともいえるが、しかし有罪となった場合に通訳費用を負担しなければならないという虞れが公正な裁判の行方を左右しかねぬ危険性に裁判所は懸念を表明している。

自由権規約も、無料で通訳の援助を受ける権利を条約と同一の文言で規定している (14条3項(f))。この条項について自由権規約委員会は一般的意見13 (パラグラフ13) で次のように述べている。「3項(f)は、被告人は、裁判所において使用される言語を理解すること又は話すことができない場合には、無料で通訳の援助を受ける権利を有すると定める。この権利は、裁判の結果とは無関係であり、自国民のみならず外国人にも適用される。この権利は、裁判所によって使用される言語を知らないことや理解するのに困難なことが防御権の大きな障害となり得る場合において基本的な重要性を有する」[1]。この認識は、本件判決で示された裁判所のそれと精確に重なり合っている。

(2)　6条3項(e)の外延

本件では、「無料で通訳の援助を受ける」権利が及ぶ範囲も争点の一つとなったが、裁判所は、6条3項(e)の適用範囲が「自己に対して提起された手続において公正な裁判の利益を享受するために理解する

ことが必要なあらゆる文書または陳述の翻訳または通訳」に及ぶという判断を示している。本件申立人らはいずれも国内法廷での陳述の際に要した通訳費用の支払いを求められていたが、ベルカセムについては、さらに、起訴状の翻訳料の支払いも請求されていた。本判決は、その翻訳料も6条3項(e)によってカバーされると言明している (§49)。

　裁判所は、Kamasinski事件[2]において上述の認識を詳述し、公判前の手続を含め、刑事上の罪に問われている者が自らに対して提起された手続において自ら理解し、自らを裁判所に理解させるために必要なすべてのものを翻訳・通訳させるために6条3項(e)の権利が保障されていると判示している。もっとも、当該権利は全書証等の翻訳までを要求するのではなく、被疑者・被告人にとって必要な防御を可能にする範囲のものでよいとされる。

　「無料で通訳の援助を受ける権利」は「刑事上の罪を問われているすべての者」の権利であるが、ここでいう「刑事上の罪」は刑事法領域における罪に限定されているわけではない。交通法規違反等行政犯罪を問われている者についてもこの権利の適用は排除されない。裁判所は、国内法において刑事事件に分類されておらずとも、刑事事件と同様の性質が認められる事件の場合には6条3項(e)が適用されると判示している[3]。

(3) 日本の法実務、国内裁判例

　日本では、裁判所法74条により法廷で用いられる言語が日本語に指定されているので、刑事訴訟法は175条で日本語に通じない者に陳述させる場合には通訳人に通訳させなければならないとし、また177条において日本語でない文字または符号についてはこれを翻訳させることができるとしている。従来の実務では、通訳費用を訴訟費用に含ませながら、「被告人が貧困のため訴訟費用を納付することのできないことが明らかであるとき」という181条1項但書を援用して、実際には費用負担が免除されてきた。その限りにおいて、自由権規約14条3項(f)の要請が実質的には遵守されているようにも見える。

しかし費用負担免除は被告人の権利として保障されているわけではなく、またすべての外国人被告人がその利益を享受し得ているわけでもない。

　自由権規約14条3項(f)の「無料」という用語をめぐり、日本の裁判所の判断は分かれている。「無料」を絶対的なものとする判断が示される一方で、ドイツにおいてそうであったように、有罪判決確定後には費用負担は許されるという判断も示されている[4]。また、適用範囲についても、無料で通訳の援助を受ける権利は公訴提起前の被疑者の段階には当然には及ばないとする判断も示されている[5]。もっとも、本件判決等で見たとおり、条約や自由権規約に代表される国際人権法の要請は、刑事上の罪に問われている者の有する無料で通訳の援助を受ける権利は絶対的で無条件のものであり、また、公判前の段階にもその保障は及ぶというものである。

(1)　翻訳は、日本弁護士連合会『国際人権規約と日本の司法・市民の権利』(こうち書房、1997年) 426頁。

(2)　Kamasinski v. Austria, 19 December 1989, Series A no.168.

(3)　Öztürk v. Germany, 21 February 1984, Series A no. 73.

(4)　前者の裁判例として、東京地判1991 (H3) 年12月18日行裁集42巻11・12号1880頁および東京高判1993 (H5) 年2月3日法務省刑事局外国人関係事犯研究会編『外国人犯罪裁判例集』(法曹会、1994年) 55頁。後者の裁判例として、浦和地決1994 (H6) 年9月1日判タ867号298頁。

(5)　東京高判1992 (H4) 年4月8日判時1434号140頁。

[参考文献]

[1] 田中康代「国際人権法における通訳人を求める権利」北村泰三・山口直也編『弁護のための国際人権法』(現代人文社、2002年) 88-104頁。

[2] 田中康代「刑事手続きにおける通訳・翻訳を求める権利についての一考察——国際人権法上の先例を中心に」『法と政治』48巻2号 (1997年) 89-134頁。

[3] STAVROS, Stephanos, *The Guarantees for Accused Persons Under Article 6 of the European Convention on Human Rights* (Martinus Nijhoff Publishers, 1993), pp. 252-257.

36 証人審問権
匿名証人に対する反対尋問
——コストフスキ判決——

田中　康代

Kostovski v. the Netherlands
20 November 1989, Series A no. 166（全員法廷）

【事　実】

　申立人である Kostvski（コストフスキ〔ユーゴスラヴィア国籍〕）氏には、多くの犯罪歴があった。オランダでの刑務所に服役中、スウェーデンから犯罪人引渡し請求がありオランダの裁判所によって、その請求を許容する宣言が行われた。その後、Hら他の受刑者とともに脱獄、逃亡し、約半年間逃走していた。彼らの逃走後、三人の覆面をした男による銀行強盗が発生した。この強盗の方法が、かつてHが関与した事件と同一のものであったことと、当該事件はHらによって引き起こされたという警察への匿名電話があったことによって、容疑がHらに集中した。Hと申立人が同時に逮捕されるまでに、ある男性と性別不詳の人物が警察で、申立人、H、その他の人物が問題の銀行強盗事件に関与していると供述した。二人は報復をおそれて匿名でいることを望んでいた。なお、二人の供述者について、警察はその身元を知っていた。

　予審では、検察官、申立人ら被告人、その弁護人は不在であるが、警察官の同席の下、予審判事Nが2番目の供述を行った証人を尋問した。その証人は自分が警察官に銀行強盗事件について供述したこと、その供述はHらが強盗について自分に告げたことに由来すること、実際に強奪品を見た、という趣旨の宣言供述を行った。その際、Nは証人の身元を知らなかったが、報復についての恐怖を充分に根拠のあるものと考え、匿名でいたいというその希望を尊重した。Nは関係者の弁護人に匿名証人の証言を含む公式報告書の写しを送付し、彼らは予審には出席できないが、書面での質問は可能である旨を告知した。弁護人の質問について、警察官のみが出席する中、予審判事Wが証人に尋問したが、ここでも証人の匿名性が保護され、その証人の情報獲得状況に関する弁護人の質問についてはほとんど尋問が行われなかった。

　第一審では、N、W、そして警察署で匿名証人の供述を聴取した警察官Pが申立人の要求で召喚されたが、刑事訴訟法上の規定に従い、匿名証人の信用性と情報源を明らかにするための質問を行うことは認められず、匿名証人自身も公判で証言することはなかった。しかし、警察と予審の報告書が証拠採用され、申立人らは持凶器強盗で有罪判決を言い渡された。控訴審でも、匿名証人の身元を明らかにするような防禦側の質問は許されなかったが、その証言が採用され、有罪判決が言い渡された。最高裁は上告を斥けた。オランダでは、予審判事が尋問した証人の供述は、公判廷ではその調書の朗読で充分であると考えられており[1]、当時、匿名証人については、証拠価値の評価に注意を払うことを条件に、その供述を証拠採用することが判例で認められていた。後に、オランダ政府はこのときの有罪判決は、その匿名供述に決定的な程度まで基づいていたことを認めている。申立人はこの強盗事件に関する有罪判決に基づいて服役した後に、スウェーデンでの自由刑執行のために引き渡された。

　申立人は、1985年3月18日に、匿名証人に質問できず、その証言に異議を述べることができなかったので、公正な審理を受けていないと主張して、ヨーロッパ人権委員会に6条1項、3項(d)違反を

申し立てた。人権委員会は、全員一致で6条1項、3項(d)違反を認定した。

【判　旨】

原則として、証拠の許容性は国内法の問題であり、証拠を評価するのは国内裁判所である。これらの原則に照らすと、本件での人権裁判所の任務は手続全体が、証拠採用の方法も含めて、公正であったかを確認することである（§39）。

公判廷でその供述が朗読された人物だけが、オランダ法上「証人」とみなされているが、「証人」という文言の自律的解釈によれば、その供述が国内裁判所に提出され、その考慮に付されたのであるから、匿名証人は双方とも6条3項(d)の趣旨及び目的から証人とみなされるべきである（§40）。

原則として、あらゆる証拠は公開の裁判所で、被告人の出席のもとで提出されなければならない。しかし、防禦側の権利が尊重されるのであれば、公判前に獲得された供述を証拠として用いること自体は6条3項(d)および1項に矛盾しない。これらの権利は被疑者・被告人が自らに不利益な証人に異議を述べ、質問する充分かつ適切な機会が手続の何らかの段階で与えられることを要求する（§41）。

本件では、匿名証人に異議を述べ、質問することを申立人が希望していたにもかかわらず、そのような機会が与えられなかった。防禦側は匿名証人を取り調べた警官と予審判事に質問することができ、匿名証人の一人については予審判事を介して間接的に質問を提出できた。しかし、これらの質問の性質および射程は匿名性保護という理由のためにかなり限定されていた。このような特徴は、申立人が直面する困難を一層深刻なものにした。当該匿名証人が申立人に偏見を抱いていたり、敵対していたり、または信用できないということを示すことを可能ならしめることが充分にできないからである。被疑者・被告人に罪を負わせる証言等は故意に偽りを含んでいたり、単に間違っていたりすることが充分ありうる。防禦側に供述者の信頼性をテストしたり、その信用性に疑問を投じたりすることが許されなければ、このような問題に光を当てることはほとんどできないであろう。このような状況に固有の危険は自明のことである（§42）。

さらに、国内裁判所のいずれも、匿名証人がその場にいないことで、質問を受けた際の彼らの態度を観察し、それによって彼らの信頼性に独自の心証を形成することが不可能になった。公判裁判所は証拠を審理し、匿名証言の評価に際してオランダ法が要求する警告を遵守したが、これをもって直接の観察を代用するものとは考えられない。

予審判事によって匿名証人の一人が取り調べられたが、防禦側がその場にいなかったことに加え、予審判事自身がその者の身元を知らなかったということ、そしてもう一人の匿名証人が予審判事によってまったく審理されなかったという状況では、防禦側の不利益は司法当局が従った手続で埋め合わされたとは言えない（§43）。

オランダ政府は、報復の危険および防禦側と証人の利益の均衡を理由に匿名証人の必要性を主張するが、そのような主張は決定的なものではない。組織犯罪との闘いは重要なものであることを人権裁判所も認めており、適切な手段の導入が要求されるが公正な司法を運営する権利は民主主義社会では非常に卓越した地位にある。人権条約は刑事手続の取調べ段階における匿名の情報提供を排除するものではない。しかし、有罪判決に根拠を与える充分な証拠として匿名証言を用いることは別問題であり、それは6条の保障と両立しない（§44）。

したがって、本件では申立人は、公正な審理を受けたということができないような防禦権に影響を及ぼす束縛があり、6条1項、3項(d)の違反があった（§45）（全会一致）。

【解　説】

(1) 判決の意義および特徴

本件は匿名証人の証言をもっぱらの証拠として有罪判決を言い渡すことは、6条が保障する「公正な

裁判」を被告人が受けたことにはならない、ということを明確にした判例である。本件では、過去の人権裁判所の判例を引用しながら、証人尋問についてその考えを明らかにしている。当事者主義の観点から、あらゆる証拠が公開の裁判所で提出されなければならないが、公判前に獲得された証人の証言も証拠として採用可能であること、そして、そのために不可欠なのが、防禦側による証人への反対尋問の機会の保障であることを人権裁判所は宣言している。この点について、本件では、防禦側による証人への直接の尋問がなく、書面による尋問でも証人の匿名性維持のために質問事項が制限され、そのことによって、証言の信頼性、真実性、信用性などに光をあてることができなかったことに言及している。さらに、防禦側による反対尋問が公判裁判所で行われることの意義を、証人の質問に対する態度を観察することで、証人の信頼性などについての裁判官独自の心証形成を可能ならしめることにある、ということも述べている。そして、このような公正な裁判の運営は組織犯罪対策に優先することも明らかにしている。即ち、組織犯罪の証拠として匿名証言にもっぱら依拠することは防禦権に対し、公正な裁判を保障できないほどの制限を加えていることになると明言したのである。

(2) 証人審問権

人権裁判所は、実際に公判廷で証言せずに、警察や予審で供述を行った者であっても、その供述内容が公判廷に提出された場合は「証人」になるとしている。そしてそのような証人による被告人に不利益な証言を、被告人側による反対尋問を経ずに証拠採用し、もっぱらそれに基づいて有罪判決を言い渡してはならないということについては、既に、1986年のUnterpertinger事件[2]で明示されている。この事件は証人の身元が明らかであり、証人と申立人の間に利害関係の対立があることも明らかなものであった[3]。証人は近親者の証言拒否権を利用し、公判で供述録取書が警察によって朗読され、その供述内容と申立人の過去の犯罪歴から証人が告発した公訴事実について有罪判決が言い渡され、しかもその有罪判決は証人らの証言に大幅に依拠していたという事件であった。人権裁判所はこの種の証言拒否権も、警察による供述録取書の朗読も6条1項及び3項(d)に矛盾するものではないが、そのような供述を証拠採用し、公判のいずれの段階でも供述者に質問する機会がない場合には、防禦権と合致することが必要であると述べ、告発者の供述に基づいて有罪判決を言い渡したことは、明らかに防禦権を制限された証言に基づく有罪判決であり、公正な裁判を受けたことにならないと判断した。

その後も数多くの事件で、人権裁判所では、防禦側による訴追側証人との対面・反対尋問がなかったことが争点となったが、一貫して、証拠の提出は被告人が出席する公開の裁判所で行われなければならず、公判前に獲得された供述を証拠採用するには手続の何らかの段階で防禦側により異議を唱え、質問する充分かつ適切な機会が与えられることが要求されるという考えを示してきた。

(3) 匿名証人の取扱い

匿名証人に関しては、Kostvski事件以後も人権裁判所で公正な裁判と両立するものであるかが争われた。Windisch事件[4]やDoorson事件[5]、Van Mechelen and others事件[6]でも判断を示している。Windisch事件は不法目的侵入について、犯行現場付近での目撃を報告した匿名証人の証言に大幅に依拠して有罪判決を言い渡されたことに不服を申し立てたものである。ここでも、人権裁判所はKostvski判決と同様の判断を下した。Doorson事件では、Kostvski、Windishch両事件とはやや異なる。匿名証人について予審判事がその身元を知っており、弁護人が同席して予審が行われた。公判では、匿名証人の信頼性について予審判事の判断に依拠して、その供述を証拠採用している。ここで、人権裁判所は匿名証人による証言が証拠採用される場合があることを明らかにした。しかし、国内裁判所による有罪判決は、匿名証人の証言以外の様々な証拠があるということ、匿名証人については弁護人出席のもと、

予審判事という裁判官が信頼性を判断しているということで、人権条約違反なしと判断している。このように、Doorson事件では、匿名証人の供述も証拠として使用できるということを人権裁判所が述べているが、裁判官による信頼性のテスト、弁護人による質問、そして他の証拠の存在が挙げられており、Kostvski判決の判例を変更したわけではない。実際に、Van Mechelen and others事件では、車を使った強盗事件で、その車を監視していた隠密捜査官の匿名での証言について、防禦側に証人の身元についての情報がなく、質問を受けたときの信頼性のテストがなかったことから、予審での手続は防禦側の不利益を相殺しないとして6条1項、3項(d)違反を認定している。なお、予審判事の面前で申立人と対面した証人が行方不明となり、裁判所の調査にも関わらず、発見されなかったために予審での対面記録が公判で朗読され、それに依拠して有罪判決が言い渡されたIsgró事件[7]では、証人が匿名ではなかったことも条約違反ではないことの理由の一つとされている。

これらの一連の判例からもヨーロッパ人権裁判所が匿名証言に基づく有罪判決に対して慎重な態度をとっていることが明らかであろう。

(4) オランダ国内法の改正

従来から、オランダでは、本件の国内手続のように、判決の基礎になる証拠は既に公判前に調書として記録され、裁判官と検察官には一件記録としてファイルされ、防禦側もアクセス可能であるため、公判廷への証人の召喚は可能であっても、事実上ほとんど行われておらず[8]、証人の供述に関する供述を公判廷で警察官が行うことができる。また、新証拠が公判廷に出てくることはまれであり、出てきたとしても予審に差し戻されるために証人に対する反対尋問は行われていない[9]。しかし、ヨーロッパ人権裁判所の判例の影響で証人の召喚による当事者主義が強調されるようになってきているといわれており[10]、オランダの研究者も、ヨーロッパ人権裁判所判決から、決定的な証人調べは公判手続で行われることが優先されるべきだと、主張するようになってきている[11]。そして、本判決によってオランダでは匿名証人に関する新たな規則が導入されることになった[12]。

(5) 日本法における証人審問権

わが国では、現在、匿名証人による証言に基づく有罪判決の言い渡しは想定されていない。憲法37条2項で証人審問権を保障し、刑事訴訟法320条で伝聞法則を宣言するわが国では、原則として、反対尋問を経ない供述は証拠採用されないことになっている。また、実際には321条以下で広範な伝聞例外を刑事訴訟法が認めているとはいえ、そこで証拠採用されるためには、特信性が要求されており、被告人以外の者の供述録取書が証拠能力を有するには、その内容の正確性を担保するために、供述者の署名・押印が必要とされている。したがって、匿名での供述が証拠能力を持ちうることは現行制度ではありえない。

しかし、321条で例外が適用される場合には、証人が海外にいる場合が含まれている。例えば、来日外国人が加害者や被害者となったような事件では、その事件の有力な証人が国外退去強制処分になれば、証人の供述不能ということで、彼らの捜査段階での供述調書が特信性を条件にして証拠採用されている[13]。捜査側はこのような事態を暗黙の前提として供述調書を作成しているのではないかとも思われるが、このような実務を安易に容認することは防禦側の反対尋問にさらされていない証言に基づく判決がありうることになりかねない。ヨーロッパ人権裁判所が公正な裁判を確保するための方法として挙げる、裁判官が反対尋問を受ける証人の態度を直接観察することで証人の信用性などについての心証形成が不可能になる。

さらに、2000年の刑事訴訟法改正で証人の保護として、遮蔽方式やヴィデオリンク方式での証人尋問が導入されている。いずれも性犯罪の被害者などの傷つきやすい証人を保護するためのものであるが、これらの方式、特にヴィデオリンク方式の証人尋問

では、証人は、防禦側と同席することが全くないのであり、ここでも、裁判官の直接観察による心証形成が困難であるように思われる。被害者・目撃者等の人権保障に配慮することは必要であろうが、公正な裁判を民主主義社会における卓越した重要性を有するものと考えるのであれば、防禦側による反対尋問と心証形成のための裁判官による直接の観察を確保するために何らかの歯止めが必要であると思われる。

(1) ペーター・タック（山下邦也・田中圭二訳）「オランダにおける捜査手続」香川法学23巻3・4号（2001年）185頁。

(2) Unterpertinger v. Austria, 24 November 1986, Series A no. 110. この事件のあらましについては、拙稿「証人審問権に及ぼす国際人権法の影響についての一考察」法と政治51巻3・4号（2000年）125、126頁。

(3) 証人は申立人の元妻とその娘（申立人の実子ではない）であり、当初は彼女たちが申立人に暴行したという被害の申告があった。しかし、その後、彼女らは申立人をドメステッィク・ヴァイオレンスで告発した。

(4) Windisch v. Austria, 27 September 1990, Series A no. 186. 本件のあらましについては、前掲注(2)135頁参照。

(5) Doorson v. the Netherlands, 26 March 1996, Report 1996-II. 本件のあらましについては、前掲注(2)135〜137頁参照。

(6) Van Mechelen and others, 23 April 1997, Report 1997-III. 本件のあらましについては、前掲注(2)138、139頁参照。

(7) Isgró v. Italy, 19 February 1991, Series A no. 194-A. 本件のあらましについては前掲注(2)130、131頁参照。

(8) ペーター・タック（中山研一・山下邦也・田中圭二訳）『オランダ刑事司法入門——組織と運用』92頁注(34)（成文堂、2000年）。

(9) 前掲注(8) 91、92頁。

(10) 前掲注(8) 97頁。

(11) 前掲注(1) 189頁。

(12) 前掲注(8) 20頁。

(13) 最決平成7年6月20日刑集49巻6号741頁。

[参考文献]

[1] ペーター・タック（山下邦也・田中圭二訳）「オランダにおける捜査手続」香川法学23巻3・4号（2001年）179頁。

[2] ペーター・タック（中山研一・山下邦也・田中圭二訳）『オランダ刑事司法入門——組織と運用』（成文堂、2000年）

[3] 拙稿「証人審問権に及ぼす国際人権法の影響についての一考察」法と政治51巻3・4号（2000年）97頁

[4] 同「国際人権法における証人審問権」『弁護のための国際人権法』（現代人文社、2002年）71頁

人権裁判所

37 無罪の推定
犯人視報道と警察当局の責任
―― アルネ・ド・リブモン判決 ――

水谷　規男

Allenet de Ribemont v. France
10 February 1995, Series A no. 308

【事　実】

(1)　事件の概要

1976年12月24日、フランス国民議会議員であるJean de Broglie（ブロジリ）氏が殺害される事件が発生した。殺害された場所は、本件申立人であるAllenet de Ribemont（アルネ・ド・リブモン）氏（以下「申立人」とする）がブロジリ氏の資金提供により、レストランの共同経営を計画していたブロジリ氏の投資顧問Pierre DE Varga（ド・バルガ）氏が入居するビルの前であった。この殺人事件については、同年12月27日にド・バルガ氏を含む被疑者が逮捕され、申立人も同年12月29日に逮捕された。

申立人が逮捕された同年12月29日に、翌年の警察予算について開かれた記者会見において、内務大臣Michel Poniatouski（ミシェル・ポニアトウスキ）氏、パリの犯罪捜査局長Jean Ducret（ドゥクレ）氏、警察署長のPierre Otabioli（オタビオリ）氏が進行中の捜査について言及し、それがテレビや新聞等で報道された。この記者会見では、この殺人事件の首謀者はド・バルガ氏であるとされ、申立人は共犯者として名指しされた。なお、この事件は報道では、出資にからむ保険金殺人として取り上げられた。

申立人は、1977年1月14日に予審に付され、勾留されたが、1977年3月1日に釈放され、1980年3月21日には予審免訴の決定がなされた。

(2)　国内法による救済手続

(a)　行政的救済手続

1977年3月23日、申立人は人権条約6条2項を根拠に、首相に対して1,000万フランの金銭賠償を求めた。この請求が斥けられたのを受けて、申立人は1977年9月20日、パリ行政裁判所に首相の賠償拒否処分の審査を請求した。パリ行政裁判所は、1980年10月13日、記者会見における内務大臣の発言は、行政行為に当たらず、行政裁判所の管轄に属さないという理由でこの請求を斥けた。申立人は、この決定を不服として国務院（コンセイユ・デタ〔Conseil d'État〕）に上訴したが、国務院は、1983年5月27日、内務大臣の発言は進行中の捜査活動と不可分のものであり、行政裁判所に不服申し立てをすることはできないとの理由により上訴を斥けた。

(b)　通常裁判所による救済手続

1984年2月29日、および1984年3月5日、申立人は名誉毀損事件として、首相と財務省の法執行官をそれぞれ相手取って、パリ大審裁判所（Tribunal de grande instance）に提訴した。パリ大審裁判所は、1986年1月8日、内務大臣の発言が名誉毀損に当たることを理由とする訴訟は首相を相手取って行うことができないとしたうえで、原告が証拠として提出した記事は、1976年12月29日の記者発表を正確に報じたものではなく、記者会見のビデオテープが提出されていない以上名誉毀損の事実は証明されたとはいえず、刑事訴訟法典11条に規定された捜査の秘密の侵害も時効が成立している、との理由で、請求を斥けた。

申立人は、パリ控訴院（Cour d'appel）に控訴し、国側に記者会見のビデオテープの提出を再度求めたが、控訴院は1987年10月21日、内務大臣の発言が刑事手続に影響を及ぼし、請求人に損害を与えるものであることが立証されていないから、ビデオテー

プの提出を命じるまでもなく、控訴には理由がないとして控訴を棄却した。この控訴院判決に対して、申立人は破棄院（Cour de cassation）に破棄申立を行ったが、1988年11月30日、破棄申立も棄却された。

(3) 人権委員会への申立

申立人は、1989年5月24日、記者会見における内務大臣の発言が人権条約6条2項に規定された無罪推定を受ける権利を侵害し、国内裁判所において賠償が認められなかったことが同条約13条に違反し、裁判手続が長期にわたったことが同条約6条1項に違反するとして、ヨーロッパ人権委員会に申立を行った。人権委員会は、人権条約6条1項、6条2項違反を認め、その余の申立を不受理とし、事件をヨーロッパ人権裁判所に付託した。

【判　旨】

(1) 無罪推定について

条約6条2項の無罪推定原則は、条約6条1項に規定された公正な刑事裁判の要素の一つである。刑事訴追を受けた者に対する司法上の判断が法律によって有罪と証明される前に、その者が有罪であるとの意見によって影響を受ける場合には、無罪推定を受ける権利は侵害される。人権条約の規定は実践的且つ効果的に権利を保障するように解釈されなければならないのであるから、無罪推定原則が裁判官や裁判所によってだけでなく、他の公権力機関によっても侵害され得ることが考慮されなければならない。

本件において、内務大臣らによる記者会見が行われた時点では申立人は殺人罪の共犯として訴追されてはいなかったが、申立人に対してすでに開始された捜査について捜査の責任者と内務大臣が発言したものであって、条約6条2項が適用されるべき場合にあたる。

条約10条に規定された表現の自由は、情報を受け、伝達する自由を含み、条約6条2項は当局が進行中の捜査について公表することを妨げるものでは

ないが、それは無罪推定を尊重するよう慎重に行われなければならない。本件においては、フランスの警察当局の高官が、なんらの留保もなしに申立人を殺人の共犯者として名指ししており、これは明白に申立人の有罪を宣明し、第一義的には公衆をして申立人の有罪を信じさせ、さらには管轄権を有する司法当局に予断を与えるものである。したがって本件においては条約6条2項違反が認められる（8対1）。

(2)「合理的な期間」内に裁判を受ける権利について

申立人は記者会見での発言による名誉毀損の賠償を求めているのであるから、この争訟は条約6条1項にいう民事上の権利の決定のための訴訟にあたる。本件が迅速な裁判の保障に反するか否かを判断するに当たって考慮されるべき期間の終期が破棄院において破棄申立が棄却された1988年11月30日であることについては争いはない。始期については争いがあるが、申立人が主張する行政裁判所への提訴時点である1977年3月23日とするのが相当であり、考慮されるべき期間は約11年8カ月である。「合理的期間」か否かは、事案の複雑性と申立人及び関係当局の行動によって決せられるところ、本件においては、国の責任が問題となっている点で多少の複雑性があることは認められる。しかし、それは本件裁判の期間を直ちに正当化するものではない。管轄権のない行政裁判所への提訴など申立人に帰すべき事情はあるものの、本件において手続の遅延を招いた主たる要因は、記者会見の記録を提出することを拒んだ国側の行動にあり、約11年8カ月を要した手続は合理的とは言えず、本件において条約6条1項違反が認められる（全員一致）。

(3) 公正な満足（条約50条）

以上の条約違反によって申立人が被った損害について、国に対して200万フランの賠償と10万フランおよびそれに対する付加価値税分の訴訟費用の支払いを命ずる（8対1）。

【解　説】

(1)　無罪推定保障の意義

1789年のフランス人権宣言9条が「すべての者は、有罪と宣告されるまでは無罪と推定される (Tout homme étant présumé innocent jusqu'à ce qu'il ait été déclaré coupable)」と規定して以来、無罪推定法理は、近代的な刑事手続における基本原理のひとつとして扱われてきた。しかし、その意義をめぐっては、これを「疑わしいときは被告人の利益に (in dubio pro reo)」とほぼ同義の、挙証責任に関する原則として証拠評価の場面で機能するものと限定的に捉える立場と、有罪判決前の手続において、刑事手続に必然的に伴う権利制約を超えて、権利制約を課してはならないことを明らかにしたものとして、広くその意義を捉える立場とが対立してきた[1]。

この点は、わが国における議論においても同様である。たとえば、最近でも監獄法改正（被収容者処遇法の制定）をめぐる議論の中で、証拠法上の原則である無罪推定法理は未決拘禁（勾留）には直接的に及ばないという理解[2]と無罪推定法理が判決確定前における自由の推定を意味する以上、未決拘禁自体が無罪推定法理との矛盾をはらんでいるとの指摘[3]との対立がある。わが国の国内法には、憲法上も刑事訴訟法上も、無罪推定を明示する規定はない。憲法解釈論上は、無罪推定法理は憲法31条の適正手続保障の中に含まれる、との議論があるものの、無罪推定法理の意義を広く捉えるという問題意識は希薄であって、刑事手続法以外の場面で無罪推定法理の重要性が語られることもまた稀であったといえよう[4]。

これに対して国際人権基準においては、無罪推定法理は基本権のひとつとして明示的に規定されてきた。1948年の世界人権宣言（11条）、本稿の直接の対象である 1950年のヨーロッパ人権条約（6条2項）、1966年の国際人権自由権規約（14条2項）は、規定の文言の若干の違いはあるものの、共通して一般的な人権としての無罪推定を受ける権利を規定しているのである。ヨーロッパ人権条約6条2項は、「刑事上の罪に問われているすべての者は、法律に基づいて有罪とされるまでは、無罪と推定される」と規定しており、この文言は自由権規約とはほぼ同一である。それゆえ、ヨーロッパ人権条約6条2項の解釈は、無罪推定法理の国際人権法における解釈の指針を示すものとして重要な意味を持つのである。そして、以下に見るように、これらの規定における無罪推定法理の射程が、その解釈上広く捉えられてきたことが、国内法における無罪推定法理の再認識と立法等に反映してきたという意味で、ヨーロッパにおける無罪推定法理の展開は、わが国から見ても参酌されるべき価値を有している。

(2)　本件判決の意義と射程

ヨーロッパ人権条約6条2項は、ヨーロッパ人権裁判所およびヨーロッパ人権委員会によって、次のように解釈されてきた[5]。まず無罪推定を受ける主体たる「刑事上の罪に問われている」者とは、形式的に起訴されたかどうかではなく、手続の段階を問わず、国家機関によって犯罪を犯したとして非難されている者を言う[6]。「刑事上の罪」は各国内法によって異なり得るから、規約の解釈は、国内法に基づいてではなく自律的に行われ、刑罰以外でも公的制裁を課す場合は「刑事上の罪」にあたる[7]。無罪推定を侵害する行為とは、手続の対象者が有罪であることまたは罪を犯した疑いがあることを前提にした行為を意味し、国家機関は、進行中の手続やその対象者について公表する場合には、対象者が有罪であると公衆に誤解されないように慎重に行わなければならない[8]。

本件判決もこのような解釈を引き継ぐものであり、申立人の損害賠償請求訴訟の直接の対象とされた1976年12月29日の内務大臣らによる記者会見において、「公衆をして有罪と誤信されないための配慮」を欠いて、内務大臣らが申立人を「何らの留保もなしに」共犯者と名指ししたことが条約6条2項違反とされたのである。フランス政府は、この記者会見は従前のケースで問題とされてきた刑事手続内で行

われる捜査官や司法官の活動ではなく、申立人を共犯者と名指しした内容であったとはいえ、結果的に申立人は予審免訴となっているから、本件において6条2項違反はない、と主張した。しかし、この主張は明快に斥けられている。本件判決は、無罪推定法理は6条2項で個人の権利として保障されているだけでなく、6条1項で保障された公正な裁判を受ける権利の一要素をなすものと指摘する。それゆえ、結果的に有罪判決を受けることがなかったとしても、あるいは裁判の結果が有罪であったとしても、判決前に犯罪者として扱われたことによる手続的権利の侵害はあるのであり、また、民事上の名誉毀損による損害賠償請求訴訟の形で争われた本件の場合、「公衆をして有罪と信じさせた」ことこそが問題なのは当然であろう。このことを端的に確認した点に、本件判決の第一の意義がある。

ところで、国際人権自由権規約における無罪推定規定（同規約14条2項）は、自由権規約委員会の一般的意見において、「嫌疑の立証責任は訴追側にあり、疑わしいときは被告人の利益に扱われる。嫌疑が合理的な疑いを超えて立証されるまでは、いかなる罪も推定されてはならない。さらに、無罪推定はこの原則に従って取り扱われる権利をも包含する。それゆえ、すべての公権力機関にとって、裁判の結果を早計に判断しないことは義務である。」(9)と解されている。自由権規約委員会は、この解釈に基づいて、捜査機関も無罪推定法理による義務を負うことを認めた。すなわち、同委員会は本判決と同様に、捜査当局の高位者が被疑者を犯人と名指しして記者会見を行い、それが報道されたケースについて、無罪推定を受ける権利の侵害があると認めたのである(10)。本判決が示した無罪推定法理の解釈が、その後自由権規約の解釈としても妥当することが確認されたことになる。本判決の第二の意義は、無罪推定法理の国際人権基準における解釈水準を示した点にある。

ただし、本件においては、記者会見における国の責任を問題にしたケースであったがゆえに、報道機関の報道と無罪推定原則との関係の問題は直接的には問われていない。本件判決は、表現の自由、報道の自由との関係にも言及はしているものの、無罪推定を受ける権利の侵害を根拠に、報道機関の責任を問い得るかどうかについては、明らかにしていないのである。犯人視報道によって生じた予断が刑事裁判の公正さを失わしめる可能性は、捜査機関等がリークし、あるいは発表した事実に、取材による「肉付け」がされることでより高まる。本件においても、記者会見には含まれなかった「保険金殺人」としての事件像が報道によって作られていったようである。

裁判員裁判の導入を控えたわが国の問題状況を考えると、捜査機関による犯人視以上に報道による無罪推定の侵害の問題を重視すべきなのかもしれない(11)。この点に関する本格的な検討は本稿の能くするところではないが、本件の影響も含め、近時フランスにおいて無罪推定法理が立法レベルでどのように扱われているかを瞥見することで、検討の足掛りを示しておくこととしたい。

(3) フランス法における無罪推定法理

冒頭に指摘したように、フランスは無罪推定規定の母国だといってよい。しかし、近年に至るまで、そのフランスにおいても無罪推定法理の具体的保障内容は不分明だったのであり、無罪推定法理の刑事手続法における具体化、あるいは刑事手続以外の場面への拡張が自覚的に行われるようになったのは、比較的最近である。すなわち、無罪推定法理を刑事手続法の中で実定法化し、その趣旨を徹底するという立法提案は、1990年代初頭になって初めて登場したのである(12)。

この提言をもとに立法化が進められた結果、1993年1月4日の法律(13)は、無罪推定法理を指導理念とすることで、従来の予審段階の「被告人（l'inculpé）」の呼称を「手続対象者（la personne mise en examen）」に改めるという象徴的な改正をもたらし、防御権の強化と未決拘禁の縮減などを規定した。1993年1月4日法は、本件がヨーロッパ人権委員会に係属中に成立した法律であり、1980年代から

フランスの刑事手続が相次いで規約違反の認定を受けていたことへの対応を立法動機としていたことは明白である。さらに、この法律が次のような形で無罪推定法理の徹底を図ろうとしたことは、この法律自体が本件への対応を意識していたことをうかがわせる。

まず、この法律では刑事訴訟法典に177-1条が新設され、予審免訴の場合には、予審判事が新聞紙や放送局等に対して免訴理由を含む記事等の訂正の公示、声明の発表を命じることができることとされた(14)。また、刑事訴訟法典の改正以外でも、民法典に9-1条が新設され、「すべての者は、無罪推定を尊重される権利を有する。ある者が有罪判決の前に、捜査または予審の対象となっている事実について有罪であると公示された場合には、裁判官は仮処分（référé）手続においても、損害賠償の権利を損なうことなく、無罪推定に対する侵害を制止するための訂正の公示、声明の流布等の適切なすべての措置を侵害に責任を負うべき自然人または法人の費用負担において命ずることができる。」との規定が置かれたのである。これらの規定においては、無罪推定を侵害する行為を裁判官の権限で事後的に是正することが目されている。

その後も、刑事手続法をヨーロッパ人権条約により整合させようとする立法は続けられている。その中で、最も注目すべきは2000年6月15日のいわゆる「無罪推定法」であろう。この法律は、その名が示すとおり、1993年1月4日法以上に、無罪推定法理の徹底を目指すものであり、刑事訴訟法典の冒頭に「前条」を設け、その3項に次のように規定した(15)。

3項…すべての犯罪の疑いを受けた者または刑事訴追を受けた者は、有罪が確定するまでは無罪と推定される。無罪推定に対する侵害は禁止され、法律に定められた条件に従って賠償の対象となりまたは処罰される。すべての犯罪の疑いを受けた者または刑事訴追を受けた者は、自己に向けられた嫌疑について告知を受け、弁護人の援助を受ける権利を有する。これらの者に対する権利制約の措置は、司法機関の決定に基づき、またはその効果的な統制の下に行われなければならない。権利制約の措置は、手続上の必要がある場合に限定され、犯罪行為の重大性と比例したものでなければならず、かつ人間の尊厳を侵すものであってはならない。訴追を受けた者は合理的な期間内に訴追に対して確定的な判決を受ける権利を有する。有罪判決を受けた者はすべて、別の裁判所によって有罪判決を審査される権利を有する。

一見して明らかなように、この「前条」3項の規定は、無罪推定法理だけでなく、公正な裁判を保障するヨーロッパ人権条約6条1項や上訴権を保障する同条約第7選択議定書2条などの規定を意識し、ヨーロッパの人権水準を直接的に国内法規定に取り入れ、刑事手続法の指導原理としてあらためて掲げる、という意味を持つ。これらの掲げられた理念と刑事司法の現実が整合しているのかどうかは、今後も問われ続けるであろう。しかし、少なくとも立法的対応のモデルケースとして、フランスの上記の諸規定には学ぶべきところがある。

(1) KOERING-JOULIN, La présomption d'innocence, un droit fondamental?, Dans "La Présomption d'innocence en droit comparé(Colloque du 16 janvier 1998)", Societé de législation comparé, 1998, pp. 19-26.

(2) 監獄法の全面改正法として2006年6月に成立した「被収容者処遇法」の立案過程において、未決の取り扱いに関する議論が行われているが、国会審議における政府答弁や参考人意見においては、証拠法上の原則としての無罪推定法理が繰り返し語られている（たとえば、2006年4月11日、衆議院法務委員会における安富潔慶應大学教授の参考人意見〔法務委員会議録15号参照〕）。

(3) 豊崎七絵「未決拘禁は何のためにあるか」刑事立法研究会編『代用監獄・拘置所改革のゆくえ』（現代人文社、2005年）7-8頁。

(4) 例外的に、犯罪報道のあり方をめぐっては、匿名報道原則の根拠として無罪推定法理がかかげられてきた。浅野健一『犯罪報道の犯罪』（講談社文庫、1987年）参照。

(5) BUCHET, La présomption d'innocence au regard

de la Convention Européenne des droits de l'homme et des libertés fondamentales, Dans "La Présomption d'innocence en droit comparé (déjà cité), pp. 28-30.

(6) Adolf v. Austria, 26 March 1982, Series A no. 49 (検察官による捜査、公判裁判所への移送決定など)。

(7) Lutz v. Germany, 25 August 1987, Series A no. 123. (ドイツの秩序違反法)

(8) Decision of the Commission, 7 February 1967.

(9) General Comment No.13 : Equality before the courts and the right to a fair and public hearing by an independent court established by law (Art. 14): 13/04/84. para. 7

(10) GRIDIN v. RUSSIAN FEDERATION, CCPR/C/69/D/770/1997 (18 July 2000).

(11) わが国においても、犯人視報道による予断の問題を適正手続違反の問題として刑事訴訟法の枠内で救済する可能性を模索する論考がある。淵野貴生「犯罪報道と刑事手続の適正理念(1)、(2・完)」法学63巻2号（1999年）42頁、63巻3号（1999年）92頁参照。

(12) デルマス・マルチ（DELMAS-MARTY）教授の主催した「刑事手続と人権委員会」の提言。Cf. La mise en état des affaires pénales, La documentation française, 1991.

(13) Loi n° 93-2 du 4 janvier 1993.

(14) ただし、この条文は、以下の法律によって修正されている。Loi n° 93-1013 du 24 août 1993 art. 44, Loi n° 94-653 du 29 juillet 1994 art. 1, Loi n° 2000-516 du 15 juin 2000 art. 91. 改正により、この規定は、利害関係人の公示請求権を明確にしたものとなり、予審判事が公示を斥けた場合には、控訴院審理部（chambre de l'instruction）への上訴も可能となった。

(15) Loi n° 2000-516 du 15 juin 2000 art. 1 Journal Officiel du 16 juin 2000.

[参考文献]

本件を含む国際人権法における無罪推定原則の平易な解説・紹介として、

[1] 国際連合人権高等弁務官事務所著・平野裕二訳『裁判官・検察官・弁護士のための国連人権マニュアル』（現代人文社、2006年）323-328頁

[2] Centre Français de droit comparé "La Présomption d'innocence en droit comparé (Colloque du 16 janvier 1998)", Société de législation comparé, 1998 (déjà cité).

ストラスブール旧市街
（大聖堂のプラットフォームから）

38 罪刑法定主義と遡及処罰の禁止
東ドイツ時代の「壁の殺人」を統一後に処罰することと遡及処罰禁止原則
──旧東ドイツ国境警備隊事件判決──

岡田　泉

Streletz, Kessler and Krenz v. Germany
22 March 2001, Reports 2001-Ⅱ（大法廷）

【事　実】

　1949年から1961年までの間に約250万人のドイツ人がドイツ民主共和国（German Democratic Republic, GDR）からドイツ連邦共和国（Federal Republic of Germany, FRG）へ逃れた。1961年8月 GDR はベルリンの壁を建設し、その後逃走防止のため国境沿いに、対人地雷の敷設、自動射撃装置の設置などを行った。これらの措置あるいは国境警備隊の射撃により、多くの人々が生命を落とした。FRG 検察当局によれば1989年までの公式死者数は264名である。1961年以降、とくに1971年から1989年までの期間、上記の国境警備体制は、国防評議会の審議と国防大臣の命令に基づき実行されていた。

　1989年11月のベルリンの壁崩壊と東西ドイツ国境の開放後、ドイツ統一条約（Einigungsvertrag、1990年8月締結）と統一条約法（Einigungsvertragsgesetz、同年9月制定）に基づき定められた刑法典導入法（Einführungsgesetz in das Strafgesetzbuch）の刑法典経過規定（315条ないし315(c)条）によれば、統一前に GDR 領域内で行われた GDR 国民の犯罪行為に対する適用法は、原則として GDR 法とされるが、FRG 法が GDR 法よりも寛大な刑罰を定めている場合には FRG 法を適用できるとされた。

　第1申立人（Streletz）は1971年以降国防評議会の構成員であり、1979年から1989年まで国防次官であった。また第2申立人（Kessler）は1967年以降国防評議会構成員であり、1985年から1989年まで国防大臣であった。両名は1971年から1989年までの間、国境を越えて FRG へ逃れようとして殺された7名の若者の事件に対する責任を問われて起訴された。1993年9月16日ベルリンのラント裁判所は、両名に対して GDR 刑法（殺人教唆）に基づき有罪判決を下した（最終的には、より寛大な FRG 刑法を適用した）。

　1994年7月26日の連邦通常裁判所判決は、FRG 刑法（間接正犯としての故意殺人）を適用して有罪とし、また、上記ラント裁判所判決は基本法103条2項（遡及処罰の禁止）に違反しないとした。これに対して申立人2名は、同年9月連邦憲法裁判所に対し憲法異議を提起し、両名の行為は当時の GDR 法上正当であり、連邦裁判所の法解釈は基本法103条2項に違反すること等を主張した。1996年10月24日の連邦憲法裁判所判決は、これらの異議を、いずれも却下した（元国境警備隊員 K.-H.W. の異議と併合審理）。

　第3申立人（Krenz）は1983年以降国防評議会構成員であり、1989年には同評議会議長となったが、1984年から1989年までの間に GDR から FRG に逃れようとして国境警備隊員により射殺された4名の若者の事件に対して責任を問われた。ベルリンのラント裁判所（1997年8月25日判決）および連邦通常裁判所（1999年11月8日判決）は、上記の第1、第2申立人に対する各裁判所判決と同旨の判決を下した。また、第3申立人の憲法異議についても、2000年1月12日連邦憲法裁判所は、これを却下した。

　第1および第2申立人は、各々1996年および1997年、ヨーロッパ人権条約（以下、条約と記す）25条（旧規定）に基づきヨーロッパ人権委員会に申

立を行った。これらの申立は1998年11月第11追加議定書発効時にヨーロッパ人権裁判所（以下、裁判所と記す）に送付された。また同月、第3申立人は条約34条に基づき裁判所に申立を行った。これらの申立人の主張によれば、第1に、彼らが訴追された行為は、その行為の時点ではGDR国内法上も国際法上も犯罪を構成するものではなく、それゆえFRG裁判所の有罪判決は、条約7条1項に違反し、また第2に、連邦憲法裁判所の判決は、旧GDR国民に対して、7条1項の遡及処罰禁止原則を援用する権利を認めなかったことにより、条約1条に違反したという（上記3名の申立および前記元国境警備隊員K.-H.W.の申立は、同一の大法廷で審理されることとなった）。

【判　旨】

(1) 条約7条1項違反の申立について

当裁判所の判例法に示された基本原則によれば、「7条は、被告人に不利な刑法の遡及適用を禁止するに止まらず、より一般的には、法のみが犯罪を定義しかつ刑罰を定めうるという原則（nullum crimen, nulla poena sine lege）および、刑法は類推などの方法により被告人に不利に拡大解釈されてはならないという原則をも含む。」(§50)

申立人ら個人の刑事責任を決定するのは、当裁判所の任務ではなく、第1次的に国内裁判所の評価の問題である。当裁判所の任務は、申立人らの行為が、その行為時に、GDR法または国際法により、充分な予見可能性をもって定義された犯罪を構成していたか否かについて、7条1項の立場から検討することである (§51)。

(a) 国 内 法

(i) 有罪判決の法的根拠——ドイツ統一条約および統一条約法に示された原則に従い、行為時に適用可能であったGDR刑法（StGB-DDR 22条2項、112条1項）が適用されたが、GDR刑法と比較して寛大な刑の場合、FRG刑法（25条、212条）が適用された (§§53-55)。

(ii) GDR法上の正当化事由——申立人らは、人民警察法、国境法および刑法（StGB-DDR）の規定に依拠しつつ、GDR法に従って行為したこと、およびGDRでは訴追されなかったことを正当化事由としてあげた (§56)。しかし、GDR法に基づき下されたFRG裁判所の判決は恣意的でもなければ、条約7条1項に違反するものでもない (§64)。

(iii) GDR国家実行から導き出される正当化事由——7条1項にいう「法」には不文法が含まれるので、GDRの国家実行の性質を分析しなければならない。申立人らの行為はGDRでは訴追されなかったが、これはGDRの憲法や法律に定められた原則（それは法の支配によって治められる国家のものに酷似していた）と、GDRの国境警備体制の抑圧的実行および国境保護命令との間の矛盾によるものであった (§§67-68)。この国家実行の目的は、自国民の流出によって脅かされる国家存在の保全であったが、国家的理由（reason of State）は憲法と法律に明示された原則により制約を受けなければならない。対人地雷や自動射撃装置の使用、および「国境侵犯者を絶滅し、あらゆる犠牲を払って国境を守れ」という国境警備命令の絶対性は、GDR憲法19条および30条に盛り込まれた基本権の著しい侵害である (§§71-73)。

(iv) 有罪判決の予見可能性——GDRの法と実行の広範な分裂は大部分申立人らが作り出したものである。国家機構の上層部を占めていた彼らは、GDRの憲法と法律、国際義務と国境警備体制への国際的批判について知らないでいることはできなかった。この体制は彼ら自身が、官報に公示された法規に、国境警備装置や武器使用の統合改善についての秘密命令や服務規程を上重ねすることによって実施維持してきたものである。それ故、申立人らは、両ドイツ間の国境で起きた事態について直接責任を負っている (§§77-78)。

申立人らがGDRでは訴追されず、統一後まで、行為時に適用可能であった法規定に基づきドイツの裁判所によって裁かれなかったことは、その行為がGDR法上犯罪でなかったことを意味しない。旧体制下で犯罪を行った者の取扱いという、ドイツが統

一後に直面した問題は、他の多くの民主体制移行国でも起きている。法の支配によって治められる国が旧体制下の犯罪者を訴追することは正当であり、同様に、そのような国の裁判所が、以前存在した国に代わって、法の支配の下で国家を治める原則に照らし行為時の法規を解釈適用しても、これを批判することはできない（§§79-81）。1990年に民主的に選挙されたGDR議会は社会主義統一党の不正を訴追する措置をとるようドイツ立法府に要請したが、もしドイツの統一が起きなかったとしても、旧政権を引き継いだ民主政権はGDRの法により訴追したであろう（§84）。

GDRの国家実行は、人権、そしてとくに生命権という国際人権ヒエラルヒー中の最高価値を著しく侵害するものであり、7条の意味における「法」であるということはできない（§87）。結局、申立人らの行為は、その行為時にGDR法により、充分な予見可能性をもって定義された犯罪を構成していたと認める（§89）。

(b) 国 際 法

（i） 申立人らの行為が国際法とりわけ人権保護に関する国際法規則の下で、充分な予見可能性をもって定義された犯罪を構成していたかどうかを検討する（§91）。

（ii） 生命権の国際的保護——世界人権宣言3条、自由権規約6条1項、条約2条1項にみられる通り、生命権は人間の不可譲の属性であり、人権ヒエラルヒーにおける最高価値をなすものである（§§93-94）。申立人は2条2項の除外規定をあげるが、本件では逃走者の射殺は「絶対に必要な」力の行使の結果ではない。逃走者の唯一の目的は国を離れることにあり、申立人らにより実施されたGDRの国家実行は、2条2項に定めるいずれの目的にも該当しない。それ故申立人らの行為は同項によって正当化されない（§§95-97）。

（iii） 移動の自由の国際的保護——第4議定書2条2項と同様に、自由権規約12条2項は、自国から離れる権利を規定している。申立人らは、同条3項に定める権利制限事由に依拠して国境警備体制を正当化するが、本件にはそのいずれの制限事由も該当しない（§§98-100）。

（iv） GDRの国家責任と申立人の個人責任——「もしGDRが存続していたら、当該行為に対して国際法の観点から責任を負うべきであったであろう。さらにこの国家責任と並んで、申立人は個人として刑事責任を負うべきだったことが立証されなければならない。上述の人権保護に関する国際文書からは、そのような責任を推定することができないとしても、これらの文書をGDR刑法典95条と合わせ読むならば、そのような責任は引き出されるかもしれない。同条は、GDRの国際義務もしくは人権および基本的自由を侵害した者が、個人として刑事責任を負うべきことを、明示的にかつ1968年〔注 GDR刑法典制定〕という昔から定めていた。」（§104）

以上から、申立人らの行為は、その行為時に、人権保護に関する国際法規則により、充分な予見可能性をもって定義された犯罪を構成していたと考える（§105）。加うるに、同じく7条1項の下で、他の国際法規則、とりわけ人道に対する罪に関する規則の立場から検討しうるが、当裁判所の得た結論から、その検討は必要ではない（§106）。

(c) 結 論

統一後のドイツ裁判所による有罪判決は、条約7条1項に違反しない（§107）。有罪判決が7条2項により正当化できるか否かについて検討することは要しない（§108）。

(2) 条約1条違反の申立について

1条は枠組み規定であり、それ自体の違反はありえないため、申立人らの訴えは1条の下では提起できない。しかし、実質上彼らは、旧GDR国民として被ったとする差別を訴えており、14条の下で審査することができる。連邦憲法裁判所が適用した原則は一般的範囲のものであり、旧GDR国民でないものにも等しく有効である。

従って、7条との関連において、14条に反する差別はなかった（§§112-114）

(3) 結 論

7条1項違反がなかったこと、および14条違反

の差別がなかったことは、全員一致で認定された。なお、判決には3名の個別（同意）意見が付された。

【解 説】

(1) 判決の意義・特徴

崩壊した旧政治体制の下で実践されていた国家機関の行為を、行為者に不利な事後的法解釈によって処罰することは許されるか。【事実】で見た通り、統一後のFRGの裁判所は、本件で、この事後的法解釈に基づき有罪判決を下した。もし旧体制時代の不処罰という実行を統一後そのままにしておくとすれば、旧体制の不正と人権侵害を追認したこととなり、また、もし訴追すれば、それは罪刑法定主義に反するため、自らの法秩序と正当性の基盤を崩すことになるかもしれない——このジレンマが、旧体制の抑圧行為の訴追によって、「法の支配にコミットする民主制国家」に生じたと評される[1]。

問題の核心となったのは、GDRの国境警備に関する国家実行をどのように評価するかであるが、FRGの裁判所は、「正義の根本原則」あるいは人権保護という上位の法規範との抵触を理由に、この国家実行を行為の正当化事由として認めなかった。このような「上位」規範の援用が、遡及処罰を禁止するFRG基本法103条2項に違反しないかどうかが問題となる。

本判決は、申立人らに対するFRG裁判所の有罪判決が条約7条1項の遡及処罰禁止規定に違反しないことを認定し、事後的法解釈の正当性に関する論争に司法的終止符を打った。「法の支配にコミットする民主制国家」をメンバーとする条約の裁判所が、民主制国家FRGの裁判所判決を尊重し、このような結論に達せざるをえなかった事情は想像できる。しかし、問題の行為が行われた当時GDRは、「法の支配」原理の体制にも、また条約にも参加していなかったことも含めて、判決の論理には種々の弱点があることが指摘されている[2]。

(2) 7条1項の「法」と国家実行の評価

人権裁判所の判例法によれば、7条1項にいう「法」（Recht, droit）には、制定法（Gesetz, loi）だけでなく、不文法も含まれるため、本件ではGDRの国家実行が評価されることとなった。本判決によれば、GDRの憲法と法律の定める原則は「法の支配」原理に類似しているが、国境警備に関する抑圧的国家実行は、GDR憲法の定める基本権の著しい侵害にあたり、この制定法と国家実行の矛盾に鑑みて、申立人らは国家実行を自己の行為の正当化事由として援用することはできないという。

このように制定法と国家実行の矛盾（ないし分裂）を指摘する判決の立場に対しては、そもそもGDRには「法の支配」原理は存在せず、当該国家実行が制定法に違反するという認識はなかったのであり、GDR法上、問題の行為は不可罰であったことから、判決のアプローチは新しい（「法の支配」原理の立場からの）解釈の事後的適用にあたるという批判がなされる[3]。

(3) 国内法上の犯罪性と予見可能性

申立人らの行為はGDR法により犯罪を構成していたかどうか。裁判所の任務は、この点を7条1項の下で検討することであるとされ、その際、予見可能性が問題となった。裁判所の確立した判例によれば、予見可能性とは、犯罪が法上明確に定義されているため、いかなる作為または不作為が刑事責任を生むかについて、個人が法規定の文言から、またもし必要なら裁判所の解釈に助けられて、知ることができる要件をいうとされる（§50）。これについて本判決は、客観的な予見可能性（行為者の地位の如何に拘りなく誰にとっても成立する予見可能性）がGDR法上存在したことを示さず、むしろ行為者による認識（犯罪であることを知りえたかどうか）という主観的な予見可能性を問題にしたとされる[4]。その結果、本判決では（判旨(1)(a)(iv)）、「GDRの法と実行の広範な分裂は大部分申立人らが作り出したものであ」り、国家上層部にいた彼らがGDRの法および国際義務と国境警備体制への国際的批判については知っていたはずだという論法がとられた[5]。

(4) 国際法上の犯罪性

本判決は、とくに国際人権法の保護規則（生命権と移動の自由）の下で犯罪であったかどうかを検討す

るが、関連規則（条約2条、自由権規約6条、12条）の下で直接個人の刑事責任が成立するわけではない。人権裁判所自身この点を認識しており、判決は上記の関連規則をGDR刑法95条と合わせ読むことから犯罪性を導き出すというアプローチをとった。しかし同条は、人権または基本的権利等を侵害した者が制定法、命令もしくは成文規定を正当化事由として援用できないことを定めるだけで、それ自体が（国際法上も国内法上も）犯罪の構成要件を規定している訳ではない。本判決は国際法上の犯罪性を充分に証明したとはいえない[6]。

一方Loucaides個別意見は、7条1項にいう国際法上の犯罪とは国際法により直接禁止されかつ個人責任が定められているものをいうとし、本件では国際慣習法上すでに確立した人道に対する罪が該当する（Levits個別意見支持）ことを指摘する。そして多数意見が、人道に対する罪の検討を不要としつつ、GDRの国内法に依拠して個人の刑事責任を論じるアプローチをとったことを批判している[7]。

(5) FRG裁判所の自然法論（ラートブルフの定式）

一連の国境警備隊事件では、被告人らの行為が「正義と人道の根本思想に対する明白に重大な侵犯」にあたるとして、国内法上の正当化事由を否認する論理がFRGの連邦裁判所では採用された[8]。これは自然法論の一種とみなされ批判された[9]。この論理が基本法103条2項に反するかどうか検討するため、連邦憲法裁判所（1996年10月24日判決）は、かつてナチス犯罪を念頭に置いて提示されたラートブルフの定式（法律と正義の矛盾がたえがたい程度にまで達した場合、法律は正義の要求に譲歩しなければならない。）を持ち出す。そして、この定式では「正義」の基準が必ずしも明確ではなかったが、GDR時代の政府犯罪（Regierungskriminalität）を扱ったFRG裁判所の判例法では、国際人権条約が国家の人権侵害の有無を判断する明確な基準を示すものとして扱われていることを指摘する。ここでは、行為の可罰性を証明するためには、超実定法的原理を示す必要はなく、ただ刑法の基礎に採用されていた価値を示すだけでよいとされる[10]。

裁判所は、本判決の中で、この連邦憲法裁判所判決（103条2項違反の申立を却下した部分）をそのまま再録していることから、ラートブルフの定式を認めているという議論がある[11]。一方、国際人権条約基準を適用する立場は、もはや自然法論ではなく、実定法の解釈論に類するが、そこでは遡及処罰禁止の例外の範囲が未だ明確ではないとされる[12]。

(1) Beate Rudolf, American Journal of International Law, vol. 95 (2001), p. 909.
(2) Jörg Arnold, Nora Karsten and Helmut Kreicker, The German Border Cases before the European Court of Human Rights, European Journal of Crime, Criminal Law and Criminal Justice, vol. 11/1 (2003), p. 80. これは同じ筆者の次の論文を改訂したものである。Menschenrechtsschutz durch Art. 7 Abs. 1 EMRK, Neue Justiz (NJ), Bd. 55 (2001), S. 565.
(3) Arnold, Karsten and Kreicker, ibid., pp. 74-76; NJ, ibid., S. 563-564; Beate Rudolf, ibid.
(4) Arnold, Karsten and Kreicker, ibid., p. 85; NJ, ibid., S. 567.
(5) 若年の元国境警備隊員K.-H.W.に対する判決では、3名の裁判官が予見可能性を否定した。Barreto, Pellonpää, Zupančič各判事。40 ILM 804-810 (2001).
(6) Arnold, Karsten and Kreicker, ibid., pp. 77-78; NJ, ibid., S. 564.
(7) 40 ILM 840f. (2001).
(8) 例えば、連邦通常裁判所（BGH）1992年11月3日判決、BGH St 39, 1 (15-16); 100 ILR 380 (1992). Arnold, Karsten and Kreicker, ibid., p. 82; NJ, ibid., S. 566.
(9) Beate Rudolf, op. cit., p. 910.
(10) 40 ILM 819-821 (2001).
(11) Arnold, Karsten and Kreicker, ibid., p. 83; NJ, ibid., S. 566.
(12) Beate Rudolf, ibid.

[参考文献]
[1] Gerhard Werle, Rückwirkungsverbot und Staatskriminalität, Neue Juristische Wochenschrift (NJW), Bd. 54 (2001), S. 3001-3008.
[2] Markus Rau, Deutsche Vergangenheitsbewältigung vor dem EGMR – Hat der Rechtsstaat gesiegt?, ibid., S. 3008-3014.
[3] Christian Starck, Die Todesschüsse an der innerdeutschen Grenze, Juristenzeitung, Bd. 56 (2001), S. 1102-1106.

39 一事不再理
酒に酔った状態での過失致死罪による裁判後の道路交通法上の酒酔い運転罪による裁判
—— グラディンガー判決 ——

愛知　正博

Gradinger v. Austria
23 October 1995, Series A no. 328-C

【事　実】

　申立人は、オーストリア・ニーダーエースターライヒ州ザンクトペルテン在住のオーストリア国籍を有する者である。1987年1月1日午前4時頃、酒気を帯びた状態で自動車を運転中に、人身事故を起こして被害者を死亡させた。

　これに対して、同年5月15日、ザンクトペルテン地方裁判所（Landesgericht）は、有罪判決を下した。ただ、鑑定に基づいて、事故当時は申立人が酒に酔った状態ではなかったと認定した。酒に酔った状態で犯した過失致死罪について刑を加重している刑法81条2項ではなく、単なる過失致死罪として刑法80条を適用して、1日当たり160オーストリア・シリングによる200日分の罰金を言い渡した。

　ところが、オーストリアでは、刑法とは別に道路交通法5条によって、血中アルコールが1リットル当たり0.8グラム以上の状態で自動車を運転することが犯罪とされていた。同99条1項(a)号は、飲酒の影響がある状態で自動車を運転する行為について、行政犯則行為（Verwaltungsübertretung）として罰金刑を定めていた。そこで、地方裁判所における裁判ののち、同年7月16日になって、今度は同法に基づき、ザンクトペルテン地区官庁（Bezirkshauptmannschaft）が本件を取り上げた。別の鑑定に依拠し、申立人は酒に酔った状態（血中アルコールが1リットル当たり少なくとも0.95グラム）で自動車を運転したものと認定したうえ、行政犯則行為である酒酔い運転罪により1万2千オーストリア・シリングの罰金を科した。

　申立人は、これを不服として、ニーダーエースターライヒ州政府審判所（Amt der Landesregierung）に申立を行った。だが、同審判所は、さらに別の鑑定に基づいて血中アルコールが1リットル当たり0.9グラムの状態にあったものと認定し、申立を却下した（1988年7月27日）。憲法裁判所も裁決のための不服申立の受理を拒否し（1988年10月11日）、行政裁判所も、酒酔い状態を認めたほか、自由権規約14条7項（一事不再理）はオーストリア国内法制に直接には適用されないなどと述べて、不服申立を却下した（1989年3月29日）。

　そこで、申立人は、1989年5月22日、公正な裁判を受ける権利を保障するヨーロッパ人権条約（以下、条約という）6条を根拠に、ヨーロッパ人権委員会（以下、人権委員会という）に申立を行い（No. 15963/90）、①一事不再理の原則に反して、行政官庁により有罪とされた、②しかも、その行政官庁は、同条にいう「独立の公平な裁判所」とは認められない、などと論じた。また、審理の過程で、③無罪の推定を規定する6条2項の違反も主張した。

　なお、オーストリア政府は、1986年5月14日に条約第7議定書を批准した際、一事不再理の原則を定める同4条は「オーストリア刑事訴訟法典にいう刑事手続（criminal proceedings）にしか関わらない」との宣言を行っていた。

　1993年5月10日、人権委員会は、6条2項違反との申立を6カ月ルール（旧26条）に基づき却下するとともに、残余の申立を受理可能と決定した。そして、1994年5月19日の報告書において、全員一致の意見として、条約6条1項（独立の公平な裁判

所)違反および第7議定書4条(一事不再理)違反などを認定し、1994年9月9日、事件をヨーロッパ人権裁判所(以下、人権裁判所という)に付託した。なお、申立人は、条約旧50条(現41条)に基づく公正な満足のための裁判も求めた。

このように、本事件では、第7議定書4条違反のほか、条約6条1項違反の有無についても問題とされた。ただ、ここでは表題に関する前者の点だけを取り上げる。

人権裁判所は、第7議定書4条に関しては、全員一致で次のように違反の存在を認める判決を下した。

【判　旨】

「申立人は、地方裁判所が刑法81条2項に該当しないと判決したのと同一の事実について、地区官庁および州政府が、道路交通法5条に基づき彼に罰金を科して処罰した、と主張した。双方の規定が、実質において、ともに血中アルコールが1リットル当たり0.8グラム以上の状態で自動車を運転することを禁止するものであるから、第7議定書4条の違反であるというのである」(§48)。

(1) 第7議定書4条に関する留保について

第7議定書4条は、オーストリアによる宣言が、その適用範囲を「オーストリア刑事訴訟法典にいう刑事手続」のみに限定している。行政手続や懲戒手続が除かれているので、本件には適用されないと、オーストリア政府は述べた(§49)。「当裁判所は、人権委員会と同じく、その『宣言』は条約64条(現57条―筆者注)にいう留保とみるべきものと解する」。その点はオーストリア政府も争わない。「そこで、その宣言が同条に規定する要件を満たすかどうか、判断する必要がある」(§50)。

まず、第7議定書4条に抵触するとされる法律の「簡潔な記述(brief statement)」がないことが注目される。「宣言」の文言からは、確かに、オーストリアが「オーストリア刑事訴訟法典にいう刑事手続」以外のすべての手続を適用範囲から除外する意図であったことが推認できる。だが、この種の記載は網羅的ではないので、オーストリアによって「明白に除外された諸規定の範囲を越えてしまうことはない……という保証」を十分には与えられていない。「したがって、その宣言は、64条2項の要件を満たしていない」(§51)。

こうして、64条のその他の要件が遵守されているかどうかを審理するまでもなく、当該「宣言」は無効であると認定される(§51)。

(2) 第7議定書4条の時間的適用範囲について

「さらに、オーストリア政府は、第7議定書4条が時間的な理由から適用されえないと主張する。」行政刑法(Verwaltungsstrafgesetz)1条2項によれば、科される制裁は、犯行時に施行されている法律によるが、第一審裁判宣告時の法律が被告人に対してより有利なときはこれによる。「本件の場合、該当の日はそれぞれ1987年1月1日と同年7月16日である。他方、第7議定書が発効したのは1988年11月1日である。」行政裁判所が判決を言い渡したのは、実は、それより後の1989年3月29日である。だが、「裁判所としては犯行時または第一審裁判宣告時の法律に基づいて裁判することを要するので、その事実は影響を与えない」、というのである(§52)。

「当裁判所は、人権委員会と同じく、第7議定書4条の目的は、確定判決により終結した刑事手続の蒸し返し(repetition)を禁ずることにあると解する。したがって、同条は、再訴の手続(new proceedings)が始まるまでは適用されない。」本件では、再訴の手続が判決(1989年3月29日の行政裁判所の判決)により終結するのは、第7議定書の発効より後のことであるから、時間的側面から適用可能であるための条件は満たされている(§53)。

(3) 第7議定書4条との適合性について

「既述の申立人の主張は、人権委員会が大筋において是認するものである。これに対して、オーストリア政府は、当の2つの規定が連続して適用されることを第7議定書4条は排斥するものではないと断ずる。両規定は、性格(nature)を異にし、異なる目的を追求するものである。刑法81条2項は、飲酒

の影響下で犯される殺人行為を罰するものであるが、他方、道路交通法5条は、ただ酒に酔って自動車を運転する事実だけを罰するものである。前者は、死を惹起し公共の安全の脅威となる行為を罰するものであるのに対して、後者は、円滑な交通を確保しようとするものである、というのである」(§54)。

「当裁判所は、ザンクトペルテン地方裁判所によれば、刑法81条2項に規定される加重事情、すなわち血中アルコールが1リットル当たり0.8グラム以上の状態にあることは、申立人について証明されていないとされていることに注目する。他方、行政官庁は、申立人の事件を道路交通法5条の適用範囲内のものとするために、その程度のアルコール・レベルに達していたものと認定した。当裁判所は、当該規定が、犯罪の名称の点で異なるだけでなく、もっと重要なことに、その性格および目的の点でも異なることは、十分に承知している。さらに、道路交通法5条に規定される犯罪は、刑法81条2項において罰せられる犯罪のほんの一面だけに相当することも認識している。しかし、それにもかかわらず、論難されている2つの判決は、同一の行為 (same conduct) を理由としている。したがって、第7議定書4条の違反は存する」(§55)。

(4) **公正な満足** (条約旧50条、現41条) について

申立人は、「国内裁判所の手続および条約上の諸機関における手続において被った費用・支出 (costs and expenses) として、総額29万3千130オーストリア・シリングを請求した」(§57)。オーストリア政府は、行政裁判所の手続 (これが違反として申し立てられているものの源である) およびストラスブールにおける手続のみが考慮に入れられうるだけであろうとの見解を表明し、また費用の金額も争った。ただ、総額10万オーストリア・シリングを弁償する用意はあった (§58)。人権委員会の派遣代表は、公正な満足の問題を当裁判所の裁量に委ねた (§59)。

当裁判所は、「被告国が、費用・支出として15万オーストリア・シリングを、申立人に対して3カ月以内に支払うよう判決し、その他の請求については棄却する。」

【解 説】

(1) 判例の意義・特徴

第7議定書4条1項は、「何人も、すでに一国の法律および刑事訴訟により有罪または無罪の確定判決を経た犯罪行為 (offence) について、その同一国の刑事手続において再び訴追されまたは刑罰を科せられない」と規定して、一事不再理の原則 (二重処罰の禁止) を定めている。これは、文言からも明らかなように、刑事判決の国際的効力に関するヨーロッパ条約 (European Convention on the International Validity of Criminal Judgments, 1970) などが扱っているような国際的一事不再理 (外国判決の効力) を規定したものではない。ここで扱われているのは、古典的な一国内における一事不再理 (内国判決の効力) であって、その国際的保障が問題なのである。

人権裁判所は、本判決において、①同規定が当の締約国に発効した際に、すでに再度の裁判が開始され上訴審の段階に至っていた場合でも、裁判が終結する前であれば、同規定は適用されること、②酒気を帯びた状態で自動車を運転中に犯した人身事故による過失致死罪に当たる行為と、酒に酔った状態で自動車を運転した行政犯則行為である酒酔い運転罪に当たる行為とは、同一の行為であって、前者に対する裁判ののちに、あらためて後者について裁判することは、同規定に違反すること、を判示した。刑事手続における一事不再理の原則を扱った人権裁判所の判例は、比較的多くない[1]。その中で、本判例は、Oliveira判決[2]とともに一応リーディング・ケースと目されているものである。

なお、上述のように、オーストリア政府は、1986年に第7議定書を批准する際、同4条の適用範囲を「オーストリア刑事訴訟法典にいう刑事手続」のみに限定する宣言をしている (§29)。このため、行政犯則行為である酒酔い運転罪の裁判については、そもそも行政的なものとして、同条が適用されない可能性があった (§49参照)。これに対して、人権裁

判所は、Belilos判決(3)を引いて、こうした宣言は条約64条（現57条）にいう留保であるとして（§50）、同条に規定する要件を満たしているかどうか判断している。本判決は、これを消極に解して、当該宣言が無効であるとしたうえで（§51）、第7議定書4条の適用について判断したものである。

(2) 第7議定書4条の時間的適用範囲

第7議定書は、その発効時にすでに発生していた事件について、その適用関係を定める時間的適用範囲の明文規定を有しない。この点は、解釈に委ねられている。本件では、同議定書がオーストリアについて発効したときには、すでに再度の手続により科刑命令が出されており、これに対する不服申立の裁判中であったため、この点が争点になった。

そもそも一事不再理の原則は、2つの要請の調整のうえに成立している。十全な刑罰法規の適用ないし実体的刑罰権の実現という実体法的要請と、再度の訴追による「手続の蒸し返し」の禁止ないし「手続の一回性」という手続法的要請とである。両者の間には、後者により補足的な再訴が遮断されると、前者の実体的刑罰権の実現が十全にはなされない可能性があるという関係がある。

第7議定書に定める一事不再理の原則をかりに、(a)実体法的要請に引きつけて理解すると、1回目の訴追により関連の実体的刑罰権が消滅するという点が重視される。すると、遅くとも再訴手続において適用される実体的刑罰権の存否・内容が確定する前に、その効果に関わる同規定が発効している場合のみ、本件で適用されうると解される余地がある。他方、(b)手続法的要請に引きつけて理解すると、係属中の訴追が「手続の蒸し返し」であるかどうかが重視される。そのため、同規定が再訴手続の終結までに発効していれば、当該手続に適用されうると解されやすい。

本件では、オーストリア政府は、後訴における適用法条に言及しており、(a)に近い見解であったと考えられる。これに対して、本判決は、同条の目的を「確定判決により終結した刑事手続の蒸し返しを禁ずることにある」と述べて、(b)の立場をとることを明らかにした。今日、一事不再理の原則が、「手続の蒸し返し」を禁ずる手続法的要請に基軸をおくものであることは、広く承認されている。本判決の判断は穏当だと評されよう。

(3) 一事不再理の効力の及ぶ範囲

本件では、一事不再理の効力の及ぶ客観的範囲として、事件（行為）の同一性も問題とされた。この判断基準についても、(a)実体的刑罰権の側面に比重をおき、犯罪構成要件や刑罰法規の趣旨などの異同を問題とするものから、(b)端的に手続の繰り返しの面に比重をおき、自然的行為・歴史的事実の同一性などを基準とするものまで、さまざまな立場が考えられる(4)。抽象的な一事不再理の原則の普遍的な承認にもかかわらず、各国の具体的法制は一様ではない。だが、第7議定書の準備作業では、この点についてさしたる検討はなされず、そこにも統一基準の手がかりは乏しい(5)。

本判決では、刑法81条2項と道路交通法5条は、規定の性格および目的や処罰範囲などが異なることを認めた。それにもかかわらず、問題の2つの裁判では、運転中の血中アルコールが一定量以上であったかどうかという事実がともに焦点となっていることから、「同一の行為」を扱ったものだと判断し、一事不再理の原則に反するとした。なお、本判決は、第7議定書4条の「犯罪行為 (offence)」という文言のもとでも、実は「行為 (conduct)」の同一性が問題となることを当然の前提としたようである。事実面での重なりを重視し、単に処罰目的や犯罪構成要件が異なることを理由としては、一事不再理効の範囲を限定しない立場を採用したものである。

その意味で、おのおのの犯罪構成事実の基礎となる自然的行為・歴史的事実に対する着目が、判断の背後にあったと考えられる(6)。ただ、裁判で焦点となる事実の共通性に着目していることから、刑罰関心ないし法的評価の共通性も考慮していることが窺える。のちのOliveira判決は、この面を強調して、犯罪の観念的競合にあたる事例は、同条違反ではな

いと判断した[7]。また、Franz Fischer 判決では、前訴と後訴の手続で問題となった各犯罪行為が同じ本質的要素（essential elements）を有しているかどうか（本質的要素の重なり・共通性）という判断基準が示されている[8]。まだ曖昧さは残るが、人権裁判所は、適用される刑罰法規の主たる性格や目的の異同ではなく、重要な犯罪構成要素ないし刑罰関心要素の共通性を重視する姿勢かと思われる。

（4）オーストリアの対応

オーストリア政府は、判決の趣旨にそって、1996年1月12日、費用等の弁償を申立人に対して行った。また、第7議定書4条の違反が繰り返されるのを防ぐため、憲法裁判所が、1996年12月5日に、同違反の原因であった道路交通法99条6cの規定（行政反則行為たる酒酔い運転罪の独自処罰）を廃止する判決を言い渡した。これが1997年1月22日に効力を生じ、刑事裁判所の管轄に属する事件について、地区行政庁は権限を失った。そのため、すでに裁判所の確定裁判を経た者が、同一事実について、道路交通法の手続において、あらためて有罪とされることはなくなった。

閣僚委員会は、オーストリア政府の報告に基づき、1997年10月29日、判決執行監視の任務の完了を確認した[9]。

(1) 本判決のほか、Oliveira v. Switzerland, 30 July 1998, Reports 1998-V; Ponsetti and Chesnel v. France, Decision, 14 September 1999, Reports 1999-VI; Franz Fischer v. Austria, 29 May 2001, Nr.37950/97; Göktan v. France, 2 July 2002, Reports 2002-V; Nikitin v. Russia, 20 July 2004, Reports 2004-VIII など。

(2) Oliveira v. Switzerland, 30 July 1998, Reports 1998-V.

(3) Belilos v. Switzerland, 29 April 1988, Series A no.132.（本書 8「留保」参照）

(4) なお、一事不再理効の根拠についても、さまざまな考え方が存在し、事件の同一性ないし一事不再理効の範囲の問題とも複雑に絡み合うが、ここでは立ち入らないこととする。

(5) Göktan v. France, 2 July 2002, Reports 2002-V（§46）参照。

(6) Christoph Grabenwarter, Europäische Menschenrechtskonvention, 2. Aufl, 2005, S. 343.

(7) Oliveira v. Switzerland, 30 July 1998, Reports 1998-V(§26)。凍結した道路におけるスピードの出しすぎによる交通事故で、自動車の運転ミスとして警察判事から有罪とされたあと、過失傷害罪で刑事裁判所から再び有罪判決を受けた事案である。第7議定書4条違反とはされなかった。同条は、同一の「犯罪行為」について重ねて裁判されることを禁ずるだけだとして、犯罪構成要件ないし法的評価の面が強調されている。Grabenwarter, *ibid.*, S. 343 f. は、Gradinger 判決と Oliveira 判決との矛盾を強調する。なお、不正に輸入された薬物の取引という同一の犯罪的行為（same criminal conduct）について、刑法上の薬物不正取引の罪と不正輸入物品にかかる関税犯罪とによる処罰を、同条違反でないとした事例として、Göktan v. France, 2 July 2002, Reports 2002-V。

(8) Franz Fischer v. Austria, 29 May 2001, Nr. 37950/97 (§25)。この事案は、本件と同じくオーストリアでの飲酒運転による交通事故の案件である。先に地区官庁が酒酔い運転罪で有罪としたあと、地方裁判所が、あらためて刑法81条2項により酒酔い状態で犯した加重過失致死罪として処罰した。一事不再理の原則に対する違反が認められた。なお、この場合に、かりに地方裁判所が酒酔い状態であった点を除外して単に過失致死罪として処罰したら、一事不再理の原則に反するとされたかどうかは定かでない。

(9) Resolution DH (97) 501.

［参考文献］

[1] Christoph Grabenwarter, Europäische Menschenrechtskonvention, 2. Aufl., 2005, S. 342-344.

[2] Klaus Schwaighofer, Überlegungen zur Reichweite des innerstaatlichen "Doppelbestrafungsverbots" nach Art.4 Abs. 1 7, ZPMRK, ÖJZ, Jg. 60, H. 5, 2005, S. 173-181.

40 裁判を受ける権利の保障範囲
裁判を受ける権利の保障の及ばない「公務員」の範囲
——ペルグラン判決——

戸田　五郎

Pellegrin v. France
8 December 1999, Reports 1999-VIII（大法廷）

【事　実】

申立人（Gille Pellegrin〔ペルグラン〕）は1989年まで私企業において、主として経営・会計コンサルタントとして主に働いていた。その経験を生かすべく国の海外協力プログラムの下での業務に応募したところ、申立人はフランス協力開発省に赤道ギニア経済計画通商大臣の技術顧問として採用され、1989年3月13日にその契約（外国に赴任する文化的、科学的および技術的文民職員の地位に関する1972年6月13日の法律第72-659号に基づく）を締結した。

契約上申立人は、月5日間の割で算定される帰宅休暇をはさむ10カ月間、赤道ギニア共和国政府の指揮下におかれることになっていたが、1990年1月9日、現地での行き違いが多くあったため、赤道ギニア当局は申立人をフランス当局に返す旨決定した。これにより、申立人の上記契約は帰宅休暇の満了を以て終了することとなった。

協力開発省はその後申立人をガボンでの任務に当てるべく同政府に打診したが、ガボン政府による申立人の受入承認に時間がかかったため、協力開発省は一旦承認が得られないものと判断し、1990年2月2日付書簡で申立人に対し、3月15日付で申立人を省の名簿から削除することを通告した。ところがその後になってガボン政府から、申立人に同国公共部門改革省の財政アナリストのポストを提供する旨の通知が来たため、協力開発省は1990年2月7日付書簡で同月2日の決定を取り消した。但し、ガボン赴任のためには同政府の承認に加えて海外勤務の適性を評価するための検診を受ける必要があった。

2月22日に行われた検診の結果、精神科の追加検診を受けるよう指示され、精神科医師は3月15日、申立人が海外勤務に適していないと診断した。これを受けて3月23日、協力開発省は申立人に対し改めて、3月15日付での名簿からの削除を通告した。

1990年5月16日、申立人はパリ行政裁判所に対し、3月23日の決定は遡及的な解雇の決定にあたり無効であるとする申立を行い、その後1992年12月22日、職に止まっていた場合得た所得額の支払いと金銭的・被金銭的損害の賠償を求める訴訟もあわせて提起した。

1997年10月23日の判決で、パリ行政裁判所は、概略以下のように判示して、解雇決定の無効および損害賠償の双方につき申立人の請求を棄却した。

申立人の、協力プログラム参与として赤道ギニアで勤務する旨の国家との契約は、ギニア当局が申立人をフランス国家の下に返した時点で（帰宅休暇期間の満了を条件として）自動的に終了している。従って、1990年2月2日の決定を取り消した1990年2月7日付の協力開発相の書簡は、申立人を赤道ギニアに勤務させた契約を復活させることを意図したものであったとはいえない。また、1990年3月15日を以て申立人の名を省の名簿から削除する決定は、申立人を赤道ギニアに勤務させる契約がその日に終了し、かつ新たな契約は締結されていないという事実の結果であるに過ぎないので、当該決定は遡及的決定として無効とはされ得ない。同決定の無効主張は支持されない以上、同決定に起因する侵害についての国家賠償請求は棄却されねばならない。

申立人は控訴審がパリ控訴行政裁判所に係属中で

あった1995年7月8日に、手続の遅延（ヨーロッパ人権条約（以下、条約という）6条1項の「妥当な期間内に」審理を受ける権利の侵害）を主張してヨーロッパ人権委員会（以下、人権委員会という）に申立を行った。1998年9月17日の報告書において、人権委員会は、6条1項の違反ありとの意見を表明した（18対14）。人権委員会からヨーロッパ人権裁判所（以下、人権裁判所という）への付託は1998年12月9日に行われ、1999年1月14日に大法廷審査部会により、大法廷での審理が決定された。

【判 旨】

(1) 現行の判例法とその限界

申立人は行政裁判所での手続の遅延を主張しているが、本件は国家公務員がその勤務条件に関して提起した訴訟に対する条約6条1項の適用可能性の問題を提起している。

ヨーロッパ評議会加盟国の多数において、公務員と、私法によって規律される被雇用者とは区別されている。そのことから当裁判所は、「公務員の採用、地位および雇用の終了は一般に6条1項の範囲外にある」と判示し、他方で申立が給与の支払いのように「純粋に」または「本質的に」「経済的」権利に関するものであってかつ「当局の裁量権」が問題とならない場合には同条を適用してきた。

たとえば年金の受給申請にかかわるFrancesco Lombardo v. Italy事件（26 November 1992）およびMassa v. Italy事件（24 August 1993）では、当裁判所は、争点が雇用の終了後法的に生ずる金銭的権利に関連しており、申立は6条1項の意味における民事上の請求であると判示した。それに対し公務員の常勤ポストへの復帰が争われたNeigel v. France事件（17 March 1997）では、裁判所は争点を申立人の「採用、地位および雇用の終了」に関連するものと判断し、復帰していれば受け取っていた給与の支払請求のかたちであっても、その認容が復帰拒否決定の違法性認定を前提とする限り、6条1項が適用されるとはいえないと判示した。

しかし、以上の判例法は不明確な部分を含んでいる。Neigel事件では、ポストが空いていた場合の申立人の復帰について当局に裁量権があったとはいえない。また「採用、地位および雇用の終了」に関する決定は通常金銭的結果を伴うため、「純粋に」または「本質的に」経済的な利益に関する手続とその他の手続とを区別することや「生計の手段」が問題となっているか否かを基準とすること（Le Calvez v. France, 29 July 1998）には困難を伴う。

この不明確性を解消するために、また、締約国の国内における雇用形態（常勤職員か、契約職員か）の如何にかかわらず公務員を平等に取り扱うために、6条1項に関し「公務員」という用語の自律的な意味を確立する必要がある（§§59-61）。

(2) 新たな基準とその本件への適用

当裁判所としては「被雇用者の任務と責任の性質に基づく機能的基準」を採用するべきであると考える。各国の公共部門には、一般的利益の保護に責任を負い、「公法によって付与される権限の直接または間接の行使」を伴うポストがあり、そのようなポストにある者は主権的権限の一部を行使しているために、国家はその者に対し「特別な信託と忠誠の紐帯」を要求することに正当な利益を有している。他方で、このような側面を有しないその他のポストについては、このような利益は存在しない。

従って、6条1項から唯一除かれる紛争とは「その任務が国家または他の公共団体の一般的利益の保護に責任を負う公権力の受託者として行動する」公務員によって提起される紛争である。軍隊および警察がその典型として考えられる。個々の事例の判断にあたり、当裁判所は1988年3月18日のEC委員会通報（「労働者の自由移動と加盟国の公務における雇用へのアクセス―― EEC条約第48条4項の適用に関する委員会の行動」Official Journal, 1998 C72/2）等を参照する。

本件において申立人は、外国派遣文民協力スタッフの一人として、1972年7月13日の外国派遣文化科学技術協力要員の地位に関する法律の適用の下に

あり、かつその活動は、政府省庁の保護の下にあって対外関係処理の性質をもつものであったと認定する。この点で、業務を民間のコンサルタントに委ねることも可能であったので、公法の下で付与される権限を伴ったものとはいえないという申立人の主張には説得力がない。事実関係からして、申立人が任じられた業務は、国家がとりわけ主権的権限を行使する分野である公共財政の分野においてかなりの責任を申立人に負わせるものであった。これは公法によって付与される権限の行使への直接の参与と、国家の一般的利益の保護のための任務の遂行を伴っていた（§§64-71）。

以上の理由により当裁判所は、条約6条1項は本件に適用されないと判示する（13対4）。

【解　説】

(1) 本判決の位置づけ

ヨーロッパ人権条約6条は、「刑事上の罪」および「民事上の権利義務」の決定のために公正な裁判を受けるすべての者の権利を規定する。ヨーロッパ人権裁判所はこの両概念を締約国国内法上のそれらに対して自律的な概念と解釈することにより、軍隊・刑務所の懲戒手続[1]や行政手続[2]など国内法上刑事事件にも民事事件にも分類されていない手続についても6条を適用してきた。しかし、公務員がその雇用・労働条件を巡って行う訴訟に関しては、締約国で一般に、私企業の被雇用者と公務員との区別が行われていることを背景に、6条が適用されない場合があることを前提として、その基準の設定を試みてきた。本判決以前には、本判決でも言及されているように公務員の「採用、地位および雇用の終了」にかかわる紛争には6条の適用なしとしつつ、年金受給を巡る紛争など「純粋に」あるいは「本質的に」経済的な紛争で当局の裁量が問題とならないものには適用ありとしてきた。しかしこれは「採用、地位および雇用の終了」を巡る紛争というもの自体が通常経済的側面を伴うという点、及び、「採用、地位および雇用の終了」紛争であってかつ当局の裁量が問題とならないものがあり得るという点で明確かつ十分な基準といえないだけでなく、そもそも「公務員」の概念が締約国国内法で統一されていないという事情から、人権裁判所自ら「公務員」を自律的概念として設定する必要があった。発足間もない新人権裁判所の大法廷が従来の基準を改めると同時に「公務員」概念の設定を試みたのが本判決であり、EC委員会、EC司法裁判所に準じて、「公法によって付与される権限の直接または間接の行使」を伴うポストにあって、国家が「特別な信託と忠誠の紐帯」を要求することができる者にかかわる紛争は、紛争の性質にかかわらず6条1項の適用対象としないという基準が設けられた。

(2) 新基準の妥当性

しかし、この基準はなお十分なものとはいえないといわざるを得ない。本判決にはそれぞれに一定の説得力を有する異議が提起された。

個別意見を書いたTraja裁判官は、多数意見が採用、解雇といった国家に裁量権が認められる場合に限らず広く「特別の信託と忠誠の紐帯」のもとにある被雇用者をすべて排除していることを批判し、経済的な問題がそれ自体被雇用者と公共団体との特別の紐帯によって条件づけられることに異議を唱えている。業務に携わった被雇用者に給与等を支払わないという裁量権はいかなる当局も有していないはずであるからである。同裁判官は、むしろ経済的論点が含まれる場合により広く6条1項の適用を認め、排除される事例はまさに本件のように、契約を更新しないことに違法性が認められないにもかかわらず、在職していれば得られた給与の支払いを被雇用者が求める場合等に限定すべきであると論じる[3]。

Tulkens, Fischbach, Casadevall, Thomassen 裁判官の共同反対意見は、多数意見が6条1項の保護への例外は条約の趣旨および目的に照らし限定的に解釈せねばならないとしつつ逆の方向に進んでいる、すなわち「公務員」概念の自律的解釈を行った結果「公法によって付与される権限の直接または間接の行使」を伴うポストにある者をすべて排除すること

になっていると批判する(4)。同意見は、そもそも6条1項適用の例外として条約上用いられてさえいない「公務員」概念の定義は人権裁判所が行うべきことではなく、ましてや本件のように国内法上雇用に関して独立の裁判所へのアクセスが認められている場合に、申立人がなぜ妥当な期間内に審理を受ける権利を否定されるのか、給与その他の支払いをめぐる紛争がなぜ「忠誠」の有無によって左右されるが理解できないと述べて、以下のように、公務員はそれ自体6条1項の適用から排除すべきではないと論ずる。つまり、6条は「私法上の権利（private rights）」ではなく「民事上の権利（civil rights）」を用いており、その点で当然に公務員を排除しているとはいえず、公正な裁判を受ける権利の重要性に照らせば公務員を排除する合理的理由はない。また、今やほとんどの締約国は公務員の紛争を大体において裁判の対象として（judicialise）いる。条約は水準点（benchmark）として働くものであることからすれば、人権裁判所が国内裁判所よりも低い保障しか提供しないのは適切ではない(5)。

この二つの意見は、一方は従来の基準を維持しつつ紛争の経済的性質をより重視すべきであるとし、他方は公務員を区別すること自体行うべきではないとするが、共通する問題意識は、私企業の被雇用者であれば当然に6条1項が適用される同じ（経済的）性質の紛争について主体が公務員であるという理由で適用が排除されることに合理的理由を見いだすことが困難であるということにある。Traja裁判官は専ら在職を仮定した場合の給与等の支払請求であって、在職を否定した当局の裁量行為自体の違法性は問題となり得ない紛争のみを排除することに合理性を見いだそうとしているのに対し、反対意見は区別の合理性を見出すことが困難であることをもって、区別を行うこと自体を否定している。公務員を私企業の被雇用者と区別することは、国内法上労働基準関連立法適用の可否等について行われているが、それは直ちに公務員の雇用関係をめぐる紛争の裁判による解決の否定につながるものではない。6条1項適用の可否に関し、とりわけそれが公共団体を一方当事者とした紛争にも適用されること、公務員の雇用関係をめぐる紛争が私企業の被雇用者の場合と同様に経済的側面を伴うことが多いことを前提として、新基準のような区別を設けることの合理性に対する疑問を完全に排除することは困難であるように思われる。

(3) EC基準への準拠

本判決はEC裁判所が判例上確立し、EC委員会が1988年の段階でまとめた公務員とその他の被雇用者との区別基準を参照して新基準を設定している。

EC設立条約の、労働者の自由移動に関する39条（旧EEC設立条約48条）4項は「本条の規定は、行政機関における雇用については適用しない」と規定している。EC委員会の上記通報は、48条4項の例外が国家および国家類似の、軍隊、警察その他秩序維持のための権力、裁判所、税務当局および外交使節のような機関、ならびに、国の省庁、地方当局およびその他類似の機関、中央銀行およびその他の公共機関における、法令の起草、実施、その適用の監視および下部機関の監督のような国家権力の行使を伴うポストをもカバーすると説明しているが、それはEC司法裁判所が確立してきた「ポストに固有の業務と責任の性質」を重視した「公法により付与された権限を行使するものであり国家またはその他の公共機関の一般的利益を保護する責任を伴う」ポスト(6)という基準に基づくものである。この基準は労働者の自由移動に関するものであり、同基準が48条4項から除くことを意図しているのは国籍要件を設定することなく採用等が行われて然るべきであると判断されるポストであって、その点で同基準は明確であり機能的である。しかし、同基準がヨーロッパ人権条約6条1項の適用可能性の問題に転用可能であること、6条1項の適用が認められない紛争が同基準によって合理的に区別されうることについて、人権裁判所の説明は必ずしも十分ではない。

(4) 新基準の運用

紛争の性質から職務の性質への基準の変更により、

公務員に関する限り新基準に該当すれば紛争が経済的性質を有するか否かにかかわらず6条1項の適用が排除されることになる。新基準を適用して、人権裁判所はこれまで、裁判官の給与水準[7]や免職[8]にかかわる紛争（「裁判官は公法が付与する権限の行使に直接参加し、国家の一般的利益の保護を目的とする任務を遂行している」: Pitkevich）、下士官の夜間勤務手当[9]や予備役将校の傷痍軍人年金[10]にかかわる紛争（予備役軍人も召集期間は現役と異なることなく国家の一般的利益の保護を目的とする任務を遂行している: R. v. Belgium)等について6条1項の適用を否定してきている。その一方、フランス経済省経済開発局の技術顧問に対する契約不更新通告にかかわる事例では、申立人が公的機関だけでなく輸出入業者に対しても助言と援助を行う立場にあったこと、輸入業者に対する指導力の欠如が契約不更新の主な理由であったことに鑑みて、6条1項の適用が認められている[11]。

他方で新基準によれば、公務員の紛争について6条1項が適用される場合には、経済的性質を有しない紛争もそれに含まれることになるのかといえば、それには一定の留保が伴うように思われる。そもそも裁判所が6条1項の「民事上の権利義務」の概念について自律的解釈を行った際、国内法上民事に分類されない紛争への適用可能性を示すにあたって、権利義務の経済的性質に対する考慮が含まれていた（6条1項は私法上の権利義務にとって決定的なすべての手続に適用される[12]）と考えられるからである。

(1) Engel and others（本書 *17*), Campbell and Fell v. United Kingdom, 28 June 1984, Series A no. 80.
(2) König v. Germany, 28 June 1978, Series A no. 27.
(3) Separate Opinion of Judge Traja, §§2-3.
(4) Joint Dissenting Opinion of Judges Tulkens, Fischbach, Casadevall and Thomassen, §1.
(5) *Ibid.*, §5.
(6) European Commission v. the Grand Duchy of Luxembourg, 2 July 1996, ECR I-3207.
(7) Kajanen and Tuomaala v. Finland, 18 October 2000.（判例集未登載）
(8) Pitkevich v. Russia, 8 February 2001.（判例集未登載）
(9) Mosticchio v. Italy, 5 December 2000.（判例集未登載）
(10) R. v. Belgium, 27 February 2001.（判例集未登載）
(11) Frydlender v. France [GC], 27 June 2000, Reports 2000-VII.
(12) Ringeisen v. Austria, 16 July 1971, Series A no. 13.

[参考文献]
[1] ÖNCÜ, M., *La fonction publique et l'article 6 de la Convention européenne des droits de l'homme*, Bruylant, 2004.

人権裁判所

41 裁判所に対するアクセスの権利
受刑者と弁護士との間の訴訟相談のための接見拒否が、公正な裁判を受ける権利を侵害するとした事例
—— ゴルダー判決 ——

北村　泰三

Golder v. the United Kingdom
21 February 1975, Series A no. 18（全員法廷）

【事　実】

イギリスでは1970年代前半に監獄法（Prison Act）および監獄規則（Prison Rules）の下でいくつかの受刑者と弁護士との接見制限および裁判所に対するアクセス権の拒否がヨーロッパ人権条約（以下、条約）違反であると訴える申立がヨーロッパ人権委員会（以下、人権委員会）に提起されたが、いずれも国内的救済の未完了、明白に根拠不十分などの理由により斥けられてきた[1]。しかし、1975年の Golder 事件では、人権委員会の条約6条違反の認定に続いて、ヨーロッパ人権裁判所（以下、人権裁判所）がイギリスによる人権条約違反を初めて認定するケースとなった。

本件申立人 Sydney Golder（ゴルダー、以下Xという）は、強盗罪により有罪判決を受け、ワイト島（Isle of Wight）内のパークハースト（Parkhurst）刑務所に収監されていた。1969年10月24日に同刑務所内で発生した暴動事件に際して、何人かの刑務官が受刑者から暴行を受けた。その後の刑務所内部の調査にあたって、ある刑務官は、Xが暴行に加わっていたと証言した。これによりXは一時的に独房に移され、懲戒処分手続に付された。しかし、その後他の刑務官がXのアリバイを証言したために、結局Xは懲戒処分に付されなかった。そこで1970年3月20日、Xは、最初にXを暴行事件の加害者であると証言した刑務官を相手として、名誉毀損により民事訴訟を提起しようとして弁護士と相談するために接見を申し出た。しかし、刑務所当局は、当時の監獄規則の34条8項の規定（「内務大臣が許可する場合を除き、本規則の下で受刑者は、親族または友人を除き何人とも面会する権利を持たない。」）に照らしてこれを拒否した。また監獄規則37条では、受刑者が訴訟を提起しようとして、助言や指示を求めるために弁護士に信書を宛てる場合には、内務大臣の許可が必要とされたので、信書の発信も拒否された。

Xは、弁護士との接見および信書の発信が拒否されたことによって刑務官を相手とする訴訟を提起することが事実上、不可能となったことにより、条約6条1項（裁判所による公正な公開の審理を受ける権利）の規定に違反することおよび弁護士宛の信書の発信拒否は条約8条（プライバシー権）に違反する旨を人権委員会に対して申し立てた。

1973年6月1日の人権委員会報告書は[2]、要旨次のように述べた。まず、条約は、受刑者に対して裁判所に対するアクセスの権利を明文上は定めていないけれども、条約に内在的な権利として6条1項の内容に含まれるとした。また受刑者が刑務官を相手とする訴訟を提起するために弁護士と相談するに当たって刑務所当局の許可を必要とする制度は、条約6条1項の趣旨と相容れないこと、および6条1項の権利は受刑者について「固有の制約」を認めてはいないので、本件で課せられた制限は条約6条1項に違反する。また、信書の発信が不許可とされた点で条約8条にも違反する。その後、イギリス政府と人権委員会は、人権裁判所に本件を付託して争った。

人権裁判所に付託された第1の争点は、条約6条1項は、既に係属中の訴訟事件における裁判の公正な運用に対する権利を保護しているだけなのか、そ

れとも何人かが民事上の権利の決定のために裁判に訴えようとする場合に「裁判所に対してアクセスする権利」を保障しているのかどうかであった。第2点は、裁判所に対するアクセス権を保障しているとすれば、その権利には内在的な制約があるのかどうかであった。また、8条に関する争点は、弁護士宛の信書の検閲によって8条のプライバシーの権利の違反があったかどうかである。イギリス政府側は、6条1項の規定は、訴訟が既に提起され現に裁判所において係属中の事件に関する規定であり、裁判所にアクセスする権利を保障する趣旨ではなく、また受刑者の場合には、刑務所内の秩序及び規律の維持の観点から当然の制約に従うと主張した(3)。

1975年2月21日、人権裁判所は、イギリスによる条約6条1項および8条の違反を認定した。以下では、6条1項に関する部分を中心に検討を行う（信書の発信不許可についてはSilver and others v. U. K. 〔本書 *31*〕を参照）。

【判　旨】

人権裁判所は、6条1項は、裁判所にアクセスする権利を保障していると結論付ける。まず、「弁護士との接見拒否は、Xが裁判を受ける権利を『事実上妨げた』ことは明らかであるので、問題は、同条項が明白な文言でこの権利を述べていない点に鑑み、解釈によってそれが確認されるかどうかである。そこで、この文言を文脈において解釈すると、公正な裁判を受ける権利とは、必ずしも政府が主張したように現実に係属中の事案における裁判の公正な運用に対する権利に限られず、かかる訴訟制度を利用する権利自体を排除していない。」(§30)

「条約6条1項の文言は、その文脈において解釈した場合、裁判所へのアクセス権が、条約上の保障に含まれると考えるに十分な理由を与えている。」(§30)「最も明確な証拠は、1項の仏語正文の中に見いだせる。『民事上の訴え』(contestations civiles) の分野において、何人も、自己に対する訴訟手続がある一定の方法（すなわち「公正」、「公開」かつ『合理的な期間内に』）において行われるための権利だけではなく、何がしかの機関ではなく6条1項の意味における『裁判所によって』『自己の主張を審理してもらう』権利を有している。」「その文言には、「指示し、承認を受けるべき利益の全体」をも含んでいる。」「英語正文では、『法律によって設けられた独立かつ公平な裁判所』と言っている。さらに政府がその主張を支持するために依拠した『民事上の権利義務の決定に当たって』という文言は、必ずしも係属中の訴訟手続における（公正な裁判の保障）という意味だけでなく、『民事上の権利・義務の決定においては常に』(公正な裁判を受ける権利を保障される［北村］) という意味と同義に理解される。この場合、その語句が意味しているのは、裁判所によって民事上の権利・義務に関する紛争を決定してもらう権利である。」（以上、§32）

「条約法条約31条2項が述べているように、条約の前文は、本文と一体を成している。さらに前文は、一般的には解釈される文書の趣旨および目的を決定する際に重要である。本件では、本条約の前文中で最も重要な字句は、志を同じくしかつ政治的伝統、理想、自由および法の支配について共通の遺産を有するヨーロッパ諸国の政府として、世界人権宣言中の権利の若干のものを集団的に実施するために最初の措置をとることを決意した、と宣言していることである。」（中略）「（世界人権宣言に掲げられた権利のうち若干のものを保護するという―筆者）条約の『選択的な』性質を問題にすることはできない。政府も言うように、前文は、条約の趣旨および目的の中に法の支配を含んでいない点は認められるが、ヨーロッパ評議会の加盟国の共通の精神的遺産という特徴の一つである。しかし、当裁判所は、人権委員会と同じく、『多少なりとも修辞的な言及』であって、条約解釈に関連しないものとしてこの言及を捉えることは誤りであると考える。署名国政府が世界人権宣言中の若干の権利を集団的に実施するための最初の措置をとることを決意した一つの理由は、法の支配に対する固い信念である。条約6条1項の文言の解釈に際して条約の文脈ならびに趣旨および目的に従ってこのように公に宣言された動機に留意することは、

自然であり信義誠実の原則(条約法条約31条1項)にも一致していると思われる。」(§34)

「条約法条約31条3項(c)は、条約の解釈に際して本文とともに締約国間で適用可能な国際法の関連規則を考慮すべきとしており、その中には特に『文明国によって認められた法の一般原則』(国際司法裁判所規程38条1項(c))がある。本条約の起草に当たったヨーロッパ評議会議員会議の法務委員会は、人権委員会および人権裁判所ではこれらの原則を任務の遂行に当たって必然的に適用しなければならないので、条約中にこの趣旨の特別の規定を挿入することは不要と考えた。民事上の請求は、裁判官に提起することが可能でなければならないという原則は、普遍的に承認された法の基本原則であり、また裁判拒否を禁ずる国際法上の原則としても認められる。6条1項は、これらの諸原則に照らして理解されなければならない。(中略)6条1項は係属中の事件の当事者に与えられる手続的保障を詳細に記述しているのであり、また裁判所に対するアクセスの権利を保障することによって得られる利益を事実上保護していないと想定することは決してできない。もし裁判手続(の保障)が無かったならば、公正、公開かつ迅速な司法手続きは何の価値もない。」(§35)

以上により、「裁判所へのアクセスの権利は、6条1項に述べられた権利に固有の要素であり、同条の拡大解釈ではない。立法条約である本条約の対象と目的を考慮して解釈した場合の本条第1文の用語そのものに基づいている。」(§36)

裁判所はこの権利の行使は絶対的なものではなく、何らかの制約があることを認めた。しかし、名誉毀損を理由に訴えるために弁護人との接見許可を求めたときの状況からみて、「Xが訴えを提起するために弁護人と相談しようとしたのは正当であった。訴えの企図の見通しを評価するのは内務大臣ではなく、公正な裁判所である。」(§40)以上の理由により、「この接見を却下したことにより、6条1項に保障されている裁判所に対するアクセスの権利の侵害があった。」(9対3)(4)また、8条の違反については全員一致により認めた。

【解　説】

(1) 判決の意義・特徴

刑務所は、一般社会から遮断された特別な環境にあるため、内部秩序の維持および安全のために、特別の注意が必要ではあるが、同時に被収容者の人権尊重にも配慮が求められる。条約違反申立件数のうち相当数が、被拘禁者からのものであり、判例法のかなりの部分は、拘禁中の者から提起されていることに鑑みれば、刑務所等の拘禁施設における人権の確保は依然としてヨーロッパにおいても重大な人権問題である。1975年の本件判決において、イギリスというヨーロッパの大国の刑務所制度に関する条約違反を認定したことは、人権裁判所の活動が活性化に向けて歩み出したことを示している。

条約6条は、公正、公開かつ独立の裁判所による裁判を受ける権利に関する規定であるが、本件で申立人は、受刑者に対して弁護士に相談する機会を与えなかったイギリスの刑務所側の措置が6条1項に含まれる裁判所に対するアクセスの権利を否定するものであり、6条1項に違反すると主張した。本条が、裁判所に対するアクセスの権利を含むかどうかは条文上は明確ではなかったにもかかわらず、裁判所は、条約解釈の新たな指針を示すことによってより積極的な結論を導いた。このような判断の根拠は、次の3点に要約される。すなわち、この権利が、①ヨーロッパ人権条約締約国間の法の一般原則であるから、イギリスに対しても遵守が求められるとしたこと、②裁判所に対するアクセスの権利が6条1項に内在する権利であること、また③立法条約としてのヨーロッパ人権条約の特性からもそのような解釈が肯定的に捉えられること、である。

(2) 主要論点の解説

(a) 実効的権利としての裁判所に対するアクセス権

イギリス政府は、刑務所内の秩序および規律の維持のためには合理的な制約が可能であるという内在的制約論を主張した。しかし、人権裁判所は、裁判所に対するアクセスの権利に関する明示的な規定が

6条1項には欠けていたにもかかわらず、受刑者にもこの権利の保障が及び、受刑者と弁護士との接見の保障が含まれるという判断を示した。すなわち、この権利が実効的な権利であるとして、内在的制約なるものを否定し、いかなる制約も権利の実質を毀損してはならないと判断した[5]。本件では、弁護士との接見の拒否は、事実上、受刑者の裁判所に対するアクセスの権利を否定することになるのであるから、弁護士との接見の保障は裁判所に対するアクセスの権利に内在する権利として、6条1項に含まれるとした。その裁判所へのアクセスの権利とは、ただ単に裁判所に出廷する権利というような狭い概念ではなく、受刑者の権利をめぐる刑務所内の関係にも「司法的コントロールの保障」が及ぶことを明らかにしたものともいえよう。

(b) 条約解釈の方法——目的解釈

本件判決は、条約の解釈基準として目的解釈的方法を導入した点にも意義がある。まず、条約法条約31条に規定されたように、条約解釈に際してはまずは文脈の全体を考慮すべきとする原則を確認する(§30)。同時に、本条約の立法条約的性格を強調することによって条約の目的解釈を導き (§34)、条約前文に謳われている法の支配の原則および「法の一般原則」を援用して、6条1項の文言には明文により言及されていない権利を認めた[6]。

このような目的解釈に重きを置く解釈法は、Verdoross, Zekia, Fitzmauriceの3人の裁判官の反対意見によって批判の対象となった。とりわけ、Fitzmaurice裁判官（イギリス出身）は、多数意見を手厳しく批判した[7]。すなわち、①条約中に明示されておらず、せいぜい黙示されているにすぎない権利を条約によって課される義務とみなすことはできないこと、②国会制定法と条約法とは異なり、後者の場合には、より広範囲の制約が要請されているのであって、条約が実際に定めているかまたはその旨必然的に推定されるもの以外の義務を定めていると解すべきではないこと、③法の支配の原則や法の一般原則などは、6条1項とは無関係であって、解釈の要素にはならず、これらに基づく解釈は、国家の合意に基礎をおく条約解釈にはなじまない司法立法である。

人権裁判所の他の裁判官は、国際法の多元主義的な解釈論にはあまりなじみがなく、むしろ憲法上の人権理論をそのままヨーロッパのレヴェルで実現することに意義を見いだしたものと思われる。1970年代半ばの本件判決のころより人権裁判所の姿勢は、より積極的かつ立法条約的な解釈方法を探求、実践していく方向に向かっていき、本判決は、イギリスの刑務所および刑事司法制度が人権裁判所において条約違反を問われる一連の判決の端緒を開いたのである。

(3) 判例法の展開

(a) 権利の実効性

裁判所に対するアクセス権は実効的でなければならないとする判例法理は、以後、様々な文脈において展開してきた。Airey v. Ireland[8]では、暴力的な夫との離婚裁判に訴えようとしても経済的理由によって弁護士に依頼することが不可能な場合には、国が法律扶助制度を充実させることによって弁護の機会を提供する積極的な義務があるとした。また、裁判所に対するアクセスの権利は、時効によって妨げられるが、時効の制度は、適正な法的理由があるので裁判所に対するアクセスの権利を侵害するものではないとされる[9]。

(b) 訴訟の相手方との関係

条約上の判例において、特定の相手方に対する訴訟を提起することを妨げる法的措置が問題となることがあった。たとえば学校の教師による生徒に対するストーカー的行為の結果、殺害された被害者生徒の家族が、警察に対して保護を求めていたにもかかわらず、適切な保護の懈怠により殺人事件を防止できなかった点に警察（国）の責任があると主張した事件(Osman v. United Kingdom〔本書 *12*〕)[10]がある。イギリスの控訴院 (the Court of Appeal) は、この種の警察による捜査上の作為・不作為に関する訴えは排除されると判断した。その結果、被害者の遺族は、人権条約2条および6条1項の裁判所に対するアクセス権の保障を得られなかったとして人権委員会に

申立を提起した。人権裁判所は、2条の侵害は認めなかったが、このような場合に警察への訴えが自動的に排除される点で、6条1項に定める裁判所に対するアクセスの権利の侵害を認める判断を示した。

他方で、外国政府機関の行為等、外交上の裁判権免除を享有する相手方に対する訴訟が提起できなくとも、裁判所に対するアクセス権の不当な制限には当たらず、6条1項違反とはみなされない（Al-Adsani判決〔本書7〕参照）[11]。また、1998年にNATO軍がベオグラード市内の放送局を空爆した際に死亡した16名の遺族たちがNATO軍の一部を構成していたイタリア政府を相手としてローマの裁判所で損害賠償訴訟を提起したところ、最終的に破毀院の判決により管轄権を理由に棄却されたことに対して、条約6条1項違反を主張した事件がある[12]。人権裁判所は、イタリアの裁判所が事件を検討した後にこれを棄却したのであるから、裁判所に対するアクセス権を否定したことにはならないとした。

ハンバーガーチェーンのマクドナルドが環境保護運動家を名誉毀損によって訴えた事件において、人権裁判所は、公正な裁判のために必要であれば、法律扶助は民事事件の被告に対しても提供されなければならないと判示した[13]。

(c) イギリス国内法への影響

本件判決の後、1975年8月、刑務行政に責任を有する内務大臣は、本件判決が民事訴訟を提起しようとするかまたはその他の訴訟手続に関して受刑者と弁護士との相談の際には、いかなる障害も存在してはならないという趣旨である旨を議会で述べ、その徹底を指示した。この通知を受けて、ヨーロッパ評議会閣僚委員会は判決の履行を確認した[14]。

他方で、受刑者が刑務所内での処遇を理由とする訴訟や刑務官を相手とする訴訟を提起しようとする場合には、適切な刑務所内部の手続きにより苦情を提起し、明確な回答を得るまでは、外部の救済手段を援用することができないという規則（「事前苦情表出規則」(prior ventilation rule)）が定められた。その結果、弁護士等に対して刑務所内の処遇に関する苦情を述べたり訴訟相談を行うために信書を宛てる場合にも、刑務所当局によって差し止められることになる。この刑務所内部の手続だけで約1年必要とされたため、この程度の改正では判決の字句上の履行はなされたとしても、その真の意図を汲んでいないとも指摘されていた。後の、Campbell and Fell v. U. K. 判決[15]により、この点が改正されるきっかけとなった。

信書の発受信については、本件判決の結果、受刑者が弁護人との間で信書を授受し、法的助言を受ける権利が一応規定された。ただし、この改正は最小限のものであった。これによっても、依然として受刑者と弁護士との間の信書の授受には、内務大臣の指示により広範囲の裁量が認められていたし、また刑務所当局による検閲も維持されていた。この点に関する法改正を促したのは、Silver判決（本書31）であった。

(4) 日本法への示唆

わが国の監獄制度に関しても[16]刑務官による暴行を理由に受刑者が損害賠償訴訟を提起しようとして弁護士との面会を求めたところ時間制限を付したり、刑務官による立ち会いを条件としたことが違法であるとして争った事例がある[17]。原告側は、これらの措置が自由権規約14条1項等に保障された公正な裁判を受ける権利の実質的な侵害にあたり、精神的苦痛を被ったなどとして損害賠償を国に求めて提訴した。その際、原告は、規約の条項とヨーロッパ人権条約6条1項の実質的類似性を根拠として、規約の解釈に際してヨーロッパ人権条約の判例法を斟酌すべきであると主張した。第1審と控訴審では原告の主張を一部容認し、国側に損害賠償を認める判決を下した。控訴審判決では、「ヨーロッパ人権裁判所におけるゴルダー事件においては、【人権条約】6条1項の権利には受刑者が民事裁判を起こすために弁護士と面接する権利を含む、との判断が、また同裁判所におけるキャンベル・フェル事件においては、右面接に刑務官が立ち会い、聴取することを条件とする措置は右6条1項に違反する、との判断がなされて」おり、「右ヨーロッパ人権条約についてのヨーロッパ人権裁判所の判断……は、受刑

者の裁判を受ける権利についてその内実を具体的に明らかにしている点において解釈の指針として考慮しうる」と判示した[18]。

　これらの判例は、下級審の判断ではあるが、わが国においても人権裁判所の判例が自由権規約の解釈の指針として考慮できるとしている点で意義が大きい[19]。なお、同事件では上告審において原告の訴えは斥けられたが、その後、2002年に名古屋刑務所における受刑者に対する暴行、虐待事件に始まり、刑務所内の処遇問題が社会的に波紋を呼んだこともあり[20]、刑務所制度の見直しが急がれ、監獄法改正につながった[21]。2006年5月に施行された「刑事収容施設及び被収容者等の処遇に関する法律」の112条では、刑務所内の秩序維持の観点から立会が必要とされる場合を除き、用務のために訪れた弁護士との面会には立会をしないことが明記された。

(1) Knechtl case, Application No. 4115/69 (1971), Report of the Commission, 24 March 1972.
(2) Report of the Commission, 1 June 1973.
(3) Judgment of the Court, §§22, 38.
(4) Fitzmaurice 裁判官の個別意見は、Series A no. 18, pp. 32-63.
(5) Clare Ovey & Robin C. A. White, *Jacobs & White - The European Convention on Human Rights,* 4th ed., Oxford, 2006, p. 170.
(6) 法の一般原則とは、国際司法裁判所規程38条1項(b)にいう「文明国が認めた法の一般原則」に由来する言葉であり、それは、世界の主要法系に属する諸国の国内法で共通にみとめられる原則のうち国際関係に適用可能と判断されるものをいう、とされる。山本草二『国際法（新版）』（有斐閣、1994年）57頁。ヨーロッパ人権裁判所がいう法の一般原則とは、ヨーロッパ諸国の国内法上の人権原則であって、ヨーロッパ諸国の国際関係に適用可能と判断されるものをいうと考えられる。
(7) 周知のようにFitzmaurice 裁判官は、ヨーロッパ人権裁判所の裁判官に就任する以前に国際司法裁判所の裁判官をも務めた国際法学界の碩学である。
(8) Airey v. Ireland, 9 October 1979, Series A no. 32.
(9) Stubbinngs and others v. United Kingdom, 24 September 1997, 23 EHRR 213.
(10) Clare Ovey & Robin C. A. White, *supra* note (5).
(11) Al-Adsani v. U.K., 21 November 2001, §53, 34 EHRR 553.
(12) Markovic and others v. Italy, 14 December 2006.
(13) Steel and Morris v. United Kingdom, 15 February 2005, 41 EHRR 403.
(14) Committee of Ministers, Resolution (76) 35.
(15) Campbell & Fell v. United Kingdom, 28 June 1984, Series A no. 80.
(16) 我が国の監獄制度は、自由権規約委員会による政府報告書審査においても批判されていた。たとえば、自由権規約に基づく第4回日本政府報告書の審査に際して公表された最終意見（1998年）を参照。CCPR/C/79/Add.102, 19 November 1998.
(17) 徳島地判1996 (H 8) 年3月15日判時1597号115頁。高松高判1997 (H 9) 年11月25日判時1653号117頁。『平成9年度重要判例解説（ジュリスト1135号）』(1998年) 200頁。最判2000 (H 12) 年9月7日判時1728号17頁。『平成12年度重要判例解説（ジュリスト1202号）』196頁。只野雅人「最新判例批評」判時1756号（2001年）201頁。山中俊夫「最新重要判例評釈(48)」現代刑事法3巻8号（2001年）81-89頁。
(18) 前掲注(17)、高松高裁判決を参照。
(19) 金子武嗣「ヨーロッパ人権条約と日本の国内判例」国際人権12号（2001年）41-44頁。
(20) 北村泰三「受刑者の権利に関する国際人権法（特集・名古屋刑務所事件と受刑者の人権）」法学セミナー48巻7号（2003年）。
(21) 詳しくは、ジュリスト1298号（2005年）の「特集1・監獄法改正」(6-34頁) を参照。

[参考文献]
[1] Graham Zellick, The Rights of Prisoners and the European Convention, Modern Law Review, vol. 38(1975) p. 683-89.
[2] T. W. Marriott, Golder's Case and the Interpretation of Legislation, New Law Journal, No. 125 (1975) p. 886.
[3] Sandy Ghandhi, Prisoner's Rights, Modern Law Review, vol. 48 (1985) pp. 96-102.
[4] Yue Ma, The European Court of Human Rights and the Protection of the Rights of Prisoners and Criminal Defendants under the European Convention on Human Rights, International Criminal Justice Review, vol. 10 (2000) pp. 54-80.
[5] R. Pelloux, L'affaire Golder devant la Cour européenne des droits de l'homme, AFDI (1975), p. 330-339.

42 公正な裁判の保障と武器平等・対審原則
コンセイユ・デタ（フランス行政裁判所）における政府委員の役割と外観理論
——クレス判決——

大藤 紀子

Kress v. France
7 June 2001, Reports 2001-IV（大法廷）

【事　実】

申立人、Marlène Kress（マーレーヌ・クレス、手術当時44歳）は、1986年4月、ストラスブール市民病院（hospice）婦人科で全身麻酔による子宮摘出手術を受けた直後、神経症および脳血栓症を患い、半身不随・言語障害を伴う重度（90％）の障害者となった。

申立人は、医療過誤に対する損害賠償をストラスブール市民病院に請求したが、1987年6月22日、拒否されたため、同年8月、ストラスブール行政裁判所に提訴した。これに対し、1991年9月、ストラスブール行政裁判所は、請求を棄却する判決を下した。申立人は、ナンシー控訴院に控訴したが、1993年4月、再び棄却される。その後、手術と損害との因果関係、リスクの存在、および特別かつ極度に重大な損害の発生を要件に、無過失責任を治療上のリスクに拡大する内容の判例変更を行った同年4月9日のコンセイユ・デタのビアンシ判決（Bianchi, 9 April 1993, *Revue française de droit administratif*, 1993, p. 574）を受けて、申立人は、6月にコンセイユ・デタに上訴した。

1997年6月、コンセイユ・デタの公判において報告裁判官および両当事者の弁護士の意見が述べられ、最後に政府委員（commissaire du gouvernement）の意見（conclusions）が朗読された後、事件は、裁判官の合議に付された。合議には、慣例により、政府委員も在席した。なお、政府委員の意見は、申立人が被った障害の極度の重大性に対し、疑義を表明するものであったが、申立人の弁護士は、それに抗弁する趣旨の覚書を合議の場に提出している。1997年7月30日、最終的に、コンセイユ・デタは、申立人の請求を棄却する判決を下した。

申立人は、1997年12月、ヨーロッパ人権委員会に対し、行政訴訟に過剰な時間を要したこと、政府委員の意見が申立人に事前に伝達されず、公判で反論の機会が保障されていないこと、また政府委員が裁判官の合議に在席することが、ヨーロッパ人権条約6条1項の公正な裁判を受ける権利を侵害すると申し立てた。第11議定書の発効と同時に1998年11月1日、事件はヨーロッパ人権裁判所に移され、2000年2月、申立は受理され（第3部）、同年5月、大法廷に移された。

【判　旨】

(1) 6条1項違反の認定——武器平等・対審原則との関係

(a) 政府委員の意見が公判前に伝達されないことについて

「政府委員は、公判の際に、その意見を初めて口頭で発表するのであり」、それまで誰にも伝達されていない意見を、公判の前に伝達される権利を、「条約6条1項によって承認された武器平等に対する権利から引き出すことはできない」（§73）。

(b) 政府委員の意見に公判で反論できないことについて

弁護士は、「希望すれば公判の前に、政府委員の意見の全般的な趣旨について問うことができ」、「両当事者は、政府委員の意見に対し、合議中に覚書（note en délibéré）によって抗弁できる」。また「政

府委員が公判において、口頭でいずれの当事者も提起していない論拠を提示した場合には、裁判長は、両当事者がそれについて論議することができるよう、訴訟を延長できる」。こうした慣例上の措置が保障されていることから、「この点に関して条約6条1項違反はない」(§76)。

　　(c)　コンセイユ・デタの裁判官の合議への政府委員の在席（présence）について

「外観理論（la théorie des apparences）」との関係において、「行政裁判に熟達していない当事者が、その訴えを棄却するよう提案する政府委員を敵対者とみなしがちなのは自然である。……訴訟当事者は、公判の終わりに自らの主張に相反する政府委員の意見を聞いた後、その政府委員が会議室での秘密の合議に出席する（assister）ために、判決を下す裁判官たちとともに退室するのを見れば、不平等な印象（sentiment d'inégalité）をもちかねない」(§81、傍点筆者)。

　　(d)　結　論

①「全員一致により、政府委員の意見を公判前に受領しなかったという……申立に関し、条約6条1項は侵害されていないと判断する」。

②「10対7の多数により、合議における政府委員の参加（participation）によって条約6条1項の侵害があったと判断する」（傍点筆者）。

(2)　6条1項違反の認定──手続の期間との関係

特別複雑ではない事案にもかかわらず、病院への事前の損害賠償申立からコンセイユ・デタの判決まで10年1カ月8日を要し、特に上訴後のコンセイユ・デタの審理に4年1カ月余りを要したのは「重大な遅延」であり、条約6条1項に違反する（全員一致）。

(3)　公正な満足（41条）

フランス政府に対し、行政裁判の遅延による精神的な損害の賠償金8万フラン（約160万円）およびヨーロッパ人権裁判所の訴訟費用2万フラン（約40万円）を3カ月以内に申立人に支払うことを命ずる（全員一致）。その他の精神的損害に対する賠償および国内の行政裁判に要した費用の支払請求については、棄却する（全員一致）。

判決には、補足意見1（裁判官3名）および部分的反対意見1（裁判官7名）が付されている。

【解　説】

(1)　判決の意義・特徴

ヨーロッパでローマ法の影響に基づいて法制度を形成した国においては、最高の司法裁判機関である破毀院（Cour de cassation）の検察官は、伝統的に、国または社会の代表として、独立の立場から、民事または刑事の裁判に在席し、正しい法律の解釈、判例の統一性・整合性を確保するため、口頭または書面で介入する役割を担ってきた[1]。ヨーロッパ人権裁判所は、1970年のDelcourt v. Belgium判決（1970年1月17日）以来、これら諸国の法制度上、破毀院検察官の意見に訴訟当事者が反論できないこと、また検察官が判決のための裁判官の合議に加わることが、ヨーロッパ人権条約6条1項が保障する裁判の公正を害するか否かにつき、判断してきた。

本件は、こうした民事・刑事の最高司法裁判所の検察官の役割に関する先例に沿って、ナポレオン帝政下1799年に創設されたコンセイユ・デタという行政裁判所において、同種の役割を担うフランスの政府委員について、初めて判断を下した判決である。

コンセイユ・デタの政府委員は、通常は、調査官（maîtres des requêtes）または傍聴官（auditeurs）という身分の裁判官の中から、2、3年交代で任用される。フランス政府は、政府委員は、独立性・公平性が担保されているのみならず、報告裁判官同様、まさに裁判官の一員なのであって、武器平等や対審原則が適用される当事者の立場にはないと主張した。しかし、本判決は、意見を公判で明らかにし、合議の際にも投票しない政府委員を裁判官として位置づけることを疑問視する。そして破毀院検察官に関する1991年のBorgers v. Belgium判決（1991年10月30日）を踏襲しつつ、1996年のVermeulen v. Belgium判決（1996年2月20日）以降明示的に言及さ

れていなかった外観理論に再び依拠しながら、政府委員が裁判官の合議に参加することを、武器平等・対審原則との関係で6条1項違反と判断したのである。

(2) ヨーロッパ人権裁判所の先例と外観理論の問題点

(a) 1970年Delcourt判決──「外観の向こう側における」「現実」の重視

Delcourt判決は、「正義はただ行われるだけではなく、行われているように見えなければならない（"Justice must not only be done; it must be seen to be done"）」というイギリスの法格言を引用した上で、不公正な「外観」を問題にした（§31）。判決は、当事者が公判において、ベルギーの破毀院検事局（ministère public）の検察官が、「最終的にその主張に好意的でない意見を述べるのを聞いた後、裁判官とともに非公開の合議に出席するのを見た時に、不平等な印象をもつであろう」（§30）点を指摘する。他方で同判決は、「外観の向こう側における（au-delà des apparences）」破毀院検察官の「現実」の地位と機能が慎重に検討されるべきであるとし（§31、傍点筆者）、破毀院検察官は、下級裁判所の検察官と異なり、公訴権を行使する立場にはないため、当事者とはみなされ得ず、独立性と公平性が担保されている以上、「その在席（présence）によって破毀院判決の独立性や公平性が逆に侵害されることはあり得ない」と判断する（§35）[(2)]。また、制度の起源は「150年以上も前に遡る」のであって、「国内法規範の寿命の長さは、現在における国際法上の要請の不履行を正当化するものではないが、一定の条件の下で、そのような不履行が存在しないことの裏付けにはなり得る」とする（§36）。

ヨーロッパ人権裁判所は、裁判の公正に関する1989年のHauschildt v. Denmark判決（24 May 1989, Series A no. 154, p. 21, §§47-53）において、裁判官の主観的公平性とは別に、「外観（appearances）」に基づいた客観的公平性が問題になることを認めつつ、申立人が抱いた疑いが、6条1項違反に該当するとみなされるためには、その疑念が「客観的に正当化（objectively justified）」されなければならないとしていた（§48）。客観的正当化の評価にあたっては、非専門家のみならず、裁判所も裁判官の公平性を疑うに足るほどの状況があったか否かが問題とされた（§49）（傍点筆者）。これは、Delcourt判決に共通する視点である。Delcourt判決では、議会における二度の改正の機会でも見直されず、法律家や世論の「大まかな合意」（§36）が得られていることを根拠に、6条1項違反はないという結論（全員一致）に至るのである。

(b) Borgers判決による判例変更とそれ以降

Delcourt判決のヨーロッパ人権裁判所の立場は、1991年のBorgers判決によって覆される（18対4で6条1項違反を認定。§§24-28参照）。Borgers判決は、先例に基づき、6条1項が保障する「公正な裁判の最も広い概念」の中に、武器平等原則（le principe de l'égalité des armes）が含まれるとした上で（Neumeister v. Austria, 27 June 1968, "As to the Law", §22 ; Delcourt, §28)、Delcourt判決が下された時と比べ、「外観がより重視され、公正な良き司法の運営に公衆がより敏感になった」ことに基づく原則の進展（§24）を判例変更の根拠とした。判決は、「当事者の視点から……客観的に言えば」、当事者の申立を承認ないし棄却する内容の「検察官の意見は、中立的とはみなされない」とする（§26、傍点筆者）。しかし、このように政府委員の「意見の内容（立場）や効果」によって、「カメレオンのように変化する」「外観」を基点に公正の有無を評価するヨーロッパ人権裁判所の見解に対しては、Borgers判決に対するクレモナ（Cremona）裁判官（裁判長）反対意見が、痛烈に批判している。

Delcourt判決では、検察官の独立性・公平性こそが、ヨーロッパ人権裁判所が認識する「外観の向こう側における」「現実」であった。これに対して、Borgers判決は、「当事者の視点」に基づいて擬制された「外観」を「現実」と同視する。しかし、判例変更の根拠とされながら、その重要性の増大を支え

る事実がまったく示されないまま、「外観」を重視するのは、各国の訴訟手続の伝統や独自性を無視し、事実上、ヨーロッパ人権裁判所が、手続の統一化を図ることに繋がりかねない点が批判される。本判決反対意見[3]は、補完性原則との関係で、多数意見の見解は「『ヨーロッパの審査』の限界……を超えている」（§§9-10）と指摘する[4]。

(3) EC司法裁判所の判例と法務官制度

ヨーロッパ連合におけるEC司法裁判所も、法務官（Advocate General）制度を採用している。法務官は、ヨーロッパ共同体（EC）「条約の解釈および適用について、法の遵守を確保する」EC司法裁判所（EC条約220条）を「補佐するため、提出される事件に関し、完全に公平および独立の立場から」、判決や先決裁定が下される前に、「理由を付した意見を公に提示する」任務を有する（同222条）。フランスの政府委員との違いは、EC司法裁判所の法務官は、審理に参加しないことである（EC司法裁判所手続規則27条2項）。

先決裁定手続を通じて、ヨーロッパ人権条約6条1項およびVermeulen判決に依拠しつつ、法廷で明らかにされた法務官意見に対し、文書で自己の所見を提出したいと申し出た原告に対して、EC司法裁判所は、2000年2月4日の決定（Case C-17/98, Emesa Sugar〔Free Zone〕NV v. Aruba, order of the court, 4 February 2000, ECR I-675）で、その要求を棄却している。棄却の理由として、EC司法裁判所は、EC条約の上記の条文の他、223条が「裁判官および法務官は、その独立性に疑いがなく、かつ自国において最高の司法職への任命に際し要求される資格を有する者、または周知の能力を有する法律専門家の中から選ばれる」とし、法務官が裁判官と同じ資格で任命されることを定めている点において（§§11-16）、検察官と違って公平性・独立性に疑いがないことが強調される。その他、EC司法裁判所は、訴訟手続規則61条に基づいて、自らが口頭弁論の手続を再度開く権限を有していること（§18）や、法務官意見に対する反論を認めれば、その翻訳に時間を要し、訴訟手続が長引くといった技術的理由（§17）もあげている。

またEC司法裁判所の先決裁定手続における法務官意見が事実認定を誤ったとして、文書の提出を願い出たが、拒否されたため、再度の先決裁定手続によって、ヨーロッパ人権条約6条1項違反の手続があった場合の救済措置について、解釈を求めた事例がある（Case C-466/00, 6 March 2003, Arben Kaba v. Home Secretary of State for the Home Department, ECR I-2219）。EC司法裁判所は、事実認定を改めても、先決裁定の内容に変更がないことを理由に、ヨーロッパ人権条約6条1項違反の救済手続については、回答しなかった。しかし、その二回目の先決裁定手続において、コロマー（Colomer）法務官意見が、公平性・独立性を疑う余地のない裁判官による意見は、その司法的機能を果たす限りにおいて、対審手続に従属させる必要はないとする（§94）他、本判決を含む外観理論に基づく一連のヨーロッパ人権裁判所の判決が、各国の特殊性を蔑ろにし、法制度を統一化する方向に導くため、審査の限界を超えることが危惧されている（§§105-106）点が注目される。

(4) フランス政府の対応とその後のヨーロッパ人権裁判所判決

コンセイユ・デタ訴訟部会長は、政府委員に対する2001年11月23日の覚書において、「自発的に発言を求めてはならない」という条件の下で、合議に出席し続けてよい旨伝えている。フランス政府は、これをもって判決が正しく執行されていると判断している（閣僚委員会宛の2002年12月5日の書簡）。なぜなら、「判決は……時には『出席する（assister）』、時には『参加する（participer）』と表現し」、「曖昧さを含んでいる」からである。「裁判所の判決の解釈の原則よれば、判決理由において曖昧である点は、判決文が優先され」、その判決文では、合議への政府委員の参加のみが問題にされている」とみなされる（2003年11月23日のヨーロッパ評議会事務総長ノート〔CM/Inf（2003）15〕）。

ヨーロッパ人権裁判所は、その後の判決で、本判

決をそのまま引用し、繰り返し、政府委員の合議への参加が、6条1項違反になる旨判断している（APBP v. France, 21 March 2002, Application No. 38436/97 ; Marie-Louise Loyen and others v. France, 5 July 2005, Application no. 55929/00）。

判決の拘束力および執行について定めるヨーロッパ人権条約46条には、義務不履行に対する制裁に関する規定はないが、EC司法裁判所判決における（EC条約226-228条）のと同様の制裁措置を求める声もある。

(1) Vermeulen v. Belgium 判決（1996年2月20日）における Gölcüklü, Matscher, Pettiti 裁判官反対意見参照。

(2) 同様に、コンセイユ・デタは1957年7月10日のジェルヴェーズ（Gervaise, Recueil Lebon, p. 466）判決において、政府委員の任務は、「各行政訴訟に提起される問題を説明し、……完全な独立の下に作成された意見により、当該事案の事実状況や適用される法規範についての公平な評価、および裁判所に提起された争訟の解決に対する、その良心に基づく見解を知らしめることにある」（本判決§47参照）と述べている。また1998年7月29日のエスクラティーヌ判決（Esclatine, Rec. p. 321）でも、政府委員は「事件ごとに、決定を下すべき問題を提示し、完全に独立の立場で論告を作成することによって、自己の見解を明らかにする。その見解は、公正でなければならず、事実問題、適用される法規範、自己の良心に基づいて、自己の属する裁判所に提起された争訟に対する解決についての意見を明らかにする」。「報告裁判官の報告や裁判に対する意見書と同じく、政府委員の意見は、まして書かれたものではないだけに、当事者に通知されるべきものでも、反論を予定されるべきものでもない」としている。

(3) Wildhaber, Costa, Pastor Ridruejo, Kuris, Birusan, Boutoucharova, Ugrekhelidze 裁判官による。

(4) Delcourt 判決、Borgers 判決は、刑事事件であったが、1996年、同様の判断が民事事件に関する Vermeulen 判決でも下された（15対4で6条1項違反を認定）。Vermeulen 判決は、やはり破毀院検察官の独立性・公平性を認めながら、破毀院検察官が「訴訟手続において果たす現実の役割とその意見の内容や効果を重視しなければならない」とし、「検察官の意見に対し、当事者が抗弁できないことは、対審原則に基づいて、「裁判所の判決に影響を与える目的で示されたあらゆる証拠または見解を……知り、意見を述べる機会」が保障された当事者の権利を侵害すると判断した（§§31-33、傍点筆者）。Vermeulen 判決の論拠は、ポルトガルの最高裁判所検事局検察官ついて（Lobo Machado v. Portugal, 20 February 1996, Reports 1996, p. I-206、民事事件、全員一致で6条1項違反を認定）、ベルギーの破毀院検事局検事について（Van Orshoven v. Belgium, 25 June 1997, Reports 1997-III, p. 1051、民事事件、7対2で認定）、オランダの最高裁判所検事局検察官について（K.D.B. v. the Netherlands, 27 March 1998, Reports 1998-II, p. 613、民事事件、全員一致で認定）に引き継がれる。またVermeulen判決以降、明示的な外観理論への言及はなくなり、専ら対審原則違反が理由とされている。さらに、フランスの破毀院検事局検事について（Reinhardt and Slimane-Kaid v. France, 31 March 1998, Reports 1998-II, p. 666、刑事事件、19対2で認定）は、報告裁判官の報告が、検察官のみに知らされたことが当事者とのバランスを欠くとされた（§107）。

[参考文献]

［1］ ILIOPOULOU, Anastasia et CLEMENT-WILZ, Laure, La résistance des acteurs d'une procédure préjudicielle en matière de libre circulation des personnes, Observations sur les affaires Kaba, *Cahiers de droit européen*, 2005, pp. 727-762.

［2］ TIGROUDJA, Hélène, Les difficultés d'exécution de l'arrêt de la cour européenne des droits de l'homme du 7 juin 2001 rendu dans l'affaire Kress c. la France, *Revue trimestrielle du droit européen*, 2004, pp. 352-364.

［3］ ROLIN, Frédéric, Note, *L'Actualité Juridique Droit Administratif*, 2001, pp. 677-684.

［4］ BENOÎT-ROHMER, Florence, Le commissaire du gouvernement auprès du Conseil d'Etat, l'avocat général auprès de la Cour de justice des Communautés européennes et le droit à un procès équitable, *Revue trimestrielle de droit européen*, 2001, pp. 727-741.

［5］ VARJU, Marton, Case C-466/00, Arben Kaba v. Secretary of State for the Home Department, Judgment of the Full Court of 6 March 2003,[2003]*ECR* I-2219, *Common Market Law Review*, 2004, pp. 851-859.

［6］ GENEVOIS, Bruno, Réconfortant et déconcertant, *Revue Française de droit administratif*, 2001, pp. 991-999.

［7］ LAMBERT, François, Faut-il maintenir le commissaire du gouvernement?, *L'Actualité Juridique Droit Administratif*, 2007, pp. 778-781.

43 議会の介入
立法による裁判介入と公平な裁判を受ける権利
――ジリンスキー対フランス判決――

伊藤 洋一

Zielinski and Pradal and Gonzalez and others v. France
28 October 1999, Reports 1999-VII（大法廷）

【事　実】

(1) 本件の背景

フランスのアルザス・ロレーヌ地方は、独仏間の係争の地であったという歴史的経緯から、フランスの他の地域と異なるドイツ法系の独自の法が適用されてきた。そこで、この地域の法適用の特異性を考慮し、社会保障機関の職員については、他の地域の職員の12倍に相当する特別手当が労働協約（1953年）により定められていた。その後、社会保障機関の理事会は、1963年、1974年に割増率の削減決定を行ったが、その後いくつかの社会保障機関およびその職員136名は、割増率の削減決定を違法と主張して出訴した。

1審レヴェルの判断は分かれていたが、メッツ控訴院は原告の請求認容（1991年2月26日）。事件は上告され、破毀院は、1963年改訂により、従前の割増率は消滅したと判断し、原審判決を一部破毀し、ブザンソン控訴院に移送（1992年4月22日）。同種の事件が繫属していたコルマール控訴院は、破毀院判決を考慮し、1963年改訂により、従前の割増率は消滅したものの、1974年以降については、他地域の3.95倍の手当が慣行化していたと判示（1993年9月23日）。

さらに、ブザンソン控訴院は、1953年合意の適法性を肯定し、原告主張を認容する判断を下した（1993年10月13日）。

政府は、1993年10月26日から審議を開始した社会保障関連法案において、アルザス・ロレーヌ地方の社会保障機関の職員手当に関しては、一律に1983年以降につき、3.95倍の点数とするとの修正案を提出し、両院により可決された。しかし、同規定については、繫属中の訴訟事件に対する立法介入であって、権力分立原理に反し違憲であるとして、下院議員により、憲法院への提訴がなされていた。憲法院は、係争規定が、事実審判例の対立に終止符を打ち、社会保障機関の財政への悪影響を与えかねない紛争の防止を目的とするものであり、また、既に終局判決が下された事例については新規定の適用を排除していること、刑事法の不遡及原理に反するものではないこと等を付言した後、違憲ではないとの判断を下した(1994年1月13日)。その結果、上記規定は1994年1月18日の法律第43号85条として成立した。

(2) 本件申立人の人権裁判所提訴までの経過

本件申立人は多数に上るので、Zielinski 氏及び Pradal 氏についてのみ経過を要約すれば以下の通り。両氏は、上記の社会保障機関の職員と同様の請求を行い、一審に続き、二審（メッツ控訴院）でも勝訴 (Zielinski 氏については1993年4月20日、Pradal 氏については同年4月19日)。社会保障機関側は、同判決に対して上告。破毀院は、1995年3月2日の判決において、上記の新立法規定は、上告審繫属中の事件について適用ありとし、原審判決を破毀自判。原告等は、逆転敗訴した。

そこで、原告は、人権条約6条違反等を主張して、ヨーロッパ人権委員会に提訴（1994年7月）。同委員会は、全員一致で、人権条約6条違反を認定した (Zielinski / France, Report of the Commission, 9 September 1997; Pradal / France, Report of the Commission, 21 October 1998)。

【判　旨】

本解説では、人権条約6条にいう「公平な裁判」を受ける権利に関する判示部分のうち、裁判権に対する立法介入に関わる部分のみを取り上げる。

(1) 6条違反（手続の衡平性）主張について

(a) 民事における遡及的立法介入の限界

「立法権は、民事においては、原則として、新たな遡及的立法規定により現行法上の権利を規律することを妨げられないが、人権条約第6条の認める法の支配の原理および公平な裁判の概念ゆえに、公益上のやむにやまれぬ理由（d'impérieux motifs d'intérêt général）による場合を別として、立法権が、訴訟事件の帰趨に影響を与える目的で、裁判運営に介入することは許されない」(§57)。

(b) 本件立法介入の目的

本件事案については、係争規定の効果を、その制定の方法および時期とともに考慮せざるをえないとして、まず係争規定が、確定判決を適用の範囲外としてはいるものの、繋属中の事件の帰趨を決定する規定内容になっていること、次に、係争規定の元となった修正案が提出されたのが、申立人に有利な判断を下したブザンソン控訴院判決の直後であったこと、しかも係争規定の内容は、繋属中事件における政府側主張をそのまま追認したものであったことを指摘する。特に最後の点については、事実審レヴェルの裁判例の大勢は、申立人等社会保障機関の職員に有利な判断を示していたこと、確かに控訴院レヴェルの判断には対立が見られたものの、1992年4月の破毀院判決により移送を受けていたブザンソン控訴院の判決が、政府側主張を斥ける判断を示していたことを指摘する(§58)。

(c) 本件立法介入の公益性

その上で、フランス政府側が主張していた、本件立法介入の公益性につき検討を行う。まず、判例の早期統一の必要性主張については、事実審レヴェルにおける判例の不統一は、そもそもフランスにおけるように、地域的管轄を持つ事実審が併存する裁判制度に内在するものであって、破毀院は、まさにそのような場合の判例統一のために存在するのであるから、本件立法介入の必要性を十分に正当化するものとは言えない。また、本件立法介入は予見可能であったと言えず、法令による労使協約に関する紛争である本件においては、申立人等が立法の不備に乗じることを阻止する必要があったとも言えない。フランス政府の主張する、社会保障機関の財政に対する影響論については、確かに憲法院判決においても明示的に援用されているが、それ自体としては、立法者が、労使、あるいは訴訟事件を担当する裁判官に代位することを正当化するものではない。特に、本件でフランス政府が挙げている数字については、何ら説得的な裏付けが示されていない(§59)。

結局、係争立法規定は、実際には、紛争事件を直接解決したものであって、申立人等の国内裁判所での審理継続を無益にするものであったと言うべきである。既にフランス憲法院が、係争規定について合憲判断を下していることは、人権条約規定との適合性判断を導くのに十分な事情とは言えない(§59)。

以上に判示したところから、係争立法規定が、確定判決の有無により申立人の扱いを異にしている点は、当裁判所の上記結論に何ら影響がない(§59)。

(d) 「武器平等の原理」適用の可否

最後に、フランス政府が、本件社会保障機関は、公法上の法人ではないので国と同視できず、従って本件申立人の提訴事件については、一方当事者である国が「武器平等の原理」に反したとは言えないとの主張に対して、人権裁判所は、本件社会保障機関に対しては、国が実質的支配権を持ち、また同機関には公権力特権が与えられていることを指摘。本件では、国が一方当事者であるような繋属中の事件について、立法者の介入がなされた事例であると結論づけた(§60)。

(e) 結　論

人権裁判所は、全員一致で、本件立法介入が、人権条約6条にいう「公平な裁判」を受ける権利を侵

害するものと判断した（§61）。
　(2) 6条違反（合理的期間内の裁判を受ける権利）主張について
　一審提訴から上告審判決まで5年10カ月を要しているが、控訴提起から控訴審の口頭弁論開始決定までに3年を要しているのは「合理的期間」を越えたものとして、6条違反認定（全員一致）。
　(3) 13条違反主張について
　6条違反認定に鑑み、13条違反主張に関する判断不要（全員一致）。
　(4) 公正な満足（41条〔旧50条〕）
　公平な裁判を受けられなかったことによる損害発生の可能性を肯定することは、不合理ではないとして、損害賠償請求認容（全員一致）。

【解　説】

　本件は、立法者が、刑事以外の分野について(1)、遡及的規定を制定することにより、裁判事件の帰趨に影響を与えることが許されるか、許されるとすれば、どのような要件を充足する必要があるのかという問題につき、一般的な判断基準を提示した原理的判決である。この問題に関する従来の人権判例の態度は、必ずしも明確なものではなかった。本件は、この点に関する立場を、第11議定書発効後の新人権裁判所が明らかにしたものとして、重要な意義を持つ。
　本件は、ヨーロッパ人権法の国内判例に対する影響の増大を象徴的に示す具体的事例としても注目される。第一に、本件で争われた立法規定は、既にフランス憲法院の合憲判断を受けていたにも拘わらず、人権裁判所からは、ヨーロッパ人権条約違反と判断された。フランス憲法院は、立法の違憲審査においては、条約との適合性審査権限を自己に認めておらず(2)、また人権裁判所には、勿論国内法の違憲審査権限は無いので、厳密な法的観点からは、憲法院と人権裁判所との判断には何ら矛盾はない。しかし、実際には、後述するように裁判権に対する立法介入の許容性判断に関して、両者の判断基準が類似しているため、加盟国の憲法裁判所の判断を、人権裁判所が否定した事例と見ることも可能であった。従って、本件が、フランス国内において大きな反響を呼んだことは何ら驚くべき事ではない。第二に、本件判決は、後に見るように、その後のフランス国内判例に大きな影響を与えることになった。
　以下では、まず本件判決の主要論点を整理(1)した後に、本件以後のフランス国内判例の対応についても触れる(2)ことにする。
　(1) 裁判権に対する立法介入と人権条約
　(a) 裁判権に対する立法介入と「公平な裁判を受ける権利」（人権条約6条）
　(i) 裁判権に対する立法介入の背景
　本件で問題となったような立法介入は、フランスにおいては、一般に「立法による違法行為の有効化 (validation législative)」と呼ばれてきた。その典型事例は、違法な行政行為が、行政訴訟において取消判決を受けた場合、あるいは受けることが予想される場合に、当該違法行為の効力を遡及的に維持する立法を制定する事例である。このような立法慣行が、特にフランスにおいて頻繁に見られるようになった背景には、フランスの取消訴訟における訴えの利益要件の広さ、行政立法に対する取消訴訟の存在、取消判決の遡及効・対世効ゆえに、取消判決が大きな社会的影響を及ぼすことが少なくなかったという事情がある(3)。しかも、フランスの通常裁判所には、違憲立法審査権が無いため、立法者が介入した場合、裁判所としては、解釈により当該立法の射程を限定することを別とすれば、立法規定を適用する他は無かった。
　このような状況に変化が生じたのは、フランス憲法院が、1980年代以降、憲法原理である権力分立原理との適合審査を開始するようになってからである(4)。立法権と裁判権との分立原理に照らせば、立法者が、裁判所の判決を直接覆すような介入を行うことは、認めがたい。しかしながら、日本の行政事件訴訟法におけるような「事情判決」制度を持たないフランスにおいては、例えば、公務員の採用試験

が違法として取り消された場合に、その後の任用行為が全て違法となるのを避けるためには、立法者の介入が唯一の手段であった。このような事例では、立法者の介入を「必要悪」として認めざるを得ないという事情があり、いかなる場合にも立法介入を認めないと断言することは困難であった。従って、憲法院も、個別の判決を直接覆すような立法介入は、権力分立原理に反し違憲としつつも、刑事法以外の分野においては、「一般利益」の要請がある場合には、遡及的な立法規律を合憲としていた。本件でも、憲法院は、まさにそのような「一般利益」の存在を認めて、係争規定を合憲としていた。

(ii) ヨーロッパ人権判例の展開

ところが、1990年代以降、ヨーロッパ人権判例において、訴訟事件に影響を与えるような立法介入について、人権条約6条に言う「公平な裁判」の保障との適合性が争われるようになった[5]。人権判例において、一般的な権力分立原理との適合性ではなく、「公平な裁判」の保障という私人側の権利侵害に着目する審査が行われるようになったことは、そのような立法介入の許容性審査の厳格性に少なからぬ影響をもたらすことになった。立法者の裁判権に対する介入類型は多様であって、上述のような、既に下された判決を直接覆すような態様の他に、本件で問題となったような予防型の立法介入も考え得る。後者の類型の場合は、前者に比べ、権力分立原理の侵害度が低いため、国内憲法上は合憲とされる可能性が高くなる。しかし、「公平な裁判」を受ける権利に対する侵害の度合という、訴訟当事者の観点からは、いずれの類型であれ、現在繋属中の訴訟事件において、新法の遡及的規律により不利な地位に置かれ、立法者の介入が無ければ期待できた筈の勝訴可能性を奪われることに違いはない。このような事態は、特に行政訴訟のように、訴訟の一方当事者が国である訴訟において、事件繋属中に国側が一方的に裁判規範を変更した場合を考えれば、明らかであろう。このような事例では、立法介入は、まさに訴訟当事者の「武器平等の原理」を侵害するものとして、人権条約6条違反とされるうる[6]。本件において、フランス政府が、社会保障機関を国と同視すべきでないと主張したことは、まさにこの点の非難に対する反論であった[7]。

しかし、人権裁判所も、立法者が、民事領域について遡及的な介入を行うことを全面否定しているわけではなく、「公益上のやむにやまれぬ理由」が存在する場合には、許容されることを認めている（§57）。立法介入の許容性は、結局、当該介入の公益性と、私人側の「公平な裁判」を受ける権利に対する侵害の度合・態様を総合的に比較衡量して判断されることになる。

(ア) 立法介入が正当化されるためには、立法者の介入が、単に公益的理由によるというだけでは足りず、本件が原則的基準として提示したように、より強く公益上の「やむにやまれぬ」理由によるものでなければならない。フランスの国内判例は、立法者の公益性に関する裁量を広く認め、何らかの公益的理由が援用されることをもって足りるとする傾向が顕著であった[8]が、本件判旨は、フランス政府が主張した、判例の早期統一、社会保障機関の財政への影響という立法介入目的の公益性につき、いずれも十分ではないと判断し、利益衡量において、法の支配および「公平な裁判」を受ける権利の保障を重視する態度を示した。特に、本件において、財政的影響論が、「それ自体としては」遡及規律を正当化するに十分でないとされたことは、この種の立法介入が、根拠法令の違法を理由とする社会保障負担金・租税等の返還請求を阻止するためになされる場合が少なくないことを考えると、重要な意義を持つと思われる。

(イ) 他方、「公平な裁判」を受ける権利に対する侵害の度合・態様も重要な判断要素となる。本件では、当該立法規定の法効果、制定の事情等を総合判断しており、特に申立人等に有利な事実審判決例が優勢になりつつあった時点で、訴訟事件における政府側主張をそのまま追認するような内容の遡及的規定を制定した点が、上記の「武器平等の原理」を侵

害するものとして重視されている。本件で指摘されているもう一つの要素は、立法介入の予測可能性である。例えば、ある法令につき軽微な手続の違法が判明した場合に、その点を奇貨として、便乗的な大量の提訴事件が生じたような場合には、早晩是正策がとられることが予想されるので、訴訟当事者に対する不意打ちとはならない[9]。しかし、本件のような類型における立法介入は、申立人等が通常予想すべきものとは言えないと判断された。

私人の基本権と公益的要請との比較衡量には、その性質上一定の主観性は避けがたいにせよ、本件で、人権裁判所が、フランス憲法院よりも厳格な審査を行う姿勢を見せたことは明らかであった。

(b) 裁判権に対する立法介入と財産権の保障（附属議定書第1号1条）

本件は、人権条約6条違反が主張された事例であるが、裁判権に対する立法介入の審査は、人権条約上の財産権保障との関係でも争われうることに注意せねばならない[10]。人権裁判所は、確かに人権条約6条の適用範囲を広く解釈しているが、金銭に関係すればいかなる場合でも「民事」事件として同条の適用範囲に入るというわけではない。そのような人権条約6条の適用されない事例（例えば公務員法）についても、立法者が遡及的規律を行った場合、不当な財産権侵害に該当するとされる場合がありうる。しかし、人権条約6条違反の審査事例と異なり、財産権侵害を理由とする場合には、加盟国の立法裁量がより広く認められる結果、公益上の「やむにやまれぬ」理由ではなく、単なる「公益の理由」と財産権との「正当な均衡」の有無が審査されるにとどまるため、人権裁判所の審査密度は低くなる可能性がある。しかし、近時の人権判例には、財産権の「剥奪」に該当するような遡及的立法介入事例については、比例原理に反する過度の侵害の存在を肯定し、人権条約違反を認定するものがあり、財産権侵害を理由とする場合に常に審査密度が低くなるとは、一概に言えないことに注意すべきであろう[11]。

(2) 国内裁判所の対応

本件において、人権裁判所が、フランス憲法院よりも厳格な審査を行ったことは、直ちに憲法院判例に影響を与えた[12]。確かに、憲法院は、従来通り「十分な公益的目的 (un but d'intérêt général suffisant)」の存在を合憲性審査の基準としている[13]が、従来の憲法判例よりも厳格な審査を行うようになった。しかし、人権裁判所判例から、より直接的な影響を受けたのは、通常裁判所であった。上述のように、憲法院は、違憲立法審査の枠内においては、立法と条約との適合性審査を行わないが、通常裁判所は、憲法55条に依拠して、まさに立法規定と人権条約との適合性審査を行う責務を負っているからである。当初、通常裁判所は、憲法院判例に従い、十分な公益的理由があれば足りるとしていたが、最近になり、人権判例と同じく「やむにやまれぬ理由」が必要とするに至った[14]。人権判例は、確かに国内裁判所の審査強化を促進したのである。

最後に、注目すべきフランス国内判例の動向がある。そもそも、フランスにおける「立法による違法行為の有効化」は、フランス通常裁判所に、日本の事情判決制度に類する判決効制限手段がないことが、重要な背景の一つとなっていた。1990年代以降、本件のようなヨーロッパ人権判例による立法介入審査が展開するようになると、今度は、そもそもそのような立法介入を必要とするような訴訟制度の見直しが考えられるようになり[15]、ついに2004年にコンセイユ・デタ[16]および破毀院[17]が、相次いで判決効制限を肯定するに至った。この新判例により、従来立法介入を必要としていた事例類型の減少が見込まれよう。もっとも今度は、裁判所による判決効制限自体が、人権条約6条の「公平な裁判」を受ける権利を侵害しないか争われうるが、判決の遡及効制限という手法は、ヨーロッパ人権裁判所およびEC司法裁判所[18]自身が、法的安定性の要請を根拠として既に採用している手法である。将来的には、人権条約6条との関係で、裁判事件に関する立法介入と、裁判所による遡及効制限の許容性との統一的

理解が求められることになるのではないかと思われる。

(1) 刑事法における不遡及原理については、罪刑法定主義の基本的要請として特則規定（人権条約7条）があることに注意されたい。本件での議論は、従って刑事法以外の領域での立法介入に関わる。

(2) Cons. const., 15-1-1975, n° 74-54 DC, Rec. 19; Favoreu, Louis & Loïc Philip, *Les grandes décisions du Conseil constitutionnel*, 12e éd, Paris, Dalloz, 2003, n° 23.

(3) 詳しくは、拙著『フランス行政訴訟の研究』（東京大学出版会、1993年）300頁以下参照。

(4) 同上329-334頁；Favoreu & Philip, *op. cit.*, n° 29参照。

(5) Stran Greek Refineries and Stratis Andreadis / Greece, 9 December 1994, Series A, no. 301-B; National and Provincial Building Society, Leeds Permanent Building Society and Yorkshire Building Society / United Kingdom, 23 October 1997, Reports 1997-VII.

(6) Stran Greek Refineries / Greece, §47 & 49参照

(7) なお、社会保障機関を国と同視できるとされた本件と異なり、国が一方当事者とならない私人間の民事訴訟の結論に影響するような遡及的立法介入の場合は、「武器平等の原理」に対する違反主張は成り立ちにくいため、本件判決の射程が及ぶかにつき疑義があり得た（*Cf.*, Cass. 1re civ., 20 juin 2000, Époux Lecarpentier, Bull. civ. I, n° 191 (2), p. 123）。しかし、いずれの場合にせよ、遡及的立法により裁判の結論を覆されることになる訴訟当事者の立場に着目するならば、国が訴訟当事者であることは、侵害の重大性を加重する事情と解すべきであり、「公平な裁判を受ける権利」を侵害されたことに変わりはないとすべきであろう。V. Cass. Ass. plén., 23 janvier 2004, Soc. Le Bas Noyer / Soc. Castorama, Bull. civ. Ass. plén., n° 2, p. 2; D. 2004, J., 1108.

(8) V. Mathieu, Bertrand, Les validations législatives devant le juge de Strasbourg, Rev. fr. dr. adm. (RFDA) 2000, 289, p. 291-292.

(9) *Cf.*, National and Provincial Building Society / UK, 23 October 1997, §109 & 111.

(10) Par ex., Stran Greek Refineries / Greece, §57-75; National and Provincial Building Society / UK, §50-61.

(11) Par ex., Draon / France [GC], 6 October 2005, §78-86 ; Lecarpentier and others / France, 14 February 2006, §47-52. *Cf.* CE Ass., avis contentieux, 27 mai 2005, Provin, AJDA (2005), 1458.

(12) Cons. const., 21 décembre 1999, n° 99-422 DC, Rec. 143; Cons. const., 29 décembre 1999, n° 99-425 DC, Rec. 168.

(13) Par ex., Cons. const., 13 janvier 2005, n° 2004-509 DC, RFDA (2005), 293.

(14) Cass. Ass. plén., 23 janvier 2004, Soc. Le Bas Noyer / Soc. Castorama, [前掲注(7)]；CE, 23 juin 2004, Soc. Laboratoires Genevrier, Rec. Leb. 256 ; CE Ass., avis contentieux, 27 mai 2005, Provin [前掲注(11)].

(15) Par ex., Prétot, Xavier, Les validations législatives et le droit au procès équitable, RDP 2001, 23, p. 36.

(16) CE Ass., 11 mai 2004, Association «Agir contre le chômage !», RFDA 2004, 454, concl. Devys; CE Sect., 25 février 2005, France Télécom, RFDA, 2005, 802, concl. Mme Prada-Bordenave, Emmanuelle.

(17) Cass. 2e civ., 8 juillet 2004, Bull. civ. II, n° 387, p. 323; D. 2004, J., 2956. V. aussi, Molfessis, Nicolas (éd.), *Les revirements de jurisprudence: Rapport remis à Monsieur le Premier Président Guy Canivet*, Paris, Litec, 2005.

(18) 拙稿「EC判例における無効宣言判決効の制限について(1)(2・完)」法学協会雑誌111巻2号（1994）161頁以下、3号（1994年）295頁以下；Labayle, Henri, La Cour de justice des Communautés européennes et la modulation des effets de sa jurisprudence: autres lieux ou autre mœurs?, RFDA, 2004, 663 参照。

[参考文献]

[1] Renders, David, *La consolidation législative de l'acte administratif unilatérale*, Bruxelles / Paris, Bruylant / LGDJ, 2003.

[2] Valembois, Anne-Laure, *La constitutionnalisation de l'exigence de sécurité juridique en droit français*, Paris, LGDJ, 2005.

[3] 府川繭子「フランスにおける行政行為の『追認のための法律』——憲法院とヨーロッパ人権裁判所の交錯（1）（2・完）」早稲田大学大学院法研論集115号・116号(2005年)

[2006年7月校了]

44　迅速な裁判
条約6条1項の「合理的期間」を超えた裁判に対する違法判決
――ボタッツィ判決――

内藤　光博

Bottazzi v. Italy
28 July 1999, Reports 1999-V（大法廷）

【事　実】

　申立人である Bottazzi（ボタッツィ）氏は、イタリアのジェノバ在住で、第2次世界大戦で負傷し、イタリア政府より、1949年から戦争による傷痍年金を付与されていたが、1956年に支給が止められた。1972年1月15日、申立人は、戦争年金を財務省に要求したが、1984年5月30日に、財務省は彼の要求を許否する決定を下した。

　申立人は、1986年1月20日付で新たに戦争年金支給の要求を行ったが、1988年6月19日、財務省の戦争年金局は、彼の健康は悪化していないという理由で、その要求を認めなかった。さらに、申立人は、財務大臣に1988年6月19日の決定の破棄を求めて、異議申立を行った。しかし、申立人の異議申立は、1990年9月1日、戦争年金局により却下された。そこで申立人は、1991年3月28日、財務大臣に、この却下の決定を破棄することを求めて正式に行政不服申立を行った。

　これに対し財務大臣は、1991年3月29日、会計検査院（Corte dei Conti, Court of Audit）[1] にその不服申立を移送した（1991年4月4日に会計検査院に到着）。1991年5月15日に、会計検査院は、本件の訴状を提出するように財務大臣に依頼した。申立人の弁護士は、1993年12月27日に訴状を提出した。1993年9月23日、会計検査院長は、1994年1月7日に聴聞を行うとした。そして1994年1月7日、会計検査院は決定を下し、申立人は、行政不服申立に関する諸規定に基づき、上級官庁への異議申立を行ったが、法的な手続を行う意思はなかったとして、申立は認められないと宣言した。（この決定は、1994年6月16日に登録され、1995年5月2日に申立人に伝えられた。）

　申立人は、この決定に対し、1995年10月28日に異議申立を行った。申立人はこの異議申立の中で、もし正式な手続を知っていたなら、会計検査院に申立を行ったに違いないと主張し、11月8日に、聴聞と審議を行うよう求めた。11月26日に、会計検査院長は、1997年4月1日に聴聞を行うとしたが、申立人は延期を求め、11月18日まで延期されることとなった。

　1997年12月2日、会計検査院は、申立人の異議申立は認められないという判断を下した。

　申立人は、すでに1995年10月26日に、彼の事件が、ヨーロッパ人権条約（以下、人権条約という）6条1項が規定する「合理的な期間内（within a reasonable time）」に審理されず、「合理的期間内に公正な公開審理を受ける権利」を侵害されたとして、ヨーロッパ人権委員会（以下、人権委員会という）に申立をしていた。この申立の中で申立人は、考慮されるべき審理の開始時期は、彼の傷痍年金の支払いの支給を止めた決定に対する財務省への審査請求をした1972年1月15日であると主張した。これに対し、イタリア政府は、会計検査院への訴え以前の手続は、行政機関の前で行われたものであるから、考慮の外に置かれるべきであると主張した。

　この事案について、人権委員会は、1997年10月28日、申立人の申立を受理し、1998年3月10日に報告書を出し、全会一致で、6条1項の違反があったとした。人権委員会はその報告書の中で、本件の

審理は、会計検査院が申立人の訴えを受けた1991年4月4日に始まり、1997年12月2日に終わったとした。

この人権委員会の判断に対し、イタリア政府は、この事件において、人権条約6条1項の違反はなかったとして、ヨーロッパ人権裁判所（以下、人権裁判所という）に付託した。また、申立人は、条約6条1項違反とともに、金銭的・精神的損害があったとして、条約41条に基づき、1億5,000万リラの損害賠償を求めたが、イタリア政府は、こうした損害の証拠は提示されていないと主張した。

【判　旨】

(1)　人権条約6条1項の違反について

本件における審理の争点は、人権条約6条1項が規定する「合理的期間内に公正な裁判を受ける権利」を侵害したか否かである。

(a)　本件における審理期間の認定

会計検査院は、1991年3月28日に申立人の訴えを受理し、4月4日から審理に入った。そして審理は1997年12月2日に終了した。したがって、審理期間は約6年8カ月である（§21）。

(b)　本件の6条1項「合理的な期間内における審理」規定違反について

(ⅰ)　人権条約6条1項は、締約国に対し、各国の裁判所がこの条項の要件を充たすことができるような方法で司法制度を組織する義務を課している。当裁判所は、遅滞なき裁判の実現こそが、裁判の有効性と信頼性を危機にさらすことがないであろうということの重要性を再確認したい（§21）。

さらに当裁判所は、ヨーロッパ評議会閣僚委員会が、1997年7月11日の決議DH(97)336（イタリアの民事手続の長さ）において「裁判の過度の遅滞は、特に法の支配への尊敬にとって重大な危険をもたらす」としていることに注目する（§22）。

(ⅱ)　当裁判所は、1987年6月25日のCapuano v. Italy判決（25 June 1987, §30）以来、イタリアにおける民事裁判については、6条1項の「合理的な期間」を超えるとした65の判決が出されている事実に注目する。同様に、条約の旧31条と32条の下で、人権委員会の1400以上の報告書が、同様の理由での6条1項違反がイタリアに認められ、閣僚委員会の決議をもたらしている（§22）。

(ⅲ)　違反の多さが示していることは、夥しい個別的な事件のよせ集めではなく、同一の違反が蓄積されていることである。そのような違反は、救済されない状況が継続し、訴訟当事国が国内におけるいかなる救済法も持っていないことの反映であり、この違反の総数からすると、人権条約と相容れない慣行（practice）となっている（§22）。

(c)　6条1項違反

当裁判所は、当事者により提供された情報と上記の実態に照らし合わせて、本件の事実を吟味した。本件に関する判例法に照らし合わせた結果、当裁判所は、本件における審理の長さは度を超えており、「合理的な時間」の要件を充たしていないと考える。したがって、6条1項違反である（§23）。

(2)　条約41条（公正な満足）の適用

(ⅰ)　「裁判所が条約または諸議定書の違反を認定し、かつ、当該締約国の国内法によってはこの違反の結果を部分的にしか払拭できない場合には、裁判所は、必要な場合、被害当事者に公正な満足を与えなければならない」と規定する人権条約41条の本件への適用が問題となる（§24）。

(ⅱ)　申立人は、違反により、充分に補償できない何らかの非金銭的損害を被ったことは間違いないので、当裁判所は、申立人に1,500万リラの損害賠償、人権委員会と裁判所での審理にかかった費用および申立人が所属する労働組合によって与えられた援助の費用としての700万リラの支払いを、さらに延滞利息（年率2.5％）の支払いをイタリア政府に命じる（§§25-31）。

なお、判決には、イタリアでは人権条約6条1項の頻繁な違反が条約に違反する慣行となっているとする法廷意見に対するRiza Türmen裁判官の一部反対意見が付されている。

【解　説】

(1) 本判決の意義と特徴

(a) 公正な裁判を受ける権利 (条約6条1項)

本判決は、イタリアにおける裁判手続の遅延の事案について、ヨーロッパ人権条約6条の規定する「公正な裁判を受ける権利」と、その具体的内容としての「迅速な裁判を受ける権利」を侵害し、違法であるとした事例である。

人権条約6条1項1文は「すべての者は、その民事上の権利および義務の決定または刑事上の罪のため、法律で設置された独立のかつ公平な裁判所により合理的な期間内に公正な公開審理を受ける権利を有する」と規定し、「公正な裁判を受ける権利」を保障している。この「公正な裁判を受ける権利」は、人権条約の中でも「ひときわ重要な地位 (a position of pre-eminence)」にあるといわれている[2]。なぜなら、人権裁判所がしばしば言及しているように、この権利が「民主社会におけるきわめて主要な位置にある権利」であることのみならず、この権利をめぐり、人権委員会への申立や人権裁判所への付託の件数が、他の権利に比べ著しく多いからであろう。

この「公正な裁判を受ける権利」は、刑事・民事訴訟を対象とする普通司法裁判所における裁判のほか、行政裁判所における審理や個人の権利義務に関わる行政手続にも保障される。

(b) 「合理的期間内」における迅速な裁判の保障

「公正な裁判を受ける権利」は法の適正手続の保障の主要な内容となっている。人権条約6条1項は、裁判が公正なものといえるための要件として、「公平な裁判所による裁判」・「迅速な裁判」・「公開の裁判」を権利として保障したものといえる。このうち、本件では、「迅速な裁判を受ける権利」の具体化であると考えられる裁判の「合理的な期間」とは何かが問題となった。

迅速な裁判の保障は、古くは「裁判の遅延」をさせないことを国王に約束させた1215年のマグナ・カルタ40条に見ることができるが、とりわけ対国家的権利としてみた場合、個人にとって大きなメリットをもたらす。なぜなら、迅速な裁判は、自己に有利な証拠の散逸を防ぐことができること、刑事事件においては未決の身柄拘束が長期化することを防げること、訴訟による精神的・金銭的負担を最小限に抑えることが期待できるからである。

ところが他方で、迅速な裁判を受ける権利は、公正な裁判を受ける権利と対立することもある。例えば、刑事事件においては被告人が充分な防御を行うための準備に時間を要する場合があるし、事件が複雑な場合には審理が長期化することもやむをえない場合もあるからである。

したがって、迅速な裁判といっても、一定の基準を確定することはきわめて難しい。6条1項の規定する「合理的期間」の具体的内容をめぐっては、これまで人権裁判所で多くの議論がたたかわされ、本判決でも指摘されているように、一定の判例法 (case law) が形成されつつある。

(c) 本判決の特質と影響

こうした中にあって、本判決は、これまで人権裁判所で形成された「合理的期間」の要件をめぐる解釈の判例法理を踏襲しつつ、とりわけイタリアにおける裁判の遅滞がもたらした現状を見据え、会計検査院における裁判の遅延について違法判断を下した。本判決の特質と影響は、次の通りである。

第1に、判決では「遅滞なき裁判の実現こそが、裁判の有効性と信頼性に対する危機を防ぐことになる」とした上で、人権条約6条1項に基づく締約国への義務を確認している。人権裁判所は、6条1項は「締約国に対し、各国の裁判所がこの条項の要件を充たすことができるような方法で司法制度を組織する義務を課している」とし、「合理的期間内の裁判」を実現する法的システムの整備を締約国に義務づけた規定であることを強調している。

第2に、「合理的期間」の判断基準として、当該国の司法システムの問題点にまで踏み込んで判断を下した点である。裁判所は、事案の諸状況にかんがみ、イタリアの会計検査院が訴えを受理し判決を下すま

での約6年8カ月の期間を「合理的な期間内における審理」の要件に違反するとしたが、その判断の基礎にあるものは、上述の6条1項の意義とイタリアの裁判システムの問題点である。後者について、裁判所は、イタリアでは6条1項の「合理的期間」の要件に違反するとされた事案が異常に多いことをあげ、その構造的な問題点を断罪している。つまり、裁判の遅延による個人の権利侵害が救済されない状況が恒常化しているイタリアの状況は、この国がいかなる救済法も持っていないことの反映であり、裁判の遅延が人権条約と相容れない慣行 (practice) となっているとしたのである。

第3に、本判決がもたらしたイタリアの国内法への影響である。この判決が大きな契機となり、後述するように、民事訴訟法の改正が行われて、裁判遅延により損害が生じた場合には、政府は被害者に損害賠償を支払う救済システムが作られた。

(2) 条約6条1項の「合理的期間」の基準をめぐる判例法理の流れ

(a) 判例における合理的期間内における裁判を受ける権利の意義

条約6条1項の保障する「合理的期間内」における裁判を受ける権利（迅速な裁判を受ける権利）は、刑事事件のみならず民事事件にも保障される。その権利の保障の意義は、本判決でも確認されているように、「裁判の有用性と信頼を損なうことになるであろう遅滞をなくし、裁判を実行することの重要性」[3]にある。

(b) 「合理的期間」の基準をめぐる判例法理

これまでの判例では、裁判は、刑事裁判においては被告人が起訴された時点から、民事事件では裁判が開始された時点から始まるとされ、裁判の終了は、刑事・民事裁判ともに最終的な判決が確定した時点とされている[4]。問題は、裁判の長さの妥当性、つまり裁判の「合理的期間」とはどの位の長さを指すのかという点である。

前述のように、「迅速な裁判を受ける権利」は、しばしば「公正な裁判を受ける権利」と対立すること

があるため、「合理的期間内の裁判」といっても、具体的な期間を確定することは難しい。人権裁判所も、これまで絶対的な基準を打ち立てることなく、事案ごとに諸状況を考慮して「合理的期間」の条件を充たしているか否かを判断してきた。

リーディングケースとされる1978年のKönig v. FRG事件判決 (28 June 1978) では、その判断の基礎として、①事案の複雑性、②申立人の裁判における行動、③政府や裁判所の行動をあげ、これらを個別的に吟味して、裁判が「合理的期間内」に行われたか否かを決すべきとされた[5]。さらに1983年のZimmerman and Steiner v. Swizerland事件判決(13 July 1983) では、②と③の要件を吟味する場合には、公正な裁判を受ける権利の視点から、申立人の利益を重視すべきとされている[6]。次に、これら三要素についての判例の見解をみておこう。

①事案の複雑性の要素について

これまでの判例では、「合理的期間」の判断にあたっての事案の複雑性の要素としては、証拠量の多い場合、刑事事件における被告人の数が多い場合、例えば医療訴訟におけるように、専門的な視点からの証明の必要性や多岐にわたる法律問題が存在する場合には、裁判が長期化してもやむをえないとされている。

②申立人の裁判における行動

裁判の遅延が専ら申立人あるいは訴訟代理人の行動に原因がある場合には、迅速な裁判を受ける権利の侵害にはならないとされている。

③政府や裁判所の行動

裁判の遅延が専ら政府（検察側）や裁判所の行動に帰因する場合、例えば、刑事事件においては、裁判所が合理的な理由なく開廷しない場合、あるいは政府（検察側）が必要な証拠開示を行わないような場合、民事裁判や行政事件裁判においては、裁判所が必要な裁判手続を怠ったような場合には、「合理的期間」を逸脱したものとされ、迅速な裁判を受ける権利の侵害となるとされている。

本判決では、裁判の遅延を③の要素から、もっぱ

らイタリア会計検査院の責任としつつ、さらに条約6条1項は「合理的期間内における裁判」、すなわち迅速な裁判の実現の法システムの整備を締約国に義務づけた規定と解釈し、イタリア政府はその義務を怠っていることをもうひとつの根拠として、違法判断を下した。

(3) 本判決のイタリア法への影響と日本法への示唆

(a) 本判決のイタリア法への影響

本判決でも言及されているように、イタリアの裁判手続の問題については、人権裁判所により、条約6条1項の規定する迅速な裁判の実現を促す判決や、とりわけ刑事裁判における公正な手続を求める判決が数多く下され、かつ閣僚委員会による報告書が提出されてきた。これを受けて、イタリアでは、80年代に司法改革による従来の糾問主義的な刑事裁判手続の改善への努力が続けられ、さらには人権条約6条1項を受けて、1999年の憲法改正（1999年11月23日憲法的法律第2号）により、イタリア共和国憲法111条には、新たに「裁判は、法律の定める公正な手続で行われなければならない」（1項）、「すべての訴訟は、対等な条件の下で、独立かつ公平な裁判官の面前における当事者の弁論で進められる。法律は訴訟の合理的期間について定める。」（2項）とする条項が加えられ、裁判における適正手続の保障と裁判の「合理的期間（il termine ragionevole）」の法定化が、憲法上義務づけられるに至った[7]。

さらにこの憲法改正を受け、本判決後の2001年3月24日には、2001年法律第89号「合理的期間に反する場合における公正な補償の規定及び民事訴訟法375条の修正法」(Legge 24 Marzo 2001 n. 89, Previsione di Equa Riparazione in Caso di Violazione del Termine Ragionevole del Processo e Modifica dell'Articolo 375 del Codice di Procedura Civile, イタリア上院議員で、この法律の最初の署名者の名前にちなんで「ピント法〈Legge Pinto〉」と呼ばれている）が施行された。

この法律は、「合理的期間」を逸脱した裁判の遅延により損害をこうむった者に「公平な補償」を行うことを国に義務づけるものであり、人権条約6条1項の迅速な裁判の保障に合致するとともに、本判決の趣旨を踏襲した内容といえる。

(b) 日本法への示唆

日本の裁判もその長期化が問題となっている。日本国憲法37条1項では「すべて刑事事件においては、被告人は、公平な裁判所の迅速な裁判を受ける権利を有する」と規定し、「刑事裁判における迅速な裁判を受ける権利」を保障している。「迅速な裁判を受ける権利」については、かつてはプログラム規定と解されていたが、1972年の高田事件最高裁判決[8]は、「迅速な裁判を受ける権利」が侵害されると認められる異常な事態が生じた場合（15年の審理中断）には、これに対処する具体的規定がなくとも37条をもとに審理の打ち切りが許されると解し、免訴を言い渡した。しかし、その後の最高裁判決では、刑事事件において8年近い審理の空白期間があった事案につき、迅速な裁判の保障には反しないとされる[9]など、「迅速な裁判を受ける権利」違反を認めた事例はない。

また民事裁判においても、裁判の遅延が問題とされている[10]。これを受けて2003年には「裁判の迅速化に関する法律」（平成15年法律第107号）が制定された。この法律では、民事裁判の迅速化を図るために国の責務を定めるとともに、弁護士会、裁判所、当事者に自覚を促す内容となっている。

刑事裁判・民事裁判いずれにおいても、裁判の長期化は当事者に大きな精神的・金銭的な損失をもたらすことは明らかである。裁判の長期化を克服し、裁判の迅速化を促すためには、裁判の遅延につき裁判所や国の側に責任がある場合には、本判決が説示し、イタリア政府が実現したように、裁判の遅延による損害を賠償すべき法制度が考えられなければならないであろう。

---

(1) イタリアの会計検査院 (Corte dei Conti) については、イタリア共和国憲法100条2項で「会計検査院は政府

の行為の適法性の事前の検査を行い、国の予算の執行に関する事後の検査を行う。会計検査院は、法律で定める場合および形式において、国が通常の方法で補助する団体の財政管理の検査に参加する。会計検査院は検査結果を両議院に直接報告する。」と規定され、同条3項で会計検査院およびその構成員の政府からの独立性が保障されている。また103条2項では、「会計検査院は公的な会計に関する事項および法律で定めるその他の事項に対し裁判権を有する。」と定められている。すなわち、イタリアの会計検査院は議会および政府から独立した特別な地位を有しており、わが国の会計検査院と同様に、政府の予算執行の適切性など国家財政についての検査を行う権限を有している。それとともに、イタリア会計検査院のもうひとつの重要な権限として、行財政上の事項についての裁判権がある。この意味で、イタリアの会計検査院は裁判権を有する裁判所であり、本件で問題となったように、公正かつ迅速な裁判手続が要請されることになる。

(2) D. J. Harris, M. O'Boly, C. Wabrick, *Law of the European Convention on Human Rights* (Butterworths, London, 1995), p. 164.

(3) H. v. France, 24 October 1989, Series A no. 162-A, §58.

(4) 例えば、刑事裁判についてはEckle v. Germany, 15 July 1982, Series A no. 51, §73、民事裁判については、Erkner and Hofauer v. Austria, 23 Apri 1987, Series A no. 117, §§64-65 を参照。

(5) König v. Germany〔PC〕, 28 June 1978, Series A no. 27, §99.

(6) Zimmerman and Steiner v. Switzerland, 13 July 1983, Series A no. 66, §24.

(7) Giuseppe de Vergottini, Diritto Costituzionale, Quarta edizione, Cedam, Padova, 2004, p. 584-585.

(8) 最判1972（S 47）年12月20日刑集26巻10号631頁。

(9) 最判1975（S 50）年8月6日刑集29巻7号393頁。

(10) 梅本吉彦『民事訴訟法　第三版』（信山社、2007年）438-441頁。

[参考文献]

[１] Sergio Bartole, Benedetto Conforti, Giudo Raimondi, Commentario alla Convenzione Europea per la Tuttela dei Diritti dell'Uomo e delle Libertà Fondamentali (2001, Cedam Padova), p. 189-216.

[２] Giacomo Oberto, The Reasonable Time Requrment in the Case-Law of the European Court of Human Rights, (Turin, 2005), http://wave.prohosting.com/otrebo/split2005/reasonabletime/reasonable.htm#_ftn1.

レップブリック広場
（大聖堂をのぞむ）

45 判決の執行
「裁判への権利」と国内裁判所判決の執行を求める権利
—— ホーンズビィ判決 ——

中西優美子

Hornsby v. Greece
19 March 1997, Reports, 1997-II

【事　実】

　申立人夫妻は、英語教授資格を有するイギリス人でギリシャのロードス島に居住していた。申立人は、1984年1月17日に英語を教えるための私立学校（frontistirion）を設立する許可を文部省に申請した。しかし、文部省は、ギリシャ国民のみにしかそのような許可は与えることはできないとして同申請を却下した。また、申立人は、ドネカネス中等教育機関への許可申請も行ったが、受け取りを拒否された。

　その後、申立人は、ギリシャ国籍保持を私立学校の設立許可条件としているギリシャ法はEC条約に違反すると考え、ECの機関であるEC委員会に訴えた。EC委員会は、EEC条約169条（現EC条約226条）に基づき、EC司法裁判所にギリシャを相手に提訴した。ヨーロッパ司法裁判所は、1988年3月15日の判決[1]において、私立学校の設立を他のEC構成国国民に禁じることによって、ギリシャは開業の自由を定めるEEC条約52条（現EC条約43条）およびサービス供給の自由を定めるEEC条約59条（現EC条約49条）の下での義務に違反したと判示した。

　この判決後、申立人は、ドネカネス中等教育機関に再度申請を行ったが、前述した理由で拒否された。1988年6月8日、申立人は最高行政裁判所（Conseil d'État）にドネカネス中等教育機関長の決定の無効を求める訴えを起こした。1989年5月9、10日の判決によって、最高行政裁判所は同決定を無効にした。

　同判決を受け、1989年8月8日に、申立人はドネカネス中等教育機関に再度許可申請を求めたが、回答を受け取らなかった。さらに、1990年3月28日、申立人はドネカネス中等教育機関の長および担当責任者を相手にロードス刑事裁判所に犯罪訴追訴訟を提起したが、1993年10月22日の判決では、その主張が棄却された。また、1990年11月14日に、申立人は、許可拒否により被った損害に対する賠償を求めて、ロードス民事裁判所に訴訟を提起した。同裁判所は、1992年1月30日に、紛争は行政裁判所の管轄に入るとして、申立を却下した。この判決を受け、申立人は1992年7月3日に、ロードス行政裁判所に国家を相手取り損害賠償を求める訴訟を起こした。同行政裁判所は、許可申請を拒否したこと、EC司法裁判所の判決および最高行政裁判所の判決に従わなかったことを認めたものの、十分に損害を証明していないとして、調査措置を命令した。1994年8月10日に公表された大統領デクレ（211/1994）はギリシャで私立学校を開設することをEC市民に認めたが、ギリシャの中等学校証明書を有していない者はギリシャ語および歴史の試験に合格しなければならないという内容であった。

　申立人は、それらと同時並行的に1990年1月7日にヨーロッパ人権委員会に申請を行い、1994年8月31日、同委員会は事件を受理した。同委員会は、報告書において、27対1でヨーロッパ人権条約6条1項の違反が存在したとの意見を表明し、事件をヨーロッパ人権裁判所に付託した。

【判　旨】

(1) 国内救済手段完了について

「ギリシャ民法典57条および59条に定められる損害賠償請求訴訟に関し、本件では、そのような請求は申立人の苦情を取り除くのに十分なものとはなりえないと裁判所は判断する。」「たとえそのような訴

訟の結果が申立人に好意的なものであったとしても、非経済的な損害や人格権（personal rights）の侵害の補償は、……司法上の決定にかかわらず語学学校の開設を不可能とすることに対する補償では、申立人にギリシャの法システムが与えるべきであった措置の代替的措置にはならないであろう」（§37）。国内救済が尽くされていないというギリシャの主張は棄却される（§37）（8対1）。

(2) 6条1項の違反について
(a)「裁判への権利」の射程範囲

「判例法によれば、ヨーロッパ人権条約6条1項は裁判所または審判所で民事的権利と義務に関係して要求する権利をすべての者に保障している。」「裁判を受ける権利、すなわち、民事事項において裁判所で訴訟を起こす権利は、『裁判への権利（right to a court）』の一つの側面を構成する。」「しかし、もし同条約の締約国の国内法制度が、最終的でかつ拘束力のある司法決定が効力をもたないままであることを許容し、かつ、それが当事者に不利益をもたらしているのであれば、その権利は幻想的なものでしかなくなってしまうであろう。」「6条1項が訴訟当事者に与えられる手続上の高度な保障──公正、公開、迅速な裁判手続──を意味するとされる一方で、司法決定の実施を保護していないとは考えられない。」「裁判所へのアクセスおよび訴訟手続の方法にもっぱらかかわるものとして6条を理解すれば、締約国がヨーロッパ人権条約を批准したときに尊重する義務を負った法の支配の原則と合致しない状況を導くことになってしまうであろう。」「それゆえ裁判所によって下される判決の執行は、それがどのような裁判機関によるものであっても、6条の目的にとっての『裁判』の構成要素としてみなされなければならない。」「さらに、裁判所は訴訟手続の期間に関する諸事件においてこの原則を既に受け入れてきた」（§40）。

(b) 行政機関の義務

「上述した原則は、その結果が訴訟当事者の民事的権利にとって決定的である紛争に関する行政訴訟の文脈ではさらに重要である。」「国家の最高位にある行政裁判所に司法審査の申請を行うことによって、訴訟当事者は、非難される決定の無効のみならず、とりわけその効果の除去も求めている。」「そのような訴訟手続の当事者の効果的な保護と合法性の回復は、同裁判所の判決を遵守する行政機関の義務を前提としている。」「この関係において行政機関が法の支配に服する国家の一要素を形成する。したがってその関心事項は司法の適切な行政に対する必要性に一致する。」「行政機関が拒否したり、遵守を怠ったり、あるいは遅滞したりする場合でさえ、訴訟手続の裁判段階において訴訟当事者によって享受されるべき6条の下での保障の目的が欠けてしまうことになる」（§41）。

(c) 結　論

最終的な執行可能な裁判決定を遵守するのに必要な措置をとることを5年以上もなさなかったことによって、ギリシャ機関は6条1項の規定からすべての有益な効果（useful effect）を奪った。よって、6条1項の違反が存在する（7対2）。

(3) 公正な満足

ヨーロッパ人権条約50条（現41条）の適用の問題は決定の準備が整っていない（全員一致）。

判決には、個別的意見1、反対意見2が付されている。

【解　説】

(1) 判決の意義・特徴

本判決の意義は、6条1項に定められる「裁判への権利（right to the court）」の射程範囲が拡大されたことにある。ヨーロッパ人権条約6条1項は「すべての者は、その民事的権利および義務の決定または刑事上の罪の決定のため、法律で設置された独立のかつ公平な裁判所により合理的な期間内に公正な公開審理をうける権利を有する」と定める。ギリシャは申立人の苦情は6条の射程範囲に入らないと主張した。すなわち、ギリシャの主張に拠れば、6条は文言の意味における「裁判」の公正のみを保障している、すなわち、司法機関のみにおいてなされる訴訟手続にのみ関係し、最高行政裁判所判決の履行の行政機関による遅滞は民事的権利の司法的決定とはまったく異なる問題であるとする。さらに、ギリ

シャは最高行政裁判所判決の執行は公法の分野、特に司法と行政機関の関係の分野に入るが、決して6条の適用範囲に入るとは考えられないとし、そのような結論は6条の文言からも条約起草者の意思からさえも導くことはできないとした。

しかし、裁判所は、まず先例 Philis v. Greece 事件[2]に言及し、「裁判を受ける権利(right to access)」は単に「裁判への権利」の一側面にすぎないと捉えた上で、裁判判決の執行も6条の意味における「裁判」の構成要素としてみなされなければならないとした。後者の理由づけには、「法の支配」の概念を用いた。まず、裁判所は、Golder 判決 (本書 41) に言及した。Golder 判決では、ウィーン条約法条約31条2項によれば条約前文が条約を構成する一部分であり、前文は条文の目的を決定するのに有益であることが示された上で、ヨーロッパ人権条約前文における重要な部分は締約国が政治的伝統、理想、自由および法の支配についての共通の遺産を有していると宣言している箇所であると判示された[3]。本判決においては、同事件に依拠しつつ、裁判所は締約国がヨーロッパ人権条約を批准したときに法の支配の原則を尊重する義務を負っていたことを挙げ、6条の目的にとっての「裁判」に裁判所判決の執行が含まれないと法の支配の原則と一致しないとの結論を導いた。

本件では、ギリシャの行政機関が最高行政裁判所の判決を履行しないことが問題となっていた。これに対し、ヨーロッパ人権裁判所は、行政機関も国家の一部として法の支配に服するとし、行政機関が判決の履行を拒否したり、遵守を怠ったり、あるいは遅滞したりする場合、6条の下での裁判への権利の保障の目的が欠けてしまうことになると判示した。本判決では、締約国が法の支配の原則に服するとは、立法機関のみならず、行政機関も服することを意味すること、さらに、行政機関が法の支配の原則に服するとは、単に行政機関が法規を遵守するのみならず、判決を遵守し、履行する義務までをも含むことが明らかにされた。

また、裁判所は、法の支配の原則に服するということは形式的に裁判を受ける権利を保障するのでは

なく、裁判を受けた結果の効果的な保護、すなわち裁判執行、判決の実施までをも保障することを意味するとし、「裁判への権利」が効果的な保護の観点から保障されるべきことを明らかにした[4]。この意味で、本判決は、リーディング・ケースと捉えられる。本判決は、6条1項にいう「裁判への権利」が単なる文言解釈ではなく、法の支配原則に依拠した目的的あるいは発展的解釈をとることを通じ、その射程範囲を単なる「裁判を受ける権利」から「裁判判決の執行を求める権利」にまで拡大した[5]。その後、同様の効果を認めた判決として、Logothetis v. Greece 判決が挙げられる[6]。

(2) 損害賠償請求と国内救済手段完了の原則の関係

ギリシャは、申立人が民事裁判所で民法典57条と59条に定められる損害賠償請求を提起していないこと、1989年8月8日の許可申請に関する行政機関の黙示の拒否に対する司法審査を求めていないこと、ロードス行政裁判所における訴訟が係属中であることを示し、国内救済手段が完了されていないと主張した。しかし、裁判所は、非経済的な損害や人格権の侵害の補償は、ギリシャが与えるべきであった措置の代替措置にはならないとし、国内救済手段が尽くされていないというギリシャの主張を棄却した。裁判所は、これにより、国家賠償請求は申立人の権利保護の目的が補償や損害賠償でなされうるものを超えている場合は国内救済手段完了の前提条件にはならないことを明らかにした[7]。

(3) EC 司法裁判所判決の履行確保

申立人は私立学校の設立する許可を求めたが行政機関により拒否された。申立人はイギリス人であるが、ギリシャに居住している。イギリスもギリシャも EC に加盟し、両国は EC 法に服していた。EC 条約 (当時 EEC 条約) は、共同市場の設立を目的の一つに掲げ、EC 条約43条 (当時 EEC 条約52条) および EC 条約49条 (当時 EEC 条約59条) において、EC 市民、すなわち、EC の加盟国国民に、EC 域内において自由に居住し、サービスを提供する自由を保障していた。申立人は、私立学校を設立することを拒否されたことによって、EC 条約で自己に付与されて

いる権利が侵害され、同時に、そのような拒否行為によりギリシャがEC法上の義務に違反したと考えた。そのため、申立人はEC委員会に訴えた。EC委員会が私人からの苦情を受けEC条約に定められた条約違反手続をとることは同委員会の裁量であるが、同委員会はギリシャを相手にEC条約226条に従い条約違反手続をとり、EC司法裁判所に提訴した(8)。EC司法裁判所は、1988年3月15日の判決によってギリシャの義務違反を認めた。EC条約226条に従って下された同判決は確定判決にすぎず、たとえギリシャが判決を履行しなくてもEC側としては当時これ以上の措置はとれない状況にあった(9)。

ギリシャの最高行政裁判所はEC司法裁判所の判決を尊重し、行政機関の決定を無効にした。その後、申立人が再度許可申請を行ったにもかかわらず、行政機関は許可を与えなかった。よって、申立人がヨーロッパ人権委員会に申請を行い、本件に至った。本判決では結果的にヨーロッパ司法裁判所の判決の履行確保を促進するものとなっている(10)。ヨーロッパ人権裁判所とEC司法裁判所との関係では、両裁判所で人権について異なる判決が下された場合どのようになるかということが議論となるが、本判決によって、補完的関係という、新たな関係が提示された。本判決では、EC法の履行確保がヨーロッパ人権裁判所により補完的になされている点が注目される。

また、申立人は、国内裁判所に訴えるのみならず、EC委員会、さらに、ヨーロッパ人権委員会に訴えをなしているが、これは、私人の間に「ヨーロッパ法」が浸透していっていることの表れであり、Hornsby事件を通じて、ヨーロッパでは国内裁判所、ヨーロッパ司法裁判所およびヨーロッパ人権裁判所と重層的に人権が保障されることが示された。

(4) 判決の影響

「裁判への権利」につき、単に裁判手続の段階のことのみが問題となるのではなく、裁判判決の執行も保障されなければならないとする本判決は、国内における判決執行のあり方に実効性の確保という観点の導入を促すことになる(11)。また、外国判決の承認においてもその影響が広がる可能性がある(12)。

日本では行政裁判所の敷居が高く、まず裁判を受ける権利の実効性の確保が問題となるが、将来的には本判決は日本における判決執行にも重要な示唆を与えるものと考えられる。

(1) Case 147/86 Commission v. Greece, [1988] ECR 1637.
(2) Philis v. Greece, 27 August 1991, Series A no. 209, p. 1, p. 20, para. 59.
(3) Golder v. the United Kingdom, 21 February of 1975（本書 *41*）, Series A no. 18, p. 1, pp. 16-18, paras. 34-36.
(4) *Cf.*, Murray Hunt, "The European Convention on Human Rights", Yearbook of European Law, Vol. 17, 1997, p. 625-626; Isabelle Huet, Gazette du Palais, 1998 (2ᵉ sem.), Jurisprudence, Journal du 21 juillet 1998, p. 475-476.
(5) *Cf.*, E. Kastanas, "Affaire Hornsby c. Grèce du 19 mars 1997", R.H.D.I. Vol. 50, 234, 235; Olivier Dugrip/ Frédéric Sudre, La Semaine Juridique [JCP], Éd. G, n 47, 1997, 22949, p. 507, p. 510; Hunt, *supra* note(4), p. 625.
(6) Affaire Logothetis c. Grèce, arrêt du 12 avril 2001, no. 46352/99, paras. 11-16. *Cf.*, Gilles Dutertre, *Key case-law extracts, European Court of Human Rights*, 2003, p. 191.
(7) Christoph Grabenwarter, Europäische Menschenrechtskonvention, 2. Aufl., 2005, p. 65, Rn. 28; なお、ヨーロッパ人権条約6条1項と13条との関係に言及しているものとして、小畑郁「ヨーロッパ人権条約における『実効的な国内救済手段を得る権利』と条約上の権利の国内手続における援用可能性」（世界人権問題研究センター）研究紀要3号（1998年）65、76-79頁。
(8) 条約違反手続は指令の国内法化を国家が怠っている場合によく用いられるが、当該事件では、ギリシャにおいてＥＵ市民が私立学校を設立できないことそのものが問題とされ、違法認定されている。*Cf.,* Case 147/86, note(1).
(9) もっともその後マーストリヒト条約によるEEC条約の改正により罰金賦課を通じ判決の履行を促す判決履行違反手続（EC条約228条2項）が導入された。
(10) *Cf.*, E. Kastanas, *supra* note(5), p. 236.
(11) *Cf.*, Hunt, *supra* note(4), p. 627.
(12) *Cf.*, Carla Baker, "Le titre exécutoire européen", La Semaine Juridique Éditioin Générale, no. 22, 2003, p. 985, p. 988.

[参考文献]

[1] Vincent Berger, *Jurisprudence de la Cour Européenne des Droits de l'Homme*, 9ᵉ éd., 2004, pp. 275-279.

46 氏　名
婚姻後の姓の選択における男女平等
—— ブルクハルツ判決 ——

中井伊都子

Burghartz v. Switzerland
22 February 1994, Series A no. 280-B

【事　実】

　スイス国籍でバーゼルに居住する申立人夫妻（妻はドイツ国籍も保有）は、1984年にドイツで婚姻し、ドイツ民法に従って妻の姓であるBurghartz（ブルクハルツ〔以下、Bとする〕）を家族の姓として選択した。夫は自らの姓をその前に付ける権利によって、Schnyder Burghartzと名乗った。ところが夫の姓を家族の名姓とするスイスの登録局は、申立人の姓をSchnyder（以下、Sとする）と登録したので、申立人は家族の姓をBに、夫の姓をSBに変更する申請を行ったが却下された。この間、1984年に民法が改正され、妻は生まれてからの姓を婚姻後の家族の姓の前に付けることができるようになった（新民法160条2項）。また正当な理由があれば州政府はその姓名の変更を許可することができ（同30条1項）、婚約中に申請して正当な利益を立証すれば婚姻後に夫婦は妻の姓を名乗ることも認められた（同2項）。

　申立人はこれら新民法規定と連邦憲法の男女平等規定の整合性を争って連邦裁判所に提訴したところ、訴えの一部が認められた。裁判所は、申立人がBと名乗ることを認めるために30条1項を適用することが正当であると思われる要素、すなわちスイスとドイツの関連する制度の違いを考慮しなければならず、このことはバーゼルが国境の町であることからより重要である、と述べて、夫妻の姓をBとすることを認めたのである。

　一方、160条2項を起草するに当たって、家族の一体性と伝統を残すことをめざしたスイス議会は、姓の選択における配偶者の絶対的平等の導入は認めず、意図的に妻だけに夫の姓に自らの姓を加える権利を認めたのであるから、これを類推で妻の姓を名乗る夫に適用することはできないとして、夫のSBへの変更の申請は退けた。

　これに対し申立人は、1990年1月、スイス法は、夫の姓を家族の姓として選択した妻にはその前に自らの姓を付ける可能性を認めているのに、妻の姓を選択した夫にはその権利がないのは、ヨーロッパ人権条約8条（以下、条約という）「私生活の尊重」それ自体および8条と結びついた14条「差別の禁止」に反するとして、ヨーロッパ人権委員会（以下、人権委員会という）に申し立てた。人権委員会は8条と結びついた14条の違反を認定し、8条違反の主張については審査する必要はないとの報告書を採択し、事件をヨーロッパ人権裁判所（以下、人権裁判所という）に付託した。スイス政府も、事件を人権裁判所に付託した。

【判　旨】

　申立人のうちの妻の被害者性について、条約体制における家族の概念を考慮すれば、少なくとも間接的な判決の被害者ということができ、また国内救済完了に関する先決的抗弁は認められない。

　申立の性質上、本件を直接8条と結びついた14条の下で審査するのが適切である（§21）。

(1) 8条の適用可能性について

　スイス政府は、条約の第7議定書の発効以来「姓の選択における配偶者間の平等は、配偶者間の私法的性質の権利および責任の平等に関する5条によってのみ規律されてきた」し、スイス政府はその5条を留保しているので、本件を8条と結びついた14条のもとで審査するのは「その留保を無視するに等

しい（§22）」と主張するが、第7議定書5条は、8条と60条を含む条約への追加とみなされるべきであって、8条に代わりもしくはその範囲を減じるものではない（§23）。

8条は氏名に関する明確な規定を含んではいないが、「個人のアイデンティティーおよび家族との結びつきの手段として、個人の氏名はその私的な家族生活に関わっている。」社会や国家が氏名の使用を規制する公法的側面は、職業的もしくは業務的文脈において他者と関係を築き発展させる権利を含む私的な生活と矛盾するものではない（§24）。

本件においては、学会で知られてきた姓を維持することは申立人の職業に大きく影響するので、8条が適用される（§24）（6対3）。

(2) 8条と結びついた14条の違反について

スイス政府は、性別に基づく取扱いの違いは客観的かつ合理的考慮に基づくものであって差別ではないと主張している（§26）。家族は夫の姓を名乗ることが原則であると規定することによって、スイス法は意図的に「伝統的な家族のあり方」（§26）を選択し、既婚女性には夫の姓の前に自らの姓を付けることを認めているが、その逆は認めていない（§26）。「今日、両性の平等の進展は、ヨーロッパ評議会加盟国の主たる目標である」（§27）ので、性のみに基づく取扱いの違いが条約と両立するとみなされるためには、非常に重大な理由が示されなければならない（§27）。

妻の姓を選択した場合に、夫が自らの姓を加えたことによって家族の一体性が影響を受けるとは考えられず、また本件において真正な伝統が問題となっているとはいえない（§28）。「条約は今日的状況、とくに無差別原則の重要性に照らして解釈されなければならない」（§28）のである。

したがって申し立てられた取扱いの違いは客観的かつ合理的正統性を欠き、8条と結びついた14条に違反している（§29）（5対4）。

この結果により、8条それ自体の違反を決定する必要はない（§30）（全員一致）。

(3) 公正な満足（50条）

訴訟費用の支払い（全員一致）。

判決には反対意見2（裁判官3名）、一部反対意見1が付されている。

【解 説】

(1) 判決の意義・特徴

本判決は、8条における「私生活の尊重」の範疇に入りかつ私的側面と公的側面を合わせ持つ家族の姓の選択の権利を、14条の差別禁止の観点から検討したものである。

自由権規約の26条は差別を禁止する法律の範囲を限定していないのに対して、14条はその保障を条約が定める権利および自由に限定しているため、本判決は、申し立てられた差別を含む法律の対象すなわち姓の変更が8条の範疇に入ることを確認した上で、性別に基づく異なった取扱いが客観的かつ合理的な正統性を欠く差別にあたると判断した。

この判決は、姓が8条によって保護される私生活の一部を構成することを初めて明らかにした点で注目され、その後の判決においても繰り返し引用されることになるが、性別に基づく差別に断固たる姿勢を示した一方で、判決時点（1994年）においては姓の変更に関するヨーロッパ評議会諸国の統一した慣行はいまだ存在しないので、この問題は国家の裁量の範囲内であるとする反対意見も付されている。

(2) 8条によって保護される姓

氏名に対する権利を規定している人権条約はいくつかある[1]が、ヨーロッパ人権条約には氏名や姓に関する規定は存在しない。そこで、氏名に対する権利は8条が保護する「私生活」に含まれるか否かを検討するに当たって人権委員会は、「私生活の尊重に対する権利は、すべてのものがその人間性の発展と充実を自由に追及しうる領域を保障している。したがって人間性を発展させかつ充実させる権利は、必然的にアイデンティティーの権利、つまり氏名に対する権利を含む」[2]との解釈を行った。この見解には、氏名の私的な性格を強調しつつもなお8条2項による制限が正当化しうるとする反対意見や、逆に氏名がもつ公的な性格を強調する反対意見が表明されている。これに対して人権裁判所は、氏名が公的な側面と私的な側面を有していることを前提とした上で、他者と職業的あるいは業務的な関係を結ぶ権利に言及して、私生活におけるその重要性を強調するという論法によって、氏名への権利を8条の保

護の対象としたのである。

この立場は、本判決の直後に出されたStjrna事件判決[3]でも繰り返されたが、Stjerna事件では陳腐な姓を変更したいという申立人の申請が却下されたことが問題とされたため、むしろ氏名の持つ公的な側面に対応する正確な住民登録などの一般的利益が強調され、国家に広範な評価の余地が認められる結果となった。

(3) 14条の付随的性格と自律的地位

14条は条約および議定書のその他の実体的規定を補完する規定である。それらの規定によって保護される権利および自由の享受との関連でのみ効力を持つので、独立した存在ではない。これらの規定違反を前提として14条が適用されるわけではないという意味では自律的であるが、問題とされている事実がこれらの規定のいずれかの範囲内に入らなければ、14条を適用する余地はない[4]。この点において、社会権に関する差別までその射程に入りうる自由権規約26条とは対照的である。

人権裁判所は、実体的規定の違反がまず認定されればその実体的規定と結びついた14条の判断には立ち入らない場合が多い[5]。反対に実体的規定の違反を認定してから、その事態規定と結びついた14条の判断に移る場合もある[6]。本判決では、申立人は8条単独と8条と結びついた14条の違反の両方を主張したが、「申立の性質上」すなわち性別に基づく取扱いの違いが明白であったので、まず後者の検討を行って違反を認定し、8条単独の検討に戻る必要はないと判断された。

(4) 正当化事由としての家族の一体性と伝統

締約国は、姓の選択における配偶者間の取扱いの違いを家族の一体性と伝統で正当化しようと試みたが、「両性の平等の進展がヨーロッパ評議会加盟国の主たる目標である今日」、性別のみに基づく取扱いの違いには重大な理由が必要である[7]ことが繰り返し要求されてきた。本判決当時はヨーロッパ評議会の加盟国間の慣行の不一致を理由として国家の評価の余地を主張する反対意見も見られたが、最近では加盟国間には「配偶者が家族の名姓を平等に選択することに関するコンセンサスが形成され、法的に夫の姓を家族の姓として押し付けるのはトルコだけとなった」[8]と言われている。

なお、自由権規約委員会も、婚姻によって妻は夫の姓に自動的に変更しうるのに比べて、夫が妻の姓に変更するために行わなければならない煩雑な手続きと自由権規約26条の整合性が検討された事例において、法的安定性と古くからの伝統を強調した国家の主張を退けて26条違反を認める見解を採択している[9]。

(5) その後のスイスの対応

この判決を受けて、スイス政府は1994年7月に民法の改正を行い、夫の姓を家族の姓として選択した場合、妻はその姓の前に生まれてから使ってきた姓を付けることができ、また妻の姓を家族の姓として選択した場合でも夫に同等の可能性が認められることになった。さらに移行措置として、1994年7月1日以前に妻の姓を家族の姓として使用することが認められていた場合には、夫は1995年6月末までに妻の姓の前に婚姻前の自らの姓を付すことを宣言できるとしたので、申立人(夫)は、正式にSBと名乗ることが可能になった[10]。

(1) 自由権規約の24条2項、子どもの権利条約の7条と8条、米州人権条約の18条。

(2) Burghartz v. Switzerland, Report of the Commission, 21 October 1992, §47.

(3) Stjerna v. Finland, 25 November 1994, Series A no. 299-B.

(4) Abdulaziz, Cabales and Balkandali v. U.K. 28 May 1985, Series A no. 94, §71.

(5) たとえば、Dudgen v. U.K, 22 October 1981, Series A no. 45.（本書 *48*）

(6) たとえば、Marckx v. Belgium, 13 June 1979, Series A no. 31.（本書 *58*）

(7) Schuler-Zgraggen v. Switzerland, 24 June 1993, Series A no. 262, §67.

(8) Ünal Tekeli v. Turkey, 16 November 2004, Reports 2004-X.

(9) Müller and Engelhard v. Namibia, 26 March 2002, CCPR/C/74/D/912/2000.

(10) Burghartz v. Switzerland, Resolution DH(94)61, 21 September 1994.

[参考文献]

[1] Aeyal M. Gross, Rights and Normalization : A Critical Study of European Convention on Human Rights Case Law on the Choice and Change of Names, *Harvard Human Rights Journal,* vol. 9, 1996.

47 性転換
性転換後の戸籍の性別記載変更と婚姻
——クリスティーヌ・グッドウィン判決——

建石真公子

Christine Goodwin v. the United Kingdom
11 July 2002, Reports 2002-Ⅵ（大法廷）

【事　実】

イギリス国籍の申立人クリスティーヌ・グッドウィン（Christine Goodwin）——1937年生まれ——は、出生時に男性として出生登録されたが、幼少期より女性の服装を好み20代後半に性同一性障害と診断を受けた。その間、申立人は女性と結婚し4人の子供をもうけたが、「意識の性」が身体に適応していないという認識を抱いていた。1984年まで申立人は、職場では男性の、私生活では女性の服装を身につけていた。1985年から性アイデンティティに関する専門病院で治療を始め、カウンセリング、ホルモン治療、さらに新しい性別による社会的適応テスト、声帯手術を行い、最終的に1990年に男性から女性への性別再指定手術を行い、現在女性として生活している。

この間、申立人は離婚したが、子供との良好な関係は保っている。1990年～1992年に職場でセクシュアル・ハラスメントの被害者となり裁判所に提訴したが、法律上は男性であることを理由として却下された。1996年から、新しい勤務先で働き始めたが、性転換が開示されることを防ぐために新しい社会保険番号の交付を社会保障省に要請したが却下されたため、従来の番号を勤務先に通知した。その結果、申立人が性転換を行なったことが勤務先に明らかになり、同僚からハラスメントを受けるなど、職場環境が悪化した。

さらに、社会保障省は、年金料の徴収年限について、申立人を、女性（60歳）ではなく、男性（65歳）の基準で徴収する旨通知した。このため、年金徴収方法は、控除ではなく窓口支払いになるなど、事務手続きが煩雑になった。

これらについて、申立人は、政府が、外科的な手術を経て性別を変更した性同一性障害者の法的処遇、特に、雇用、社会保障、年金について対策を講じていないことは、ヨーロッパ人権条約8条の積極的義務違反であると主張。さらに、婚姻の要件に生物学的な性別の基準のみを用いることは条約12条の保護する婚姻の権利侵害にあたるとして、条約8，12，13，14条に違反するという理由で、1995年6月5日、ヨーロッパ人権委員会（以下、人権委員会）に旧条約25条に基づいて申し立てた。

人権委員会は、1997年12月1日、受理可能と決定し、1999年11月1日、第11議定書5条3項に基づいて、本件をヨーロッパ人権裁判所に付託した。

【判　旨】

(1) 8条違反の認定について

この事件は、被告国が、性別再指定手術を受けた性同一性障害者に対して、手術によって変更した性別を法的に認めなかったことが、私生活を尊重される権利を保障するための積極的義務に違反したか否かが争点となったものである。8条にいう「尊重」は抽象的な概念であることから、積極的義務の内容は国家の状況によって多様である。またこの権利に関しては国には広い評価の余地が認められ、積極的義務の有無を決定するためには、一般的利益と個人の利益との間の衡平性を判断する必要がある（Cossey v. the United Kingdom）（§§71-72）。

当裁判所は、イギリスについてのこれまでの性同

一性障害者に関する判決[(1)]において、イギリス政府が出生証明書の訂正を拒否することは8条違反に当たらないこと、性同一性障害者のための新しい戸籍制度を創設することは積極的義務には該当しないこと、性別再指定手術を受けた性同一性障害者の蒙る不便は国の評価の余地を越えるものではないことと判示してきた。法的安全性や予見可能性、法の下の平等の観点から、この判例を理由なしに変更することはできない。しかし、条約が人権保障を目的としていること、当裁判所は被告国や締約国の状況の進展に対応する必要があることを考慮し、さらに、当裁判所が、1986年の判決以来、性同一性障害者の直面している問題の重要性やそれに対する法的対応の必要性について繰り返し述べてきたところから、「今日の状況に照らして」(§75) 問題を検討することを提案する。

　　(a) 性同一性障害者である申立人の状況

　申立人は、出生時は男性と記載されたが、性別再指定手術を受けた後は社会的にも女性として暮らしている。しかし法制度上は男性のままである。そのため、外見によって定められる事項と法的に定められる事項との間に乖離が生じている。例えば、年金の支払い期間については男性基準で65歳まで支払い義務があるが、女性として雇用されているため退職年齢は60歳である (§76)。

　また、「法制度が個人のアイデンティティの本質的な要素と不適合であることは、私生活に対する重要な侵害となりうる」ことを認めなければならない (Dudgeon v. the United Kingdom〔本書 *48* 参照〕) (§77)。

　本件では、申立人は、医療保険により性別再指定手術がカバーされている。性同一性障害者に対して、性別再指定手術によって本人の意識上の性別に身体を一致させることが治療と認められているのであれば、その結果を法的に承認することを拒否するのは不合理である (§78)。

　　(b) 医学的・科学的状況

　現在も性同一性障害の原因を結論づける発見はなされていない。しかし、当裁判所は、性同一性障害の医学的な症状が「性アイデンティティの障害」によって置き換えられ、当事者を救済するための治療を正当化しうる (DMS-IV——米国の精神疾患の診断・統計マニュアル第4版——) と国際的に認められた事実をより重要だと判断する (§81)。治療によって染色体まで変更することはできないが、不規則な染色体を示すインターセックス等については術後の性別を法的に承認していることから、当裁判所は、「医学的、科学的知識は、性同一性障害者の法的承認に関する決定的な根拠を提供するものとは説得されなかった」(§§82-83)。

　　(c) ヨーロッパおよび国際的な観点からの認識の共同体の有無

　ヨーロッパ地域や国際的な共通認識については、既に Sheffield and Horshman 事件 (1998年) の時代に、性転換の法的承認に関してはヨーロッパ評議会加盟国の間にコンセンサスが形成されつつあった。当裁判所は、Rees 判決 (1986年) の時点では締約国の間に認識の共同体が形成されていないと判断したが、「法的・現実的な問題の解決方法に関してヨーロッパにコンセンサスが存在しないことよりも、国際的に、性同一性障害者の社会的受容のみならず性別再指定手術後の新しい性別を法的に承認する傾向があるという明白で否定しがたい状況が存在すること」をより重視する (§§84-85)。

　　(d) イギリスの出生登録制度

　イギリスでの戸籍制度変更の影響という面では、出生登録実務において嫡出推定や養子縁組では出生後の地位変更を反映させる手続きがとられており、出生の歴史的事実を記録するという出生登録の旧来の趣旨に固執する必要性に乏しく、今日では、出生時の性別記載訂正を拒否する必要性が失われている (§88)。

　　(e) 衡平性審査

　以上のような、一般的利益と個人の利益についての衡平性を検討すると、申立人は、B対フランス判決のBのような重篤な侵害を蒙っているわけではないが、「人の尊厳と自由の尊重は、条約のまさに根

本理念」であり、特に8条に関しては、「人格的自律 (personal autonomy) の概念は8条の根底にある重要な原則を反映したものとして、個人の私的領域は保護される。そしてそこに、各人が人としてのアイデンティティの詳細について決定する権利が含まれる」(Pretty v. the United Kingdom〔本書28〕, Mikulić v. Croatia) ことを考慮すると、「21世紀には、性同一性障害者が、ほかの人と同様、人格を発展させる権利 (right of personal develpement) や身体と精神の完全性の権利 (right of physical and moral integrity) を十分に行使する権利は、もはや論争のある問題としてはみなされなくなる」だろう。つまり、「どちらの性別にも真に属していないので両方の世界に生きているという、手術後の性同一性障害者の不満足な状態は、もはや継続させてはいけないのである」(§90)。

1986年のRees判決以降、イギリスを被告とする性同一性障害者の申立の事件に関して、当裁判所は常に、科学と社会の進歩を考慮し、適切な法的措置の必要性を検討することの重要性を指摘してきたが、近年のShefield事件でもイギリスがなんらの措置もとっていないことを確認した。性同一性障害者が「個人の多大な犠牲によって得られた性アイデンティティに基づいて尊厳と価値を持った生活を送れるようにするための一定の不便は、社会が享受するよう期待されている」と当裁判所は考える (§§91-92)。

以上のことを考慮し、「被告国は、この問題に関して、この条約の保護する他の権利の承認を確保する手段として以外には、国家の評価の余地を主張することはもはやできない。公の利益のいかなる重要な要素も、性別変更の法的承認を得るための申立人の利益と競合しない。裁判所は、条約に固有の公正な均衡の観念は、今後は、申立人の側にバランスが傾く」と結論する。したがって、申立人の私生活の尊重に対する侵害が存在し、8条違反を認める (§93)。

(2) 12条違反の認定について

裁判所は、これまでの判決 (Rees, Cossey, Shefield) で、性別再指定手術後の性同一性障害者に対して新しい性別で婚姻する権利を認めないことは、条約12条の婚姻の権利に違反しないと判断してきた。これは、婚姻の権利が生物学的な意味での両性による伝統的な婚姻を対象としているという理由による。また、当裁判所は、婚姻は家族の基礎として保護されるという解釈に基づいてきた (§97)。

しかし、2002年の状況において改めて検討すると、家族形成は婚姻の要件ではなく、子供を持たない異性カップルも婚姻の権利を奪われるわけではない (§98)。また婚姻に関する法制度は「国内法による」と規定しているが、その範囲は権利の本質を損なわない手段と程度に限定されなければならない (§99)。

本条約の採択以来、婚姻制度は、社会や進歩によって根底から変わり、医学・科学の進歩は性同一性障害の領域についても革命的な変化をもたらした。性アイデンティティの障害という医学的症状についての医学界の承認及び当事者に外科的なものを含む治療を提供することは、当事者が、属していると認識する性別にできるだけ近づき、新しい性別での社会的役割が認められるためであるとみなしうる。当裁判所は、同様に、ヨーロッパ連合の基本権憲章9条が男性と女性という用語を使用していないことも指摘しておく (§100)。

本件の問題は、被告国が婚姻を出生時の性別を基準としていることが、婚姻の権利の本質を損なうか否かであり、この点について、手術を受けた性同一性障害者は手術前の異性と婚姻できるという解釈は形式的に過ぎる。申立人は、女性として暮らしており、男性としか婚姻を望んでいない。したがって、裁判所は、申立人は婚姻する権利の本質の侵害であると主張しうると考える (§101)。

各締約国の裁量は、婚姻の要件や過去の婚姻の自動解消という条件を含むが、当裁判所は、どのような状況においても性同一性障害者が婚姻する権利を

奪われることを正当化するいかなる理由も見出せない（§103）。したがって、当裁判所は、12条違反を認める。

(3) 41条について

裁判所は、今日では、性同一性障害者に対する法的対応の問題が被告国の評価の余地には属さないと判断する。イギリス政府は、本判決に適合的に、申立人及び性同一性障害者の私生活の尊重の権利および婚姻の権利を確保するという義務に答えるために適切と判断する措置をとることが要請されている（§120）。

(4) 判　決

裁判所は、条約8条違反（全員一致）（§93）、条約12条違反（全員一致）（§104）、条約14条に基づく独立した訴は存在しない（全員一致）（§104）、条約13条違反は認められない（全員一致）（§114）、条約違反の認定は、それ自体として申立人の蒙った心理的損害の賠償に対する公正な満足に該当すること（全員一致）（§120）と判決する。

【解　説】

(1) 判決の意義・特徴

本判決は、イギリスが、性別再指定手術を受けた性同一性障害者に、法的な性別変更を認めず、また変更した性別での婚姻も認めないことは、条約8条「私生活及び家族生活の尊重の権利」および12条「婚姻の権利」に違反すると認めたものである。ヨーロッパ人権裁判所（以下、裁判所）はこれまで同種の事件について、1992年のフランスを被告とするB事件[2]を除いて、すべて条約8条及び12条違反には当たらないと判断してきた。しかし、本判決では、医学の進展やヨーロッパにおけるコンセンサス[3]およびイギリスの戸籍制度について再検討し、ヨーロッパに性転換後の性同一性障害者の性別訂正についてコンセンサスがないとしても（§85）、8条の「私生活」の概念に「人格的自律」、「自己のアイデンティティを決定する権利」、「人格的開花」、「身体と精神の完全性の権利」などの人格権や自己決定権的な権利の解釈を採用し、イギリスの評価の余地を否定した点が注目される。また、12条の婚姻の権利に関しては、生物学的に異性でなければ婚姻は認められないという従来の判例を変更し、性別再指定手術後の性別で異性（染色体の意味では同性）との婚姻を認めた点は画期的である。さらに、国の主権との関係では、41条（公正な満足）に関して、性同一性障害者に対する法的対応の問題が国の評価の余地には属さないと明言したこと、および法制度の整備を要請したことにより、イギリスのみでなく条約締約国46カ国に対して、統一的な法的対応が要請されると考えられる[4]。このことは、性同一性障害者の権利という意味からも、また、判決の履行に関する国の裁量という意味でも、新しい方向性を打ち出したものといえる[5]。

(2) 条約8条「私生活および家族生活の尊重の権利」の「発展的解釈」と「積極的義務」

ヨーロッパ人権条約が「生きた文書」であり、「今日の状況を考慮して」解釈されるという「発展的解釈」と呼ばれるこの条約特有の解釈によって、条約の保護する権利の解釈は拡大してきている。特に8条に関しては「発展的解釈」がもっとも頻繁に表明されてきている。それは、8条が、私生活全般という広範な内容を扱っていることに加え、家族生活及び通信、プライヴァシーという特に現代的な領域を含んでいることからも説明することができる。現在、8条がカバーしている内容は、伝統的な住居の不可侵、通信の秘密、家族の保護のほかに、婚外子の権利、公害、リプロダクティヴ・ライツ、航空機の騒音、性転換者の権利、同性愛者の権利、体罰、公的機関の保有する個人情報へのアクセスの権利、医療記録の開示、移民規制と移民家族の権利等々、広範なものになってきている。

生命や身体や性に関連する領域では、発展的解釈によって「私生活」の概念は、「人の身体的、精神的な完全性」（X and Y v. the Netherlands判決〔本書 *50*〕）、「個人の身体的、社会的アイデンティティ」（Mikulić v. Croatia判決）と広げられ、性アイデンティティ、

名前、性的指向、性生活が、8条の保護する「私生活」に含まれるようになった。さらに、「人格的発展」および「他の人や外界との関係を築き維持する権利」（Burghartz事件〔本書46〕の委員会意見）という自己決定権的権利に関しては、裁判所は、本判決及び同年のPretty判決（本書28）で「人格的自律の概念は、8条の保護する権利解釈の根底に横たわる重要な原則の反映」と述べている。

こうした内容の拡大と共に、裁判所は、8条の実施義務として、締約国は「積極的義務」を負っているという解釈を行ってきている（Markt判決〔本書58〕）。これは、当初は、私生活の尊重は国家が私生活に干渉しないという「消極的義務」を定めると解釈されていたのに対し、条約の保護している権利を実効的に保障するために、締約国が何らかの措置を講じる義務（法制度の整備も含む）をも負っているという解釈である。

(3) クリスティーヌ・グッドウィン判決以前のヨーロッパ人権裁判所における性同一性障害者の権利

ヨーロッパにおいて性同一性障害に関する法律が制定されるのは、1970年代以降のことである[6]。これらの法律は、それまで刑法上禁止されていた外科手術を合法化し、手術後の性別に関する法的承認等について定めている[7]。しかし法整備に対応しない国も多く、1960年代からヨーロッパ人権条約機関に対する条約違反の申立が見られる。

(a) 3条・8条違反に関する初期の申し立て

ヨーロッパ人権条約機関に、性同一性障害者の権利の問題が受理されたのは、1974年のX対旧西ドイツ事件が最初である[8]。この事件で人権委員会は、申立人の名前と性別の変更を認めないことを本条約8条および3条に違反するという申立を受理したが、その後、1978年にドイツ連邦憲法裁判所が、性同一性障害者について出生登録書の性別および名前の訂正を認めるべきであるという判決を出し、1980年、性転換法が制定されたため、この事件については友好的解決がなされた。

(b) 人権委員会報告書：8条「性アイデンティティの権利」及び12条「婚姻の権利」

ファン・オーステルヴィック（Van Oosterwijck）対ベルギー事件[9]では、性別再指定手術を受けた後に身分証の性別変更を求めベルギーの裁判所に提訴したが拒否されたた申立人が、本条約3、8、及び12条違反を主張した。人権委員会報告書[10]では、「申立人の人間性の本質的な要素（身体的な外観の変更による性アイデンティティ、社会的役割）を法的に承認することを拒否」したことを8条の積極的義務違反とした。また、12条に関しても、「出生証明書の記載のみに基づいて婚姻を間接的に拒否すること」は「12条に定める婚姻する権利ならびに家族を形成する権利を剥奪している」と権利侵害を認めた。しかし、裁判所は国内救済原則により不受理とした。

(c) Rees v. the United Kingdom判決[11]における8条および12条解釈のモデル

裁判所が、性同一性障害者の権利に関して8条および12条との関連で実体的な判断を下したのは、1986年のイギリスを被告とするRees判決が最初である。また、このRees判決は、2002年のGoodwin判決までリーディングケースとなってきた[12]。

Rees事件は、出生時女性と登録され、その後性別再判定手術により男性として社会的認知された申立人Reesが、出生登録簿の性別記載変更を拒否されたこと、結果として男性として女性との婚姻を認められないことを理由として、イギリスを被告として申し立てたものである。

裁判所は、まず、性同一性障害者の戸籍の性別訂正を不許可とした政府の決定が条約8条の侵害に当たるかについて、8条が消極的義務と同時に積極的義務を課していることを確認したうえで、締約国の状況が一様でない場合には国に広い評価の余地が認められるとした。積極的義務に関しては、社会全体の利益と個人の利益との公平な均衡が保たれなければならず、性同一性障害は、医学的には外科的治療が各国で容認される傾向にあること、それに対するイギリスの法制度の対応としては出生登録簿の性別

変更が認められないことが問題となるが、この変更を認めた結果、申立人の私生活が保護されるかは確実ではなく、行政上の負担も大きいとして、8条の課す積極的義務は出生登録制度の根本的な改正までをも含むものではないと判示した。12条に関しては、裁判所は、婚姻をする権利は、「生物学的に反対の性別にある人の間の伝統的な婚姻」に適用されるという解釈を示した。また、申立人は法的には女性なので男性との婚姻は障害がないと述べた。

(d) 積極的義務違反を認めた B. v. France 判決

1992年の B. v. France 判決は、出生証明書の訂正拒否について初めて8条の義務違反を認定した判決である。裁判所の8条解釈はそれまでの判決と特に変わらないが、8条違反を認定したのは、フランスの出生証明書のシステムが、個人の身分を法的に保障する一貫したシステムがないイギリスとは違い、出生のときに作成された証明書を一生通じて使用するもので、その意味で個人のこうむる侵害は大きいと判断されたことによる[13]。

(e) 8条「家族生活を尊重される権利」と性同一性障害

1997年の X, Y, Z v. the United Kingdom 事件[14]は、性同一性障害者の権利として、私生活の尊重ではなく、「家族生活の尊重の権利」を争った事件である。X は FtM の性同一性障害者（身体的には女性だが、意識は男性）であり、Y（女性のパートナー）が人工授精で出生した Z の父親として法的に承認されることが拒否された点を8条違反として、イギリスを被告として申し立てたものである。裁判所は、X、Y、Z の関係が家族生活に当たることを認めたが、法的な親子と認めることが「子どもの最善の利益」の観点から重要であるかが不明確なこと、X は父親として出生登録簿に記載されないとしても、その他の行政的な書類上は父親として不利益がないことなどをあげ、X、Y、Z の家族関係を法的に保障することは8条の積極的義務には含まれないと判断した[15]。

(4) 本判決における性同一性障害者の権利「人格的自律」と「自己決定権」

(a) 「人格的自律」と「自己のアイデンティティを決定する権利」

以上のような判例の状況に対し、本判決は、Rees 判決を再検討し、医学的・科学的観点の進歩として医学界が外科的なものも含む性同一性障害の治療を承認していることをあげるが、同時に、医学のみが性同一障害者の法的承認に対する決定的な論拠を示すものではないとも述べる。また、ヨーロッパ共通のコンセンサスよりも、国際的な動向を重視しつつ、個人の選択の権利、すなわち性アイデンティティ (gender identity) を決定する権利という側面から捉えなおそうとする。結果として、「私生活の尊重」の権利概念の根底にある原則の反映として「人格的自律」を位置づけ、そのなかに、「人としてのアイデンティティの詳細を決定する権利」を含める。本判決の数カ月の前の Pretty 判決（本書 28）において、「自己決定権が認められていないとしても、人格的自律の概念は、8条の根底に横たわる原則の反映」と述べ、「身体に関する選択の権利という意味での人格的自律の原則」と解釈している。

こうした自己決定権的な解釈は、本判決以降の Van Kück v. Germany 事件[16]で、より明確に、性別訂正に関する国内裁判は「申立人が自らを女性として定義する自由に抵触している。それは、自己決定の最も基本的な本質の一部である。公平な裁判手続きに関する事実概要は……申立人の私生活を尊重される権利の基本的な側面、すなわち性アイデンティティや、人格の発展に影響を与えている (§75)」。問題となるのは、「性別訂正の資格要件だけでなく、私生活を尊重される権利の一側面としての性的自己決定権 (sexual self-determination) を尊重される権利に対して裁判所の決定が与えた影響である」(§78) と述べられている。

(b) 人格的発展の権利 (right of personnel developpement)

このような自己決定権とは別の意味で、判決は、

性同一性障害者の「人格的発展の権利」と「身体的・精神的な完全性の権利」にも言及する。人格的発展の権利は、まずアイデンティティの権利として氏名権 (Burghartz, 22, fev., 1994 [本書 46]) が認められ、本判決以降には出自を知る権利 (Odièvre v. France, 13 fev., 2003) として、「人としての本人のアイデンティティの詳細を決定する権利」は 8 条の保障する「人格的開花 personal epanouissement」の権利に含まれると定義されている。本判決では「人としてのアイデンティティの詳細を決定する権利」は「人格的自律」概念のなかに含まれていたが、「人格的開花」と「人格的自律」の関係はいまだ明確ではない。しかし、8 条の「私生活」概念が、国家からの介入を排除する「自己決定権」という側面と、その「自己」の内実である「アイデンティティ」との両面において解釈を拡大しつつあり、「人格的自律」はその両面をカバーする概念として援用されているといえる。

(5) 本判決における性同一性障害者と 12 条「婚姻の権利」

本条約 12 条は、男と女は「婚姻をし……家族を形成する権利」を有すると定めているが、本判決は、従来の「生物学的に男と女の間に認められる伝統的な婚姻」概念を否定するために、まず婚姻の権利と家族形成の権利とを切り離し、婚姻から生殖の問題を消滅させる。次に、「男と女」という言葉について、人々が、今日でも、「性別が生物学的に定義されなければならないというのは説得力がない」(§100) とし、EU 基本権憲章の婚姻の権利には配偶者の性別に関する規定がないこと[17]に言及する。ここにおいては、性別が、生物学という基準ではなく、個人の選択した性アイデンティティに基づくことを認めたものであり、また、婚姻が両性の間に認められる権利であるという伝統的な婚姻間に対しても再検討を促す余地を設けた。結果として、出生時の性別で婚姻可能という従来の解釈については、申し立て人は女性として生きており、男性との結婚のみ望んでいるため、婚姻の権利自体が侵害されているとして、性別再指定手術後の性別での婚姻の権利を認めた[18]。

(6) 判決の国内法への影響

本判決後、イギリスでは 2004 年 7 月 1 日に Gender Recognition Act が制定され[19]、2005 年 4 月 4 日から施行されている。この法律は、戸籍の性別変更の要件として性別再指定手術を必要としない点が特筆される。変更申請者は、18 歳以上で、性同一性障害であるという専門家 (医師あるいは認定心理士) の証明書を 2 通提出すること、変更を希望する性別で 2 年間生活をしていること、死ぬときまでその性別で過ごすことを望むこと、という要件が満たされる場合に、性別承認委員会による「性別承認証明書」が発行される。申請時に婚姻している場合には、その婚姻が法的に解消された場合に、正式な「性別承認証明書」が発行される。また、2005 年から Civil Partnership Act が施行され、同性のパートナーが異性間の婚姻と同等の法的地位を得ることになった。

(7) 日本法への示唆

日本では、2004 年から「性同一性障害者の性別の取り扱いの特例に関する法律」(以下、「特例法」という) が施行されている。しかし特例法は、性別取り扱いの変更請求の審判の要件として、①20 歳以上であること、②現に婚姻していないこと、③現に子がいないこと、④生殖腺がないこと又は生殖腺の機能を永久に欠く状態にあること、⑤その身体について他の性別に係る身体の性器に係る部分に近似する外観を備えていること。の 5 つをあげている。また、請求には「性同一性障害者」と認められるに必要な 2 人以上の医師の診断結果並びに治療の経過及び結果その他の厚生労働省令で定める事項が記載された医師の診断書の提出が義務付けられている。

この特例法には、「子のいないこと」という要件の差別性や、「現に婚姻していないこと」という要件が当事者 (家族) の私的な関係を強制的に分離させるものという現実的な問題が指摘されている[20]。さらに、性別に関する権利という観点では、「生殖腺の有無」、「性器の外観」という「生物学的・身体的」要因によって性別を決定しているが、性同一性障害

者の提示する性別変更の問題を単に「生物学的・身体的」な問題に帰している点が、上述のイギリスのGender Recognition Actとの相違である。日本精神神経学会の「性同一性障害に関する診療と治療のガイドライン」によれば、「身体的性別」と「ジェンダー・アイデンティティ」の不一致が、性同一性障害の診断の根拠とされており、本人のジェンダー・アイデンティティが重要な要因となっている。他方、クリスティーヌ・グットウィン判決が示すような、「自己のアイデンティティに係る詳細を決定する権利」という自己決定権をも性別変更の要因のひとつとみなす理解は、性別の決定を、診断のみならず個人の「私生活」(原則的には国の制約の及ばない領域)として位置づけていると考えられる。イギリスのGender recognition Actが、性別再指定手術、すなわち生殖腺の有無、身体的外観を性別変更の要件としていないことによって、性同一性障害者の権利を、「生物学的・身体的」観点以外からも考察する可能性が示されたといえよう。

(1) Rees, 17 October 1986, Cossey, 27 September 1990, X, Y and Z, 22 April 1997, Sheffield and Horsman, 30 July 1998.
(2) B. v. France, 25 March 1992, Series A no. 93.
(3) ヨーロッパ評議会の戸籍に関する国際委員会 (CIEC, Commission Internationale de l'Etat civil) による報告書 «Le transsexualisme en Europe» (2002年) によると、性転換者の法的承認に関する法制度をを有しているのはスェーデン (1972年)、ドイツ (1980年)、イタリア (1982年)、オランダ (1985年)、トルコ (1988年) で、行政規則で定める国はオーストリア、スロヴァキア、裁判所の判例上認める国は、ベルギー、ブルガリア、スペイン、フランス、ギリシャ、ルクセンブルグ、ポーランド、ポルトガル、ルーマニア、スイス、個々の行政的な判断で対応する国がデンマーク、フィンランド、ノルウェー、スロヴェニアである。性転換後の性別による婚姻については、法制度及び判例上性別の変更を認める国は結果として婚姻を認めることになる。イギリスは、出生届けの性別変更が認められていなかった。
(4) Patric Wachsmann et Alama Marienburg-Wachsmann, La folie dans la loi — Considerations critiques sur la nouvelle jurisprudence de la Cour européenne des droits de l'homme en matiére transsexualisme, RTDH (2003), p. 1164-65.
(5) この方向性は、さらに続く判決 Van Kück v. Germany において継承されている。
(6) 前掲注(3)参照。
(7) Michael R. will, les condition juridiques d'une intervention médicale pour changer de sex : la situation en droit comparé, Conseil d'europe: Transsexualisme, médicine et droit, 1995.
(8) X v. Federal Republic of Germany, Decision of 15 December 1977, Report of 11 October 1979.
(9) Van Oosterwijck v. Belgium, 6 November 1980.
(10) Van Oosterwijck Case, report of 1 March 1979.
(11) Rees v. the United Kingdom, 17 October 1986, Series A no. 106.
(12) Cossey v. United Kingdom, 27 September 1990., Sheffield and Horsham v. the United Kingdom, 30 July 1998.
(13) 条約違反判決のフランス国内法への影響として、破毀院は判例変更し、性別再指定手術後の性同一性障害者に対して、「私生活の尊重の権利は、戸籍がその外観の性別であることを要請し、戸籍上の身分の不可処分性原則は、この修正の障害にはならないことを要請する」として、戸籍の性別変更を認めた (Ass. pl., 11 Decembre 1992, Bull. A. P., no. 13.)。
(14) X, Y and Z v. the United Kingdom, 22 April 1997.
(15) しかし、これに対しては、6 裁判官からの反対意見が付されている。一般的に第3者の精子提供による人工授精において、法的な夫が父親がみなされるのに比較して、性同一性障害者に対する差別があり、8条と14条に違反するというものである。
(16) Van Kück v. Germany, 12 June 2003, Report 2003-VII.
(17) ヨーロッパ基本権憲章9条は「婚姻をする権利及び家族を形成する権利は、これらの権利の行使について定める国内法に従って保障される」と定めている。
(18) 本判決時には、ヨーロッパにおいてはオランダが同姓婚を認めており、同性間のパートナー法を定めている国も多数あり、現実に、婚姻が、生物学的な「異性」に限定されなくなっていた。
(19) Gender Recognition Act は、http://www.opsi.gov.uk/acts/acts2004/20040007.htm において参照可。この法律が制定されたことにより、ヨーロッパで性別再指定手術の結果を法的に承認しない国は、アンドラ、アルバニア、アイルランドの3カ国だけになった。
(20) 特例法の問題点については、國分典子「性同一性障害と憲法」愛知県立大学文学部論集〔日本文化学科編——6号〕52号 (2003年) 1頁以下参照。

48 同性愛
同性愛行為に刑罰を科する国内法と私生活の保護
—— ダジョン判決 ——

髙井　裕之

Dudgeon v. the United Kingdom
22 October 1981, Series A no. 45（全員法廷）

【事　実】

(1) 1976年1月21日、警察が薬物濫用の嫌疑で申立人 (applicant)（35歳の北アイルランド住民）の住居を捜索した際、カナビス（薬物）とともに同性愛行為を描写した信書や日記を発見し押収した。申立人も警察署に同行を求められ、4時間半にわたってその性生活について尋問を受けた。その後、1977年2月に不起訴の決定を告知され、その書類は返却された。

1976年5月22日、申立人は条約25条(旧)により連合王国 (the United Kingdom. 以下、イギリス) を相手取りヨーロッパ人権委員会（以下、人権委員会）に申し立てを行い、1980年7月18日、人権委員会はヨーロッパ人権裁判所に、被申立国が条約8条それ自体に、または条約14条との結びつきにおいて違反していることを本件事実が示しているかどうかの判断を求めて申立 (request) を行なった。

(2) 同性愛に関するイギリス、特に北アイルランドの法律の規定は次のとおりである。

1861年人身犯罪法 (offences against the Person Act) 61条および62条によれば、buggery（男性と男性または女性との肛門による性交、および男性または女性と動物との肛門または膣による性交をいう）は最高で終身の拘禁刑、その未遂は最高で10年の拘禁刑で処罰された。また、1885年改正刑法11条によれば、男性が他の男性と「著しく下品な (gross indecency) 行為」（法律上定義はないが、男性間の性的な下品な行為を指すとされる）を行うと最高2年の拘禁刑を科される。同意は抗弁にならない。女性間の同性愛は処罰されてこなかった。他方、北アイルランドでは、異性関係については、男性が17歳未満の少女と性交することは犯罪である。

(3) イギリス国内でも、イングランドとウェールズでは「ウォルフェンデン報告 (Wolfenden Report)」の勧告に従った1967年法が、精神病患者や軍人・商船乗員に関する場合を除き、21歳以上の男性間の同性愛行為を犯罪とすべきでないとした。なお、1976年当時のスコットランド法は、実質的に北アイルランド法と同様であったが、1980年に改正された。

(4) 1921年から1972年まで、北アイルランドの社会的問題については北アイルランド議会が決定していたが、1972年3月以来、ごく短期の例外を除いて、北アイルランドに関する立法はイギリス議会が行うようになった。1977年4月、北アイルランド地域の意見を表明するために設けられた独立委員会である「人権に関する常設諮問委員会 (Standing Advisory Commission on Human Rights)」は同性愛に関する北アイルランド法をイングランドやウェールズに適用される1967年法に一致させるべきであると勧告した。これに沿う法案を政府は1978年7月27日に公表した。しかし、北アイルランド住民の意見は賛否激しく対立し、1979年7月2日、北アイルランド国務長官は法案成立を断念すると述べた。

(5) 北アイルランドにおける当該法の執行状況をみれば、1972年1月から1980年10月までの間に62件の訴追があったが、そのうち大半では未成年者（18歳未満の者）が関わる事案であり、いくつかの事案では18歳から21歳までの者に関わるもので

あった。政府の関知するところでは、この期間において、もしイングランドまたはウェールズにおいて行われたならば明らかに犯罪にならない行為で訴追された者はいない。しかし、訴追しないという明示的な政策があるわけではない。

(6) 申立人は、北アイルランドにおける男性同性愛を処罰する法律、および1976年1月の警察の捜索は条約8条に違反してその私生活に関する権利を侵害し、また、性別 (sex)、セクシュアリティおよび居住地を理由に条約14条の意味で差別されたと主張し、さらに、賠償を求めた。

【判　旨】

(1) 条約8条違反について

(a) 権利への介入があるか。

当該法律によって申立人は恐怖と不安を抱いており、当該法律が申立人の条約8条上の権利に介入していることは明らかである (§41)。

(b) 介入を正当化する根拠があるか。

介入を正当化するために条約8条2項の挙げる要件を見れば、まず、法律に基づいていることは認められる。次に、政府は「道徳の保護」または「他人の権利および自由の保護」が当該法律の目的であると主張する。当裁判所は、当該法律の目的のひとつは、若年者、精神障害のある者または依存する状態 (state of dependence) にある者のような社会の傷つきやすいメンバーの保護であると認める (§47)。

本件の基本的問題は、当該法律がこれらの目的にとって「民主主義社会において必要な」ものであるかどうかである。この領域において、刑法が果たすべき機能は、ウォルフェンデン報告の言葉を借りれば、「公共の秩序と品位を維持し、不快または有害なものから市民を保護すること」であり、その必要性は、たとえ密かに、同意のうえで行われたものであっても「他人、特に、若年、心身の弱さ、経験不足、または身体的な、法律上の (official)、もしくは経済的な依存状態のために、特別に脆弱な人々を搾取と退廃から十分に保護する」必要がある場合にも

及ぶのである。実際、ヨーロッパ評議会 (Council of Europe) 加盟国すべてにこのための法律がある。しかし、北アイルランド法がこれら大部分の国の法律と異なるのは、それが一般的に、状況の如何にかかわりなく男性間の著しく下品な行為 (gross indecency) を禁止していることである (§§48-49)。

これまでの当裁判所の判例によれば、まず、「必要性」は「有用」、「合理的」または「望ましい」という程度のものでは足りず、「強い社会的必要性 (pressing social need)」がなければならない (§51)。次に、「強い社会的必要性」を第一次的に評価するのは各国の当局でありそこに「評価の余地 (a margin of appreciation)」が認められるが、その決定は当裁判所の審査に服する。ハンディサイド判決 (1976、本書 *18*) によれば、道徳の保護が問題になっているときは評価の余地はより広くなる。しかし、問題とされる行動の性質も、評価の余地の範囲に影響する。本件は私生活の最も親密な側面に関わるものであるので当局が介入するためには特に深刻な理由がなければならない (§52)。最後に、ここでいう必要性は「民主主義社会」におけるものであるが、当裁判所の判例によれば、その二つの目印は寛容 (tolerance) と広い心 (broadmindedness) である (§53)。当裁判所は、成人男性間の同性愛関係についての価値判断に関わるものではない (§54)。

政府は、北アイルランド社会とグレートブリテン社会とでは道徳感が大きく異なり、前者はより保守的で宗教的要素により重きを置くというが、当裁判所もこれを認める。同様の法律がイギリスの他の地域やヨーロッパ評議会の他の加盟国で必要がないという事実はそれが北アイルランドで必要でないということを意味しない (§56)。北アイルランド議会が廃止され直接統治となった今、社会問題に関する住民の意見に配慮するイギリス政府の責任は特に重い。しかし、このことは「必要性」の評価にとって決定的ではない (§58)。

この法律が制定された時代に較べて今や同性愛行為に対しての理解は深まり寛容も増大したところで

あり、ヨーロッパ評議会加盟国の大多数で、本件で問題になっているような同性愛行為に刑法を適用する必要があるとは考えられなくなった。また、北アイルランド自体において、当局は近年、非公然になされる21歳以上の同意のある男性間での同性愛行為に法律を適用しておらず、これが北アイルランドの道徳に有害であるとの証拠はなく、また、より厳格な法執行を求める世論の声もない。したがって、「強い社会的必要性」と認めることはできない。比例性に関していえば、この法律をそのまま残しておく理由よりも、申立人のような同性愛指向をもつ者の生き方に対する悪影響が上回る。同性愛を不道徳と考える者は、他者の密かになされる同性愛行為によってショックを受け不快感を感じるかもしれないが、このことは、同意した成人のみが関わる場合に刑罰を適用することを正当化するものではない（§60）。「非犯罪化」は承認を意味するものではなく、一部の者が誤った結論を引き出すかもしれないということは当該法律を維持すべき理由にはならない。要するに、当該法律は、罰則の重さを別にしても、目的との関係で比例性を欠いている。

申立人は、男性同性愛の同意可能年齢を、異性愛関係や女性同性愛関係と同じく17歳にまで引き下げるべきだと主張するが、若年者の保護のための年齢設定は第一次的には各国機関に委ねられる（§62）。

(c) 結論

申立人は、その私生活を尊重される権利に不当に介入され続けており、条約8条違反がある(15対4)。

(2) 条約8条と結びついての14条違反について

申立人は、男性同性愛行為に関してイギリスの他の地域の住民との比較で、また、北アイルランド自体において異性愛者や女性同性愛者との比較で、差別されていると主張する。特に、同意年齢をすべての形態の性行為について同一にすべきであると主張する。しかし、北アイルランドの法律がこの点について沈黙している以上、上述のように、まずは各国機関がその年齢を定めるべきであり、そうしてはじめて条約14条の問題が生起するのである。この問題を審理する必要はない（§§65-70）（14対5）。

(3) 条約50条の適用について

この点は保留する（全員一致）。

【解説】

(1) 本判決の意義[1]

本判決は、私生活の尊重を求める条約8条に、同性愛行為を処罰する国内法が反することを示したものである。後述のように同性愛をめぐってはさまざまな人権条約上の論点が提起されているが、ダジョン判決はこれら一連の判決のリーディングケースである。なお、本判決を受けて当該北アイルランド法の刑罰規定は廃止された（1982年12月9日発効）。

(2) 私生活の尊重

条約8条は次のように規定している。

1．すべての者は、その私的および家族の生活、その住居、ならびにその信書について尊重される権利を有する。

2．法律に従い、かつ、国家安全保障、公共の安全、または国の経済的福利の利益のために民主主義社会において必要である場合を除き、この権利の行使に対して公的機関は介入してはならない。

本判決の焦点は、男性間同性愛行為を処罰することがこの規定に反するかどうかである。

(3) 同性愛行為の処罰

判決文中にも言及されているように、この問題はイングランド・ウェールズに適用される限りでは立法的に解決されており、その契機になったのがウォルフェンデン報告である。そして、これをめぐってたたかわされた有名な法哲学上の論争が、Walsh裁判官の意見（§8）が言及するように、ハート・デヴリン論争である。本判決のなかでもこの点をめぐって多数意見と少数意見との対立がある。

Zekia裁判官の反対意見は、キリスト教もイスラム教もこぞって同性愛を非難していることや、すべての文明国が近年に至るまでソドミーなどを処罰していたことを挙げ、民主主義社会とは多数者の支配であり、多数者の抱く道徳観念を過小評価してはな

らないとして、本件の北アイルランド法が他者の道徳や権利を保護するために不必要であるとは認められないと結論する。Walsh 裁判官の一部反対意見は、法は道徳原理に基づくものであり、安楽死、嘱託殺人、自殺契約、決闘、堕胎、兄弟姉妹間の近親相姦などは公共への危険がなくとも処罰の対象とされてきたものであるとのデヴリン卿の主張を引用し、イギリスでも動物虐待や賭博の処罰などは道徳原理に基づく立法であるという。

もっとも、この問題には、社会の道徳や風紀の維持といった面のほかに、未成熟さや経済的劣位など「弱さ」をもった人を保護するという面も関係しており、このことは法廷意見も否定していない。ただ、法廷意見がこの面を別問題として割り切るのに対して、Walsh 反対意見は、この面を考慮に入れることが広範な立法裁量ないし評価の余地に委ねられており、したがって条約違反と断じえないとする点で対立している。

ちなみに、ヨーロッパ人権条約当事国外の話であるが、アメリカ合衆国では、本判決の5年後、連邦最高裁が同様の同性愛行為を処罰する法律を合憲とした（Bowers v. Hardwick, 478 U. S. 186 (1986)）が、最近の Lawrence v. Texas, 539 U.S. 558 (2003) 判決は、本件 Dudgeon 判決にも言及しながら Bowers 判決を覆し、かかる法律は合衆国憲法の適正手続 (due process) 条項に違反すると判断した。

(4) 審査の方法

本判決では、問題の法律規定について、目的審査と手段審査という、わが国を含む各国の違憲審査でおなじみの手法がとられている。これに対して、Matscher 裁判官の反対意見は、条約8条2項が「必要」といっていることから、裁判所は目的にとっての手段の比例性の審査のみが許され目的の正当性の審査は許されないものと解したうえで、法廷意見 (§60) が「強い社会的必要性」という文言を用いていることを捉えて、これが目的審査をしていると批判する。

(5) 救 済

なお、裁判所は1年あまりのちに、条約50条による「公正な満足 (just satisfaction)」を求める申立人の申立について、これが裁判所の裁量で与えられることを確認したうえで、法律の存在自体が申立人に与えた精神的苦痛については北アイルランドが判決後法律を改正したことにより精神的平穏が保障されたこと、警察の捜索による損害についてはこれが当時、国内法に反するものではなかったことを理由に、いずれも損害賠償を認めなかった（Dudgeon v. United Kingdom (Article 50), 24 February 1983, 5 EHRR 573）。

(6) 権利侵害の有無

論理的には先に検討すべきものを後に持ってきてしまったが、そもそも本件の事実関係において申立人に権利侵害があったかどうかという争点がある。法廷意見はこれを認めるが、反対意見がある。Matscher 裁判官は、当該法律規定が10年間にわたって執行されておらず同性愛の合法化を求める運動が公然と行われていることからして、本件法律規定が申立人に恐怖と不安を与えていることを疑問視する。これは結局、検討の対象を法律の文面とするか社会の実情とするかの問題である。Pinheiro Farinha 裁判官も、本件における警察の捜索の理由がもともとは薬物取り締まりであることなどからみて申立人は被害者ではないとする。さらに、Walsh 裁判官は、捜索後に申立人が警察署に同行し供述をしたのはすべて任意であり、その後の刑事訴追もなされていないことを根拠に、申立人は条約25条に言う被害者 (victim) ではないとし、このような場合に裁判所には宣言的判決をする管轄権がないという。

法廷意見が申立人の権利侵害を認め当該法律規定の条約適合性審査に踏み込んだことは（Marckx, 13 June 1979, Series A no. 31〔本書 58〕§27参照）、諸国の憲法裁判において法律の刑罰規定の合憲性を、当該法律に基づく実際の刑事訴追がなされる前に裁判所で争うことが広く見られることと軌を一にするものであり、むしろ、わが国の司法制度において刑罰

規定の合憲性（または条約適合性）を刑事裁判以外の訴訟形態で事前に争うことが実務上行われていないのみならず、付随的違憲審査制を前提としつつその可能性を追求する学説すらほとんど存在しないことと、きわめて対照的である。

(7) ダジョン判決後の諸判決

本判決をリーディングケースとして、次のような同性愛に関する諸判決がある。

まず、本判決と同様に同性愛行為の処罰の条約適合性に関しては、Norris v. Ireland , 26 October 1988 (Series A, no. 142)でアイルランド法の規定が条約8条に適合しないとされた。また、Modinos v. Cyprus, 22 April 1993 は、男性間の性行為を処罰するキプロス刑法につき、ダジョン判決を受けて司法長官がその執行を停止していたが、将来司法長官が執行を再開しない保証はなく、また警察による申立人の私生活への捜索や私人による訴追がされるおそれもあるとして、当該規定の条約8条違反を認めた。

他方、軍隊における同性愛に関して Smith and Grady v. The United Kingdom, 27 September 1999, Lustig-Prean and Beckett v. the United Kingdom, 27 September 1999 があるほか、離婚後の子どもの親権の付与に際して同性愛であることを理由に不利に扱うことは条約14条と関連づけて捉えられる条約8条に違反するとする Salgueiro da Silva Mouta v. Portugal, 21 December 1999 が注目される。そのほか、刑法上の性行為の同意可能年齢が異性愛の場合は16歳で同性愛の場合は18歳と規定されているのは、条約8条と結びついた条約14条（平等）違反と判断した B.B. v. the United Kingdom, 10 February 2004 もある。

(8) 日本法への示唆

ヨーロッパでは、歴史的に同性愛に対する反発が法制度として存在してきた反面、現在では同性結婚ないし同性パートナー制度の法的承認が現実化しており、宗教的・文化的背景を異にすることもあって、わが国が短期的・直接的にこれらの動向から何を学ぶことができるかは難しい問題である[2]。むしろ、やや一般化して、文化的・宗教的価値観の異なる人々とどのように共存するかという面で参考にすることができるのではないか。

　(1)　本判決の翻訳として、初川満訳著『ヨーロッパ人権裁判所の判例』（信山社、2002年）233頁以下参照。
　(2)　なお、谷口洋幸「国際人権法における異性愛の規範化――ヨーロッパ人権条約の性的マイノリティ事例を手がかりに」ジェンダーと法1号（2004年）141頁参照。

大聖堂と郵便局
（ストラスブール）

49 自己情報
私生活の尊重と自己情報開示請求権
―― ガスキン判決 ――

榊原　秀訓

Gaskin v. the United Kingdom
7 July 1989, Series A no. 160（全員法廷）

【事　実】

　申立人 Gaskin（ガスキン）氏は、1959年12月2日に生まれ、母の死後、リバプール市カウンシルによって保護を受けた。父親の保護を受けたときを除いて、1974年6月18日まで無償の保護を受けた。同日申立人は、リバプール少年裁判所に出頭し、いくつかの犯罪について有罪と認めた。裁判所は、彼に保護命令を発した。申立人は、1977年12月2日に成人に達し、リバプール市カウンシルの保護を終えた。彼が保護を受けた期間の大部分の間、申立人は、様々な里親に預けられた。自治体は、申立人と彼の保護に関する特定の秘密の記録を保管する義務の下にあった。

　申立人は、保護されているときに虐待され、成人以来、彼の問題を克服し、過去について学ぶ助けになるように、どこで、誰によっていかなる条件下に保護されたのかに関する詳細を得ることを望んだ。

　1979年、申立人は、高等法院に、保護期間に作成された自治体の保護記録の開示の申立をしたが、1980年2月22日に審理され、裁判官は、児童保護サービスの適切な運営のために、関連文書の秘密性が維持されるべきことに疑いはないとした。控訴院は、1980年6月27日に全員一致で控訴を棄却し、貴族院への上告は拒否された (Gaskin v. Liverpool City Council [1980] 1 WLR 1549)。

　1980年10月21日にリバプール市カウンシルは、児童保護記録小委員会を設置し、委員会は1982年6月17日に勧告を行い、1982年6月30日に社会サービス委員会は、医療専門家や警察サービスのメンバーが提供した情報の開示が求められるには、そのメンバーの同意を要求するという修正の上、議決した。1983年1月26日に、リバプール市カウンシルは、1983年3月1日以前に得られて編纂された情報に関して、提供者の同意によってのみ開示されるべきと議決した。6月29日に自治体は、1月26日の議決は1983年9月1日から実施されるという議決を承認した。

　1983年8月24日に、保健社会保障省は、個人的社会サービスを受ける者は、一定の例外があるが、社会サービス記録において自らについて述べられたものへのアクセスを認められるべきであるという通達 LAC(83)14 を自治体と保健機関に発した。情報を非開示にする理由は、秘密裡に情報を提供する第三者の保護を含んだ。1983年11月9日に、リバプール市カウンシルは、申立人のファイルにおける情報は、もしファイルへの情報提供者が同意したならば、申立人に利用でき、ファイルに含まれる情報の様々な情報提供者は、情報開示の前に許可を求めて接触されるべきとする、1983年10月18日の社会サービス委員会の議決を承認した。申立人の事件記録は、46名によって提供された352文書からなり、1986年5月23日に19名によって提供された65文書のコピーが Gaskin 氏のソリシタ（弁護士）に提供された。1989年4月1日に1987年個人ファイルへのアクセス法（Access to Personal Files Act）の下で個人ファイル（社会サービス）規則が制定されたが、規則が施行された1989年4月1日以降に記録された情報にのみ適用される。

　申立人は、1983年2月17日にヨーロッパ人権委

員会(以下、人権委員会という)に申立をした。Gaskin氏は、リバプール市カウンシルによって保有される彼のすべてのケース記録へのアクセスの拒否がヨーロッパ人権条約（以下、条約という）8条の下の彼の私生活および家族生活の尊重に対する権利、同条約10条の下の情報を得る権利違反であると主張した。彼は、また、同条約3条、13条、議定書2条を主張した。

人権委員会は、1986年1月23日に、彼のケース記録へのアクセスを認めることの拒否に関する申立を受理するが、申立の残りは不受理とすることを宣言した。人権委員会は、1987年11月13日の報告書において、申立人にファイルへのアクセスを認めない手続と決定によって、条約8条違反があり、条約10条違反はないと結論づけた。1988年3月8日にイギリス政府によってヨーロッパ人権裁判所（以下、人権裁判所という）に付託され、1988年3月14日に人権委員会によって付託された。

【判　旨】

(1) 条約8条違反について

(a) 適　用

「ファイルに含まれる記録は、疑いもなく、彼のアクセスの問題が条約8条の範囲内にある方法で、Gaskin氏の『私生活および家族生活』にかかわっている」（§37）。

(b) 本件における8条に対するアプローチ

本件の状況は、被告国が条約8条上の権利に介入したLeander v. Sweden（26 March 1987〔以下、Leander事件という〕）とは異なっている。「それにもかかわらず、Leander事件と同様に、Gaskin氏が、その完全性を吟味する機会をもたない個人史の詳細にかかわるファイルが存在する」（§41）。

しかし、「Gaskin氏は、情報が彼について作成され保管されている事実を争うのではなく、彼の不利になるように使用されたと申し立てているのでもない。事実、Gaskin氏について作成された情報は、Leander事件において重要であったものとは完全に異なる目的に仕えた。彼はむしろ、その情報への妨げられないアクセスを与えないことを争っている。実際、彼のケース記録への完全なアクセスを拒否することによってイギリスは、Gaskin氏の私生活または家族生活に『介入した』と述べられ得ない。拒否に関して、『申立人の不服の実質は、国家が行為したことではなく、行為しなかったことである』」（§41）。

(c) 条約8条の遵守

「申立人の状況にある人は、自らの児童期と初期の発達を知り、理解するために必要な情報を受けることにおいて、人権条約によって保護された重大な利益を有している。他方、公的記録の秘密性は、客観的で信頼できる情報を得るために重要であり、そのような秘密性はまた第三者の保護のために必要であり得ることに留意しなければならない。後者に関して、記録へのアクセスを提供者の同意にかからしめているイギリスのようなシステムは、国家の評価の余地を考慮して、原則として、条約8条の下の義務と両立することができると考えられ得る」（§49）。しかし、「そのようなシステムにおいて、記録への提供者が見つからず、または不適切に同意を拒否するとき、自らの私生活および家族生活に関する記録へのアクセスを求める個人の利益が保障されなければならない。そのようなシステムは、提供者が答えないまたは同意を与えない場合に、アクセスが与えられなければならないか否かを独立の機関が最終的に決定すると規定するときにのみ、比例原則に合致する。いかなるそのような手続も本件における申立人には利用できなかった」（§49）。手続は、「条約8条によって要求されるようなGaskin氏の私生活および家族生活の尊重を保障しておらず」（§49）、その規定の違反があった（§49）。(11対6)

(2) 条約10条違反について

条約10条によって保護されたような情報を得るGaskin氏の権利への介入はなかった（§§52-53）。（全員一致）

(3) 公正な満足（50条、現41条）

仮に Gaskin 氏の事件において、「§49 に示された手続が存在したとしても、開示されなかった文書が開示され、これが彼の将来の収入に有利な効果を有するであろうことを示す証拠は存在せず」（§56）、損害賠償請求は認められない（§56）。Gaskin 氏は、「§49 で述べたような独立の手続の欠如のために、ある感情的な苦痛や不安に苦しんだかもしれず」（§58）、衡平法上の基礎に基づき、この規定の下で、Gaskin 氏に 5000 ポンドを与える（§58）。（9 対 8）

判決には、条約 8 条の違反はないという 5 名の共同反対意見、条約 8 条が適用されないという 1 名の反対意見が付されている。

【解説】

(1) 当該判例の意義・特徴

条約 8 条は、広範囲の緩やかに繋がった個人的権利を保護しており、国家には消極的義務が課せられるのみならず、条約 8 条の権利の享受を現実的で実質的にする方策を採用する積極的義務を課している[1]。本件において言及されている Leander 事件においては、個人に関する情報を収集し、公衆にはアクセスできない登録において保持する権限や、国家安全保障のために重要なポストにおける雇用の候補者の適切性を審査する際に、この情報を用いる権限が問題とされたが、本件では、こういった文脈での情報に関する消極的義務ではなく、情報の開示という情報に関する積極的義務が認められたわけである。

もっとも、本件で求められている公的情報へのアクセスとしては、条約 8 条以外にも条約 10 条の活用が考えられ、本件においても 10 条違反が主張された。政府における公開は民主的権利として見られるが、また、情報の自由は一般的な表現の自由の権利の一部として見られ得るからである。しかし、本件を含め、人権裁判所は、一貫して、条約 10 条に基づいて公的情報にアクセスすることを否定している[2]。Leander 事件においては、情報を受ける自由に対する権利は、基本的に、他の者が提供することを望み、または提供しようとする情報を人が受けることを政府が制限することを禁止するが、その事件のような状況において、人事上の地位に関する情報を含む登録にアクセスする権利を個人に与えず、それは、個人のそのような情報を提供する政府の義務を具体化しないとする。本件でも、Leander 事件に言及がなされ、情報提供の義務が否定される。また、後で触れる Guerra v Italy（19 February 1998〔以下、Guerra 事件という〕）においては、人権委員会が、公衆への情報の提供が、今日、環境に対する危険がある状況において、地域の居住者の公的福利や健康を保護するための本質的道具の一つであるとしたものの、人権裁判所は、条約 10 条の情報を受ける自由の趣旨として、やはり Leander 事件をあげ、条約 10 条が適用されるものとはしなかった。

このような状況で、条約 8 条は、公的情報への一般的なアクセスの権利を規定していないものの、一定の状況で、国家当局に個人やグループに特定の重要性をもつ情報を提供する積極的義務を課している。本件では、自らの児童期と初期の発達を知り、理解するために必要な情報を受けることにおいて、人権条約によって保護された重大な利益を有しているとされるが、国家は、個人がオリジンやアイデンティティの絵像を完成させることを援助する特別な立場にいることから、条約 8 条が、適切な状況において、国家が人の真実のアイデンティティの積極的な認識を提供することまたは情報を提供することを要求するとされる[3]。

他方で、条約 8 条 2 項によって、このような開示請求権は、他の利益との公正なバランスが求められ、各国によってとられたバランスが、各国に認められる評価の余地内にあるか否かが問題となる。本件では、第三者の利益保護とのバランスが必要となるが、最終的に、独立の決定機関という手続的保護の不存在を重視して、違法という判断がされていることが注目される。

(2) 条約 8 条と情報へのアクセス

本件以降の条約 8 条に基づく開示請求判例は、ま

ず、人の起源もしくは遺伝子上、社会上のオリジン
を理解し、または、保護された期間を知るために、
個人のアイデンティティの理由から要求される場合、
国家から情報を得る権利を示唆している[4]。具体的
には、Mikulić v Croatia（7 February 2002〔以下、
Mikulić事件という〕）において、すべての者が個々の
人間としてのそのアイデンティティの詳細を確立す
ることができるべきことが要求され、そのような情
報への個人の資格は人格の基礎的意味を有するため
に重要であるとされ、実父確定検査を通して、遺伝
子上のアイデンティティを確認する非嫡出子の権利
が認められた。また、M.G. v UK（24 September
2002〔以下、MG事件という〕）において、人権裁判
所は、保護を受けた者が、彼が父親によって虐待さ
れたと信じ、これが事実かどうかを調べるために5
つの相対的に短い期間との関係で彼のファイルを得
ることを求めて、拒否された場合、条約8条違反だ
とした。

さらに、人権裁判所は、条約8条のより広い解釈
を採用し、権利を個人の私生活または住居に影響を
与える環境情報を含むように、アクセスの権利を拡
大した[5]。Guerra事件において、人権裁判所は、
申立人が化学工場から約一キロに住み、重大な環境
汚染が個人の福利に影響を与え、私生活および家族
生活に悪影響を与える方法で居住を楽しむことを妨
げるかもしれないことから、工場で事故が発生した
ときに彼らやその家族がさらされる危険を査定する
ことができる本質的な情報を持つイタリア政府が、
リスクや大事故の場合にどのように対処するのかに
ついての情報を提供する手段をとらず、条約8条違
反とする。また、McGinley and Egan v. UK（9 June
1998）においては、人権裁判所は、クリスマス島に
おける核実験についてその領域にいる個人に情報を
提供する積極的義務に関して、政府が、活動に関与
する者の健康に隠れた悪影響をもつような有害な活
動に携わる場合、その者がすべての関連する適当な
情報を求めることができる効果的でアクセス可能な
手続が要求されるとする。

(3) 公正なバランスと独立の機関

先にみたように、条約8条の権利は、諸利益との
公正なバランスを求められる。例えば、情報の開示
請求とは異なり、消極的義務の文脈であるが、
Stjerna v Finland（25 November 1994）において、
人権裁判所は、個人が氏名を変更したいという純粋
な理由が存在することを認識しつつ、正確な人口登
録を保障するために、または、個人のアイデンティ
ティや、与えられた名前の保有者を家族に対して結
びつける手段を保護するために、法的制約が正当化
され得ることを承認する。

個人のアイデンティティに関する情報開示の文脈
においては、開示請求は、公益だけではなく、しば
しば他の権利と衝突する。例えば、Odièvre v
France（13 February 2003）において、申立人は、
生まれたときに捨てられ、明示的に誕生についての
情報を秘密とすることを求めている実母を探す養子
である。子どもは、条約8条に従って、自らのオリ
ジンを知る権利を有すが、同様に条約8条に従って、
母親も適切な医療条件において出産することによっ
て健康を保護するために匿名である権利を有してい
る。また、第三者である、養親、父親、他の実の家
族の保護の問題と切り離して扱うことはできず、さ
らに、一般的利益も存在する。したがって、人権裁
判所は、相争う利益の間でフランスによってとられ
たバランスが国家の評価の余地内にあるとする。

この文脈のみに限定されるわけではないが、諸利
益が対立している場合、そのバランスをとることは
困難であり、人権裁判所は、手続的保護に焦点を当
てる傾向にあるとされる[6]。本件と同様に、以下の
事件では、独立の機関の不存在を理由に、条約8条
違反が認められている。まず、Mikulić事件において、
申立人は人格的アイデンティティの重要な側面につ
いての事実を発見するために必要な情報を受ける点
において重大な利益を有す一方で、第三者がDNA
検査を含むなんらかの種類の医療上のテストを受け
るよう強制されることを排除するかもしれないが、
実父がDNA検査によって確定され得ないとき、実

父確定を求める個人の利益は保障されなければならず、第三者に対する強制的な手続方策の欠如は、独立の機関が実父確定請求を迅速に決定することができる代替的手段を提供する場合にのみ、比例原則に合致するとする。

次に、1998年前後の情報の開示が問題となったMG事件であるが、この事件をみる前に、ガスキン判決に対するイギリス政府の対応を確認しておきたい。イギリス政府は、ガスキン判決に応え、条約8条の下で個人情報を開示する国家の積極的義務を果たすことを意図して、自らの個人データへのアクセスを提供し、一定の記録の非開示に対する独立の機関への不服申立の権利を規定する1998年データ保護法（Data Protection Act）を制定した[7]。MG事件において、申立人は、1998年法の施行日である2000年3月1日からは、第三者に対する秘密性を理由とする記録の非開示に対して独立の機関への不服申立てが可能であった。しかし、1995年4月から2000年3月1日の間は、ガスキン判決と同様に、アクセスの拒否に対していかなる独立の機関への不服申立てもできなかったことから、社会サービス記録への申立人のアクセスに関して条約8条違反が認められた。

(1) T. de la Mare and B. Kennedy, Article 8 : Right to respect for private and family life, home and correspondence, in : Lord Lester and D. Pannick, *Human Rights Law and Practice 2nd ed.* (Butterworths, 2004), p. 275 ; D. Feldman, *Civil Liberties and Human Rights in Englamd and Wales 2nd ed.* (Oxford, 2002), p. 54.

(2) S. Palmer, "Freedom of Information : The New Proporsals" in : J. Beatson and Y. Cripps (eds.), *Freedom of Expression and Freedom of Information* (Oxford University Press, 2000), p. 256.

(3) De la Mare and Kennedy, *op. cit*., p. 276.

(4) *Ibid.*

(5) P. Coppel, *Information Rights* (Sweet and Maxwell, 2004), p. 33.

(6) De la Mare and Kennedy, *op. cit*., p. 310.

(7) 1998年法へのガスキン判決の影響に関して、Coppel, *op. cit*., p. 33 ; I. Lloyd, *A Guide to the Data Protection Act 1998* (Butterworths, 1998), p. 9 ; H. Rowe, *Tolley's Data Protection Act 1998 : A Practical Guide* (Tolley, 2002), p. 82 ; R. Jay and A. Hamilton, *Data Protection Law and Practice* (Sweet and Maxwell, 1999), pp. 582-583.

［参考文献］

［1］ 佐藤潤一「自己情報開示請求権についての一考察」大阪産業大学論集人文科学編118号（2006年）

［2］ Lord Lester and D. Pannick, *Human Rights Law and Practice 2nd ed.* (Butterworths, 2004)

［3］ P. Coppel, *Information Rights* (Sweet and Maxwell, 2004)

ストラスブール市旧市街

50 性暴力からの保護
未成年の精神障害者に加えられる性的不法行為に際しての刑法上の保護請求
—— XおよびY対オランダ判決 ——

棟居　快行

X and Y v. the Netherlands
26 March 1985, Series A no. 91

【事　実】

(1) 事件のあらましとオランダ刑法におけるわいせつ行為処罰規定

Yは1961年12月13日生まれの精神障害を持つ女性であるが、民間施設に入居していたところ、16歳の誕生日を迎えたばかりの1977年12月14日夜、施設オーナーの息子Bの部屋に連れて行かれ、強姦された。この事件により、Yはトラウマを受け、精神障害が悪化した。同年12月16日、Yの父Xは、娘に代わり警察に告訴した。翌1978年5月29日、検察官はBに対し2年間同種の事件を起こさないことを条件として起訴猶予処分を行った。同年9月27日になってXにその旨の連絡があった。これに対してXがアルンハイム控訴裁判所に対して抗告し、刑事手続の開始を請求した。控訴裁判所は、1979年7月12日になって申立を退けた。理由は以下の通りであった。まず、オランダ刑法242条の強姦罪の規定については、強姦であることの証明が可能であるか疑わしい。また、「贈り物ないし約束により、あるいは事実上の状況から生じた優越的地位の濫用により、あるいは誘惑により、故意に品行方正な未成年者をわいせつ行為をし、あるいはわいせつ行為をされるのを我慢するようにし向けた者は、4年以下の禁固刑に処す」とする刑法248条は、本件では成立可能かもしれないが、同条の場合には、被害者自身による告訴が必要であり、父親による告訴は認められていない。

オランダ刑法で他にわいせつ行為に関連した処罰規定は、以下のとおりである。246条は強制わいせつの規定であるが、身体的暴力を要件とする。244条は12歳以下の少女との、また245条は12歳から16歳までの少女との淫行行為を禁止し、247条は16歳以下の男女とのわいせつ行為を禁止し、さらに243条ならびに247条は、心神喪失、抗拒不能の女性に対する淫行、準強制わいせつを罪とし、249条は未成年者に対する従属的な地位を利用したわいせつ行為を、239条は公共の場で、あるいは第三者の意に反してその面前で行うわいせつ行為を禁じている。これら243、244、246、247、249条は245条を除き、いずれも非親告罪である。これに対して、上記の248条は親告罪である。ところで刑法64条1項によれば、法定代理人は本人が16歳未満であるか後見人である場合にのみ本人に代わって告訴することができる。このうち後見制度は、21歳以上の成人に対してのみ当てはまる。本件では事件当時、被害者Yは16歳になった直後であったので、248条で父親Xが代わりに親告することは出来ないのである。なお、本件訴訟の時点で、オランダ政府は、精神障害者に対する性的接近を罪に問える刑法改正を検討中であったと政府側は主張した。

(2) ヨーロッパ人権委員会

XとYは、1980年1月10日にヨーロッパ人権委員会（以下、委員会）に申立てた。本件への適用を主張した規定は、ヨーロッパ人権条約（以下、人権条約）3条（拷問の禁止）、8条（私生活及び家族生活の尊重についての権利）、13条（実効的救済についての権利）、14条（差別の禁止）であった。委員会は1981年12月17日、本件申立を適法とし、1983年7月5日の報告書において全員一致で8条違反を認め、

また3条違反については認められないと15対1で決定した。また他の条文違反の主張については、家族生活の保護を定める8条など、上記の諸条文に違反するところはないとした。委員会により、ヨーロッパ人権裁判所(以下、裁判所)に付託がなされた。

【判　旨】

一　Yの人格に対し、人権条約第8条に違反する侵害がなされたと認められる。

二　以下の訴えについての判断は不要である。(a)他の訴え　(b)父Xの訴え

三　被告国は、条約第50条(現41条)に従い、3,000オランダギルダーを支払わねばならない。

(1)　少女Yの人格において8条に反する侵害が認められるとの主張について

委員会決定は申立人の以下(§22)の主張を支持し、8条違反を認めた(§21)。8条1項は、「すべての者は、その私的および家族生活、住居ならびに通信の尊重を受ける権利を有する」と規定する。当委員会への申立てにかかる事実関係は、まさに「私生活」である。「私生活」とは、個人の性的生活を含み、個人の人格が、身体的ならびに精神的に傷つけられないでいることが含まれる(§22)。

当裁判所は、以下のように判示する。

「8条の目的は、原則として、公権力による恣意的な侵害から個人を守ることにあるとはいえ、しかしながら、同条の適用範囲は、国家に対し、自らがそのような侵害をすることがないように要請することに限定されない」。8条の内容としては、侵害をしないという不作為義務に加えて、私人間での侵害を阻止するという積極的義務もある。この積極的義務づけは、私生活自体の配慮のため、私人間の関係の領域において相互に保護するための措置を含む(§23)。

(a)　刑法上の規定の必要性

申立人は、Yのような若い少女に対しては、かような事件に対して必要な保護のレベルは、刑罰規定を通じてのみ達成されうる、と主張した。これに対

し、オランダ政府は、条約上、必要な措置をとることは締約国に委ねられており、私法による保護でもかまわないと反論した。欧州人権裁判所は次のように述べた。この点では委員会と一致するのだが、8条を私人間の領域においても確保するための手段の選択は、各締約国の裁量に帰する。「私生活の尊重」を確かなものとするための方法にはいくつもあり、国家の義務の態様は問題となっている私生活のそれぞれの局面に依存する。「刑罰規定による保護は、必ずしも唯一の可能性ではない。」(§24)

また、オランダ政府は、刑罰法規による保護という手段を用いる場合には、次のような問題が発生すると主張した。すなわち、私生活の尊重のために過剰な干渉を国家が行うとすれば、それは受け入れがたい事態をもたらし、まさに個人の「私生活の尊重」が損なわれてしまう。さらに政府は、次のように述べた。すなわち、オランダ民法典の下でも、Yの名において、Bに対し物質的精神的な損害の賠償を求める訴えや、事件再発を防止するための国に対する裁判所命令の申立てや、児童施設の管理者に対する同様の訴えなどを提起することは可能である。

これに申立人は、やはり民法に基づく訴えでは不十分だと反論した。なぜなら、刑事事件と異なり、民事事件ではオランダ民法典1401条により、違法性・有責性・損害の発生・因果関係というすべての面において申立人側に立証責任が課されてしまう。また手続きに時間がかかり、被害者が訴訟で主体的な役割を果たさなければならないため、心情的な性質の問題にとらわれることとなってしまう(§25)。

委員会は、申立人の主張を概ね採用した。民事判決による命令は限られた一部の人的範囲に対してしか適用されないのに対して、保護の必要は何人との関係においても必要であるというのがその理由である。また、民法典では刑法典に見られるような威嚇効果もない、とも述べた(§26)。

当裁判所は次のように述べる。「Yが蒙ったような被害に対しては、民事法による保護では不十分である。本件では私生活の基本的価値と本質的側面が

問題となっている。この種の問題では、実効性ある威嚇が不可欠であり、それは刑罰法規によってのみ実現可能である」。実際上も、この問題領域にあっては、刑罰による規律がなされるのが通常である。オランダにおいても、刑事法による保護のシステムが構築されてきたところである。唯一の欠缺が、Yのような精神障害者との関係で存在しているのである。「このような場合に、このシステムは、オランダの立法機関が明らかに予見しなかったところの手続き的な障害を露顕させてしまうのである」（§27）。

(b) オランダ刑法の8条適合性

政府はさらに、立法の欠缺と見られたのは、この事案のなせる特殊事情のゆえであり、一般的に立法者の怠慢をそこに見いだすことは出来ないと反論した。すなわち、刑法典は、とりあえずは精神障害者に対して性的な誘いをすることを処罰の対象とはしていない。しかしながら、同239条2項は、「他の人物がその意に反してその場に居合わせた場合」にわいせつ行為を行うことは、公衆の面前でわいせつ行為を行うのと同様に、可罰的な行為であるとしているが、オランダ最高裁は、この規定にいう「他の人物」には淫行の対象とされた当の本人も含むと解釈してきたところである。よって、精神障害者がその処女性を損なわされた場合には、被害者の告訴を必要とすることなく起訴することは可能である、と（§28）。

本件では248条と239条2項が問題となり、248条については、法定代理人はY本人の名において告訴をなすことができないという問題が指摘されているが、オランダ国内の控訴裁判所は、法の不備を被告人Bの不利益になるような拡大解釈によって埋め合わせるべきではない。当裁判所は、管轄の国内裁判所の代わりに、国内法の解釈を行うことをその任務とするものではない。また、239条2項であるが、この規定はそもそも公然わいせつ行為を処罰するものであって、強制わいせつ行為を処罰するものでなく、明らかに本件では使えない（§29）。

以上から、刑法248条も239条も、ともにYを事実上有効に保護するものではなかった。本件の事件の性質に鑑みて、Yの人権条約8条の権利が損なわれたという結論が得られる（§30）。

(2) 8条違反と結びついた14条違反の主張について

この点については当裁判所は次の理由から否定的に解する。14条が保障する差別禁止（平等原則）は、それ自身が独立した訴えの基礎をなすものではない。それぞれの人権が、それ自体として侵害されるか、または個別の条文違反と14条違反とが合わさって侵害されるかのいずれかである。本件を14条違反の観点から捉える必要はない（§§31-32）。

(3) 3条違反の主張について

拷問禁止を定める3条につき、何人も、「拷問または非人道的なもしくは品位を傷つける取り扱いもしくは罰則を受けない」が本件に当てはまるとの申立人の主張につき、当裁判所としては、すでに8条違反を見いだしている以上、さらに審理を行う必要はない（§§33-34）。

(4) Y自身に対する13条侵害

申立人は次のように主張した。オランダでは、Yの訴えに対し、13条が保障する実効的な訴えの方法が与えられていない（§35）。

これに対する当裁判所の判断は、すでに8条の関係で、Yにとり相応な訴えの可能性が与えられていないことを審理ずみである（§36）。

(5) 50条（現41条）の適用について

「公正な満足」をうたう人権条約50条(当時)は、以下のように定めていた。「締約国の国内裁判所の判決ないし国の機関の措置の全部ないし一部が条約から生ずる義務に反することを裁判所が宣言する場合、そして締約国の国内法が不十分な現状回復しか認めていない場合、裁判所は、必要な場合公正な満足を被害者に与えなければならない」。Yの弁護人は、事件発生から7年経過後もなお精神的損害に苦しんでいると主張した（§38）。

これに対して政府は、事件はBによって引き起こされたものであり、条約違反のオランダ国の不作為

によるものではないと反論した (§40)。

　当裁判所は、前例がないケースとしつつ、50条が要請するように裁判所が正当な基礎に基づいて損害を算定するならば、Yには公正な満足がなされるべきであり、当裁判所はその額を3,000オランダギルダー（最終交換比率で換算すると約1,360ユーロ）と確定する。

【解　説】

(1)　事案の特徴

　本事件の申立人である精神障害のある女性は、少女時代に施設関係者により暴力的にではないが、しかし自分の自由意思によってでもなく性的関係を強要されたため、本人と父親がオランダ国内で加害者を刑事告訴した。ところが、性犯罪についてのさまざまの規定を有するオランダ刑法典のなかで、どの条文の要件もうまく満たさず加害者が罪に問われなかったことから、人権条約第8条の「私生活の尊重」がオランダ法の不備によって侵害されているとして、親子で本件申立てを行った。もちろんオランダ法においても、刑事責任追及とは別に民事訴訟を加害者に対して提起することは可能で勝算もあるのであるが、立証責任や精神的トラウマが裁判で悪化するであろうことから、より実効的な「私生活の尊重」の手法として刑事罰が定められているべきであり、実際にも数多くの性犯罪処罰規定をオランダ刑法典が有しながら、本件申立人のような精神障害者について加害者の刑事責任を問う規定が欠落していることは、オランダ政府も認識している立法の不備（法の欠缺）であった。

　すなわち本件は、締約国の積極的な立法行為によって市民が条約上の権利を侵害されたという典型事例ではない。本件の特殊性は、第三者私人による人権侵害がまずあり、ところがそれを処罰対象とすることで申立人の「私生活」を守るべき国内刑罰法規が立法の不備で不存在であることが後に判明したので、それならば締約国の当該立法不作為が自分の「私生活の尊重」を定めた条約8条違反であるなどとして、ヨーロッパ人権裁判所に持ち込まれた事案だという点にある。

(2)　判決の特性

　こうした事例を条約が包摂するかは、被害の原因行為が一市民の純然たる私的行為であることから当然には肯定されえない。ところがこの点につき本件判決は、8条の「私生活」の保障が、個人の性生活を含むところの人格が身体的ならびに精神的に侵されないという安全性の保障を含むと解するとともに、この安全性に対する「国家の保護義務」を措定し、私人間紛争への適切な介入権限の行使を見誤った締約国の立法等の不作為を侵害行為と捉えることで、条約の土俵に乗せようとしたものと考えられる（判決理由Ⅰ. 22. 23参照）。

　その際に、判決の背中を押したのが、「救済の実効性」という観念であった。これはもとより本件判決当時の50条（今日の41条）に規定されているところでもあるが、8条などの個別の人権規定を当然に実効性を内包したものと解したうえで、国内法の民事不法行為訴訟では足りないとする。その上で、国内法の刑罰法規による実効的介入が（親告要件などにより精神障害者などに門戸を閉ざすことなく）保障されるべきこと、そうした法整備が未完成である場合には、直接の加害者は別にいるにもかかわらず、国が矢面に立って条約違反を指弾されること、さらには精神的損害の補償責任まで負わされることが、本判決によって明らかとなった。

(3)　本判決の射程

　このように、本判決は、①刑罰法規などの国による後見的手法によって人権条約上の人権価値を国内で実現すべきこと、②立法の不作為という国の不作為は、当該侵害を行った原因者が一般市民のなかに存在していても、それでも国民に対して人権侵害的な意味を持たされること、③人権裁判所が精神的損害につき損害額を確定してみせたこと、など実に興味深い。判例としての射程をはかるうえでの問題は、本件の申立人が精神障害者であったという事情がどこまで深く判旨に影響を与えたか、という点にある。

すなわち、上記の①の刑罰という強権的な手法による国の後見的介入を当然視するかのような部分は、健常な判断能力を有する一般人との関係でも、やはりそのようにいいうるのか。それとも、本件申立人などのような自己決定能力を欠く弱者だからこそ、①を認めやすかったのか。「実効性」ゆえに刑罰が必要だといったニュアンスの判旨からは、精神障害者のケースに限定せず、広く条約の国内的実施は本人のイニシアティブにかかる民事法によらず、刑事法によって担保せよ、といっているようにもとれる。あるいは、未成年者が準強姦のような態様で性的自由を奪われた、という、「未成年者の性」の問題であることを重視して①が導かれるのか。さらには、刑罰の体系が概ね性犯罪を網羅していたのに、本件のようなケースだけ法の不備があったという場合であったから、締約国の第一次的判断権を損なうことなく、刑罰法規による救済システムの完成を要請することができたのか。いくつもの例外的な事情が重なり、条約の効力が強めに打ち出された例であったようにも思われる。

なお、本判決に先立ち、1985年2月27日公布（1985年4月1日施行）のオランダ刑法改正法により、同65条が改正された。それによれば、被害者が精神障害者であり、その障害の程度が、被害の告訴の申立てをすることが本人の利益にかなうかを判断することが出来ないほどに及んでいる場合には、法定代理人による告訴が認められることとされた。この改正により、本件で問題とされたオランダ法の不備は解消されたものと閣僚委員会のResolutionでは扱われている。

(4) 日本法への示唆

国際人権規約の場合、「実効性」の要請の強度の点でおよそヨーロッパ人権条約と比較すべくもないが、それでも本件はわが国への国際人権条約のスムーズな導入にも役立とう。すなわち、国内法の体系が一定の手法を志向しており、しかし一定の不備があり、その結果、立法不作為のスキをついて第三者私人による加害行為が生じたという場合に、わが国の立法者の立法裁量の幅はすでに作り上げられた実定制度の体系のなかではさほど大きくはないのだから、国内裁判所によって一定の作為義務を認定し、不作為による国賠責任を問うなどが可能となりうるということである。想起されるのはもちろん小樽温泉事件であり、あそこでは温泉とならんで被告とされた小樽市の一義的な介入義務が人種差別撤廃条約などから読み取られうるか、が争われ、札幌高裁（平成16年9月16日判例集未登載）での敗訴判決が最高裁（平成17年4月7日判例集未登載）でも維持されたところである。同事件でも、被害者側は日本社会での人種的マイノリティの(元)外国人という方々であり、国の後見介入として市の温泉業者に対する指導や命令が条約の国内実施としてなされてしかるべきであったともいいうる。実効的な介入の手法にさほど幅があったとも思われない。このように考えると、外国人の入浴差別や入居差別の事案などに際して、条約そのものの意味が全く異なるとはいえ、本件判決は一定の参考となろう。

[参考文献]

[1] 江島晶子「国際人権条約の実効性を確保する国内法上の手段」『現代国際社会と人権の諸相 宮崎繁樹先生古稀記念』（成文堂、1996年）

[2] 小畑郁「ヨーロッパ人権条約における国家の義務の性質変化――『積極的義務』をめぐる人権裁判所判決を中心に (1)（2・完）」法学論叢119巻2号（1986年）、121巻3号（1987年）

[3] 中井伊都子「私人による人権侵害への国家の義務の拡大 (1)・(2完)――ヨーロッパ人権条約の解釈をめぐって」法学論叢139巻3号（1996年）、141巻2号（1997年）

[4] 棟居快行「第三者効力論の新展開」芹田ほか編『講座国際人権法1 国際人権法と憲法』（信山社、2006年）

51 有名人のプライバシー
有名人のプライバシーと写真報道の自由
―― モナコ王女事件判決 ――

鈴木　秀美

Von Hannover v. Germany
24 June 2004, Reports 2004-VI

【事　実】

　モナコ公国の王女 Caroline（申立人）は、1990年代、自宅外における私生活の様子をいわゆるパパラッチによって撮影され、雑誌に掲載された写真の将来の公表差止めを求めて大衆紙を提訴した。問題とされたのは、①93年にブルダ社の『ブンテ』と『フライツァイト・レヴュー』が公表した写真、②97年2月から4月に『ブンテ』が公表した写真、③同年にハインリッヒ・バウアー社の『ノイエ・ポスト』が公表した写真である。①には、当時、申立人が交際していた俳優と夕暮れのなかレストランの庭で食事をしている様子、息子や娘と過ごしている様子、申立人が乗馬や買物をしている様子等が撮影されていた。②はスキー場、競馬場、パリの自宅前等で、③はプライベートビーチで、いずれも申立人と当時交際中だった Von Hannover の様子が撮影されていた（両者は99年に結婚）。

　94年2月、ハンブルグ地裁は、写真①のドイツ国内での公表について、申立人は、「造形美術および写真による著作物の著作権に関する法律」（Kunsturhebergesetz、以下では KUG と略記）の意味における「現代史の絶対的人物」(absolute Personen der Zeitgeschichte、本判決英文では、figure of contemporary society par excellence) として、その公表を甘受しなければならないとした。同年12月、ハンブルグ上級地裁は、原判決の判断を支持した。連邦通常裁判所（Bundesgerichtshof 以下、BGH と略記）の95年12月19日の判決は、申立人の請求の一部を認めた。写真①のうち、俳優との食事の様子を撮影した写真については、屋外でも他人の目を気にすることなく過ごせる状態で撮影されたものであり、その状態は私的領域として法的にも保護されるとして差止めが認められた。BGH は、屋外であっても、公衆から隔絶された場所にいる場合、私的領域としての保護が及ぶことをはじめて明らかにした。ただし、その他の写真については、原審の判断が維持された。

　KUG22条によれば、当事者の同意を得なければ、ある人の肖像を流布したり、公表したりすることは許されない。ただし、同法23条は「現代史の領域からの肖像」（1項1号）を例外としている。描写の対象が「現代史の人物」である場合、その描写が「現代史の領域からの肖像」になる。現代史の人物の場合、当事者の正当な利益を侵害しないかぎり同意がなくても肖像の公表は許される。判例・学説ではこれまで、KUG23条の意味における「現代史の人物」は、現代史の絶対的人物と相対的人物に区別されると解されてきた。現代史の絶対的人物とは、政治家、有名な俳優やスポーツ選手など、ある特定の出来事とは無関係に、常に世間の注目を浴びている人物を意味する。これに対し、現代史の相対的人物とは、ある特定の出来事との関係で匿名性を失った人をいう。現代史の絶対的人物の写真は、私生活の一場面でも、それが自宅外で撮影された場合には、原則として本人の同意なくその公表が許される。本件の地裁、上級地裁、BGH の判断はいずれも、基本的には KUG23条についての従来の理解に依拠したものであった。

　申立人は、写真①の多くについて将来の公表差止めが認められなかったことにより、基本法が保障す

る一般的人格権を侵害されたと主張して、連邦憲法裁判所に憲法異議を申し立てた。99年12月15日、同裁判所は、写真①のうち、申立人が息子や娘と過ごしている様子を撮影した写真の差止めを認めなかったその限りにおいて、申立人の一般的人格権が裁判所の判決によって侵害されたと判示した[1]。

申立人は、写真②と③についても提訴したが、民事裁判で敗訴し、憲法異議も2000年4月の2つの決定により斥けられた。そこで、申立人は、同年6月、ドイツの裁判所において自己の私生活を撮影した多数の写真について将来の公表差止めが認められなかったことが、ヨーロッパ人権条約8条「私生活の尊重」に違反するとしてヨーロッパ人権裁判所(以下、人権裁判所と略記)に提訴した。

【判　旨】

ドイツの裁判所は、対立する利益の適切な調整を行わなかったことにより8条を侵害した(全員一致、ただし2つの意見が付された)。

(1)　私生活の保護と表現の自由に関する一般原則

私生活の保護は、表現の自由と調整されなければならない。表現の自由は民主的社会の基礎の一つである。民主的社会において不可欠の役割を果たすプレスは、他者の名声および権利の保護について一定の限界を越えてはならないとしても、すべての公共の関心事について情報と思想を流通させる義務がある(§58)。

表現の自由が写真に妥当するとしても、本件では、他者の名声および権利の保護にとって特別な意味をもつ領域が問題となっている。本件では、「思想」の流通ではなく、ある人の非常に個人的な、または内密的でさえある「情報」を含んでいる写真の公表が問題となっている。大衆紙で公表される写真は、継続的ないやがらせに等しく、本人にとっては、その私生活へのとくに深刻な侵入と感じられる条件の下で撮影されている(§59)。

当裁判所は、私生活の保護と表現の自由の調整が問題となった事件で、「プレスの写真または記事が、公衆の関心事についての議論に貢献することに重点を置いてきた」(§60)。

(2)　当裁判所による一般的原則の適用

ドイツの雑誌に掲載された申立人の写真は、日常生活の純粋に私的な場面を撮影したものである(§61)。申立人は、モナコ公国の一員として、特定の文化的な催しや福祉事業において国家を代表する役割を果たしているが、モナコ公国との関係においてはいかなる役割も果たしていない(§62)。

たとえ論争的に取り扱われていても、それが政治家の、例えば職務の行使に関するもので、民主的社会における議論を惹き起こす事実についての報道と、政治家のような活動をしていない人物の私生活の細部についての報道には基本的な相違がある。プレスが、前者において、民主的社会の番犬として重要な役割を果たし、公衆の関心事である問題についての思想と情報の流通に奉仕するとしても、後者においてそれは妥当しない(§63)。

たとえ、公衆が、民主的社会における基本的権利である知る権利を有しており、それが、特定の状況では、公人、とりわけ政治家のまさに私生活にも及びうるとしても、本件にはあてはまらない。本件の場合、公表された写真は、もっぱら申立人の私生活の細部に関するものであったため、政治的議論や公的議論の外側にあった(§64)。当裁判所は、本件において、申立人の私生活の細部に関する公衆の好奇心を満足させるという目的のみに奉仕する写真と記事の公表を、申立人の知名度の程度にもかかわらず、社会的な公衆の関心事についての議論に貢献するものと認めることはできない(§65)。

さらに、§59で指摘した観点も重要である。多数の公人が日常生活で直面しているいやがらせを無視することはできない。申立人がモンテカルロの「ビーチクラブ」で小枝に躓いて転倒した様子を撮影した写真が、数百メートル離れた地点から隠し撮りされたことは明らかである。なぜなら、カメラマンのこの施設への接近は厳しく規制されていた(§68)。

個人の人格の発展にとって私生活の保護は根本的

に重要であり、この保護は、内密な家族の範囲を越え、社会的な関係性をも含んでいる。誰でも、たとえ広く公衆に知られた人物であっても、私生活の保護と尊重についての「正当な期待」をもつことができなければならない（§69）。個人に関するデータの記録や再生技術の進歩に照らして、私生活の保護について、より高度の注意が要請されている。これは、公的空間における写真の組織的な撮影と、その広範な流通にも妥当する（§70）。

当裁判所にとって、ある人物を現代史の「絶対的」人物と位置づけるKUG23条1項の国内裁判所の解釈に従うことは困難である。私生活と自己の肖像をコントロールする権利の保護を非常に限定するこの解釈は、公的役割を果たす政治家には妥当しうるが、申立人のような、「私的」人物 "private" individual には認められない。申立人は、もっぱらその出自によって、公衆とプレスの関心の対象となっているが、自身は公的役割を果たしていない。このような状況で、「国家が、この条約の下、私生活と自己の肖像の利用をコントロールする権利を保護する積極的義務の履行を保障するためには、この法律は狭く解釈されなければならない」（§72）。

現代史の「絶対的」人物と「相対的」人物の区別は一義的かつ明確でなければならない（§73）。当裁判所は、国内裁判所の依拠した基準が、申立人の私生活の有効な保護を保障するためには不十分であったと考える。その基準によれば、現代史の「絶対的」人物として、申立人は、公衆の注目から隔絶された場所にいて、それを証明できた場合を除いて、私生活の保護を期待することができない（§74）。ところが、空間的に隔絶されているという基準は、たとえそれが理論的には一義的にみえても、実務においては過度に漠然としており、該当する人物にとって事前にそれを判断することは困難である。すなわち、本件で、申立人が現代史の「絶対的」人物として位置づけられたということだけでは、そのような私生活への侵害を正当化するためには十分ではない（§75）。

(3) 41条の適用について

申立人は損害賠償を請求しているが、当裁判所は、41条の適用に関する問題が成熟していないと考えるため判断を留保し、ドイツ政府と申立人の間で合意が成立する可能性に配慮して、今後の手続に委ねる[2005年7月28日、人権裁判所は、ドイツ政府が申立人に精神的損害に対して1万ユーロ、弁護士費用として10万5千ユーロを支払うことで成立した両者の合意を認める判決を下した]。

【解　説】

(1) 判決の意義・特徴

本判決[2]は、プライバシーと表現の自由の調整基準を示した重要判決である。人権裁判所が、連邦憲法裁判所によって合憲とされた国内裁判所の調整基準を、「申立人の私生活の有効な保護を保障するためには十分ではなかった」と判断したことは、ドイツにとって大きな衝撃であった。メディアは大法廷への上訴を強く迫ったが、政府は上訴を見送った[3]。

本判決の申立人は、ヨーロッパ社交界で常に注目を集めてきた有名人である。パパラッチによって撮影され、大衆紙に掲載された申立人の写真の公表差止めに関連して、人権裁判所は、個々の写真について審査するのではなく、ドイツの調整基準を審査して、8条侵害だと結論づけた。その際、人権裁判所は、プレスによる写真や記事の公表が、公衆の関心事についての議論に貢献するか否かを判断の基準とした。そして、公人、とくに政治家の場合には、公衆の知る権利が私生活にまで及びうるのに対し、申立人のように、政治的活動をしていない人物の私生活の細部に関する写真や記事の公表は、社会的な公衆の関心事についての議論に貢献するものではないとした。人権裁判所は、有名人の私生活の平穏が、パパラッチのしつこい取材によって脅かされていることも重視した。ドイツの学説は、人権裁判所の設定した公人の範囲が狭すぎると批判している[4]。

なお、ここでは、単なる私生活ではなく、私生活の「細部」の公表が問題とされていることに注意す

る必要がある。本判決が援用した先例[5]は、新聞による政治家の顔写真の公表について、その報道が「公衆にとっての重大な関心事」であり、写真は本人の「私生活のいかなる細部も明らかにしてはいない」という理由により、表現の自由の優位を認めている。

(2) 国内裁判所の調整基準と評価の余地

本判決は、プライバシーと表現の自由のドイツの調整基準である KUG23 条が、基準として不明確であり、私生活の有効な保護のために不十分だと批判した。ただし、連邦憲法裁判所は、BGH の判決の結論を、子どもが撮影されていない写真については支持したが、それは、対立する基本権について事例に応じた具体的衡量を自ら慎重に行った結果であり、申立人が現代史の絶対的人物であることだけを根拠としていたわけではなかった。

本判決は、締約国に評価の余地を認めながら、連邦憲法裁判所の結論をくつがえしており、より説得力のある理由づけが必要だったのではないかと批判されている[6]。プライバシーと表現の自由の調整基準が締約国間ではなはだしく異なっているにもかかわらず、人権裁判所が、ある特定の調整基準を採用するからには、それを十分に論証すべきであったとの指摘もある[7]。人権裁判所は、この問題の調整基準を、プライバシー保護を重視するフランスの基準にそろえようとしているのではないかという懸念も表明されている[8]。本件が、表現の自由との関係において私生活を保護する国家の積極的義務が問われた事件であったことから、締約国の評価の余地がより尊重されるべきであったのではないかと思われる[9]。

(3) 人権裁判所と連邦憲法裁判所

本判決によって人権裁判所と連邦憲法裁判所の間に緊張関係が生まれた。ドイツではヨーロッパ人権条約に連邦法としての効力しか認められていない。これに対し、連邦とラントの憲法機関、すべての裁判所と官庁は連邦憲法裁判所の裁判によって拘束される（連邦憲法裁判所法31条1項）。そこで、今後、ドイツの裁判所が、本件類似の事案について判断を求められたとき、どちらの裁判所の判例に依拠すべきかが問題となる。

連邦憲法裁判所の 2004 年 10 月 14 日の決定[10]は、この問題にとって重要な判断を示した。この決定は、ヨーロッパ人権条約に違反する国家の行為または人権裁判所の判決を考慮に入れる義務に違反する国家の行為を、連邦憲法裁判所で憲法異議として争うことができることを初めて認めた。ただし、「国家機関は、ヨーロッパ人権裁判所の判決を考慮に入れるにあたって、国内法秩序への影響をその法適用に関連づけなければならず」[11]、そのような関連づけは、人格権保護に関する法制度のように、基本権を相互に調整する国内法が問題になっている場合にはとりわけ重要であるとされた。

この決定からは、締約国が人権裁判所の判決を尊重しなければならないのは、それが国内の法秩序や憲法秩序に適っているその範囲に限られるという結論が導き出される可能性がある。このため、人権裁判所所長[12]は、この決定が、ドイツだけでなく、東欧や中欧の国々における人権保護の弱体化をもたらしかねないという懸念を表明した。これに対し、連邦憲法裁判所長官[13]は、基本法は国際法に対して友好的な憲法であるが、「国家主権の表出としての最終的判断権を放棄してはいない」として、人権裁判所に自制を求めた。本判決は、ヨーロッパの多元的な基本権秩序における人権裁判所と連邦憲法裁判所、さらには EC 裁判所との相互関係をどのように考えるべきかという問題をドイツに強く意識させることになった[14]。

本判決後、本件類似の事案に対するドイツの下級審判決には、本判決に依拠したもの[15]だけでなく、連邦憲法裁判所の判決に依拠したもの[16]もみられる。BGH は、05 年 11 月 15 日、Von Hannover のスピード違反と免許停止に関する新聞記事について、本判決を視野にいれながらも、事案の違いを指摘して、将来の公表差止めを認めなかった[17]。ドイツでは、今後、本件類似の事案が連邦憲法裁判所に再び持ち込まれたとき、そこでどのような判断が示さ

れるかに注目が集まっている。

(1) BVerfGE 101, 361. 判例評釈として、鈴木秀美「有名人のプライバシーと写真報道の自由」櫻井雅夫編『EU法・ヨーロッパ法の諸問題』（信山社、2002年）293頁以下参照。

(2) 独語版として、*EuGRZ* 2004, 404 ff. 鈴木秀美「有名人のプライバシーと写真報道の自由・再考」法研78巻5号（2005年）243頁以下、松川実「欧州人権裁判所カロリーネ・フォン・モナコ対ドイツ連邦共和国事件判決が著作権法に及ぼす意味について」青山法学論集47巻2号（2006年）136頁以下も参照。

(3) 本判決に対するドイツ政府の対応について、鈴木・前掲注(2) 256頁以下参照。

(4) Grabenwarter, Schutz der Privatsphäre versus Pressefreiheit: Europäische Korrektur eines deutschen Sonderweges?, AfP 2004, 309ff., 310f.

(5) Krone Verlag GmbH & Co. KG v. Austria, 26 February 2002, Application no. 34315/96.

(6) Grabenwarter, a. a. O.（Anm. 4), 311f.

(7) Vetter/Warneke, Anmerkung, DVBl. 2004, 1226ff.; Scheyli, Konstitutioneller Anspruch des EGMR und Umgang mit nationalen Argumenten, EuGRZ 2004, 628ff.

(8) Grabenwarter, a. a. O.（Anm. 4), 316.

(9) 鈴木・前掲注(2) 257頁以下参照。

(10) BVerfGE 111, 307. 鈴木・前掲注(2) 260頁以下参照。

(11) BVerfGE 111, 307 (327).

(12) Wildhaber, Der Spiegel Nr. 47 v. 15. 11. 2004, S. 50 ff.

(13) Papier, FAZ v. 9. 12. 2004, S. 5. Vgl. ders., Umsetzung und Wirkung der Entscheidungen des Europäischen Gerichtshof für Menschenrechte aus der Perspektive der nationalen deutschen Gerichte, EuGRZ 2006, 1ff.

(14) Vgl. Mückl, Kooperation oder Konfrontation? － Das Verhältnis zwischen Bundesverfassungsgericht und Europäischen Gerichtshof für Menschenrechte, Der Staat 2005, 403ff.; Bergmann, Deiner dreier Herren? － Der Instanzrichter zwischen BVerfG, EuGH und EGMR, EuR 2006, 101ff.

(15) Kammergericht Berlin Beschluss v. 29. 10. 2004, AfP 2004, 564. ベルリン上級地裁は、ドイツでは有名な歌手の恋人の請求に基づき、休暇中に散歩している二人を撮影した写真の将来の公表差止めを認めた。

(16) OLG Hamburg Urteil v. 31. 1. 2006, ZUM 2006, 424. ハンブルク上級地裁は、休暇中の Von Hannover 夫妻を公道で撮影した写真の将来の公表差止めを認めなかった。

(17) BGH Urteil v. 15. 11. 2005, NJW 2006, 599. Vgl. Teubel, Die Rechtsprechung zur Berichterstattung über Prominente nach der Caroline-Entscheidung des EGMR, *AfP* 2006, 116ff.

[参考文献]
注で引用したものを参照

ストラスブールの街
（左手奥にヨーロッパ議会ビルをのぞむ）

52　公　害
民間廃棄物処理施設からの汚染と私生活・家族生活を保護する国の積極的義務
―― ロペス・オストラ判決 ――

立松美也子

López Ostra v. Spain
9 December 1994, Series A no. 303-C

【事　実】

　本事件は、廃棄物処理施設から生じたニューサンスに関する問題を取り扱う。廃棄物を処理するため、申立人の住居から 12 メートルしか離れていない場所に民間会社が、廃棄物の処理施設を 1988 年に建設した。その建設にはスペイン政府の補助金が与えられ、地方自治体所有の土地が利用された。同年、処理施設は自治体の許可を得ずに操業を開始した。しかし、操業開始直後から、施設の機器の不調により処理施設からガス、有害な悪臭、汚染が生じ、その地方の多くの人々に健康上の問題を起こした。そのため、その地域から 3 カ月間、地方自治体は、工場近隣の住民を費用の負担なしに転居させた。その期間の終了後、同年 10 月申立人とその家族は、処理施設に近い自宅に戻り、1992 年 2 月まで、3 年半居住した。しかし、申立人の家族の健康に悪影響が生じ、その後、転居を余儀なくされた。

　1988 年 9 月、地方自治体は、処理施設の化学物質および有機残留物の沈殿をおこなう作業の停止を処理施設に命じた。その一方、クロムにより汚染された排水の処理については、操業の継続を許可した。

　1988 年 10 月申立人は処理施設から依然として放出されるガス、異臭、騒音についてムルシア州控訴裁判所の行政裁判部 (Administrative Division of the Murcia Audiencia Territorial) に自らの基本的権利の保護を求めて提訴した。申立人は工場から生じたニューサンスと危険について、地方自治体がなんら方策を講じず、その結果、家庭生活を享受する権利、居住の自由ならびに肉体的および精神的不可侵の基本的諸権利 (スペイン憲法 15 条、17 条 1 項、18 条 2 項および 19 条) が侵害されたと主張した。そして、処理施設の一時的または恒久的な閉鎖を求めた。しかし、行政裁判所は、工場の操業がニューサンスの原因であることは認めたものの、それが申立人やその家族の健康に深刻な影響を与えていないこと理由に、基本的権利を侵害するには至っていないと判断した。1989 年 2 月、申立人は最高裁判所 (Supreme Court) に同様の根拠で上告したものの、公的機関が申立人の住居に侵入した事実がないこと、および、申立人の居住の自由は保障されていることに基づき、1990 年 2 月、申立人の上告を棄却した。1989 年 10 月、憲法裁判所に憲法 15 条等の権利侵害を申立人は訴えた。しかし、1990 年 2 月、同裁判所は、根拠不十分としてこの訴えを却下した。

　国内裁判所における上告棄却の後、1990 年 5 月、López (ロペス) はヨーロッパ人権委員会に個人申立をおこなった。その根拠として、ヨーロッパ人権条約 (以下、条約という) 8 条 1 項に定める個人生活と家庭生活の保障および 3 条の非人道的な扱いの禁止を挙げ、スペインの不作為による条約違反があったと主張した。1993 年 8 月、委員会は 3 条についての違反を認めなかった一方、全会一致で 8 条については違反があったことを認定し、この事件をヨーロッパ人権裁判所 (以下、裁判所という) に付託した。

【判　旨】

(1) 先決的抗弁

　スペイン政府は、裁判所の管轄権を争う先決的抗弁をおこなった。その根拠として、第一に申立人の

国内救済手段が完了していないこと、第二に、申立人がすでに転居し、処理施設の影響から逃れており、もはや被害者ではないことを挙げた。しかし、当裁判所は、第一の抗弁について、申立人のおこなった国内訴訟が救済を得るために効果的、実効的であり、かつ、十分であると考える（§§36-38）。よって、国内救済手段は完了している（§39）。また、スペインの第二の抗弁については、処理施設の部分的閉鎖や申立人の転居という事実は、申立人とその家族が数年にわたり、同施設の近隣に居住していたということに影響を与えない。そして、もし、処理施設が閉鎖され、以前の住居に申立人が戻れたとしても、損害の評価には影響を与えるものの、申立人が被害者であることにかわりはない。よって全員一致でスペインの先決的抗弁を却下する（§§40-43）。

(2) 8条

申立人は、処理施設の一部が閉鎖された後も地方自治体の不作為によって、同施設による公害が継続した結果、申立人の家庭に関する権利が侵害されたこと、それゆえ、スペイン政府による条約8条違反があることを主張した。スペインはこの主張に対し、申立人の実際の状況は、申立内容ほど深刻ではないと反論している。

「深刻な環境汚染は、個人の福祉に影響を与え、たとえ深刻な健康被害を生じさせないとしても、私生活および家族生活に悪影響を与えることにより、豊かな家族生活を享受することを妨げる」(§51)とした。問題は、8条1項における当事国の積極的義務、国家が申立人の権利を保全するために合理的かつ適切な措置を執ったかどうか、という点である。8条2項に同条の権利を制限する際の正当化事由が規定されている。それを適用する際に人権裁判所が考慮すべきは、個人の利益とそれに競合する共同体全体の利益との間で「公正なバランス」がとられているかどうかである。また、当事国には積極的義務履行の場合、ある程度の「評価の余地」、すなわち、裁量の余地が認められる（§51）。

問題となっている処理施設は、その地方の深刻な汚染を解決するため民間企業により建設されたものであり、スペイン政府も地方自治体も直接、ガス排出などの公害の責任を負わない。しかし、施設の建設のためスペイン政府は補助金を与え、地方自治体が所有する土地を工場用地として提供している。また、施設からニューサンスが生じた後にも、地方自治体は施設の操業の継続を許容している。以上の状況を鑑み、国家にある程度の評価の余地が認められるとは言え、廃棄物処理施設の設置によるその地域の経済的福利と申立人の私生活・家族生活を実効的に享受する権利との間に、公正なバランスが保たれていないと当裁判所は判断する。したがって、スペイン政府による条約8条の違反が存在すると認定する（§58、全員一致）。

(3) 3条

申立人は事態の深刻さから、自らの心理的苦痛は条約3条において禁止されている非人道的な扱いにあたると主張している。この点につき、当裁判所は、申立人を取り巻く状況が厳しいものであったことを認めるものの、同条に規定するような非人道的な扱いはなく、3条についてスペイン政府の条約違反はないと判断する（全員一致、§60）。

(4) 5条

申立人に対し、賠償金として400万ペセタを、そして、ヨーロッパ人権委員会への申立以降に要した訴訟費用として150万ペセタの支払いをスペイン政府に命ずる（全員一致、§§61-71）。

【解 説】

(1) 判決の意義・特徴

本事件は、裁判所がはじめて環境被害を条約違反であると示し、当事国に対し申立人への賠償を命じた判決である。この判決の意義としては、条約が環境に関する権利を規定していないにもかかわらず、公害問題を人権問題として構成し、当事国の義務違反を認定した点である。

条約は、環境問題に関する国際的な関心が高まる以前の1950年に作成されたため、環境権を規定していない[1]。その結果、1980年代まで、自然保護に関する個人からの申立をヨーロッパ人権委員会は

環境権の欠缺を根拠に却下してきた。ヨーロッパ人権委員会は1976年、X and Y v. Federal Republic of Germany 事件（Application No. 7407/76, 13 May, 1976）において、はじめて環境問題を取り上げた。しかし、この時、委員会は「自然保護のための権利は条約に規定されていない、特に申立人が訴えた2条、3条、または5条にも存在しない」と述べ、申立を却下した。

しかし、1990年、Powell & Rayner v. U.K. 事件（21 February, 1990〔以下、Powell 事件という〕）を契機として、裁判所は条約8条の私生活・家族生活の権利を発展的解釈[2]することによって、申し立てられた環境問題の内実についても取りあげるようになった。Powell 事件は、ロンドン・ヒースロー空港の騒音被害に関する申立である。この事件において、裁判所は条約8条が環境問題の申立の根拠条文となることを示した。結果的に Powell 事件では、条約8条2項の国家が私生活に干渉しうる正当化事由が存在すると裁判所は判断し、環境問題に起因する人権侵害を認定するには至らなかった。

(2) 8条の適用における問題

(a) 健康被害の有無

裁判所は、申立人の健康が危険にさらされていなくとも、深刻な環境汚染は、個人の福祉およびその家族生活の権利に影響を与えると述べ、申立人本人の実質的な健康被害の有無については問題にしていない[3]。ここから、まず、ヨーロッパ人権裁判所の訴因のために、深刻な健康被害の存在はなくとも、問題の深刻さだけは必要であると考えられる[4]。そして、権利侵害の判断は、申立人の娘や周辺住民への健康被害の発生の事実と申立人の住居が処理施設に近接しているという事実に基づいておこなわれた。

ここから甚大な被害が発生した後でなくとも、当事国は人権侵害を引き起こすような環境被害を予防するため、何らかの措置を執るという積極的義務が課せられていると考えられる[5]。最終的に健康上の被害が生じなくとも、適切な措置を執らない限り、条約の義務違反は成立しうると言えよう。ここから条約には潜在的侵害を防ぐ防止機能が8条に存在す

ると指摘される[6]。

(b) 積極的義務

この判決において8条が当事国に課した義務は、申立人の権利を保護するために合理的かつ適切な措置を執ったか、という積極的義務であると裁判所は述べる（§51）。すなわち、8条における国家の義務は、単に国家が個人の私生活や家族生活に干渉しないという消極的な義務を超えたものであると裁判所は判断した。しかし、裁判所は一般化した形で積極的義務をこれまで明らかにしていない。また、当事国は積極的義務について理解を示しているものの、その導入には消極的な態度を示しているとされている[7]。

この判決では、スペインが積極的義務に違反していることに基づき、条約違反を判示した。スペイン政府が処理施設建設に補助金を支給した、あるいは、地方自治体所有の土地に同施設の建設を認めたという点から、国家による個人への干渉を構成することも可能であったと考えられる。しかし、裁判所はそのような論理構成をとらず、「申立人の8条の権利を守るために必要な措置を執ったかどうかを判断することが必要である」(§55)として、国家の積極的義務を履行したかを問題とした。

(c) 評価の余地

積極的義務を導入するにあたり、当事国に裁量、すなわち、「評価の余地 (margin of appreciation)」を裁判所は認めている。この評価の余地とは、いかなる方法が個人の権利および基本的自由の実効的な尊重にとり必要であるのか、その方法について決定する国家の裁量である。本件において、裁判所は、国家が「ある程度の (a certain) 評価の余地」を享受するとしている (§51)[8]。国家裁量の範囲を広くせず、限定した点が重要である。

Powell 事件の折、裁判所は国家は「広い裁量」を有すると示したことと対照をなす。本件の場合、「たとえ自治体が国内法によって課せられた役割を果たしたとしても、申立人の8条の権利を守るために必要なすべての措置を執ったかを判断することが必要である(§55)」と裁判所は述べ、国家の裁量の範

囲を限定して判断をおこなった。

評価の余地の範囲は、そこで問題となる個人の利益の性質、当事国内のコンセンサス、共同体の利益の性質などの要素によって、変化すると言われている[9]。本件から国家裁量は、8条の家族生活の権利においては、広範囲に認められることが困難であると裁判所は判断していると推測できる。

 (d) 積極的義務における公正なバランス

8条において国家に積極的義務が課せられているならば、その違反はどのような基準によって判断されるかが、次なる問題となろう。この判決において適用された基準は、当事国が個人の利益と共同体全体の利益の間で公正なバランス (fair balance) を図っていたかどうか、すなわち、公正なバランステストである。この概念も、条約に明記されたものではなく、裁判所による発展的解釈の産物である[10]。

本件においては処理施設はその地方の廃棄物による環境問題を解決するために建設されたものの、操業直後から近隣の住民に健康被害を生じせしめていた。本来の目的であれば、その地域の福利に資するものであった。スペインは処理施設の操業再開を許可する折、被害者個人の利益に対する考慮を怠り、操業によって得られる共同体の利益と個人の利益の間で公正なバランスを取らなかったと判断された (§§56-58)[11]。すなわち、家族生活に影響を与える活動の継続の可否を当事国が決定する際、当事国がどの程度、影響を受ける個人の利益を考慮に入れたか、そのプロセスを裁判所は重視し、公正なバランステストを適用していると考えられる。そして、そのプロセスが実施されない、または、公正さが保たれていないと判断される場合には、当事国の積極的義務違反が存在すると裁判所は判断すると考えられる。

本件はその後1998年のGuerra v. Italy事件 (19 February, 1998) において引用された。その点からも環境問題における先例としての価値が認められる。また、本件は、8条を発展的解釈することによって環境問題に裁判所が関与する可能性を開いたと言えよう。その背景には、ヨーロッパにおける環境保護に対する人々の関心の深さが存在する。本件は、そのような人々の意識を反映して発展的解釈が裁判所でおこなわれた一例といえよう。

(1) 環境権の規定を持つ国際人権条約としては、1981年バンジュール憲章 (アフリカ人権憲章) 24条、1988年米州人権条約追加議定書 (サンサルバドル議定書) 11条が挙げられる。環境権の規定は1980年代以降に成立した条約に限定されている。

(2) Van Dijk and Van Hoof, *Theory and Practice of the European Convention on Human Rights*, 3rd ed. (Kluwer, 1998), pp. 77-80.

(3) 花松泰倫「『環境保護』に対する人権アプローチの再検討」ジュニア・リサーチ・ジャーナル No. 11 (2004年)、8頁。

(4) M. A. Fitzmaurice, "International Protection of the Environment", *Recueil des Cours*, 2001, tome 293, p. 320.

(5) 花松・前掲注(3)・14頁。

(6) 同上。

(7) 中井伊都子「ヨーロッパ人権条約における国家の義務」国際法外交雑誌99巻3号257頁

(8) 一方、Powell事件の折には、裁判所は国家に広い裁量の余地の存在を認めており、その裁量の範囲に変化が生じている。

(9) Ovey and White, Jacobs & White, *European Convention on Human Rights*, 3rd ed. (Oxford, 2002), pp. 210-215.

(10) 中井・前掲注(7)・230-231頁。

(11) Richard Desgagne, "López-Ostra v. Spain", 89 A. J. I. L (1995), p. 791.

[参考文献]

[1] Philippe Sands, "Human Rights, Environment and the López-Ostra Case: Context and Consequences", *European Human Rights Law Review*, Vol. 6, pp. 597-618.

[2] 立松美也子「ヨーロッパ人権条約における環境問題」山形法政論叢21号 (2001年) 1-36頁。

53 騒 音
公共空港の夜間早朝騒音と私生活の保護
―― ヒースロー空港騒音訴訟判決 ――

中村　民雄

Hatton and others v. the United Kingdom
8 July 2003, Reports 2003-VIII（大法廷）

【事　実】

　申立人ら8名はいずれもロンドン郊外のヒースロー空港から4キロないし17キロ離れた、離着陸ルート近辺各地に1993年以前から住んでいた。1993年にイギリス政府は、増加する航空需要に応じつつ低騒音機への転換を促すため、政策諮問書（Consultation Paper）を公表し（1993年諮問書）、睡眠妨害調査などを行ったうえで、1988年に導入された夜間早朝の発着回数制限による騒音規制をやめて、一定期間あたりの騒音総量規制に変更し、騒音が割当総量内であれば夜間早朝も回数制限なく発着を認める方式とした（1993年緩和策）。

　申立人らは全員、1993年緩和策の導入時点から、夜間早朝の発着回数と騒音が激増したと感じた。申立人らは共通して早朝午前4時から6時ごろにかけて睡眠を妨害され、うち1名は、1993年の騒音激化後、頭痛やうつ病を発症した。申立人8名中4名が騒音の激化に耐えきれず、1996から1998年にかけて閑静な地域へ転居した。

　イギリス政府の1993年緩和策について、策定後ただちに申立人らの居住する自治体は取消訴訟を提起した。高等法院（High Court）は1993年の判決で訴えを容認し、当該緩和策の取消を命じた[(1)]。とくに発着回数の合計上限や航空機の種類を特定していない点が規制の根拠法（Civil Aviation Act 1982）に反して違法であると判断された。そこで政府は、騒音総量規制は維持しつつ、半年あたりの発着回数の合計上限を追加した（修正策）。

　この修正策に対しても自治体は取消訴訟を提起した。一審の高等法院は総量規制と発着回数合計の上限設定は適法としたが、1993年諮問書が夜間発着の規制方式を変更しても騒音は1988年時点と変わらないと評価した点は事実の著しい誤認があり公正な諮問手続に反する違法があると判断した（1994年高等法院判決）[(2)]。二審の控訴院（Court of Appeal）での審理中に政府は1993年諮問書の欠点を補正する新たな1995年政策諮問書を公表した。この新諮問書により1993年の規制変更をめぐる理由説明の瑕疵も治癒されたと控訴院は評価して自治体の訴えを棄却し（1996年7月）[(3)]、終審たる貴族院（House of Lords）も上訴を許可しなかったため（同年11月）、1993年緩和策と修正策の違法性をめぐる訴訟は、自治体の敗訴が確定した。

　そこで申立人らは、1997年5月にヨーロッパ人権委員会（以下、人権委員会）に救済の申立てをした。ヒースロー空港の夜間早朝発着を政府が許可する行為が原告らのヨーロッパ人権条約（以下、人権条約）8条（私的生活の尊重）の権利を侵害しており、また同条約13条（実効的救済の保障）に反して申立人らは人権侵害に対する実効的な救済を国内において否定されたと主張した。人権委員会は、1998年11月にヨーロッパ人権裁判所（以下、人権裁判所）に事案を付託し、2001年10月に第三小法廷は、8条違反を認め（5対2）、13条違反も認め（6対1）、各申立人へ4,000ポンドの非金銭的損害の賠償責任および申立人団の訴訟費用7万ポンドの支払い義務をイギリス政府に認めた（6対1）[(4)]。この小法廷判決に対して、イギリス政府が人権裁判所大法廷へ上訴を申立て、以下の判決が下された（2003年7月8日）。

【判 旨】

(1) 8条違反について
(a) 一般原則

人権条約8条は私的および家族生活、住居、通信を尊重される権利を保護する。清潔閑静な環境への権利は人権条約の明文にはないが、騒音その他の汚染により個人が直接かつ深刻に影響を受けるときは、8条の問題も生じうる (§96)。ただし人権条約の役割は補完的である。加盟各国の所轄機関は直接の民主的正統性をもち、個々の地域の要請や状況を国際法廷よりもより適切に評価できる。また一般的に実施される政策について民主的な社会では合理的な範囲で意見の違いも生じうるため、そのような一般政策措置については加盟各国の政策形成者の役割を尊重すべきである (§97)。

人権条約8条は国家が直接に汚染を引き起こした環境事案にも、国家が民間産業を適切に規制しなかった責任を問う環境事案にも適用され、いずれの場合も適用される法原則はほぼ同様である。すなわち、個人の利益と社会全体の利益の間に公正な均衡が保たれたかどうかに着目する。またいずれの場合も、国家は人権条約を遵守する方策の決定上、一定の評価の余地 (margin of appreciation) をもつ (§98)。

本件のように環境に影響する国家行為を扱う事案において人権裁判所が行いうる審査は、政府の実体的な判断が人権条約8条に適合しているかどうかという実体面の審査と、政府の決定手続が個人の利益に適切な重みを与えて行われたかという手続面の審査の二面に及ぶ (§99)。

実体面については、一般政策措置の策定について国家は広い評価の余地をもちうるものと先例が認めている（航空騒音規制や都市計画に関する事案(5)）。なぜなら具体的な事案で問題になった地域の要請や状況は当事国が知悉しているからである。もっとも、政府が刑事法を通して個人の私的生活の深部に介入するときは、国家の評価の余地の範囲は狭くなると判断した先例もある(6)。ゆえに当事国の評価裁量の幅は、争点の人権条約上の権利の性質、その権利の個人への重要性、関係する活動の性質などから決まるのであり、個別の事件の文脈に照らして判断するほかはない (§§100‐103)。

手続面については、あらゆる手続的側面を考慮する。たとえば争点となった政策や決定の種類、意思決定手続を通して個人の見解が考慮された範囲、個人に与えられた手続上の保護などである (§104)。

(b) 本件への適用

実体面については、ヒースロー空港の夜間発着に関する1993年緩和策の実施において、夜間騒音の被害者たる個人の利益と社会全体の利益との間に公正な均衡が図られたかどうかを審査する (§§116‐119)。「環境保護は、国家が評価の余地内において行動する際にも、また人権裁判所が当該評価を審査する際にも考慮されるべきであるが、環境への人権という特別の地位 (a special status of environmental human rights) を認める構成によりこの問題を特別に扱うことは適切ではないであろう。」(§122)。

1993年緩和策は一般的措置であって、本件申立人らに特定的な措置ではない。したがって本件での評価の余地の幅は、一般政策決定に用いられる広い幅を認めるのが適切である。特定個人への刑事的措置による私的生活深部への侵害について国家の評価の余地が狭くなるとする準則は、本件には適さない (§123)。

対立利益間の公正な均衡において、まず個人の利益については、1993年緩和策が夜間騒音を実際に悪化させたかどうかは確定できないうえ、国家が一般的措置を選択したことから、騒音被害については統計データによる平均的な自覚値を用いることは許容される (§125)。他方、社会の経済的利益については、極東方面からの遠距離便の早朝着陸の必要性など夜間飛行の経済的価値を示す報告書を政府は提出しているので、少なくとも国家の一般経済および航空業界の経済的利益に1993年緩和策がある程度貢献するものと推認できる。同時に、航空業界の自由に制限が課されており、1993年緩和策も騒音規制

を厳格化する修正を経て実施された（§126）。利益間の均衡においては、航空機騒音を削減する措置が存在したかどうかも考慮に入れうる。本件では各航空機の騒音検査、低騒音の新型機への変更、離陸角度や離着陸方式の工夫、騒音課徴金、防音窓壁補助金、騒音被害補償金などの措置があった。さらに本件申立人らの住宅の資産価値は騒音で減少していないので、申立人らの転居可能性も考慮に入れうる（§127）。

手続面については、本件では1993年緩和策に先立って、長年の調査と研究がなされたことが認められる。新規制方式の導入にあたっては、政策諮問書を通して一般公衆に原案が事前に示され、申立人ら利害関係者は意見を述べる機会も与えられた（§128）。

以上からして、実体的に評価裁量の逸脱はなく、手続的にも違背はないと認められる。ゆえに8条違反はない（§§129-130）（12対5）。

(2) 13条違反について

本件においてイギリス国内の政府行為の「司法審査」（judicial review〔行政訴訟〕）は人権条約13条が個人に保障する実効的な救済とは評価できないと申立人は主張し、政府はこれに反論している（§§131-132）。

13条が保障するのは、申立人が人権条約上の権利を侵害されたと相当な根拠をもって主張するときに、国内制度上の実効的な救済が保障されなければならないということである（§138）。そのような救済の有無は、人権条約上の権利の実体内容を実施強行する何らかの国内法上の救済を申立人らがもったかどうかから判断する（§140）。

まず1993年緩和策の根拠法である1982年法は、夜間飛行の過剰騒音について、コモン・ロー上のニューサンス〔生活妨害〕の訴えを禁じている。そのため本件では、1982年法に照らして適法とされた後の1993年緩和策による夜間飛行についてはトレスパス〔不法侵害〕の訴えはできず、またニューサンスの訴えもできなかった（§139）。

次に行政訴訟（「司法審査」）であるが、イギリスの行政訴訟は1993年緩和策について、政府の政策と措置の実態との開きが大きい点を違法と判断するところまでは審査できた（1994年の高等法院判決）。しかし、行政訴訟での政府行為の違法性の審査範囲は、古典的なイギリスの公法の概念である、権限濫用や違法性や明白な不合理性という違法事由に限定されていたため、1998年人権法（Human Rights Act 1998）の発効以前は、「1993年緩和策による夜間飛行の増加といわれている事態が、ヒースロー空港付近住民の私的および家族の生活および家庭を尊重される権利に対する正当な制限といえるかどうかは裁判所が検討できなかった。」（§141）この点で本件ではイギリスの裁判所による司法審査の範囲は十分ではなく、人権条約13条に違反する（§142）（16対1）。

(3) 公正な満足（41条）

本件の13条違反から生じた非金銭的損害の補償金および13条違反の認定に結びついた範囲での訴訟費用の支払い義務は認めうる。本件では5万ユーロが相当である（§§143-155）（全員一致）。

なお、判決には反対意見2（8条違反につき裁判官5名、13条違反につき1名）が付されている。

【解　説】

(1) 判決の意義

人権条約は、人の健康や安全に危険や脅威を及ぼさない環境への権利を規定していない。本判決もいうように、「環境保護は、国家が評価の余地内において行動する際にも、また人権裁判所が当該評価を審査する際にも考慮されるべきであるが、環境への人権（environmental human rights）という特別の地位を認める構成によりこの〔環境〕問題を特別に扱うことは適切ではない」（§122）というのが、人権裁判所の立場である。

しかし人権条約の下でも、個人に具体的な被害が生じている場合は、最も関連する基本権を根拠に、当該基本権や環境保護のための国の作為または不作為に違法がなかったかどうかを審査するよう訴えることができる。たとえば、個人の身体に危険に生じるほどであるなら生命権（2条）、個人に具体的な健

康被害が生じるか生じていなくてもその住環境が極度に劣悪化している場合は私生活・住居を尊重される権利（8条）、また個人の所有する資産の価値が極度に低減させられた場合は財産権（第1議定書1条）の侵害があるといった論理構成が可能である。このように個人の具体的な健康や生活環境や資産劣化に対しては、その保護に関する国家の作為および不作為について人権条約上の違法性がないかどうかの審査が可能である。

本判決は以上を黙示の大前提として、その下で、本件は空港騒音について、人権条約8条が保障する個人の「住居 (home)」ないし「私生活 (private life)」の権利への侵害の有無の判断枠組を、実体面と手続面について明示した点に第一の意義がある。

すなわち実体面としては、騒音規制措置について、騒音被害者たる個人の利益と社会全体の利益との間に公正な均衡が図られているかどうかが審査される。本件で人権裁判所が具体的に考慮要素としたのは、個人の平均的被害統計データ、空港の夜間早朝利用の経済価値（の推認）、航空会社の利用権の一定の制限、騒音削減措置の存在、被害者個人の転居可能性である。手続面としては、長年の実態調査、規制方式の変更の事前諮問と公聴機会の付与があったことが肯定的に評価されている。

もっとも、国の空港騒音規制の違法性の有無を8条に照らして審査する場合、人権条約の加盟国政府の国内事情の知悉度の高さや一般的な政策選択の余地を尊重して、各国政府の行為選択の「評価の余地」を広く認め、人権裁判所としては謙抑的な司法審査を行うにとどまることも明確にした。この謙抑的立場が第二に指摘すべき意義でもある。環境問題をめぐる個別の紛争は、依然として各加盟国次元において、法的あるいは政治的に解決されるべきものと位置づけられている。

ただし、本件の第三の意義として指摘すべきは、本件がイギリスの国内裁判所に対して、人権条約の掲げる種々の基本権とそれへの正当な制約事由の枠組を引証して、政府行為の適法性を司法審査しない限り、基本権保障のための実効的救済を国内で保障

したことにならないと述べて、締約国の裁判所の司法審査のあり方を統制している点である。もっともこの統制は本件紛争の基礎にあるイギリスの固有の法伝統が基本権を人権裁判所の期待するようなやり方では保障していなかったことに由来する。ゆえに、この統制面は一般的な画期性があるのではなく、すでに人権条約の次元では自明のことをイギリスの文脈において確認したものにとどまる。

(2) 人権条約と空港騒音規制

空港騒音規制をめぐっては、1980年代から人権委員会に救済申立がなされていた。当初は人権条約上の問題になるのかどうか自体が争われた。しかし、本件と同様ヒースロー空港の発着騒音規制に関する1986年のRayner事件人権委員会決定[7]で、人権委員会は著しい騒音被害が人の身体の健全性を損ねることに疑いはなく、ひいては私生活に対する侵害にもなると判断し、騒音が8条1項の権利侵害になりうるとの解釈を示した。これ以降、8条を根拠として、航空会社に対する空港使用許可や国の空港騒音規制に対する司法審査の請求が相次ぐようになった。

もっとも、8条による空港騒音訴訟には、いくつかのハードルがあった。まずは国の義務の及ぶ範囲である。1980年代後半から国営空港が民営化されはじめ、空港の運営も離着陸の騒音の発生も私人の行為となった。国の公的な規制が残る騒音規制は、個人の基本権を直接に侵害する民間航空会社の騒音発生行為ではない。それを国が一定程度許容するという間接的な行為である。ゆえに8条の解釈問題として、国は私人へ自らが直接に行為する場合に個人の私生活を尊重される権利を侵害しないように行為する消極的義務を課されるだけなのか、それとも国は私人間の私的生活権の侵害行為を防止する積極的義務も課されているのか、という点が論じられた。この点は、8条をめぐる他の文脈の事案で、国が私人間の侵害行為を防止する積極的義務も課されることを人権裁判所は明確にしたので（X and Y v. the Netherlands[8]〔本書 50〕）、騒音についても同様に扱われた（後述のPowell and Rayner事件）。ゆえに本件

判決でも、ヒースロー空港が国営か民営かの区別は法的判断には影響せず、国の8条保障の消極的義務であれ積極的義務であれ、いずれも同様の枠組で審査をすると述べている。

他方、現在でも残るハードルの第一は、国がもつ「評価の余地」の幅である。同じヒースロー空港騒音を8条違反として争った人権裁判所の1990年の先例であるPowell and Rayner事件(9)では、幅が広くとられた。同空港が国際空港として重要であり、国の経済利益に貢献していることは疑いがなく、この重要性も騒音規制への評価の余地の幅を決める際に考慮に入れうるとされたからである。そして夜間飛行回数制限など政府の各種の騒音規制措置もとられ、コモン・ロー上のニューサンスの訴えも政府規制を超える過度の騒音については提起可能であるから、8条1項の権利侵害はないと判断された。

今回見たHatton事件でも、政府の騒音規制における評価の余地の幅は広くとられている。広い幅を認める理由づけは、①措置の一般性、②各国政府の国内事情の知悉度の高さが挙げられている。空港の経済的な重要性は、正面からは理由づけには挙がっていないので、この点では先例のPowell and Rayner事件とは異なるようにもみえる。しかし、8条侵害の実体判断において、個人の利益と社会の利益との衡量が図られたかどうかを判断するという審査枠組はPowell and Rayner事件で示されたものであって（同事件§41)、それがHatton事件でもそのまま継承されており、その段階で空港の経済的な価値が（寛大に）考慮される（すなわち、具体的な経済価値の立証なく一応の推定で足りるとされている）。ゆえに法的判断の実質はほとんど変わっていないと考えてよかろう。このように空港騒音事案では、いまでも評価の余地を広く認める点が特徴であり、被害者個人にはハードルとなっている。

現在でも残るハードルの第二は、手続的な面での審査である。本件では、イギリス政府の1993年政策諮問書に事実の著しい誤認があった点をすでに国内裁判所が論難したので、その部分を手続的な適正さを政府が尽くしたかという論点として審査していない。しかし、環境侵害の重大な情報を被害者が収集することは、国との比較でいえば、非常に困難である。立証面での武器対等が成立しない環境侵害訴訟などで、手続的な審査について、諮問書を出したという事実の確認だけに止めておいてよいかどうかは今後の論点である。とくにEC法では、環境危害情報の開示義務を国に課している(10)。EC法が適用される領域では、国の環境侵害的な行為の正当性の実証をより高く求める手続が整備されつつあるのに対して、人権条約のほうでは手続面は各国政府の行為事実の確認に止めるというアンバランスが生じているように思われる。

(1) R. v. Secretary of State for Transport, ex parte Richmond upon Thames Borough Council and others [1994] 1 All ER 577, [1994] 1 WLR 74 (1993, H.Ct.).

(2) R. v. Secretary of State for Transport, ex parte Richmond upon Thames Borough Council and others [1995] Environmental Law Reports 390 (1994, H.Ct.).

(3) R. v. Secretary of State for Transport, ex parte Richmond upon Thames Borough Council and Others [1996] 4 All ER 903, [1996] 1 WLR 1460 (CA).

(4) Hatton and others v. the United Kingdom (Application no. 36022/97) (2 Oct. 2001), [2002] 34 EHRR 1.

(5) Powell and Rayner v. the United Kingdom, Series A no. 172 (21 Feb. 1990), §44; Buckley v. the United Kingdom, Reports 1996-IV, pp. 1291-93, §§74-77 (26 Sep. 1996).

(6) Dudgeon v. the United Kingdom, Series A no. 45 (22 Oct. 1981)(本書48参照), §52.

(7) Rayner v. the United Kingdom, No. 9310/81, (1986) 47 Dec. and Rep. of Eur. Com. of H.R. 5.

(8) Series A no. 91 (26 Mar. 1985), [1985] 8 EHRR 235, §27.

(9) Powell and Rayner v. the United Kingdom, Series A no. 172 (21 Feb. 1990), [1990] 12 EHRR 345.

(10) Directive 2003/4/EC [2003] OJ L 41/26. 旧法Directive 90/313/EECを環境情報開示に関するÅrhus条約を受けて改正したもの。

[参考文献]

[1] Daniel Garcia San Jose, *Environmental Protection and the European Convention on Human Rights* (Council of Europe, 2005).

54　通信の秘密
警察による電話盗聴および「メータリング」
—— マローン判決 ——

倉持　孝司

Malone v. the United Kingdom
2 August 1984, Series A no. 82（全員法廷）

【事　実】

　イギリスにおいて、執行府は、古くから手紙の傍受を行ってきており、電話線開通後は、電話盗聴についても同様である。しかし、従来イギリスには、執行府による手紙の傍受や電話盗聴を含む通信の傍受 (interception of communications) を直接規律する国会制定法は存在せず（傍受を実際に行う郵政公社についての国会制定法〔Post Office Acts〕に関連規定があるにすぎなかった）、通信の傍受は、行政上の慣行として存在する令状制度に基づいて行われてきた。その令状制度の詳細は、ある盗聴事件を契機にその調査のために設置された公式委員会の報告書（1957年 Birket 委員会報告書〔Cmnd. 283〕）によって公にされた[1]。また、通信の傍受の合法性が裁判所で争われたということもなく、次の Malone 事件においてはじめて電話盗聴の合法性が争われることとなった（したがって、家屋に侵入するなどの財産権侵害を伴わない方法による通信の傍受に関するコモン・ローの展開もなかった）。

　古物商であった Malone は、贓物関与罪で起訴されたが、その審理の過程で、起訴前に行われた Malone の電話による会話の詳細が捜査を担当した警察官の手帳に記載されていることがたまたま明らかになったことから、捜査の過程で電話盗聴が行われていたことが判明した。そこで Malone は、電話盗聴は違法であるとの確認判決 (decralation) を求めて訴訟を提起した（担当は、高等法院〔High Court of Justice〕Megarry 副大法官）。

　Malone 側の「主要な主張」は、第一に、何人も、第三者の電話による会話をその相手方の同意なしに傍受することは違法である、第二に、ヨーロッパ人権条約（以下、人権条約と記す）は、イギリス市民に対して直接的権利を付与し、本件のように直接の先例を欠いている場合には、裁判所がイギリス法を解釈する際に重要な効果をもちうる、第三に、執行府が電話を盗聴する権限は、国会制定法によってもコモン・ローによっても与えられていない、という三点であった。

　このうち第一の主張は、財産権、プライバシー権および通信の秘匿権に依拠して行われたが、Megarry 副大法官は、いずれの点でも電話盗聴は違法ではないとした。Megarry 副大法官は、第二の主張については、人権条約は、それが国内法化されていない段階では、イギリス国内では法ではないこと、直接関連する制定法があればそれを人権条約の目的を達成することになるように解釈することも可能であるが、本件の場合そのような制定法が存在しないことを指摘した。第三の主張については、「もし、執行府による電話盗聴が、何ら法違反を犯すことなく実行されることができるのであれば、それは制定法あるいはコモン・ローによるいかなる授権も必要としない。すなわち、電話盗聴は、それを違法とするものが何も存在しないというだけの理由で合法的に行われることができる」とした (Malone v. Metropolitan Police Commissioner〔1979〕Ch 344)[2]。

　政府は、Malone 事件判決を受けて、1980年に先の Birket 委員会報告書を最新のものにする「白書」(Cmnd. 7873) を公表するとともに、通信の傍受に関する立法化の要求をあらためて拒絶した。

一方、国内裁判所で救済を得られなかった Malone は、国内での上訴手続はとらずに、人権条約の下での申立手続をとることになった。そして、Malone の申立は、当時、人権委員会の「受理」の決定を経て、所定の手続に従って人権裁判所に付託された。Malone は、人権条約に関して、通信の傍受および「メータリング」の 8 条違反を主張した（同時に、国内において 8 条違反に対する効果的救済が存在しないことが 13 条違反であることを主張したが、判断の必要はないとされた〔16 対 2〕）[(3)]。

【判　旨】
（8 条違反が存在〔全員一致〕）

(1)　通信の傍受について

(a)　8 条が保障する権利に対する「介入」が存在したか

電話による会話は、8 条 1 項で保護される「私生活」および「通信」に含まれる。「申立人が一方の当事者である電話による一つの会話が、内務大臣によって発行された令状に基づいて、警察の求めに応じて傍受されたということは議論の共通点」である。

したがって、当該傍受は、8 条 1 項の下で申立人に保障された権利の行使に対する「公の機関による介入」（同 2 項）を伴う（§64）。

(b)　当該「介入」は、正当化されるか

(i)　当該「介入」は、「法律に基づいて」行われたか

「犯罪の捜査・防止のために、国務大臣によって発行された令状に基づいて、警察のために通信を傍受するという確立した慣行（したがって、申立人の電話による会話の一つについての認められた傍受）」はイギリスの法律の下で合法的であるということは、「議論の共通点」である（§69）。それ故、「決せられるべき争点」は、「国内法の下で、通信を傍受する権限の不可欠な要素が、関係機関に対して付与された裁量権の行使の範囲および方法を十分に指示する接近可能な法的準則において合理的な明確さをもって規定されているかどうかである」。その場合、関連の法律は、①「郵政公社のサービスを通して送付される通信が、国務大臣によって発行された有効な令状に基づく場合に限って、警察目的のために傍受されうるとするものであるかどうか」、②「いかなる程度で、令状が発行され実行されうる状況が、それ自体法律によって制限されているかどうか」の二点が検討されなければならない（§70）。

①について、「イギリスの法律は、明示的に、通信を傍受する権限の行使を令状の発行に服せしめることを条件としていない」（§71）。②について、警察目的のための通信の傍受を支配するイギリスの法律は、「現状では、いくらか曖昧であり異なる解釈を許すものとなっている」。この点、「傍受する権限のいかなる要素が法的準則に編入されているか、およびいかなる要素が執行府の裁量権の範囲内にあるかを合理的な明確さをもって言うことができない」。したがって、イギリスの法律は、「公の機関に付与された関連の裁量権の行使の範囲および方法を合理的な明確さをもって指示していない」。「その限りで、市民が民主的社会における法の支配の下で与えられる法的保護の最小限度を欠いている」（§79）。

以上から、通信の傍受に関する限り、8 条の下での「私生活」および「通信」の尊重についての申立人の権利に対する「介入」は、「法律に基づいて」いない（§80）。

(ii)　当該「介入」は、「民主的社会において必要なもの」か

当該「介入」は、「法律に基づいて」いないとの結論に達した以上、それ以上検討する必要はない（§82）。

(2)　「メータリング」について

(a)　8 条が保障する権利に対する「介入」が存在したか

「メータリング」は、「特定の電話でダイヤルされた電話番号、各通話の通話時刻・通話時間を記録するメーター・チェック・プリンターの利用を伴う」（§83）。「メータリング」の記録は、「電話によって行われた通信における不可欠な要素である情報（とり

わけ、ダイヤルされた電話番号) を含んでいる」。したがって、「電話加入者の同意なしに、当該情報を警察に渡すことは、8条によって保障された権利に対する干渉になる」(§84)。

　(b)　当該「介入」は、正当化されるか
　(i)　当該「介入」は、「法律に基づいて」行われたか

「公の機関によって享受される裁量権の行使の範囲および方法に関するいかなる法的準則も、存在しないように思われる」。したがって、「メータリング」による情報が重大犯罪に関する警察の調査にとって不可欠であって、かつ他から得ることができないものである場合、郵政公社が警察の求めに応じて記録を行い提供するという慣行(§86)の存在から生じる「介入」は、「法律に基づいて」いない(§87)。

　(ii)　当該「介入」は、「民主的社会において必要なもの」か

当該「介入」は、「法律に基づいて」いないとの結論に達した以上、それ以上検討する必要はない。

【解　説】

(1)　本判決の意義

本判決は、第一、イギリスとの関連では、従来政府が拒絶してきた通信の傍受の立法化を事実上余儀なくさせた。Malone事件当時、イギリスにおいて、行政上の慣行として存在していた通信の傍受に関する令状制度によれば、通信の傍受は、「重大犯罪の探知」および「国家の安全の保護」を目的として、警察、関税・消費税庁、安全保障機関 (Security Service) の申請に基づいて、国務大臣が令状を発行し、郵政公社によって実行される。本判決が扱う対象は、このうち「ある犯罪捜査という一般的文脈において、警察によってあるいは警察のために実行された傍受の問題、およびそのような傍受に関連する法的・行政的枠組み」に限定されており(§63)、通信の傍受一般あるいはたとえば安全保障機関によって行われる「国家の安全の保護」目的の傍受などには関係しない。しかし、本判決を受けて、イギリス政府が立法化を事実上余儀なくさせられるという場合、その対象は従来実行されてきた通信の傍受全体に及ぶ必要がある。というのは、本判決において、従来国会制定法によって直接規律されていない通信の傍受の一部である電話盗聴について、「法律に基づいて」いないことを理由に8条違反とされたのだからである。

本判決は、第二、人権条約との関連では、8条が「公の機関」による通信の傍受 (さらには、監視) から個人をどの範囲で保護しうるかに関する一連の事案の一つとして位置づけられる[4]。

人権条約の下で個人が申立を行う場合、人権条約に規定される権利が締約国によって「侵害された」ことを主張しなくてはならないが(旧25条)、本判決は、直接の先例であるKlass事件判決[4]を引いて、8条の下での申立人の権利の行使に対する「介入」になるような、「通信についての秘密の監視を実行するためのシステムを許容しかつ確立する」法律および慣行の存在は、「それ自体、実際にとられた措置とは関りなく、8条の下での申立人の権利の『行使に対する……介入』になる」とした (§64)。

(2)　8条違反の主張についての審査方法

8条は、1項で「私生活」や「通信」等の尊重に対する権利を保障し、2項でそれに対する「公の機関による介入」を認めているが、その場合、当該「介入」が「法律に基づいて」行われたものであること、かつ諸目的 (「国の安全」、「公共の安全」、「国の経済的福利」、「無秩序もしくは犯罪の防止」、「健康もしくは道徳の保護」、「他の者の権利および自由の保護」) のために「民主的社会において必要なもの」であることを要求している。

したがって、8条違反の主張に関しては、その対象が1項の保障する権利に該当するとした場合、第一に、当該権利に対する「公の機関による介入」が存在するかどうか、第二に、その「介入」が2項の下で正当化されるかどうかが問題となるが、その場合、①「介入」が「法律に基づいて」行われたものかどうか、②「介入」が「国の安全」以下の諸目的のいずれかのためのものであるかどうか、③「介

入」が「民主的社会において必要なもの」といえるかどうかが順次審査されることとなる。

(a)「介入」は、「法律に基づいて」いるかどうか

「法律」は、成文法のみならず不文法も含む（§66）。また、「法律に基づいて」とは、単に国内法を引証できるということのみならず、人権条約前文にいう「法の支配」に一致することが要求されるという意味で「法律の質」にも関連する。すなわち、「8条1項によって保護される権利に関する公の機関による恣意的介入に対して、国内法上一定の法的保護が存在しなくてはならない」、「法律は、その文言において、公の機関が、私生活および通信の尊重に対する権利に関する秘密の潜在的に危険な介入に頼る権限を与えられる情況および条件に関して十分な指示を市民に与えるのに十分明確でなければならない」ことを先例を引きながら確認した（§67）。

(b)「介入」は、「民主的社会において必要なもの」か

本判決は、この点については判断する必要はないとしたが、第一に、「疑いもなく、犯罪を捜査し探知するという職務について警察を助力するために通信の傍受の権限を付与する何らかの法律の存在は、8条2項の意味の範囲内における『無秩序または犯罪の防止……のため民主的社会において必要なもの』でありうる」こと、第二に、「そのような権限は、その固有の秘密性故に、個々の事例において潜在的に容易な、全体としての民主的社会にとって有害な結果をもたらしうる種類の濫用の危険を伴う。そうであるから、結果として生じる介入は、採用された個々の秘密監視システムが濫用に対する十分な保障を含んでいる場合に、『民主的社会において必要なもの』とみなされることができるにすぎない」ことに先例を引きつつ言及した（§81）。

(3) イギリス国内法への影響

イギリス政府は、本判決を受けて、1985年通信傍受法（Interception of Communications Act）を制定した。同法の主要な内容は、違法な通信傍受について犯罪を創設するとともに、その例外として通信傍受令状制度を規定したこと、それによると、令状は、「国家の安全」、「重大犯罪の防止または探知」または「連合王国の経済的福利の保護」のために必要と判断された場合に、国務大臣によって発行されること、独立の監督制度として「委員」を設けたこと、不服申立を調査する「審判所」を設置するとしたことなどであるが、令状手続の全過程から裁判所の関与を排除するという著しい特徴を有する。

1985年通信傍受法の対象は、一定の通信に限定されており、電子メール、民営の宅配サービス、非公的電気通信ネットワークを利用した通信などは含まれていなかった。そのため、Halford事件判決(4)では、公的電気通信システム外の警察内部の回線において行われた通信の傍受が問題となり、それが「法律に基づいて」いないとされたこと、また、1985年通信傍受法制定後に通信手段が一段と革新されたこと、あるいはイギリスにおいて人権条約を国内法化する1998年人権法（Human Rights Act）が制定されたこととの関係、さらにはEUレベルでの「国際協力」のための必要性などを背景として、1985年通信傍受法改正が日程に上り、2000年捜査権限規制法（Regulation of Investigatory Powers Act）が制定され、通信の傍受に限らず包括的な「国家監視」システムが確立された(5)。

(4) 日本との比較

人権条約8条は、通信の傍受に関して、結局、その必要性を認めた上で「濫用に対する十分かつ効果的な保障」を要求するという構造になっている。具体的には、8条1項の下で保障された権利の行使と同条2項の下で掲げられた諸目的のための民主的社会における必要性との間でのバランシングが裁判所によって行われる。その場合、同条2項が掲げる「国の安全」以下の諸目的はいずれも包括的なものであってその要件を満たすのはほとんどの場合容易であり、結局、民主的社会における必要性がどのように解されるかが重要になる。

このような人権条約と明文上何の留保もなしに「通信の秘密」の不可侵を検閲の絶対的禁止と並んで

規定する日本国憲法との構造上の違いは、大きいように思われる。

　(1)　Birket委員会について、倉持孝司『イギリスにおける市民的自由の法構造』(日本評論社、2001年)。
　(2)　国内のMalone事件判決について、倉持・前掲注(1)、戒能通厚「盗聴とプライバシーの権利」藤倉晧一郎他編『英米判例百選（第3版）』別冊ジュリスト139号（1996年）106頁。
　(3)　本件について、倉持・前掲注(1)。
　(4)　Klass and others v. Germany, 6 September 1978, Series A no. 28(以下、Klass事件という); Huvig v. France, 24 April 1990, Series A no. 176-B; Kruslin v. France, 24 April 1990, Series A no. 176-B; Halford v. UK (App. 20605/92), 25 June 1997（以下、Halford事件という）、など。
　(5)　本法について、倉持孝司「イギリスにおける『通信の傍受』法制の新展開」法学新報108巻3号（2001年）577頁、右崎正博他編『盗聴法の総合的研究』(日本評論社、2001年)［田島泰彦執筆］、斉藤憲司「電子メールの傍受──2000年捜査権限規制法の制定」ジュリスト1186号（2000年）98頁。

[参考文献]
［1］　上村貞美「電話の盗聴規制立法について」香川法学14巻3・4号（1995年）44頁。
［2］　大藤紀子「ヨーロッパにおける『民主的社会』の要請」比較憲法史研究会編『憲法の歴史と比較』(日本評論社、1998年)。
［3］　白取祐司「電話盗聴と手続法定原則」ジュリスト977号（1991年）。
［4］　朴洪吉「電話盗聴と国際人権法」同志社法学56巻4号（2004年）183頁。
［5］　永野貫太郎「ヨーロッパ人権裁判所判決と電話盗聴」国際人権6号（1995年）。
［6］　OVERY, Clare & WHITE, Robin, Jacobs & White, The European Convention on Human Rights, 3rd ed., Oxford, 2002.
［7］　David Feldman, Civil Liberties and Human Rights in England and Wales, 2nd ed., Oxford, 2002.
［8］　Edwin Shorts & Claire de Than, Civil Liberties, Sweet & Maxwell, 1998.

ストラスブール大聖堂

55 住居の尊重
弁護士事務所の捜索と「住居」の尊重
── ニイミィエッツ判決 ──

奥山亜喜子

Niemietz v. Germany
16 December 1992, Series A no. 251-B

【事　実】

申立人はフライブルクで弁護士業を営んでおり、数年にわたって、地方政治団体である Freiburg Bunte Liste の議長をつとめ、関連組織である Antiklerikaler Arbeitskreis（教会の影響力を抑えることを目的としたワーキンググループ）においても熱心な役割を果たしていた。また Bunte Liste への郵便物は郵便局の私書箱を通じて彼の事務所へと転送されることとなっていた。

1985年12月9日、フライブルク郵便局からフライブルク区裁判所の Miosga 判事へとファックスで手紙が一通送られた。そこには Antiklerikaler Arbeitskreis 代表 Klaus Wegner との署名と私書箱ナンバーがあった。そしてこの手紙の内容は、教会税の徴収を拒否していた被用者が賃金引下げをはかった使用者に対して行った言動が問題となった、当該裁判所に係争中の侮辱罪事件に関わるものであった。手紙は、教会税制度それ自体を批判し、この刑事裁判を訴訟指揮する裁判官を非難し、無罪判決を強く求める内容であった。

1986年1月13日、ミュンヘンの第1地方裁判所長官はミュンヘン検察庁に刑法185条の侮辱罪のかどで Wegner に対する刑事手続を始めるよう要求したが、彼への召還状の送達は達せられず、申立人側は Wegner とその所在についてのいかなる情報の提供をも拒否し、彼を特定するための他の試みも失敗に終わった。そこで、ミュンヘン地方裁判所は、1986年8月8日、Freiburg Bunte Liste が私書箱以外の方法によって郵便を利用できず、それは1985年までは Niemietz 氏の事務所へ、そして1986年以降は、D氏宅へと転送されていたことから、Wegner を特定するための文書がこれらの建造物もしくは、Bunte Liste の現在の議長であるG氏の家宅にあるとの推定の下、当該事務所、住居の捜索令状を発行した。

捜索は1986年11月13日にフライブルク検察庁および警察によって行われ、その対象は依頼人に関するデータの入った4つのファイルキャビネットとなり、合計6つのファイルが調べられた。だが、結局探している文書は発見されず、いかなる資料も差し押さえられなかった。住居の捜索においては、偽名を使ったD氏によって判事への書簡が送られたと疑いを生むような文書が発見された。しかしながら、結局 Wegner に対する刑事手続は証拠不十分で取り下げられた。

1987年3月27日、ミュンヘン第1地方裁判所は捜索令状に対する異議申立を、執行済みのものため法的利益がないと判断した。また、令状は Bunte Liste への郵便が時々申立人の事務所に転送されるという事実に基づいており、その郵便が弁護士 ── 依頼人の関係に関するものだとの推定はなされえなかったとした。加えて、名誉は、捜索を比例原則違反とするような些細な法的利益であるとはいえないゆえ、この事件において、弁護士の職業の自由な遂行を妨げるような疑いは存在しないとした。

申立人は、捜索令状およびミュンヘン第1地方裁判所の決定に対する憲法異議を連邦憲法裁判所に提起したが、同年8月18日、連邦憲法裁判所は、成功の十分な可能性が示されていないという理由で判

決に対する異議の受理を拒否し、憲法の観点からは問題のあるものではない、とした。さらに、令状の実施に関して、Niemietz氏は利用できる救済手段を尽くしていない、と述べた。

1988年2月15日、ヨーロッパ人権委員会（以下、人権委員会という）に提出された申立において、申立人は、捜索によりヨーロッパ人権条約（以下、条約という）8条の住居および通信の尊重の権利が侵害されたこと、そして、法律事務所の信用および弁護士としての評判が害され第1議定書の1条の権利を侵害されたことを主張した。また、訴訟当事国のドイツによる実効的な救済手段が保障されず条約13条に反していると述べた。

1990年4月5日、人権委員会は条約8条および議定書1条による異議を認め、他の申立は不受理とした。1991年5月29日の報告で、人権委員会は、条約8条違反が存在し、第1議定書1条においては、独立した問題は生じない、という全員一致の意見を表明し、その上でヨーロッパ人権裁判所への付託がなされた。

【判　旨】

(1) 8条違反について

人権裁判所は全員一致で条約8条違反が存在したと判断する。

(a) 「介入」が存在したか

申立人の事務所の捜索は条約8条の権利への介入を構成する。

Niemietz氏の「私生活」と「住居」への介入が存在したという認定において、人権委員会は、弁護士と依頼人の間に存在する秘密の関係を重視した。当裁判所は、この要素が条約8条により与えられる保護の作用領域を定めるための有効な基準であるとする立場に疑義をもつものである。それは、事実上、すべての職業的業務的活動は、程度の差こそあれ、秘密の事項を含んでいるからである（§28）。

人権裁判所は、「私生活」という概念を厳格に定義することが可能であるとも必要であるとも考えていない。一方で、「私生活」の概念を個人が自己の人間的生活を望み通りに送ることのできる「内的領域」に限定し、その領域外を完全に除外することは厳格に過ぎると考える。私生活の尊重は、他の人間との関係を築き、発展させる権利を含んでいる。多くの人々は結局職業生活において、人間関係を発展させるための重要な機会を持つから、「私生活」という概念から職業的・業務的性格をもつ活動を除外する理由はないように思われる。この観点は、人権委員会が正しくも指摘したように、職業的・業務的生活からなる個人の活動形式と、それ以外とを区別することが常に可能であるとは限らないという事実によって根拠づけられる。特に自由業を営む人物の場合は、ある時間帯に何の職業を実施しているかを知ることが不可能なくらい、その仕事がその生活の一部となっているかもしれないのである。さらに異議を申し立てられている措置が職業的・業務的活動にのみ関連しているという理由で条約8条の保護を否定することは、取扱いの不平等を招くことになる。職業的および非職業的活動が混在していてそれらの間での区別が全くできない人物もそのような保護をやはり与えられるからである（§29）。

条約8条の英語の文言に見られる「住居（home）」という言葉に関しては、裁判所は特定の締約国において、特にドイツでは、業務用の建物にも拡大されて用いられていると見ている。さらに、そのような解釈は、フランス語の文言とも完全に合致する。というのも、「domicile」という語は「home」という語よりもより広い意味をもち、例えば、職業をもつ人物の事務所にも拡大できるのである。このような状況から、職業または業務に関係する活動が人の私的な住宅で、非職業的活動が事務所や営業用の建物において行われ得るから、厳格な区別をすることが常に可能であるとはいえない。このため、「home」や「domicile」を狭く解釈するならば、「私生活」という概念を狭く解する場合と同様の、取扱いの不平等という危険をうむ可能性がある（§30）。

より一般的にいうと、「私生活」および「住居」を

特定の職業的・業務的な活動ないしは建物を含むと解釈することは、条約8条の本質的な目的、すなわち個人を公権力による恣意的な介入から守ることに合致するだろう。そのような解釈は、締約国を不当に妨害することにはならない。というのも、締約国は「介入する」ための権限を条約8条2項で許された条件のもと留保しているからである（§31）。

さらに、事件の状況から、さらに別の要素を検討しなければならない。ミュンヘン地方裁判所による捜索令状は、条件も限度も定めず Wegner の特定を明らかにするための「文書」の捜索・押収を命じた。さらに、この捜索の実施は依頼人に関するデータを含むキャビネット、ファイル等を調べるものであった。これらの活動は必然的に「通信」、そして条約8条の目的のものとして当然保護されている対象物を扱うものである。これとの関係で、この規定が「生活」という語の場合と同様に、いかなる形容詞も「通信」という語を制限するために用いてはいないということに注意することが重要である（§32）。

(b) 介入の合法性

捜索はドイツ刑事手続法103条の用語において適法であると述べる。また国内の裁判所があらわした見解と異なる理由を当裁判所もなんら見出せない（§34）。

(c) 介入目的の正当性

他者の権利、すなわち Miosga 判事の名誉を守り、犯罪を予防するという目的は、条約8条2項の下、正当化される（§36）。

(d) 介入は「民主的社会において必要」であったか

介入が「民主的社会において必要」であったかどうかについて、当裁判所はミュンヘン地方裁判所が捜索令状に示した理由が、正当な目的という語の意味では適切であると判断する。しかしながら、当該措置はこれらの目的とは不均衡であるという意見にいたった。捜索を行う原因となったとされる犯罪の内容が、裁判官に対して侮辱のみならず圧力をも加えようと試みるようなものをも含んでおり、もはや程度が軽いものには分類できないということは事実である。しかしながら一方、捜索令状には広汎な言葉が用いられており、そこでは、いかなる限定もなしに、違法な手紙の著者の特定を明らかにする「文書」の捜索・押収が命じられていた。この点は、ドイツのように、弁護士の事務所の捜索が、たとえば独立のオブザーバーのような、特別な手続上の保護制度がなんら置かれていないところでは、特別な意味を持つ。もっと重要なことには、実際に調べられた対象に関してみると、捜索は職業上の秘密をその状況とは不均衡に思われるような程度にまで侵害しているのである。これに関連して、当裁判所は、職業上の秘密の侵害は、弁護士が関わっている場合、正義の適切な実施にしたがって条約6条により保護された権利に間接的影響を与えかねないということに注意を喚起したい。加えて、報道は現在の依頼人や一般大衆双方の目にうつる申立人の職業上の評判に悪影響を与えかねなかったであろう（§37）。

(2) その他の主張について

当裁判所は、第1議定書1条固有の問題が生じることはないとした人権委員会に同意する（全員一致）（§39）。

条約50条に基づく申立人の賠償請求は認めない。申立人は、そもそも、条約8条違反が金銭的損害をもたらすとは立証しなかった。非金銭的損害を生じさせたとして、当裁判所は、条約違反の発見それ自体が十分な賠償になったと考える（全員一致）（§43）。

【解　説】

(1) 判決の意義・特徴

条約8条1項は「すべての者は、その私的および家族生活、住居ならびに通信の尊重を受ける権利を有する」と定める。私生活という概念は、厳密に定義することのできない概念であるが、それとのかかわりで、ここに定める「住居」をどのようにとらえるか、具体的には職業・業務が行われる場所も含むか、が問題となってきた。ヨーロッパ人権裁判所は、従来から職業的・業務的活動か、それとも非職業的

活動かの区別はしてこなかった。例えば、電話の盗聴が問題となったHuving v. France事件（24 April 1990）判決では、電話の盗聴が業務上の電話と私的な電話双方に及ぶ場合にも、私生活への介入を認定した[1]。本件においてあらためて、「住居」に職業・業務的活動の場所が含まれると明確にした点で、条約8条全体の解釈において条文の趣旨、目的から保護の対象を広くとらえる点でも大きな意味をもつと考えられる。

(2) 主要論点の解説

「私生活」という概念をどの程度広く捉えるか、ドイツ政府も援用したEC司法裁判所は、これを狭く解釈する傾向にあった。1989年9月21日のHoechst v. Commission事件判決は、住居の不可侵について、以下のような立場をとっていた。「共同体の法秩序において構成国に共通の法原則として自然人の私的な住居に関して認められる。しかしながら、同じことは事業に関しては妥当しない。なぜなら、自然人に関する構成国の法秩序と公権力による介入に対して職業上の建造物に与えられた保護の程度の間には、著しい相違があるからである」。そしてヨーロッパ人権条約8条について「この条文の防御的作用領域は、人間の私的自由の発展に関するものであり、それゆえ、職業上の建造物にまでは拡大され得ない。構成国の全ての法秩序において、すべての個人の私的領域への公権力による介入が、私人であれ、法人であれ法的根拠をもたねばならず、法によっておかれた根拠により正当化されねばならない」[2]。

このようなEC司法裁判所の立場に対して、権利への介入の認定において、ヨーロッパ人権裁判所は条約8条の「私生活」「住居」の概念を広く捉えている。人権委員会の報告書ではその前提として、弁護士と依頼人という関係の特殊性（秘密の遵守）を重視した[3]のに対して、ヨーロッパ人権裁判所はより一般的見地から、私生活から職業的生活を切り離すことの現実的困難を理由として、広く捉える概念を採用した。これは取扱いの平等という点からも根拠

付けられている。そうすることで、条約8条の趣旨を尊重する。このことから「通信」についても、限定的な解釈をとることに注意をうながす。

また、民主的社会における介入の必要性についても、捜索令状の内容について、対象に限定が加えられていないことや文書の不明確性を指摘する。そして弁護士と依頼人という関係における秘密保護の重要性を条約6条との関連付けからここで挙げ、目的との不均衡（比例性違反）を指摘し、介入の必要性を否定した。

(3) 判決の国内法への影響

訴訟当事国となったドイツでは、住居の不可侵については連邦共和国基本法13条1項に定められている。ここにいう「住居」の概念に、事務所や営業所を含むかについては、従来から争いがあった。13条をプライバシー保護と関連付ける立場は、事務所や営業所を除外し[4]、これに対して、人間の自己実現と結び付けて考える立場は、含むと解する。そして連邦憲法裁判所は、後者の立場、すなわち事務建物も含む広い意味において解釈してきた[5]。ただし、事務所や営業所といっても、「公衆の立ち入り」が禁止されているものか、公衆に解放されているものかで区別する必要があるとの指摘がなされている[6]。本件の人権裁判所はそれよりもさらに広く解釈をするものであり、今後のドイツの憲法学界、判例に与える影響は見守る必要があろう。

また、「住居」に対する介入として、2項で捜索について定めるが、連邦憲法裁判所は捜索を「国家機関が居住者が自ら進んであきらかにしたり提出しようとしないものを探し出すために行う、人物または事物の目的探索または事態の調査のための目的的探索である」[7]としている。

この介入は2項の条件が満たされた場合に許されるが、それは裁判官の命令によること、そして法律の定めた形式によることとされている。本件において、申立人も援用した、対応する法律であるドイツ刑事手続法103条は、刑事犯罪の容疑がかかっていない人物の住居および他の建造物の捜索は、罪に問

われている人物を逮捕するため、犯罪の証拠を捜査するため、または特別な対象を押収するためだけに許されると規定する。また、そして常にそのような人物、証拠、対象が建物内に発見されるであろうと指し示す事実が存在していることが前提とされる。捜索令状に関しても、具体的な措置の法的根拠として十分に明確に規定されたものでなければならず、捜索の範囲、限界、目的を定義しなければならない、と連邦憲法裁判所も述べて[8]おり、本件ヨーロッパ人権裁判所の判断と同様の立場をとっていると見受けられる。

(1) Huving v. France (24 April 1990), Series A no. 176-B, §8 and §25. その他 1989年3月30日の Chappell v. UK 事件も参照。

(2) Joind Cases 46/87 and 227/88 Hoechst v. Commission [1989] ECR 2859 at 2924. EC司法裁判所は、基本権の保護について「そのような保護の必要性は、共同体法の一般原則として承認されている」という点から、ヨーロッパ経済共同体条約のもといかなる捜査措置が過度であるかを決定する権力を裁判所が持っているとという結論を導き出している。1962年12月14日の San Mischele and others v. Commission 事件判決も同旨 (Joined Cases 5 to 11 and 13 to 15/62 [1962] ECR 449)。またこの判決は1989年10月17日の Dow Benelux v. Commission 事件判決 (Case 85/87 [1989] ECR 3137 at 3157) および Dow Chemical Iberica and others v. Commission 事件判決 (Joined Cases 97 to 99/87 [1989] ECR 3165 at 3185-6) において支持された。

(3) ドイツでは、弁護士は、正義の実現において独立の機関であり、全ての法律問題における独立した代理人であり、代表者であるとされており、弁護士による守秘義務の無権限の違反は最大1年の禁固もしくは科料で罰せられる (刑法203条1項)。また、弁護士は職業能力において打ち明けられたあらゆる事項に関する証拠の供与を拒否する権利を有する (刑事手続法53条1項、および3項)。

(4) Stein, StR, §34 II 1.
(5) BVerfGE 32, 54 ; E 76, 83.
(6) Grundrechte Staatsrecht II, 15., neubearbeitete Aufl., 1999 (永田秀樹他訳『現代ドイツ基本権』〔法律文化社、2001年〕315頁以下)。
(7) BVerfGE 76, 83 (89).
(8) BVerfGE 42, 212 (220).

なお本稿脱稿に前後して、横田直文「判例評釈 弁護士事務所に対する捜索と欧州人権条約第8条『住居』の尊重」慶應法学6号 (2006年) 359頁が発表されたことを記しておく。

ヨーロッパ評議会
(Palais de l'Europe)

56　外国人の在留と私生活・家族生活の尊重
犯罪を犯した外国人の追放と家族生活・私生活の尊重
――ブルティフ判決――

馬場　里美

Boultif v. Switzerland
2 August 2001, Reports 2001-IX

【事　実】

1967年にアルジェリアで出生し、1992年12月に観光ビザでスイスに入国したアルジェリア国籍の申立人は、1993年3月にスイス国籍の女性と結婚した。その後、申立人は、1994年4月に武器の不法所持および強盗の罪等で起訴され、1997年11月に2年の自由刑が確定し、1998年5月に刑の執行が開始された。

1998年5月、チューリッヒ州の担当部局は、申立人の在留許可の更新を拒否した。これに対する申立人の異議は、最終的に、1999年11月の連邦裁判所の次のような判断によって退けられた。「外国人の在留に関する連邦法10条1項によると、刑罰の対象となることは追放の条件の一つである。犯罪の重要性を考慮してなされた在留許可の不更新という措置は、秩序および公共の安全の防御という理由に基づくものである。申立人の服役中の態度〔きわめて良好であり、服役前後に受けた職業教育においてもよい評価を受けている〕は、自由な状況においてのものではないため、無関係である。さらに、申立人のほとんどの親族はアルジェリアに居住しており、申立人はスイスとの特に強いつながりの存在を証明していない。確かに申立人の配偶者がアルジェリアに赴くことは困難であろうが、不可能ではない。彼女はフランス語を話し、義母と電話で連絡を取ることができたからである。また、夫婦は、申立人がスイスに来る前に一定期間在留していたイタリアに居住することも可能である。」

このため、申立人は、1999年12月に、2000年1月15日以降無期限の入国禁止処分を受け、2000年1月15日、国外退去命令を受けた（ヨーロッパ人権裁判所（以下、人権裁判所という）における審理の時点では、イタリア在住）。

本件は、上記在留許可の不更新が夫婦の離別の原因となりヨーロッパ人権条約8条（以下、条約という）に違反しているとして、申立人より人権裁判所に付託されたものである。

【判　旨】

(1)　条約8条違反の主張について

(a)　条約8条によって保障される権利への介入の存在について

「条約は、外国人に特定の国への入国あるいは在留のいかなる権利も保障していない。しかしながら、近親の居住する国からある人を排除することは、条約8条1項が保障する家族生活の尊重の権利への介入となり得る（Moustaquim v. Belgique）」（§39）。本件において、アルジェリア国民である申立人は、スイス国民の配偶者を有する。したがって、申立人へのスイスにおける在留許可の不更新は、8条1項が保障する権利への介入となる（§40）が、介入が条約違反となるのは、それが8条2項の要請を満たしていない場合である。

(b)　「法律によって定められていること」

この点について争いはない。

(c)　「正当な目的」

連邦裁判所によると、不許可の理由は、犯罪の重大さと秩序および公共の安全の防御であるとされる（§44）。したがって、当該措置は、条約8条2項の

意味における「秩序の維持および犯罪の予防」であったと認められる (§45)。

(d) 「民主社会における必要性」

「国家は、公の秩序の確保において、確立された国際法の原則に基づいて、かつ条約に由来する約束に違反しない限りにおいて、外国人の入国および在留をコントロールする権利を行使することができる。このため、国家は犯罪を犯した外国人を自国の領土から追放することができる。しかしながら、その決定は、条約8条1項によって保護された権利への介入となる限りにおいて、民主社会において必要なものでなければならない。すなわち、重要な社会的必要性によって正当化されていること、とりわけ、正当な目的に比例していることが必要とされる (Dalia v. France、Mehemi v. France)」(§46)。

したがって、当裁判所の任務は、本件在留許可の不更新が、一方の申立人の家族生活を尊重される権利、他方の公共の秩序の保護と犯罪の予防という諸利益のあいだの正当な均衡が保たれているか否かを判断することである (§47)。

申立人の配偶者あるいは子どもが申立人の出身国で申立人と共に生活することが困難である場合についての「民主社会における必要性」の判断において当裁判所が考慮することは次のとおりである。「犯罪の性質および重大性、在留の期間、犯罪の遂行から経過した期間およびその間の申立人の行動、関係者の国籍、申立人の家族の状況、たとえば、婚姻の期間、その他夫婦の家族生活の実効性を示す要素、配偶者が申立人の犯罪を家族生活の開始時点から知っていたかどうか、嫡出子の有無と、その年齢」。さらに、配偶者が他方の配偶者の出身国に赴く場合の困難の重大性も考慮される。ただし、そのような困難の存在から直ちに追放が排除されるわけではない (§48)。

本件における検討は次のとおり。

(i) 申立人の犯した犯罪による公共の秩序および安全に対する危険性について

確かに、申立人は重大な犯罪によって自由を剝奪される刑に処されたが、当該犯罪は1994年に行われ、申立人はそれ以降2000年に出国するまで再犯を犯していない。また、刑に服する前に、申立人は、ウエイターの職業教育を受け、塗装工として働いていた。さらに、刑務所における申立人の態度は良好であり、早期出所が認められている。1999年5月から2000年に出国するまで庭師助手および電気技術者として就労しており、雇用が継続される可能性を有していた。したがって、申立人による犯罪によって、公共の秩序および安全に対する将来の危険性が認められるとしても、本件固有の事情により、当該危険性は軽減されることが認められる (§51)。

(ii) 申立人とその配偶者が他国 (アルジェリアおよびイタリア) で家族生活を継続する可能性について

アルジェリアにおける家族生活の継続の可能性については、申立人の配偶者はスイス国民であり、フランス語を話すことができ、義母と電話で連絡を取ってはいるが、アルジェリアで生活した経験はなく、家族のつながりもなく、アラビア語も解さない。したがって、申立人の配偶者が、申立人と共にアルジェリアへ行くことは期待できない (§53)。その他の国、とくにイタリアにおける家族生活の継続の可能性については、申立人は適法な在留資格を持たず、夫婦で在留資格が認められる可能性についての証明はなされていない。申立人による犯罪の性質にかんがみると、申立人の現在の在留地は決定的な要因ではない (§54)。

(e) 結 論

当裁判所は、申立人が他国で家族生活を継続することは実質的に不可能であるため、家族生活の形成に重大な妨害を受けたと認める。また、在留許可の不更新の決定の際、申立人が有していた公共の秩序に対する危険性は、かなり限定的なものであった。したがって、当裁判所は、権利に対する介入は、追求される目的に比例していないと考える (§55)。

したがって、条約8条の侵害があった (全員一致)。

(2) 条約41条の適用に関して
(a) 損　害
申立人は損害賠償の請求をしていないため、当裁判所は損害賠償を認めることを求められていない。
(b) 訴訟費用の支払い
国は申立人に対して訴訟費用として5346,70スイスフラン（CHF）を支払うよう命じる（全員一致）。

なお、判決には、三裁判官共同の同意意見が付されている。

【解　説】

(1) 外国人の入国・在留に関する権利

国際法上、国家の対外的な主権原理を理由として、外国人の入国・在留の自由は保障されていない。ヨーロッパ人権条約における外国人の入国・在留に関する規定も、第4議定書4条（集団的追放の禁止）および第7議定書1条（追放における手続的保障）のみであり、外国人の入国・在留・出国の権利それ自体を保護するものはない。

しかしながら、人権裁判所は、1985年のAbdulaziz, Cabales and Balkandali v. UK判決（28 May 1985, Series A no. 94, §§60-67）において、「国家は確立した国際法の原則に基づいて、外国人の入国・在留・追放をコントロールする権利を有する」ことを確認しつつも、「移民分野においてなされた措置が、家族生活の尊重の権利に制約を与える危険性を排除することはできない」とし、国家のこのような特権の行使が、対象となる外国人の条約上の権利の侵害となり得ることを認めた。そして、実際に1988年のBerrehab v. the Netherlands 判決（21 June 1988）では、離婚を理由とする在留許可の不更新によって面接交渉権が行使できなくなることが条約8条違反とされ、以降、出入国管理の分野における外国人の権利を8条を媒介として保護しようとする「間接的保護」の手法が定着することになる[1]。なかでも多くの事例が存在するのが、本判決のように、犯罪を犯した外国人の追放に関するものである。

(2) 外国人の追放と条約8条

外国人の追放が条約8条に違反するものであるか否かの判断は、他の場合と同様、まず同条1項との関係において、主張されている利益が保護される権利に含まれることと、当該権利への介入の有無が検討された後、介入が認められる場合には、同条2項との関係で、当該介入が正当な介入か、すなわち、①法律の根拠の有無、②目的の正当性、③民主社会における必要性、が検討される。もっとも、ほとんどの場合、争点となるのは、次の3点である。

(a) 保護される権利

条約8条によって保護される「家族」の範囲は、配偶者（事実上の関係も含む）と未成年の子が中心となるが、人権裁判所は比較的広く「家族生活および私生活」を認める傾向にあり、成年・未婚の外国人であっても、移民の二世や当該国で幼少時から生活している場合には、保護されるべき権利の存在が認められている（C. v. Belgium, 7 August 1996）。もっとも、後述のように、8条2項との関係で、すべての「家族生活および私生活」が同じように評価されるわけではないことに注意が必要である。

(b) 権利に対する介入と積極的義務

本件のような外国人の追放が、すでに存在する家族あるいは私生活に対する国家の介入となることについて争いはない[2]。これに対して、居住国において新たに家族を形成する場合（典型的には、家族の呼び寄せ）には、入国・在留を許可する積極的義務が国家に認められるかどうかが問題となる（Gül v. Switzerland, 19 February 1996, etc.）。人権裁判所は外国人が居住する国を選択する一般的な自由・権利は存在しない（Ahmut v. the Netherlands, 28 November 1998, Reports 1996-VI, §71）ことを繰り返し強調しているが、申立人の長女の呼び寄せが許可されなかったことが争われた事件において、申立人が複数の子どもとすでにオランダに居住することを理由に国家の積極的義務を認めた事例も存在する（Sen v. the Netherlands, 21 December 2001）。

(c) 民主社会における必要性

追放により条約8条1項が保障する権利に対する介入が認められる場合、条約違反の有無の判断においてもっとも重要なポイントとなるのがこの点である。一般に、「民主社会における必要性」は、重要な社会的必要性の存在、すなわち介入を受ける利益と正当な目的とのあいだの比例性を意味するとされている (Beldjoudi v. France, 26 March 1992, Series A no. 234-A, §74)。従来、国家の広い裁量の下にあるとされ、外国人の無権利性が際立っていたこの分野において、人権裁判所がこのような形で関与するようになった意義は大きい。この影響は、各国の国内裁判所の対応にも現れている。

しかしながら、何をもって「比例している」とするのかという、もっとも肝心な点についての判断基準の不明確さが早くから指摘されている。この点に関する判断要素の整理を試みたのが、本判決である。

(3) 比例性審査の判断基準——本判決の意義とその後の判例の展開

一般に、均衡が求められるのは、申立人の側における、問題となる家族・私生活の程度(重要性)と、国の利益との関係である。外国人が、何らかの理由で居住国の在留資格を得られないために、未成年の子どもとの離別を余儀なくされるというケースにおいては、当該外国人に犯罪歴がなく、対する国の利益が一般的な移民政策上の経済的福利にとどまる場合、家族生活の保護が優先される傾向にある (Berrehab, cited above; Cılız v. the Netherlands, 11 July 2000; Rodrigues da Silva and Hoogkamer v. the Netherlands, 31 January 2006)。これに対して、本件のように、犯罪を犯した外国人の追放が問題となる場合に考慮されることになる公の秩序・安全の防御といった利益は、国にとってより具体的かつ差し迫った利益であると認められやすいために、その判断は微妙なものとなる。

犯罪を犯した外国人の追放に関する判例は、最初に8条違反が認められた判決 (Moustaquim v. Belgique, 18 February 1991) 以来、その多くが、移民の二世を含む、幼少時から当該国家に居住している「統合された外国人」に関するものである。当初は、そのような外国人の利益を重視し、追放が8条に違反するとした判決が多くみられた。しかし、公の秩序の保護という国家の利益を適切に考慮していないとの批判を背景に、その後、判断の方向性が変化し、特に1996年以降の判決では、以前とほとんど同じ事案についても8条違反は認められていない。このため、人権裁判所の判断には一貫性がなく予測可能性に欠け、法的安定性を阻害すると批判されるようになった。裁判所は、一方における家族生活の権利と、他方における公の秩序の保護および犯罪の予防の必要性というもともと困難な比較について、一般的な基準を立てることなく、個別の事情に基づく判断を行ったため、それが、判断が恣意的であるという批判を招く一因となったのである[3]。この点について、本判決では、従来の判例において個別の事例ごとに人権裁判所が考慮していた要素をまとめて、一般的に提示する試みがなされている。

それによると、考慮されるべき要素は次の8点である。すなわち、①犯罪の性質および重大性、②追放に至るまでの在留の期間、③犯罪の遂行から経過した期間およびその間の申立人の行動、④家族の国籍、⑤申立人の家族の状況、たとえば、婚姻の期間、その他夫婦の家族生活の実効性を示す要素、⑥配偶者が申立人の犯罪を家族生活の開始時点から知っていたかどうか、⑦嫡出子の有無と、その年齢、⑧配偶者が他方の配偶者の出身国に赴く場合の法律上・事実上の困難さの程度(以上、§48)である。本判決の事案は、成人後に移住した外国人とその配偶者に関するものであるが、別の判決では、「移民の二世」あるいは幼少時より居住している外国人についても、居住国で「家族」を形成している場合には同じ要件が適用され、さらに、⑨当該外国人が、人生のほとんどを過ごした居住国との固有のつながり(教育、社会関係、固有のアイデンティティー)が考慮されることが示されている(Mokrani v. France, 15 July 2003, §§30-31)。狭義の「家族」のつながりが居住国で築

かれていない場合には、本判決に示された8つの要件のうち①〜③および⑨のみが適用される (Benhebba, cited above, §33)。

本判決を契機として、このように、比例性の審査において考慮されるべき要素が整理されたことには、つとに不明確さが指摘されるこの分野において、一定の意義が認められよう。しかしながら、これは、あくまでも考慮されるべき要素の列挙にとどまり、最も重要な判断基準、すなわち、どの要素をどの場合に優先するべきかについては依然として不明確なままである。実際、1996年以降国家の利益を重視する傾向にあった判例は、本判決が出された2001年を境に、今度は、再び外国人の利益の重視に戻っているとも指摘されている。もっとも、成人後の移住の場合に保護を認めた本判決にも表れているように、そこで考慮されていることは、移民二世の保護が念頭におかれていたと思われる初期の判例とは異なり[4]、本来の意味での「家族生活」の保護のようである。すなわち、①犯罪の程度が重大ではないと評価される場合には、成人後の移住であっても居住国に家族があり居住国以外での生活が困難な場合（本判決のほか、Yildiz v. Austria, 31 October 2002)、あるいは統合された外国人で未婚の場合 (Ezzouhdi v. Fracne, 13 February 2001; Radovanovic v. Austria, 22 April 2004)、いずれも8条違反が認められているが、②組織的な麻薬取引への関与などの重大とされる犯罪の場合には、居住国以外へ移動することが困難な家族がある場合には、「統合された外国人」であろうと (Mokrani, cited above,) なかろうと (Amrollahi v. Denmark, 11 July 2002)追放が8条違反とされたのに対し、未婚で成年の場合には、「統合された外国人」であっても追放が認められている (Benhebba, cited above.)。

しかし、「統合された外国人」の追放については当初より批判も強い。幼少時から構築された社会的環境という利益の重要性、および、判決の予測可能性・法的安定性の確保を根拠に、国籍国とのつながりが形式的な国籍のみであり、居住国において「準国民」といえる状態にある外国人については、家族の有無に関わらずその「私生活の尊重」を重視して、追放に関して国民に準じて扱い、国家反逆罪やテロ行為、麻薬取引組織の中心的存在である場合等、きわめて例外的な場合を除いて追放は許されないと解すべきであるとの見解も有力に主張されている[5]。

(1) 外国人の出入国の分野におけるこのような間接的保護の手法は、他に、3条についても適用されている。Soering 判決（本書 *14*)、Chahal 判決（本書 *15*）参照。

(2) 不法滞在のうえに築かれた生活が問題となる場合は別である。このような場合には、たとえ権利の存在自体は認められたとしても、当該国での家族生活継続に対する期待可能性がないとして、後述の比例審査において重視されない (Jakupovic v. Austria, 6 February 2003, §31.)。ただし、不法滞在であっても家族生活継続の期待可能性が認められた事例として、Rodrigues da Silva and Hoogkamer v. the Netherlands, 31 January 2006 参照。

(3) このあたりの経緯と関連する諸判例については、建石真公子「『ヨーロッパ人権基準』の確立における主権と人権——フランスの出入国管理〈退去強制〉とヨーロッパ人権条約第8条「私生活及び家族生活の尊重の権利」について」『国際化の中の分権と統合』157-161頁のほか、たとえば、次の文献を参照。I. Huet, La double peine et la Convention européenne des droits de l'homme, in P. Lambert et C. Pettiti (éd.), Les mesures relatives aux étrangers à l'épreuve de la Convention européenne des droits de l'homme, Bruylant, 2003, p. 61.

(4) J.-F. Renucci, Droit européen des droits de l'homme, 3e éd., LGDJ, 2002, pp. 318-319.

(5) 例えば、人権裁判所が国家の利益に重点を置く傾向が指摘されていた1996年から2001年に出された諸判決 (Boughanemi v. France, cited above, etc.) に付された反対意見参照。

[参考文献]

[1] H. Mock, Note de l'arrêt Boultif, RTDH, 2002, p. 483.

[2] F. Sudre *et al.*, Les grands arrêts de la Cour européenne des droits de l'homme, PUF, 2003, pp. 395-403.

[3] H. Fulchiron (dir.), Les étrangers et la C.E.D.H., LGDJ, 1999.

57 公的ケア下にいる子どもと交流する親の権利
家族の再統合という最終目的に反する子どもの公的ケアの実施方法は、条約8条に違反する
――オルソン（第1）判決――

山口　亮子

Olsson v. Sweden (no. 1)
24 March 1988, Series A no. 130（全員法廷）

【事　実】

スウェーデン・ゴーテンバーグ地区のソーシャル・カウンシルは、精神遅滞があったOlsson夫妻（申立人）の3人の子ども達に対して調査を行い、乳幼児の頃から不衛生な環境の下で、親から必要な監督や日常の刺激が与えられていないことを確認し、数回に及ぶ医師の診断に基づき、言語発達と知的能力の遅滞があることを認めた。そして約5回のケース会議を開き、両親に必要な世話と監督する能力がないことを理由として、1980年に3人の子どもの公的ケアを決定した。Olsson夫妻は2度その会議に出席していたが、公的ケア決定に同意しておらず、郡の行政裁判所に不服申立を行った。しかし却下され、1981年に行政控訴裁判所に控訴したが、ここでも却下され、ソーシャル・カウンシルの行った公的ケア決定が認容された。

その後、里親家庭にいる上の子どもを申立人が一時期隠匿した経緯もあり、ソーシャル・カウンシルは3人の子ども達をそれぞれ別々に、申立人から遠く離れた里親家庭に委託し、申立人と子ども達との面会交流（access）を2カ月毎、あるいは6週間毎に制限した。これに対して申立人は郡の行政裁判所に不服申立を行ったが、1983年に却下された。また、申立人は行政裁判所に3人の子ども達の公的ケア終了の申立をそれぞれ行ったが却下された。その後、1987年2月に行政控訴裁判所は上の子どもの公的ケアの終了を認容し、下2人の子ども達については却下している。

本件においては、スウェーデン社会福祉法（Social Services Act）の1960年法と1980年法（1982年1月1日施行）が根拠となる。1960年法では、「18歳未満の者が家庭で虐待されていたり、身体的または精神的健康を害する方法で扱われている場合、あるいはその者の発達がその両親または彼の成長に責任のある他の後見人によって危険にさらされている場合」（25条(a)）に、ソーシャル・カウンシルの介入を義務づけている。公的ケア決定につき1960年法は裁判所の決定を要しなかったが、1980年法で改正され、行政裁判所の審査が必要となった。公的ケア時の親子の面会交流および子どもの居場所の決定・通知については、いずれの立法も裁判所の介入なくソーシャル・カウンシルにより取り決められるとしている。公的ケアの終了についても、その判断はソーシャル・カウンシルにある。ただし、親はその判断に不服があれば、行政法に基づいて行政裁判所に不服申立ができる。特に1980年法は、親の面会交流、公的ケア開始場所の決定、委託決定の変更、親の面会交流に関する計画、公的ケアの終了、および子どもの居場所の秘匿のいずれについても行政裁判所に申立ができることを明らかにした。

申立人は、当該ソーシャル・カウンシルの行った公的ケア決定、面会交流制限などの公的ケアの実施方法、および公的ケアの継続について、ヨーロッパ人権条約（以下、条約という）8条違反として1983年にヨーロッパ人権委員会に申し立てた。本件は1987年にヨーロッパ人権裁判所に付託された。

【判　旨】

「親と子どもというそれぞれのつながりによる相

互の享受は、家族生活の基本的要素を構成する。さらに自然の家族関係は、子どもが公的ケアにおかれているという事実の理由によって終了されることはない〔W v. UK, Judgment of 8 July 1987〕。問題になっている手段は、申立人の家族生活を尊重する権利への介入である。このような介入は『法律に基づいて』いない限り、または8条2項の正当な目的を持っていない限り、あるいは前述の目的に対する『民主的社会に必要なもの』でない限り、8条違反となる。」（§59）

(1) 法律に基づいているか

スウェーデン法は公的ケア決定の実行に関して広い裁量を与えている。しかし実際には、公的ケア決定の状況を網羅する立法はなし得ないため、家庭に対する恣意的な介入に対する保護手段が必要となる。それは子どもの公的ケア、公的ケア終了の拒否、および公的ケア決定の実施のいずれの段階においても行政裁判所による審理により行われている。このことを考慮すると、法律により当局に与えられた裁量の範囲は、8条の目的に合理的かつ適切であると判断される（§62）。

(2) 正当な目的

関連するスウェーデン法は明確に子ども達を保護することを意図しており、その他の目的のために本件が適用されたことを示すものはない。本件の介入は8条2項の正当な目的に適っていた（§65）。

(3) 民主的社会において必要なもの

(a) 「必要なもの」の判断

その介入は急を要する社会の必要性に相当しており、かつ実施される目的に適っているものでなければならない（§67）。当裁判所は国家がその裁量の行使を注意深くかつ誠意を持って行ったかを特定するだけでは足りない。問題となっている決定のみではなく、事案を全体として見なければならず、介入の理由が「関連性がありかつ十分に必要なもの（relevant and sufficient）」であるか否かを判断しなければならない（§68）。また、8条においては一定の手続上の要件が求められる。先例では「親の利益を十分に保護するため、決定手続に関与させなければ」ならない（W v. UK）とされているが、本件ではOlsson夫妻は複数のケース会議およびカウンシルの決定会議に出席しており、司法手続においては法的に代理されており、この要件は満たされている（§71）。

(b) 公的ケアについて

強制介入の主たる理由は、両親が子ども達のニーズを満たし、刺激を与え、監督することができないため、子ども達は不十分な環境の中で生活してきたこと、子ども達には知的遅滞と言語発達の遅滞があったこと、予防的方法が何年も試みられてきたが改善しなかったことであり、Olsson夫妻が精神遅滞にあるということではない。スウェーデン当局は、特に予防方法が成功しなかったため、子どもたちを保護する必要があると考えるにつき合理的な権限があった。したがって当裁判所は、子どもの保護決定は「十分な」理由により支持されると認める（§§72-74）。

(c) 公的ケア終了の拒否について

行政裁判所で認定された公的ケア終了拒否の理由は、子どもが両親と会った後、里親家庭に戻って不安定になり以前の行動に戻ったこと、申立人が里親家庭およびカウンシルと協力できなかったこと、そして申立人は子ども達に十分な世話と教育を与えることが理解できず、その能力も欠いていたことであり、当裁判所は安定しているという確実な状況の改善がなされない限り公的ケアの終了をしないことが正当であると考察している。すなわち、再びすぐに保護されるのに両親のところに戻されるのは、子どもの利益に反することが明らかだからである。裁判所は、スウェーデン当局は保護決定をすることが必要であると考えるに「十分な」理由をもっていたと判断する（§§75-77）。

(d) 公的ケア決定の実施方法について

「公的ケア保護決定は、状況が許されればすぐ継続が打ち切られるという、一時的方法とみなされるべきであり、実施の方法はOlsson家族が再統合す

るという最終目的に一致すべきであった。しかしスウェーデン当局によりとられた方法は、このような目的と反対に走った。お互いが簡単にかつ定期的に会う方法に障害がおかれるならば、家族同士の結びつきと彼らの再統合がうまくいくという見込みは必然的に弱まるだろう。」(§81) 子ども達が親と遠く離された所に付託されたことは、彼らが交流する可能性に逆方向の影響を与えたに違いない。「調和的な関係を保てなかったことが部分的にこの距離のせいであることは否めない。」(§81)「スウェーデン当局が保護決定の実施を誠実に行わなかったということを示すものはないが、条約の用語の『必要な』手段を満たすには十分ではない。」(§82)

(e) 結論

「申立人の非協力的な態度はあっても、公的ケア決定の実施方法は正当な目的に対して正当化されるに『十分な』理由として支持されない。したがって、国内当局の評価の余地はあるが、それらは『民主的社会において必要なもの』ではない。」(§83)「決定それ自体又はその継続を除いて、公的ケア決定の実施方法は8条違反となる。」(§84)

(4) 条約3条、6条、および14条違反について

全員一致で、いずれについても違反はない。

(5) 第1議定書2条および条約13条違反について

全員一致で、いずれについても違反はない。

(6) 条約50条について

全員一致で、スウェーデン政府に非金銭損害賠償として20万スウェーデンクローネを、裁判費用と経費について計15万スウェーデンクローネを命じる。

(7) 反対意見等

なお、部分的反対意見（3名）として、「公的ケア決定の実施は8条違反ではない」、また、個別意見（5名）として、「緊急のケース以外に、事前の司法決定なく両親から子どもが引き離されることを受け入れることはできない」とするものがある。

【解説】

(1) 本判決の意義

本件は、ソーシャル・カウンシルが行った、子どもを公的ケアに保護した決定と公的ケア実施時の面会交流の制限、および公的ケア終了決定の3点が、条約8条の公の機関による家族生活への介入にあたるとして争われ、面会交流の制限のみが条約違反とされたものである。

本判決では親が子どもと会うことについて、特に「親の権利」という用語を用いて構成してはいないが、公的ケア下にいる子どもとの面会交流は、8条に言う「家庭生活および通信の尊重を受ける権利」として把握される。そしてここで主張されているのは、親が子どもに対して有する権利を基礎として、親が国家による介入の排除を請求する家族のプライバシー権であるととらえることができる。しかし、この親の権利は絶対的なものではなく、子どもの利益を害する場合は行政や司法が介入し得る。8条2項では、「法律に基づき」「民主的社会において必要」な場合は、公の機関による介入を認めている。そこで、その介入の基準は何かが問題となった。本件では、「問題となっている介入を正当化するために挙げられる理由が、8条2項の目的に照らして『関連性がありかつ十分に必要なもの』であること」を基準とした点で重要であり、この基準は以後の判例に引用されるに至っている[1]。

(2) 保護の目的

ヨーロッパ人権裁判所は、子どもを家庭から引き離し公的ケアに置くことの最終目的を、「家族の再統合」とした。しかし、児童虐待・ネグレクト防止法制において各国は、その最終目標を家族の再統合とするのか、あるいは子どもの早期の安定とするのか、これまでその両極端の方針を巡って揺れ動いてきた[2]。すなわち、家族の再統合をその最終目的に据えると、実親と長い間再統合を図れない子どもは他方で養子縁組もできず里親を転々とし、大人との絆を作れないまま里親漂流となる場合を多く生じさ

せる。反対に、早期の安定性を求めるのであれば、里親との心理学的絆を充実させ、親の権利を終了させて養子縁組を行う方針をとるために、再統合が無理となれば早急に親子の面会交流の制限を勧めることになる。このように、実親の関係と心理学的親の関係との葛藤は、本件をはじめ多くのケースで検討されている[3]が、本件は家族の再統合を児童保護の最終目的であると明確にしており、そのために親子の面会交流を重要視したのである。

(3) 行政による決定と裁判所の関与

反対意見で指摘されているように、事前の司法審査なく子どもを親から引き離し保護し得るかについては議論があるが、国により手続が異なる。本件多数意見はその国内法の妥当性については審査しなかったが、スウェーデンでは1980年法ではじめて、郡の行政裁判所による事前の司法審査が必要となった。本件は公的ケア決定当時、1960年法が適用されていたため、事前の司法審査を経なかった。しかし、当事者からの不服申立による行政裁判所における審理や、ケース会議・公的ケア決定会議への親権者の出席等を通して、8条が求める手続き上の要件は満たされていたと判断された。ただし、行政当局のサービスにつき、司法審査を伴うように改正されたのは公的ケア決定だけであり、面会交流などの公的ケアの実施方法、公的ケア終了決定については事前の司法審査ではなく、親権者による行政裁判所への申立による司法介入という手続をとっている。

児童保護における司法の役割については、わが国でも盛んに議論されている点であり、次に諸外国の制度を比較することが有効であろう。

(4) 日本法への示唆

本件にも引用されたW v. UKは、イギリス国内で1983年に面会交流の拒否や終了に対する裁判所の不服申立制度が創設され、1989年児童法で相当な面会交流の推定や裁判所による広範な関与が規定される背景となった事件[4]とされている。すなわち、イギリスではそれ以前、地方当局が行う子どもとの面会交流の終了という裁量決定に対して親は争う手段がなかった。そこで多くのケースがヨーロッパ人権委員会へ持ち込まれ、その判断を受けて国内法が改正されていったのである。

わが国では、児童福祉施設入所にあたり基本的には親権者等の同意によるが、同意がない場合には家庭裁判所の審判が必要となる。そして、このいわゆる28条審判で措置内容をどこまでするかが問題となっており、保護者等の面会通信については、28条審判の具体的な審査内容にはなっていない。入所後、保護者等による面会または通信は、児童相談所長または施設の長の判断により制限できることとされている。しかし、これに不服である場合、保護者等からの行政訴訟は困難である[5]。本件判例の意義は、公的保護下にいる子どもと親との交流が親子再統合という究極の目的の重要な手段であるということを明らかにしたことである。おそらくわが国も、親子の再統合を最終目的とする点では同様であろう。しかしそれにも拘わらず、行政側による具体的な面会通信の計画の審査や、親からの不服申立の詳細を欠くわが国の制度は、その重要性を軽視している嫌いがある。

さらに、わが国では措置解除の審判が存在せず、その必要性が議論されている。スウェーデンにおいてもこの決定に裁判所の事前審査は法定されておらず、その決定は行政側にある。しかし、行政法および1980年法により、親から行政裁判所へ終了要求の請求申立が可能となっており、司法によるチェック機能が存在している。行政裁判所のない諸外国では、通常の司法機関によりその終了が決定されている。わが国でも今後、措置解除の審査、および親権者が措置解除を請求する手段を確保すべく[6]、検討を行う必要があろう。

(5) Olsson判決のその後

本件は、国内法の妥当性を審査したものではない。したがって、スウェーデン国内では本件事件後もソーシャル・カウンシルは専門家の調査に基づき子ども達の公的ケアを継続している。そして1987年6月には下の2人の子どもについて里親家庭から移

動禁止とし、親との面会交流も制限した。これについて Olsson 夫妻は国内で不服申立をすると共に 1987 年にヨーロッパ人権委員会に申立、これは 1991 年に Olsson v. Sweden (no.2) としてヨーロッパ人権裁判所に付託された。

当裁判所は移動の禁止とその継続が「法律に基づいて」いるか、事案全体を見てこの介入が「関連性」がありかつ「十分に必要」なものであるかといった、本件 Olsson (no.1) で挙げられた要件に従い審査し、多数意見は、国内当局が親子を再統合させる義務を果たさなかったとは認められないとして、条約8条違反はないと判断した。ただし、子どもの移動禁止期間中において、立法上ソーシャル・カウンシルに面会交流の制限権限を付与する規定が欠けていたため、これに関しては全会一致で条約8条違反および6条1項違反と認めた(7)。なお、国内では 1990 年7月1日施行の 1990 年法で当該規定を設けており、法律の不備を解消している。

(1) 公的ケア下にいる子どもとの関係に関して、例えば Eriksson v. Sweden, 22 June 1989; Reime v. Sweden, 22 April 1992; Margarita and Roger Anderson v. Sweden, 25 February 1992; Olsson v. Sweden (No. 2), 27 November 1992, Johansen v. Norway, 7 August 1996; K and T v. Finland, 12 July 2001; Kutzner v. Germany, 26 February 2002; KA v. Finland, 14 January 2003 等がこの基準を引用している。そして、Eriksson、Anderson、Olsson (no. 2)、Johansen、Kutzner および KA では、親に対する面会交流の制限が8条違反となると判断されている。

(2) イギリスの 1975 年児童法では、子どもの早期の安定を重視し、家族再統合の見込みがなければ、当局の判断で親との接触を減らす傾向にあったが、その後ヨーロッパ人権裁判所への申立てもあり、面会交流に関して裁判所の関与を認め、行政による判断を審査する法制度へと変遷している。久保野恵美子「児童虐待への対応における裁判所の役割」『個を支えるもの』(東京大学出版会、2005 年) 211 頁以下。これに対してアメリカでは、親子の再統合を目的としていた 1980 年連邦法が 1997 年に改正され、里親漂流を減らし早期に安定した親子関係を創設するために、期限が来たら親子関係を終了させることを促進する現在の連邦法へと転換している。See, Martin Guggenheim, What's Wrong with Children's Rights, pp. 174-212 (2005).

(3) Courtney R. Howell, The Right to Respect for Family Life in the European Court of Human Rights, 34 U. of Louisville J. of Fam. L. 693, n 127 (1995); Eriksson v. Sweden, 22 June 1989; Rieme v. Sweden, 22 April 1992; W v. UK, 8 July 1987.

(4) 久保野・前掲注(2) 227 頁。

(5) 日本では、司法機関の承認を得て開始されたサービスに対して不服が生じた場合、行政訴訟を通して特定のサービスを請求することが困難となっているとされている。橋爪幸代「要保護児童の処遇に係る行政機関及び司法機関の役割(2・完)」上智法学論集 46 巻 2 号 (2003 年) 97 頁。

(6) 同上 100 頁。

(7) Olsson v. Sweden (no. 2), 27 November 1992.

ストラスブール旧市街

58 非嫡出子
非嫡出子に対する不利益取扱いと家族生活の尊重
——マルクス判決——

井上 典之

Marckx v. Belgium
13 June 1979, Series A no. 31（全員法廷）

【事　実】

　本件当時、ベルギー民法は、嫡出子と非嫡出子との間で家族関係において非常に大きな差異を設け、嫡出子との比較において非嫡出子に対して不利益的な取扱いを定めていた。非嫡出子の場合、出生届に記載された母の姓を名乗ることになるものの、出生の事実のみでは母子関係が確定せず、母子の間の親子関係を確定するためには母親の認知によるか、裁判所での認知手続によらなければならなかった。この母親による認知（あるいは裁判所による認知）も、母子の間の親子関係を確定する効果しか持たず、非嫡出子と母の家族との親族関係を形成しなかった。また、相続に関して、母の死による財産相続の場合、認知された非嫡出子は例外的相続人とされ、相続人となれたとしても非嫡出子は嫡出子の3/4の相続分しか認められなかったし、母は、遺言によっても非嫡出子には法定相続分以上の権利を付与することはできなかった（認知せずにいれば母は遺言で自由に自己の財産を非嫡出子である子に譲り渡すことができる）。なお、当然のことながら、非嫡出子は、母の親族（例えば非嫡出子の祖父母）の死の場合にも相続親族とされるものではなかった。未婚の母は、自己の子を養子にすることによって当該子の地位を改善することができるが、未婚の母との養子縁組も母と子の関係を嫡出子と同等にするだけで、養子となった非嫡出子と母の家族との間での親族関係を依然として形成するものではなかった。

　第一申立人（Paula Marckx〔マルクス〕）は、1973年10月16日、非嫡出子として第二申立人（Alexandra Marckx）を出産し、未婚の母となった。第二申立人との親子関係を確定するために、第一申立人は、1973年10月29日、当時のベルギー民法334条に基づき、彼女の娘である第二申立人を認知した。さらに、第一申立人は、1974年10月30日、ベルギー民法349条に従って第二申立人との養子縁組を申し立て、ベルギーの国内裁判所は、申立ての日をもって第二申立人との養子縁組を承認した。このような手続きを経たにもかかわらず、第二申立人は、第一申立人の家族との親族関係は認められず、さらに、相続権についても嫡出子より劣悪な地位しか認められていなかった。そこで、両申立人は、ベルギー民法の中の、非嫡出子の親子関係確定の方法とその効果についての規定、非嫡出子の家族・親族関係の範囲について規定、および非嫡出子の財産相続の権利の範囲についての規定、さらに非嫡出子の地位の改善のためには養子縁組しなければならないという規定に関して、条約8条、14条、第1議定書1条違反の申立を行った。

【判　旨】

　申立人の主張によると、本件では、婚姻外で出生したいわゆる非嫡出子および未婚の母に関するベルギー民法による規律が、条約8条、14条、第1議定書1条に違反するか否かが問題となっている。

(1) 本案前の問題

　ベルギー政府は、本件の申立人は認知も養子縁組も認められており、両申立人によって提起された問題は本質上理論的なものにすぎず、したがって、法律規定の条約との不一致を抽象的に判断するよう求

めているだけで、個人申立としてそれは認められないと主張する（§26）。しかし、当裁判所は、この見解に賛同することはできない。人権条約による当裁判所への個人申立は、個々の執行措置がなくても法律の効果による直接的な利害関係からの危険がある限り、申立人が法律そのものによって自己の権利が侵害されているとの主張によって認められる。本件の申立人は、彼女たちに直接適用されているベルギー民法の諸規定を攻撃しており、その諸規定によって非嫡出子ならびに未婚の母という法的地位が与えられている。当該法的地位によって権利を侵害された被害者であるか否かは本案の問題であって、本件の申立人が法律規定によって付与された法的地位による被害者であると主張する限り、個人申立は適法なものとして認められなければならない（§27）。

(2) 本案の理由の有無について

本件ではまず、条約8条の「家族生活の尊重」の意味と射程を明らかにしなければならない（§30）。条約8条の「家族生活の尊重」は嫡出子家族と非嫡出子家族の間を区別しておらず、このことは、条約14条の条約上確認された権利・自由の享受における差別の禁止によっても裏づけられる。また、8条は、個人の家族生活への公権力による恣意的な侵害から当該個人を保護する点に本質的な目的があるが、それだけではなく、家族生活の「尊重」に内在する積極的な国家の義務も含み、その点で、国家には、子が通常の家族生活を送ることができるようにするために出生によって家族の一員となれるよう法的保護を付与することを要請する。この領域で国家はその方法の選択について一定の裁量を認められるが、国内法秩序が上記の要請を充たしていない場合には、それは直ちに条約8条違反となる（§31）。さらに、条約14条は、条約や議定書の他の規範を補完する際に重要で独自の役割を果たし、条約等の権利保障規定との一致が問題となる措置が差別的性質を持つならば、それは関連規定と連携した14条との一致も問題とされることになり、本件では、8条とともに、8条と連携した14条も考慮されなければなら

ない（§32）。ある異なった取扱いが差別的とされるのは、「客観的で合理的な正当化理由が欠けている場合、すなわち、当該取扱いが正当な目標を追求しておらず、あるいは、採用された手段と追求される目標との間に適切な関連性が存在しない場合である」（§33）。国家が未婚の母と非嫡出子の普通の生活の展開に影響を及ぼす場合、国家は、あらゆる出生に基づく差別を回避しなければならない（§34）。

(a) 親子関係確定の方法について

ベルギー民法によると、非嫡出子の母との親子関係は、出生の事実あるいは母による出生届けの提出からは生じず、母による子の認知ないし裁判による認知によらなければならない（§35）。この認知は、親子関係についての宣言的効果を持つだけで、それによって親族や相続における形成的効果を生み出さず、逆に、相続に際して母に自己の財産処分についての制限を課すという負担を負わせることになる。また、たとえ認知が出生の時点に遡って親子関係の確認的効果を発生するとしても、出生のまさにその時点では、非嫡出子には法的意味での母はおらず、これらの点を考慮すれば、このような規制は、家族生活の通常の展開を妨げており、家族生活の尊重とは一致せず、申立人に不利益を課すという点で条約8条に違反する（§§36-37）。

未婚の母とその子との間の親子関係の確定については、既婚の母と嫡出子との間の親子関係の確定との比較において、条約8条と連携した14条に違反する許されない差別が存在する。確かに、伝統的な家族を保護し、それを促進することは正当といえる。しかし、この目的を達成するために、非嫡出子の家族に負担をかけるような措置が必要であるとはいえない。嫡出子家族の場合、出生によって法的意味でも親子関係が確定するが、非嫡出家族の場合にはそうでないとされ、場合によっては母が不存在のままで過ごさなければならない危険もある。法的意味での親子関係の確定についての利益は、非嫡出子も嫡出子もかわりはない。非嫡出子家族のメンバーも、伝統的家族のメンバーと同じく、条約8条の保障を

享受する。さらに、ヨーロッパの多くの国、例えば、ドイツやイギリス、オランダ、フランス、イタリアなどでは、親子関係に関する伝統的構造を修正し、嫡出子と非嫡出子との間の完全な同権を達成しようとする改善措置がとられるようになり、その点で、「母は常に確定している (mater semper certa est)」との命題を法的に承認しようとする方向に向かっている (§§39-41)。

(b) 非嫡出子の家族の限定について

ベルギー民法では、嫡出子は、出生により両親の家族との間で自動的に親族関係が形成されるが、非嫡出子の場合、認知さらに養子縁組によっても母の家族との親族関係は形成されない。そのために、相続においてだけでなく、扶養・監護義務や未成年者の婚姻における同意という点でも、非嫡出子は不利益を被っている (§44)。条約8条の意味での「家族生活」には、近親者、とりわけ祖父母と孫の間の関係も含む。そのように理解された家族生活の尊重は、これらの関係の普通の発展を可能とする国家の義務を根拠づける。したがって、子がその母の家族のメンバーとなれず、母との親子関係の確定が母子関係のみの効果しか持たないことは、未婚の母と当該母によって認知された子の家族生活の発展を妨げることになり、条約8条に違反する (§45)。

相続以外の問題に関連して、非嫡出子の家族の限定は、嫡出子との比較において、条約8条と連携した14条にも違反する差別となる。確かに、非嫡出子が嫡出子と同じように母の家族のメンバーとされるならば、時として婚姻家族の平穏が害される場合も考えられる。しかし、嫡出か否かにかかわらず、子は、普通の家族生活を送るという利益を有しており、この点で非嫡出子も嫡出子とかわりないことに鑑みれば、婚姻家族の平穏の保護も、非嫡出子から家族生活の尊重により保障される基本権を剥奪する正当な理由とはならない (§48)。

(c) 相続権の問題について

ベルギー民法によると、嫡出子は出生によって親や親の親族に対して完全な相続権を有するが、非嫡出子は、認知されない限り母の財産に対する相続権を持たず、養子縁組されない限り嫡出子と同じ相続権を持たない。また、非嫡出子は、認知や養子縁組によっても母の家族に対する相続権を持たない。また、未婚の母は、認知後養子縁組をしない限り、遺言によっても非嫡出子には法定相続分以上の持分を相続させることができない。これらの点で、そのような相続権および母の財産処分に関する権利の制限は、条約8条と連携した14条さらに第1議定書1条に違反する。

相続権は、被相続人の死によって通常行使可能となることから、家族生活と密接に関係する (§52)。しかし、条約8条は、子が親の死によって財産を相続できるようにしなければならないということを要請しているわけではなく、相続権は、通常の家族生活を送るために必要不可欠のものというわけでもない。したがって、相続権の制限が8条それ自体に違反することにはならない (§53) が、相続権における非嫡出子と嫡出子との間の相違は8条と連携した14条の問題を提起する (§54)。というのも、非嫡出子が嫡出子と同等の権利を持つためには、養子縁組という本来他人の子との法関係形成手続を使わなければならず、その手続は親のイニシアティブに依存するからである (§55)。また、非嫡出子は養子縁組をしても母の家族の相続権を持たないが、そもそも養子縁組をしなければならないという点に差別の不合理性が見出せる以上、それをしても嫡出子と異なり非嫡出子が母の家族の相続権を持たないことに合理的で客観的な正当化理由は存在しない (§56)。

条約8条は、母に自己の財産を死後子に委ねる自由を保障するものではないが、この点に関して未婚の母と既婚の母との間に存する差異は、客観的で合理的な正当化理由を見出すことができず、条約8条と連携した14条に違反する (§§61-62)。また、自己の財産を処分する権利は、第1議定書1条の財産権の尊重の基本的な構成要素に属する。この権利は、第1議定書1条によると「一般的利益に基づいて財産の利用を規制するため」の法律によって制約可能

となるが、自己の財産に関する子への譲り渡しについて規制されているのは未婚の母だけであり、既婚の母にはそのような規制はなく、この点について客観的で合理的な正当化理由は見出せず、第1議定書1条と連携した条約14条に違反する（§§63-65）。

(3) 条約3条と12条について

申立人は、問題の法律規定が条約3条の意味での「品位を傷つける取扱い」にあたり、条約12条の婚姻する権利を侵害すると主張している。しかし、問題とされる法律規定は、条約3条が適用される取扱いに該当するとは認められず（§66）、また、ベルギー民法典に婚姻し、あるいは未婚でいることを妨げるような規定は存在せず（§67）、本件でこれらの権利侵害について判断する必要はない（裁判官全員一致の判断）。

(4) 結　論

当裁判所は、本件申立が適法であるということ（14人の裁判官の判断）、ベルギー民法による非嫡出子の親子関係確定の方法、非嫡出子の家族の限定ならびに非嫡出子の相続権および未婚の母の財産処分に対する制限が条約8条（10人の裁判官の判断）、8条と連携した14条（13人の裁判官の判断）、第1議定書1条と連携した条約14条（10人の裁判官の判断）に違反することを確認する。この判断は、本質的に確認的性格を持つにすぎず、国内法での改革については関係国の選択の余地に委ね、さらに、この条約違反の確認は、関係国に、判決以前に存在していた法状況を遡及的に問題にするよう義務づけるものではない。

なお、判決には、以上の条約8条単独の違反については4人の裁判官が「家族生活の尊重」そのものの侵害はないとの判断から反対意見を、8条と連携した14条違反については1人の裁判官が当時の社会的状況から不合理な差別にはあたらないとの判断から反対意見を、母の財産処分に関するに対する第1議定書1条と連携した条約14条違反については4人の裁判官が本件の申立人に関する限り問題にはならないとの判断から反対意見をそれぞれ付してい

る。また、本件は個人申立としては不適法であり、実体判断についても抽象的審査として認められないとの1人の裁判官の反対意見が付されている。

【解　説】

(1) 本判決の意義・特徴

本判決[1]は、「出生に基づくこどもの差別の禁止を、家族におけるこどもの人格の保護として」、婚姻外で生まれた非嫡出子「とその母及び母の親族とが『家族』に該当することを認めたという意味で、ヨーロッパ人権裁判所判決の中でもリーディングケースとなっている」[2]と指摘されるように、条約8条の「家族生活の尊重」の理解と14条の「出生による差別禁止」について非常に大きな意味を持つといえる。ただ、その背景には、当時のヨーロッパ諸国での国内法における変化を挙げることができ、それを人権裁判所が判断の中で考慮している点にも大きな特徴を見出すことができる[3]。さらに、本判決は、「家族生活の尊重」に関する本案判断を下す前提として、人権裁判所への個人申立に関しても、また、人権裁判所の判決の確認的（ないしは宣言的）性格を強調する点に関しても、大きな特徴があるといえる。

(2) 法律に対する個人申立

人権裁判所への個人申立は、人権条約における権利保護システムの重要な手段であり、人権条約（および議定書）による権利保障を実効的なものとするために不可欠のものとなっている[4]。ただ、この申立が受理されるためには、人権条約等で保障された権利が条約締約国によって侵害されていることを申立人は主張[5]しなければならない。本件では、この点に関して、申立人は何ら権利侵害を被っていないとして、本件の申立を受理すると法律の条約との抽象的審査になるとのベルギー政府による主張がなされていた。これに対して、人権裁判所は、法律の執行行為がなくても、異議申立人がそれによって直接権利侵害を被っていると主張する法律規定に対して異議を申し立てている以上、それは適法として受理されると判示した。その結果、攻撃される条約締約

国の法律を含む高権的行為ないし不作為によって条約上の権利が侵害され、それとの直接的な利害関係を有しているとの主張を申立人が行えば、人権裁判所への個人申立は受理されることになったといわれることになる(6)。

(3) 条約8条の家族生活の尊重の意味

(i)「家族生活」概念の拡張

本判決は、具体的な本案の問題の判断に先立って、条約8条の「家族生活の尊重」の意味を明らかにする。というのも、人権条約には家族関係における子や親の権利を直接保障する規定は存在せず、また、本件では第一申立人と第二申立人の間の婚姻外での出生による自然的な親子関係がまず8条によって保護されうる家族生活になるのか否かが問題となっていたからである。条約8条は、1項で「すべての者は、その私生活、家族生活、住居及び通信の尊重を受ける権利を有する」としたうえで、2項で民主的社会にとって必要とされる国家や公共の安全、経済的安寧、秩序の維持、犯罪行為の防止、道徳や他者の健康・権利・自由の保護というこの権利に対する制約事由を列挙している。本判決は、8条1項の権利が「すべての者」に保障されているという点で、法的な婚姻関係にある伝統的な家族と婚姻関係によらずに出生した子を育てている家族との間の区別を否定し、婚姻外で生まれた子であっても母が出生によって当該子に対する責任を引き受け、養育している以上、そのような母と子の間には事実上の家族生活が存在していることから、両者ともに8条によって保護されるべき「家族生活」に含まれるとの判断を下す。さらに、祖父母と孫との関係も家族内部では重要な役割を果たし、通常の家族生活を送る上で必要とされるという理由から、8条の「家族生活の尊重」の保護を受けるものとされる。その結果、条約8条の「家族生活」は、非常に広く理解されるようになり、親の法的な意味での婚姻の事実の有無にかかわらず、親と子、親の家族と子の関係は8条の意味での「家族生活」に含まれるようになり、このような「家族生活」概念の拡張に鑑みて、もはや伝統的な家族だけでなく、法的・形式的な結合に依拠しない生活共同体が8条によって保護されるようになっていったと指摘(7)されることになる。

(ii) 条約8条からの国家の積極的義務

さらに、本判決は、8条によって保障される権利の侵害についても重要な判断を下す。まず、この権利が制約できるのは8条2項に列挙された事由に限定されているとし、同時に、8条1項には事実上家族生活を尊重するための国家の積極的義務も含まれ、国家の措置が出生によって子が家族のメンバーとしての通常の家族生活を送る上で障害になるならば、それは2項に列挙された事由による制約になるか否かの審査をすることなく、直ちに1項の権利侵害になるとの判断が下される。したがって、認知や養子縁組という手段を用いなければ親子関係が確立せず、嫡出子と同等の権利が付与されない地位に置かれた非嫡出子は、通常の家族生活を送ることを法によって妨げられており、それが8条の権利を侵害すると判断されている。ただし、相続権や自己の死後の財産処分の親の権利に関連する判断から、本判決は、当該権利が通常の家族生活を送るために必要とまではいえないという理由で、子が親の財産について一定の相続分を主張し、親が自己の死後子に財産を委ねうることまで8条が要請していないとして、それらの権利の制限は8条の権利そのものの侵害にはならないとしている。

(4) 非嫡出子・未婚の母に対する不利益取扱いと差別の禁止

家族生活の尊重についての権利が差別的な取扱いを受けている場合、それは条約8条の権利についての差別禁止の問題として14条が考慮されることになる。本判決の判断の結果、とりわけ嫡出子と非嫡出子との間の相違が条約8条の権利享受における不利益的取扱いとして条約14条の「出生による差別禁止」の問題とされるようになったと指摘されている(8)。そして、そこから、非嫡出子が母ならびに母の家族との関係について嫡出子と異なった取扱いを受けることが客観的で合理的な理由のない差別とさ

れると共に、非嫡出子の相続権に関する不利益的取扱い、未婚の母と既婚の母との間の子への財産相続に関する異なった取扱いも不合理な差別と判断される。ただ、これらの判断から、条約14条は、条約（ないしは議定書）において保障された権利・自由の享受と結びつき、権利・自由享受における異なった取扱いが問題にされる場合にのみ、当該権利・自由を保障する条約の規定と連携してのみ取り上げられるにすぎないこと、その場合の14条違反の審査は、権利・自由享受における不利益的取扱いに客観的で合理的な正当化理由が存在するか否かを基準にすることが明らかにされている(9)。

本判決は、ここでの問題の審査において、伝統的な家族の保護・促進、婚姻家族の保護を正当な目的としつつも、その目的達成の手段として非嫡出子家族に負担を課すことに客観的で合理的な理由を見出せないとして、いわゆる目的審査と手段審査の手法を採用している。その意味で、嫡出子家族と非嫡出子家族の区別自体が正当なものといえるのか否かについての判断は下されていない。ここでは、権利享受に対する不利益的取扱いに正当化理由が存しないとの判断が下されているだけである。その意味で、人の区別の正当性判断という本来の平等審査が行われているか否かは明らかとはいえない状態にある。これは、条約14条についての人権裁判所の理解も関係するが、それと共に、家族関係といった道徳や文化と関連する領域での問題の処理における難しさを暗示している。ただ、そうではあっても、本判決は、条約締約国での非嫡出子に対する処遇の改善傾向を指摘することで伝統的な規律による不利益的取扱いを条約違反と判断している点は、一般市民が保守的になりがちな領域での少数者の権利保護のあり方として、一つの有意義な手法を示すものということができる。なお、未婚の母の財産処分に関する規制の領域で、第1議定書1条の財産権の尊重に関する判断では、相続権ないしは相続における財産処分そのものが当該条項によって保護されているとの判断は下されておらず、ただ、生きている人間の現実的な財産の処分に関する規制という未婚の母にのみ課せられた不利益的取扱いが問題とされていることは注意しておく必要があるとの指摘がなされている(10)。

(5) 判決の効果と影響

非嫡出子に関する問題は、日本でも家族法全般のあり方に関わると指摘(11)されるように、本件でも、ベルギー政府は、「母は常に確定している」との命題を実現するには婚外子に関する新たな秩序を全体的に構築しなければならず、また、家族関係や相続権の問題についても、その制限が条約違反とされれば、改善のために家族法全般の見直しが必要になり、さらに、遡及的な効果まで考えなければならないという厄介な問題を提起するとの主張を行っていた。これに対して、人権裁判所は、判決で条約違反とされた領域での対応が人権条約上は必要とされるにすぎず、それ故に本件では非嫡出子ならびにその母についての民法規定の改善が必要となるだけで、それ以上の全体的規律についての判断は関係国の自由に委ねられているとして、判決による関係国への義務づけを限定する（§42）。さらに、人権裁判所による条約違反の判断は、本質的に確認的性格を有するだけで、条約違反とされた関係国の高権的行為（法律規定）を無効にする効果を持たず、したがって問題に遡及的に対処する義務を発生させるものではないとの判断（§58）も示される。ここには、人権裁判所による人権条約違反の判断がもたらすであろう影響の大きさから、裁判所に提起された問題に対する消極的な判断を引き出そうとする関係国の抗弁を封じることによって、条約により保障された権利・自由の実現をより積極的に行おうとする人権裁判所の使命の実施に対する強い意思の現れを垣間見ることができる。

本判決時点で、人権裁判所が指摘するとおり、ヨーロッパ評議会諸国は非嫡出子と嫡出子の権利の平等化の方向へと向かっていた(12)。そして、家族関係における平等の要請が社会的に高まっていたこともあって、人権裁判所は、ヨーロッパ評議会諸国

の国内法の発展も考慮することで、「人権条約は今日的関係に照らして解釈されなければならない」(§41) とする。このような解釈方法は、一国内の国内法の場合とは異なり、国際法としての人権条約で保障される権利の実現状態が条約締約国の間で異なることをある意味で問題視することもできるという点を考慮して、条約締約国間での共通基準となるべき人権条約の内容についての理解を導き出す当然の方法ということができる。そして、このような手法を採用して、条約8条の「家族生活の尊重」の広い理解と14条による差別禁止を組み合わせることで、非嫡出子および未婚の母に対して伝統的な家族像から不利益的取扱いを規定していたベルギー民法の諸規定を条約違反と判断した本判決は、ベルギー民法の改正という関係国での改善だけにとどまらず、その後のヨーロッパ人権条約締約国全体での非嫡出子に対する不利益的取扱いの撤廃へと強く方向づけることになったということができるであろう(13)。

(1) 本稿では、本判決の全文についてインターネットでダウンロードしたものとともに、NJW, 1979, S. 2449 に掲載されたものを利用していることをここでお断りしておく。

(2) この指摘については、建石真公子「婚外子相続分差別に関するヨーロッパ人権裁判所判決」国際人権14号 (2003年) 110頁、112-113頁参照。

(3) この点について、薬師寺公夫・小畑郁・村上正直・坂元茂樹『国際人権法』(日本評論社、2006年) 43-44頁 (坂元執筆) では、「人権条約は、社会的な変化など今日的条件に照らして解釈されなければなら」ず、この姿勢は「1979年のマルクス事件でも採用され、欧州人権裁判所は、欧州評議会の大多数の国の国内法の発展という事実を無視することができないと判示」するという特徴を指摘している。

(4) MEYER-LADEWIG, Jens, Europäische Menschenrechtskonvention, Handkommentar, 2. Aufl., 2006, S. 265.

(5) 現行条約34条1文は「裁判所は、締約国の一による条約又は議定書に定める権利の侵害の被害者であると主張する自然人、非政府団体又は集団からの申立を受理することができる」と個人申立の手続を規定している。ただ、本判決の時点では、旧25条によって個人申立の手続が規定されており、そこではまず個人は委員会に権利侵害を申し立て、委員会による一定の宣言の後にはじめて裁判所の管轄に委ねられることになっており (旧46条)、本件では、委員会が「ベルギーの法律が申立人の条約8条、8条と連携した14条および第1議定書1条と連携した14条に違反するか否かの決定」を人権裁判所に付託したことから、個人申立として人権裁判所の管轄が発生して判決に至ったものである。

(6) EHLERS, Dirk, Allgemeine Lehre, in: EHLERS (Hrsg.), Europäische Grundrechte und Grundfreiheiten, 2. Aufl., 2005, S. 55.

(7) UERPMANN-WITTZACK, Robert, Höchstpersönliche Recht und Diskriminierungsverbot, in: EHLERS (Hrsg.), Europäische Grundrechte und Grundfreiheiten, 2. Aufl. (2005), S. 66f.

(8) MEYER-LADEWIG (Fn. 4), S. 235.

(9) UERPMANN-WITTZACK (Fn. 7), S. 88. なお、ここでは、14条のこのような特徴から、条約締約国の行為が人権条約 (ならびに議定書) においてテーマ化されていないような領域で問題を提起するならば、平等違反の問題も提起し得ないことになるとの指摘がなされている。ただし、2000年11月4日に締結された第12議定書は、条約14条のこのような特徴を補完するために、一般的差別禁止の権利を定式化していると言われている。

(10) WEGENER, Bernhard W., Wirtschaftsgrundrecht, in: EHLERS (Hrsg.), Europäische Grundrechte und Grundfreiheiten, 2. Aufl. (2005), S. 136.

(11) この点に関して、日本の最高裁は、非嫡出子相続分差別事件 (最大決1995 (H7) 年7月5日民集49巻7号1789頁) で、「被相続人の財産を誰に、どのように承継させるか」についての相続制度は、「それぞれの国の伝統、社会事情、国民感情なども考慮」して決定されなければならず、「家族というものをどのように考えるかということと密接に関係しているのであって、その国における婚姻ないし親子関係に対する規律等を離れてこれを定めることはできない」としている。

(12) 例えば、本判決の10年前である1969年、ドイツでは、「嫡出でない子に対しては、法律制定によって、肉体的および精神的成長について、ならびに社会におけるその地位について、嫡出子に対すると同様の条件が創られなければならない」とする基本法6条5項を追加して、憲法上非嫡出子に対する差別の排除を規定するに至っている。

(13) 本判決が持つこのような特徴と、本判決後のヨーロッパ評議会諸国の動きについては、建石 (前掲注(2)) 112-114頁参照。

[参考文献]
[1] JAYME, Erik, Europäische Menschenrechtskonvention und deutsches Nichtehelichenrecht, NJW(1979), S. 2425-2429.
[2] SPENCER, Maureen & SPENCER, John, Human Rights Law in a Nutshell, 2nd ed., 2004, p. 98-99.

59 婚姻の権利
一定期間の再婚制限規定は婚姻する権利を侵害する
——Ｆ対スイス判決——

三木　妙子

F. v. Switzerland
18 December 1987, Series A no. 128（全員法廷）

【事　実】

　申立人Ｆ男は、1983年２月26日、それより１カ月半前に秘書募集の広告に応じて現れたＮ女と３度目の婚姻をした。婚姻成立後１週間を経ないうちに、これといった理由を示すことなくＮ女に離婚の意思を告げ、同年３月11日、ローザンヌの民事裁判所に離婚の訴を提起した。４月初旬には申立人と元のミストレスとの関係が復活した。Ｎ女はやむなく申立人の許を去り、６月21日に離婚の反訴を提起した。裁判所は、10月21日、Ｆ男の請求を棄却し、Ｎ女の反訴を認容した。その際裁判所は、ＦＮ間の婚姻の破綻が専らＦ男の責めに帰すべき事由に起因するとして、スイス民法典150条に基づき、Ｆ男に３年間の再婚禁止命令を下した。150条は、裁判官の裁量により１年以上３年未満の期間、有責配偶者の再婚を禁止するための規定である。離婚判決は同年12月21日に確定した。

　Ｆ男は、再婚禁止命令はヨーロッパ人権条約12条に違反するとして、その取消をヴォー州裁判所上訴部に申し立てたが、認められなかった。Ｆ男の連邦裁判所への上訴も1984年10月18日に棄却された。

　それらの判決により国内的な救済措置が尽くされると、Ｆ男は、人権条約12条、８条および３条に基づく権利の侵害があったと主張してヨーロッパ人権委員会（以下、人権委員会という）に申し立てた。1985年12月12日には12条に基づく申立のみが人権委員会によって受理された。翌年７月14日に人権委員会は10対７で150条が12条に違反するとの報告書を作成した。

　その後事件がヨーロッパ人権裁判所（以下、人権裁判所という）に付託されると、相手方スイス連邦政府は、以下の理由により、本件における150条の適用は不合理でも恣意的でもなく、また比例性に欠ける（disproportionate）こともないと主張した。

　①婚姻上の有責行為はスイス離婚法の基盤の一部を成している。そこで、有責者の再婚の一時的制限規定は、制度としての婚姻を保護しようという立法部の決意の表明であると説明することができる。

　②150条は婚姻制度のみならず、他者の権利およびその制限規定によって影響を受ける者の権利をも保護するという立法部の決意表明でもある。

　③Johnston事件（Johnston and others v. Ireland [PC], 18 December 1986）の申立人はアイルランドが離婚を認めないため、妻と離婚して、長年同棲関係にある女性と再婚できないことが12条に違反すると主張した。人権裁判所は、離婚する権利ははじめから人権条約に含まれていなかったという理由で、離婚して再婚する権利は条約の発展的解釈をもってしても認めることができないと判断した。Johnston事件判決においてアイルランドの離婚の全面禁止が12条の保障する権利の侵害には当たらないとされたのであるから、きわめて特異な状況において課せられる一時的再婚制限にすぎない規定は、なおのこと12条違反とは認められない。

　④150条による制裁が婚姻する権利の行使に対する介入であることは間違いない。しかし、それは婚姻する権利の本質そのもの（the very essence）を損傷してはいない。

【判　旨】

人権裁判所は、1987年12月18日に9対8でスイス民法典150条は人権条約12条に違反すると判決した。主要な論点と裁判所の見解は、以下に要約するとおりである。

(1) 裁判所による条約解釈の基本的立場

150条のような一時的再婚制限規定は、1976年にドイツ連邦で、1983年にオーストリアで廃止される等、スイス以外の締約国ではもはや存在しない「しかしながら、だんだんと事態が進展し、ついにはある一国がその国の立法の一側面でひとり取り残された状態にあることがわかった場合、この事実は、必ずしもその側面が人権条約に違反していることを意味するわけではない。各社会の文化的・歴史的伝統、およびその社会の家族単位にかかわる根強い観念とかくも密接にからみ合っている分野——婚姻——においては、とりわけそうなのである」(§33)。

(2) 目的と手段との比例性

(a) 婚姻の安定性の維持

「当裁判所は、婚姻の安定性が正当な目的(a legitimate aim)であり、公けの利益に属することを認める。当裁判所は、その目的を達成するために用いられたこの〔150条という〕手段がその目的達成にとってふさわしい(appropriate)ものであるかどうかについて疑念をもっている」(§36)。

スイス国内においても、連邦の司法・警察省によって任命された「家族法の一部改正に関する研究グループ」が1965年に150条の廃止を勧告していた。さらには1974〜76年に離婚に関する諸規定を検討した「家族法改正専門委員会」が同様の提案を繰り返していた。そして、それらの専門家も当裁判所と「同様の疑念を抱いていたようにみえる」(§36)。

(b) 他者および有責者本人の保護

「当裁判所は、一時的再婚制限が他者の権利、すなわち〔有責の〕離婚者の将来の配偶者の権利を守ることを意図しているという議論を受け入れることができない」(§36)。

「申立人の将来の妻が未成年者でなく、精神障害者でもないとしたら、彼女の権利は問題とされている規定によって保護されていたとは、到底いうことができない」。それどころか、次のように議論を展開する。F女と前夫との離婚の際F女自身に課せられた再婚制限期間は1986年5月22日に終了していた。F男の3年の制限期間が満了したのは同年12月21日であった。そして、F男とF女の婚姻が実際に成立したのは1987年1月23日であった。その間(「およそ7・8カ月」)「申立人の将来の妻は、F男に影響する規定によって直接的に不当な処遇を受けていたと考えることができよう」(§36)。

150条は有責者本人に対しても、熟慮するための時間をとることを強制しており、そのことによって同条は本人自身の保護にも役立っているという相手方政府の見解について、「当裁判所は、そのような議論は、精神能力を備えた成年者の場合には、攻撃されている介入を正当化するための十分な重みをもっていないと考える」(§37)。

さらに、150条は未出生の子に不利益を及ぼしはしないか。スイス法のもとで、「婚外子は今では婚内子とほとんど同一の権利を有しており、したがって『嫡出でない子』という概念は、スイス法にはもはや存在しないということは認められてよい」。しかし、「婚外子がある種の偏見に苦しめられ、それゆえ社会的にハンディキャップを負うというのはありうることである。本件において申立人の子は父母の婚姻から1カ月後に生まれたが、その出生前に父母の一方が死亡したり、あるいは婚姻成立のための形式的要件の充足に手間取るといった場合だってありえたはずである。そうなると、その子が婚外子として生まれることは十分ありえたことであろう」(§36)。

(3) Johnston 事件判決との区別

相手方政府がJohnston事件判決に依拠し、そこから導いた議論について、「当裁判所は、かかる議論によって説得されるものではない」(§38)。Deweer事件判決 (27 February 1980, §53) において

述べられたように、「人権条約は一定の条件下で、ある種のきわめて重大な態様の取扱いを許容する。……他方それと同時に、比較するとむしろ軽微とみることのできる態様の取扱いを禁止することがある」からである。

なお、F男の置かれた状況とJohnstonのそれとは著しく異なる。後者では、配偶者のある者の婚姻を解消する権利の存否が争点であった。もしアイルランドの国内法が離婚を認めるのであれば、離婚者に対しても、不合理な制限なしに再婚する権利を保障するというのが12条なのである（§38）。

(4) 結　論

「結論として、争われている規定は、婚姻する権利の本質それ自体に影響を及ぼすものであり、追求される正当な目的とのあいだに比例性を欠いている。したがって12条に違反する[1]」（§40）。

「公正な満足」規定（50条、現41条）をめぐり、裁判所は被告国に、申立人が支出した訴訟費用（14万327スイス・フラン）の補填を命じるが、他（非金銭的損害賠償）の請求については、それを棄却する。

【解　説】

(1) 判決の意義・特徴

「婚姻することができる年齢の男女は、権利の行使を規制する国内法に従って、婚姻しかつ家族を形成する権利を有する」（12条）。その権利行使を制約できるのは、8条ないし11条とは異なり、「国内法」とだけ規定されている。しかし、国内法に許容される範囲が無制限であってはならない。そのことは、本判決以前にストラスブールの人権諸機関によってすでに明言されていた。受刑者の婚姻権行使をめぐり、人権委員会は、1979年に、「もし無制限であるとしたならば、12条は形骸化された（redundant）ものとなろう」[2]と述べていた。本判決の前年に人権裁判所は、新しいジェンダーを取得した者が出生時の性に属する者との婚姻を認められないことが12条に違反すると訴えた事件において、「国内法によって課せられる制約は、婚姻権の本質それ自体を損傷するようなやり方で、あるいはそのような程度にまで、その権利を制限または縮小するものであってはならない」[3]といっていた。あるいは、同じ事件を審理した委員会では、国内法が課すことのできる制限について、それは「不合理でも恣意的でもない（neither unreasonable nor arbitrary）制限である」[4]と、5名の委員が述べていた。

上に引用した意見や判決は、本判決においても前提として受け入れられている。その点からみると、本判決は目新しい原則や基準を定立してはいない。本判決で注目される点の1つは、権利の「本質」または「心髄」（substance）への損傷という基準と並んで、制限の「不合理性」や「恣意性」に論及していることである。後者は、制度目的の妥当性、およびその目的と手段との比例性という審査基準を用いた結果であり、この部分の分析に当って提示された疑問と、分析過程には傾聴に価するところがある。

(2) 婚姻する権利の一時的制限

150条は再婚する権利を絶対的に剥奪するのでなく、一定期間制限する規定であるので、同じく期間が問題とされたHamer事件の委員会決定[5]を参照しておきたい。服役中の申立人Hamerは挙式場所への移送または挙式のための一時釈放を主務大臣に願い出たが、認められなかった。そのことは12条違反に当るという申立人の主張に対して、相手方イギリス政府は、申立人は自身の犯罪行為ゆえに婚姻権の行使を当面（少なくとも15カ月間）妨げられているにすぎないことを強調した。しかし、「人権委員会は、国家がこの権利行使をかなり長期にわたり先延ばしするよう強いることは、一般にその権利の心髄に対する侵害であるとみなければならないと考え」（§72）て、全員一致で12条違反を認めた。人権委員会が「権利の心髄」概念の先例として引用したのはBelgian Linguistic Case判決[6]（本書78）およびGolder判決[7]（本書41）である。前者では教育権、後者では裁判所にアクセスする権利の規制のためになされる措置は、それぞれその「権利の心髄」を侵害するものであってはならないと判示されていたと

ころから、「人権委員会は、このことは、婚姻権の行使を規制する国内法にも適用がある」(§61) という結論を導いた。人権委員会は、ある権利が正式に否定されていない場合であっても「事実上の妨害が法的障害とまったく同じように、人権条約違反となることもある」し、「権利の実効性ある (effective) 行使を妨げることが、たとえその妨害が一時的性質のものであれ、その権利違反に至ることがある」という Golder 事件判決の一節をもまた、引用している (§65)。(実際、Hamer の婚約者は彼の仮出所を待たずに他の男性と婚姻してしまい、Hamer は彼女と婚姻する権利を失った。)

Hamer 事件の委員会の上記のような意見は、本判決が 12 条違反を認めるに当って、当然前提としていたものと推察することができるであろう。

(3) 婚姻する権利の「本質」または「心髄」

本判決と同じく婚姻権が争点となった事件判決のうち、本判決に先行するもの、および本件に遅れて下されたもの 3 件を取り上げ、権利の本質または心髄がそこでどのように解されたか、また本判決の法理がのちの判決にどのような影響を与えたか、あるいはどのように発展したかをみておきたい。

(a) 性同一性障害者の婚姻権

(i) Rees v. U. K. [PC], 17 October 1986

出生時女性であった者が男性としてのジェンダーの取得を完了したのち、8 条のほか、「彼」と女性との婚姻を認めないイギリス婚姻法は 12 条に違反すると、ストラスブールに訴えた。人権委員会でも人権裁判所でも全員一致で申立人の主張は退けられた。その結論は 12 条の文言解釈から導かれた。12 条は、「婚姻することができる年齢」、「男女」、「婚姻しかつ家族を形成する」という表現を用いている。それらのことは、12 条が、婚姻制度の本質的目的が家族形成にある、いいかえると家族の基礎を成すものとしての婚姻の保護を主たる目的としていることを示している。判決は、かかる見解に基づいて、「12 条によって保障される婚姻権は異性間の伝統的婚姻に係る」(§49) ものとみる。そして、婚姻権行使に加え

られる制限については、【解説】(1)で引用したとおり、その権利の「本質それ自体」への損傷テストを宣言した。しかし、生物学的に異性でない者同士の婚姻を無効とするイギリス婚姻法は、生物学的異性との婚姻への途を開いているのであるから、「この種の〔権利の本質それ自体を損傷する〕効果を生じるものとはいえない」(§50) との結論に達した。かかる論理は、2002 年まで複数の事件判決において維持された。

(ii) Christine Goodwin v. U. K. [GC](本書 47).

男性から女性に転じた Goodwin が Rees 氏と同旨の主張をした事件において、人権裁判所の大法廷はついに全員一致で 12 条違反を宣言した。「申立人は女性として暮らしており、男性との関係を享受し、そして男性と婚姻したいと望んでいるだけである。申立人にはそうすることのできる可能性がない。それゆえ彼女は、自分の婚姻する権利の本質それ自体が侵害されていると主張することができる」(§101) というのである。

判例変更をもたらした要因としては、婚姻制度の社会的変化、性同一性障害の分野における医学の進歩、多数締約国にみられる社会的受容の高まり、ヨーロッパ連合基本権憲章 (2000 年) 9 条が人権条約 12 条を「男女」の文言を削除して取り込んだこと等が挙げられる。

婚姻適格のようなセンシティブな領域は国家の評価の余地の範囲内に属するというイギリス政府の主張について、裁判所は、そうだとすると、「締約国に許される選択の範囲には、婚姻権のいかなる行使に対しても実効性のある障壁 (an effctive bar) をもうけるとすることまで含まれると認めるに等しいことになってしまうであろう。評価の余地をそこまで広げることはできない」(§103) という。さらに裁判所は、「何らかの状況において、性同一性障害者に婚姻権の行使を妨げることを正当化するような事由は見付からない」(§103) ともいう。

Christine Goodwin 判決では、F 事件判決に比べ、社会の変化、とくに締約国の趨勢に対して十分な配

慮がなされているようにみえる。婚姻や倫理にかかわるケースであっても、発展的解釈をためらわない姿勢をうかがうことができる。

　(b)　禁婚親等内にある者の婚姻権—B and L v. U. K., 13 September 2005, [2006] 1 FLR 35
　第1申立人B男は第2申立人L女の離婚した夫Cの父である。ふたりはそれぞれの配偶者と別居中であった1996年に同棲関係に入り、以来10年近くLC間の子Wと共に、夫婦として暮らしている。BとLとの正式の婚姻はイギリス婚姻法が禁じる近親婚に当るとして、身分登録当局により許可されていない。申立人らは人権裁判所に訴え、人権条約12条に反すると主張した。

　相手方イギリス政府の主張は次のように要約できる。
　①申立人らの婚姻を禁止する目的は、家族の完全性の保護と未成年子の福祉にある。
　②申立人らの婚姻禁止は絶対的でない。それは、それぞれの前配偶者の死亡[8]、または私法律 (a personal Act of Parliament) の成立によって解禁される。
　③姻族間の婚姻禁止のように、締約国間にコンセンサスがあるとはいえず、道徳の保護を無視できない分野では、締約国に認められる評価の余地は一般に広く認められている。
　したがって、申立人らに対する婚姻制限は、「〔婚姻する〕権利の本質それ自体を損傷するものでなく、また公益の観点からみて正当化することができる」(§32)。

　それに対して、裁判所は、7名の裁判官の全員一致をもって12条違反を認めた。
　判決は、ReesおよびF事件判決の「権利の本質それ自体」の損傷テストを確認する。次いで、政府の主張①について、その目的の正当性は承認する。しかし、姻族間の婚姻を禁止することによって親子間の性的ライバル関係を防止し、家族の完全性を守ることができないのは本件が示すとおりである。本件のWは祖父に当るBを"Dad"と呼んで親しんでおり、心理的混乱や情緒的不安定は認められない。

　政府の主張②について、2つの条件はいずれも現実的でないとして退ける。前配偶者の死亡というような「仮想の事態が、申立人らの権利の核心に対する損傷を消去することはない」(§35)。

　私法律の可能性については次のように指摘する。
　①本件申立人らと類似の状況にあった男女のケースで、彼らの婚姻を法的に阻止することは公政策の有益な目的を推進するのに役立っていないと宣言して、私法律が成立した例は確かに存在する。婚姻を阻止する目的と、あるケースではそれを放棄することとのあいだには一貫性がなく、それは婚姻禁止条項の合理性および論理の基盤を危くしている。
　②私法律は例外的で、費用がかかるうえ、そのための規則や先例がなく、完全に立法部の裁量のもとにある。そのような手続が個人の権利を守るために実際有効なメカニズムを提供できるとは思えない。
　③「精神能力を有する成年者に対し、彼らが婚姻するのに適しているかどうかを確かめるために、立ち入った調査に応じるよう求める可能性を秘めたシステムについてもまた、当裁判所は意見を差し控えたい」(§40)。

　③で引用されているのがF事件判決の§§35-37であることは、見逃すことができない。一定期間の再婚禁止規定が無益であるばかりかときに有害でさえあるとみたF事件判決の一分析は、ここにも痕跡を残している。

　イギリス政府は、2007年2月15日、前配偶者の親とその子の配偶者との婚姻制限は、人権条約により生じるイギリスの義務と一致しないとして、命令[9]を制定し、その制限を廃止した。同年3月1日から施行されている。

(4)　判決の国内法への影響
　条約54条に基づき本判決の送付を受けた閣僚委員会は、1988年1月20日、スイス離婚法検討委員会に対し、本判決から導きだされる立法上の諸結果について考察するよう要請した。同委員会の委員長は翌月2日、スイス離婚法の抜本的改正との関連において150条の削除を政府に提案するつもりである

と回答した。スイス政府も然るべきときに150条を廃止する旨を閣僚委員会に通知した。改正作業⑽は当初の予定より遅れ、150条の削除を含む離婚法の改正法は1998年6月26日に成立し、2000年1月1日から施行されている。

　⑴　8名の裁判官は全面的に相手方政府の主張を容れ、12条に基づく申立人の基本権は侵害されていないとの反対意見を述べた。すなわち、婚姻権の侵害があったといえるためには、締約国がその権利の心髄または本質を損傷したこと、あるいはその権利の行使を恣意的に、または不合理なやり方で制限したことが立証されなければならない。本件にあげる制限は、そのいずれの場合にも該当しないというのである。

　⑵　Hamer v. U. K., Report of the Commission, 13 December 1979, (1981) 24 D.& R. 5, §60.

　⑶　Rees v. U. K., 17 October 1986, Series A no. 106, p. 19, §50.

　⑷　Rees v. U. K., Report of the Commission, 12 December 1984, Series A no. 106, p. 28, §55i.

　⑸　Hamer v. U. K., Report of the Commission, 13 December 1979, (1981) 24 D.& R. 5.

　⑹　23 July 1968, Series A no. 6, p. 32, §5.

　⑺　21 February 1975, Series A no. 18, p. 13, §26; pp. 18-19, §38.

　⑻　Marriage Act 1949, s.1(5)(a).

　⑼　Marriage Act 1949 (Remedial) Order 2007, SI 2007/438.

　⑽　松倉耕作「スイスにおける離婚法等改正のための予備草案（仮訳）」民商法雑誌107巻6号995頁（1993年）、同著者「スイス離婚法の改正について――政府改正案を通じて（上）（下）」家庭裁判月報51巻10号（1999年）15頁・51巻11号（1999年）1頁、同著者「スイス婚姻法の概要⑴⑵」名城ロースクール・レビュー5号（2007年）21頁・6号（2007年）157頁参照。

人権裁判所
（最下層は図書室）

60 国家の宗教的中立性
諸教派に対する国家の中立義務
―― ベッサラビア府主教正教会判決 ――

小泉　洋一

Metropolitan Church of Bessarabia and others v. Moldova
13 December 2001, Reports 2001-XII

【事　実】

申立人は、「モルドバ府主教正教会」から1992年に離脱し結成された「ベッサラビア府主教正教会」およびその聖職者と信者である。前者は、ロシア正教会の管轄下にあり、モルドバで支配的な教派である。この教会は、1993年2月に公認を受け、その後も国から保護を受けていた。これに対し、その分派である「ベッサラビア府主教正教会」は、ルーマニア正教会の管轄に服し、モスクワ総主教以外のすべての正教会総主教により承認を受けた。この教会はモルドバの正教会少数派であるが、それでもモルドバで117の教区をもち、人口の約4分の1に当たる信者と160名以上の聖職者を数える。

モルドバの宗教法（1992年3月24日の法律）は、宗教団体の法人格取得につき許可主義をとり、「政府の決定により公認された教派」のみが法人格を持つと定めた。教派による国内憲法および法律の遵守および規約の制定が教派公認の要件として明示されるほか、公認は基本的に政府の自由裁量的決定によった。また、非公認の教派は、財産の管理が困難になるばかりか、礼拝用具の製造・販売、宗教書の出版・販売等の活動が行えない状態に置かれた。

宗教法制定後1997年9月までに、「モルドバ府主教正教会」および他の5教派の公認が行われた。他方、申立人は、結成以降、政府に公認を繰り返し申請したが、そのたびに拒否された。この拒否は、モルドバ最高司法裁判所の1997年12月7日判決により是認された。同裁判所は、その理由として次の点を挙げた。①本件は正教会においてのみ解決可能な教会の内部紛争であるので、政府が申立人に公認を与えることにより紛争に介入することは条約9条に違反すること。②申立人は公認された「モルドバ府主教正教会」内で自由に信仰を表明することができること。

その後も、申立人は政府に公認申請を行ったが、無視または拒否された。なお、政府が「ベッサラビア府主教正教会」を公認しなかったのは、政府が「モルドバ府主教正教会」の意見に沿ったためである。

これに対し、申立人は、1998年6月3日、モルドバ政府が申立人の公認を拒否したことにより、宗教の自由と結社の自由を侵害されるとともに、宗教に基づく差別を受けたとして、事件をヨーロッパ人権委員会に付託した。この間1998年11月1日に第11議定書が発効し、同議定書5条2項の規定に基づき事件は、ヨーロッパ人権裁判所で審査されることになった。

【判　旨】

(1) 介入の有無

モルドバの宗教法によれば、政府の決定により公認された教派の信仰実践のみが可能である。「本件では、申立教会は自己の活動を行うことができない。とりわけ申立教会の司祭が祭式を主宰できず、その信者は自らの宗教を実践するために集会することができず、法人格を欠くので申立教会は自己の財産の裁判的保護を受けることができない」。「したがって、申立教会を公認することへのモルドバ政府の拒否は、条約9条1項により保障されるような宗教の自由の権利への制約を構成する」（§105）。

(2) 介入が法律により規定されているか

モルドバの宗教法は、教派が政府の決定により公認されること、および国内憲法・法律に適合する活動を行う教派のみが公認されることを定める。この規定が予測可能性の要請を満たしているかどうかに判断を下すことなく、当裁判所は、介入が法律により規定されているという前提に立って判断する（§110）。

(3) 介入が正当な目的を追求するか

本件の状況に照らすと、非難される制約は条約9条2項の観点における正当な目的、すなわち「公の秩序」と「公の安全」を追求していた（§113）。

(4) 介入が民主的社会において必要か

(a) 一般原則

宗教の自由は「民主的社会」の土台の1つである。民主的社会に多元主義は不可欠である。住民の間で複数宗教が共存する民主的社会において、諸集団の利益を調整するとともに各人の信念の尊重を確保しうる制約を、宗教の自由に課すことが必要となることもある（§115）。だが、「国は、それに関する規制権限行使において、また、さまざまな宗教、教派および信仰と国との関係において、中立で不偏でなければならない。そこでは多元主義の維持および民主主義の良好な運営が関わる」。「したがって、この場合における官憲の役割は多元主義を除去して緊張の原因を阻止することではなく、対立する諸集団が相互に寛容であることを確かなものにすることである」（§116）。

「宗教の自由の権利は、……諸々の宗教信仰の正統性に関する国の側の評価を排除する。分裂した一教団の一指導者または機関を優遇し、もしくは教団またはその一部をその意に反して唯一の管理体制の下に置くことを企図する国の措置も、宗教の自由の侵害を構成するであろう」（§117）。

条約11条に照らすと、「集団で宗教を表明する権利を含む宗教の自由を享受する信者の権利は、国の恣意的な介入なく自由に結社を作ることができることを前提とする」。条約11条と6条に照らすと、「教団にとって、集団で宗教を表明する権利を行使する手段の1つは、教団、その構成員およびその財産の裁判的保護を行う可能性による」（§118）。

(b) 原則の適用

(i) 政府による制約の理由づけに対する判断

①モルドバの法律と憲法原則の維持

「政府は、申立教会が新しい教派ではないと考えることにより、またその公認をすでに公認された他の教会当局の意思に依存させることにより、中立不偏義務に違反した」。したがって、モルドバの法律と憲法原則の維持という論拠は斥けられる（§123）。

②領土保全の侵害

申立教会が公認されると国の安全と領土の保全が脅かされるという政府の主張は、具体的要素を欠き、単なる憶測である（§125）。

(ii) 追求される目的との比例に関する判断

申立教会は、法人格を欠くため、礼拝を行うのに不可欠な財産を保護するために裁判を起こすことができず、他方でその教会員は、宗教法に違反することなしには、宗教活動を行うために集会をすることはできない。政府が申立人に活動を行うことを可能にしているという寛容は、公認のみが関係者に権利を与えうるので、公認の代替とはみなされ得ない（§129）。また、所轄庁が他の教派団体を公認したとき、申立教会に公認を拒否するのに援用した基準を使用せず、政府はこの取り扱いの差についていかなる理由も示さなかった。

(5) 結論

申立教会の公認を拒否することは、申立人の宗教的自由に対して以上のような結果を持つので、それは追求される正当な目的に比例するとも、民主的社会に必要ともみなされ得ず、そこには9条違反があった（全員一致）。

9条と結びついた14条の点から本件を検討する必要はない（全員一致）。

申立人が自己の権利に関する訴えの救済を得ることができなかったので、13条違反があった（全員一致）。

6条および11条違反の存否について判断する必要はない（全員一致）。

訴訟費用および損害賠償の支払いを命じる（全員一致）。

【解説】

(1) 判決の意義・特徴

人権裁判所は、すでに教団の内部紛争に関するいくつかの判決において条約9条の解釈を示してきた。その基本姿勢は、結社の自由（条約11条）に照らして9条を解釈して、宗教的結社の自由を承認するとともに、教団内も含め宗教的多元主義の維持、国の宗教的中立不偏義務という原則により、締約国の評価の余地を限界づけるというものである。もっとも、人権裁判所は、締約国の政教関係を各国の評価の余地に含めることにより、それを基本的に尊重してきた。本判決は、こうした判例法理を正教会の教会分裂に関する本件に適用したものである。しかも本判決は、宗教的結社の自由を公正な裁判についての権利（同6条）に照らして分析するという新しい視点も示した。

本判決は当然のことながらモルドバに影響を与えた。本判決を受け、同国は2002年6月に宗教法を改正し、公認手続を簡略化するとともに、国の安全や領土の保全を害する宗教団体の公認を取り消すための裁判手続を設けるなどした。この改正後すぐ、「ベッサラビア府主教正教会」は公認されるに至った[1]。

(2) 政教関係とヨーロッパ人権条約

日本国憲法は信教の自由とともに政教分離制度を規定している（憲法20条）。だが、ヨーロッパ人権条約は宗教の自由を定めるのみであり、政教関係には沈黙している。これには、締約国の政教関係が多様であり、厳格な政教分離制度のほか、公認宗教制度、国教制度の国も見られるという背景がある。このため、人権条約において共通の政教関係を定めることは無理なのである。そこで、人権裁判所は、締約国の「国と宗教との微妙な関係の設定」に各国の評価の余地を認めることにより[2]、政教関係を基本的に尊重してきた[3]。これは、宗教の自由に関して締約国の評価の余地が広く認められてきたことを意味する。

ところで、モルドバ憲法は、宗教的自由を保障するとともに、「教派は国から分離、自律し、国から支援を受ける」と定めるだけで（89条）、政教関係を明確にはしていない。だが、本判決で問題となった宗教法をみると、モルドバが公認宗教制度を採っていることが分かる。事実、国教はないものの、公立初等学校では必修の宗教教育も行われ、公立の宗派別学校も存在する[4]。本件では、宗教法に基づく申立教会への公認拒否（それに伴う法人格付与の拒否）の条約違反が問われた。これに対して、本判決は、国の中立不偏義務を指摘したものの、公認拒否の背景にあった宗教法の基本的枠組みである公認宗教制度を直接には問題とはしなかった。この点で、やはり政教関係を尊重する傾向をみることができよう。

(3) 宗教的結社の自由・宗教団体の法人格

本判決は、条約9条に規定された「宗教を集団として表明する権利」を条約11条と合わせて解釈することにより、その権利から宗教的結社の自由を導いた。この点に関して、人権裁判所は、他の判決において次のように教団の自律権も同様に認めた。「宗教の自由を享受する信者の権利は、国の不当な介入なく平穏に活動できることを前提とする。というのは、教団の自律は、民主的社会に不可欠であり、9条により提供される保護のまさに中心である」[5]。

さらに、本判決は、条約9条と6条とを合わせて、宗教団体の裁判的救済を受ける可能性にも言及した。しかも、この可能性は宗教的結社の法人格取得と密接に関連づけられていた。この点は、本判決が条約違反を理由づけるために次のように述べたことから分かる。「申立教会は、法人格を欠き、礼拝に不可欠なその財産を守るために裁判を起こすことができない」（§129）。こうみると、人権裁判所は、宗教団体を結成することのみならず、宗教団体が法人格を持ち宗教活動を行うための財産を保有しうることを、宗教的自由と密接に関連づけていると言えそうである。

この点、わが国では、モルドバとは制度が異なり、宗教法人ではない宗教団体も訴訟当事者能力を持つが（民事訴訟法29条）、一般に、宗教法人であることを憲法上の宗教的結社の自由と切り離して理解され

ている[6]。しかし、宗教団体の法人格付与およびそれによる宗教的活動の物的基盤の確保が信教の自由の保障に深く関わることは、わが国においても認識されるべきであろう。

(4) 教団内で対立する教派に対する国の中立義務

本判決は、宗教の自由の保障に基づき、諸宗教間における国の中立義務を明らかにするとともに[7]、教団内での諸集団に対しても同様の義務を明示した（§§116-117）。後者は、教団分裂により生じた対立し合う宗教集団に対して国が中立不偏の姿勢をとるという義務である。この義務は、本判決の前から次の二判決において示されてきた。

① Serif v. Greece 事件（14 December 1999）[8]
セリフ判決は、政府により任命されたムフティー（イスラム法学者）とイスラム教徒組織から選出されたイスラム法学者とが教団内で対立した事件に関するものである。人権裁判所は、後者が一方的に取り締まられたことを条約9条に違反すると判断した。

② Hasan and others v. Bulgaria 事件（26 October 2000）[9]　ハッサンとチャウシュ判決は、イスラム教徒組織により選挙されたムフティー（A）とAの前任者でムフティーであり続けていると主張する者（B）とが教団内で対立した事件に関するものである。人権裁判所は、国がBに好意的に介入したことを条約9条に違反すると判断した。

しかも、こうした国の中立義務が、何よりも多元主義を基礎としつつ諸教派相互の寛容を促進するものと位置づけられていることは注目される。これは次の点に示される。まず、人権裁判所が次のように教団の分裂を多元主義の不可避の結果と評価している。「ある宗教教団などが分裂するとき、確かに緊張が生じるおそれがあるが、それは多元主義の不可欠な結果である」[10]。そのうえで、教団分裂を前にした国の役割は、教団を統一したリーダーシップの下に置こうとすることではなく[11]、対立する諸集団の相互の寛容を確保することだとされる[12]。

このようにして、諸宗教および同一教団内の諸教派に対する一定の宗教的中立性が、締約国に求められる。これは締約国の政教関係に影響を与えそうである。前述のように各国の政教関係は基本的に尊重

されてきたが、国の中立義務の要請が強まれば、特定宗教団体を優先的に承認する制度を維持することが次第に困難とならざるを得ないからである[13]。こうした予測は別の判決からもうかがえる。政教分離をとるトルコの事件において、人権裁判所は、政教分離を評価するとともに[14]、シャリーア（イスラム法）に基づく神政制度を人権条約に適合しないものと判断したからである[15]。

(1) U.S. Department of State, Bureau of Democracy, Human Rights and Labor, *International Religious Freedom Report 2003*, Moldova. 次に掲載されているものを参照した。《http://www.state.gov/g/drl/rls/irf》.
(2) Cha'are Shalom Ve Tsedek v. France ［GC］(27 June 2000), Reports 2000-VII, §84.
(3) 小泉洋一『政教分離の法――フランスにおけるライシテと法律・憲法・条約』(法律文化社、2005年) 155-158頁。
(4) U.S. Department of State, *supra*.
(5) Hasan and Chaush v. Bulgaria ［GC］(26 October 2000), Reports 2000-XI, §62.
(6) 樋口陽一ほか『憲法Ⅰ』[前文・第1条～第20条] (青林書院、1998年) 390頁 [浦部法穂執筆]。
(7) Manoussakis and others v. Greece (26 September 1996), Reports 1996-IV, §47.
(8) Serif v. Greece(14 December 1999), Reports 1999-IX.
(9) Hasan and Chaush v. Bulgaria, *supra*.
(10) Serif v. Greece, §53, *supra*.
(11) 本判決 §117. Serif v. Greece, §52, *supra*.
(12) 本判決 §116. Serif v. Greece, §53, *supra*.
(13) WOODS, Lorna, Decisions of the European Court of Human Rights during 2001, *British Year Book of International Law*, 2001, p. 543.
(14) Leyla Şahin v. Turkey ［GC］ (10 November 2005), 44774/98, §§112-114.
(15) Refah Partisi (the Welfare Party) and others v. Turkey [GC] (13 February 2003), Reports 2003-II, §§123-125. 参照、小泉「トルコ憲法における政教分離と民主主義――政教分離とイスラム主義政党」甲南法学44巻1・2号 (2003年) 72-78頁。

[参考文献]

[1] FLAUSS, Jean-François, Actualité de la Cour européenne des droits de l'homme (Novembre 2001-avril 2002), *Actualité juridique droit administratif* (2002), p. 503-504.

61 信教の自由
改宗勧誘の禁止と宗教を表明する自由
—— コキナキス判決 ——

齊藤　正彰

Kokkinakis v. Greece
25 May 1993, Series A no. 260-A

【事　実】

　1919年に東方正教会（ギリシャ正教会）の家庭に生まれたギリシャ国籍のKokkinakis（コキナキス）氏（申立人）は、1936年にエホバの証人となった。その後、家庭を訪問してエホバの証人に加わるよう説得するなどの活動をしていたが、それが改宗勧誘（proselytism）に当たるとして、60回以上も逮捕された。何度かは有罪判決を受けて収監され、また当局によって抑留されてもいた。

　ギリシャ法では、改宗勧誘は犯罪である。1975年憲法は、3条1項で「ギリシャにおける支配的宗教は、東方正教会キリスト教である」と規定しつつ、13条1項で、「信教の自由は、不可侵である。個人は、その宗教的な信条にかかわらず、個人的および政治的権利を享有する」と定める。他方、13条2項が「改宗勧誘は禁止される」と定めるなど、宗教に対する制限も規定されている。改宗勧誘の禁止は、1844年憲法以来、1864年、1911年、1952年、1975年と憲法上で受け継がれてきたもので、この憲法規定を具体化するものとして、1938年法1363号の4条が改宗勧誘を犯罪と規定したのである。同条は、1939年法1672号の2条によって改正され、改宗勧誘は「あらゆる種類の誘因または誘因もしくは精神的もしくは物質的援助の約束によって、あるいは詐欺的手段によって、あるいは経験不足、信頼、窮乏、知的障害または純真さにつけ込むことによって、異なる宗派の者の信念を変容させる目的で、それらの者の宗教的な信念へ侵入する、直接または間接のあらゆる試み」と定義された。

　1986年3月2日に、Kokkinakis氏とその妻は、ある家を訪れ、在宅した女性を会話に引き込み、エホバの証人の信仰に関する冊子数冊をその女性に売ろうとした。ところが、その女性は地元の東方正教会の聖職者の妻であり、Kokkinakis夫妻を警察に通報し、夫妻は逮捕された。Kokkinakis夫妻は、1986年3月20日に、ラシティ刑事裁判所において、拘禁4カ月の有罪判決を下された。夫妻は判決を不服として控訴した。クレタ控訴裁判所は、Kokkinakis夫人は夫に同行しただけだったとして無罪とし、Kokkinakis氏についても拘禁期間を3カ月に減じた。Kokkinakis氏は、1938年法1363号の規定が憲法13条に違反するとして上訴したが、破毀院は、1988年4月22日に訴えを棄却した。

　Kokkinakis氏は、改宗勧誘についての有罪判決はヨーロッパ人権条約7条、9条、および10条によって保護された権利の侵害であると主張して、1988年8月22日にヨーロッパ人権委員会(以下、委員会)に申し立てた。委員会は、1991年12月3日に報告書を採択し、全員一致で9条違反があったとした。7条および10条違反の主張は、認めなかった。委員会は、1994年5月20日にヨーロッパ人権裁判所（以下、裁判所）に本件を付託した。

【判　旨】

　申立人の宗教を表明する自由に対する制限は、民主的社会において必要なものとはいえず、9条に違反する（3裁判官が反対意見）。7条および10条違反に関する申立人の主張は認めない。50条（現41条）によって、損害賠償および訴訟費用の支払いを命じ

(1) 9条違反の主張について

(a) 一般原則

「9条に規定されているように、思想、良心および宗教の自由は、ヨーロッパ人権条約の意味における『民主的社会』の基盤の1つである。この自由は、その宗教的側面において、信仰者のアイデンティティおよび信仰者の人生観のアイデンティティの形成に資する、もっとも不可欠な要素のうちの1つであるが、しかし、無神論者、不可知論者、懐疑論者、そして無関心者にとっての貴重な財産でもある。数世紀にわたって高い代償を払って勝ちとられてきた、民主的社会と不可分な多元主義は、そこに依拠している」(§31)。

「宗教的自由は、第一に個々人の良心の問題であると同時に、『（自己の）宗教を表明する』自由をも含んでいる。言葉と行為による証しは、宗教的な信念の存在に密接に結びついている」(§31)。

「9条によれば、自己の宗教を表明する自由は、他の者と共同して、『公に』、および信仰を共有する人々のサークルの内部において、行使可能であるだけではなく、『単独で』および『私的に』主張されることもまた可能である。さらに、宗教を表明する自由は、原則として、例えば『教導』を通じて、隣人を説得しようとする権利を含む。さもなければ、9条に規定されている『自己の宗教または信念を変更する自由』は形骸化するであろう」(§31)。

「9条1項で保障される権利の基本的な性質は、それらの限界について規定している条項の文言の中にも反映されている。1項において言及されているすべての権利を対象とする8条、10条、および11条の2項とは異なり、9条2項は、『宗教または信念を表明する自由』のみに言及している。そのようにして、いくつかの宗教が同じ住民の中に共存する民主的社会においては、さまざまな集団の利益を調整するために、および各人の信念が尊重されることを確保するために、この自由に対する制限を設けることが必要となる場合があることを、9条は認めている」(§33)。

(b) 原則の適用

ギリシャの国内裁判所によって下された判決は、Kokkinakis氏の「宗教または信念を表明する自由」を制限するものである。そのような制限は、「法律で定める」制限であって、9条2項における正当な目的の1つ以上に向けられたものであり、かつ、「民主的社会において必要なもの」でなければ、9条に違反する(§36)。

(ⅰ) 「法律で定める」

申立人は、7条に関する申立もまた、「法律で定める」という文言に向けられているという(§37)。申立人は、1938年法1363号4条の文言が漠然として不明確であると主張する(§38)。

多くの制定法の文言は、絶対的に明確ではない。過度の硬直性を避けて、状況の変化に対応する必要から、多くの法律は必然的に多かれ少なかれ漠然とした用語で表現されることとなる(Müller and others v. Switzerland, judgment of 24 May 1988, Series A no. 133, p. 20, para. 29を参照・準用せよ)。本件においては、4条の文言を補う確立された国内判例が存在し、コキナキス氏はそれに従って行為を規制することが可能であった(§40)。

不服を申し立てられた措置は、したがって、9条2項の意味における「法律で定める」ものである(§41)。

(ⅱ) 正当な目的

本件の状況と、関連する裁判所の判断を考慮すれば、問題とされた措置が9条2項の下での正当な目的を追求するものといえる(§44)。

(ⅲ) 「民主的社会において必要」

権利の制限の必要性の存在と範囲を評価する際に、締約国には、一定の評価の余地が認められる。ヨーロッパ人権裁判所の任務は、締約国のとった措置が正当であり、かつ比例性を有するかを判断することである(§47)。

「まず、キリスト教徒の証しと不適切な改宗勧誘との間で、区別がなされなければならない。前者は、

世界教会協議会（World Council of Churches）の後援で1956年に作成された報告書が、本質的な布教であり、そしてあらゆるキリスト教徒とあらゆる教会の責任であるとした、真の福音伝道（evangelism）と一致する。後者は、それの腐敗または改悪である。不適切な改宗勧誘は、同報告書によると、教会に新しい信者を獲得するため、または、困惑・困窮している人々への不適当な圧力を行使するために、物質的または社会的特典を提供する活動の形をとる場合がある。つまり、それは、暴力の行使または洗脳を伴いさえするかもしれない。より一般的には、それは、他人の思想、良心および宗教の自由の尊重と両立しない」（§48）。

「1938年法1363号4条を精査すると、ギリシャの立法者によって採用された基準は、裁判所が本件において抽象的に定義する必要のない不適切な改宗勧誘を罰するためだけに立案されている場合に、かつその限りにおいて、前述のことと調和しうることが明らかになる」（§48）。

「しかしながら、裁判所は、ギリシャ裁判所が、その理由づけにおいて、単に4条の文言を繰り返すだけで申立人の責任を認定したこと、および、被告人が不適切な手段によって隣人を説得しようとした方法を十分に特定しなかったことに留意する。ギリシャ裁判所が述べた事実のどれも、その事実認定を正当化しない」（§49）。

「したがって、申立人に下された有罪判決が、本件の状況において、緊急の社会的必要性によって正当化されるということは示されなかった。それゆえ、争われた処置は、追求された正当な目的に比例していたとはいえず、結果として、『他の者の権利および自由の保護のために民主的社会において必要なもの』ともいえない」（§49）。

「結論として、ヨーロッパ人権条約9条の違反があった」（§50）。

(2) 7条、10条、14条違反の主張について

7条1項は、刑罰法規の遡及適用を禁止するだけでなく、刑罰法規の明確性も要求しているが（§52）、本件において7条違反はない（§53）。9条についての判断に鑑みて、10条違反に関して審査は不必要である（§§54-55）。同様に、9条とともにする14条違反の主張も、審査する必要はない（§§56-57）。

(3) 50条の適用について

50条により、ギリシャは、申立人に、損害賠償、ならびに国内およびヨーロッパ人権条約の手続に関する費用を支払うものとする（§§59-60）。

(4) 個別意見

Valticos裁判官、Foighel裁判官、Loizou裁判官は、9条違反はなかったとした。

なお、Pettiti裁判官は、多数意見の結論には同意するが、ギリシャの法律はきわめて曖昧であるとする。Martens裁判官も結論には同意しているが、改宗勧誘を犯罪とすること自体が9条違反になるとしている。また、De Meyer裁判官は、そもそもKokkinakis氏は女性宅から退去を求められてもおらず、不適切な行為はなかったと指摘している。

【解　説】

(1) 信教の自由（9条）

(a) 「思想、良心および宗教の自由」の意義

本判決は、信教の自由についての最初の判決であり、9条の「思想、良心および宗教の自由」が「『民主的社会』の基盤の1つ」であることを確認し、9条についての一般的解釈を示している。

(b) 「宗教または信念を表明する自由」の保障

9条1項は、「思想、良心および宗教の自由」には、「自己の宗教または信念を変更する自由」と、「自己の宗教または信念を表明する自由」とが含まれると規定している。宗教または信念の表明となるものとして、9条1項は、「単独でまたは他の者と共同しておよび公にまたは私的に、礼拝、教導、行事および儀式によって」行われるものに言及している[1]。

本判決も指摘するように（§33）、9条1項の「思想、良心および宗教の自由」の一般的権利の保障は絶対的であるのに対して、「自己の宗教または信念を表明する自由」は9条2項の定める制限の下にあ

る。これは、自己の宗教を表明する自由は挑発的な性質を有することがあり、他人の権利・利益と衝突することがあるためであるとされる。そのため、宗教を表明する自由については、締約国は広汎な評価の余地を認められやすいとされる[2]。したがって、改宗を勧誘する人々の活動が信教の自由の保障を受けるのか、あるいは、国家はどこまで制限することが認められるのか、が問題となる。

本判決については、特異な状況にあったギリシャについての判断であるので、宗教を表明する自由の制限についての判示の射程は限定されるとの見方もあった。その後、裁判所は、信仰を表明した人々はあらゆる批判を免除されることを合理的に期待することはできないとし、自己の宗教的信念についての他者による否認や自己の信仰に敵対する教義の伝播を許容しなければならないとし[3]、宗教的崇拝の対象についての挑発的な描写の出版または放送を制限するために締約国によって取られた措置は、信者の宗教的感情の尊重を保護するために正当化される場合があるとした[4]。

(c) 改宗勧誘と「自己の宗教を変更する自由」

自己の宗教の表明は、キリスト教徒としての「言葉と行為による証し」を含む。本判決は、「宗教的自由は、……『(自己の) 宗教を表明する』自由をも含んでいる」とし、「言葉と行為による証は、宗教的な信念の存在に密接に結びついている」とする (§31)。

ここで、宗教を表明する行為は宗教的な信念の存在に結びつくとされるが、その結びつきは「密接」なものでなければならず、9条は、個人が信念によって必要と考えるあらゆる行為を保護するのではないとされる[5]。

さらに、本判決は、自己の宗教を表明する自由が、公の場で同じ信仰を共有する人々と共同で行使しうるだけではなく、単独で私的に主張されることを認める。そのような、隣人を説得しようとする権利が、宗教を表明する自由に含まれるとする。そして、9条が「自己の宗教または信念を変更する自由」を保障していることを考えれば、改宗を勧誘する自由が認められると説明される。

(d) 不適切な改宗勧誘

もちろん、改宗勧誘自体は、宗教を変更する自由に含まれるのではなく、宗教を表明する自由の内容であって、9条2項の制限に服する。裁判所は、改宗勧誘を制限するギリシャ法の規定は、9条2項の目的について十分明確に定められており、他者の権利および自由を保護する正当な目的を追求していると判断した。

そこで、その制限が「民主的社会において必要なもの」か否かが問題とされた。ここで、多数意見は、キリスト教徒の証し＝本質的な布教＝真の福音伝道と、他人の「思想、良心および宗教の自由」の尊重と両立しない不適切な改宗勧誘とを区別するという方法を採用した。新興宗教による勧誘の自由を保障しつつ、伝統的なキリスト教の布教とは区別できるとしたことには、強い批判もある。

さらに1つの問題として、「不適切な改宗勧誘」が9条によって保護されていないならば、締約国は、「不適切な改宗勧誘」の制限を正当化する必要がなくなるはずであるにもかかわらず、裁判所の審査は、9条2項の「民主的社会において必要」か否かという枠内で行われているということである。宗教の表明に対する制限が正当化されるか否かよりも、むしろ、宗教を表明する行為が不適切であったか否かが問題とされていると解されるのである[6]。この点に関して、Pettiti 裁判官は、巧妙な技術による強制のみが、受け入れられない改宗勧誘として排除されうるとしている。

(e) 改宗勧誘が不適切とされる場合

そこで、裁判所が「不適切な改宗勧誘」をどのように考えているかが問題となる。

裁判所は、後の Larissis 判決[7]において、本判決の枠組に従い、「不適切な改宗勧誘」を罰することが許されるとしても、不適切な誘引または圧迫なしに単に宗教を変えさせようとすることは、9条によって保護された宗教の表明であるとしている。ただし、そこでは、一般市民への改宗勧誘とは異なり、申立

人は空軍士官であり、指揮下にあった兵士にエホバの証人になるよう説得したことについての有罪判決は9条に違反しないとされた。その判断は、空軍内の生活の階級的および閉鎖的性質が、部下にとって上級者の申し入れを拒絶したり、上級者によって始められた会話から抜け出すことを難しくしているという事実に基づいていると解される[8]。

ただし、裁判所は、対等ではない個人の間の宗教的な事柄についてのすべての会話が、締約国に、9条2項の下での制止的措置をとることを正当化するのではないとしている。

(2) 7条との関係

本判決は、7条1項が刑罰法規の明確性もまた要求しているとするが、刑罰法規の明確性に関する判断は、実際には、9条の自由に対する制限が「法律で定める」制限であるかの審査に際して、その制限が十分に明確であるか否かの判断として行われている。

(3) 10条との関係

9条における「思想、良心および宗教の自由」は、10条における「表現の自由」および11条における「集会および結社の自由」と密接な関係を有するとされる[9]。本件では、申立人は社会哲学に関する意見の表明の自由を侵害されたと主張したが、裁判所は、10条についての審査は必要がないとした。

(4) 判決への対応

ギリシャにおいては、本判決を法務省から各裁判所に送付して注意を喚起し、各裁判所はヨーロッパ人権裁判所の要求に適合的な国内法解釈を行うようにしたとされる。しかし、その後、改宗勧誘に関する前述の Larissis 判決において、ヨーロッパ人権裁判所は条約違反の判断を含む判決を下している。

(1) なお、宗教的な形式での宣誓の強制が9条違反とされた例として、Buscarini and Others v. San Marino, 18 February 1999, Reports of Judgments and Decisions 1999-I がある。

(2) J. G. Merrills & A. H. Robertson, Human Rights in Europe: A Study of the European Convention on Human Rights, 4th ed.(Juris Publishing, 2001), p. 164. ただし、締約国による法的規制が9条の宗教を表明する自由に違反するとされた例として、Metropolitan Church of Bessarabia and others v. Moldova ほか、本書 *60* で言及された諸判決がある。

(3) Otto-Preminger-Institut v. Austria, 20 September 1994, Series A no. 295-A.

(4) Wingrove v. U.K., 25 November 1996, Reports 1996-V.

(5) P. Leach, *Taking a Case to the European Court of Human Rights*, 2nd ed.(Oxford University Press, 2005), p. 317.

(6) C.Warbrick, The European Convention on Human Rights, Yearbook of European Law (1994), p. 629.

(7) Larissis and others v. Greece, 24 February 1998, Reports 1998-I.

(8) 関連して、軍隊構成員についての特別の事情が認められた例として、Kalaç v. Turkey, 01 July 1997, Reports 1997-IV がある。

(9) P.Leach, *op.cit.*, p. 316. 11条について、Metropolitan Church of Bessarabia and others v. Moldova (本書 *60*)。

[参考文献]

[1] C.Ovey & R.White, *The European Convention on Human Rights*, 4th ed. (Oxford University Press, 2006)

[2] 小泉洋一『政教分離の法──フランスにおけるライシテと法律・憲法・条約』(法律文化社、2005年) 160-165頁。

62 表現の自由と民主的社会
裁判所侮辱法に基づく新聞記事差止命令
──サンデー・タイムズ判決──

江島　晶子

The Sunday Times v. the United Kingdom
26 April 1979, Series A no. 30 (全員法廷)

【事　実】

　1958年から1961年にかけて、ディスティラーズ社（以下、Dという）は、イギリスにおいてサリドマイドとして知られる成分を含んだ薬品を製造・販売した。これは、鎮静剤（とくに妊娠中の女性向けに）として処方されたが、妊娠中にこれを服用した女性が重度の身体的障害を有する子どもを出産し、その数は約450人にのぼった。1961年11月、Dは薬品をイギリス市場から回収した。1962年から1968年にかけて、サリドマイド障害児とその親からDに対する損害賠償訴訟が提起され、1971年時点では389件の訴訟が存在したが、多くの親は法廷外の解決を望み、訴訟開始令状の発給以外に殆ど訴訟の進展がなく、1971年、Dによるサリドマイド障害児救済基金の設置の申し出により、和解交渉が開始された。

　申立人(The Sunday Times紙)は、1967年以来、サリドマイド児に関する報道を定期的に行い、他紙や他のテレビ局もサリドマイド児の状況をとりあげてきた。申立人は、1972年9月24日、「イギリスのサリドマイド児：国民的恥辱の訴訟（原因）」と称する記事を発表し、イギリス法の欠陥および和解案を批判し、和解条件の向上をDに呼びかけた上、記事の最後にサリドマイド問題の原因追及記事を発表すると予告した。この頃、Dがより良い条件の和解案を提示すべきだとする全国的キャンペーンがプレスおよび世論によって展開された。また、1972年11月29日、議会下院（庶民院）でもサリドマイド問題の論議（主としてDの道義的責任追及と信託基金設立の立法の是非）がなされた。

　1972年11月17日、高等法院女王坐部合議法廷(Divisional Court of the Queen's Bench Division)は、法務総裁(Attorney-General)の申請に基づき、裁判所侮辱(contempt of court)を理由とする差止を申立人による将来の記事に対して認めた。しかし、申立人の控訴により、1973年2月16日、控訴院(Court of Appeal)は差止を解除した。すなわち、報道禁止が必要なのは、訴訟が継続中で現に審理がなされかつ現実的で重大な予断の恐れが存する場合である。審理自体は数年来行われず、当該記事は道義上の責任を指摘するもので、不当な圧力ではない。本件では、公正な審理における当事者の個人的利益よりも、公衆に情報を伝達する公的利益が優先するとして、差止を解除した。

　法務総裁の上訴を受け、1973年7月18日、貴族院(House of Lords)は差止を支持した。すなわち、裁判所侮辱の目的は、訴訟当事者の個々の利益擁護ではなく、裁判の運営に対する侵害の阻止である。裁判の運営と言論の自由という競合する公益の衡量においては、事件係属中の最大の利益は審理が障害なく進行することで、裁判結審後、情報を獲得し自由に論議する公益が優先する。当該記事の目的は、公衆の共感と支持を得て、賠償金増額の圧力をかけることなので、記事は予断を生み司法の運営を阻害し、「新聞による審理」となる危険があり当該差止は正当である、とした。

　そこで、申立人は、1974年1月19日、ヨーロッパ人権委員会（以下、委員会という）に当該差止のヨーロッパ人権条約（以下、条約という）10条違反を申立てた。1975年3月21日、委員会は申立を受理

し、1977年5月18日、10条違反を認め（8対5）、14条および18条違反を否定（全員一致）する報告書を採択し、1977年7月15日、ヨーロッパ人権裁判所（以下、紛れるおそれのないかぎり、裁判所という）に付託した。1978年10月27日、裁判所は、条約解釈に関する重要問題が提起されているとして裁判所規則48条に基づき全員法廷での審理を決定した。なお、1973年7月30日、Dによる2000万ポンドの信託基金提示を受け、高等法院女王坐部は和解案を承認した。1976年6月23日、法務総裁の申請に基づき差止が解除され、4日後に記事が掲載された。

【判　旨】

(1) 10条について

(a) 当該介入は法律によって定められていたか

法律 (law) は制定法 (statute) だけでなく不文法 (unwritten) も含むので、裁判所侮辱法がコモン・ロー上のものであることは問題とならない (§47)。「法律によって定められている」とは、①法律が十分に利用可能であり (accessible)、②行為に伴う結果を法律から予見できること (foreseeable) である (§49)。控訴院の依拠した圧力の原理 (pressure principle) の存在は原告も認識し、かつ予見可能性があるといえる (§51)。他方、貴族院の依拠した予断の原理 (prejudgment principle) は、申立人は新しいものだと主張するが、過去の先例に依拠しており、予見可能性があった (§52)。よって、当該介入は法律によって定められていた (§53)。

(b) 当該介入は条約10条2項の下で正当な目的を有するか

「当裁判所は、『司法機関の権威及び公平さ』という表現については『条約の意味の範囲』において理解されるべきことを強調する。……本文脈において法の支配という基本原理を反映する条約6条が占めている中心的地位を考慮する必要がある（例として、Golder判決（本書41）§34参照）。『司法機関 (judiciary)』とは、司法機構および政府の司法部門、そして職務にある裁判官を意味する。『司法機関の権威』は、とりわけ以下のような概念を含んでいる。すなわち、裁判所は、法的権利義務の確認およびそれに関連する紛争の解決のための適切な公開の場であり、またそうであると公衆によって認められており、そのうえ、公衆はこうした機能を実行する裁判所の能力を尊敬信頼していることである。……裁判所侮辱法によってカバーされる行為類型の多くは、裁判官の地位または裁判所および司法機構の機能に関連する。すなわち『司法機関の権威と公平さを維持すること』は同法の目的の一つである」(§55)。したがって、申立人の表現の自由に対する制約は10条2項に基づき正当な目的を有する (§57)。

(c) 当該介入は当該制約目的のために「民主的社会において必要」か

当裁判所は、Handyside判決（本書18）において、「民主的社会において必要」という表現の理解、そして「必要な」とは「急迫する社会的必要性」の存在を内包していることを判示した。次に、条約上の権利自由を確保する第一義的責任が各締約国にあり、従って、10条2項は締約国に評価の余地を残していることを強調した (Handyside, §48)。しかし、無限定の評価権限を付与するわけではなく、裁判所には、当該制約が表現の自由と調和しうるか最終決定を行う権限がある。国内の評価の余地はヨーロッパの監督と密接な関係にある (Handyside, §49)。裁判所の任務は、権限ある国内裁判所を代替することでは全くなく、国内裁判所が評価権限の行使として行った決定を10条に基づき審査することである (Handyside, §50)。このことから裁判所の監督が、被告国がその裁量を合理的に、注意深くそして誠実に行使したかの確認に限定されるわけではない。国内の評価権限は、10条2項に列挙されている目的ごとに異なる。「Handyside事件では『道徳の保護』が問題となった。道徳の要請について締約国のとる見解は『時と場所によって異なり』、『国内当局は当該要請の正確な内容について見解を述べる上で、国際裁判官よりもよりふさわしい立場にある (Handyside, §48)』。全く同じ事が、司法機関の『権威』という、より客観的概念についてもいえるわけではない。国内法および締約国の慣行が示しているのは、当該領域において相当程度の共通基盤が存在するということである。……従って、ここではより広範なヨーロッパの監督がより狭い評価権限に相応している」(§59)。

「当該制約が『急迫する社会的必要』に合致するか、遂行される正当な目的と『釣り合っているか』、国内当局が示す正当化理由が10条2項の下で『関連性があり十分か』(Handyside, §§48-50) 決定しなければならない。そこで、裁判所は差止という主題、当時のサリドマイド事件の状況および同事件と差止発給をめぐる状況について検討した」(§62)。

予定記事の潜在的効果に関する国内裁判所の見解が、『司法機関の権威』の維持の観点から妥当かどうか確かめる。1973年7月の貴族院決定の時点では、サリドマイド事件は議会で議論され、プレスの報道および全国的キャンペーンの対象になっていたことから、予定記事が、Dへの圧力を増大させるとはいえない。貴族院は新聞による審理が司法の権威の維持に与える害悪を強調する。だが、予定記事は、穏健な表現により不偏不党な立場で書かれていることから読者の反応は様々であろうし、一定の意見形成を招来しても、すでに、当時、全国的キャンペーンが展開されていた以上、当該記事が、『司法機関の権威』に悪い影響を与えるものではない (§63)。

被告政府は、1976年時点における差止の必要性は、表現の自由という公的利益と司法の公正な運営という公的利益との比較衡量によって決すると主張する (§65)。「当裁判所が Handyside 判決 [§49] で述べたように、表現の自由は民主的社会の本質的基礎である。表現の自由は、10条2項を条件として、好意的に受け止められたり、あるいは害をもたらさないまたはどうでもよいこととみなされる『情報』や『思想』だけではなく、国家や一部の人々を傷つけたり、驚かせたり、または混乱させたりするようなものにもあてはまる。これらの諸原理はプレスに関して特に重要である。これらは、共同体一般の利益に仕えると同時に、賢明な公衆の協力を必要とする司法の運営の分野についても同様にあてはまる。裁判所は孤立状態では機能しない」(§65)。メディアが、情報や思想を伝達する任務を負うだけでなく、公衆もこれらを受け取る権利を有する。民主的社会において必要といえるだけの十分な理由に基づいているかを判断するに際して、「裁判所は、異なるアプローチをとらなければならない。裁判所が直面するのは、二つの対立する原理の選択ではなく、厳密に解釈されなければならない幾つかの例外に服する表現の自由の原理である」(§65)。

サリドマイド事件の犠牲者にとって、あらゆる背景情報および可能な解決策を知るのは重大な利益である。1972年9月、事件は休眠状態にあった。Sの予定記事中の事実が、係属中の訴訟に関連するという理由だけで公的関心事でなくなるわけではない (§66)。「当該介入は条約の意味における表現の自由という公的利益を十分に上回るだけの急迫する社会的必要性には相応しない。……当該制約は、遂行する正当な目的と釣り合っていない。よって、司法部の権威を維持するために民主的社会において必要とはいえない」(§67)。従って、条約10条違反がある (8対5、§68)。

(2) 14条および18条について

14条および18条違反は存在しない (全員一致、§§69-75)。

(3) 50条 (現41条) について

50条の適用の問題については決定のための準備がなされていない (§§76-78)。[この点については、The Sunday Times v. the United Kingdom, 6 November 1980 によって、22,626.78ポンドの公正な満足 (賠償) が認められた (13対3)。]

【解 説】

(1) 判決の意義・特徴

本判決の最大の意義は、Handyside 判決 (本書 *18*) で提示された「評価の余地」理論に依拠しつつも、

表現の自由に対する制約に関して国家の評価の余地を狭く解して条約違反を認定すると同時に、表現の自由に民主的社会との関わりの中で重要な位置付けを与えたことである。しかも、それを、ハンディサイド判決に萌芽的に表れていた要件的要素の項目化によって明確化した。本判決の要件は後の判決でも踏襲されている点から重要な意義を有する。また、表現の自由における報道機関の役割を強調する点でも、報道機関の表現の自由に関する先駆的判例の1つである。さらに、本判決で問題となった裁判所侮辱法は、制定法としては存在せず、コモン・ロー（判例法）として存在するものであった。裁判所は、「法律によって定められていたか」という要件中の「法律」は制定法だけでなく不文法も含むと解し、コモン・ローも「法律」に含まれると判示した。これは、判例法主義をとる締約国にとって重要な判断である。以下、詳説する。

(2) 「評価の余地」理論の発展：国内当局の裁量の具体的限定例

本判決は、Handyside判決を引用し、同判決で提示された「評価の余地」理論の枠組に依拠するものである（本書 *18* 参照）。本判決の注目すべき点は、国内当局の評価権限は10条2項に列挙されている目的ごとに異なるとした上で、ハンディサイド判決で問題となった『道徳の保護』は時と場所によって異なり、国内当局の方が判断を行う上でよりふさわしい立場にあるとして広い裁量が認められたが、これは『司法機関の権威』のような客観的概念についてはいえないと区別したことである。すなわち、後者については、概念に関する相当程度の共通基盤が存在することから、より広範なヨーロッパ人権裁判所の監督権限が認められ、その結果、国内当局の裁量の余地が狭くなる（本判決§59）。国内当局の評価の余地を条約の制約目的ごとに限定する枠組を使って、条約違反を導き出した先駆例として注目できる。条約の制約目的に着目して多様な表現の分類をはかる動向はその後の判決からも観察できる[1]。

(3) 表現の自由と民主的社会：表現の自由の優越的地位

本判決は、「評価の余地」理論の精緻化の下、表現の自由の意義を民主的社会との関係でHandyside判決以上に積極的に捉えている。すなわち、まず、ハンディサイド判決が、多元主義や寛容の要請から、驚かせたり、混乱させたりするような情報や思想も保障の対象となると述べた点（本判決§49）を引用した上で、さらに、イギリス政府側の主張する表現の自由と制約利益との比較衡量を否定して、2つの対立する原理の選択（比較衡量）ではなく、表現の自由を基本原理に据えた上で、その基本原理には、厳密に解釈されるべき例外が伴っていると解した（本判決§65）。実際には、表現に対する制約が、遂行する正当な目的と釣り合っているか（国内当局の制約根拠は10条2項の下で関連性があり十分か）という観点から判断がなされる。その際、当該表現の民主的社会における重要性の度合は、釣り合っているかどうかの判断に影響を及ぼすことになる[2]。

さらに、民主的社会において必要な情報の提供および自由な討論を実現する上で報道機関が果す役割を重視した点（Handyside判決がいう「民主的社会の本質的基礎」の具体的内容の一つといえる）、公衆が情報を受け取る権利（知る権利）としても言及している点にも注目できる。これはその後のBarthold判決（24 March 1985）、Lingens判決（本書 *64*）、Goodwin判決（27 March 1996）、Jerslid判決（本書 *67*）、Lehideux and Isorni判決へと継承されている[3]。他方、民主的社会の本質的基礎とは直接関連が薄い場合（たとえば営利的表現や芸術的表現）には条約違反が否定されやすい傾向がある（参照 Markt Intern and Beermann v. Germany〔21 November 1989〕、Wingrove v. UK〔本書 *66*〕）。

(4) 表現の自由に対する介入の条約適合性判断要件

Handyside判決は、表現の自由に対する介入が10条違反かどうかを判断するに際して、①当該介入が法律によって定められているか、②当該介入

が正当か、③当該制約は民主的社会において必要であるかという点が検討されているが、必ずしも要件として項目立てされてはいない。しかし本判決においては、「A．介入は『法律によって定められて』いたか」、「B．介入は条約10条2項に基づく正当な目的を有したか」、「C．介入は司法部の権利を維持するために『民主的社会において必要』であったか」として項目立てされた。しかも、この項目立てはその後の判決において踏襲されており、条約適合性判断基準として定着したといえる。

(5) 判決の国内法への影響

1975年のGolder判決（本書41）、1978年のTyrer判決（本書16）に続いて、イギリスがヨーロッパ人権裁判所において敗訴した事件であるが、敗訴の衝撃は前の2事件と比較すると格段に大きい。というのは、Golder判決は刑務所規則のレベルの問題、Tyrer判決はマン島というイギリス領土の一部における問題であるのに対して、The Sunday Times判決は、イギリスの代表的高級紙が申立人である上、問題となった裁判所侮辱法は、司法の運営の様々な局面を保護すべく裁判所が判例法上、歴史的に発展させてきた伝統的法分野（例外的に制定法上の修正が存在）であり[4]、イギリスにおける裁判所制度のあり方自体に関わる問題だったからである。よって判決に対する国内的評価は賛否両論であった[5]。

さらに、当時、イギリス政府は自国の人権水準には自信を持っており、条約起草はイギリス並みの人権水準を他国に享受させることが主目的だったことを想起すると、ヨーロッパ人権裁判所において連続して訴えられ、敗訴し続けるような事態は国際的恥辱としても受け止められた[6]。他方、こうした事態は、自由を「残余の自由」（法によって禁止されない限り一切自由である）[7]としてとらえる伝統的考え方に疑問（議会が法を制定すれば幾らでも自由を制約できることになるので自由が保障されているとはいえないのではないか）を提起し、新・権利章典制定の主張に対して正当化根拠を与えるものとなった[8]。

同判決に対する具体的対応としては、1981年裁判所侮辱法が挙げられる。ただし、裁判所侮辱法の不明確性および裁判所による差止命令の恣意性は、19世紀後半からすでに批判の対象となっており、1971年に法改正検討のために設立されたPhilimore委員会が制定法による法の明確化を勧告したが[9]、政府が問題を先送りした経緯が存在する。裁判所侮辱法案は政府法案として1980年に提出され、1981年にほぼ提出時の法案通りの形で成立した。大法官自身（当時、大法官は大法官府の長として閣僚メンバーであり、議院としての貴族院の議長であり、かつイングランドおよびウェールズの司法府の長であった。その後の変革については、本書概説V(1) 36頁参照）、法改正の必要性は本判決以前から認識され、だからこそPhilimore委員会を発足させていたと述べつつも、同判決がなければPhilimore委員会の勧告は実現しなかったと述懐する[10]。1981年裁判所侮辱法によって同判決が完全に履行されたことになるのかについては意見が分かれる[11]。閣僚委員会は、賠償金を支払い、法案を提出したイギリス政府の対応に満足していると宣言した[12]。

(6) 日本法への示唆

日本の憲法学においては、アメリカの憲法判例に準拠しつつ、表現の自由に対して優越的地位を認め、厳格な審査基準を用いるべきとするのが通説的見解である。判例もこれを一般原理としては受容しているようであるが、表現の自由の優越的地位に基づき、憲法21条違反を判示した例は、最高裁レベルではない。ヨーロッパ人権裁判所における表現の自由法理は、各国における様々な問題を基礎とする判例に基づいており、日本国憲法の解釈においても有用な素材となる。他方、イギリスが本判決を代表格として、ヨーロッパ人権裁判所判決を契機に条約の国内的実施に取り組んだ例は、日本における人権条約の国内的実施の可能性を検討する上で参考になるモデルである。

(1) 詳細は、S. C. Prebensen, The Margin of Appreciation and Articles 9, 10 and 11 of the Convention, 19 *HRLJ*

13参照。Cf., H. C. Yourow, *The Margin of Appreciation Doctrine in the Dynamics of European Human Rights Jurisprudence*（Nijhoff, 1996）at 56-57.

(2) Barthold v. Germany, 25 March 1985 では、表現の自由は民主的社会において傑出した地位 a prominent place を有すると裁判所は述べた。

(3) 門田孝「欧州人権条約と『評価の余地』の理論」石川明先生古稀記念論文集『EU法・ヨーロッパ法の諸問題』（信山社、2002年）259-265頁および西片聡哉「表現の自由の制約に対する欧州人権裁判所の統制」神戸法学年報17号（2001年）223頁以下参照。

(4) アングロ・サクソン時代の法律に侮辱という言葉が散見でき、裁判所侮辱としては12世紀に登場した。裁判所侮辱法の詳細については、江島晶子「イギリスにおける裁判所侮辱法改正とヨーロッパ人権条約」明治大学大学院紀要27集（1990年）21頁以下参照。

(5) イギリスの著名な国際法学者 Mann は、ヨーロッパ人権裁判所のサンデー・タイムズ判決を「イギリス法構造に対する最も重大な打撃」だと評した。F. A. Mann, "Contempt of Court in the House of Lords and the European Court of Human Rights", 95 *LQR* 348（1979）. *Cf.*, N. V. Lowe, The English Law of Contempt of Court and Article 10 of the ECHR, in M. P. Furmston *et al*(eds.), *The Effect on English Law of Membership of the European Communities and of Ratification of the ECHR*（Nijhoff, 1983）.

(6) その後、1990年代初頭まで、ヨーロッパ人権委員会への申立件数においても、ヨーロッパ人権裁判所における敗訴件数においても、第一位という不名誉な地位を維持した。

(7) A. Boyle, Freedom of Expression as a Public Interest in English law, [1982] *PL* 572.

(8) 新・権利章典制定論議は紆余曲折の後、1998年人権法（Human Rights Act 1998）として実現した。これによって議会を除く公的機関に条約適合的に行動する義務が課された。詳細は、江島晶子『人権保障の新局面』（日本評論社、2002年）参照。

(9) Report of the Committee on Contempt of Court, *Cmnd.* 5794（1974）.

(10) 415 HL Debs 659.

(11) 申立人は、1981年裁判所侮辱法および国内裁判所の態度に不満を抱き、裁判所侮辱が問題となった別の事件で、同条の条約違反を申し立てたが、不受理となった。

(12) Committee of Ministers, Resolution DH（81）2（2 April 1981）.

[参考文献]

[1] 江島晶子「イギリスにおける裁判所侮辱法改正とヨーロッパ人権条約」明治大学大学院紀要27集（1990年）21頁。

[2] 加藤紘捷「サンデー・タイムズ事件のヨーロッパ人権裁判所判決とイギリスにおける裁判所侮辱の基準」駿河台法学1号（1986年）95頁。

[3] 野村敬造「欧州人権裁判所の判例」金沢法学25巻2号（1983年）45頁。

[4] 内田力蔵「イギリスにおけるサリドマイド裁判について」ジュリスト557号85頁、559号104頁、560号126頁、561号99頁、562号85頁、564号（1974年）103頁（『内田力蔵著作集4 司法制度』〔信山社、2007年〕第12章所収）。

ストラスブールの大聖堂
(中央に円型のステンドグラス画が見える)

63 放送の自由
国外からのラジオ放送のケーブル網による再送信禁止
——グロペラ・ラジオ社判決——

鈴木　秀美

Groppera Radio AG and others v. Switzerland
28 March 1990, Series A no. 173

【事　実】

本件では、スイスの Groppera Radio 社（グロペラ・ラジオ社〔以下、G 社〕）が、国境から 6 キロ離れたイタリアのグロペラ山頂（標高 2,948 メートル）にある放送局を利用して、地上波によりスイスのチューリッヒに放送した軽音楽中心のラジオ番組について、スイス郵電公社が、国内でのケーブル網による再送信を禁止したことがヨーロッパ人権条約 10 条に違反しないかが争われた。

グロペラ山頂の放送局は、1979 年にイタリアの Radio 24 社（以下、R 社と略記）が、スイスの公共放送独占体制の裏をかくために設置したものだった。R 社は、スイスで広告を集め、同年 11 月から 83 年 9 月末まで、スイスに向けてラジオ放送をしていた。ところが、スイスにも民間放送が導入され、83 年 6 月に 36 のラジオ免許が交付された。R 社も免許を取得したが、R 社はその条件としてグロペラ山頂からの放送を同年 9 月末で停止することを求められ、この条件に同意した。スイスの民間ラジオは、同年 11 月にはじまった。

R 社からこの放送局を買い取った G 社は、83 年 10 月、R 社と同じ周波数を利用して、チューリッヒ方言による番組の放送を開始した。この番組は、スイス国内で、ラジオで受信されていただけでなく、共用アンテナを介してケーブル網で再送信もされていた。

スイスでは、83 年に制定され、84 年 1 月 1 日に発効した規則（以下、83 年規則と略記）によって、ラジオ番組を共用アンテナで受信し、ケーブル網で再送信するためには、その番組を放送している局が国際的な電気通信法に適って運用されていることが必要となった。このため、たいていのケーブル事業者は、G 社の番組の再送信を停止した。G 社が国際的ルールに違反してイタリアから放送されており、その再送信は禁止されていると考えたためである。ところが、一部のケーブル事業者は再送信を続けた。

84 年 3 月、郵電公社チューリッヒ支局は、マウール地域の共用アンテナ協同組合に対し、G 社の番組が国際的ルールに違反し、違法であるとして、再送信停止を命じる決定を下した。同年 7 月には、公社本部もこれを確認した。同協同組合は、この決定に対し連邦裁判所に提訴し、同年 9 月には G 社もこれに加わった。同年 8 月末、グロペラ山頂の送信機が落雷によって故障し、番組の放送は停止され、その後も放送は再開されなかった。このため、連邦裁判所は、訴えを取り下げるよう提案したが、その提案は拒否された。そこで、同裁判所は、85 年 6 月 14 日、権利保護の必要性が失われたことを理由に訴えを斥けた。

ところで、グロペラ山頂の R 社の放送局については、設置直後にドイツとスイスの当局から抗議があり、イタリア郵政省はその運用を禁止した。しかし、R 社は、これに対抗するため行政裁判所に提訴し、裁判は長期化した。その間に R 社の放送局は送信停止・再開を数回繰り返した。その後、スイス当局の要請により、国際電気通信連合の国際周波数登録委員会が 88 年 11 月にイタリア当局に送付した抗議書によると、イタリアではラジオ周波数の管理に関する国際法上の義務が果たされておらず、100 以上の

ラジオ局が、3つの隣国（フランス、スイス、旧ユーゴスラヴィア）で公式に免許を受けたラジオ局との混信を引き起こしていた。この抗議に対してイタリア当局からはなんらの回答もされなかった。

　84年2月、G社、その経営者と社員らは、番組の再送信が禁止されたことによって、10条（国境とは無関係に情報と思想を伝達する権利）と13条（効果的救済に関する権利）を侵害されたとヨーロッパ人権委員会（以下、人権委員会）に申し立てた。88年10月の意見において人権委員会は、10条違反を認めた。人権委員会とスイス政府は、本件をヨーロッパ人権裁判所（以下、人権裁判所）に付託した。

【判　旨】

　G社のラジオ放送の再送信禁止は10条1項3文に適合し、2項の要求を満たしている。

（1）**介入は存在したか**

　申立人によれば、本件の再送信禁止は、結果として番組の禁止となる。山国スイスでは地上波によるラジオ受信は困難で、人口の3分の2はケーブル網でラジオを聴いていた（§52）。10条1項1文と2文の権利は、その内容とは無関係に、ラジオ番組の地上波による放送も、ケーブル網による再送信も包括する。再送信禁止は、再送信に明らかに干渉し、契約者の番組受信を妨げた。これは、公の機関による「介入」である（§55）。

（2）**介入は正当化されたか**

（a）10条1項3文（放送条項）

　10条1項3文は、本件に適用可能であるが、その範囲を審査しなければならない。この規定は、条約起草の段階で、利用可能な周波数が限られ、ラジオ局の設立に多額の経費を必要とすることへの技術的・実務的考慮に基づき10条に加えられた。さらに、放送は国家に留保されるべきとの多くの締約国の政治的見解も反映していた。その後、見解も変化し、技術の進歩、とりわけケーブル技術が導入されたことにより、多くの国では国家の放送独占が廃止され、公共放送に加えて、民間のローカル・ラジオ局が設立された（§60）。

　「10条1項3文の対象と目的、その適用の範囲は、10条の全体的関連において、とりわけ2項の要求に関連づけて解釈されなければならない」。「10条1項3文の目的は、以下の点にある。すなわち、国家が免許手続によって自国の放送制度のあり方を、とりわけ技術的な観点から監督できるということを明確にすることである。しかし、免許手続は、その他の点で、2項の要求に服する必要はないと定められているわけではない。なぜなら、それでは、10条全体の目的に一致しないからである」（§61）。

　問題とされている規定は、それがスイスで放送制度の秩序の監督を許すその限りにおいて本件に適用可能である（§62）。グロペラ山頂の放送局はたしかにイタリアの管轄の下にあるが、協同組合によるG社の番組の再送信は、スイスの管轄の下にある。再送信禁止は、82年の規則によって導入されたスイスのローカル・ラジオ制度と全面的に一致していた（§63）。そこで、この介入が10条2項に適っていたかを審査する必要がある（§64）。

（b）10条2項

（i）「法律で定める」

　申立人は83年規則について、それが国際法の規律を援用していたことではなく、その援用されていた規律が、入手可能性と明確性の点で十分ではなく、市民にとってなにが規律されているのかにつき予見可能性が確保されていなかったことを問題にした（§65）。

　「当裁判所は、予見可能性と入手可能性の概念の範囲が、問題となっている法的手段の内容、それが意図している適用範囲およびその名宛人の数や地位に大きく左右されると考える」。本件では、国際電気通信法の規範はきわめて技術的かつ複雑であったが、専門家はその入手方法を知っていた。それゆえ、G社のように国境を越えてラジオ番組を放送しようとする会社の場合、助言者の助力によりスイスに適用される規律について十分に情報を得る努力をするとの期待が可能であった。83年規則と国際電気通

信条約の全文は公表されており、企業にとってなお入手すべきはラジオ規則であったが、それもベルンの郵電公社か、ジュネーブの国際電気通信連合において入手可能であった。本件に適用される規定には明確性が欠けているとはいえず、申立人と助言者には予見可能性があった（§68）。

　　(ii)　正当な目的

　スイス政府は、本件の介入の目的が、国際電気通信条約とラジオ規則によって定められた電気通信の「秩序の維持」と、国内・国外での公正な周波数割当てによる多元主義、とりわけ情報の多元主義の促進という意味で「他者の権利の保護」にあるとした。当裁判所もこれを認めた（§69）。

　　(iii)　「民主的社会で必要である」

　申立人は、再送信禁止は検閲ないし放送の妨害となり、追求された目的の必要性を超えていると主張した。スイス政府は、G社の番組の再送信のみを禁止したのであり、83年規則の基準に適った放送局の番組を禁止してはいないと指摘した（§71）。

　当裁判所の判例によれば、締約国は、介入の必要性の判断に際して、一定の評価の余地を有している。ただし、当裁判所は、「国内で講じられた措置が原則として正当化可能で、比例性を有しているかを審査しなければならない」（§72）。

　本件で介入の比例性を審査するためには、申立人らのケーブル網による番組再送信に関する利益に対して、国際的電気通信秩序の保護と、第三者の権利の保護の必要性を衡量しなければならない。83年規則の発効後にたいていのケーブル事業者はG社の番組の再送信を停止しており、さらに、スイス当局は、イタリアや国際電気通信連合に抗議しながらも、G社のグロペラ山頂からの放送を妨害したことはなかった。再送信禁止はスイスの会社、協同組合、スイス在住の契約者に関係するが、契約者は他のいくつかの番組を受信していた。再送信禁止は、なによりも、脱法行為を阻止するために必要な方法であった。本件の再送信禁止は、番組内容を理由とする検閲ではない。再送信禁止は、スイスに妥当する法律上の電気通信制度の網をかいくぐって国外で運用されていても、スイス当局が十分な理由でスイスのものとみなすことのできる放送局に対して講じられた措置である。スイス当局が評価の余地の範囲を逸脱したとはいえない（§73）。

【解　説】

(1)　放送の自由についての3つの判決

　90年の本判決[1]とAutronic事件[2]、さらに93年のLentia事件[3]は、人権裁判所の放送の自由に関する基本判例である。本判決では、再送信禁止は10条違反ではないとされたが、Autronic事件では、スイスでソ連のテレビ番組の通信衛星を介した受信を許可しなかったことが10条違反とされた。Lentia事件では、オーストリアで公共放送独占体制を理由に、民間ローカル・ラジオ放送局の開設を認めなかったことが10条違反とされた。

(2)　10条1項3文（放送条項）の意義

　ヨーロッパの多くの国では、80年代から90年代に民間放送が導入されるまで、公共放送の独占体制が続いていた。併存体制に移行してからも、放送は、免許制をはじめ印刷メディアにはみられない特殊な規制を受けている。人権裁判所は、表現の自由が放送にも及ぶことを認めているが、その限界を明らかにするためには、「本条は、国家が放送、テレビまたは映画の諸企業の免許制を要求することを妨げるものではない」と定める10条1項3文、いわゆる放送条項の意味や、その10条2項との関係を確認する必要がある。本判決が下された当時、学説では、放送の自由に対する介入について、放送条項と10条2項を手がかりに条約適合性を判断すべきとする見解に対し、放送条項は、10条2項の留保には服さない、放送制度についての立法裁量を認める規定であるとする見解が対立していた[4]。

　人権裁判所は、本判決においてはじめて放送条項についての判断を示し、免許手続は、放送条項に適合するだけでなく、10条2項の要求も満たす必要があるとした。その際、放送条項は、「国家が、免

許手続によって自国の放送制度のあり方を、とりわけ技術的な観点から、監督できるということを明確にすること」を目的とするものと限定的に解された。人権委員会は、放送条項が放送の送信国のみに適用されると考えたため、G社の放送局がイタリアにあることを理由に、スイスでの再送信禁止に放送条項を適用せず、10条2項によって条約適合性を判断したが、人権裁判所は、放送条項の本件への適用可能性を認めた。

Autronic事件では、人権委員会が、放送条項は外国番組の受信制限には妥当しないと考えたのに対し、人権裁判所は、この問題を未解決にすると明言したうえで、いずれにしろ10条2項の要求は満たされなければならないとした (§52)[5]。

放送条項の意味や、その10条2項との関係をより明確にしたのはLentia事件である。人権裁判所は、「技術的観点は疑いなく重要であるが、免許の付与や拒否は、その他の条件に依拠させることもできる。……当該介入の目的は1項3文によって正当化される。それらの目的は2項では定められていない。それでも、当該介入の条約適合性は、2項のその他の要求に照らして審査されなければならない」(§32) とした。免許の条件としては、免許を求めている放送局の性格や目的、放送対象地域、特別な聴取者集団の権利や要求、国際条約上の義務が例示された。これによって、放送条項が立法者に、技術的観点からだけでなく、「放送政策に基づいた放送秩序の形成」[6]を認めているが、そのためになされる介入は、法律によって定められ、民主的社会にとって必要でなければならないことが明らかにされた。その結果、オーストリアのラジオの公共放送独占体制は、放送条項には適合しているが、もはや伝送路の有限性によって正当化することはできないと判断された[7]。

(3) 日本・ドイツ・EUとの比較

日本では放送規制を「放送事業者の自由」に対する介入ととらえ、それを正当化できるか否かが問題とされている[8]。これに対し、ドイツでは、放送の自由を、視聴者中心に、意見形成に「奉仕する自由」と解している。放送の自由には、主観的権利としての側面とともに、意見多様性の確保を国家に義務づける客観法的側面があるとされ、意見多様性確保の義務を満たすことができない放送法の規定が違憲と判断されたこともある[9]。

人権裁判所も、日本と同じく、放送の自由を「放送事業者の自由」ととらえている。ただし、本判決で、多元主義の促進が「他者の権利の保護」であるとされ (§69)、Lentia事件では、民主的社会における表現の自由の根本的役割との関連で、「それは、多元主義の原則に依拠しなければ効果的には果たされないが、多元主義を最終的に保障するのは国家であり」、このことは、とくに視聴覚メディアに妥当する (§38) とされるなど、人権裁判所は、放送の多元主義を保障する国家の義務を介入の目的として間接的に認めている[10]。

EU基本権憲章は、11条1項で表現の自由を保障し、2項ではメディアの自由とともに、メディアの多元性の尊重を明文化した。これにより、前述した、人権裁判所の多元主義についての判例がEU基本権憲章でも確認されたとみられている[11]。ここで「メディア」という概念が採用されたのは、情報技術の革新によって生じた「放送」概念の定義の問題を回避し、この規定をメディアの今後の発展にとって開かれたものとするためである[12]。

(1) 独語版として、EuGRZ 1990, 255ff.; NJW 1991, 615 ff. 判例評釈として、Holoubek, Anmerkung, Medien und Recht 1990, 156ff.

(2) Autronic AG v. Switzerland, 22 May 1990, Series A no. 178. 独語版として、EuGRZ 1990, 261ff.; NJW 1991, 620 ff. 判例評釈として、Ricker, Freiheit des Fernseh-Direktempfangs und die rechtliche Zulässigkeit ihrer Beschränkung, NJW 1991, 602ff.

(3) Informationsverein Lentia and others v. Austria, 24 November 1993, Series A no. 276. 独語版として、EuGRZ 1994, 549ff.; AfP 1994, 281ff. 判例評釈として、Holoubek, Die Rundfunkfreiheit und Konsequenzen des Rundfunkmonopol-Urteils des EGMR für Österreich, Medien und Recht, 1994, 6f.; Kugelmann, Anmerkung, AfP

1994, 284ff.

　(4)　学説の状況について、Bär, Freiheit und Pluralität der Medien nach der Charta der Grundrechte der Europäischen Union, 2005, S. 22ff.; Holznagel, Rundfunkrecht in Europa, 1996, S. 155 f. 本判決に至るまでの人権委員会の実務について、Petersen, Rundfunkfreiheit und EG-Vertrag, 1994, S. 263ff.

　(5)　スイス郵電公社は、ソ連のテレビ番組の通信衛星を介した受信について、国際電気通信条約22条1項が通信内容の秘密保持のために必要としている送信国の同意が証明されないとして、受信を許可しなかった。人権裁判所は、放送衛星と通信衛星の区別は技術的に時代遅れとなっており、通信衛星で中継される番組が暗号化されておらず、公衆による受信が可能であるため、受信制限は民主的社会にとって必要とはいえないとした。国際電気通信条約については、栗林忠男編著『解説宇宙法資料集』134頁以下［鈴木秀美］（慶應通信、1995年）参照。

　(6)　Holoubek, *supra* note (3), 7f.

　(7)　本件で、公共放送独占体制は、放送事項については、「その体制の枠内で行政庁に与えられた監督機能によって番組の質と均衡性に貢献することに適している」とされた。しかし、10条2項との関係で、表現の自由を厳しく制限する独占体制を正当化するためには、差し迫った必要性が認められなければならないが、もはや伝送路の有限性に依拠することはできず、オーストリアでは多数の外国番組が受信可能であり、市場が小さすぎて企業集中のおそれがあるとはいえないことなどから、報道の客観性、意見多様性、放送局の独立性を保障するという目的との関係で、独占体制は比例性を欠いており、民主的社会にとって必要とはいえないとされた。

　オーストリアでは、93年に民間ラジオ法が制定され（94年1月発効）、95年9月に民間ラジオ局が放送を開始した。なお、03年には民間テレビ局も放送を開始した。杉内有介「オーストリア」NHK放送文化研究所編『データブック世界の放送2006』（日本放送出版協会、2006年）136頁以下。

　(8)　芦部信喜『憲法学Ⅲ［増補版］』（有斐閣、2000年）303頁以下参照。

　(9)　BVerfGE 73, 118（172ff.）. 鈴木秀美『放送の自由』（信山社、2000年）127頁以下、137頁参照。

　(10)　Grabenwarter, Europäische Menschenrechtskonvention, 2. Aufl. 2005, §23, Rn. 55. Vgl. Verein gegen Tierfabriken v. Switzerland, 28 June 2001, Application No. 24699/94, §73 も参照。

　(11)　Schwarze, Die Medien in der europäischen Verfassungsreform, AfP 2003, 211.

　(12)　Stern, in: Tettinger/Stern (Hrsg.), Kölner Gemeinschafts-Kommentar zur Europäischen Grundrechts-Charta, 2006, Art. 11, Rn. 31.

ストラスブールの運河

64 政治的表現
価値判断に基づく名誉毀損と真実性の証明
——リンゲンス判決——

上村　都

Lingens v. Austria
8 July 1986, Series A no. 103（全員法廷）

【事　実】

　申立人 Lingens（リンゲンス）は、雑誌「Profil」の編集者である。

　オーストリアで総選挙が行われた4日後の1975年10月9日、ユダヤ人資料センター長のヴィーゼンタールは、テレビインタビューで、オーストリア自由党党首［Vorsitzende］・ペーターに対して、彼が第二次世界大戦中に所属したナチスの親衛隊の第一歩兵部隊はロシアでドイツの前線部隊の後方にいた民間人を繰り返し虐殺したと非難した。翌日、元首相でオーストリア社会党党首のクライスキーは、テレビインタビューで、ヴィーゼンタールの非難に対して精力的にペーターを弁護する発言をし、ヴィーゼンタールの組織と活動を「政治的なマフィア」ないしは「マフィアのやり方」と呼んだ。

　このやり取りに関連して、申立人 Lingens は、ウィーンの雑誌「Profil」に次のような記事を掲載した。第一は、「ペーター事件」という見出しの下、政治的な理由のためにペーターを弁護したクライスキーの態度を酷評するものである。クライスキーのヴィーゼンタールに対する批判について、「別の誰かによって、それはおそらく最も卑しい日和見主義と呼ばれるであろう（表現①、傍点上村）」と述べている。第二の記事では、クライスキーに対し、ペーターを擁護したことだけでなく、オーストリア政治にかかわる他の旧ナチスに対する態度についても非難し、次のように述べている。「実際、クライスキーの行動は、合理的な理由に基づくものではなく、ただ単に理性的でない理由に基づくものであると批評できる。品位に欠け、不道徳である（表現②、傍点上村）」、と。さらに、ペーターについて、議員、政治家、および政府の一員として不適格だとし、「これは政治倫理の必要最小条件である」。「言語道断（表現③、傍点上村）」なのは、このことを議論したヴィーゼンタールではなく、それをもみ消そうとするクライスキーである、と述べている。

　そこで、クライスキーは、申立人に対して、2回の私人訴追を提起した。

　1979年3月26日、ウィーン地方裁判所は、次のように説示して、表現①②について、被告人（＝申立人）に名誉毀損罪を宣告し（20,000シリングの罰金）、表現③については政治的批判の受忍限度を超えるものではなく、名誉毀損的ではないとした。表現③は、政治的問題として政治家に対して政治的な批判を表明する目的でなされたものであり、その場合には個人の場合よりも名誉毀損の許容性の程度が緩やかになることが責任軽減事由として考慮される。表現①②は、表現の自由と私生活の尊重・名誉との調整の結果、許容限度を超えている。表現①は、真実性を証明する証拠が提出されなかったため、有罪へと導くには十分であり、他方、表現②には、「マフィアのやり方」というクライスキーの発言が証拠として提出されたが、この程度の表現は、政敵との間での政治的な闘争という視点から見れば、可能な防御なのであり、道徳や品位の欠如を映し出すものではない。そもそもこの見解の唯一可能な解釈が「品位に欠け、不道徳」であるということを立証することは被告人にとって論理的に不可能である。

　両者の控訴を受けて、1979年11月30日、ウィーン控訴裁判所は、元首相が、刑法典117条の規定にもかかわらず私人訴追を提起しうるかという問題について十分検討しなかったことを理由に、控訴を棄却し、事件を地裁に差し戻した[(1)]。

1981年4月1日、ウィーン地裁は、彼の公人としての資質ではなく、政党のトップに立つ政治家として非難されたのであり、それゆえ、クライスキーには私人訴追の権利が認められるとして、前述の地裁判決と同様の判決を下した。

両者の控訴を受けて、1981年10月29日、ウィーン控訴裁判所は、申立人に科された罰金を15,000シリングに減刑し、以下のように説示し、地裁判決を他のすべての点において追認した。政治的な論争において、侮辱的な表現がしばしば用いられることに鑑みれば、政治的議論のなかでの批判は、個人の名誉を傷つけるものではない（表現③を許容、控訴を棄却）。表現①は、人が道義的な考慮を完全に無視してある特定の目的のために行動することを意味し、クライスキーの名誉を侵害する。「それらが別の誰かによってなされた」という言葉を用いたからといって、批判の受け売りとして理解することはできない。被告人が、表明の真実性の証明を果たしてはいない以上、第一審の判断は正しい。表現②について、オーストリア法は、価値判断という形式でなされた表現を制限されない権利を個人に与えてはいないし、条約10条は、とりわけ他者の名誉を保護するため法による制限を認めている。ジャーナリスト自身が、意見を述べる場合には、名誉保護を実現する刑法によって定められた限界の枠内にとどまらなければならない。しかし、これは本件の状況ではない。そのような表明は、真実性が証明された場合には許容されるが、被告人は、証明することができなかった。

そこで、申立人は、ヨーロッパ条約10条（表現の自由）違反を理由にヨーロッパ人権委員会に申し立てた。同委員会は、訴えを受理し、10条に対する違反を認め、事件をヨーロッパ人権裁判所に付託した（全員一致）。またオーストリア政府も、事件をヨーロッパ人権裁判所に付託した。

【判　旨】

(1)　10条違反の申立について

申立人の表現の自由の行使に対して「公的機関による介入」があったことは議論の余地はない。そのような介入は、10条2項の要求を満たすものでなければ、条約に違反する。それゆえ、介入が「法律によって規定されている」かどうか、10条2項により正当化される目的を有するか、この目的が「民主的社会において必要であった」かどうかについて審査する（§35）。

(a)　介入についての法律上の根拠

当裁判所は、当該判決が、「他者の名誉または権利」を保護することを目的とするオーストリア刑法典111条に基づくものであるとする委員会と政府に同意する。したがって「法律によって規定され」ており、また条約10条2項に基づく正当な目的を有している（§36）。

(b)　民主的社会における必要性

10条2項の意味における「必要」という文言は、「差し迫った社会的な必要」の存在を含意している。条約締結国は、はたしてそのような必要性が存したかという問題の評価に際して、広い評価の余地を有するが、ヨーロッパの統制にも服している。それゆえ、当裁判所には、「制限」または「刑罰」が10条により保障された表現の自由と一致するかどうかについての最終的な決定を下す権限を与えられている（§39）。この権限に基づき、当裁判所は、出版物への介入が「追求された正当な目的と比例的」であったか、また、それを正当だとしたオーストリアの裁判所の根拠が「関連性があり、また十分なものであった」かについて決定しなければならない（§40）。

10条1項が保障する表現の自由は、民主的社会の本質的構成要素の一つであり、また、その発展および個人の自己実現にとっても基本的な条件の一つである。プレスは、「他者の名誉保護」のため、限界を越えてはならず、政治的問題についての情報や意見を伝達することは、プレスの責務である（§41）。プレスの自由は、政治的指導者の考えや態度を報道し、意見を形成するための最も重要な手段を公衆に提供する。政治的議論の自由は、条約によって保護された民主的社会のコンセプトの核心にある。それゆえ、許容しうる批判の限界は、私人の場合よりも、

政治家に対する場合のほうがより広い。政治家の名誉の保護は、政治的な問題についての公的議論の利益に関連して評価されねばならない（§42）。

当時首相であったクライスキーについての表現①②は、国家社会主義または国の政治における旧ナチの参与という、公衆の利益にかかわる政治的問題を扱っており、それは、オーストリア人一般の（とりわけ首相の）態度にかかわる数多くの白熱した議論を引き起こした。それらの記事は、1975年10月の総選挙の少し後に公表された。オーストリア人の多くは、クライスキーの政党が絶対多数を失うであろうし、支配を可能とするためには、ペーターの政党との連立が必要であろうと予測していた。総選挙の後に、ヴィーゼンタールがペーターのナチス時代の過去について暴露した時、首相はペーターを擁護し、彼を誹謗する者を攻撃した。それゆえ、訴えの対象となった表現は、公職選挙を背景にした政治的論争として評価されねばならない（§43）。

当該表明に科された刑罰は、表明それ自体を妨げるものではないが、将来において再度この種の表明をなすことを阻止する譴責処分に相当する。そのような判決は、記者に公的議論に寄与することを萎縮させてしまうことになろう。同様に、このような制裁は、情報提供者として、また「公権力を監視する番犬（public watchdog）」としてのその任務の行使を妨げることになろう（§44）。

問題となっているのは、情報を流布する権利ではなく、意見の自由と意見を伝達する権利である（§45）。本件では、事実と価値判断との慎重な区別が必要であった。事実の存在は、証明可能であるが、価値判断の真実性は、証明できない。刑法典111条3文の下、第2文と結合して読めば、このような事件におけるジャーナリストらは、その表明の真実性を証明することができない限り、第1文による有罪判決を免れることができなくなる。価値判断について、この要件は実現不可能であり、意見の自由それ自体を侵害することになる（§46）。

さまざまな前述の考慮から、リンゲンスの表現の自由の行使に対する介入は、「民主的社会における……他者の……名誉の保護のため……必要」でなかったことが明らかである。追求された正当な目的と比例してはいない。それゆえ、条約10条の違反がある（§47）。

【解　説】

(1)　本判決の論点

(a)　本件は、申立人に対する名誉毀損を理由としたオーストリア裁判所の有罪判決が、条約10条に違反しないかどうかが争われた事件である。

条約10条は、1項において、表現の自由を保障し、2項において、他者の名誉保護のほか、犯罪防止、健康または道徳の維持のためなどの、民主的社会における必要な規制を許容している。本件では、申立人に対する有罪判決が、①法律に根拠を有するものであったか、②規制目的が正当なものであったか、③当該目的が、民主的社会にとって必要であったか、という3点から審査された。

(b)　論点①②につき、当該判決がオーストリア刑法典111条(2)（名誉毀損罪）に依拠したことに鑑み、法律に根拠を有し、条約10条2項の正当な目的に合致するものだとした。論点③については、(a)追求された正当な目的と比例的であったか、(b)その正当性のため提示された理由が、関連性があり、十分なものであったか、という点から審査された。これらの点につき、裁判所は、①政治的表現の自由が民主的社会の本質的構成要素を成し、政治家に対する批判の場合には、私人の場合に比べて許容性の程度が緩やかになること、②問題となっている表明が価値判断であり、真実性の証明が不可能であることを指摘し、追求された正当な目的と比例していないとして、民主的社会における必要性を否定した。

なお、本判決後、オーストリア政府は、本件への対応として以下のことを閣僚委員会に提示した。オーストリア法（刑法111条を含む）は、今後は条約10条に従って解釈・適用されねばならないこと。本判決を国内の裁判所に喚起させたこと。ヨーロッパ人権裁判所判決が設定した金額を公正な満足として申立人に支払ったこと、である。

(2) 政治的表現の自由

(a) ヨーロッパ人権裁判所は、これまでの判例において、表現の自由が、個人の自己実現にとっても、民主制にとっても、重要な構成要素であることを強調してきた[3]。本判決は、そうした表現の自由の二重の意義を踏襲しつつ、民主的社会の概念のまさしくその核心にある政治的議論の自由の重要性を強調したこと[4]に加え、一般に関心のある問題について公衆に知らせる「public watchdog」としてのプレスの役割[5]を重視した点で注目される。本判決の立場は、その後の判例においても踏襲され[6]、政治的表現の保護には、最も高い重要性が与えられることとなった。そのため、政治的表現の行使に対する制約を正当化するためには、とりわけ強い根拠が必要だとされている[7]。

(b) 政治的表現は、民主制との連関ゆえに、重視される。それゆえ、政治家に対する批判については、私人に対する場合よりも、許容性の限度が緩やかになると解されている[8]。それは、政治家が特別な役割を担っているため、たとえやむを得ず、あるいは意図的に、公的批判にさらされたとしても、寛容さが求められるためである[9]。とはいえ、政治家の名誉が保護されないことになるわけではない。ヨーロッパ人権裁判所は、政治家の名誉保護を、「政治的な問題についての公的議論の利益に関連して評価」することを求めている。本件では、問題となった表明は、公職選挙を背景とした政治的論争であると評価された。裁判所は、表現の自由の重要性と、民主制にとってのメディアの自由を、とくに強調する一方で、侵害について主張された正当化事由について厳格要求を課し、政治的論争や公的関心事についての議論の領域における制限の余地をわずかにしてきた。これをハリスは、政治的表現の特権的地位（privileged position）と呼び、それは、選挙のプロセスにも日常の公的関心事にも関連する限りにおいて、民主的社会の中心的役割を果たしているという裁判所の見解に由来するものだと指摘する[10]。

(c) 政治的表現が民主制との連関ゆえに重視されるのに伴い、政治的表現を公衆に伝達する役割を担うプレスについても、「public watchdog」としての特別な重要性が与えられる。そもそも公衆には、メディアから情報を受領する権利があり[11]、この権利は、プレスが自己の任務を果たすことによって実現する[12]。そのため、本判決が説くように、「政治的問題についての情報や意見を伝達することは、プレスの責務とされている」。プレスは、公衆と政治の領域とを架橋する役割を果たしており、政治的表現の民主制における重要性に鑑みれば、プレスに対する制約が過剰なものとなってはならない。本件において、ヨーロッパ人権裁判所は、問題となった表現に対する刑罰権の発動が、「記者に対して萎縮効果を与え、『public watchdog』としてのその任務を妨げることになる」ことを懸念している。また学説においても、「国家機関によって設定された基準や制裁が、正当な公的関心事についての論争に参加することをプレスに断念させてしまうような場合には、とりわけ慎重な審査が必要だ」とされている[13]。

(d) 政治的表現の重要性は、民主的社会の要求から導出されると解されている。裁判所は、民主的社会の要求として、多元主義、寛容さ、開かれた精神のありよう[14]を挙げ、開かれた精神的論争は、表現の自由の核心として認められ、このことはとくに政治的見解についての論争の場合に当てはまるとされている[15]。また民主的社会が求める寛容さは、政治家に対して、辛辣な攻撃の場合でさえ、自分自身に対する批判に寛容であることを求める[16]。また寛容さ、開かれた精神のありようという要求は、さまざまな表現が流布されることを求めている。つまり、民主的社会は、是認された情報や容認された意見だけではなく、傷つけたり、衝撃を与えたり、疑わしい表明も求めているのである[17]。

ちなみに表現の自由論について詳細な議論が展開されているドイツでは、公的言論について次のようなルールが確立している。適格者による公共に本質的に関わる問題における精神的意見闘争への寄与である場合には「自由な言論が許容されるという推定」[18]が働く（推定ルール）。さらに、民主制のいわばハイライトである選挙戦における政党間の論争が問題となっている場合には、ドイツ基本法21条1

項1文[19]を通じてより強い自由な言論の許容性の推定が働く[20]。したがって、選挙戦において、極端な意見闘争が行われたとしても、自由な言論への強い推定が働くことになるのである。

(3) 価値判断と真実性の証明

記者が名誉毀損的な事実主張を行う場合には、原則として、その真実性を証明しなければならないとされている[21]。しかし本件では、意見表明という形式での名誉毀損について真実性の証明が求められた。オーストリアの裁判所では、真実性の証明がなされなかったことを理由に、名誉毀損の成立を認めたが、事実の主張とは異なり、意見表明の場合には、その真否を問うことは不可能である。この点ドイツでは、名誉毀損的表現を、価値判断と事実主張とに分け、後者にのみ真実性の証明を求めるという判例法理が確立している[22]。これは、表明者に求められる注意義務という実体的要請に対応する手続的要請である。すなわち、第三者について不利な事実主張をする者は、その主張について注意義務を負うと同時に、その真実性を説明すべき義務をも負う。表明者が注意義務を果たしたか否かは、真実性の証明が果たされたか否かによって定まるのである。もとより、この注意義務が過剰に課されてはならないことは言うまでもない。本判決が、意見表明についても真実性の証明を要求するならば、条約10条に対する侵害となると判示したことは適切な判断であろう。

＊訳文は、判決文とWolfgang, S (Übersetzung), Europäischer Gerichtshof für Menschenrechte, Straßburg, EuGRZ 1986, S. 424とに依拠した。

(1) オーストリア刑法典117条2文によれば、公務執行中の公務員の名誉に対する可罰的行為は、検察官によって、被害者の授権に基づいて訴追され、私人訴追は、検察官が刑事訴追を拒んだときにのみ許される。地裁は、クライスキーの私訴の提起に関して、彼が連邦首相としてではなく、所属政党の主導的立場にあるものとして、また政治家としてのその資質が批判されていたのであり、刑法典117条2文は、本件に当てはまらない、としていた。

(2) オーストリア刑法典111条は、次のように規定する。
1. ……名誉を毀損する行態……を理由に、第三者によって告訴された者は、6カ月以下の懲役または罰金に処す。
2. 出版・放送・その他、中傷を公衆一般に到達しうる状態におくことによってこの罪を犯した者は、1年以下の懲役または罰金に処す。3. 真実性の証明がなされた場合には、表明者を処罰しない。1項に規定された犯罪について、状況が表明の真実性を認定する十分な論拠を示している場合には、責任を問うてはならない。

(3) *Frowein, J. A., and Peukert, W., Europäische Menschenrechts-Konvention, EMRK-Kommentar*, 1996, Rn1.

(4) *Dijk, P. van., Hoof G.J.H. van., Theory and Practice of the European Convention on Human Rights*, 1998, S. 573.

(5) *Frowein*, (前掲注(3)) Rn.15; *Dijk*, (前掲注(4)) S. 572.

(6) 例えば、EGMR v. 20. 05. 1999, NVwZ 2000, 421 Nr. 26—Rekvenyi/Ungarnを参照。*Harris, D.J., O'Boyle, M., Warbrick, C., Law of the European Convention on Human Rights*, 1995, S. 397.

(7) *Harris*, (前掲注(6)) S. 397.

(8) *Frowein*, (前掲注(3)) Rn.25; *Ovey, C., White, R., The European Convention on Human Rights*, 2002, S. 279.

(9) *Frowein*, (前掲注(3)) Rn 25; *Harris*, (前掲注(6)) S. 397.

(10) *Harris*, (前掲注(6)) S. 397.

(11) *Frowein*, (前掲注(3)) Rn 4.

(12) *Frowein*, (前掲注(3)) Rn 15.

(13) *Meyer-Ladewig, Jens., Konvention zum Schutz der Menschenrechte und Grundfreiheiten*, 2003, Rn. 27.

(14) *Meyer-Ladewig*, (前掲注(13)) Rn. 1.

(15) *Frowein*, (前掲注(3)) Rn. 1.

(16) *Harris*, (前掲注(6)) S. 397.

(17) *Harris*, (前掲注(6)) S. 397.

(18) BVerfGE 7, 198 (212).

(19) ドイツ基本法21条1項1文は、「政党は、国民の政治的意思形成に協力する」と規定する。

(20) BVerfGE 61, 1 (11f.). これは、超推定ルール[Super-Vermutungsformel]と呼ばれているが、これについては批判も多い。議論の詳しい内容については、*Ralf Stark*, Die Ehre—das ungeschützte Verfassungsgut, in: *Festschrift für Martin Kriele*, 1997, 235 (238); ders., Ehrenschutz in Deutschland, 1996, S.116; Walter Schmitt Glaeser, Private Gewalt im politischen Meinungskampf, 1990, S. 92 ff. を参照。

(21) *Meyer-Ladewig*, (前掲注(13)) Rn 23.

(22) ディーター・グリム（上村都訳）「連邦憲法裁判所判決における意見表明の自由」名城法学49巻4号（2000年）174頁。

65 商業的影響のある表現
経済的損失をもたらす研究発表に対する不正競争防止法による規制
—— ヘルテル判決 ——

小山 剛

Hertel v. Switzerland
25 August 1998, Reports 1998-VI

【事　実】

Hertel（ヘルテル）はチューリッヒにある連邦工科単科大学のディプロムであり、チューリッヒ獣医学単科大学に提出された学位論文の著者である。

1　Hertel は、ローザンヌ大学教授の Blanc と共同で、電子レンジ調理食物の人体への影響を研究した。両者は、2カ月にわたり、8名の被験者に対して電子レンジ調理食物と生ないしは伝統的方法で調理された食物を摂取した前後の血液を調査し、1991年6月付で、「伝統的調理食物と電子レンジ調理食物による人体に対する影響」という表題の報告書を書いた。報告書の結論は、次のものであった。「食事によるマイクロ波エネルギーの受容と被験者の血液へのエネルギーの移転との間に、明白な関連性が確認された。従って、マイクロ波エネルギーは、食事を通じて誘導的に人体に移転される。……マイクロ波処理食物が与える、人体に対する測定可能な影響には、血液中の変化が含まれる。この変化は、癌の初期にも登場する病理学上のプロセスの初期段階の前兆であるように思われる」。

季刊誌である Journal Franz Weber 誌は、第19号（1992年1月・2月・3月号）の紙面で、人間の健康に対する電子レンジの影響について取り上げた。表紙では、手を電子レンジに伸ばした死神が描かれ、「電磁波の危険：科学的証拠」という見出しが添えられていた。2頁目の社説では、Franz Weber 氏自身が、同誌は電子レンジの危険性を指摘した世界で最初の雑誌であり、激しい攻撃に抗してその告発を維持したこと、今日、これに科学的証明が与えられたこと、電子レンジは禁止されるべきこと、等々と書いている。同頁には、「発行人欄」という見出しの下で「著者：……H. U. Hertel, René d'Ombresson……」と書かれていた。

3頁から10頁では、「電子レンジ：健康に対する危険。反論できない科学的証拠」という表題で、René d'Ombresson により執筆された記事が掲載されている。その導入部には、次のように書かれている。科学的実験は、電磁波照射により調理された食物の危険を証明し、Journal Franz Weber 誌が正当であると認めた。電子レンジをスクラップ置き場とごみの山へ！　電子レンジは、血液の変化の原因となり、貧血症と癌の前段階をもたらす。このことは、ローザンヌ工科単科大学教授と中立的研究者の研究成果である。彼らは、電子レンジは危険か、という問いに、明確な答えを出した。以下は、研究の概要である……。

Blanc は、1992年1月27日、Journal Franz Weber 誌および Raum & Zeit 誌に掲載された情報は誤りであるとし、両誌に掲載された研究の数値等は正しいが、私の同意なしに共同研究者によって両誌で発表された叙述および実験結果の解釈に対しては、私は完全に距離を置く、等の発言を行った。

2　スイス家電製品製造者販売者協会（"VHV"）が Weber を相手取り、不正競争防止に関するスイス連邦法（"UWG"）に基づき差止めの仮命令を求めた訴えは、Vevey 区裁判所の1992年4月7日決定で棄却された。Hertel を相手取り同法に基づき差止めを求めた訴えは、ベルン商事裁判所によって、1993年3月19日の判決で認容された。これにより、Hertel

は、刑罰の威嚇の下に、①マイクロ波調理食物が健康を損ない、癌の初期症状とみなしうるような血液の変化をもたらすとの主張を行うこと、②電子レンジに関連して死神または類似の死のシンボルを用いること、が禁止された。

この判決に対する控訴が連邦裁判所第Ⅰ民事部1994年2月25日の判決で棄却されたため、Hertelがヨーロッパ人権条約10条等の違反を主張して異議を申し立てた。スイス政府は、申立人の主張に反論したが、人権委員会は、申立に理由があるとした。

【判　旨】

(1) 10条違反の申立について　条約10条で保障された権利の侵害は、10条2項の要求に合致しない場合には条約違反となる。そのため、当該侵害が「法律で」定められており、2項に挙げられた正当な目的の一つまたは複数に奉仕するものであり、「民主的社会」においてこの目的達成のために「必要」であったかどうかが審査される (§31)。

(a)「侵害に対する法律上の根拠」　「当裁判所は、繰り返し、条約10条2項の意味における『法律』とみなしうるのは、市民が自己の行動をそれに合わせることができるように十分に特定的に条文化された法規範のみであることを説示してきた」。「当裁判所は、……研究報告書のJournal Franz Weber誌への提供およびこれに続く公表が、UWGの意味における『競争』行為であると考える」(§§35-38)。

(b) 正当な目的　当裁判所は、UWG 1条および9条の規定から、「措置の目的が『他人の権利』の保護であることについて、何らの疑義も存在しない」と考える (§42)。

(c)「民主的社会において……必要であること」
申立人は、自己に課された措置が比例性に反すると主張する。一方、スイス政府は、本件侵害が社会の重要な要求に適うものであり、スイスの裁判所は対立する利益の慎重な衡量を行っており、不正競争の問題について条約10条が締約国に与える評価の余地に違反するものではないとする (§§43-44)。

当裁判所は、これまでに繰り返し裁判の基本原理を明らかにしてきた。(i) 表現の自由は、民主社会の基盤であり、その存続および各人の自己実現の基本前提となる。……10条がさらに定めるように、この自由は制限に服するが、制限は、限定的に解釈されなければならない。加えて、制限の必要性が、説得的に説明されていなければならない (§46)。

(ii) 10条2項の「必要」は、「切迫した社会的必要」の存在を前提とする。締約当事国はそのような必要が存在するか否かを判断する際に一定の評価の余地を有している。しかし、かかる評価の余地は、立法並びにそれを適用する決定および独立の裁判所による判決にもわたって、ヨーロッパレベルの監督と密接な関係にある。このため、裁判所は、果たして「制限」が10条の保護する表現の自由と適合するかどうかを終局的に判断する権限を有する (§46)。

(iii)「監視の権限を履行するに際して、国内官庁に取って代わることは裁判所の任務ではない。……しかし、このことは、統制が、国家がその裁量を合理的に、慎重に、そして誠実に行使したかどうかの確認にとどまるという意味ではない。裁判所は、問題の侵害を事例全体の背景を踏まえて観察し、果たして当該侵害が『追求する適法な目的にかんがみて比例的』であったかどうか、また、国内官庁により提出された正当化根拠が『重要かつ十分』かどうかを審査しなければならない。その際、裁判所は、国内官庁が10条に定められた諸原理に適合した諸規準を適用しており、関連する諸事実の適切な評価から出発していることを確信できなければならない」(§46)。

スイスの官庁は、果たして「切迫した社会的必要」が存在するかどうかの決定に際して、一定の評価の余地を持っていた。「そのような評価の余地は、とりわけ、商業的問題、特に、不正競争のように極めて複合的であり、常に変化する領域において重要である。とはいえ、それが純粋に個人の『商業的』言明ではなく、国民の健康のような一般的利益に関わる議論への参加である場合には、評価の余地は、限

定されなければならない。これは、電磁波の人間の健康に与える影響について当てはまる。この点で、本件は、……Market Intern 事件および Jakubowski 事件と本質的に異なる」(§47)。

申立人は、自分の研究報告書の複写を Journal Franz Weber 誌に送っただけであり、同誌19号の刊行や描写の選択には、全く関わっていない。スイス国内裁判所は、申立人が研究報告書を Journal Franz Weber 誌に送り、この報告書が簡略化され、誇張して用いられることに同意したことをもって、その責任を肯定した。しかし、申立人に帰することができる箇所は、5頁から10頁までのうち見出しとサブタイトルを除いた、研究報告書のぬきがきを含む部分だけである。そこでは、電子レンジの破壊、ボイコット、使用禁止は明示的には言われていない。さらに、電子レンジ調理食物の有害性に関する申立人の見解は、政府の主張よりも、はるかに非断定的である (§48)。

とはいっても、そのような言明の流布がスイスにおける電子レンジの売り上げに影響を与えることは大いにありうる。Journal Franz Weber 誌は約12万部を発行しているが、同誌は、特に環境と健康の問題を扱う雑誌であり、ほとんどが予約制で販売されている。おそらく同誌は固定的読者層を持つものであり、同誌の記事の影響も限られていると考えられる。そのことは、スイスの裁判所によっても確認されている (§49)。

Hertel は、Journals Franz Weber 誌19号のイラストにも何らの影響も与えていない。Hertel に帰することのできる表明が VHV 構成員の利益に重大な影響を与えたことは何ら示唆されていない (§50)。

当裁判所は、スイスの裁判所による禁止と矯正を求められる行為との間の分裂を確認せざるを得ない。この分裂は、不適切性という印象を与えるが、そのような印象は、特に、問題の差止め命令の範囲から生じる。「命令は、確かに特定の表明に関連している。しかし、その表明は、申立人の見解の本来の核心と結びついている。この命令により、申立人の仕事は部分的に検閲を受け、申立人は、明白に存在する論争において一定の地位を築いている見解を公的に表明する可能性を、本質的に縮減された。申立人の意見が少数意見であり、おそらく根拠のないものであることは、関係しない」(§50)。

(2) 条約6条1項および8条違反の主張について　条約10条違反が確認された以上、当裁判所は、6条1項および8条違反の主張については審査しない (§54)。

(3) 条約50条の適用──省略

【解　説】

本件では、スイス国内裁判所の決定が申立人の表現の自由を制限することについて、当事者間に争いがない[1]。本判決は、①法律上の根拠は存在し、②制限の目的は正当であるとしたが、③制限の必要性については、スイスの広い評価の余地を排除した上で、これを否定した。

(1) 「商業的」表現

ヨーロッパ人権裁判所は、条約10条の保護領域を広く捉える傾向にあると指摘されており[2]、商業的表現についても、一貫して表現の自由の保障対象だとしてきた[3]。

ヨーロッパ人権裁判所は、自己の任務は国内官庁に取って代わることではないとする一方、構成国の判断余地の広狭を制限される表現の性質によって区別してきた。表現の自由の領域では加盟国に認められる評価の余地は限定的であるが、一部の表現の規制については、例外的に広い評価の余地が認められてきた。宗教、裁判の信頼・独立性、競争に関わる表現が、その例外に属するとされる[4]。

商業的表現の先例として本判決で引用されている Market Intern 事件判決と Jakubowski 事件判決[5]では、いずれも、純然たる商業的表現の規制であることを理由に、広い評価の余地が承認された（前者についてのみ簡潔に紹介する。Market Intern 社は、ジャーナリストにより設立・運営されている出版社であるが、医薬品・化粧品の分野で業界向け情報誌を発行し

ている。同誌は、中小小売業者の利益をスーパーマーケットや通販業者などの大手業者から擁護することを目的としている。1975年、同誌は、イギリスの大手通信販売化粧品会社CCIが返品後の代金払い戻しに迅速に応じないこと等を内容とする記事を掲載した。CCIの申立を受けたドイツ国内裁判所は、同種の表現の繰り返しを禁止する仮の命令を発した。ヨーロッパ人権裁判所は、「評価の余地は、経済生活、特に、不正競争のように極めて複合的であり、常に変化する領域において極めて重要である」とし、審査を、「国内次元でとられた措置が原理的に正当化しうるものであり、比例的であるかどうか」に限定した。結論は、条約10条に違反しない）。

本判決の法廷意見は、本件の表現は不正競争防止目的で規制されたが、純然たる商業的言明ではなく、一般的利益に関わる議論に属するとして、これらの先例と区別した。これに対して、Bernhardt判事は、ヨーロッパ人権裁判所が競争法に関わる終審裁判所になったとしてこれを批判する反対意見を執筆している。

(2) 「評価の余地」と違憲審査基準

(a) 当事国の評価の余地およびヨーロッパ人権裁判所の審査基準について、単なる類型化を超えてその根拠にまで立ち返って統一的に説明するのは困難であろう[6]。少なくとも、ヨーロッパ人権裁判所の国際裁判所的性格だけに還元できないことは確かである。Calliess[7]は、内容上、「国内法で知られた理論」に依拠したものであるとしている。Szczekalla[8]は、「国際裁判所的特殊性」と「事項的特殊性」に分けて評価の余地を解説しているが、国際裁判所的性格に属する2本柱の1つとして挙げられている国内の民主的立法者への謙譲は、厳密には、国際裁判所的性格に固有のものではなかろう[9]。

逆に、国際裁判所的性格のみを強調すると、例えば、2004年のVon Hannover v. Germany（モナコ王女事件判決〔本書 *51*〕）などは、全く説明のつかないことになる[10]。また、カナダ最高裁判所が、ヨーロッパ人権裁判所の判例を参考にするのも[11]、全く筋違いとなる。

(b) ヨーロッパ人権裁判所判事を長年勤めたゲオルク・レスは、「立憲国家における国家目的」というタイトルのドイツ国法学者大会報告において、繰り返し、ヨーロッパ人権裁判所の評価の余地論に言及している。レスは、「同一の事例だけではなく、同種の事例について、国内裁判所とストラスブール裁判所は、相互に吟味する関係にある。これによって、ドイツ基本法の解釈に対しても、ストラスブール裁判所の判決は、拘束力はないとしても方向付けの作用を持つのである」[12]と述べている。方向付けの作用は、国内裁判所からストラスブール裁判所という逆の方向にも生じるであろう[13]。

(3) 本件について

(a) 本件は、それほど複雑な事案ではない。Hertelの表現が実際に与えた影響およびJournals Franz Weber誌記事とHertelの関わりを具体的に確認しないままに、単に電子レンジ業界に対して経済的不利益をもたらしうるという一点で、同氏の発言を広い範囲で禁止した。表現の自由を精神的意見闘争に寄与する表現と商業的表現に二分するとして、両者をどのように分別するかには不明確な部分が残る。しかし、確かであるのは、経済的不利益をもたらすというだけで、規制を安易に正当化してはならないことであろう。

その限りで、禁止が比例原則に反するという本判決の結論は常識的であるが、その理由付けの切れ味は鈍いものであった。スイス連邦裁判所は、1999年、本判決の後始末を行ったが、それは、禁止命令の破棄ではなく、限定にとどまったのである[14]。

(b) スイス連邦裁判所が着目したのは、本判決の理由付け中の、次の箇所である。①Hertelの発言は断定的ではない。②Hertelに帰することのできる表明がVHV構成員の利益に重大な影響を与えたとは確認されていない。

連邦裁判所は、①については、Hertelが接続法を多用していたことを指摘し、もし断定的な表現であれば、禁止しても良いと解した。②については、あてはめのやり直しによって応答した。すなわち、連

邦裁判所は、Hertel が断定的な主張を行い、VHV 構成員の利益に重大な影響を与えることについて、具体的な徴候（Anzeichen）があれば、その範囲で禁止を維持できると解し、「本件ではその前提条件が充足されている」として、次のように述べた。「Hertel に対して言い渡された禁止を全面的に破棄するのは、必要でもなければ適切でもない。明確にしなければならないのは、Hertel が広い公衆を対象とした表明だけを禁止されるということである。……死神または類似の死のシンボルを用いることの禁止も、維持される」。

このようなスイス連邦裁判所の対応の原因は、すでに示唆したように、本判決自身にあったというべきであろう(15)(16)。

　　(1)　一方、本判決と同じ90年代に侵害概念が問題となった事例に、Wille v. Liechtenstein, 28 October 1999〔GC〕がある。
　　(2)　この傾向については、*Hoffmeister*, EuGRZ 2000, S. 358(359)が、具体的に例証している。さらに、西片聡哉「表現の自由の制約に対する欧州人権裁判所の統制」神戸法学年報17号（2001年）223頁以下も参照。
　　(3)　*Schulze-Fielitz*, in: H. Dreier(Hrsg.), Grundgesetz-Kommentar, Bd. 1, 2. Aufl. 2004, Art. 5 I, II, Rn. 17 m. w. Nachw.
　　(4)　*Hoffmeister*, EuGRZ 2000, S. 358(361).
　　(5)　Markt Intern Verlag GmbH and Klaus Beermann v. Germany, 20 November 1989 Series A no. 165, §33 ＝EuGRZ 1996, 302(305); Jacubowski v. Germany, 23 June 1994 Series A no. 291-A, §26＝EuGRZ 1996, 306(308).
　　(6)　門田孝「欧州人権条約と『評価の余地』の理論」石川明先生古稀記念論文集『EU法・ヨーロッパ法の諸問題』（2002年）259頁以下、西片（前掲注(2)）。
　　(7)　*Calliess*, EuGRZ 1996, 293 (294 Sp. 1).

　　(8)　*Szczekalla*, Die sogenannten grundrechtlichen Schutzpflichten im deutschen und europäischen Recht, 2002, S. 869 ff.
　　(9)　さらに、ヨーロッパ人権裁判所の審査基準を欧州基本権憲章にも準用しようとする見解として、*Kühling*, in: v. Bogdandy, Europäisches Verfassungsrecht (2003) を参照。
　　(10)　この点につき、特に、*Papier*, FAZ v. 9. 12. 2004, S. 5 の苛立ちにも似た批判を参照。
　　(11)　例えば、R. v. Keegstra, [1990] 3 S.C.R. 697。詳しくは、手塚崇聡「カナダ憲法上の条約の適用──カナダ憲章と条約適合的解釈」法学政治学論究76号（2008年）449頁。
　　(12)　*Ress*, Staatszwecke im Verfassungsstaat, VVDStRL 48 (1990), S. 56(99).
　　(13)　「監視の権限を履行するに際して、国内官庁に取って代わることは裁判所の任務ではない。……」との説示が、専門裁判所判決に対する憲法維持をうけたドイツ連邦憲法裁判所の常套句と極めて類似していることは明白であるし、比例原則自体、ヨーロッパ人権裁判所の発明品でないのは、周知のことである。
　　(14)　Schweizerisches Bundesgericht 02. 03. 1999 4 - "Mikrowellen II" GRUR Int 1999 Heft 12 1066.
　　(15)　本判決とは異なり、ドイツの裁判所は、経済的不利益の発生が、製品テスト等による製品や営業に対する公的批判から、原則的許容という推定を奪うものでないことを繰り返し指摘してきた。BGHZ 45, 296(307 ff.); 65, 325(333). さらに、BVerfGE 25, 256(268)＝Blinkfüer も参照。
　　(16)　さらに、その遠因は、Markt Intern 事件判決にあったと言うことも許されよう。同判決では、8名の裁判官が、原則と例外を逆転させるものだという反対意見を執筆していた。その点をさておいても、同判決は、市場経済においては事業者は顧客やプレスの批判に曝されることがあるとする一方で、次のように説示していた。「とはいえ、論説の公表は、たとえそれが真実であり、実際に起こった事象を記述するものであっても、禁止されうる場合がある。他人の私的領域を尊重せよという義務、一定の経済的情報の信頼性を保障するという義務は、その一例である」。

66 瀆神的表現
キリスト教の神を冒瀆するビデオ作品への販売等規制措置
―― ウィングローヴ判決 ――

金原　恭子

Wingrove v. the United Kingdom
25 November 1996, Reports 1996-V

【事　実】

イギリスでは、コモン・ロー上の犯罪として瀆神罪が存在する。口頭による瀆神（"blasphemy"）も、それ以外の発表形態による瀆神（"blasphemous libel"〔瀆神的文書誹毀〕）も等しく犯罪を構成し、後者には、動画を含む永久的形態での発表が含まれる。また、イギリス社会が宗教的多様性を有するようになった今日においても、瀆神罪が適用されるのはキリスト教（特に英国国教会）への冒瀆のみであり、このことは、イスラム教への冒瀆が問題となった『悪魔の詩』事件の判決[1]、および1989年当時のパッテン内務大臣からイギリス国内の多くの有力なイスラム教徒達に送られた書簡でも確認されている。

本件で問題となったのは瀆神的なビデオ作品であったが、イギリスでは1984年ビデオ録画法（Video Recording Act 1984）によって、ビデオの販売規制等の制度枠組みが規定されている。それによれば、同法に基づき国務大臣が指定した機関であるイギリス映画分類委員会（British Board of Film Classification、以下BBFC）が、作品内容に応じて3つの分類のどれかに該当すると判断したうえで発行する分類証書（classification certificate）なしに、ビデオ作品を一般市民に提供することは犯罪とされる。また所管大臣通達に従って、猥褻出版物法や他の刑罰法規を侵害する作品には分類証書発行を回避する運用がなされている。

分類証書発行の許否に関するBBFCの決定については、上記1984年ビデオ録画法に従って設立されたビデオ上訴委員会（Video Appeals Committee、以下VACと略）で争うことができる（§§23-25）。VACは議会制定法に基づき設立された公的機関であるから、その決定の合法性は、高等法院（High Court）での司法審査の対象となりうる。しかし本件では、VACが表明した瀆神罪についての理解が現行法の理解として正確であったという理由で、申立人は、VACの決定をイギリス国内でさらに司法審査に付して争っても勝訴の見込みなしとの勧告を受けることになった（後述）。

申立人（Nigel Wingrove〔ウィングローヴ〕）は、ロンドン在住のイギリス人映画監督で、本件で問題となったビデオ作品 "Visions of Ecstasy" を制作・監督した。彼によれば、音楽と映像のみが流れ会話は皆無のこの18分間のビデオは、16世紀スペインの聖女、アビラの聖テレサ[2]の生涯と著作とに触発されて作られたものである。

作品の第1部は、黒い修道服をだらしなく着た聖テレサ役とされる若い女性が、自らの手に太い釘をさして血が飛散する場面などからなる。第2部では、（聖テレサの精神を象徴するものと申立人が主張する）ほとんど裸の若い女性と白い修道服の聖テレサとの性的交流の描写の中に、十字架に張りつけられて床に横たわるキリストと聖テレサとの、露骨に性的な肉体的接触の場面が頻繁に挿入される。観客は、配役を見なければ、修道女姿の女性が聖テレサで、第二の女性が彼女の精神の象徴のつもりであることはわからないし、作品の中でその歴史的背景を説明しようとする努力も全くなされていない。

申立人は、この作品を合法的に一般市民に提供できるようにするため、本作品をBBFCに提出して分

類証書の発行を申請した。1989年9月18日、BBFC はこの申請を却下した。BBFCは、20世紀に入って 約50年ぶりに瀆神罪が適用されて注目を集めた通 称ゲイ・ニュース事件の貴族院（House of Lords）判 決[3]での瀆神罪の定義に留意し、申立人の作品の主 要部分が十字架上のキリストの神聖性を冒瀆するも のと評価しうる点で、この作品は瀆神罪に該当する と判断し、このような刑法違反の作品に対しては分 類証書を発行できないと結論づけた。

BBFCのこの決定を不服として、申立人はVACへ 上訴した。1989年12月23日、5人の委員からなる VACのパネルは3対2で上訴を棄却した。VAC多 数意見は、前述のゲイ・ニュース事件の貴族院判決 から現行の瀆神罪の内容を確定しようと努力した。 そして、当該ビデオの内容は聖テレサの生涯や思想 とは相容れず、全体として低劣で真面目さを欠くと し、キリスト教徒ならキリストの神聖への冒瀆とみ なすであろうとして、合理的陪審なら瀆神罪で有罪 とするだろうと判断した。よってBBFCによる分類 証書の発行拒否は正しく、上訴は棄却されると結論 した。一方、VAC少数意見は、合理的陪審が瀆神罪 で有罪と評決する可能性は小さいとして、上訴を許 容しようとする立場であった。

こうしてBBFCの決定がVACで是認された結果、 申立人は当該ビデオを合法的に一般市民に提供する ことはできなくなった。さらに、前述のように、 VACの決定をイギリス国内での司法審査で争う道 も申立人には閉ざされた。そこで申立人は1990年 6月、当該ビデオ作品への分類証書の発行拒否が ヨーロッパ人権条約（以下、条約）10条の保障する 「表現の自由」に反するとしてヨーロッパ人権委員会 （以下、人権委員会）に申し立てた。人権委員会は 1995年1月10日、14対2で10条違反の認定をし た報告書を採択し、事件をヨーロッパ人権裁判所 （以下、人権裁判所）に付託した。イギリス政府も事 件を人権裁判所に付託した。

【判　旨】

(1) 申立人の条約上の権利は公権力（public authority）によって制約されたか

申立人は、条約10条が保障する表現の自由への 権利がイギリス政府によって侵害されたと主張する。 同国内において、BBFCの発行する分類証書なしに ビデオ作品を流通させることが、ビデオ録画法によ り犯罪とされていることを考慮すれば、本件で BBFCが申立人のビデオ作品に対して分類証書発行 を拒否したことは、条約10条が申立人に保障する 「考えを伝える自由（right to impart ideas）」への公権 力による介入に該当する。この点につき当事者間に 争いはない（§36）。

その介入が条約違反となるか否かを決するために は、次の3点を考慮して、それが条約10条2項の 下で正当化される介入なのか否かを検討する必要が ある。3点とは即ち第1に、その制約が「法律によ り規定された（prescribed by law）」ものか否か、第 2にそれは条約10条2項が正当とする目的を追求 する規制といえるか、第3にそれは「民主的社会に おいて必要（necessary in a democratic society）」な 規制といえるか、ということである（§36）。

(2) 公権力によるその介入は条約10条違反か

(a) その介入は「法律により規定された」ものか

人権裁判所の判例法によれば、各事案で問題と なっている関連国内法（制定法と判例法の両方を含む） は、ある行為に伴う結果を、必要なら適切な法的助 言を得て、関係者が合理的な程度にまで予見できる くらい十分に明確に定式化していなくてはならない。 裁量の余地のある法は、裁量の範囲と裁量の行使方 法とが、恣意的制約から個人を保護するに十分な程 度に明瞭に示されていれば、上記の判例法の要請に 抵触することはない（§40）。

申立人のビデオ作品が瀆神罪を犯すとの根拠に基 づいて分類証書発行を拒否したBBFCは、1984年 ビデオ録画法の定める権限内で行動した（§41）。一 方、瀆神罪は性質上厳密な法的定義になじまないた

め、同罪該当性の判断に際し、公権力は柔軟性を与えられなければならない（§42）。本件では当事者間に、貴族院判決(4)における瀆神罪の定義に関して争いはない。特に十字架上のキリストを含む場面が瀆神罪にあたることは、適切な法的助言があれば合理的に予見できたと判断する。また、さらなる司法審査を申立人自身も諦めている（§43）。このような本件の状況では、瀆神罪についての法が予見可能性の要請を満たすと考えられることから、BBFCによる本件規制は「法律により規定された」制約である（§44）。

(b) その介入は条約10条2項が正当とする目的を追求するものか

BBFCによる本件規制の目的は、"侮辱的で口汚く罵るような、品悪く茶化した馬鹿らしい調子・様式・精神で宗教的主題を扱っているがゆえに、キリスト教に親近感を寄せる人々を確実に激怒させると考えられる方法で、宗教的主題が扱われるのを禁止すること"である（§48）。これは10条2項に言う「他の者の権利の保護」という目的と明白に一致する（§48）。

イギリスの瀆神罪がキリスト教しか保護対象としていないのは事実であるが、他の宗教に対するイギリス法の保護の程度は、本件の争点とはなっていない。瀆神罪がイギリス国内の様々な宗教を平等に扱っていないという、申立人が強調する事実のゆえに、本件で追及された目的の正当性が減じることはない（§50）。よってBBFCによる分類証書の発行拒否という表現規制は、条約10条2項が正当とする（「他の者の権利の保護」という）目的を追求したものである（§51）。

(c) その介入は「民主的社会において必要」な規制といえるか

民主的社会の不可欠の基盤を成す表現の自由に関し、その行使に伴う義務と責任の1つとして、不必要に冒瀆的な表現をできるだけ避ける義務が挙げられよう（§52）。

宗教的信条であれそれ以外の信条であれ、その文脈の中での表現の自由に対する制約は、民主的社会における「必要性（necessity）」の要件を満たすことが10条2項により要請される。この必要性の検討に際し、人権裁判所は一貫して締約国に、無制限ではない一定の「評価の余地（margin of appreciation）」を認めてきた。そして必要性の有無の最終的決定機関である人権裁判所がそこで問題とするのは、表現の自由への制約が「差し迫った社会的必要（pressing social need）」に対応したものか、及び公権力が追及する正当な目的とその制約とに「比例性（proportionality）」が認められるか、という2点である（§53）。

政治的言論や公共的関心事についての議論に関しては、10条2項の下で許容される表現規制についての評価の余地は限定的であるが、道徳、特に宗教の領域で個人の内奥の確信を傷つける可能性のある事柄に関し表現の自由を制約する場合には、締約国は一般的に上記の場合よりも広い評価の余地を認められる。さらに道徳の場合以上に、宗教的な確信への攻撃に関しては、「他の者の権利の保護」という要件の内容につき、ヨーロッパに統一的理解が存在するわけでもない（§58）。

本件のビデオ規制の目的は、キリスト教徒たちの宗教的感情の保護であるが、こうした「瀆神を理由とする表現規制は民主的社会では不必要」との統一的認識も締約国間には存在しない（§57）。原理的には、国際裁判官よりも自国の現状と不断に接している各国政府のほうが、他の者の権利の保護の要件の内容を決定したり、瀆神的表現からの保護のための制約の必要性を判断したりするのに、より良い立場にある。しかし条約適合性の最終的判断機関である人権裁判所としては、瀆神罪の概念的広範性とその恣意的運用の危険性、及び本件が事前抑制の事例であることに鑑み、特別に慎重な審査を行う必要がある（§58）。

本件瀆神罪は見解の提示の仕方を問題とし、宗教的侮辱の程度も重大さを要求することで、同罪の恣意的適用への安全装置を備えている（§60）。本件で

は、国内ビデオ業界の現状やビデオの潜在的影響等をより良く判断できるイギリス政府が、広い評価の余地のもとに「差し迫った社会的必要」に対応して本件規制を行ったと理解する（§63）。また、瀆神罪違反という当局の判断と申立人による作品修正拒否により、その当然の結果としてビデオ頒布が完全禁止となったのだから、当局が瀆神罪違反という結論に到達した以上、本件において当局が評価の余地を逸脱したと言うことはできない（§64）。

(d) 結　論

以上より、本件表現規制が条約10条2項に言う「民主的社会における必要性」の要件を満たすと当局が考えたのは妥当である。従って本件では、条約10条の違反はない（§65）。

判決は7対2で、補足意見2と反対意見2が付されている。

【解　説】

(1) 判決の意義・特徴

裁判所侮辱罪を根拠とする表現規制に関わるSunday Times判決（本書62）で確立された条約10条と表現規制との適合性審査基準が、表現の自由への制約の必要性を判断する一般的審査基準として定着するなかで、本判決は、その審査基準を維持しつつ、宗教と関わる個人的感情を傷つける可能性のある表現を規制する場合には、締約国に広い「評価の余地」が認められることを確認したものである。すなわちSunday Times判決以後、公権力による表現規制の「民主的社会における必要性」の判断は、その規制が「差し迫った社会的必要」に対応し、かつ追求される正当な目的とその表現規制とに「比例性」が認められるか、という観点からなされることになった。一方、道徳あるいは宗教的感情を傷つけうる表現の規制に関しては、本判決以前にすでにOtto-Preminger判決[5]が、上記審査基準を前提にして、締約国の広い評価の余地を認めた判決として存在している。しかしOtto-Preminger判決は、締約国内の一地方の住民の宗教的感情の保護が表現規制の目的として重視された点で、行政機関による国民全体のための表現規制が争われた本判決とは射程が異なる。但し「他の者の宗教的感情の尊重への権利」の保護が表現規制の目的である場合に、この点に関する締約国間の共通認識も存在しない以上、締約国には広い評価の余地があるとした点で、本判決はOtto-Preminger判決を踏襲したものと言える。しかしながら、Otto-Preminger判決は条約9条と10条とを結びつけて結論を導いているのに対し、本判決は10条のみに依拠して政府の表現規制を是認する結論を導いており、この点はPettiti裁判官による補足意見が指摘する通りである。

本件では、De Meyer裁判官の反対意見が指摘する通り、典型的な事前抑制の手法によって、申立人が合法的にビデオを流通させる可能性が完全に否定されたにもかかわらず、広い評価の余地を考慮して、本件規制についてのイギリス政府の正当化理由を「関連性があり十分である（relevant and sufficient）」とした（§61）ことについては、「評価の余地の無意味化である」との批判もある[6]。

(2) 表現の自由と瀆神、特にイギリスの瀆神罪

本件で問題となったイギリス以外の締約国にも存在している瀆神罪は、表現の自由に対する事後的な刑法上の制約のひとつである。

中世以来の歴史を有するイギリスの瀆神罪は、16世紀の宗教改革以降の国教会制度の下では、国家の統治権者の正統性を基礎付けるものとして宗教的権威が重視されたため、国家あるいは英国国教会の保護を目的とするものとして発展していった。しかし近代以降は国民の同意が国家の正統性の根拠となったため、瀆神罪の存在理由も変化し、今日ではそれは個々の信者の宗教的感受性を保護するものとして理解されている[7]。

罰金または拘禁刑が予定されている瀆神罪が、イギリスにおいて実際に適用されることは最近ではほとんどなかったが、1922年以来初の瀆神罪の事例としてGay News事件が登場し注目を集めた。その貴族院判決で示された瀆神罪の定義から明らかな通

り、同罪はキリスト教、特にイギリス国教会に限定して保護を与えるもので、今日の宗教的に多様なイギリス社会においては問題が多いことが指摘されている[8]。この問題を端的に示したのが、イスラム教への冒瀆を同罪に該当せずと明言したいわゆる『悪魔の詩』事件判決である。瀆神罪に関しては、その客観的側面（いかなる行為が同罪に該当するか）について諸説が対立し、また主観的側面については、裁判所が容易にその存在を認定する傾向が見られる。そのため瀆神罪を廃止するか、逆にその内容を他宗教にまで拡張するか、いずれかの方向で改革がなされることが必要であるとの認識が今日一般的である[9]。宗教的集団に対する犯罪行為を規定する反テロ法との関係で、特定宗教のみを保護対象とする瀆神罪を、今後とも維持していくことの正当化はより困難になるであろう[10]。

いずれにせよ、イギリスが条約10条2項を最大限活用することによって、（今日でもキリスト教と国教会制度との保護に限定された瀆神罪に依拠して）本件のような典型的な表現の事前抑制を正当化できたことは、評価の余地の幅を問題領域あるいは事案ごとに調整するという人権裁判所の手法が、条約機関による各締約国の主権の尊重方法としていかに有効かを示唆していると言えよう。しかしこれは、イギリスが締約国でありながら、条約10条2項を最大限活用して、表現の自由の保障を様々に抑制しているという批判にもつながるのである[11]。

(3) 本判決の影響等

前述のとおり現在のイギリスでは、本判決の2反対意見も示唆しているように、瀆神罪についての何らかの改革が必要であるとの認識が一般的である。

本判決後、条約10条の下で同様の表現規制が争われた事件が2つある。1つは、イスラム教を冒瀆する本を出版した会社のトルコ人社長が、トルコ刑法典の規定する瀆神罪の下で起訴され、それを10条違反と申し立てた事例である。人権裁判所は本判決に依拠して、差し迫った社会的必要を認め、本の没収をせずに軽微な罰金で済ませたことによる比例性の要件の満足も認定して、条約10条違反なしと結論した[12]。もう1つは、故ローマ法王ヨハネ・パウロ2世の1993年の回勅を、反ユダヤ主義の起源とからめて批判する新聞記事を書いたオーストリア人ジャーナリスト兼歴史家が、フランス刑法典の規定する「一定の宗教集団に属する人々への名誉毀損罪」の下で起訴され、それを10条違反と申し立てた事例である。人権裁判所では、民主的社会における必要性の有無を判断するための上記2要件（すなわち、係争の表現規制が「差し迫った社会的必要」に対応したものか、およびそこで追求される正当な目的とその表現規制とに「比例性」が認められるか、という2要件）を満たさないとして、フランスの裁判所による10条違反を認定した[13]。

この2判決から考えれば、本判決で認められた（この問題領域における）広い評価の余地について、人権裁判所は事案ごとにきめ細やかな検討を行っており、締約国による重大な表現抑制が10条2項を通じて許容されてしまうことのないよう配慮していると評価できるのではなかろうか[14]。

(4) 日本との比較

日本では瀆神的表現そのものを処罰する規定は現存しない。但し、それに関連する犯罪として、礼拝所に対する不敬行為及び説教・礼拝・葬式への妨害行為が刑法188条に規定されている[15]。

(1) R. v. Chief Metropolitan Magistrate, ex parte Choudhury [1991] QB 429, [1991] 1 All ER 306, DC.

(2) スペインのカスティリア州アビラに生まれ、そこを中心に活躍した聖人（1515～1582）。修道名はイエスのテレサ。1970年、教皇パウロ6世により、教会史上初の女性教会博士と宣言された。南米に植民地を拡大した歴史的黄金期のスペインにおいて、ヨーロッパにプロテスタントの宗教改革が広がるなか、重要な幾人かの人物との出会い等を通して、女子修道会の刷新・創立に励んだ。その神秘思想を展開した著作集の出版は今日でも絶えない。この人物紹介については、『新カトリック大事典第3巻』1185-86頁（研究社、2002年）の田中輝義氏による聖テレサについての解説に依拠した。

(3) R. v. Lemon [1979] AC 617, [1979] 1 All ER 898, HL. なお、貴族院はイギリスの最高裁判所である。

(4) 前述の Gay News 事件貴族院判決。前掲注(3)参照。

(5) Otto-Preminger-Institut v. Austria, 20 September 1994, Series A no. 295-A.

(6) *See,* Stanley Naismith, Religion and the European Convention on Human Rights, Human Rights & UK Practice, March 2001, p. 14 〈LEXIS〉.

(7) *See,* David Feldman, Civil Liberties and Human Rights in England and Wales 908, 909, 911 (2nd ed. 2002).

(8) *See, id.* at 911.

(9) *See, id.* at 916.

(10) *See, id.* at 920-21.

(11) See, John Rubinstein, Art and taste, New Law Journal, vol. 146, no. 6767 (1996), p.1610.

(12) Case of İ.A. v. Turkey (13 September 2005).

(13) Giniewski v. France (31 January 2006).

(14) 締約国による表現の自由への制約に対して、「評価の余地」を通じた統制を行ってきた人権裁判所の判例を類型的に検討し、そこに一貫性の欠如を認めつつも、裁判所が個々の事案の具体的性質に応じて、実効的かつ柔軟な統制を行ってきたと評価するものとして、西片聡哉「表現の自由の制約に対する欧州人権裁判所の統制」神戸法学年報17号(2001年)223頁参照。

(15) 内野正幸「神を冒瀆する表現の自由:『悪魔の詩』事件を契機として」法学セミナー413号(1989年)16頁参照。

人権裁判所

67　人種差別的表現
番組内の人種差別的発言に対する編集者の刑事責任
——イェルシルド判決——

大藤　紀子

Jersild v. Denmark
23 September 1994, Series A no. 298（大法廷）

【事　実】

デンマーク国籍の申立人、Jens Olaf Jersild（イェルシルド）氏は、国営のラジオ／テレビ放送会社、デンマークス・ラジオ（Danmarks Radio）に雇われ、知識人を対象にした真面目なテレビ番組として知られる「サンデー・ニューズ・マガジン（Sunday News Magazine）」の制作を担当していた。申立人は、「緑のジャケット団（Greenjackets）」という人種差別主義を誇示する若者グループに関する新聞記事（『情報（Information）』1985年5月31日発行）に注目し、彼らのドキュメンタリー・プログラムを制作することを決定した。グループのメンバー3人他に対して5、6時間にわたるインタビューを自らが行い、そのうち2時間余りを収録し、数分に編集したものを、1985年7月21日、他のプログラムと共に番組で放送した。放送された「緑のジャケット団」メンバー3人の発言は、黒人（niggers）をゴリラなどの動物にたとえ、移民労働者を「ペルケレ（Perkere）」[(1)]と称し、違法な麻薬取引によって生計を立てている旨の侮蔑的な内容を含んでいた。

インタビューに応じた3人の若者は、人種差別的な発言を「広く公衆に」伝播することを禁じる当時のデンマーク刑法266(b)条に基づいてコペンハーゲン市裁判所に起訴され、有罪判決を受けた。また申立人およびデンマークス・ラジオの時事問題部門の部長は、犯罪教唆の罪（同23条）に問われ、1987年4月、1,000デンマーク・クローネ（約2万円）の罰金刑を言い渡された。こうした刑法上の規定は、人種的優越主義に基づく差別と煽動の禁止を規定する人種差別撤廃条約（デンマークは、1966年に署名、1971年に批准）4条を実施するために制定されたものである。

コペンハーゲン市裁判所は、申立人は、人種差別的な発言を予知しながら、何時間にもわたってインタビューを行い、「緑のジャケット団」のメンバーにビールを振る舞い、謝礼を支払ったこと、また対抗するコメントを何ら付すことなく、人種差別的な発言をテレビに放送させたことから、申立人の行為は、刑法266(b)条の罪を教唆したことになるとする。申立人を含む2人のジャーナリストが控訴し、その行為が表現の自由の限界を逸脱しているか否かが争点となったが、デンマーク東部高等法院は、5対1の多数で控訴を棄却し（1988年6月）、最高裁判所も4対1で上告を棄却した（1989年2月）。なお、その後1991年にメディア責任法が制定された（本件には適用されない）。同法は、テレビ放送に関わる刑事責任につき、発言者当人の責任を明記するとともに、編集者も、その故意・過失の有無にかかわらず、放送された発言の内容に対して責任を負う旨定めている（18条）。また、「テキストや発言を読み上げるなどの方法で伝達する者は、当該テキストや発言に対して責任を負わない」とも規定している（22条）。

申立人は、1989年7月、デンマーク裁判所による有罪判決が、表現の自由を規定するヨーロッパ人権条約10条に違反するとして人権委員会に申し立てた。申立を受理した人権委員会は、12対4の多数で10条違反を認定する意見を述べた報告書を作成した。事件は人権委員会（1993年9月）およびデンマーク政府（1993年10月）の双方によりヨーロッ

パ人権裁判所に付託された。

【判　旨】

(1) 10条違反の認定について

ヨーロッパ人権裁判所は、本件措置が法律に規定された表現の自由に対する規制であり、「他者の名誉もしくは権利の保護」(10条2項)という正当な目的を追求するものであることを認めた上で、争点を「民主的社会に必要」な措置であったかどうかに収斂させている (§27)。

(a) 報道の自由とその限界について

報道機関には、公的関心事である情報を伝達する責務が課せられ、公衆がそれら情報を受ける権利を有することから、報道機関は「公の番犬」としての役割を担う (例えば Observer and Guardian v. the United Kingdom, 26 November 1991, Series A, no. 216, pp. 29-30, §50 参照)。また、「これら原則は、主として印刷メディアに対して形成されたものであるが、視聴覚メディアにも適用されることに疑いはない」(§31)。

「一般的に視聴覚メディアは、印刷メディアと比べてしばしばより即時的かつ強力な影響力を有する (Purcell and others v. Ireland, Decision of the Commission, 16 April 1991 参照)」点で、ジャーナリストの「義務および責任」(10条2項)を規定する一因になる。

しかし「同時に、客観的かつバランスの取れた報道の方式は、とりわけ当該メディアに依存し、相当程度多様であり得る。したがって、ジャーナリストによっていかなる報道の技術が採用されるべきかを、報道機関独自の見解に代えて、当裁判所ないし国内裁判所が判断すべきではない」。すなわち「10条は表現された見解や情報の実質的内容のみならず、それらが伝達された形式をも保護する」(Oberschlick v. Austria, 23 May 1991, Series A, no. 204, p. 25, §57 参照)」(§31)。またヨーロッパ人権裁判所は、「ニュースや情報の価値」についても問題にすることはできない (§33)。

(b) 規制目的の正当性とその実現のための手段との比例性について

「インタビューで他人が表明した意見の伝播を助けたことによってジャーナリストを処罰するのは、公の関心事の議論に対する報道機関の貢献を妨げるため、格別強い理由がない限りは考えられるべきではない」。罰金が少額であるか否かにかかわらず、「重要なのは、ジャーナリストが有罪にされたということである」。インタビューが人種差別的な発言の予知の下に行われ、申立人の判断による編集・報道を経なければ違法な発言に対する処罰の問題も生じなかったことなどの態様上の問題は、「全体として考慮した場合」には申立人の処罰を正当化するものとはならない (§35)。「当該放送を編集する申立人の目的は人種差別的ではなかったことに争う余地がない」にもかかわらず、判決理由を見る限り、国内裁判所がそうした要素を勘案したとは考えられない (§36)。

(c) 結　論

本件申立人に対する有罪判決の根拠としてあげられた理由は、申立人の表現の自由に対する規制が「民主的社会に必要」であったことを立証するに十分ではない。とりわけ用いられた手段は「他者の名誉もしくは権利」保護という目的に照らして均衡を失し、10条違反である (12対7) (§37)。

(2) 公正な満足 (50条、現41条)

金銭的な損害の賠償として、「デンマーク政府が3カ月以内に1,000デンマーク・クローネを支払うこと」および訴訟費用の支払いについて命じられた (7対2)。非金銭的な損害に対する賠償金の支払いについては、請求棄却 (全員一致)。

判決には、合同反対意見2 (裁判官計7名) および補足的合同反対意見1 (合同反対意見に署名した裁判官2名によるもの) が付されている。

【解　説】

(1) 判決の意義・特徴

本件は、テレビで放送された人種差別的表現に関

して、「他者の名誉もしくは権利の保護」と報道の自由との調整につき、ヨーロッパ人権裁判所が判断した初めての事例である。

判決は、報道の自由を優先し、「格別強い理由」がなければ、人種差別的発言を報道し、結果的に発言者を処罰に導いたジャーナリストを処罰することはできないとする。

人種差別撤廃条約の署名が、1965年に遡ることからもわかるように、人種差別は、当時にあって、新しい問題と言えるものではなかった。しかし否認主義（ネガショニズム）と言われ、ナチスによるユダヤ人虐殺などの歴史的事実や、ニュルンベルク軍事法廷で規定された「人道に対する罪」の存在を否定する見解が横行したのに伴い、1980〜90年代には、フランス、オーストリア、ドイツ、スペイン、スイス、ベルギーなど多くのヨーロッパ諸国において、そうした個人の言動や報道を処罰する法律が相次いで制定された。また関連して数多くの訴訟が提起されている[2]。ヨーロッパ評議会においても、1993年のウィーン首脳サミットで、人種差別撤廃に必要な法を強化し、「国および欧州レベルにおいて適切な措置を採択する」ことが宣言され、その行動計画では、メディアに対し、「人種差別的かつ不寛容な行為に関する報道やコメントを、事実に即し、責任をもって行い、そうした要求を反映する職業倫理準則を作成する」よう求められている[3]。

この問題を巡っては、「不寛容の抑制によっては、寛容は実現され得ない（Comment faire prévaloir la tolérance par la répression de l'intolérance?）」という自由主義的な見解がある一方、「自由の敵には自由を与えない（Pas de liberté pour les ennemis de la liberté）」という立場が対立して存在する。ヨーロッパ人権条約の中にも、後者の立場から、条約の定める権利や自由を破壊する行為の自由を認めないという規定が置かれている（17条）。7人の裁判官が反対意見を付していることが象徴するように、本件判決に対する評価は、賛否に二分された。その背景には、人種差別を巡るこうした基本的人権の保障のあり方の根幹に関わる問題が存在すると言えよう。

(2) **人種差別的表現の規制と表現の自由、報道の自由**

判決は、「『緑のジャケット団』が有罪と判断される基となった発言は、標的にされたグループのメンバーにとって、侮蔑以上のものであり、10条の保護を享受しない」(§35)と述べている。ここで裁判所は、17条そのものではなく、それを明示的に適用した委員会決定の先例(Glimmerveen and Hagenbeek v. the Netherlands, Decision of the Commission, 11 October 1979[4]; Künen v. Germany, Decision of the Commission, 12 May 1988)をあげることで、10条2項の解釈との関係で、本件「緑のジャケット団」メンバーにも同条が適用されることを暗に結論づけていると考えられる[5]。

これに対し、自身が人種差別的表現を行ったのではない申立人が、「ニュース番組の責任者であるテレビジャーナリストの立場で［間接的に］その普及を促進した」(§31)ことから科せられた犯罪教唆罪が、「民主的社会に必要」な規制であるかどうかが本件の争点である。ヨーロッパ人権裁判所は、「『緑のジャケット団』の特集が準備された態様、その内容、報道された文脈、そして番組の目的」という要素を「全体として見た場合に、人種差別的な意見や見解を宣伝する目的を有していたと客観的に見えるかどうか」が裁判所の重要な判断基準になるという(§31)。そして申立人が番組の冒頭でデンマークにおける人種差別の問題について触れ、特定の個人の知性や社会的な背景を描写することによって、その問題に対する視座を与えることが目的である点を明言していることなどを重視する (§33, §34)。

テレビ放送に関わる報道の自由の限界に関しては、判決でも引用されている1991年のPurcell事件委員会決定（上記、1991年4月16日）[6]がある。委員会は視聴覚メディアの強い影響力と法律上制限の範囲が限定されていることから、規制は10条2項を根拠に正当化されるとした[7]。本判決との違いは、報道規制の目的が、民主的秩序の維持や国家の安全であ

る点である[8]。

なお、報道機関の「義務および責任」を計る際、最近のヨーロッパ人権裁判所の判決では、「他者の名誉もしくは権利の保護」に、より慎重に配慮されていると言われる[9]。例えば、Radio France v. France 事件（2004年3月30日）では、著名な元高官（ミシェル・ジュノ〔Michel Junot〕氏）が第二次大戦中、ユダヤ人のドイツへの強制送還に意識的に関わったという不正確な報道に対する名誉毀損罪が10条違反にならないと判断されている。視聴覚メディアの特殊性や報道形式の自由について、本判決を引きながら、ジャーナリストは、「公的関心事を報道するにあたって、その職業倫理に基づいて、正確かつ確実な情報を提供するため、信義を守って行動する条件に服さなければならない」(§37) というのである。また、Pedersen and Baadsgaard v. Denmark 事件（2004年12月17日）では、殺人事件の再審請求に絡み、事件の証拠を警察官が隠蔽したことを示唆する根拠のない言説の報道に対して、他者の発言の報道に基づくジャーナリストの処罰は、「格別強い理由」がない限り認められないとして本判決を引用しつつ、名誉毀損罪を適用することは、10条に違反しないと判断されている。

(3) 国家の評価の余地の制限について

本件のもう一つの特徴は、人種差別的表現および教唆を法律上処罰の対象としたデンマーク政府の措置が、人種差別撤廃条約の実施義務に基づいていることである。人種差別撤廃条約の解釈を巡っては、正式な解釈が存しない場合には、拘束される各批准国の善意において、当該国家の裁判所に委ね、国家の評価の余地を広く認めるのが賢明ではなかったかとの見解がある。この点につき、判決は、人種差別撤廃条約4条で要求されている他の権利に対する「適正な配慮（due regard）」の意義については「解釈しない」としながらも、続けて同時に「本件における裁判所のヨーロッパ人権条約10条に関する解釈は、国連の条約に基づくデンマーク政府の義務と矛盾しないという意見である」(§30) と述べている。したがって少なくとも本件に関する限りは、人種差別撤廃条約4条について独自の暗黙の解釈が存在するとの批判は免れない。

なお、本判決の3日前に下されたOtto-Preminger-Institute v. Austria事件（1990年9月20日）では、本件とは逆に、ヨーロッパ人権裁判所は、6対3で、オーストリア政府に対し、宗教的信条の保護（条約9条）の名において、広範な評価の余地を認めている。チロル地方に支配的なカトリックを冒瀆し、刑法188条違反と判断された映画は、上映禁止となり、当該地方において没収された。当該映画の視聴者が映画館に集まる者に限定され、未成年者には視聴が禁止されるなど、慎重な措置がとられていた中での上映禁止・没収措置は、表現の自由に対する著しい抑制であるとの批判も強い。また、Otto-Preminger-Institut v. Austria事件の場合は、比較法的にみても異例な内容の法律に基づいた措置であるのに対し、本件の場合は、国際条約で広く各国に要求されている措置であることから、国家の評価の余地に対するヨーロッパ人権裁判所の判断の整合性に疑問を呈する見解もある[10]。

(4) 判決に対するデンマーク政府の対応

本判決の後、デンマークは、定められた期間内に申立人に対して賠償金を支払い、1995年1月、同氏の再審が決定されている。また別件で環境保護を訴えるデモの報道との関連で家宅侵入罪に問われた女性ジャーナリストについて、本判決の1カ月後の1994年10月、デンマーク最高裁判所は、本判決を引用しながら、原審を覆し、当該ジャーナリストの行為を無罪と判断している。デンマーク政府は、「[国内] 裁判所は、条約およびストラスブールの判例に直接示唆を受ける」とし、1991年のメディア責任法も、「本判決から導かれる諸原則に基づいて解釈される」(Appendix to Resolution DH(95)212) と述べている。

(1) アラブ、トルコ、ソマリア、パキスタンなどの移民労働者に対する悪態。

(2) ヨーロッパ人権委員会に申し立てられた例として、ナチ体制の下、強制収容所でユダヤ人を虐殺したガス室はなかったとする出版物を頒布し、人種的憎悪の煽動罪（ドイツ刑法131条他）などを科せられた事件（Remer v. Germany, Decision of the Commission, 6 September 1995）がある。委員会は、「無秩序もしくは犯罪の防止」および「他者の名誉もしくは権利の保護」に基づく表現の自由の制限を認め、請求を棄却している。また Lehideux 判決（23 September 1998）（本書 *68*）参照。

(3) ヨーロッパ連合では、1994年のコルフ（Corfu）ヨーロッパ首脳理事会で、人種差別および外国人排斥に関する諮問委員会が創設され、ユネスコでは、1995年を「寛容の年」としている。

(4) 選挙用のビラに書かれた人種差別的嫌悪感をそそる表現は、17条で禁止された行為に該当するとみなされた事件。

(5) Gérard COHEN-JONATHAN, Discrimination raciale et liberté d'expression — À propos de l'arrêt de la Cour européenne des droits de l'homme du 23 septembre 1994, Jersild contre Danemark（*RUDH* 1995, p. 32）, *Revue Universelle des Droits de l'Homme*, Vol. 7, No. 1-3, 1995, p. 4.

(6) 報道機関法（1976年に1960法が改正された）31条に基づいて、アイルランドの放送会社（Radio Telefis Eireann〔RTE〕）に対し、アイルランド共和軍（Irish Republican Army〔IRA〕）などの民族主義者組織のスポークスマンのインタビュー放送を禁止する政令が、10条違反とならないかが問われた事件。

(7) 1988年、イギリスも同様の措置によって、BBCその他の放送会社に対して、アイルランド共和軍他の組織を代表する人物の発する言葉の報道を一切禁止し、これらの組織を支持し、その支持を求める言説も同様に禁止している。委員会は、基本的に Purcell 事件と同様の理由で請求を棄却した（Brind and others, Decision of the Commission, 9 May 1994）。

(8) この点に関し、人種差別的表現も、他者の名誉や権利を害するのみならず、民主的西欧社会の市民全体が共有すべき節度や文化的共同体への帰属意識を破壊する意味をも有するという見解もある（François RIGAUX, La liberté d'expression et ses limites, *Revue trimestrielle des droits de l'homme*(1995), p. 412）。また、Gölcüklü, Russo, Valticos 裁判官反対意見は、「現代の若者の多くや、またあらゆる年代の人たちの多くは、生きることの困難、失業、貧困に喘ぎ、何ら現実に警告を受けないまま、彼らの面前に掲げられるスケープゴートを探すのに、ただひたすら必死なのである」と警告し、視聴者に対し、人種差別的表現の埋め合わせをするようなジャーナリストの明示的なコメントを求めている。

(9) Frédéric SUDRE, *Droit européen et international des droits de l'homme*, 7e éd. (Presses Universitaires de France, Paris, 2005), p. 461.

(10) François RIGAUX, *op. cit.*, pp. 412-414.

[参考文献]

［1］ DECAUX, Emmanuel, La lutte contre le racisme et la xénophobie, *Revue Universelle des Droits de l'Homme*, Vol. 7, No. 1-3, 1995, pp. 9-13.

［2］ OETHEIMER, Mario, *L'harmonisation de la liberté d'expression en Europe*, Editions A. Pédone, Paris, 2001.

［3］ LAWSON, R., & SCHERMERS, H. G., *Leading Cases of the European Court of Human Rights*, 2nd ed., Ars Aequi Libri, Nijmegen, 1999, pp. 576-588.

［4］ BERGER, Vincent, *Jurisprudence de la Cour européenne des droits de l'homme*, 8e éd., Sirey, 2002, pp. 531-534.

68 違法政権の擁護表現
戦時対独協力政府の首班を擁護する意見広告の処罰の違法性
——ペタン擁護意見広告事件判決——

今関　源成

Lehideux and Isorni v. France
23 September 1998, Report 1998-Ⅶ（大法廷）

【事　実】

　本件は、フランスのヴィシー体制下における対独協力の過去に関して、フィリップ・ペタン将軍を擁護賛美する言説が刑事罰を受けたことに端を発する事案である。1984年7月13日、「ペタン将軍の記憶を守る会」と「ペタン＝ヴェルダン全国協会」の連名による「フランス人よ、あなたたちは忘れやすい」と題された意見広告[1]が高級紙ルモンドに掲載された。この意見広告に対して、元レジスタンス闘士全国協会（Association nationale des anciens combattants de la Résistance）が、高等法院によって1945年8月15日に有罪とされたペタンの政治的行為を正当化しようとするものであり、出版の自由に関する1881年7月29日法律24条3項の規定する敵国への協力行為の賛美罪（délit d'apologie des crimes ou délits de collaboration avec l'ennemi）で、広告主である会の会長ら[2]を告訴するとともに、損害賠償を求めて付帯私訴を提起した。これについて検察官は不起訴（non-lieu）の論告を行ったが、予審判事がそれを排斥したため、軽罪裁判所で審理が開始された。

　軽罪裁判所（1986年6月27日判決）は、本件意見広告がナチス・ドイツへの協力を正当化するものではなく、ペタンが連合国の勝利に寄与した点を捉えてペタンを賛美するものに過ぎないとして犯罪の成立を否定した。控訴審（1987年7月8日判決）においても付帯私訴は排斥されたが、破毀院刑事部（1988年12月20日判決）は控訴審判決を破毀差戻とした。差戻審においてパリ控訴院（1990年1月26日判決）は、ペタンの歴史的評価に関する歴史学的論争に決着をつけることは裁判所の任務ではないとしつつも、意見広告がモントワール会談を積極的に評価する点で「対独協力政策の留保なき賛辞」となっており、また、基本的な歴史的事実[3]の言い落としによって事実を巧妙に隠蔽し、それに対する「批判と距離」を欠いている点で「黙示的ではあるが必然的に」対独協力行為の賛美を含むとして犯罪の成立を認め、1フランの象徴的損害賠償および判決の抜粋のルモンドへの掲載を命じた。

　差戻審判決に対してヨーロッパ人権条約（以下、「条約」という）10条違反を理由に今度は被告人らが破毀申立てを行ったが、破毀院は、10条によれば表現の自由は国の安全、領土の保全、公共の安寧に必要な措置を定める法律によって規制されうると指摘して、条約違反の主張を一蹴した。そこで、有罪とされた被告人らはヨーロッパ人権委員会に提訴した。1997年4月8日の報告において、委員会は23対8で10条違反を認めた。

　フランス政府は、本件意見広告が人権条約の精神自体と民主制の基本的価値を侵害するとして、17条を根拠に申立の排斥を求めた。本件意見広告が公知の事実にも依拠せず最小限の客観性をも持たないもので、歴史学的論争に寄与するものではないこと、本件意見広告の実質はペタンを首班とするヴィシー政府の対独協力政策の留保なき称賛であり、客観的に見ればナチスの利益に奉仕したヴィシー政府のもっとも恥ずべき反ユダヤ主義に故意に言及しない点で、ナチス犠牲者やレジスタンスに身を投じた人々にとっては受け入れがたいものであり規制の必要性が認められることを理由に10条違反を否定し

た。また、本件の表現が、意見広告であり、自国の歴史の影の部分に関わるため、表現の自由への国の介入の必要性判断におけるフランス政府の評価の余地は広汎であり、一国の歴史に関わる問題は、性質上、ヨーロッパ・レベルでの画一的解決にはなじまないとも主張した。くわえて、1フランの損害賠償と判決抜粋のルモンド掲載という制裁が象徴的なものにとどまることも指摘した。

　ヨーロッパ人権裁判所は、フランス政府の主張を排斥して15対6で10条違反を確認した。しかし、条約違反を確認すれば救済として十分であるとし、申立人らの損害賠償請求は認めなかった。2つの補足意見と、3つの反対意見が付されている。

【判　旨】

(1)　ペタンの政治行動の歴史的評価

　「当裁判所は、この問題の解決は当裁判所の管轄権限に属さず、それは、問題となっている出来事の展開とその解釈について歴史家の間で現在でも行われている論議に委ねられると判断する。このようなものとして、この問題は、ホロコーストのような、17条によってその否定もしくは修正が10条の保護を受けることのない、明瞭に立証された歴史的事実のカテゴリーには属さない。本件において、申立人らは、自ら意見広告の中で『残虐行為』、『ナチスの迫害』さらには『ドイツの絶対的権力とその野蛮行為』と呼んだ事実を否定もしくは修正しようとしたとは思われない。ペタンの政策を『最高度に巧妙な』と形容することによって、むしろヴィシー政府の首班の役割に関する論議に関して存在する見解のうちの1つである『二股戦術』といわれる主張を支持したのである。」(§47)

　「さらに、申立人らは個人の資格において行動したのではない。起訴の対象となった意見広告の末尾に記載された名前は、「ペタン将軍の記憶を守る会」、「ペタン=ヴェルダン全国協会」という団体名である。……これらの団体が適法に設立され、ペタンの復権を促進しようとするものである以上、その団体が有料の意見広告のなかで、歴史学的見解のうちで、その団体がその記憶に仕えようとする人物（ペタン）に最も有利な見解を主張することは驚くに当たらない。しかも、読者は紙面下部に上記団体の名称が、紙面上部には『広告』との記載があることによって、そのことを明瞭に知っていたといえる。」(§48)

(2)　10条2項の審査枠組

　「当裁判所は、フランス法における対独協力行為賛美罪の構成要件について判断する必要はない。国内法の解釈適用は、まず第1に国内機関、とりわけ国内裁判所の権限に属する……。当裁判所の役割は、この罪名による申立人らの有罪判決に起因する介入が『民主主義社会において必要なもの』とみなしうるか否かの審査に限定される。」

　「10条2項の意味における『必要な』という形容詞は、『やむにやまれぬ社会的必要（pressing social needs）』を意味する。締約国はこの必要の存在を判断するにつき一定の評価の余地を享受するが、それは、法律および法律を適用する決定に関するヨーロッパの審査に服する。この決定が独立性を有する裁判所によってなされた場合でも同様である。したがって、当裁判所は、10条が保護する表現の自由と『制約』が両立するか否かを判断する点において最終審として裁判をなす権限を有する。

　当裁判所は、その審査権限の行使において、非難されている申立人らの発言の内容と申立人らが発言を行った文脈を含めて事件の全体に照らして、係争の対象となっている国の介入を考察しなければならない。とりわけ、当裁判所の権限は、訴えの対象となっている措置が、『追求されている正当な目的に比例している』か否か、それを正当化するために国内機関が援用する理由が『関連性を有し、十分なもの』と思われるかにある。このようにして、当裁判所は、国内機関が10条で認められた原則に適合した規範を適用したということ、特に、重要な事実について納得のいく判断に基づいてそのようにしたことを確信しなければならない（特に、1997年11月25日 Zana v. Turkey 判決を見よ）。

したがって、当裁判所は、まず、係争の対象となっている発言の内容を吟味し、ついで、国家が刑事制裁以外の手段を有していたことにかんがみて、その発言内容が申立人らの有罪判決を正当化するものであったかを審査しなければならない。」(§51)

(3) 意見広告の内容の論争的性格と、反ユダヤ主義についての沈黙

「まず意見広告の内容に関して、当裁判所はその一方的性格を指摘する。フィリップ・ペタンを完全に好意的に提示しており、ペタンの責任とされ、高等法院によって死刑に値するとされた事実に何ら言及しない点において、当該意見広告は確実に論争的なものとみなされうる。しかしながら、この点に関しては、表明された思想と情報の内容に加えて、10条はその表現方法をも保護している……。

パリ控訴院は、申立人らを有罪とするために、主として、ペタンの若干の行動に対して意見広告が距離と批判を欠落させていること、とりわけ、他の事実、特に『ナチの強制収容所への移送を容易にするために、フランスに設置された収容所に収容されることになる外国籍ユダヤ人在留者に関する法律にすでに1940年10月3日に』署名している事実に関する意見広告の沈黙に着目した。したがって、当裁判所は、これらの非難が本件における国の関与を正当化するか否かを探求しなければならない。」(§52)

(4) 沈黙の解釈と規制の必要性判断

「人権条約の基礎をなす諸価値を否定する他のあらゆる発言と同様に(1994年9月23日 Jersild v. Denmark 判決を必要な変更を加えた上で参照)、親ナチ政策の正当化は10条の保護を享受できない。しかしながら本件において、申立人らは『残虐行為』、『ナチスの迫害行為』および『ドイツの絶対的権力とその蛮行』とは明示的に一線を画していた。かくして申立人らは、政策の賛美よりも人物の賛美を行ったのである。その目的は、ペタンの有罪判決の見直しであった。この目的についてパリ控訴院は、その目的達成手段を承認したとはいえないが、少なくともその目的の妥当性と正統性は承認している。」(§53)

「意見広告主が非難されている沈黙について、当裁判所は抽象的に判断しようとは考えない。実際、重要でない事実の沈黙ではなく、ホロコーストに直接かかわりを持つ出来事についての沈黙である。意見広告主は、たしかに『ナチスの蛮行』に言及するが、ペタンが自覚的にそれに貢献したこと、とりわけ、彼が彼の責任においてフランスの数万のユダヤ人の迫害と死の収容所への移送を行った事実を提示していない。これらの事実の重大性、すなわち人道に対する罪該当性は、それを隠蔽しようとするあらゆる試みの重大性を導くものである。これらの事実についての本件意見広告の沈黙は、道徳的に非難に値するものではあれ、本件事案の若干数の他の事情に照らして評価がなされなければならない。」(§54)

「この事情のなかには、……対ナチス・ドイツ協力政策に対する責任、個人であれ制度全体のものであれ、その責任を認めるために国民が嘗めた辛酸を考慮すると、フランスの歴史のこの頁が「集合的記憶の中でいまだに非常に苦渋に満ちたものであり続けている」という事実が含まれる。

しかしながら、国内手続においてこの観点を主張するのは検察官の責任である。検察官は一般的利益を構成するあらゆる立場を代表し、他者の権利を尊重することを職務とするからである。ところが、検察官は、まず、軽罪裁判所に対して訴追する必要はないと判断し、次いで軽罪裁判所の無罪判決に対して控訴を行わず、1987年7月8日のパリ控訴院判決に対しても破毀申立てを行わなかった。

さらに、本件意見広告のなかで想起された諸事件は40年以上前に生じたものである。申立人らの行なったような発言は、今日においても論議を巻き起こし、人々の間に苦悩を蘇らせるような性質を有するとしても、時の経過は、事件から40年経っていれば、今から10年もしくは20年前と同様の厳しい措置をこれらの発言に適用する必要はないという帰結を導く。これは、すべての国が自国の歴史について公然と真摯に議論するために提供を求められる努力というべきものである。これに関連して、10条

２項の留保のもと、表現の自由は、好意的に受け入れられる、または無害もしくはどうでもよいと見做される『情報』や『思想』だけでなく、対立やショック、不安をもたらす『情報』、『思想』についても認められることを指摘しなければならない。『民主主義社会』に不可欠な多元主義、寛容、開かれた精神が、それを求めるのである（とりわけ、1992年10月29日 Open Door 判決（本書 *1*)、1995年９月26日 Vogt 判決（本書 *69* ）を見よ）。」(§55)

「他方、本件意見広告は、その広告主である団体（ペタン将軍の記憶を守る会とペタン＝ヴェルダン協会）の目的に直接関係している。ところで、これらの団体は適法に設立され、1984年以前も以後も、その団体の目的の実現と関係して訴追の対象となったことはない。」(§56)

「最後に当裁判所は、敵国への協力行為の賛美を理由とする刑罰の重大性を指摘する。他の関与手段、反論手段、とりわけ民事法上の法的手段によるものが存在するからである。」(§57)

「要するに、当裁判所は、申立人らが受けた刑事有罪判決は、比例性を欠くものであり、民主主義社会においては不必要であると判断する。したがって、10条違反が存在する。

この結論に到達したので、当裁判所は17条を適用する必要がないと考えることができる。」(§58)

【解 説】

(1) 判決の論理

ヨーロッパ人権条約は表現の自由を保障しつつ、10条２項⑷でその限界を定めるとともに、17条⑸において、条約の保障する権利自由の基底をなす諸価値、民主主義の基本的諸価値の侵害を禁じている。本判決は、対独協力政府の首班であるペタン将軍の行動を擁護し、その復権を図る意見広告の公表が、ナチスを賛美する言説と同様に、刑罰の対象とされたことが、10条違反に該当しないか否かについて判断している。

本件意見広告について、フランスの国内裁判所は、曲折はあるものの、意見広告が「対独協力政策の留保なき賛辞」であり、さらにユダヤ人取締法への署名などペタンによるナチスの人種主義への加担に言及しない点において黙示的に対独協力行為の賛美を含んでいるとして犯罪の成立を認め、象徴的損害賠償を課した。ヨーロッパ人権裁判所においてはフランス政府も、17条に抵触する言論として処罰の必要性を正当化し、また、自国の歴史の評価についてはフランス政府の評価の余地が広く認められるべきだと主張した。しかし、ヨーロッパ人権裁判所は、結論的にいえば、その主張を全面的に否定した。

多数意見は、最初に、明確に立証された歴史的事実であるホロコーストを否定する言説（17条によって10条の保護を奪われる言説）と、歴史的評価に争いのあるペタン擁護の言説を区別した。次いで、本件言論が、適法に設立されたペタン擁護団体による、その設立目的に合致した、その意味で団体としては当然の意見表明であり、意見広告であることも明示されている点を考慮する。本件意見広告の基本的性格をこのように把握した上で、10条２項の審査基準として、国の介入（本件有罪判決）の「必要性」（「やむにやまれぬ社会的必要」）の有無を、表現内容と表現の文脈を含む事件の総体に照らして、特に、規制目的に対する規制手段の「比例性」と、規制手段の正当化事由の「妥当性と十分性」の検討を通じて審査する枠組みを提示した。

本件意見広告の明示的な表現内容について、多数意見は、ナチスに批判的な言及が明示的に含まれていること、賛美の対象はペタンという人物であって反ユダヤ主義政策ではないことに着目する。表現方法についても、ペタンに有利な一方的なものであり、ペタンに向けられて来た非難に一切言及していない点で「論争的」であるとは認めながら、その論争的表現方法も10条の保護の範囲内にあるとする。ただ「ホロコーストに直接関係する出来事」（ペタンのナチス反ユダヤ主義政策への加担）に対する沈黙については、人道に対する罪に当たる事実を隠蔽する点で道徳的非難に値するとするが、法的判断は「抽象

的に」なされるべきではないとして、(a)公益の代表者である検察官が訴追・処罰の必要性を認めなかった、(b) 40年以上の時が経過している、(c)民主主義社会にとっては多元主義・寛容が必要であり、不快な思想についても表現の自由は認められる、(d)適法な団体の設立目的に合致した内容の言論であり、過去において当該団体の活動が訴追の対象となっていない、という具体的事情が考慮されるべきだとし、かかる諸事情を総合考慮すると、民事の法的手段がある以上、申立人らの受けた刑事有罪判決は比例原則に反し、「必要性」を欠く（10条違反）とした。

(2) 判決の問題点

多数意見に対する評価は分かれる。本件意見広告の性格づけ、それと不可分だが、規制の必要性の有無の判断、本件でフランス政府に認められる「評価の余地」に関する判断、総じて17条の本件へのかかわらせ方に関わって、本件言説は17条の守備範囲に少なくとも間接的に入ってくるので、表現の自由を規制する必要性の判断においてフランス政府はその点を考慮できるはずであり、さらに集合的記憶の総括はヨーロッパではなく各国に委ねられるべきであると考える立場から、強い批判がある。

(a) 「民主主義の基本的諸価値」の侵害か

ヨーロッパ人権条約は、表現の自由の行使の責任と義務、およびその限界を定め、条約の基底をなす民主主義的諸価値の侵害を禁じているから、ナチスの賛美、ホロコーストの否定、反ユダヤ主義の言論を国家が禁じること自体は許容される。本件意見広告の黙示的に伝えるメッセージの内容は、このような性格を持つものではないのか。

ペタンを首班とするヴィシー政権は、ユダヤ人取締法を制定し、ユダヤ人の「強制輸送」を行うなどヒトラーの「ヨーロッパ新秩序」に加担し、反ユダヤ主義的対独協力政策を展開した。戦後その責任を問われて死刑判決を受けたペタンの再評価を主張する言説は、この文脈を意識すれば、ナチス賛美の言説と同質のものとして表現の自由の保障の埒外とされても、それは人権条約の論理自体に反するとはいえない。多数意見に対する批判は、明示的でないというだけで、本件意見広告の間接的に担うメッセージの反ユダヤ主義性、反民主主義性が許容されてしまうという点にある。

多数意見の側からすれば、表現の自由の民主主義社会における重要性（批判の自由と最大限活発な論議の保障こそが全体主義から民主主義社会を守る最良の方法であるという思想）にかんがみて、17条の射程を「暴力・憎悪のプロパガンダ、違法なもしくは非民主的手段を用いること、民主的・多元主義的政治システムの破壊、人種主義的目的、または他者の権利自由の破壊のみを目的とする行為」に限定すべきであり（Jambrek補足意見）、この限定解釈に基づいて、本件意見広告は少なくとも刑事罰の対象とすべきではないということになる。さらにこの立場を推し進めれば、犯罪誘発のいわば明白かつ現在の危険の有無に反ユダヤ主義的言論の規制を関わらせる見解にたどり着くことになる[6]。

ところで、多数意見は比例原則違反を論証するのにいわば「諸般の事情」を援用したが、そこで動員された事情も、逆の立場からすれば逆の結論を支持するものとして説明されることになる[7]。意見広告という表現形式は一方的宣伝に過ぎず、歴史学的論議の輪に加わり歴史認識の深化に寄与するといった性格、内容を有するものではなく、ペタンの「二股作戦」の主張も歴史学者の間では否定されている根拠薄弱な言説であるので保護の必要性は高くない。また、意見広告はヴィシー政権の反ユダヤ主義政策に故意に言及していない点でペタンの暗部を隠蔽する歴史の歪曲であり、「二股作戦」の積極的評価は黙示的なナチス賛美に通じるもので、これらはレジスタンス運動にかかわった者に対する侮辱であり、ユダヤ人被害者に対して多大な精神的苦痛を与えるものである。さらに、時の経過によって問題が解消されたわけではなく、むしろ極右の台頭がヨーロッパの至る所で見られるように、記憶の忘却によって問題は深刻化している。普遍的価値は時間にかかわりなく普遍的である。このような見方をすれば、表現

の自由の名における本件意見広告の許容は、ナチス賛美・ホロコースト否定の言説と同質の言論が許容されるというメッセージを極右勢力に送るものであり、排除と差別を民主主義社会にもたらし、まさに条約の基底をなす諸価値の否定にほかならないということになる。

(b) 自国の歴史を総括する主体は誰か

多数意見は、フランスの過去の歴史的事件の総括（ヴィシー政権の対独協力行為にどのように向き合うか）については、ヨーロッパ・レベルで客観的評価はできないので、それにかかわる言論の自由の規制の必要性判断も、まずはフランス政府が行なうべきであり、その「評価の余地」を広く認めるべきであるという見解を排斥した。ヨーロッパ人権裁判所は、表現の自由の行使が宗教的もしくは道徳的領域における個人的信条を侵害する可能性のある問題について、国による表現規制を広く認める姿勢を示してきたが、これが本件にも適用されるかが争点となる[8]。

Foighel、LoizouおよびFreeland共同反対意見は、この点について「ヨーロッパ・レベルで客観的に規制目的を定めることが不可能な場合には評価の余地がより広くなるという原則」の適用は、宗教・道徳的信条のカテゴリーだけに限定されず、本件でも「フランスに固有の歴史的事情に規制目的が由来しており、フランス当局が国民の活力（forces vives）に直接かつ恒常的に接触しているがゆえに、国内手続において付帯私訴人となった元レジスタンスや被移送者の団体のような他の集団の権利の保護にもたらす影響、より一般的には、1940年代の諸事件に続いてフランス社会が体験した痛みや分断の治癒のプロセスに対してもたらす影響を判断するについて、フランス当局が最も適切な地位にある。とりわけ、10条2項は他人の権利の保護だけでなく、表現の自由の行使に伴う義務と責任をも規定する。われわれは、本件のような状況において、本件広告が傷つけた人々の感情にとって本件広告が有する不快な性格の重大性を全面的にかつ共感をもって認識し、その考慮は、完全に正当化される」と述べる。

「フランスに固有の歴史的事情」にかかわり、表現の自由とレジスタンス関係者や被移送者の権利との調整が問題となる場合には、ヨーロッパ・レベルではなく、フランス政府が国内諸事情を考慮して表現の自由の制約の必要性について広い裁量をもって判断を行なうことができるとして、反対意見は、本件意見広告の内容の反ユダヤ主義との間接的な結びつきと、この評価の余地の広さを根拠に本件処罰の正当性を承認する[9]。民事的救済がある以上、刑事罰が比例原則に反するという多数意見の主張も、罰金が1フランという象徴的な額に抑えられていることから問題とならないとした。

(3) ヴィシー政権と表現の自由

本判決は、表現の自由に関するヨーロッパ人権裁判所の先例を変更する原則的判決ではなく、個別事案への原則の適用が問題となった判決であるという点では評者の評価は一致している[10]。また、フランスにおける対独協力行為賛美罪それ自体の条約適合性が問われたわけではなく、本件意見広告への刑事罰適用の当否が問題とされたに過ぎない。しかし、事案への原則の適用の仕方については、多数意見と反対意見の対立を反映して評者の間でも見解が分かれている[11]。

本判決が表現の自由の保障を徹底したと積極的に評価する評者は、本件意見広告を政治的言論と捉え、道徳や宗教にかかわる表現とは区別して国の評価の余地を限定し、国の規制権限を制約して政治的多元主義を判決は貫いたと理解する[12]。不快な言論にも表現の自由は認めるという原則論である。

これに対して本判決を「嘆いても嘆ききれないほどに驚くべき（le plus tristement étonnant）」判決とし、「法的推論の脆弱さ」と対独協力行為に対する「寛大さ」は「根本的に批判されるべき」であると評する論者もいる[13]。表現の自由の規制の必要性を判断する際の解釈原理として17条を重視し、表現の自由が不快な言論にも認められるべきだとしても、それにも限度があるのであって、10条2項及び17条が定める限度を越えた表現は「権利濫用」を構成

するとする立場である。民主主義社会は「排除も差別もなき人権尊重の不可欠の条件」であるがゆえに、民主主義社会の土台を破壊するための人権条約（表現の自由）の利用は 17 条によって禁じられる。

本判決の評価、本件意見広告の評価の相違の背後には、対独協力行為の賛美（さらにはホロコースト否定・ナチス賛美・反ユダヤ主義的言論）の処罰根拠をどこに見るかに関する見解の相違が存在している。反対意見やそれを支持する学者は、これらの言説が人間の尊厳や民主主義社会という普遍的価値を否定する点に処罰の根拠を求めている[14]。すなわち、これらの言論は民主主義社会の土台を破壊する排除と差別をもたらすという当然の推定を働かせるのである。したがって、その言説が引き金となることによって犯罪が引き起こされる具体的な危険が発生することを要求しない。危険の存在以前の問題として、言論自体の否定的価値によって制約が正当化されるのである。この対極をなすのが、このような言論の処罰にも犯罪発生の具体的な危険が必要であるとする立場である。これによると、通常の犯罪の煽動と同じ枠組みでナチス賛美・反ユダヤ主義的言論の規制も行われることになる。対独協力行為賛美罪の特殊性は、かなり相対化されることになる。この両極の間に、処罰根拠をレジスタンスに関わった人々の名誉やユダヤ人犠牲者の精神的苦痛に求める見解が存在している。この場合、問題は表現の自由と一種の人格権との間の調整の問題となる。反ユダヤ主義的言論はどの水準で問題とすべきなのであろうか。本件は、典型的反ユダヤ主義的言論ではなく、判断の難しい限界事例について、民主主義にとっての表現の自由の重要性と、民主主義社会にとっての差別と排除の危険性との間で、どのような選択を誰が行うべきかが問われた事案である。ヨーロッパ人権裁判所が本件における表現の制約を条約違反とすることによる表現の自由の境界の拡大を是とすべきか、この判決が極右勢力に人種差別主義的言論を許容するメッセージとして受け取られ、民主主義社会に分断の種が蒔かれることを憂慮すべきか、自国の過去を総括する民主主義国家の当事者としての営為が妨げられたことになるのか、ヨーロッパ人権裁判所が歴史の総括の行なわれるべき公正中立な場の設定を行ったことになるのか。安易な解答は許さない問題が存在している。

侵略戦争の歴史や沖縄戦の記憶を自ら抑圧、捏造し、他方で個人の表現の自由を強権的に制限して怪しまない日本の国家の現実は、過去の過ちに正面から対峙し、民主主義と人間の尊厳を守るために表現の自由を制限するという苦渋の決断を、その責任を自覚しつつ行う国家とは無縁である。本判決は、その意味で日本の現実と切り結ぶところがない。

なお、仏政府は本判決を受けて、国内裁判所が判旨を尊重することになろうとの声明を出している。

(1) 問題となった意見広告のうち 1940 年から 45 年の期間に関連する部分の内容は、次のようなものであった。
　「フランス人よ、あなた方は忘れやすい
あなた方が次のことを忘れているならば
　1940 年には民政および軍の当局はフランスを破滅的事態に導いていた。責任者たちは、彼に助けてくれるよう嘆願した。1940 年 6 月 17 日のアピールによって、<u>彼は休戦を獲得し、敵国が地中海沿岸地域に野営することを防いだ。それが連合国を救った</u>。その後、権力が適法に国会両院によって彼に付与された。国会では人民戦線が多数派を構成していた。フランス人は感謝の意を表し、正当に彼を自分たちの救世主と見做した。そのとき「4000 万人のペタン主義者がいた」(Henri Amouroux)。そのことをもはや覚えていない人はどのくらいいるだろうか。そして、どれだけの人がそのことを否定したのだろうか。
　フランスのいかなる元首も経験したことのない困難、ナチスの残虐行為と迫害の中で、彼はナチスの絶対的権力とその蛮行からフランス人を守り、200 万人の捕虜の救済に絶えず心を配った。
　彼は日々のパンを確保し、社会的正義を回復し、自由な学校を擁護し、略奪にさらされた経済を守った。
　彼は、その最高に巧妙な政策によって、彼がモントワールに赴いた同じ日に、密使をロンドンに送り、敗戦したフランスがドイツと連合国の相矛盾する要請の間で自国の立場を維持することを可能とした。そして、アメリカとの秘密協定によってフランスは、その解放を準備し、それに貢献することができたのである。フランスの解放のために、彼はアフリカ軍を編成していた。
　彼は、いまだフランス帝国と呼ばれていたもののほぼす

べてをフランスに残したのである。
　ヒトラーとリッベントロープは、彼の抵抗を非難し、彼を脅迫し、1944年8月20日にドイツ軍は彼をドイツに連行したのである。
　　　　フランス人よ、あなた方は忘れやすい
　　　あなた方が次のことを忘れているならば
　敵国の捕虜となっている間にも、フィリップ・ペタンは、祖国を救うために全力を尽くしたのに、祖国を裏切ったかどでシャルル・ド・ゴールの命令に基づいて訴追された。
　　　あなた方が次のことを忘れているならば
　ドイツから脱走し、彼は、自分が受ける可能性がある個人的危険も顧みずフランスに戻り、この途方もない非難に答え、彼に従った人々の救済を、彼の存在を賭けて行おうと試みた。
　　　　フランス人よ、あなた方は忘れやすい
　　　あなた方が次のことを忘れているならば
　起訴は、最高度の共謀関係をもって、有罪を獲得するために、ドレフュス事件同様虚偽を利用した。90歳で、彼は拙速に死刑を宣告された。……」（下線部はゴシック強調。波線部はイタリック強調）

　(2)　Lehideux は、ペタン政権の閣僚経験者で、「ペタン将軍の記憶を守る会」会長、Isorni はペタン裁判の弁護人を務めた弁護士であり、本意見広告の起草者。

　(3)　たとえば、1940年10月3日における、いわゆる外国籍ユダヤ人法（ユダヤ人統制法）の署名によって「人種主義に基づくヒトラーの秩序」にペタンが加担したこと。

　(4)　「表現の自由の行使については、義務及び責任を伴い、法律によって定められた手続、条件、制限又は刑罰であって、国の安全、領土保全若しくは公共の安全のため、無秩序若しくは犯罪の防止のため、健康若しくは道徳の保護のため、他の者の名誉若しくは権利の保護のため、秘密に受けた情報の暴露を防止するため、又は、司法機関の権威及び公平さを維持するため民主的社会において必要なものを課すことができる。」

　(5)　「この条約のいかなる規定も、国、集団又は個人がこの条約において認められる権利及び自由を破壊…することを目的とする活動に従事し、行為を行う権利を有することを意味するものと解することはできない。」この規定によって、ナチス賛美、ホロコーストの否定、反ユダヤ主義的、人種差別的な表現などが禁じられる。

　(6)　Recueil Dalloz, 1999, p. 229, note Patrice Rolland. 本判決は、言論の惹起する犯罪誘発リスクの実質性を問題とする枠組みを提示しているのであり、本件意見広告が諸般の事情を考慮して「同種の犯罪を再び犯すリスクとの十分なつながり」をもたないために、本件では表現の自由の制約を認めなかったのであるとして、本件多数意見を支持している。Cf., Id., Liberté d'expression et apologie de la collaboration, Cahiers du CREDHO, NO5 (1999), p. 54.

　(7)　Foighel, Loizou および Freeland 共同反対意見参照。Cf., Gérard Cohen-Jonathan, "L'apologie de Pétain devant la Cour européenne des droits de l'homme", Rev. trim. dr. h., 1999, p. 378 et suiv.

　(8)　宗教的信条を害することを理由とする映画の上映禁止措置を「国の評価の余地」の範囲内として条約違反とはしなかった判決（Otto-Preminger-Institut 事件）との整合性や、ルポルタージュ番組の中で街頭インタヴュー形式で反ユダヤ主義的言辞を放映した責任者の処罰に評価の余地を認めず条約違反とした Jersild 判決（本書 *67*）に先例性を認めるべきかといったことが問題となるが、問題の指摘にとどめておく。

　(9)　「ペタン体制の最も暗い局面の1つについての対照的なこの沈黙に内在する歪曲は、ペタン体制が行なったことへの暗黙の賛同として理解されうる。かかる歪曲は、条約17条の意味における、条約において『承認された権利自由の破壊を目的とする活動若しくは……行為』を構成し、それゆえ申立人らによる条約10条の援用を妨げるとするには、あまりに間接的もしくは迂遠であるがゆえに不十分であるとしても、17条の根底にある原則は、評価の余地の現になされた行使および規制の必要性の存在について判断するために正当に考慮することができる一要素である。この原則は、条約によって承認された価値にとって危険な価値の促進を断固として阻止することに存する。意見広告の文面に与えられるべき効果に関して1990年1月26日のパリ控訴院判決の到達した結論を考慮し、ならびに、フランス当局が、歴史的および今日的文脈に精通したうえで、人種差別主義、とりわけ反ユダヤ主義が許されてはならないことを示すために正当に持ちうる関心にかんがみて、われわれは、評価の余地に逸脱があったと考えてはならないし、民主主義社会における必要性の基準は本件において満たされていると考える。」(Foighel, Loizou および Freeland 共同反対意見 §6)

　(10)　P. Rolland, Recueil Dalloz, *op.cit.*, p. 226（基本的に本判決を、判決の理由付けは慎重なものであり、「原則的判決ではないけれども、原則なき判決ではない。なぜなら、要するに、本判決は従来の安定した判例の延長上に位置するからである。」と評価する）. G. Cohen-Jonathan, *op. cit.*, p. 381, Hugues Moutouh, "Le droit de défendre la mémoire d'un chef d'État", *JCP*, La semaine juridique Edition Générale, J. II, 10119, NO 26-30 juin 1999, p. 1249.

　(11)　他に評釈として、E. Decaux, "Apologie de crimes de guerre ou de collaboration", J.D.I, 1999, pp. 266-268.

　(12)　P. Rolland, Recueil Dalloz, *op.cit.*, p. 228.

　(13)　G. Cohen-Jonathan, *op.cit.*, pp. 366-367.

　(14)　*Ibid.*, p. 370.

69 政治活動の自由
憲法敵対的政党のための政治活動を理由とする公務員の懲戒免職処分と表現の自由
――フォークト判決――

岡田　俊幸

Vogt v. Germany
26 September 1995, Series A no. 323（大法廷）

【事　実】

　申立人 Dorothea Vogt（フォークト）は、1949年生まれのドイツ人女性であり、大学在学中にドイツ共産党（Deutsche Kommunistische Partei〔以下DKPと略称する〕）の党員となった。申立人は、第二次国家試験合格後、1977年8月1日にニーダーザクセン州のギムナジウムの教諭に試用官吏として採用され、1979年2月1日に終身官吏に任命された。申立人は、ドイツ語とフランス語の授業を担当し、1981年に作成された勤務評定書には、その能力と仕事は完全に満足のいくものであると記述されるとともに、生徒・親からも同僚の教諭からも大いに尊敬されていることが付記されていた。

　申立人は、1980年秋以降、DKPの様々な政治活動に関与するようになり、1982年にはニーダーザクセン州の州議会選挙に立候補した。1982年6月13日、申立人がニーダーザクセン州官吏法61条2項に基づき官吏として負うべき政治的忠誠義務を果たしていないことを理由として、申立人に対する懲戒手続が開始された。懲戒手続に関連して作成された告知書（1983年11月22日作成、1986年2月5日および1986年6月23日に補充）において、官吏としての地位と両立し得ない申立人の政治活動が挙げられていた。これによると、申立人は、1983年以降、ブレーメン・北ニーダーザクセン地区幹部会の一員であった。また、ヴィルヘルムハーフェン／フリースラント支部長として1984年の党大会に出席し、演説を行い、それ以降も支部長を務めていた。1986年の州議会選挙においてもDKPの候補者となった。ヴェーザー／エムス地区行政は、1986年8月12日、申立人に対して暫定的な停職処分を行った（俸給の60％を支給）。

　オルデンブルク行政裁判所懲戒部は、1987年10月15日の判決によって、官吏の政治的忠誠義務に違反することを理由に懲戒処分として免職を命じるとともに、申立人に6カ月間恩給額の75％を支給することを命じた。申立人は、ニーダーザクセン州懲戒裁判所に控訴したが、同裁判所は1989年10月31日にこれを棄却した。1989年12月22日に申立人は連邦憲法裁判所に憲法異議の訴えを提起したが、連邦憲法裁判所は1990年8月7日に部会決定で勝訴の見込みがないとしてこれを却下した。

　申立人は、1991年2月13日にヨーロッパ人権委員会に申立を行った。人権委員会は、申立を受理し、1993年11月30日に、申立人に対する免職処分はヨーロッパ人権条約10条および11条に違反すると判断した。人権委員会は1994年3月11日に、ドイツ政府は1994年3月29日に本件をヨーロッパ人権裁判所に付託した。

　なお、申立人は、1987年から1991年まで劇作家および演劇教師として働いていたが、1991年2月1日にニーダーザクセン州学校局によって教員として改めて採用された。

【判　旨】

(1)　10条違反

(a)　介入の有無

「当裁判所は、公務員に採用される権利は意図的に条約から除外されたことを再確認する。その帰結

として、ある人を公務員に任命することの拒否は、それ自体としては条約に基づく異議申立の根拠とはなり得ない。しかしながら、このことは、公務員に任命された人が、免職が条約に基づくその人の権利の一つを侵害している場合に、免職に対して異議を申し立てることはできないことを意味するものではない。公務員は、条約の適用範囲から排除されない。1条および14条において条約は、締結国の『管轄内にあるすべての者』は第1節に含まれる権利と自由を『いかなる理由による差別もなしに』享受しなければならないと規定している。さらに、『国の軍隊、警察または行政機関の構成員』による集会および結社の自由の行使に特別な制約を課すことを国に許容した11条2項の末尾は、条約における保障は一般的ルールとして公務員にも及ぶことを確認している。したがって、Vogtがギムナジウム教諭に任命されたときに得た終身官吏の地位は、同人から10条の保護を奪うものではない。」(§43)

申立人は、「基本法の意味における自由で民主的な基本秩序を支持するという、あらゆる官吏に課された義務を果たしていないことを理由に懲戒処分として1986年8月に停職を命ぜられ、1987年に免職を命ぜられた。当局の見解によると、Vogtは、DKPのために行った活動によって、さらに、この政党から距離を置くことを拒否したことによって、上述した秩序を害する見解を表明している。このことから、条約10条の保護する権利の行使に対する介入が実際上存在することが帰結される。」(§44)

(b) 介入の正当化

「このような介入は、それが『法律によって規定されている』もので、2項で定義された正当な目的の一つまたは複数を追求し、かつこれらの目的を達成するために『民主的社会において必要』であった場合を除いて、10条違反である。」(§45)

(i) 「法律によって規定されている」介入であること

「本件において連邦憲法裁判所および連邦行政裁判所は、連邦法の関連規定およびニーダーザクセン州官吏法61条2項を含む州の立法によってすべての官吏に課されている政治的忠誠義務を明確に定義している。両裁判所は、とりわけ、DKPのような憲法敵対的目標を有する政党のために公務員によってなされるいかなる積極的コミットメントもこの義務と両立し得ないと判示していた。……Vogtはこの判例法を承知していたはずである。」したがって、この介入は「法律によって規定されている」ものであった (§48)。

(ii) 「正当な目的」を追求するものであること

官吏が憲法と民主主義の保証人であるという観念は、ドイツにおいて特別の重要性を有する。何故なら、ヴァイマル共和国におけるこの国の経験が、ナチズムの悪夢の後に連邦共和国が建設されたときに、「自己防衛のできる民主主義 (wehrhafte Demokratie)」の原則に基づく憲法の制定をもたらしたからである。申立人の免職は10条2項の意味における正当な目的を追求していた (§51)。

(iii) 「民主的社会において必要」な介入であること

本件における当裁判所の任務は、申立人の免職が「急迫する社会的必要性」に合致しているか否か、および「これによって追求する目的と釣り合い」がとれているか否かを確認することである。この目的のために当裁判所は、当時ドイツに存在した状況に照らして本件の状況を審査する (§57)。

「当裁判所は、民主的国家はその官吏に国家の基盤となっている憲法原則への忠誠を要求する権利を有するという前提から出発する。この関連において当裁判所は、ヴァイマル共和国の下およびこの政体の崩壊後から1949年の基本法可決までの苦い時期の間のドイツの経験を考慮する。」ドイツは、新たな国家を「自己防衛のできる民主主義」の思想に基づいて建設することによって、この経験を繰り返すことを避けようとしたのである。この時代の政治的コンテクストにおけるドイツの位置も無視できない。これらの状況がこの基本観念およびこれに対応する官吏の政治的忠誠義務に特別の重要性を与える。「とはいえ、ドイツの裁判所の解釈するこの義務の

厳格性は際立っている。この厳格性は、あらゆる公務員にその職務や地位と無関係に等しく要求される。……それは公務と私生活の間の区別を許すものではなく、この義務は、常にあらゆるコンテクストで課せられるものである。」加えて、ヨーロッパ評議会の加盟国で同程度に厳格な忠誠義務を要求している国はないように見えるし、ドイツ国内においてもこの義務は統一的に解釈・適用されているわけではなく、相当数の州は、本件のような活動がこの義務に合致しないとは考えていない（§59）。

しかしながら、当裁判所はこのシステムそのものの評価を求められているわけではない。したがって当裁判所は、もっぱら申立人の免職のみを扱う。

まず、義務違反を理由とする懲戒処分としてのギムナジウム教師の免職は非常に厳しい措置である。それは、以下の理由による。第一に、この種の措置は利害関係人の評判に影響を及ぼす。第二に、このような仕方で免職された教師はその生活費を、少なくとも主要な部分において失う。最後に、ドイツでは公務員以外の教員ポストは非常に限られているので、免職された教師が他の教員ポストを見つけることはほとんど不可能である。

第二の視点は、申立人がギムナジウムのドイツ語とフランス語の教員という、何の安全リスクも本来的に含んでいないポストを有しているという点である。「リスクは、申立人が、教員に課せられた特別の義務と責任に反して、自己の生徒を授業時間中に教化し、または他の方法で自己の生徒に不適切な影響を及ぼすためにその立場を利用することができたという可能性に存した。しかしながら、この見地から申立人に対していかなる批判もなされていない。」「教師は、その生徒にとっては権威ある人物であるので、教員の特別の義務と責任はある程度は校外での活動にも適用される。しかしながら、Vogt自身が、学校における勤務外においてであっても、現実に憲法敵対的発言をしたり、あるいは個人として憲法敵対的態度をとったことは立証されていない。」

最後に、DKPは連邦憲法裁判所によって禁止されていなかったこと、その帰結としてDKPのための申立人の活動は完全に合法であったことを考慮しなければならない（§60）。

(iv) 結 論

政府が申立人の表現の自由への介入を正当化するために持ち出した根拠は、たしかに関連性はあるが、申立人の免職が民主的社会において必要であることを説得的に論証するのには十分ではない。したがって10条違反が存在する（§61）。(10対9)

(2) 11条違反

(a) 介入の有無

「10条によって保障された個人の意見の保護は、11条に謳われている集会および結社の自由の目的の一つである。」(§64)

申立人は官吏としての職務から免職されたが、それは、DKPの党員であることは自己の忠誠義務と両立し得ないものではないとしてDKPから距離をとることをあくまでも拒否したためである。したがって、11条1項によって保護された権利の行使に対する介入が存在する（§65）。

(b) 介入の正当化

「国の行政機関」の概念は、関係する官吏の担当する職務に照らして厳格に解釈されなければならない（§67）。かりに11条2項の目的のために教員を「国の行政機関」の一部とみなしたとしても、10条に関連して挙げられた理由に基づく申立人の免職は、これによって追求する正当な目的と釣り合っていない。したがって11条違反が存在する（§68）。(10対9)

(3) 50条の適用

損害賠償および費用補償の問題を決定する準備が整っていない（§74）。(17対2)

判決には、8名の裁判官の反対意見、これに対する1名の裁判官の補足意見、1名の裁判官の反対意見および1名の裁判官の声明が付されている。

【解 説】

(1) 本判決は、申立人の懲戒免職処分の条約10条および11条違反を、他の判例と同様に、①権利

への介入の有無および②介入の正当化という手順で検討している。まずは、ヨーロッパ人権条約の解釈という観点から本判決の位置付けを確認する。

10条違反に関する説示から見てみると、まず、権利への介入の有無に関する判旨については、Glasenapp v. Germany, 28 August 1986 と Kosiek v. Germany, 28 August 1986 の両判決と本判決との関係が問題となるが、この点は後述する。つぎに、介入の正当化に関する判旨について以下の三点を指摘しておきたい。第一に、人権裁判所は、介入が「法律によって規定されている」ことという要件を、①形式的な法的根拠のみならず、②法の明確性と③法へのアクセス可能性も必要であると解釈している[1]。本件で人権裁判所が、とりわけ、ニーダーザクセン州官吏法61条2項が明確性の要件を充たしているか否かを検討している（【判旨】(1)(b)(i)）のは、こうした解釈を前提とする。第二に、「正当な目的」の要件に関して、人権裁判所は、「自己防衛のできる民主主義」の原理を正当な目的と認めた（【判旨】(1)(b)(ii)）が、2項に列挙されている諸目的のいずれに該当するのかは特定しなかった点[2]に注意しておく必要がある（なお、この点について、ドイツ政府は、国の安全、無秩序の防止および他人の権利の保護を主張していた）。第三に、介入が「民主的社会において必要」なものであるという要件について、人権裁判所は、「10条に関する同裁判所の判決において確定された基本原則」を確認し（§52）、公務員が表現の自由を行使するに際しては10条2項で言及されている「義務と責任」が特別の重要性を有することを理由に、各国の官庁は介入と追求される目的との比例性の評価に際して「一定の評価の余地」を有することを指摘した（§53）上で、この基本原則を本件に適用している。結論として、人権裁判所は、諸般の事情を考慮し、とくに教員としての行動はまったく批判されていないこととDKPは禁止されていないことを重視して、DKPのための政治活動を理由とする教員の懲戒免職処分が比例原則に反すると判断した（【判旨】(1)(b)(iii)）。本判決には、人権裁判所による「必要性」の審査のあり方に関する一般論について特段目新しい部分はなく、むしろ、本判決の意義は、人権裁判所が個別の事件において権利への介入を比例原則違反と判断した点にあると言えよう[3]。

11条違反に関する説示については、以下の点を指摘しておく。11条2項2文は、「国の軍隊、警察または行政機関の構成員」による集会および結社の自由の行使に対して合法的な制限を課すことを許容している。官吏である教員が11条2項2文の特別の制限に服するか否かについては、本判決は判断しなかった（【判旨】(2)(b)）[4]。

（2） つぎに本判決がドイツにとって有する意義を検討する。本判決は、ドイツにおいて現在まで激しく議論され続けている「就業禁止」と称されるテーマ[5]にかかわるものである。このテーマの下に議論される論点は多岐にわたるが、議論の中心となっているのは、①行政機関によって憲法敵対的と認定されたが、連邦憲法裁判所によっては違憲と判断されていない政党の構成員であることは官吏の不適格性を根拠付けるのか、②すべての官吏に同一の基準が適用されるのか、それとも職務に応じた区別をすることができるのか、という二つの論点である。この論点について、連邦憲法裁判所は、1975年5月22日の決定[6]において、①については、憲法敵対的目標を追求する政党への加入または所属は、その政党の違憲性が連邦憲法裁判所の判決によって確認されているか否かにかかわりなく、官吏志願者の人格評価にとって重要となり得る態度の一部であり得る、②については、自由で民主的な基本秩序に反する活動を行ったり、ドイツの存立または安全を侵害する企図に関与している官吏は、職務遂行の仕方の点で危険であるだけでなく、その周囲、同僚、部局、官庁に憲法敵対的な政治信条にしたがって影響を与え得るという点からも危険であるから、官吏の忠誠義務は官吏の職務の種類に応じた区別には馴染まない、という見解を示した。

本判決は、申立人の具体的な勤務態度を重視し、DKPが連邦憲法裁判所によって禁止されていない

点を考慮しているのであるから、基本的な発想において連邦憲法裁判所の 1975 年決定と対立するものである。したがって、本判決に対する学説の反応は、連邦憲法裁判所の 1975 年決定に対する賛否によって異なることになる。一方で、ドイツは、連邦憲法裁判所によって確認された実務をさしあたり維持し、人権裁判所の判例変更をもたらすように努めるのが適切であるとする見解がある[7]。他方、多くの学説は、連邦憲法裁判所の 1975 年決定に批判的であって、自説を補強するために本判決を引用している[8]。例えば、トゥルーテ (Hans-Heinrich Trute)[9] は、憲法忠誠義務を「憲法への拘束」の観点から狭く理解し、「職務上の任務を憲法の諸原則に従って遂行する、とくに市民の自由権を擁護し法治国家の諸規則を遵守する用意と能力」と定式化した上で、この定式は、職務に関連した具体的な義務の分化や具体化を妨げるものはなく、また、採用官庁の予測的判断に対する要求を段階付けることも可能だと説く。この意味での適性判断は、職務および人物と関連付けられるものであって、「個別事例に関連した決定」を求める。また、関連するあらゆる状況の判断が要求されるのであるから、「憲法敵対的」政党に所属しているという事実は、それ自体としては、否定的な適性判断を根拠付けるものではない。そしてトゥルーテは、「ここで示した狭義説は Vogt 事件におけるヨーロッパ人権裁判所の諸原則と一致する」と主張する。何故なら、「特別の歴史的状況がなくなった後でも上述の意味における憲法忠誠 (Verfassungsloyalität) への義務付けは正当な目的であり、かつ憲法敵対的と認定された政党への所属をこえた個別事例連関性 (Einzelfallbezug) は、きめ細かな考慮と相当性の判断に十分な余地を与えるからである」[10]。また、イプセン (Jörn Ipsen) は、「憲法敵対的」政党への所属を志願者の憲法忠誠審査の際に考慮することを許容する連邦憲法裁判所の見解に対して、行政機関に政党の憲法敵対性の判断を委ね、その結果、行政機関が政党禁止 (基本法 21 条 2 項) を求める必要がなくなるという効果を生むと批判し、この効果を避けようとすれば、連邦憲法裁判所によって禁止されていない政党への所属はそれだけでは採用拒否理由として十分ではないと解することになると述べた後、自説を補強するものとして本判決を引用している[11]。

(3) もっとも、本判決は、公務就任の問題について 10 条は判断基準にならないという従来の見解を維持しており (【判旨】(1)(a))、ドイツの実務に対して有する影響力を自ら慎重に限定していることに注意しなければならない。この点は、Glasenapp 事件および Kosiek 事件の両判決と本判決との関係とかかわる。本判決によれば、Glasenapp 事件および Kosiek 事件は、申立人が必要な適性を有していないという理由で申立人に公務就任を認めることを官庁が拒否した事案と解され、両事件では公務就任が訴訟の中心的問題であったから、10 条で保障された権利に対する介入は存しないと判断されたのに対して、本件の申立人はすでに「終身官吏」であり、官吏の義務違反を理由とする懲戒処分が問題となっているので、10 条の権利の行使に対する介入が存在する。このように公務員の採用については 10 条の権利を基準として判断されないとすれば、本判決の射程範囲は限定されたものとなる。それ故、公務就任に際しての憲法忠誠審査の行政実務は「何らの国際法上の再査定」に服していないとも評されている[12]。

これに対して、Jambrek 裁判官は、反対意見において、本判決によって従来の判例、とりわけ Kosiek 事件判決が変更されたとする見解を述べている。同裁判官は、Glasenapp 事件および Kosiek 事件においても申立人は 10 条の権利を行使しており、この権利への介入は存在すると主張している。このように本判決を「従前の判例からの密かな離脱」と解することができるならば、本判決で示された諸基準は、憲法忠誠の諸基準の適用全体に影響を与えるものということになろう[13]。

(1) Vgl. dazu *Jens Meyer-Ladewig*, Handkommentar-

EMRK (2003), Art. 8, Rdn. 38

(2) *Jochen Abr. Frowein*, in: Frowein/Peukert, EMRK-Kommentar, 2. Aufl., 1996, Vorbemerkung zu Art. 8-11 Rn. 13.

(3) 本判決を含めて人権裁判所が「必要性」の統制基準として比例原則を用いている点は、ドイツ人研究者の特に注目するところである。例えば、*Frowein*（Fn. 2), Rn. 17 は、「厳格な比例性統制の導入によって委員会および裁判所は、適切にも、2項における必要性の概念から、とくにドイツの判例がもともとは警察法に対して、第二次世界大戦後は基本権制限一般に対して展開した意味を導出している。欧州共同体の裁判所も同様に比例原則を共同体の諸自由に対する介入に対して適法性基準として使用しているので、従来この原理をこの形態では知らなかったヨーロッパの法秩序が、この間に比例原則の国内における使用も促していることをはっきりと認識できる。」と指摘する。

(4) *Christoph Grabenwarter*, Europäische Menschenrechtskonvention, 2003, S. 313.

(5) このテーマについては、水島朝穂「西ドイツにおける『就業禁止』問題と『政党特権』」法の科学7号（1979年）205頁以下、石村修『憲法の保障』（尚学社、1987年）第4章および第7章、山岸喜久治『ドイツの憲法忠誠』（信山社、1998年）第4章によってすでに詳しく紹介されている。これらの文献は、このテーマがもっとも激しく議論された70年代の判例・学説を主として対象としている。このテーマは、90年代以降も、ドイツ統一による旧東ドイツの公務員の移行の問題や宗教的セクトの構成員の適性の問題という新たな課題に直面して、新たな角度から様々に議論され続けている。本判決からこれらの新たな課題に対する示唆を読み取ろうとする学説も存在する（注(8)参照）。

(6) BVerfGE 39, 334. この決定の解説として、石村修「公務員と憲法忠誠——過激派決定」ドイツ憲法判例研究会編『ドイツの憲法判例（第2版）』（信山社、2003年）471頁以下。

(7) *Ulrich Häde/Monika Jachmann*, Mitglieder extremistischer Parteien im Staatsdienst, ZBR 1997, S. 8 ff., 13. その論拠として、①人権裁判所によるヨーロッパ人権条約の解釈にドイツの官庁および裁判所は直接的に拘束されないこと、②同条約に照らした連邦法の国際法友好的解釈の枠組みにおける人権裁判所の判例の援用は事実上の拘束力を越えた意味をもつが、同条約の解釈への拘束は、少なくとも部分的には、人権裁判所が将来の類似の事案において条約違反と判断する蓋然性にも依拠するのであるから、確立した判例のみが強い拘束力を有するところ、本判決が9対8というまさにすれすれの過半数によって条約違反を認定したことは判決の説得力を弱めるものであること、が挙げられている。

(8) *Gertrude Lübbe-Wolff*, in: Dreier, Grundgesetz-Kommentar, Bd. 2, 1998, Art, 33 Rn. 43; *Philip Kunig*, in: von Münch/Kunig, GGK, Bd. 2, 5. Aufl. 2001, Art. 33 Rn. 34; *Ulrich Battis*, in: Sachs, Grundgesetz, 3. Aufl. 2002, Art. 33 Rn. 32ff. バティス（Ulrich Battis）は、バイエルン州政府が政治的忠誠義務の実務に準拠して宗教的セクトであるScientology Churchの構成員が不適格であることを原則としたことについて、本判決に照らしても「極めて疑問であるように思われる」と批判している（Rn. 35）。なお、本判決の評釈である *Herwig Roggemann*, Europäische Grenzen für den deutschen Staatsschutz? NJ 1996, S. 338ff. は、本判決から旧DDRの諸州における行政・司法部門の人的再編問題に対する示唆を読み取る。本判決は、ドイツの行政機関および裁判所に対して、個別の人物の具体的な態度、発言および職務内外の行動や、この者が公務および政治体制において行使した職務に関連したきめ細かな考察・判断方法を要求しており、抽象的に一般化された忠誠要求およびそこから導出される一般的無価値判断（DDRは「不法国家」である）や、政治的適性と個人の職業的適性を画一的に同視する一般的排除事由はもはや維持できないと指摘している（S. 341）。

(9) *Hans-Heinrich Trute*, in Denninger u. a., AK-GG, 3. Aufl. 2001, Art. 33 Abs. 1-3, Rn. 55 ff.

(10) なお、トゥルーテの見解とは異なり、*Ingo Richter/Gunnar Folke Schuppert/Christian Bumke*, Casebook Verfassungsrecht, 4. Aufl. 2001, S. 377は、公務員の政治的忠誠義務の必要性についての連邦憲法裁判所の判例が説得的かどうかについて答えることは容易ではないが、政治的基本秩序を擁護する官吏の心構えを法的命令および審査手続を使って惹起しかつ確保することができるのかは疑わしいと指摘し、「それにもかかわらず」本判決は忠誠義務を10条および11条の権利に対する重大な介入を正当化し得る正当な目的と認めたと批判する。

(11) *Jörn Ipsen*, Staatsrecht I, 16. Aufl. 2004, S. 293 (Rn. 1038).

(12) *Wolfram Höfling*, in: Dolzer/Vogel, BK(Lfg. August 1998), Art. 33 Abs. 1-3 Rn. 142.

(13) *Trute* (Fn.(9)), Rn. 65.

70 集会の自由
激越な言辞を伴ったデモ行進に参加した弁護士に対する懲戒処分と集会の自由
──エズラン判決──

山元 一

Ezelin v. France
26 April 1991, Series A no. 202

【事　実】

申立人 Roland Ezelin は、西インド諸島に位置するフランス領グアドループ海外県の首都バステールの住民であり、同県弁護士会に所属して弁護士業を営んでいた。司法裁判所は、3名の独立派運動家に対して建物損壊についての有罪判決を下した。1983年2月12日バステールで、グアドループ独立派運動団体および労働組合は、この判決に抗議する示威行動（デモ行進）を組織した。その当時、申立人はグアドループ弁護士労働組合の副委員長であったが、横断幕を掲げてこのデモ行進に参加した。デモ参加者によって警察その他に対する侮蔑的言辞が発せられ、司法関係者等に対する侮辱的な落書が裁判所建物等になされた。申立人は、本件示威行動に関して証人として予審判事の尋問を受けたが回答しなかった。

検事長（procureur général）は、申立人は本件示威行動の目的を知悉しており、参加者から発せられた激越な言辞は申立人にとって予期しえるものであり、また、事情聴取に対する回答を拒絶したことは司法に対する侮蔑の念を示している、と主張した。

1983年6月1日、検事長は、1972年6月9日のデクレ113条に基づいて、弁護士会長に対して本件示威行動への参加とそれについての尋問の回答拒否による司法と司法制度に対する侮辱を理由として、申立人に対する懲戒手続を請求した。同年7月25日、管轄権を有するグアドループ弁護士会評議会はこの主張を退けた。同年12月12日、バステール控訴院は、検事長の申立てを認容して同評議会の決定を取消して、申立人を業務停止を伴わない譴責処分に付した。申立人の上告を受けた破毀院は、1985年6月19日その主張を退けた。

同年10月16日、申立人は、ヨーロッパ人権条約25条に基づき、本件懲戒処分が表現の自由（10条）と平和的な集会の自由（11条）を侵害するものであるとして2万5千フランの精神的損害の賠償請求とともに、ヨーロッパ人権委員会に申立を行った。1989年12月14日、委員会は、本件処分の10条違反（全員一致）および11条違反（15対6）を認定した。1990年4月6日、委員会は、本件処分が条約10条および11条に違反したかどうかをヨーロッパ人権裁判所に付託した。

【判　旨】

本件処分は、条約11条に違反する（6対3）。但し、申立人に対する条約違反の懲戒処分による精神的損害に対する救済は本判決を下すことで十分であって、それ以上に金銭賠償や謝罪広告を行う必要はない。フランスは、4万フランの関係費用を負担しなければならない（全員一致）。なお、本判決には、3つの反対意見と1つの補足意見が付されている。

(1) 10条違反の認定について

条約10条「表現の自由」と11条「集会および結社の自由」の関係は、一般法と特別法の関係に立つ。したがって、この二つの規定を分離して理解してはならない。11条が平和的な集会の自由を保障しているのは、10条によって保障される個人的意見を保護するためである（§37）。

(2) 11条違反の認定について

(a) 事後的な懲戒処分と集会の自由

たとえ事後的な制裁であっても、条約10条2項および11条2項にいう表現の自由に対する「制約」となる（§39）。本件示威行為は、事前の届出が行わ

れたものであり、当局によって禁止された示威行動ではなかった（§40）。さらに、調書によれば、申立人自身が本件示威行動中に違法行為を行ったわけではなかったのであるから、申立人は平和的な集会の自由によって保護される行為を行ったといいうる。にもかかわらず、懲戒処分を行ったことは、申立人の平和的な集会の自由を侵害した（§41）。

(b) 本件処分と集会の自由

本件処分が、11条違反であったかどうかを判断するためには、(i)本件処分が法律（law / loi）によって規定されたものであるかどうか、(ii)同条2項に照らして正当な目的に基づくものか、(iii)民主的社会において必要なものであったか、の三点について検討しなければならない（§42）。

まず、(i)については、1972年6月9日のデクレ106条が、明確にすべての弁護士は職務外であっても特別な義務を負うと規定しているので、法律によって規定されたものということができる（§45）。

次に、(ii)については、申立人が本件示威行為から離脱しなかったという事実に基づいて、当局は申立人が弁護士の資格において違法行為に対する支持を与えていたと判断したのであるから、本件処分の目的は、「秩序の維持」という正当なものであった、といいうる（§47）。

そして、(iii)については、人権委員会は、申立人の行動が与える印象に基づいて懲戒処分を行うことは、「やむにやまれぬ社会的必要（pressing social need / besoin social impérieux）」という厳格な要求と両立しないと考えた（§50）のであるが、比例原則は、「条約11条2項に列挙された目的の要請」と、「路上ないし他の公的場所で集合した人々の言語・ジェスチャー、あるいは沈黙によってさえなされる自由な表現の要請」の間の均衡を求めている。両者の正当な均衡を検討すると、「本案の事例の下では、弁護士に対して懲戒処分に対する恐怖から自らの信念を明らかにすることを思い止まらせてはならない」、という判断が導き出される（§52）。

本件処分は、1972年6月9日のデクレ107条に基づく――業務停止や弁護士会への出席などに関して実質的な不利益を伴わない――最も軽微な処分

であった。しかしながら、合法的な集会への参加の自由は重要な権利であり、申立人はなんらの禁止されるべき行為を行ったわけではないのであるから、たとえ申立人が弁護士であるからといって懲戒処分を下すのは、民主的社会において必要な限度を超えており11条に違反する（§53）。

【解　説】

(1) ヨーロッパ人権裁判所の判例における本判決の位置づけ

条約11条は平和的な集会の自由と結社の自由を保障しているが、本判決の最も大きな意義は、本判決ではじめてヨーロッパ人権裁判所が、それぞれ別の条文が用意されている表現の自由（10条）と平和的な集会の自由の関係を一般法と特別法の関係として理解して、両者を一体的に解釈するべきことをうちだしたことにある（§37）。本判決は、表現の自由を「民主的社会の本質的基礎のうちの一つ、その進歩のための最重要の条件の一つ」[1]として捉えてきたヨーロッパ人権裁判所の従来からの考え方を踏襲しながら、Plattform 'Ärzte für Das Leben' v. Austria 判決（21, July 1988）にひき続いて、平和的な集会に参加する自由の射程を拡大するとともに、人権裁判所によって行われる比例原則の統制を強化した。具体的には、本判決は、たとえ示威行動に参加した者の中から違法な行為を行う者が出現したとしても、そのような事実から、そのような行為に加担しなかった他の参加者の平和的な集会に参加する権利は侵害されないことを明らかにした。なお、職業的倫理の保持について国家の評価の余地を広く認めるか否かについて、法廷意見と Ryssdal、Matscher、Pettiti らの反対意見は対立した。

ここで、本判決を含めたヨーロッパ人権裁判所における平和的集会の自由の保障の枠組みを述べると、次のように整理することができる。

①本条にいう平和的な集会には静態的な集会だけでなく行進や行列も含まれるが、少なくとも参加者の間に共通の目的が存在しなければならない。

②本判決が暗黙の前提としているように、集会や

集団的示威行動に関して、事前的許可制度や届出制度を設けること自体は平和的な集会の自由に違反しない。不法滞在者による集会だからといって、直ちに11条の保護の射程の外に立つわけではない（Cisse v. France, 9 April 2002）。
　③11条の保護を受けるためには、平和的な集会ないし示威行動でなければならない。すなわち、平和的な集会ないし示威行動である限りは完全な保護を受けるが、「暴力、反乱および他のあらゆる形態における民主主義的諸原則の拒否の呼びかけが存在する場合には、それらは、規制を正当化する事由となりうる（Stankov & the United Macedonian Organisation Ilinden v. Bulgaria, 2 October 2001）。
　④当局は、平和的な集会ないし示威行動に対して敵対する者が存在するからという理由で、それを規制してはならない。国は、平和的な集会や示威行動の自由を消極的に容認するだけでは十分ではなく、適法な集会や示威行動が平穏裡に行われるように、必要であれば私人間の関係に介入することによって積極的な配慮を行わなければならない。但し、手段の選択について国家の広範な評価の余地が認められ、配慮の結果に関して常に示威運動を可能にする義務を負っているわけではない（Plattform 'Ärzte für Das Leben' v. Austria 判決）。
　⑤集会の自由の規制に関して国家の評価の余地の議論は認められるとしても、少数者の権利を保障するためには、示威行動の主張内容が国家的シンボルや国家的アイデンティティに関係するからといって評価の余地が増大すると考えてはならない（前出 Stankov et al. v. Bulgaria）。
　このようにしてみてくると、ヨーロッパ人権裁判所判例における平和的な集会の自由論の特色は、平和的な集会／暴力的な集会峻別論に立って後者を法的保護から切り離すとともに、〈権利の実効性の保障〉という強い関心[2]に裏打ちされて、前者に該当する集会に関しては、集会の自由の実質的保障の重要性にかんがみて、かなり積極的な国家の配慮を要求していることにあるといえよう。その反面、国家の積極的義務の範囲確定の難しさという問題を抱え

込むことになったことも否定できない。
(2) 司法機関の尊重と表現の自由
　本件に固有の事案としての特徴は、平和的な集会の自由ないし示威行動の自由一般が問題となっただけはなく、裁判の運営に職業的に参加する弁護士の表現活動の限界が問題となったことにある。興味深いことに、本判決は、一方で、条約10条と11条の一体性を強調しているが、表現の自由に対する制約事由として、「司法機関の権威及び公平さを維持するため民主的社会において必要なものを課すことができる」、として、司法機関の尊重を求める条約10条2項の射程を制約したのであった（11条にはかかる規定は存在していない）。この点、ヨーロッパ人権裁判所は、ここにいう「権威」が、裁判所が法的権利義務を評価し紛争について判断するのにふさわしい機関であると人々が考えていることと結びついている、としている[3]。
　本判決以後、ヨーロッパ人権裁判所において、特に弁護士の表現の自由が問題となった事例としては、①Schöpfer v. Switzerland（20, May, 1998）〔弁護士が、依頼人の一人の勾留に関して記者会見で県当局に批判的意見を発表したため弁護士会によって懲戒処分（罰金）を受けたケース。裁判の良き運営と弁護士職の尊厳の要請を根拠に条約違反を認定しなかった〕、②Nikula v. Finland（21, March, 2002）〔弁護士が検事を批判して名誉毀損に基づく損害賠償が請求されたケース。依頼人を弁護しようとする弁護士に対する萎縮的効果を考慮して条約違反を認定した〕の二つが重要である。
(3) フランス法における集会の自由とヨーロッパ人権裁判所
　集会の自由に対しては、国際的・地域的保障においては、ヨーロッパ人権条約11条のほか、国際人権規約自由権規約21条によって保障が及ぼされている。これに対して、フランスの国内法における集会の自由の保障は、第三共和制に入って他の重要な自由主義的法律が制定されたのと同じ時期に実現された。1881年6月30日の法律（集会の自由の法律）がそれである。この法律によって、公的集会が自由であることが宣言されて許可制が廃され、事前届出制が導入された。行動における示威行動は本法に

よって保障されなかった。それを保障するのは、1935年10月30日のデクレ・ロワ[4]である。1935年10月30日のデクレ・ロワは、公道における示威行動について、原則として届出を要求している。したがって、これらの自由は、憲法規範の保障の対象とはなっていない。

1935年のデクレ・ロワによる集団示威行動の法規制の問題点としては、本法が警察が公序に支障をきたすと判断した場合には禁止を命ずることができるとされており、この判断についての裁判所による事後的な審査が極めて緩やかになされていたことにある[5]。この点、1984年3月15日にヨーロッパ人権委員会が、集会の禁止に関してかなり事案に立ち入って詳細な判断を下していた[6]ことが注目に値する。1990年代に入ってフランス行政判例がこの分野について厳格な審査を行うに至った[7]のであるが、条約11条の存在、そしてヨーロッパ人権裁判所や人権委員会によるその解釈・適用が、フランスにおける集会の自由や示威行動の自由の保障の拡大と決して無縁だとはいえない、と思われる。

(4) 日本法との関連・日本法への示唆

平和的な集会の自由が、言論・出版活動とは異なる固有の特殊性を含みながらも、表現の自由の一形態として民主主義社会の中できわめて大きな意義を有することにかんがみて、憲法の強い保護が及ぼすべきことについては、学説も判例[8]も一致した見解を示しており、日本法の基本的な考え方は本判決と軌を一にしている。これに対して、日本法においては、本判決で問題となったような裁判機関や裁判官等に向けられた弁護士の表現活動に対する懲戒処分が問題となった事案は見当たらない。なお、裁判官の表現の自由が問題となった寺西事件最高裁決定[9]においても、裁判官に向けられた最も軽微な懲戒処分である戒告が、それ自体として表現の自由との関係で問題となりうることは当然の前提となっていた。

集会の自由にかかわる一般的法理に関しては、いわゆる「敵対的聴衆」にかかわる問題が重要であるが、上尾市福祉会館事件最高裁判決[10]は、「警察の警備等によってもなお混乱を防止することができないなど特別な事情がある場合」に限定される、とした。この判決は前出のPlattform 'Ärzte für Das Leben' 判決とひとまず共通の思考に立っているといえるが、人権裁判所の方は権利行使の実現のための国家の積極的義務を強く押し出している。行政当局は「敵対的聴衆」の存在を引き合いに出すことによって集会の規制を正当化しがちであるだけに、この論点にかかわるヨーロッパ人権裁判所判例の進展を注視し続けていく必要があろう。

(1) The Sunday Times v. UK.（本書 *62*）
(2) *Cf. e. g.* Airey v. Irland, 9 October, 1979, Series A no. 32.
(3) The Sunday Times v. UK.（本書 *62*）
(4) デクレ・ロワ（décret-loi）とは、第3共和制・第4共和制で用いられた、一定の条件の下で法律と同一の効力を有するとされた政府の発する委任立法という法形式である。
(5) CE Sect., 19 février 1954, Union des syndicats ouvriers de la région parisienne CGT, *Recueil des décisions du Conseil d'Etat*, 1954, p. 113.
(6) Commission, 15 March 1984, Association and H. v. Austria, DR 36/187.
(7) CE, 12 Novembre 1997, Ministre de l'Intérieur c/ Association «Communnauté tibétaine en France et ses amis, *RFDA*, 1998, p. 191.
(8) たとえば参照、成田新法事件最高裁判決（最判1992（H4）年7月1日民集46巻5号437頁）。
(9) 最決1998（H10）年12月1日民集52巻9号1761頁。
(10) 最判1996（H8）年3月15日民集50巻3号549頁。

[参考文献]
[1] CLIQUENNOIS, Martine (sous la dir.), *La Convention Européenne des Droits de l'Homme et le juge français* (L'Harmattan, 1997)
[2] COLLIARD, Claude-Albert, & LETTERON, Roseline, *Libertés publiques*, 8ᵉ éd. (Dalloz, 2005)
[3] PECH, Laurent, *La liberté d'expression et sa limitation* (Presses Universitaires de la Faculté de Droit de Clermont-Ferrand, 2003)
[4] SUDRE, Frédéric, MARGUÉNAUD, Jean-Pierre, ANDRIANTSIMBAZOVINA, Joël, GOUTTENOIRE, Adeline, LEVINET, Michel, *Les grands arrêts de la Cour européenne des Droits de l'Homme*, 2ᵉ éd. (PUF, 2004)

71 消極的結社の自由
発展的解釈による消極的結社の自由の保障
—— フラミ自動車協会強制加入事件判決 ——

西片　聡哉

Sigurður A. Sigurjónsson v. Iceland
30 June 1993, Series A no. 264

【事　実】

　申立人 S. A. Sigurjónsson（セグュルヨウンソン）は1984年10月に運転免許を取得したアイスランド人のタクシー運転手であり、フラミ（Frami）自動車協会の会員であった。しかし、免許を発行するタクシー監視委員会は申立人が85年8月から同協会の会費の支払を拒んでいたことから86年6月に免許を取り消し、運輸省も翌月このことを認めた。申立人は、同年9月に当該委員会と運輸省を相手取って免許取消の無効宣言を求める訴訟をレイキャビク民事裁判所に起こしたが、同裁判所は87年7月に申立人の訴えを斥けた。申立人は、アイスランド最高裁判所への上告においてアイスランド憲法73条によりフラミの会員にとどまること義務づけられないと主張したが、最高裁判所は、73条が団体を結成する権利のみを認めているとして上告を斥けた。他方、最高裁判所は組合加入を運転免許取得の条件とする83年規則が制定法上の根拠を欠くとして、申立人の免許の取消を無効にした。アイスランド国会は当該判決を受けて89年に公用自動車法（1989年法）を新たに制定し、同法により組合加入が免許取得の条件とされた。申立人は1989法施行後も信条的な理由などからフラミに加入せず、89年12月にヨーロッパ人権委員会（以下、委員会という）に申立を行った。

　申立人の主張によれば、レイキャビクおよび近郊のタクシー運転手が1989年法によりフラミ加入を義務づけられ、加入しなければ免許を取得できないことがヨーロッパ人権条約（以下、条約という）11条（結社の自由）または9条（思想、良心および宗教の自由）および13条（効果的な救済を受ける権利）に違反するとされた。委員会は91年7月に当該申立を受理し、さらに92年5月の報告書において条約11条違反を認定し（17対1）、そして同年7月に事件をヨーロッパ人権裁判所（以下、裁判所という）に付託した。

【判　旨】

(1) 条約11条違反の主張について

(a) 条約11条の保障する権利に対する介入の存在

　フラミは立法によりある程度定められ、会員だけでなく公衆に奉仕する一定の機能を果たした。しかしながら、関連規則の実施を監視する役割は一次的にタクシー監視員会に委ねられ、同委員会は免許を発行し、免許の停止や取消を決定する権限を持っていた。フラミは私法のもとで設立され、自らの目的、組織および手続を決定するにあたり十全な自律性を享受していた。設立法によれば、フラミの目的は以下のようなものであった。①「構成員の職業上の利益を保護し、タクシーの職業運転手の連帯を促進すること」②「構成員の労働時間、賃金および料金に関する要求を決定し、交渉し、ならびに提示すること」③「タクシー数の制約を維持するように努め、また公の当局に対して構成員を代表すること。」したがって、フラミはまずもって私法上の組織であり、条約11条の「結社」とみなされなければならない（§31）。フラミがさらに11条の労働組合とみなされうるかを決定する必要はない。なぜならば、同条における組合を組織し加入する権利は、別個の権利というよりはむしろ結社の自由についての広い権利の

一側面であるからである（§32）。

　結社の自由の一般的範囲について、裁判所は、クローズド・ショップ判決〔本書11〕において、条約の起草作業を考慮したけれども決定的に重視したわけではなかった。さらに、81年の事件では加入義務は使用者と組合の協定に基づいていたが、本件では法律により義務づけられている。このような加入義務は、大多数の締約国の法律には存在しない。それどころか、多くの国内システムは、消極的結社の自由（結社に参加しないまたは結社から脱退する自由）を保障する保護手段を有する（§35）。

　「この分野における共通の基盤は、国際的なレヴェルでもますます広まっている。」そのような例として、世界人権宣言20条2項、ヨーロッパ共同体による労働者の基本的社会権憲章11条2項、ヨーロッパ社会憲章の実行、さらにはILOの結社の自由委員会の実行などが挙げられる（§35）。

　「これとの関連で、条約は生きた文書であって、今日の条件に照らして解釈されなければならないことが想起されるべきである。」「よって、条約11条は、結社の消極的権利（a negative right of association）を包含するものと考えられなければならない。当裁判所は、本件においてこのような消極的権利が積極的権利と同等のものであるのか否かを決定する必要はない。」（§35）

　「本件の特定の事情に関して、申立人が1984年に免許を取得した際にフラミに加入する義務がすでに存在したとの被告国政府の主張は説得的ではない。」「実際は、1989年法が89年7月1日に施行されて初めて加入が求められることが明らかになったのである。」申立人はそれ以降フラミの一員としてとどまることを強制され、そこに残らなければ免許を再び失う危険を冒したであろう。「このような強制の形態は本件において条約11条の保障する権利の実質そのものを揺るがし、それ自体当該権利への介入となる。」（§36）

　さらに、申立人は、タクシー運転手の数ならびに本職業へのアクセスを制限しようとする政策に同意しなかったためにフラミの一員となることに反対した側面もあった。「したがって、当裁判所は、本件において条約11条が9条および10条の観点から検討されうると考える。個人の意見の保護はまた11条の保障する結社の自由の目的の一つなのである。申立人の意思に反してまでフラミにとどまることを強いるために圧力をかけたことは、まさに同条の本質に関わるさらなる要素であった（§37）。以上のことから、これらの措置は、結社の自由についての申立人の権利に対する介入となる（§38）。

(b)　介入が条約11条2項のもとで正当化されるか否か

　1989年法による加入の強制は、「法律によって定められ」、また、「他人の権利および自由」の保護という正当な目的を追求している（§39）。

　介入の必要性に関して、申立人は締約国の間でも稀な形態の強制を受け、このような強制は一見したところ条約11条と両立しないとみなされなければならない。「フラミは、会員の職業利益だけでなく公益に資する監視機能を有していた。」しかしながら、当裁判所は、強制加入がフラミの監視機能を果たすにあたり必要であったと確信を抱くわけではない。「第一に、関連規則の実施を監視する主要な責任は、タクシー監視委員会に存する。第二に、関連する職務に必要となりうる義務や責任を履行することを免許保持者に強いるために、フラミへの加入は考えられる唯一の方法では決してない。」最後に、フラミが申立人に加入を強制しなければ加入者の職業上の利益を保護できなくなる理由が他に存在することが立証されていない（§41）。

　以上のことに鑑みて、被告国政府が示す介入の正当化理由は、関連しているとみなされうるが、必要性を十分に立証しているわけではない。「とりわけ、アイスランドの評価の余地にもかかわらず、不服を申立てられた措置は追求される正当な目的と比例していたわけではなかった。」（§41）

(c)　結　　論

　したがって、条約11条違反が存在する（§41）（主

文 1、8 対 1)。

(2) 条約 9 条および 10 条違反の主張について

当裁判所は条約 11 条に関する審査で 9 条および 10 条を考慮したので、これらの規定の違反を別個に審査する必要はない (§43)(主文 2、全員一致)。

(3) 条約 13 条違反の主張について

申立人は裁判所において条約 13 条違反が存在しないとの委員会の結論を受諾すると述べたので、当裁判所は同条違反の有無を審査する必要はない (§§44-45)(主文 3、全員一致)。

(4) 条約 50 条の適用

申立人は公正な満足に関する条約 50 条 (現 41 条) のもとで、損害に対する補償は求めず、訴訟費用の返還を請求した (§46)。アイスランドは、14,863 仏フランを本判決が下された日の為替レートに基づきアイスランド・クラウンに換算して差し引いたうえで、申立人に対して訴訟費用として 2,134,401 アイスランド・クラウンを 3 カ月以内に支払わなければならない (主文 4、全員一致)。

【解 説】

(1) 判決の意義・特徴

本判決の主な意義は、結社に加入しないまたは結社から脱退する消極的権利が条約の発展的解釈により 11 条の結社の自由のもとで明示的に認められたことにある。条約を生きた文書として捉える発展的解釈は品位を傷つける取扱いなどの禁止 (3 条) や家族生活の尊重 (8 条) の保障の脈絡でもともと採用されてきたが (本書 **16** および **58**)、本件は同解釈が消極的結社の自由の承認に際しても拡大的に用いられた事例として位置づけられる。当該権利を条約で明示的に認める試みは起草過程で意図的に斥けられたが、裁判所はこのことを重視しなかった。裁判所は締約諸国の国内法、ヨーロッパ共同体およびヨーロッパ評議会の国際文書や実行、さらに普遍的な国際文書や国際機構の実行にも依拠しながら、消極的結社の自由を保障する共通の基盤が国内的にも国際的にも存在すると認定したのである。

個人に対する結社への加入強制はただちに条約に違反するわけではなく、結社の自由の実質そのものに関わる場合にまず当該自由への介入とみなされる。介入の有無については、個人の意思に反するか否かが重要な要素の一つとなると思われる。裁判所は、本件などの関連事例において、9 条や 10 条の保障する個人の意見の保障が結社の自由の目的の一つであると繰り返し指摘してきた。個人の意見の保障は、消極的結社の自由の承認の根拠の一つでもあろう。また、裁判所は、Sørensen and Rasmussen v. Denmark 判決 (2006 年) において、11 条では個人の選択の自由が内在しており、同条の解釈にあたり人格的自律 (personal autonomy, autonomie personnelle) が重要な原理であることを強調している[1]。

(2) 条約 11 条の「結社」の射程

条約 11 条の「結社」に公法上の職業規制団体が含まれないことは本件以前から裁判所により指摘されてきたが[2]、本判決は同条による保障が条約で明示された労働組合に限定されず、私法上の団体一般に及ぶことを示唆した。本判決では、フラミが公益に資する一定の機能を持つことが認められたが、裁判所は、監視機能の性質、自律性、さらに設立の目的などを考慮して同組織が私法上の団体であると認定したのである。そして、本件における委員会報告書は国内法の規定などを参照しながらフラミが労働組合であるとみなしたが、裁判所は組合であるか否かを判断することなく申立人の消極的結社の自由を承認した。「結社」の解釈に関しては、Chassagnou and others v. France 判決 (1999 年) において、「結社」という文言は自律的な意味を有しており、国内法における分類は相対的な価値しか持たず出発点にすぎないと指摘されている[3]。

(3) 締約国の消極的義務と積極的義務

本件ではアイスランドの制定法による加入強制が消極的結社の自由に対する介入となり、同国政府の消極的義務違反となるか否かが争われた。他方で、加入強制が私人間の協定によりなされる場合は、合理的で適切な措置を執って介入する積極的義務が締

約国政府に課されうることが判例法により確立している[4]。11条における国家の積極的義務は、管轄下のすべての者に条約の定める権利自由を確保する締約国の義務（1条）を主な根拠とする。締約国による積極的義務の行使の当否は、クローズド・ショップ協定などにより従業員が特定の労働組合への加入を義務づけられる場合に特に問題となってきた。Sø-rensen and Rasmussen v. Denmark によれば、国家の消極的義務と積極的義務の境界は明確に定められているわけではなく、適用される原則や基準も実質的に異なるわけではないとされる[5]。いずれの場合でも、個人と社会全体などの他の競合する利益の間に「公正な衡量」(fair (or proper) balance, juste équilibre) がなされることが締約国に求められる。また、介入の正当性を立証する責任は締約国が負う。上記の判決では、各申立人が雇用される前にクローズド・ショップ協定により特定の労働組合に加入することが義務づけられ、デンマーク政府が積極的義務に基づき申立人らの消極的結社の自由を保護しなかったとして、同国の11条違反が認定された。

(4)　「民主社会」における介入の必要性の審査

裁判所は、消極的結社の自由に対する締約国の介入が「民主社会」において必要であるか否かの審査において、少数者の公正な扱いを確保し多数者の支配的地位の濫用を回避するという意味での民主主義の要請を基本的に考慮してきたと思われる。この要請は本判決において直接言及されたわけではないが、本件の委員会報告書や他の関連する判決において指摘されてきた[6]。

裁判所は、介入の目的と手段の比例性を審査するにあたり、申立人の消極的結社の自由と介入の正当な目的である「他者の権利および自由の保護」などとの比較衡量を行うことになる。「他者の権利および自由」が積極的結社の自由である場合には消極的自由が積極的自由と同等に保障されるのかが大きな争点となるが、裁判所はこの点について明言を避けてきており、個々の事案の性質に応じて判断するしかないと思われる。また、問題となる結社が労働組合の場合には、関連する社会的政治的争点のもたらす影響を考慮して、締約国政府に手段選択の広汎な評価の余地が基本的に認められている。もっとも、Sørensen and Rasmussen v. Denmark では、個人の選択の自由に反するクローズド・ショップ協定が国内法に依拠して締結される場合、国家の裁量の幅は狭くならなければならないと指摘されている[7]。

消極的権利の実質を脅かす介入となる加入強制の必要性の審査においては、加入者の職業利益などを保護するための他の手段の有無や介入が生計の手段を奪う程度のものであるかが判断要素となると思われる。本件では、フラミへの強制加入がタクシー運転業務における義務や責任を履行する唯一の方法ではなかったとして11条違反が認定された。他方で、Gustafsson v. Sweden 判決 (1996年) では、生計の手段の剝奪の程度が問われたが、スウェーデンの11条違反が認定されなかった。同判決では、夏季レストランなどを所有する申立人が使用者組合に加入せず同国の団体交渉システムへの反対から労働団体協約による拘束を拒否したことで組合から妨害を受け結果としてレストランを売却したが、裁判所は組合の団体交渉の利益を優先した。

(5)　判決の国内法への影響

アイスランドの国会は、本判決を受けて1995年の法律61号を制定し、タクシー運転手に対して運転免許取得を目的とした特定の組合への加入を求めることを廃止した。また、公正な満足が1993年7月21日に支払われた[8]。

(6)　自由権規約における状況

自由権規約は22条で結社の自由を保障しているが、同条において結社の消極的権利が保障されているか否かは必ずしも明らかではない。個人通報制度でのGauthier対カナダ事件では、通報者がカナダプレス席会への加入を拒んだことにより同国国会でのプレス施設へのアクセスを制限されたことは表現の自由（規約19条2項）を侵害すると自由権規約委員会により認定されたが、通報者の22条違反の主張は最終的に受理されなかった[9]。もっとも、当該見

解の個別意見（部分的反対）では、特定の結社への加入が国家により強制されない自由が22条で内在的に保障されており、当該事件においてカナダの22条違反が存在すると複数の委員により指摘された[10]。

(7) 日本法への示唆

日本国憲法21条の定める結社の自由は、消極的結社の自由を保障していると一般に理解されている。もっとも、弁護士会や税理士会などの公共性を有する一定の専門職業団体は、法令に基づき加入強制を義務づけ、脱退の自由も認めていない。このような強制加入団体が消極的結社の自由の例外として憲法上許容されるには、職業が高度の専門技術性・公共性を持ち、強制がこうした性格を維持確保するための措置として必要であり、また団体の目的および活動範囲が会員の職業倫理の確保と事務の改善進歩を図ることに厳格に限定されなければならない。

労働組合については、非加入者、脱退者および被除名者の解雇を使用者に義務づけるユニオン・ショップ制度が日本で浸透している。厚生労働省が「労働協約等実態調査」をテーマにして平成18(2006)年に行った調査によると、労働協約などにユニオン・ショップ条項が存在する労働組合は64.2%に及ぶ[11]。このような広汎な普及を受けて、従来の通説・判例は、団結強制（組織強制ともいう）が憲法28条の団結権の一内容として容認されるとしてユニオン・ショップ協定の有効性を承認し、さらに、このような承認にあたり労働組合法7条1項但書にも依拠してきた。すなわち、結社の自由とは異なり、団結権は団結しない自由（消極的団結権ともいう）を包含しないと解されてきたのである。他方で、憲法13条の人格的自律（自己決定権）や結社の自由を基本理念としながら、消極的団結権が憲法28条で保障されているとの見解も有力に唱えられている[12]。

このような主張と消極的結社の自由に関する人権裁判所の上述した考え方は重なりあう面もあり、本判決も一定の示唆を与えうるかもしれない。

(1) Sørensen and Rasmussen v. Denmark [GC], 11 January 2006, §54.

(2) Le Compte, Van Leuven and De Meyere v. Belgium [PC], 23 June 1981, Series A no. 43, §§64-65.; Barthold v. Germany, 25 March 1985, Series A no. 90, §90.

(3) Chassagnou and others v. France [GC], 29 April 1999, Reports 1999-III, §100.

(4) Gustafsson v. Sweden[GC], 25 April 1996, Reports 1996-II, §45.

(5) Sørensen and Rasmussen v. Denmark, *supra* note (1), §58.

(6) *See, for example*, Sigurður A. Sigurjónsson v. Iceland, Report of the Commission, 15 May 1992, §63; Young, James and Webster v. U.K. [PC], 13 August 1981, Series A no. 44, §63.

(7) Sørensen and Rasmussen v. Denmark, *supra* note (1), §58.

(8) Sigurður A. Sigurjónsson v. Iceland, Resolution DH (95) 36, 4 May 1995.

(9) Robert G. Gauthier v. Canada, Communication No. 633/1995, Views adopted on 7 April 1999.

(10) *Ibid.*, Individual opinion by members Lord Colville, Elizabeth Evatt, Ms. Cecilia Medina Quiroga and Mr. Hipólito Solari Yrigoyen; by Prafullachandra N. Bhagwati; David Kretzmer; by Rajsoomer Lallah (partly dissenting). *See also*, Sarah Joseph, Jenny Schultz, and Melissa Castan, *The International Covenant on Cicil and Political Rights, Cases, Materials, and Commentary*, 2nd ed., (OUP, 2004), pp. 582-584.

(11) 平成18年労使関係総合調査（労働組合実態調査）。同データは厚生労働省の公式ウェブサイトの統計調査結果のページから入手した（URL:http://www.mhlw.go.jp/toukei/index.html）。

(12) 西谷敏『労働組合法〔第2版〕』（有斐閣、2006年）54-55頁、参照。

[参考文献]
[1] 西片聡哉「集会・結社の自由の制約に対する欧州人権裁判所の統制」国際人権13号（2002年）99-103頁
[2] SUDRE, Frédéric, *Droit européen et international des droits de l'homme*, 8e éd., (PUF, 2006)

72 社会改革と財産権
社会制度の改革によって収用された王族の財産についての補償義務
——元ギリシア国王財産収用事件判決——

河野真理子

The Former King of Greece and others v. Greece
23 November 2000, Reports 2000-XII（大法廷）

【事　実】

　本件では、1967年の軍事クーデタ後、国外に亡命した元ギリシア国王とその家族の財産のギリシア政府による収用について、元国王とその家族がその条約違反を主張した。

　ギリシアでは、1864年に王制民主主義が成立し、国王が選ばれたが、1924年に王制が廃止された。その後、1967年の軍事クーデタ、1974年の民主制復帰と国内の体制の大幅な変革の結果、国王とその家族が所有する財産について収用などの措置がとられた（225/1973）（以下、1973年法）。なお、元国王は軍事クーデタの際に、国外に亡命し、その後外国に居住している。1990年に成立した保守的な民主主義政権の下、1992年に元国王とギリシア政府の間で、本件で問題になった不動産などの扱いについての合意が締結された。しかし、政権交代の後、1994年にこの合意を無効とする法律（2215/1994）（以下、1994年法）が制定され、元国王とその家族の財産は補償の支払いなく収用された。

　元国王はギリシアの国内裁判所で不動産についての権原と1994年法の合憲性を問う複数の訴訟を提起した。これらの訴訟で破棄院と最高行政裁判所の判決が抵触したため、特別最高裁判所まで訴訟が係属し、1997年の判決で1994年法の合憲性が認められた。

　元国王とその8人の家族の申立人は、1994年10月21日にヨーロッパ人権委員会に人権条約違反に関する申立を行った。人権委員会は1998年4月21日に申立の一部である元国王と妹Irene王女、および叔母Ekaterini王女に関する申立の受理可能性を認めた。委員会の報告書は、第1議定書1条の違反があると認めたが、この規定と関連した条約14条の違反の検討の必要はないと判断した。1999年12月6日、大法廷の審査部会は本件が大法廷で扱われるべきであるとし、口頭手続が2000年6月14日に開かれ、同年11月23日に判決が下された。

【判　旨】

(1) 第1議定書1条に規定される、「財産」が存在したのか

　ギリシアは、問題になっている王族の財産は常に特別あるいは準公的な性質の財産として扱われてきたので、1条が保障の対象とする私有財産にあたらないと主張した。これに対し、申立人はこの財産が私有財産であると主張した。裁判所は、第1議定書1条の「財産」という文言は、国内法上の財産の分類と独立した自律的（autonomous）な意味を持つとする（§60）。裁判所は、1条により保障されている実質的な利益に対する権原を申立人が与えられているかは、事件の全体的な状況によって判断されるとし、事実と法を検討した。まず、王族がまったく私有財産を持てないという意味を持つ国内法があるというギリシアの主張は認められない（§61）。問題の財産に対する1994年までのギリシアの国内法による処遇は、これが元国王とその家族が所有者である私有財産であることを前提にしたものと判断される（§§62-63）。ギリシアの国内法で王族の財産について別個の法律を設けているということも証明されなかった（§64）。ギリシアは一貫して問題の財産を私

有財産として扱ってきたし、これらの財産の特別あるいは準公的な地位を規律する一般規則が存在するということも証明されていない（§65）。したがって、申立人は王族の一員としてではなく、私人として問題の「財産」を所有しており、1条のもとでの「財産」が存在する（§66）。

(2) 第1議定書1条の履行について

(a) 財産への介入があったのか

裁判所はまず申立人の財産の内容と1994年までの所有関係を明確にした（§§67-77）。そして、申立人が主張する「財産」は1994年まで申立人に帰属していた。したがって、1994年法を根拠とするこれらの財産を平和的に享受する申立人の権利への介入が、第1議定書1条1項第2文にいわれる財産の奪取にあたるか否かが問題になる（§78）。

(b) 「法律によって定められる」介入であったのか。

1条1項第2文は「法律によって定められる条件に従う場合」にのみ、財産権の奪取を認めている。また、2項により政府は「法律」の実施によって財産の使用を規制する権利を有する。さらに民主社会の根本原則の一つである法の支配によれば、この条約のすべての規定に固有の原則である（§79）。

ギリシア政府は1973年法と1994年法について、それが、適切にアクセス可能で、十分に明確なため、1条に規定される「法律」にあたり、そしてこの2つの法律は王族の財産だけのための立法だが、それによりこの法律の正当性が害されるわけではないと主張する（§80）。これに対し、申立人は、1994年法は王族の財産を遡及的に奪取する権限を認めるもので、恣意的、懲罰的、差別的なだけでなく、憲法17条の財産の公的目的のための奪取とその際の補償の支払いに関する規定に違反するので、「法律」の要件を満たしていないと主張した（§81）。

裁判所は、本件の財産への介入については、その唯一の根拠が1994年法であると判断する。財産への介入の際の根拠となる法律は国内法にしたがったものでなければならない。申立人は国内裁判所でも人権委員会でも1994年法の違憲性を主張したが、ギリシアの特別最高裁判所はこの主張を却下した。裁判所は、国内法の解釈適用と合憲性の判断に第一義的な役割を果たすのは国内の機関、特に裁判所であり、そして、特別最高裁判所の判決にかんがみ、裁判所は1994年法に基づく財産への介入は1条に規定される「法律」に従って行われたものであると判断する（§82）。

(c) 財産への介入は公益のためだったのか

問題の財産の奪取が公益のために正当な目的で行われたかについて、裁判所は、原則として、社会とその社会に必要とされている事項に関する直接的な知見を持っている各国の権限ある機関の方が、国際裁判所よりも公益の内容についてより適切な判断ができると考える。また、「公益」とは広範な意味を持つ文言であり、政治的、経済的、および社会的な政策の執行にあたり、各国の立法機関が行うことのできる「公益」の判断の幅は広いので、立法機関の判断が明白に合理的な基礎を欠く場合を除いて、「公益」の内容について各国の立法機関の判断が尊重される。このことは、君主制から共和制への移行などのように、国家の憲法制度が根本的に変更される場合にも妥当するとも裁判所は述べている（§87）。

裁判所は、森林と考古学的な遺跡の保護というギリシアの主張を根拠づける証拠がないことに留意するものの、他方、共和国としての地位を害すると考えられる問題を解決することが同国政府にとって必要だったことは疑いの余地がないとする。王制から共和制への憲法体制の移行が1975年、すなわち約20年前だったという事実により、本件で問題になっている措置の合理性に疑義が生ずるかもしれないが、それは、1994年法全体の目的に「公益」という正当性が認められないという主張の十分な根拠とはならない（§88）。

(d) 本件の財産への介入は比例性の要件を満たしているのか

裁判所は最後に本件で問題となっている財産の平和的享受への介入が、社会の一般的利益の要請と個

人の基本的権利の保護の必要性の間の比例性の要件を満たしているかを検討する。裁判所は、議定書1条2項の規定は1項第2文の一般原則の観点から解されなければならないとしている（§89）。

補償を支払わなかった理由について、ギリシアが説得力ある説明をしたとはいえない。信義則に従えば、例外的な状況のために補償の支払がないことが正当化される可能性もあるが、この点について客観的に十分な証明はなされなかった。王族の財産の少なくとも一部は被相続人が購入したものであるし、1973年の収用の際に補償が支払われたことを考えると、財産の奪取にあたり、補償の支払について申立人が合理的な期待を持っていたといえる。ギリシアは、支払われるべき補償は間接的にカヴァーされているとも主張した。しかし、1973年法に規定されている補償は本件に関係がない。本件で問題になっている介入の唯一の法的根拠は1994年法である。ギリシアは補償の支払に相当するものとして、他の状況にも言及したが、これらも補償に相当するとはいえない。裁判所は、収用の時点で双務的あるいは双方的な債務があり、それらが相殺されるような状況が存在しなかったという申立人の主張を認める。かつて王族に与えられていた特権や税の免除、すべての税金の相殺は本件の比例性の問題に何ら直接的に関係するものではなく、41条に規定される公正な満足の評価の時点でおそらく考慮の対象となるだろう（§98）。

以上の理由により、裁判所は財産の奪取にあたり、何ら補償が支払われなかったことにより、財産権の保障と公益の必要性の間の正当な均衡が害されていると判断する。したがって、第1議定書1条の違反が存在する（§99）（15対2）。

(3) 第1議定書1条の違反と関連して14条の違反があったのか。

申立人は1条の違反に関連して、条約14条により保障されている財産権の享受に関して差別があったと主張したが、この点について判断を示す必要はない（§103）（全員一致）。

(4) 41条のもとでの公正な満足

申立人は本件で、1994年法の無効と問題の財産の返還、損害賠償を請求した。ギリシアは公正な満足についての意見について猶予を求めたので、裁判所はこの点についての判断を保留し、後の手続に委ねる（§§105-107）（全員一致）。

なお、Zupančič裁判官は、第1議定書1条は私有財産の保護を目的としており、本件で問題になっている財産は公的な性格を持つので、その保護の対象とならないとの部分的反対意見を付している。

【解　説】

(1) 判決の意義・特徴

本判決は、第1議定書1条で保障されている財産の平和的な享有の権利の保障のもとで、国内の政治体制が変更された場合に財産への介入がどのように扱われるべきかについての判断を示した判決である。裁判所は、元ギリシア国王などが申立てた財産の奪取について、補償がまったく支払われなかったことにより、個人の財産権の保障と国家の公益の間の比例性が害されていると判断した。ただし、裁判所は、本件の奪取の根拠となったギリシアの国内法の合憲性や公益性の判断では、国内裁判所の判決を尊重する立場を明示した。

(2) ヨーロッパ人権条約における財産権の保障

世界人権宣言では財産権の保障が人権の一つに数えられたが、国際人権規約にはこの権利についての規定が置かれなかった。ヨーロッパ人権条約でも、人権条約それ自体ではなく第1議定書1条に規定が置かれている。起草過程ではこの規定をおくべきか否かについても議論があり、1条の規定振りは世界人権宣言と異なる結果となった[1]。1条は、第一に財産の平和的な享有の権利をすべての自然人または法人に保障し、第二に、公益のために、かつ法律及び国際法の一般原則で定める条件に従う場合に国家による財産の奪取が認められ（1項2文）、第三に一般的利益に基づく財産の使用の規制や一定の目的に必要な法律の実施についての国の権利も妨げられな

(3) 第1議定書1条と財産への介入

財産権の保障を国際法の規則にする場合、最も大きな障害となるのが、「財産」、「公益」という文言の定義である(3)。これらの文言についての各国の国内法の規定は多様であり、その国の事情を反映するものとなっている。人権としての財産権の保障は内国民の権利の保障を主たる目的とする。原則として国際法の規則によって規律される外国人の財産の奪取と異なり、内国民の場合には、財産の定義や国家の介入の条件における国際法と国内法のバランスは、国家の統治権を尊重することが前提となるだろう(4)。裁判所が1条によって保障される「財産」の定義や財産権の尊重と国家の政策との比例性の判断について、独自の判断をしつつ、財産への介入の根拠となる法律の内容やその公益性については、各国の国内機関の判断を尊重する判断を示しているのは、少なくともヨーロッパ人権条約の下での、財産権の保障における国際法と国内法のバランスのあり方を示したものと考えられる。

1条の解釈について、まず、裁判所が「財産」という概念が国内法と独立した広範で自律的な意味を持つとし、申立人が実質的な権原を有しているか否かを、事件の状況に即して具体的に判断する立場を示したことは、裁判所の先例を踏襲したものである(5)。また、財産への介入の条件について、裁判所は、①法律で定める条件に従う措置であること、②公益のためであること、および③公益と財産権への介入の間に比例性が認められることの3つに分けて判断した。こうした手法は、1条のもとで保障されている財産の平和的享受の権利が公的な措置によって制限されたことについての事例で常に用いられてきた(6)。また、①について、国内法によって定められた措置を要すること、②について、公益の判断について各国の立法機関の判断を尊重すべきこと、③について、事件の事実関係や関係する国内法規定の内容を具体的に検討し、その比例性を判断すべきとの立場から1条の違反の有無を判断したことも、従来のこの裁判所の立場を踏襲したものといえる(7)。

(4) 第1議定書1条の違反についての公正な満足

本判決は、もっぱら比例性の要件の観点から1条の違反を認めた。比例性の要件について1条の違反を認めた際に裁判所が指摘したように、本件の場合、体制変革のための措置であろうとも、まったく補償が支払われることなく、私有財産が奪取されることは認められるべきではない。ただし、その奪取の根拠の性質上、補償の金額は必ずしも奪取される財産に相当する金額である必要はないとし、この点が損害賠償額の決定の際に勘案されるべきであるとした。実際にこの判決の後、公正な満足を決定した判決では、1994年法の無効について、裁判所はこれを命じることは裁判所の権限ではないとし(8)、また、損害賠償についても奪取された財産に相当する金額より低い額の支払が命じられている(9)。

(5) 体制変革と私人の財産への介入

本件で検討された第1議定書1条の条件はいずれも、国内の憲法体制の変革と密接にかかわっている。第一に、体制の変革による新しい立法に従った措置を「法律に従った」措置と考えるのか。第二に、体制の変革と「公益」の関係をどのように判断するのか。最後に、体制の変化によって事情が変化するなかで、国家政策と個人の財産権の保障の均衡をどのように確保するのかが論じられた。

これらの論点は、1980年代末以降の旧社会主義諸国の体制の変革の結果生じた財産への介入の事例で再び取り上げられることになる。たとえば、文脈が違うことを認めつつも、本件の判決の、新しい体制の下での収用措置やそれに伴う補償の問題についての公益の認定において、国内の権限ある機関の判断が最も重要であるという判断は、Kopecký v. Slovakia 判決(10)や Jahn v. Germany 判決(11)でも引用されている。Jahn v. Germany 判決では、小法廷が1条の違反を認めたのに対して、大法廷はこれを認めないという結論に至った。この結論の違いは、均衡性の要件の検討において、ドイツの統一という状況をどの程度重視するかによるものであった。本件

の判断と同様に、社会変革における私人の財産への介入が1条の違反にあたるか否かは比例性の要件についての判断に拠るところが大きいといえよう。

なお、社会改革の場合の財産権の保障については、欧州に関する限りは第1議定書1条があるので、国際的な手続の利用が可能だが、それ以外の場合には、財産権の保障について慣習国際法が存在しないとされるため、国際的な手続を利用することはより困難である。チェコの財産の返還法について、チェコ国籍の離脱や、外国での居住のために同法の適用を受けられなかった財産所有者が自由権規約26条の法の下の平等と無差別を根拠にして規約人権委員会での手続を利用したことは、その一つの例である[12]。

(6) ギリシア政府による判決の履行

判決後、閣僚委員会は、ギリシア政府に対して、2000年11月23日判決と2002年11月28日判決の結果、同国政府が採った措置についての情報提供を求めた。これに対し、ギリシア政府は、判決後ただちに司法省とその他の機関にこれらの判決を通知したこと、判決を翻訳し、国家司法委員会のホームページに掲載したこと、及び損害賠償の支払い期限である2002年12月5日までに、命じられた金額を支払ったことを通知した。閣僚委員会はこの情報を審査し、ギリシア政府が判決を履行したことを認める宣言を出した[13]。

---

(1) 世界人権宣言における財産権の保障とその影響については、薬師寺公夫「国際人権条約に於ける財産権(1)」法学論叢105巻2号(1979年)61-71頁を参照。この論文では第1議定書1条の基本的特徴とその成立の経緯についても詳しく記述されている(73-83頁)。また、R. Higgins, The Taking of Property by the State, 176 *RCADI* 259 (1982), pp. 355-361も世界人権宣言以降の財産権の保障について論じている。

(2) C. Ovey and R. White, *The European Convention on Human Rights*, 4th ed. (2006), p. 346.

(3) 薬師寺・前掲注(1)、66-83頁。

(4) 薬師寺・前掲注(1)、70、80、93頁。

(5) *Ibid.*, pp. 349-351.「財産」の意味について、Ovey and White, *op. cit.*, pp. 349-358を参照。

(6) 1条の違反についての事例の多くで引用される事例として、Pressos Compania Naviera S. A. and others v. Belgium, paras. 29-44 and Sporrong and Löpnnroth v. Sweden, 23 September 1982, paras. 56-74をあげることができる。後者についての日本語の紹介として、門田孝「長期にわたる土地収用許可および建物建設禁止と財産権」広島法学27巻2号(2003年)385-394頁。

(7) Pressos Compania Naviera S. A. and others v. Belgium, paras. 38-44 and Sporrong and Lönnroth v. Sweden, paras. 69-73.

(8) The Former King of Greece and others, Just Satisfaction, 28 November 2002, para. 73.

(9) *Ibid.*, paras. 75-105.

(10) Kopecký v. Slovakia [GC], 28 September 2004, para. 37.

(11) 小法廷判決について、Jahn and others v. Germany, 22 January 2004, paras. 82-93. 大法廷判決について、Jahn and others v. Germany [GC], 30 June 2005, paras. 93-117. なお、大法廷の判決が出される前ではあるが、この事件についての紹介として、小野秀誠「東ドイツ地域における財産返還問題とヨーロッパ人権裁判所判決」国際商事法務32巻6号(2004年)770-772頁を参照。

(12) チェコの財産返還問題については1991年以来、多くの通報事例がある。これらの事例を概観した論稿として、安藤仁介「チェコの没収財産返還・補償問題と規約人権委員会の対応──委員会の『見解』と『フォロー・アップ』の問題点」『同志社法学』57巻6号(2006年)1-30頁を参照のこと。

(13) Resolution ResDH (2006) 5.

[参考文献]

[1] 薬師寺公夫「国際人権条約に於ける財産権(1)(2・完)」法学論叢105巻2号(1979年)61-96頁、106巻2号(1979年)58-90頁。

[2] C. Ovey and R. White, *The European Convention on Human Rights*, 4th ed. (2006), pp. 344-375.

73 未執行の土地収用と財産権
収用許可によって生じた土地利用と取引の制限は財産権の侵害となりうる
―― スポロング判決 ――

中島　徹

Sporrong and Lönnroth v. Sweden
23 September 1982, Series A no. 52（全員法廷）

【事　実】

　本件でヨーロッパ人権条約違反が問われたのは、収用許可の対象とされた申立人の土地が長期にわたり収用されないまま放置され、最終的に許可が撤回されたことにより、土地の利用・収益・処分に支障をきたしたことが、財産権の侵害に該当するかどうかである。

　収用許可とは、収用をしてもよいという決定にとどまり、実際に収用されるかどうかは後日決定される制度である。しかし、将来的に収用される可能性があるために、土地および建物の利用や取引は、法律上も事実上も妨げられる。その意味で、事実上の(de facto)収用といってよい。しかも、本件のように結果として収用されない場合には、補償の対象ともならない。これを不当な権利制限であると争ったのが、本件である。審理の対象とされたのは、ストックホルム市中心部に土地を所有するSporrong不動産とLönnroth夫人に関する2つの事案であった。

　前者の場合、収用対象の土地には1860年代に建築された古いビルが存在し、改築の必要があったが、収用許可により土地の利用や建築物の改築が制限された上に、最終的には収用許可が撤回された。この間、20年以上が経過している。具体的には、次のような経過を辿った。スウェーデン政府は1956年7月31日付けで、1947年建築法に基づき、ストックホルム市議会に対して市内再開発のためにSporrongの所有する土地を含む一帯の収用を許可した。その際、スウェーデン政府は、1917年収用法に基づき、5年以内に土地を収用して補償額を決定すべき旨の条件を付している。しかし、実際には収用決定が行われないままに5年が経過したので、市の再度の求めに応じて1964年7月まで収用決定を延長することが認められた。ちなみに、この時点では、問題の土地に関する具体的な都市計画案は作成されていなかった。

　その後、政府は1964年4月2日に5年間の再再延長を認めたが、この時には、市は道路を拡幅し、道路網を整備するCity 62およびその改定案であるCity 67計画を策定していた。これを実施するために、政府はさらに4度目となる10年間の延長を市議会に対して認め、収用の実施と補償額の算定は1979年7月31日を期限とすることとされた。この間、1975年5月には、市議会が土地の利用の変更と既存建築物の改築を禁止する計画の修正案を提出していたが、結局、道路網整備案自体が放棄され、市議会の請求に基づいて、政府は1979年5月3日に収用許可を撤回した。なお、この間にSporrongが当該不動産を売却しようとした事実はない。他方、収用許可の対象地の上に立つビルに関しては、1954年6月11日から1979年7月1日までストックホルム・カウンティ行政委員会によって改築が禁じられ、例外的に建物の正面入り口の拡幅だけが認められていた。

　Lönnroth夫人のケースもほぼ同様の経過を辿ったが、収用許可により土地・建物の利用・収益・処分が妨げられたのは、土地について1971年9月24日から1979年5月3日まで、建物では1968年2月29日から1980年7月1日までと、Sporrong不動

産の場合と比べれば若干短い。ただし、彼女の場合は、この間に財政上の理由から問題の土地を売却しようとしたことがある。しかし、購入予定者が市当局に相談した結果、購入は見送られた。さらに、建築や改築の制限がついた物件であることから、賃借人を見つけることができず、ローンを組めなかったこともある。

以上のような事情の下で、申立人らは、1975年8月15日にヨーロッパ人権委員会に対して、ヨーロッパ人権条約第1議定書1条、人権条約6条1項、13、14、17、18条違反を申し立てた。これに対し、委員会は1980年10月8日の報告書で、13条（実効的救済を受ける権利）違反を認めたために、スウェーデン政府と委員会の双方が、本件をヨーロッパ人権裁判所に付託した（1981年3月）。13条違反以外の争点は、以下の通りである。(ア)建築制限を伴う収用許可の期間が長すぎることは、ヨーロッパ人権条約第1議定書1条に保障される「所有物を平穏に享受する権利」に対する不当な侵害に当たるか、(イ)かかる権利主張が、条約17条の禁止する権利濫用に該当しないにもかかわらず制限されたことは、同条に反しないか、(ウ)本件制限は、条約18条の定める「制限の目的外での権利制限の禁止」に反しないか、(エ)収用許可されなかった所有者や、スウェーデン法ならびに人権条約の規定通りに収用決定された所有者との関係で、本件は条約14条の禁止する「差別」に該当するのではないか、(オ)収用および補償が合理的期間内に決定されなかったことは、独立かつ公平な裁判所において合理的な期間内に公正な公開審理を受ける権利を保障した条約6条に反するか。これに対し、小法廷から事件を回付された全員法廷は、次のような判決を下した。

【判　旨】

(1) 第1議定書1条1項違反の主張について

(a) 申立人らの財産権に対する介入（interference）の存否

スウェーデン政府は、本件収用許可と建築制限が、都市計画に本来的に伴うものであり、所有者の「平穏に所有物を利用する権利」を侵害するものではないと主張する。しかし、当法廷はかかる主張を受け入れることができない。「本件収用許可は、法的には、所有者が所有物を利用ないし処分する権利を制限するものではないが、実際には、権利行使の可能性を大幅に減じるものであった。また、当該収用許可は、事前にいかなる収用も合法であると認め、ストックホルム市に対し都合のよい時にいつでも収用する権限を与える点で、まさに所有権の核心部分に影響を及ぼすものであった。それゆえ、申立人らの財産権は、不安定で無効なものとなる可能性を持つものとなってしまったのである。」また、「申立人らにとっては、建築制限は疑いもなく申立人らの所有物を利用する権利を制限するものであった。」収用許可と建築制限には、法的に必然的な結びつきはなく、存続期間も異なるが、都市計画の遂行上、両者は補完的な関係にあるので、原則として両者は一体のものとして検討されるべきである。「そのように考えると、申立人らの財産権に対する介入は存在するし、人権委員会が正当にも指摘するように、収用許可と建築制限を長期にわたり結合させて用いることは、介入の結果をより深刻なものにすることは疑いない。」(§60)

(b) 申立人らの財産権に対する介入の正当化理由

次に、「当法廷の認定する介入が、1条に違反するかどうかを確定しなければならない。同条は、3つの異なる準則を含んでいる。第一の準則は、一般的性質のもので、財産の平穏な享受の原則を述べる。それは1項1文に示されている。第二の準則は、所有物の剥奪に関するもので、それを一定の条件に服させるものである。これは同項2文に書かれている。第三の準則は、何よりもまず、各国が目的を達成するために必要と考える法を執行することにより、一般的利益に合致するように財産権の行使を規制する権限を有することを承認している。これは2項に含まれている。当法廷は、第一準則が遵守されていたかどうかを検討する前に、他の二つの準則が適用可

（i）1項2文の適用可能性

　スウェーデン当局は、申立人らの不動産を収用しなかったので、形式的には財産権の剥奪は存在しない。しかし、当法廷は、そうした外観の背後にある現実の状況を精査する必要があると考えた。「当法廷の意見では、不服を申立てられているさまざまな効果は、いずれも問題の財産を処分する可能性が減ってしまったことから生じている。そうした効果は、財産権を不安定なものにする諸制限と、それらの制限が建物の価値に与える結果から発生したものなのである。しかしながら、問題となった権利は、その内容の重要な部分を失ったとはいえ、消滅したわけではない。本件でとられた措置の効果を、所有物の剥奪とみなすことはできないのである。」ストックホルムでこれらの不動産を売却することは困難かもしれないが、政府によれば、売却例は少なからず存在する。「それゆえ、本件に1項2文を適用する余地はない。」（§63）

　　（ii）2項の適用可能性

　「建築制限は、明らかに2項の意味における『（申立人の）財産の行使』に対する規制に該当する。」（§64）「他方、収用許可は、財産行使の制限ないし規制を意図するものではなかった。それらは、所有物の剥奪に至る手続の第一段階であるから、2項の対象には含まれない。それらは、1項1文の下で審査されるべきである。」（§65）

　　（iii）本件収用許可の1項1文適合性

　「収用許可が1項2文および2項に該当しないからといって、申立人の主張する権利に対する介入が、1項1文に含まれる準則に反することになるわけではない」「同項の目的との関係で、当法廷は共同社会における一般的利益の要請と個人の基本的権利保護の要請との間で公正な均衡が図られているかどうかを判断しなければならない……このことは、条約全体に内在するもので、第1議定書1条の構造にも反映されている」（§69）。「本件当時に効力を有していた法律の特徴は、硬直的であることであった。問題の法律は、自治体の同意に基づく収用許可の全面的な撤回の場合を除いては、関係する土地所有者の置かれた状況を後に調整する手段を全く定めていなかった。……（収用許可の）全期間を通じて、申立人は彼らの財産がどうなるかについて全く不安定な状況に置かれ、彼らが直面するさまざまな困難についてスウェーデン政府に考慮してもらう資格を与えられなかったのである。」（ちなみに、Lönnroth夫人は、収用許可の撤回を求めたが、市議会も政府もそれを拒絶している）「当法廷は、ストックホルム市が計画実施のために土地収用という選択肢をもつことの利益を無視しているわけではない。しかし当法廷は、スウェーデンの法が、各収用許可の存続期間中に、市の利益と所有者の利益について合理的な間隔をおいて再検討する可能性をなぜ排除しなければならなかったのかを理解することができない。本件においては、収用許可の前提である都市計画案と申立人の財産の具体的な利用方法が数回にわたって変更されたこともあり、こうした可能性が考慮されなかったことは、さらに納得のいかないものとなった。」（§70）「当法廷は、この期間中存続した建築制限が、収用許可の効力が長期間にわたることによってもたらされる害悪の効果を助長したと考える……。」（§72）「本件における二つの措置は、このように考えると、財産権の保護と一般的利益の要請との間で確立されるべき公正な均衡を損ねる状況を作り出していた。……当法廷の見解によれば、この段階で申立人が現実に損害を被っているかどうかを判断することは適切でない。問題は、彼らの置かれた状況そのものの中に、なくてはならない均衡が見出せない点にあるのである。」（§73）「それゆえ、問題の収用許可、その効果を助長した建築制限は、両申立人に関する限り、第1議定書1条1項に反する。」（§74）

　　（iv）建築制限の1条違反の有無

　以上の観点から、当法廷は、建築制限を別個に取り上げて同条項に反するかどうかを判断する必要はないと考える。」（§75）

(2) 条約17条および18条違反の主張について

「委員会は両条項違反を否定したが、当法廷は、議定書1条1項違反が認められる以上、17条および18条違反を検討する必要はないと考える。」(§76)

(3) 条約14条違反の主張について

申立人は、収用許可等につき、平等違反を主張するが、「証拠によれば、かかる主張を認めることはできない」(§77)。

(4) 条約6条違反の主張について

(a) 条約6条1項の適用可能性

申立人は、彼らの財産に影響を与える収用許可に対する異議がスウェーデンの裁判所に受理されなかったので、条約6条1項にいう『民事上の権利ないし義務……の裁定』に際して公正な裁判所の審査を受ける権利が侵害されたと主張する。申立人らの財産権が「民事上の権利」である点については疑いがなく、争いもない。確定されるべきは、この権利が申立人らとスウェーデン当局間の紛争の主題であったかどうかである。」(§79) この点について、委員会は否定したが、「当法廷は、意見を異にする……、6条1項が適用されないのは、すでに開始された訴訟についてのみであり、自己の(民事上の)権利の行使に対する干渉が違法であると考える者で、6条1項の要件を充たす裁判所に異議を申し立てることができないことに不満がある者は援用することができるのである。」(§80) 本件は後者の事例であり、6条1項にいう紛争が存在する (§83)。

(b) 6条1項違反の有無

政府の主張によれば、政府に収用許可の付与ないし延長を求めるストックホルム市議会の決定の適法性を争う機会は申立人に与えられていたというが、「市議会の要求は予備的段階のもので、民事上の権利は侵害されておらず、また、要求が適法なものであるかどうかの判断基準は、政府による最終決定と同一の基準に基づくものであるとは限らなかった。」(§85)

(c) 政府の決定の適法性審査

「政府の収用許可ないし延長決定については、行政裁判所に訴える手段がない。……なるほど、所有者は、このような決定について、最高行政裁判所に手続の再開を求めることで、適法性を争うことはできる。」しかし、実際には司法手続法58章1条の定める理由がなければならず、「これは、政府が認めるように、特別な救済で、稀にしか認められない。このような請求が受理されるべきかどうかの判断にあたっては、最高行政裁判所は、事件の本案を検討しない。それゆえ、この段階では、民事上の権利に影響を与える手段について、全面的な審査が行われるわけではないのである。……この点で、ここでの救済は、6条1項の要件を充たすものではないのである。」(§86)「要するに、本件では、事案の全側面を検討する権限のある裁判所による審査を受けることができなかったのである。……それゆえ、6条1項違反が存する」(§§86-87)。

(5) 条約13条違反の主張について

13条の要件は、6条1項より厳格でなく、6条1項違反が認められる以上、13条違反を審査する必要はない (§88)。

(6) 条約50条の適用について

当事者の主張の状況から、判断を保留し、さらなる手続を設定する (§89)。

【解 説】

(1) ヨーロッパ人権条約における財産権の位置づけ

ヨーロッパ人権条約は、財産権を条約本体ではなく、条約の発効 (1953年) 後に追加された議定書 (1954年) で保障している。これは、その当時、財産権の保障および制限をめぐってさまざまな考え方があり、各国の一致点を見出すことが容易でなかったことに起因する[1]。結局、1条においては、1項で自然人および法人の「財産を平穏に享受する権利」を保障し①、公共の利益等、一定の要件を充たす場合を除いて財産を剥奪されない②としつつ、2項で「一般的利益」等に基づく財産行使の規制権限を国家に付与する③ことで、権利の保障と制限の

バランスが図られた。とりわけ2項は、財産権保障の相対性を強く意識する諸国に配慮した規定で、後述するように、本判決の結論に隠れた影響を与えている。

(2) 法廷意見における3段階アプローチ

本判決は、この①から③の適用可能性を個別に判断することで1条違反の有無を決するという立場をとる。その際、特徴的なことは、②と③の判断を先行させる点である。すなわち、問題となっている国家の行為が正当化できる「剥奪」ないし「規制」に該当するかどうかを問い、いずれにも該当しなければ、①のレベルで、財産権の保護と一般的利益との間に公正な均衡が保たれているかどうかを問題とするというのである。

法廷意見は、②に関し、収用許可は収用そのものではないから、いまだ財産は「剥奪」されてはいないとし、他方③については、最終的には収用されるので、財産権行使の「規制」(制限) にも該当しないとして、いずれの適用可能性も否定した。その結果、結論は①のレベルにおける均衡の有無の判断に委ねられ、10対9の僅差で1条違反が肯定されたのである。

こうした法廷意見の論法は、一見すると極めて形式的で陳腐なものであるようにみえる。しかしながら、このような3段階アプローチとでもいうべき手法がとられた背景には、締約国によって財産権侵害の概念が異なることから、①から③の内容をしかるべき正確さをもって確定することが必要であると考えられていたという事情がある。それゆえ、財産権侵害の有無を正面から問題にした事例が存在しなかったという本判決当時の状況をも考え併せると、このような論法にもそれなりの理由はあったのである[2]。

(3) 合同反対意見の財産権観

これに対し、8人の裁判官からなる合同反対意見は、本件を③の問題と把握しつつ、本件収用許可は、1条2項に違反しないとする対照的な判断を示した。もともと2項は、戦後復興計画における国や地方政府の果たすべき役割を念頭におきつつ、規制権限をそれらの機関に付与するために挿入された規定である[3]。本件も、スウェーデンにおける戦後復興計画を背景としていた。しかし、収用許可の時点では具体的な都市計画は存在せず、計画策定後も、時の経過と共に、その内容は戦後復興から街づくりへと性格が変わった。そして、後者も道路網の整備から交通量の削減へと変更されるなど、計画内容が定まらないまま最終的に収用許可が撤回されたのであった。かくして本件は、事案の特殊性にもかかわらず、都市計画上の規制権限を尊重するか、それとも事案の特異性ゆえに、財産権保護の要請を重視するかによって、結論が分かれる可能性を当初からはらんでいたのである。このような意味において、本判決における10対9(1人は一部反対意見)という僅差は、条約制定過程における財産権の保障と制限をめぐる対立の構図を再現するものであった。

(4) 本判決の今日的意義

ただし、こうした対立の背後には、さらに別の事情も存在していた。本判決当時、1条2項にいう規制権限の行使に該当する場合には、利益の公正な均衡を図る必要がないと考えられていたのである[4]。これは、規制権限の行使を無条件で認めることを意味するから、財産権に対する国家の権限は強大なものとなる[5]。それゆえ、本件を2項に該当する事例と解すると、必然的に合同反対意見の結論にたどり着く。これを回避するためには、法廷意見のように、形式的とのそしりを甘受してでも[6]、利益の均衡を求める規定と理解されていた1項1文に持ち込むことが必要であったのである。

もっとも、1項1文における利益の公正な均衡という要件は、条約の文言に明記されているわけではなく、解釈上そのように理解されてきたにすぎない。実際、現在ではこの解釈は変更され、①から③のいずれについても利益の公正な均衡が要求されるようになっている[7]。したがって、本件のようなケースを、実質的に土地利用の規制とみて、2項の問題と解しても、おそらく現在では結論は変わらないであ

ろう。この点で、今日では法廷意見のような形式論を採用する実益は存在せず、本判決当時に3段階アプローチが有していた実質的意味は失われている。ただし、①-③の概念区分自体は現在でも維持されているが[8]、これは、前述のように、各国の財産権理解の違いを反映しての一種の厳格解釈であり、これにより権利保障の程度が異なるわけではない。本判決は、議定書1条に保障される財産権の侵害を認めた最初の例であるという点で、今日でもヨーロッパ人権裁判所における重要判決のひとつとされるが、財産権をめぐる判例法理としては、過去に属するものなのである。

(5) 日本の最高裁判決との比較

ちなみに、その後の判決[9]は、本判決のように単に申立人らの財産権と社会の一般的利益の間で「利益の公正な均衡」を求めるにとどまらず、手段と目的の間に釣り合いが取れていること（proportionality）を要求している。これは、日本の森林法最高裁判決[10]と同様の態度である。この点に象徴的に示されているように、財産権の保障に熱心ではないと思われていたヨーロッパ人権裁判所は、本判決を契機に、次第に財産権の保障に軸足を移すようになった。

とはいえ、その基本的スタンスは、当然のことながら日本の最高裁とは大いに異なることも忘れるべきではない。そのことは、本件と（旧）農地法80条をめぐる事件を比較してみるとよく分かる。後者は、戦後改革と都市計画に関連する点で、本件とやや類似した側面をもつ事案であった。この事件では、農地改革で買収された農地について、自作農の創設という買収目的に供しないことが明らかとなった場合に、農地法施行令で当該農地を都市計画のために利用できるように定めたことが問題とされた。農地として利用するに適さなくなった都市近郊の土地を、公園や緑地として転用すべく都市計画に組み込むことは、決して不合理な判断ではないはずだが、最高裁は、旧地主に「これを回復する権利を保障する措置を取ることが立法政策上当を得たもの」[11]とする

判断を示して、財産権尊重の姿勢を示したのである。この趣旨を貫くと、農地改革時とは異なる社会経済環境や物価水準の下で、旧地主が買収時点の安価な価格で買い戻すことが可能となってしまう[12]。

もとより、この事案は買収農地に関するものであり、収用許可という収用以前の事案である本件と同一次元で論じることができるものではない。それにもかかわらず、日本の最高裁であれば、本件事案について、ヨーロッパ人権裁判所のように「悩む」ことなく違憲判決を下していたであろうと推測させる材料を提供してくれる点で、両者は依然として比較するに値するだろう。ことを財産権の保障に限っていえば、日本の最高裁はヨーロッパ人権裁判所よりも先んじている[13]。しかし、その点を肯定的に評価すべきかどうかは、別問題である。実際、スウェーデン政府は、本判決後も行政権の行使に対し司法審査を拡大することに消極的で、6条の「公正な審査を受ける権利」との関係では、いかなる立法的対応も行わなかった[14]。この点、本件に対するスウェーデン政府の立場は、極めて明快——その是非はともかく——なのである。いずれにしても、本判決は、都市計画を実施する国や自治体の権限に対する政府や裁判所の認識の違いを改めて意識させてくれる点では、依然として重要な判決といえる。

(1) 詳しくは、薬師寺公夫「国際人権条約に於ける財産権（一）（二・完）」法学論叢105巻2号（1979年）61頁以下、106巻2号（1980年）58頁以下。

(2) Clare Ovey and Robin C. A. White, European Convention on Human Rights, 3rd ed. 2002 Oxford U. Pr., p. 319.

(3) 薬師寺・前掲注(1)(一)論文76頁以下参照。

(4) Handyside v. UK (7 December 1976), Series A no. 24（本書 *18*）; para. 62.

(5) 自国民の財産を収用する場合には、無補償でも審査の対象とならないというのが、第1議定書の制定過程における閣僚委員会の見解であったという。薬師寺・前掲注(1)(一)論文82頁。

(6) 門田孝「判例研究 長期にわたる土地収用許可および建物建設禁止と財産権」広島法学27巻2号（2003年）392頁は、Froweinの見解を引用しつつ、そのように指摘

する。

(7) *See*, Pine Valley Developments Limited and others v. Ireland, 29 November 1991, Series A no. 222; paras. 57-59.

(8) *See*, Katte Klitsce de la Grange v. Italy, Judgment of 27 October 1994, Series A no. 293-B; and Carbonara and Ventura v. Italy, 30 May 2000, para. 58.

(9) Cassagnou and others v. France, 29 April 1999 (2000) 29 *EHRR* 615, para 75.

(10) 最大判1987(S62)年4月22日民集41巻3号408頁。

(11) 最大判1971(S46)年1月20日民集25巻1号1頁。

(12) だからこそ、売払い価格を時価の7割と定める「国有農地の売払いに関する特別措置法」が制定されるわけだが、最大判1978(S53)年7月12日民集32巻5号946頁は、これを合憲とした。この判決が注(11)判決と整合的かどうかは議論の余地があるが、一応のバランス感覚を示したものとはいえるだろう。

(13) 日本でも、都市計画道路等の都市計画施設区域に指定されたものの、事業が実施されないまま、長期にわたり建築制限が課される例が少なくない。しかし、最高裁はそのような場合でも損失補償は不要との判断を示している（最判2005(H17)年11月1日判時1928号25頁）。一見すると類似の事案だが、制限の程度が実際には緩やかであるなど、本件とは事情が異なり、同列に論じることはできないであろう。なお、同判決には、制限が長期にわたると損失補償が必要とされる場合があるとの藤田補足意見が付されている。

(14) 6条に関し、Lain Cameron, Sweden, in Robert Blackburn and Joeg Polakiewicz eds. Fundamental Rights in Europe, 2001 Oxford U. Pr., pp. 837-853.

人権裁判所

74 財産利用の規制
家屋賃貸借料の法律による減額が、財産権を侵害しないとされた例
—— メラヒャー判決 ——

門田　孝

Mellacher and others v. Austria
19 December 1989, Series A no.169（全員法廷）

【事　実】

　本件は、住宅の賃貸人らが、賃貸借契約により定めていた賃料を、法律により減額されたことに対して、人権条約違反を申立てた事例である。

　問題となったのは、オーストリアの1981年の賃貸権法（Mietrechtgesetz；以下「1981年法」という）である。それまでは、1922年の賃貸借法（Mietengesetz；以下「1922年法」という）が施行されていたが、同法は、賃料に関し数々の規制をなす一方で、1917年以降に建てられた家屋についてはこうした規制を及ぼさないなど、適用除外も広く認めており、1967年改正による規制緩和で一定条件の下、賃料を当事者が自由に定められるようになったことや、1974年改正による下級住宅の賃料規制導入に伴う貸し渋りなども手伝って、1922年法の賃料規制を受けない賃貸借契約の賃料は総じて高く設定される傾向にあった。これに対して1981年法は、それまでの賃料規制を抜本的に改める諸規定を含むものであったが、とりわけ本件で問題にされたのは、賃貸住宅をAからDまでの等級に分けた上で、それぞれの等級について、契約によっても変更できない月毎の最高基本賃料を定めた16条2項、および契約に基づく基本賃料が、16条2項に定める最高基本賃料の1.5倍を超えた場合に、賃借人が賃貸人に賃料の減額を求めることができる旨定めた44条2項の規定であった（なお、1981年法も全ての賃貸借に適用されるわけではなく、例外および除外規定が置かれていた）。

　本件はもともと3つの申立から成っており、いずれも、1922年法に基づき自由な契約によって賃料を設定していたが、その後、1981年法に基づき、賃借人の求めに応じて市の調停局（Schlichtungsamt）が賃料の減額を認めたことに対し、賃貸人らが争った事例に端を発している。賃料減額の結果、それぞれの賃貸人の受け取ることとなった賃料は、第一の申立人X_1およびX_2の場合、月額1,870ATS（オーストリア・シリング）から330ATS、第二の申立人X_3ないしX_6の場合、月額2,985ATSから561AST、そして第三の申立人X_7およびその承継人X_8の場合、4,236.51ATSから3,300ATSといったものであった。申立人らは、いずれも市の地区裁判所に訴えを提起し、さらに州裁判所に上訴したが、いずれも退けられ、また憲法違反（および人権条約違反）の主張に対しても、問題を憲法裁判所に送付されることはなかった。そこで申立人らは、ヨーロッパ人権委員会に申立を行い、1981年法44条に基づく賃料の減額が、ヨーロッパ人権条約第1議定書1条に違反するとの主張を行った（さらにX_3ないしX_6の場合は第1議定書1条との関連における14条違反も主張された）。これに対し人権委員会は、3つの申立を併合審理し、申立人X_1およびX_2、および申立人X_3ないしX_6について、問題となった賃料減額の第1議定書1条違反を認め、さらに、本件事案の条約適合性に関する人権裁判所の判断を求めて、事件をヨーロッパ人権裁判所に付託した。

【判　旨】

(1) 第1議定書1条違反の主張について

(a) 本件に適用される規範

申立人らは、本件が、財産の剥奪の場合にあたると主張するが（§43）、「当裁判所は、ここで採られている措置が、形式的な収用にも事実上のそれにも該当しないと解する。申立人らの財産の移転はなかったのであり、また申立人らがその財産を使用し、賃貸または売却する権利を剥奪されもしなかったのである。条約違反が争われている措置は、確かに申立人らからその財産より生じる収入の一部を剥奪するものではあるが、以上の条件に照らせば、単なる財産利用の規制に該当する。従って、本件では第1議定書1条2項が適用される。」（§44）

(b) 本件制限は第1議定書1条2項の要件を充たしているか

「第2項は、国家に、一般的利益に従って財産の利用を規制するために、その必要とみなす法を制定する権利を留保している。」「このような法は、現代社会における社会経済政策の中心的関心事である住宅供給の領域において、特に必要とされ、またよくみられるところである。」「こうした政策を実施するため、立法者は、公の関心事たる問題の存否についても、またこうした措置を実施するための詳細な規則の選択についても、広範な評価の余地を有しなければならない。当裁判所は、何が一般的利益かについての立法者の判断を、それが合理的な根拠を欠くことが明白でない限り、尊重するものである。」（§45）

(i) 介入の目的

「1981年の賃貸借法は、同程度の住宅の賃貸借間に存在する、過度で不当な不均衡を緩和し、また不動産の投機に対抗しようとするものである。」「同法はまた、このような方法を通じて、富裕でない社会成員に、住居を合理的な対価でより利用しやすくさせ、同時に下級住宅の改善にむけての誘引を与える目的も有している。」「当裁判所の見解では、問題の立法についてなされた説明は、明らかに不合理と解されるものではない。したがって、当裁判所は、1981年の賃貸借法が一般的利益に基づいた正当な目的を有することを認める。」（§47）

(ii) 介入の比例性

財産使用の規制が第2項の要件を満たすためには、「採られた手段と、達成しようとする目的との間に、合理的な比例関係が存しなければならない。」（§48）

申立人らは、まず、1981年法44条2項が、契約の自由を侵害すると主張するが、「救済的社会立法とりわけ……賃料規制の領域においては、採られた政策目的を達成するために、すでに締結された契約の履行に影響をあたえる措置をとることは、立法者の自由（open to）であると、当裁判所は考える。」（§51）

申立人らはまた、1981年法が地域や場所の違いを考慮せず、柔軟性を欠くものであること、他方で様々な例外規定や除外規定が設けられており恣意的であること、さらに賃借人の置かれた状況にかかわらず一律な扱いを定める点で社会立法とはいえないことなどを主張するが、「賃料規制の体系を構築し、とりわけ同等の住宅に対して適切な賃料の基準を定めることを目的とした立法は、自ずと一般的性格を有するものである。……1981年の賃貸借法の適用領域とされているものに関し、異議を唱えられた様々な例外や適用除外は、同法の目的を考慮した場合……、不適切ないし不均衡（disproportionate；disproportionné）であると言うことはできない。」「他の解決方法が存在し得ることは、それ自体では、問題となった立法が不当であるということの理由にならない。立法者がその評価の余地内にとどまっている限り、立法が問題を処理するうえで最善の解決策を提示しているか、それとも立法裁量がこれと異なる方法で行使されるかを語るのは、当裁判所には適していないことである……。」（§53）

さらに申立人らは、1981年法16条2項の定める賃料の最高限度額が恣意的であり正当化できないと主張し、実際申立人らに著しい収入の減少をもたら

すものであることを指摘するが（§54）、政府によればそれなりの立法理由があり、また賃貸人の負担を減じる緩和策も用意されている。「これらの点を考慮し、かつ立法により追求される正当な目的に鑑みるなら、当裁判所は、……こうした目的を達成するためにとられた手段が、国家の評価の余地の外にあるというほどに不適切または不均衡であると言うことはできないと解する」（§55）。また、賃料減額の程度が大きいことも、それが不均衡な負担を生じることの理由にはならない（§56）。

(c) 結　論

オーストリアの立法者は、その採用した手段が、達成しようとする目的に適合していると正当に主張できる。第1議定書1条2項の要件は、1981年の賃貸借法により申立人らが被った賃料の減額についても、満たされており、同条違反は存しない（申立人X_1およびX_2の事例および申立人X_3ないしX_6の事例については12対5、申立人X_7と承継人X_8の事例については全員一致）。

(2) 第1議定書1条との関連における14条違反の主張について

この主張は、当裁判所の前ではなされておらず、したがって審査する必要はない（全員一致）。

【解　説】

(1) 本判決の意義

財産権を保障したヨーロッパ人権条約第1議定書1条の解釈をめぐっては、Sporrong事件判決（本書73）(1)以来、同条項の3つの規範に対応させるかたちで、財産に対する介入の3つの形態、すなわち、①財産の剥奪（第1段第2文）、②財産利用の規制（第2段）、および③その他の介入（これは①にも②にも該当しない介入形態で、それは財産の平穏な享有を一般的に保障した第1項第1文の問題とされる）に分けて考える手法が採られてきた（もっとも、これらは全く別個独立したものではなく、②と③は、①で表明された一般原則に照らして解釈されるべきであるとされる(2)）。本判決は、②の財産利用の規制に関する、ヨーロッパ人権裁判所の典型的な審査のあり方を示している。その意味では、本判決の検討を通じて示される問題点は、この分野における人権裁判所の解釈全般にあてはまるものでもある。以下では、広く第1議定書1条の解釈枠組全般との関連も視野に入れつつ、問題点をいくつか拾ってみたい。

(2) 財産利用規制の条約適合性審査

(a) 「財産」の意義と財産利用の規制

第1議定書1条違反が問題となる前提として、財産への介入が存することが必要なのは言うまでもなく、そのため同条にいう「財産」の意義がまず問題になる。この点、同条で保障された「財産」は、自律的概念であり、締約国国内法で保護された財産（権）か否かがひとつの目安とはなるものの、それは決定的なものではなく、条約機関が独自に決定し得るとされる。そして人権裁判所によれば、同条にいう財産とは、物理的財物のみならず、資産を構成する他の権利・利益も同条の目的上「財産」とみなし得るという(3)。このように解した場合、第1議定書1条のカバーする範囲が広汎なものとなることは、想像に難くない(4)。本件においても、法律による賃料規制が「財産」に対する介入であることは当然のこととされているかのようである。

ただ、厳密にここで問題にされた「財産」がいかなるものであるかは、必ずしも明らかではない。それは、賃貸人が所有する住宅またはその所有権なのか、それともそうした住宅を賃貸する権利なのか、あるいは賃貸借契約に基づく賃料を受領する権利なのかといった点は、上の判旨(1)(a)からも明確ではない。この点に関する人権委員会の意見では、「申立人の契約に基づく賃貸権は……別個の財産ではなく、それのみ個別に考慮することはできない。［本件で］問題となった措置は、不動産に対して採られた措置の効果として審査されねばならない」(5)と述べられている点が注目される。こうした点に着目して、およそ条約機関は、財産権を「権利の束」としてではなく、単一の権利として捉えているため、財産利用権は別個の権利とは観念されず、したがって

この考え方による限り財産利用権への介入は財産剥奪とはならないという理解の仕方もみられるが[6]、判旨(1)(a)が、「賃貸する権利」に言及しているところからすると、こうした理解が適切かは疑問である。むしろ、契約上の権利またはその他の無体的権利自体が、財産剥奪に関する規定の対象外となることはないが、こうした権利の従属的性格ゆえに、結果的にそうした効果を生じやすいとみるべきではなかろうか[7]。いずれにせよ、財産に対する介入であって、財産剥奪に該当しないとされたものの多くは、本件におけるような財産利用規制の問題として考察されることになる[8]。

(b) 財産利用規制における比例原則と締約国の評価の余地

第1議定書1条違反が問われた場合、問題となった国内法の条約適合性審査はどのようにして行われるのであろうか。先のSporrong判決では、個人の基本権保護と一般利益の要請との間で「公正な均衡」がなされたか否かが問われるべきであるとされ、やがてそれは、比例原則を用いた審査というかたちで具体化されていくことになる[9]。もっとも同様に比例原則が用いられつつも、1項2文における財産剥奪の条約適合性が認められるためには、とりわけ2段における財産利用規制の場合よりも、厳格な要件が用いられると言われてきた[10]。見方を変えるなら、財産剥奪の要件を定めた1項2文の場合と比べ、財産利用の規制を認めた2項については、より広範な評価の余地が締約国に認められることになる[11]。すなわち、財産利用規制の領域では、締約国の評価の余地がいっそう広く認められ、比例原則は、問題となった規制がこうした評価の余地の範囲を踏み越えたかをチェックする役目を担うことになるのである。

本件においても、「一般的利益に基づいて財産の利用を規制するため」の立法に際し、何が一般的利益であるかを決するにあたり（つまり立法目的の設定にあたり）、国家の判断は尊重され、合理的な根拠を欠くことが明白でない限り条約違反とはされないこと、また規制手段の選択についても、広い評価の余地を前提とした（したがって極めて緩やかな）比例性のテストにより審査されている。その結果、申立人X_1およびX_2は、賃料をそれまでの11.7％に、X_3ないしX_6は13.3％に削減されるなど、法律による賃料の減額が相当ドラスティックなかたちをとって現れたにもかかわらず、人権裁判所は、なお条約違反は認められないと結論づけた。しかしながら、同様の判断枠組に依拠しつつ、本件ではX_1とX_2、およびX_3ないしX_6について、比例性の要請が充たされていないと判断した5人の裁判官による反対意見が示すように、本件で問題となった介入の比例原則適合性をめぐっては、異論もあり得るところでる。

総じて、人権裁判所の立場による限り、財産利用の規制が条約違反と判断されるのは、ごく例外的な場合に限られ、大抵は条約適合的であると認められることになると考えられるが、このことを示す恰好の例が本件判決ということになろう[12]。本件の他にも、例えば、アルコール販売免許の撤回[13]、砂利採取許可の撤回[14]、建築許可の取消し[15]、密輸されたクルーガーランド金貨の没収[16]、売掛のコンクリートミキサー車の押収[17]などが、財産利用規制の問題とされ、いずれも第1議定書1条には違反しないとの判断が示されている。

(3) 第1議定書1条の解釈をめぐる新たな動向

このように、第1議定書1条違反が問われた場合に、比較的条約適合性が認められやすいと思われてきた財産利用規制の問題であるが、近時は、これまでの条約適合性審査の手法とはやや異なる動きもみられることを最後に指摘しておきたい。この点でまず注目されるChassagnou判決[18]では、一定の小規模土地所有者の当該土地における「狩猟権」を、狩猟団体に強制的に移転させる旨を定めた法律の規定が問題とされ、人権裁判所は、これも財産利用規制の問題と把握しながらも、介入の比例性に関してやや厳格な審査を行い、問題の規定が第1議定書1条違反であると判断した。また、戦前・戦中に喪失した財産の回復を目的としたいわゆる権利回復訴訟の

ひとつであるBroniowski判決（本書 *10*）[19]では、同事件の問題の複雑さ故に第1議定書1条の3つの規範のいずれかに対応させることはできないとして、同条1項の一般的規範に添って審査されているが、そこでは、同条1項の規範について、前述した財産介入の3形態のうち第3のカテゴリーに対応させるというよりも、一般規定としての性格がより強調されている。こうした事例をみてくると、財産権の侵害が争われた場合、近時は前述の3種の介入如何にかかわらず、極めて似通った審査手法が用いられるとの指摘は[20]、説得力を有しているように思われる。いずれにせよ、第1議定書1条をめぐる裁判所の解釈理論がなお形成途上にあることは確かであり、今後の判決の動向が注目される。

(1) Sporrong and Lönnroth v. Sweden, 23 September 1982, Series A no. 52.

(2) James and others v. UK, 21 February 1986, Series A no. 98, Lithgow and others v. UK, 8 July 1986, Series A no. 102.

(3) Gasus Dosier- und Fördertechnik GmbH v. the Netherlands, 23 February 1995, Series A no. 306-B. §53.

(4) ここにいう「財産」には、物的権利のみならず、広く知的財産権や種々の法的請求権も含めて理解されてきた。参照、C. Ovey & R. C. A. White, Jacobs & White, European Convention on Human Rights [4th ed]. (2006), p. 349.

(5) Mellacher and Others v. Austria, App. Nos. 10522/83, 11011/84 and 11070/84, Before the European Commission of Human Rights, 12 E.H.R.R. CD 97, 112 (1990).

(6) A. R. Çoban, 後掲文献(3) 162頁。Çobanはこのことが、財産剥奪と財産利用規制とを区別する上で重要である旨指摘する。

(7) Pellonpää, "Reflections on the notion of 'deprivation of possessions' in Article 1 of the First Protocol to the European Convention on Human Rights", P. Mahoney *et al.*(eds.), Protection des droit de l'homme: la perspective européenne, mélanges à la mémoire de Rolv Ryssdal (2000), p. 1087, p. 1104.

(8) したがって、財産の「剥奪」とは何かが重要な問題になってくるが、ここでは詳述しない。参照、C. Ovey & R. C. A. White、前掲注(4) p. 358. また、ここでは財産剥奪と財産利用規制との区別を主に念頭においているが、どちらにも該当しない介入（本文で示した第三の類型）が存在するのか、それはどのようなものかも問題になる。この点については、Sporrong事件判決（本書 *73*）の解説参照。

(9) もっとも、本件では言及されていないが、「公正な均衡」の要請自体が放棄されたわけではない。後の判決においては、介入の正当性を根拠づけるための、比例原則も含む一般的原理として理解されている。

(10) Pellonpää, 前掲注(8), p. 1088.

(11) J. G. Merrills & A. H. Robertson, Human Rights in Europe (2001), p. 239.

(12) J. Frowein, 後掲文献(1), p. 527.

(13) Tre Traktörer Aktiebolag v. Sweden, 7 July 1989, Series A no. 159.

(14) Fredin v. Sweden, Judgment of 18 February 1991, Series A no. 192.

(15) Pine Valley Development Ltd. and others v. Ireland, 29 November 1991, Series A no. 222.

(16) AGOSI v. UK, 24 October 1986, Series A no. 108.

(17) Gasus Dosier- und Fördertechnik GmbH, 前掲注(3).

(18) Chassagnou and others v. France, 29 April 1999, Reports 1999-III.

(19) Broniowski v. Poland, 22 June 2004 (GC), Reports 2004-V.

(20) C. Ovey & R. C. A. White、前掲注(4), p. 375.

[参考文献]

[1] J. Frowein, "The Protection of Property", R. St. J. MacDonald *et al.*(eds.), The European System for the Protection of Human Rights (1993), p. 515.

[2] E. Reininghaus, Eingriffe in das Eigentumsrecht nach Artikel 1 des Zusatzprotokolls zur *EMRK* (2002).

[3] A. R. Çoban, Protection of Property Rights within the European Convention on Human Rights (2004).

75 性教育
学校における性教育と親の教育権
—— キェルドセン判決 ——

西原　博史

Kjeldsen, Busk Madsen and Pedersen v. Denmark
7 December 1976, Series A no. 23.

【事　実】

　デンマーク議会で1970年5月27日に可決された改正国民学校法は、9年間の義務教育の中で、他の教科に組み込まれた形の性教育を導入することとした。それ以前のデンマークの学校教育では、「人間の生殖に関する知識伝達」と「固有の性教育」が区別され、前者は生物の授業に組み込まれていたが、後者については医療スタッフの提供する選択的な授業としてのみ実施されていた。ところが、1960年代における若年の性行動に関する問題を受け、上記の国民学校法改正によって、性教育が国語、宗教、生物、歴史、国内問題などの一般の科目の枠内に取り込まれた形で —— そして、そのことによって必修の形で —— 実施されることになった。そうした性教育の目的は、「性生活に関して自らを守り、他者に配慮できるようになるために必要な性生活に関する知識の伝達」(1972年6月15日規則第1条)などとされた。こうした普通教科におけるものの他に、6〜7年次と9年次に行われる概観的な授業が予定され、この概観的な授業に関してのみ、生徒も教師も拒否することができるものとされた。

　申立人は、それぞれデンマークの公立学校(国民学校)に子を通わせる親である。彼らは、改正国民学校法の施行後に、他の教科に組み込まれた形の性教育の受講を免除するよう管轄の学校行政官庁に申請したが、却下された。そこで彼らは、1970年法によって彼らのキリスト教的信条に反する形で子が学校での性教育を義務づけられることがヨーロッパ人権条約(以下、人権条約という)議定書2条第2文に反するなどと主張して、ヨーロッパ人権委員会(以下、委員会という)に対する申立を行った。委員会は7対7、議長裁定の形で、人権条約違反を否定する報告書を採択し、事件をヨーロッパ人権裁判所(以下、裁判所という)に付託した。

【判　旨】

(1)　第1議定書2条第2文違反の主張について

　デンマークに私立学校があり、また家庭教育が認められるからといって、親の宗教的・哲学的信条への配慮がそれで足りるわけではなく、公立学校が議定書2条の適用を受けないわけではない(§50)。

　議定書2条が宗教の授業だけに妥当するというデンマーク政府の見解も根拠がない(§51)。

(a)　議定書2条第2文の意味内容について

　「議定書2条は、その第1文に支配された一つの全体を成す。『教育を受ける権利を侵害』しないよう自己拘束することで締約国は、管轄地域に住むすべての者に『ある時期に存在する教育施設にアクセスする権利』……を保障する(ベルギー言語事件判決・本書78)。議定書2条第2文で保障される権利は、この教育を受ける基本権の上に組み立てられている」。他方、議定書2条は、規定の他の条文、特に8条(私生活、家族生活の尊重)、9条(思想、良心、信教の自由)、10条(情報や思想を受け取る権利)に照らして理解しなければならない(§52)。

　まず第一に、「議定書2条から、学校教育に関するカリキュラムの設定と計画は、原理的に、締約国の権限に属する」。「第2文も、国家が教育を通じて直接的・間接的に宗教的あるいは哲学的な種類の情

報や知識を伝えることを妨げない。第2文は、そうした教育を学校教育カリキュラムに取り込むことに異議を唱えることを親に認めるわけですらない」。

「他方、議定書2条の第2文は、教育と授業に関して国家が機能を果たす際に、カリキュラムに含まれる情報や知識が客観的、批判的かつ多元的な方法で伝達されるよう配慮することを国家に求める。国家は、親の宗教的・哲学的な信条を考慮していないと考えられるようなイデオロギー的教化の目的を追求してはならない」（§53）。

(b) 性教育に対する適用

デンマークで導入されることになった性教育の「目的は、よりよい情報を伝達することである」。そうした教育は、「宗教的・哲学的な領域に入り込むような一定の評価を教師の側が行うことを排除できない。というのも、ここで扱われるのは、事実に関する判断が簡単に価値判断につながってしまうような素材なのである」。ただ、デンマークは、「適切な時期に子どもに対して有用と考える情報を提供することにより、非嫡出子の過度な増加、妊娠中絶、性病といった、障害となるような現象に対して警告しようとしている」。

「こうした考慮は道徳的なものではあるが、その性格において極めて一般的なものであり、民主的な国家が公共の利益とみなせるものの範囲を踏み越えてはいない。問題となる立法を吟味しても、それが特定の種類の性的な行動を唱導するようなイデオロギー的教化に帰着するものではないと確認できる」。また、「この立法は親に対して、子どもに自分で啓発したり助言したりし、教育者としての親の自然な機能を果たし、親自身の宗教的・哲学的な信条に従って子どもを導く権利を妨害するものではない」。

「従って裁判所は、問題となる立法がそれ自体として、議定書2条2文が禁じるような形で、申立人の宗教的・哲学的な信条を攻撃するものではないとの結論に達する」（§54）。

(2) 第1議定書2条との関係における条約14条の違反について

宗教による差別にあたるものは存在しない（§56）。

(3) 条約8条および9条違反について

これらの規定は議定書2条の解釈において配慮されており、条約8条および9条に対する違反は存在しない（§57）。

【解　説】

(1) 親の教育権という基本権について

日本では、憲法26条2項が親の教育権を黙示的に前提とするのみであり、明文による保障を欠いていることもあって、親の教育権が人権としての質を持つものであることに対する理解が深まっていない。しかし、個人の精神的な自由を真剣に考えていくと、必然的に親の教育権の尊重に行き着く。

子どもは自分だけの力で独立の判断能力を有する人格的存在へと育っていけるわけではない。国家が人格形成の途上にある子どもに好き勝手なイデオロギーを恣意的に注入するのは悪いことだと考えるなら、特定の子どもにとっての善悪の判断基準を国家に優先して決定するのは誰かという問題に答えざるを得ない。すべての人間に受け容れられ得る普遍的な人格理念が語れないならば、子どもにとって善悪の判断基準——すなわち、思想・良心——を作っていくのは親の責任だとする出発点を取らざるを得ない。

このように、親の教育権は、個人の思想・良心の自由と密接に関連するがゆえに、基本的人権の中核領域に位置づく。ヨーロッパの多くの国の憲法では、この親の教育権が明示的に保障されている。

ヨーロッパ人権条約の上では、本件で問題になった第1議定書2条の第2文において親の信条に対する配慮が要請されているに留まる。本判決は、この条文を解釈して「親自身の宗教的・哲学的な信条に従って子どもを導く権利」を主観的権利として導き出した[(1)]。そして本件で問題になったのは、学校教育がどこまで親の権利を尊重しなければならないの

かという、親の教育権に関する最大の難問である。結論的には申立人の訴えを退ける形になっているが、親の教育権に基づいて国家には学校におけるイデオロギー的教化が禁じられ、客観的かつ多元的な情報提供のみが許される点を打ち出したところにおいても重要な意義のある判決である。

(2) 学校における性教育という問題

日本でも 2000 年代に入る頃に、草の根右翼を担い手とする「ジェンダーフリーバッシング」現象の中で、性教育に対する純潔主義的な批判が登場し、性教育のあり方に関して世界観的な対立が存在することが明るみに出てきた。あるべき性道徳の内容について、国民の間にコンセンサスが存在しないことは明らかであり、にもかかわらず学校が性教育を行う場合、思想・良心の自由の形成に対する公権力による妨害があると知覚される可能性がある。日本でいえば憲法 19 条に関わる問題があり得るわけである[2]。

他方、学校における性教育に反対する立場は多くの場合、多数派の感覚とは異なる特殊な信条を子どもに伝達しようとするものであり、「社会の一般常識」——などというものが仮にあるとした場合に——を子どもが学校で身につける機会を妨害する働きもする。従って、仮に子どもが比較的小さい段階で親の決定権を幅広く認めざるを得ないとしても、学齢期に、学校における教育を妨害する権利を親にどこまで認めるのかは、親の権利だけを考えて結論の出せる問題ではなく、子どもの成長発達に向けた適切な支援を求める権利という観点も入れて考えなければならない。

デンマークの場合、義務教育制度を採りながら、私立学校設置を広く認め、また家庭教育において義務教育を果たすホームスクーリングを広く許容するなど、国民の意識の多元性にはかなり気を使った教育制度が組み立てられている。ただ、性教育に関してはかなり激しい対立の生じる余地があり、公立学校制度の枠内における深刻な問題として本件が浮かび上がってきた。キリスト教が生殖を目的とする配偶者間の性行為しか認めていない——従って、避妊という観念すらも罪深きものである——という状況の下、性教育をめぐる議論は極めて激しいものとなる。本件においても、敬虔なクリスチャンの親が、自らのキリスト教的信条に基づいて学校の性教育を拒否しようとしたことがきっかけだった。

(3) フェアドロス裁判官反対意見

本判決の意義と限界を探る上で重要なのは、本判決に付されたフェアドロス裁判官の反対意見である。彼は、多数意見におけるイデオロギー的教化 (indoctrination) の禁止を受けて、性教育がイデオロギー的教化を目的とするものでなくとも親が拒否できる場合があるかどうかをさらに問う。

フェアドロス裁判官は、「人間の性に関する事実情報」と「避妊を含む、性行動に関する知識」とを区別するところから出発する。前者が道徳的観点から見て中立的であるのに対して、後者はいかに客観的に伝達されようと子どもの良心の発達に影響する、というのが区別の理由である。そのため彼にとっては、後者の領域において親は性教育を拒否する権利がある、ということになる。

多数意見がイデオロギー的教化という目的をもつ性教育のみが許されない、とする立場を採ったことを批判して、フェアドロス裁判官は、そのような限定が許されないと論じる。「議定書 2 条 2 文が国家に親の宗教的・哲学的な信条を尊重するよう要求するのであって、教育を行う時の目的がどうあるのかによって区別するものではない」からである。その結果、裁判所は、どのような形で親の信条に対する侵害が存在するかを確認する、良心的兵役拒否に関わる審査機関のような役割を引き受けざるを得ないと指摘される。

結論としてフェアドロス裁判官は、立法者と異なる宗教的・哲学的な信条を持った親の子どもに対して性教育の授業への出席義務から解放する可能性を認めない点において、デンマーク国民学校法が議定書 2 条 2 文に違反するとする。

(4) 目的の中立性／効果の中立性を越えて

本判決の多数意見と反対意見の間では、はっきりと性教育のあり方に対する評価が分かれている。フェアドロス裁判官の反対意見は性教育が純粋な人間の生殖に関する知識伝達以上のことをやろうとする場合には、常に親の宗教的・哲学的な信条が優先すべき領域に踏み込む可能性が生じ、そのため親に対して子どもがそうした授業を受けるかどうかの決定権が認められなければならない、という立場を採る。それに対して多数意見は、デンマークで実際に行われている性教育が純粋な生殖に関する知識伝達でないことを踏まえつつ、そうした授業に対する不参加決定権を親に認めていなくても問題はないとした。

表面的に見ると、多数意見とフェアドロス裁判官の対立の裏にあるのは中立性についての考え方であるように受け取れる。多数意見がイデオロギー的教化の目的がないから本件性教育は親の教育権を侵害しないと論じたのに対して、フェアドロス裁判官は、親の側で侵害を感じているのだから権利侵害は発生しているという論法を採った。前者が非中立的な目的を持った働きかけが行われた段階で初めて中立性違反を認定する手法を採るのに対して、後者は非中立的だと受け取られる効果が発生することをもって中立性違反と認定する。その点においては、親の特殊な信条に対する中立性がどう確保できるのか、という論点をめぐって分岐があるようにも見える。

しかし、厳密に見ていくとフェアドロス裁判官の反対意見も親の信条を絶対化するわけではない。知識伝達については、フェアドロス裁判官も国家が親の信条に配慮する必要を否定しているわけであり、その点においては、子どもの成長発達を妨げるような形で親の信条が機能することを防ぐための枠組はフェアドロス裁判官反対意見の中にも用意されている。

他方で多数意見も、イデオロギー的教化の禁止を一般論として口にするだけでなく、実際の授業において「客観的、批判的かつ多元的な方法」による情報伝達が求められる行政規則の枠組を前提において立法状況を評価しており、非中立的な働きかけが生じないよう細心の注意ができる態勢を前提にしての判断となっている。

(5) 親の決定が優先すべき領域

結局、厳密に見た場合に多数意見とフェアドロス裁判官反対意見を分かつものは、どの領域において親が優先的決定権を持つべきかという実体判断である。反対意見は、「避妊を含む、性行動に関する知識」を道徳的な教育の方に組み込んだ。厳格なキリスト教の立場からは理解できる主張だが、子どもの成長発達を考えて事実伝達と道徳的教育の区別を重視し、前者の領域では親の影響力行使を排除しようとするフェアドロス裁判官の理論的枠組とは微妙に矛盾する。避妊が可能だとする事実認識は、生殖を目的としない性行為を行うかどうかの道徳的判断とは方向性において異なるからである[3]。

もちろん、事実認識を持つことは行動に影響を及ぼす。多数意見において、それでも避妊等の情報を学校教育が取り込まなければならないと考える背景となっていたのは、子どもがいずれにせよ様々な情報源から性行動に関わる情報を入手している現状がある中で、情報を与えないことが有効な対策ではなく、むしろ信頼できる情報を体系的に伝えることが重要だという点であった。その意味では多数意見は、フェアドロス裁判官以上に事実伝達と道徳的な教え込みの区別に敏感であり、両者の違いは避妊等に関する客観的情報を子どもに伝わっているべき事項に組み込むかどうかだけにあったと考える方が適切だろう。課題が残るのはイデオロギー的教化の禁止が実効的に守られるかどうかだが、それをコントロールするのは、超国家的な裁判所としては確かに難しい。

(6) 締約国の法状況への反映

デンマーク以外の締約国においても、学校における性教育をめぐる論争は当時活発に戦わされていた。そうした状況に対して本判決が及ぼした影響として、ドイツの例が顕著である。ドイツ連邦憲法裁判所

(Bundesverfassungsgericht) は、本件判決の1年後、1977年12月21日に学校における性教育と親の教育権の関係についての基本的な判決を下した[4]。そこでの推論は、本件判決に極めて近い。「特定の性行動を擁護したり否定したりする目的で生徒のイデオロギー的教化の試みを行ってはならない」点を強調しつつ、法構造の中にそうしたイデオロギー的教化を授権するものはないため、親の教育権に対する侵害はない、とする推論である。ハンブルクの事例では、基本的事項に関する法律的な決定を欠いていたため、法律の留保という法治国家の原則に反するという結論が導き出されたためにヨーロッパ人権裁判所との違いが際立つが、実体的な論点について大きな隔たりはない。

　もっとも、連邦憲法裁判所は、徹頭徹尾、問題をドイツ基本法6条2項の親の教育権に関わる問題として審査し、ヨーロッパ人権条約を基準として前面に押し立てることはなかった。これは、ヨーロッパ人権裁判所やヨーロッパ共同体司法裁判所の判例を内容において受容しながら、それをドイツ憲法の枠内における発展として処理しようとする、プライドのようなものに基づいたドイツ連邦憲法裁判所の癖である[5]。このあたりに、ヨーロッパ人権条約体制の発展における可能性と不安定要因がなお潜んでいる[6]。

(1) この位置づけにつき、FROWEIN, Jochen Abr., Artikel 2 des 1. ZP, in Frowein/Peukert (ed.), *Europäische MenschenRechtsKonvention. EMRK-Kommentar*, 2nd ed., Kehl (N. P. Engel Verlag) 1996, p. 830.
(2) 拙著『良心の自由と子どもたち』(岩波新書、2006年) 139頁以下。
(3) この観点でのフェアドロス裁判官反対意見の分析と、その背景的な理論枠組につき、拙著『良心の自由』増補版 (成文堂、2001年) 256頁以下。
(4) BVerfGE 47, 46. 紹介に、前掲拙著注(3)256頁以下の他、拙稿「学校における性教育の許容性と親・子どもの基本権——性教育判決」ドイツ憲法判例研究会編『ドイツの憲法判例〔第2版〕』(信山社、2003年) 242頁以下。
(5) 平等権に関して連邦憲法裁判所が過去の枠組を捨て両ヨーロッパ裁判所の判例に歩み寄った例を分析するものに、拙著『平等取扱の権利』(成文堂、2003年) 243頁以下。
(6) 人権条約体制を明示的に取り込まない点を批判するものに、RIEDEL, Eibe, Bundesverfassungsgericht und Europäischer Gerichtshof für Menschenrechte zur Frage der Sexualkunde an öffentlichen Schulen, *EuGRZ* 1978, pp. 264-268.

人権裁判所

76 体　罰
学校における体罰と親の教育権
―― キャンベルおよびコーザンズ判決 ――

荒牧　重人

Campbell and Cosans v. the United Kingdom
25 February 1982, Series A no. 48

【事　実】

申立人の Campbell（キャンベル）夫人と Cosans（コーザンズ）夫人はスコットランド在住で、いずれもヨーロッパ人権委員会（以下、委員会）に対して申立をした1976年時点で義務教育年齢の子どもが1人いた。申立は、その子どもらが通学していたスコットランドの公立学校において、懲戒措置として体罰が用いられていたことに関わって、ヨーロッパ人権条約（以下、条約）3条および同第1議定書2条違反を問うものである。

(1) 事件の背景

スコットランド法では、体罰の行使はコモンローとくに暴行法による統制の対象である。一般原則としては、暴行は民事上の損害賠償請求または刑法上の犯罪としての訴追につながる可能性があるが、教員には、懲戒措置として適度な体罰を行う権限がコモンローで与えられている。ただし、教員による過度な、恣意的なもしくは残酷な罰または不適当な動機による体罰は、暴行に該当する。教員の懲戒権限は、親のそれと同じく、そのケアのもとにある子どもとの関係から派生するもので、体罰は、コモンローが課す制限および教育当局との雇用契約に盛りこまれた特別の条件に従うかぎりにおいて、教員の裁量に委ねられている。

本件当時のスコットランドの教育制度では、中央政府が一般的政策を策定し、立法を促進し、かつ監督を行い、地域教育当局は学校教育が十分かつ効率的に提供されるようにすることになっていた。1968年には、スコットランド教育省、教育長連絡会および教職員組合の代表が参加する委員会により、『学校における体罰の根絶：原則声明と実践綱領』と題するブックレットが作成されていた。この体罰根絶の最善の方法は、法律によるのではなく関係者全員の合意によってその方向へ進展させるというのが政府の見解であった。

なお、教育当局は、1975年学校一般（スコットランド）規則の規則4に基づき、生徒の親が、学校の規則または規律上の要件に従うこともしくは生徒に従わせることを拒否または懈怠するときには、生徒を停学または退学に処することができる。

(2) 事件の概要

Campbell 夫人の息子 Gordon（1969年7月生まれ）は、聖マタイ・ローマンカトリック初等学校に通学していた。同校では、「トーズ (tawse)」という革ムチで生徒の手のひらを打つという体罰が懲戒目的で用いられていた。Campbell 夫人は、Gordon が体罰の対象とされないことを保証してほしいと要請したが、地域教育当局により拒否された。なお、Gordon が在学中に体罰の対象とされたことはなかった。

Cosans 夫人の息子 Jeffrey（1961年5月生まれ）は、ビース高校に通学していた。Jeffrey は、学校からの帰り道、禁止されていた、墓地を横切る近道をしたことにより、副校長のところに出頭して体罰（「トーズ」）を受けることになった。Jeffrey は親の助言に従い出頭したが、体罰を受け入れることは拒否したため、停学処分を受けた。その後、地域教育当局は、停学が3カ月半という長期に及んだことが十分な罰に相当するので、Jeffrey が学校の規則または規律上の要件に従うという条件で停学を解除すると

通知した。しかしCosans夫妻は、息子の復学が認められるのであれば、在学中は体罰の対象とされるべきではないことを要求した。これは上記の条件の受入れ拒否にあたるとして、Jeffreyの停学は解除されず、両親に対しては、息子を通学させていないとの理由で起訴の可能性があるという警告がなされた。結局、Jeffreyは学校に戻ることはなく、義務教育年齢を越えた。

(3) 委員会への申立と委員会の見解

Campbell夫人は1976年3月30日付で、Cosans夫人は1976年10月1日付で、委員会に申立をした。いずれの申立人も、学校で懲戒措置として体罰が用いられていることは、条約3条に反する取扱いであること、および第1議定書2条2文で保障されている、息子の教育を自己の哲学的信念に従って確保する親の権利も尊重しないものであると主張した。Cosans夫人はさらに、Jeffreyの停学について、第1議定書2条1文で保障されている教育への権利（right to education）を侵害するものであると主張した。

いずれの申立も、1977年12月15日に委員会によって受理可能とされた。

委員会は、併合審査を行い、1980年5月16日付の報告書において、次のような意見を表明した。

いずれの申立についても、第1議定書2条2文の違反があった（9対5）。

2条1文の単独の違反があったか否かについては、検討する必要がない（8対1、棄権5）。

条約3条の違反はなかった（13対1）。

その後、本件は、委員会とイギリス政府の双方からヨーロッパ人権裁判所（以下、裁判所）へ提訴された。

【判 旨】

(1) 条約3条違反

「実際、Gordon CampbellもJeffrey Cosansも、トーズで打たれてはいない。したがって、本件において、裁判所が体罰の実際の適用について第3条に基づき検討する必要はない。」(§25)

「しかし裁判所は、3条で禁じられた行為が行われるという脅威があるだけでも、それが十分に現実的かつ急迫したものであるかぎりにおいて、当該規定の違反となる可能性があるという見解をとる。したがって、個人に対して拷問の脅威を抱かせることは、状況によっては少なくとも「非人道的な取扱い」となる可能性がある。」(§26)

「裁判所は、申立人の息子らが置かれた状況は3条にいう『拷問』または『非人道的な取扱い』には相当しないという委員会の意見を共有する。……これらの概念に固有の水準の苦痛を受けたという証拠は存在しない。」(§27)

「『取扱い』が『品位を傷つける』ものとなるのは、対象者が被った屈辱または品位の低下の程度が——他者から見てであれ、自らの主観にもとづいてであれ——最低限の深刻さを備えている場合のみである。この水準は当該事案の状況に応じて評価されなければならない。」(§28)

「しかし、……そのような罰が用いられている学校の生徒が、その対象にされる危険があるという理由のみによって、他者の目から見て、必要な程度にまたはいずれかの程度で屈辱または品位の低下を被っていることは立証されない。」(§29)

「申立人の息子らが自らの主観に基づいて屈辱または品位の低下を被ったか否かという点については、……裁判所は、委員会と同様、いずれかの心理的その他の悪影響を受けたことが診断書その他の手段によって明らかにされていないことに留意するものである。」(§30)

「要約すれば、3条の違反は立証されなかった。」(§31)

(2) 第1議定書2条2文違反

(a) 〔規律の維持のような学校の内部運営に関わる職務は副次的なもので、2条の「教育」「教授」に関連する職務ではないという政府の主張について〕

「裁判所は、子どもの教育とは、いかなる社会であれ、おとなが自己の信念、文化その他の価値を若

者たちに伝えようとする全体的な過程であることを指摘する。そこでは、教授 (teaching or instruction) とはとくに知識の伝達および知的発達を指す。

……体罰の使用は、ある意味では学校の内部運営に属すると言うこともできるが、同時に、それが用いられるときには、学校がその設置目的（生徒の人格および精神力の発達および形成を含む）を達成しようとする過程から切り離せない要素ともなる。……2条2文は、締約国が教育および教授の分野で行う『あらゆる』職務の行使において、締約国を拘束するものである。」(§33)

(b) 〔中央政府または地方政府が教育分野で担っている「職務」は規律に関わる事項には及ばないという政府の主張について〕

「規律の維持はいかなる教育制度においても不可欠な、切り離すことが不可能でさえある構成要素であり、それゆえに、スコットランドにおいて国が担っている職務は、日常的な規律の維持には及ばないとしても、一般的な規律の維持の問題には及ぶものとして理解されなければならない。」(§34)

(c) 〔親の「哲学的信念」を尊重する国の義務は情報・知識の内容やその伝達方法との関係においてのみ生ずるのであって、学校の内部運営に関する事項にまで及ばず、学校運営のあらゆる側面との関係で生ずるものではないという主張について〕

「2条第2文の適用範囲は、その文言の一般的性質が明らかにするように、もっと幅広い。……この分野で被申立国が担う職務はスコットランドの教育制度一般の監督にも及ぶのであり、そこには規律の維持の問題も含まれる……。」(§35)

「『信念』(convictions) という言葉そのものは、その通常の意味において、表現の自由を保障する条約10条で用いられているような『意見』(opinions) および『考え』(ideas) という言葉と同義ではない。それよりも、──思想、良心および宗教の自由を保障する──9条に登場する『信念』(beliefs) という用語のほうに近く、一定水準の説得力、真剣さ、一貫性および重要性を伴う見解を意味している。「哲学的」という形容詞に関して言えば、余すところなく定義することは不可能であり、作業文書からも、その厳密な意義に関わる手がかりはほとんど得ることができない。……

17条を含む条約全体を考慮すれば、本件文脈における『哲学的信念』の表現は、裁判所の見解によれば、『民主的社会』において尊重に値し、かつ人間の尊厳との両立性を欠くものではない信念を意味している。加えて、このような信念は、教育についての子どもの基本的権利に抵触するものであってはならない。……

申立人らの意見は、人間の生活および行動の重要かつ実質的な側面、とくに身体の保全 (integrity)、体罰を行うことの妥当性の有無、および体罰のおそれがあるために生ずる苦痛の排除に関わっている。これは上述の種々の基準を一つ一つ満たすような意見である。申立人らの意見は、これにより、他の懲戒手段または懲戒一般に関して持たれる可能性がある諸見解と区別される。」(§36)

(d) 〔申立人らの信念を尊重する義務は体罰を漸進的に根絶する政策をとったことで充足される、また、他のいかなる解決策も、体罰の支持者と反対者双方の見解の均衡を図る必要がある、イギリスが議定書に署名するさいに行った2条への留保の文言と両立しないという政府の代替的主張について〕

「この分野で親の信念を尊重する義務を、関係する対立意見の均衡を図る必要があるからとして無効にすることはできないし、体罰の廃止に向けて漸進的に行動するという政府の政策も、それ自体としては、この義務を遵守していると言うには十分ではない。……

裁判所は、申立人らの信念を尊重する他の手段（たとえば特定の学校において個々の生徒を対象とした免除制度を設けることなど）についてまで、〔イギリスの留保条項である〕『効率的な教育および訓練の提供ならびに不合理な公的支出の回避』と必然的に両立しないことが立証されたとは見なさない。」(§37)

「したがって、Campbell夫人およびCosans夫人

は第1議定書2条第2文違反の被害者である。」(§38)

(3) 第1議定書2条1文違反

「政府の……そもそもの主張は、1文で保障されている教育上の便益へのアクセス権は合理的要件に服するものであって、Jeffreyの停学は本人およびその親がそのような要件を受け入れなかったことによるのであるから、違反はなかったというものであった。」(§39)

「2文については、申立の対象となった状況は学校への通学中に生じたものであり、そこでの一定の慣行について救済が申し立てられたものである。他方、1文については、通学を禁じられたという事実が申立の対象となっている。後者の状況によってもたらされるものの影響は、前者によるものよりも大きい。

……二つの主張の法的根拠にも相当の差異がある。一つは親の権利に関わる主張であり、もう二つは子どもの権利に関わる主張だからである。

したがって、1文から派生する争点は、2文違反の認定に吸収されるものではない。」(§40)

「2条1文で保障されている教育への権利は、その性質上、国による規制を求めるものである。しかし当該規制は、権利の実質を損ない、または条約もしくは諸議定書に掲げられた他の権利に抵触するようなものであってはならない。

Jeffrey Cosansの停学処分……は、同人が体罰を受けることまたはその対象となりうることを、同人およびその親が受け入れなかったことがきっかけである。復学を確保するためには、親がその信念に反する行動をとるほかに道がなかった。この信念は、2条2文に基づき、イギリスが尊重義務を負っているものである。教育施設へのアクセスについて、第1議定書に掲げられた他の権利にこのような形で抵触する条件を課すことは、合理的と見なせるものではなく、いずれにせよ2条にもとづく国の規制権限の範疇に含まれるものではない。

したがって、Jeffrey Cosansについては2条1文の違反もあったことになる。」(§41)

(4) 結論

「条約3条の違反は立証されなかった（全会一致）。

Campbell夫人およびCosans夫人について、第1議定書2条2文の違反があった（6対1）。

Jeffrey Cosansについて、同条1文の違反があった（6対1）。」(§42)

(5) ビンセント・エバンズ卿裁判官の一部反対意見

「私の意見では、裁判所の多数意見は第1議定書2条をあまりに広く解釈しすぎており、遺憾ながら、同条の違反があったという多数意見を共有することはできない。仮に当該解釈が正しいとしても、イギリスが議定書への署名時に2文について行った留保にかんがみ、違反はなかった……。」(§2)

「2条2文に関する私の理解は、これは教育および教授を通じて子どもに伝えられる情報および知識の内容ならびに当該情報および知識の伝達方法に関わる規定であって、体罰の使用といった事柄に関する親の意見は、言語に関する親の意向と同程度に、当該規定が意図した適用範囲の外にある……。」(§4)

「私の見解では、効率的な教育および訓練の提供ならびに不合理な公的支出の回避と両立する他の実際的な解決策が利用可能であることが示されないかぎり、国には留保を援用する権利がある。」(§7)

【解 説】

(1) 本判決の主要論点と意義

(a) 学校における懲戒措置としての体罰が条約3条（拷問または非人道的な、品位を傷つける取扱い・刑罰の禁止）に違反するかについて、人権委員会は当該違反を認定しなかった。本判決も結論は同じである。

しかし、その判旨で、条約3条が禁じる行為が実際になされなくても、それが十分に現実的で急迫の脅威があるだけで、3条違反になる可能性があるとして、体罰もそのなかに含めている点が重要である。

そして、「拷問」または「非人道的な取扱い」の基準の一つとして、1978年のIreland v. UK判決（本書23）を引用して、固有の水準の苦痛を受けた否かをおいた。また、「品位を傷つける取扱い」の基準として、1978年のTyrer v. UK判決（本書16）に基づいて、屈辱または品位の低下の程度が客観か主観かを問わず、最低限の深刻さを備えていることをあげ、この水準は当該事案の状況に応じて評価されなければならないと判示している。本判決は、これらの基準を本件に当てはめ、いずれも実際に体罰を受けておらず、Gordon Campbellは体罰による脅威を受けていないこと、Jeffrey Cosansはトーズで打たれる危惧や不安感を抱いたとしても、この程度では3条の「品位を傷つける取扱い」には該当しないとして、3条違反はなかったと結論づけた。

なお、本判決が、体罰がスコットランドの学校で伝統的に用いられており、親の大多数から支持されていること自体は裁判所における争点にとって決定的なものではないとしている点も留意しておこう。

(b) 次に、子どもが通う学校に懲戒措置として体罰が存在することが第1議定書2条2文（自己の宗教的・哲学的信念に適合する教育に関する親の権利）に違反するかについて、本判決は、当該違反があったとする人権委員会の多数意見に反論するイギリス政府の主張をそれぞれ検討して、当該違反を認定した。ここでの中心的な争点は、2条2文が体罰の使用を含め規律の維持のような学校の内部運営に関する事項まで及ぶのかどうかである。①「教育および教授に関連するいかなる職務」をどうとらえるか、2文にかかわる国の職務は、便益の提供や情報の伝達にとどまるのか、懲戒手段や規律の維持にも及ぶのか。このこととも関連して、②「自己の宗教的・哲学的信念に適合する教育・教授を確保する親の権利」はどこまで及ぶのか、親の哲学的信念を尊重する国の義務は学校運営のあらゆる側面に及ぶのか、情報・知識の内容およびその伝達方法のみなのか、体罰の使用についての親の意見は哲学的信念に含まれるのか。

①について、本判決の多数意見は、子どもの「教育」を「おとなが自己の信念、文化その他の価値を若者たちに伝えようとする全体的な過程」ととらえ、2条2文の「職務」から学校の内部運営にかかわる事項を切り離すことはできず、体罰の使用、（一般的な）規律の維持にかかわる事項にも中央政府・地方政府の職務には及ぶと判示している。

②については、エバンズ卿（イギリス指名、議会会議選出）が反対意見で、条約の制定過程の議論および裁判所の先例から2条2文の多数意見の解釈は広すぎると批判している。それによると、制定過程では、当該規定の目的は、国が子どもへの思想注入のために教育機関を利用することを防ぐ親の権利の保障であると理解されていた。このような当該規定の目的に関する制限的な理解は、1976年のKjeldsen判決（本書75）においても採用されている。当該規定は、情報・知識の内容や伝達方法に関するもので、言語、男女別学、能力別の振り分け、独立学校の廃止等に関する親の意見には及ばず、体罰に関する親の意見にも適用されない、と述べる。これに対して、本判決の多数意見は、Kjeldsen判決は教育内容に関するものであって、2条2文の適用範囲はその「文言の一般的性質」からしてもっと幅広いと解釈する。多数意見は、「哲学的信念」の意味について、制定過程の議論からではなく条約全体から判断する。この「信念」は、条約9条の「信念」に近いものとして思想・良心・宗教の自由の文脈でとらえ、「一定水準の説得力、真剣さ、一貫性および重要性を伴う見解」を意味する。そのうえで、「哲学的信念」については、「民主的社会」において尊重に値する、「人間の尊厳」との両立性を欠かない、「子どもの教育への基本的権利」に抵触しないという三つの基準を満たすものとした。そして、体罰にかかわる申立人らの意見は、他の懲戒手段や懲戒一般についての意見とは区別され、上の基準を満たすものとして、体罰の使用は2条2文に違反するとしたのである。このようにして本判決が、体罰を行わないよう求める親の意見が「哲学的信念」に含まれると判示している点が重要で

ある。

(c) さらに、第1議定書2条1文（教育への権利）についても争われた。Jeffreyが停学により通学が禁じられたことが教育への権利を否定されたか否かという争点は、人権委員会では2条2文の判断に吸収されるので検討の必要はないとされていた。本判決では、この争点にかかわる主張の根拠となる事実関係（停学）は上の(b)のそれ（通学中）とは違うこと、主張の法的根拠も(b)は親の権利で、(c)では子どもの権利と差異があることから、2条1文違反について独立して審査している。ここでは、2条は全体として一つの規定であり、2文の定める権利は1文の教育への権利に従属する権利であると認識したうえで、Jeffreyを復学させるには親が自己の信念に反して体罰を容認するしか方法がないというような形で条約の権利に抵触する条件を課していることは2条1文の違反になると判示している点が重要である。

(d) 以上のように、裁判所は、イギリスで起こった体罰に関する一連の事件において、最初は刑事制度における体罰（Tyrer v. UK 判決、1978年〔本書16〕）、次に私立学校を含む学校における体罰（Costello-Roberts v. UK, 1993年）、そして近年では家庭における子どもの体罰（A. v. UK, 1998年）を非難するようになっている。また、人権委員会でも、女子生徒が別の男性がいるところでぶたれた事件において、品位を傷つける取扱いにあたるとされた（Warwick v. UK, 1986年）。さらに、ヨーロッパ社会権委員会では、ヨーロッパ社会憲章を遵守するためには、学校、その他の施設、家庭その他の場所において、子どもに対するいかなる形態の暴力も法律で禁止しなければならないとしている(European Committee of Social Rights, general observations regarding article 7 para.10 and article 17, 2001年)。

(e) こうした体罰を禁止する動向は、ヨーロッパ人権条約3条と同様の規定を持つ国際人権規約（自由権規約7条）、拷問禁止条約（16条）、子ども（児童）の権利条約（37条）等の国連の人権条約の解釈・運用においても同様である。例えば子ども（児童）の権利条約では、19条1項、28条2項、37条(a)等により体罰は禁止されているとされている。そして子どもの権利委員会は、一般的意見8号「体罰その他の残虐なまたは品位を傷つける形態の罰から保護される子どもの権利」CRC/C/GC/8 2001年）を採択して、法改正その他の必要な措置を通じて子どもに対する暴力的および屈辱的な罰を撤廃することが締約国の即時的かつ無条件の義務であることを強調する。そこでは、体罰とは、有形力が用いられ、かつ、どんなに軽いものであっても何らかの苦痛または不快感を引き起こすことを意図した罰であると定義される。体罰には、手または道具で叩くことをはじめ、蹴ること、子どもを揺さぶったり放り投げたりすること、引っかくこと、つねること、かむこと、髪を引っ張ったり耳を打ったりすること、子どもを不快な姿勢のままでいさせること、薬物等で倦怠感をもよおさせること、やけどさせること、または強制的に口に物を入れることなどが含まれる。体罰はどんな場合にも品位を傷つける行為であって、条約と両立しないとしている。

(2) 本判決の国内法への影響

本判決当時、イギリスは、体罰を法律で禁止していない国であった。それに対して、「体罰反対教員協会」(1967年設立)をはじめとした体罰反対運動や、地域教育当局レベルでの体罰廃棄に向けた取り組みがあった。本判決の前年の1981年には、公立中学校で体罰を受けた女子生徒の親が人権委員会に申し立てた事件において、その手続段階で和解（「友好的解決」）が成立し、イギリス政府が損害賠償金と訴訟費用を支払うことになった。このようななかで、本判決により、政府は体罰廃棄にかかわる対応をいっそう迫られた。イギリス教育省は、1982年に、学校における体罰が条約3条の禁ずる非人道的もしくは品位を傷つける取扱い・刑罰にあたる恐れがあることについて地域教育当局に通達を出した。さらに1985年には、政府は体罰法案を提出した。この法案は、体罰に反対する親の子どもと認める親の子ど

もとを別々にして（クラス編成、学校設置）、親の「哲学的信念」も尊重するというものであった。この法案には批判が相次ぎ、廃案にされ、逆に体罰廃棄条項（47条・48条）が盛り込まれた教育法案が上院から下院へ送り戻された。

そして1986年7月22日、体罰の廃棄を明記した教育（第2）法が成立した。この法律は、独立学校（全学校の約6％）を除く「公費で教育されているすべての学校生徒」を対象にして87年8月15日から施行されている。ただ、この法律は、231対230という僅差で、しかも体罰肯定派のサッチャー首相（当時）や一部議員がアクシデントなどで欠席するなかでの成立であった。

この法律成立後も、教育大臣が生徒の乱れを抑えるのに役立つ、生徒を戒めるのに体罰は有効であるなどと発言し物議を醸すなど、体罰を肯定する意識や実態は残っている。

(3) 本判決と日本法

日本の学校では、1900年の小学校令など第2次世界大戦前から懲戒方法として体罰が明文で禁止されていた。そして第2次世界大戦後も同様に、個人の尊重、人権の尊重、人格の完成等を基本においた憲法・教育基本法のもと、学校教育法11条により体罰は禁止されている。この体罰法禁に基づき、政府は、「児童懲戒権の限界について」（1948年）や「生徒に対する体罰禁止に関する教師の心得」（1949年）等、法制定当初から体罰禁止についての見解を表明して、体罰禁止を明確にしてきた。体罰にかかわる裁判も一定数あるが、全体としては体罰に厳しい姿勢をとっている（大阪高判〔1955（S 30）年5月16日高刑集8巻4号〕等）。ところが文部科学省は、いじめや校内暴力の多発を背景にして、「問題行動を起こす児童生徒に対する指導について」という初中局長通知を2007年2月5日に出した。そのなかで、学校教育法にいう体罰はいかなる場合も禁止されているとするものの、水戸五中事件東京高裁判決（1981年4月1日）などを引用して、児童生徒に対する有形力の行使により行われた懲戒がすべて体罰として禁止されているわけではないという見解を示し、教育行政や学校現場に混乱を生じさせている。

こうしたなかで、本判決が判示しているように、体罰が「品位を傷つける取扱い」に該当するという認識が重要である。「品位を傷つける取扱いの禁止」規定は人権条約の基本にある「人間の尊厳」および「身体的精神的な保全」を目的とするもので、体罰をしつけや（狭義の）教育の問題にとどめない認識が必要である。また、本判決のように、体罰を受けない教育を求めることは親の「哲学的信念」に合致した教育を確保する権利であるという認識も重要である。これらの認識・解釈は、日本がヨーロッパ人権条約第1議定書と同様の規定を持つ国際人権規約や子どもの権利条約を批准しているので、日本において体罰を実質的に禁止していく理論と実践を補強するであろう。

【参考文献】

［1］ 北村泰三「ヨーロッパ人権裁判所の体罰事件判決」（牧柾名ほか編『教師の懲戒と体罰』（エイデル研究所、1982年）

［2］ 浦野東洋一「体罰問題とイギリス教育法制」東京大学教育学部紀要24巻（1984年）

［3］ 寺崎弘昭『イギリス体罰史』（東京大学出版会、2001年）

［4］ Terry King, The Politics of Corporal Punishment, Sheffield Papers in Education Management 61, 1987

［5］ Eliminating corporal punishment: a human rights imperative for Europe's children, Council of Europe Publishing, 2005

［6］ 大谷美紀子「子どもに対する暴力（体罰）」（芹田健太郎ほか編『講座国際人権法2 国際人権規範の形成と展開』（信山社、2006年）

77 選挙権
地域議会代表の選出方法と個人の権利としての選挙権
── マチュー・モアン判決 ──

桐山　孝信

Mathieu-Mohin and Clerfayt v. Belgium
2 March 1987, Series A no. 113（全員法廷）

【事　実】

　ベルギーは1831年憲法で、州や自治体に相当程度の自律性（autonomy）を認めていたが、国家体制としては、単一国家の構成をとっていた。しかしその後、徐々に連邦制の組織構造へと移行し、1970年と80年に大きな法制度改革が行われた。もっとも改革はそれで終了したのではなく、なお進行中のものとされた。

　そうした中で、1981年2月5日に、フランス語を話す8名の上院議員および7名の下院議員により、ヨーロッパ人権委員会に対してこの80年の特別法における地域の評議会代表の選出方法が人権条約に違反するとの申立が行われた。15名のうち、Mathieu-MohinおよびClerfayt以外は全員ブリュッセルに在住していたが、委員会は上記2人の申立のみを受理した。

　Mathieu-Mohin（マチュー・モアン）はフランス語を話すベルギー市民（citizen）であり、ハル-ビルボルデ行政区のフラマン語地域に居住しており、その地域は同時にブリュッセルの選挙区でもあった。彼女は、当時上院議員に選出されていたが、議会においてフランス語で宣誓したためにフランスコミュニティ評議会のメンバーとなったが、フラマン評議会（Flemish Council）には席を占めることができなかった。他方、Clerfaytも同じく、フランス語を話すベルギー国民（national）であり、ハレ-ビルボルデ行政区でブリュッセルの選挙区でもあるロード・サン・ジャンスに居住していた。彼は下院議員であったが、同じく、議会においてフランス語で宣誓したためにフランスコミュニティ評議会のメンバーとなったが、フラマン評議会には席を占めることができなかった。

　この行政区は、2言語地区である首都ブリュッセルと単一の選挙区を構成しており、議員が議会において宣誓した言語に従って、議会の言語グループに所属することになる。このことから複雑な事態が生じた。つまり、ハル-ビルボルデ行政区はオランダ語地域に統合されているので、この地区のフランス語住民は彼らの議会代表を選出することができるが、地域の行政区に関して排他的な権限を行使するフラマン評議会には代表を選出することができない。実際にも、フラマン評議会は議会のオランダ語グループから選出されたメンバーで構成されている。したがって、議会においてオランダ語で宣誓しない限り、ハル-ビルボルデ行政区のフランス語を話す選出者はフラマン評議会に席を占めることができない。こうしてハル-ビルボルデのフランス語住民がフラマン評議会に代表を出すことから締め出されていることは、ヨーロッパ人権条約第1議定書3条に違反すると主張した。

　これに対してベルギー政府は、フランス語代表も議会においてオランダ語で宣誓すれば、評議会に席を占めることができると主張し、また、この事態は暫定的な性質のものであるとも主張して、条約の違反はないとした。

　1985年3月15日の報告書で、委員会は10対1で第1議定書3条の要件に合致しないところがあるという意見を表明し、他方、選出代表としての14条や第1議定書の1条違反について審理は不要であるとした。同年7月11日、委員会は本件を裁判所に

【判　旨】

(1) 第1議定書3条の解釈について

当裁判所は、まず、第1議定書3条に基づく申立を決定することが求められたので、本件の文脈での本条文の意味を定めることが必要であると考える (§46)。

(a) 制度的保障か個人の権利か

条約前文によれば、基本的人権および自由は実効的な政治的民主主義によって最もよく維持される。それが民主主義の特色たる原則を表しており、3条は条約体制の中で第一の重要性を有する (§47)。条約の他の実体規定のほとんどすべては、「すべての人は……を有する」とか「何人も……されない」という規定形式だが、3条は「締約国は……を約束する」という文言を使用する。このことから、本条がしばしば締約国の管轄権に服する個人に対して権利・自由を保障したものではなく、もっぱら国家間の義務と推論される場合がある。もし、そうであるならば、条約25条に基づき、本申立は受理できない (§48)。

しかしそうした解釈は精査に耐えない。第1議定書の前文では、ヨーロッパ人権条約の第1節にすでに含まれているもの以外の若干の権利および自由を集団的に実施するための措置を確保するとしているし、第1議定書5条は、1から4条の規定は条約への追加条文とみなされ、かつ条約のすべての規定はそれに応じて適用されると規定する。さらに第4議定書は、第1議定書の1から3条までに保護された「権利および自由」に言及している。議定書に関する準備作業でも、3条について個人の権利たる請願権も排除するような意図を明示していない (§49)。

こうして、3条に規定された権利の性質について、委員会がとった見解は発展した。自由選挙の実施に対する「制度的」権利という考え方から、委員会は「普通選挙」の概念へ移行し、したがってその結果として、個人の参加権、たとえば「投票権」や「立法機関への選挙に立候補する権利」といった実質的権利という考え方に移行した。裁判所はこの後者の考え方を支持する (§51)。

(b) 権利の黙示的制約

問題の権利は絶対的なものではない。3条は、明示的な文言で規定することなく、それを認めており、それを定義するまでもなく、黙示的に制約の余地がある。締約国は、それぞれの国内法秩序において、投票権や立法機関への選挙に立候補する権利を、3条の下で排除されていない条件に従わせることができる。しかしその条件が、問題の権利のまさに本質を損ねかつ権利の実効性を奪う程度にまで当該権利を抑制しないこと、正当な目的を追求する場合に課せられること、採用された手段が不均衡なものとはならないことという要件を満たさなければならない。とくに、このような制約は立法機関の選出にあたって人民の意見の自由な表明を妨げてはならない (§52)。

3条は「立法機関」の選挙にのみ適用がある。しかし、国会を意味するだけではなく、問題の国家の憲法構造に照らして解釈されなければならない。1980年の改革で、フラマン評議会に、フランスコミュニティ評議会やワロン評議会と並んで、ベルギーの立法府の構成部分となるような十分な権限が付与された (§53)。

立法機関の任命方法について、3条は自由、合理的な間隔、秘密投票、人民の自由な意見の表明を確保するという条件に基づいて、ということだけを規定している。したがって、比例代表制などに見られる何らかの特別の制度を導入する義務は存在しない。ここでもまた、当問題に関する立法は場所あるいは時代に応じてさまざまであることを考慮に入れると、締約国は広い評価の余地を有することを当裁判所は認める。

第1議定書3条の適用上、いかなる選挙制度も、関係国の政治的発展に照らして評価されなければならない。少なくとも、選択された政治制度が「立法機関の選出にあたって人民の意見の自由な表明」を

確保するという条件を規定する限りは、ある制度の文脈では受け入れ難い特徴が、別の制度の文脈では正当化されうる（§54）。

(2) 本事例での3条の適用

以上のように解釈される観点から申立を審理しなければならない。

(a) 1980年の特別法の意義

政府は、ハレ-ビルボルデ地区のフランス語を話す選挙人が、フランス語を話すが議会の宣誓はオランダ語で行う候補者に投票することを妨げるものは何もないと指摘した。しかしながら、ベルギーのような国では、特にブリュッセル郊外の自治体のような「繊細な」地域の住民の場合、言語的優先性が重要な要素である。議会においてオランダ語で宣誓した選出代表は両院でフランス語グループに属さないであろう。憲法が特別多数決を要件としている地区においては、このグループはオランダ語グループと同じように、重要な役割を果たす（§56）。

しかしながら、1980年の特別法は領域原則に基づくベルギー国家の全般的制度的体制に合致している。いまだ完成していないこの改革は、王国のさまざまな地域、文化共同体の間の均衡を達成することを意図するものである。この改革はより安定的で分権的な組織を作り上げることによって、言語による紛争を和らげることを目的にしている。この意図自体は正当であり、明らかに民主的な国会による討論から、そして特別法に賛成する圧倒的多数派によって生み出されたものである。

(b) 言語的少数者への配慮の必要性

言語的少数者が、彼らの地域での言葉を用いることができ、用いることを望んでいる立候補者のために投票できなければならないということが帰結のひとつである。しかしそうした選挙の組織はかなり多くの国において類似の要件が存在しており、必ずしも少数者の利益を脅かすものではない。領域原則に譲歩しているこうした制度に関しては、たとえば特別多数決を要件とすることによって、不適当なまたは恣意的な変更に対する保障措置を政治的、法的な秩序が提供している場合に、とくに当てはまる。

(c) 配慮と制約との不均衡はない

ハレ-ビルボルデ地区のフランス語を話す選挙人はオランダ語を話す選挙人と同じ法的立場で投票権および立候補の権利を享受している。彼らが議会においてフランス語で宣誓し両院でフランス語グループに参加しフランスコミュニティ評議会に席を占める候補者に投票するか、または議会においてオランダ語で宣誓し両院でオランダ語グループに参加しフラマン評議会に席を占める候補者のいずれかに投票しなければならないという単純な事実によって彼らの権利が奪われたということはできない。これは、立法機関の選択において人民の意見の自由な表明を危うくするような不均衡な制約ではない（§57）。

(3) 第1議定書3条と結び付けられて適用された人権条約14条違反の申立について

差別が存在してきたという主張は、上に考察されたものと同様の訴えに基づく。当裁判所は、したがって、それらの訴えはすでに退けられ、そして申立人らを侵害する差別はなかったと判断する（§§58-59）。

(4) 判　決

以上の理由により、

1. 第1議定書3条単独での違反はない（13対5）。
2. 第1議定書3条と結び付けられて適用された人権条約14条の違反はない（14対4）。

判決には、共同反対意見（5名）および宣言（1名）、補足意見（1名）が付されている。

【解　説】

(1) 人権条約体制における第1議定書3条の位置

本条項は、世界人権宣言21条や自由権規約25条などに規定される参政権や公務就任権に言及せず、締約国に自由選挙の実施を義務づけているに過ぎない。しかもこれが、財産権や教育権とともに、人権条約の本体には挿入されず、後の議定書によって規定された。民主制度について議定書に先送りされた原因としては、それが国家の構成や政治に関係する

問題であって、伝統的な人権の範囲に入らないとか、人権保障と民主主義の維持が相互不可分であるとしても、何が民主主義の根本原則といえるのかについて合意が形成できないこと、選挙権についても、各国でさまざまな制度が存在しているので、統一的な基準を設定することが難しいなどの問題点が指摘されていたからである[1]。

こうして、第1議定書に規定されることになった自由選挙の保障については、本判決も述べるように、各国に「評価の余地」が大きく認められる分野であり、この条項をめぐって裁判所に持ち出された事件は、本件がはじめてであった[2]。したがって、裁判所がこの規定の解釈を確定しようと努めたことは、当然のことであろう。

(2) 主要論点

(a) 個人の権利か締約国の義務か

裁判所は、3条が人権条約体制の中で、第一の重要性を有するものと位置づけ、「締約国は……を約束する」という規定形式にとらわれずに、個人の権利としての自由選挙の保障を明確にした。かつては、委員会も、そして裁判所もとっていた、制度的権利という考え方からの移行を確認した[3]。つまり、「3条の文言が国家間の規定のように色づけされているということは、他の実体規定とのいかなる違いをも反映するものではない。国が約束をより厳粛に守るのが望ましく、また関連分野での第1の義務は、多くの市民的・政治的権利のような国の不介入ではなく、民主的選挙を実施するという積極的措置の採用であるという事実にあると考える」(§50) と述べた。しかし、権利自体は国家による評価の余地が広範に認められるものであって、住民の意見の自由な表明が確保されるものであるかぎり、裁判所は目的と手段の均衡を考慮するにとどまると考えられる[4]。

(b) 「立法機関」の範囲

また立法機関の範囲については、国会レベルのものが想定されるが、各国の憲法の構造に照らして解釈されなければならないことが明らかにされた。特に連邦制では、地域レベルの議会も3条の対象となる。また、レファレンダム、政府の長の直接選挙に対して3条は適用されないと考えられていたが、その後、Matthews判決（本書3）は、1994年にジブラルタル住民にイギリスがヨーロッパ議会の選挙について投票権を付与しなかったことについて、3条違反と判断した[5]。

(c) 自由選挙の制約

他方で、任命方法については、場所、時代に応じてさまざまあることを認める。すべての投票が選出の結果に関して同じ重みを持つ必要はなく、人民の自由な意見の表明が確保される限り、どのような選挙制度も正当化されると述べていることが、それを示す。これまで、委員会にもち出された事例では、受刑者、人種差別を煽動する政党の立候補者や海外に居住する国民などが制約事由として認められている[6]。もっとも2002年4月9日の、Podkolzina v. Latvia判決（本書80）では、客観性の保障がかけていること、手続的公正さや法的確実性、均衡性の欠如のゆえに3条に違反すると判示された[7]。

(3) 判決の問題点

ベルギー言語事件（本書78）でも見るように、ベルギーにおける言語にかかわる問題は、政治的にも社会的にも重要性をはらんでいる。本件も選挙制度が言語を理由とした差別にかかわるかどうかが問題となったが、裁判所は、かなりあっさりと、申立人の主張を退けているように思われる。

しかし、5名の共同反対意見も言うように、このフラマン評議会は、地域計画や環境問題、住宅問題、経済政策、エネルギー、雇用といった重要な分野について行政権限を持っているので、その評議会に代表を選出できないことは、その地域でのフランス語住民の利益を守ることが難しくなる可能性がある。一方、オランダ語で宣誓する議員は自動的にフラマン評議会のメンバーとなるという、実質的効果がある。この地区は全人口50万人のうち、10万人以上がフランス語を話す人々であり、平均得票数でいけば、22,000から25,000人に1人の割合で選出されるので、数名の代表が任命されてもおかしくはない。

特にベルギーの分権化の枠組みにおいて、こうした選挙区のフランス語住民の権利の制約が、3条違反にならないことは、論理的に正しいことなのかどうか問題が残る(8)。

(1) 薬師寺公夫「ヨーロッパ人権条約準備作業の検討（中）」神戸商船大学紀要・第1類・文科論集33号（1984年）21-23頁。
(2) 佐藤潤一「国際人権法における参政権 ── ヨーロッパ人権裁判所『マシュー・モーヒン及びクラーフェイト対ベルギー事件』判決を契機として」専修法研論集22号（1998年）20頁。
(3) それまでの裁判所判決は、Ireland v. the United Kingdom 判決（本書 *23*）が国家間の義務として意味づけしていた。また委員会は、制度的権利と理解していた1961年9月18日決定、X v. Belgium(Application No. 1028/61, Yearbook of the Convention, Vol. 4, p. 338) から、投票権や選挙に立候補する権利を認めたものと解釈した1975年5月30日決定、W, X, Y and Z v. Belgium(Application Nos. 6745-6746/76, *op. cit.*, Vol. 18, p. 244) へ移行していた。
(4) Lightgow and others v. the United Kingdom, 8 July 1986, Series A no. 102, p. 71.
(5) Application No. 24833/94. See, AJIL, Vol. 93(1999), pp. 682-685.
(6) L-E. Pettiti, *et al.*, dir., La Convention européenne des droits de l'homme, Commentaire article par article, 2e. éd., (1999), pp. 1018-1019.
(7) Podkolzina v. Latvia, Application No. 46726/99 (9 April 2002). See, AJIL Vol. 97 (2003), pp. 664-669.
(8) Pettiti, *op. cit.*, p. 1018.

［参考文献］
［1］ F. スュードル（建石真公子訳）『ヨーロッパ人権条約』（有信堂、1997年）、159-162頁。
［2］ H. Hill and D. Pannick eds., Human Rights Law and Practice, 2nd ed. (2004), pp. 483-488.
［3］ R. Goy, "La garantie européenne du droit à de libres élections législatives: L'article 3 du premier protocole additionnel à la convention de Rome", Revue de droit public et de la science politique en france et à l'étranger, (1986), pp. 1275-1326.

人権裁判所

78　差別の禁止
教育における言語差別と差別禁止規定の自律的性格
——ベルギー言語事件判決（本案）——

徳川　信治

Belgian Linguistic Case (merits)
23 July 1968, Series A no. 6（全員法廷）

【事　実】

　ベルギーは、フランデレンとワロンという2つの地域に分けられる。前者はオランダ語が、後者はフランス語が話される。ベルギー憲法23条は言語の自由を定めていたが、独立の経緯から前者の地域でもフランス語が話されており、フランス語が事実上の公用語であった。その後オランダ語尊重の動きを受けて1930年代には行政実務、学校教育および裁判実務に関連する諸法が改正され、一地区一言語主義が確立した。初等中等教育に関連する1932年の法律は、全国を4分割し、そのうち3地域には一言語主義を適用した。ただし、第4地区であるブリュッセル地区は、本来フランデレンに属するが、首都という特殊性にかんがみて母語または日常使用言語に応じてフランス語またはオランダ語による教育が認められた。同法によって、当該地域に適用される言語を話さない就学児童は、授業が理解しえない事態か、自らが解する言語によって教育を行う地域への転居または遠距離通学、さらには通学費用の出費や家庭生活の混乱を、その意に反して余儀なくされることとなった。

　オランダ語専用地域に居住するフランス語を使用する住民は、この事実が、ヨーロッパ人権条約（以下、条約という）8条、9条、10条、議定書2条の各条に、とくに14条との関係で違反すると主張し、ヨーロッパ人権委員会（以下、人権委員会という）に申し立てた。その主張に基づく問題点は、以下の6点にわたるものであった。①申立人らの居住区において自らの言語による教育が認められないこと、②学校への補助金に関する1955年および1956年法律によって地区専用言語とは異なる言語による教育を行う学校に対する補助金交付が拒否されたこと、③唯一2言語が認められた地域に対して特別な地位が付与されたことが不当であること、④ブリュッセル特別区外に居住する児童の同区内の学校に入学する条件が居住地区の言語の学校であることとされ、言語の選択の自由が認められないこと、⑤父母の居住地を唯一の根拠として、他地区に存するフランス語学校への入学が拒否されること、⑥大学入学資格に関する1932年の法律によって地区専用言語を使用しない学校の卒業証書が非公認とされること。

　人権委員会は、1963年に本申立を受理し、9条および10条違反の主張は「明らかに根拠に欠く」として却下したが、余の主張の本案審理の必要性を認める判断を行った。ところがこの直後ベルギーは、1963年の法律によって上記両1932年法律を改正し、第4地区は、さらに2言語併用地域、フランス語専用地域、オランダ語専用地域に3分割された。これによってブリュッセル地区のフランス語を使用する住民はいっそう困難な状況となった。この1963年の法律に対する申立が4件出されたが、旧法に関する当初の申立の主張と同趣旨であること、しかも申立人にとって、1963年の法律が旧法と比してもいっそう不利な法律であるとして、これら申立は審理の併合が行われた。

　人権委員会は、友好的解決を図ったものの不調に終わり、報告書を閣僚委員会に送付するとともに、人権裁判所に本件を付託した。その際に争われたのは、上記6つの問題点が、家族生活の尊重（8条）、

差別の禁止（14条）および教育についての権利（議定書2条）と両立するか否かであった。人権裁判所は、8対7で次のように判示した。

【判旨】

(1) 議定書2条、条約8条および14条に関する一般的な解釈

(a) 教育についての権利

「何人も教育についての権利を否定されない」という議定書2条の「消極的な規定ぶりによって、教育を受ける権利は、締約国の歳出において特定の形式または段階の教育施設の設立やそれへの補助を求めるものとしては認められない」。このことから、締約国が、当該権利の尊重を確保するという積極的義務を負わないというわけではない。「『権利』として存する以上、当該権利は、条約1条により締約国の管轄内にあるすべての者に対して確保される」。

「教育についての権利」の範囲を決定するためには、この規定の目的を考慮しなければならない。この点、「ヨーロッパ評議会全加盟国は、本議定書の署名開放日には、一般的および公的な教育制度をすでに保有していた」。したがって「単に既存の教育制度の手段にアクセスする権利を人々に保障することのみが問題となる」。しかし、「条約は、手段や方法に関する個別の義務を定めているわけではない」。「教育についての権利」が国語で「教育を受ける権利を意味しないのであれば、それは無意味なものとなってしまうであろう」（§3）。「よって議定書2条第1文は、まず既存の教育機関へのアクセスする権利を保障することになるが、それは教育についての権利の一部を構成する」（§4）。

条約における「一般目的は、基本的人権の効果的保護を行うこと」である。よって、条約は、「その共同体の一般的利益の保護と基本的人権の尊重との間に、ただし後者への重要性がおかれるが、正当なバランス」を含意している（§5）。

(b) 私生活および家族生活の尊重

私生活および家族生活の尊重に関する8条は、「ある教育についての権利あるいは自分の子の教育に関する親の権利を保障するものではない。この規定の目的は、私生活あるいは家族生活において公権力による恣意的な干渉に対して個人を保護することを本質とする。」しかしながら、「教育分野においてとられた措置が私生活および家族生活の尊重についての権利に影響を与える」ことがありうることを排除するものではない。「たとえば、当該措置の目的もしくは結果が、恣意的な方法によって親子が引き離されるといった、不当な方法によってあるいは恣意的に家族生活をかき乱すことになる場合」があてはまる。「条約は、全体として読まれなければならない。したがって、ある条項によって特に扱われている問題が、他の条項によって規定されることもある」。（§7）議定書2条と条約8条は、「個々独立してのみならず、14条に定められた保障に考慮したうえで、解釈および適用されなければならない」（§8）。

(c) 無差別原則

実際、無差別の保障は、「14条の文言によれば『この条約に定める権利および自由』」にのみ関連するという意味で独立した存在ではない。しかしながら、ある措置が、問題となっている権利または自由を定める条文の要件にそれ自体では両立するとしても、14条にあわせて解釈された場合、差別的な性格を有することを理由に当該条文を侵害することがありうる」。「議定書2条第1文からある特定の教育施設の設置を当局から得る権利を導き出すことはできない。が、かかる施設を設置した国家は、入学条件の設定において14条の意味で言う差別的な措置を講じることはできない」。14条は「権利および自由を定めるそれぞれの条文の不可分をなす部分を形成する」。この点は、「権利および自由の性質ならびにそれに対応する義務の性質によって、つまり権利に払うべき尊重が積極的な行為あるいは単なる差し控えを意味するかにかかわらず、変わるものではない」。このことは、14条で使用されている「文言のまさに一般的な性質によって明確に示されている」（§9）。

14条は、「権利および自由の行使にあたり、すべての区別を禁ずるものではない」。「重要な点は、無論定める権利および自由の一つの行使に関して、取扱いにおける所与の区別が14条に違反するか否かを判断可能にする基準を探すことである」。この問題について、「大半の民主的国家の法的実行から導き出すことのできる原則に従い、区別が客観的および合理的な正当性を有さない場合には、取扱いの平等の原則が害される。こうした正当化の存在は、通常民主社会において有力な諸原則に考慮を払いつつ、検討対象となっている措置の目的および効果に関連して評価されなければならない。条約の定める権利の行使における取扱いの相違は、正当な目的を追求するのみであってはならない。つまり、利用される措置と実現すべき目的との間に比例性の合理的関係が存在しないことが明確に確定する場合には、14条をも同様に侵害することになるであろう」（§10）。

「本件の場合、14条が、議定書2条に関連して解釈した場合においてですら、子またはその親に対して自らの選択する言語による教育を得る権利を保障する効果を有するものではない。これら二つの条文の目的は、それらをあわせて解釈すると、より限定的である。つまり、教育についての権利は各締約国によって差別なしにその管轄内で保障されることを確保することである。これが、議定書2条に関連して解釈される14条の当然かつ通常の意味である」（§11）。

(2) **個別問題**（第1および第5）**に関する判断**

居住地区でのフランス語教育が認められない結果、「個々の場合において厳しいものとなるとしても、8条違反であるとはいえない」。「この規定は、公権力やその援助によって親の使用する言語で教育を受ける権利を保障するものではない。さらにいえば、立法がある親に対して子と別居を余儀なくしたとしても、それの別居は、当該法律によるものではない」（§7）。

「自らの言語ではない国語を徹底的に学習することを要求することが、『非人格化』の行為」であるとはいえない。「大ブリュッセルにあるフランス語の学校へ子を通わせるという親の決定に関していえば、これは親の選択の結果であって、私生活および家族生活に関する当局による干渉の結果ではない」（§19）。

次に、特別の地位を有する6地方公共団体におけるフランス語学校へのアクセスを規律する措置について検討する。

「二言語併用の首都であり国際的中心地であるブリュッセル郊外の過密地帯に位置し『特別な地位』を有する6地方公共団体においては事情が異なる。フランス語を話す家庭が多く、ある程度『混合的』性格を持つ地域である」。1963年の法律7条は、この地域を言語区原則の適用除外とした。その第3項は、当該地区の教育上の言語をオランダ語と定めるが、フランス語を母語または日常語とする子に関し、16人の世帯主が請求する場合初等教育におけるフランス語の教育を認める。ただし、「この教育は、その保護者が当該地方公共団体外の居住者である場合には、その子には開かれていない。他方、同じ公共団体ではオランダ語のクラスに対しては、原則として、母語および日常語の如何を問わず、また親の居住地の如何を問わず、すべての子を受け入れる」。したがって、2つの言語のうち、一方に対してのみ、居住要件が課されている。「この措置は、公用語の一つを話す家族に統一的に適用されているわけではない」。さらに「かかる状況は、その親の居住地とは無関係にフランス語を話す子に開かれるブリュッセル地区とは対称をなす」。「よって居住要件は、行政上または財政上の理由に基づき、学校に関して課されてはいない」。本件では「専ら言語に関する考慮から生じている」。その上、問題の措置は、「用いられた手段と意図された目的との間に比例の関係が完全には尊重されてはいない」。教育についての権利、本件では「既存の学校へのアクセスする権利の享受は、特に言語を理由とした差別もなしにすべての者に保障されているとはいえない」。よって条約14条に関連において議定書2条第1文と両立しない。ま

た、かかる状況では、条約14条の関連においてもしくは単独での8条の問題は審査する必要はない（§32）。

① Holmbäck、Rodenbourg、Ross、Wiarda、Mast 裁判官の反対意見

無差別に関する基準について争わないが、「人権裁判所が示した法的前提と違反認定との間には矛盾がある」。「判決は、国内当局が当該事実評価の第一義的な立場にあり、人権条約と両立する措置を自由に選択できることを考慮していない」。また人権裁判所は、本件措置の目的が、客観的要素かつ公の利益に基づいており、当該措置が恣意的ではないとしている。本件の6地方公共団体が持つ「特別の地位」は、オランダ語圏にある「例外的制度」である。その効果は性質上制限的となる。その制限は居住という何よりもまして客観的な要件に基づいている。

② G.Maridakis 裁判官の反対意見

法律全体の背景にある立法者意図に照らして解釈するべきである。本件法律は、「言語問題によって荒廃した平穏および秩序を回復するという公の利益を達成するため」のものである。それは「条約全体にある意図と抵触するものではなく、条約に違反する『差別』であるとはいえない」。

③ Terje Wold 裁判官の反対意見

既存の教育施設に「アクセスする権利」は条約にはない。「14条は条約や議定書の他の条文の一部として考慮される」としても、「新しい要素をもたらすのではなく、他の条文が扱う人権が差別もなしに保障されることを明示したにすぎない」。

【解　説】

(1) 当該判例の意義・特徴

本判決で注目される点は、条約14条の無差別原則との関係で議定書2条第1文の教育についての権利を侵害すると判断された点である。裁判所は、基本的人権の効果的保護という条約の一般目的の尊重を強調し、共同体社会の一般的利益の保護以上に、基本的人権の尊重に比重が置かれるとした。その際、各個別条文のみを解釈するのではなく、条約全体として、つまり、条約の目的・趣旨や他の条約規定の内容との両立性を考慮しながら、解釈することを示した。

(a) 教育を受ける権利の範囲

議定書2条は、消極的な定式であり、個人が国家に対して特定の形式による教育制度を求める権利までを包含せず、また教育制度の導入も、各締約国がその社会的状況に応じ広範な裁量に服すべきものとされた。また同条第2文が、両親のもつ信念に一致する教育の確保する権利の尊重を締約国に課すが、それは親の教育における言語の選択権までは含むものではないとされた。裁判所がこのように消極的な定式から限定的な解釈を行ったのは、条約に定める教育権を自由権としてそれに押しとどめようとしたことを意味する。

(b) 条約14条の意味

本件は、14条が「この条約の定める権利および自由」という文言によって限定的であるが、他の実体規定とは離れた独自の意味を持つことを明らかにした事件である。人権裁判所は、ある措置が他の実体規定に背反しなくとも、14条とその実体条文とあわせ読むことによって、差別的性質を帯びていることを理由に14条に関連して当該条文違反が認定される可能性を認めた。さらに、本件では、絶対的差別禁止を採用しなかったため、何をもって14条が禁じる差別を構成するかにつき、判断すべき基準を明らかにした。

(2) 主要論点の解説

(a) 条約14条の自律的性格

14条は、条約各実体条文の「不可分となる部分」であり、「補完的性格」として位置づけられる。しかし、人権裁判所は、締約国がとる措置が条約上の権利に関連して差別的性格を伴う場合、14条の適用可能性があるとし、14条が差別禁止に関して独自の自律的な範囲を有することを認めた。本件以降、人権裁判所は、締約国がとる措置が保障される権利の行使にかかわる措置の範疇に入る場合、14条が

適用されるとし、条約上の権利の尊重に対する実用的な立場を採用した。これは、条約に定める権利および国家のそれに対応する義務が明確にされず、かつ、その結果国家が権利の行使を可能かつ効果的にするための手段について広範な裁量権を有する場合には意味を持つ。例えば、失業保険給付に関わる国籍差別が争われたが、人権裁判所は、これを財産権の一部における差別の問題とした(1)。各実体条文の対象の拡大に伴い、「この条約の定める」という限定を維持しつつも、14条の適用範囲は事実上拡大してきた。

(b) 無差別原則の基準

14条は、社会的弱者等を救済し、事実上の不平等を矯正するような差異ある取扱いまでも禁止するものではない。また機会の平等を絶対的に要求するものでもない。禁じられる差別の基準の明確化に関して、人権裁判所は、同等のまたは比較可能な状況にある者に対して、①認定事実が区別のある取扱いであること、②当該区別が、審査の対象たる措置の目的と効果に照らして客観的かつ合理的な正当性をもたないこと、③用いられる手段とその実現すべき目的の間に合理的な比例性の関係がないこと、が認められる場合、14条に違反すると示した。これらを評価するにあたり、関係締約国の社会における法上および事実上の諸要素を無視することはできない。そのため、条約システムの持つ補完的性格と両立させながら、国内当局に付与された評価の余地理論が採用された。この評価の余地は、状況に応じて、その主題およびその背景によって変化する。その決定的要素は、民主社会において一般に通用する諸原則、つまり締約国間の法制度における「共通基盤」の存否である(2)。

他方、際立って異なる状況にある人々の間において客観的および合理的正当化なしに、一律平等措置が講じることは14条に違反すると判断されている(3)。

(c) 差別禁止事由について

14条に掲げる差別禁止事由は例示的列挙である。

列挙された事由はそれ自体としては許容できないもの、つまり差別的性格が推定される。他方、それ以外の取扱いの差異は、すべて許容されるわけではない。社会的状況の変化に伴って、例えば年齢、国籍等が現在あげられる。

(3) 判決の国内法への影響・各国の対応

この判決後、ベルギーは1970年12月24日に本件で問題となった言語に対する配慮を中心とした憲法改正を行った。

本件では14条の独自機能とともにその保障範囲が条約に定める権利に限定されるという限界性も示された。他方自由権規約26条が社会権の享受に関わる差別の禁止をも保護範囲とすることが認められ、同規約との差異が浮き彫りとなった。そこでヨーロッパ評議会は、2000年差別禁止の一般的原則を定める第12議定書を採択し、同議定書は2005年発効した。

(1) Gaygusuz v. Austria, 16 September 1996, Reports 1996-IV（本書*79*）.
(2) Marckx v. Belgium, 13 June 1979, Series A no. 31, para. 41（本書*58*）.; Rasmussen v. Denmark, 28 November 1984, Series A no. 87, para. 40.
(3) Thlimmenos v. Greece, 6 April 2000, Reports 2000-IV, para. 44.

［参考文献］
［1］ 高野雄一『国際社会における人権』（岩波書店、1977年）209-214頁
［2］ 野村敬造『基本的人権の地域的・集団的保障』（有信堂、1975年）460-484頁
［3］ 小畑 郁「ヨーロッパ人権条約における教育権と差別禁止原則の一断面――いわゆる『ベルギー言語』事件を中心に」院生論集（京都大学大学院法学研究科）15号（1986年）33-57頁
［4］ 門田 孝「欧州人権条約と『評価の余地』の理論」櫻井雅夫編『EU法・ヨーロッパ法の諸問題』（信山社、2002年）251-291頁
［5］ 北村泰三「ベルギー言語事件」宮崎繁樹編『基本判例双書国際法』（同文舘、1981年）128-129頁
［6］ 德川信治「欧州人権条約第12議定書の成立」立命館法学271・272号（上巻）（2001年）589-621頁

79 社会保障における国籍差別
社会保障における国籍要件と差別禁止
——ギャグスツ判決——

馬場 里美

Gaygusuz v. Austria
16 September 1996, Reports 1996-IV

【事 実】

トルコ国籍の申立人は、1973年から1984年10月まで、何回かの中断期間を経て、オーストリアで就労していた。申立人は、1984年10月から1986年7月1日まで、失業、次いで病気による休職の状態にあり、それぞれ対応する社会保障給付を受けていた。その後、1986年7月1日から1987年3月15日まで、申立人は、失業給付金を経由した退職年金の前払い（advance）を生活費にあてていた。当該給付の期限が経過した後、申立人は、「緊急援助」の形態で行われる退職年金の前払いをリンツ労働局に申請したが、失業保険法33条2項(a)に基づく国籍要件を充たしていないとして、却下された。申立人は、オーバーエステライヒ州地方労働局へ異議を申し立てた後、帰国し、トルコから同条の違憲性についてオーストリア憲法裁判所へ訴えを提起した。しかし、憲法裁判所は憲法上の権利の侵害がないとして事件を行政裁判所へ移送し、行政裁判所は最終的に訴えを退けた。そこで、申立人はヨーロッパ人権裁判所へ申し立てた。

【判 旨】

(1) 第1議定書1条と併せた14条違反について
(a) 第1議定書1条と併せた14条の適用可能性
当裁判所の判例によると、条約14条は、条約の他の条項を補完するものであり、単独では効力をもたない。なぜなら、14条が適用されるのは、条約が保障する「権利および自由の享受」に関してのみであるからである（§36）。

第1議定書1条と併せた14条の適用可能性について、申立人は、委員会の見解をもとに、緊急援助の給付は失業保険基金への分担金（contribution）の支払いに関連していることから、第1議定書1条と併せた14条が適用されると主張した。これに対して、オーストリア政府は、緊急援助は失業保険基金への分担金の支払いによって自動的に給付されるものではなく、必要な者に政府が付与する緊急援助であるため、第1議定書1条の適用範囲外であり、14条も適用されないと主張した。

当裁判所の判断は次のとおりである。オーストリアでは、当時、緊急援助は、失業給付の期限が満了した者で、1997年の失業保険法33条所定の条件を充たす者に給付されていた。したがって、緊急援助の給付は、失業給付の前提条件であった失業保険基金への分担金の支払いと結びついていた。このため、分担金の支払いがない者は、緊急援助を受ける資格がない（§39）。

本件の場合、申立人がこの条件を充たしていないとの主張はなされていないため、申立人への給付の拒否は、申立人がオーストリア国籍を保持しておらず、国籍要件が適用除外とされる場合にも該当しないことのみに基づいている（§40）。

緊急援助への権利は、それが法律で定められているかぎりにおいて、第1議定書1条のいう財産権にあたる。したがって、同条が適用されるためには、緊急援助と「租税その他の分担金」の支払義務との関連性にのみ基づく必要はない。

申立人は、国籍という14条に関連する区別に基づいて緊急援助の享受から排除されたため、14条

もまた適用される（§41）。

(b) 第1議定書1条と併せた14条適合性

当裁判所の判例によると、ある区別が14条の禁止する差別となるのは、当該区別に「客観的かつ合理的な正当性が欠けている場合」、すなわち、当該区別が「正当な目的」を追求するものではない場合、あるいは、「とられた手段と目的のあいだに合理的な比例性の関係」が見られない場合である。この点の判断について、締約国は一定の評価の余地を有するが、国籍のみに基づく取扱いの区別の場合、当裁判所が条約に合致しているとの判断を下すのは、きわめて高い重要性がある場合のみである（§42）。

申立人は、オーストリア人労働者と同様に失業給付基金への分担金を支払っており、国籍に基づく区別には客観的かつ合理的正当性は存在しないと主張する。

これに対して、オーストリア政府は、当該規定は差別的ではないと主張する。それによると、国籍による取扱いの区別は、国家は自国民に対して特別の責任を負っており、本質的な必要性について配慮と援助を行う義務があるとの観念に基づいたものである。そのうえ、同法33条および34条は、国籍要件に一定の例外を定めている。さらに、当時、オーストリアがトルコ国民に対して緊急援助を給付する義務を定める条約も存在しなかった（§45）。

当裁判所の判断は次のとおりである。申立人は、オーストリアに適法に在留し、一定期間就労しており、その間オーストリア国民と同様の条件で失業保険基金へ分担金を支払っていた（§46）。また、当局による申立人への緊急援助の拒否は、1977年法が規定しているとおり、もっぱら申立人がオーストリア国籍を保有していないことのみに基づいている（§47）。さらに、申立人がその他の法定の条件を充たしていないことは立証されていないため、申立人は、給付の権利についてオーストリア国民と同様の状況にあったといえる（§48）。同法は国籍要件の適用除外を定めているが、申立人はこれに該当しない（§49）。

したがって、当裁判所は、オーストリア政府の主張を受け入れることはできない。当裁判所は、委員会と同様、緊急援助に関するオーストリア国民と外国人の取扱いの区別はいかなる「客観的かつ合理的な正当化」にも基づいていないと判断する（§50）。

オーストリア政府は、当時、トルコとの相互条約には拘束されていなかったとしても、当条約を批准したことによって、条約1節が規定する権利と自由を「管轄に属するすべての者に」保障する義務を負っていた（§51）。

したがって、当裁判所は、14条との関連で第1議定書1条違反があったと認定する（全員一致）（§52）。

(2) 6条1項違反について

第1議定書1条と併せた14条違反の認定により、本条についての検討は不要である（全員一致）（§55）。

(3) 8条違反について

8条に関連する問題は生じていない（全員一致）（§57）。

(4) 50条の適用について（公平な満足）

オーストリア政府は、申立人に、金銭的な損害の賠償として20万オーストリア・シリングを（8対1）（§63）、および訴訟費用として10万オーストリア・シリングを支払うこと（全員一致）（§70）。

判決には、反対意見1が付されている。

【解　説】

(1) 本判決の意義

本判決は、オーストリアの失業保険法の一部に付されていた国籍要件が、第1議定書1条に関連して解釈される人権条約14条に違反するとしたものである。

周知のとおり、人権条約は自由権的権利を主な保護の対象としており、ヨーロッパ評議会の枠内における経済的・社会権的権利の保護は、別の諸条約の対象となっている[1]。しかし、権利救済に関してもっとも実効性をもつヨーロッパ人権裁判所において適用される条約が人権条約に限られることもあり、

社会権的性質の権利についても可能な限り人権条約に読み込むかたちでの主張がなされてきた。これに対して、人権裁判所も、人権条約が保障する自由権を実質的に保障するためとして、それぞれの権利について、社会権的権利の範疇にまで踏み込んだ解釈を行うことを否定してはいない[2]。もっとも、同時に、人権条約は社会権そのものを保障しているわけではないことを人権裁判所がつとに強調していることもあり、社会権的権利に関しては、給付そのものを権利として問題とするのではなく、むしろ、人権条約が保障する何らかの権利と関連させて給付制度の「差別」性を問うという方向での主張がなされることが多い[3]。本件は、社会保障制度に関してそのような解釈方法がとられる契機となった事件である。と同時に、従来、国民を優先することも許されるとされていた社会権に直結する社会保障制度における国籍条項が人権条約違反とされた点に特徴がある。

(2) 人権条約と社会保障制度

人権条約14条は、自由権規約26条や日本国憲法14条の保障する「平等」とは異なり、条約上の実体的権利と不可分である「補完的性格」の条項と考えられている。もっとも、各実体的権利に完全に解消されてしまうのではなく、条約上の権利に関連した差別の禁止について、一定の「自律的性格」をもつと理解されている[4]。いずれにせよ、本件の失業保険受給権のように、人権条約が保障する実体的権利に含まれない権利が問題となる場合、14条の適用は困難である。しかしながら、本件において、人権裁判所は、本件受給権を第1議定書1条が保障する財産権に含まれるものと解釈することによって[5]、14条の観点からの審査を行ったのである。

では、どのような社会保障受給権が第1議定書1条の保障する財産権に含まれるのだろうか。のちの判決において人権裁判所自身が認めているように、この点について、本判決は明確ではない[6]。本判決で、緊急給付が失業給付受給権を前提としていること、および失業給付受給には分担金の支払いが必要であることが指摘されている点に着目するならば、分担金の支払いが財産権につながるものと解釈する余地もある。この場合、14条を適用できるのは、保険制度のような拠出制の枠組みがとられている場合に限定されることになり、無拠出の場合には、人権裁判所の判断は及ばないと解されるであろう。すなわち、人権裁判所が関与できるのは、拠出制の保険制度であり、かつ、申立人が分担金を支払っているという本件のような制度に限定されることになるが、国籍要件が問題となる場合、このような事例はむしろ稀であるといえる。

この点に関する不明確さのために、本判決以降に出された人権裁判所の判断には動揺がみられたが[7]、最終的に、人権裁判所は、拠出・無拠出の区別を考慮しないという解釈を明確にしている[8]。すなわち、①条約6条1項において社会保障給付権が問題となる場合、拠出・無拠出の区別はなされないこととの整合性がとれないこと、②現在では、多くの場合、拠出制と無拠出制の境界はそれほど明確ではないことから、「個人が国内法のもとで社会保障給付に関して主張可能な権利 (assertable rights) を有する場合には、当該利益の重要性に照らして、第1議定書1条が適用されることになると解すべきである」としたうえで、第1議定書1条の適用において、拠出・無拠出の区別に合理性はないとしたのである。こうして、「第1議定書1条はいかなる社会保障給付を受ける権利も含まないが、締約国が給付制度を創設する場合には、その制度は条約14条に合致するものでなければならない」ことになり、社会保障制度一般が人権裁判所による判断の対象となることが明らかとなった[9]。

したがって、本件における分担金の支払いへの言及についても、支払われた分担金が「財産」となるからではなく、「社会保障給付に関して主張可能な権利を有する」ことが財産権適用の条件となるからであると理解することができる。すなわち、本件の場合、争点である国籍以外のすべての給付要件——そこに分担金の支払いも含まれる——が充たされていることが、第1議定書適用の条件なのであ

(3) 国籍による差別と社会権

次に、社会保障制度における国籍要件についての人権裁判所の評価が重要な論点となる。

一般に、人権裁判所における14条の判断枠組みは、同等の状況（similar situations）にある者について、客観的かつ合理的な正当性のない区別を違法な差別とするというものであり、それは、目指される目的の民主社会における正当性と、その目的と用いられる手段との間の合理的な比例性の関係という観点から判断される[10]。

外国人の社会権については、本件でオーストリア政府によって主張されたように、国家がその保障の義務を負うのはまず国民についてであり、限られた財源のなか、社会保障において国籍という区別の指標を用いることは合理的根拠があるとされることも多い。これに対して、本判決は、国民を優先できるとするこの主張を退け、「国籍のみに基づく取扱いの区別の場合、当裁判所が条約に合致しているとの判断を下すのは、きわめて高い重要性がある場合のみである」として、締約国側に国籍という指標を用いることの正当性を証明する重い責任を課した。そのうえで、申立人は緊急給付受給権について国籍以外の点ではオーストリア国民と同じ状況にあったこと（国籍以外の給付条件を充たしていたこと）を指摘し、結論として、「緊急給付に関するオーストリア国民と外国人の取扱いの区別は、いかなる『客観的かつ合理的な正当化』にも基づいていない」と判断したのである[11]。

それでは、本件の射程は、近年特に問題となっている在留資格を持たない外国人の社会保障にも及ぶのだろうか。これについて、その可能性を指摘するものもある[12]。もっとも、拠出・無拠出にかかわらず、制度への事前の「加入」が必要とされている制度の場合には、加入資格の一つとして在留資格要件があげられ、これが争点となることも多い。しかし、上述の第1議定書1条の解釈からは、「加入権」そのものが「財産」に含まれるかどうかは明らかではない[13]。いずれにせよ、在留資格がない外国人については、14条適用の前提とされている「（国籍以外）同等の状況に置かれている」ことが認められるかどうかが、まず問題になるものと思われる[14]。

(4) 本判決に対するオーストリア政府および各国の対応

本判決を受けて、1997年7月、オーストリア政府は失業保険法33条および34条について、2000年1月1日施行とする改正を行った。しかし、オーストリア憲法裁判所が本判決を受けて判例を変更し、1998年3月に、同法33条および34条を無効とする判断を下したため、この改正は、1998年4月1日に時期を早められて施行されることになった[15]。

その他の締約国においても、たとえば、フランスでは、本判決直後から、社会保障における国籍条項を人権条約に照らして無効とする判決がコンセイユ・デタや破毀院などで出されるようになり、国籍条項を見直す法改正が行われるなどの影響が見られる[16]。

(5) 日本との比較、示唆

社会憲章ではなく人権条約の枠組みにおける判断である本判決では、社会保障制度における国籍要件について、外国人の社会権享有主体性という観点からではなく、——条約14条の性質上、財産権と関連させつつ——もっぱら差別禁止原則の適用という枠組みで判断がなされている。それが国籍のみに基づく差別の正当性の否定へとつながり、結果的に、社会権についても原則として外国人に国民と同等の保障を認めるに等しい結論が導かれている。

他方、日本においては、社会権について保障の程度を国籍によって区別することを認める最高裁判決[17]の存在に加えて、実定法上、国籍あるいは在留資格条件が付されている制度をめぐる事件においては、憲法25条が具体的権利性をもたないという解釈のもとで、憲法14条との関係においても広い立法裁量が認められ、裁判所による判断は実質的に回避されている[18]。このような状況のもと、本判決の意義として、社会保障の分野において、外国人

に一定の権利を認めた——国の裁量による付与ではなく——という側面に加えて、とりわけ、社会権とは切り離された、平等原則独自の意義を再認識させるという側面を指摘できるだろう。

(1) J.-F. Renucci, Droit européen des droits de l'homme, 3ᵉ éd., LGDJ, 2002, p. 322.

(2) 中井伊都子「国際人権条約における社会権の権利性」国際人権16号（2005年）77頁。また、本稿の対象である財産権の「社会化」傾向について、F. Sudre et al., Les grands arrêts de la Cour européenne des Droits de l'Homme, PUF, 2003, p. 503 参照。

(3) そのような権利として、第1議定書1条以外に、8条があげられる。たとえば、社会保障制度における性別に基づく差別を8条に関連させて扱った Petrovic v. Austria, 27 March 1998 参照。

(4) ベルギー言語事件判決（本書 *78*）。

(5) 人権裁判所において、第1議定書1条 "possession" は、同じく正文である仏語条文の "biens" に引き付けて「財産権」として広く解釈されている。C. Ovey & R. White, The European Convention on Human Rights, 4ᵗʰ ed.(Oxford Univ. Press, 2006), pp. 349-358.

(6) Stec and others v. UK, admissibility decision(GC), 5 September 2005, no. 65731/01 and 65900/01, § 46.

(7) 拠出という観点を指摘した例として、Szrabjet and Clarke v. UK, Decision of the Commission, 3 December 1997; Kjartan Asmundsson v. Iceland, 12 October 2004 などがある。他方、拠出の有無にこだわらない判断を行ったものとして、Wessels-Bergervoet v. the Netherlands, 4 June 2002; Koua Poirrez v. France, 30 September 2003 などがある。

(8) Stec and others v. UK, *supra* note (6).

(9) *Id.*, §§48-49, 50, 51, 53, 55.

(10) ベルギー言語事件判決（本書 *78*）。

(11) Koua Poirrez v. France, *supra* note (7), Reports 2003-X, § 46 でも、限られた財源のもと国民を優先できるという前提でのフランス政府の主張が同様に退けられている。

(12) K. Michelet, Les droits sociaux des étrangers, L'Harmattan, 2002, pp. 415-417.

(13) 第1議定書1条の「財産権」は、すでに存在する財産に関するものであり、申立人は、少なくとも当該財産権の実現について「正当な期待（legitimate expectation）」がなければならないとする判決がある（Gratzinger and Gratzingerova v. Czech Republic, admissibility decision [GC], 10 July 2002）。同条の「財産権」の定義については、注(5)参照。

(14) Koua Poirrez v. France, *supra* note (7), §49.

(15) Gaygusuz v. Austria, Resolution DH (98) 372, 12 November 1998.

(16) Michelet, *supra* note (12), pp. 409-413; Sudre et al., *supra* note 2, p. 503. また、EU法に対する影響の可能性について、H. Verschueren, EC Social Security Coordination Excluding Third Country Nationals: Still in Line with Fundamental Rights after the Gaygusuz Judgment ?, Common Market Law Review, vol. 34, 1997, p. 991.

(17) 最判1989(H元)年3月2日判時1363号68頁。

(18) たとえば、最判2001 (H 13) 年9月25日判時1768号47頁。

人権裁判所

80 被選挙資格としての言語要件
恣意的な試験により国家語能力が不十分であるとして国会選挙の候補者名簿から削除することは、被選挙権を侵害する
——パッドコールジナ判決——

近藤　敦

Podkolzina v. Latvia
9 April 2002, Reports 2002-II

【事　実】

　1991年に旧ソビエト連邦から独立したラトビア共和国では、公用語をラトビア語とし、ロシア語しか話せないロシア語系住民に対する権利保障が不十分な状況にある[1]。この点が、さまざまな国際機関において問題とされてきた[2]。1995年5月25日の国会選挙法13条3項7号では、国会選挙の候補者に対して、ラトビア語の学校を卒業していない場合には、ラトビア語能力において3級（最上級）の認定資格を取得する要件を課していた。

　申立人は、ロシア語系マイノリティの国会議員として、1997年1月以来、公用語であるラトビア語について国家語センターが行う認定資格の3級を有していた。1998年8月、国民調和党（National Harmony Party）は、次期選挙において彼女を候補者名簿に登載した。国家語センターの試験官が申立人の職場に赴き、口頭でラトビア語の知識を試し、後日、3人の証人の立ち会いの下、ラトビア語で文書を書くことを求めた。この種の試験を経験したことのない申立人は、神経質になり、途中で文書を書くのをやめ、書いたものも破り捨ててしまった。そこで、国家語センターは、9人の登載された候補者のうち、申立人だけが必要な言語能力に欠ける旨を報告した（このとき、他の3級の認定資格を有する12人の候補者については、試験すら要求されなかった）。その後、中央選挙委員会は、申立人の氏名を候補者名簿から削除した（以下、本件処分という）。リガ地方裁判所の判決では、国会選挙法13条3項7号に基づく所定の言語能力を欠く候補者に対する本件処分を適法と判示した。そこで、申立人は、ヨーロッパ人権裁判所（以下、人権裁判所という）に対し、本件処分がヨーロッパ人権条約（以下、条約という）の議定書3条の下の被選挙権を侵害し、併せて、条約14条の差別禁止に反し、同13条の実効的救済請求権を侵害する旨を主張した。条約には、被選挙権に関する明示の規定はないものの、「締約国は、立法府の選出における人民の自由な意見表明を確保する条件の下で、合理的な間隔で、秘密投票による自由選挙を行うことを約束する」と定める議定書3条が、被選挙権の根拠規定とされている。

【判　旨】

(1) 議定書3条の被選挙権侵害の認定について

　当裁判所は、選挙権と被選挙権が、ヨーロッパ人権条約の議定書3条に黙示的に含まれていると繰り返し述べてきた。これらの権利は重要だが、絶対的ではない。同条は、これらの権利を明示的に定めていないので、その定義に際して、「黙示の制約」を課す余地がある。しかし、当裁判所は、議定書の本質要素を損ない、実効性を奪うものではないかという程度の審査や、制約条件が正当な目的の下に課されており、その用いられる手段が比例的であることの審査を行ってきた（Mathieu-Mohin and Clerfayt〔本書77〕; Gitonas v. Greece; Ahmed v. the United Kingdom）。たしかに、各国の選挙法は、各国独自の歴史的・政治的要因に基づいて異なる。しかし、締約国が有する選挙法における評価の余地に対して、同条は、「立法府の選出に際し、人民の意見表明の自由」を尊重する義務を課している（前掲Mathieu-Mohin and Clerfayt)(§33)。

　本件において、政府は、ラトビア語能力を候補者に課すことが、ラトビア語を唯一の使用言語とする国会の適正な機能確保のために正当化され、とりわけ、この要件の目的は、議員が院内で積極的な役割を果たし、選挙人の利益を実効的に代弁することを可能にする点にあるという。当裁判所は、この主張に異を唱えるものではない。自己の政治制度の正常な機能を確保する各国の国益は、明らかに正当なものであり、国会選挙の候補者に十分な公用語の能力を課すことは、正当な目的の追求といえる(§34)。

　そこで、本件処分が、その目的に対して比例的であったかどうかについて審査しなければならない。この点、当裁判所は、条約の対象と目的からして、その条文は思弁的または空想的でなく、現実的かつ実効的に解釈・適用される必要があると繰り返し述べてきた（Artico v. Italy; United Communist Party of Turkey and others v. Turkey; Chassagnou and others v. Franceなど）。いかなる場合であれ、恣意的に奪われることがあるのであれば、議定書3条が保障し、真正な民主制において譲り渡すことのできない被選挙権というものは、空想にすぎないことになる。たしかに、抽象的には被選挙権の要件を定めるに当たって、国家は広い裁量をもつ。しかし、権利の実効性の原理は、恣意的な判断を回避するために作られた多くの基準にしたがい、どの候補者がその要件を満たしていないかという事実認定を必要とする。とりわけ、その事実認定は、最低限の公平を保障する機関によってなされなければならない。また、当該機関のもつ裁量は、広すぎてはならず、国内法規で十分明確に限界づけられなければならない(§35)。

　申立人が国会選挙法の要求する有効な言語能力の資格をもっていなかったという事実に基づくことなく、本件処分はなされた。反対に、申立人は、候補者名簿に登載されたときには、ラトビアの法規の定める最上級の言語能力を証明する資格をもっていた。申立人の資格の有効性は、ラトビア当局により問題とされなかった。しかも、国家語能力の資格に関する1992年5月25日の規則に基づき、5人の検査官からなる委員会が行う試験での客観的な評価に基づいてなされた審議と票決の後に、この資格は発行されたのである。

　申立人が有効な資格をもっているにもかかわらず、国家語センターが新たな言語試験を申立人に課したのである。しかし、国家語能力を証明する資格を与えられた21人の候補者のうち9人だけがこの2度目の試験を要求されたにすぎない。当裁判所は、この別異の取扱いについての法的根拠を疑問とするが、政府はこの点についての説明をしていない。かりに付加的な審査の法的根拠が国会選挙法13条3項であるとしても、とられた手続が通常の言語能力資格の手続とは異なる。とりわけ、申立人に課された付加的な審査は、専門の委員会に代えて、規則に定められた手続保障や評価基準を必要としない1人の検査官によりなされたものである。したがって、申立人の言語能力を評価する全責任は、この点に関し法外な権限を有する1公務員に任されたのである。さらに、申立人の主張によれば、試験の間、驚くことに、申立人は主に政治指向の理由について聞かれていたのであり、この問題は十分なラトビア語能力を有するという要件とは関係がない。

　本件において、客観性の保障が欠けた中、2度目の試験の目的が何であれ、申立人に適用された手続は、候補者の被選挙権に関して充足されるべき手続の公正と法的明確性の要件に合致しない(§36)。したがって、本件処分は、政府の主張する正当な目的にとって比例的とはみなされえないので、議定書3条に反する(§38)。

(2) 議定書3条と結びついた14条の差別禁止違反の認定について

　14条は、「言語」、「国民的出身」、「少数民族への所属」などに基づく差別を禁止している(§39)。政府は、申立人だけが言語能力の審査が要求されたわけではないので、14条には違反しないという(§40)。申立人は、検査官のもつ候補者名簿を削除するほぼ完全な自由が少数民族のメンバーに対する差別的な実務

となる懸念を指摘し、さらに21人のラトビア語で教育を受けていない候補者のうち9人だけが試験を要求されたことに言及する(§41)。当裁判所は、この申立は、議定書3条の申立と本質的に同じであり、個別に14条違反を審査する必要を認めない(§42)。

(3) 議定書3条と結びついた13条の実効的救済請求権の侵害の認定について

13条は、公的資格で行動する人により条約の権利および自由が侵害された何人も、国の機関において実効的救済を請求する権利があると定めている(§43)。政府は、申立人がリガ地方裁判所に救済を申し立てることができたし、この国内法の提供する救済が13条の目的とする実効的な救済ではないとする理由はないという(§44)。当裁判所は、この申立についても、前記の14条違反の争点と同様、議定書3条の申立と別に審査する必要を認めない(§45)。

(4) 結　論

当裁判所は、全員一致で、議定書3条違反を認め、14条および13条違反の審査の必要を認めず、ラトビア政府に7,500ユーロの損害賠償(§52)と1,500ユーロの訴訟費用の支払いを命じる(§55)。

【解　説】

(1) 判決の意義・特徴

本件は、被選挙権の制約に際し、必要な手続要件を定めた点で、重要である。ここでは、過大な裁量をもつことのない独立機関によって、公正な手続にしたがい、決定がなされる場合にのみ、候補者の資格喪失は、条約の下に適法となりうるといった、手続の内容に踏み込んだ審査基準が提示されている[3]。これまでの先例(Gitonas and others v. Greece; Ahmed and others v. the United Kingdom)では、人権裁判所は、公務員または自治体の上級公務員が、選挙の候補者となる場合、選挙前の辞職を義務づけるギリシアとイギリスの法律を適法とし、被選挙権を制限する国内手続について踏み込んだ審査を行ってこなかった。Gitonas事件では、過去3年間に3カ月以上公職に就いていた者の立候補を無効とするギリシアの最高裁判決には、ギリシアの国内法違反、恣意的ないし比例原則違反、立法府の選出における人民の意見表明の自由の違反が認められないと人権裁判所は判示するにすぎなかった[4]。Ahmed事件では、上級公務員の政治的中立性を確保する目的を正当とし、人権裁判所は、イギリスの手続に言及することなく、判示している[5]。

条約の議定書3条は、世界人権宣言21条3項とは違い、普通選挙を明示していない。そこで、ヨーロッパ人権委員会は、自由選挙を行うための「制度的」権利とする初期の見解[6]を改め、「普通選挙の承認」が同3条に含まれるとの立場を表明し[7]、人権裁判所もこれに同意しながら、選挙権と被選挙権の制約が「正当な目的」を達成するために課される必要があり、その「手段が比例的でない」場合は、同3条違反となる審査基準を示した[8]。

なお、本件処分と類似の先行事例においてロシア語系住民の地方選挙の被選挙権が争われており、ラトビアがまだヨーロッパ人権条約を批准していなかったので[9]、自由権規約2条と結びついた25条違反の個人通報が、委員会に申し立てられている。同委員会は、1993年に5人の専門家により言語能力が正式に認定されていたのに、1997年には1人の調査官により言語能力要件を欠くと認定されたことが客観的な基準に基づかず、手続上の正当性が示されてはいないとして、同規約2条と結びついた25条に違反すると2001年7月25日に判断した[10]。本判決は、この自由権規約委員会の見解と類似の判断を示し、言語要件を被選挙権の要件とすること自体を違法とするのではなく、言語能力要件の欠如を審査する手続の違法を問題としたのである。

(2) ラトビアにおけるロシア語系住民の権利保障問題

本判決の背景を知る上では、旧ソビエト連邦から独立したバルト諸国におけるロシア語系住民の権利保障問題に対する国際機関の影響を踏まえる必要がある。ヨーロッパ評議会は、1995年までラトビア

を加盟国として招集しなかった。1995年にラトビアがEUに加盟申請したのち、ヨーロッパ委員会は、1997年に民主主義・法の支配・人権保障・少数者の権利の点で加盟国としての適性を審査し、とりわけ、人口の28％に当たる68万5,000人がラトビア国籍をもたず、その大部分がロシア語系住民であることを問題とし、社会統合のために帰化の促進を勧告した[11]。なぜならば、ラトビアでは、リトアニアが採用したような住民の国籍選択権を認めず、1940年のソビエト連邦への併合以後に入国した住民とその子孫には、ラトビア共和国の国籍取得のために歴史や法制度の理解とラトビア語の読み書き能力を審査する帰化手続を課したからである[12]。ラトビア国籍をもたないことにより、年金、児童手当などの社会保障の権利や参政権が認められない[13]。

本判決は、ラトビア政府に損害賠償を命じているものの、選挙法の改正を命じるものではない。また、EU加盟のために言語能力を被選挙権の要件とする選挙法の改正が条件づけられてもいない。そこで、2001年4月の本判決を受けて、同年12月の大統領の選挙法改正提案は、野党の反対にあった。結局、選挙法改正論議の結果がNATO加盟決定に重大な影響を与える旨のNATO事務総長の警告ののち、NATO拡大問題を話し合うレイキャビック・サミットの数日前の2002年5月10日に選挙法が改正されたのである[14]。ただし、その反動として、候補者がラトビア語の能力の自己評価を申告する選挙法の規定が新設され、同年4月30日の憲法改正では、国会がラトビア語を使用言語とし（21条）、国会議員に公用語としてのラトビア語を促進する宣誓（18条）を義務づけている。

(3) 選挙権と被選挙権の制約の合理性

人権裁判所および人権委員会は、選挙権と被選挙権の制約について、一定の場合を合理的な要件として認容してきた。たとえば、選挙権について、居住要件を課すことは、在外国民が国内政治に疎く、候補者の情報を在外国民に伝えるのが難しく、主として利害関係を有する在住国民に限ることも不合理ないし恣意的ではないとされた[15]。一方、受刑者に対する制約は認められるとしても[16]、一切の受刑者に対する包括的な制約の場合は、比例原則に反し、刑期の長さや犯罪の重大さとの比例関係を考慮すべきとした[17]。

被選挙権については、立候補のための一定数の署名[18]、供託金制度[19]を合理的とした。しかし、在外国民の居住要件については、政治的迫害を恐れて国外に居住していた場合、永久に国を去る意思が明確でないため、不合理とした[20]。

なお、政治団体への所属が問題とされ、憲法違反を宣告された旧共産党に属していたことを理由に、被選挙権が認められなかった場合、人権裁判所は、民主秩序を破壊する具体的な危険なしに、10年以上にわたり今後も永久に被選挙権を否定し続けるラトビアの選挙法の該当規定は比例的ではなく、本件と同様の人権条約議定書3条違反のほかに、条約11条の集会・結社の自由に反する旨を判示している[21]。

ちなみに、ヨーロッパ評議会の選挙に関する委員会は、人権裁判所や人権委員会よりも各国の立法裁量の余地を狭く捉え、以下の選挙規定に関するガイドラインをつくっている[22]。年齢要件については、最低年齢要件を課すことを認めた上で、選挙権においては成人年齢以下を要件とし、例外的に上院議員の被選挙権などにおいて25歳を超えない特例を認めたとしても、原則として選挙権と被選挙権の年齢要件は同じであることが好ましい。国籍要件を課すことができるとしても、一定期間の居住後、外国人に地方選挙権を認めることが望ましい[23]。居住要件を課すことができるとしても、国民に課すことができるのは自治体や州の選挙だけであり、居住期間の要件は6カ月を超えるべきではない[24]。選挙権と被選挙権の制約は、法律で定め、比例原則に従い、被選挙権の制約の方が選挙権の制約よりも厳格でなくてもよく[25]、精神的な能力の欠如による制約は裁判所の判決が必要であり、有罪判決による制約は重大犯罪にかぎるべきである。

(1) ラトビアの言語問題については、参照、河原祐馬「ラトヴィア共和国の言語政策と少数民族問題──「国家語」法をめぐる動向を中心に」岡山大学法学会雑誌52巻3号（2003）117頁以下。なお、複数言語の存在を前提としない背景から生じた「国語」と多言語状況を前提に国家機関の業務を行うための「国家語」との区別については、参照、松原・NIRA編『世界民族問題辞典』（平凡社、1995年）432頁［田中克彦執筆］。

(2) JORDAN, Pamela, Does Membership Have Its Privileges?: Entrance into the Council of Europe and Compliance with Human Rights Norms, *Human Rights Quarterly* 25 (2003), pp. 668-74; OPEN SOCIETY INSTITUTE, *Monitoring the EU Accession Process: Minority Protection*, Open Society Institute, 2001 and 2002. 小森宏美「EU加盟という『選択』──エストニアとラトヴィアを事例として」地域研究6巻2号（2004年）173頁以下、近藤敦「特別永住者のNational Originに基づく差別」国際人権17号（2006年）78頁。

(3) Frank Hoffmeister, Podkolzina v. Latvia, *The American Journal of International Law*, vol. 97(2003), p. 665.

(4) Gitonas and others v. Greece, 1 July 1997, Reports 1997-IV.

(5) Ahmed and others v. the United Kingdom, 2 September 1998, Reports 1998-VI.

(6) X v. Belgium, Decision of the Commission, 18 September 1961.

(7) X v. Federal Republic of Germany, Decision of the Commission, 6 October 1967.

(8) Mathieu-Mohin and Clerfayt v. Belgium, 2 March 1987, Series A no. 113.（本書 *77*）

(9) 地方選挙は、ヨーロッパ人権条約の議定書3条の「立法府（legislature）」の選出に当たらないので、適用対象外との見解もある。Beddard, Ralph, *Human Rights and Europe*, 3rd ed., 1993, p. 128. しかし、Ahmed事件では、人権裁判所は、地方選挙においても適用した。

(10) Views of the Human Rights Committee concerning Communication, No. 884/1999, Ignatane v. Latvia (http://www.minelres.lv/un/cases/UNHRC_Ignatane_2001.html).

(11) COM (97) 2005 final. なお、1994年に行われた調査では、ラトビア系は人口の55.1％にすぎず、ロシア系が32.6％であった。参照、DOBSON, John and JONES, Graham, Ethnic Discrimination: Public Policy and the Latvian Labour Market, *International Journal of Manpowers* 19-1/2 (1998), p. 33.

(12) 1998年の国籍法改正により、(1991年8月21日以降にラトビアで生まれた) 無国籍の子どもには要件が緩和され、両親が届け出れば国籍を取得できるようになった。しかし、大人の場合の帰化の試験は難しく、2001年においても、人口のおよそ20％に当たる55万人以上が無国籍者である。JONES, Michael, "Do as I say, Not as I do"：The European Union, *Eastern Europe and Minority Rights. East European Politics and Societies* 17-4, 2003, p. 691.

(13) 同じく国籍選択権が認められなかったエストニアでは、地方選挙権は認められる。

(14) LATVIAN CENTRE FOR HUMAN RIGHTS AND ETHNIC STUDIES, *Human Rights in Latvia in 2002*, LCESC, 2002, pp. 8-10.

(15) Hilbe v. Lichtenstein. 7 September 1999, Reports 1999-VI.

(16) X v. Federal Republic of Germany, Decision of the Commission, 6 October 1967.

(17) Hirst v. the United Kingdom (No. 2), 6 October 2005.

(18) X, Y and Z v. Federal Republic of Germany, Decision of the Commission, 18 May 1976.

(19) Desmules v. France, Decision of the Commission, 3 December 1990.

(20) Melnychenko v. Ukraine, 19 October 2004.

(21) Ždanoka v. Latvia, 17 June 2004.

(22) Venice Commission (European Commission for Democracy through Law), Code of Good Practice in Electoral Matters. CDL-EL (2002) 5.

(23) Convention on the Participation of Foreigners in Public Life at Local Level. ETS No. 144では、5年以上の居住外国人への地方選挙権・被選挙権を保障することを定めている。

(24) ただし、Polacco and Garofalo v. Italy, Decision of the Commission, 15 September 1997では、当該地域の言語的少数者の保護という特別な立法趣旨を考慮して、4年の継続居住の要件を合理的としている。

(25) ただし、Melnychenko事件では、在外国民の被選挙権の居住要件による制約を不合理とし、Hilbe事件では、在外国民の選挙権の居住要件による制約を合理的とした。

ストラスブール・プティトフランス地区の水辺

人権裁判所の前庭
(左手前の像は自由を奪われた人々を象徴している)

クリスマスのイルミネーションに飾られた
ストラスブールの大聖堂

● 資　料 ●

資料Ⅰ　人権および基本的自由の保護のための条約（ヨーロッパ人権条約）

人権および基本的自由の保護のための条約（ヨーロッパ人権条約）

署　名　1950年11月4日
効力発生　1953年9月3日
改　正　1963年5月6日署名の第3議定書による改正、1970年9月21日効力発生
1966年1月20日署名の第5議定書による改正、1971年12月20日効力発生
1985年3月19日署名の第8議定書による改正、1990年1月1日効力発生
1990年11月6日署名の第9議定書による改正、1994年10月1日効力発生、ただし、第9議定書締約国のみに適用
1994年5月11日署名の第11議定書による改正、1998年11月1日効力発生

ヨーロッパ評議会加盟国であるこの条約の署名政府は、

1948年12月10日に国際連合総会が宣明した世界人権宣言を考慮し、

この宣言が、その中で宣言された権利の普遍的かつ実効的な承認および遵守を確保することを目的としていることを考慮し、

ヨーロッパ評議会の目的が加盟国間の一層緊密な統一の達成であること、ならびに、その目的を追求する方法の1つが人権および基本的自由の維持および一層の実現であることを考慮し、

世界における正義および平和の基礎であり、かつ、一方では実効的な政治的民主主義により、他方ではそれが依存している人権の共通の理解および遵守によって最もよく維持されるこれらの基本的自由に対する深い信念を改めて確認し、

志を同じくし、かつ政治的伝統、理想、自由および法の支配についての共通の遺産を有するヨーロッパ諸国の政府として、世界人権宣言中に述べられる権利の若干のものを集団的に実施するための最初の措置をとることを決意して、

次のとおり協定した。

第1条（人権を尊重する義務） 締約国は、その管轄内にあるすべての者に対し、この条約の第1節に定義する権利および自由を保障する。

第1節　権利および自由

第2条（生命に対する権利） 1　すべての者の生命に対する権利は、法律によって保護される。何人も、故意にその生命を奪われない。ただし、法律で死刑を定める犯罪について有罪とされ裁判所による刑の宣告を執行する場合は、この限りでない。

2　生命の剥奪は、それが次の目的のために絶対に必要な、力の行使の結果であるときは、本条に違反して行われたものとみなされない。

(a)　不法な暴力から人を守るため

(b)　合法的な逮捕を行いまたは合法的に拘禁した者の逃亡を防ぐため

(c)　暴動または反乱を鎮圧するために合法的にとった行為のため

第3条（拷問の禁止） 何人も、拷問または非人道的なもしくは品位を傷つける取扱いもしくは刑罰を受けない。

第4条（奴隷の状態および強制労働の禁止） 1　何人も、奴隷の状態または隷属状態に置かれない。

2　何人も、強制労働に服することを要求されない。

3　この条の適用上、「強制労働」には、次のものを含まない。

(a)　この条約の第5条の規定に基づく拘禁の通常

の過程またはその拘禁を条件付きで解かれているときに要求される作業
(b) 軍事的性質の役務、または、良心的兵役拒否が認められている国における良心的兵役拒否者の場合に義務的軍事役務のかわりに要求される役務
(c) 社会の存立または福祉を脅かす緊急事態または災害の場合に要求される役務
(d) 市民としての通常の義務とされる作業または役務

第5条（自由および安全に対する権利）1 すべての者は、身体の自由および安全に対する権利を有する。何人も、次の場合において、かつ、法律で定める手続に基づく場合を除くほか、その自由を奪われない。
(a) 権限のある裁判所による有罪判決の後の人の合法的な拘禁
(b) 裁判所の合法的な命令に従わないためのまたは法律で定めるいずれかの義務の履行を確保するための人の合法的な逮捕または拘禁
(c) 犯罪を行ったと疑う合理的な理由がある場合または犯罪の実行もしくは犯罪の実行後の逃亡を防ぐために必要であると合理的に考えられる場合に、権限ある司法機関に連れて行くために行う合法的な逮捕または拘禁
(d) 教育上の監督のための合法的な命令による未成年者の拘禁または権限のある司法機関に連れて行くための未成年者の合法的な拘禁
(e) 伝染病の蔓延を防止するための人の合法的な拘禁または精神異常者、アルコール中毒者もしくは麻薬中毒者または浮浪者の合法的な拘禁
(f) 不正規に入国するのを防ぐための人の合法的な逮捕もしくは拘禁または追放もしくは犯罪人引渡しのために手続がとられている人の合法的な逮捕もしくは拘禁

2 逮捕される者は、速やかに、自己の理解する言語で、逮捕の理由および自己に対する被疑事実を告げられる。

3 この条の1項(c)の規定に基づいて逮捕または拘禁された者は、裁判官または司法権を行使することが法律によって認められている他の官憲の面前に速やかに連れて行かれるものとし、合理的な期間内に裁判を受ける権利または司法手続の間釈放される権利を有する。釈放に当たっては、裁判所への出頭の保証を条件とすることができる。

4 逮捕または拘禁によって自由を奪われた者は、裁判所がその拘禁が合法的であるかどうかを迅速に決定するように、および、その拘禁が合法的でない場合には釈放を命ずるように、手続をとる権利を有する。

5 この条の規定に違反して逮捕されまたは拘禁された者は、賠償を受ける権利を有する。

第6条（公正な裁判を受ける権利）1 すべての者は、その民事上の権利義務の決定または刑事上の罪の決定のため、法律で設置された、独立の、かつ、公平な裁判所による合理的な期間内の公正な公開審理を受ける権利を有する。判決は、公開で言い渡される。ただし、報道機関および公衆に対しては、民主的社会における道徳、公の秩序もしくは国の安全のため、また、少年の利益もしくは当事者の私生活の保護のため必要な場合において、またはその公開が司法の利益を害することとなる特別な状況において裁判所が真に必要があると認める限度で、裁判の全部または一部を公開しないことができる。

2 刑事上の罪に問われているすべての者は、法律に従って有罪とされるまでは、無罪と推定される。

3 刑事上の罪に問われているすべての者は、少なくとも次の権利を有する。
(a) 速やかにその理解する言語でかつ詳細にその罪の性質および理由を告げられること。
(b) 防御の準備のために十分な時間および便益を与えられること。
(c) 自らまたは自己が選任する弁護人を通じて、防御すること。弁護人に対する十分な支払手段を有しないときは、司法の利益のために必要な

場合には無料で弁護人を付されること。
(d) 自己に不利な証人を尋問しまたはこれに対し尋問させること、および自己に不利な証人と同じ条件で自己のための証人の出席およびこれに対する尋問を求めること。
(e) 裁判所において使用される言語を理解しまたは話すことができない場合には、無料で通訳の援助を受けること。

第7条（法律なくして処罰なし）1 何人も、実行の時に国内法または国際法により犯罪を構成しなかった作為または不作為を理由として有罪とされることはない。何人も、犯罪が行われた時に適用されていた刑罰よりも重い刑罰を科されない。

2 この条は、文明諸国の認める法の一般原則により実行の時に犯罪とされていた作為または不作為を理由として裁判しかつ処罰することを妨げるものではない。

第8条（私生活および家族生活の尊重を受ける権利）
1 すべての者は、その私的および家族生活、住居ならびに通信の尊重を受ける権利を有する。

2 この権利の行使に対しては、法律に基づき、かつ、国の安全、公共の安全もしくは国の経済的福利のため、また、無秩序もしくは犯罪の防止のため、健康もしくは道徳の保護のため、または他の者の権利および自由の保護のため、民主的社会において必要なもの以外のいかなる公の機関による介入もあってはならない。

第9条（思想、良心および宗教の自由）1 すべての者は、思想、良心および宗教の自由についての権利を有する。この権利には、自己の宗教または信念を変更する自由ならびに、単独でまたは他の者と共同しておよび公にまたは私的に、礼拝、教導、行事および儀式によってその宗教または信念を表明する自由を含む。

2 宗教または信念を表明する自由については、法律で定める制限であって、公共の安全のため、または公の秩序、健康もしくは道徳の保護のため、または他の者の権利および自由の保護のため、民主的社会において必要なもののみを課す。

第10条（表現の自由）1 すべての者は、表現の自由についての権利を有する。この権利には、公の機関による介入を受けることなく、かつ、国境とのかかわりなく、意見を持つ自由ならびに情報および考えを受けおよび伝える自由を含む。この条は、国が放送、テレビまたは映画の諸企業の許可制を要求することを妨げるものではない。

2 前項の自由の行使については、義務および責任を伴うので、法律によって定められた手続、条件、制限または刑罰であって、国の安全、領土保全もしくは公共の安全のため、無秩序もしくは犯罪の防止のため、健康もしくは道徳の保護のため、他の者の名誉もしくは権利の保護のため、秘密に受けた情報の暴露を防止するため、または、司法機関の権威および公平さを維持するため、民主的社会において必要なものを課することができる。

第11条（集会および結社の自由）1 すべての者は、平和的な集会の自由および結社の自由についての権利を有する。この権利には、自己の利益の保護のために労働組合を結成しおよびこれに加入する権利を含む。

2 前項の権利の行使については、法律で定める制限であって、国の安全もしくは公共の安全、無秩序もしくは犯罪の防止のため、健康もしくは道徳の保護のため、または他の者の権利および自由の保護のために、民主的社会において必要なもの以外のいかなる制限も課してはならない。この条の規定は、国の軍隊、警察または行政機関の構成員による前項の権利の行使に対して合法的な制限を課することを妨げるものではない。

第12条（婚姻についての権利）婚姻することができる年齢の男女は、権利の行使を規制する国内法に従って婚姻しかつ家族を形成する権利を有する。

第13条（実効的救済手段を得る権利）この条約に定める権利および自由を侵害された者は、公的資格で行動する者によりその侵害が行われた場合にも、国の機関の前において実効的な救済手段を得るも

第14条（差別の禁止）この条約に定める権利および自由の享受は、性、人種、皮膚の色、言語、宗教、政治的意見その他の意見、国民的もしくは社会的出身、民族的少数者への所属、財産、出生または他の地位等によるいかなる差別もなしに、保障される。

第15条（緊急時における免脱）1　戦争その他の国民の生存を脅かす公の緊急事態の場合には、いずれの締約国も、事態の緊急性が真に必要とする限度において、この条約に基づく義務を免脱する措置をとることができる。ただし、その措置は、当該締約国が国際法に基づき負う他の義務に抵触してはならない。

2　前項の規定は、第2条（合法的な戦闘行為から生ずる死亡の場合を除く）、第3条、第4条1項および第7条の規定からのいかなる免脱も認めるものではない。

3　免脱の措置をとる権利を行使する締約国は、とった措置およびその理由をヨーロッパ評議会事務総長に十分に通報する。締約国はまた、その措置が終了し、かつ、条約の諸規定が再び完全に履行される時点を、ヨーロッパ評議会事務総長に通知する。

第16条（外国人の政治活動に対する制限）第10条、第11条および第14条中のいかなる規定も、締約国が外国人の政治活動に対して制限を課することを妨げるものとみなされない。

第17条（権利の濫用の禁止）この条約のいかなる規定も、国、集団または個人がこの条約において認められる権利および自由を破壊しもしくはこの条約に定める制限の範囲を越えて制限することを目的とする活動に従事しまたはそのようなことを目的とする行為を行う権利を有することを意味するものと解することはできない。

第18条（権利制約事由の使用に対する制限）権利および自由についてこの条約が認める制限は、それを定めた目的以外のいかなる目的のためにも適用してはならない。

第2節　ヨーロッパ人権裁判所

第19条（裁判所の設置）この条約および条約の諸議定書において締約国が行った約束の遵守を確保するために、ヨーロッパ人権裁判所（以下「裁判所」という）を設立する。裁判所は、恒久的基礎の上に機能する。

第20条（裁判官の数）裁判所は、締約国の数と同数の裁判官で構成される。

第21条（就任の基準）1　裁判官は、徳望が高く、かつ、高等の司法官に任ぜられるのに必要な資格を有する者または有能の名のある法律家とする。

2　裁判官は、個人の資格で裁判する。

3　裁判官は、その任期中、裁判官の独立、公平性または常勤職としての必要性と両立しないいかかる活動にも従事してはならない。この項の適用から生ずるいかなる問題も、裁判所が決定する。

第22条（裁判官の選挙）1　裁判官は、議員会議によって、各締約国について当該締約国により指名される3名の候補者の名簿の中から投じられた票の多数により選出される。

2　新しい締約国の加入の場合および偶然の空席を埋める場合に、裁判所の席を充たすため、同一の手続がとられる。

第23条（任期）1　裁判官は、6年の任期で選出される。裁判官は、再任されることができる。ただし、第1回目の選挙において選出された裁判官のうち半数の者の任期は、3年で終了する。

2　最初の3年の期間で任期が終了する裁判官は、選挙の完了後直ちに、ヨーロッパ評議会事務総長によりくじ引きで選ばれる。

3　裁判官のうち半数の任期が、できる限り、3年ごとに更新されることを確保するために、議員会議は、第2回目以降いずれかの選挙を行う前に、選出される1人または2人以上の裁判官の任期を9年を越えず3年を下回らない範囲で6年以外の期間とすることを決定することができる。

4 2種類以上の任期が含まれ、かつ、議員会議が前項を適用する場合には、任期の割当は、当該の選挙の完了後直ちにヨーロッパ評議会事務総長がくじ引きによって行う。

5 任期がまだ終了していない裁判官の後任者として選出される裁判官は、前任者の残任期間中在任するものとする。

6 裁判官の任期は、裁判官が70歳に達する時に終了する。

7 裁判官は、後任者と代わるまで在任するものとする。ただし、裁判官は、すでに審理中の事件は引き続き取り扱わなければならない。

第24条（解職）いかなる裁判官も、他の裁判官が3分の2の多数決により当該裁判官は必要とされる条件を満たさなくなったと決定するのでない限り、職務から解任されることはない。

第25条（書記局および法務秘書）裁判所は、書記局を置き、書記局の機能および組織は、裁判所規則で定める。裁判所は、法務秘書が補佐する。

第26条（裁判所の全員法廷）裁判所の全員法廷は、次のことを定める。

(a) 3年の任期で、裁判所長および1人または2人の裁判所次長を選任すること。裁判所長および裁判所次長は再任されることができる。

(b) 期間を定めて構成される小法廷を設置すること。

(c) 各小法廷の裁判長を選任すること。小法廷の裁判長は、再任されることができる。

(d) 裁判所規則を採択すること。ならびに、

(e) 書記および1人または2人以上の書記補を選任すること。

第27条（委員会、小法廷および大法廷）1 裁判所は、提訴される事件を審理するために、3人の裁判官で構成される委員会、7人の裁判官で構成される小法廷および17人の裁判官で構成される大法廷を置く。裁判所の小法廷は、期間を定めて委員会を設置する。

2 訴訟当事国のために選出された裁判官は、小法廷および大法廷の職務上当然の裁判官として裁判するものとし、訴訟当事国のために選出された裁判官がいないかまたは出席できない場合には、当該国が裁判官の資格で出席するよう選定した者が小法廷および大法廷の職務上当然の裁判官として裁判する。

3 大法廷にはまた、裁判所長、裁判所次長、小法廷の裁判長および裁判所規則に従って選任される他の裁判官を含める。事件が第43条に基づいて大法廷に上訴される場合には、判決を下した小法廷の裁判官は、小法廷の裁判長および関係当事国のために裁判した裁判官を除き、大法廷において裁判してはならない。

第28条（委員会による不受理の宣言）委員会は、全員一致の投票により、第34条に基づいて付託される個人の申立を、それ以上に審理するまでもなく決定できる場合には、不受理と宣言しまたは総件名簿から削除することができる。この決定は、確定したものとする。

第29条（小法廷による受理可能性および本案に関する決定）1 第28条に基づく決定が行われない場合には、小法廷は、第34条に基づいて付託される個人の申立の受理可能性および本案について決定する。

2 小法廷は、第33条に基づいて付託される国家間の申立の受理可能性および本案について決定する。

3 受理可能性に関する決定は、裁判所が例外的な場合に別段の決定をするのでない限り、別個に行うものとする。

第30条（大法廷への回付）小法廷に係属する事件が条約またはその諸議定書の解釈に影響を与える重大な問題を生じさせる場合または小法廷での問題の決定が裁判所が以前に行った判決と一致しない結果をもたらす可能性のある場合には、小法廷は、判決を行う前のいずれの時でも、大法廷に当該事件を回付することができる。ただし、事件の当事者のいずれかがこれに反対した場合は、この限り

でない。

第31条（大法廷の権限）大法廷は、次のことを行う。
 (a) 第33条または第34条に基づいて付託される申立について、小法廷が第30条に基づいて回付した場合または事件が第43条に基づいて大法廷に上訴された場合に、決定を行うこと、ならびに、
 (b) 第47条に基づいて付託される勧告的意見の要請について審理すること

第32条（裁判所の管轄権）1 裁判所の管轄は、第33条、第34条および第47条に基づいて裁判所に付託される条約およびその諸議定書の解釈および適用に関するすべての事項におよぶ。
2 裁判所が管轄権を有するかどうかについて争いがある場合には、裁判所が決定する。

第33条（国家間の事件）いずれの締約国も、他の締約国による条約およびその諸議定書の規定の違反を裁判所に付託することができる。

第34条（個人の申立）裁判所は、いずれかの締約国による条約または議定書に定める権利の侵害の被害者であると主張する自然人、民間団体または個人の集団からの申立を受理することができる。締約国は、申立の権利の実効的な行使を決して妨げないことを約束する。

第35条（受理基準）1 裁判所は、一般的に認められた国際法の原則に従ってすべての国内的な救済手段が尽くされた後で、かつ、最終的な決定がなされた日から6か月の期間内にのみ、事案を取り扱うことができる。
2 裁判所は、第34条に基づいて付託される個人の申立で、次のものは取り扱ってはならない。
 (1) 匿名のもの、または
 (2) 裁判所がすでに審理したか、またはすでに他の国際的調査もしくは解決の手続に付託された事案と実質的に同一であって、かつ、いかなる新しい関連情報も含んでいないもの
3 裁判所は、第34条に基づいて付託される個人の申立で、条約もしくは諸議定書の規定と両立しないか、明白に根拠不十分かまたは申立権の濫用と考えるものを不受理とする。
4 裁判所は、この条に基づいて不受理とするいかなる申立も却下する。裁判所は、手続のいずれの段階でもこの却下を行うことができる。

第36条（第三者の参加）1 小法廷および大法廷でのすべての事件において、自国の国民が申立人となっている締約国は、書面の陳述を提出しおよび口頭審理に参加する権利を有する。
2 裁判所長は、司法の適正な運営のために、裁判手続の当事者ではない締約国または申立人ではない関係者に書面の陳述を提出しまたは口頭審理に参加するよう招請することができる。

第37条（申立の削除）1 裁判所は、事情により次のように結論できる場合には、手続のいずれの段階においても、申立を総件名簿から削除することを決定することができる。
 (a) 申立人が自己の申立の継続を望んでいない、または
 (b) 事案が解決された、または
 (c) 裁判所によって確認されたその他の理由により、引き続き申立の審理を行うことが正当化できない。
 ただし、裁判所は、条約および諸議定書に明定された人権の尊重のために必要な場合には、引き続き申立の審理を行う。
2 裁判所は、事情により正当であると考える場合には、申立を総件名簿に再び登載することを決定することができる。

第38条（事件の審理および友好的解決の手続）1 裁判所は、申立の受理を宣言した場合には、次のことを行う。
 (a) 当事者の代理人とともに、事件の対審審理を行い、および必要があれば調査を行う。この調査を実効的に行うために、関係国は、すべての必要な便宜を供与する。
 (b) 条約および諸議定書で認められた人権の尊重を基礎とする事案の友好的解決を確保するため

に、自らを関係当事者の利用に委ねる。
2　前項(b)に基づいて行われる手続は、非公開とする。

第39条（友好的解決の認定） 友好的解決が成立する場合には、裁判所は、決定により、総件名簿から事件を削除する。この決定は、事実および到達した解釈の簡潔な記述にとどめる。

第40条（公開の口頭審理および文書の入手） 1　口頭審理は、裁判所が例外的な場合に別段の決定をする場合を除き、公開とする。
2　書記に寄託された文書は、裁判所長が別段の決定をする場合を除き、公衆が閲覧できるようにする。

第41条（公正な満足） 裁判所が条約または諸議定書の違反を認定し、かつ、当該締約国の国内法によってはこの違反の結果を部分的にしか払拭できない場合には、裁判所は、必要な場合、被害当事者に公正な満足を与えなければならない。

第42条（小法廷の判決） 小法廷の判決は、第44条2項の規定に従って確定する。

第43条（大法廷への上訴） 1　事件のいずれの当事者も、例外的な場合には、小法廷の判決の日から3か月の期間内に当該事件について大法廷への上訴の受理を要請することができる。
2　大法廷の5人の裁判官で構成される審査部会は、当該の事件が条約もしくはその諸議定書の解釈もしくは適用に影響する重大な問題または一般的重要性を有する重大な問題を提起する場合には、その要請を受理する。
3　審査部会が要請を受理する場合には、大法廷は、当該の事件を判決により決定しなければならない。

第44条（確定判決） 1　大法廷の判決は、確定したものとする。
2　小法廷の判決は、次の場合に確定する。
　(a)　当事者が事件について大法廷への上訴の受理を要請する意思のないことを宣言する場合、または
　(b)　判決の日の後3か月経過し、その間に事件の大法廷への上訴受理要請がなされなかった場合、または
　(c)　大法廷の審査部会が第43条に基づく上訴受理要請を却下する場合
3　確定判決は、公表される。

第45条（判決および決定の理由） 1　判決および申立の受理または不受理の決定には、理由を付さなければならない。
2　判決がその全部または一部について裁判官の全員一致の意見を表していないときは、いずれの裁判官も、個別の意見を表明する権利を有する。

第46条（判決の拘束力および執行） 1　締約国は、自国が当事者であるいかなる事件においても、裁判所の確定判決に従うことを約束する。
2　裁判所の確定判決は、閣僚委員会に送付され、閣僚委員会は、その執行を監視する。

第47条（勧告的意見） 1　裁判所は、閣僚委員会の要請により、条約およびその諸議定書の解釈に関する法律問題について勧告的意見を与えることができる。
2　この意見は、条約の第1節および諸議定書に定義する権利および自由の内容もしくは範囲に関するいかなる問題も、または、裁判所もしくは閣僚委員会が、条約に基づいて開始されうる手続の結果検討しなければならなくなるその他のいかなる問題も、取り扱ってはならない。
3　裁判所の勧告的意見を要請する閣僚委員会の決定は、同委員会に出席する資格のある代表者の3分の2の多数の投票を必要とする。

第48条（裁判所の諮問権限） 裁判所は、閣僚委員会が付託した勧告的意見の要請が、第47条に定義する権限内にあるかどうかを決定する。

第49条（勧告的意見の理由） 1　裁判所の勧告的意見には、理由を付さなければならない。
2　勧告的意見がその全部または一部について裁判官の全員一致の意見を表していないときは、いずれの裁判官も、個別の意見を表明する権利を有する。

3 裁判所の勧告的意見は、閣僚委員会に通知される。

第50条（裁判所の経費） 裁判所の経費は、ヨーロッパ評議会が負担する。

第51条（裁判官の特権および免除） 裁判官は、その任務の遂行中は、ヨーロッパ評議会規程の第40条およびそれに基づいて作成される協定に定める特権および免除を受ける権利を有する。

第3節　雑則

第52条（事務総長による照会） いずれの締約国も、ヨーロッパ評議会事務総長の要請のある場合には、自国の国内法がこの条約の諸規定の実効的な実施を確保する方法について説明を与えなければならない。

第53条（既存の人権の保障） この条約のいかなる規定も、いずれかの締約国の法律または当該締約国が締約国となっているいずれかの他の協定に基づいて保障されることのある人権および基本的自由を制限しまたはそれから逸脱するものと解してはならない。

第54条（閣僚委員会の権限） この条約のいかなる規定も、ヨーロッパ評議会規程が閣僚委員会に与えた権限を害するものではない。

第55条（他の紛争解決手段の排除） 締約国は、この条約の解釈または適用から生じる紛争をこの条約で定める解決手段以外のものに請願によって付託するために、締約国間に有効な条約または宣言を利用しないことを約束する。ただし、特別の合意がある場合は、この限りでない。

第56条（領域的適用） 1　いずれの国も、批准のときまたはその後のいずれのときでも、ヨーロッパ評議会事務総長に宛てた通告によって、自国が国際関係について責任を有する領域の全部または一部について本条4項に従ってこの条約を適用することを宣言することができる。

2　条約は、ヨーロッパ評議会事務総長がこの通告を受領した後30日目から通告の中で指定する領域に適用される。

3　この条約の規定は、現地の必要に妥当な考慮を払って、これらの領域に適用される。

4　本条1項に基づいて宣言を行ったいずれの国も、宣言後のいずれのときでも、宣言が関係する1または2以上の領域のために、この条約の第34条に定める自然人、民間団体または集団からの申立を受理する裁判所の権限を受諾することを宣言することができる。

第57条（留保） 1　いずれの国も、この条約に署名するときまたは批准書を寄託するときに、その領域でそのときに有効ないずれかの法律がこの条約の特定の規定と抵触する限りで、その規定について留保を付すことができる。一般的性格の留保は、この条のもとでは許されない。

2　この条に基づいて付されるいかなる留保も、関係する法律の簡潔な記述を含むものとする。

第58条（廃棄） 1　締約国は、自国が締約国となった日から5年経過した後、かつ、ヨーロッパ評議会事務総長に宛てた通告に含まれる6か月の予告の後にのみ、この条約を廃棄することができる。ヨーロッパ評議会事務総長は、これを他の締約国に通知するものとする。

2　前項の廃棄は、この条約に基づく締約国の義務の違反を構成する可能性がある行為であって廃棄が効力を生ずる日の前に締約国が行っていたいかなるものについても、関係締約国を当該の義務から免除する効果をもつものではない。

3　前項と同一の条件で、ヨーロッパ評議会の加盟国でなくなるいずれの締約国も、この条約の締約国でなくなる。

4　条約は、前3項の規定に基づいて、第56条によってその適用が宣言されたいずれの地域についても廃棄することができる。

第59条（署名および批准） 1　この条約は、ヨーロッパ評議会加盟国の署名のために開放しておく。この条約は、批准されなければならない。批准書は、ヨーロッパ評議会事務総長に寄託する。

2 この条約は、10の批准書が寄託された後に効力を生ずる。
3 条約は、その後に批准する署名国については、批准書の寄託の日に効力を生ずる。
4 ヨーロッパ評議会事務総長は、すべてのヨーロッパ評議会加盟国に、条約の効力発生、条約を批准した締約国名およびその後に行われるすべての批准書の寄託について、通知する。

人権および基本的自由の保護のための条約についての議定書
（ヨーロッパ人権条約第1議定書）（抄）

署　名　1952年3月20日
効力発生　1954年5月18日
　　　　　1994年5月11日署名の第11議定書による改正、1998年11月1日効力発生

ヨーロッパ評議会加盟国であるこの議定書の署名政府は、

1950年11月4日にローマで署名した人権および基本的自由の保護のための条約（以下「条約」という）の第1節にすでに含まれているもの以外の若干の権利および自由を集団的に実施するための措置をとることを決定して、

次のとおり協定した。

第1条（財産の保護） すべての自然人または法人は、その財産を平和的に享有する権利を有する。何人も、公益のために、かつ、法律および国際法の一般原則で定める条件に従う場合を除くほか、その財産を奪われない。

ただし、この規定は、国が一般的利益に基づいて財産の使用を規制するため、または税その他の拠出もしくは罰金の支払いを確保するために、必要とみなす法律を実施する権利を決して妨げるものではない。

第2条（教育に対する権利） 何人も、教育に対する権利を否定されない。国は、教育および教授に関連して負ういかなる任務の行使においても、自己の宗教的および哲学的信念に適合する教育および教授を確保する父母の権利を尊重しなければならない。

第3条（自由選挙についての権利） 締約国は、立法機関の選出にあたって人民の自由な意見表明を確保する条件のもとで、合理的な間隔で、秘密投票による自由選挙を行うことを約束する。

第4条（領域的適用） いずれの締約国も、署名もしくは批准のときまたはその後のいずれのときでも、自国が国際関係について責任を有する領域であってそこで指定するものについて、この議定書の諸規定を適用することをどの範囲で約束するかを記述する宣言をヨーロッパ評議会事務総長に通知することができる。

前項によって宣言を通知したいずれの締約国も、いずれか以前の宣言の条件を変更しまたはいずれかの領域についてこの議定書の諸規定の適用を終了させる新たな宣言を随時通知することができる。

この条に基づいてなされた宣言は、条約第56条1項に基づいてなされたものとみなされる。

第5条（条約との関係） 締約国間においては、この議定書の第1条、第2条、第3条および第4条の諸規定は、条約への追加条文とみなされ、条約のすべての規定がそのことに応じて適用される。

第6条（署名および批准） この議定書は、条約の署名国であるヨーロッパ評議会加盟国の署名のために開放しておく。議定書は、条約の批准と同時にまたはその後に、批准されなければならない。議定書は、10の批准書が寄託された後に効力を生ずる。議定書は、その後に批准する署名国については、その批准書の寄託の日に効力を生ずる。

批准書は、ヨーロッパ評議会事務総長に寄託され、事務総長は、すべての加盟国に批准した加盟

国名を通知する。

条約およびその第1議定書にすでに含まれているもの以外のある種の権利および自由を保障する、人権および基本的自由の保護のための条約についての第4議定書
（ヨーロッパ人権条約第4議定書）（抄）

署　名　1963年9月16日
効力発生　1968年5月2日
　　　　　1994年5月11日署名の第11議定書による改正、1998年11月1日効力発生

ヨーロッパ評議会加盟国であるこの議定書の署名政府は、1950年11月4日にローマで署名した人権および基本的自由の保護のための条約（以下「条約」という）の第1節ならびに1952年3月20日パリで署名した条約の第1議定書の第1条から第3条にすでに含まれているもの以外の若干の権利および自由を集団的に実施するための措置をとることを決意して、次のとおり協定した。

第1条（債務による拘禁の禁止）　何人も、契約上の義務を履行することができないことのみを理由としてその自由を奪われない。

第2条（移動の自由）　1　合法的にいずれかの国の領域内にいるすべての者は、当該領域内において移動の自由および居住の自由についての権利を有する。

2　すべての者は、いずれの国（自国を含む）からも自由に離れることができる。

3　前2項の権利の行使については、法律に基づく制限であって、国の安全もしくは公共の安全のため、公の秩序の維持、犯罪の防止、健康もしくは道徳の保護または他の者の権利および自由の保護のため、民主的社会において必要なもの以外のいかなる制限も課してはならない。

4　1項の権利についてはまた、法律に基づいて課す制限であって民主的社会において公益のために正当化される制限を、特定の地域で課することができる。

第3条（国民の追放の禁止）　1　何人も、自己が国民である国の領域から、個別的または集団的措置によって、追放されない。

2　何人も、自己が国民である国の領域に入る権利を奪われない。

第4条（外国人の集団的追放の禁止）　外国人の集団的追放は、禁止される。

第5条（領域的適用）　1　いずれの締約国も、この議定書の署名もしくは批准のときまたはその後いつでも、自国がその国際関係について責任を有する領域であってそこで指定するものについて、この議定書の諸規定を適用することをどの範囲で約束するかを記述する宣言を、ヨーロッパ評議会事務総長に通知することができる。

2　前項により宣言を通知したいずれの締約国も、以前の宣言の条件を変更しまたはこの議定書の適用をいずれかの領域について停止する宣言を、随時通知することができる。

3　本条に従ってなされた宣言は、条約第56条1項に従ってなされたものとみなされる。

4　この議定書が批准または受諾によって適用されるいずれかの国の領域と、この議定書が本条に基づく宣言により適用される領域とは、第2条および第3条にいう国の領域の適用上、別々の領域と取り扱われる。

5　本条1項および2項に従って宣言をしたいずれの国も、その後いつでも、宣言が関係する1または2以上の領域について、この議定書の第1条から第4条までのすべてまたはいずれかについて、条約第34条が規定する個人、民間団体または個人の集団からの申立を受理する裁判所の権限を、

死刑の廃止に関する人権および基本的自由の保護のための条約についての第6議定書
（ヨーロッパ人権条約第6議定書）（抄）

署　名　1983年4月28日
効力発生　1985年3月1日
　　　　　1994年5月11日署名の第11議定書による改正、1998年11月1日効力発生

1950年11月4日にローマで署名した人権および基本的自由の保護のための条約（以下「条約」という）に対するこの議定書の署名国であるヨーロッパ評議会加盟国は、

ヨーロッパ評議会の若干の加盟国で生じた発展が死刑の廃止を支持する一般的傾向を表明していることを考慮して、

次のとおり協定した。

第1条（死刑の廃止）死刑は、廃止される。何人も、死刑を宣告されまたは執行されない。

第2条（戦時等における死刑）国は、戦時または急迫した戦争の脅威があるときになされる行為につき法律で死刑の規定を設けることができる。死刑は、法律に定められた場合において、かつ、法律の規定に基づいてのみ適用される。国は、当該の法律の規定をヨーロッパ評議会事務総長に通知する。

第3条（免脱の禁止）この議定書の規定からのいかなる免脱も、条約の第15条に基づいて行ってはならない。

第4条（留保の禁止）この議定書の規定については、いかなる留保も、条約の第57条に基づいて付すことができない。

第5条（領域的適用）1　いずれの国も、署名のときまたは批准書、受諾書もしくは承認書の寄託のときに、この議定書が適用される領域を特定することができる。

2・3　〈略〉

第6条（条約との関係）
第7条（署名および批准）
第8条（効力発生）
第9条（寄託者の機能）　〈略〉

人権および基本的自由の保護のための条約についての第7議定書
（ヨーロッパ人権条約第7議定書）（抄）

署　名　1984年11月23日
効力発生　1988年11月1日
　　　　　1994年5月11日署名の第11議定書による改正、1998年11月1日効力発生

この議定書の署名国であるヨーロッパ評議会加盟国は、

1950年11月4日にローマで署名した人権および基本的自由の保護のための条約（以下「条約」という）による若干の権利および自由を集団的に実施するために一層の措置をとることを決意して、

次のとおり協定した。

第1条（外国人の追放についての手続的保障）1　合法的に国の領域内に居住する外国人は、法律に基づいて行われた決定による場合を除くほか、追放されてはならず、かつ、次のことを認められる。

(a)　自己の追放に反対する理由を提示すること、

(b) 自己の事案が審査されること、かつ、
(c) このために権限ある機関においてまたはその機関が指名する者に対して代理人が出頭すること。
2 外国人は、追放が公の秩序のために必要な場合または国の安全を理由とする場合には、この条1項の(a)、(b)および(c)に基づく権利を行使する以前にも追放することができる。

第2条（刑事事件における上訴の権利）1 裁判所により有罪の判決を受けたすべての者は、その有罪認定または量刑を上級の裁判所によって再審理される権利を有する。この権利の行使は、それを行使できる事由を含め、法律によって規律される。
2 この権利については、法律が定める軽微な性質の犯罪に関する例外、または、当該の者が最上級の裁判所によって第1審の審理を受けた場合もしくは無罪の決定に対する上訴の結果有罪の判決を受けた場合の例外を設けることができる。

第3条（誤審による有罪判決に対する補償）確定判決によって有罪と決定された場合において、その後に、新たな事実または新しく発見された事実により誤審のあったことが決定的に立証されたことを理由としてその有罪認定が破棄されまたは赦免が行われたときは、その有罪認定の結果刑罰に服した者は、関係国の法律または慣行に基づいて補償を受ける。ただし、その知られなかった事実が明らかにされなかったことの全部または一部がその者の責めに帰するものであることが証明される場合は、この限りでない。

第4条（一事不再理）1 何人も、すでに一国の法律に従い、同国の刑事訴訟において無罪または有罪の確定判決を受けた犯罪行為について、同一国の裁判所において訴追され、または刑罰を科せられない。
2 前項の規定は、新しい事実もしくは新しく発見された事実の証拠がある場合、または、以前の訴訟手続に当該事案の結果に影響を与えるような根本的瑕疵がある場合には、関係国の法律および刑事手続に基づいて事案の審理を再開することを妨げるものではない。
3 この条の規定からのいかなる免脱も、条約の第15条に基づいて行ってはならない。

第5条（配偶者の平等）配偶者は、婚姻中および婚姻の解消の際に、配偶者相互間およびその子との関係において、婚姻に係る私法的性質の権利および責任の平等を享受する。この条は、国が児童の利益のために必要な措置をとることを妨げるものではない。

第6条（領域的適用）1 いずれの国も、署名のときまたは批准書、受諾書もしくは承認書の寄託のときに、この議定書が適用される領域を特定し、また、かかる領域にこの議定書の規定が適用されることをどの範囲で約束するかを述べることができる。
2～4 〈略〉
5 この議定書が批准または受諾によって適用されるいずれかの国の領域と、この議定書が本条に基づく宣言により適用される領域とは、第1条にいう国の領域の適用上、別々の領域と取り扱われる。
6 〈第4議定書5条5項と実質的に同一〉

第7条（条約との関係）
第8条（署名および批准）
第9条（効力発生） 〈略〉
第10条（寄託者の機能）

人権および基本的自由の保護のための条約についての第12議定書
(ヨーロッパ人権条約第12議定書)(抄)

署　名　2000年11月4日
効力発生　2005年4月1日

　この議定書の署名国であるヨーロッパ評議会加盟国は、
　すべての者は法の前に平等であり、かつ、法による平等の保護を受ける権利を有することを考慮し、
　1950年11月4日にローマで署名した人権および基本的自由の保護のための条約 (以下「条約」という) による差別の一般的禁止の集団的実施を通じてすべての者の平等を促進する一層の措置をとることを決意し、
　差別禁止の原則は、締約国が完全かつ実効的な平等を促進するために措置をとることを正当化する客観的かつ合理的な理由がある場合には、当該の措置をとることを妨げるものではないことを再確認して、
　以下のとおり協定した。

第1条 (差別の一般的禁止) 1　法律により定められるいかなる権利の享受も、性、人種、皮膚の色、言語、宗教、政治的その他の意見、国民的または社会的出身、民族的少数者への所属、財産、出生または他の地位等によるいかなる差別もなしに、保障される。
2　何人も、公の当局により1項に定めるようないかなる理由によっても差別されてはならない。
第2条 (領域的適用) 1　〈第6議定書5条1項と同一〉
2～4　〈略〉
5　〈第4議定書5条5項と実質的に同一〉
第3条 (条約との関係)
第4条 (署名および批准)　　　　〈略〉
第5条 (効力発生)
第6条 (寄託者の機能)

あらゆる状況の下での死刑の廃止に関する人権および基本的自由の保護のための条約についての第13議定書
(ヨーロッパ人権条約第13議定書)(抄)

署　名　2002年5月3日
効力発生　2003年7月1日

　この議定書の署名国であるヨーロッパ評議会加盟国は、
　すべての者の生命についての権利は、民主的社会における基本的価値であり、かつ、死刑の廃止は、この権利の保護およびあらゆる人間の固有の尊厳の承認にとって不可欠であると確信し、
　1950年11月4日にローマで署名した人権および基本的自由の保護のための条約 (以下「条約」という) により保障された生命についての権利の保護を強化することを希望し、
　1983年4月28日にストラスブールで署名された死刑の廃止に関する条約についての第6議定書は、戦時または急迫した戦争の脅威があるときになされる行為について死刑を排除していないことに留意し、
　あらゆる状況の下で死刑を廃止するために最終的措置をとることを決意して、
　次のとおり協定した。

第1条 (死刑の廃止) 死刑は、廃止される。何人も、死刑を宣告されまたは執行されることはない。
第2条 (免脱の禁止) この議定書からのいかなる免脱も、条約第15条の下で行ってはならない。

第3条（留保の禁止）この議定書については、いかなる留保も、条約第53条に基づいて付すことはできない。

第4条（領域的適用）〈第6議定書5条と同一〉

第5条（条約との関係）
第6条（署名および批准）
第7条（効力発生）
第8条（寄託者の機能）
〈略〉

条約の監督機構を改正する、人権および基本的自由の保護に関する条約についての第14議定書
（ヨーロッパ人権条約第14議定書）（抄）〔未発効〕

採　択　2004年5月13日（ストラスブール）
効力発生

前　文

1950年11月4日にローマで署名した人権および基本的自由の保護のための条約（以下、「条約」という）に対するこの議定書の署名国であるヨーロッパ評議会加盟国は、

2000年11月3日および4日に開催された人権に関するヨーロッパ閣僚会議において採択された決議第1号および宣言を考慮し、

2001年11月8日（第109会期）、2002年11月7日（第111会期）および2003年5月8日（第112会期）において閣僚委員会によって採択された宣言を考慮し、

2004年4月28日にヨーロッパ評議会議員会議によって採択された意見第251号を考慮し、

主要にはヨーロッパ人権裁判所およびヨーロッパ評議会閣僚委員会の作業がますます増大することに照らして、長期にわたる監督機構の実効性を維持および改善するために条約のいくつかの規定を改正する緊急の必要性を考慮し、

とりわけ裁判所がヨーロッパにおける人権を保護するために卓越した役割を果たし続けることができることを確保する必要性を考慮して、

次のとおり協定した。

第1条　条約第22条2項は、削除される。
第2条　条約第23条は、次のように改正される。
「第23条（任期および解職）
1　裁判官は、9年の任期で選出される。裁判官は再選されることはない。
2　裁判官の任期は、当該裁判官が70歳に達した時に終了する。
3　裁判官は、後任者と代わるまで在任するものとする。ただし、裁判官は、すでに審理中の事件は引き続き取り扱わなければならない。
4　いかなる裁判官も、他の裁判官が3分2の多数決により当該裁判官は必要とされる条件を充たさなくなったと決定するのでない限り、解職されることはない。」
第3条　条約第24条は、削除される。
第4条　条約第25条を、第24条とし、その規定は、次のように改正される。
「第24条（書記局および報告者）
1　裁判所に、書記局をおく。書記局の機能と組織は、裁判所規則に規定する。
2　単独裁判官で裁判する場合には、裁判所は、裁判所長の権威の下活動する報告者により援助される。報告者は、裁判所書記局の一部である。」
第5条　条約第26条は、第25条（全員法廷）となり、その規定は、次のように改正される。
1　(d)号の末尾のコンマを、セミコロンに代え、かつ、「ならびに」を削除する。
2　(e)号の末尾の句点を、セミコロンに代える。
3　次のような新(f)号が、追加される。
　「(f)　第26条2項に基づくあらゆる要請を行うこと。」

第6条　条約第27条は、第26条となり、その規定は、次のように改正される。

「第26条（単独裁判官、委員会、小法廷および大法廷）

1　裁判所は、提訴される事件を審理するために、単独裁判官、3人の裁判官で構成される委員会、7人の裁判官で構成される小法廷および17人の裁判官で構成される大法廷で裁判する。裁判所の小法廷は、一定期間活動する委員会を設置する。

2　全員法廷の要請により、閣僚委員会は、全員一致の決定によりかつ一定期間について、小法廷の裁判官の数を5に減らすことができる。

3　単独裁判官として裁判する場合には、裁判官は、自らがそれについて選出された締約国に対するいかなる申立をも審理してはならない。

4　訴訟当事国のために選出された裁判官は、小法廷および大法廷の職務上当然の構成員となる。該当する裁判官がいない場合あるいは当該裁判官が裁判することができない場合には、当該当事国によってあらかじめ提出された名簿から裁判所長によって選ばれた者が、裁判官の資格で裁判する。

5　大法廷は、裁判所長、裁判所次長、小法廷の裁判長および裁判所規則に従って選任される他の裁判官を含める。事件が第43条に基づいて大法廷に付託される場合には、判決を行った小法廷の裁判官は、小法廷の裁判長および関係締約国について裁判した裁判官を除き、大法廷で裁判してはならない。」

第7条　条約の新第26条の後に、次のような新第27条が挿入される。

「第27条（単独裁判官の権限）1　単独裁判官は、第34条に基づき提出された申立について、それ以上審査することなく決定できる場合には、不受理としまたはそれを総件名簿から削除することができる。

2　この決定は、確定したものとする。

3　単独裁判官は、申立について不受理とせず、それを総件名簿から削除もしない場合には、さらなる審査のために委員会または小法廷に提出しなければならない。」

第8条　条約第28条は、次のように改正される。

「第28条（委員会の権限）1　第34条に基づき提出された申立に関して、委員会は、全員一致によって、次のことを行うことができる。

(a)　それ以上審査することなく決定できる場合に、それを不受理としまたは総件名簿から削除すること。

(b)　条約またはその諸議定書の解釈または適用に関する、事件を基礎づける問題がすでに十分に確立した裁判所の判例法の主題である場合に、それを受理し同時に本案に関する判決を下すこと。

2　前項に基づく決定および判決は、確定したものとする。

3　訴訟当事国について選挙された裁判官が委員会の構成員でない場合、委員会は、当該締約国が本条1項(b)に基づく手続の適用を争っているかどうかを含むあらゆる関連要素を考慮して、手続のいかなる段階においても当該裁判官を委員会の構成員のうち1人の者に代わるよう招請することができる。」

第9条　条約第29条は、次のように改正される。

1　1項は、次のように改正される。

「第27条もしくは第28条に基づいて決定が行われない場合または第28条に基づく判決が下されない場合、小法廷は、第34条に基づいて付託される個人の申立の受理可能性および本案について決定する。受理可能性に関する決定は別個に行うことができる。」

2　2項の終わりに、次のような新しい文が挿入される。

「受理可能性に関する決定は、裁判所が例外的な場合に別段の決定をするのでない限り、別個に行うものとする。」

3　3項は、削除される。

第10条　条約第31条は、次のように改正される。

1　(a)号の末尾の「ならびに」という文言は、削除

される。
　2　(b)号は(c)号となり、次のような新(b)号が挿入される。
　「(b)　第46条4項に従って閣僚委員会によって裁判所に付託される問題について決定すること。ならびに、」

第11条　条約第32条は、次のように改正される。
　　1項の末尾に、コンマおよび第46条という文言が、第34条という文言の後に挿入される。

第12条　条約第35条3項は、次のように改正される。
　「3　裁判所は、次の各号のいずれかに該当すると考える場合には、第34条に基づいて付託された個人の申立を不受理としなければならない。
　(a)　申立が、条約または諸議定書の規定と両立しないか、明白に根拠不十分かまたは申立権の濫用である場合。
　(b)　申立人が、相当な不利益を被ってはいなかった場合。ただし、条約およびその諸議定書に明定された人権の尊重のために当該申立の本案の審査が求められる場合はこの限りではなく、国内裁判所により正当に審理されなかったいかなる事件も、この理由により却下されてはならない。」

第13条　条約第36条の末尾に次のような新3項が追加される。
　「3　小法廷または大法廷におけるすべての事件において、ヨーロッパ評議会人権弁務官は書面でコメントを提出しおよび口頭審理に参加することができる。」

第14条　条約第38条は、次のように改正される。
「第38条（事件の審理）
　　裁判所は、当事者の代表または代理人とともに、事件の対審審理を行い、および、必要があれば調査を行う。この調査を実効的に行うために、関係締約国はすべての必要な便宜を供与しなければならない。」

第15条　条約第39条は、次のように改正される。

「第39条（友好的解決）
　1　条約および諸議定書に定める人権の尊重を基礎とする事案の友好的解決を確保するために、裁判所は、手続のいかなる段階においても、自らを関係当事者の利用に委ねることができる。
　2　前項に基づいて行われる手続は、非公開とする。
　3　友好的解決が成立する場合には、裁判所は、決定により、総件名簿から事件を削除する。この決定は、事実および到達した解決の簡潔な記述にとどめなければならない。
　4　この決定は、閣僚委員会に送付され、閣僚委員会は、この決定に定める友好的解決の条件の執行を監視する。」

第16条　条約第46条は、次のように改正される。
「第46条（判決の拘束力および執行）
　1　締約国は、自国が当事者であるいかなる事件においても、裁判所の確定判決に従うことを約束する。
　2　裁判所の確定判決は、閣僚委員会に送付され、閣僚委員会はその執行を監視する。
　3　確定判決の執行の監視が判決の解釈の問題によって妨げられると閣僚委員会が考える場合、閣僚委員会は、解釈問題の判断を求めるため、事案を裁判所に付託することができる。
　4　閣僚委員会は、締約国が自国が当事者となっている事件の確定判決に従うことを拒否していると考える場合、当該締約国に正式の通告を行ったのち、かつ閣僚委員会に出席する権利を有する代表者の3分の2の多数決による決定により、当該締約国が本条1項に基づく義務を実行するのを怠っているかどうかの問題を裁判所に付託する。
　5　裁判所は、本条1項の違反を認定した場合、裁判所は、とるべき措置を検討するために閣僚委員会に事件を付託する。裁判所は本条1項の違反を認定しない場合、裁判所は閣僚委員会に事件を付託し、閣僚委員会は、自らの事件の審理を終了させる。」

第17条　条約第59条は、次のように改正される。

1 次のような新2項が、挿入される。
「2 ヨーロッパ連合は、この条約に加入することができる。」
2 2項、3項および4項は、それぞれ3項、4項および5項とする。

最終および移行規定

第18条（署名および批准）〈略〉
第19条（効力発生）この議定書は、条約のすべての締約国が、第18条の規定に従って、この議定書によって拘束される旨の同意を表明する日の後の3か月の期間が経過した後の翌月の1日に効力を発生する。
第20条 1 この議定書の効力発生の日から、この議定書の規定は、裁判所において係属中のすべての申立およびその執行が閣僚委員会による監視下にあるすべての判決に適用される。
2 この議定書第12条によって挿入される条約第35条3項(b)に定める新規の受理可能性基準は、この議定書の効力発生前に受理された申立には適用されない。この議定書の効力発生日以降2年間は、この新規の受理可能性基準は、裁判所の小法廷および大法廷によってのみ適用することができる。
第21条 この議定書の効力発生日に最初の任期についている裁判官の任期は、全任期を9年とするように法上当然に延長される。その他の裁判官は、2年間法上当然に延長される任期を終了するものとする。
第22条（寄託者の機能）〈略〉

ヨーロッパ人権条約（第2節以降）旧条文

＊ヨーロッパ人権条約は、第11議定書により第2節以下が全面改正された。ここでは、同議定書発効前日（1998年10月31日）まで適用されていた旧条文を掲げる。見出しは編集で付した。

前文・第1条・第1節（第2～18条）〈現行条文参照〉

第2節〔実施機関〕

第19条〔実施機関〕この条約において締約国が行った約束の遵守を確保するために、次のものを設置する。
1 ヨーロッパ人権委員会（以下「委員会」という）
2 ヨーロッパ人権裁判所（以下「裁判所」という）

第3節〔委員会〕

第20条〔委員会の構成〕1 委員会は、締約国の数と同数の委員で構成する。委員会の委員のうちいずれの2人も同一国の国民であってはならない。

2 委員会は、全員が出席して開催する。ただし、委員会は、いずれも少なくとも7人の委員からなる部会を設けることができる。部会は、この条約の第25条に基づいて付託された請願であって、確立した判例法に基づいて取り扱うことができるものまたは条約の解釈もしくは適用に影響をおよぼすいかなる重大な問題も生じさせないものを審査することができる。この制限および本条5項の規定に従って、部会は、条約が委員会に付与したすべての権限を行使する。

請願の相手方である締約国から選出された委員会の委員は、当該の請願が付託された部会に出席する権利を有する。

3 委員会は、いずれも少なくとも3人の委員からなる審査委員会を設置することができる。審査委員会は、それ以上審査をすることなく決定できる場合には、第25条に基づいて付託された請願を不受理としまたは総件名簿から削除する権限を有し、この権限を全員一致により行使することができる。

4 部会または審査委員会は、いつでも全員委員会に事案を回付することができ、全員委員会は、部会または審査委員会に付託されたいずれの請願についても全員委員会に回付することを命ずることができる。

5 全員委員会のみが、次の権限を行使することができる。
(a) 第24条に基づいて付託された申立の審査
(b) 第48条(a)に基づく裁判所への事件の付託
(c) 第36条に基づく手続規則の作成

第21条〔委員の選出〕1 委員会の委員は、諮問会議の役員会が作成した名簿の中から、投票の絶対多数によって閣僚委員会により選出される。諮問会議における各締約国の代表者団は、3人の候補者を推薦し、そのうち少なくとも2人はその国の国民とする。

2 他の加盟国が後にこの条約の締約国になる場合に委員会の定数を充すためおよび偶然の空席を補充するため、適用しうる限り同一の手続による。

3 候補者は、徳望が高く、かつ高等の司法官に任ぜられるのに必要な資格を有する者、または、国内法もしくは国際法に有能な名のある者とする。

第22条〔委員の任期〕1 委員会の委員は、6年の任期で選出される。委員は、再選されることができる。ただし、第1回の選挙において選出された委員のうち7人の委員の任期は、3年の終わりに終了する。

2 最初の3年の期間の終わりに任期が終了すべき委員は、第1回の選挙が完了した後直ちにヨーロッパ評議会事務総長がくじで選定する。

3 委員会の委員の半数が、できる限り、3年毎に更新されることを確保するために、閣僚委員会は、選出される1または2以上の委員の任期を、9年を越えず3年を下らない6年以外の期間とすることを、いずれか次の選挙を行う前に、決定することができる。

4 2種類以上の任期が関係し、かつ、閣僚委員会が3項を適用する場合には、任期の割当は、当該の選挙後直ちに、事務総長がくじを引くことによって行われる。

5 任期がまだ終了しない委員の後任者として選出される委員会の委員は、前任者の残任期間中在任するものとする。

6 委員会の委員は、後任者と代わるまで在任するものとする。後任者と代わった後も、すでに検討中の事件は引き続き取り扱わねばならない。

第23条〔個人的資格〕委員会の委員は、個人の資格で委員となる。委員会の委員は、その任期中、委員としての独立性および公平性またはこの職務の必要性と両立しないいかなる地位にも就いてはならない。

第24条〔締約国の申立権〕いずれの締約国も、他の締約国によるこの条約の規定の違反の申立を、ヨーロッパ評議会事務総長を通じて、委員会に付託することができる。

第25条〔個人の申立権〕1　委員会は、この条約に定める権利がいずれかの締約国によって侵害されたと主張する自然人、民間団体または個人の集団からヨーロッパ評議会事務総長に宛てた請願を受理することができる。ただし、苦情の相手方の締約国が、この請願を受理する委員会の権限を認めることを宣言している場合に限る。この宣言を行った締約国は、請願の権利の実効的な行使を決して妨げないことを約束する。

2　前項の宣言は、特定の期間を付して行うことができる。

3　宣言は、ヨーロッパ評議会事務総長に寄託するものとし、同事務総長は、その写しを締約国に送付し、かつ、公表する。

4　委員会は、前3項に基づいて行われた宣言により少なくとも6の締約国が拘束される時にのみ、この条で定める権限を行使する。

第26条〔国内的救済原則〕委員会は、一般的に認められた国際法の原則に従ってすべての国内的な救済手段が尽くされた後で、かつ、最終的な決定がなされた日から6か月の期間内にのみ、事案を取り扱うことができる。

第27条〔不受理とされる申立〕1　委員会は、第25条によって付託される請願で、次のものは取り扱ってはならない。

a　匿名のもの、または

b　委員会がすでに審査したか、またはすでに他の国際的調査もしくは解決の手続に付託された事案と実質的に同一であって、かつ、いかなる新しい関連情報も含んでいないもの

2　委員会は、第25条によって付託される請願で、この条約の規定に抵触するか、明白に根拠不十分か、または請願権の濫用と考えるものを不受理とする。

3　委員会は、第26条によって不受理とするいかなる請願も却下する。

第28条〔対審審査および友好的解決〕1　委員会は、請願を受理する場合には、

(a)　事実を確かめるため、当事者の代表または代理人とともに、請願の対審審査を行い、かつ、必要があれば調査を行う。この調査を実効的に行うために、関係国は、委員会との意見の交換の後、すべての必要な便宜を供与する。

(b)　同時に、この条約に明定する人権の尊重を基礎とする事案の友好的解決を確保するために、自らを関係当事者の利用に委ねるものとする。

2　委員会は、友好的解決を行うことに成功した場合には、報告書を作成し、報告書は、関係国、閣僚委員会および、公表のために、ヨーロッパ評議会事務総長に送付される。この報告書は、事実および到達した解決についての簡潔な記述にとどめなければならない。

第29条〔請願の却下〕委員会は、第25条によって付託される請願を受理した後も、それを検討する過程で第27条に規定するいずれかの不受理事由の存在が立証されたと認定する場合には、請願を却下することを委員の3分の2の多数で決定することができる。

この場合、決定は、当事者に通知される。

第30条〔総件名簿からの削除〕1　委員会は、事情から次のように結論することができる場合には、手続のいずれの段階においても、請願を総件名簿から削除することを決定することができる。

(a)　申立人が自己の請願の継続を望んでいない、

(b)　事案が解決された、または、

(c)　委員会によって確認されたその他の理由により、引き続き請願の審査を行うことが正当化できない。

ただし、委員会は、この条約に明定された人権の尊重のために必要な場合には、引き続き請願の審査を行う。

2　委員会は、請願を受理した後にそれを総件名簿から削除することを決定する場合には、報告書を作成するものとし、その報告書には、事実および請願を削除する決定をその理由とともに記述する。報告書は、関係当事者および、情報として、閣僚委員会に送付される。委員会は、報告書を公表することができる。

3　委員会は、事情により正当であると考える場合には、請願を総件名簿に再び登載することを決定することができる。

第31条〔委員会の報告書〕1　第28条2項、第29条または第30条に基づいて請願の審査が終了しなかった場合には、委員会は、事実に関する報告書を作成し、かつ、認定した事実が関係国のこの条約上の義務違反を示しているかどうかについて意見を述べる。この点に関する委員会の委員の個別的意見は、この報告書の中に述べることができる。

2　報告書は閣僚委員会に送付される。報告書は、関係国にも送付されるが、国はこれを公表する自由を有しない。

2　報告書は、閣僚委員会に送付される。報告書は、また、関係国ならびに、それが第25条に基づいて行われた請願を扱っている場合には、申立人に送付されるものとする。関係国および申立人は、それを公表する自由を有しない。
（第9議定書締約国）

3　委員会は報告書を閣僚委員会に送付するにあたって、適当と考える提案をすることができる。

第32条〔閣僚委員会の決定〕1　閣僚委員会への報告書送付の日から3か月の期間内に問題がこの条約の第48条に基づいて裁判所に付託されない場合には、閣僚委員会は、同委員会に出席する資格のある代表者の3分の2の多数によって、条約違反があったかどうかを決定する。

2　違反があったと認める場合には、閣僚委員会は、関係締約国が閣僚委員会の決定によって要求される措置をとらねばならない期間を定める。

3　関係締約国が定められた期間内に満足な措置をとらなかった場合には、閣僚委員会は、本条1項に規定する多数によって、原決定にいかなる効果を付与するかについて決定し、かつ、報告書を公表する。

4　締約国は、閣僚委員会が前3項を適用してとることのあるいかなる決定も、自国に拘束的なものとみなすことを約束する。

第33条〔非公開性〕委員会は、非公開で会合する。

第34条〔決定〕第20条3項および第29条の規定に従うことを条件として、委員会は、出席しかつ投票する委員の多数によって決定を行う。

第35条〔会合の招集〕委員会は、必要に応じて会合する。会合は、ヨーロッパ評議会事務総長が招集する。

第36条〔手続規則〕委員会は、その手続規則を作成する。

第37条〔委員会事務局〕委員会の事務局は、ヨーロッパ評議会事務総長によって提供される。

第4節　〔裁判所〕

第38条〔裁判所の構成〕ヨーロッパ人権裁判所は、ヨーロッパ評議会加盟国と同数の裁判官で構成する。裁判官のうちいずれの2人も、同一国の国民であってはならない。

第39条〔裁判官の選挙〕1　裁判所の裁判官は、ヨーロッパ評議会加盟国によって指名される者の名簿の中から、投じられる票の過半数によって諮問会議により選出される。各加盟国は、3人の候補者を指名するものとし、そのうち少なくとも2人はその国の国民とする。

2　ヨーロッパ評議会の新加盟国の加盟の場合に裁判所の定数を充すためおよび偶然の空席を補充するため、適用しうる限り、同一手続による。

3　候補者は、徳望が高く、かつ、高等の司法官に任ぜられるのに必要な資格を有する者、または有能の名のある法律家とする。

第40条〔裁判官の任期〕裁判所の裁判官は、9年の任期で選出される。裁判官は再選されることができる。ただし、第1回の選挙において選出された裁判官のうち、4人の裁判官の任期は、3年の終わりに終了し、他の4人の裁判官の任期は、6年の終わりに終了する。

2　最初の3年および6年の期間の終わりに任期が終了する裁判官は、第1回の選挙が完了した後直ちにヨーロッパ評議会事務総長がくじで選定する。

3　裁判所の裁判官の3分の1が、できるだけ、3年毎に更新されることを確保するために、諮問会議は、選出される1人または2人以上の裁判官の任期を、12年を越えず6年を下らない9年以外の期間とすることを、第2回目以降のいずれかの選挙を行う前に、決定することができる。

4　2種類以上の任期が関係し、かつ、諮問会議が前項を適用する場合には、任期の割当は、当該選挙後直ちに、事務総長がくじを引くことによって行われる。

5　任期がまだ終了しない裁判官の後任者として選出される裁判所の裁判官は、前任者の残任期間中在任するものとする。

6　裁判所の裁判官は、後任者と代わるまで在任するものとする。後任者と代わった後も、すでに審理中の事件は引き続き取り扱わねばならない。

7　裁判所の裁判官は、個人の資格で裁判官となる。裁判官は、その任期中、裁判所の裁判官としての独立性および公平性またはこの職務の必要性と両立しないいかなる地位にも就いてはならない。

第41条〔裁判所長、次長〕裁判所は、3年の任期で、裁判所長および1人または2人の裁判所次長を選出する。裁判所長および裁判所次長は、再選されることができる。

第42条〔裁判官の待遇〕裁判所の裁判官は、職務をとる各日について、閣僚委員会が決定する日当を受ける。

第43条〔小法廷〕付託された各事件の審理のために、裁判所は、9人の裁判官からなる小法廷を設置する。関係国の国民である裁判官または、国民である裁判官を有しない場合には、関係当事国が選定した裁判官として出席

する者は、小法廷の職務上当然の裁判官として出席する。その他の裁判官の氏名は、事件の審理の開始前に、裁判所長によってくじで選定される。

第44条〔出訴権者〕 締約国および委員会のみが、裁判所に事件を付託する権利を有する。

> **第44条〔出訴権者〕** 締約国、委員会および第25条に基づいて請願を行った者、民間団体または個人の集団のみが裁判所に事件を付託する権利を有する。(第9議定書締約国)

第45条〔裁判所の管轄〕 裁判所の管轄は、締約国または委員会が第48条に基づいて付託する、この条約の解釈および適用に関するすべての事件におよぶ。

> **第45条〔裁判所の管轄〕** 裁判所の管轄は、第48条に基づいて付託されるこの条約の解釈および適用に関するすべての事件におよぶ。(第9議定書締約国)

第46条〔管轄権受諾宣言〕 1 いずれの締約国も、この条約の解釈および適用に関するすべての事項についての裁判所の管轄を当然にかつ特別の合意なしに義務的であると認めることを、いつでも宣言することができる。

2 前項の宣言は、無条件で、一定数のもしくは特定の他の締約国との相互条件で、または、特定の期間を付して行うことができる。

3 この宣言は、ヨーロッパ評議会事務総長に寄託され、事務総長は、その写しを締約国に送付する。

第47条〔出訴期限〕 裁判所は、友好的解決のための努力の失敗が委員会によって確認された後で、かつ、第32条に定める3か月の期間内にのみ、事件を取り扱うことができる。

第48条〔裁判所の当事者〕 1 次のものが裁判所に事件を付託することができる。ただし、関係締約国が1国のみの場合にはその関係締約国が、また2国以上の場合には各関係締約国が、裁判所の義務的管轄権に服していることを条件とし、または、義務的管轄権に服していない場合には、関係締約国が1国のみの場合にはその関係締約国の、また2国以上の場合には各関係締約国の同意を得ることを条件とする。

　a　委員会
　b　その国民が権利を侵害されたと主張する締約国
　c　委員会に事件を付託した締約国
　d　苦情の相手方の締約国
　　e　委員会に苦情を申し立てた者、非政府団体または個人の集団（第9議定書締約国）

2 もっぱら前項eに基づいて裁判所に事件が付託された場合には、当該事件は、まず、裁判所の3人の裁判官で構成される審査部会に付託される。苦情の相手方の締約国について選出された裁判官または、その裁判官がいない場合には、裁判官として出席するように当該国が選定する者は、審査部会の職務上当然の裁判官として出席する。苦情が2以上の締約国に対して申し立てられた場合には、それに応じて審査部会の構成が増員される。

　当該事件が条約の解釈または適用に影響を与える重大な問題を提起しない場合であってかつその他の理由によっても裁判所による審理を正当化しない場合には、審査部会は、全員一致の投票により、その事件を裁判所が審理しないことを決定することができる。その場合には、閣僚委員会は、第32条の規定に従って、条約の違反があったかどうかを決定する。(第9議定書締約国)

第49条〔管轄争いの管轄〕 裁判所が管轄を有するかどうかについて争いがある場合には、裁判所の裁判で決定する。

第50条〔公正な満足〕 締約国の司法機関その他の機関がとった決定または措置が、この条約から生ずる義務に全部または一部抵触することを裁判所が認定し、かつ、その締約国の国内法によってはこの決定または措置の結果を部分的にしか払拭できない場合には、裁判所の決定は、必要な場合、被害当事者に対して公正な満足を与えなければならない。

第51条〔判決、個別意見〕 1 裁判所の判決には、理由を付さなければならない。

2 判決がその全部または一部について裁判官の全員一致の意見を表明していないときは、いずれの裁判官も、個別の意見を表明する権利を有する。

第52条〔判決の確定性〕 裁判所の判決は確定したものとする。

第53条〔判決の遵守〕 締約国は、自国が当事者であるいかなる事件においても、裁判所の決定に従うことを約束する。

第54条〔判決執行の監視〕 裁判所の判決は、閣僚委員会に送付され、閣僚委員会は、その執行を監視する。

第55条〔裁判所規則〕 裁判所は、その規則を作成しおよびその手続を定める。

第56条〔裁判官の第1回選挙〕 1 裁判所の裁判官の第1回の選挙は、第46条に規定する締約国の宣言が総計8に達した後に行われる。

2 この選挙の前には、いかなる事件も、裁判所に付託す

ることはできない。

第5節 〔雑則〕

第57条 〈現行52条と同一〉

第58条〔委員会および裁判所の経費〕委員会および裁判所の経費は、ヨーロッパ評議会が負担する。

第59条〔委員および裁判官の特権と免除〕委員会の委員および裁判所の裁判官は、その任務の遂行中は、ヨーロッパ評議会規程の第40条およびそれに基づいてなされた諸規定に定める特権および免除を受ける権利を有する。

第60条 〈現行53条と同一〉

第61条 〈現行54条と同一〉

第62条 〈現行55条と同一〉

第63条〔領域的適用〕〈現行56条と実質的に同一〉

第64条 〈現行57条と同一〉

第65条 〈現行58条と同一〉

第66条〔署名、批准〕〈現行59条と同一〉

〔付記〕 翻訳にあたっては、『ベーシック条約集 2006年版』(東信堂)および同初版(1997年)を参照した。
なお、翻訳は、次のような方針で行った。
① 全体として平易を旨とし、既存の条約の公定訳にとらわれず、日本法の用語法に準拠した。
② 原則として英文を基礎としたが、より明確である場合あるいは判例で解釈確定のために採用されている場合には、もう一方の正文であるフランス文に拠った。

[小畑郁 訳]

資料Ⅱ ヨーロッパ人権条約締約国一覧

(2008年4月28日現在)

締約国	ヨーロッパ人権条約 CETS No.005	第1議定書 CETS No.009	第4議定書 CETS No.046	第6議定書 CETS No.114	第7議定書 CETS No.117	第12議定書 CETS No.177	第13議定書 CETS No.187
アルバニア（Albania）	02/10/96	02/10/96	02/10/96	01/10/00	01/01/97	01/04/05	01/06/07
アンドラ（Andorra）	22/01/96			01/02/96			01/07/03
アルメニア（Armenia）	26/04/02	26/04/02	26/04/02	01/10/03	01/07/02	01/04/05	
オーストリア（Austria）	03/09/58	03/09/58	18/09/69	01/03/85	01/11/88		01/05/04
アゼルバイジャン（Azerbaijan）	15/04/02	15/04/02	15/04/02	01/05/02	01/07/02		
ベルギー（Belgium）	14/06/55	14/06/55	21/09/70	01/01/99			01/10/03
ボスニア・ヘルツェゴビナ（Bosnia and Herzegovina）	12/07/02	12/07/02	12/07/02	01/08/02	01/10/02	01/04/05	01/11/03
ブルガリア（Bulgaria）	07/09/92	07/09/92	04/11/00	01/10/99	01/02/01		01/07/03
クロアチア（Croatia）	05/11/97	05/11/97	05/11/97	01/12/97	01/02/98	01/04/05	01/07/03
キプロス（Cyprus）	06/10/62	06/10/62	03/10/89	01/02/00	01/12/00	01/04/05	01/07/03
チェコ（Czech Republic）	01/01/93	01/01/93	01/01/93	01/01/93	01/01/93		01/11/04
デンマーク（Denmark）	03/09/53	18/05/54	02/05/68	01/03/85	01/11/88		01/07/03
エストニア（Estonia）	16/04/96	16/04/96	16/04/96	01/05/98	01/07/96		01/06/04
フィンランド（Finland）	10/05/90	10/05/90	10/05/90	01/06/90	01/08/90	01/04/05	01/03/05
フランス（France）	03/05/74	03/05/74	03/05/74	01/03/86	01/11/88		01/02/08
グルジア（Georgia）	20/05/99	07/06/02	13/04/00	01/05/00	01/07/00	01/04/05	01/09/03
ドイツ（Germany）	03/09/53	13/02/57	01/06/68	01/08/89			01/02/05
ギリシャ（Greece）	28/11/74	28/11/74		01/10/98	01/11/88		01/06/05
ハンガリー（Hungary）	05/11/92	05/11/92	05/11/92	01/12/92	01/02/93		01/11/03
アイスランド（Iceland）	03/09/53	18/05/54	02/05/68	01/06/87	01/11/88		01/03/05
アイルランド（Ireland）	03/09/53	18/05/54	29/10/68	01/07/94	01/11/01		01/07/03
イタリア（Italy）	26/10/55	26/10/55	27/05/82	01/01/89	01/02/92		
ラトビア（Latvia）	27/06/97	27/06/97	27/06/97	01/06/99	01/09/97		
リヒテンシュタイン（Liechtenstein）	08/09/82	14/11/95	08/02/05	01/12/90	01/05/05		01/07/03
リトアニア（Lithuania）	20/06/95	24/05/96	20/06/95	01/08/99	01/09/95		01/05/04
ルクセンブルグ（Luxembourg）	03/09/53	18/05/54	02/05/68	01/03/85	01/07/89	01/07/06	
マルタ（Malta）	23/01/67	23/01/67	05/06/02	01/04/91	01/04/03		01/07/03
モルドバ（Moldova）	12/09/97	12/09/97	12/09/97	01/10/97	01/12/97		
モナコ（Monaco）	30/11/05		30/11/05	01/12/05	01/02/05		01/03/06
モンテネグロ（Montenegro）	06/06/06	06/06/06	06/06/06	06/06/06	06/06/06	06/06/06	06/06/06
オランダ（Netherlands）	31/08/54	31/08/54	23/06/82	01/05/86		01/04/05	01/06/06
ノルウェー（Norway）	03/09/53	18/05/54	02/05/68	01/11/88	01/01/89		01/12/05
ポーランド（Poland）	19/01/93	10/10/94	10/10/94	01/11/00	01/03/03		
ポルトガル（Portugal）	09/11/78	09/11/78	09/11/78	01/11/86	01/03/05		01/02/04
ルーマニア（Romania）	20/06/94	20/06/94	20/06/94	01/07/94	01/09/94	01/11/06	01/08/03
ロシア（Russia）	05/05/98	05/05/98	05/05/98		01/08/98		
サンマリノ（San Marino）	22/03/89	22/03/89	22/03/89	01/04/89	01/06/89	01/04/05	01/08/03
セルビア（Serbia）	03/03/04	03/03/04	03/03/04	01/04/04	01/06/04	01/04/05	01/07/04
スロバキア（Slovakia）	01/01/93	01/01/93	01/01/93	01/01/93	01/01/93		01/12/04
スロベニア（Slovenia）	28/06/94	28/06/94	28/06/94	01/07/94	01/09/94		01/04/04
スペイン（Spain）	04/10/79	27/11/90		01/03/85		01/06/08	
スウェーデン（Sweden）	03/09/53	18/05/54	02/05/68	01/03/85	01/11/88		01/08/03
スイス（Switzerland）	28/11/74			01/11/87	01/11/88		01/07/03
マケドニア（The former Yugoslav Republic of Macedonia）	10/04/97	10/04/97	10/04/97	01/05/97	01/07/97	01/04/05	01/11/04
トルコ（Turkey）	18/05/54	18/05/54		01/12/03			
ウクライナ（Ukraine）	11/09/97	11/09/97	11/09/97	01/05/00	01/12/97	01/07/06	01/07/03
イギリス（United Kingdom）	03/09/53	18/05/54		01/06/99			01/02/04

＊ 締約国欄はアルファベット順。 ＊ 日付は効力発生日（日／月／年の順） ＊ CETS ＝ Council of Europe Treaty Series
＊ 掲載した議定書は権利関係のもの
［出典］ヨーロッパ人権裁判所 HP

資料Ⅲ ヨーロッパ人権裁判所裁判官一覧

(2008年4月17日現在)

1　Mr Jean-Paul COSTA 
所長(President)(2007.1〜)、次長(Vice-President)(2001.11〜)、部長(2000.5〜)、裁判官(1998.11〜)
出身国：フランス
経歴：コンセイユデタ司法部、オルレアン大学、ソルボンヌ大学准教授

2　Mr Christos ROZAKIS 
次長(Vice-President)(1998.11〜)、部長(1998.11〜)、裁判官(1998.11〜)
出身国：ギリシャ
経歴：ヨーロッパ人権委員会委員、パンティオン大学教授(国際法)

3　Sir Nicolas BRATZA 
次長(Vice-President)(2007.1〜)、部長(1998.11〜)、裁判官(1998.11〜)
出身国：イギリス
経歴：高等法院判事、ヨーロッパ人権委員会委員

4　Mr Peer LORENZEN 
部長(Section President)、裁判官(1998.11〜)
出身国：デンマーク
経歴：ヨーロッパ人権委員会委員、最高裁判所判事

5　Ms Françoise TULKENS 
部長(Section President)(2007.1〜)、裁判官(1998.11〜)
出身国：ベルギー
経歴：ヨーロッパ拷問防止委員会エキスパート、ルーヴァン大学などの教授(犯罪学)

6　Mr Josep CASADEVALL 
部長(Section President)(2008.2〜)、裁判官(1996〜98、1998.11〜)
出身国：アンドラ
経歴：スペイン国立放送大学教授

7　Mr Giovanni BONELLO 
裁判官(1998.11〜)
出身国：マルタ
経歴：弁護士

8　Mr Ireneu CABRAL BARRETO 
裁判官(1998.11〜)
出身国：ポルトガル
経歴：ヨーロッパ人権委員会委員、最高裁判所判事

9　Mr Riza TÜRMEN 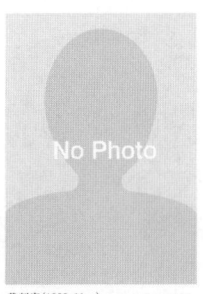
裁判官(1998.11〜)
出身国：トルコ
経歴：在ヨーロッパ評議会常駐代表

10　Mr Corneliu BÎRSAN 
裁判官(1998.11〜)
出身国：ルーマニア
経歴：ヨーロッパ人権委員会委員、ブカレスト大学教授(比較法)

11　Mr Karel JUNGWIERT 
裁判官(1993〜98、1998.11〜)
出身国：チェコ
経歴：最高裁判所判事

12　Mr Volodymyr BUTKEVYCH 
裁判官(1996〜98、1998.11〜)
出身国：ウクライナ
経歴：キエフ国立大学教授

＊　裁判官の掲載は席次順（役職者を除き、席次は就任日順。就任日が同じ場合は年齢の高い順）。
＊　裁判官は頻繁に交替するので、最新状況はヨーロッパ人権裁判所HPを参照（トップページ → 'The Court/ La Cour' → 'Composition of the Court/ Composition de la Cour'）。

資料Ⅲ　ヨーロッパ人権裁判所裁判官一覧

13　Mr Boštjan ZUPANČIČ

部　長(Section President)(2004.11〜2008.1)、裁判官(1998.11.1〜)
出身国：スロベニア
経歴：国連拷問禁止委員会委員、憲法裁判所判事

14　Ms Nina VAJIĆ

裁判官(1998.11〜)
出身国：クロアチア
経歴：ザグレブ大学教授(国際法)

15　Mr Rait MARUSTE

裁判官(1998.11〜)
出身国：エストニア
経歴：最高裁判所所長

16　Ms Snejana BOTOUCHAROVA

裁判官(1998.11〜)
出身国：ブルガリア
経歴：在アメリカ合衆国特命全権大使

17　Mr Anatoly KOVLER

裁判官(1999.9〜)
出身国：ロシア
経歴：モスクワアカデミック大学教授

18　Mr Vladimiro ZAGREBELSKY

裁判官(2001.4〜)
出身国：イタリア
経歴：司法省立法局

19　Ms Antonella MULARONI

裁判官(2001.11〜)
出身国：サンマリノ
経歴：バリスタ、公証人

20　Ms Elisabeth STEINER

裁判官(2001.11〜)
出身国：オーストリア
経歴：弁護士

21　Mr Stanislav PAVLOVSCHI

裁判官(2001.11〜)
出身国：モルドバ
経歴：検察総局勤務

22　Mr Lech GARLICKI

裁判官(2002.6〜)
出身国：ポーランド
経歴：憲法裁判所裁判官

23　Ms Elisabet FURA-SANDSTRÖM

裁判官(2003.4〜)
出身国：スウェーデン
経歴：EU法曹評議会スウェーデン代表

24　Ms Alvina GYULUMYAN

裁判官(2003.4〜)
出身国：アルメニア
経歴：憲法裁判所裁判官

資料Ⅲ　ヨーロッパ人権裁判所裁判官一覧　　　　　　　　　　515

25　Mr Khanlar HAJIYEV

裁判官(2003.4〜)
出身国：アゼルバイジャン
経歴：憲法裁判所所長

26　Ms Ljiljana MIJOVIĆ

裁判官(2004.1〜)
出身国：ボスニア・ヘルツェゴビナ
経歴：人権高等研究ヨーロッパセンター教授（国際法）

27　Mr Dean SPIELMANN

裁判官(2004.6〜)
出身国：ルクセンブルグ
経歴：人権諮問委員会委員

28　Ms Renate JAEGER

裁判官(2004.11〜)
出身国：ドイツ
経歴：連邦憲法裁判所裁判官

29　Mr Egbert MYJER

裁判官(2004.11〜)
出身国：オランダ
経歴：アムステルダム控訴裁判所検事長、法務次長検事

30　Mr Sverre Erik JEBENS

裁判官(2004.11〜)
出身国：ノルウェー
経歴：フロスタティング高等裁判所裁判官

31　Mr David Thór BJÖRGVINSSON

裁判官(2004.11〜)
出身国：アイスランド
経歴：レイキャビク大学教授（憲法および国際法）

32　Ms Danutė JOČIENĖ

裁判官(2004.11〜)
出身国：リトアニア
経歴：ヨーロッパ人権裁判所リトアニア政府代理人

33　Mr Ján ŠIKUTA

裁判官(2004.11〜)
出身国：スロバキア
経歴：国連難民高等弁務官事務所法務部

34　Mr Dragoljub POPOVIĆ

裁判官(2005.1〜)
出身国：セルビア
経歴：ベオグラードビジネスロースクール教授（憲法および比較法）

35　Ms Ineta ZIEMELE

裁判官(2005.4〜)
出身国：ラトヴィア
経歴：リガ大学大学院教授（国際法および人権）

36　Mr Mark VILLIGER

裁判官(2006.9〜)
出身国：スイス*
経歴：ヨーロッパ人権裁判所第3部書記補

＊　リヒテンシュタインの推薦枠

資料Ⅲ ヨーロッパ人権裁判所裁判官一覧

37 Ms Isabelle BERRO-LEFÈVRE 
裁判官(2006.6〜)
出身国：モナコ
経歴：第1審裁判所主席裁判官

38 Ms Päivi HIRVELÄ
裁判官(2007.1〜)
出身国：フィンランド
経歴：裁判所調査官

39 Mr Giorgio MALINVERNI 
裁判官(2007.1〜)
出身国：スイス
経歴：社会権規約委員会委員、ジュネーヴ大学教授（憲法および国際人権法）

40 Mr George NICOLAOU 
裁判官(2008.2〜)
出身国：キプロス
経歴：キプロス最高裁判所裁判官

41 Mr Luis LÓPEZ GUERRA 
裁判官(2008.2〜)
出身国：スペイン
経歴：カルロス3世大学教授（憲法）

42 Mr András SAJÓ 
裁判官(2008.2〜)
出身国：ハンガリー
経歴：セントラル・ヨーロッパ大学教授（比較法）

43 Ms Mirjana LAZAROVA TRAJKOVSKA 
裁判官(2008.2〜)
出身国：マケドニア
経歴：外務省人権局長

44 Mr Ledi BIANKU 
裁判官(2008.2〜)
出身国：アルバニア
経歴：ティラナ大学講師（国際法）

45 Ms Nona TSOTSORIA 
裁判官(2008.2〜)
出身国：グルジア
経歴：弁護士、次長検事

46 Ms Ann POWER 
裁判官(2008.1〜)
出身国：アイルランド
経歴：弁護士

Mr Erik FRIBERGH* 
書記(2005.11〜)
出身国：スウェーデン

Mr Michael O'BOYLE* 
書記補(2006.2〜)
出身国：イギリス

［出典］ヨーロッパ人権裁判所 HP

資料Ⅳ　ヨーロッパ人権裁判所各部の構成

(2008年2月6日現在)

第Ⅰ部 (Section I)	第Ⅱ部 (Section II)	第Ⅲ部 (Section III)	第Ⅳ部 (Section IV)	第Ⅴ部 (Section V)
Mr C.L. Rozakis 部長 (President) 出身国：ギリシャ	Mrs F. Tulkens 部長 (President) 出身国：ベルギー	Mr J. Casadevall 部長 (President) 出身国：アンドラ	Sir N. Bratza 部長 (President) 出身国：イギリス	Mr P. Lorenzen 部長 (President) 出身国：デンマーク
Mrs N. Vajić 副部長 (Vice-President) 出身国：クロアチア	Mrs A. Mularoni 副部長 (Vice-President) 出身国：サンマリノ	Mrs E. Fura-Sandström 副部長 (Vice-President) 出身国：スウェーデン	Mr L. Garlicki 副部長 (Vice-President) 出身国：ポーランド	Mrs S. Botoucharova 副部長 (Vice-President) 出身国：ブルガリア
Mr A. Kovler 出身国：ロシア	Mr I. Cabral Barreto 出身国：ポルトガル	Mr C. Birsan 出身国：ルーマニア	Mr G. Bonello 出身国：マルタ	Mr J.-P. Costa 出身国：フランス
Mrs E. Steiner 出身国：オーストリア	Mr R. Türmen 出身国：トルコ	Mr B.M. Zupančič 出身国：スロベニア	Mr S. Pavlovschi 出身国：モルドバ	Mr K. Jungwiert 出身国：チェコ
Mr K. Hajiyev 出身国：アゼルバイジャン	Mr V. Zagrebelsky 出身国：イタリア	Mrs A. Gyulumyan 出身国：アルメニア	Mrs L. Mijović 出身国：ボスニア・ヘルツェゴビナ	Mr V. Butkevych 出身国：ウクライナ
Mr D. Spielmann 出身国：ルクセンブルグ	Mrs D. Jočienė 出身国：リトアニア	Mr E. Myjer 出身国：オランダ	Mr D. Björgvinsson 出身国：アイスランド	Mr R. Maruste 出身国：エストニア
Mr S.E. Jebens 出身国：ノルウェー	Mr D. Popović 出身国：セルビア	Mrs I. Ziemele 出身国：ラトビア	Mr J. Šikuta 出身国：スロバキア	Mrs R. Jaeger 出身国：ドイツ
Mr G. Malinverni 出身国：スイス	Mr A. Sajo 出身国：ハンガリー	Mr L. López Guerra 出身国：スペイン	Mrs P. Hirvelä 出身国：フィンランド	Mr M. Villiger 出身国：スイス
Mr G. Nicolaou 出身国：キプロス	Mrs N. Tsotsoria 出身国：グルジア	Mrs Ann Power 出身国：アイルランド	Mrs Ledi Bianku 出身国：アルバニア	Mrs I. Berro-Lefèvre 出身国：モナコ
				Mrs M. Lazarova Trajkovska 出身国：マケドニア

E. Fribergh（書記、出身国：スウェーデン）
M. O'Boyle（書記補、出身国：イギリス）

S. Nielsen 部書記 (Section Registrar)	S. Dollé 部書記 (Section Registrar)	S. Quesada 部書記 (Section Registrar)	L. Early 部書記 (Section Registrar)	C. Westerdiek 部書記 (Section Registrar)
A. Wampach 部書記補 (Deputy Section Registrar)	F. Elens-Passos 部書記補 (Deputy Section Registrar)	S. Naismith 部書記補 (Deputy Section Registrar)	F. Aracı 部書記補 (Deputy Section Registrar)	S. Phillips 部書記補 (Deputy Section Registrar)

［出典］ヨーロッパ人権裁判所 HP

資料Ⅴ 人権に関わるヨーロッパ評議会の機構（概略）

(2007年9月1日現在)

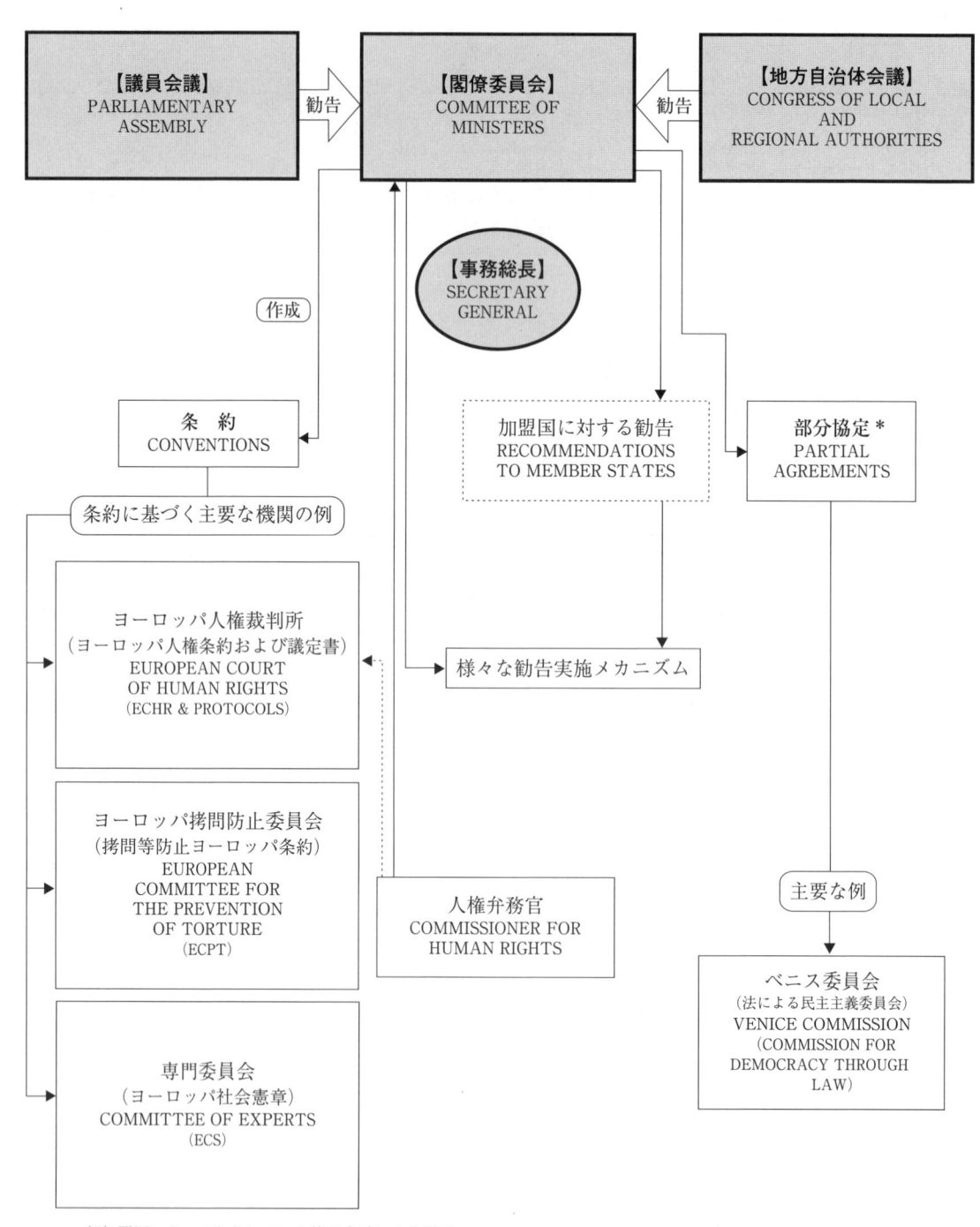

```
【議員会議】              【閣僚委員会】           【地方自治体会議】
PARLIAMENTARY  ─勧告→  COMMITTEE OF   ←勧告─  CONGRESS OF LOCAL
ASSEMBLY                 MINISTERS                AND REGIONAL
                                                  AUTHORITIES

                       【事務総長】
                       SECRETARY
                        GENERAL

     │作成          │                │
     ▼              ▼                ▼
   条 約        加盟国に対する勧告    部分協定＊
 CONVENTIONS   RECOMMENDATIONS     PARTIAL
               TO MEMBER STATES    AGREEMENTS

条約に基づく主要な機関の例             │
                                      │主要な例
 ヨーロッパ人権裁判所                  ▼
 (ヨーロッパ人権条約および議定書)    ベニス委員会
 EUROPEAN COURT                      (法による民主主義委員会)
 OF HUMAN RIGHTS                     VENICE COMMISSION
 (ECHR & PROTOCOLS)                  (COMMISSION FOR
                                     DEMOCRACY THROUGH
 ヨーロッパ拷問防止委員会              LAW)
 (拷問等防止ヨーロッパ条約)
 EUROPEAN
 COMMITTEE FOR      様々な勧告実施メカニズム
 THE PREVENTION
 OF TORTURE         人権弁務官
 (ECPT)             COMMISSIONER FOR
                    HUMAN RIGHTS
 専門委員会
 (ヨーロッパ社会憲章)
 COMMITTEE OF EXPERTS
 (ECS)
```

＊　一部加盟国によってなされている特別会計による活動
[出典] ヨーロッパ評議会HP参照

資料Ⅵ 個人申立の審査手続の流れ

(2007年9月1日現在)

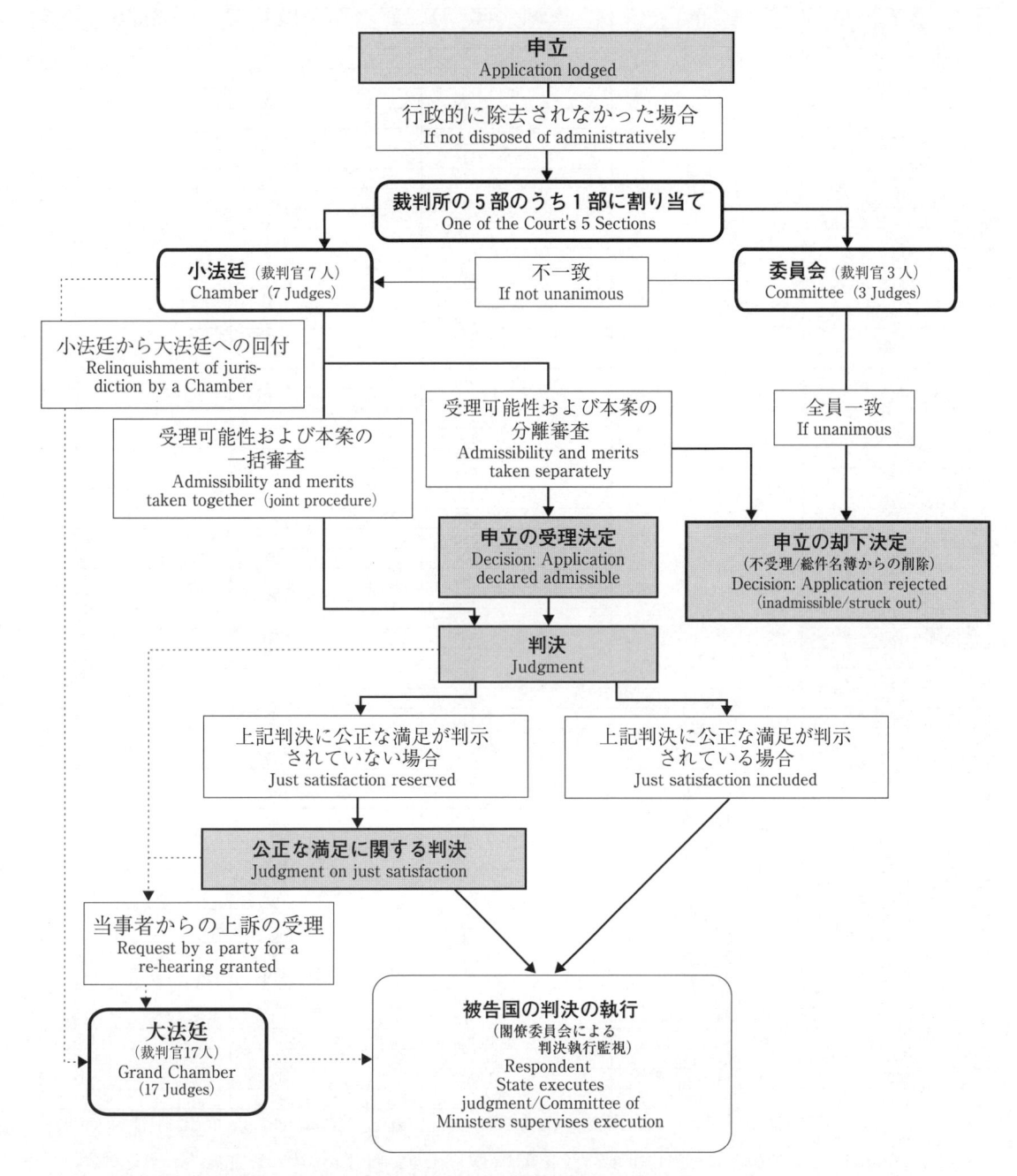

```
                    申立
              Application lodged
                     │
          行政的に除去されなかった場合
         If not disposed of administratively
                     │
          裁判所の5部のうち1部に割り当て
           One of the Court's 5 Sections
           ┌─────────┴─────────┐
           │                    │
    小法廷（裁判官7人）   不一致    委員会（裁判官3人）
    Chamber (7 Judges) ←If not  Committee (3 Judges)
                        unanimous
```

- 小法廷から大法廷への回付 / Relinquishment of jurisdiction by a Chamber
- 受理可能性および本案の一括審査 / Admissibility and merits taken together (joint procedure)
- 受理可能性および本案の分離審査 / Admissibility and merits taken separately
- 全員一致 / If unanimous

申立の受理決定 / Decision: Application declared admissible

申立の却下決定（不受理/総件名簿からの削除）/ Decision: Application rejected (inadmissible/struck out)

判決 / Judgment

- 上記判決に公正な満足が判示されていない場合 / Just satisfaction reserved
- 上記判決に公正な満足が判示されている場合 / Just satisfaction included

公正な満足に関する判決 / Judgment on just satisfaction

- 当事者からの上訴の受理 / Request by a party for a re-hearing granted

大法廷（裁判官17人）/ Grand Chamber (17 Judges)

被告国の判決の執行（閣僚委員会による判決執行監視）/ Respondent State executes judgment/Committee of Ministers supervises execution

＊ この図は、様々な裁判体による審理の流れを示している。理解しやすくするために、手続の中で省略したものがある。たとえば、被告国への申立の通報、大法廷の審査部会による上訴の受理の検討、友好的解決の交渉などである。

[出典] ヨーロッパ人権裁判所 HP

資料Ⅶ 事件処理状況（1）申立および判決数

年	申立件数	登録申立件数	受理決定数	判決数
1955		138	0	—
1956		104	0	—
1957		101	0	—
1958		96	2	—
1959		233	1	0
1960		291	3	1
1961		344	1	2
1962		442	0	1
1963		346	20	0
1964		293	9	0
1965		310	1	0
1966		303	5	0
1967		445	7	1
1968		449	2	3
1969		439	1	2
1970	1955-1987年の合計	379	33	2
1971	39,973	603	11	2
1972		644	12	2
1973		442	13	1
1974		445	6	1
1975		466	4	2
1976		427	11	6
1977		373	32	0
1978		335	16	5
1979		378	25	5
1980		390	19	7
1981		404	21	7
1982		590	42	11
1983		499	29	15
1984		586	54	18
1985		596	70	11
1986		706	42	17
1987		860	31	32
1988	4,246	1,009	52	26
1989	4,923	1,445	95	25
1990	5,259	1,657	151	30
1991	6,104	1,648	217	72
1992	6,456	1,861	189	81
1993	9,759	2,037	218	60
1994	10,335	2,944	582	50
1995	11,236	3,481	807	56
1996	12,704	4,758	624	72
1997	14,166	4,750	703	106
1998	18,164	5,981	762	105
1999	22,617	8,400	731	177
2000	30,069	10,482	1,086	695
2001	31,228	13,845	739	889
2002	34,509	28,214	578	844
2003	38,810	27,189	753	703
2004	44,128	32,512	830	718
2005	45,550	35,402	1,036	1,105
2006	51,318	39,373	1,634	1,560
2007	54,000（概算）	41,700	1,621	1,503
総計	495,504（概算）	282,145	13,931	9,031

＊1　1998年11月1日に第11議定書が発効し、条約機関は人権裁判所に一元化された。このことにより、申立は同日以降人権委員会ではなく裁判所になされることになった。

＊2　2002年の規則改正で申立の登録制度は廃止された。それ以降の「登録申立件数」欄の数字は、正確には、特定の裁判体（小法廷ないし委員会）に割り当てられた申立を指す。両者は、行政的な処理（事件ファイルの廃棄）の可能性がなくなっている申立という意味では同じものである。この点についてより詳しくは、概説Ⅱ（本書17頁）注(17)参照。

［出典］ヨーロッパ人権条約公式年鑑（Yearbook / Annuaire）およびヨーロッパ人権裁判所HP

資料Ⅶ 事件処理状況 (2) 主な国家間事件

事　件	申立番号	申立日	受理決定	委員会報告書	人権裁判所判決／決定
ギリシャ対イギリス（Ⅰ）	176/56	07/05/1956	02/06/1956	26/09/1958	—
ギリシャ対イギリス（Ⅱ）	299/57	17/07/1957	12/10/1957	08/07/1959	—
オーストリア対イタリア	788/60	11/07/1960	11/01/1961	03/1963	—
デンマーク、ノルウェー、スウェーデンおよびオランダ対ギリシャ（Ⅰ）	3321-23, 44/67	20/09/1967 27/09/1967 25/03/1968	24/01/1968 31/05/1968	05/11/1969	
デンマーク、ノルウェー、スウェーデンおよびオランダ対ギリシャ（Ⅱ）	4448/70	10/04/1970	16/07/1970	10/1970 10/1976	—
アイルランド対イギリス（Ⅰ）	5310/71	16/12/1971	01/10/1972	25/01/1976	18/01/1978
アイルランド対イギリス（Ⅱ）	5451/72	06/03/1972	01/10/1972（総件名簿削除）	—	—
キプロス対トルコ（Ⅰ）	6780/74	19/09/1974	26/05/1975	13/07/1976	—
キプロス対トルコ（Ⅱ）	6950/75	21/03/1975	第Ⅰ事件と併合	—	—
キプロス対トルコ（Ⅲ）	8007/77	06/09/1977	10/07/1978	07/1980（暫定） 04/10/1983	
デンマーク、フランス、オランダ、ノルウェーおよびスウェーデン対トルコ	9940-44/82	06/07/1982	06/12/1983	07/12/1985	—
キプロス対トルコ（Ⅳ）	25781/94	22/11/1994	28/06/1996	04/06/1999	10/05/2001
デンマーク対トルコ	34382/97	07/01/1997	08/06/1999	—	05/04/2000（総件名簿削除）

［出典］ヨーロッパ人権裁判所 HP およびヨーロッパ人権条約公式年鑑（Yearbook / Annuaire）

資料Ⅶ 事件処理状況 (3) 事件の係属状況

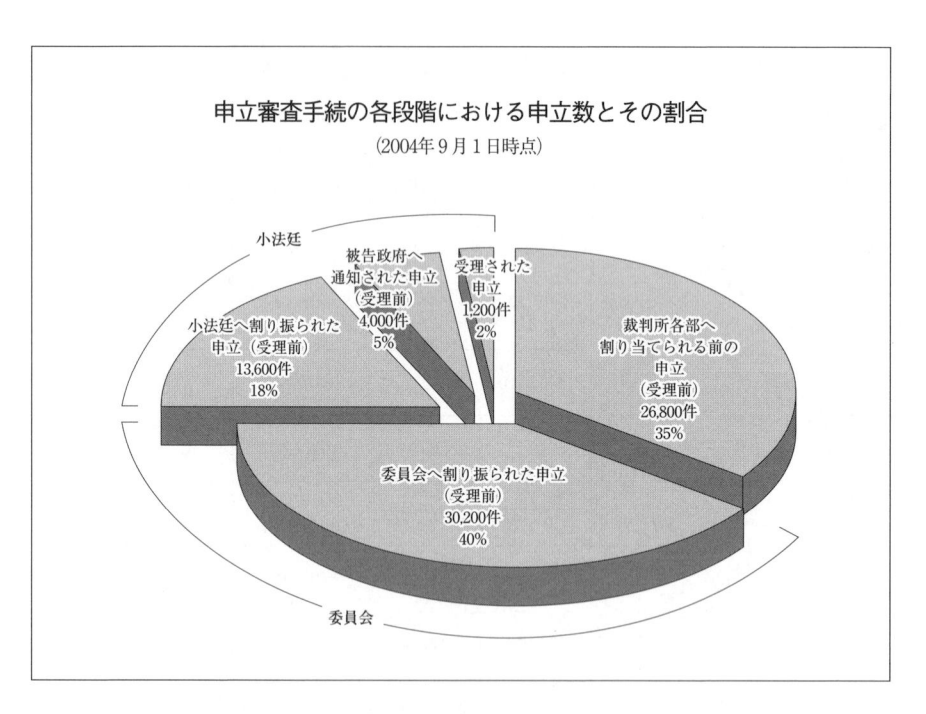

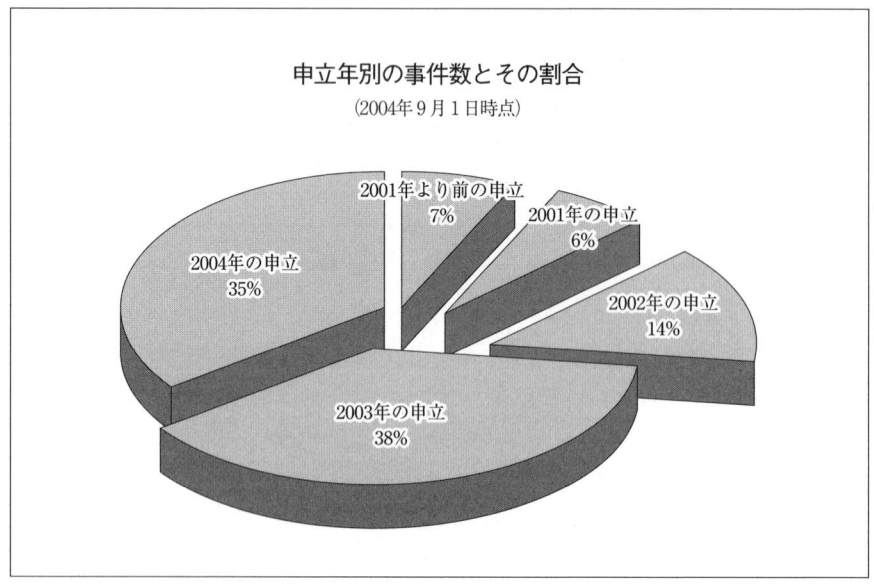

申立審査手続の各段階における申立数とその割合
(2004年9月1日時点)

- 受理された申立 1,200件 2%
- 被告政府へ通知された申立（受理前）4,000件 5%
- 小法廷へ割り振られた申立（受理前）13,600件 18%
- 裁判所各部へ割り当てられる前の申立（受理前）26,800件 35%
- 委員会へ割り振られた申立（受理前）30,200件 40%

小法廷／委員会

申立年別の事件数とその割合
(2004年9月1日時点)

- 2001年より前の申立 7%
- 2001年の申立 6%
- 2002年の申立 14%
- 2003年の申立 38%
- 2004年の申立 35%

[出典] Applying and Supervising the ECHR: Reform of the European Human Rights System (Proceedings of the High Level Seminer, Oslo, 18 October 2004, Council of Europe, 2004), p. 45 & 51.

資料Ⅶ 事件処理状況 (4) 被申立国別登録申立件数・被告国別判決数

締約国	被申立国別登録申立件数					被告国別判決数				
	1986年	1991年	1996年	2001年	2006年	1986年	1991年	1996年	2001年	2006年
デンマーク (53/53/53)	11	22	38	52	66	0	0	1	2	2
ドイツ (53/55/55)	106	139	334	714	1,587	4	1	2	17	10
アイスランド (53/55/58)	1	2	7	3	12	0	0	0	0	0
アイルランド (53/53/53)	4	7	18	16	40	1	1	0	1	0
ルクセンブルグ (53/58/58)	2	3	7	11	31	0	0	0	2	2
ノルウェー (53/55/64)	3	11	20	49	67	0	0	2	1	1
スウェーデン (53/52/66)	68	90	169	247	371	0	5	1	3	8
イギリス (53/66/66)	138	202	471	474	844	5	4	12	33	23
トルコ (54/87/90)	—	33	562	1,059	2,330	—	0	5	229	334
オランダ (54/60/54)	48	98	138	200	397	2	2	5	7	7
ベルギー (55/55/55)	44	67	54	108	106	0	5	2	5	7
イタリア (55/73/73)	62	133	729	590	934	0	38	8	413	103
オーストリア (58/58/58)	61	135	186	229	341	3	5	5	18	21
キプロス (62/89/80)	0	8	7	20	56	0	0	0	2	15
マルタ (67/87/87)	0	7	0	2	16	0	1	0	0	8
フランス (74/81/74)	86	400	600	1,117	1,832	1	6	14	45	96
ギリシャ (74/85/79)	1	29	43	193	371	0	1	7	21	55
スイス (74/74/74)	50	113	137	162	277	1	2	3	8	9
ポルトガル (78/78/78)	7	36	76	141	216	0	1	3	26	5
スペイン (79/81/79)	17	75	139	806	359	0	0	2	2	5
リヒテンシュタイン (82/82/82)	0	0	2	0	1	0	0	0	0	1
サンマリノ (89/89/89)	—	—	2	3	2	—	0	0	0	0
フィンランド (90/90/90)	—	38	117	105	262	—	0	0	4	17
ブルガリア (92/92/92)	—	—	35	406	746	—	—	0	3	45
ハンガリー (92/92/92)	—	—	99	173	425	—	—	0	3	32
チェコ (93/92/92)	—	—	77	367	2,476	—	—	0	2	39
スロバキア (93/92/92)	—	—	80	343	486	—	—	0	8	34
ポーランド (93/93/93)	—	—	458	1,763	3,990	—	—	0	20	115
ルーマニア (94/94/94)	—	—	118	542	3,312	—	—	0	1	73
スロベニア (94/94/94)	—	—	19	206	1,340	—	—	0	1	190
リトアニア (95/95/95)	—	—	16	152	203	—	—	0	2	7
アンドラ (96/96/96)	—	—	0	3	8	—	—	0	0	1
エストニア (96/96/96)	—	—	0	89	183	—	—	0	1	1
アルバニア (96/96/96)	—	—	0	3	52	—	—	0	0	2
マケドニア (97/97/97)	—	—	—	32	289	—	—	—	1	8
ラトビア (97/97/97)	—	—	—	126	269	—	—	—	1	10
ウクライナ (97/97/97)	—	—	—	1,062	2,482	—	—	—	1	120
モルドバ (97/97/97)	—	—	—	44	519	—	—	—	1	20
クロアチア (97/96/96)	—	—	—	116	642	—	—	—	5	22
ロシア (98/98/98)	—	—	—	2,108	10,177	—	—	—	0	102
グルジア (99)	—	—	—	22	105	—	—	—	0	5
アゼルバイジャン (02)	—	—	—	—	223	—	—	—	—	3
アルメニア (02)	—	—	—	—	98	—	—	—	—	0
ボスニア・ヘルツェゴビナ (02)	—	—	—	—	240	—	—	—	—	1
セルビア (04)	—	—	—	—	586	—	—	—	—	1
モナコ (05)	—	—	—	—	4	—	—	—	—	0
モンテネグロ (06)	—	—	—	—	不明	—	—	—	—	0
総　計	706	1,648	4,758	13,845	39,373	17	72	72	889	1,560

＊1　括弧内の年は、条約の効力発生年／個人申立受理権限受諾年／人権裁判所管轄権受諾年を記載した。ただし、1998年11月以後は、個人の申立を受理する人権裁判所の権限を締約国が当然に受諾しているため、グルジア以降は効力発生年のみを記載した。

＊2　資料Ⅶ-(1)（本書520頁）注＊2も参照。

［出典］ヨーロッパ人権条約公式年鑑（Yearbook / Annuaire）およびヨーロッパ人権裁判所HP

資料Ⅷ 欧文基本参考図書

1 判例集

- Publications of the European Court of Human Rights, Series A: Judgments and Decisions / Publications de la Cour Européenne des Droits de l'Homme, Séries A: Arrêts et Décisions（Carl Heymanns）
  〔1996年までのヨーロッパ人権裁判所の判決・決定集〕
- Publications of the European Court of Human Rights, Series B: Pleadings, Oral Arguments and Documents / Publications de la Cour Européene des Droits de l'Homme, Séries B:Memoires, Plaidoires et Documents（Carl Heymanns）
  〔1998年までの事件についての訴訟記録集。訴答書面や口頭弁論の記録を含む〕
- Reports of the Judgments and Decisions of the European Court of Human Rights / Recueil des Arrêts et Décision de la Cour Européenne des Droits de l'Homme（Carl Heymanns）
  〔1996年以降のヨーロッパ人権裁判所の判決・決定集。現在ではここで公刊されるのは重要と考えられた一部のものだけである〕
- Collections of the Decisions of the European Commission of Human Rights / Recueil des Décisions de la Commission Européenne des Droits de l'Homme（Council of Europe）
  〔1974年までのヨーロッパ人権委員会の公表決定集〕
- Decisions and Reports of the European Commission of Human Rights / Décision et Rapports de la Commission Européenne des Droits de l'Homme（Council of Europe）
  〔1975年以降のヨーロッパ人権委員会の公表決定・報告書集〕

2 公式記録集

- Collected Edition of the "Travaux Préparatoires" of the European Convention on Human Rights / Recueil des Travaux Préparatoires de la Convention Européenne des Droits de l'Homme, 8 vols. 1975-1985（Martinus Nijhoff）
  〔ヨーロッパ人権条約と第1議定書の準備作業の集成〕
- Collection of the Resolutions of the Committee of Ministers adopted in Application of Articles 32 and 54 of the European Convention on Human Rights / Recueil des Résolutions adoptées en application des Articles 32 et 54 de la Convention Européenne des Droits de l'Homme（Council of Europe）
  〔Supplements を含め1997年までのヨーロッパ評議会閣僚委員会の旧32条・旧54条に基づく決議集〕
- Yearbook of the European Convention on Human Rights / Annuaire de la Convention Européene des Droits de l'Homme（Martinus Nijhoff）
  〔上記の情報を含むヨーロッパ人権条約についての公式年鑑〕

3 テキストブック

［英　文］

- OVEY, Clare and WHITE, Robin, *Jacobs & White, European Convention on Human Rights* Edition（4th edition Oxford University Press, 2006）
- VAN DIJK, Pieter, VAN HOOF, Fried, VAN RIJN, Arjen and ZWAAK, Leo, *Theory and Practice of the Euro-*

pean Convention on Human Rights（4th edition, Intersentia Publishers, 2006）
- O'BOYLE, Michael, WARBRICK, Colin, and HARRIS, David J., *Law of the European Convention on Human Rights*（Butteworth, 1995）

［仏　文］
- COHEN-JONATHAN, Gérard, *La Convention européenne des droits de l'homme*（Economica, 1989）
- SUDRE, Frédéric, *Droit européen et international des droits de l'homme*, 7ᵉ éd.（PUF, 2007）
- SUDRE, Frédéric, *La Convention européenne des droits de l'homme*, 6ᵉ éd.（Collection de 《Que sais-je?》, PUF, 2004）
- GOMIEN, D., *Vade-mecum de la Convention européenne des droits de l'homme*, 3ᵉ éd（Council of Europe, 2005）

［独　文］
- Anne Peters, Einführung in die Europäische Menschenrechtskonvention, Beck, 2003
- Christoph Grabenwarter, Europäische Menschenrechtskonvention, 3.Auf., Beck, 2008
- Mark Eugen Villiger, Handbuch der Europäischen Menschenrechtskonvention, 2.Auf., Schulthess, 1999

● 4　コメンタリー
［仏　文］
- PETTITI, Louis-Edmond, DECAUX, Emmanuel, IMBERT, Pierre-Henri, *La Convention européenne des droits de l'homme: Commentaire article par article*, 2ᵉ éd.（Economica, 1999）

［独　文］
- Jens Meyer-Ladewig, Konvention zum Schutz der Menschenrechte und Grundfreiheiten, Handkommentar, 2. Aufl., Nomos, 2006
- Jochen Abr. Frowein / Wolfgang Peukert, Europäische Menschenrechtskonvention, 2.Aufl., Engel, 1996
- Rainer Grote/Konstantin Meljnik/Ralf Alleweldt（Hrsg）, EMRK/GG Konkordanzkommentar zum europäischen und deutschen Grundrechtsschutz, Mohr, 2006

● 5　ケースブック
［英　文］
- LAWSON, R., & SCHERMERS, H. G., *Leading Cases of the European Court of Human Rights*, 2ⁿᵈ ed.（Ares Aequi Libri, 1999）
- DUTERTRE, Gilles, *Key case-law extracts - European Court of Human Rights*（Council of Europe, 2004）
- MENSAH, Barbara, *European Human Rights Cases Summaries 1960-2000*（Cavendish, 2001）
　〔2000年までの人権裁判所判決がすべて要約されている〕

［仏　文］
- DE SALVIA, Michele, *Compendium de la CEDH: les principes directeurs de la jurisprudence relative à la Convention européenne des droits de l'homme*. vol.1, Jurisprudence 1960 à 2002（Engel, 2003）
- BERGER, Vincent, *Jurisprudence de la Cour européenne des droits de l'homme*, 10e éd.（Sirey, 2007）
- DUTERTRE, Gilles, *Extraits clés de jurisprudence - Cour européenne des droits de l'homme*（Council of Europe, 2003）
- SUDRE et autres, *Les Grands arrêts de la Cour européenne des droits de l'homme*, 2e éd.,（PUF, 2003）
- TAVERNIER, Paul *La France et la Cour européenne des droits de l'homme La Jurisprudence en 2002*,（Bruyant）

〔2002年以降各年版が出ている〕

[独　文]
- Jörg Menzel /Tobias Pierlings /Jeannine Hoffmann（Hrsg）, Völkerrechtsprechung, Mohr, 2005

6　主要関連雑誌
- Human Rights Law Journal, 1976-. Kehl : Engel
- Revue Universelle des Droits de l'Homme, 1989-. Kehl : Engel
- Europäische Grundrechte Zeitschrift, 1968-. Kehl : Engel
  〔以上3誌は同一出版社から刊行されている装丁も同一の姉妹誌であり、内容も重複していることがある。いずれもヨーロッパ人権条約関係の論文および情報（判例も含む）が多く掲載されている。最後のものは判決の非公式ドイツ語版を多く含む点でも有益〕
- European Human Rights Reports, 1979-. London : Sweet & Maxwell
  〔ヨーロッパ人権裁判所の英文の非公式判例集であり、英語圏で（「*EHRR*」という略記で）よく引用される。最新判例をざっと見たいときに便利〕
- European Human Rights Law Review, 1995-. London : Sweet & Maxwell
- Revue Trimestrielle des Droits de l'Homme, 1990-. Bruxelle : Nemesis

7　その他
- BLACKBURN, Robert & POLAKIEWICZ, Jörg（eds.）, *Fundamental Rights in Europe: The ECHR and its Member States, 1950-2000*（Oxford U.P., 2001）
  〔各国における人権裁判所判例の意義を概観するのに便利〕

8　関連ウェブサイト
- European Court of Human Rights
    URL: http://www.echr.coe.int/echr/
       次のようなコンテンツがある
          ①裁判所の基本情報
          ②条約・規則等のテキスト
          ③現在係属中の事件の概要
          ④ HUDOC : Human Rights Documentation
             〔ヨーロッパ人権条約実施機関の判例データベース〕（⇒資料Ⅸ参照）
          ⑤ Library of the European Court of Human Rights
             〔人権裁判所図書館のサイト〕（Catalogue で検索可⇒資料Ⅸ参照）
          ⑥ webcast
             〔最近の事件の口頭弁論のための法廷の様子の録画映像を配信〕
- Council of Europe
    URL: http://www.coe.int
- Max Planck Institute for Comparative Public Law and International Law
    URL: http://www.mpil.de
       〔OPAC で論文の検索も可能。ドイツ語圏情報や国内公法情報にも強い〕

資料Ⅸ 検索ツールによる判例・文献の調べ方

1 HUDOC を利用した判例および関連情報の主な探し方

ヨーロッパ人権裁判所のサイト（http://echr.coe.int/echr/）にアクセスする。
次のような画面が現れる。

Case-Law（英文インターフェイス）または Jurisprudence（仏文インターフェイス）をクリックする（英文・仏文とも同じデザインなので、以下では英文のインターフェイスに沿って説明する）。
次のような画面が現れる。

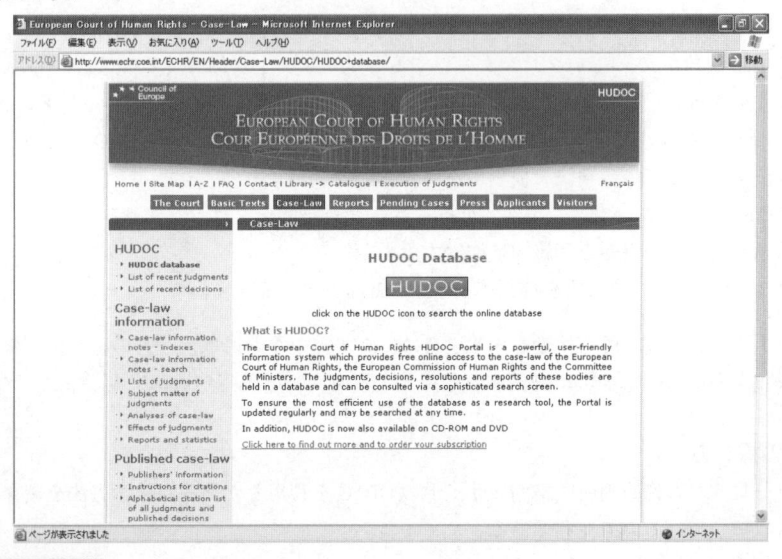

→ HUDOC をクリックする。

次のような画面が現れる。

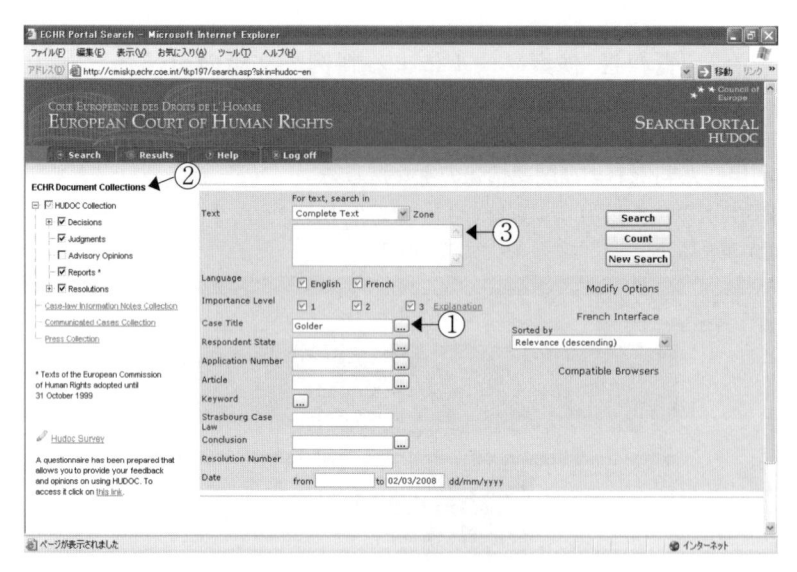

(1) 申立人名の分かっている特定の事件についての判決等を調べる場合
　Case Title のボックス（画面中①）に第1申立人の名前を打ち込み、Search をクリックする（上の画面の例では Golder〔ゴルダー判決・本書 41〕）。このとき、左のチェックボックス（画面中②）のうち、Judgments にのみチェックを入れていると、判決だけが出てくる。特定の事件の全貌に迫りたい場合には、Decisions、Reports や Resolutions にもチェックを入れておくのがよい。Resolutions はヨーロッパ評議会閣僚委員会の決議を意味し、判決の執行監視にかかわるものであるから、違反が認定された判決後の締約国による措置を調べる場合にとくに有益である。

(2) 特定の条文に関わる判決を検索する場合
　Articles のボックスに条文番号を打ち込み（またはボックスの右横の四角ボタン…をクリックして目的の条文をクリックし）、Search をクリックする。

(3) 特定のキーワードで検索する場合
　Keyword の右の四角ボタン…をクリックし、するとキーワードが出てくるので関連しそうなキーワードを選びクリックする。クリックした言葉がゴチック体になるので、OK をクリックする。元の画面に戻り、Search をクリックする。

(4) 特定の判決を引用している判決を検索する場合
　Strasbourg Case Law のボックスに事件名を打ち込み、Search をクリックする。

(5) 特定の用語を用いる判決等を網羅的に検索する場合
　text ボックス（画面中③）に用語を打ち込み、search をクリックする。

　※なお、以上を通じて網羅的な検索をする場合は、判決等のなかには、一方の言語の情報しか作成されていない場合があるため、Language の両方のボックス（English および French）にチェックを入れるとよい。

2　判例評釈の探し方

　ここでは、ヨーロッパ人権裁判所図書館のサイトの OPAC を利用した簡易な検索方法を紹介する。同サイトは、雑誌記事も収録しているので便利である。
　ヨーロッパ人権裁判所のサイト（http://echr.coe.int/echr/）にアクセスする。

資料IX 検索ツールによる判例・文献の調べ方　　　529

Library（英文インターフェイス）または Bibliothèque（仏文インターフェイス）をクリックする。

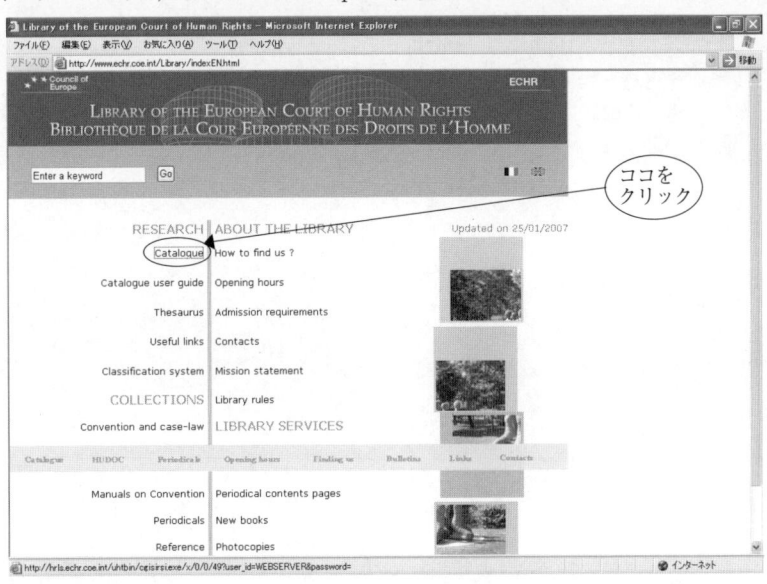

Research または Recherche の下の Catalogue をクリックする。

次のような画面が現れるので、ボックスに事件名を打ち込む（画面の例では Golder〔ゴルダー判決・本書41〕）。

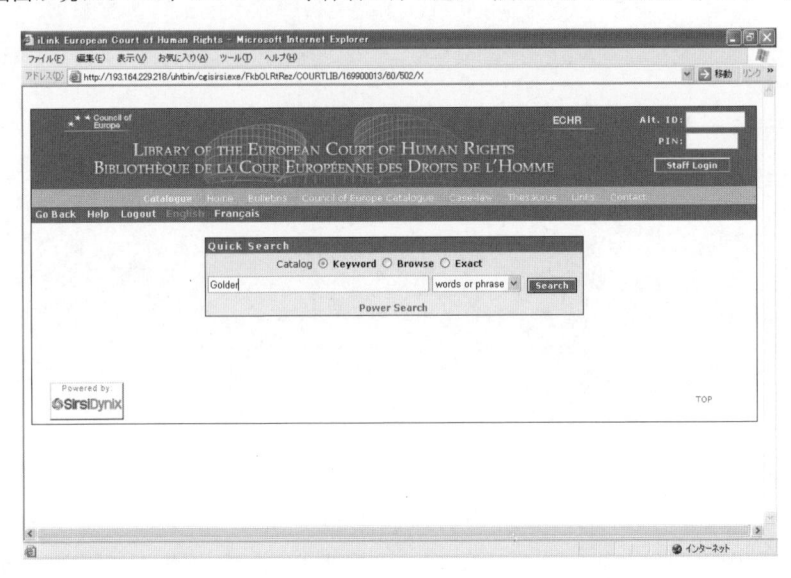

Search をクリックする。

事項索引
(四角囲み数字は項目番号)

〈あ行〉

IRA ……………………………………… 167, 195
アイデンティティー …………………………… 304
　──の権利 ………………………………… 304
安楽死 ……………………………………… 201
EC基準への準拠 …………………………… 273
EC司法裁判所　→人権条約とEC司法裁判所
EU基本権憲章 ……………… 57, 215, 311, 393
域外の軍事活動 ………………………………… 86
生きた文書／生きている文書 ……… xxviii, 136, 137, 142, 159, 308, 434
意見広告 …………………………………… 416
萎縮効果 …………………………………… 398
イスラム教 …………………………………… 409
イスラム法 …………………………………… 378
一事不再理 ………………………………… [39]
イデオロギー的教化 ………………………… 458
違法政権の擁護表現 ………………………… [68]
ヴィシー政権 ……………………………… 421
ヴィデオリンク方式　→証人の保護
映　画 ……………………………………… 414
営利的表現 ………………………………… 403
エホバの証人 ……………………………… 382

〈か行〉

外国人
　──の在留 ………………………………… [56]
　──の追放 ………………………………… [56]
　──の入国・在留に関する権利 …………… 354
解釈宣言 ……………………………… 98-100
改宗勧誘の自由 …………………………… 382
閣僚委員会 ………………………………… 10
　──による執行監視　→判決の執行監視
家族生活の概念 …………………………… 366
家族生活の尊重 ……………………………… [58]
　──と子どもと交流する親の権利 ………… [57]

家族の再統合 ………………………………… [57]
管轄権受諾宣言 ……………………………… [9]
管轄の場所的範囲 ………………………… [6], 105
環境権 ……………………………………… 335
監獄法 ……………………………………… 256
監獄法改正（日本）…………………… 165, 225
姦生子 ……………………………………… 422
寛　容 ………………………………… 377, 398
議員会議 ……………………………………… 16, 60
起訴前の接見制限 ………………………… [33], 232
北アイルランド紛争 ………… 161, 167, 194, 232
キプロス紛争 ………………………………… 75
虐　待 ……………………………………… 200
旧体制の不正と人権侵害 …………………… 263
旧東欧圏（中東欧）諸国
　→人権条約と旧東欧圏（中東欧）諸国
教育権 ……………………………………… [75], [76]
　親の── …………………………………… [75], [76]
教育に対する権利（第1議定書2条）…… [75], [76], [78], 24, 466
教育の宗教的中立性 ………………………… 459
教育への権利　→教育に対する権利
教育を受ける権利　→教育に対する権利
教　化 ……………………………………… 465
教　唆 ……………………………………… 414
行政慣行 …………………………………… 181
行政反則行為 ……………………………… 267
教派に対する国の中立義務 ………………… [60]
行　列 ……………………………………… 432
キリスト教 ………………………………… 409
緊急事態 …………………………………… 170
　──と人権制約 …………………………… [21]
禁婚親等内にある者の婚姻権　→婚姻についての権利
空港騒音 …………………………………… [53]
クルド労働者党（PKK）………………… 177, 204
クローズド・ショップ協定 ……………… 113, 437
軍　隊 ……………………………………… 140

刑事裁判における書証等の翻訳 …………………248
刑事施設及び受刑者の処遇に関する法律 …………280
刑事収容施設及び被収容者等の処遇に関する法律
　　　　　　　　　　　　　　　　　…………165, 256
刑事上の罪 ………………………………………[17]
刑務官の立会 ……………………………………280
刑務所制度（イギリス）………………………214, 277
結社の自由 …………………………………[11], 431
結社への加入強制 ………………………………436
研究発表の自由 …………………………………[65]
言　語 ……………………………………………471
憲法裁判所　→人権条約
憲法忠誠義務 ……………………………………428
権利に対する制約 ………………………………25
権利の実効性 ………………………………278, 432
権利の心髄 ………………………………………430
権利の濫用 ………………………………………[22]
公益上の「やむにやまれぬ」理由 ……………289
公　害 ……………………………………[52], [53]
効果的な救済 ……………………………………133
公共放送の独占 …………………………………392
拘　禁 ……………………………………………209
　　――の期間 …………………………………211
拘置所 ……………………………………………209
行　進 ……………………………………………432
公正な均衡 ……………26, 107, 225, 334, 336, 437, 448, 454
公正な衡量　→公正な均衡
公正な裁判についての権利
　→公正な裁判を受ける権利
公正な裁判を受ける権利（6条）………[22], 20, 64,
　　　　　　　　　　　　　　　　　　249, 255, 325
　　――と公務員 ………………………………[40]
　　――と国家免除 ……………………………[7]
　　――と裁判所に対するアクセスの権利 …[41]
　　――と実効的救済手段を得る権利 ………72
　　――と不公正な「外観」……………………283
　　――と弁護人依頼権 ………………………243
　　――と立法による裁判介入 ………………[43]
公正なバランス　→公正な均衡
公正な満足（旧50条・新41条）……15, 108, 142, 255, 442
構造的条約違反 …………………………[10], 106

公的関心事 ………………………………………414
公的議論 …………………………………………398
口頭弁論 …………………………………………14
公認宗教制度 ……………………………………377
公務員に採用される権利 ………………………424
公務員の憲法忠誠義務
　→表現の自由と公務員の憲法忠誠義務
公務員の懲戒免職処分
　→表現の自由と公務員の懲戒免職処分
公務就任 …………………………………………428
拷　問 ……………………………………………212
　　――または非人道的なもしくは品位を傷つける取扱
　　　い・刑罰の禁止（3条）…………[29], 19, 93, 464
合理的期間 ……………………50, 52, 255, 294, 483
　　――の基準 …………………………………295
効力停止条項　→デロゲーション
国籍要件 …………………………………………[79]
国内裁判所判決の執行を求める権利 …………[45]
国内的救済原則 …………[24], [25], 55, 74, 76, 81, 144,
　　　　　　　　　　　　175, 180 - 182, 185, 186, 247
　　――と国家間申立 …………………………[23]
　　――と実効的救済を求める権利 …………154
個人的自律 ………………………………………200
個人のアイデンティティ ………………………321
個人申立（権）………………………………[20], 10
個人申立の総件名簿からの削除 ………………[26]
国家間紛争 …………………………………[4], 73
国家間申立 ……………………………[23], 10, 75, 181
国家語能力 ………………………………………[80]
国家的シンボル …………………………………432
国家の義務　→国家の積極的義務
国家の宗教的中立性 ……………………………[60]
国家の積極的義務 ……………[11], [12], [13], 29, 202, 282,
　　　　　　　　　　　　308, 320, 331, 366, 432, 436
国家免除 ……………………………………[7], 88, 93
国家申立　→国家間申立
子ども（児童）の権利条約 ……………………466
子どもと交流する親の権利
　→家族生活の尊重と子どもと交流する親の権利
コモン・ロー ……………………………………387
婚姻後の姓の選択 ………………………………[46]

婚姻についての権利（12条）……………59, 23
　　禁婚親等内にある者の――……………432
婚姻の自由………………………………………59
婚姻法（イギリス）……………………………431

〈さ行〉

再婚制限…………………………………………428
財　産……………………………………107, 453
　　――の保護（第1議定書1条）……………24
財産権………………………107, 441, 447, 480
　　――と社会改革………………………………72
　　――と財産利用規制…………………………74
　　――と未執行の土地収用……………………73
財産利用の規制…………………………………74
財産を平穏に享受する権利　→財産権
裁判官の民主的正統性…………………………57
裁判所に対するアクセスの権利………………41
裁判所による判決効制限……………………290
裁判所の概念……………………………………98
裁判所侮辱法……………………………………62
裁判手続の遅延………………………………153
裁判を受ける権利　→公正な裁判を受ける権利
差し迫った社会的必要…26, 223, 224, 316, 355, 408, 409, 419
差　止…………………………………………62, 65
差別の禁止（14条）…………………………78, 79, 23
　　――の自律的性格…………………………304, 476
　　――の付随的性格…………………………304
暫定措置………………………………………13, 158
　　――の拘束力………………………………159
恣意的殺害………………………………………27
　　――と生命権　→生命に対する権利と恣意的殺害
死　刑…………………………………………19, 128
　　――の順番待ち現象………………………127
自己情報開示請求権……………………………49
自己の宗教を変更する自由…………………382
自己防衛のできる民主主義…………………427
自殺幇助…………………………………………28
私人の権利侵害と国家の義務………………12, 13, 327
私生活および家族生活の尊重を受ける権利（8条）
　　………………………………………………21
　　――と受刑者の信書の自由………………31

　　――と性転換…………………………………47
　　――と自己情報………………………………49
　　――とプライバシー…………………………51
　　――と通信の秘密……………………………54
　　――と親の権利………………………………57
　　――と非嫡出子………………………………58
　　――と公害……………………………………52
　　――と外国人の在留…………………………56
　　――と氏名……………………………………46
　　――と性暴力…………………………………50
　　――と住居……………………………………55
　　――と同性愛…………………………………48
　　――と騒音……………………………………53
事前的許可……………………………………432
思想，良心および宗教の自由（9条）………60, 61, 21
実効的解釈………………………………………28
実効的救済手段への権利
　　→実効的救済手段を得る権利
実効的救済手段を得る権利（13条）………19, 23, 159, 207, 483
実効的な調査の義務　→調査義務
児童虐待…………………………………………13
死ぬ権利　→生命に対する権利
司法機関の権威………………………………387, 432
司法統制………………………………………164
氏　名……………………………………………46
諮問会議　→議員会議
社会改革　→財産権と社会改革
社会保障…………………………………………79
写真報道の自由…………………………………51
遮蔽方式　→証人の保護
自由および安全に対する権利（5条）………19
集会および結社の自由（11条）……………11, 70, 71, 22
就業禁止………………………………………427
宗教団体の法人格……………………………325
宗教的感情……………………………………382, 408
宗教的結社の自由……………………………325
宗教的団体の裁判的救済……………………325
宗教または信念を表明する自由……………381
住居の尊重………………………………………55
自由権規約

14 条 ……………………………… *247*
　　21 条 ……………………………… *432*
　　22 条 ……………………………… *437*
自由選挙についての権利（第 1 議定書 3 条）… ③, ⑦⑦,
　　　　　　　　　　　　　　　⑧⓪, *24, 470, 489*
集団的示威行動 ……………………………… *432*
収　用 ……………………………………… *448*
重要な社会的必要性　→差し迫った社会的必要
受刑者（→被拘禁者も見よ）
　　——が弁護士に相談する機会 ……… *277*
　　——の信書の自由 ……………… ③①, *278*
　　——の電話の録音 ………………… *224*
主権免除　→国家免除
出入国管理 ………………………………… *131*
受理可能性 ………………………………… *11*
　　——と本案との併合審理 …………… *13*
狩猟権 ……………………………………… *454*
消極的結社の自由 ………………… ⑦①, *113*
証人審問権 ……………………………… ③⑥
証人の保護 ……………………………… *252*
条約適合性判断要件 ……………………… *387*
職業倫理 …………………………… *413, 431*
自律的解釈 ……………… ①⑦, *30, 104, 141, 256, 272, 442*
自律的概念　→自律的解釈
自律的な意味　→自律的解釈
自律的な権利 ……………………………… *153*
人格的自律 ………………………………… *306*
人格的発展の権利 ………………………… *200*
人格の同一性 ……………………………… *201*
信教の自由／宗教の自由 ………… ⑥①, *377*
人権委員会 ………………………………… *10, 11*
人権裁判所 ………………………… 概Ⅰ, 概Ⅱ
　　——（旧）の裁判官 …………………… *10*
　　——（旧）の小法廷 …………………… *11*
　　——（旧）の全員法廷 ………………… *11*
　　——（旧）の大法廷 …………………… *11*
　　——（旧）の大法廷の審査部会 …… *13*
　　——（新）の委員会（committees） …… *12*
　　——（新）の裁判官 …………………… *12*
　　——（新）の小法廷 …………………… *12*
　　——（新）の大法廷 …………………… *12*

　　——（新）の大法廷の管轄 ………… *183*
　　——（新）の大法廷への回付と上訴 ……… *14*
　　——と憲法裁判所 ………………… *43, 51*
　　——と国家間紛争 ………………………… ④
　　——と非国際的武力紛争 ………………… ⑤
　　——の解釈 ……………………………… 概Ⅳ
　　——の救済措置特定権限 …………… *108*
　　——の憲法裁判所の機能 …………… *109*
　　——の判決執行監視の手続　→判決の執行監視
人権裁判所判決の国内法への影響（イギリス）……… *33*
人権裁判所判決の国内法への影響（ドイツ）……… *47*
人権裁判所判決の国内法への影響（フランス）……… *40*
人権裁判所判決の執行に対する閣僚委員会の監視
　　→判決執行監視
人権条約
　　——第 11 議定書 ……………………… ⑥
　　——第 12 議定書 ……………………… *24*
　　——第 14 議定書 ……………………… ⑦
　　——と EC 司法裁判所 ………… ②, ③, *300*
　　——と EC 法 …………………………… ②, ③
　　——とイギリス …………………… 概Ⅴ(1)
　　——と旧東欧圏（中東欧）諸国 ……… ⑥
　　——と憲法 ……………………………… ①
　　——と憲法（イギリス）………………… *36*
　　——と憲法（フランス）………………… *43*
　　——と憲法裁判所 ……………………… ①
　　——と国内裁判所（イギリス）…… *35, 56*
　　——とドイツ ……………………… 概Ⅴ(3)
　　——とフランス …………………… 概Ⅴ(2)
　　——の旧実施手続 ………………… *3, 10*
　　——の国内法上の地位（イギリス）…… *33*
　　——の国内法上の地位（ドイツ）……… *47*
　　——の国内法上の地位（フランス）…… *38*
　　——の実施機構改革
　　→人権条約第 11 議定書，人権条約第 14 議定書
　　——の集団的な実施 ……………… *175*
　　——の新実施手続 …………………… *13*
人権法　→1998 年人権法（イギリス）
真実性の証明 ……………………………… ⑥④
人種差別的表現 ………………………… ⑥⑦
人種差別撤廃条約 ……………………… *413, 414*

人身の自由 ……………………… 22, 32
迅速な裁判 ……………………… 44
身体と精神の完全性の権利 …………… 307
人道に対する罪 ………………………… 419
姓 →氏名
性アイデンティティー ………………… 310
性教育 ……………………… 75, 458
政教関係／政教分離 ……………… 60
制限免除主義 …………………………… 93
政治活動の自由 …………………… 69
政治家の名誉 ………………………… 347
政治的表現 ………………………… 64
精神病患者 …………………………… 32
生存権 ………………………………… 215
性的自己決定権 ………………………… 310
性転換 ……………………………… 47
性同一性障害者 …………………… 305, 431
　　──の性別の取扱いの特例に関する法律 …… 311
政党禁止 ……………………………… 428
正当な目的 ……………… 26, 358, 388, 401
性暴力 ……………………………… 50
生命に対する権利（2条）……… 5, xxix, 18, 194
　　──と国家の積極的義務 ……………… 117
　　──と恣意的殺害 ……………………… 27
　　──と死ぬ権利 ……………………… 28
　　──と胎児 ……………………………… 1
生命の不可処分性 ……………………… 202
積極的義務　→国家の積極的義務
接見 ……………………………… 33, 41
　　──の権利 …………………………… 235
接見交通の秘密性 ……………………… 236
接見指定制度（日本）………………… 236
絶対に必要（2条2項）………………… 196
全員法廷　→人権裁判所（旧）の全員法廷
1998年人権法（イギリス）…… 33, 121, 123, 148
選挙権　→自由選挙についての権利
選択条項 ……………………………… 3, 103
送還先における人権侵害の危険性 …… 15, 156
遡及処罰の禁止（7条）………………… 38, 21
訴訟目的の消滅 ………………………… 26
尊厳死 ………………………………… 201

〈た行〉

退去強制 ……………………………… 15, 158
第三者効力　→私人の権利侵害と国家の義務
胎児　→生命に対する権利（2条）
対審原則 ……………………………… 42
体罰 …………………………………… 128, 136
大法廷　→人権裁判所（旧）の大法廷，
　　　　　人権裁判所（新）の大法廷
代用監獄（日本）……………………… 165
多元主義 ………………… 378, 380, 393, 398, 420
他者の権利の保護 ……………… 382, 393, 404, 412
他者の名誉の保護 ……………………… 397, 411
男女の平等　→両性の平等
地域議会代表 …………………………… 77
致死的な力の行使 ……………………… 197
長期拘禁 ……………………………… 15
調査義務 ……………………… 29, 153, 196, 207
追放 …………………………………… 131
通信の秘密 …………………………… 54
通訳費用（刑事裁判）の負担（日本）…… 248
強い社会的必要　→差し迫った社会的必要
締約国による実施機関の権限の一方的制限 …… 9
敵国への協力行為の賛美罪 …………… 477
敵対的聴衆 …………………………… 433
デロゲーション（15条）……… 21, 18, 25, 147, 171, 194
テロ／テロリズム ……………… 27, xxvii, 155
テロリズム規制と司法統制 …………… 21
電話盗聴 ……………………………… 54
ドイツの統一 ………………………… 443
「統合された外国人」の追放　→外国人の追放
同性愛 ………………………………… 48
動態的解釈 …………………………… 86
同等の保護 …………………………… 63, 69, 70
道徳の保護 ……………………… 18, 56, 387
瀆神罪 ……………………………… 22, 408
瀆神的表現 …………………………… 66
匿名証人に対する反対尋問 …………… 36
都市計画 ……………………………… 449
土地収用　→財産権と未執行の土地収用
土地利用　→財産権と土地利用規制

届　出 …………………………………………… 432
奴隷の状態および強制労働の禁止（4条）…… 19

〈な行〉

ナチスの賛美 ……………………………… 420, 422
人間の尊厳 ……………………… xxix, 200, 210, 218
農地改革（日本） ……………………………… 449
ノン・ルフールマン原則 ………………… 14, 15

〈は行〉

パイロット判決 ………………………………… 10
発展的解釈 ……………… 16, 71, xxviii, 29, 86,
　　　　　　　　　　　　88, 142, 159, 247, 300, 308
判決の執行監視 ……………… 8, 15, 77, 108, 188
犯罪人引渡 ……………………………… 14, 132, 158
反ユダヤ主義的言論 …………………………… 422
判例法（法律としての） ……………………… 387
被拘禁者の処遇（→受刑者も見よ） ………… 30
被拘禁精神病者の司法的解放決定手続への権利 … 230
被拘禁精神病者の市民的能力喪失 …………… 230
非国際的武力紛争 ……………………………… 5
被告人の無料で通訳の援助を受ける権利
　→無料で通訳の援助を受ける権利
被収容者処遇法
　→刑事収容施設及び被収容者等の処置に関する法律
非人道的なもしくは品位を傷つける取扱い …… 19, 120,
　　　　　　　　　　　　　　　126, 200, 212, 464
被選挙権 ………………………………………… 80
　——と言語要件 ……………………………… 80
非嫡出子 ………………………………………… 58
ビデオ …………………………………………… 405
評価の余地 ……………… 18, xxv, 30, 138, 335, 421
　——と緊急事態 ……………………………… 163, 171
　——と公務員の表現の自由 ………………… 427
　——と財産権 ………………………………… 454
　——と児童虐待 ……………………………… 121
　——と司法部の権威 ………………………… 387
　——と宗教の自由 …………………………… 377
　——と宗教を表明する自由 ………………… 382
　——と消極的結社の自由 …………………… 436
　——と職業倫理 ……………………………… 431

　——と人種差別的表現の規制 ……………… 414
　——と他者の宗教的感情の保護 …………… 408
　——と道徳の保護 ……………………… 148, 316
　——と不正競争防止 ………………………… 403
　——と歴史的事件の総括言論の規制 ……… 421
表現の事前抑制 ………………………………… 409
表現の自由（10条） ………………… 18, 22, 56
　——と公務員の憲法忠誠義務 ……………… 69
　——と公務員の懲戒免職処分 ……………… 69
　——と違法政権の擁護表現 ………………… 68
　——と研究発表の自由 ……………………… 65
　——と人種差別的表現 ……………………… 67
　——と政治活動の自由 ……………………… 69
　——と政治的表現 …………………………… 64
　——と瀆神的表現 …………………………… 66
　——とプライバシー ………………………… 330
　——と弁護士 ………………………………… 432
　——と放送の自由 …………………………… 63
　——と民主的社会 ……………………… 62, 347, 481
　——と名誉毀損 ……………………………… 64
　——の優越的地位 …………………………… 387
比例原則　→比例性
比例性 ……………………… 26, 31, 122, 147, 164-165,
　　　　　　　376, 387, 403, 408, 427, 431, 437, 442-443, 454
比例性原理　→比例性
比例性要件　→比例性
品位を傷つける取扱い ………………… 30, 200, 212
武器平等 ………………………………… 42, 289
不正競争防止 …………………………… 117, 400, 403
不適合宣言（イギリス） ……………………… 35
不文法 …………………………………………… 387
プライバシー
　→私生活および家族生活の尊重を受ける権利（8条）
　——と表現の自由 …………………………… 330
プレス …………………………………………… 396
平和的な集会の自由 …………………………… 431
変型体制（イギリス） ………………………… 33
弁護士の表現の自由　→表現の自由と弁護士
弁護人依頼権 …………………………… 33, 241
編集者の刑事責任 ……………………………… 67
放送事業者の自由 ……………………………… 393

事項索引

放送条項（10条1項3文）……………………392
放送の自由 ………………………………… 63
報道機関 ……………………………………387
報道の自由（→表現の自由も見よ）………413
　——と無罪推定原則 ……………………257
法律によって定められているか …26, 222, 387
補完性原理 ……………………… xxiv, 7, 146
補完的性格　→補完性原理
補　償 ……………………………………… 72
ホロコースト ………………………………419
ホロコースト否定説 …………………421, 422

〈ま行〉

自らのオリジンを知る権利 …………………321
民事上の権利義務（6条1項）………………272
民主主義の基本的諸価値 ……………………419
民主的社会において必要 ……26, 56, 113, 146, 196, 201,
　　　　　　　223, 376, 382, 387, 397, 413, 427, 437
民主的社会の本質的基礎 ……………………387
無罪推定法理（フランス）…………………257
無罪の推定 ………………………………… 37
無差別原則　→差別の禁止（14条）
無料で通訳の援助を受ける権利 …………… 35
無料で弁護人の援助を受ける権利 ………… 34
名誉毀損 …………………………………… 64
メータリング ……………………………… 54
メディアの自由 ……………………………398
免許制 ………………………………………392
免　脱　→デロゲーション

目的的解釈　→目的論的解釈
目的論的解釈 ……………28, 87, 126, 137, 278, 300
黙秘権と自己負罪 …………………………235

〈や行〉

友好的解決 …………………………14, 167, 189, 190
有罪の確定による通訳費用の事後的負担 ……247
有事法体制（日本）…………………………165
予防拘禁 ……………………………………170
ヨーロッパ議会（第1議定書3条）……… 70
ヨーロッパ公序 ……………………………104
ヨーロッパ人権裁判所　→人権裁判所
ヨーロッパ人権委員会　→人権委員会
ヨーロッパ人権条約　→人権条約
ヨーロッパの共通基盤 ……………………138
ヨーロッパ評議会……………………… xxxii, 3

〈ら行〉

ラジオ ……………………………………… 63
離婚法（スイス）…………………………374
立法機関の範囲 ……………………………471
留　保 ……………………………………… 8, 266
領域外適用 ………………………………… 92
両性の平等 ………………………………… 46
労働組合加入強制 ………………………… 11
6カ月ルール ………………………11, 175, 186, 265

〈わ行〉

わいせつ表現 ……………………………… 18

欧文判例索引
(アルファベット順、四角囲み数字は項目番号、太字は各項目主題判例)

I ヨーロッパ人権条約実施機関

【1】 ヨーロッパ人権裁判所 / European Court of Human Rights*

＊判例集未登載の判決・決定は HUDOC で検索可能

〈A〉

A. v. the United Kingdom, 23 September 1998, Reports 1998-VI ……………………*118, 121, 123, 213, 466*
Abdulaziz, Cabales and Balkandali v. the United Kingdom, 28 May 1985, Series A no. 94 ……*23, 118, 304, 354*
Adolf v. Austria, 26 March 1982 Series A no. 49 ……………………………………………………*259*
AGOSI v. the United Kingdom, 24 October 1986, Series A no. 108 ……………………………*455*
Ahmed and others v. the United Kingdom, 2 September 1998, Reports 1998-VI ……………*483, 485, 487*
Ahmut v. the Netherlands, 28 November 1996, Reports 1996-VI ………………………………*354*
Airey v. Ireland, 9 October 1979, Series A no. 32 ……………………………*20, 23, 28, 32, 154, 278, 280, 433*
Akbay v. Turkey, 2 October 2001 ………………………………………………………………………*190*
Akdivar and others v. Turkey, 16 September 1996, Reports 1996-IV ……………………[24], *83, 176*
Akman v. Turkey, 26 June 2001, Reports 2001-VI ……………………………………………*188, 190 - 192*
Aksoy v. Turkey, 18 December 1996, Reports 1996-VI ………………………[29], *19, 23, 83, 117, 153, 155,*
165, 166, 171, 175, 212, 213, 217
Al-Adsani v. the United Kingdom, 21 November 2001, Reports 2001-XI ……………[7], *20, 88, 206, 208, 279*
Allenet de Ribemont v. France, 10 February 1995, Series A no. 308 ……………………………[37], *20*
Al-Nashif v. Bulgaria, 20 June 2002 ………………………………………………………………*xxxi, 133*
Alver v. Estonia, 8 November 2005 ………………………………………………………………………*217*
Amrollahi v. Denmark, 11 July 2002 ……………………………………………………………………*356*
Amuur v. France, 25 June 1996, Reports 1996-III ……………………………………………………*133*
Andronicou and Constantinou v. Cyprus, 9 October 1997, Reports 1997-VI ……………*146, 147, 197, 198*
Androsov v Russia, 6 October 2005 ……………………………………………………………………*192*
APBP v. France, 21 March 2002 ………………………………………………………………………*45, 285*
Artico v. Italy, 13 May 1980, Series A no. 37 …………………………………………………*32, 235, 484*
Ashingdane v. the United Kingdom, 28 May 1985, Series A no. 93 ……………………………………*32*
Assenov and others v. Bulgaria, 28 October 1998, Reports 1998-VIII ………………………………*xxxi, 208*
Autronic AG v. Switzerland, 22 May 1990, Series A no. 178 ……………………………………*392, 393*
Averill v. the United Kingdom, 6 June 2000, Reports 2000-VI……………………………………*236, 238*
Avşar v. Turkey, 10 July 2001, Reports 2001-VII………………………………………………………*155*
Aydin v. Turkey (GC), 25 September 1997, Reports 1997-VI ……………………………………*207, 212*
Azinas v. Cyprus (GC), 28 April 2004, Reports 2004-III ……………………………………[25], *15*

〈B〉

B. v. France (PC), 25 March 1992, Series A no. 232-C ……………………………*42, 45, 308, 310, 312*
B. and L. v. the United Kingdom, 13 September 2005 ………………………………………………*373*
Banković and others v. Belgium and 16 other NATO countries (GC), Decision, 12 December 2001,
Reports 2001-XII …………………………………………………………………………[6], *16, 94*

Barthold v. Germany, 25 March 1985, Series A no. 90 ·················*22, 26, 32, 50, 52, 387, 388, 438*
B.B. v. the United Kingdom, 10 February 2004 ·················*317*
Beaumartin v. France, 24 November 1994, Series A no. 296 ·················*41, 45*
Beer and Regan v. Germany (GC), 18 February 1999·················*52*
Beldjoudi v. France, 26 March 1992 Series A no. 234-A ·················*355*
Belgian Linguistic (Merits) (PC), 23 July 1968, Series A no. 6 ·················[78], *4, 23, 24, 456, 471, 482*
Belilos v. Switzerland (PC), 29 April 1988, Series A no. 132 ·················[8], *27, 100, 104, 268, 269*
Benjamin and Wilson v. the United Kingdom, 26 September 2002 ·················*20*
Berrehab v. the Netherlands, 21 June 1988, Series A no. 138·················*354*
Bock v. Germany, 29 March 1989, Series A no. 150 ·················*52*
Boner v. the United Kingdom, 28 October 1994, Series A no. 300 ·················*244*
Borgers v Belgium, 30 October 1991, Series A no. 214-B ·················*45*
Bosphorus Hava Yalları Turizm ve Ticaret Şirketi v. Ireland (GC), 30 June 2005, Reports 2005-VI
·················[2], *7, 24, 26, 71, 72*
Bottazzi v. Italy, 28 July 1999, Reports 1999-V ·················[44], *20*
Boughanemi v. France, 24 April 1996, Reports 1996-II·················*356*
Boultif v. Switzerland, 2 August 2001, Reports 2001-IX ·················[56], *21*
Boyle and Rice v. the United Kingdom (PC), 27 April 1988, Series A no. 131 ·················*223, 226*
Bozano v. France, 18 December 1986, Series A no. 111 ·················*44*
Brannigan and McBride v. the United Kingdom (GC), 26 may 1993, Series A no. 258-B ·········[21], *19,*
27, 30, 33, 171, 204, 205
Brennan v. the United Kingdom, 16 October 2001, Reports 2001-X ·················*236, 238*
Brogan and others v. the United Kingdom, 29 November 1988, Series A no. 145-B ············*19, 161, 163 - 165*
Broniowski v. Poland (GC), 22 June 2004, Reports 2004-V ·················[10], *7, 16, 24, 455*
——, Decision, 19 December 2002 ·················*107*
Brusco v. Italy, 6 September 2001, Reports 2001-IX ·················*155*
Burghartz v. Switzerland, 22 February 1994, Series A no. 280-B ·················[46], *21, 100, 309, 311*
Buscarini and others v. San Marino, 18 February 1999, Reports 1999-I ·················*383*
〈C〉
C. v. Belgium, 7 August 1996, Reports 1996-III ·················*354*
Cabales and Balkandali v. the United Kingdom, 28 May 1985, Series A no. 94 ·················*354*
Calogero Dian v. Italy, 15 November 1996, Reports 1996-V ·················*226*
Campbell and Cosans v. the United Kingdom, 25 February 1982, Series A no. 48 ······[76], *24, 213, 226, 279*
Campbell and Fell v. the United Kingdom, 28 June 1984, Series A no. 80 ·················*244, 274, 280*
Campbell v. the United Kingdom, 25 March 1992, Series A no. 233-A ·················*27, 223, 224, 226*
Can v. Austria, 30 September 1985, Series A no. 96 ·················*234, 236*
Cantoni v. France (GC), 15 November 1996, Reports 1996-V·················*63, 69*
Carbonara and Ventura v. Italy, 30 May 2000, Reports 2000-VI ·················*450*
Cardot v. France, 19 March 1991 ·················*186*
Case "relating to Certain Aspects of the Laws on the Use of Languages in Education in Belgium
(→ Belgian Linguistic Case)
Cha'are Shalom Ve Tsedek v. France (GC), 27 June 2000, Reports 2000-VII ·················*378*

Chahal v. the United Kingdom (GC), 15 November 1996, Reports 1996-V ················ [15], xxxi, 23, 25, 128, 213, 217, 356
Chapman v. the United Kingdom (GC), 18 January 2001, Reports 2001-V ··············xxxi, 128
Chappell v. the United Kingdom, 30 March 1989, Series A no. 152-A ··························351
Chassagnou and others v. France (GC), 29 April 1999, Reports 1999-III ···24, 43, 45, 436, 438, 450, 454, 455, 484
Cisse v. France, 9 April 2002, Reports 2002-III ··432
Cılız v. the Netherlands, 11 July 2000, Reports 2000-VIII ··355
Čonka v. Belgium, Decision, 13 March 2001 ···159
Copecky v. Slovakia (GC), 28 September 2004 ···443
Cossey v. the United Kingdom, 27 September 1990 ···305, 307, 312
Costello-Roberts v. the United Kingdom, 25 March 1993, Series A no. 247-C ···············118, 466
Cruz Varas and others v. Sweden (PC), 20 March 1991, Series A no. 201 ···············32, 133, 158, 159
Cyprus v. Turkey (Application No. 25781/94) (GC), 10 May 2001, Reports 2001-IV ············· [4], 8, 19, 94, 105, 175, 213

⟨D⟩

D. v. the United Kingdom, 2 May 1997, Reports 1997-III ··217
Dahlab v. Switzerland, 15 February 2001, Reports 2001-V ···21
Dalia v. France, 19 February 1998, Reports 1998-I ···353
Dankevich v. Ukraine, 29 April 2003 ···223, 226
De Wilde, Ooms and Versyp v. Belgium, 18 June 1971, Series A no. 12 ·····················147, 186, 231
Delcourt v. Belgium, 17 January 1970 ···283, 285
Delta v. France, 19 December 1990, Series A no. 191A ··40, 45
Demir and others v. Turkey, 23 September 1998, Reports 1998-VI ·································165, 166
Denmark v. Turkey, 5 April 2000, Reports 2000-IV ··176
Deumeland v. Germany, 29 May 1986, Series A no. 100 ···52
Deweer v. Belgium, 27 February 1980 ··371
Diana, Calogero v. Italy, 15 November 1996, Report 1996-V ···226
Doerga v. the Netherlands, 27 April 2004 ···224, 226
Dombo Beheer B.V. v. the Netherlands, 27 October 1993, Series A no. 274·················20
Doorson v. the Netherlands, 26 March 1996, Report 1996-II ···251-253
Dougoz v. Greece, 6 March 2001, Reports 2001-II ···211
Draon v. France (GC), 6 October 2005 ··291
Drozd and Janousek v. France and Spain, 26 June 1992, Series A no. 240 ···············87, 89, 127, 128
Dudgeon v. the United Kingdom, 22 Octoer 1981, Series. A no. 45 ···············[48], 21, 23, 27, 29, 137, 138, 304, 306, 316, 341
Dudgeon v. the United Kingdom (Article 50), 24 February 1983 ·····································316

⟨E⟩

E. and others v United Kingdom, 26 November 2002 ···122, 123
Eckle v. Germany, 15 July 1982, Series A no. 51 ···52, 297
Elci and others v. Turkey, 13 November 2003 ···165
Engel and others v. the Netherlands (PC), 8 June 1976, Series A no. 22 ······[17], 5, 20, 30, 143, 170, 244, 274
Engel and others v. the Netherlands (Article 50) (PC), 23 November 1976, Series A no. 22 ···············143

Ergi v. Turkey, 28 July 1998, Reports 1998-IV ·· *81-83, 196, 198*
Eriksson v. Sweden, 22 June 1989, Series A no. 156 ··· *361*
Erkner and Hafauer v. Austria, 23 April 1987, Series A no. 117 ································ *297*
Ezeh and Conners v. the United Kingdom (GC), 9 October 2003, Reports 2003-X ············ *236, 238*
Ezelin v. France, 26 April 1991, Series A no. 202 ··· [70], *22*
Ezzouhdi v. France, 13 February 2001 ·· *356*

⟨F⟩

F. v. Switzerland (PC), 18 December 1987, Series A no. 128 ································ [59], *23, 373*
Fogarty v. United Kingdom, 21 November 2001, Reports 2001-XI ····························· *92-94*
Fox, Campbell and Hartley v. the United Kingdom, 30 August 1990, Series A no. 182 ········· *xxxi*
Franecsco Lombardo v. Italy, 26 November 1992 ·· *271*
Franz Fischer v. Austria, 29 May 1 ··· *269*
Fredin v. Sweden, 18 February 1991, Series A no. 192 ··· *455*
Fressoz and Roire v. France (GC), 19 March 1999, Reports 1999-I ······························ *186*
Frydlender v. France (GC), 27 June 2000, Reports 2000-VII ······································ *274*

⟨G⟩

Gaskin v. the United Kingdom (PC), 7 July 1989, Series A no. 160 ······················· [49], *21*
Gasus Dosier- und Fördertechnik GmbH v. the Netherlands, 23 February 1995, Series A no. 306-B ··· *455*
Gaygusuz v. Austria, 16 September 1996, Reports 1996-IV ····························· [79], *23, 24, 477*
Giniewski v. France, 31 January 2006 ·· *410*
Gitonas and others v. Greece, 1 July 1997, Reports 1997-IV ··································· *483, 485, 487*
Giummarra v. France, Decision, 12 June 2001 ··· *154*
Giuseppe, Mostacciuolo v. Italy (GC), 29 March 2006 ·· *155*
Glasenapp v. Germany, 28 August 1986, Series A no. 104 ·· *427, 428*
Goddi v. Italy, 9 April 1984, Series A no. 76 ··· *244*
Göktan v. France, 2 July 2002, Reports 2002-V ··· *269*
Golder v. the United Kingdom, 21 February 1975, Series A no. 18 ··· [41], *4, 5, 20, 28, 32, 34, 94, 112, 136-138,*
142, 152, 225, 300, 301, 371, 372, 385, 388
Goodwin v. the United Kingdom (GC), 27 March 1996, Reports 1996-II ······················· *22, 387*
Goodwin, Christine v. the United Kingdom (GC), 11 July 2002, Reports 2002-VI ··· [47], *xxxi, 21, 23, 27, 29,*
34, 57, 117, 136-138, 143, 218, 305, 372
Gradinger v. Austrua, 23 October 1995, Series A no. 328-C ····························· [39], *20, 25, 269*
Granger v. the United Kingdom, 28 March 1990, Series A no. 174 ······························ *244*
Gratziner and Gratzingerova v. Czech Republic (GC), Decision, 10 July 2002, Reports 2002-VII ········ *482*
Groppera Radio AG v. Switzerland, 28 March 1990, Series A no. 173 ····················· [63], *22, 26*
Guérin v. France (GC), 29 July 1998, Reports 1998-V ··· *45*
Guerra and others v. Italy (GC), 19 February 1998, Reports 1998-I ····························· *320, 321, 336*
Gül v. Switzerland, 19 February 1996, Reports 1996-I ··· *354*
Güleç v. Turkey, 27 July 1998, Reports 1998-IV ·· *197, 198*
Gustafsson v. Sweden (GC), 25 April 1996, Reports 1996-II ······································ *437, 438*
Guzzardi v. Italy, 6 November 1980, Series A no. 39 ·· *5, 170, 171*

〈H〉

H. v. France, 24 October 1989, Series A no. 162-A 297
Halford v. the United Kingdom, 25 June 1997, Reports 1997-III 345, 346
Hamirez Samchez v. France, 27 January 2005 213
Handyside v. the United Kingdom (PC), 7 December 1976, Series A no. 24 ...... 18, 22, 26, 30 - 32, 58,
93, 111, 314, 385 - 387, 449
Haran v. Turkey, 26 March 2002 190
Hasan and others v. Bulgaria (GC), 26 October 2000, Reports 2000-XI 378
Hatton and others v. the United Kingdom (GC), 8 July 2003, Reports 2003-VIII 53, 21, 23, 117, 244
Hatton and others v. the United Kingdom, 2 October 2001 341
Hauschildt v. Denmark, 24 May 1989, Series A no. 154 283
Hertel v. Switzerland, 25 August 1998, Reports 1998-VI 65, 22, 400
Hilbe v. Liechtenstein, 7 September 1999, Reports 1999-VI 487
Hirst v. the United Kingdom (No. 2) (GC), 6 October 2005 487
Holzinger v. Austria (No. 2), 30 January 2001, ...154
Hornsby v. Greece, 19 March 1997, Reports 1997-II 45, 20
Hugh Jordan v. the United Kingdom, 4 May 2001 198
Huvig v. France, 24 April 1990, Series A no. 176-B 42, 45, 346, 350, 351

〈I〉

I. v. the United Kingdom (GC), 11 July 2002 138
İ. A. v. Turkey, 13 September 2005 410
İ. İ., İ. S., K. E. and A. Ö. v. Turkey, 6 November 2001 190
İçyer, Aydin v. Turkey, 12 January 2006 182
Ilaşcu and others v. Moldova and Russia (GC), 8 July 2004, Reports 2004-VII 94, 160
İlhan v. Turkey (GC), 27 June 2000, Reports 2000-VII 207, 208
Imbrioscia v. Switzerland, 24 November 1993, Series A no. 275 ......238, 244
Informationsverein Lentia and others v. Austria, 24 November 1993, Series A no. 276 ......392, 393
Inze v. Austria, 28 October 1987, Series A no. 126 ......23, 32
Iorgov v. Bulgaria, 11 March 2004 217
Ireland v. the United Kingdom (PC), 18 January 1978, Series A no. 25 ...... 23, 4, 5, 19, 32, 33, 75, 132,
162, 205 - 208, 210, 217, 465, 472
Isayeva, Yusupova and Bazayeva v. Russia, 24 February 2005 ...... 5, 8, 19, 81, 83
Isgró v. Italy, 19 February 1991, Series A no. 194-A 252, 253

〈J〉

Jahn and others v. Germany, 22 January 2004 ......52, 246, 442, 443
Jahn and others v. Germany (GC), 30 June 2005, Reports 2005-VI 52, 443
Jakubowski v. Poland, Decision, 2 October 2007 ......402, 404
Jakupovic v. Austria, 6 February 2003 356
James and others v. the United Kingdom (PC), 21 February 1986, Series A no. 98 ......32, 455
Jēčius v. Lituania, 31 July 2000, Reports 2000-IX 171
Jersild v. Denmark (GC), 23 September 1994, Series A no. 298 ...... 67, 22, 387, 418, 423

Johansen v. Norway, 7 August 1996, Reports 1996-III ·····361
Johnston and others v. Ireland (PC), 18 December 1986, Series A no. 112·····32, 58, 369, 370

〈K〉

K.and T. v. Finland (GC), 12 July 2001, Reports 2001-VII ·····361
K.A. v. Finland, 14 January 2003 ·····361
Kajanen and Tuomaala v. Finland, 18 October 2000 ·····274
Kalaç v. Turkey, 1 July 1997, Reports 1997-IV·····383
Kalashnikov v. Russia, 15 July 2002, Reports 2002-VI ·····[30], xxxi, 19
Kamasinski v. Austria, 19 December 1989, Series A no. 168 ·····235, 248
Karlheinz Schmidt v. Germany, 18 July 1994, Series A no. 291-B ·····50, 52
Katte Klitsche de la Grange v. Italy, 27 October 1994, Series A no. 293-B ·····450
Kaya v. Turkey, 19 February 1998, Reports 1998-I ·····xxxi, 155, 196, 198
K. D. B. v. the Netherland, 27 March 1998, Reports 1998-II ·····285
Keenan v. the United Kingdom, 3 April 2001, Reports 2001-III ·····214, 217
Kelly and others v. the United Kingdom, 4 May 2001 ·····198
K.-F. v. Germany, 27 November 1997, Reports 1997-VII ·····50, 52
Khachiev Akaïeva v. Russia, 24 February 2005 ·····83, 155
Kjartan Ásmundsson v. Iceland, 12 October 2004, Reports 2004-IX ·····482
Kjeldsen, Busk Madsen and Pedersen v. Denmark, 7 December 1976, Series A no. 23 ·····[75], 24, 32, 465
Klaas v. Germany, 22 September 1993, Series A no. 269 ·····50, 52
Klass v. Germany (PC), 6 September 1978, Series A no. 28 ·····xxxi, 23, 32, 50, 52, 131, 146, 147, 153, 344, 346
Koendjbiharie v. the Netherlands, 25 October 1990 ·····231
Kokkinakis v. Greece, 25 May 1993, Series A no. 260-A ·····[61], 21, 26
König v. Germany (PC), 28 June 1978, Series A no. 27·····30, 50, 52, 274, 295, 297
Kopecký v. Slovakia (GC), 28 September 2004, 2004-IX ·····442, 443
Kosiek v. Germany (PC), 28 August 1986, Series A no. 105 ·····427, 428
Kostovski v. the Netherlands (PC), 20 November 1989, Series A no. 166 ·····[36], 20, 251, 252
Koua Poirrez v. France, 30 September 2003, Reports 2003-X ·····482
Kremzow v. Austria, 21 September 1993, Series A no. 268-B·····244
Kress v. France (GC), 7 June 2001, Reports 2001-VI ·····[42], 21, 41, 42, 45
Krone Verlag GmbH & Co. KG v. Austria, 26 February 2002 ·····332
Kruslin v. France, 24 April 1990, Series A no. 176-A ·····42, 45, 346
Kudła v. Poland (GC), 26 October 2000, Reports 2000-XI ·····[19], xxxi, 7, 19, 20, 23, 45, 210 - 212, 214
Kutzner v. Germany, 26 February 2002, Reports 2002-I ·····361

〈L〉

Labita v. Italy (GC), 6 April 2000, Reports 2000-IV ·····xxxi, 151
Larissis and others v. Greece, 24 February 1998, Reports 1998-I ·····383
Lawless v. Ireland (no. 1), 14 November 1960, Series A no. 1 ·····44
Lawless v. Ireland (no. 3), 1 July 1961, Series A no. 3 ·····[22], 27, 30, 147, 163
L.C.B. v. the United Kingdom, 9 June 1998, Reports 1998-III ·····118
Leander v. Sweden, 26 March 1987, Series A no. 116 ·····319, 320
Le Calvez v. France, 29 July 1998, Reports 1998-V ·····271

Lecarpentier v. France, 14 February 2006 ···291
Lehideux and Isorni v. France (GC), 23 September 1998, Reports 1998-VII ················ 68, 22, 387, 415
Letellier v. France, 26 June 1991, Series A no. 207 ··20, 45
Leyla Şahin v. Turkey, 29 June 2004··21
Leyla Şahin v. Turkey (GC), 10 November 2005··378
Lietzow v. Germany, 13 February 2001, Reports 2001-I···52
Lingens v. Austria (PC), 8 July 1986, Series A no. 103 ···································· 64, 22, 32, 387
Lithgow and others v. the United Kingdom (PC), 8 July 1986, Series A no. 102 ····················455, 472
Lobo Machado v. Portugal, 20 February 1996, Reports 1996-I ··285
Logothetis v. Greece, 12 April 2001 ···300
Loizidou v. Turkey (preliminary objections) (GC), 23 March 1995, Series A no. 310 ············· 9, 94,
137, 138, 143
Loizidou v. Turkey (merits), 18 December 1996, Reports 1996-VI ·······················16, 77, 87, 94, 105
Loizidou v. Turkey (Article 50), 28 July 1998, Reports 1998-IV ··89, 105
López Ostra v. Spain, 9 December 1994, Series A no. 303-C ·································· 52, 21, 117, 118
Luedicke, Belkacem and Koç v. Germany, 28 November 1978, Series A no. 29 ··········· 35, 21, 32, 50, 142
Lustig-Prean and Beckett v. the United Kingdom, 27 September 1999, nos.31417/96 and 32377/96
··317
Lutz v. Germany, 25 August 1987 ··259

〈M〉

Magee v. the United Kingdom, 6 June 2000, Reports 2000-VI ···238
Mahmut Kaya v. Turkey, 28 March 2000, Reports 2000-III ···118
Malone v. the United Kingdom (PC), 2 August 1984, Series A no. 82 ························ 54, 21, 26, 34, 45
Mamatkulov and Askarov v. Turkey (GC), 4 February 2005, Reports 2005-I ·····················20, 13
Manoussakis and others v. Greece, 26 September 1996, Reports 1996-IV ···378
Marckx v. Belgium (PC), 13 June 1979, Series A no. 31 ································· 58, xxxi, 4, 5, 21, 29, 117,
119, 137, 138, 143, 304, 309, 316, 477
Margareta and Roger Andersson v. Sweden, 25 February 1992, Series A no. 226-A ·······················361
Marie-Louise Loyen et Bruneel v. France, 5 July 2005 ···45, 285
Markovic and others v. Italy, 14 December 2006, Reports 2006-XIV ···280
Markt Intern Verlag GmbH and Klaus Beermann v. Germany (PC), 20 November 1989, Series A no. 165
···22, 52, 387, 402, 404
Massa v. Italy, 24 August 1993 ···271
Mathieu-Mohin and Clerfayt v. Belgium (PC), 2 March 1987, Series A no. 113 ············· 77, 25, 483, 487
Matthews v. the United Kingdom (GC), 18 February 1999, Reports 1999-I ················· 3, 25, 63, 64, 471
Mazurek v. France, 1 February 2000, Reports 2000-II ··23, 43, 45
McCallum v. the United Kingdom, 30 August 1990, Series A no. 183 ···223, 226
McCann and others v. the United Kingdom (GC), 27 September 1995, Series A no. 324 ······ 27, 18, 19,
32, 33, 81-83, 207
McElhinney v. Ireland, 21 November 2001, Reports 2001-XI···92-94
McGinley and Egan v. the United Kingdom, 9 June 1998, Reports 1998-III ·······································321
McKerr v. the United Kingdom, 4 May 2001, Reports 2001-III ··198

Mehemi v. France, 26 September 1996, Reports 1996-VI ·· *353*
Mellacher and others v. Austria (PC), 19 December 1989, Series A no. 169 ······························ 74, *24*
Melnychenko v. Ukraine, 19 October 2004, Reports 2004-X ··· *487*
Meriakri v. Moldova, 1 March 2005 ·· *191*
Messina v. Italy (no. 1), 26 February 1993, Series A no. 257-H ··· *226*
Metropolitan Church of Bessarabia and others v. Moldova, 13 December 2001, Reports 2001-XII ··· 60,
22, 383
M. G. v. the United Kingdom, 24 September 2002 ··· *321, 322*
Mikulić v. Croatia, 7 February 2002, Reports 2002-I ··· *118, 307, 308, 321*
Mokrani v. France, 15 July 2003 ·· *355*
Moldovan and others v. Romania, 12 July 2005, Reports 2005-VII ·· *213*
Mosticchio v. Italy, 5 December 2000 ··· *274*
Moustaquim v. Belguim, 18 February 1991, Series A no. 193 ·· *352, 355*
Muller v. France, 17 March 1997, Report 1997-II ·· *151*
Müller and others v. Switzerland, 24 May 1988, Series A no. 133 ··· *380*
Murray, John v. the United Kingdom (GC), 8 February 1996, Reports 1996-I ······················ 33, *21*

⟨N⟩

National & Provincial Building Society, Leeds Permanent Building Society and Yorkshire Building
 Society v. the United Kingdom, 23 October 1997, Reports 1997-VII ·· *291*
National Union of Belgian Police v. Belgium (PC), 27 October 1975, Series A no. 19 ········· *5, 23, 111, 112, 114*
Neigel v. France, 17 March 1997 ·· *271*
Niemietz v. Germany, 16 December 1992, Series A no. 251-B ··· 55, *21, 50*
Nikitin v. Russia, 20 July 2004, Reports 2004-VIII ··· *269*
Nikura v. Finland, 21 March 2002, Report 2002-II ·· *432*
Norris v. Ireland, 26 October 1988, Series A no. 142 ·· *317*
Nuray Şen v. Turkey (no. 1), 17 June 2003 ··· *165, 166*

⟨O⟩

Oberschlick v. Austria (no. 1) (PC), 23 May 1991, Series A no. 204 ··· *412*
Observer and Guardian v. the United Kingdom (PC), 26 November 1991, Series A no. 216················ *412*
Öcalan v. Turkey (GC), 12 May 2005, Reports 2005-IV ·· *89, 160, 217*
Odièvre v. France (GC), 13 February 2003, Reports 2003-III ··· *186, 311, 321*
Oliveira v. Switzerland, 30 July 1998, Reports 1998-V ·· *267-269*
Olsson v. Sweden (no. 1) (PC), 24 March 1988, Series A no. 130 ··· 57, *21*
Olsson v. Sweden (no. 2), 27 November 1992, Series A no. 250 ··· *361*
Omar v. France (GC), 29 July 1998, Reports 1998-V ··· *45*
Open Door and Dublin Well Women v. Ireland (PC), 29 October 1992, Series A no. 246-A ······ 1, *19,*
22, 148, 419
Orhan v. Turkey, 18 June 2002, Reports-I·· *155*
Osman v. the United Kingdom (GC), 28 October 1998, Reports 1998-VIII ··············· 12, *20, 120 - 123, 278*
Otto-Preminger-Institut v. Austria, 20 September 1994, Series A no. 295-A················ *383, 408, 410, 414, 423*
Öztürk v. Germany (PC), 21 February 1984, Series A no. 73 ·· *30, 52, 248*

⟨P⟩

Pakelli v. Germany, 25 April 1983, Series A no. 64 ············ ⟦34⟧, *21, 50, 238*
Paul and Andrey Edwards v. the United Kingdom, 14 March 2002, Reports 2002-II ············ *118*
P., C. and S. v. the United Kingdom, 16 July 2002, Reports 2002-VI ············ *xxxi*
Pedersen and Baadsgaard v. Denmark (GC), 17 December 2004, Reports 2004-XI ············ *414*
Peers v. Greece, 19, April 2001, Reports 2001-III ············ *210, 212, 214*
Pellegrin v. France (GC), 8 December 1999, Reports 1999-VII ············ ⟦40⟧, *20, 45*
Petrovic v. Austria, 27 March 1998, Reports 1998-II ············ *482*
Pfeifer and Plankl v. Austria, 25 February 1992, Series A no. 227 ············ *224, 226*
Philis v. Greece, 27 August 1991, Series A no. 209 ············ *300, 301*
Pine Valley Development Limited and others v. Ireland, 29 November 1991, Series A no. 222 ············ *450, 455*
Pitkevich v. Russia, 8 February 2001 ············ *274*
Plattform 'Ärzte für das Leben' v. Austria, 21 June 1988, Series A no. 139 ············ *32, 113, 114, 118, 431-433*
Podkolzina v. Latvia, 9 April 2002, Reports 2002-II ············ ⟦80⟧, *23, 25, 471, 472*
Poitrimol v. France, 23 November 1993, Series A no. 277-A ············ *244*
Poltoratskiy v. Ukraine, 29 April 2003, Reports 2003-V ············ *214*
Ponsetti and Chesnel v. France, Decision, 14 September 1999, Reports 1999-VI ············ *269*
Powell and Rayner v. the United Kingdom, 21 February 1990, Series A no. 172 ············ *335, 341*
Pressos Compania Naviera S.A. and others v. Belguim, 20 November 1995, Series A no. 332 ············ *443*
Pretty v. the United Kingdom, 29 April 2002, Reports 2002-III ············ ⟦28⟧, *xxxi, 19, 213, 218, 307, 309, 310*
Price v. the United States, 10 July 2000, Reports 2001-VII ············ *217*

⟨Q⟩

Quaranta v. Switzerland, 24 May 1991, Series A no. 205 ············ *236, 244*

⟨R⟩

R. v. Belgium, 27 February 2001 ············ *274*
Radio France v. France, 30 March 2004, Reports 2004-II ············ *414*
Radovanovic v. Austria, 22 April 2004 ············ *356*
Rajak v. Croatia, 28 June 2001 ············ *154*
Ramirez Sanchez v. France, 27 January 2005 ············ *212*
Raninen v. Finland, 16 December 1997, Reports 1997-VII ············ *210, 217*
Rasmussen v. Denmark, 28 November 1984, Series A no. 87 ············ *477*
Rees v. the United Kingdom (PC), 17 October 1986, Series A no. 106 ············ *29, 32, 306, 307, 309, 310, 312, 372-374*
Refah Partisi (the Welfare Party) and others v. Turkey, 31 July 2001 ············ *xxxi*
Refah Partisi (the Welfare Party) and others v. Turkey (GC), 13 February 2003, Reports 2003-II ············ *378*
Reinhardt and Slimane-Kaid v. France, 31 March 1998, Reports 1998-II ············ *285*
Rekvényi v Hungary, 20 May 1999, Reports 1999-III ············ *399*
Rieme v. Sweden, 22 April 1992, Series A no. 226-B ············ *361*
Ringeisen v. Austria, 16 July 1971, Series A no. 13 ············ *274*
Rodrigues de Silva and Hoogkamer v. the Netherlands, 31 January 2006 ············ *355, 356*

⟨S⟩

S. v. Switzerland, 28 November 1991, Series A no. 220 ············ *236*
Saadi v. the United Kingdom, 11 July 2006 ············ *133*

Saïdi v. France, 20 September 1993 ··· *40, 45*
Sakık and others v. Turkey, 26 November 1997, Reports 1997-VII ························· *165, 166*
Salgueiro da Silva Mouta v. Portugal, 21 December 1999, Reports 1999-IX ················ *317*
Satik and others v. Turkey, 10 October 2000 ·· *208*
Schöpfer v. Switzerland, 20 May 1998, Reports 1998-III ·· *432*
Schuler-Zgraggen v. Switzerland, 24 June 1993, Series A no. 262 ··································· *304*
Scordino v. Italy, Decision, 27 March 2003, Reports 2003-IV ·· *154*
Segi and others v. 15 States of the European Union, Decision, 16 and 23 May 2002,
　Reports 2002-V ·· *72*
Selçuk and Asker v. Turkey, 24 April 1998 ··· *213*
Selmouni v. France (GC), 28 July 1999, Reports 1999-V ·················· *138, 207, 208, 212, 217*
Sen v. the Netherlands, 21 December 2001 ··· *354*
Serif v. Greece, 14 December 1999, Report 1999-IX ·· *378*
Shanaghan v. the United Kingdom, 4 May 2001 ·· *198*
Sheffield and Horsham v. the United Kingdom (GC), 30 July 1998, Reports 1998-V ········ *138, 306, 307, 312*
Sigurður A. Sigurjónsson v. Iceland, 30 June 1993, Series A no. 264 ··············· 71, *22, 113*
Silver and others v. the United Kingdom, 25 March 1983, Series A no. 61 ········ 31, *21, 23, 26, 153, 276, 279*
Smith and Grady v. the United Kingdom, 27 September 1999, Reports 1999-IV ········ *37, 317*
Soering v. the United Kingdom (PC), 7 July 1989, Series A no. 161 ············ 14, *xxxi, 26, 32, 87, 91,*
　　　　　　　　　　　　　　　　　　　　　　　　　　　　　　　　　　　94, 132, 143, 194, 213, 356
Sørensen and Rasmussen v. Denmark (GC), 11 January 2006··································· *436 - 438*
Sporrong and Lönnroth v. Sweden (PC), 23 September 1982, Series A no. 52 ········· 73, *24, 32,*
　　　　　　　　　　　　　　　　　　　　　　　　　　　　　　　　　　　　　74, 443, 453 - 455
Stafford v. the United Kingdom (GC), 28 May 2002, Reports 2002-IV ···························· *20*
Stankov and the United Macedonian Organisation Llinden v. Bulgaria, 2 October 2001, Reports 2001-IX
　··· *432*
Stec and others v. the United Kingdom, Decision (GC), 6 July 2005 ······························ *482*
Steel and Morris v. the United Kingdom, 15 February 2005, Reports 2005-II ·············· *280*
Stjerna v. Finland, 25 November 1994, Series A no. 299-B ·· *304, 321*
Stögmüller v. Austria, 10 November 1969, Series A no. 9 ··· *20*
Stran Greek Refineries and Stratis Andreadis v. Greece, 9 December 1994 ············· *141, 291*
Streletz, Kessler and Krenz v. Germany (GC), 22 March 2001, Reports 2001-II ········· 38, *21, 50*
Stubbings and others v. the United Kingdom, 22 October 1996, Reports 1996-IV ······ *118, 280*
Sunday Times (The Sunday Times) v. the United Kingdom (no. 1) (PC), 26 April 1979, Series A
　no. 30 ··· 62, *5, 22, 26, 30, 31, 34, 148, 220, 222, 226, 408, 433*
Sunday Times (The Sunday Times) v. the United Kingdom (no. 1) (Artide 50), 6 November 1980 ······ *386*
Swedish Transport Workers Union v. Sweden, 18 July 2006 ·· *191*
　〈T〉
T. v. the United Kingdom (GC), 16 December 1999 ··· *213*
T.A. v. Turkey, 9 April 2002 ·· *190, 192*
Tahsin Acar v. Turkey (preliminary issue) (GC), 6 May 2003, Reports 2003-IV ··············· 26
Tahsin Acar v. Turkey (GC), 8 April 2004, Reports 2004-III ··· *14, 191*

Tanrıkulu v. Turkey, 8 July 1999, Reports 1999-IV ···*xxxi*
The Former King of Greece and others v. Greece (GC), 23 November 2000, Reports 2000-XII ··· 72, *24*
The Former King of Greece and others v. Greece (just satisfaction) (GC), 28 November 2002 ············*443*
Thlimmemos v. Greece (GC), 6 April 2000, Reports 2000-IV ·····································*477*
Thynne, Wilson and Gunnel v. the United Kingdom, 25 October 1990, Series A no. 190-A···················*20*
Tinnelly & Sons Ltd and others and McElduff and others v. the United Kingdom (PC), 10 July 1998,
 Reports 1998-IV ··*133*
Toğcu v. Turkey, 31 May 2005 ···*190, 192*
Tomasi v. France, 27 August 1992 ···*45, 217*
Toth v. Austria, 12 December 1991, Series A no. 224 ···*20*
T.P. and K.M. v. the United Kingdom (GC), 10 May 2001, Reports 2001-V ·····························*120, 122, 123*
Tre Traktörer AB v. Sweden, 7 July 1989, Series A no. 159································*455*
Tyrer v. the United Kingdom, 25 April 1978, Series A no. 26 ·······················16, *xxxi, 5, 19, 29, 142,*
143, 212, 217, 388, 465, 466

〈U〉

Ünal Tekeli v. Turkey, 16 November 2004, Reports 2004-X···*304*
United Communist Party of Turkey and others v. Turkey (GC), 30 January 1998 ·················*23, 487*
Unterpertinger v. Austria, 24 November 1986, Series A no. 110·····································*251, 253*

〈V〉

V. v. the United Kingdom (GC) 16 December 1999··*20*
Vagrancy Case → De Wilde, Ooms and Versyp v. Belgium
Valašinas v. Lithuania, 24 July 2001, Report 2001-VIII ··*214, 217*
Valsamis v. Greece, 18 December 1996, Reports 1996-VI ···*24*
Van der Leer v. the Neterlands, 21 February 1990···*231*
Van Houten v. the Netherlands, 29 September, 2005···*191*
Van Kück v. Germany, 12 June 2003, Reports 2003-VII ···*310, 312*
Van Mechelen and others v. the Netherlands, 23 April 1997, Reports 1997-III ················*251 - 253*
Van Oosterwijck v. Belgium (PC), 6 November 1980, Series A no. 40 ····························*186, 309, 312*
Van Orshoven v. Belgium, 25 June 1997, Report 1997-III ···*282, 284, 285*
Vermeire v. Belgium (Article 50), 4 October 1993 ···*108*
Vermeulen v. Belgium, 20 February 1996, Reports 1996-I ···*285*
Veznedaroğlu and others v. Turkey, 11 April 2000 ···*xxxi*
Vilvarajah and others v. the United Kingdom, 30 October 1991, Series A no. 215 ············*132, 133*
Vo v. France (GC), 8 July 2004, Reports 2004-VIII ···*19, 218*
Vogt v. Germany (GC), 26 September 1995, Series A no. 323 ·······················69, *22, 50, 419*
Von Hannover v. Germany, 24 June 2004, Reports 2004-VI ·······················51, *21, 51, 331*

〈W〉

W. v. the United Kingdom (PC), 8 July 1987, Series A no. 121 ·································*358, 360, 361*
Waite and Kennedy v. Germany (GC), 18 February 1999, Reports 1999-I·····················*50, 52, 71*
Walden v. Liechtenstein, Decision, 16 March 2000, Report 2000-I ·······························*58*
Wassink v. the Netherlands, 27 November 1990 ··*231*
Weber v. Switzerland, 22 May 1990, Series A no. 177 ··*100*

Weeks v. the United Kingdom (PC), 2 March 1987, Series A no. 114 ……………… *20*
Welch v. the United Kingdom, 9 February 1995, Series A no. 307-A ……………… *21*
Wemhoff v. Germany, 27 June 1968, Series A no. 7 ……………… *20, 138*
Wessels-Bergervoet v. the Netherlands, 4 June 2002, Reports 2002-IV ……………… *482*
Wille v. Liechtenstein, 28 October 1999, Reports 1999-VII ……………… *404*
Wilson, National Union of Journalists and others v. the United Kingdom, 2 July 2002, Reports 2002-V … *22*
Windisch v. Austria, 27 September 1990, Series A no. 186 ……………… *251, 253*
Wingrove v. the United Kingdom, 25 November 1996, Reports 1996-V ……………… [66], *22, 26, 383, 387*
Winterwerp v. the Netherlands, 24 October 1979, Series A no. 33 ……………… [32], *19, 20, 32*

〈X〉

X v. the United Kingdom, 5 November 1981, Series A no. 46 ……………… *xxxi, 21, 231*
X and Y v. the Netherlands, 26 March 1985, Series A no. 91 … [50], *xxxi, 21, 29, 118, 154, 155, 308, 323, 340, 344*
X, Y and Z v. the United Kingdom (GC), 22 April 1997, Report 1997-II ……………… *310, 312*

〈Y〉

Yaşa v. Turkey, 2 September 1998, Reports 1998-IV ……………… *82, 196, 198*
Yankov v. Bulgaria (no. 1), 11 December 2003 ……………… *217*
Yildiz v. Austria, 31 October 2002 ……………… *356*
Young, James and Webster v. the United Kingdom (PC), 13 August 1981, Series A no. 44 … [11], *22, 23, 118, 435, 438*

〈Z〉

Z and others v. the United Kingdom (GC), 10 May 2001, Reports 2001-V ……………… [13], *19, 118, 213*
Zana v. Turkey, 25 November 1997, Reports 1997-VII ……………… *417*
Zander v. Sweden, 25 November 1993, Series A no. 279-B ……………… *30*
Ždanoka v. Latvia, 17 June 2004 ……………… *487*
Zielinski and Pradal and Gonzalez and others v. France (GC), 28 October 1999, Reports 1999-VII ……………… [43], *20, 41, 45, 58*
Zimmerman and Steiner v. Switzerland, 13 July 1998, Series A no. 66 ……………… *295, 297*

【2】 ヨーロッパ人権委員会 / European Commission of Human Rights

Association and H. v. Austria, Decision, 15 March 1984, DR 36/187 ……………… *433*
Austria v. Italy, Decision, 11 January 1961, 4 Yearbook 116 ……………… *175, 182*
Belilos v. Switzerland, Decision, 8 July 1985, DR 44/92 ……………… *100*
Brind and others, Decision, 9 May 1994 ……………… *415*
Brüggemann and Scheuten v. Germany, Report, 12 July 1977, DR 10/100 ……………… *58*
Burghartz v. Switzerland, Report, 21 October 1992 ……………… *304*
CFDT v. the European Communities and its Member States, Decision, 10 July 1978, DR 13/231 ……………… *71*
Cyprus v. Turkey (Applications Nos. 6780/74, 6950/75), Decision, 26 May 1975, DR 2/125 ……………… *105*
——, Report, 10 July 1976 ……………… *77*
Cyprus v. Turkey (Application No. 8007/77), Decision, 10 July 1978, DR 13/85 ……………… *105*
——, Report, 4 October 1983, DR 72/5 ……………… *77*
De Becker v. Belgium, Report, 8 January 1960, Series B no. 2 ……………… *170, 171*
Denmark, Norway, Sweden and the Netherlands v. Greece (→ Greek Case, The)

Desmules v. France, Decision, 3 December 1990, DR 67/166 ·· *487*
East African Asians v. the United Kingdom, Report, 14 December 1973, DR 78/5 ················· *4*
Ensslin, Baader and Raspe v. Germany, Decision, 8 July 1978, DR 14/91 ······················· *160*
France, Norway, Denmark, Sweden and the Netherlands v. Turkey, Report, 7 December 1985, DR 44/31
　　············· *6, 175*
Glimmerveen and Hagenbeek v. the Netherlands, Decision, 11 October 1979, DR 18/187 ············· *171, 413*
Greece v. the United Kingdom, Decision, 14 December 1959, 2 Yearbook 174 ················ *147, 175*
Greek Case, The, Report, 5 November 1969, 12 Yearbook (The Greek case) 1 ············· *171, 206, 208*
H. v. the United Kingdom, (Application No. 10000/82) Decision, 4 July 1983, DR 33/247 ················· *186*
Hamer v. the United Kingdom, Report, 13 December 1979, DR 2415 ······················· *371, 372, 374*
Künen v. Germany, Decision of the Commission, 12 May 1988 ·· *413*
Lindsay and others v. the United Kingdom, Decision, 8 March 1979, DR 15/247 ····················· *72*
M. & Co. v. Germany, (Application No. 13258/87) Decision, 9 February 1990, DR 64/138 ············· *63, 71*
McComb, John Gabriel v. the United Kingdom, Report, 15 May 1986, DR 50/81 ··············· *223, 224, 226*
Mellacher and others v. Austria, Decision, 8 May 1986, DR 47/136 ·· *455*
National Union of Belgian Police v. Belgium, Report, 27 May 1974, Series B no. 17 ·················· *114*
Patane v. Italy, Decision, 22 October 1998 ··· *160*
Polacco and Garofalo v. Italy, Decision, 15 September 1997, DR 90/5 ·· *487*
Purcell and others v. Ireland, Decision, 16 April 1991, DR 70/262 ··· *412, 413*
Rayner v. the United Kingdom, Decision, 16 July 1986, DR 47/5 ·· *340, 341*
Remer v. Germany, Decision, 6 September 1995, DR 82/117 ··· *415*
Sigurður A. Sigurjónsson v. Iceland, 15 May 1992, Series A no. 264 ·· *437*
Stewart v. the United Kingdom, 10 July 1984, DR 39/162 ··· *196*
Swedish Engine Driver's Union v. Sweden, Report, 27 May 1974, Series B no. 18 ···················· *114*
Szrabjet and Clarke v. the United Kingdom, Decision, 3 October 1997 ···································· *482*
Temeltasch v. Switzerland, 5 May 1982 DR 31/120 ··· *98, 100*
Tete v. France, Decision, 9 December 1987, DR 54/52 ··· *72*
Warwick v. the United Kingdom, Report, 18 July 1986, DR 60/5 ··· *466*
W, X, Y, and Z v. Belgium (Applications Nos. 6745-6746/76), 18 Yearbook 244 ······················· *472*
X v. Belgium (Application No. 1028/61), Decision, 18 September 1961, 4 Yearbook 338 ············· *472, 487*
X v. Germany, Decision, 6 October 1967 ·· *487*
X v. Germany (Application No. 6699/74), Decision, 15 December 1977, DR 11/16 ····················· *309, 312*
――, Report, 11 October 1979, DR 17/21 ·· *309, 312*
X v. the United Kingdom, (Application No. 8416/78), Decision, 13 May 1980, DR 19/244 ············· *58*
X and Y v. Germany, (Application No. 7407/76) Decision, 13 May 1976, DR 5/161 ··················· *335*
X, Y and Z v. Germany, (Application No. 6850/74) Decision, 18 May 1976, DR 5/90 ················· *487*

【3】 ヨーロッパ評議会閣僚委員会 / Council of Europe : Committee of Ministers
Broniowski v. Poland, Interim Resolution DH (2005) 58, 5 July 2005 ·· *108*
Cyprus v. Turkey (Applications Nos. 6780/74, 6950/75), Resolution DH (79) 1, 20 January 1979 ········· *77*
Cyprus v. Turkey (Application No. 8007/77), Resolution DH (92) 12, 2 April 1992 ····················· *77*
Cyprus v. Turkey (Application No. 25781/94), Interim Resolution DH (2005) 44, 7 June 2005 ············ *77*

Greek Case The 14 April 1970, Resolution DH (70) 1 ·········4

Ireland v. the United Kingdom (Application No. 5310/71), Resolution DH (78) 35, 27 June 1978·········176

Loizidou v. Turkey (Application No.15318/89), Resolution DH (2003) 190, 2 December 2003 ·········105

Osman v. the United Kingdom (Application No. 23452/94), Resolution DH (99) 720, 3 December 1999 ·········118

Sigurður A. Sigurjónsson v. Iceland (Application No. 16130/90), Resolution DH (95) 36, 4 May 1995 ·········438

II その他の国際裁判所・人権条約機関

【1】 EC 司法裁判所 / Court of Justice of the European Communities

Arben Kaba v. Home Secretary of State for the Home Department (Case C-466/00), 6 March 2003, [2003] ECR I-2219 ·········284

Association pour la protection des animaux sauvages v. Prefét du Maine-et Loire (Case C-435/92), Judgment of 19 January 1994, [1994] ECR I-67 ·········46

Bosphorus Hava Yollari Turizum ve Ticaret AS v. Minister for Transport, Energy and Communications and others (Case C-84/95), Judgment of 30 July 1996, [1996] ECR I-3953 ·········65

Costa, Flaminio v ENEL (Case 6/64), Judgement of 15 July 1964, [1964] ECR 585 ·········71

Dow Benelux v. Commission (Case 85/87), Judgment of 17 October 1989, [1989] ECR 3137 ·········351

Dow Chemical Iberica and others v. Commission (Joint Cases 97-99/87), Judgement of 17 October 1989, [1989] ECR 3165 ·········351

Emesa Sugar [Free Zone] NV v. Aruba (Case C-17/98), order of 4 February 2000, ECR I-675 ·········284

Hoechst AG v. Commission (Cases 46/87 & 227/88), Judgment of 21 September 1989, [1989] ECR 2859 ·········71, 350, 351

Internationale Hadelsgesellschaft v. Einfuhr und Vorratstelle für Getreide und Futtermittel (Case 11/70), Judgment of 17 December 1970, [1970] ECR 1125 ·········71

J. Nold, Kohlen- und Baustoffgroßhandlung v. Commission [1974] ECR 491 ·········71

Kondova (Case C-235/99), Judgment of 27 September 2001, [2001] ECR I-6427 ·········65

San Mischele and others v. Commission (Jointed Cases 5-11, 13-15/62), Judgement of 14 December 1962, [1962] ECR 449 ·········351

Stauder v. City of Ulm (Case 29/69), Judgment of 12 November 1969, [1969] ECR 419 ·········62, 71

Van Gend en Loos v. Netherlands Inland Revenue Administration (Case 26/62), Judgment of 5 February 1963, [1963] ECR 1.·········71

【2】 国際司法裁判所 / International Court of Justice

Avena and others (Mexico v. the United States of America), Judgment of 31 March 2004, ICJ Reports 2004, p. 12 ·········160

LaGrand (Germany v. the United States of America), Judgment of 27 June 2001, ICJ Reports 2001, p. 466 ·········157, 159, 160

The Yerodia case (Democratic Republic of the Congo v. Belgium), Judgment of 14 February 2002, ICJ Reports 2002 ·········88

【3】 米州人権裁判所 / Inter-American Court of Human Rights

Neria Alegria et al. Case, Judgment of 19 January 1995 ....*166*
Velasquez Rodriguez Case, Judgment of 29 July 1988, Inter-Am. Ct. H. R. Ser. C, No. 4 ....*207*

【4】 米州人権委員会 / Inter-American Commission on Human Rights

Armado Alejandre Jr. et al. v. Cuba, Case 11.589, Report No. 86/99, 29 September 1999 ....*89*
Coard et al v. the United States of America, Case 10.952, Report No. 109/99, 29 September 1999 ....*88*

【5】 自由権規約委員会 / Human Rights Committee

Ahami v. Canada, Views of 29 March 2004 ....*133*
Dante Piandiong, Jesus Morallos and Archie Bulan v. The Phillipines, Views adopted on
　19 October 2000 ....*160*
Gauthier, Robert G. v. Canada, Views adopted on 7 April 1999 ....*437, 438*
Judge v. Canada, Views adopted on 5 August 2003 ....*127, 128, 133*
Kindler, Joseph v. Canada, Views adopted on 30 July 1993 ....*128*
Lopez Burgos v. Urguay, Views adopted on 29 July 1981 ....*89*
Madafferi v. Australia, Views adopted on 26 July 2004 ....*133*
Müler and Engelhard v. Namibia, Views adopted on 26 March 2002 ....*304*
Ng, Charles Chitat v. Canada, Views adopted on 5 November 1993 ....*127, 128*
Rodriguez, Hugo v. Uruguay, Views adopted on 18 July 1994 ....*207*

【6】 拷問禁止委員会 / Committee against Torture

Agiza, Ahmed Hussein Mustafa Kamil v. Sweden, Decision adopted on 20 May 2005 ....*128*
Núñez Chipana, Cecillia Rosana v. Venezuela, Views adopted on 10 November 1998 ....*160*
P. S. v. Canada（Communication 99/1997), Views adopted on 18 November 1999 ....*160*

和文判例索引
(五十音順、各項目の主題判例に限る)

〈ア行〉

アイルランド対イギリス判決 (Ireland v. the United Kingdom, 18 January 1978, Series A no. 25) .... [23], 4, 5,
19, 32, 33, 75, 132, 162, 205 - 208, 210, 217, 465, 472

アクソイ判決 (Aksoy v. Turkey, 18 December 1996, Reports 1996-VI) .... [29], 19, 23, 83, 117, 153,
155, 165, 175, 212, 213, 217

アクディヴァール判決 (Akdivar and others v. Turkey, 16 September 1996, Reports 1996-IV) .... [24], 83, 176

アズィナス判決 (Azinas v. Cyprus (GC), 28 April 2004, Reports 2004-III) .... [25], 15

アルアドサニ判決 (Al-Adsani v. the United Kingdom, 21 November 2001, Reports 2001-XI) .... [7], 20, 88, 206,
208, 213, 279

アルネ・ド・リブモン判決 (Allenet de Ribemont v. France, 10 February 1995, Series A no. 308) .... [37], 20

イェルシルド判決 (Jersild v. Denmark (GC), 23 September 1994, Series A no. 298) .... [67], 22, 387, 418, 423

ウィングローヴ判決 (Wingrove v. the United Kingdom, 25 November 1996, Reports 1996-V) .... [66], 22,
26, 383, 387

ウィンターウェルプ判決 (Winterwerp v. the Netherlands, 24 October 1979, Series A no. 33) .... [32], 19, 20, 32

エズラン判決 (Ezelin v. France, 26 April 1991, Series A no. 202) .... [70], 23

XおよびY対オランダ判決 (X and Y v. the Netherlands, 26 March 1985, Series A no. 91) .... [50], xxxi, 21, 29,
118, 154, 155, 308, 323, 341, 344

F対スイス判決 (F. v. Switzerland (PC), 18 December 1987, Series A no. 128) .... [59], 23

エンゲル判決 (Engel and others v. the Netherlands (PC), 8 June 1976, Series A no. 22) .... [17], 5, 20, 30,
143, 170, 244, 274

オスマン判決 (Osman v. the United Kingdom (GC), 28 October 1998, Reports 1998-III) ...... [12], 20, 120 - 123, 278

オープン・ドア判決 (Open Door and Dublin Well Women v. Ireland (PC), 29 October 1992, Series A
no. 246-A .... [1], 19, 22, 148, 419

オルソン(第1)判決 (Olsson v. Sweden (no. 1) (PC), 24 March 1988, Series A no. 130) .... [57], 21

〈カ行〉

ガスキン判決 (Gaskin v .the United Kingdom (PC), 7 July 1989, Series A no. 160) .... [49], 21

カラシニコフ判決 (Kalashnikov v. Russia, 15 July 2002, Reports 2002-VI) .... [30], xxxi, 19

キェルドセン判決 (Kjeldsen, Busk Madsen and Pedersen v. Denmark, 7 December 1976, Series A no. 23) ... [75],
24, 32, 465

キプロス対トルコ判決 (Cyprus v. Turkey (Application No. 25781/94) (GC), 10 May 2001, Reports 2001-IV)
.... [4], 8, 19, 94, 105, 175, 213

ギャグスツ判決 (Gaygusuz v. Austria, 16 September 1996, Reports 1996-IV) .... [79], 23, 24, 477

キャンベルおよびコーザンズ判決 (Campbell and Cosans v. the United Kingdom, 25 February 1982,
Series A no. 48) .... [76], 24, 213, 226

旧東ドイツ国境警備隊事件判決 (Streletz, Kessler and Krenz v. Germany (GC), 22 March 2001, Reports
2001-II) .... [38], 21, 50

クドワ判決 (Kudła v. Poland (GC), 26 October 2000, Reports 2000-XI) .... [19], xxxi, 7, 19, 20, 23, 45, 210 - 212, 214

グラディンガー判決（Gradinger v. Austrua, 23 October 1995, Series A no. 328-C) ……………[39], 20, 25, 269
クリスティーヌ・グッドウィン判決（Christine Goodwin v. the United Kingdom（GC), 11 July 2002,
    Reports 2002-VI) ………………………………[47], xxxi, 21, 23, 27, 29, 34, 57, 117, 136 - 138, 143, 218, 305, 372
クレス判決（Kress v. France（GC), 7 June 2001, Reports 2001-VI) ………………………[42], 21, 41, 42, 45
クローズド・ショップ判決（Young, James and Webster v. the United Kingdom（PC), 13 August 1981,
    Series A no. 44) ………………………………………………………………………[11], 22, 23, 118, 435, 438
グロペラ・ラジオ社判決（Groppera Radio AG v. Switzerland, 28 March 1990, Series A no. 173) ………[63], 22, 26
コキナキス判決（Kokkinakis v. Greece, 25 May 1993, Series A no. 260-A) …………………………[61], 21, 26
コストフスキ判決（Kostovski v. the Netherlands（PC), 20 November 1989, Series A no. 166) ……[36], 20, 251, 252
ゴルダー判決（Golder v. the United Kingdom, 21 February 1975, Series A no. 18) ………[41], 4, 5, 20, 28, 32, 34, 94,
    112, 136 - 138, 142, 152, 225, 301, 385, 388

〈サ行〉

サンデー・タイムズ判決（Sunday Times（The Sunday Times）v. the United Kingdom（PC), 26 April 1979,
    Series A, no. 30) ………………………………………[62], 5, 22, 26, 30, 31, 34, 148, 220, 222, 226, 408, 433
ジョン・マーレイ判決（John Murray v. the United kingdom（GC), 8 February 1996, Reports 1996-I) ……[33], 21
ジリンスキー対フランス判決（Zielinsky and Pradel and Gonzalez and others v. France（GC),
    28 October 1999, Reports 1999-VII) ……………………………………………………[43], 20, 41, 45, 58
シルヴァー判決（Silver v. the United Kingdom, 25 March 1983, Series A no. 61) …………[31], 21, 23, 26, 153, 219, 276
Z対イギリス判決（Z and others v. the United Kingdom（GC), 10 May 2001, Reports 2001-V) ……[13], 19, 118, 213
スポロング判決（Sporrong and Lönnroth v. Sweden（PC), 23 September 1982, Series A no. 52) ………[73], 24, 32,
    74, 443, 453 - 455
ゼーリング判決（Soering v. the United Kingdom（PC), 7 July 1989, Series A no. 161) …………[14], xxxi, 26, 32, 87,
    91, 94, 132, 143, 194, 213, 356

〈タ行〉

タイラー判決（Tyrer v. the United Kingdom, 25 April 1978, Series A no. 26) ………[16], xxxi, 5, 19, 29, 142, 143, 212,
    217, 388, 465, 466
ダジョン判決（Dudgeon v. the United Kingdom, 22 Octoer 1981, Series A no. 45) …………[48], 21, 23, 27, 29, 137,
    138, 304, 306, 316, 341
タフシン・アジャール判決（先決問題）（Tashin Acar v. Turkey（preliminary issue）（GC), 6 May 2003,
    Reports 2003-IV) ……………………………………………………………………………………[26]
チェチェン文民攻撃事件判決（Isayeva, Yusupova and Bazayeva v. Russia, 24 February 2005) ………[5], 8, 19, 81, 83
チャハル判決（Chahal v. UK（GC), 15 November 1996, Reports 1996-V) …………[15], xxxi, 23, 25, 128, 213, 217, 356

〈ナ行〉

ニイミィエッツ判決（Niemietz v. Germany, 16 December 1992, Series A no. 251-B) ……………………[55], 21, 50

〈ハ行〉

パケリ判決（Pakelli v. Germany, 25 April 1983, Series A no. 64) ……………………………………[34], 21, 50, 238
パッドコールジナ判決（Podkolzina v. Latvia, 9 April 2002, Reports 2002-II) ……………………[80], 24, 25, 471, 472
バンコヴィッチ事件決定（Banković and others v. Belgium and 16 other NATO countries（GC),
    Decision of 12 December 2001, Reports 2001-XII) ………………………………………………[6], 16, 94
ハンディサイド判決（Handyside v. the United Kingdom（PC), 7 December 1976, Series A no. 24) ……[18], 22, 26,
    30 - 32, 58, 93, 314, 385 - 387, 449

ヒースロー空港騒音訴訟判決 (Hatton and others v. the United Kingdom (GC), 8 July 2003,
　Reports 2003-VIII) ……………………………………………………………… ⑤③, 21, 23, 117, 244
フォークト判決 (Vogt v. Germany (GC), 26 September 1995, Series A no. 323) …………… ⑥⑨, 22, 50, 419
ブラニガン判決 (Brannigan and McBride v. the United Kingdom (GC), 26 may 1993, Series A no. 258)
　…………………………………………………………………………… ②①, 19, 27, 30, 32, 171, 204, 205
フラミ自動車協会強制加入事件判決 (Sigurður A. Sigurjónsson v. Iceland, 30 June 1993, Series A no. 264)
　……………………………………………………………………………………… ⑦①, 23, 113
ブリオ判決 (Belilos v. Switzerland (PC), 29 April 1988, Series A no. 132) ………… ⑧, 27, 100, 104, 268, 269
プリティ判決 (Pretty v. the United Kingdom, 29 April 2002, Reports 2002-III) … ②⑧, xxxi, 19, 213, 218, 307, 309, 310
ブルクハルツ判決 (Burghartz v. Switzerland, 22 February 1994, Series A no. 280-B) ………… ④⑥, 21, 100, 309, 311
ブルティフ判決 (Boultif v. Switzerland, 2 August 2001, Reports 2001-IX) ………………………… ⑤⑥, 21
ブロニオヴスキ判決 (Broniowski v. Poland (GC), 22 June 2004, Reports 2004-V) ……………… ⑩, 7, 16, 24, 455
ペタン擁護意見広告事件判決 (Lehideux and Isori v. France (GC), 23 September 1998, Reports 1998-VII)
　………………………………………………………………………………………… ⑥⑧, 22, 387, 415
ベッサラビア府主教正教会判決 (Metropolitan Church of Bessarabia and others v. Moldova,
　13 December 2001, Reports 2001-XII) ……………………………………………………… ⑥⓪, 22, 383
ベルギー言語事件判決 (本案) (Belgian Linguistic (Merits) (PC), 23 July 1968, Series A no. 6) ………… ⑦⑧, 4, 23,
　　24, 456, 471, 482
ペルグラン判決 (Pellegrin v. France (GC), 8 December 1999, Reports 1999-VII) …………………… ④⓪, 20, 45
ヘルテル判決 (Hertel v. Switzerland, 25 August 1998, Reports 1998-VI) ………………………………… ⑥⑤, 22, 400
ボスポラス判決 (Bosphorus Hava Yallari Turizm ve Ticaret Şirketi v. Ireland (GC), 30 June 2005,
　Reports 2005-VI) ………………………………………………………………………… ②, 7, 24, 26, 71, 72
ボタッツィ判決 (Bottazzi v. Italy, 28 July 1999, Reports 1999-V) ………………………………………… ④④, 20
ホーンズビィ判決 (Hornsby v. Greece, 19 March 1997, Reports 1997-II) ………………………………… ④⑤, 20

〈マ行〉

マシューズ判決 (Matthews v. the United Kingdom (GC), 18 February 1999, Reports 1999-I) … ③, 25, 63, 64, 471
マズレク判決 (Mazurek v. France, 1 February 2000, Reports 2000-II) ……………………………… 23, 43, 45
マッカン判決 (McCann and others v. the United Kingdom (GC), 27 September 1995, Series A no. 324)
　……………………………………………………………………………… ②⑦, 18, 19, 32, 33, 81-83, 207
マテュー・モアン判決 (Mathieu-Mohin and Clerfayt v. Belgium (PC), 2 March 1987, Series A no. 113)
　……………………………………………………………………………………………… ⑦⑦, 25, 483, 487
ママトクロフ判決 (Mamatkulov and Askarov v. Turkey (GC), 4 February 2005, Reports 2005-I) ………… ②⓪, 13
マルクス判決 (Marckx v. Belgium (PC), 13 June 1979, Series A no. 31) ……………… ⑤⑧, xxxi, 4, 5, 21, 29, 117, 137,
　　　　　　　　　　　　　　　　　　　　　　　　　　　　　　　　　　　　138, 143, 304, 309, 316, 477
マローン判決 (Malone v. UK (PC), 2 August 1984, Series A no. 82) …………………………… ⑤④, 21, 26, 34, 45
メラヒャー判決 (Mellacher and others v. Austria (PC), 19 December 1989, Series A no. 169) ……………… ⑦④, 24
元ギリシア国王財産収用事件判決 (The Former King of Greece and others v. Greece (GC), 23 November
　2000, Reports 2000-XII) ……………………………………………………………………………… ⑦②, 24
モナコ王女事件判決 (Von Hannover v. Germany, 24 June 2004, Reports 2004-VI) ……………… ⑤①, 21, 51, 331, 403

〈ラ行〉

リューディック判決（Luedicke, Belkacem and Koç v. Germany, 28 November 1978, Series A no. 29）
　　　　　………………………………………………………………………………[35], 21, 32, 50, 142
リンゲンス判決（Lingens v. Austria（PC）, 8 July 1986, Series A no. 103）………………[64], 22, 32, 387
ロイズィドウ判決（先決的抗弁）（Loizidou v. Turkey（preliminary objection）（GC）, 23 March 1995,
　　Series A no. 310）……………………………………………………………[9], 16, 94, 137, 138, 143
ロペス・オストラ判決（López Ostra v. Spain, 9 December 1994, Series A no. 303-C）………[52], 21, 117, 118
ローレス判決（Lawless v. Ireland（no. 3）, 1 July 1961, Series A no. 3）………………[22], 27, 30, 147, 163

〈編集代表〉

戸波江二（となみ・こうじ）
　早稲田大学大学院法務研究科教授

北村泰三（きたむら・やすぞう）
　中央大学大学院法務研究科教授

建石真公子（たていし・ひろこ）
　法政大学法学部教授

小畑　郁（おばた・かおる）
　名古屋大学大学院法学研究科教授

江島晶子（えじま・あきこ）
　明治大学法科大学院法務研究科教授

ヨーロッパ人権裁判所の判例 I

第1版第1刷発行　2008(平成20)年9月15日
第1版第2刷発行　2019(平成31)年3月30日

編集代表　戸波江二
　　　　　北村泰三
　　　　　建石真公子
　　　　　小畑　郁
　　　　　江島晶子
発行者　今井　貴
発行所　信山社出版株式会社
〒113-0033 東京都文京区本郷6-2-9-102
〔営業〕電話　03(3818)1019
　　　　FAX　03(3818)0344
〔編集〕電話　03(3818)1099
　　　　FAX　03(3818)1411
info@shinzansha.co.jp
Printed in Japan

©戸波江二, 北村泰三, 建石真公子, 小畑郁, 江島晶子, 2008
印刷・製本／松澤印刷・渋谷文泉閣
ISBN978-4-7972-5568-3 C3332　329.501.a001
国際人権法・憲法・国際法
5568-012-0030-020

◆ヨーロッパ人権裁判所の判例 II

2019.3 最新刊

小畑郁・江島晶子・北村泰三・建石真公子・戸波江二 編集

ヨーロッパ人権裁判所は、新しく生起する問題群を、いかに解決してきたか。様々なケースでの裁判所理論の適用場面を紹介・解説した、好評判例集、第2弾。重要判例84件を収載し、幅広く有用の書。

◆ドイツの憲法判例〔第2版〕
ドイツ憲法判例研究会 編　栗城壽夫・戸波江二・根森健 編集代表
・ドイツ憲法判例研究会による、1990年頃までのドイツ憲法判例の研究成果94選を収録。ドイツの主要憲法判例の分析・解説、現代ドイツ公法学者系譜図などの参考資料を付し、ドイツ憲法を概観する。

◆ドイツの憲法判例 II〔第2版〕
ドイツ憲法判例研究会 編　栗城壽夫・戸波江二・石村修 編集代表
・1985～1995年の75にのぼるドイツ憲法重要判決の解説。好評を博した『ドイツの最新憲法判例』を加筆補正し、新規判例を多数追加。

◆ドイツの憲法判例 III
ドイツ憲法判例研究会 編　栗城壽夫・戸波江二・嶋崎健太郎 編集代表
・1996～2005年の重要判例86判例を取り上げ、ドイツ憲法解釈と憲法実務を学ぶ。新たに、基本用語集、連邦憲法裁判所関係文献、1～3通巻目次を掲載。

◆ドイツの憲法判例 IV
ドイツ憲法判例研究会 編　鈴木秀美・畑尻剛・宮地基 編集代表
・主に2006～2012年までのドイツ連邦憲法裁判所の重要判例84件を収載。資料等も充実、更に使い易くなった憲法学の基本文献。

◆フランスの憲法判例
フランス憲法判例研究会 編　辻村みよ子編集代表
・フランス憲法院(1958～2001年)の重要判例67件を、体系的に整理・配列して理論的に解説。フランス憲法研究の基本文献として最適な一冊。

◆フランスの憲法判例 II
フランス憲法判例研究会 編　辻村みよ子編集代表
・政治的機関から裁判的機関へと揺れ動くフランス憲法院の代表的な判例を体系的に分類して収録。『フランスの憲法判例』刊行以降に出されたDC判決のみならず、2008年憲法改正により導入されたQPC（合憲性優先問題）判決をもあわせて掲載。

信山社